2021 2021 2021

图书在版编目（CIP）数据

中国奶业年鉴．2021 / 中华人民共和国农业农村部，中国奶业年鉴编辑委员会编．-- 北京 : 中国农业出版社，2022.12

ISBN 978-7-109-30361-4

Ⅰ．①中… Ⅱ．①中… ②中… Ⅲ．①乳品工业－中国－2021－年鉴 Ⅳ．①F426.82-54

中国国家版本馆 CIP 数据核字 (2023) 第 010624 号

中国奶业年鉴 2021
ZHONGGUO NAIYE NIANJIAN 2021

中国农业出版社出版
地址：北京市朝阳区麦子店街 18 号楼
邮编：100125
责任编辑：程燕　张雪娇
责任校对：周丽芳
印刷：中农印务有限公司
版次：2022 年 12 月第 1 版
印次：2022 年 12 月北京第 1 次印刷
发行：新华书店北京发行所
开本：889mm×1194mm 1/16
印张：37　　插页：20
字数：1045 千字
定价：580.00 元

编辑说明

《中国奶业年鉴》是反映我国奶业发展情况的综合性年刊，也是农业农村部年鉴系列中的一部重要产业年鉴，2002年经原农业部批准由中国奶业协会组织编纂，已经连续出版了19卷，2021 卷为第20卷本。《中国奶业年鉴》自出版发行以来，客观记述了我国奶业的发展历程，反映了奶业生产的实际情况，为行业管理部门制定规划、政策和实施决策提供了依据，为奶业生产经营者提供了技术和数据支持，为广大消费者提供了市场和信息引导，是连续出版的资料性工具书，是中国奶业发展的编年史册，也是奶业行业发展的公报。

《中国奶业年鉴》实行编辑委员会领导下的编辑负责制，编辑委员会由农业农村部等部委和各省（自治区、直辖市）农业农村厅（局）、农委、农牧厅、畜牧局等部门的负责人，中国农业科学院、中国农业大学等院校学者专家以及奶业相关企业人士组成，编辑部设在中国奶业协会。为拓宽《中国奶业年鉴》的服务功能，增强其权威性、史存性、科学性和连续性，《中国奶业年鉴》2012卷调整了栏目的名称、结构和顺序；2013卷修订了编纂大纲，增加了条目和附录，细化了条目内容；2014卷增加了索引，进一步方便读者查阅；2019卷增加了D20奶业部分。农业农村部、海关总署、工业和信息化部相关部门为本卷撰写了有关条目。行业数据主要采用国家统计局、海关总署、国家发展和改革委员会的统计数据，部分数据资料由农业农村部畜牧兽医局、全国畜牧总站、中国奶业协会和中国乳制品工业协会等单位提供。国内数据资料范围仅限于内地31个省、自治区、直辖市以及新疆生产建设兵团，不包括香港、澳门特别行政区和台湾地区。各地奶业中的数据有些省份采用畜牧行业统计数据，与本年鉴行业统计栏目中数据有差异，请注意引用。

亩、斤、公里、马力均为非法定计量单位。1亩=1/15公顷，1斤=0.5千克，1公里=1千米，1马力≈0.735千瓦。

《中国奶业年鉴》2021卷中各省、自治区、直辖市按行政区划顺序排列。

《中国奶业年鉴》2021卷所刊载数据一般截至2020年年底，彩插图片、特载等其他部分时效性较强的资料不限于2020年，政策法规及大事记栏目为2021年资料。

《中国奶业年鉴》2021卷的编辑、出版和发行工作得到了各级畜牧兽医行政主管部门、奶业行业协会、国家产业技术体系、科研院校、乳品企业等有关单位和奶业知名专家的大力支持和帮助，在此表示诚挚的感谢！

中国奶业年鉴编辑委员会名单

荆　彪　山西省农业农村厅畜牧兽医局副局长
杜　哲　内蒙古自治区农牧厅畜牧局副局长
祁茂彬　辽宁省农业农村厅畜牧产业发展处正处级调研员
林广宇　辽宁省农业发展服务中心高级畜牧师
迟桂凤　吉林省畜牧业管理局调研员
张维银　黑龙江省奶业协会常务副会长
阿晓辉　黑龙江省农科院畜牧兽医分院高级畜牧师
季爱华　上海奶业行业协会副主任
朱志谦　江苏省畜牧业协会副秘书长
赵广生　浙江省奶牛业协会秘书长
王明辉　安徽省农业农村厅畜牧处处长
管殿彪　安徽省农业农村厅畜牧处一级调研员
吴大新　福建省奶业协会秘书长
吴　妍　福建省奶业协会副秘书长
丁君辉　江西省农业农村厅畜牧兽医局
王　文　山东省畜牧兽医局畜牧处调研员
蒋吉红　山东省畜牧兽医局畜牧处
宋洛文　河南省农业农村厅奶业管理处副处长
付　聪　湖北省农业农村厅畜牧兽医处
刘海林　湖南省奶业协会秘书长
陈三有　广东省农业技术推广中心副主任
刘建营　广东省农业技术推广中心
孙旭波　广西壮族自治区农业农村厅副处长
唐善生　广西壮族自治区畜牧站
刘　云　海南省农业农村厅畜牧兽医处处长
潘　川　重庆市农业农村委员会畜牧业处副处长
李自成　四川省奶业协会会长
杨　嵩　四川省畜牧总站高级畜牧师
焦仁刚　贵州省农业农村厅总畜牧师
黄艾祥　云南省奶业协会会长
边　珍　西藏自治区农业农村厅畜牧水产处调研员
王鹏飞　陕西省农业农村厅畜牧兽医局高级畜牧师
唐　煜　甘肃省农业农村厅畜牧处副处长

张亚君　青海省畜牧总站高级畜牧师
吴彦虎　宁夏回族自治区畜牧工作站站长、研究员
王　瑜　宁夏回族自治区畜牧工作站研究员
齐新林　新疆维吾尔自治区畜牧兽医局产业发展处处长
王　谦　新疆维吾尔自治区畜牧兽医局产业发展处副处长
沙　磊　新疆生产建设兵团农业农村局畜牧兽医处处长
杨　华　新疆生产建设兵团畜牧兽医总站高级畜牧师

企业特约编辑

赵明星　内蒙古伊利实业集团股份有限公司企业事务总监
张永霞　内蒙古蒙牛乳业（集团）股份有限公司高级总监
李丹倩　光明乳业股份有限公司行政经理
齐芳华　现代牧业（集团）有限公司集团办公室高级总监
冯进茂　君乐宝乳业集团总裁助理
夏志春　北京三元食品股份有限公司公共事务副总监
闵　杨　西安银桥乳业（集团）有限公司董事长秘书兼行政总监
赵国柱　内蒙古圣牧高科牧业有限公司人力资源总监
韩雪丹　黑龙江飞鹤乳业有限公司对外事务经理
梁学武　黑龙江省完达山乳业股份有限公司副科长
徐涵钰　新希望乳业股份有限公司行政专员
刘云祥　中地乳业集团有限公司副总裁
张成柱　济南佳宝乳业有限公司办公室主任
范庆伟　中垦乳业股份有限公司办公室主任
杨　永　河南花花牛乳业集团股份有限公司总裁
贾　靖　南京卫岗乳业有限公司品牌总监
陈　真　贝因美股份有限公司政府事务助理
庞思源　广东燕塘乳业股份有限公司统计专员
刘西宏　新疆天润乳业股份有限公司行政管理部部长
蓝珍妹　福建长富乳品有限公司外联部长
傅万夫　辽宁越秀辉山控股股份有限公司办公室主任
谭　馨　皇氏集团股份有限公司行政经理
房现波　山东得益乳业股份有限公司总裁办主任
何玉婷　新疆西域春乳业有限责任公司行政办主任
周　娟　天津嘉立荷牧业集团有限公司副总经理

中国奶业年鉴编辑部

2021 年 7 月 17–19 日，第十二届中国奶业大会暨 2021 中国奶业展览会，2021 中国奶业 20 强（D20）峰会同时在安徽省合肥市召开。农业农村部副部长马有祥分别在开幕式上作重要讲话和主旨演讲。

2021 中国奶业 20 强（D20）峰会开幕式现场。

原农业部常务副部长、中国奶业协会原会长刘成果，原农业部副部长、中国奶业协会名誉会长高鸿宾在第十二届中国奶业大会暨2021中国奶业展览会开幕式上为“十三五奶业成就展”揭幕。

农业农村部畜牧兽医局局长杨振海主持2021中国奶业20强（D20）峰会开幕式。

中国工程院院士、中国奶业协会会长李德发在 2021 年 7 月 17–19 日举行的“两会一展”开幕式上致辞。

中国奶业协会副会长兼秘书长刘亚清在 2021 年 7 月 17–19 日举行的“两会一展”开幕式上主持领导致辞环节并对《2021 中国奶业质量报告》进行解读。

原农业部党组成员、中国奶业协会战略发展工作委员会名誉副主任毕美家在第十二届中国奶业大会暨2021中国奶业展览会开幕式上宣读《中国奶业奋进2025》发布词。

中国农业科学院原党组书记，中国奶业协会战略发展工作委员会名誉副主任陈萌山在第十二届中国奶业大会暨2021中国奶业展览会开幕式上解读《中国奶业奋进2025》。

D20 企业和观察员企业代表在 2021 中国奶业 20 强（D20）峰会开幕式上，共同见证《中国奶业 D20 标准 生牛乳》团体标准发布。

D20 企业代表在 2021 中国奶业 20 强（D20）峰会开幕式上，表达双循环驱动下奶业转型升级的共同心声。

2022 年 9 月 5-7 日，第十三届中国奶业大会、2022 中国奶业 D20 峰会暨 2022 中国奶业展览会在山东省济南市召开，农业农村部副部长马有祥在开幕式上发表主旨报告。

第十三届中国奶业大会、2022 中国奶业 20 强（D20）峰会暨 2022 中国奶业展览会“两会一展”开幕式现场。

原农业部副部长、中国奶业协会名誉会长高鸿宾宣布2022年“两会一展”开幕，并作题为《后疫情时代更要坚定奶业发展信心》的主旨报告。

中国工程院院士、中国奶业协会会长李德发在2022年“两会一展”开幕式上致辞。

中国奶业协会副会长兼秘书长刘亚清主持第十三届中国奶业大会暨2022中国奶业展览会开场环节与2022中国奶业20强（D20）峰会开幕式。

农业农村部畜牧兽医局局长杨振海主持第十三届中国奶业大会、2022中国奶业20强（D20）峰会暨2022中国奶业展览会开幕式领导致辞环节。

2022年9月5日，世纪变局下中国奶业发展之道暨成果发布与新研究课题启动会在泉城济南举行，农业农村部原党组成员、中国奶业协会战略发展工作委员会名誉副主任毕美家介绍《中国奶业战略发展重点课题研究报告2021》要点内容。

中国农业科学院原党组书记、中国奶业协会战略发展工作委员会名誉副主任陈萌山在世纪变局下中国奶业发展之道暨成果发布与新研究课题启动会上，宣读《赋能中国奶业——数字化转型与创新2025》发布词。

2022年“两会一展”期间，农业农村部、山东省人民政府、中国奶业协会等主办单位领导巡馆，并听取企业领导介绍2022中国奶业展览会展出的相关产品。

2022年9月6日，2022中国奶业20强（D20）峰会在山东省济南市召开，农业农村部畜牧兽医局副局长辛国昌致辞。

第十三届中国奶业大会上，中国工程院院士、中国奶业协会副会长沈建忠宣读《关于表彰2022年度优秀奶业工作者和优秀乳品加工企业的决定》。

第十三届中国奶业大会上，中国工程院院士、中国奶业协会副会长任发政宣读《关于公布文化荟萃 魅力奶业——中国奶业经典企业文化集锦入选企业的通知》。

2022 年“两会一展”期间，中国奶业协会副会长兼秘书长刘亚清，中国工程院院士、中国奶业协会副会长沈建忠，中国工程院院士、中国奶业协会副会长任发政，国家奶牛产业技术体系首席科学家李胜利，农业农村部奶及奶制品质量监督检验测试中心常务副主任郑楠共同发布《中国奶业质量报告（2022）》。

2022 年 9 月 5 日，中国奶酪发展高峰论坛在山东举行。论坛现场，中国奶业协会制定的《奶酪创新发展助力奶业竞争力提升三年行动方案（2023—2025 年）》由农业农村部、中国奶业协会有关领导、行业专家及企业代表共同发布。

2022 年“两会一展”开幕式，大型诗朗诵《信仰的力量》展示了奶业人的自信情怀。

2022 中国奶业 20 强（D20）峰会上，D20 企业代表共同承诺践行《赋能中国奶业——数字化转型与创新 2025》。

2022 年“两会一展”开幕式上，原农业部常务副部长、中国奶业协会原会长刘成果，原农业部副部长、中国奶业协会名誉会长高鸿宾，中国奶业协会副秘书长李栋、陈绍祜为优秀乳品加工企业颁奖。

2022 年“两会一展”开幕式上，中国农业科学院原党组书记、中国奶业协会战略发展工作委员会名誉副主任陈萌山，原农业部党组成员、中国奶业协会战略发展工作委员会名誉副主任毕美家，中央和国家机关工委行业协会商会第四联合党委书记赵泽琨，中国奶业协会副秘书长邵明君为优秀奶业工作者颁奖。

DeLaval
利拉伐 RePro™
精准繁殖
监测系统
啥时候配？
怀上了没？
RePro都知道
DeLaval
DeLaval
扫一扫
了解 RePro™

Fanzic
http://www.fanzic.cn
原韩国 LG 产电工业风机部
TFP-H100T
叶轮直径 :100cm
TFP-H110T
叶轮直径 :110cm
TFP-T120ET
叶轮直径 :120cm
TFH-F127
叶轮直径 :125cm
TFH-F127-CD
叶轮直径 :125cm
TFP-F185T
叶轮直径 :184cm
智慧牧场整体解决方案
WUITU
SMART FARM ACHIEVE
CARBON NEUTRALITY
辉途智能邀请您加入数智牧场生态圈
地址：江苏省常州市新北区晋陵北路现代城 电话：0519-85133656 13775233926 网址：http://www.fanzic.cn
辉途智能 HTTPS://WUITU.COM/

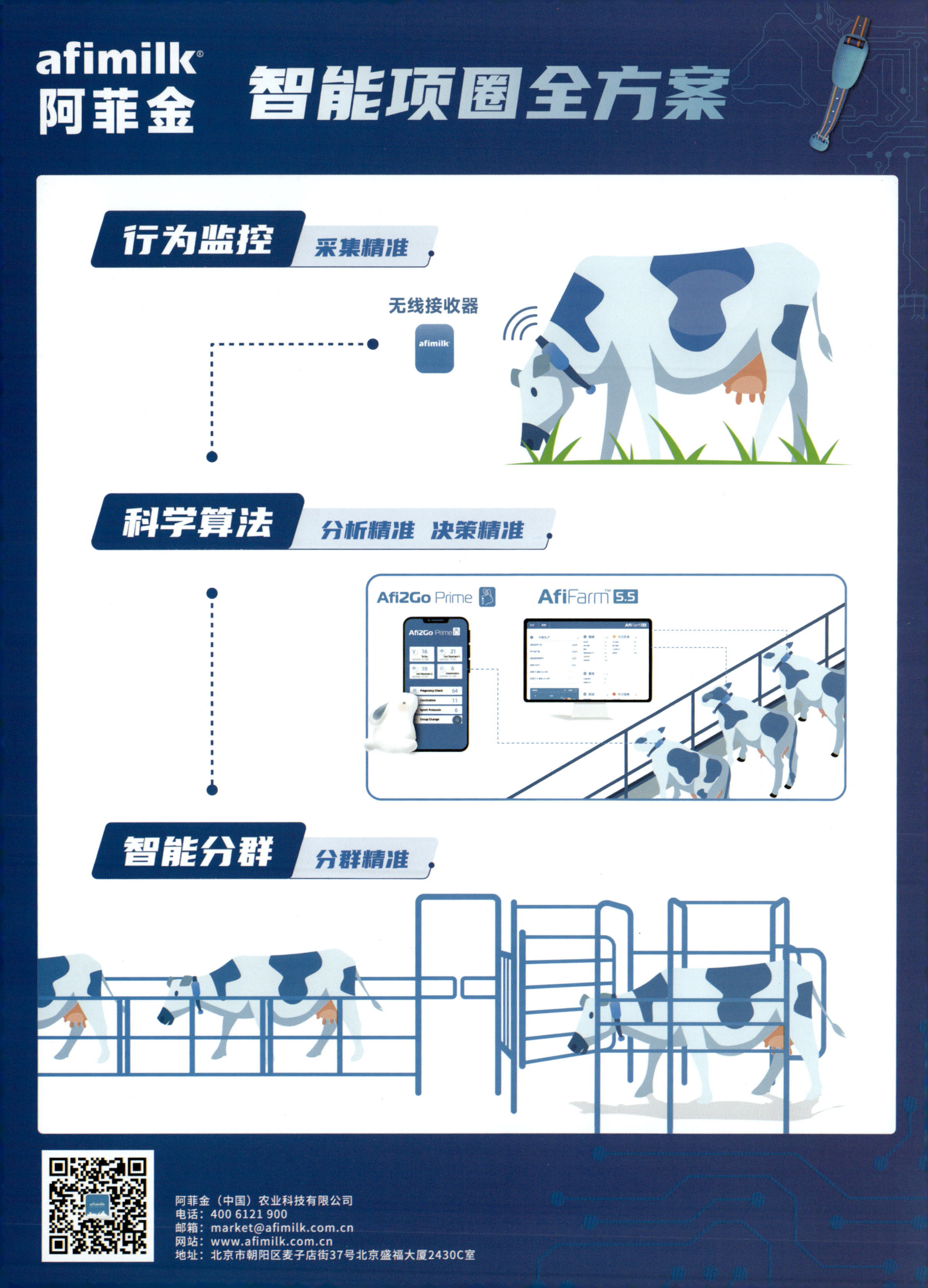
afimilk
阿菲金
智能项圈全方案
行为监控
采集精准
无线接收器
afimilk
科学算法
分析精准 决策精准
Afi2Go Prime
AfiFarm™ 5.5
Afi2Go Prime
Pregnancy Check 64
Vaccination 11
Synch Protocols 6
Group Change
智能分群
分群精准
阿菲金（中国）农业科技有限公司
电话：400 6121 900
邮箱：market@afimilk.com.cn
网站：www.afimilk.com.cn
地址：北京市朝阳区麦子店街37号北京盛福大厦2430C室

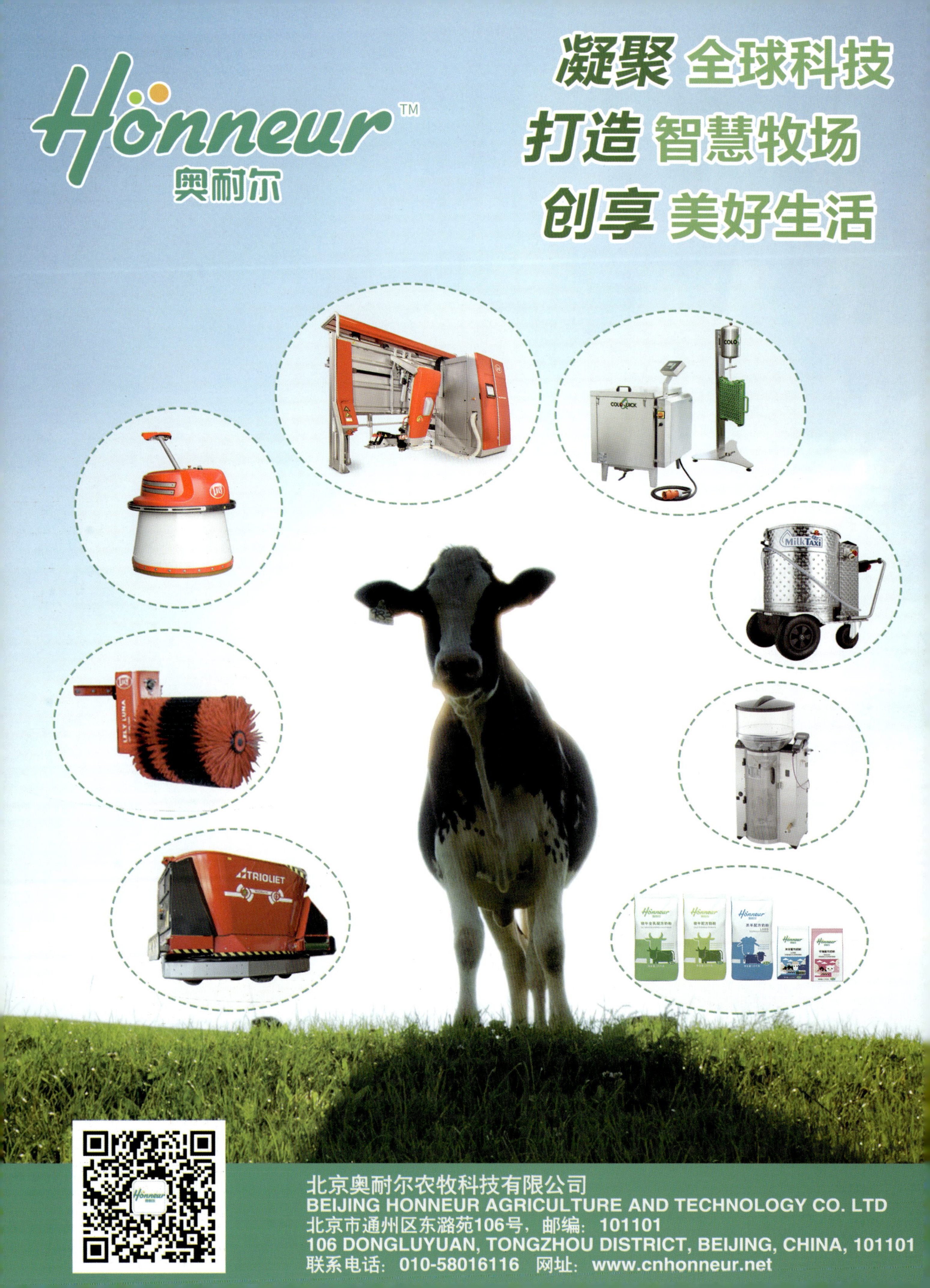
Hönneur™
奥耐尔
凝聚 全球科技
打造 智慧牧场
创享 美好生活
LELY LUNA
MilkTaxi
TRIOLIET
北京奥耐尔农牧科技有限公司
BEIJING HONNEUR AGRICULTURE AND TECHNOLOGY CO. LTD
北京市通州区东潞苑106号，邮编：101101
106 DONGLUYUAN, TONGZHOU DISTRICT, BEIJING, CHINA, 101101
联系电话：010-58016116 网址：www.cnhonneur.net

兽用激素 没有第一 只有第二
NSHF®
宁波第二激素厂
国兽药广审（文）2022040080号
0+0 组合
无弃奶期
奶质更安全
兽药字110252967
兽用
递胎素
D-氯前列醇钠注射液
D-Cloprostenol Sodium Injection
20ml:1.5mg×1瓶
NSHF®
宁波第二激素厂
宁波第二激素厂
NINGBO SECOND HORMONE FACTORY
兽药字110252826
兽用处方药
NSHF®
宁波第二激素厂
舒牛
注射用戈那瑞林
GONADORELIN FOR INJECTION
100μg×10瓶
0574-63017888
www.nshf.com
规模牧场必备

华秦源
牧场专用系列产品
国兽药广审（文）2022100162号
国家五类新兽药
新一代高效广谱
抗菌消炎子宫保健品
欣利乳
利福昔明子宫注入剂
批准文号：兽药字270537134
欣利乳
利福昔明子宫注入剂
华秦源（杨凌）生物科技有限公司
抗菌
消炎
一次性注射器
安全使用更便捷
零弃奶
防治急慢性子宫内膜炎
提高牧场繁殖效率
华秦源（杨凌）生物科技有限公司
地　　址：陕西省杨凌示范区滨河路16号
销售电话：010-69578978　010-61505964

CONSON 康臣
清/洁/工/程/专/家
10年康臣 专注清洁
乳/业/清/洁/方/案/系/统/提/供/商
益肤康
— KIND TO COW —
·让奶牛乳头更健康·
益肤康
400-728-9788
上海康臣生物科技有限公司
SHANGHAI CONSON BIOLOGICAL TECHNOLOGY CO.,LTD.
清/洁/工/程/专/家
上海康臣生物科技有限公司
SHANGHAI CONSON BIOLOGICAL TECHNOLOGY CO.,LTD.
地址：上海市奉贤区奉城工业区奉国路263号
邮箱：conson@shconson.com
网址：www.shconson.com

zoetis 硕腾
培育健康 高产奶牛
从犊码® 开始
更多技术资讯
关注奶牛育种前沿

目　录

五、D20 奶业

六、政策法规

七、科学技术

八、国际奶业

九、奶业大事记

十、行业统计

十一、索　　引

一、特　载

TEZAI

中共中央　国务院关于做好2022年全面推进乡村振兴重点工作的意见

（2022年1月4日）

当前，全球新冠肺炎疫情仍在蔓延，世界经济复苏脆弱，气候变化挑战突出，我国经济社会发展各项任务极为繁重艰巨。党中央认为，从容应对百年变局和世纪疫情，推动经济社会平稳健康发展，必须着眼国家重大战略需要，稳住农业基本盘、做好“三农”工作，接续全面推进乡村振兴，确保农业稳产增产、农民稳步增收、农村稳定安宁。

做好2022年“三农”工作，要以习近平新时代中国特色社会主义思想为指导，全面贯彻党的十九大和十九届历次全会精神，深入贯彻中央经济工作会议精神，坚持稳中求进工作总基调，立足新发展阶段、贯彻新发展理念、构建新发展格局、推动高质量发展，促进共同富裕，坚持和加强党对“三农”工作的全面领导，牢牢守住保障国家粮食安全和不发生规模性返贫两条底线，突出年度性任务、针对性举措、实效性导向，充分发挥农村基层党组织领导作用，扎实有序做好乡村发展、乡村建设、乡村治理重点工作，推动乡村振兴取得新进展、农业农村现代化迈出新步伐。

一、全力抓好粮食生产和重要农产品供给

（一）稳定全年粮食播种面积和产量。坚持中国人的饭碗任何时候都要牢牢端在自己手中，饭碗主要装中国粮，全面落实粮食安全党政同责，严格粮食安全责任制考核，确保粮食播种面积稳定、产量保持在1.3万亿斤以上。主产区、主销区、产销平衡区都要保面积、保产量，不断提高主产区粮食综合生产能力，切实稳定和提高主销区粮食自给率，确保产销平衡区粮食基本自给。推进国家粮食安全产业带建设。大力开展绿色高质高效行动，深入实施优质粮食工程，提升粮食单产和品质。推进黄河流域农业深度节水控水，通过提升用水效率、发展旱作农业，稳定粮食播种面积。积极应对小麦晚播等不利影响，加强冬春田间管理，促进弱苗转壮。

（二）大力实施大豆和油料产能提升工程。加大耕地轮作补贴和产油大县奖励力度，集中支持适宜区域、重点品种、经营服务主体，在黄淮海、西北、西南地区推广玉米大豆带状复合种植，在东北地区开展粮豆轮作，在黑龙江省部分地下水超采区、寒地井灌稻区推进水改旱、稻改豆试点，在长江流域开发冬闲田扩种油菜。开展盐碱地种植大豆示范。支持扩大油茶种植面积，改造提升低产林。

（三）保障“菜篮子”产品供给。加大力度落实“菜篮子”市长负责制。稳定生猪生产长效性支持政策，稳定基础产能，防止生产大起大落。加快扩大牛羊肉和奶业生产，推进草原畜牧业转型升级试点示范。稳定水产养殖面积，提升渔业发展质量。稳定大中城市常年菜地保有量，大力推进北方设施蔬菜、南菜北运基地建设，提高蔬菜应急保供能力。完善棉花目标价格政策。探索开展糖

料蔗完全成本保险和种植收入保险。开展天然橡胶老旧胶园更新改造试点。

（四）合理保障农民种粮收益。按照让农民种粮有利可图、让主产区抓粮有积极性的目标要求，健全农民种粮收益保障机制。2022年适当提高稻谷、小麦最低收购价，稳定玉米、大豆生产者补贴和稻谷补贴政策，实现三大粮食作物完全成本保险和种植收入保险主产省产粮大县全覆盖。加大产粮大县奖励力度，创新粮食产销区合作机制。支持家庭农场、农民合作社、农业产业化龙头企业多种粮、种好粮。聚焦关键薄弱环节和小农户，加快发展农业社会化服务，支持农业服务公司、农民合作社、农村集体经济组织、基层供销合作社等各类主体大力发展单环节、多环节、全程生产托管服务，开展订单农业、加工物流、产品营销等，提高种粮综合效益。

（五）统筹做好重要农产品调控。健全农产品全产业链监测预警体系，推动建立统一的农产品供需信息发布制度，分类分品种加强调控和应急保障。深化粮食购销领域监管体制机制改革，开展专项整治，依法从严惩治系统性腐败。加强智能粮库建设，促进人防技防相结合，强化粮食库存动态监管。严格控制以玉米为原料的燃料乙醇加工。做好化肥等农资生产储备调运，促进保供稳价。坚持节约优先，落实粮食节约行动方案，深入推进产运储加消全链条节粮减损，强化粮食安全教育，反对食物浪费。

二、强化现代农业基础支撑

（六）落实"长牙齿"的耕地保护硬措施。实行耕地保护党政同责，严守18亿亩*耕地红线。按照耕地和永久基本农田、生态保护红线、城镇开发边界的顺序，统筹划定落实三条控制线，把耕地保有量和永久基本农田保护目标任务足额带位置逐级分解下达，由中央和地方签订耕地保护目标责任书，作为刚性指标实行严格考核、一票否决、终身追责。分类明确耕地用途，严格落实耕地利用优先序，耕地主要用于粮食和棉、油、糖、蔬菜等农产品及饲草饲料生产，永久基本农田重点用于粮食生产，高标准农田原则上全部用于粮食生产。引导新发展林果业上山上坡，鼓励利用"四荒"资源，不与粮争地。落实和完善耕地占补平衡政策，建立补充耕地立项、实施、验收、管护全程监管机制，确保补充可长期稳定利用的耕地，实现补充耕地产能与所占耕地相当。改进跨省域补充耕地国家统筹管理办法。加大耕地执法监督力度，严厉查处违法违规占用耕地从事非农建设。强化耕地用途管制，严格管控耕地转为其他农用地。巩固提升受污染耕地安全利用水平。稳妥有序开展农村乱占耕地建房专项整治试点。巩固"大棚房"问题专项清理整治成果。落实工商资本流转农村土地审查审核和风险防范制度。

（七）全面完成高标准农田建设阶段性任务。多渠道增加投入，2022年建设高标准农田1亿亩，累计建成高效节水灌溉面积4亿亩。统筹规划、同步实施高效节水灌溉与高标准农田建设。各地要加大中低产田改造力度，提升耕地地力等级。研究制定增加农田灌溉面积的规划。实施重点水源和重大引调水等水资源配置工程。加大大中型灌区续建配套与改造力度，在水土资源条件适宜地区规划新建一批现代化灌区，优先将大中型灌区建成高标准农田。深入推进国家黑土地保护工程。实施黑土地保护性耕作8 000万亩。积极挖掘潜力增加耕地，支持将符合条件的盐碱地等后备资源适度有序开发为耕地。研究制定盐碱地综合利用规划和实施方案。分类改造盐碱地，推动由主要治理盐碱地适应作物向更多选育耐盐碱植物适应盐碱地转变。支持盐碱地、干旱半干旱地区国家农业高新技术产业示范区建设。启动全国第三次土壤普查。

（八）大力推进种源等农业关键核心技术攻关。全面实施种业振兴行动方案。加快推进农业种质资源普查收集，强化精准鉴定评价。推进种业领域国家重大创新平台建设。启动农业生物育种重大项目。加快实施农业关键核心技术攻关工程，实行"揭榜挂帅""部省联动"等制度，开展长周

---

* 亩为非法定计量单位，1亩≈667平方米。——编者注

期研发项目试点。强化现代农业产业技术体系建设。开展重大品种研发与推广后补助试点。贯彻落实《种子法》，实行实质性派生品种制度，强化种业知识产权保护，依法严厉打击套牌侵权等违法犯罪行为。

（九）提升农机装备研发应用水平。全面梳理短板弱项，加强农机装备工程化协同攻关，加快大马力机械、丘陵山区和设施园艺小型机械、高端智能机械研发制造并纳入国家重点研发计划予以长期稳定支持。实施农机购置与应用补贴政策，优化补贴兑付方式。完善农机性能评价机制，推进补贴机具有进有出、优机优补，重点支持粮食烘干、履带式作业、玉米大豆带状复合种植、油菜籽收获等农机，推广大型复合智能农机。推动新生产农机排放标准升级。开展农机研发制造推广应用一体化试点。

（十）加快发展设施农业。因地制宜发展塑料大棚、日光温室、连栋温室等设施。集中建设育苗工厂化设施。鼓励发展工厂化集约养殖、立体生态养殖等新型养殖设施。推动水肥一体化、饲喂自动化、环境控制智能化等设施装备技术研发应用。在保护生态环境基础上，探索利用可开发的空闲地、废弃地发展设施农业。

（十一）有效防范应对农业重大灾害。加大农业防灾减灾救灾能力建设和投入力度。修复水毁灾损农业、水利基础设施，加强沟渠疏浚以及水库、泵站建设和管护。加强防汛抗旱应急物资储备。强化农业农村、水利、气象灾害监测预警体系建设，增强极端天气应对能力。加强基层动植物疫病防控体系建设，落实属地责任，配齐配强专业人员，实行定责定岗定人，确保非洲猪瘟、草地贪夜蛾等动植物重大疫病防控责有人负、活有人干、事有人管。做好人兽共患病源头防控。加强外来入侵物种防控管理，做好普查监测、入境检疫、国内防控，对已传入并造成严重危害的，要“一种一策”精准治理、有效灭除。加强中长期气候变化对农业影响研究。

三、坚决守住不发生规模性返贫底线

（十二）完善监测帮扶机制。精准确定监测对象，将有返贫致贫风险和突发严重困难的农户纳入监测范围，简化工作流程，缩短认定时间。针对发现的因灾因病因疫等苗头性问题，及时落实社会救助、医疗保障等帮扶措施。强化监测帮扶责任落实，确保工作不留空档、政策不留空白。继续开展巩固脱贫成果后评估工作。

（十三）促进脱贫人口持续增收。推动脱贫地区更多依靠发展来巩固拓展脱贫攻坚成果，让脱贫群众生活更上一层楼。巩固提升脱贫地区特色产业，完善联农带农机制，提高脱贫人口家庭经营性收入。逐步提高中央财政衔接推进乡村振兴补助资金用于产业发展的比重，重点支持帮扶产业补上技术、设施、营销等短板，强化龙头带动作用，促进产业提档升级。巩固光伏扶贫工程成效，在有条件的脱贫地区发展光伏产业。压实就业帮扶责任，确保脱贫劳动力就业规模稳定。深化东西部劳务协作，做好省内转移就业工作。延续支持帮扶车间发展优惠政策。发挥以工代赈作用，具备条件的可提高劳务报酬发放比例。统筹用好乡村公益岗位，实行动态管理。逐步调整优化生态护林员政策。

（十四）加大对乡村振兴重点帮扶县和易地搬迁集中安置区支持力度。在乡村振兴重点帮扶县实施一批补短板促发展项目。编制国家乡村振兴重点帮扶县巩固拓展脱贫攻坚成果同乡村振兴有效衔接实施方案。做好国家乡村振兴重点帮扶县科技特派团选派，实行产业技术顾问制度，有计划开展教育、医疗干部人才组团式帮扶。建立健全国家乡村振兴重点帮扶县发展监测评价机制。加大对国家乡村振兴重点帮扶县信贷资金投入和保险保障力度。完善易地搬迁集中安置区配套设施和公共服务，持续加大安置区产业培育力度，开展搬迁群众就业帮扶专项行动。落实搬迁群众户籍管理、合法权益保障、社会融入等工作举措，提升安置社区治理水平。

（十五）推动脱贫地区帮扶政策落地见效。保持主要帮扶政策总体稳定，细化落实过渡期各项帮扶政策，开展政策效果评估。拓展东西部协作工作领域，深化区县、村企、学校、医院等结对帮扶。在东西部协作和对口支援框架下，继续开展城乡建设用地增减挂钩节余指标跨省域调剂。持续做好中央单位定点帮扶工作。扎实做好脱贫人口小额信贷工作。创建消费帮扶示范城市和产地示范区，发挥脱贫地区农副产品网络销售平台作用。

四、聚焦产业促进乡村发展

（十六）持续推进农村一二三产业融合发展。鼓励各地拓展农业多种功能、挖掘乡村多元价值，重点发展农产品加工、乡村休闲旅游、农村电商等产业。支持农业大县聚焦农产品加工业，引导企业到产地发展粮油加工、食品制造。推进现代农业产业园和农业产业强镇建设，培育优势特色产业集群，继续支持创建一批国家农村产业融合发展示范园。实施乡村休闲旅游提升计划。支持农民直接经营或参与经营的乡村民宿、农家乐特色村（点）发展。将符合要求的乡村休闲旅游项目纳入科普基地和中小学学农劳动实践基地范围。实施“数商兴农”工程，推进电子商务进乡村。促进农副产品直播带货规范健康发展。开展农业品种培优、品质提升、品牌打造和标准化生产提升行动，推进食用农产品承诺达标合格证制度，完善全产业链质量安全追溯体系。加快落实保障和规范农村一二三产业融合发展用地政策。

（十七）大力发展县域富民产业。支持大中城市疏解产业向县域延伸，引导产业有序梯度转移。大力发展县域范围内比较优势明显、带动农业农村能力强、就业容量大的产业，推动形成“一县一业”发展格局。加强县域基层创新，强化产业链与创新链融合。加快完善县城产业服务功能，促进产业向园区集中、龙头企业做强做大。引导具备条件的中心镇发展专业化中小微企业集聚区，推动重点村发展乡村作坊、家庭工场。

（十八）加强县域商业体系建设。实施县域商业建设行动，促进农村消费扩容提质升级。加快农村物流快递网点布局，实施“快递进村”工程，鼓励发展“多站合一”的乡镇客货邮综合服务站、“一点多能”的村级寄递物流综合服务点，推进县乡村物流共同配送，促进农村客货邮融合发展。支持大型流通企业以县城和中心镇为重点下沉供应链。加快实施“互联网+”农产品出村进城工程，推动建立长期稳定的产销对接关系。推动冷链物流服务网络向农村延伸，整县推进农产品产地仓储保鲜冷链物流设施建设，促进合作联营、成网配套。支持供销合作社开展县域流通服务网络建设提升行动，建设县域集采集配中心。

（十九）促进农民就地就近就业创业。落实各类农民工稳岗就业政策。发挥大中城市就业带动作用。实施县域农民工市民化质量提升行动。鼓励发展共享用工、多渠道灵活就业，规范发展新就业形态，培育发展家政服务、物流配送、养老托育等生活性服务业。推进返乡入乡创业园建设，落实各项扶持政策。大力开展适合农民工就业的技能培训和新职业新业态培训。合理引导灵活就业农民工按规定参加职工基本医疗保险和城镇职工基本养老保险。

（二十）推进农业农村绿色发展。加强农业面源污染综合治理，深入推进农业投入品减量化，加强畜禽粪污资源化利用，推进农膜科学使用回收，支持秸秆综合利用。建设国家农业绿色发展先行区。开展农业绿色发展情况评价。开展水系连通及水美乡村建设。实施生态保护修复重大工程，复苏河湖生态环境，加强天然林保护修复、草原休养生息。科学推进国土绿化。支持牧区发展和牧民增收，落实第三轮草原生态保护补助奖励政策。研发应用减碳增汇型农业技术，探索建立碳汇产品价值实现机制。实施生物多样性保护重大工程。巩固长江禁渔成果，强化退捕渔民安置保障，加强常态化执法监管。强化水生生物养护，规范增殖放流。构建以国家公园为主体的自然保护地体系。出台推进乡村生态振兴的指导意见。

五、扎实稳妥推进乡村建设

（二十一）健全乡村建设实施机制。落实乡村振兴为农民而兴、乡村建设为农民而建的要求，坚持自下而上、村民自治、农民参与，启动乡村建设行动实施方案，因地制宜、有力有序推进。坚持数量服从质量、进度服从实效，求好不求快，把握乡村建设的时、度、效。立足村庄现有基础开展乡村建设，不盲目拆旧村、建新村，不超越发展阶段搞大融资、大开发、大建设，避免无效投入造成浪费，防范村级债务风险。统筹城镇和村庄布局，科学确定村庄分类，加快推进有条件有需求的村庄编制村庄规划，严格规范村庄撤并。开展传统村落集中连片保护利用示范，健全传统村落监测评估、警示退出、撤并事前审查等机制。保护特色民族村寨。实施“拯救老屋行动”。推动村庄小型建设项目简易审批，规范项目管理，提高资金绩效。总结推广村民自治组织、农村集体经济组织、农民群众参与乡村建设项目的有效做法。明晰乡村建设项目产权，以县域为单位组织编制村庄公共基础设施管护责任清单。

（二十二）接续实施农村人居环境整治提升五年行动。从农民实际需求出发推进农村改厕，具备条件的地方可推广水冲卫生厕所，统筹做好供水保障和污水处理；不具备条件的可建设卫生旱厕。巩固户厕问题摸排整改成果。分区分类推进农村生活污水治理，优先治理人口集中村庄，不适宜集中处理的推进小型化生态化治理和污水资源化利用。加快推进农村黑臭水体治理。推进生活垃圾源头分类减量，加强村庄有机废弃物综合处置利用设施建设，推进就地利用处理。深入实施村庄清洁行动和绿化美化行动。

（二十三）扎实开展重点领域农村基础设施建设。有序推进乡镇通三级及以上等级公路、较大人口规模自然村（组）通硬化路，实施农村公路安全生命防护工程和危桥改造。扎实开展农村公路管理养护体制改革试点。稳步推进农村公路路况自动化检测。推进农村供水工程建设改造，配套完善净化消毒设施设备。深入实施农村电网巩固提升工程。推进农村光伏、生物质能等清洁能源建设。实施农房质量安全提升工程，继续实施农村危房改造和抗震改造，完善农村房屋建设标准规范。加强对用作经营的农村自建房安全隐患整治。

（二十四）大力推进数字乡村建设。推进智慧农业发展，促进信息技术与农机农艺融合应用。加强农民数字素养与技能培训。以数字技术赋能乡村公共服务，推动“互联网＋政务服务”向乡村延伸覆盖。着眼解决实际问题，拓展农业农村大数据应用场景。加快推动数字乡村标准化建设，研究制定发展评价指标体系，持续开展数字乡村试点。加强农村信息基础设施建设。

（二十五）加强基本公共服务县域统筹。加快推进以县城为重要载体的城镇化建设。加强普惠性、基础性、兜底性民生建设，推动基本公共服务供给由注重机构行政区域覆盖向注重常住人口服务覆盖转变。实施新一轮学前教育行动计划，多渠道加快农村普惠性学前教育资源建设，办好特殊教育。扎实推进城乡学校共同体建设。深入推进紧密型县域医疗卫生共同体建设，实施医保按总额付费，加强监督考核，实现结余留用、合理超支分担。推动农村基层定点医疗机构医保信息化建设，强化智能监控全覆盖，加强医疗保障基金监管。落实对特殊困难群体参加城乡居民基本医保的分类资助政策。有条件的地方可提供村卫生室运行经费补助，分类落实村医养老保障、医保等社会保障待遇。提升县级敬老院失能照护能力和乡镇敬老院集中供养水平，鼓励在有条件的村庄开展日间照料、老年食堂等服务。加强乡镇便民服务和社会工作服务，实施村级综合服务设施提升工程。健全分层分类的社会救助体系，切实保障困难农民群众基本生活。健全基层党员、干部关爱联系制度，经常探访空巢老人、留守儿童、残疾人。完善未成年人关爱保护工作网络。

六、突出实效改进乡村治理

（二十六）加强农村基层组织建设。强化县级党委抓乡促村职责，深化乡镇管理体制改革，健全乡镇党委统一指挥和统筹协调机制，加强乡镇、村集中换届后领导班子建设，全面开展农村基层干部乡村振兴主题培训。持续排查整顿软弱涣散村党组织。发挥驻村第一书记和工作队抓党建促乡村振兴作用。完善村级重要事项、重大问题经村党组织研究讨论机制，全面落实“四议两公开”制度。深入开展市县巡察，强化基层监督，加强基层纪检监察组织与村务监督委员会的沟通协作、有效衔接，强化对村干部的监督。健全党组织领导的自治、法治、德治相结合的乡村治理体系，推行网格化管理、数字化赋能、精细化服务。推进村委会规范化建设。深化乡村治理体系建设试点示范。开展村级议事协商创新实验。推广村级组织依法自治事项、依法协助政府工作事项等清单制，规范村级组织机构牌子和证明事项，推行村级基础信息统计“一张表”制度，减轻村级组织负担。

（二十七）创新农村精神文明建设有效平台载体。依托新时代文明实践中心、县级融媒体中心等平台开展对象化分众化宣传教育，弘扬和践行社会主义核心价值观。在乡村创新开展“听党话、感党恩、跟党走”宣传教育活动。探索统筹推动城乡精神文明融合发展的具体方式，完善全国文明村镇测评体系。启动实施文化产业赋能乡村振兴计划。整合文化惠民活动资源，支持农民自发组织开展村歌、“村晚”、广场舞、趣味运动会等体现农耕农趣农味的文化体育活动。办好中国农民丰收节。加强农耕文化传承保护，推进非物质文化遗产和重要农业文化遗产保护利用。推广积分制等治理方式，有效发挥村规民约、家庭家教家风作用，推进农村婚俗改革试点和殡葬习俗改革，开展高价彩礼、大操大办等移风易俗重点领域突出问题专项治理。

（二十八）切实维护农村社会平安稳定。推进更高水平的平安法治乡村建设。创建一批“枫桥式公安派出所”“枫桥式人民法庭”。常态化开展扫黑除恶斗争，持续打击“村霸”。防范黑恶势力、家族宗族势力等对农村基层政权的侵蚀和影响。依法严厉打击农村黄赌毒和侵害农村妇女儿童人身权利的违法犯罪行为。加强农村法治宣传教育。加强基层社会心理服务和危机干预，构建一站式多元化矛盾纠纷化解机制。加强农村宗教工作力量。统筹推进应急管理与乡村治理资源整合，加快推进农村应急广播主动发布终端建设，指导做好人员紧急转移避险工作。开展农村交通、消防、安全生产、自然灾害、食品药品安全等领域风险隐患排查和专项治理，依法严厉打击农村制售假冒伪劣农资、非法集资、电信诈骗等违法犯罪行为。加强农业综合行政执法能力建设。落实基层医疗卫生机构疾病预防控制责任。健全农村新冠肺炎疫情常态化防控工作体系，严格落实联防联控、群防群控措施。

七、加大政策保障和体制机制创新力度

（二十九）扩大乡村振兴投入。继续把农业农村作为一般公共预算优先保障领域，中央预算内投资进一步向农业农村倾斜，压实地方政府投入责任。加强考核监督，稳步提高土地出让收入用于农业农村的比例。支持地方政府发行政府债券用于符合条件的乡村振兴公益性项目。提高乡村振兴领域项目储备质量。强化预算绩效管理和监督。

（三十）强化乡村振兴金融服务。对机构法人在县域、业务在县域、资金主要用于乡村振兴的地方法人金融机构，加大支农支小再贷款、再贴现支持力度，实施更加优惠的存款准备金政策。支持各类金融机构探索农业农村基础设施中长期信贷模式。加快农村信用社改革，完善省（自治区）农村信用社联合社治理机制，稳妥化解风险。完善乡村振兴金融服务统计制度，开展金融机构服务乡村振兴考核评估。深入开展农村信用体系建设，发展农户信用贷款。加强农村金融知识普及教育和金融消费权益保护。积极发展农业保险和再保险。优化完善“保险＋期货”模式。强化涉农信贷风险市场化分担和补偿，发挥好农业信贷担保作用。

（三十一）加强乡村振兴人才队伍建设。发现和培养使用农业领域战略科学家。启动“神农英才”计划，加快培养科技领军人才、青年科技人才和高水平创新团队。深入推行科技特派员制度。实施高素质农民培育计划、乡村产业振兴带头人培育“头雁”项目、乡村振兴青春建功行动、乡村振兴巾帼行动。落实艰苦边远地区基层事业单位公开招聘倾斜政策，对县以下基层专业技术人员开展职

称评聘“定向评价、定向使用”工作，对中高级专业技术岗位实行总量控制、比例单列。完善耕读教育体系。优化学科专业结构，支持办好涉农高等学校和职业教育。培养乡村规划、设计、建设、管理专业人才和乡土人才。鼓励地方出台城市人才下乡服务乡村振兴的激励政策。

（三十二）抓好农村改革重点任务落实。开展第二轮土地承包到期后再延长30年整县试点。巩固提升农村集体产权制度改革成果，探索建立农村集体资产监督管理服务体系，探索新型农村集体经济发展路径。稳慎推进农村宅基地制度改革试点，规范开展房地一体宅基地确权登记。稳妥有序推进农村集体经营性建设用地入市。推动开展集体经营性建设用地使用权抵押融资。依法依规有序开展全域土地综合整治试点。深化集体林权制度改革。健全农垦国有农用地使用权管理制度。开展农村产权流转交易市场规范化建设试点。制定新阶段深化农村改革实施方案。

八、坚持和加强党对“三农”工作的全面领导

（三十三）压实全面推进乡村振兴责任。制定乡村振兴责任制实施办法，明确中央和国家机关各部门推进乡村振兴责任，强化五级书记抓乡村振兴责任。开展省级党政领导班子和领导干部推进乡村振兴战略实绩考核。完善市县党政领导班子和领导干部推进乡村振兴战略实绩考核制度，鼓励地方对考核排名靠前的市县给予适当激励，对考核排名靠后、履职不力的进行约谈。落实各级党委和政府负责同志乡村振兴联系点制度。借鉴推广浙江“千万工程”经验，鼓励地方党委和政府开展现场观摩、交流学习等务实管用活动。开展《乡村振兴战略规划（2018—2022年）》实施总结评估。加强集中换届后各级党政领导干部特别是分管“三农”工作的领导干部培训。

（三十四）建强党的农村工作机构。各级党委农村工作领导小组要发挥“三农”工作牵头抓总、统筹协调等作用，一体承担巩固拓展脱贫攻坚成果、全面推进乡村振兴议事协调职责。推进各级党委农村工作领导小组议事协调规范化制度化建设，建立健全重点任务分工落实机制，协同推进乡村振兴。加强各级党委农村工作领导小组办公室建设，充实工作力量，完善运行机制，强化决策参谋、统筹协调、政策指导、推动落实、督导检查等职责。

（三十五）抓点带面推进乡村振兴全面展开。开展“百县千乡万村”乡村振兴示范创建，采取先创建后认定方式，分级创建一批乡村振兴示范县、示范乡镇、示范村。推进农业现代化示范区创建。广泛动员社会力量参与乡村振兴，深入推进“万企兴万村”行动。按规定建立乡村振兴表彰激励制度。

让我们紧密团结在以习近平同志为核心的党中央周围，真抓实干，埋头苦干，奋力开创全面推进乡村振兴新局面，以实际行动迎接党的二十大胜利召开！

（新华社 北京 2022年2月22日电）

“十四五”奶业竞争力提升行动方案

为深入贯彻落实《国务院办公厅关于推进奶业振兴保障乳品质量安全的意见》《国务院办公厅关于促进畜牧业高质量发展的意见》，提升奶业竞争力，保障奶类供给安全，制定了本行动方案。

一、实施背景

“十三五”期间，奶业振兴取得显著成效。2020年，全国奶类产量3 530万t，百头以上奶牛规模养殖比重达67.2%，分别比2015年提高了7%和18.9%。奶牛年均单产达8.3t，比2015年增长2.3t。规模牧场生鲜乳乳蛋白、乳脂肪等指标达到奶业发达国家水平，乳制品抽查合格率位居食品行业前列。全国人均乳品消费量折合生鲜乳达38.2kg，比2015年增长6. 3kg。总体来看，奶业生产水平明显提升，质量安全达到较高水准，乳品消费仍在快速增长，为实现奶业全面振兴提供了良好条件。但是，由于奶业生产成本高、产销衔接不紧密、产业链利益联结机制不完善等原因，产业整体竞争力不足，进口冲击严重。2020年乳制品进口比2015年增长了70.4%，奶源自给率下降了9.6个百分点，国产奶源市场份额下降与消费市场日益扩大形成了强烈反差，亟待采取有效措施来提升奶业竞争力。

二、总体要求

（一）指导思想。以习近平新时代中国特色社会主义思想为指导，立足新发展阶段、贯彻新发展理念、构建新发展格局、推动高质量发展，按照保供固安全、振兴畅循环的工作定位，对标对表奶业全面振兴和重要农产品保供任务，统筹奶业主产区和潜力区发展，降低养殖成本、完善利益联结、优化产品结构、引导乳品消费，巩固提升奶源供给保障能力，提高国产乳品质量、效益和竞争力，促进奶业高质量发展。

（二）主要原则。统筹兼顾，抓主抓重。围绕奶业主产省，兼顾南方潜力区和特色奶产区，以节本增效为目标，补短板、强弱项，提升规模养殖场草畜配套比例、资源利用效率和数字化应用水平，优化奶源布局，示范带动奶业高质量发展。

政府引导，多元投入。充分发挥奶牛养殖场、乳品加工企业、第三方检测机构等市场主体作用，通过政府扶持引导，鼓励地方资金配套，吸引金融、社会资本投入，调动各方参与积极性，形成多元化的投入格局。

供需适配，消费带动。发挥消费带动生产发展的引擎作用，加强公益和科普宣传，展示国产奶源“新鲜”优势，促进乳品消费多元化、本土化，提升奶业竞争力。

（三）行动目标。到2025年，全国奶类产量达到4 100万t左右，百头以上规模养殖比重达到75%左右。规模养殖场草畜配套、种养结合生产比例提高5个百分点左右，饲草料投入成本进一步降低，养殖场现代化设施装备水平大幅提升，奶牛年均单产达9t左右。养殖加工利益联结更加紧密、形式更加多样，国产奶业竞争力进一步提升。

三、重点任务

（一）优化奶源区域布局。抓住重点区域、突出重点环节，支持主产省加强优质奶源基地建设，启动实施奶业生产能力提升整县推进项目，立足于河北、内蒙古、黑龙江 3 个实施千万吨奶工程的省份，打造奶业发展优势产区，推动奶业生产提质增量。发挥垦区产业集群优势，加强奶源基地建设。支持南方主销区奶源产能开发，重点支持适度规模养殖场发展，加强奶牛热应激技术服务支撑，开展饲料资源多元化综合利用技术研发，提高养殖场标准化管理水平，总结形成一批可复制可推广的南方奶业发展模式。

（二）提升自主育种能力。夯实奶牛品种登记和生产性能测定基础，扩大奶牛生产性能测定范围，推进奶牛生产性能测定数据在良种选育过程中的应用，健全奶牛生产性状关键数据库，建立奶牛育种数据平台，提高遗传评估效率，应用全基因组选择等技术，组建参考牛群，开展青年公牛联合后裔测定，培育后备公牛和验证公牛，建设国家奶牛核心育种场，增强良种自主供应能力。

（三）增加优质饲草料供给。实施振兴奶业苜蓿发展行动，支持内蒙古、甘肃、宁夏建设一批高产优质苜蓿基地，提高国产苜蓿品质，推广青贮苜蓿饲喂技术，提升国产苜蓿自给率。推进农区种养结合，探索完善牧区半舍饲模式，推动农牧交错带种草养畜。全面普及奶牛青贮玉米饲喂技术，支持粮改饲政策实施范围扩大到所有奶牛养殖大县。推进饲草料种植和奶牛养殖配套衔接，总结推广粗饲料就地就近供应典型技术模式，降低饲草料投入成本。

（四）支持标准化、数字化规模养殖。培育壮大家庭牧场、奶农合作社等适度规模养殖主体，支持养殖场开展“智慧牧场”建设，对饲喂、挤奶、保健、防疫、粪污处理等关键环节设施设备升级改造，推动基于物联网、大数据技术的智能统计分析软件终端在奶牛养殖中的应用，实现养殖管理数字化、智能化。加强奶牛生产性能测定在生产管理中的解读应用，推进精准饲喂管理，提高资源利用效率。

专栏 1　奶业生产能力提升整县推进
“十四五”期间，支持 100 个奶业大县示范高质量发展。在东北和内蒙古产区、华北和中原产区、西北产区，支持 80 个年产量 5 万 t 以上的奶业大县，其中，对内蒙古、河北和黑龙江 3 个省份支持比例不低于 50%。在南方产区和大城市周边产区支持 20 个年产量 3 万 t 以上的奶业大县，优化全国奶源布局。支持内容包括奶牛养殖草畜配套建设和高水平适度规模现代智慧牛场建设。

（五）引导产业链前伸后延。推进奶业一二三产业融合发展，支持乳品企业自建、收购养殖场，提高自有奶源比例，并通过与奶农相互持股、二次分红、溢价收购、利润保障等方式，稳固奶源基础。鼓励有条件的奶农在确保质量安全的条件下，依靠自有奶源有序发展乳制品加工，推动奶牛养殖向乳品加工和流通领域拓展，重点发展巴氏杀菌乳、低温发酵乳、奶酪和民族特色乳制品，通过直营、电商等渠道服务当地和周边社区居民，提高奶牛养殖效益，提升奶农市场地位。

专栏 2　奶农养加一体化试点
“十四五”期间，在内蒙古、河南、山东等北方奶业主产省份和部分乳制品消费人口集中区域，支持一批有乳制品加工和销售经验基础的奶牛规模养殖场（奶农合作社）发展乳制品加工试点，拓宽增收渠道，稳固奶牛养殖环节在产业链的基础地位。

（六）稳定生鲜乳购销秩序。支持奶业大县、企业和有条件的奶农自建乳品检验检测体系。加强检测技术研发和资源共享，为奶农检测提供便利，做到节约成本，公平公正。加强国家级乳品质量检测能力建设，支持一批奶业科研基础扎实、技术服务支撑能力强、区域服务能力强的生鲜乳检验检测机构设备提升。以构建公平合理的生鲜乳收购价格机制、保障乳品质量安全为目标，探索生鲜乳第三方检测，推动形成以质论价、公平合理的生鲜乳市场购销秩序。

专栏 3　生鲜乳质量检验检测第三方试点
“十四五”期间，在全国培育 35 家检测业务专精、市场化程度较好第三方生鲜乳检测机构，以政府购买服务方式，支持 5 个试点市（盟）对交售的生鲜乳进行检测，示范推动形成以质论价、优质优价的生鲜乳收购价格体系。

（七）提高生鲜乳质量安全监管水平。完善乳品质量安全法规标准体系，健全生鲜乳生产、收购、运输等管理制度。强化源头治理，推进奶牛健康养殖，加强奶牛疫病防控，开展奶牛养殖兽用抗菌药使用减量化行动试点，严格养殖环节饲料、兽药等投入品使用。创新监管方式，提升生鲜乳质量安全监管效率，优化奶业监管平台，加强收购、运输重点环节监管和抽检监测，严厉打击违法违规行为，依法取缔不合格生产经营主体，保障乳品质量安全。

（八）支持乳制品加工做优做强。用好“本土”优势，打好“品质”“新鲜”牌，满足差异化市场需求，研发生产适合不同消费群体的乳制品，避免过度包装，提高国产乳制品竞争力。鼓励企业开展奶酪加工技术攻关，加快奶酪生产工艺和设备升级改造，提高国产奶酪的产出率，研发适合中国消费者口味的奶酪产品。提高乳清、蛋白浓缩物等奶酪副产品加工利用水平。开发羊奶、水牛奶、牦牛奶等特色乳制品。鼓励地方及行业协会注册区域公用品牌或申请地理标志农产品保护。发挥行业协会作用，培育一批示范带动行业发展、积极履行社会责任、具有影响力的国产乳品品牌。

（九）加强消费宣传引导。加大奶业公益宣传，扩大乳品消费科普，倡导科学饮奶，引导健康消费。普及巴氏杀菌乳、灭菌乳、发酵乳、奶酪等乳制品营养知识，培育多样化、本土化的消费习惯。加大学生饮用奶宣传推广。支持奶牛休闲观光牧场发展，深化消费者对奶牛养殖的科学认识，推动一二三产业融合发展。加强乳制品消费监测，研判供需形势。开拓“互联网+”等新型营销模式，满足乳品便捷、个性化的消费需求。

专栏4　乳品多样化、本土化消费提升
1. 开展乳品消费公益宣传。发布《中国奶业质量报告》，开展奶香飘万家科普宣传，举办奶酪推广活动。支持学生饮用奶宣传引导。 2. 支持奶业品牌提升。通过行业协会等第三方组织，举办奶业20强峰会（D20峰会），支持奶牛休闲观光牧场创建，引导奶牛养殖与加工、消费、文旅、科普相结合，展示国产奶业发展成效，提升国产乳品消费水平。

四、保障措施

（一）加强组织领导。严格落实省负总责和“菜篮子”市长负责制，制定细化落实方案，明确目标任务，抓好奶业生产能力提升整县推进等项目的组织实施。省级农业农村部门要牵头成立工作领导小组，建立定期会商、协同推进、跟踪调度、科学评价等机制，出台配套政策措施，加强对市县的督促指导。农业农村部将定期开展情况调度，并在全系统进行通报。

（二）加大资金投入。各地统筹利用中央和地方财政补助资金、金融资本、实施主体自筹资金等多渠道资金予以支持，财政补助资金可采取“先建后补、以奖代补”的形式，对项目任务予以统筹支持。创新投融资体制机制，引导金融、社会资本参与项目实施，加强与政策性、开发性等各类金融机构对接，积极争取信贷资金、基金等支持，形成多元化的投入格局。支持企业通过并购和参股等方式参与奶业竞争力提升行动。压实地方人民政府项目实施主体责任，严格执行相关标准和规范，确保资金发挥实效。

（三）完善配套政策。各地要结合实际，统筹用好粮改饲等扶持政策，出台地方支持政策，落实好养殖用地、奶牛活体抵押贷款试点等政策，扩大奶牛政策性保险覆盖范围。引导农业信贷担保公司支持奶牛养殖、饲草料生产、奶农发展乳制品加工等。鼓励各地整合政策资源，聚集奶业振兴发展要素，打造一批奶业竞争力提升项目。对项目实施适时开展科学评价，及时发现和解决实施中出现的问题。支持饲草料种植、收获、加工、贮存设施设备升级，将牧场购置符合条件的饲草料加工机械和成套设施装备纳入农机购置补贴范围。

（四）强化技术服务。各级要建立专家指导服务制度，充分利用科研教学单位、技术推广、产业技术体系和行业协会等专家资源，加强对项目的技术指导服务，围绕种、料、病、管等环节开展协作攻关，破解关键技术瓶颈。推动建立以企业为主体、科研院所为支撑、产学研相结合的奶业科技创新体系，加强奶业社会化服务体系建设，提高奶业生产技术水平，促进奶业转型升级，提升产业竞争力。

（五）营造良好氛围。充分调动各方主体积极性，宣传项目实施对保障奶类供给、推进奶业振兴的重要作用。各地要认真总结项目实施中的好经验好做法，充分利用各类媒体资源，创新形式和内容，适度宣传报道项目成效和推进经验，树立典型，扩大影响，营造促进项目实施的良好社会氛围。

（农业农村部 2022 年 2 月 16 日印发）

非凡业绩来自不懈拼搏　赢得未来还需奋力开拓*

近年来，农业农村部会同有关部门强政策、严监管、练内功，全行业齐心协力，全力以赴提质量、保供给、促振兴。

坚持不懈加强产业链一体化构建。一方面立足当前，推动形成稳定的生鲜乳合同购销制度，通过推行制式合同、合同备案、第三方检测试点和生鲜乳价格协商等措施，规范购销行为，维护市场秩序。另一方面立足长远，通过政策倾斜支持乳品企业加强自有奶源基地建设，开展奶农办加工试点，从养殖和加工双向发力，提高一体化比例。目前，20强企业自建、自控牧场的奶牛存栏已占全国50%以上。

坚持不懈加强乳品消费宣传引导。制作播放牛奶公益广告，发布《中国奶业质量报告》，打造奶牛休闲观光牧场，用看得见、摸得着、品得到的方式，展示中国奶业日新月异的变化、国产乳品安全放心的品质。组织开展小康牛奶公益助学行动，推广实施国家“学生饮用奶计划”，普及牛奶营养知识，培养青少年的乳品消费习惯，增进青少年和家长对国产乳品的认知认同。开展奶酪推广行动，通过编印通俗易懂的科普材料，组织论坛交流和品鉴活动，增进消费者对奶酪这种新产品的了解，推动从“喝奶”向“吃奶”拓展，为奶酪等干乳制品打开发展空间。2019年国产婴幼儿配方奶粉市场占有率首次超过50%，2020年扩大到54%，消费者对国产乳制品认同度明显提升。2019年以来，奶酪零售市场保持两位数增速，成为乳品消费新的增长点。

进入新发展阶段，我国奶业发展面临更加艰巨的任务，更加复杂的形势。

从国内看，还存在不少发展不平衡、不充分问题，例如生鲜乳生产成本偏高，不少乳制品市场价格定位过高，乳品供给对需求的适配度有待改善，产业链的协调性、供应链的完整性有待提升。这些问题解决不好，都会制约我国奶业的竞争力，导致发展空间受限。

从国际上看，受资源环境承载能力、碳减排压力等因素限制，无论是乳制品还是种牛进口，未来都面临较大的不确定性。满足国内乳品消费需求，应该积极利用国际资源，但决不能丧失主动权。

“十四五”期间，我们将和大家一起，重点抓好五个方面工作。

一是进一步提高奶源供给能力。总结完善这些年行之有效的经验做法，持续加强优质奶源基地建设，提单产、提质量、降成本，努力完成70%的自给率目标。优化奶源区域布局，推动奶牛养殖量与饲草料种植规模配套衔接，提升种养循环发展水平。持续推进奶牛遗传改良，增加国产良种奶牛供应能力。扩大奶牛生产性能测定规模，参测泌乳牛从16万头增加至100万头。制定实施全国饲草产业发展规划，持续推进粮改饲和振兴奶业苜蓿发展行动，确保全株青贮玉米等“口粮”应喂尽喂，苜蓿等高品质饲草自给率不断提升。

二是进一步提升乳品质量安全保障能力。持续强化全链条、全主体、全覆盖监管，推动乳品质量迈向国际领先水平。在奶牛养殖环节，着力强化饲料、兽药等投入品使用管理。在收购和运输环节，着力强化信息化监管手段和常规措施的协同，全面推行监管工作“双随机、一公开”，确保原料奶质量不出问题。配合有关部门修订完善乳品标准体系，推动尽快出台生乳等国家标准。

---

*《非凡业绩来自不懈拼搏　赢得未来还需奋力开拓》一文，是2021年7月18日农业农村部和中国奶业协会在安徽省合肥市共同举办的2021中国奶业20强（D20）峰会上，农业农村部副部长马有祥的主旨演讲摘要。标题为中国奶业年鉴编辑部所加。

三是进一步稳固养殖加工利益联结。继续加大政策倾斜力度，支持乳品企业扩大自有奶源比例，鼓励奶牛养殖与乳品加工、休闲观光等增值服务结合起来，延伸产业链，提升价值链。支持主产省份完善生鲜乳价格协商机制，扩大第三方检测试点，保障养殖加工双方都有合理收益。整顿生鲜乳收购秩序，依法查处不履行购销合同、凭借购销关系强推强卖等行为。

四是进一步提高乳品供需适配度。进一步优化产品结构，巩固液态奶市场优势，发挥国产奶“新鲜”优势，挖掘低温奶市场潜能。加快开发适合中国消费者的奶酪等干乳制品，鼓励发展民族特色奶食品。重视农村这个最大的潜力区，多供给优质优价的大众化乳品。不断创新消费形式，积极发展线上带货、线下体验式消费等新型消费方式。持续开展科普宣传，让科学饮奶深入人心。

五是进一步开拓奶业合作共赢新局面。我国奶业开放程度高，今后将继续保持对外开放，与世界各国分享发展红利，统筹全球资源，为中国消费者提供优质乳品。大力推进全方位的合作，在贸易、投资、人才、技术等领域互通有无、共同提升。要有更开阔的国际视野，既要巩固与现有主要贸易国的合作，还要积极参与到“一带一路”倡议的实施中，不断拓展新的合作伙伴。着力提高合作质量和深度，实现高水平的“引进来”和“走出去”，为国内产业发展和满足多样化消费需求提供更有力的支撑。

饲草“规划”是筑牢国家粮食安全根基的迫切需要*

近日（2022年2月16日），农业农村部印发《“十四五”全国饲草产业发展规划》（以下简称《规划》），这是针对全国饲草产业发展的第一个专项规划。《规划》明确，到2025年，全国优质饲草产量达到9 800万t，牛羊饲草需求保障率达80%以上，饲草种子总体自给率达70%以上，饲料（草）生产与加工机械化率达65%以上。

编制《规划》是筑牢国家粮食安全根基的迫切需要。农业农村部畜牧兽医局局长杨振海说，当前，粮食安全的主要压力在饲料粮，促进饲料粮减量的一个重要渠道就是增加饲草供应，减少牛羊养殖精饲料用量。2021年，粮改饲完成面积2 000万亩以上，收储优质饲草5 500万t，牛羊养殖减用玉米和豆粕720万t，相当于减少了2 600万亩的玉米、大豆种植需求，节约耕地600万亩，实现了化草为粮的效果。

“近十多年来，我国居民对牛羊肉和奶类的需求持续快速增长，但国内生产发展相对滞后，造成这一局面的重要原因之一就是饲草特别是优质饲草供给不足。”杨振海表示，初步测算，要确保牛羊肉和奶源自给率的目标，对优质饲草的需求总量将超过1.2亿t，尚有近5 000万t的缺口。“随着《规划》的深入实施，苜蓿、全株青贮玉米等优质饲草的缺口将持续缩小，为增强草食畜产品供给提供了有力保障。”

自“十三五”以来，国家相继实施草原生态保护补助奖励、粮改饲、振兴奶业苜蓿发展行动等政策措施，推动了现代饲草产业发展。饲草供种能力、生产组织化程度持续提高，饲草加工业快速发展，90%的全株青贮玉米达到良好水平以上，苜蓿二级以上占70%。各地积极探索推广粮草轮作、豆禾混播或套种等特色模式，培育了一批饲草产业集群，饲草生产模式更加多元。优质饲草供应增加，促进了草食畜牧业提质增效。以奶牛为例，“十三五”期间奶牛单产从5.5t提高到8.3t，但每吨牛奶的精饲料用量减少了12%。

在市场拉动和政策助力下，饲草产业发展初见成效，但由于我国饲草产业起步较晚，生产经营体系尚不完善，产业发展面临诸多困难挑战，亟须加强顶层设计。对此，《规划》从四个方面明确举措：推进重要饲草生产集聚发展，在重点区域建成一批优质高产饲草基地；大力培育规模化集约化新型经营主体，引导龙头企业向饲草优势产区集中；推进良繁体系建设，加快培育一批饲草新品种；加快构建现代化加工流通体系，开发多样化饲草产品。

我国各地自然条件和资源禀赋差异较大，不同区域发展饲草产业自然有不同的模式。业内认为，东北地区应推行种养结合、就近利用模式，优先满足区域内饲草需求，鼓励有条件的地区发展商品草生产。华北地区要调整玉米利用方式，推行种养一体化发展模式，提升区域内优质饲草自给能力。西北地区要大力发展旱作节水饲草生产，打造全国重要的优质商品苜蓿草供应基地，建设饲草种业基地。南方地区推行特色化、差异化饲草发展模式，在适宜地区开展草山草坡改良及人工混播饲草放牧地建植与管理。

---

* 《饲草“规划”是筑牢国家粮食安全根基的迫切需要》一文，是《经济日报》记者乔金亮对农业农村部畜牧兽医局局长杨振海的采访报道，标题由中国奶业年鉴编辑部所加。原标题为：《饲草产业发布首个专项规划》。

为加快饲草产业发展，农业农村部门将加大政策支持，统筹用好各类财政专项资金和基本建设投资，探索推进土地经营权、大型种植机械抵押贷款，鼓励有条件的地方探索开展饲草种植保险。同时，增强科技支撑，组建“产、学、研、推”紧密结合的饲草产业科技创新平台，完善饲草产业标准体系，加快新品种、新技术示范与推广。

（摘自《经济日报》2022 年 3 月 29 日）

砥砺二十载　同心护未来*
国家“学生饮用奶计划”实施成就非凡

20年前，世界科技革命方兴未艾，国内改革开放日新月异，中国奶业开启跨越式发展历程，党中央、国务院全面研判国际国内大势，高度重视儿童青少年营养健康问题，充分借鉴国际通行做法，作出了启动实施国家“学生饮用奶计划”的重大决策，掀开了全国学生营养改善工作的崭新篇章！

今天，回顾国家“学生饮用奶计划”实施20年光辉历程，展示非凡成就，总结宝贵经验，展望光明未来，就是要动员社会各界在新发展阶段，把国家“学生饮用奶计划”实施推向更深层次、更高水平，为全国奶业振兴和青少年身体素质提高，做出新的更大贡献！

一、风雨兼程、勇毅前行，20年光辉历程回顾

我国“学生饮用奶计划” 起步较晚，从酝酿筹备到启动实施，经历了曲折发展的过程；在学习借鉴国外成功经验的基础上，探索出适合我国国情的运作模式，并取得了长远发展。

（一）鸿蒙初辟，奠定夯实基础。2000年11月15日，农业部、中共中央宣传部等单位在北京人民大会堂联合召开实施国家“学生饮用奶计划”新闻发布会，公布了七部委（局）《关于实施国家“学生饮用奶计划”的通知》和国家“学生饮用奶计划”暂行管理办法，为国家“学生饮用奶计划”的实施确定了具有中国特色的运行模式，即政府主导、企业运作、学校参与，有限竞争。启动之初，确定了“安全、营养、方便、价廉”四项基本原则，学生饮用奶产品包装上印制带有“中国学生饮用奶”中英文的标志，直供学校，不在市场销售。

（二）传承创新，实现全新转变。2012年9月，学生饮用奶生产企业资格认定作为非行政许可审批事项被国务院取消。2013年9月，农业部、教育部等国务院七部门行文，将国家“学生饮用奶计划”推广工作整体移交中国奶业协会，管理机制由政府部门全面管理转变为政府部门监督管理、行业协会推广管理，充分发挥社会力量和利用市场机制。中国奶业协会承接推广工作后，贯彻“改善中小学生营养状况、促进中小学生发育成长、提高中小学生健康水平”的宗旨，对学生饮用奶生产企业由行政审批备案转变为标志许可使用，制定颁布了《国家“学生饮用奶计划”推广管理办法》和学生饮用奶系列团体标准，做好顶层设计，建章立制，全面提升“学生饮用奶计划”推广工作。

（三）匠心守望，保障质量安全。学生饮用奶具有特殊群体在特殊场合的特殊性，不同于一般乳制品的消费，对学生饮用奶生产企业提出高于一般乳品企业的要求。学生饮用奶生产企业秉持工匠精神，在加工能力、质量管理、奶源基地、配送系统、管理制度等方面具备更高的水平和能力，有力保障学生饮用奶产品的质量安全水平。国家“学生饮用奶计划”从启动之初便非常重视对奶源的要求，2003—2013年实施了“学生奶奶源升级计划”，坚持新鲜优质奶源作为学生饮用奶原料奶的原则延用至今。

（四）相得益彰，携手多元推广。2011年启动实施的农村义务教育学生营养改善计划，成为国家“学生饮用奶计划”推广的新机遇。带有“中国学生饮用奶”标志的牛奶，不仅进入政府实施

*《砥砺二十载，同心护未来　国家“学生饮用奶计划”实施成就非凡》一文是2020年12月22日，中国奶业协会在北京举办的国家“学生饮用奶计划”实施20年推进会上，中国奶业协会副会长兼秘书长刘亚清所作的主旨报告。标题为年鉴编辑部所加。

的农村义务教育学生营养改善计划学校，还走进了农业部联合中国奶业协会发起的“中国小康牛奶行动 D20 牛奶助学公益活动”、中国扶贫基金会的爱加餐项目、实事助学基金会面向贫困学生的资助项目、地方政府组织实施的学生营养餐工程等。这些都是国家“学生饮用奶计划”多途径入校、多方式饮用、多元化合作的成果。

（五）踵事增华，开启新的征程。为落实《国务院办公厅关于推进奶业振兴保障乳品质量安全的意见》关于“大力推广国家“学生饮用奶计划”，增加产品种类，保障质量安全，扩大覆盖范围”的要求，增加学生饮用奶产品种类试点工作于 2020 年 1 月正式启动，确定了 17 家试点企业，选定巴氏杀菌乳、发酵乳和再制干酪作为新增产品种类。组织制定了《增加学生饮用奶产品种类试点管理规范》和三个新增产品的团体标准试行稿。今年 9 月，已公告了第一批试点工厂，许可生产供应学生饮用奶试点产品。创新更为适合我国国情的学生饮用奶推广模式，构建更为完善的学生饮用奶推广管理体系。

二、硕果累累、成绩斐然，20 年非凡成就展示

20 年披荆斩棘，20 年砥砺奋进！ 20 年来，在农业农村部、教育部等有关部门的支持下，各地方工作机构、实施学校、学生饮用奶生产企业以及社会各界的共同努力下，国家“学生饮用奶计划”积极稳妥推进，取得了骄人成绩！

一是生产能力跃上新台阶。学生饮用奶生产企业从首批认定的 7 家，增加到目前的 123 家，隶属 73 家集团公司，日处理生鲜乳总能力 5 万多 t；备案学生饮用奶奶源基地 354 家，泌乳牛总存栏 40 多万头，日均供应生鲜乳 12 000 多 t。

二是供应水平得到新提升。全国学生饮用奶在校日均供应量从 2001 年的 50 万份，增长到 2019—2020 学年的 2 130 万份，惠及 2 600 万名中小学生，从最初的北京、天津、上海、广州、沈阳 5 个试点城市覆盖到全国 31 个省、自治区、直辖市的 63 000 多所学校。

三是推广管理迈出新步伐。健全推广管理规章制度，不断完善在推广运行、专用标志、生产企业、注册程序、质量管理、实施学校等方面规定，强化准入门槛，对接国际标准，全面提升管理服务水平。国家“学生饮用奶计划”的顺利实施，对改善和提高我国中小学生营养健康水平，促进乳品消费和奶业振兴起到了积极作用。

回首过去，成就非凡，展望未来，任重道远。2019 年，国家“学生饮用奶计划”饮奶中小学生普及率仅为 17%，相比普及率较高的国家，如瑞典普及率为 95%、日本 90% 以上、美国 80% 以上，我国仍有较大差距，面临许多不容忽视的困难和问题，主要表现在以下三点。

一是营养立法进程亟待加快。国外经验证明，国家层面颁布建立营养干预有关法律法规体系，是“学生饮用奶计划”得以持续健康发展的根本保障。

二是宣传教育力度有待加大。部分地区对学生饮用奶进校积极性不高，宣传推广力度不够，需要在更大范围、更广领域开展持续性、系统性的学生饮奶宣传教育工作。

三是与其他营养改善计划衔接不紧密。特别是与“农村义务教育学生营养改善计划”没有深层次衔接，仅有约三分之一享受“营养改善计划”的贫困地区学生能在学校喝到牛奶。

全球 60 多个国家推广学生饮用奶，有超过 1.6 亿儿童受益，是世界公认的改善和提高学生营养健康和身体素质的重要途径。实施国家“学生饮用奶计划”是一项关系国家、民族根本利益的长远大计，是一项必须长期坚持下去的重要战略计划。当前，“健康中国”已上升为国家战略，未来政策和资源必定会向大健康领域倾斜；我国儿童营养不良状况尚未根本解决，学生营养改善工作任重道远，“学生饮用奶计划”的作用举足轻重。与此同时，我国奶业素质全面提升，政府营养改善补贴政策利好，为加大“学生饮用奶计划”推广力度奠定了坚实基础。

三、鉴往知来、明微见著，20年宝贵经验总结

国家“学生饮用奶计划”的实施，是基于对我国奶业生产水平显著提高的深刻把握，是基于对国际学生营养改善潮流的深刻洞察，是基于对儿童青少年营养健康需求的深刻体悟。研究国家“学生饮用奶计划”实施20年的实践，有以下六点基本经验。

（一）呼吁政府重视是前提。党和国家领导历来十分重视青少年的营养健康状况，支持奶业发展。政府在实施“学生饮用奶计划”中起着至关重要的作用，“学生饮用奶计划”实施的成效首先取决于政府的重视和支持，特别是在法规建设、政策扶持、监督管理、战略研究、宣传教育和国际交流等方面。继续争取政府及相关部门的高度重视和大力支持，有利于加大“学生饮用奶计划”的推广力度，开创推广新局面。

（二）确保质量安全是根本。学生饮用奶由于是中小学生在学校集体、集中饮用，具有群体特殊性和场合特殊性，对学生饮用奶的质量安全提出极高的要求，受到社会各界广泛关注。一旦发生质量安全事件，所有工作将毁于一旦。学生饮用奶生产企业要始终把质量安全放在首位，始终遵循有关法律法规和食品安全标准，始终恪守“安全第一、质量至上”的原则，诚信自律、居安思危，确保学生饮用奶产品质量安全并随时接受政府有关部门的监督。

（三）发挥企业作用是核心。学生饮用奶生产企业是学生饮用奶的生产供应方，承担食品安全主体责任和首负责任，在实施国家“学生饮用奶计划” 中处于核心地位。始终要充分调动、保护和发挥生产企业的积极性，让生产企业发挥自身优势、主动开展工作，各级学生饮用奶工作机构应积极为生产企业提供服务，尽可能地帮助企业开展推广工作，增创推广新优势。

（四）依靠社会力量是基础。“学生饮用奶计划”推广是奶业全产业链的微缩版，涵盖养殖、加工、消费，从原料奶收集、加工到配送入校，产业链条长、涉及环节多、消费群年幼、社会影响大，是一项系统工程。要充分发挥市场在资源配置中的决定性作用，推动各类市场主体参与服务供给，动员和依靠更多社会力量参与推广实施，重视发挥各方面的积极性，协调好各方关系，保障推广成效。

（五）获得学校支持是关键。学生饮用奶是直供学校，是学生在学校饮用的乳品，学校自然是“学生饮用奶计划”实施中的关键环节。实践证明，没有教育部门和学校的积极参与和配合，“学生饮用奶计划”就不可能顺利推行。要积极配合学校食物营养健康教育，通过多种形式开展饮奶营养知识普及，增强中小学生健康意识。充分发挥教育机构资源优势，争取更多的学校和家长对学生饮用奶的认知，激活推广新动力。

（六）借鉴国际经验是捷径。“学生饮用奶计划”必须立足于中国国情，同时相互学习借鉴国际经验，构建推广新格局。总结世界各国学生饮用奶推广的经验和做法，虽然各有特点，但是改善和提高学生营养健康的初衷一致，不同中又有许多共同之处，值得借鉴和参考。牛奶是世界公认改善儿童营养健康不可或缺的重要食品。今日喝奶儿童将成为未来乳制品市场的主要消费者。

四、慎始敬终、弘毅笃行，“十四五”推广目标与举措

“十四五”时期是我国全面建成小康社会、实现第一个百年奋斗目标之后，乘势而上开启全面建设社会主义现代化国家新征程、向第二个百年奋斗目标进军的第一个五年。党的十九届五中全会审议通过的“十四五”规划建议，为今后五年经济社会发展绘制了宏伟蓝图，为推进健康中国建设和农业农村现代化工作提供了行动指南，我们要以此为指导，科学谋划好“十四五”国家“学生饮用奶计划”推广工作。综合考虑国内外学生营养改善发展趋势和我国奶业条件，坚持目标导向和问题导向相结合，坚持守正和创新相统一，加强前瞻性思考、全局性谋划、战略性布局、整体性推进。力争到2025年，国家“学生饮用奶计划”推广取得明显进展，政策法规更加完善，运行机制更为高效，质量安全显著提升，入校操作更加规范，供应能力明显增加，日均供应量达到3 200万份；覆盖范围不断扩大，饮奶学生数量达到3 600万人，社会影响力进一步提升，学生身体素质和营养健康水

平得到有效提高和改善。

为了实现这些目标，今后需要重点开展以下工作。

一是强化质量安全意识。积极配合质量安全监管部门，加强学生饮用奶原料奶和产品的监督检验。倡导学生饮用奶生产企业要严把原料关、加工关和运输关。督促和指导企业建立质量安全追溯体系，落实企业主体责任。

二是稳妥推进增加产品种类。科学、合理、稳妥推进增加学生饮用奶产品种类工作，通过试点，总结可复制、可扩大的经验和做法，保障新增产品推广的安全性和规范性，加大在未覆盖区域的推广力度。

三是加强信息化推广管理建设。完善国家"学生饮用奶计划"推广管理信息系统，优化学生饮用奶生产企业注册程序、学生饮用奶奶源基地备案程序、学生饮用奶生产供应数据统计等功能，提高推广管理效率。

四是提升业务能力培训。加大对国家有关法律法规、产业政策以及国家"学生饮奶计划"有关规章制度和标准的宣贯力度，定期或不定期组织开展营养健康、校内操作、应急处理等方面的培训，提升业务能力和管理水平。

五是严格标志使用管理。未经许可使用中国学生饮用奶标志的行为，存在安全隐患的依法追究其法律责任。对不按照要求使用标志的行为，计入学生饮用奶生产企业考核档案，情节严重的将取消其使用资格。

六是规范注册管理程序。完善学生饮用奶生产企业的注册管理程序，明确材料审核、现场评估和综合评定的要求和重点，规范流程，进一步提高报送和注册管理水平。

七是完善推广规章制度。根据新形势、新要求修订《国家"学生饮用奶计划"推广管理办法》，制定或完善应急管理预案，修订产品团体标准，完善奶源基地、生产加工、质量管理、配送服务、校内操作、退出机制等管理规章制度。

八是充分发挥专家技术支撑。加强与有关高校和科研院所及企业开展科技合作，开展学生饮用奶战略研究、风险评估、效果评价、乳品产业发展等方面的课题研究和项目合作。

九是加强宣传教育引导。多渠道、多方式促进学生饮用奶推广，加大宣传力度，创新宣传手段。鼓励企业积极开展营养科普、食育教育、工厂参观等宣传推广活动，开拓培育学生饮用奶市场。

十是广泛动员社会力量。联合营养机构、教育机构、基金会等其他组织，合力推动学生营养立法进程，推动国家"学生饮用奶计划"与"农村义务教育学生营养改善计划"等项目深度衔接，互相促进。

十一是扩大国际交流合作。实施更大范围、更宽领域、更深层次的国际交流合作。加强与相关国际组织的沟通联络，积极参与国际交流活动，相互学习借鉴国际有关政策法规、标准规范、推广模式和先进经验等，实现互利共赢。

为者常成，行者常至！国家"学生饮用奶计划"实施20年的光辉历程已经载入史册，儿童青少年的美好未来需要社会各界同心呵护。我们要深刻认识肩负的使命与责任，立足新发展阶段，坚持新发展理念，加速构建新发展格局，在开启全面建设社会主义现代化国家的新征程上，用智慧和汗水谱写国家"学生饮用奶计划"的新篇章，铸就国家"学生饮用奶计划"的新辉煌！

全国奶牛遗传改良计划（2021—2035年）

奶业是健康中国、强壮民族不可或缺的产业。科学地实施奶牛遗传改良计划，对于提高奶业良种化水平，满足人民日益增长的美好生活需要具有重要作用。《中国奶牛群体遗传改良计划（2008—2020年）》的全面实施，加快了奶牛良种培育步伐，大幅提高了奶牛生产水平。为进一步加快奶牛种业高质量发展，促进我国奶业全面振兴，制定本计划。

一、基础与要求

（一）发展基础。2008年以来，全国奶牛群体生产水平显著提高。2020年全国成母牛平均单产达到8 300kg，较2008年增加了3 500kg，增幅达73%，总体遗传改良成效显著。一是繁育体系不断健全。遴选国家奶牛核心育种场10家，核心群规模达到6 400余头，建设了24家奶牛种公牛站；建立生产性能测定中心38个、标准物质制备实验室1个、全国奶牛数据中心1个，生产性能测定能力显著提升；推动形成多个奶牛育种自主创新联盟，联合育种工作取得实质性进展。二是基础工作不断完善。制修订了《中国荷斯坦牛公牛后裔测定技术规程》等一系列国家及行业标准和规范。累计品种登记195.4万头、体型鉴定45.3万头，2020年生产性能测定规模达到129.5万头，持续开展全国青年公牛联合后裔测定。三是遗传评估日趋规范。建立了我国奶牛遗传评估技术平台，制定了中国奶牛性能指数（CPI）；构建了奶牛基因组选择参考群体，2012年启动荷斯坦青年公牛基因组遗传评定，实现青年公牛基因组检测全覆盖；每年定期发布《中国乳用种公牛遗传评估概要》，指导全国奶牛场科学选种选配。四是良种推广水平稳步提升。奶牛人工授精技术得到普及，人工授精比例达到95%以上，国产冻精质量合格率达到99.4%；性控冻精在奶牛良种扩繁中发挥重要作用，胚胎生产和胚胎移植技术日臻完善；科学选种选配技术广泛应用，良种推广模式不断创新。

（二）发展要求。《国务院办公厅关于推进奶业振兴保障乳品质量安全的意见》（国办发〔2018〕43号）对做大做强民族奶业进行了全面部署，明确提出要加强良种繁育及推广工作。第一期奶牛遗传改良计划的实施，还未从根本上扭转我国奶牛种业自主创新能力弱、整体竞争力不强的局面。现阶段，奶牛育种基础性工作薄弱，生产性能测定参测比例低、数据质量不高，繁殖、健康等性状数据收集不完善；基因组选择参考群体规模小，性别控制和胚胎扩繁等现代繁育技术研发与应用力度不足；种牛自主选育体系不完善，育种核心群规模小，联合育种机制相对松散，冻精质量监管不全面等问题依然存在。新形势下，有必要继续实施奶牛遗传改良计划，着力解决我国奶牛种业发展的短板弱项，夯实奶业全面振兴的根基。

二、思路与目标

（一）发展思路。坚持自主创新，以提升奶牛种业核心竞争力为总目标，聚焦奶牛种源自主培育，对标奶业发达国家，优化完善良种繁育体系，夯实基础性工作，加快现代育种技术创新与应用，建立以市场需求为导向、企业为主体、产学研深度融合的技术创新体系，统筹奶牛种业发展和疫病安全，培育具有国际竞争力的现代奶牛种业企业，为实现奶业竞争力整体水平进入世界先进行列提供有力支撑。

（二）总体目标。到 2035 年，建成一批高标准、高水平的国家奶牛核心育种场，建立全国奶牛育种大数据和遗传评估平台，育种新技术实现自主突破，高效扩繁效率得到全面提升，群体遗传改良技术体系达到国际先进水平，国家奶牛核心育种场和种公牛站生物安全水平显著提高，奶牛群体平均产奶性能显著提升，培育出 2~3 家具备国际竞争力的奶牛种业企业。

（三）核心指标。

1. 年自主培育后备公牛 1 000 头以上，选留优秀种公牛 150 头。

2. 奶牛群体平均年单产达到 9 500kg 以上，每世代产奶量遗传进展提高 350kg、乳蛋白量提高 10kg、乳脂量提高 12kg。

3. 自主培育种公牛占比达到 70% 以上。

三、技术路线

本计划以中国荷斯坦牛为主，以提高奶牛生产性能测定、体型鉴定、品种登记的比例和质量为基础，以国家奶牛核心育种场和种公牛站建设为依托，以分子育种技术创新应用为支撑，坚持高产、高效和健康的育种目标，在持续提升奶牛产奶性能的同时，不断优化育种目标，加强对繁殖、健康和抗病力等性状的选育。构建国际一流的育种技术支撑平台，重点通过核心种源自主培育体系建设和良种扩繁技术应用，显著提升核心种源自主培育能力，实现奶牛群体遗传改良。

四、主要任务

（一）完善生产性能测定体系。

1. 主攻方向。推进育种数据采集标准化，建立高效智能化奶牛生产性能测定体系，大幅提高数据采集能力和质量。

2. 主要内容。

——完善奶牛品种登记规程，在全国组织开展登记工作。完善奶牛良种登记规程，重点对种公牛及国家奶牛核心育种场核心群实施登记，向社会推荐优良种牛。

——扩大奶牛生产性能测定规模，增加奶牛健康、繁殖等性状的测定；加强标准物质制备与研发，提升生产性能测定中心检测能力。

——加强奶牛体型鉴定工作，扩大体型鉴定规模，规范体型鉴定员管理。

——建立全国奶牛育种大数据平台，制定奶牛育种数据标准，加快智能化精准数据采集技术研发与应用，扩大数据采集范围，提高数据采集效率，深入开展大数据信息挖掘、分析与综合应用。

3. 预期目标。累计品种登记、良种登记数量分别达到 500 万头和 30 万头，每年新增生产性能测定奶牛 10 万头以上，生产性能测定参测率达到 45% 以上，体型鉴定数量累计完成 150 万头。

（二）强化种源基地建设。

1. 主攻方向。建立以国家奶牛核心育种场和种公牛站主导的核心种源培育体系，创新联合育种组织机制，提升核心种源自主创新能力，保障优质种源供给。

2. 主要内容。

——采用企业申报、省级畜禽种业行政主管部门审核推荐的方式，继续遴选一批种群质量高、育种基础好的国家奶牛核心育种场。完善管理办法和遴选标准，加强管理。

——支持种公牛站加快种源自主创新，开展青年公牛培育。持续实施后裔测定，增加参测公牛数量，提高后裔测定时效性。开发新型种质产品，提高遗传物质生产效率和质量。

——支持种公牛站、国家奶牛核心育种场开展联合育种，创新联合育种机制，培育市场化运作的风险共担、收益共享、多元协同的联合育种实体，促进育种水平全面提升。

——支持优势育种企业有效整合资源、人才技术等要素，参与国际市场竞争，提升国产种质产品品牌影响力。

3. 预期目标。遴选国家奶牛核心育种场数量达到50个，核心群母牛数量达到2万头以上；每年新增后裔测定公牛150头；打造具有国际竞争力的奶牛种业企业2~3家。

（三）加强育种科技创新。

1. 主攻方向。构建国际一流的育种技术支撑平台，加快繁育新技术的突破与应用，驱动我国奶牛种业科技创新快速发展。

2. 主要内容。

——系统挖掘影响产奶量、牛奶品质、繁殖和健康等性状的关键基因，加强创新利用，开展特色种质创制。

——扩大奶牛基因组选择参考群规模，加快基因组检测技术的迭代升级；优化产奶、体型、繁殖、健康等育种目标性状的基因组遗传评估技术，提高基因组评估准确性。

——建设国家奶牛遗传评估中心，开发具有自主知识产权的遗传评估软件，研究健康、繁殖和饲料效率等新性状的遗传评估，完善中国奶牛性能指数。定期发布评估结果，指导奶牛场科学选种选配。

——加快良种高效扩繁新技术创新应用，利用超数排卵、胚胎移植、性别控制等先进繁育技术，提高良种扩繁效率，扩大高水平种质群体规模。

3. 预期目标。参考群规模达10万头以上，基因组选择技术达到国际先进水平并广泛应用，荷斯坦青年公牛基因组遗传评估率达到100%，实现遗传评估与国际接轨，奶牛种业创新能力持续增强。

（四）规范遗传材料监管。

1. 主攻方向。加强奶牛遗传物质监管，提高种子质量安全水平，加快优良种质推广应用。

2. 主要内容。

——制修订《牛冷冻精液》《奶牛胚胎移植技术规程》等遗传物质相关技术标准，完善精液、胚胎等遗传物质监管机制，开展遗传性能、遗传缺陷等质量监督检测，确保遗传物质质量安全。

——开展人工授精人员技术培训。坚持市场化方向，创新良种推广模式，发展一批技术实力强、运行规范、服务高效的社会化服务组织，提高优良种质的利用效率。

3. 预期目标。实现奶牛遗传物质质量监管全覆盖，优良种质利用效率显著提高。

（五）健全生物安全防控。

1. 主攻方向。重点做好奶牛布鲁氏菌病、结核病、口蹄疫等重大疫病防控工作。

2. 主要内容。

——完善国家奶牛核心育种场、种公牛站环境控制和管理配套技术，建立更加严格、规范的生物安全体系，提高疫病净化能力，确保种牛质量。

——完善准入管理，将布鲁氏菌病、结核病、口蹄疫等主要疫病监测结果作为国家奶牛核心育种场遴选和核验的考核标准。

——加快推进国家奶牛核心育种场、种公牛站疫病净化，创建无疫区、无疫小区或净化示范场。

3. 预期目标。国家奶牛核心育种场和种公牛站率先达到农业农村部动物疫病防控的有关要求。

五、保障措施

（一）强化组织管理。全国畜禽遗传改良计划领导小组办公室负责本计划的组织实施。全国奶牛遗传改良计划专家委员会负责制修订相关标准和技术规范、评估遗传改良进展、开展相关育种技术指导等工作。省级畜禽种业主管部门负责本区域内新增种公牛审核与备案、国家奶牛核心育种场推荐和管理，全面落实遗传改良计划各项任务。中国奶业协会、各生产性能测定中心等有关单位配合做好技术支撑工作。鼓励优势产区制定实施本地区奶牛遗传改良计划。

（二）加大政策支持。积极争取中央和地方财政对奶牛遗传改良计划的投入，逐步建立以政府资金为引导、企业投入为主体、社会资本参与的多元化投融资机制。重点加大对生产性能测定、育种新技术的研究与应用、联合育种、遗传物质监管、疫病防控等方面的支持力度。现代种业提升工程优先支持国家奶牛核心育种场、种公牛站、生产性能测定中心等育种单位建设。定期对测定数据的可靠性和准确性进行第三方抽查和考核。鼓励将长期致力于奶牛育种的技术人员纳入各级政府的人才计划，激发人才创新活力。

（三）创新运行模式。加强本计划实施监督管理工作，完善运行管理机制。加强对国家奶牛核心育种场的监督管理，建立定期考核和随机抽查相结合的考核制度，通报考核结果，对考核不达标的及时取消资格。鼓励生产性能测定中心形成第三方服务机制。完善国家奶牛核心育种场专家联系制度，鼓励核心育种场与种公牛站加强合作，提高育种水平和供种能力。加强体型鉴定员等专业技术人员规范管理。

（四）加强宣传培训。采取多种形式加强全国奶牛遗传改良计划的宣传，增强社会各界对奶牛种业自主创新的理解和支持。实时公布奶牛遗传评估概要，并加强在生产实际中的指导与应用，支持开展种牛评比、展示和拍卖活动。多层次、多渠道组织开展技术培训和指导，提高我国奶牛种业从业人员素质。

（五）推进国际交流。积极引进国外先进育种技术，有序引进国外优良种质资源，鼓励国内育种单位与国际育种组织开展技术交流与合作，促进我国奶牛种业与国际接轨。

（农业农村部 2021 年 4 月 23 日印发）

二、发展综述

FAZHAN ZONGSHU

2020年我国奶业生产与消费概况

一、奶牛养殖

1. 奶类产量

2020年，中国奶类产量3 530.0万t，同比增长7.0%，比2015年增长7.1%（图1）。其中，牛奶产量3 440万t，同比增长7.5%，比2015年增长8.2%；羊奶等其他奶类产量90万t，同比减少6.6%。奶类产量排名世界第四位，占全球总产量4.1%。

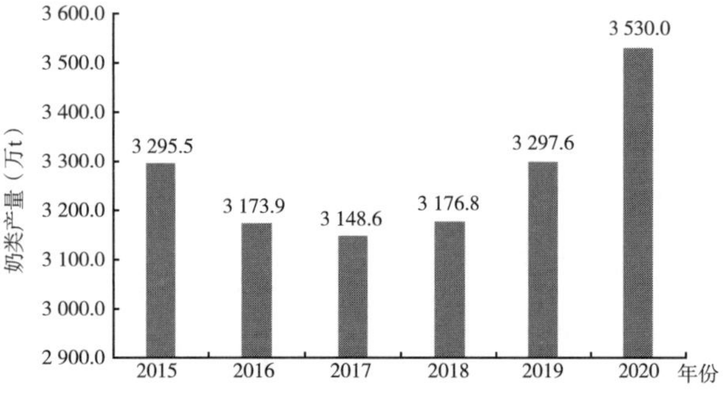

图1　2015—2020年中国奶类产量

数据来源：国家统计局

2. 规模化养殖水平

2020年，中国奶牛场（户）均存栏奶牛209头，同比增加43头，增幅25.9%；规模养殖进程进一步加快，100头以上规模化养殖比例为67.2%，同比提高3.2个百分点，比2015年提高18.9个百分点（图2）。

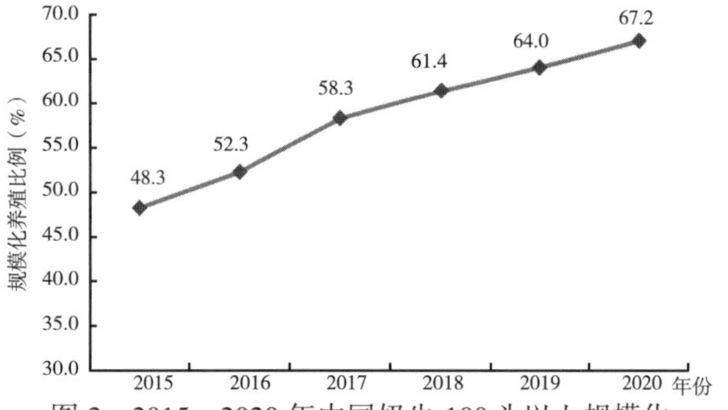

图2　2015—2020年中国奶牛100头以上规模化养殖比例变化

数据来源：农业农村部

3. 奶牛单产水平

2020年，全国荷斯坦奶牛平均单产8.3t，同比增长0.5t。根据对1 291个存栏100头以上的规模牧场奶牛生产性能测定显示，奶牛测定日平均产奶量32.4kg，平均305天产奶量达9.96t（表1）。

表1　2015—2020年规模牧场奶牛平均单产

年份	参测牛（万头）	日产奶量（kg）
2015	79.5	27.8
2016	100.5	28.1
2017	120.2	29.0
2018	123.8	30.0
2019	127.7	31.2
2020	129.5	32.4

数据来源：中国奶业协会

4. 生鲜乳价格

2020年10个主产省区全年生鲜乳平均收购价格为3.79元/kg，同比增长3.84%，为2015年以来的最高水平（图3）。

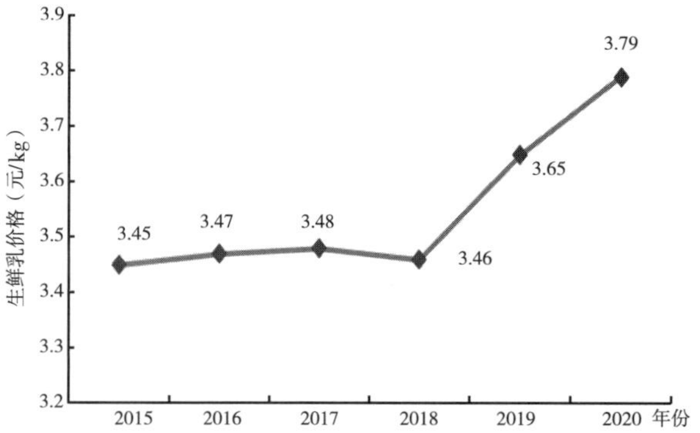

图3　2015—2020年奶业主产省区生鲜乳平均价格趋势

数据来源：农业农村部

二、乳制品加工

1. 乳制品产量

2020 年，中国规模化以上乳制品加工企业（年主营业务收入 2 000 万元以上，下同）乳制品产量 2 780.4 万 t，同比增长 2.8%，与 2015 年持平。其中，液态奶产量 2 599.43 万 t，同比增长 3.28%，比 2015 年增长 3.1%；乳粉产量 101.2 万 t，同比下降 3.8%，比 2015 年下降 28.6%（图 4）。

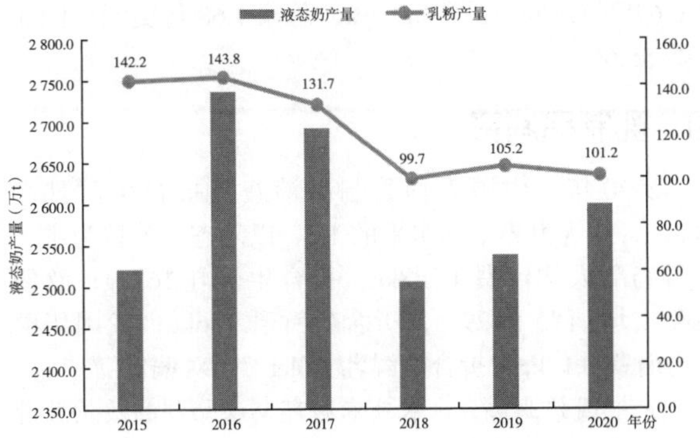

图 4　2015—2020 年中国乳制品产量变化

数据来源：国家统计局

2. 乳制品加工业集中度

2020 年，中国规模化以上乳制品加工企业 572 家，同比增加 7 家，比 2015 年减少 66 家。

3. 乳制品价格

2020 年，中国牛奶平均零售价格为 12.2 元 /kg，同比上涨 2.5%，比 2015 年上涨 11.9%；酸奶平均零售价格为 15.4 元 /kg，同比上涨 4.1%，比 2015 年上涨 11.6%；国产品牌婴幼儿配方奶粉平均零售价格为 203.1 元 /kg，同比上涨 7.2%，比 2015 年上涨 23.6%（图 5）。

图 5　2015—2020 年国产乳制品平均零售价格

数据来源：商务部

4. 乳制品销售额和利润

2020 年，中国规模化以上乳制品制造企业主营业务收入 4 195.6 亿元，同比增长 6.2%，比 2015 年增长 26.1%；利润总额 394.9 亿元，同比增长 6.1%，比 2015 年增长 63.4%（图 6）。

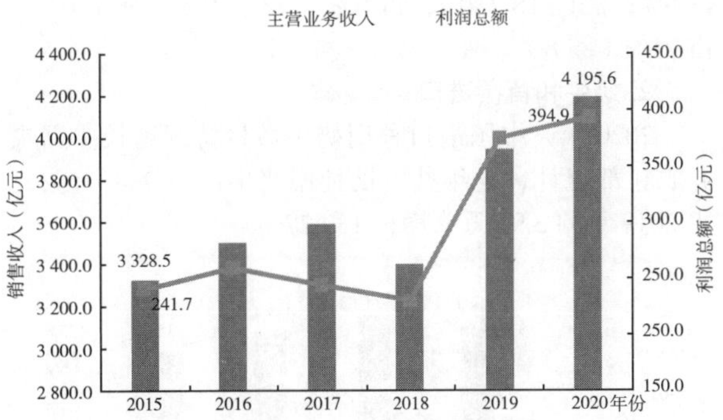

图 6　2015—2020 年中国乳制品加工企业主营业务收入和利润情况

数据来源：国家统计局

三、乳制品及相关产品进出口

1. 乳制品进口

2020 年，中国进口乳制品 328.1 万 t，同比增长 10.4%，比 2015 年增长 83.6%（图 7）；进口总额 117.2 亿美元，同比增长 5.3%，比 2015 年增长 107.4%。2020 年净进口乳制品折合生鲜乳 1 887.2 万 t。其中，干乳制品 220.95 万 t，同比增长 7.8%，进口额 103.51 亿美元，同比增长 3.8%；液态奶 107.19 万 t，同比增长 16.0%，进口额 13.67 亿美元，同比增长 17.8%。

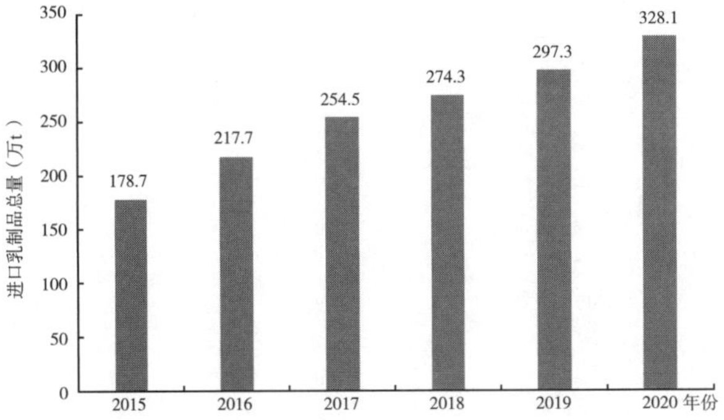

图 7　2015—2020 年中国进口乳制品总量

数据来源：海关总署

从进口来源国看，排名前六位的分别是，新西兰 125.2 万 t，占 38%；德国 44.1 万 t，占 13%；美国 27.9 万 t，占 9%；澳大利亚 23.2 万 t，占 7%；荷兰 20.5 万 t，

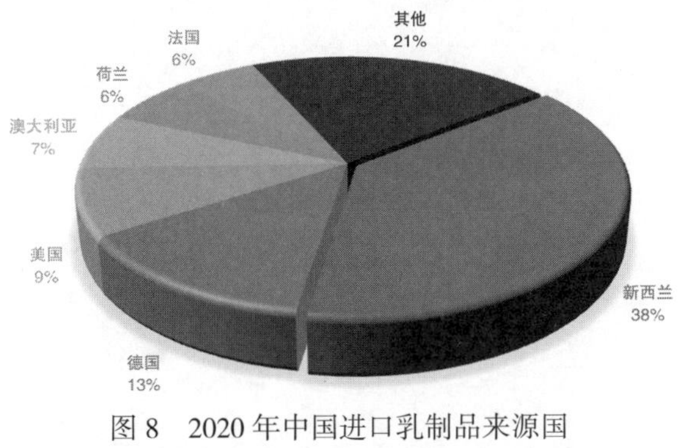

图 8　2020 年中国进口乳制品来源国

数据来源：海关总署

占6%；法国18.2万t，占6%。其他国家共69.1万t，占21%（图8）。

2. 奶牛和苜蓿进口

2020年，中国进口种用奶牛数量持续增长。据农业农村部统计，全年共审批种用奶牛进口9.38万头，比2019年的3.95万头增长137.27%。

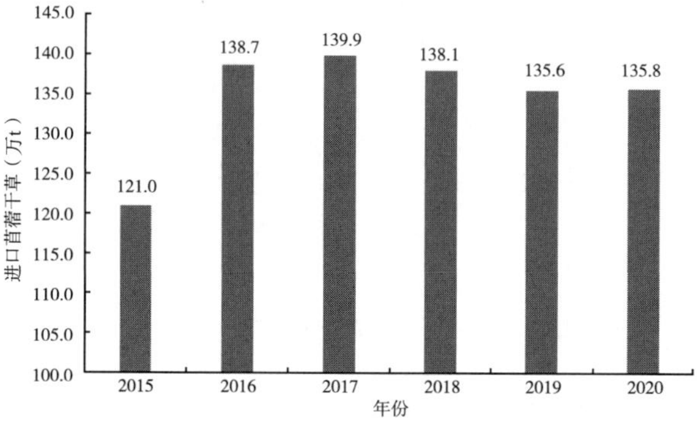

图9　2015—2020年中国进口苜蓿干草总量
数据来源：海关总署

2020年，据行业测算，进口苜蓿干草135.8万t，与2019年持平，比2015年增长12.2%（图9）；平均进口价格361.3美元/t，同比上涨6.6%，比2015年下跌6.7%。主要苜蓿进口国为美国，占总进口量的87.3%；其次为西班牙和南非，分别占总进口量的7.4%和2.3%。

3. 乳制品出口

2020年，中国乳制品出口总量4.3万t，同比减少21.1%，比2015年增加28.9%；婴幼儿配方奶粉出口总量0.67万t，同比减少62.9%，总额1.68亿美元，同比下降55.6%。

四、乳制品消费

2020年，中国人均乳制品消费量折合生鲜乳为38.3kg，约为世界平均水平的1/3，以液态奶消费为主。美国奶酪人均消费17.48kg，折合生鲜乳167kg；欧盟奶酪人均消费18.29kg，折合生鲜乳186kg；我国奶酪人均消费0.13kg，折合生鲜乳1.3kg，相对偏低。

［中国奶业协会、农业农村部奶及奶制品质量监督检验测试中心（北京）］

2020 年我国乳品质量安全概况

一、奶牛养殖卫生安全

奶牛养殖环境和卫生条件是保障生鲜乳质量安全的基本要求。2020 年，继续规范奶牛场选址与建设，提升奶牛场装备设施，保障饲草料供应，强化生鲜乳储运及生鲜乳收购站管理，不断改善奶牛养殖环境和卫生条件。

1. 奶牛场建设

2020 年，中国奶牛存栏 100 头以上的规模化养殖场数量超过 6 900 个。规模化奶牛养殖场严格按照《中华人民共和国畜牧法》等法律法规的规定，执行《奶牛标准化规模养殖生产技术示范》，加强动物防疫和生鲜乳质量安全管理，实现了标准化、规范化建设与生产。

2. 奶牛场设施装备

近年来，奶牛场的机械化、信息化、智能化装备和关键技术推广应用加快，质量安全保障能力进一步加强。自 2017 年起，中国规模奶牛养殖场已 100% 实现机械化挤奶，比 2012 年提高了 10 个百分点。2020 年中国 95% 的规模化奶牛养殖场配备了 TMR 搅拌车。

3. 优质饲草料供应

苜蓿和青贮玉米是奶牛的主要粗饲料。2020 年，中国优质苜蓿①种植面积达到650万亩②，产量为310万 t，比 2012 年增加 261.1 万 t，可满足 283 万头泌乳牛的饲喂需求（图 1）。

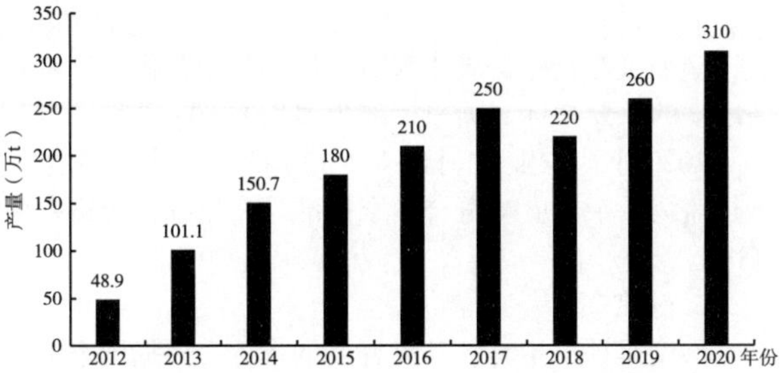

图 1　2012—2020 年中国优质苜蓿产量

数据来源：农业农村部

4. 生鲜乳收购站和运输车

通过严格落实生鲜乳收购站发证六项规定，执行《生鲜乳收购站标准化管理技术规范》，生鲜乳收购站的基础设施、机械设备、质量检测、操作规范、管理制度和卫生条件显著提升。奶业监管平台对全国 4 241 个生鲜乳收购站和 5 280 辆运输车进行了信息化、精准化管理，并实现了监管全覆盖，保障生鲜乳质量安全。

二、生鲜乳质量安全

生鲜乳质量安全指标中，乳蛋白、乳脂肪是衡量生鲜乳营养价值的主要指标，杂质度、酸度、相对密度、非脂乳固体是体现生鲜乳理化性质的指标，菌落总数、体细胞数、黄曲霉素 M_1 是反映生鲜乳卫生状况的主要指标，铬、汞、砷是判断生鲜乳是否受到重金属污染的主要指标，三聚氰胺是判断生鲜乳中是否存在人为添加违禁物的指标。

农业农村部从 2009 年开始实施生鲜乳质量安全监测计划，重点监测生鲜乳收购站和运输车，检测指标包括乳蛋白、乳脂肪、杂质度、酸度、相对密度、非脂乳固体、菌落总数、黄曲霉素 M_1、体细胞数、铬、汞、砷和三聚氰胺等多项指标，累计抽检生鲜乳样品约 25.5 万批次（图 2）。

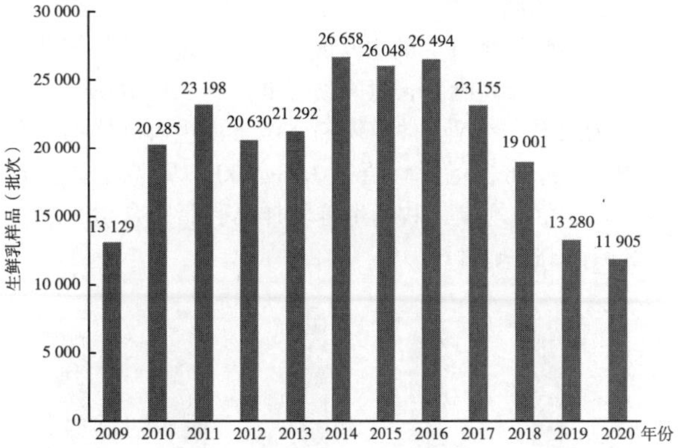

图 2　2009—2020 年抽检生鲜乳样品批次数

数据来源：农业农村部

1. 乳蛋白

乳蛋白是生鲜乳的主要成分之一，是反映牛奶营养品质的指标，乳蛋白含量国家标准为≥ 2.8g/100g。

2020 年，农业农村部对 1 133 批次生鲜乳样品进行监测，乳蛋白含量平均值为 3.27g/100g，同比增加 0.02

① 符合《苜蓿干草捆质量标准》（NY/T 1170—2006）的二级及以上标准的苜蓿。

②“亩”为非法定计量单位，1 亩 ≈667 平方米。—— 编者注

个百分比，远高于国家标准（图 3），规模化牧场生鲜乳样品乳蛋白含量平均值为 3.36g/100g（图 4）。

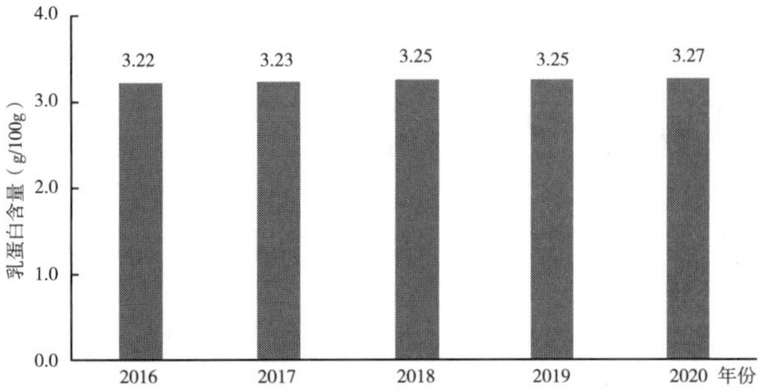

图 3　2016—2020 年全国生鲜乳样品中乳蛋白含量平均值

数据来源：农业农村部

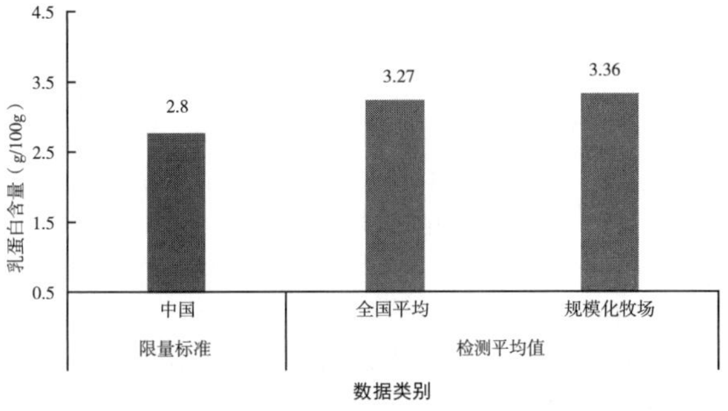

图 4　2020 年全国生鲜乳样品中乳蛋白含量与国家标准的比较

数据来源：农业农村部

2. 乳脂肪

乳脂肪是生鲜乳的主要成分之一，是反映牛奶营养品质的指标。乳脂肪含量国家标准为≥ 3.1g/100g。

2020 年，农业农村部对 1 133 批次生鲜乳样品进行监测，乳脂肪含量平均值为 3.78g/100g，远高于国家标准（图 5），规模化牧场生鲜乳样品乳脂肪含量平均值为 3.91g/100g（图 6）。

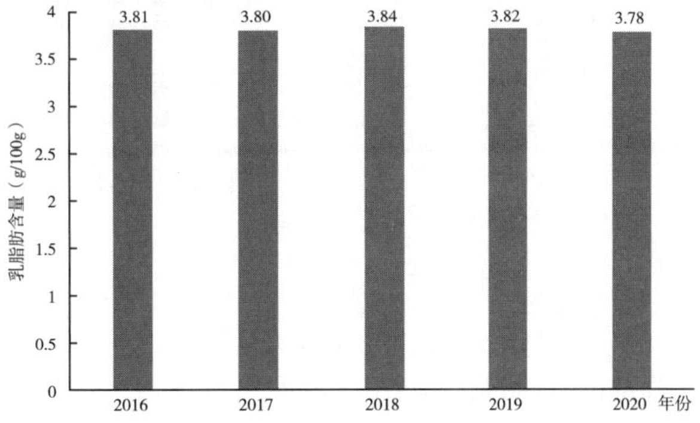

图 5　2016—2020 年全国生鲜乳样品中乳脂肪含量平均值

数据来源：农业农村部

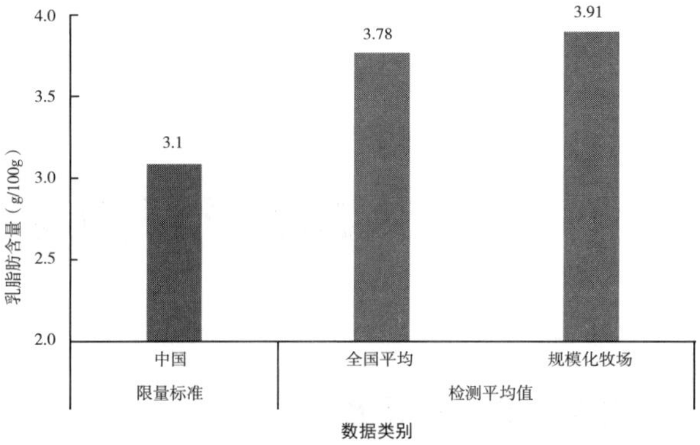

图 6　2020 年全国生鲜乳样品中乳脂肪含量与国家标准的比较

数据来源：农业农村部

3. 非脂乳固体

非脂乳固体是生鲜乳中除脂肪和水分外营养物质的总称，非脂乳固体含量国家标准为≥ 8.1g/100g。

2020 年，农业农村部对 1 133 批次生鲜乳样品进行监测，非脂乳固体含量平均值为 8.9g/100g，同比持平，高于国家标准（图 7）。

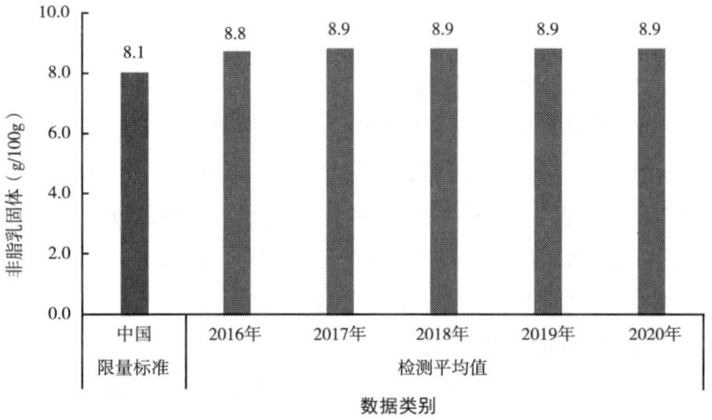

图 7　2016—2020 年全国生鲜乳样品中非脂乳固体含量与国家标准的比较

数据来源：农业农村部

4. 杂质度

杂质度是指生鲜乳中含有杂质的量，是衡量生鲜乳洁净度的重要指标，国家标准为≤ 4.0mg/kg。

2020 年，农业农村部对 1 133 批次的生鲜乳样品进行监测，杂质度均符合国家标准，全年抽检合格率为 100%。

5. 酸度

酸度是评价生鲜乳新鲜程度的指标。根据国家标准规定，生鲜乳酸度范围为 12°T~18°T。

2020 年，农业农村部对 1 133 批次生鲜乳样品进行监测，酸度平均值为 13.86°T，符合国家标准。

6. 相对密度

相对密度是反映生鲜乳是否掺水的重要指标，国家标准为≥ 1.027。

2020 年，农业农村部对 1 133 批次生鲜乳样品进行监测，相对密度平均值为 1.032，高于国家标准（图 8）。

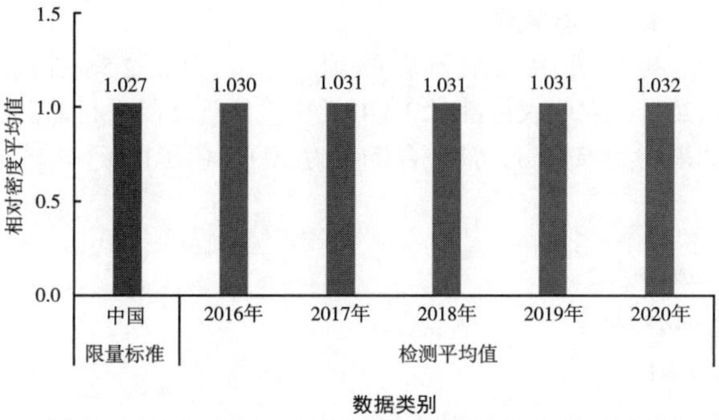

图 8　2016—2020 年全国生鲜乳样品中相对密度平均值与国家标准的比较

数据来源：农业农村部

7. 菌落总数

菌落总数是反映奶牛场卫生环境、挤奶操作环境、牛奶保存和运输状况的一项重要指标。生鲜乳中菌落总数过高，不仅会影响牛奶的口感，还可能使乳制品中的细菌数超标，从而对人体健康造成影响。世界各国都对生鲜乳中的菌落总数进行了限定。菌落总数的国家标准为≤ 200 万 CFU/mL。

2020 年，农业农村部对 1 133 批次生鲜乳样品进行监测，菌落总数平均值为 14.6 万 CFU/mL，远低于国家限量要求。另外，对 200 个规模化牧场生鲜乳样品进行监测，菌落总数平均值为 5.3 万 CFU/mL，低于全国平均水平（图 9，图 10）。

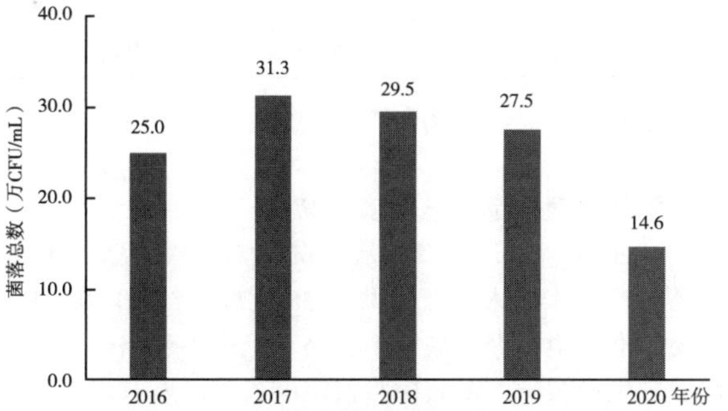

图 9　2016—2020 年全国生鲜乳样品中菌落总数平均值

数据来源：农业农村部

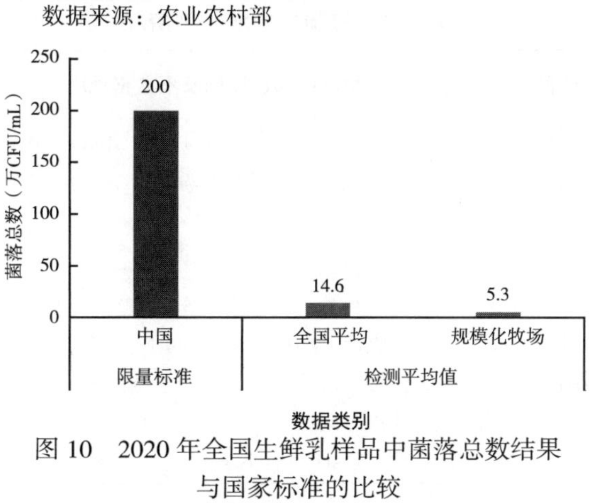

图 10　2020 年全国生鲜乳样品中菌落总数结果与国家标准的比较

数据来源：农业农村部

8. 体细胞数

体细胞数是衡量奶牛乳房健康状况和生鲜乳质量的一项重要指标，当奶牛乳房受到感染或伤害时，体细胞数会明显增加。体细胞数越高，生鲜乳中致病菌和抗生素残留的污染风险越大，对乳品质量的影响也越大。欧盟和新西兰规定生鲜乳中体细胞数≤ 40 万个 /mL，美国规定体细胞数≤ 75 万个 /mL（A 级、B 级奶），中国暂未规定。

2020 年，农业农村部对 1 347 批次生鲜乳样品进行监测，体细胞数平均值为 27.53 万个 /mL，低于欧盟、新西兰和美国标准，规模化牧场生鲜乳样品的体细胞数平均值 21.05 万个 /mL，低于全国平均水平（图 11）。

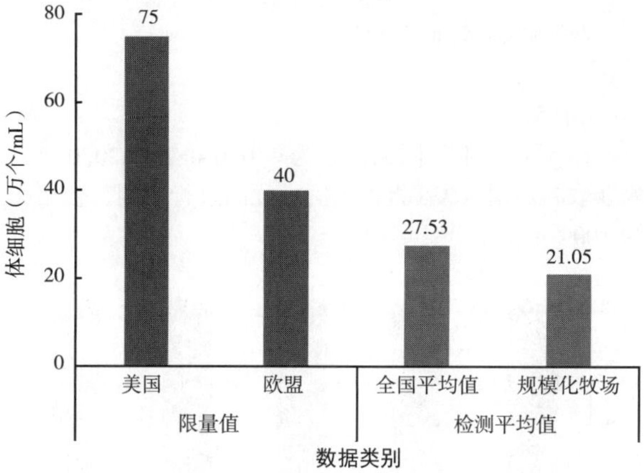

图 11　2020 年全国生鲜乳样品中体细胞数与美国、欧盟标准的比较

数据来源：农业农村部

9. 黄曲霉素 M_1

2020 年，农业农村部对 11 905 批次生鲜乳样品进行监测，黄曲霉素 M_1 检出样品的平均值为 0.038μg/kg，远低于国家标准 0.5μg/kg（图 12）。

图 12　2016—2020 年全国生鲜乳样品中黄曲霉素 M_1 平均值与中国和美国标准的比较

数据来源：农业农村部

10. 铬

生鲜乳中铬的国家标准为≤ 0.3mg/kg。2020 年，农业农村部对 8 887 批次生鲜乳样品进行监测，合格率

为100%（图13）。

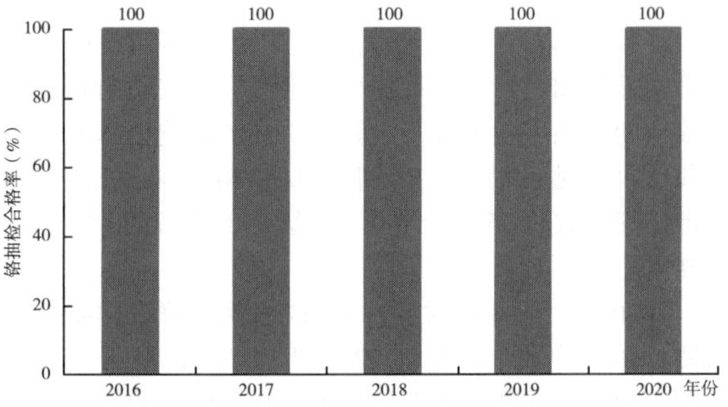

图13　2016—2020年全国生鲜乳样品中铬的抽检合格率

数据来源：农业农村部

11. 汞

生鲜乳中汞的国家标准为≤0.01mg/kg。2020年，农业农村部对8 938批次生鲜乳样品进行监测，合格率为100%（图14）。

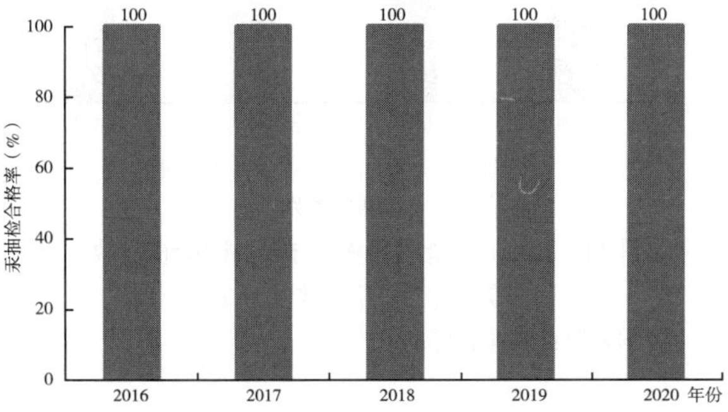

图14　2016—2020年全国生鲜乳样品中汞的抽检合格率

数据来源：农业农村部

12. 砷

生鲜乳中砷的国家标准为≤0.1mg/kg。2020年，农业农村部对8 938批次生鲜乳样品进行监测，合格率为100%（图15）。

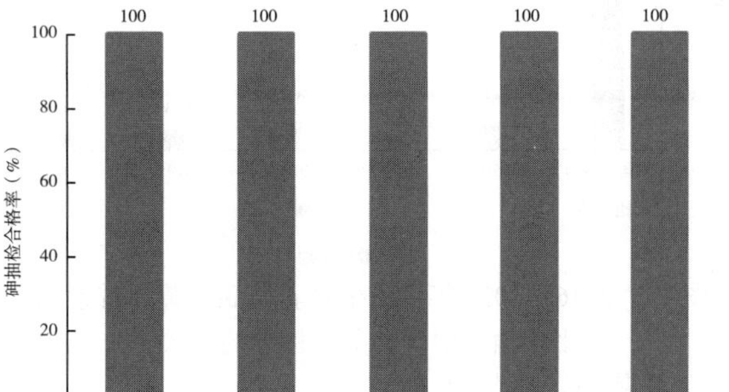

图15　2016—2020年全国生鲜乳样品中砷的抽检合格率

数据来源：农业农村部

13. 三聚氰胺

生鲜乳中三聚氰胺的国家标准为≤2.5mg/kg。2020年，农业农村部对9 370批次生鲜乳样品进行监测，结果均为未检出，抽检合格率为100%（图16）。

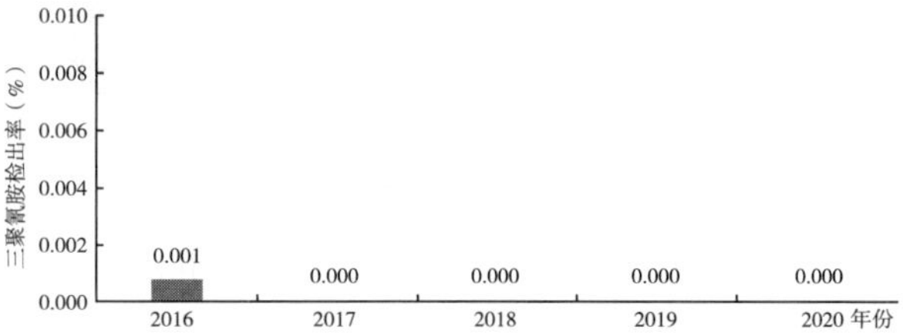

图16　2016—2020年全国生鲜乳样品中三聚氰胺检出率

数据来源：农业农村部

三、乳制品质量安全

1. 与国内其他食品比较

2020年，国家市场监督管理总局完成国家食品安全监督抽检6 387 366批次，总体合格率97.69%，与2019年基本持平。其中，乳制品、婴幼儿配方乳粉抽检合格率分别为99.87%、99.89%（表1）。

表1　2020年乳制品与食品抽检合格率比较

抽样	食品	乳制品	婴幼儿配方乳粉
合格比例(%)	97.69	99.87	99.89

数据来源：国家市场监督管理总局

2. 进口乳制品未准入境情况

2020年，各进境口岸从来自12个国家或地区的乳制品中检出未准入境产品共计38批次，约304.03吨，主要未准入境原因为品质不合格、证书不合格、货证不符、微生物污染、未获检验检疫准入等。所有未准入境的乳制品均已在口岸退运或销毁。2020年，未准入境产品中无婴幼儿配方乳粉（表2）。

表2　进口乳制品未准入境情况

项目	未准入境乳制品、国别及不合格批次
类型	乳粉（16）、干酪（6）、发酵乳（4）、乳清粉（3）、消毒乳（1）、奶片（2）、酸奶粉（1）、炼乳（2）、蛋白粉（3）
进口国家	大洋洲：澳大利亚（3）、新西兰（7） 欧　洲：意大利（6）、荷兰（5）、德国（3）、乌克兰（2）、西班牙（1）、法国（1）、白俄罗斯（1） 北美洲：美国（3） 亚　洲：韩国（4）、日本（2）

数据来源：海关总署

四、结论

2020 年监测结果表明，我国生鲜乳及奶产品质量安全风险可控，整体状况良好。

第一，生鲜乳中乳蛋白、乳脂肪等质量安全指标达到较高水平。监测结果表明，2016—2020 年，生鲜乳的乳蛋白和乳脂肪平均水平高于《食品安全国家标准 生乳》要求，生鲜乳质量安全水平大幅提升。

第二，生鲜乳中各项安全指标达到标准。菌落总数、黄曲霉素 M_1、杂质度、酸度等监测平均值均符合我国限量标准，体细胞数平均值符合欧盟限量标准，表明我国奶牛养殖环境和奶牛健康状况显著改善，奶源优质安全。

第三，生鲜乳收购、运输行为规范，生鲜乳中不存在人为添加三聚氰胺的现象。自“三聚氰胺”事件以来，通过不断强化生鲜乳质量安全监管，有效遏制了违禁添加等违法行为。

第四，继续把婴幼儿配方乳粉作为食品安全监管的重中之重，综合施策从严管理，加大婴幼儿配方乳粉进口产品的监管力度，严禁检测不合格的乳制品进入我国，并依法对未准入境产品做退货或销毁处理，保护消费者权益。

[中国奶业协会、农业农村部奶及奶制品质量监督检验测试中心（北京）]

三、行业专述

HANGYE ZHUANSHU

【遗传改良】

2020年我国奶牛生产性能测定概况

奶牛生产性能测定作为奶牛群体遗传改良工作中一项非常重要的基础性工作，直接影响群体遗传改良进展的总体水平。2008年农业部启动了奶牛生产性能测定项目，通过10多年的共同努力，该项工作整体向好稳步推进。

一、覆盖区域持续扩大

2020年，全国开展奶牛生产性能测定工作的实验室有39家，分布在24个省（自治区、直辖市），测定范围覆盖全国（表1）。

表1 2020年全国奶牛生产性能测定实验室列表

所在地区	编号	奶牛生产性能测定实验室名称
北京市	1101	北京奶牛中心奶牛生产性能测定实验室
天津市	1201	天津市奶牛发展中心
河北省	1301	河北省畜牧业协会奶牛生产性能测定中心
	1302	石家庄市奶牛生产性能测定中心（乐康牧医河北科技有限公司）
山西省	1401	山西省畜牧遗传育种中心（山西省奶牛生产性能测定管理站）
内蒙古自治区	1501	内蒙古西部良种奶牛繁育中心
	1502	内蒙古优然牧业有限责任公司DHI实验室
	1503	内蒙古赛科星家畜种业与繁育生物技术研究院有限公司DHI测定中心
	1505	内蒙古富牧科技有限公司DHI检测中心
辽宁省	2101	沈阳乳业有限责任公司奶牛生产性能测定中心
	2102	辽宁省畜牧业发展中心DHI中心
吉林省	2201	白城市畜牧总站DHI测定中心
黑龙江省	2301	黑龙江省奶业协会
	2302	大庆市萨尔图区新科畜牧技术服务中心
	2303	黑龙江省农垦科学院畜牧兽医研究所DHI中心
上海市	3101	上海奶牛育种中心有限公司
江苏省	3201	南京卫岗乳业检测中心
	3202	江苏省奶牛生产性能测定中心
安徽省	3401	安徽省畜禽遗传资源保护中心DHI实验室
山东省	3701	山东奥克斯畜牧种业有限公司
	3702	山东华田牧业科技有限责任公司

（续）

所在地区	编号	奶牛生产性能测定实验室名称
河南省	4101	河南省奶牛生产性能测定有限公司
	4102	洛阳市奶牛生产性能测定服务中心
湖北省	4201	湖北省畜禽育种中心
湖南省	4301	湖南省 DHI 中心
广东省	4401	广州市奶牛研究所有限公司奶牛生产性能检测中心
	4402	广东省种畜禽质量检测中心
	4403	广东燕塘乳业股份有限公司 DHI 实验室
广西壮族自治区	4501	广西壮族自治区畜禽品种改良站广西奶牛 DHI 检测中心
四川省	5101	新希望生态牧业有限公司 DHI 测定中心
	5102	四川省畜牧总站
云南省	5301	昆明市奶牛生产性能测定中心
重庆市	5501	重庆天友 DHI 中心
陕西省	6101	陕西省奶牛 DHI 中心
甘肃省	6201	甘肃农垦天牧乳业有限公司 DHI 实验室
	6202	中国农业科学院兰州畜牧与兽药研究所奶牛生产性能测定实验室
宁夏回族自治区	6401	宁夏奶牛生产性能（DHI）测定中心
新疆维吾尔自治区	6501	新疆维吾尔自治区乳品质量监测中心
	6502	新疆兵团第八师畜牧兽医工作站

二、测定数量不断提升

2020 年，中国奶业协会共收到来自全国 39 个测定中心 1 291 个奶牛场 129.5 万头奶牛的 DHI 相关数据 681.5 万条，参测泌乳牛数量比 2019 年增加 1.9%，奶牛场平均泌乳牛规模达到 1 003 头，同比增加 7.1%。奶牛场平均规模保持上升（图 1）。

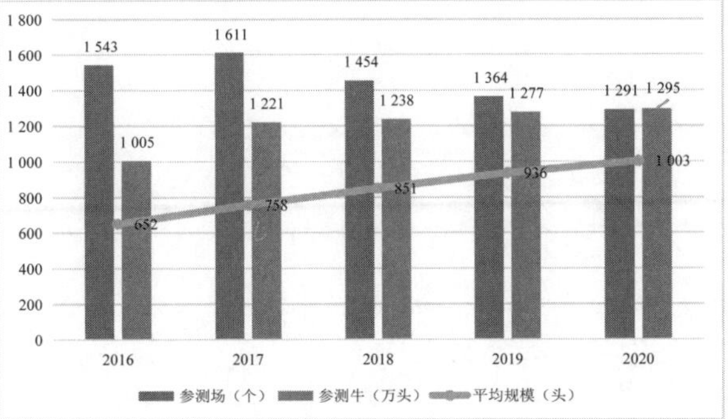

图 1　2016—2020 年全国奶牛生产性能测定年度概况

三、参测质量继续提高

2020 年，参测奶牛测定日平均奶量达到了 32.4kg，比 2019 年增加 1.2kg，较 2016 年同比增加 15.3%；参测奶牛测定日平均体细胞数达 23.9 万个 /mL，比 2019 年下降 0.3 万个 /mL，较 2016 年同比减少 5.7 万个 /mL。2020 年参测奶牛测定日平均乳脂率为 3.92%，平均乳蛋白率为 3.36%，较 2016 年同比，平均每 100 千克生鲜乳的乳脂肪含量增加 0.09kg，乳蛋白含量增加 0.06kg（图 2、图 3）。

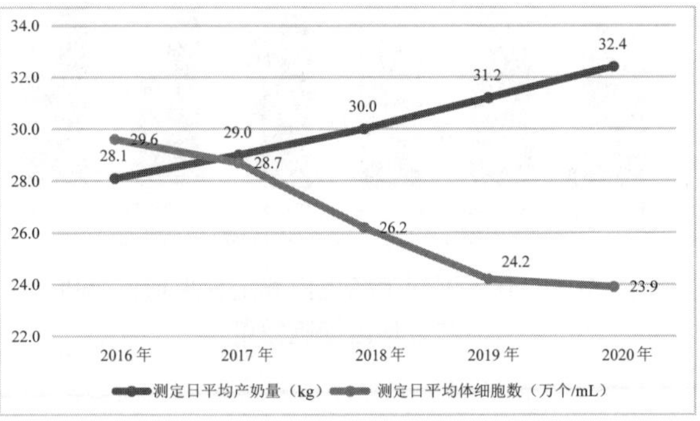

图 2　2016—2020 年测定日平均产奶量与平均体细胞数变化图

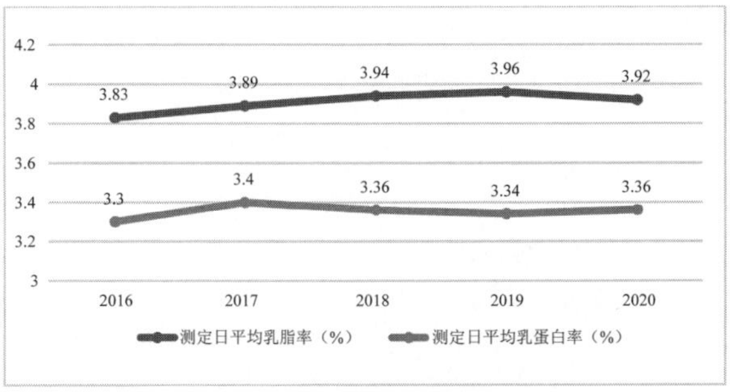

图 3　2016—2020 年测定日平均乳脂率、乳蛋白率变化图

四、牧场规模不断调整

2020 年，我国不同规模下的牧场比例：规模小于 50 头的有 11 个，占 0.9%；50~99 头的有 31 个，占 2.4%；100~199 头的有 133 个，占 10.2%；200~499 头的有 422 个，占 32.7%；500~999 头的有 354 个，占 27.4%；1 000 头以上的有 340 个，占 26.4%。可以发现在我国中型牧场占比最大（图 4）。

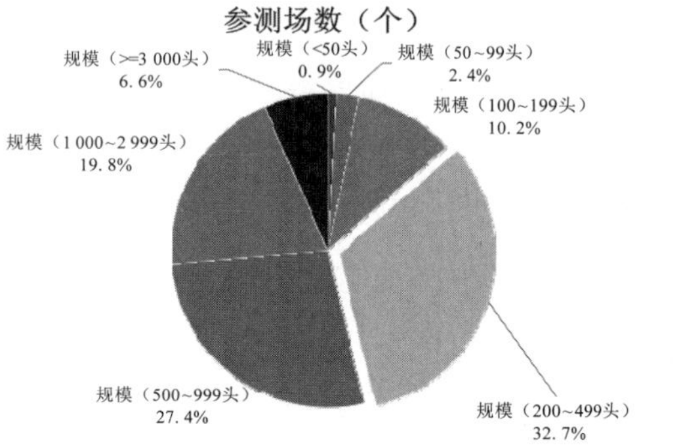

图 4　2020 年我国不同牛场规模生产性能测定牛场数量

随着牧场规模的变大，DHI 参测牧场牛群质量变得越好，体现在日产奶量不断增加，体细胞数明显减少（图 5）。

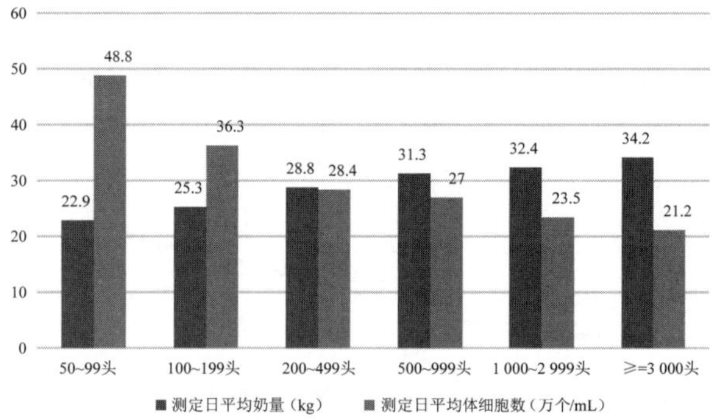

图 5　2020 年不同牛场规模测定日平均产奶量与平均体细胞数量

五、主产省测定能力继续增加

2020 年我国奶业主产省份（河北、山西、内蒙古、辽宁、黑龙江、山东、河南、陕西、宁夏、新疆）参测牛数 102.98 万头，占全国总参测量的 79.5%。按照国家统计局 2020 年各省奶牛存栏的 54% 作为该省份的估算泌乳牛数，参测比例最高是河南省 59%，较高的有河北 40%、山东 31%、山西 25%，内蒙古 22%（图 6）。

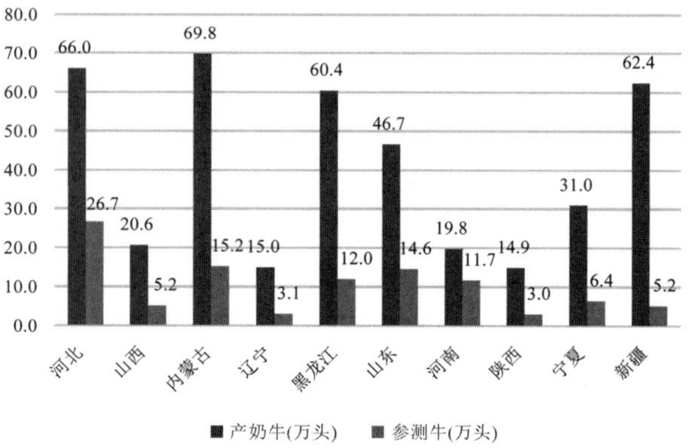

图 6　2020 年奶业主产省区参测概况

（中国奶业协会养殖业发展部，曹　正、闫青霞）

2020年中国荷斯坦青年公牛全基因组检测概况

奶牛良种是奶业生产的基础，在现代奶业发展策略中，抓好奶牛品种遗传改良和种质资源创新利用是首要工作。过去10年，全国奶牛存栏量呈下降趋势，但牛奶总产量保持稳定，主要是依靠奶牛单产水平的提高，奶牛群体遗传改良和育种工作起到了重要作用。

一、我国奶牛育种发展

自2008年实施《全国奶牛群体遗传改良计划（2008—2020年）》以来，奶牛良种覆盖率显著提升，从而推动了全国奶牛群体平均生产水平大幅提高。我国奶牛育种的工作取得了很大进展：一是奶牛遗传改良技术体系得到初步构建；二是奶牛个体性能测定规模不断扩大；三是奶牛基因组选择技术在奶牛育种得到充分应用；四是优秀种牛自主培育技术体系不断完善；五是奶牛重要性状功能基因得到深度挖掘与鉴定。

二、我国荷斯坦公牛全基因组选择技术发展

2012年，我国自主研发建立了奶牛基因组选择技术平台，构建了中国荷斯坦牛基因组选择参考群体，全面启动了荷斯坦青年公牛基因组遗传评估，研究制定了中国奶牛基因组选择性能指数（GCPI），同时国内一些院校和科研单位利用全基因组关联分析、基因组和转录组测序等多组学技术，挖掘和鉴定了一批产奶、体型、繁殖和抗病等重要性状的功能基因和SNP位点，为自主设计和研制奶牛基因组检测芯片奠定了基础（图1）。

图1 奶牛基因组选择技术的发展及应用情况

三、2020年我国奶牛全基因组检测概况

截至2020年年底，全国累计31家公牛站3 482头青年荷斯坦公牛参加了全基因组检测（表1）。

2020年基因组结果计算，采用了2020年修订的

表1 2020年全国公牛站参加基因组检测情况

公牛站号	公牛站名	参测总数（头）	公牛站号	公牛站名	参测总数（头）
111	北京首农畜牧发展有限公司奶牛中心	365	361	江西省天添畜牧育种有限公司	4
121	天津市奶牛发展中心	146	371	山东省种公牛站有限责任公司	14
131	河北品元畜禽育种有限公司	260	373	山东奥克斯畜牧种业有限公司	416
132	秦皇岛全农精牛繁育有限公司	18	374	先马士畜牧（山东）有限公司	84
133	亚达艾格威（唐山）畜牧有限公司	88	411	河南省鼎元种牛育种有限公司	225
141	山西省畜牧遗传育种中心	87	413	南阳昌盛牛业有限公司	5
151	内蒙古天和荷斯坦牧业有限公司	83	414	洛阳市洛瑞牧业有限公司	14
155	内蒙古赛科星繁育生物技术（集团）股份有限公司	299	441	广州市奶牛研究所有限公司	4
			511	成都汇丰动物育种有限公司	12
211	辽宁省牧经种牛繁育中心有限公司	18	531	云南恒翔家畜良种科技有限公司	27
212	大连金弘基种畜有限公司	187	532	大理五福畜禽良种有限责任公司	26
222	吉林省德信生物工程有限公司	21	611	陕西秦申金牛育种有限公司	20
231	黑龙江省博瑞遗传有限公司	129	612	西安市奶牛育种中心	96
232	大庆市银螺乳业有限公司	88	631	青海正雅畜牧良种科技有限公司	15
311	上海奶牛育种中心有限公司	357	641	宁夏四正种牛育种有限公司	61
322	南京利农奶牛育种有限公司	19	651	新疆天山畜牧生物工程股份有限公司	294

新版 GCPI 计算公式，中国荷斯坦公牛基因组选择仍然沿用性能指数 GCPI 作为中国奶牛基因组选择性能指数（Genomic China Performance Index）。GCPI 指数包括乳脂量（Fat）、乳蛋白量（Prot）、体细胞评分（SCS）等生产性状和体型总分（Type）、泌乳系统（MS）、肢体（F&L）等体型性状。

新公式中原来的生产性状由泌乳量、乳蛋白率、乳脂率 3 个，合并为乳蛋白量、乳脂量 2 个，并使用了新估计的标准差。同时对各类性状的加权值进行调整，在重视产奶性状改进的同时，加强了对生产效益具有重要影响的体型性状的选育。最后调整指数中校正系数，保证了指数值的稳定性。

GCPI 计算公式如下：

$$GCPI_{2020} = 4 \times \begin{bmatrix} 25 \times \frac{GEBV_{Fat}}{22.0} + 35 \times \frac{GEBV_{Prot}}{17.0} - 10 \times \frac{GEBV_{SCS} - 3}{0.46} \\ + 8 \times \frac{GEBV_{Type}}{5} + 14 \times \frac{GEBV_{MS}}{5} + 8 \times \frac{GEBV_{F\&L}}{5} \end{bmatrix} + 1\,800$$

利用中国荷斯坦公牛基因组选择参考群体平台，结合青年公牛基因组检测的 SNP 基因型信息，用 GBLUP 方法估计公牛的各性状基因组直接育种值，并与其系谱育种值进行标准化后加权合并，计算得到 GCPI。计算系谱指数所用公牛系谱由各公牛站提供。

根据 2020 年中国荷斯坦牛遗传评估结果，经统计得出，参测共 3 482 头公牛，其中 GCPI 最高值为 3014，最低值为 981，平均值为 2 007。各分项评估性状育种值的最高值、最低值、整体平均值和排名前 50 位公牛的平均值见表 2。

通过基因组选择可以实现公牛的早期选择，进而可以节约待定青年公牛的养殖成本，提高奶牛种公牛的平均选育效益。通过直接使用基因组选择的冻精，不仅缩短了奶牛育种的世代间隔，加快了遗传进展，同时更加直接降低了奶牛育种企业的运行成本，增加企业收益。

表 2　各分项育种值情况

项目	GCPI	乳脂量	乳蛋白量	体细胞评分	体型总分	泌乳系统评分	肢体评分
最高值	3 014	78.56	75.45	5.72	28.81	34.60	45.38
最低值	981	−69.06	−55.63	1.43	−28.63	−29.65	−39.67
整体平均值	2 007	12.52	18.19	3.22	1.43	1.06	−0.17
排名前 50 位公牛均值	2 616	58.07	53.45	4.52	18.60	17.16	22.20

（中国奶业协会养殖业发展部，曹　正、闫青霞）

【饲草饲料】

振兴奶业苜蓿发展行动

苜蓿是奶牛等草食动物的重要优质饲草，被誉为“牧草之王”。2012年以来，农业部（现为农业农村部）会同财政部启动实施“振兴奶业苜蓿发展行动”，每年安排3亿元，在奶业主产省份和苜蓿优势产区建设50万亩高产优质苜蓿示范基地。2020年，安排项目资金超过6.2亿元，建设104万亩高产优质苜蓿示范基地。

2020年项目实施顺利，在河北、山西、内蒙古、辽宁、吉林、黑龙江、安徽、山东、河南、湖南、四川、云南、西藏、陕西、甘肃、青海、宁夏、新疆以及新疆兵团开展优质苜蓿示范建设，基本完成了高产优质苜蓿示范片区建设任务，示范带动了我国苜蓿产业提质增效，促进了奶业发展和乳品质量安全水平提升。截至12月底，各地累计立项建设81.2万亩高产优质苜蓿示范基地。

通过实施振兴奶业苜蓿发展行动，建设高产优质苜蓿示范片（区），带动我国优质苜蓿种植面积不断扩大，质量快速提升，有力地促进了我国苜蓿产业和奶业发展。2020年全国优质苜蓿种植面积超过650万亩，产量310万t，比2012年增加261.1万t。通过项目的实施，推动了“合作社＋农户＋基地”的新型生产经营模式的形成与发展，示范带动了周边种植户苜蓿种植水平提升。苜蓿生产专业化、标准化、规模化、集约化水平有所提高，解放了农村劳动力，实现了农民增收。

（农业农村部畜牧兽医局奶业处）

全国饲料工业发展概况

2020年，受生猪生产持续恢复、家禽存栏高位、牛羊产品产销两旺等因素拉动，全国工业饲料产量实现较快增长，高质量发展取得新成效。

1. 饲料工业总产值。全国饲料工业总产值9 463.3亿元，同比增长17.0%；总营业收入9 072.8亿元，同比增长16.6%。其中，饲料产品产值8 445.9亿元、营业收入8 135.1亿元，同比分别增长17.3%、16.9%；饲料添加剂产品总产值932.9亿元、营业收入857.7亿元，同比分别增长11.2%和12.4%；饲料机械产品产值84.5亿元、营业收入80.0亿元，同比分别增长76.8%和32.2%。

2. 工业饲料总产量。全国工业饲料总产量25 276.1万t，同比增长10.4%。其中，配合饲料产量23 070.5万t，同比增长9.8%；浓缩饲料产量1 514.8万t，同比增长22.0%；添加剂预混合饲料产量594.5万t，同比增长9.6%。分品种看，猪饲料产量8 922.5万t，同比增长16.4%，其中仔猪、母猪、育肥猪饲料分别增长10.3%、53.1%、10.7%；蛋禽饲料产量3 351.9万t，同比增长7.5%，其中蛋鸭、蛋鸡饲料分别增长7.9%、5.3%；肉禽饲料产量9 175.8万t，同比增长8.4%，其中肉鸡、肉鸭饲料增长8.3%、6.2%；反刍动物饲料产量1 318.8万t，同比增长18.9%，其中肉牛、奶牛、肉羊饲料分别增长4.2%、44.6%、26.9%；水产饲料产量2 123.6万t，同比下降3.6%；宠物饲料产量96.3万t，同比增长10.6%；其他饲料产量287.2万t，同比增长18.7%。在饲料总产量中，猪饲料占比从2018年的33.5%上升到2020年的35.3%，禽饲料占比从2018年的50.6%下降到2020年的49.6%。

3. 饲料添加剂产量。全国饲料添加剂产量1 390.8万t，同比增长16.0%。其中，直接制备饲料添加剂产量1 296.4万t，同比增长14.7%；生产混合型饲料添加剂产量94.4万t，同比增长36.8%。氨基酸、维生素和矿物元素产量分别为369.7万t、160.3万t、692.6万t，同比分别增长12.0%、26.0%、17.3%。酶制剂和微生物制剂等新型饲料添加剂产量保持较快增长，同比增幅分别为15.1%、22.7%。

4. 集约化经营情况。2020年全国10万t以上的规模饲料生产厂749家，比2018年增加128家；饲料产量13 352万t，同比增长19.8%，占全国饲料总产量的52.8%，较2018年增长6.2个百分点。全国有9家生产厂年产量超过50万t，比2018年增加2家，单厂最大产量122.6万t。年产百万吨以上的规模饲料企业集团

33家，占全国饲料总产量的54.6%，其中有3家企业集团年产量超过1 000万t。

5. 区域布局变化情况。2020年全国饲料产量超千万吨省份10个，比2018年增加1个，分别为山东、广东、辽宁、广西、江苏、河北、河南、四川、湖北、湖南。其中，山东省产量达4 335.8万t，同比增长14.7%；广东省产量3 010.2万t，同比增长3.0%；山东和广东两省饲料产品总产值继续保持在千亿元以上，分别为1369亿元和1 106亿元。全国有26个省份和新疆兵团产量同比增长，其中山西、内蒙古、辽宁、吉林、黑龙江、河南、云南、陕西、甘肃、青海、宁夏、新疆12个省份和新疆兵团增幅超过20%。

6. 企业经营调整情况。2020年猪饲料生产厂数量5 202家，比2018年减少230家；家禽饲料生产厂数量4 824家，比2018年减少24家；反刍和宠物饲料生产厂分别增加60家和54家。从销售方式上看，散装饲料总量5 897.6万t，同比增长33.6%，占配合饲料总产量的25.6%，比2018年提高4.6个百分点。

（农业农村部畜牧兽医局饲料处）

饲草种植情况

一是优质饲草供应能力稳步提升。2020年全国利用耕地（含农闲田）种植优质饲草近8 000万亩，产量约7 160万t（折合干重，下同），与2015年相比增幅超过50%。其中，全株青贮玉米3 800多万亩、产量近4 000万t，饲用燕麦和多花黑麦草1 000万亩、产量约820万t，其他一年生饲草1 500万亩，产量约1 200万t；优质高产苜蓿650万亩，产量340万t，其他多年生饲草1 000万亩，产量约800万t。全株青贮玉米、优质苜蓿平均亩产分别为1 050kg、514kg，比2015年分别提高19.6%、11.5%。同时，草原牧区积极推进人工饲草地建设，打草能力稳步提升，年可供干草约1 000万t。

二是产业化水平明显提高。饲草供种能力持续增强，2020年全国饲草种子田面积近144万亩，种子产量10万t，其中苜蓿种子产量1.8万t、燕麦种子4.3万t，分别比2015年增长8.6%、11.1%。生产组织化程度明显提升，在全株青贮玉米生产中种养一体和养殖场订单收购模式占比超过80%，在优质苜蓿基地建设中饲草企业专业化生产占比达90%。饲草加工业快速发展，2020年全国草产品加工企业和合作社数量达1 563家，是2015年的近3倍；优质商品草产量近700万t，比2015年增加46%。种收贮专业化服务组织快速成长，机械装备加快升级，有力促进了饲草规模化、标准化生产，推动产品质量稳步提升，全株青贮玉米90%以上达到良好以上水平，二级以上苜蓿占到70%。

（农业农村部畜牧兽医局饲料处）

草原生态保护补助奖励政策

2020年，国家继续在河北、山西、内蒙古、辽宁、吉林、黑龙江、四川、云南、青海、西藏、甘肃、宁夏、新疆13个省份及新疆生产建设兵团和北大荒农垦集团有限公司实施草原生态保护补助奖励政策。中央财政安排草原生态保护补助奖励政策资金155.6亿元，其中禁牧补助90.5亿元，草畜平衡奖励65.1亿元。通过落实补奖政策，草原生态进一步恢复，全国近12.06亿亩草原通过禁牧封育得以休养生息，26.05亿亩草原通过季节性休牧轮牧和减畜初步实现草畜平衡；草原牧区农牧民户均增加政策性收入近1 500元，补奖资金已成为农牧民增收的重要补充；草牧业生产方式加快转变，13个省份将转变草牧业生产方式作为实施补奖政策的重要抓手，畜群结构逐步优化，综合生产能力不断提高。

（农业农村部畜牧兽医局畜牧处）

2020年生鲜乳、玉米和豆粕价格情况

生鲜乳价格有所上涨。2020年生鲜乳主产省平均价格为3.80元/kg，同比上涨3.9%。生鲜乳价格先下降、后上升，呈现出显著的季节性特征。1—5月，主产省生鲜乳价格持续下降，5月降至全年最低点3.57元/kg，之后开始回升，12月涨至4.15元/kg，为全年最高。

玉米价格明显上涨。2020年玉米平均价格为2.32元/kg，同比上涨11.4%。2020年12月，玉米平均价格为2.62元/kg，相比1月2.09元/kg的最低点，每千克上涨0.53元。

豆粕价格震荡上涨。2020年豆粕平均价格为3.32元/kg，同比上涨2.8%。全年豆粕价格呈波动上涨的趋势，1—4月和8—12月价格上涨，5—7月价格下降。

（农业农村部畜牧兽医局监测处）

【奶畜保健】

2020年全国奶牛疫病防控情况

2020年，农业农村部认真贯彻落实中央决策部署，坚持预防为主，指导各地采取综合防控措施，不断加大奶牛疫病防控工作力度，全国奶牛疫病疫情继续保持总体平稳，全年共上报22种奶牛动物疫病，未发生口蹄疫疫情，布鲁氏菌病群体阳性率较2019年下降2.68个百分点。

一是强化规划落实。认真贯彻《国家中长期动物疫病防治规划（2012—2020年）》要求，指导各地扎实落实口蹄疫、布鲁氏菌病、结核病等奶牛主要疫病防治计划和指导意见。各级畜牧兽医部门采取免疫、监测、检疫、扑杀、消毒、无害化处理等综合防控措施，遏制布鲁氏菌病传播势头，维持口蹄疫等疫情持续平稳。

二是强化基础免疫。农业农村部印发2020年国家动物疫病强制免疫计划，继续将口蹄疫、布鲁氏菌病纳入计划范围。组织各地做好春秋两季集中免疫和日常补免，确保免疫密度和质量。开展春秋季防控工作检查，经实验室检测，口蹄疫等强制免疫病种抗体合格率均超过国家规定标准，构筑了有效免疫屏障。

三是强化监测预警。农业农村部印发2020年国家动物疫病监测与流行病学调查计划，指导各地开展奶牛疫病监测工作。各地按规定逐级报告疫情信息，有关参考实验室和部属事业单位赴各地开展采样监测，完成多项流行病学调查，定期分析评估口蹄疫等重点动物疫情形势，及时研判掌握疫情动态。加大奶牛布鲁氏菌病、结核病监测净化力度，组织各地积极开展场群和区域净化工作。

四是强化防控投入。农业农村部积极协调财政部加大防控投入，中央财政安排专项经费支持地方做好奶牛重点疫病防控工作，对奶牛口蹄疫、布鲁氏菌病强制免疫进行补助；对因口蹄疫、布鲁氏菌病、结核病强制扑杀的奶牛进行补助。

五是强化科技支撑。组织对基层防疫人员开展培训，加强对养殖场户的技术指导和服务。组织编写知识挂图、宣传手册、明白纸，免费发放给从业主体，指导落实防控措施。充分发挥网络、报刊及新媒体作用，加强个人防护知识宣传，提高群众的自我防护意识，形成群防群控的良好局面。

（农业农村部畜牧兽医局防疫处）

【质量安全监管】

生鲜乳质量安全监管

2020年，农业农村部按照《乳品质量安全监督管理条例》《生鲜乳生产收购管理办法》等规定，生产和监管并重，监测和执法并举，加强对奶牛场、奶站、运输车三个重点环节监管，实行生鲜乳收购和运输许可管理，推行政府抽检、奶站和乳品企业自检的乳品质量检验检测制度，着力构建严密的全产业链质量安全监管体系。

1. 推进监管信息化。在全国运行奶站和运输车监管监测信息系统，实时掌握奶站和运输车的运行和变化情况，对全国所有奶站和运输车实现精准化、全时段管理，将全国4 241个生鲜乳收购站和5 280辆运输车全部纳入监管，持证经营。

2. 推进监管制度化。连续第十二年开展生鲜乳专项整治行动。落实各地生鲜乳收购站、运输车专人监管制度，确保监管频次。出台“确保婴幼儿配方乳粉奶源安全六项措施”，对婴幼儿配方乳粉奶源的收购站、运输车和奶牛场全部建档立案，纳入重点监管范围。2020年，全国累计检查生鲜乳收购站0.61万个（次）、运输车0.58万辆（次）。

3. 推进监测常态化。连续第十二年组织实施生鲜乳质量监测计划。2020年，累计抽检生鲜乳样品1.35万批次，开展婴幼儿配方乳粉奶源质量安全专项监测和飞行抽检，重点对婴幼儿配方乳粉奶源相关的奶站和运输车进行全覆盖抽检，建立婴幼儿配方乳粉奶源质量安全追溯体系。

4. 发布《中国奶业质量报告》。出版发布《中国奶业质量报告》，通过权威数据全面展示我国乳品质量安全状况，宣传奶业质量安全监管措施和成效。2020年，我国生鲜乳抽检合格率达98.7%以上，三聚氰胺等违禁添加物连续12年抽检合格率保持100%，生鲜乳乳蛋白率抽检平均值3.28%，乳脂肪抽检平均值3.82%，远超国家标准，达到奶业发达国家水平。

（农业农村部畜牧兽医局奶业处）

牛奶兽药残留监控情况

印发实施《2020年动物及动物产品兽药残留监控计划》，对牛奶中兽药残留监控工作进行部署安排，重点从奶牛养殖场和生鲜乳收购站抽取样品，全年计划抽检500批次。通过政府购买服务方式，委托辽宁省检验检测认证中心、北京英太格瑞检测技术有限公司、中国海关技术中心3家单位，重点从天津市、内蒙古自治区、黑龙江省、宁夏回族自治区、陕西省、新疆维吾尔自治区等省份抽取样品，对牛奶中β－内酰胺类、四环素类、阿维菌素类、磺胺类、氟喹诺酮类五大类31种兽药残留进行监测，未检出阳性超标样品，总体合格率达100%。有关监测情况已以2020年兽药残留监控结果对外进行了通报，并联合海关总署将相关情况通报欧盟。

同时，扎实推进兽用抗菌药使用减量化行动试点工作，组织专家评价第一批104家报名试点养殖场，发布了减抗达标的81家养殖场名单，其中奶牛养殖场有11家，切实发挥了示范引领作用。继续加强养殖环节用药宣传培训，开展“科学使用兽用抗菌药”百千万接力公益再行动，发动号召80多家兽药企业，举办线上线下指导活动3 900多场，培训包括奶牛养殖场在内的养殖场（户）约18万人次，指导提升养殖环节规范用药水平，引导广大从业人员“用好药、少用药”。

（农业农村部畜牧兽医局药政处）

饲料质量安全监管

2020年，农业农村部印发《农业农村部关于印发2020年饲料兽药生鲜乳质量安全监测计划的通知》，继续在全国开展饲料质量安全监督抽查工作。在组织实施饲料、饲料添加剂生产企业监督抽查检测工作过程中，按照规范抽查、抽检分离、痕迹管理的总体思路，全面推行“互联网+饲料监管”模式，建立健全被监督抽查企业库、监管专家库和随机抽取机制，规范监督抽样、检测检验、结果报送、复核仲裁、异议处理等流程，应用饲料质量安全监测信息系统，实现工作全程痕迹化管理，全年抽检各类饲料产品2 349批次，针对监测中发现的不合格产品，指导地方及时查处，通过农业农村部门户网站向社会公开监督抽查结果。

（农业农村部畜牧兽医局饲料处）

“瘦肉精”专项整治

2020年，农业农村部按照部级抽检、省级监测、重点区域飞行检查相结合的方式，重点针对肉牛肉羊养殖、运输、交易、屠宰等环节开展“瘦肉精”专项整治。派出专家和工作人员赴内蒙古、江西、山东、河南、贵州5个省份进行了拉网监测，对江西省进行了飞行检查。全年采集了3 027批次牛羊尿液样品，对所有疑似阳性尿液和牛羊组织样品，委托国家饲料质量监督检验中心（北京）进行了11种β-受体激动剂仪器上机确证检测，确证12批次肉牛尿液样品克伦特罗阳性。此外，结合各地发现的“瘦肉精”线索，及时启动案件移交和督办程序，督促地方落实“瘦肉精”监管责任，认真处理群众举报反映的问题，通过飞行检查等方式，对“瘦肉精”违法问题保持高压严打态势，确保畜产品质量安全。

（农业农村部畜牧兽医局饲料处）

四、各地奶业

GEDI NAIYE

北京市

【奶类生产】北京市2020年奶牛存栏57 912头，其中成乳牛30 069头。饲养品种主要以荷斯坦牛为主，其他品种奶牛有少量存栏。北京市奶牛养殖分布在12个区（表1），主要集中于顺义区、密云区、延庆区、通州区、房山区、昌平区和大兴区。

表1　2020年北京市奶牛存栏情况

地区	奶牛存栏量（头）	成乳牛存栏量（头）
北京市	57 912	30 069
顺义区	12 185	5 170
密云区	11 310	5 806
延庆区	9 321	5 102
通州区	9 018	4 948
房山区	6 363	3 495
昌平区	4 510	2 738
大兴区	4 369	2 284
朝阳区	328	217
平谷区	255	160
海淀区	196	122
怀柔区	49	21
门头沟区	8	6

2020年全市生牛乳产量242 360.78吨，比2019年减少8.24%。其中，顺义区、房山区、大兴区、昌平区、平谷区、朝阳区、门头沟区和怀柔区生牛乳产量与2019年相比增加，其他各区生牛乳产量均呈现下降趋势（表2）。

表2　2020年北京市生牛乳产量

地区	生牛乳产量（t）		
	2020年	2019年	增长速度(%)
北京市	242 360.78	264 134.8	−8.24
密云区	48 187.10	52 135.2	−7.57
顺义区	39 356.06	38 259.7	2.87
通州区	35 185.80	57 207.1	−38.49
房山区	31 660.70	31 266.4	1.26
延庆区	29 504.00	32 603.3	−9.51
大兴区	27 989.00	25 924.3	7.96
昌平区	27 666.92	24 689.9	12.06
平谷区	1 304.20	914.0	42.69
朝阳区	749.00	353.4	111.94
海淀区	733.80	761.6	−3.65
门头沟区	24.00	20.0	20.00
怀柔区	0.20	0.0	

【乳制品加工】北京市乳制品生产企业主要分布于朝阳区、通州区、丰台区、门头沟区、房山区、顺义区、昌平区、大兴区、平谷区、怀柔区、密云区和延庆区（表3）。

表3　北京市主要乳制品生产企业及经营范围

序号	企业名称	经营范围	所属区
1	北京健生饮料有限公司	加工、制造奶制品、饮料	朝阳区
2	北京三元食品股份有限公司	加工乳制品、饮料、食品、原材料、保健食品、冷食冷饮	大兴区
3	北京圣祥乳制品厂	酸牛奶、消毒牛奶、含乳饮料加工	丰台区
4	北京龙泉乳品公司	加工销售消毒牛乳、酸牛乳、含乳饮料	门头沟区
5	奥德华乳品（北京）有限公司	生产各种高级果品酸奶、奶油、黄油、脱脂牛奶、汽奶、冰激凌及乳制品	房山区
6	蒙牛乳业（北京）有限责任公司	生产、加工乳制品、含乳饮料、冷冻饮品、速冻食品	通州区
7	北京科尔沁乳业有限公司	乳制品加工、销售	通州区
8	蒙牛高科乳制品（北京）有限责任公司	乳制品	通州区
9	北京光明健能乳业有限公司	乳制品、饮料	顺义区

（续）

序号	企业名称	经营范围	所属区
10	北京超凡食品有限公司	乳制品	顺义区
11	北京艾莱发喜食品有限公司	乳制品	顺义区
12	北京天辰乳业有限公司	乳制品	顺义区
13	北京三元食品股份有限公司乳品四厂	乳制品、其他食品	昌平区
14	北京和润乳制品厂	乳制品、饮料	大兴区
15	北京乳旺食品有限公司	乳制品、饮料	平谷区
16	达能乳业（北京）有限公司	乳制品	怀柔区
17	北京鸿达乳品有限公司	乳制品	怀柔区
18	北京百思乐乳业有限公司	饮料	怀柔区
19	内蒙古伊利实业集团股份有限公司北京乳品厂	乳制品、饮料	密云区
20	北京归原生态农业发展有限公司	乳制品	延庆区

北京市乳制品企业的产品涵盖了几乎所有的乳制品种类，但在产品形式上主要以发酵乳、灭菌乳、巴氏杀菌乳和调制乳等液态乳制品为主。

【奶源基地】按照高质量发展的总体要求，以“供给侧结构性改革”为主线，以优质安全为前提，以生态环保为基础，加强优质奶源基地建设，优化奶业生产布局，实施标准化生产，保障乳制品质量安全和有效供给，有效推进首都“菜篮子”生鲜乳保障体系建设。全市登记的规模奶牛养殖场 49 个（表 4）。其中，设计规模 500 头及以上的奶牛养殖场 43 个，占 87.76%。奶牛良种覆盖率 100%（表 5）。

表 4　2020 年北京市备案的规模化奶牛养殖场分布情况

区	500 头以下	500~999 头	1 000~1 999 头	2 000 头及以上	合计
大兴区	0	0	0	2	2
延庆区	2	9	4	0	15
密云区	0	0	2	3	5
通州区	0	0	3	3	6
房山区	0	4	0	1	5
顺义区	1	4	2	3	10
平谷区	1	0	0	0	1
昌平区	2	1	1	1	5
合计	**6**	**18**	**12**	**13**	**49**

备注：数据来自 2020 年北京市畜禽养殖场（小区）登记备案统计数据。

表 5　2020 年北京市备案的规模化奶牛养殖场名录

序号	名称	设计规模（头）	品种
1	北京海华云都生态农业有限公司	10 000	荷斯坦
2	北京市北务广峰养殖场	3 000	荷斯坦
3	北京首农畜牧发展有限公司（金银岛牧场）	2 950	荷斯坦
4	北京中地畜牧科技有限公司	2 800	荷斯坦
5	北京鼎晟誉玖牧业有限责任公司	2 600	荷斯坦
6	北京鼎晟誉玖牧业有限责任公司奶牛二场	2 435	荷斯坦
7	北京首农畜牧发展有限公司绿荷分公司半截河牛场	2 300	荷斯坦
8	北京梦淥通养殖有限公司	2 000	荷斯坦
9	北京首农畜牧发展有限公司中以示范牛场	2 000	荷斯坦

（续）

序号	名称	设计规模（头）	品种
10	北京首农畜牧发展有限公司绿荷分公司草厂牛场	2 000	荷斯坦
11	北京绿荷牛业有限责任公司（创辉牛场）	2 000	荷斯坦
12	圣兴达牛场	2 000	荷斯坦
13	北京首农畜牧发展有限公司绿荷牛业分公司（南口二牛场）	2 000	荷斯坦
14	北京市久兴养殖场	1 700	荷斯坦
15	北京首农畜牧发展有限公司绿荷第一牧场	1 678	荷斯坦
16	北京昭阳牧场	1 600	荷斯坦
17	北京首农畜牧发展有限公司绿荷牛业分公司（南口三牛场）	1 500	荷斯坦
18	北京雄特牧业有限公司	1 400	荷斯坦
19	北京首农畜牧发展有限公司三堡牛场	1 400	荷斯坦
20	北京首农畜牧发展有限公司小务牛场	1 400	荷斯坦
21	北京康源奶牛养殖有限责任公司	1 300	荷斯坦
22	北京大地群生养殖专业合作社	1 200	荷斯坦
23	北京首农畜牧发展有限公司奶牛中心（北京奶牛中心良种场）	1 150	荷斯坦
24	北京延照富民奶牛养殖中心	1 000	荷斯坦
25	北京利源永兆养殖中心	1 000	荷斯坦
26	北京民禾诚奶业专业合作社	922	荷斯坦
27	北京市马坡肖家坡明仁奶牛养殖场	800	荷斯坦
28	北京双萍养殖有限公司	800	荷斯坦
29	北京兴利鹏奶牛养殖中心	800	荷斯坦
30	北京金鑫园奶牛中心	800	荷斯坦
31	北京方旭养殖中心（延庆方旭养殖中心）	800	荷斯坦
32	北京森茂种植有限公司	750	荷斯坦
33	北京小段奶牛合作社	700	荷斯坦
34	北京富农兴牧奶牛养殖合作社	700	荷斯坦
35	北京中加永宏科技有限公司	600	荷斯坦
36	北京市建雄养殖有限公司	600	荷斯坦
37	北京天意兴旺养殖专业合作社	600	荷斯坦
38	北京旺龙达奶牛养殖合作社	510	荷斯坦
39	北京三农嘉华农牧业科技有限公司	500	荷斯坦
40	北京兴旺富民养殖场	500	荷斯坦
41	北京拥军利民奶牛专业合作社	500	荷斯坦
42	北京瑞林奶牛养殖中心	500	荷斯坦
43	北京三石奶牛场有限公司	500	荷斯坦
44	中国农业机械化科学研究院北京农机试验站（奶牛场）	450	荷斯坦
45	北京市龙湾承三养殖场	400	荷斯坦
46	北京东五里营金牛养殖中心	400	荷斯坦
47	北京金东牛场	300	荷斯坦
48	北京金龙腾达养殖场	300	荷斯坦
49	中央军委机关事务管理总局南口农副业基地（原名中国人民解放军总参谋部信息化部南口生活供应服务中心）	300	荷斯坦

备注：数据来自2020年北京市畜禽养殖场（小区）登记备案统计数据。

【奶农组织】技术服务体系：北京市通过市、区、乡镇、村“四级”技术服务体系、奶牛产业技术体系北京市创新团队和奶业社团组织机构，有效地整合了全市的科技、人才和产业资源，开展服务体系创新工作，创立了多种形式的技术服务模式，全方位服务于奶牛产业发展，为北京奶业的健康发展提供了政策、科技与人才的支撑。

奶业社团组织机构：2020年北京市登记备案的奶业社团组织机构共有2家（表6），在协助政府进行行业管理、服务行业、维护奶农和行业的合法权益、促进北京奶业产业的健康发展等方面具有重要作用。

表6　北京市奶业社团组织机构

序号	名 称	业务主管单位	统一社会信用代码
1	北京市奶业协会	无（已脱钩）	51110000500300288F
2	平谷区刘家店镇奶牛养殖协会	北京市平谷区刘家店镇人民政府	51110117500833885U

【政策法规】

地方标准：截至2020年，北京市制定与奶牛产业相关的现行有效地方标准共计10项（表7），对推动本地区奶牛产业规范、健康、有序发展起到积极作用。

表7　北京市奶牛产业地方标准

标准号	标准中文名称	实施日期
DB11/T 1764.19—2020	用水定额 第19部分：乳制品	2021/4/1
DB11/T 150.1—2019	奶牛饲养管理技术规范 第1部分：育种	2019/10/1
DB11/T 150.2—2019	奶牛饲养管理技术规范 第2部分：繁殖	2019/10/1
DB11/T 150.3—2019	奶牛饲养管理技术规范 第3部分：饲养与饲料	2019/10/1
DB11/T 150.4—2019	奶牛饲养管理技术规范 第4部分：卫生防疫	2019/10/1
DB11/T 1332—2016	奶牛机械挤奶操作规范	2016/8/1
DB11/T 1021—2013	奶牛电子耳标技术规范	2014/2/1
DB11/T 868—2012	生鲜乳贮运技术规范	2012/9/1
DB11/T 425—2018	牛场舍区、场区、缓冲区环境质量要求	2019/1/1
DB11/T 708—2010	生鲜乳收购站建设与管理技术规范	2010/8/1

（北京市畜牧总站，任　康）

天津市

【奶畜养殖】2020年天津市奶牛存栏10.71万头，同比减少2.6%。生鲜乳产量50.07万t，同比增长5.7%。天津市奶畜养殖场主要分布在武清区、静海区、宝坻区、滨海新区、宁河区。2020年，奶牛存栏量小幅下降，生鲜乳产量有所上升，奶牛标准化规模养殖水平仍在不断提高，规模牧场技术水平、设施设备和管理水平不断进步，奶牛饲养环境和生产条件显著改善，生鲜乳质量水平稳步提升。

2020年新冠肺炎疫情发生以来，市、区两级农业农村部门密切关注奶牛养殖和生鲜乳生产动态，出台多项政策为企业发展提供支持。在有关政策支持和引导下，以开放、绿色、创新为理念，天津奶业进入高标准、高质量发展阶段，实现了牧场的规模化、标准化、机械化、良种化、信息化，促进了种、养、加、销产业融合发展，具有显著的现代都市型奶业特点。

【乳制品加工】截至2020年年底，全市乳制品加工企业共计10家，分别是天津海河乳业有限公司、天津华明乳业有限公司、天津津河乳业有限公司、天津中芬乳业有限公司、弗里生（天津）乳制品有限公司、天津光明梦得乳品有限公司、天津完达山乳品有限公司、天津伊利乳品有限责任公司、蒙牛乳制品（天津）有限责任公司、天津三元乳业有限公司。

天津海河乳业有限公司作为国家级农业产业化重点企业和本土乳制品市场领军企业，充分发挥优质奶源优势，突出城市乳业定位，大力推广巴氏奶，2020年生产销售巴氏奶8 704t。

【市场消费】受新冠肺炎疫情影响，2020年1—8月生鲜乳价格均低于2019年同期（图1）。1—5月，生鲜乳价格大幅下降后，6月开始逐步回升，8—12月生鲜乳价格缓慢增长，全年平均价格3.7元/kg，同比下降3.1%。受进口乳制品冲击，乳企限量收购，超出定量的采取低价收购；进口奶制品进一步挤占消费份额，进口奶粉替代生鲜乳原料奶，种种因素导致奶牛养殖整体形势不容乐观。

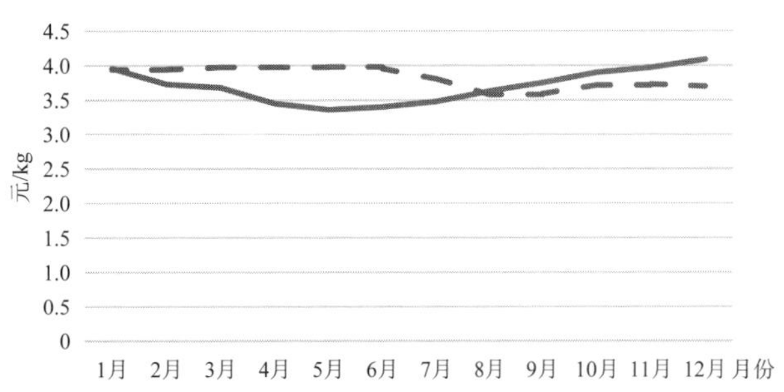

图1 生鲜乳价格

【奶源基地】2020年年底，全市奶牛养殖场72个，其中蓟州区2个、宝坻区10个、武清区27个、静海区9个、北辰区3个、滨海新区9个、宁河区9个、西青区2个、东丽区1个。

全市奶牛养殖综合水平不断提升，牧场规模化、标准化实现100%；成母牛DHI参测率62%，良种优质冻精使用率100%；TMR饲喂率100%；机械化挤奶率100%；80%以上牧场实现了智能化管理；奶牛规模化养殖水平的提高，极大地促进了机械化和标准化发展。

2020年全市参加DHI测定的奶牛养殖场42个，参测牛头数42 954头，提供有效数据24.06万条。天津市奶牛生产性能测定体系已形成，奠定了天津市奶牛育种工作发展的基石，为天津市奶牛遗传改良工作打下了坚实基础。

牧草种植。2020年全市饲草料种植规模2.08万hm^2，其中全株青贮玉米1.89万hm^2、苜蓿0.14万hm^2、其他0.05万hm^2。开展饲草料品种区域试验，完成30个饲草料品种评价筛选工作，示范推广青贮玉米、燕麦、小黑麦等饲草料品种6个，示范面积800hm^2，全市全株青贮玉米收储量70.8万t。开展规模化奶牛养殖场青贮饲料质量评估分析，形成72份评估分析报告。

【奶农组织】2020年，为培养奶牛养殖业现代化管理技术人员和高素质产业人才，提升管理经营理念和劳动效率，进一步提升奶业科技含量，促进奶业可持续健康发展，鉴于新冠肺炎疫情防控形势，采取线下培训和线上培训相结合的方式，组织开展奶牛养殖技术培训，全年组织线下专题技术培训2期，线上专场培训10期。

【政策法规】2020年农业农村部奶牛DHI项目任务数0.4万头，落实国家补助资金28万元。2020年继续实施奶牛生产性能测定补贴政策，在农业农村部农技推广（DHI）项目的基础上，天津市新增奶牛DHI项目任务数1万头，落实天津市补助资金50万元。

2020年继续实施种养结合循环示范场建设项目，全市共有13个奶牛养殖场参加，累计申请市财政资金273万元。通过种养结合循环利用，将养殖粪污变废为宝，进行资源化处理与综合利用，固体粪便生产有机肥，污水通过储存，利用吸粪车抽取作为肥水按一定比例施入农田，实现了粪污的有效分离、收储、处理及利用。

2020年继续实施奶牛饲料营养消化率检测项目，评估奶牛饲料营养及消化吸收率，继续在奶牛科学养殖、精准饲喂、节能减排、降低饲养成本等方面发挥了重要作用，同时为制定奶牛饲养标准和牛奶质量提供了数据依据。

【奶业大事】2020年3月11日，市农业农村委牵头召开新冠肺炎疫情期间奶牛养殖情况座谈会，与市奶业协会、市奶牛科技创新协会、市奶牛产业技术体系有关专家就新冠肺炎疫情期间全市奶牛养殖场生产情况进行座谈，详细了解疫情对奶牛养殖企业造成的影响，对上半年生鲜乳产销形势和价格进行了分析研判。督促各行业协会和产业技术体系要继续发挥联系政府、服务企业、促进行业自律的功能，在用足用好相关扶持政策的基础上，发挥专家资源优势，积极为企业提供经济信息、技术创新和企业管理服务指导和帮助企业促进管理创新，提供管理水平，助力奶牛养殖行业持续健康发展。

2020 年 8 月 25 日，天津市农业发展服务中心创新培训方式，利用网络直播平台，举办了首次“天津市奶牛养殖技术线上培训”，邀请天津嘉立荷牧业集团有限公司专家以“精益管理在奶牛场中的应用”为主题，为广大奶牛养殖企业负责人和技术人员进行线上授课，让奶农认识到奶牛养殖精细化管理的重要性和迫切性，全面推进天津奶牛养殖提质增效，促进天津现代奶业建设与可持续发展。

天津市农业科学院畜牧兽医研究所作为依托单位于 2020 年重新组建天津市奶牛（肉羊）产业技术体系创新团队，并启动岗位专家和试验站的遴选工作，紧紧围绕制约天津奶牛产业发展的难点问题、重点问题进行科研攻关和技术推广，提升产业竞争能力，加快全市乡村振兴战略实施。

天津市农业发展服务中心副主任孟庆江同志享受 2020 年政府特殊津贴。孟庆江同志从事畜牧兽医科技工作 30 年，在奶牛良种繁育、疫病防治、饲养管理、质量安全、饲草利用等领域进行了开创性研究，建立了行业领先水平的奶牛健康养殖体系，示范推广了适宜天津地区的青贮方式，解决了奶牛养殖中的关键技术难题，在推动奶业科技进步方面做出突出贡献，被授予天津市突出贡献专家荣誉称号；主持或参加国家、市级科技项目 12 项，示范推广先进技术 16 项，获得发明专利 2 项，软件著作权 1 项；制定地方标准 1 项、团体标准 3 项，出版著作 3 部，发表论文 11 篇，指导从业人员 3 870 人次。

（天津市农业发展服务中心，王永颖）

河 北 省

【奶类生产】2020年河北奶牛存栏122.3万头，同比增长6.5%；生鲜乳产量483.4万吨，同比增长12.8%。河北坝上草原牧区、山前平原农牧结合区、黑龙港流域农草牧结合区三大奶牛养殖聚集区奶牛存栏占全省奶牛存栏的90%以上。

【乳制品加工】2020年河北乳制品产量358.4万t，同比增长2.6%，居全国第一位；液体乳347.56万t，同比增长2.32%，居全国第一位；乳粉产量10.5万t，全国排名跃居第三位。河北乳制品加工企业46家，日处理生鲜乳能力合计约1.8万t，其中乳粉加工企业16家，婴幼儿配方奶粉产能达到18万t。

君乐宝乳业集团旗下4家奶粉工厂、5家液态奶工厂全部通过2019—2020年BRC认证。君乐宝旗帜3款婴幼儿配方奶粉和“白小纯”获得2020年世界食品品质评鉴大会“金奖”，优萃有机奶粉摘得第14届中国国际有机产品博览会（亚洲最具规模和影响力的有机产品盛会之一）“年度有机奶粉金奖”“年度最具影响力品牌奖”两大奖项，受到全球关注。

【奶源基地】2020年河北新建规模奶牛养殖场23个，共有奶牛养殖场843个，奶牛养殖现代化、智能化水平进一步提升。2020年河北270个牧场改造升级，100个奶牛养殖场实施智能奶牛养殖场建设，全省智能化奶牛养殖场总数达到610个，全部与省级奶牛养殖云平台对接，实现奶牛发情自动揭发、产奶量自动上传、饲料配方精准控制、环境温湿度在线监测。31个奶牛养殖场升级改造粪污处理设施，实现资源化利用。专业养殖集团、大型乳企积极在河北省投建现代化奶牛养殖场，丰润嘉利荷万头牧场如期开工，内丘伊利万头牧场正式签约。乳企自建合建现代化养殖场，君乐宝柏乡标准化家庭牧场模式快速推广，赞皇县智能化家庭牧场、正定县标准化家庭牧场动工建设。良繁体系不断完善，开展奶牛生产性能测定20余万头，测定数量位居全国第一，对近3万头奶牛利用全球最先进的基因组测定技术开展基因测序，筛选出A2基因奶牛1万头，组建了全国最大A2基因奶牛核心群，打破了国际A2婴幼儿配方奶粉的生产垄断。

2020年河北全省完成粮改饲收储面积220万亩，新增苜蓿种植面积6.5万亩，君乐宝乳业在张家口建立了38万亩专用饲草料基地。河北省基本形成坝上燕麦、山前平原区全株玉米、黑龙港优质苜蓿三大优质牧草种植基地。饲草种植面积快速扩大，饲草质量进一步提高，奶牛养殖场已全部饲喂全株青贮玉米和苜蓿。

【质量监管】河北制定《河北省奶业质量安全风险管控方案》，有力防范生鲜乳生产运输、乳制品加工仓储、市场流通销售各环节风险隐患。农业农村部生鲜乳质量第三方抽检，合格率100%；河北省农业农村厅组织生鲜乳抽测900批次，合格率100%；发挥河北省奶业协会乳品质量安全工作委员会作用，提升河北乳企乳制品安全保障能力，全年乳制品监督抽检合格率达到100%。

河北省实行生鲜乳质量定期分级抽检联动制度，生鲜乳收购站网络视频监管平台实施生鲜乳收购站、乳企和市、县农牧主管部门之间的互联互通、实时监控，乳企通过河北省生鲜乳监管日报告平台每日报送生鲜乳收购数量及检测结果。

省级价格协调机制。由政府、协会、乳企代表和牧场代表组成的河北省生鲜乳价格协调会，建立季度生鲜乳价格协调制度，每季度协商发布生鲜乳收购指导价和最低保护价。利益联结机制逐步完善，推动乳企和奶牛养殖场签订长期购销合同，建立稳固的合作关系。建立生鲜乳收购风险防范机制，实施喷粉补贴，稳定乳制品淡季生鲜乳收购预期。持续开展生鲜乳收购秩序专项整治行动，严厉打击超范围收奶，维护健康良好的生鲜乳市场秩序。

【奶业大事】2020年1月10日，河北省奶业协会乳品质量安全工作委员会成立大会在石家庄召开。河北省奶业协会乳品质量安全工作委员会为乳制品企业之间、企业与政府之间搭建交流互通的平台，对于积极防范和化解质量安全风险具有重要作用和深远意义。

2020年2月26日，河北省农业农村厅下发《关于纾解乳品加工企业困难对收购生鲜乳进行补贴的紧急通知》。

2020年3月2日，邯郸君乐宝乳业有限公司液态奶工厂和万头奶牛牧场项目正式开工建设。

2020年8月20日，河北省奶业协会发布《活性蛋白牛乳（牛奶）》团体标准。该标准的出台为活性蛋白牛乳（牛奶）提供了技术支撑，能够满足市场消费升级的需求，为消费者提供营养健康的乳制品。

2020年10月12日，由中国奶业协会、中国奶业20强联盟主办，君乐宝乳业集团承办的2020中国奶业20强（D20）峰会在河北省石家庄市召开。峰会以“赋能奶业：领航健康、共享小康”为主题，搭建政府、企业、协会和科研机构的沟通交流平台，展示中国奶业形象，提升国产品牌影响力，助力推进奶业全面振兴。

2020年11月24—26日，河北省奶业协会组织12家主流媒体，重点深入学生饮用奶定点生产企业奶源一线、生产一线、学生饮用奶供应对象（中小学校），开展“燕赵奶业行之学生奶”主题报道宣传活动。

2020年12月10日，河北省民营经济发展大会在石家庄召开。会上，君乐宝乳业集团董事长兼总裁、河北省奶业协会会长魏立华分别荣获“河北省优秀民营企业”“河北省优秀民营企业家”殊荣。

2020年12月31日，河北省奶业协会发布《婴儿配方乳粉》（标准编号为T/DAHEB008—2020）、《较大婴儿配方乳粉》（标准编号为T/DAHEB009—2020）、

《幼儿配方乳粉》（标准编号为T/DAHEB010—2020）3项团体标准。

（河北省奶业协会，李贺峰）

石家庄市

【奶畜养殖】石家庄市奶牛存栏21.1万头、同比增长10.8%，奶产量76.7万t、同比增长12.9%，品种主要是中国荷斯坦牛，泌乳牛年均单产8.9t。2020年石家庄坚持绿色发展导向，立足现有产业基础，按照“种好草、养好牛、产好奶”的要求，加强规划引导，加大政策扶持。巩固发展行唐、新乐、鹿泉、藁城、正定五大奶业优势区域。充分发挥石家庄君乐宝乳业有限公司、河北三元食品有限公司等婴幼儿配方奶粉企业的产能优势，在鹿泉、行唐、新乐等县（市、区）建设婴幼儿配方奶粉奶源基地。建设以奶业为主导产业的鹿泉区国家级现代农业园区。

【乳制品加工】石家庄市大的乳制品加工企业有3家，分别为石家庄君乐宝乳业有限公司、河北三元食品有限公司和石家庄明旺乳业有限公司。

君乐宝乳业集团成立于1995年，经过23年的发展，已经成为河北省最大的乳制品加工企业，是农业产业化国家重点龙头企业、国家高新技术企业、国家乳制品研发技术分中心，现有员工9 000余人，在河北、河南、江苏、吉林等地建有16个生产工厂。业务范围包括婴幼儿配方奶粉、低温酸奶、常温液态奶、牧业四大板块，建立起涵盖奶业全产业链的运营布局，上下游协同发展，为消费者提供营养、健康、安全的乳制品。君乐宝乳粉2014年在全国率先通过了BRC和IFS双重认证，2015年成为首个通过欧盟BRC A+顶级认证的奶粉品牌，2016年又获得了BRC AA+顶级认证。君乐宝乳业集团在鹿泉建设的君诚5万t奶粉加工项目主体已经完成，正在安装设备和调试，投产后石家庄奶粉产能将达到16.7万t。

河北三元食品有限公司于2008年12月注册成立，注册资金215 772.55万元，是上市公司北京三元食品股份有限公司的全资子公司，隶属北京首都农业食品集团，是河北省内首家通过诚信管理体系认证的企业、河北省农业产业化重点龙头企业、国家高新技术企业。主导产品为奶粉和液态奶，河北三元婴幼儿配方奶粉被评为河北省名牌产品。2016年在石家庄新乐市建设完成了河北三元工业园项目，项目总投资18亿元，占地600亩，设计年产乳粉4万t、液态奶25万t，生产婴幼儿配方奶粉、常温奶、巴氏奶、酸牛奶等产品，日处理鲜奶能力1 000t。所有奶粉采用集团自有自控优质牧场奶源，原奶主要指标达到欧盟标准，平均产奶量达到世界先进水平。2020年1—12月乳制品产量达到132 714t，其中奶粉10 381t。设计年产能：液态奶25万t、奶粉4万t。婴幼儿配方奶粉注册配方数量：3个系列9个品种。截至2020年年底，河北三元销售收入13.5亿元。

石家庄明旺乳业有限公司是台湾旺旺集团在河北省投资建设的第一家乳制品生产企业，位于石家庄市行唐县上方乡，主要产品有UHT液态奶、炼乳、果蔬饮料、植物蛋白饮料等，2020年销售额达4.6亿元。

河北冀中宝贝乳业有限公司日处理320t生鲜乳奶粉生产线项目在行唐开工建设。投产后，日收生鲜乳300t左右。

【奶源基地】全市有180个奶牛养殖场（区），全部实现了管道式机械化挤奶，饲喂全株青贮玉米。使用全混合日粮（TMR）、奶牛卧床、冷风机和自动饮水等先进技术比例达到100%，养殖场粪污处理设施装备配套率达到100%，规模化养殖率达到100%，资源化利用率达到90%。养殖场（区）全部安装视频网络监控系统，实现了24小时的实时监控。

开展智能奶牛养殖场建设，共争取省智能奶牛养殖场项目建设资金2 330万元。用于奶牛养殖场的信息化设施建设和设备购置，实现奶牛发情自动提示、挤奶自动计量、TMR混合自动控制、环境自动监测。项目通过申报，确定本市井陉、高邑、元氏、晋州、新乐、栾城、藁城7个县（市、区）60个智能奶牛养殖场建设，项目建设完成后，可实现系统数据互通互联，与乳企、河北省DHI中心软件系统准确对接，数据上传河北省省级奶牛养殖云平台，为全省奶牛育种、质量安全追溯提供支撑，实现与国际先进奶牛养殖方式并轨。

共落实市级奶业振兴扶持资金7 042万元，其中发放新增乳制品加工能力补贴资金6 500万元，生鲜乳喷粉补贴资金542万元。全市共新建标准化奶牛牧场7个，新增奶牛存栏8 000头，已建成2个，其他正在建设之中。君乐宝2020年建设的4个千头标准化家庭牧场，其中自建的赞皇牧场和控股建设的平山牧场、正定牧场已开工建设，控股建设的晋州牧场已完成各项手续。

遗传改良。推进奶牛生产性能测定（DHI）工作。参测奶牛养殖场达到116个，参测奶牛67 250头，其中石家庄DHI测定中心自主测定19个奶牛养殖场9 946头奶牛，单产10t以上的规模奶牛养殖场8个。

疫病防治。2020年奶牛养殖没有大的疫情发生。大部分奶牛养殖场（区）在畜牧部门的指导下，由驻场兽医进行常规的程序免疫和消毒，重点是春秋两季口蹄疫免疫检测和奶牛结核病、布鲁氏菌病的防检疫和净化，2020年县级动物疫病预防控制机构对辖区内所有奶牛组织开展了1次布鲁氏菌病检测，并以县为单位集中连片推进奶牛布鲁氏菌病和结核病净化工作，形成净化区，检测结果没有大的疫情发生。继续推进乳制品企业对生鲜乳收购站凭“两病”检测证明收购生鲜乳制度，倒逼奶牛养殖场切实抓好布鲁氏菌病防控工作。奶牛养殖场仍以乳腺炎、消化不良、肢蹄病等常见病为主。近年来，由于大力推进乳粉用标准化奶牛养殖场建设，奶牛饲养管理水平和养殖理念已明显提高，绝大多奶牛养殖场（区）都能做到“以防为主、防重于治”，对常见多发病能做到“早发现，早治疗”，有的奶牛养殖场在收购量紧缩的情况下，直接淘汰低产牛、病牛，有效降低了养殖成本。加强移动监管，对转场或外调奶牛，动物卫生监督机构严格按规定实施检疫，对跨省引进的奶牛严格调运审批手续并落实隔离观察制度，限制奶牛从高风险区向低风险区移动。

鲜奶价格。在石家庄市收购生鲜乳的大型乳制品生产企业主要有6家（蒙牛、伊利、君乐宝、河北三元、新希望天香、石家庄明旺），都能按收购合同数量收购生鲜乳，超出合同的部分大多低于市场价格予以收购。每季度公布省生鲜乳参考交易价格及执行情况，加大对乳企执行的监督力度。实行生鲜乳合同化管理和乳制品生产有计划同步发展制度，落实生鲜乳收购和交售数量变化提前通知及申请制度，不得随意变更。2020年，石家庄生鲜乳收购价格市场平稳。据监测，全市奶站年均价格4.20元/kg，生鲜乳生产成本平均在4元/kg左右，奶牛养殖处于微利状态。

【奶农组织】石家庄市奶业协会于2005年5月成立，河北三元食品有限公司、君乐宝乳业集团分别为石家庄市奶业协会理事长单位和秘书长单位。协会现有会员44人，理事单位及单位代表20人，常务理事单位及单位代表16人，副理事长单位及单位代表10人。协会积极与政府协作，2020年组织召开了3次价格协调会，在传达奶业人心声、促进奶源基地建设、协调供需矛盾、稳定奶源市场秩序、破解奶业发展难题上都做出了积极贡献。每季度公布省生鲜乳参考交易价格及执行情况，加大对乳企执行的监督力度。实行生鲜乳合同化管理和乳制品生产有计划同步发展制度，落实生鲜乳收购和交售数量变化提前通知及申请制度，不得随意变更。

【政策法规】贯彻落实河北省农业农村厅印发的《关于加快推进奶业振兴相关工作的通知》，河北省奶业振兴工作领导小组办公室印发的《关于加快推进奶业振兴相关工作的通知》（冀奶领办〔2020〕5号），河北省农业农村厅办公室关于印发《2020年度河北省生鲜乳喷粉补贴实施方案》（冀农厅办发〔2020〕35号）。

【质量监管】根据《河北省奶源工作总站关于做好2020年生鲜乳收购站（车）现场检查工作的通知》要求，派出人员对石家庄市鹿泉区、行唐县进行了检查，共检查了5个生鲜乳收购站和5辆运输车。根据农业农村部关于印发《2020年度饲料兽药生鲜乳质量安全监测计划的通知》（农牧发〔2020〕8号），2020年，省级以上检测部门到本市生鲜乳抽样592批次，检测三聚氰胺、β-内酰胺酶、碱类物质等6项指标，检测结果全部合格。全面落实生鲜乳收购数量大幅波动及质量不合格48小时调查追溯制度，明确专人负责河北省生鲜乳日报告网络平台，实时查看乳制品企业每日报告的检测不合格生鲜乳和交奶数量大幅波动情况，及时通告相关县畜牧部门到场调查处理，确保质量不合格生鲜乳在48小时内处理完成。

奶站管理。全市180个奶站全部取得了生鲜乳收购许可证，全部与乳制品加工企业签订了生鲜乳收购合同，安装了视频监控网络系统，运输车全部安装了GPS定位系统，实现了市、县畜牧部门在生鲜乳的生产收购、储存运输各环节的全程实时监管；奶站和奶牛养殖场（区）实行一体化建设。开展了2次全市生鲜乳收购站专项整治行动，检查生鲜乳收购站516站次、生鲜乳运输车482辆次。组织奶站负责人培训班，培训人员360人次。一是每年定期组织开展2次奶站专项整治活动，县级每季度开展1次奶站集中整治行动，重点对生鲜乳运输车持证情况、生鲜乳收购站各项制度落实情况、档案管理和检测情况进行检查，确保奶站十项制度一项操作规程落实到位。明确专人负责农业农村部生农村鲜乳收购站运输车监管系统平台，及时查看平台两证信息变化，确保奶站信息的准确性和时效性。二是强化人员培训。市级每年组织开展2次奶站法人（负责人）及技术人员培训班，强化奶站质量安全责任人意识，完善各项档案记录，健全监管工作台账，提高奶站标准化、规范化管理水平。三是加大执法检查力度，始终保持奶站监管的高压态势，严厉打击非法收购运输“黑窝点”、无证和超范围收购、一证多用套用等违法行为，突出抓反面典型，震慑不法分子，确保生鲜乳质量安全。

【奶业大事】2020年是君乐宝第二个五年规划的第三年，销售收入181亿元。未来三年将继续贯彻“强品牌，精运营，冠九省，谋共赢，健体系”的策略，乘胜追击，务实前行。

2020年3月11日，首款采用全产业链自有牧场鲜奶和适度水解蛋白、双益生菌的有机奶粉——君乐宝优萃有机奶粉正式上市发布。

2020年6月6日，纯享酸奶2020年度全新升级，采用天然食材、无添加配方，成为全球首款以全产业链条通过SGS独立慧鉴认证的酸奶产品，树立了“无添加酸奶”品类的新标杆。

2020年7月26日，君乐宝全智能化未来家庭示范牧场在石家庄市赞皇县开工建设，这是全国首家采用智能化全机器人养殖的家庭示范牧场。该项目由君乐宝与北京奥耐尔共同投资兴建，总投资7 000万元，占地130亩，设计奶牛存拦1 500头，为全机器人（共12个，投资1 600万元）饲养、全机器人挤奶、全智能化管理的世界一流智慧家庭牧场，代表中国家庭牧场的未来。本项目颠覆传统牧场建设模式，打造全机器人饲喂挤奶、全智能化管理的世界一流智慧家庭示范牧场。

2020年8月8日，君乐宝隆重推出首款全维度营养儿童奶粉——小小鲁班诠维爱儿童配方奶粉。该产品由君乐宝与国内外多家科研机构合作研发，含有36种丰富的营养，以科学营养助力儿童成长。

2020年10月11—13日，第11届中国奶业大会暨2020中国奶业展览会和2020中国奶业20强(D20)峰会在石家庄正定国际会展中心召开。会展主题为“科学饮

奶 品质消费 全面小康 践行健康中国战略”。此次会展活动，采取线上线下双轨运行模式，以线下大会和展览为主，以线上活动为辅。展会期间，线上进行大会、专场和展会的同步直播，开展云直播、云展示、云论坛、云签约等活动。参加会议的代表包括政府相关部门领导；国际顶尖乳制品企业、行业知名供应商和牧场经营者，以及中央电视台、《人民日报》、新华社、新华网、中国网、《光明日报》等百余家媒体等。

君乐宝承担科技部重点研发计划 5 项，牵头 1 项；获省部级奖励 3 项（河北省科学技术一等奖、吉林省科技进步一等奖、教育部科技进步二等奖），国家级专业学会奖 4 项（全国营养科学先进营养促进贡献奖、中国食品工业协会科学技术奖一等奖、中国乳制品工业协会科技进步特等奖和二等奖），集团研发能力得到科技部认可。

君乐宝自主研发的益生菌副干酪乳杆菌 N1115 在爱尔兰完成婴幼儿喂养实验，是国内乳企首次完成婴幼儿喂养的自主产权益生菌菌株。N1115 益生菌项目已完成动物实验 8 项，老年人、婴幼儿等人群临床研究 6 项，完成国内外研究论文 11 篇，会议报告 10 次，发明专利 4 件，并实现产业应用。打破了国外垄断，建立了自主产权益生菌核心技术。

（石家庄市农业农村局，靳培婧）

唐 山 市

【奶类生产】近年来，唐山市充分利用得天独厚的区位优势、四通八达的交通优势和物质丰厚的资源优势，坚持“人民至上、产业兴旺、消费安全、惠及民生”的思维理念，把发展“绿色奶业”作为加快乡村振兴、实现农业现代化、助推农业高质量发展的一大支柱产业，科学谋划求发展、因地制宜闯新路、体现特色上规模、产业兴旺高质量，使充满活力的“绿色奶业”在省内和国内打出了一张现代农业产业的亮丽招牌，撑起了唐山乡村振兴的一片蓝天，成为河北省“千万吨奶工程”重要支撑地！

截至 2020 年年底，全市奶牛存栏 25 万头，鲜奶产量 109 万 t，成年母牛年均单产已达 8.8t 以上。奶业已形成以丰润、滦南、滦州、丰南、玉田、迁安、汉沽等县（区）为重点的优势产业带，在这个区域内，奶牛养殖量、鲜奶产量均占全市总量的 80% 以上。按照河北省人民政府《关于持续深化“四个农业”促进农业高质量发展行动方案》要求，集中力量，重点打造滦南、滦州、丰润高端乳制品产业集群，有效助推了奶业高质量发展。

【乳制品加工】唐山市辖区内有 6 家乳制品加工企业：一是位于丰润区的蒙牛乳业（唐山）有限责任公司，其拥有 9 条 TBA/22 型无菌灌装生产线、3 条 TBA19/125S 生产线、1 条 A3-200S 生产线、1 条 TBA8/1000B 生产线、1 条 A3-250 高速利乐钻生产线、1 条 A3SPEED-125 生产线，主要生产液态体奶系列，包括白奶、含乳饮料和儿童奶系列。二是位于滦南县的蒙牛乳业（滦南）有限责任公司，其拥有世界最先进的无菌灌装机制造商瑞典利乐公司提供的生产线 26 条（其中 22 型机生产线 2 条、TFA3 型机生产线 6 条、百利包生产线 15 条、康美包生产线 3 条），同时可以生产纯牛奶、花色奶、含乳饮料 3 个不同品种的产品。三是位于汉沽管理区的唐山市三元食品有限公司，其主导产品为奶粉和液体乳，生产许可证核定产品范围为液体乳（调制乳、灭菌乳）、乳粉（全脂乳粉）。四是位于迁安市的迁安三元食品有限公司，主要生产设备有具有世界先进水平的瑞典利乐－拉伐公司生产的管式超高温灭菌机 3 套、500 利乐枕无菌包装机 2 台、百利包包装机 4 台、UHT 奶生产线 6 条以及为调剂奶源余缺而建设的奶粉生产线 1 条、百利包无菌灌装生产线 2 条、利乐公司 A3 柔性利乐砖高速包装设备 1 套及附属设施，主要生产的产品有 UHT 奶及含乳饮料，产品品种主要有纯牛奶、早餐奶、巧克力牛奶等调制乳及纤果汇乳饮料。五是位于滦州市的滦州伊利乳业有限责任公司，一期项目共有灌装生产线 19 条，生产品种包括纯牛奶、营养舒化奶、优酸乳等；二期项目采用瑞典、德国等国际先进生产技术和设备，主要生产金典奶、营养舒化奶、QQ 星儿童奶、学生饮用奶等伊利高端系列产品。六是位于丰南区的河北君乐宝君昌乳业有限公司，于 2019 年 1 月 2 日正式注册成立，注册资本 1 亿元，总占地面积 100 亩，拥有员工 300 余名、专业技术人员 60 余名，生产工艺采用干湿法复合生产工艺，日处理鲜牛奶能力 310t，引进德国 GEA 公司、瑞典利乐公司等世界一流生产工艺设备，年设计产能 2.2 万 t，2019 年 12 月已投产。

【奶源基地】近年来，唐山市以提高奶牛单产水平和生鲜乳质量、提升奶牛养殖效益为目标，着重在 8 个方面发力施策，强力推进唐山奶业振兴。

打造奶牛优势产区。依托现有奶业布局，强化丰润、滦南、滦州、丰南、玉田、迁安、汉沽等优势奶源基地的奶业主导地位，集中力量打造一批高标准、高质量、高水平的生鲜乳生产基地。积极扶持各县（市、区）扩群增量，从 2020 年开始，每年申请市级资金对完成年度存栏指标任务前三名的县（市、区）分别给予 100 万元、70 万元和 50 万元的奖励。截至 2020 年年底，奶牛养殖优势产区奶牛存栏和生鲜乳产量均占全市总量的 80% 以上。

发展适度规模养殖。充分发挥家庭经营精细管理的优势，因地制宜制定导向性和扶持性政策，鼓励奶牛养殖向家庭牧场转变，把家庭牧场打造成奶牛规模生产的主体力量。2019—2020 年，唐山市共利用中央奶牛家庭牧场升级改造项目资金 4 220 万元，支持 152 个奶牛家庭牧场进行升级改造，通过项目实施，奶牛养殖场养殖设备更加先进，生产经营、质量安全和粪污治理水平都有了进一步提高。

强化典型示范引导。通过树立典型，发挥示范引导作用，进而全面提高唐山市奶牛养殖水平。一是总结典型经验，建立示范基地。总结撰写芦台天成奶牛养殖场养殖先进经验和典型做法，被《中国畜牧业》刊发并全国发行。确定迁安智联奶牛养殖场等3个养殖场为示范基地，开展新技术集成应用，并以点带面推广到其他养殖场。二是开展标准化示范创建活动，充分发挥示范场的引领、示范和带动作用。2020年，全市共有34个部级示范场，其中奶牛养殖场14个；共有87个省级示范场，其中奶牛养殖场34个。三是通过比武竞赛提高基层队伍素质。2017年以来，多次组织技术人员参加河北省牛人工授精技术大比武活动并获得优异成绩，2020年本市代表队3名选手分别取得个人成绩第4名、第8名和第13名的好成绩。唐山市代表队团体总分在所有地级市中排名第2，获得团体二等奖和优秀组织单位奖。

推进智能牧场建设。自2018年河北省实施智能奶牛场建设项目以来，本市共有146个牧场实施了智能奶牛场项目建设，利用省级项目资金6 000多万元，实现了奶牛发情自动提示、挤奶自动计量和奶量自动读取、TMR混合自动监控、环境自动监测，实现了对奶牛场的标准化、信息化管理，全面提升了奶牛养殖科技水平。全市牧场智能化、信息化覆盖率达到70.8%。

加强奶牛良种繁育。依托省级性控冻精和胚胎移植项目，加快品种改良和选育，坚持本地繁育和引进相结合的原则，发展唐山本地种公牛站，建立健全种公牛遗传评定和后裔测定体系，提高种公牛自主培育能力和供精能力。2019年以来，共利用省级性控冻精补贴项目资金1 188.675万元，胚胎移植项目资金472.4万元；市级性控冻精补贴项目资金200万元。截至2020年年底，全市泌乳牛群比例达到50%以上，奶牛良种覆盖率达到100%，成年母牛平均单产达到8.8t以上，全市成年母牛平均单产达到9t以上的牧场占60%以上。

推广种养结合模式。适应优质奶源发展需要，实行以养定种、以种促养，合理布局优质青贮玉米等种植基地，实现农牧结合、种养两业协调发展。一是调整玉米种植结构，推进粮改饲项目。2016年，唐山市农牧局率先谋划起草，并由唐山市政府印发《唐山市农业结构调整三年行动计划（2016—2018年）》，将发展青贮玉米种植作为农业结构调整的重要内容。2017年以来粮改饲共完成了60余万亩，到2022年，全市粮改饲实施面积要达到80万亩以上，2020年基本实现了奶牛规模养殖场饲喂青贮玉米全覆盖。二是推行订单种植。根据各地草食畜牧业发展状况，测算全株青贮玉米和饲草料需求量，合理规划，统筹安排，确定粮改饲种植面积，确保生产出来的饲草料销得出、用得完、效益好。鼓励养殖龙头企业、大型养殖场、家庭农场等与玉米种植合作社（农户）直接对接，签订收购青贮订单合同，既能减少养殖企业成本，又能促进种植合作社实现全程机械化服务。三是鼓励开展构树等其他优质牧草种植试点，参照国家苜蓿每吨补助60元的标准，由市级财政给予补助。

推进粪污资源化利用。开展奶牛规模养殖场粪污治理、畜禽规模养殖粪污转化有机肥工程，实现了奶牛规模养殖场粪污处理设施全配套，提升了奶牛养殖废弃物资源化利用能力。截至2020年年底，奶牛规模养殖场粪污处理设施装备配套率达到100%，粪污综合利用率达到77%以上。玉田、滦州、滦南、丰润等奶牛养殖大县建成万吨有机肥工厂40多座。

注重奶牛疫病防控。严格动物防疫条件审查，健全奶牛疫病免疫监测、检疫监管、无害化处理和应急处置等防控措施，落实政府属地责任、部门监管责任、企业主体责任，确保养殖场生物安全。加强疫病防控力度，抓好常见病综合防控，推进布鲁氏菌病和结核病净化，强化奶牛口蹄疫免疫、疫病监测和净化、养殖场环境消毒等措施，实现奶牛养殖场口蹄疫稳定控制。严格限制奶牛从疫病高风险区向低风险区移动，严格实施调运审批和隔离观察制度，防止疫情传入。

【奶农组织】奶业涉及原奶生产、乳制品加工、乳制品销售和进出口等乳业链条各环节，生产过程中随机因素多。所以，除了加强政府及其主管部门的协调机制外，还必须辅之以行业组织的自律、监督、协调等手段。唐山市及各县（区）奶业协会自主开展有益于加强行业管理的各类活动，发挥行业协会协调、服务、维权、自律的功能，强化行业管理、规范行业秩序、提供社会化服务，对唐山的乳业发展起到了辅助推动作用。

【质量监管】建立以市食品药品质量监测中心为支撑、县级农产品质检站为基础的生鲜乳监测体系。建成了县级和乳企生鲜乳收购站网络视频监管平台，安装了生鲜乳运输车GPS定位系统，实时监控生鲜乳收购站及运输车的运行情况。充分运用省生鲜乳信息监管平台发布的预警信息，督促县（区）局核实导致生鲜乳不合格的原因并及时处置，坚决落实生鲜乳收购数量大幅波动和质量不合格48小时追溯机制，严把奶源质量安全关。

【奶站管理】截至2020年年底，唐山市共有奶站213个，全部发放了生鲜乳收购许可证和《生鲜乳准运证明》。全部奶站6项制度齐全，各项记录完备，挤奶、冷却、储藏、运输设施符合规定要求，且全部采用了封闭式管道挤奶方式，鲜奶运输执行“两证一单”制度。2020年共抽查生鲜乳收购站434站次、生鲜乳运输车217辆次，抽检奶样1 168批次，合格率100%。下发《唐山市维护生鲜乳收购秩序保障乳品质量安全专项整治行动实施方案》，重点查处无证奶站和无证奶车、无合同收奶和违反合同交售，收散奶和超范围收奶等行为，切实维护生鲜乳收购秩序，保障乳制品质量安全。

完善利益联结机制。引导鼓励乳企与奶农建立更加稳固的利益联结关系，实现风险共担、利益共享，进一步规范生鲜乳购销行为，稳定生鲜乳收购秩序。一是加强《生鲜乳购销合同（示范文本）》签订和履行的监督检查，鼓励乳企与生鲜乳收购站签订 3 年以上长期购销合同。二是严格执行生鲜乳收购参考价格。督促乳企严格按照省生鲜乳价格协调会发布的全省生鲜乳交易参考价格收购生鲜乳，稳定奶牛养殖收益预期。三是发挥第三方仲裁检测重要作用。充分发挥唐山市畜牧水产品质量监测中心第三方仲裁的重要作用，绝不允许乳企无故限收拒收生鲜乳，充分构建公开、公平、公正的市场环境。2018 年以来，共做第三方仲裁 4 起，为奶农减少损失 40 多万元。

（唐山市农业农村局，田永利、李　春）

山西省

【奶业生产】据畜牧部门统计，2020年山西省奶牛存栏39.16万头，同比增长2.32%。品种主要为荷斯坦牛，占比达到95.4%，主要分布于山西省的北部和中部地区，包括朔州、大同、忻州、晋中、太原5市，奶牛存栏35.9万头，占全省存栏总量的91.7%。奶牛存栏1万头以上的县（市、区）有9个，包括云冈区、阳高县、天镇县、朔城区、山阴县、应县、怀仁市、祁县、忻府区，奶牛存栏27.5万头，占总存栏量的70.3%。

截至2020年年底，全省不同规模奶牛养殖场（户）、奶牛存栏、牛奶产量情况分别为：存栏1~49头的有1.03万个，存栏10.4万头，产奶32.5万t；存栏50~99头的有278个，存栏2.06万头，产奶6.8万t；存栏100~199头的有83个，存栏1.3万头，产奶4.6万t；存栏200~499头的有146个，存栏5.3万头，产奶18.7万t；存栏500~999头的有60个，存栏4.6万头，产奶16.6万t；存栏1 000~1 999头以上的有34个，存栏4.5万头，产奶16.7万t；存栏2 000~4 999头以上的有11个，存栏3.7万头，产奶13.3万t；存栏5 000头以上的有9个，存栏7.4万头，产奶23.5万t。

截至2020年年底，全省奶山羊存栏13.98万只，比2019年同期增长54.8%。奶山羊主要分布于临汾、长治、运城、晋中4市，存栏11.1万只，占全省存栏总数的79.7%。奶山羊存栏2 000只以上的县（市、区）有16个，包括灵丘县、阳高县、黎城县、榆次区、太谷区、祁县、平遥县、盐湖区、万荣县、稷山县、芮城县、代县、尧都区、洪洞县、霍州市、汾阳市，共存栏12.4万只，占全省存栏总数的88.7%。

2020年，山西省奶类总产量达到134.77万t，同比增长0.9%。其中，牛奶产量132.53万t，同比增长0.7%；羊奶2.24万t，同比增长21.2%。朔州市牛奶产量达到57.14万t，占全省牛奶产量的42.4%。

截至2020年年底，全省运营的生鲜乳收购站232个，分布在太原市、大同市、朔州市、忻州市、晋中市、长治市、临汾市、运城市8个市。阳泉市、晋城市和吕梁市没有生鲜乳收购站。生鲜乳运输车161辆。

【乳制品加工】2020年山西省境内的乳制品加工企业有13家。本地乳企有山西古城乳业集团有限公司、山西九牛牧业有限公司、大同市牧同乳业有限公司等。伊利和蒙牛在山西设有加工企业。生产的乳制品种类包括UHT奶、巴氏杀菌乳、酸奶和奶粉等。全省日加工处理生鲜乳近2 000t。

据对省内部分重点奶牛养殖企业全年生鲜乳生产成本监测，2020年，千克奶饲料成本平均2.14元，千克奶总成本平均3.06元。

【奶源基地】DHI技术推广。2020年DHI测定在全省113个规模奶牛养殖场全面推进，各类技术服务达到了142个场次。其中重点对59个准备测定的牧场进行了培训和宣讲。实际检测在54个规模化奶牛养殖场全面开展，共计测定奶样21万份，测定奶牛4.1万头，大约覆盖全省近25%的产奶母牛，比2019年同期增长17%。参测奶牛平均日单产31.8kg，平均乳脂率3.67%，平均乳蛋白率3.34%，平均体细胞数22.9万个/mL。生鲜乳各项指标与2019年度基本持平，体细胞数逐年下降。全部数据上报中国奶牛数据中心。

2020年11月在朔州市举办了全省规模奶牛养殖场DHI技术培训班，参加培训班的奶牛养殖场达到113个、培训人员150余人，发放宣传资料300余份。

荷斯坦育种。山西省畜牧遗传育种中心是山西省内主要的荷斯坦牛育种单位，多年来坚持引进加自主培育的方式开展荷斯坦牛育种。2020年共培育荷斯坦小公牛15头，全部进行了基因组检测。在农业农村部发布的《中国乳用种公牛遗传评估概要2020》中14115427公牛的GCPI（中国奶牛基因组选择性能指数）排名全国第六，14115826公牛的乳脂率在全国验证公牛中排名第一，14119336公牛的乳蛋白率在青年公牛中排名第四。同时山西还承担了“中国北方荷斯坦牛育种联盟”的轮值工作。组织召开了2次线上工作会议，3次线下冻精交换，编辑了12期工作简报。并于2020年11月在太原召开了联盟理事会，积极推动荷斯坦奶牛育种工作。

【质量安全监测】2020年，山西省共完成生鲜乳收购站和生鲜乳运输车监测872批次。其中，农业农村部监测任务566批次，分别是绿城农科检测技术有限公司例行监测406批次、《食品安全国家标准 生乳》指标监测40批次、农业农村部质量监督检验测试中心（哈尔滨）飞行抽检和散户监测120批次。省级生鲜乳违禁添加物专项监测306批次。样品覆盖全省所有的生鲜乳收购站和运输车。

（山西省农业农村厅畜牧兽医局，荆 彪、杨继业、袁 瑞）

太 原 市

【奶畜养殖】2020年，太原市奶类总产量6.45万t；奶牛存栏1.84万头，其中能繁母牛存栏1.11万头。奶牛品种为荷斯坦牛，主要分布于5个县（区），即阳曲县、清徐县、小店区、尖草坪区、晋源区，其存栏量占全市存栏总量的95%。2020年全年生鲜乳收购均价为3.8元/kg。

【乳制品加工】2020年全市拥有乳制品加工企业（本地）3家，分别是山西九牛牧业有限公司、山西维尔生物乳制品有限公司、阳曲县瑞美乳业有限公司。全年3家企业日处理鲜奶能力527t。全年生产巴氏杀菌乳4 288t，UHT奶6 300t，酸奶4 100t。乳制品企业年销售总额1.8亿元，利润0.08亿元。乳制品加工企业中蒙牛、伊利、古城占主导地位，产品以常温奶、乳酸菌饮料为主；本地区域有山西九牛牧业有限公司、山西维尔生物乳制品有限公司、阳曲县瑞美乳业有限公司，产品以低温奶、酸奶为主。

【奶源基地】全市现有规模奶牛养殖场100头以上的养殖小区和养殖场16个，其中1 000头以上规模奶牛养殖场2个，500~999头以上的规模奶牛养殖场4个，200~ 499头规模奶牛养殖场9个，100~199头规模奶牛养殖场1个。全市规模化奶牛养殖场存栏9 529头，其中成母牛存栏5 124头，年产生鲜乳5.24万t。奶牛养殖入园率达95%以上。全市拥有生鲜乳收购站13个，生鲜乳运输车辆8辆。2020年，奶牛布鲁氏菌病检疫3 025头，结核病检疫187头，均无阳性；口蹄疫免疫8.9万头次。

饲草饲料。2020年全市人工牧草种植面积3 747hm^2。其中，苜蓿面积267hm^2，单产7.5t/hm^2，总产量2 002.5t；专用青贮玉米面积3 480hm^2，单产45t/hm^2，总产量15.6万t。本市有3家单位可单独生产奶牛配合饲料。其中，太原市小店区腾雄飞饲料厂生产能力10t/h，实际年产3 116t；山西太原易大饲料厂生产能力15t/h，实际年产1 923t；山西广联生物科技有限公司生产能力10t/h，实际年产29t。

【质量监管】加强生鲜乳质量监管，确保生鲜乳质量安全。一是对生鲜乳收购站和运输车经营主体（奶牛养殖场）进行质量安全监管，明确责任。二是强化生鲜乳收购站和运输车日常监管，重点对生鲜乳收购站和运输车在标准化管理、生鲜乳质量检验、不合格生鲜乳处理、安全制度落实等方面进行监督检查。对本市13个生鲜乳收购站和8辆运输车辆进行检查，全部合格，符合农业农村部制定的标准。

增加监测频次，严禁非法添加。根据农业农村部和省农业农村厅安排，制定了《2020年全市生鲜乳质量安全监测工作计划》，认真开展生鲜乳质量安全检测工作。圆满完成了省农业农村厅下达的2020年随机例行检测40批次，国家飞行检测20批次（异地抽检），国家例行检测20批次（异地抽检），检测结果全部合格，合格率始终保持100%。通过全面加强监测力度，杜绝了非法添加行为，有效保证了生鲜乳收购安全。

做好奶牛良种补贴项目。为了深入贯彻落实扩大奶牛养殖规模，促进本市奶牛养殖提档升级，推进奶牛养殖业持续向高质量方向发展，对本市奶牛存栏100头以上的规模化奶牛养殖场进行良种补贴，补贴金额约60万元，项目款项已下达有关县（区），为本市奶业高质量发展奠定了良好的基础。为及时解决奶牛养殖企业在疫情期间由于生鲜乳市场关闭，产品只能通过加工奶粉而暂时存储的办法，经过认真核实，对本市9个奶牛养殖场进行政策性补贴，补助款下拨县（区）财政，稳定了奶牛养殖业，加快了企业的复工复产。

（太原市畜牧发展中心，陈新慧）

内蒙古自治区

【奶类生产】2020年，内蒙古奶牛存栏129.3万头，比2019年增长1.38%。全年奶类产量617.87万t，比2019年增长5.6%；牛奶产量611.48万t，比2019年增长5.6%（表1）。规模奶牛养殖净收益每头牛年均5 000元左右。

表1 2020年内蒙古各盟（市）奶类和牛奶产量

地区	奶类产量（万t）	牛奶产量（万t）
内蒙古自治区	617.87	611.48
呼和浩特市	159.58	159.57
包头市	66.99	66.94
乌海市	0.19	0.19
赤峰市	34.33	34.33
通辽市	40.19	40.19
鄂尔多斯市	28.11	25.04
呼伦贝尔市	66.25	64.78
巴彦淖尔市	70.84	70.67
乌兰察布市	29.37	29.36
兴安盟	43.46	43.46
锡林郭勒盟	67.35	65.96
阿拉善盟	11.21	10.99

【乳制品加工】近年来，内蒙古各级政府积极支持大型乳企建设乳业创新园区，实施营养健康、加工技术、包装技术、食品安全风险等研究应用。推动乳企优化产品结构，扩大婴幼儿配方奶粉、奶酪等干乳制品生产，研究开发适合城乡不同消费群体的乳制品。支持中小乳制品加工企业进入食品产业园，加强与上下游中小企业配套合作，实施标准化生产，走“专精特新”发展道路，全区乳制品加工业整体规模化、标准化、智能化水平大幅提升，产业链条不断延伸。以伊利、蒙牛为代表的乳制品加工龙头企业规模持续壮大，产品结构日趋合理，质量监测体系不断完善，在保障乳制品供给、增加奶农收入、促进一二三产业融合发展等方面发挥了重要作用。内蒙古共有规模以上乳制品加工企业31家，合计销售收入934.7亿元，占全区农畜产品加工业销售总收入的48.1%。2020年，全区乳制品产量337.29万t，比2019年增长14.2%，占全国的12.1%。其中液体乳产量318.92万t，同比增长14.6%；乳粉产量9.58万t，同比增长13.4%。伊利、蒙牛、圣牧高科3家乳企入选中国乳业20强，伊利、蒙牛全国排名第一和第二，全球排名第五、第八。伊利实现营业收入968.86亿元、净利润70.78亿元，蒙牛实现营业收入760.35亿元、净利润35.25亿元。民族乳制品特色化发展迅速，220家民族传统奶制品手工坊注册商标，6家奶制品企业授权使用呼伦贝尔牛奶区域公用品牌，《呼伦贝尔牛奶》区域公用品牌荣获2020中国农产品百强标志性品牌。

【奶源基地】聚焦嫩江、西辽河、黄河三大流域和呼伦贝尔、锡林郭勒两大草原，积极推进五大奶源生产基地建设工程，在以呼和浩特、巴彦淖尔、鄂尔多斯为主的沿黄地区，以荷斯坦牛养殖为主，重点建设优质高产奶源基地；在呼伦贝尔、锡林郭勒两大草原牧区，以三河牛、西门塔尔牛等乳肉兼用品种为主，兼顾荷斯坦牛，重点培育特色绿色有机奶源基地；在呼伦贝尔市农区和兴安盟嫩江流域及通辽市、赤峰市西辽河流域，以荷斯坦牛为主，推动乳肉兼用牛生产，发展高标准、高质量奶源基地；在中西部盟（市）贫困旗（县、区）鼓励发展萨能等品种奶山羊养殖，建设高品质奶源基地。

自治区主推奶牛性控冻精、全混合日粮（TMR）、全株玉米青贮等各类适用技术，积极谋划优化产业布局、加工集群建设等措施，加快奶源基地高质量发展。规模化奶牛养殖场粪污综合利用率达到95%以上。青贮玉米、苜蓿种植基地达到1 500万亩和658万亩，其他人工种草1 000万亩。全混合日粮饲养技术普及率达到100%。规模牧场生鲜乳各项理化指标和卫生指标均高于《食品安全国家标准 生乳》要求，乳脂率、乳蛋白率分别达到3.7%、3.39%，平均菌落总数为1.9万CFU/mL，达到美国、欧盟水平。鼓励社会资本和龙头加工企业在五大奶源养殖带布局产业集群项目，预计3~5年可新增奶牛100万头，达产牛奶产量超过500万t。

【质量监管】内蒙古对奶牛存栏100头以上规模奶牛养殖场开展备案登记，纳入农业农村部直联直报信息系统。按照“谁许可、谁监管、谁负责”的原则，严把主体资质审核关和登记信息质量关，做到信息真实可靠，主体合法合规。实施更加严格的乳制品加工检验制度，生鲜乳抽检覆盖所有奶站和运输车，构建起全方位、无死角的奶业全产业链质量安全监管体系。生鲜乳违禁添加物连续11年保持“零检出”。在每个民族奶食品生产旗（县）均建设了区域性综合食品实验室，96辆旗（县）移动快检车投入使用，提供巡回快检服务。

【政策法规】2018年以来，内蒙古充分发挥政策协同效应，相继出台了《推进奶业振兴的实施意见》《推进奶业振兴若干政策措施》《推动全区民族传统奶制品产业发展若干措施》《奶业振兴行动计划》和《推动民族传统奶制品产业发展专项行动总体方案》。2020年年底，内蒙古自治区出台《奶业振兴三年行动方案（2020—2022年）》，围绕建设一流种源基地、建设一流奶源基地、建设一流饲草料基地、打造一流加工企业、创建一流品牌、做强一流产品6个方面开展18项重点工作，强化政策支撑保障。自治区设立财政专项4亿元，对奶牛饲草料收储、性控冻精使用、民族奶食品加工厂标准化升级改造、中小型养殖场升级改造、优质苜蓿种植实施补贴，充分释放奶业发展活力。实施金融精准服务奶业振兴专项行动，累计发放贷款137亿元，集中启动了一批重大项目，为奶业全产业补链、强链、延链发展提供支持，着力打造全产业链奶业集群。

呼伦贝尔市搭建政府、银行、企业合作平台，中国建设银行呼伦贝尔分行成立金融服务奶业振兴专班，围绕牧场建设、牧草种植等提供金融支持。兴安盟利用自治区“专项债券支持园区基础设施建设”政策，在全国首创“政府债券投资、企业凭牛入场、设施以租代购、运营还本付息”的债券使用模式，争取债券资金9亿元、中国农业银行贷款9.5亿元、牧场连接路项目资金1.4亿元，探索出专项债券融资和金融贷款助推产业发展的“兴安模式”。呼和浩特市政府出台了《关于打造“中国乳都”升级版的若干意见》和《呼和浩特市推进乳产业升级三年行动计划（2018—2020年）》，安排专项资金1.4亿元，补贴奶牛性控冻精，扶持引进良种奶牛，新建改扩建牧场。

（内蒙古自治区农牧业厅畜牧局，杜　哲）

辽 宁 省

【奶畜养殖】2020年辽宁省奶牛存栏25.1万头，牛奶产量136.7万t，奶产量居全国第九位，人均占有量居全国第九位。辽宁省的中西部地区是辽宁省的奶牛生产优势区，沈阳市的法库县、沈北新区，阜新市的彰武县，锦州市的义县，奶牛养殖量较大，奶牛存栏15.8万头，占全省奶牛存栏的60%，产业基础较好，是全省奶牛产业集群建设的重点地区。

【乳制品加工】辽宁省有生产许可证的乳制品加工企业25家，日处理生鲜乳能力5 000t左右，加工能力完全能够满足发展需要。其中辉山乳业、蒙牛乳业、伊利乳业是全省排名前列的大型乳制品加工龙头企业。全省奶牛业总产值313.8亿元，第一产业产值66.5亿元，第二产业产值165.0亿元，第三产业产值82.3亿元。

【奶源基地】一是搭建奶牛育种科技创新平台建设。为强化企业主体创新能力，积极推进产学研相结合，不断完善辽宁省奶牛现代种业体系。在辽宁省农业农村厅的指导下，辽宁省农业发展服务中心、奶业协会、种公牛和9家大型奶牛养殖企业联合成立了辽宁省奶牛育种产业创新联盟，联盟的成立将奶牛育种产业链上下游环节有机串联，实施抱团发展，产生聚集效应，促进产业科技成果迅速转化，推动牧场育种技术迭代提升。联盟专家以DHI测定和牛只体型外貌鉴定为数据基础，指导成员单位的7个牧场实施精准化选种选配工作，按照《中国荷斯坦牛体型鉴定技术规程》要求，对218头奶牛的结构、尻部、肢蹄、泌乳系统、乳用特征，共20个线性性状进行评分，从鉴定结果上看，全省奶牛群体体型较理论优质体型还有较大差距，在后房高度、肢蹄深度和前房附着等方面还有很大改良空间。同时，联盟大力推广优质种质资源，累计为成员单位提供优质奶牛冻精9 400支，性控冻精3 300支，为加快提升全省奶牛遗传改良水平做出积极贡献。二是加大招商引资力度，积极引进现代化奶牛养殖企业。阜新市政府对企业引进奶牛给予补贴，与内蒙古优然牧业有限责任公司签订万头奶牛养殖示范牧场项目，该项目设计存栏规模12 000头荷斯坦良种奶牛，总投资约4.8亿元。截至2020年年底，该公司已达产50%。三是推进种养一体化发展。自2012年开始，国家持续在辽宁省实施高产优质苜蓿示范建设项目，每年完成集中连片苜蓿草种植2万亩左右，中央财政每亩补助资金600元，每年资金在1 000万元左右。2020年，中央下达辽宁省项目资金762万元，计划完成1.27万亩苜蓿草种植。其中，辽阳市计划完成8 000亩，阜新市计划完成4 700亩。四是全力发展环境友好型养殖。严格执行规模养殖场环评报告书制度和排污许可制度，加强奶牛养殖污染防治工作。同时，依法加大处罚力度，以监促治，督促养殖业主切实履行“谁养殖、谁治理”的污染防治主体责任。

2020年，全省奶牛良种冻精应用率达100%，DHI参测率达10%以上，泌乳奶牛年均单产为8 000kg/（头·年），位居国内前列。奶源基地以义县、法库、彰武、建平、西丰等县（区）为主，均为现代化程度高、生产管理完善、经营时间较长的奶牛养殖企业，且每家企业均同省内乳制品加工企业建立了长期、稳定的供销关系，具备较强的市场生存和抗风险能力。

【政策法规】积极推进奶农家庭牧场升级改造项目。2020年，辽宁省下发了《2020年奶牛家庭牧场升级改造项目实施方案》，对沈阳、锦州、阜新等市30个奶牛家庭牧场升级改造给予扶持，补贴资金900万元。

继续支持奶牛遗传改良性能测定项目。2020年，省财政拨付78万元用于支持项目的推广实施，全年累计测定奶牛10 661头，上报农业农村部育种数据65 200条，服务牧场12个，圆满完成既定任务。据业务统计，DHI参测牛只305天平均产奶量9 174.84kg、平均乳蛋白率3.36%，同比增长5.4%和0.5%，平均体细胞数26.13万个/mL，同比降低12.9%，奶牛单产水平和原料奶质量大幅提高，牧场养殖效益显著提升。其中，牛只305天平均产奶量位居国内前列，乳蛋白率、乳脂率和体细胞数3项指标均高于国家标准，乳蛋白率和乳脂率2项指标达到优质高端牛奶生产标准。

【质量监管】全省生鲜乳抽检100%合格。2020年，辽宁省持有效许可的生鲜乳收购站149个，其中8个为婴幼儿配方奶粉奶源基地，生鲜乳收购站总体数量比2019年减少8个；持有效许可的生鲜乳运输车174辆。2020年，农业农村部和省、市三级抽取场、站及运输车奶样共1 183批次，未有不合格样品的发现，生鲜乳抽检合格率100%。辽宁省开展了2020年生鲜乳质量安全专项整治行动，以农业农村部全国奶业监管系统为平台，以收购运输许可管理为重点，对所属生鲜乳生产、收购、运输等环节进行全面排查，紧紧围绕全过程管理的规范性和质量安全管控措施的严密性，严查、严防非法添加等违法行为。核查、规范网上发证行为和信息录入，积极推进生鲜乳购销合同备案。

（辽宁省农业发展服务中心，林广宇）

沈 阳 市

【奶畜养殖】2020年，沈阳市奶牛存栏7.83万头。主要分布在法库县等9个县（市、区）。2020年全市牛奶总产量54.39万t。

【乳制品加工】2020年，沈阳市共有8家乳制品加工企业，分别为沈阳娃哈哈乳品有限公司、菲仕兰乳业有限公司、沈阳娃哈哈荣泰食品有限公司、辽宁伊利乳业有限责任公司、沈阳伊利乳业有限责任公司、沈阳蒙牛达能乳制品有限公司、蒙牛乳业（沈阳）有限责任公司、辽宁辉山乳业集团（沈阳）有限公司。整体设计加工能力 1 165.26 万 t，日处理生鲜奶能力达到 2 059.08t。2020 年乳制品总产量 43.868 7 万 t，产品主要有巴氏杀菌乳、灭菌乳、调制乳、发酵乳、含乳饮料、调制乳粉等。

【奶源基地】2020 年，全市共有 52 个奶牛养殖场（区），存栏 300 头以上的奶牛养殖场（区）共 40 个，其中，存栏规模 300~500 头的奶牛养殖场（区）2 个， 存栏规模 500 头以上的奶牛养殖场（区）38 个。奶牛养殖场（区）机械化挤奶率达 100%；38 个养殖场（区）安装使用信息化管理系统软件；配备了全混合日粮（TMR）搅拌设备，实施了 TMR 饲喂技术。沈阳市奶牛养殖场主要是从澳大利亚、新西兰、英国等国进口种系纯正的荷斯坦和娟姗奶牛，实行现代化自营牧场集中养殖路线。并且引进 TMR 喂养系统，实现全天候喂养。年产量高达 8t 多，原奶指标均达到欧盟标准。其中辉山乳业法库县登士堡牧场建设有 60 位转盘榨乳厅，6 栋全封闭恒温奶牛舍及饲草饲料作业区。娟姗牛的榨乳转盘是国内第一家使用的榨乳转盘设备，是 60 位的全功能数据控制的转盘，每小时可以给 420 头奶牛挤奶。2020 年，共计完成粮改饲种植面积 31.1 万亩，青贮饲料收储量 43.98 万 t。市、区两级畜牧兽医行政主管部门落实强制免疫计划，口蹄疫等重点疫病免疫密度保持 100%。开展奶牛布鲁氏菌病、结核病检疫和评估认证，坚持按程序做好口蹄疫 O 型、亚洲 I 型和 A 型 3 个亚型的免疫工作，加强扑杀净化。加强奶牛养殖场动物防疫监管，实施动物卫生风险评估，根据风险等级实施分类监管。奶牛粪污处理方式主要是采用堆积发酵后还田、生物有机肥、燃料块和牛粪生产沼气等无害化处理模式。

【质量监管】全市共有生鲜乳收购站 55 个，其中，乳企开办的奶站 8 个，奶牛养殖合作社开办的奶站 4 个，规模养殖场开办的 43 个。 按照农业农村部和省农业农村厅的要求，2020 年对生鲜乳样品三聚氰胺、革皮水解物、碱类物质、β－内酰胺酶、β－内酰胺类药物残留、氟喹诺酮类药物残留等抽检检测 600 批次，合格率 100%。

沈阳市为进一步做好生鲜乳质量安全监管工作，紧紧围绕以生鲜乳质量安全为中心，强化领导，加强生鲜乳收购站、准运车辆规范化管理，确保生鲜乳质量安全。根据《乳品质量安全监督管理条例》《生鲜乳收购管理办法》等相关规定，在全市范围内开展生鲜乳质量安全专项整治活动，加强生鲜乳质量安全监管。一是严格收奶站和运输车的监管，加大奶站和运输车的监管力度，严格审核奶站和运输车的许可资质条件，监督企业按时换证，建立完善的生鲜乳质量检验、不合格乳处理、安全制度，并严格落实制度，推进奶站和运输车标准化建设与管理。二是加强生鲜乳质量安全监测。深入贯彻实施生鲜乳收购站监督管理系统，做到有专人负责，进一步加强生鲜乳质量安全监测，严格按照年初制定的生鲜乳质量安全监测计划实施监测，加强生鲜乳质量安全隐患排查，全年生鲜乳抽检合格率 100%。 三是加强生鲜乳专项检查，采用多种方式，对养殖场、奶站、运输车进行抽查，打击非法收购运输、非法添加及扰乱生鲜乳收购秩序的行为。全年出动执法人员 300 余人次，基本做到了奶站、运输车辆全覆盖，通过清理整顿，截至 2020 年，沈阳市奶站数量为 55 个，运输车辆 43 辆，所有的奶站和运输车辆均纳入生鲜乳收购站运输车辆监督管理系统监管。四是按照农业农村部和省农业农村厅要求，为切实保护奶农利益，同时也是为了掌握生鲜乳的销售去向，积极宣传并落实《生鲜乳购销合同》，及时填报、审核和更新相关信息，2020 年全市 55 个奶站全部完成了在全国生鲜乳收购站运输车监管系统的合同备案工作。

（沈阳市农业农村局，钟　波）

大 连 市

【奶畜养殖】2020 年，大连市奶牛存栏 1.29 万头，均为荷斯坦牛，牛奶产量 6.9 万 t。金普新区是大连市奶牛养殖重点区域，存栏量占全市的 75%。

【乳制品加工】大连市共有乳制品加工企业 4 家，其中牛乳加工企业 3 家，分别为大连三寰乳业有限公司、大连心乐乳业有限公司、大连和大奶牛饲养有限公司；羊乳加工企业 1 家，为大连九羊乳业股份有限公司。乳产品主要为巴氏杀菌乳、UHT 奶、酸奶及含乳饮料。牛乳加工企业原料奶全部来自本市取得生鲜乳收购许可证的奶牛养殖场。

【奶源基地】2020 年，大连市存栏 50 头以上的奶牛养殖场 14 个，奶牛存栏 1.14 万头，占全市奶牛存栏的 88.4%。大连市奶站机械挤奶率实现 100%，规模奶牛养殖场采用全混合日粮（TMR）饲喂技术。奶牛养殖场主要运用堆粪场和污水氧化塘方式处理粪污，粪污实现还田利用。实施奶牛重大动物疫病防控，开展口蹄疫强制免疫，有效构筑免疫保护屏障。持续强化人畜共患病实验室监测，累计开展布鲁氏菌病监测 10 795 份 、结核病监测 9 575 份，加强扑杀净化。

【质量监管】大连市认真贯彻《乳品质量安全监督管理条例》《生鲜乳生产收购管理办法》，严格规范生鲜乳生产、收购、运输行为，加强生鲜乳收购站规范管理。制定印发了《关于开展 2020 年大连市农产品质量安全监测工作的通知》，依据国家生鲜乳监测计划和省级监测计划，结合本市实际，科学规划并制定大连市生鲜乳质量安全例行监测和快速检测各项工作内容，对奶站和运输车开展全面监测，确保监管无盲点。形成了三级质量监测体系，即奶站和运输车由经营主体每天开展自检，县（市、区）级监管人员每月抽检开展定性监测，市级监管人员每季抽检开展风险监测和不定期监督抽检。监测体系的建立，从源头杜绝了生鲜乳中各类非法添加物的添加行为，保证了生鲜乳质量安全。全年对生鲜乳收购站、运输车和奶畜散养户开展定量监测140批次，其中风险（例行）监测130批次，监督抽查10批次。主要检测项目为三聚氰胺、革皮水解物、碱类物质、β-内酰胺酶4类违禁添加物和氟喹诺酮类药物残留；全年快速检测229批次，检测项目为三聚氰胺，各项检测全部合格。另外，协助农业农村部开展生鲜乳例行监测和《食品安全国家标准　生乳》指标监测，全年共抽检生鲜乳收购站、运输车25批次样品。主要检测项目为三聚氰胺、碱类物质、硫氢酸钠、β－内酰胺酶、黄曲霉毒素M_1、铅、铬、汞、砷、冰点、酸度、非脂乳固体、杂质度、相对密度、蛋白质、脂肪、菌落总数、体细胞18项指标，全部合格。

（大连市农业农村局，郑　颖）

阜新市

【奶畜养殖】2020年，阜新市奶牛存栏5.8万头，其中，能繁母牛3.67万头，牛奶产量22.4万t。阜新市奶牛主要养殖区域分布在阜新蒙古族自治县和彰武县，分别占全市奶牛存栏的10.1%和87.4%。全市奶牛饲养量和人均鲜奶占有量均居全省前列。阜新市奶牛养殖主要有三种模式：一是乳企自建基地。利用企业资金、技术等优势，建设高标准的现代化奶牛规模饲养场。彰武辉山乳业建设3 000头规模的奶牛饲养场15个，总饲养规模达到4万头，作为企业稳定、优质、安全的原料基地。二是个人独资建设规模化奶牛牧场。牧场的基础设施建设、奶牛引进等由投资人独自投入，建成的牧场生产区、管理区、生活区、粪污处理区分开，且布局合理，建立场长负责制，实行企业化管理。全市年存栏100头以上的奶牛规模化养殖场35个，通过先进的管理水平，使奶牛平均单产达到7t以上。

【乳制品加工】阜新伊利乳品有限责任公司落户于阜新市高新区，企业总资产1.36亿元，4条生产线全部引进国际一流水平的超高温无菌奶生产设备。2010年4月伊利集团在阜新蒙古族自治县民族工业园区高科技大道投资5.6亿元成立阜新伊利乳品有限责任公司，全部引进国外先进的液态奶生产线及加工技术，主要生产纯牛奶、高端奶、含乳饮料等系列产品。阜新伊利乳品有限责任公司于2018年新增4条安慕希酸奶产品生产线，2020年产值突破11.5亿元。

【奶源基地】阜新市奶牛品种以荷斯坦牛为主，主要情况如下：

奶牛养殖场改扩建。阜新市优然牧业有限责任公司投资4.8亿元，在彰武县西六镇建设奶牛养殖示范牧场，设计存栏规模1.2万头。

青贮种植。2020年阜新市共完成贮制玉米、牧草等青贮饲料90万t。

生鲜乳收购价格。2020年阜新市生鲜乳全年平均价格为4.09元/kg。

【奶农组织】阜新市成立奶牛养殖专业合作社。将中、小规模奶牛养殖户集中起来成立奶牛养殖专业合作社，实行统一饲养管理、统一防检疫、统一饲料配制、统一用药、统一销售的“五统一”管理模式。建立“公司+合作社+养殖户”的经营体制，使奶牛养殖户、奶站经营者和加工企业形成一个利益共享、风险共担的整体。

【政策法规】阜新市委、市政府高度重视奶业的发展，为深入贯彻落实《国务院办公厅关于推进奶业振兴保障乳品质量安全的意见》和《辽宁省人民政府办公厅关于推进奶业振兴保障乳品质量安全的实施意见》，进一步提升本市奶业竞争力，出台了《阜新市人民政府办公室关于推进奶业振兴保障乳品质量安全的实施意见》。确立了优先发展奶业发展思路，以降成本、优结构、提质量、创品牌、增活力为着力点，突出草畜配套、种养结合，强化标准规范、科技创新、政策扶持、执法监督和消费培育，加快构建现代奶业产业体系、生产体系、经营体系，不断提高奶业发展质量效益和竞争力，大力推进奶业现代化。坚持全产业链发展模式，建立奶农和乳企之间稳定的利益联结机制，大力发展包括“互联网+”、保险、抵押、贷款等多方面内容的生产性服务业，建设风险共担、利益共享的奶业新型经营主体，实现一二三产业融合发展。

【质量监管】一是健全法规标准体系。认真贯彻落实乳制品质量安全法律法规和标准，健全生鲜乳生产、收购、运输和乳制品加工、销售等管理制度。开展乳制品国家标准执行情况跟踪评价工作，严格按照乳制品安全卫生要求，建立生鲜乳质量分级体系，引导优质优价监督指导企业依法依规生产。二是加强乳制品生产全程管控。加强源头管理，监督指导养殖者建立完善饲料、兽药等投入品使用记录和采购审核制度，严格落实兽药处方药采购管理制度，严格执行休药期和泌乳期用药规定。引导奶牛养殖散户将生鲜乳销售到合法的生鲜乳收购站。严格生鲜乳采购、运输车辆管理，鼓励乳制品生产企业建设或收购生鲜乳收购站，并将生鲜乳质量安全检测关口前移至生鲜乳收购站，提前管控风险隐患。对生鲜乳收购站、运输车、乳制品企业实行精准化、全时段管理，依法取缔不合格主产经营主体。实施乳制品质量安全监测计划，实现生鲜乳收购站和运输车辆年度监测全覆盖。健全乳制品质量安全风险评估制度，及时发现并消除风险隐患。三是推进行业诚信体系建设。支持乳企开展质量安全承诺活动和诚信文化建设，建立企业诚信档案。充分依托全国信用信息共享平台、国家企业信用信息公示系统和省信用数据交换平台，推动税务、工信和市场监管等部门实现乳企信用信息共享。建立乳企“黑名单”制度和市场退出机制，加强社会舆论监督，形成市场性、行业性、社会性约束和惩戒。

（阜新市农业农村局，荣　真）

附表 1　辽宁省奶畜养殖场（小区）名录

序号	名 称	供奶企业	全群存栏（头）	成母畜存栏（头）	奶畜品种	成母畜单产（t/年）	年总产量（t）	是否有机奶源基地	有机奶产量（t）
1	沈阳淑珍进口种牛养殖专业合作社	伊利乳业	240	200	荷斯坦	7.0	1 200		
2	沈阳市铁西区鸿源奶牛养殖场	伊利乳业	270	180	荷斯坦	9.0	1 500		
3	辽宁世领自营牧场有限公司曙光奶牛养殖场	蒙牛乳业	2 072	1 633	荷斯坦	9.0	15 000		
4	辽宁世领自营牧场有限公司立新牛场	辉山乳业	1 289	968	娟姗	6.0	6 800		
5	沈阳市武顺木业有限公司	奶吧	150	100	荷斯坦	7.0	750		
6	辽宁世领自营牧场有限公司朱家堡奶牛养殖场	辉山乳业	1 432	1 026	荷斯坦	6.0	8 881		
7	辽宁辉山乳业集团汪盛牧业有限公司马古奶牛养殖场	辉山乳业	1 148		娟珊、荷斯坦				
8	沈阳隆顺奶牛场	吉林大力乳业	300	220	荷斯坦	2.5	430		
9	辽中区银河奶牛场	蒙牛乳业	140	90	荷斯坦	8.5	765		
10	辽中区彤昊奶牛场	本溪木兰花乳业	136	70	荷斯坦	6.5	455		
11	敖牛堡奶牛场	辉山乳业	2 430	1 946	荷斯坦	11.0	18 384		
12	八家子奶牛场	辉山乳业	2 090	1 477	荷斯坦	9.5	12 998		
13	大康奶牛场	辉山乳业	2 394	1 969	荷斯坦	11.1	20 174		
14	登士堡奶牛场	辉山乳业	2 958	2 402	荷斯坦	10.1	21 688		
			1 362	980	娟姗	6.9	6 733		
15	吕家堡奶牛场	辉山乳业	2 078	1 484	荷斯坦	8.6	11 437		
16	庙台山奶牛场	辉山乳业	2 104	1 632	荷斯坦	9.1	12 338		
17	彭家奶牛场	辉山乳业	1 611	1 367	荷斯坦	8.8	11 656		
18	栖霞堡奶牛场	辉山乳业	1 225	6	荷斯坦	0.6	0		
19	四架山奶牛场	辉山乳业	1 405	961	荷斯坦	8.5	7 759		
20	王树行奶牛场	辉山乳业	1 492	1 085	荷斯坦	9.0	9 553		
21	秀水河奶牛场	辉山乳业	2 071	1 562	荷斯坦	9.5	13 512		
22	杨家堡奶牛场	辉山乳业	1 983	1 053	荷斯坦	9.4	9 686		
23	大三家奶牛场	辉山乳业	1 943	1 574	荷斯坦	9.5	13 348		
24	哈户硕奶牛场	辉山乳业	2 096	1 669	荷斯坦	9.3	13 967		
25	靠边屯奶牛场	辉山乳业	1 838	1 467	荷斯坦	9.9	13 158		
26	拉马章奶牛场	辉山乳业	1 863	1 410	荷斯坦	8.9	11 468		
27	李家堡奶牛场	辉山乳业	2 045	1 723	荷斯坦	10.5	17 112		

（续）

序号	名称	供奶企业	全群存栏（头）	成母畜存栏（头）	奶畜品种	成母畜单产（t／年）	年总产量（t）	是否有机奶源基地	有机奶产量（t）
28	麻子泡奶牛场	辉山乳业	2 133	1 840	荷斯坦	9.8	15 560		
29	七家子奶牛场	辉山乳业	1 854	1 561	荷斯坦	10.2	15 220		
30	石桩子奶牛场	辉山乳业	1 814	1 336	荷斯坦	8.8	11 432		
31	双台子奶牛场	辉山乳业	2 235	1 871	荷斯坦	10.8	17 621		
32	孙家屯奶牛场	辉山乳业	1 594	1 240	荷斯坦	8.8	9 944		
33	太平山奶牛场	辉山乳业	1 778	1 426	荷斯坦	10.2	13 044		
34	团山子奶牛场	辉山乳业	2 394	1 730	荷斯坦	10.2	16 577		
35	腰达房奶牛场	辉山乳业	1 616	1 314	荷斯坦	9.0	11 248		
36	榆树坨子奶牛场	辉山乳业	1 838	1 466	荷斯坦	9.6	12 490		
37	法库县晟楠养殖场	蒙牛乳业	170	120	荷斯坦	8.3	1 000		
38	两家子奶牛场	辉山乳业	2 132	1 705	荷斯坦	11.2	17 469		
39	石头奶牛场	辉山乳业	2 079	1 739	荷斯坦	12.3	19 621		
40	唐僧庙奶牛场	辉山乳业	2 076	1 774	荷斯坦	10.7	17 103		
41	沈阳金秋实牧业有限公司奶站	伊利乳业	714	341	荷斯坦	9.0	3 069		
42	辽宁辉山乳液集团太平牧业有限公司新民一年奶牛养殖场	蒙牛乳业	1 530	1 070	荷斯坦	7.0	7 490		
43	新民市繁苒奶牛场奶站	伊利乳业	218	152	荷斯坦	4.5	684		
44	辽宁辉山乳液集团太平牧业有限公司新民二奶牛养殖场	辉山乳业	1 511	930	荷斯坦	7.0	6 510		
45	新民市顺腾奶牛养殖基地奶站	伊利乳业	364	185	荷斯坦	7.0	1 295		
46	新民市姚堡乡和盛发养殖场奶站	沈阳奶吧	45	38	荷斯坦	6.8	258		
47	新民市民富养殖专业合作社奶站	沈阳奶吧	240	145	荷斯坦	7.0	1 015		
48	新民市吕隆奶牛养殖专业合作社奶站	沈阳奶吧	290	150	荷斯坦	7.0	1 050		
49	新民市毓然奶牛养殖场奶站	沈阳奶吧	100	40	荷斯坦	7.0	280		
50	新民市贵赫奶牛养殖场奶站	吉林广泽乳业	105	65	荷斯坦	5.0	325		
51	新民市亿鑫源牛场奶站	沈阳奶吧	121	80	荷斯坦	7.0	560		
52	本溪木兰花乳业有限责任公司奶牛养殖场	本溪木兰花乳业	800	400	荷斯坦	8.2	3 280		
53	大连心乐农业有限公司奶牛养殖场	大连心乐乳业	2 098	943	荷斯坦	9.0	8 500		
54	大连盛丰畜牧业发展有限公司	沈阳伊利乳品	994	503	荷斯坦	10.5	5 940		
55	大连三寰乳业有限公司金州良种奶牛繁育基地	大连三寰乳业	2 400	1 200	荷斯坦	10.0	12 000		
56	大连和大奶牛饲养有奶牛饲养有限公司	大连和大奶牛饲养	505	217	荷斯坦	8.5	1 250		

（续）

序号	名 称	供奶企业	全群存栏（头）	成母畜存栏（头）	奶畜品种	成母畜单产（t／年）	年总产量（t）	是否有机奶源基地	有机奶产量（t）
57	大连金弘基种畜阿尔滨良繁场	完达山鞍山乳业	762	350	荷斯坦	9.7	3 400		
58	大连金弘基种畜程家良繁场	光明乳业	942	539	荷斯坦	10.9	3 900		
59	大连金弘基种畜丛家良繁场	大连心乐乳业	1 167	625	荷斯坦	8.7	5 419		
60	大连裕源牧业有限公司	大连三寰乳业	700	300	荷斯坦	9.5	2 850		
61	大连盛大牧业有限公司	大连三环乳业	835	458	荷斯坦	8.5	3 900		
62	鞍钢实业集团乳业有限公司	鞍钢实业集团乳业	961	493	荷斯坦	6.8	4 373		
63	海城市佳鑫牧业发展有限公司	自营	310	160	荷斯坦	7.5	500		
64	鞍山市恒利奶牛场	自营	540	380	蒙贝利亚	7.5	750		
65	辽宁佳和牧业有限公司	辽宁伊利乳业	700	550	荷斯坦	8.5	3 000		
66	鞍山市顺鑫畜牧业发展有限责任公司	沈阳市碰碰凉冷饮厂	120	45	荷斯坦	2.8	126		
67	本溪爱民牛仁牧业有限公司	牛仁鲜奶吧	103	65	荷斯坦	9.0	600		
68	东港市升泰奶牛场	丹东升泰乳业	720	400	荷斯坦	9.8	3 000		
69	凤城市升泰奶牛场	丹东升泰乳业	1 050	540	荷斯坦	10.8	4 600		
70	丹东市派波乳业有限公司	丹东市派波乳业	450	230	荷斯坦	8.0	2 000		
71	宽甸中地生态牧场有限公司	辽宁伊利乳业	5 700	3 100	荷斯坦	10.0	24 800		
72	锦州市松山新区建华奶牛合作社	锦州市益多乐乳业	330	230	荷斯坦	5.0	1 150		
73	恒盛奶牛养殖专业合作社	锦州市双羊乳业	300	160	荷斯坦	13.5	2 160		
74	凌海市康乐奶牛专业合作社	锦州市双羊乳业	220	120	荷斯坦	13.5	1 620		
75	凌海市温滴楼镇恒升畜禽养殖场	锦州市益多乐乳业	200	150	荷斯坦	8.0	1 200		
76	北镇市荣强奶牛养殖专业合作社	伊利乳业	212	104	荷斯坦	10.0	1 022		
77	吴希有奶牛养殖场	栏花	162	110	荷斯坦	5.0	475		
78	锦州市益多乐乳业有限公司奶牛养殖基地	锦州市益多乐乳业	224	130	荷斯坦	6.5	850		
79	锦州市太和区大薛乡众兴奶牛场	阜蒙县伊利乳业	186	120	荷斯坦	4.6	550		
80	锦州市太和区伊园养殖场	锦州市益多乐乳业	160	110	荷斯坦	4.1	450		
81	黑山县宏驰奶牛养殖专业合作社	阜新伊利乳品	550	400	荷斯坦	8.0	3 000		
82	黑山县鑫源养殖场	本溪木兰花乳业	260	230	荷斯坦	5.6	900		
83	黑山县白金奶牛场	锦州双八乳业	180	180	荷斯坦	5.6	700		
84	黑山县芳山镇得润养殖场	伊利乳业	300	240	荷斯坦	9.0	2 000		
85	义县胜道牧业有限公司（常家屯）	辉山乳业	1 909	1 658	荷斯坦	9.0	15 000		

（续）

序号	名称	供奶企业	全群存栏（头）	成母畜存栏（头）	奶畜品种	成母畜单产（t／年）	年总产量（t）	是否有机奶源基地	有机奶产量（t）
86	义县荷光牧业有限公司（车坊）	辉山乳业	1 562	1 358	荷斯坦	8.6	11 677		
87	义县荷光牧业有限公司（东六台）	辉山乳业	1 639	1 492	娟姗	6.2	9 300		
88	义县光华牧业有限公司（高家屯）	辉山乳业	1 741	1 562	荷斯坦	7.7	12 088		
89	义县龙邦牧业有限公司（河夹心）	辉山乳业	1 504	1 401	荷斯坦	8.6	12 082		
90	义县澳华牧业有限公司（四台子）	辉山乳业	1 596	1 451	娟姗	5.9	8 562		
91	义县澳华牧业有限公司（小荒地）	辉山乳业	1 361	1 228	荷斯坦	7.7	9 452		
92	义县胜道牧业有限公司（新庄子）	辉山乳业	2 011	1 720	荷斯坦	8.2	14 112		
93	义县光华牧业有限公司（徐三家）	辉山乳业	1 536	1 325	荷斯坦	8.3	11 000		
94	义县前杨奶农专业合作社	阜新伊利乳品	480	210	荷斯坦	10.0	2 100		
95	义县日红升奶牛养殖专业合作社	阜新伊利乳品	360	300	荷斯坦	8.0	1 600		
96	义县众鑫奶牛养殖专业合作社	阜新伊利乳品	10	10	荷斯坦	6.0	58		
97	众兴奶站	北山农垦牧业	289	143	荷斯坦	9.0	1 200		
98	营口福寿田奶牛饲养专业合作社	奶吧	100	70	荷斯坦	7.0	490		
99	盘锦金昌畜牧有限公司	光明乳业	1 122	690	荷斯坦	9.6	3 660		
100		盘锦澳特宝食品					1 800		
101	盘锦源泉奶业专业合作社	巴乐氏鲜奶吧	460	350	荷斯坦	6.1	730		
102	建平县沙海安兴牧业有限公司	伊利平庄	1 571	840		10.0	8 400		
103	建平县八家农场源润奶牛养殖合作社	伊利平庄	703	386	荷斯坦	9.2	3 551		
104	祥合奶站	市区鲜奶吧	120	110		3.2	350		
105	北票市天华奶牛养殖牧场奶站	鲜奶吧	105	34	荷斯坦	4.0	136		
106	山嘴奶站	市内鲜奶吧	105	62		5.0	310		
107	朝阳金研养殖有限公司奶站	阜新伊利乳品	303	192	荷斯坦	5.0	960		
108	辽阳环野养殖有限公司	辽阳市奔月食品有限公司、蒙牛乳业（沈阳）	1 040	500	荷斯坦	8.0	4 000		
109	灯塔市博旺良种奶牛养殖专业合作社	蒙牛乳业（沈阳）	530	400	荷斯坦	9.2	3 500		
110	南票区大兴乡众兴奶牛专业合作社	奶吧	118	98	荷斯坦	6.0	588		
111	兴城市善源奶牛养殖专业合作社	奶吧	258	210	荷斯坦	4.5	945		
112	红崖子晟昕奶牛养殖专业合作社	奶吧	210	180	荷斯坦	6.0	1 000		
113	阜新市海州区润天奶牛养殖场	锦州双八乳业	179	112	荷斯坦	5.0	561		
114	高新区光辉奶牛场	阜新伊利乳品	480	300	荷斯坦	7.0	1 260		

（续）

序号	名称	供奶企业	全群存栏（头）	成母畜存栏（头）	奶畜品种	成母畜单产（t／年）	年总产量（t）	是否有机奶源基地	有机奶产量（t）
115	阜蒙县碱锅奶牛专业合作社	阜新伊利乳品	655	420	荷斯坦	9.0	3 950		
116	阜蒙县陈国强奶牛养殖专业合作社	奶吧	200	75	西门塔尔	5.0	180		
117	阜蒙县务欢池镇顺达奶牛养殖专业合作社	阜新伊利乳品	425	300	荷斯坦	9.0	2 160		
118	富民奶牛养殖专业合作社	阜新伊利乳品	300	180	荷斯坦	8.0	800		
119	腾辉农牧业有限公司	阜新伊利乳	715	443	荷斯坦	9.5	4 300		
120	丰源奶牛养殖专业合作社	锦州市益多乐乳业	258	85	荷斯坦	7.0	600		
121	牛旺旺生态牧场	锦州双八乳业	129	89	荷斯坦	9.0	380		
122	海纹奶牛合作社	阜新伊利乳品	385	220	荷斯坦	9.0	1 800		
123	昌达奶牛养殖合作社	阜新酥康鲜奶吧	115	80	荷斯坦	6.0	500		
124	彰武县森林奶农专业合作社	阜新伊利乳品	385	180	荷斯坦	6.8	4		
125	后新秋镇自强奶农专业合作社	阜新伊利乳品	300	110	荷斯坦	5.5	2		
126	彰武县兴隆奶牛养殖场	阜新伊利乳品	945	414	荷斯坦	10.0	14		
127	彰武县明罡奶农专业合作社	阜新伊利乳品	260	126	荷斯坦	6.4	3		
128	彰武县东六镇占元牧场	本溪木兰花乳业	500	200	荷斯坦	6.8	5		
129	彰武县满堂红乡万合奶农专业合作社	阜新伊利乳品	449	245	荷斯坦	8.0	7		
130	彰武县龙腾奶牛专业合作社	阜新伊利乳品	700	350	荷斯坦	8.6	10		
131	辽宁辉山乳业集团彭家牧业有限公司彰武一场	蒙牛乳业（沈阳）	1 701	927	荷斯坦	8.5	26		
132	辽宁辉山乳业集团彭家牧业有限公司彰武二场	蒙牛乳业（沈阳）	1 417	735	荷斯坦	7.6	19		
133	辽宁辉山乳业集团彭家牧业有限公司彰武三场	蒙牛乳业（沈阳）	1 536	861	荷斯坦	8.4	24		
134	辽宁省辉山乳业集团彭家牧业有限公司彰武四场	蒙牛乳业（沈阳）	1 324	798	荷斯坦	8.5	23		
135	辽宁辉山乳业集团五峰牧业有限公司新屯子二奶牛场	蒙牛乳业（沈阳）	1 902	1 386	荷斯坦	8.6	40		
136	彰武县西六家子镇宏星奶牛养殖场	阜新伊利乳品	490	420	荷斯坦	8.6	12		
137	阜新优然牧业有限责任公司	阜新伊利乳品	10 855	4 786	荷斯坦	11.5	184		
138	辽宁辉山乳业集团五峰牧业有限公司二道河子牛场	辉山乳业	1 439	0	荷斯坦				
139	辽宁辉山乳业集团五峰牧业有限公司石岭子牛场	辉山乳业	1 688	0	荷斯坦				
140	辽宁辉山乳业集团福兴牧业有限公司哈大冷牛场	辉山乳业	1 436	0	荷斯坦				
141	辽宁辉山乳业集团福兴牧业有限公司刘家牛场	辉山乳业	287	0	荷斯坦				
142	辽宁辉山乳业集团五峰牧业有限公司大五牛场	辉山乳业	942	0	荷斯坦				

（续）

序号	名 称	供奶企业	全群存栏（头）	成母畜存栏（头）	奶畜品种	成母畜单产（t／年）	年总产量（t）	是否有机奶源基地	有机奶产量（t）
143	辽宁辉山乳业集团五峰牧业有限公司二十牛场	辉山乳业	570	0	荷斯坦				
144	辽宁辉山乳业集团福兴牧业有限公司后新秋牛场	辉山乳业	1 399	0	荷斯坦				
145	辽宁辉山乳业集团秀水牧业有限公司红星牛场	辉山乳业	1 863	0	荷斯坦				
146	辽宁辉山乳业集团四合城牧业有限公司三官牛场	辉山乳业	454	0	荷斯坦				
147	辽宁世领自营牧场有限公司三道沟牛场	辉山乳业	911	0	荷斯坦				
148	昌图县溢康奶牛养殖专业合作社	蒙牛乳业（沈阳）	1 220	780	荷斯坦	8.0	6 070		
149	铁岭宏牛生态牧业有限公司奶牛场	铁岭宏牛生态牧业	1 248	694	荷斯坦	9.6	6 550		
150	辽宁顶好牧业奶牛场	辽宁顶好牧业	359	250	荷斯坦	8.5	1 200		
151	铁岭县百思特牧业养殖基地	伊利乳业	500	220	荷斯坦	9.0	2 000		
152	德兴牛场	辉山乳业	1 996	1 660	荷斯坦	9.0	14 940		
153	寿山牛场	辉山乳业	989		荷斯坦				
154	神树牛场	辉山乳业	1 800	1 621	荷斯坦	9.5	15 000		
155	青山牛场	辉山乳业	947		荷斯坦				
156	丰乐牛场	辉山乳业	1 350		荷斯坦				
157	富民牛场	辉山乳业	1 075		荷斯坦				
158	雅泽牛场	辉山乳业	2 134	1 760	荷斯坦	8.0	15 600		

备注：如认证为有机奶源基地，请在相应表格中打钩。表中“年总产量”列数据均四舍五入保留整数，各地奶业篇表中数据均相同。

附表 2　辽宁省乳制品生产企业名录

序号	名 称	生产地点	生产许可证号码	年收购原奶量（t）	其中：自有奶源量（t）	平均支付价格（元/kg）	日处理生鲜乳能力（t）	年乳制品产量（t）	其中：低温鲜奶（t）	UHT 奶（t）	常温酸奶（t）	低温酸奶（t）	原料奶粉（t）	婴幼儿配方奶粉（t）	成人奶粉（t）	奶油（t）	奶酪（t）	含乳饮料（t）	冰品（t）	年销售收入（万元）	利润（万元）	有机产品（枚）
1	辽宁伊利	辽宁省沈阳辉山农业高新技术开发区宏业街 73 号	SC10521011300068	132 928	0	4.26	800	163 694	0	127 135	0	0	0	0	0	0	0	36 560	0	104 553	1 822	0
2	蒙牛乳业（沈阳）有限责任公司	沈阳市 沈北新区沈北路 121 号	SC10521011300951	350 000	0	4.20	510	167 700	0	55 868	16 782	56 500	0	0	0	0	0	23 337	15 200	130 000	5 170	0
3	越秀辉山	沈阳市沈北新区虎石台北大街 120 号、锦州七里河经济开发区惠山路 1 号、抚顺市抚顺县救兵辉山产业园区王木北大街 1 号	辽宁辉山乳业集团（锦州）有限公司 SC10521072700291、辽宁辉山乳业集团（抚顺）有限公司 SC10521042100034、辽宁辉山乳业集团（沈阳）有限公司 SC10521011300105	192 166	192 166	4.00	2 000	169 898	13 542	97 818	696	51 422	5 629	286 666	0	266	0	62	0	318 892	—	0
4	大连心乐乳业有限公司	大连普湾新区三十里堡街道北乐村	SC10521021302324	21 353	8 174	4.38	100	22 102	13 586	1 909	0	5 896	0	0	0	0	0	711	0	16 077	1 187	0
5	大连和大奶牛饲养有限公司	辽宁省大连市金州区杏树街道姚家村	SC10521021301135	1 100	1 100	5.58	5	1 100	850	0	0	250	0	0	0	0	0	0	0	2 850	310	
6	大连三寰乳业有限公司	大连市沙河口区西南路 487 号	91210200242985121Y	22 800	12 426	4.30	120	19 836	11 620	5 763		2 452								15 667	3 752	
7	大连九羊乳业股份有限公司	大连市普兰店区唐家房街道巴家村 170 号	辽 210282（2020）001	1 800		7.60	18	1 944		1 420	380							144		1 686	196	
8	鞍钢实业集团乳业有限公司	鞍山市千山区东路 455 号	SC10521030600015	7 826	4 373	5.03	22	7 652	4 412			3 240						261		7 348	-150	
9	完达山鞍山乳品有限公司	鞍山市铁西经济开发区协作路 6 号	SC10521030300061	11 555		4.35	150	12 854		9 187	1 635	1 629						403		9 247	-696	
10	本溪木兰花乳业有限责任公司	本溪高新区红柳路 360-9A	Sc10521050400142	7 300	2 700	9.20	120	7 300	2 400	1 100	300	3 500								8 058	718	
11	丹东升泰乳业有限公司	东港市	SC10521068100459	7 131	7 131	4.60	50	8 900	2 300	1 900	0.0	3 500						1 200		5 200	150	
12	丹东派波乳业有限公司	元宝区	SC10521060215047	2 000	2 000	4.00	30	1 960	1 450			500						10		1 500	5	
13	锦州益多乐乳业有限公司	太和区	SC10521071100293	4 200	2 000	4.00	50	4 500	2 800			1 500						200		3 000	200	
14	锦州双八乳业有限公司	松山新区	sc10521078300021	4 802	198	3.60	20	4 800	70.29			4 145								3 641	238	
15	盘锦澳特宝食品有限公司	大洼区新立镇小微企业园	SC10521110000015	1 800	1 800	4.45	200	1 800	1 200			600								2 700	185	
16	朝阳市双塔区振海乳制品场	朝阳市双塔区孟克村	SC10521130200525	720	0	3.60	120	800	800	0	0	800	0	0	0	0	0	0	0	600	50	0
17	阜新伊利乳品有限责任公司	辽宁省阜新市阜新蒙古族自治新县园区路 2 号	辽 XK16-204-00465	142 860	0	4.09	800	135 983	0	68 749	55 315	0	0	0	0	0	0	11 919	0	115 128	9 694	0
18	铁岭市大牛乳品有限公司	铁岭经济开发区	SC10621120000050	4 159	3 535	3.61	20	3 649	1 055	927	957	288	82		60			166		3 006	18	

备注：本表包括在中国及海外的生产企业。日处理生鲜乳能力指设计加工生鲜乳能力。自有奶源指来自自建和参建（控股、参股）牧场（小区）的原奶。成人奶粉指除婴幼儿配方奶粉以外的学生奶粉、孕妇奶粉、中老年奶粉等终端消费奶粉。冰品包括冰激凌、雪糕等。有机产品数量单位为“枚”，指获得有机标志的数量。表中数据较多，考虑到排版，除“平均支付价格”列外均四舍五入保留整数，因此若涉及合计数据，可能会稍有出入，后表同。

吉林省*

【奶畜养殖】2020年奶牛存栏15万头，牛奶产量39.3万t，同比分别下降1.9%和1.6%。奶牛养殖主要分布于吉林省中西部地区，在长春、吉林、四平、松原、白城等地，奶牛主要品种为荷斯坦牛和乳肉兼用型西门塔尔牛，奶牛养殖存栏量呈现减少趋势。

【乳制品加工】2020年正常生产的规模乳制品生产企业6家，其中婴幼儿配方奶粉生产企业3家，注册配方6个。设计日处理生产乳能力1 640t。2020年收购生鲜乳124 765.77t，乳制品总产量141 591.59t，其中：液态奶114 241.42t（低温鲜奶7 405.63t，UHT奶28 983.73t，常温酸奶12 788.81t，低温酸奶65 063.25t），同比增长6.92%；干乳制品13 701.48t（婴幼儿配方奶粉4 977.89t，成人奶粉7 633.17t，原料奶粉137.65t,奶油438.55t，奶酪514.22 t），同比增长14.09%；含乳饮料13 648.69 t，同比下降37.54%。液态奶中，UHT奶同比增长61.95%，常温鲜奶为新增产品。干乳制品中，成人奶粉同比增长296.94%。销售额226 467.74万元，同比增长44.9%，利润35 333.03万元，同比增长140.07%。

【市场消费】2020年人均奶类占有量16.3kg。入户乳制品主要有低温鲜奶16~20元/kg、低温酸奶18~20元/ kg，包装规格180~500mL不等，主要生产厂家有长春广泽、吉林春光等。商超销售的低温鲜奶、UHT奶、酸奶、婴幼儿配方奶粉及其他奶粉等种类繁多，市场消费多元化，UHT奶、酸奶、低温鲜奶等产销两旺，市场上奶酪产品丰富，成人奶粉消费有增多趋势。

【奶源基地】2020年，奶牛存栏1 000头以上的规模养殖场6个，存栏奶牛3.1万头。奶牛规模养殖场基本普及全混合日粮饲喂技术，实行精准饲喂。新开工建设存栏1.5万头的规模养殖场1个，改扩建中小型规模养殖场5个，高产优质苜蓿示范基地补助1.6万亩。实施粮改饲项目，种植饲草料作物35.6万亩和收储饲草料107万t。2020年，吉林省已将搂草机、打（压）捆机、圆草捆包膜机、青饲料收获机等5类饲料作物收获机械；揉丝机、压块机、饲料（草）粉碎机、颗粒饲料压制机4类饲料（草）加工机械设备；喂料机、送料机、清粪机、粪污固液分离机4类饲养机械全部纳入补贴范围。对奶牛开展口蹄疫强制免疫，每年进行检查考核，确保应免奶牛免疫密度达到100%,免疫抗体合格率达到80%以上。开展奶牛布鲁氏菌病、结核病检疫监测，加强扑杀净化工作。粪污处理主要是采取干湿分离，粪便堆沤发酵还田利用或高温消菌后作为垫料循环利用，以及生产有机肥，粪水排放到氧化塘或污水池发酵还田。生鲜乳收购年均价格3.54元/kg，省内乳制品企业收购年均价格4.2元/kg，长春广泽4.12元/kg，吉林春光3.6元/kg，四平君乐宝4.735元/kg，飞鹤（吉林）4.26元/kg。奶牛养殖户饲养一头成母牛，不计折旧，年净收入约9 000元。

【质量监管】一是开展监测。2020年全省生鲜乳兽药残留监测抽检355批次，生鲜乳收购站应检尽检，做到全覆盖。抽检对象：生鲜乳收购站、运输车和奶牛养殖散户。检测结果合格率100%。二是开展生鲜乳质量安全专项整治工作。采取县级自查、市级抽查和省级督查的方式，全面排查质量安全隐患，加强婴幼儿配方奶粉奶源基地质量安全监管。在专项整治中，全省检查生鲜乳收购站127站次、运输车78辆次，出动执法人员277人次，整改生鲜乳收购站10个、生鲜乳运输车1辆。三是组织开展生鲜乳专项整治“回头看”行动。严格排查非法收购运输生鲜乳行为，全面规范生鲜乳购销合同备案机制，督促落实乳制品质量安全主体责任，维护生鲜乳购销秩序，稳定奶源生产，保障乳制品质量安全。

【奶业大事】飞鹤（吉林）乳品有限公司年产2万t婴幼儿配方奶粉加工项目，于2018年4月开工建设，2019年11月试生产，2020年正式投入生产。该项目按照食药行业GMP标准设计，建设国际标准化净化车间，引进国际一流的制粉生产设备和高速听奶粉包装线，实现全智能化生产，日处理生鲜乳500t。

（吉林省畜牧业管理局，迟桂凤）

长春市*

【奶畜养殖】长春市奶畜主要为奶牛，2020年奶牛存栏1.5万头，其中成母牛0.8万头，饲养品种主要为中国荷斯坦奶牛，也有少数乳肉兼用型西门塔尔牛；奶牛养殖的主要区域为榆树市、九台区、农安县，其中九台区为主要产区，2020年，产奶量共计4.19万t。长春市奶业总体上呈现以下特点。

奶牛存栏呈上升趋势。2020年全市奶牛存栏1.5万头，同比增长19.2%；2020年牛奶总产量7.71万t，同比增长33.85%。

奶业生产情况整体较好，规模化养殖水平不断提高。2020年100头以上的规模奶牛养殖场9个，相比2019年增加2个，存栏量占全市奶牛存栏的87.39%。2020年全市共有生鲜乳收购站11个，相比2019年增

* 吉林省的文中数据除奶牛存栏和牛奶产量为统计数据，其余为行业数据。长春市的文中数据除牛奶产量为统计数据，其余为行业数据。

加 3 个，奶站的机械化榨乳率达到 100%。

【乳制品加工】广泽乳业有限公司是长春市内最大的乳制品加工企业，也是长春市内唯一的一家乳制品加工企业。该公司产品类别主要有 UHT 奶、酸奶、低温鲜奶、奶酪及含乳饮料五大类产品。其乳制品年产量可达 64 215.69t，其中低温鲜奶 3 405.63t、UHT 奶 28 983.73t、酸奶 22 015.73t、奶酪 514.22t、含乳饮料 8 720.18t。从发展形势看，广泽乳业有限公司在市场的占有率正在逐步提高，份额越来越大，生产形势较好，发展前景比较乐观。

【市场消费】长春市奶类人均占有量为 5kg，通过对商场和超市等乳制品销售点进行调研，其销售乳制品种类及价格如下。

长春市乳制品销售市场品牌及种类繁多，蒙牛、伊利、辉山、雀巢、光明、完达山等国内知名品牌以及本地的广泽乳业有限公司的产品在超市、市场均有销售，产品类型主要有 UHT 奶、酸奶、各种含乳饮料，价格约为 12 元 /kg, 国内外各大品牌的多种成人及婴幼儿配方奶粉在长春市也均有销售。

广泽乳业有限公司还在市区内入户配送新鲜的低温鲜奶，价格约为 18 元 /kg。

针对奶类市场中低温鲜奶、UHT 奶、酸奶、奶粉等产品的销售情况，长春市内 UHT 奶销量居于首位，UHT 奶的销量可达到牛奶销量的一半，奶粉销量仅次于 UHT 奶，酸奶和低温鲜奶销量分别排在其后。

【奶源基地】全市存栏 1~49 头的奶牛养殖场（户、小区）138 个，共存栏 1 210 头，占全市奶牛存栏总量的 8%；全市存栏 50~99 头的奶牛养殖场（户、小区）10 个，共存栏 689 头，占全市奶牛存栏总量的 4.6%；全市存栏 100~299 头的奶牛场（户、小区）4 个，共存栏 757 头，占全市奶牛存栏总数的 5.03%；全市存栏 300~499 头的奶牛场（户、小区）2 个，共存栏 728 头，占全市奶牛存栏总数的 4.84%；全市存栏 500~999 头的奶牛养殖场（户、小区）1 个，共存栏 950 头，占全市奶牛存栏总量的 6.3%；全市存栏 1 000 头及以上的奶牛场（户、小区）2 个，共存栏 10 720 头，占全市奶牛存栏总数的 71.21%。全市生鲜乳收购站 11 个，相比 2019 年同期增加了 3 个。现在 11 个奶站分布分别为榆树 4 个、九台 4 个、农安 1 个、公主岭 2 个。2020 年长春市生鲜乳收购价格为 3.6~3.9 元 /kg，平均价格为 3.8 元 /kg，相比 2019 同期价格变化不大，较为稳定。

在长春市收购生鲜乳的乳制品企业现有 2 家。其中榆树的奶站全部都销售给黑龙江双城雀巢乳品有限公司，九台和农安的奶站销售给广泽乳业有限公司和黑龙江双城雀巢乳品有限公司。通过多方调查，普遍对生鲜乳质量要求更加严格，主要是对乳脂率和乳蛋白率要求指标提高，专业化程度不断提升。

奶牛疫病防控方面，主要是由各县（市、区）动物疫病预防控制中心和各乡镇畜牧兽医站共同完成，乡镇畜牧兽医站主要负责奶牛免疫，动物疫病预防控制中心负责布鲁氏菌病、结核病检测等健康检查，发现阳性病畜及时上报并扑杀，2020 年尚未发现阳性奶牛。

奶牛养殖场粪便处理方式：堆积发酵的占 90%，压块的占 10%，用于地炉燃烧取暖。

【奶农组织】全市共有 7 个奶农专业合作社，其中榆树 3 个、公主岭 2 个、九台 1 个、农安 1 个，合作社每年组织培训班 2 次。主要对荷斯坦牛良种繁育、品种改良技术、荷斯坦牛养殖中的饲养管理、原料奶生产和质量控制、全混合日粮（TMR）配置、青黄贮饲料调制、疫病防控、养殖环境污染等多个方面进行培训。授课分理论课程与实训课程，专家教授与学员们现场沟通交流，解答大家的咨询提问，收到了理想的学习效果，提高了奶农科学饲养水平，交流了经验。最终达到引导奶农向标准化规模养殖方向发展，以及节本增效、促进增收的目的，从而实现现代化科学养殖。

【质量监管】全市共有生鲜乳收购站 11 个，生鲜乳运输车 6 辆，证件齐全且都在有效期内。

长春市畜牧业管理局对生鲜乳质量安全监管工作非常重视，紧紧围绕生鲜乳质量安全为中心，强化领导。一是坚持属地管理的原则，明确落实具体单位及责任人，奶站监管具体由各县（市、区）畜牧局负责，日常监管由各乡镇畜牧站负责，并指定质量监督员专门负责奶站管理，进行全程监管，每年对奶站至少抽样 2 次。同时对奶牛的饲养环节进行监管，包括奶牛使用的饲料和兽药。二是强化责任追究。建立责任追究制度，在执行工作时，要明确责任分工，具体工作落实到人头，一级对一级负责。三是强化督导检查。在进行日常监管的同时，还加强督导检查的力度，定期或不定期地进行巡回检查，及时发现隐患，及时进行整改和完善。加强违法的追究和处理力度，形成高压打击态势。

（长春市畜牧总站，许晨光）

白 城 市*

【奶畜养殖】2020 年，白城市奶牛存栏 27 659 头，成母牛存栏 16 591 头，奶产量 123 212t。其中，规模养殖奶牛总存栏 26 817 头，成母牛存栏 13 696 头，奶产量 119 950t。饲养品种均为荷斯坦奶牛，养殖分布区域主要在洮北区、镇赉县。

【乳制品加工】白城市有乳制品加工企业 3 家，分别为白城市阿宝乳制品有限公司、飞鹤（镇赉）乳品有限公司、飞鹤（吉林）乳品有限公司。

白城市阿宝乳制品有限公司，日处理鲜奶能力 8t。

* 白城市的数据为行业数据。

按照公司提供的数据显示，2020年原奶收购量184t，主要奶源来自自建养殖场，主要产品为低温鲜奶和低温酸奶，总产量180t，主要销售区域为洮北区，全年销售总收入约200万元，利润约30万元。

飞鹤（镇赉）乳品有限公司，日处理鲜奶能力300t，年收购原奶量6 541.47t，主要奶源来自自建养殖场，公司主要生产品项有舒贝诺、精粹贝艾尔、飞睿系列婴幼儿配方奶粉，乳制品年产量2 892.06t，其中婴幼儿配方奶粉2 755.89t、成人奶粉136.17t，年收入14 418万元。

飞鹤（吉林）乳品有限公司，日处理鲜奶能力500t，年收购原奶量26 960.63t，主要奶源来自自建养殖场，乳制品年产量7 497t，全部为成人奶粉，年销售收入72 666万元，利润24 250万元。

【市场消费】2020年白城市牛奶人均占有量约为56.6kg，牛奶制品消费量21.5kg，人均消费300元。

白城市各超市销售的乳制品厂家有蒙牛、伊利、广泽、完达山、君乐宝等；主要品种有巴氏杀菌乳、UHT奶、风味益生菌酸牛奶（草莓味、大枣味、原味等）；婴幼儿配方奶粉国产的主要品种有飞鹤、君乐宝、雅士利、雀巢、贝因美、完达山育儿康，进口品种有惠氏、雅培、安婴宝等。市场消费特点和发展趋势是以纯牛奶为主，其次为酸牛奶，然后是其他产品。

【奶源基地】2020年，白市奶牛存栏50头以上规模的养殖场（小区）数量23个，其中存栏50~299头的养殖场9个，存栏1 547头；存栏300~499头的养殖场7个，存栏3 132头；存栏500~999头的养殖场3个，存栏2 792头；存栏1 000头及以上规模的养殖场3个，存栏19 329头。以上各规模养殖场存栏，占总存栏量的比重分别为5.8%、11.7 %、10.4%、72.1%。全部为机械挤奶，均应用全混合日粮（TMR）技术饲喂。

疫病防控情况。各县（市、区）畜牧兽医站工作人员对辖区内奶牛养殖场（小区）的疫病防控情况实行了包保责任制，扎实开展奶牛重大动物疫病的防控工作，做到及时、统一、全面，一直以来未发生大规模疫情。

粪污处理方式。采用干清粪方式，对固体粪便进行好氧堆肥发酵无害化处理，实施就地就近还田利用。

生鲜乳收购年均价格。收购价格为3.0~4.3元/kg。企业收购标准：体细胞数小于40万个/mL，蛋白质含量达到3.0%、平皿细菌总数小于100万CFU/mL、冰点在−0.51℃以下。

【奶农组织】2020年在白城市畜牧总站的组织下，聘请有关专家进行了多次授课培训，内容包括奶牛科学饲养管理、养殖场规划建设转型升级、奶站操作规范、生鲜乳质量安全等方面知识；学员包括场区管理员、饲养员、技术工作人员等。

【质量监管】2020年，白城市强化生鲜乳监测，加强对生鲜乳生产收购、运输环节的监督检查，组织培训，强化奶站管理者及奶户对违禁物质添加危害性的认识，提高生鲜乳收购站、运输车标准化管理水平，有效保障生鲜乳质量安全。2020年《食品安全国家标准　生乳》指标监测、生鲜乳质量安全异地抽检、生鲜乳质量安全例行监测共完成生鲜乳抽样检测56批次，样品均检测合格。

【奶业大事】镇赉瑞信达原生态牧业有限公司15 000头标准化奶牛养殖场（二期）建设项目：本项目以发展生态奶牛养殖基地建设促进镇赉县农民增收、农业增效为目标，在吉林省镇赉县黑鱼泡镇大围子村东北方向建设15 000头奶牛养殖场，项目总占地面积1 542.15亩，总建筑占地面积43.38万m^2。项目建设期24个月（2019年10月至2021年10月），总投资61 739.07万元，项目达产后年均可以实现销售收入33 069.20万元，年均利润6 646.486万元。每年可有效消化周边农民38 400多亩玉米，为农民年均增收5 760万元。年产固体肥料16 987t、液体肥料308 890t，保障周边地区38 400亩玉米生产用肥。新增300个就业岗位，同时带动相关饲料工业、运输业、营销业的发展。

（白城市畜牧总站，何思洋）

附表 1　吉林省奶畜养殖场（小区）名录

序号	名称	供奶企业	全群存栏(头)	成母畜存栏(头)	奶畜品种	成母畜单产(t/年)	年总产量(t)	是否有机奶源基地	有机奶产量(t)	是否开展奶牛生产性能测定(DHI)	是否采用全混合日粮饲喂技术(TMR)	粪污处理方式
1	吉林省牧硕养殖有限公司	广泽乳业有限公司	8 780	4 658	荷斯坦	8.0	39 423			√	√	还田
2	榆树市财源牧业有限公司	双城雀巢有限公司	1 940	955	荷斯坦	7.0	6 320				√	堆积发酵
3	吉林春光牧工商集团有限公司	吉林春光乳业有限公司	1 000	600	荷斯坦	6.0	4 000				√	加工有机肥
4	北京首农畜牧发展有限公司白城分公司	蒙牛乳业（乌兰浩特）有限责任公司	3 345	1 750	荷斯坦	10.0	18 265				√	堆积发酵
5	白城市恒利源乳业有限公司	林甸伊利乳业有限责任公司	1 484	579	荷斯坦	8.0	3 537				√	堆积发酵
6	镇赉县瑞信达原生态牧业有限公司	飞鹤乳业	14 500	7 000	荷斯坦	10.5	74 000				√	堆积发酵
	合计		31 049	15 542								

备注：如认证为有机奶源基地、开展奶牛生产性能测定、采用全混合日粮饲喂技术，请在相应表格中打钩。

附表2 吉林省乳制品生产企业名录

序号	名称	生产地点	生产许可证号码	年收购原奶量（t）	其中：自有奶源量（t）	平均支付价格（元/kg）	日处理生鲜乳能力（t）	年乳制品产量（t）	其中：低温鲜奶（t）	其中：低温鲜奶（t）	UHT奶（t）	常温酸奶（t）	低温酸奶（t）	原料奶粉（t）	婴幼儿配方奶粉（t）	成人奶粉（t）	奶油（t）	奶酪（t）	含乳饮料（t）	冰品（t）	年销售收入（万元）	利润（万元）	有机产品（枚）	注册婴幼儿配方奶粉配方数量（个）
1	广泽乳业有限公司	吉林省长春市高新开发区长德路2333号	SC10522010819127	42 822	17 478	4.12	320	64 216		3 406	28 984	338	21 678	138			439	514	8 720		75 540	9 057		
2	吉林春光牧工商集团有限公司	吉林市船营区迎宾大路1277号	SC10522020431800	7 000	4 000	3.60	200	7 000		4 000			3 000								7 000	560		
3	四平君乐宝乳业有限公司	吉林省四平市铁东区	SC10522030324640	41 442		4.74	320	57 765				12 451	40 386						4 929		41 844	322		
4	飞鹤（镇赉）乳品有限公司	镇赉县工业园区内	SC10522082103179	6 541	6 541	4.28	300	2 892							2 756	136					14 418	-300		3
5	飞鹤（吉林）乳品有限公司	镇赉县工业园区内	SC10522082154762	26 961	26 961	4.26	500	7 497								7 497					72 666	24 250		
6	吉林贝因美乳业有限公司	敦化市经济开发区工业园区	SC12922240302651					2 222							2 222						15 000	1 444		3
	合计			124 766	54 980	4.20	1 640	141 592		7 406	28 984	12 789	65 063	137.65	4 978	7 633	439	514	13 649		226 468	35 333		6

备注：本表包括在中国及海外的生产企业。日处理生鲜乳能力指设计加工生鲜乳能力。自有奶源指来自自建和参建（控股、参股）牧场（小区）的原奶。成人奶粉指除婴幼儿配方奶粉以外的学生奶粉、孕妇奶粉、中老年奶粉等终端消费奶粉。冰品包括冰激凌、雪糕等。有机产品数量单位为“枚”，指获得有机标志的数量。

附表 3 长春市奶畜养殖场（小区）名录

序号	名称	供奶企业	全群存栏（头）	成母畜存栏（头）	奶畜品种	成母畜单产（t/年）	年总产量（t）	是否有机奶源基地	有机奶产量（t）	是否开展奶牛生产性能测定（DHI）	是否采用全混合日粮饲喂技术（TMR）	粪污处理方式
1	榆树市财源牧业有限公司	双城雀巢有限公司	1 940	955	荷斯坦	7	6 320		0		√	堆积发酵
2	九台市广源牧业有限公司	双城雀巢有限公司	1 008	401	荷斯坦	9	3 900		0		√	还田
3	吉林省牧硕养殖有限公司	广泽乳业有限公司	8 736	4 785	荷斯坦	9	45 942		0	√	√	还田

备注：本表所指奶畜包括奶山羊、奶绵羊、奶水牛、牦牛、骆驼、驴等产商品奶家畜。如认证为有机奶源基地等，请在相应表格中打钩。

附表 4 长春市乳制品生产企业名录

名称	生产地点	生产许可证号码	年收购原奶量（t）	其中：自有奶源量（t）	平均支付价格（元/kg）	日处理生鲜乳能力（t）	年乳制品产量（t）	其中：低温鲜奶（t）	UHT 奶（t）	常温酸奶（t）	低温酸奶（t）	原料奶粉（t）	婴幼儿配方奶粉（t）	成人奶粉（t）	奶油（t）	奶酪（t）	含乳饮料（t）	冰品（t）	年销售收入（万元）	利润（万元）	有机产品（枚）	注册婴幼儿配方奶粉配方数量（个）
广泽乳业有限公司	吉林省长春市高新开发区长德路 2333 号	SC10522010819127	42 822	17 478	4.12	320	64 216	3 406	28 984	338	21 678	138	0	0	439	514	8 720	0	75 540	9 057	0	0

备注：本表包括在中国及海外的生产企业。日处理生鲜乳能力指设计加工生鲜乳能力。自有奶源指来自自建和参建（控股、参股）牧场（小区）的原奶。成人奶粉指除婴幼儿配方奶粉以外的学生奶粉、孕妇奶粉、中老年奶粉等终端消费奶粉。冰品包括冰激凌、雪糕等。有机产品数量单位为“枚”，指获得有机标志的数量。

附表 5　白城市奶畜养殖场（小区）名录

序号	名称	供奶企业	全群存栏(头)	成母畜存栏(头)	奶畜品种	成母畜单产(t/年)	年总产量(t)	是否有机奶源基地	有机奶产量(t)	是否开展奶牛生产性能测定(DHI)	是否采用全混合日粮饲喂技术(TMR)	粪污处理方式
1	白城市兴盛奶牛养殖有限公司	林甸伊利乳业有限责任公司	782	376	荷斯坦	10.00	3 537				√	堆积发酵
2	北京首农畜牧发展有限公司白城分公司	蒙牛乳业（乌兰浩特）有限责任公司	3 345	1 750	荷斯坦	10.00	18 265				√	堆积发酵
3	白城市恒利源乳业有限公司	林甸伊利乳业有限责任公司	1 484	579	荷斯坦	8.00	3 537				√	堆积发酵
4	镇赉县瑞信达原生态牧业有限公司	飞鹤乳业	14 500	7 000	荷斯坦	10.50	74 000				√	堆积发酵
5	洮南市鑫龙源牧场	林甸伊利乳业有限责任公司	714	552	荷斯坦	5.50	2 190				√	还田利用或出售
6	洮南市澳海建营畜牧养殖有限公司	乌兰浩特蒙牛乳业有限公司	506	437	荷斯坦	5.71	2 734				√	还田利用或出售
7	大安市源源牧业有限公司	大安市源源牧业有奶公司收奶站	790	280	荷斯坦	6.20	1 736				√	还田利用或出售

备注：如认证为有机奶源基地、开展奶牛生产性能测定、采用全混合日粮饲喂技术，请在相应表格中打钩。

附表 6　白城市乳制品生产企业名录

序号	名称	生产地点	生产许可证号码	年收购原奶量(t)	其中：自有奶源量(t)	平均支付价格(元/kg)	日处理生鲜乳能力(t)	年乳制品产量(t)	其中：低温鲜奶(t)	UHT奶(t)	常温酸奶(t)	低温酸奶(t)	原料奶粉(t)	婴幼儿配方奶粉(t)	成人奶粉(t)	奶油(t)	奶酪(t)	含乳饮料(t)	冰品(t)	年销售收入(万元)	利润(万元)	有机产品(枚)	注册婴幼儿配方奶粉配方数量(个)
1	白城市阿宝乳制品有限公司	洮北区平台镇	SC10522080232311	184	184	3.20	8	180	148			32								200	30		
2	飞鹤（镇赉）乳品有限公司	镇赉县工业园区内	SC10522082103179	6 541	6 541	4.28	300	2 892						2 756	136					14 418	−300		3
3	飞鹤（吉林）乳品有限公司	镇赉县工业园区内	SC10522082154762	26 961	26 961	4.26	500	7 497							7 497					72 666	24 250		

备注：本表包括在中国及海外的生产企业。日处理生鲜乳能力指设计加工生鲜乳能力。自有奶源指来自自检和参建（控股、参股）牧场（小区）的原奶。成人奶粉指除婴幼儿配方奶粉以外的学生奶粉、孕妇奶粉、中老年奶粉等终端消费奶粉。冰品包括冰激凌、雪糕等。有机产品数量单位为“枚”，指获得有机标志的数量。

黑龙江省

【奶畜养殖】据国家统计局黑龙江调查总队核定，2020年黑龙江省奶牛存栏111.88万头，较2019年增长3.98%，为近6年来最大增速。2020年生鲜乳产量500.16万t，较2019年增长7.50%，全省奶牛单产8.1t，达到历史最高水平。黑龙江省奶业形势总体向好，主要是受到以下因素的影响。一是全国乳制品需求量增大，达到5 431万t，与2019年相比增长8.0%，需求增长很快传导到上游养殖环节。二是黑龙江省奶牛养殖环节由于经历了2014年年中到2018年年中较长时期的奶业低谷，散户、小规模奶牛养殖场和经济效益较差的奶牛养殖场逐渐退出，奶牛存栏连续4年均减少。到2020年，虽然乳制品终端市场活跃，奶价上涨，有条件的奶牛养殖场都有增栏扩群的计划，但受制于奶牛的饲养周期，补栏速度较缓慢。

饲料成本上涨明显。在精饲料原料方面，到2020年年底，黑龙江玉米价格达到2.45元/kg，同比上涨0.32元；豆粕价格达到3.52元/kg，同比上涨0.22元。2020年1—4月，因新冠肺炎疫情防控期间各地对道路交通、人员流动等施行严格管控，导致奶牛养殖场饲料和投入品采购及运输成本等进一步加大。在粗饲料原料方面，2020年8月，黑龙江省大部分区域受三次台风影响，部分区域玉米倒伏率超30%，青贮玉米收割和运出困难。规模较大的奶牛养殖场被迫远距离收贮，甚至跨省收贮。据统计，2020年黑龙江省青贮进窖成本达到550~600元/t，较2019年的400~450元/t，每吨增加成本达150元。加之青贮营养损失等，进一步加大了青贮饲料的投入。据黑龙江省奶业协会统计，2020年黑龙江省千克奶饲料成本较2019年提高0.23元。造成奶牛养殖场千克奶全成本大幅提高（图1）。

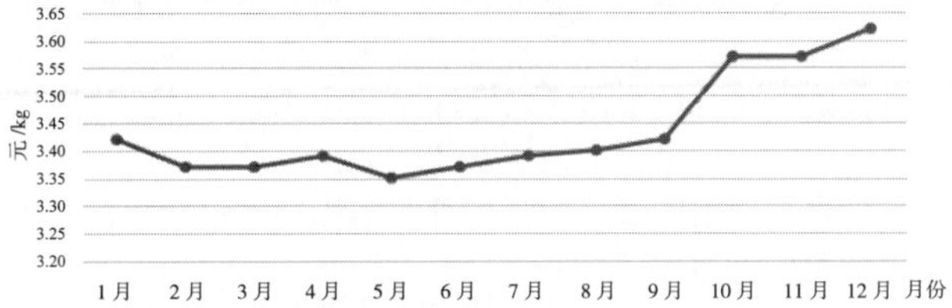

图1 黑龙江省奶业协会50家信息奶牛养殖场2020年千克奶成本走势

生鲜乳收购价格大幅提高。黑龙江省历年的生鲜乳价格走势图均呈现两头高、中间低的U形，奶价下行的月份通常为季度性价格调整。而2020年，U形早在7—8月就已经形成，8月后奶价再次呈阶梯形上升（图2）。黑龙江省奶业协会监测数据显示，2020年生鲜乳全年平均价格为3.78元/kg，较2019年高0.23元。特别是12月更是达到4.10元/kg，比2019年高0.33元，创平均奶价历史最高纪录。历年大型规模化牧场因产量和奶质的优势，相对于中小规模牧场能够获得更好的销售价格，但在2020年度原料奶供求偏紧的情况下，这种优势有所缩小。2020年，管理规范、生鲜乳品质好的规模化奶牛养殖场头均收益超过6 000元，奶牛养殖场总体实现盈利，奶牛养殖形势较好。

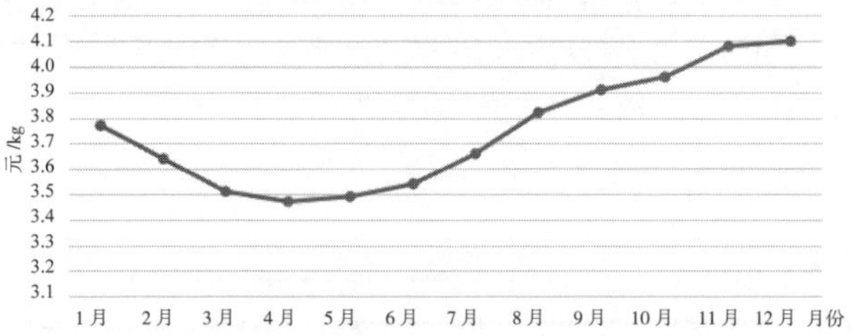

图2 黑龙江省奶业协会50家信息奶牛养殖场2020年千克奶价走势

牛肉持续需求为奶牛养殖场提供盈利点。2020年，猪肉价格维持到高点和较高点，与牛肉价格差不断缩小，致使消费者对牛肉需求量增大，大型淘汰奶牛的价格已经达到13 000~15 000元/头，黑龙江省出生奶公犊的价格也一路飙升，达到3 500元/头以上，且每饲养一天加价45元，公犊价格出现了与母犊持平甚至反超的现象，部分奶牛养殖场开展奶公犊育肥和淘汰牛育肥，牛肉的中短期的需求为奶牛养殖场开辟了新的利润增长点。

【乳制品加工】黑龙江省已自主培育飞鹤、完达山、摇篮、红星等知名企业，同时引进雀巢和伊利、蒙牛、光明、贝因美等国际国内大型企业，全省乳制品规模以上企业共有53家，主要分布在哈尔滨、齐齐哈尔、大庆、绥化、牡丹江、黑河等地，初步形成了龙头带动、品牌集中、品类齐全的加工体系。2020年，黑龙江省乳制品产量164.91万t，同比下降1.8%，其中液态奶产量123.85万t，同比下降4.01%。乳粉产量40.01万t，同比增长3.02%；婴幼儿配方奶粉产量22万t，同比降低7.2%。乳制品加工年产能保持在370万t左右，省内生鲜乳转化率近100%；全省婴幼儿配方奶粉企业年营业收入超300亿元，生产的30%的乳制品由省内消耗，70%销往省外。

疫情期间乳制品消费增长。新冠肺炎疫情期间，消费者开始关注提高免疫力的食品饮料。根据Mintel的研究显示，疫情暴发促使45%的欧洲消费者在饮食中增加更多营养元素。Google搜索趋势数据亦显示，全球对免疫力食品和饮品的搜索增长了约500%。乳制品是被提及最多的提高免疫力的食品之一。在中国，“国民抗疫先锋”钟南山和张文宏都建议多喝牛奶，提高免疫力，这些因素都促进了2020年乳制品的消费增长。

黑龙江省乳制品仍以高端乳制品为主。黑龙江省受地理位置偏远、与乳制品消费区域运距较长的影响，低附加值的乳制品已被其他临近消费区省份“截胡”，外销以奶粉等高端婴幼儿配方奶粉为主，是全国最大的高端乳制品生产基地。2020年，尤其是黑龙江省利润额第一的飞鹤乳业的产品以高端婴幼儿配方奶粉为主，蒙牛乳业、伊利乳业的高端产品特仑苏、金典等30%的产量出自黑龙江省，光明乳业30%以上的高端酸奶莫斯利安在黑龙江省生产。

国外进口大包装奶粉仍保持价格优势。新西兰恒天然全脂大包装奶粉售价号称是中国乳业的风向标，2020年，黑龙江省奶业协会对其价格进行了24次跟踪（图3），黑龙江省生鲜奶平均价格为3.78元/kg，进口奶粉折合原料奶的到岸价格平均值为2.91元/kg，前者比后者高近30%。垄断性乳企为保证自己产品的价格竞争力，使用新西兰大包装奶粉的数量仍然较大。

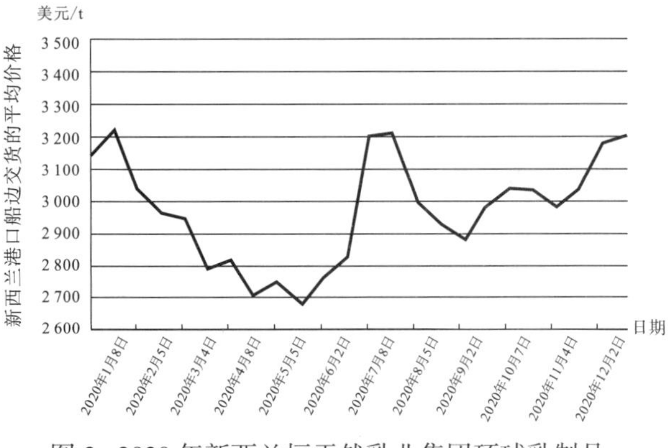

图3 2020年新西兰恒天然乳业集团环球乳制品交易活动全脂奶粉价格走势

【市场消费】黑龙江省乳制品消费水平低于全国平均水平，主要是因为寒冷地区习惯消费肉类和酒精饮料，相应乳制品消费量就较少。黑龙江省人均消费乳制品仅29kg，人均乳制品消费支出为251.6元。

2020年，黑龙江省奶业协会监督管理黑龙江省学生饮用奶工作，黑龙江省共有3个学生饮用奶生产乳企，分别是伊利乳业（林甸伊利乳业有限责任公司、肇东伊利乳业有限责任公司）、黑龙江省飞鹤乳业有限公司、黑龙江完达山乳业有限公司，2020年实现生产配送学生饮用奶2.95亿份。通过认证的学生饮用奶奶源基地奶牛养殖场共21个。

【奶源基地】由于黑龙江省奶牛存栏量不足及增栏补栏缓慢，乳企为了夯实未来奶源供应体系，加大上游奶源的布局，如飞鹤乳业通过瑞信达牧业公司已掌控11个飞鹤专属奶源供应牧场；完达山上属北大荒集团公司成立了牧业公司，计划对原农垦系统的奶牛养殖场逐步划归集团管理；伊利掌控旗下的悠然牧业，蒙牛乳业也通过购买、入股和托管的方式，将黑龙江省多家中规模以上的奶牛养殖场划入自控奶源。奶源的提前布局，各乳企都在积极投入。对独立经营的社会型奶牛养殖场来说，将面临前所未有的压力和挑战。

【奶农组织】黑龙江省奶业协会，是黑龙江省奶牛养殖和乳制品加工以及为其服务的相关企业、事业单位和个体经营者自愿组成的非营利性的行业组织，是具有独立法人地位的民间社会团体。

黑龙江省奶业协会原名黑龙江省奶牛协会，2003年5月27日经批准变更为黑龙江省奶业协会，并经黑龙江省民政厅登记注册（黑民管批〔2003〕124号）。

2020年，主要完成了如下工作。

疫情期间促进稳产保供。自2020年1月25日黑龙江省启动突发公共卫生事件一级响应机制以来，黑龙江省奶业协会通过与黑龙江省农业农村厅畜牧处的密切配合，与近40家乳企、200个牧场保持密切沟通，下发调查问卷200余份，上报监测情况数据300余条，累计向乳企、牧场和供给侧企业等转发国家及省政府相关部门政策文件20余份；处理解决奶牛养殖场生鲜乳和饲草料运输受阻、易耗品采购困难、饲料供应紧缺、对接喷粉乳企不到位等问题30余件，挽回直接和间接损失数百万元。起草发布了《黑龙江省涉畜产品及相关应急物资的运输车辆安全通行防控参考指南》《黑龙江省乳制品加工企业防控新型冠状病毒肺炎安全生产参考指南（第一版）》和《黑龙江省饲料生产企业新冠肺炎防控指南》；向黑龙江省农业农村厅呈报了《关于黑龙江省乳企在疫情防控阶段亟待解决的问题及相关政策建议的报告》和《面对当前疫情我省奶牛场面临的问题》2个建议文件，反映的情况得到高度重视，部分建议得到行业主管部门的认可和采纳。

承接政府相关职能和委托业务。一是受省农业农村厅畜牧处的委托，对全省申报“稳产保供”奖励政策的17家乳企进行资格核准；二是承接DHI工作，顺利通过全国畜牧总站奶牛生产性能测定中心的审核；三是提出生乳价格建议，全年累计召开全省规模乳企奶源负责人联谊会4次，调研牧场、乳企样本260余次，上报价格建议4次；四是开展站县共建，协会与黑龙江省畜牧总站和杜蒙县签订站县共建奶牛育种基础工作合作框架，确定未来3~5年，形成杜蒙县奶牛养殖场高产、高效、健康的奶牛群体。

开展实用技术培训和调研。2020年黑龙江省奶业协会自主开展奶业培训13期，其中线上培训6期，参与培训的全国奶业从业人员达36 000人；线下培训7期，培训黑龙江省奶业从业人员达到750人。内容涵盖奶牛养殖和乳制品加工的各个环节。协会全年深入到大庆、齐齐哈尔、双城、肇东、安达、富裕、林甸、尚志、杜蒙、青冈等地开展实地调研。尤其是8—9月，黑龙江经历3次台风后，张维银常务副会长带队分别到受灾严重的区域肇东市、安达市和林甸县走访，对玉米倒伏情况进行调研，在天津维尔塔宁生物科技公司的技术支持下，协会联合奶牛体系黑龙江省团队建立了《倒伏玉米制作青贮的质量关键控制点和相关技术参考指南》，为不可避免使用倒伏玉米制作青贮的奶牛养殖场和青贮生产企业提供参考。

开展奶业信息化平台建设。与东北农业大学电气化学院合作，共同开发黑龙江省奶业大数据中心（云平台），平台分为奶业信息监测、专家智库、行业数据和政策标准等板块，可通过系统形成黑龙江省奶业的各类分析表格、数据和报告，为政府和行业决策提供参考。

推广青贮实用新技术。协会联合天津维尔塔宁生物科技有限公司，在16个奶牛养殖场推广335 560青贮制作技术，指导制作全株玉米青贮15万t，建立高青贮日粮示范场3个，制定发布了团体标准《黑龙江省全株青贮质量评定标准》1部。

【政策法规】一是黑龙江省农业农村厅、黑龙江省财政厅印发《黑龙江省2020年奶牛场改造升级项目实施方案》（黑农厅联发〔2020〕185号文件），支持100头及以上规模奶牛养殖场改造升级，按12月龄以上奶牛实际存栏计算，100头为一个单元，每个单元补贴不超过50万元，单场补贴资金上限视资金总量情况确定。二是黑龙江省农业农村厅、黑龙江省财政厅印发《黑龙江省2020年苜蓿基地建设项目实施方案》，项目支持集中连片1 000亩以上的、具有土地使用或经营权的饲草生产合作社、饲草生产加工企业、奶牛养殖场或奶农合作社三类主体，按照每亩600元的标准给予补助，每个项目最多申报6 000亩，要求基地所产苜蓿草产品质量达到国家标准二级以上。三是黑龙江省农业农村厅、黑龙江省财政厅联合印发了《应对新型冠状病毒肺炎疫情支持农业稳产保供的政策意见实施细则》（黑农厅联发〔2020〕32号），针对2020年2月10日—5月31日连续3个月正常生产、年处理生鲜乳能力2万t以上、具备生鲜乳和乳制品检测能力、正常收购生鲜乳并持续生产的乳制品加工龙头企业进行奖励。奖励标准为日收奶量100t以上的一次性奖励不超过100万元，日收奶量50~100t的一次性奖励不超过50万元。

【质量监管】一是国家级监测任务完成情况。2020年，黑龙江省完成生鲜乳风险监测任务1 320批次，其中生鲜乳例行监测851批次、《食品安全国家标准　生乳》安全指标监测60批次、婴幼儿配方奶粉奶源质量安全监测184批次、飞行抽检200批次、发散户监测25批次，国家级检测工作已完成，检测结果100%合格。二是省级监测计划。2020年，黑龙江省农业农村厅申请省级生鲜乳质量安全风险监测资金40万元，开展生鲜乳质量安全风险监测400批次。监测指标为β–内酰胺酶、砷、磺胺类（14种）、亚硝酸盐，抽检区域涵盖双城、林甸、杜蒙、富裕等奶业主产县。省级监测任务抽检合格率为100%。

【奶业大事】2020年1月8日，大庆市大同区政府与陕西卡倍多食品有限公司正式签约，在大庆市大同区政府的支持下，陕西卡倍多食品有限公司将投资3.3亿元在该区建设奶山羊养殖、加工及销售全产业链项目。项目分三期建设，一期项目将在2020年年底前完成土建施工。奶山羊全产业链项目全部达产后，可年生产羊乳系列产品1.1万t，实现销售收入4.8亿元，利税5 000万元，带动就业300人。

2020年4月10日，为切实解决广大养殖户和相关从业者在动物疫病防控、畜禽跨省运输、兽药管理等方面遇到的“急难愁盼”问题，结合征集意见的反馈情况，黑龙江省农业农村厅联合中国电信黑龙江分公司共同推出“118114”黑龙江兽医服务热线。通过拨打该电话，可快捷查询动物运输指定通道(动物防疫监督检查站)、疫病防控、兽药产品追溯、屠宰企业转型升级、畜禽检疫和执业兽医资格考试等业务，及时获得相关帮助。

2020年4月14日，齐齐哈尔市政府与中国飞鹤有限公司举行“千亿级生态特色产业集群建设战略合作”签约仪式。齐齐哈尔市铁锋区政府与中国飞鹤有限公司达成合作，将建设中国飞鹤（齐齐哈尔）智能产业园，全面带动黑龙江乳业发展。依安县政府与中国飞鹤有限公司签订战略合作协议，未来双方将共同打造有机食品生产基地。

2020年5月7日，黑龙江省委书记张庆伟到在建的伊利集团大庆液态奶生产基地，听取项目规划和建设进展情况介绍，了解企业奶源、天然气接入及价格等情况，强调要加强施工组织，在确保质量前提下，加快建设进度，以带动种植业、养殖业、运输业、包装业等产业发展。

2020年8月11日，完达山举办“活力焕‘新’为爱‘鲜’行”新产品发布会，宣布有机A2系列产品正式发布。此次新品发布，不仅进一步丰富了完达山的产品矩阵，也打破了奶粉行业同质化的现象，推动奶粉细分产品创新向着更营养、更科学的方向升级。

2020年9月6日晚，中国飞鹤发布公告称：拟委托中信里昂向原生态牧业提出自愿性有条件现金要约，每股定价0.63港元（1港元约合0.854 2元人民币，2022），同时以现金换取注销所有尚未行使的购股权，中国飞鹤此次要约需支付约30.71亿港元。本次要约成功后，飞鹤将成为原生态牧业的控股股东，同时将维持原生态牧业的上市地位。

2020年9月10日，雀巢对外宣布最新一轮在中国投资举措，将在哈尔滨市双城区投资4亿元，计划将在2020年落实实施2亿元，拓展雀巢在双城多方面的业务能力，建立其在全球范围内首个谷物能力中心，旨在复制雀巢奶牛养殖培训中心和雀巢咖啡中心模式，以集合物种植的培训、展示及科研于一体的合作形式，进一步带动黑龙江谷物种植，特别是有机谷物种植的发展。

2020年10月9日，黑龙江省政府发布公告，自2020年11月4日起，对外省进入黑龙江省的动物、动物产品实行指定通道制度，加强畜禽调运监管，严防重大动物疫情经运输环节传播。指定通道制度规定，全省共设置13条外省进入省内动物、动物产品指定通道。外省经公路运输动物、动物产品必须经指定通道进入省内，并随附《动物检疫合格证明》以及国家规定的有关材料，到指定通道动物防疫监督检查站报验，接受监督检查和信息登记。检查合格的，在《动物检疫合格证明》上签章放行；检查不合格的，依法进行处理。

2020年11月24日，我国探月工程嫦娥五号任务在中国文昌航天发射场成功实施发射，值此举国欢庆的特殊时刻，国家航天局探月与航天工程中心在海南文昌举办授牌仪式，确认中国飞鹤成为“嫦娥五号”婴幼儿配方食品官方合作伙伴，这体现了中国探月工程对中国飞鹤高标准、高品质的充分认可。

2020年12月12日，完达山乳业、中鼎联合牧业、牡丹江市政府战略合作签约仪式在北大荒国际饭店举行。在牡丹江政府的见证和推动下，2家企业拟通过区域奶源调配、产能合作、学生饮用奶市场推广等几方面举措，共同参与跨境农业产业示范园区建设，在推动奶源供给、高附加值产品开发等方面实现深度合作，真正做到优势互补、资源共享。

（黑龙江省奶业协会，张维银、阿晓辉）

附表 1　黑龙江省奶畜养殖场（小区）名录

序号	名称	供奶企业	全群存栏（头）	成母畜存栏（头）	奶畜品种	成母畜单产（t/年）	年总产量（t）	是否有机奶源基地	有机奶产量（t）
1	黑龙江丰源牧业有限公司	蒙牛	6 422	3 487	荷斯坦	10.80	36 015		
2	哈尔滨完达山奶牛养殖有限公司军川分公司	完达山	2 015	1 100	荷斯坦	10.44	9 300		
3	黑龙江康贝牧业有限公司	贝因美、认养一头牛	7 000	3 100	荷斯坦	12.40	41 975		
4	黑龙江省牡丹江农垦牧丰奶牛养殖专业合作社	完达山	4 600	2 647	荷斯坦	10.20	20 073	√	20 073
5	黑龙江哈尔滨奶牛养殖有限公司	完达山	4 314	2 285	荷斯坦	11.20	25 200	√	25 200
6	现代牧业（尚志）有限公司	蒙牛	7 775	4 119	荷斯坦	11.59	42 309		
7	现代牧业（双城）有限公司	蒙牛、雀巢、广泽、君乐宝	20 253	10 880	荷斯坦	10.98	119 479		
8	黑龙江省九三农垦麒源奶牛养殖专业合作社	完达山	1 000	688	荷斯坦	10.15	7 175		
9	犇康牧业有限公司	蒙牛	1 015	545	荷斯坦	10.98	5 760		
10	黑龙江龙佳生态牧业有限公司	伊利	7 971	4 541	荷斯坦	10.90	49 372		
11	林甸众晔奶牛养殖场	伊利	3 230	2 340	荷斯坦	10.32	24 148		
12	青冈山东屯奶牛场	贝因美	927	428	荷斯坦	12.75	5 280		

备注：本表所指奶畜包括奶山羊、奶绵羊、奶水牛、牦牛、骆驼、驴等产商品奶家畜。如认证为有机奶源基地等，请在相应表格中打钩。

附表 2　黑龙江省乳制品生产企业名录

序号	名称	生产地点	生产许可证号码	年收购原奶量(t)	其中：自有奶源量(t)	平均支付价格(元/kg)	日处理生鲜乳能力(t)	年乳制品产量(t)	其中：低温鲜奶(t)	UHT 奶(t)	常温酸奶(t)	低温酸奶(t)	原料奶粉(t)	婴幼儿配方奶粉(t)	成人奶粉(t)	奶油(t)	奶酪(t)	含乳饮料(t)	冰品(t)	年销售收入(万元)	利润(万元)	有机产品(枚)
1	黑龙江贝因美乳业有限公司	绥化安达市	SC10523128150184	35 934	15 626	4.00		22 562			87			19 766	2 466	243				60 531	−2 515	
2	大庆乳品厂有限责任公司	大庆市	SC10523060250637	3 936		3.37	300	2 445						242	2 203					13 756	−69	
3	黑龙江红星集团食品有限公司	牡丹江市	91231000688891023W	10 080	10 080	6.00	300	5 460			1 400	1 200		2 140								
4	黑龙江农垦全乳元乳业有限责任公司	鹤岗市萝北县共青农场	SC10523300150038	962		3.40	200	600					57	384						3 861	−374	
5	哈尔滨太子乐乳业集团有限公司	哈尔滨市	SC10523011100176					3 282						3 062	220					23 917	342	
6	肇州县摇篮乳业有限责任公司	大庆市肇州县	SC10523062150298	1 603	1 007	3.50	300	811					96	711	4					4 736	−126	
7	黑龙江优贝特乳业集团有限公司	齐齐哈尔市泰来县	SC10523022404060	1 014		4.10	300	916						408	508					9 954	−309	
8	依安县摇篮乳业有限责任公司	齐齐哈尔市依安县	91230223716635618F	1799		3.70	200	552					152	400						1 996	−1 990	
9	青冈亚华乳多宝乳业有限责任公司	绥化市青冈县	SC10523122302904	560			200	2 087						1 166	922					12 752	376	
10	黑龙江惠丰乳品有限公司大庆分公司	大庆市	SC10523060200100	29 171		3.90	500	29 171				29 171								30 100	−120	

备注：本表包括在中国及海外的生产企业。日处理生鲜乳能力指设计加工生鲜乳能力。自有奶源指来自自检和参建（控股、参股）牧场（小区）的原奶。成人奶粉指除婴幼儿配方奶粉以外的学生奶粉、孕妇奶粉、中老年奶粉等终端消费奶粉。冰品包括冰激凌、雪糕等。有机产品数量单位为“枚”，指获得有机标志的数量。

上海市

【奶畜养殖】上海地区奶牛饲养历史悠久，并以良种、高产、原料奶优质、专业化人才、精细化管理为主要特点，但在社会发展进程中，上海地区奶牛养殖自然资源缺乏的劣势也越发显现，如土地资源紧缺、奶牛饲料用地缺口较大、种养结合难以实施、劳动力紧张且成本高、环保压力巨大。

上海奶牛饲养头数和生鲜乳总产量虽然占全国份额很低，但上海奶牛养殖实现了100%适度规模化、标准化,100%参加生产性能测定和良种登记,100%牛只实行特定疫病强制免疫和检疫,100%实施机械化挤奶、自动清粪、TMR发料的饲养模式；生鲜乳全程冷链的质量控制；有国内首创领先的与时俱进的奶价协商机制；生鲜乳质量远远高于国家标准，达到或优于欧美标准，并于2019年在全世界首创性地把嗜冷菌作为生鲜乳计价体系的指标之一，大大提高了奶制品的安全和品质，同时上海奶业行业协会大力推进优质乳工程各项团体标准的制定和落实。

（一）奶牛生产概况

2020年上海市荷斯坦奶牛存栏53 797头（此统计口径包括了上海飞地养殖的江苏大丰地区和安徽练江农场的奶牛养殖数量），比2019年增加了2 027头，增幅为3.92%。

从奶牛存栏数量上分析，光明食品集团奶牛存栏45 007头，占全市存栏量的83.7%。崇明区私营奶牛养殖场存栏4 131头，比2019年增加852头，占全市存栏量的7.7%；金山区私营奶牛养殖场存栏3 788头，比2019年减少9头，占全市存栏量的7.04%；嘉定区私营奶牛养殖场存栏871头，比2019年增加60头，占全市存栏量的1.6%（表1）。

表1　2020年上海奶牛生产概况（归属地为上海的奶牛养殖场）

单位	总头数（头）	其中			规模养殖场			生鲜乳总产量（万kg）	成乳牛单产（kg）	上市生鲜乳总量（万kg）
		成乳牛（头）	育成牛（头）	发育牛（头）	犊牛（头）	场数（个）	头数（头）			
合计	53 797	29 049	4 014	11 577	9 157	26	53 797	29 260	10 442	27 822
2019年同期	51 770	27 804	3 953	11 182	8 831	26	51 770	29 937	10 858	28 478
比2019年同期增减%	3.92	4.48	1.54	3.53	3.69		3.91	−2.26	−3.83	−2.30
郊区小计	8 790	4 501	740	1 920	1 629	10	8 790	3 673	9 238	3 559
嘉定区	871	468	73	195	135	1	871	451	10 223	424
金山区	3 788	1 906	283	752	847	6	3 788	1 903	10 963	1 854
崇明区	4 131	2 127	384	973	647	3	4 131	1 319	7 332	1 282
光明食品集团	45 007	24 548	3 274	9 657	7 528	16	45 007	25 587	10 641	24 264

2020年上海市奶牛生产总的特点是：上海归属地的牧场和奶牛存栏数、成乳牛头数经过前几年环保、规划等因素影响大幅度减少后，上海地区牧场数量从2019年起基本处于稳定状态，上海奶牛业将从数量型向质量型转变，大力推动优质乳工程发展，满足人民对美好生活的向往。

（二）原料奶市场价格情况

自2015年起，上海原料奶收购价格的政府指导价格已经放开，经过一年的运行，奶价的形成方式为：由上海奶业行业协会牵头，供需双方光明乳业、奶农代表根据成本调查的结果进行协商确定。从运行效果看，双方都基本满意。

2020年，原料奶收购的计价体系不变，上半年的基础价为3.92元/kg，下半年的基础价为3.92元/kg。但在按质论价方面，由于光明乳业实施优质乳工程，对微生物和体细胞数的奖罚进行了调整，具体标准见表2。

从2019年起把生鲜乳嗜冷菌作为生奶计价体系之一，实施两年来效果明显，奶农增收、乳企保质，取得了双赢的结果。

关于对微生物和体细胞数奖励的说明：一是对每槽车原料奶的微生物和体细胞数实施奖励，其前提是同槽车原料奶的乳脂率达到3.3%、乳蛋白率达到3.1%、微生物菌落数≤10万CFU/mL、体细胞数≤30万个/mL，4个指标都满足时才能对同槽车原料奶实施奖励。二是4个指标未能同时满足，该槽车原料奶的微生物和体细胞数只扣不奖。三是不管微生物和体细胞数的指标完成

表 2　原料奶中微生物和体细胞数的奖罚标准

项目	检测值［万个 (CFU)/mL］（原标准）	检测值［万个 (CFU)/mL］（新标准）	原标准（元 /kg）	新标准（元 /kg）
体细胞	≤ 25	≤ 20	+0.12	+0.15
	≤ 25	20~25	+0.12	+0.12
	25~40	25~30	+0.05	+0.05
	≤ 40	30~40	0	−0.05
	40~75	40~75	−0.10	−0.15
	75~100	同原标准	−0.50	−1.00
	100~200	同原标准	−1.00	−2.00
	> 200	同原标准	−2.00	−3.00
微生物	≤ 10	同原标准	+0.04	+0.04
	10~30	同原标准	0.00	0.00
	30~50	同原标准	−0.10	−0.10
	50~100	同原标准	−0.20	−0.40
	> 100	同原标准	−0.50	−1.00

情况如何，乳脂率和乳蛋白率按基础价进行结算。

（三）整体的发展趋势

奶牛养殖场数量趋于稳定。根据上海市政府和市农委的规划，以及上海环境整治工作的推进，“十三五”期间对奶牛养殖场实施整治退养和改造提升并举的措施，针对规划保留的奶牛养殖场加强养殖户的环保意识，全面落实环境整治措施，提升奶牛养殖场粪污处理能力，做好奶牛养殖废弃物资源的循环利用；针对规划不保留的奶牛养殖场，则加快退养的步伐。“十三五”期间奶牛养殖场数量及奶牛存栏数量均大幅下降，2016 年奶牛养殖场数量为 65 个，2020 年奶牛养殖场数量为 26 个，整体缩减 60%。现阶段，因环保等因素进行的奶牛养殖场退养拆迁工作已基本完成，2020 年上海地区全年无退养奶牛养殖场，“十四五”期间，上海地区奶牛饲养头数和牧场数量将基本维持稳定状态。

奶源质量将进一步提升。上海地区奶牛养殖场生鲜乳安全、质量不断提升。2020 年，上海地区原料奶平均乳脂率 3.72%，平均乳蛋白率 3.25%，菌落总数为 1.54 万 CFU/mL，体细胞数 22.9 万个 /mL。自 2017 年起，光明乳业持续推进优质乳工程，为全面落实《健康中国行动（2019—2030）》做贡献。另外，将持续执行上海市生鲜乳价格协商机制，生物安全等指标会计入生奶计价体系，这将会推动奶牛养殖场生鲜乳生产和管理规范化，促进上海地区奶业持续健康发展，为国内生奶收购质量的提高起标杆作用。

上海奶牛“两病”净化示范区的整建制创建。奶牛“两病”为人畜共患病，奶牛“两病”的净化，不仅能够消除生鲜乳质量安全风险隐患，保障生鲜乳及乳制品质量，还可提高消费者对国产乳制品的信任度和消费欲望，对促进奶业产业的发展具有十分重要的意义。2020 年 9 月，上海市农业农村委员会和中国动物疫病预防控制中心签订了《上海市奶牛布鲁氏菌病和结核病净化示范区建设项目合作框架协议》，双方将合作开展上海市奶牛“两病”净化示范区的整建制创建工作，在全域范围达到我国规定的奶牛“两病”区域净化标准，探索形成可复制、可推广的奶牛“两病”区域净化的“上海经验”，引领示范全国。

信息技术推动奶牛养殖场向数字化转型升级。上海地区奶牛养殖场向生态化、规模化、信息化、机械化、智能化转型。在奶牛养殖方式向知识型、技术型转变的过程中，以物联网、云计算、大数据和人工智能为代表的新一代信息技术，将成为实现智慧奶牛养殖的核心驱动力。物联网将为智慧奶牛养殖提供海量的基础数据来源，大数据使得智慧奶牛养殖的决策更具可预测性。信息技术与奶牛养殖的结合，能够实现奶牛养殖各个环节的信息感知，准确了解奶牛生长环境情况和生理情况，精准监测奶牛发情期，实时掌握奶牛疾病程度，从而对奶牛进行精细的个性化饲养管理，使奶牛养殖过程更加科学化、智能化和现代化。

（四）存在的主要问题

土地资源的限制，影响牧场生态发展。我国“十四五”规划中指出，要求优化国土空间开发保护格局，生产生活方式绿色转型，持续减少主要污染物排放总量，改善生态环境，牢固生态安全屏障。上海是全国经济发展水平、城镇化率较高的地区，具备发展现代畜禽养殖与高端设施农业相结合的生态农业产业的先决条件和经济优势。但上海地区土地资源十分紧缺，一般牧场牛均配备的农田有限，难以满足畜禽养殖粪污土地承载能力，环保压力较大，严重制约和影响了牧场的生态发展，因此亟待寻找适合上海地区奶牛养殖粪污资源高效利用的模式。

奶牛养殖饲料成本高。一方面，上海地区受土地资源限制，用于种植饲用原料如青贮玉米等的土地有限，使得青贮玉米等优质粗饲料依赖外地供给或进口，运输成本高；另一方面，受中美贸易摩擦和新冠肺炎疫情影响，进一步加剧了饲料成本的上涨，造成奶牛养殖饲料成本居高不下。

（五）建议和措施

加大对上海地区奶牛养殖业的政策扶持。上海地区部分牧场仍存在机械化、信息化程度不高的问题，牧场的信息化改造升级在硬件和软件上均投入较高，需要政府给予政策上的支持。除此之外，应加大奶牛养殖专业技术人才的引进与培养。

推动长三角一体化的发展和奶源基地的建设，稳定上海市生鲜乳均衡供应。上海市居民消费水平相对较高，并且有较好的生鲜乳消费习惯，对生鲜乳需求较为旺盛，为了保质保量完成生鲜乳供给，上海应推动高标准、高现代化的奶牛养殖理念，联动江浙皖进行现代化、标准化的奶源基地建设，打造高品质生鲜乳奶牛养殖基地。

【乳制品加工】上海的乳制品加工企业有光明乳业股份有限公司华东中心工厂、上海乳品四厂有限公司、光明乳业股份有限公司奉贤分厂（永安）、上海益民一厂有限公司、上海乳品一厂分厂、上海晨冠乳业有限公司、上海花冠营养乳品有限公司、多美滋婴幼儿食品有限公司、上海纽贝滋营养乳品有限公司、上海恩波露食品有限公司、优诺乳业有限公司、明治乳业（苏州）有限公司上海分公司、恒天然商贸（上海）有限公司、杭州味全食品有限公司、上海妙可蓝多食品科技股份有限公司等。本地2020年奶制品有巴氏杀菌乳、UHT奶、奶粉、酸奶、奶酪等。

【市场消费】上海市2020年城镇居民人均奶制品（折合成原料奶）消费量为50kg，各种乳制品人均消费量：鲜奶38kg、奶粉0.9kg、酸奶12 kg、奶酪0.9kg（此数据为估算）。

2020年光明学生饮用奶公司全年销售1.9亿元，目前覆盖24个省份；日均供应学生饮用奶100多万盒。

【法规和政策】经讨论协商；2020年上半年上海地区生鲜乳收购基础价格为3.92元/kg，结算时间为1—6月；下半年上海生鲜乳收购基础价为3.92元/kg，结算时间为7—12月。同时执行规模和优质优价奖励。原有的优质优价、分级奖励、乳脂率、乳蛋白率封顶等方案保持不变。菌落总数每车检测。

由于2020年暴发了新冠肺炎疫情，严重影响了乳制品的消费，各乳企面临着巨大的困难和压力，大量生鲜乳在喷粉，全国各地生鲜乳价格均出现了大幅度的下降。经上海奶业行业协会召集，市奶农代表与光明乳业代表共同召开了一次形势研讨会，鉴于当前全国各地奶价和牛奶消费市场情况，奶农主动提出愿意与光明乳业一起共克时艰，2020年3—6月上海地区生鲜乳收购结算价格自愿下降0.2元/kg，原有的收购基础价、优质优价、分级奖励、乳脂率、乳蛋白率封顶“两病”检测和原牧场分级奖励标准与奶价挂钩等方案均保持不变。本次生鲜乳收购结算价格调整执行期从2020年3月1日至2020年6月30日。

2020年5月29日下午经上海奶业行业协会召集，市奶农代表与光明乳业代表再次召开了奶业形势研讨会，鉴于当前全国各地牛奶消费市场的逐步好转，光明乳业对疫情期间上海地区奶农的大力支持和共克时艰表示感谢，经双方友好协商一致决定上海地区6月生鲜乳收购结算价格在5月生鲜乳收购结算价格基础上上浮0.1元/kg，原有的收购基础价、优质优价、分级奖励、乳脂率、乳蛋白率封顶、“两病”检测和原牧场分级奖励标准与奶价挂钩等方案均保持不变。本次生鲜乳收购结算价格调整执行期从2020年5月31日至2020年6月29日。

2020年光明乳业在上海地区收购生鲜乳37 784.300 t，平均收购价格（光明乳业结算给奶农的价格）为4.514 5元/kg。此结算价的平均质量指标为：乳脂率3.95%、乳蛋白率3.3%、细菌数1.80万CFU/mL、体细胞数23.99万个/mL（数据来源：光明乳业华东奶源部）。

为进一步规范奶牛养殖场生鲜乳生产和管理，拉高生鲜乳质量安全水平，提升消费者对乳制品的消费体验，促进上海地区奶业持续健康发展。继续执行上海地区生鲜乳收购增加嗜冷菌指标的奖罚，原牧场分级奖励等标准不变，具体方案如下（表3和表4）。

表3　牧场分级奖励标准

生鲜乳交售量（t）	分级奖励（元/kg）
4 000以上（含4 000）	0.12
2 400~4 000（含2 400）	0.09
1 100~2 400（含1 100）	0.06
1 100以下	−0.20

表4　嗜冷菌指标奖罚标准

指标等级	奖罚
嗜冷菌≤1 000CFU/mL	+0.03元/kg
1 000CFU/mL>嗜冷菌≤10 000CFU/mL	不奖不罚
10 000CFU/mL>嗜冷菌≤100 000CFU/mL	−0.05元/kg
嗜冷菌>100 000CFU/mL	−0.10元/kg

备注：每旬任一天检测，检测数据作为下一旬考核的依据。

【质量监管】2020年继续实施上海地区生鲜牛乳按质论价采样监管工作。该工作已经实施3年（2017年3月1日至2020年2月28日）。2020年3月20日上海奶业行业协会组织召开奶农代表会，对上海地区生鲜牛乳按质论价采样实施监督管理全年的工作进行总结，并对2020年的工作进行讨论与部署。参会代表一致认为，2020年要继续实施上海地区生鲜牛乳按质论价采样监管工作，由上海奶业行业协会委托上海市农产品质量安全中心组织实施，具体工作由上海市农产品质量安全中心委托1名专业工作人员实施操作，上海奶业行业协会派1名工作人员负责督查。每周抽查不少于2次，每月上报1次督查资料，每季度定期分析监管情况，每年1次全年总结。

加强对学生饮用奶奶源基地的质量监管监测。根据《国家“学生饮用奶计划”推广管理办法》要求，加强对学生饮用奶的质量监管监测，上海市农产品质量安全中心和上海奶业行业协会服务平台共同负责对学生饮用奶定点牧场的原料奶进行质量检测。并由上海奶业行业协会组织专家完成对奶源基地管理和定点企业的审核后可继续作为学生饮用奶奶源基地。目前涉及上海牧场10个，江苏牧场1个，新增江苏牧场7个。

组织开展乳企实验室盲样能力测试工作。为宣传与推进优质乳工程，促进上海奶业健康发展，上海奶业行业协会将携手第三方检测机构继续组织开展乳企实验室盲样能力测试工作，为优质乳检测保驾护航。实验室能力测试由上海德诺产品检测有限公司和上海市农产品质量安全中心出盲样，各乳企检测人员进行检测，检测结果与标准样比对，测试项目包括营养类、安全类，由检测机构出具检测结果，上海奶业行业协会对优胜乳企进行表彰。

【奶业大事记】2020 年 1 月 3 日上午，中共上海奶业行业协会支部委员会组织召开了第二届支部换届选举党员大会，上海动物疫病预防控制中心党总支书记沈福林，总支党委委员邓波，以及上海奶业行业协会第七届秘书处秘书长朱从余等领导参加了会议，会议审议通过了“上一届支部委员会工作报告，上海奶业行业协会支部委员会换届选举工作办法”，并经投票选举产生了钱建国同志为上海奶业行业协会支部委员会新一届支部书记。

2020 年 1 月 5—7 日，上海奶业行业协会秘书长钱建国受邀参加在重庆召开的中国奶业协会第七届理事会三次会议。来自各省奶业协会会长及秘书长，各专业委员会主任，各副会长、常务理事、理事等近 300 人参加了会议。理事会审议通过多项重要提案，上海奶业行业协会秘书长钱建国被推选成为中国奶业协会第七届理事会常务理事会。

2020 年 1 月 9 日，上海奶业行业协会会员单位嘉兴东兴牧场联合美国育种公司 ABS，成功举办了 ABS 女儿展示及奶牛育种研讨会。上海奶业协会秘书长钱建国、副秘书长陈小弟以及来自大学、育种企业、奶牛养殖场、政府部门等单位受邀参加活动。秘书长对东兴牧场在育种上取得的成绩表示祝贺并提出殷切希望。

2020 年 1 月下旬，受新冠肺炎疫情影响，上海奶业行业协会随即成立抗击疫情领导小组，并发出“致各会员单位的一封信”，呼吁会员企业采取积极措施应对疫情，做到科学安全防护，以保障生产、生活正常运行。疫情期间积极协调企业生产经营中遇到的困难，开展特殊时期对各企业生产销售影响监测，充分发挥行业协会作用，向相关行业主管部门及时输送行业信息。

2020 年 3 月 20 日，上海奶业行业协会召集市奶农代表与光明乳业代表召开了一次疫情期间奶业形势研讨会，会议达成了两项内容：一是 2020 年本市继续开展原料奶收购价格形成的机制和奶牛生产成本调研工作讨论；二是 2020 年继续实施生鲜牛乳按质论价采样监管工作。鉴于当前全国各地奶价和牛奶消费市场情况，奶农主动提出，愿意与光明乳业共克时艰，2020 年 3—6 月上海地区生鲜乳收购结算价自愿下降 0.2 元 /kg，原有的收购基础价、优质优价、分级奖励、乳脂率、乳蛋白率封顶、“两病”检测和原牧场分级奖励标准与奶价挂钩等方案均保持不变。

2020 年 4 月 9 日，上海奶业行业协会秘书长钱建国一行到农产品质量安全中心洽谈工作，就生鲜乳质量监管检测事宜、加强学生饮用奶奶源基地的质量监管监测以及继续开展乳企实验室盲样能力测试工作等达成一致意见。

2020 年 4 月 17 日，上海奶业行业协会支部委员会组织召开支部主题党日活动，以“把初心落在行动上、把使命担在肩膀上”为主题，深入贯彻学习习近平总书记关于新冠肺炎疫情防控和复工复产的重要讲话和指示批示精神。支部书记钱建国对学习贯彻工作提出要求，支部全体党员参加学习。

2020 年 4 月 26 日下午，上海市农业农村委员会畜牧兽医处处长林卫东、市场信息处处长宋海宏一行到上海奶业行业协会进行工作调研。秘书长钱建国就协会主要工作进行了汇报，提出了协会目前面临的实际困难及应对措施。市农业农村委领导为协会今后的工作指明了方向，支持协会优化发展，并提出要开拓创新理念，为政府、企业提供富有特色的多元化服务。

2020 年 4 月 27 日，上海奶业行业协会秘书长钱建国、光明奶源华东部经理卢涛等一行来到上海金山区忆南奶牛场、振华奶牛场、海光奶牛场进行实地调研，充分了解牧场的发展规划和对企业、政府政策支持等情况。为使上海的惠农政策落到实处，在上海市农业农村委、上海市财政的支持下，上海奶业行业协会携手安信农业保险股份有限公司在上海奶牛养殖已有的奶牛死亡险种、热应激险种的基础上开发奶牛生奶价格稳定保险新产品。

2020 年 5 月 28 日下午，上海奶业行业协会第八届二次理事会在吴中路 578 号光明乳业股份有限公司总部会议室召开。会议应到 39 人，实到 35 人，超过应到会人数的 2/3，会议讨论通过的决议有效。上海奶业行业协会会长濮韶华主持会议，会议审议通过了上海奶业行业协会 2019 年工作总结和 2020 年主要工作报告；通过了 2019 年度财务决算报告；通过了吸纳上海景牧农业科技有限公司等 10 家企业成为本协会会员单位；通过了增补光明乳业股份有限公司唐新仁为上海奶业行业协会常务副会长；通过了增补 12 家单位为上海奶业行业协会理事会副会长单位并举行授牌仪式。会上，对 2019 年实验室能力测试中 4 家优胜乳企进行表彰奖励，并颁发奖牌。

2020 年 5 月 29 日下午，上海奶业行业协会召集市奶农代表与光明乳业代表再次召开了奶业形势研讨会，鉴于当前全国各地牛奶消费市场的逐步好转，光明乳业对疫情期间上海地区奶农的大力支持和共克时艰表示感谢，经双方友好协商一致决定上海地区 6 月生鲜乳收购结算价在 5 月生鲜乳收购结算价的基础上上浮 0.1 元 /kg，原有的收购基础价、优质优价、分级奖励、乳脂率、乳蛋白率封顶、“两病”检测和原牧场分级奖励标准与奶价挂钩等方案均保持不变。本次生鲜乳收购结算价调整执行期从 2020 年 5 月 31 日至 6 月 29 日。

2020 年 6 月 8 日下午，上海奶业行业协会常务副会长唐新仁、副秘书长陈小弟一行拜访上海市农业农村委员会畜牧兽医处，协会对近期主要工作进行了汇报，提出了因市场化运作所面临的实际困难，并希望政府有关部门出台相应惠企政策，助力奶业行业快速恢复。农业农村委员会畜牧兽医处领导对上海奶业行业协会近阶段工作给予充分肯定并提出要求，也为协会今后的工作指明了方向。

2020年6月9日，上海奶业行业协会秘书处一行赴上海恩波露食品有限公司、光明乳业华东中心工厂调研，企业详细介绍了近阶段运营状况及疫情后复工复产后的生产销售情况，协会领导认真听取了企业整体情况，希望能充分利用好上海奶业行业协会的平台，多沟通、多交流，做到资源共享，并鼓励各企业要坚定信心。

2020年6月11日，上海奶业行业协会秘书处一行前往杭州味全食品有限公司、交广文化传媒（上海）有限公司调研，了解企业生产、建设情况，并对疫情后期生产过程中遇到的问题提出了意见和建议。

为纪念党的99岁华诞，回顾党的光辉历程，2020年6月18日下午，上海奶业行业协会党支部组织全体党员参观了上海战争遗址类爱国主义教育基地——四行仓库抗战纪念馆。上海奶业行业协会党总支上海市动物疫病预防控制中心党总支书记、主任沈福林参加了本次活动。

2020年7月1日，上海奶业行业协会秘书处一行赴上海花冠营养乳品有限公司调研，企业向协会领导详细介绍了在生产发展、市场销售、疫情期间复工复产及面临的困境等各方面情况。钱建国秘书长一行参观了企业技术检测实验室，对花冠的产品质量以及食品安全各项工作给予了充分肯定。同日，上海奶业行业协会秘书处一行赴上海仪电物理光学仪器有限公司和上海仪电分析仪器有限公司走访调研，听取了两家仪电公司领导关于公司的发展历程、经营状况、产品性能等情况介绍。上海奶业行业协会秘书长对企业主动寻找市场机会的举措表示赞同，更希望两家仪电公司作为有悠久历史、技术领先、实力卓越、行业先锋的国有专业仪器生产企业，为提高上海乃至全国乳制品检测能力、食品安全等方面做出更大的贡献。

2020年7月7日上午，上海奶业行业协会常务副会长唐新仁在上海奶业行业协会秘书长钱建国的陪同下分别到光明牧业星火奶牛一场、二场和申星牧场就生产经营状况、安全、环保现状、粪污处理、职工生活等方面进行调研。同日下午，前往上海乳品四厂和永安乳品厂进行调研，两大工厂的负责人向协会领导详细介绍了工厂情况。

2020年7月8日，上海奶业行业协会生鲜乳成本调查工作组对5个成本调查样本点2019年5月至2020年4月期间相关成本数据进行调研、统计和测算，经上海市生鲜乳成本调查专家小组审核确认，上海地区奶牛养殖场2020年下半年度生鲜乳生产成本为3.98元/kg，并公示。

2020年7月14日，按照本市生鲜乳价格协商机制规定，奶农代表、光明乳业代表和上海奶业行业协会三方召开2020年下半年上海生鲜乳收购基础价协商会议，经充分讨论协商，奶农和乳企双方达成一致意见：2020年下半年上海地区生鲜乳收购基础价为3.92元/kg，原有的优质优价、分级奖励、乳脂率、乳蛋白率封顶、“两病”检测和原牧场分级奖励标准与奶价挂钩等方案保持不变。生鲜乳价格执行期从2020年7月1日至12月31日。

2020年7月21日，经市社团局审核，上海奶业行业协会顺利通过2019年年检，办理了年检通过手续。

2020年8月6日，上海奶业行业协会与光明乳业生产中心奶源部共同举办“奶牛场隧道通风应用技术”培训会，上海市农业农村委畜牧兽医处领导、国内知名专家、江浙沪牧场主、上海奶业行业协会代表、光明乳业代表等共60余人参加培训。就老牧场隧道通风改造、防暑降温喷淋参数设置等问题进行了深入探讨和交流。

2020年8月31日下午，为深化“四史”学习教育，深入了解上海作为中国共产党的诞生地的光辉历程，切实增强党员同志在实践中守初心、担使命的思想自觉和行动自觉。上海奶业行业协会支部委员会组织全体党员，前往均瑶国际大厦参观了“初心之地 红色之城——上海•党的诞生地”巡展。

2020年9月23日下午，上海奶业行业协会接受了民政部报国务院的社会组织规范化评审，该项工作由上海市社会团体管理局委托上海市社会组织评估院专家对协会基础条件、内部治理、工作绩效和社会评价四大类146项的评估体系进行了综合评估。通过专家现场检查和资料审核，对协会各项工作表示充分肯定，在全市社团组织中也名列前茅，顺利通过社会组织规范化5A级初评。

2020年9月28日下午，市级机关行业协会党委书记朱祥、组织员杨燕蓉、市级机关工作党委研究室主任王红、市级机关工作党委组织部干部张锦一行到上海奶业行业协会支部委员会进行工作调研，协会党支部书记、秘书长钱建国就协会的基本概况、特色工作、发展规划、党建情况4个方面做了详细汇报。机关党委领导对协会各项工作的开展予以了肯定。

2020年9月29日上午，上海奶业行业协会第八届理事会牧场工程与机械委员会第一次工作会议在上海正宏农牧机械设备有限公司顺利召开。协会负责人及牧场工程与机械委员会成员共16人出席。会议就2019年上海奶牛行业养殖概况做了介绍，并分析讨论了行业现状及面临的形势。同日下午，秘书处一行赴上海康臣生物科技有限公司奉贤奉城工业园区生产基地进行调研走访，听取了企业整体经营情况，对企业近几年取得的成绩给予了充分肯定。

2020年10月11—13日，上海奶业行业协会秘书长钱建国、副秘书长陈小弟、常务副会长唐新仁受邀参加在河北石家庄召开的第11届中国奶业大会暨D20峰会，本届峰会以“科学饮奶，品质消费，全面小康，践行健康中国战略”为主题，聚焦“责任”“品牌”“消费”，展现中国奶业责任担当，展示中国奶业优质品牌，促进中国奶业品质消费提升。本次大会共举行了奶业行业新冠抗议捐赠表彰等 4 项活动。

2020 年 10 月 20—22 日，上海奶业行业协会组织学生饮用奶专家组现场复审 2020 年学生饮用奶奶源示范基地，分别前往上海金山种奶牛场等 10 个学生饮用奶奶源基地牧场进行现场技术咨询、检查、档案资料审核等学生饮用奶奶源基地的复审验收工作。各位专家全面仔细认真了解了各学生饮用奶奶源基地牧场的基本情况，现场评估核实了 90 条要求落实情况，查找差距与不足，提出咨询及整改意见。

2020 年 10 月 27 日，上海奶业行业协会召开第八届理事会乳品加工委员会第二次工作会议，委员会名誉主任顾佳升、协会负责人及各乳品加工委员会负责人等 28 人出席会议。会上分享了“开发个性化优质奶”的报告、传达了第 11 届中国奶业大会会议精神、解读了《2020 中国奶业质量报告》，各乳企负责人就企业生产情况进行了工作交流。

2020 年 10 月 28—30 日，上海奶业行业协会秘书长及专职副秘书长参加了由民政部牵头、上海浦江社会组织创新发展研究院组织的行业协会商会秘书长培训班，课程围绕行业协会商会能力建设、工作务实、组织治理等方面，着力提升行业协会商会秘书长的业务能力和管理能力。

2020 年 11 月 5 日，上海奶业行业协会秘书长钱建国、副秘书长陈小弟一行至上海农产品质量安全中心走访交流工作，对生鲜乳中嗜冷菌的检测标准、检测流程及操作过程和方法进行了交流学习和探讨。

为更好地推进奶业健康发展、实施奶牛标准化生产与管理，2020 年 11 月 11—12 日江苏奶牛产业技术体系营养调控创新团队对接上海奶业行业协会钱建国秘书长一行到江苏南通对中小规模奶牛养殖企业进行调研考察，共同探讨奶牛养殖新模式。

2020 年 12 月 2—4 日，上海奶业行业协会党支部党务工作人员参加市级机关系统“两新”组织党组织新任负责人培训。内容涉及党的十九届五中全会精神导读、新时代上海“两新”组织党建的形势任务与探索、《中国共产党支部工作条例（试行）》解读、《深入学习习近平总书记关于新时代党的建设重要论述》等。

2020 年 12 月 7—10 日，在常务副会长唐新仁的带领下，上海奶业行业协会一行远赴地处安徽省黄山市歙县境内的上海牛奶集团黄山练江有限公司（前身练江牧场成立于 1966 年）考察、学习、交流。协会一行在上海牛奶集团黄山练江有限公司副总经理、生态牧场场长孙建军、光明牧业驻场领导卫功宇等的陪同下，仔细参观了下属生态牧场、有机牧场和上海乳品七厂有限公司。

2020 年 12 月 15 日，上海奶业行业协会生鲜乳成本调查工作组对 5 个成本调查样本点 2019 年 11 月至 2020 年 10 月期间相关成本数据进行调研、统计和测算，经上海市生鲜乳成本调查专家小组审核确认，上海地区奶牛养殖场 2021 年上半年度生鲜乳生产成本为 4.03 元 /kg，并公示。

2020 年 12 月 22 日，上海奶业行业协会秘书长钱建国参加了由中国奶业行业协会主办的“砥砺二十载 同心护未来”国家“学生饮用奶计划”实施 20 年暨现代奶业评价体系建设推进会。活动聚焦“新起点”“新目标”“新发展”，深入总结国家“学生饮用奶计划”实施 20 年的推广成效和实践经验，谱写学生饮用奶推广工作的崭新篇章！

（上海奶业行业协会，钱建国、季爱华）

江 苏 省

【奶畜养殖】2020年，全省奶牛存栏13.4万头，同比增长6.34%；牛奶产量62.0万t，同比下降0.6%。全省13个省辖市奶牛存栏排名前三位的分别是盐城市、徐州市和宿迁市，占全省奶牛存栏总量的58.9%（表1）。牛奶产量排名前十位的县（市、区）分别是盐城市大丰区、泗洪县、睢宁县、连云港市徐圩新区、徐州市铜山区、丰县、兴化市、射阳县、泗阳县、南京市六合区，10个县（市、区）牛奶产量占全省总量的65.2%。

表1 江苏省各地区奶牛存栏和牛奶产量情况

地区	奶牛存栏（头）	牛奶产量（t）
南京市	3 158	15 881.0
无锡市	972	4 374.0
徐州市	27 176	127 038.5
常州市	89	180.0
苏州市	8 332	50 055.8
南通市	5 410	24 786.0
连云港市	13 416	40 818.1
淮安市	5 417	21 411.0
盐城市	32 167	140 392.0
扬州市	3 742	18 813.0
镇江市	1 759	8 531.0
泰州市	12 784	71 105.3
宿迁市	19 607	96 484.0
合 计	134 029	619 869.6

【乳制品加工】全省共有规模以上乳制品制造企业33家，其中液体乳加工企业26家。全省有7家企业注册使用中国学生饮用奶标志，21家企业注册使用江苏学生饮用奶标志。全省乳制品行业有国家级农业产业化龙头企业3家，省级龙头企业11家。南京卫岗乳业有限公司作为推行奶业全产业链发展路径的地标性企业积极打造优质奶源基地，率先采用区块链技术为场景赋能，实现全程恒温4℃冷链物流配送，并成为商务部全国农产品冷链流通监控平台的第一家乳制品企业。

【市场消费】2020年，全省城镇常住居民家庭人均年消费奶和奶制品17.6kg，农村常住居民家庭人均年消费奶和奶制品11.0kg，全体居民家庭人均消费奶类15.4kg。地方中小型乳制品加工企业以低温奶、酸奶等冷链产品为主，一线城市及具有地方乳制品企业的中小城市以送奶入户为主要渠道的品牌以卫岗、光明以及地方品牌为主，呈现出鲜明的城市型乳业特征。乡镇居民奶制品消费以常温奶为主。南京卫岗乳业有限公司推出了牛皮纸环保包装“至淳草饲鲜牛奶”，向低碳绿色发展迈进，进一步带动了销售量的增长，增长率在中国乳企20强（D20）中名列前茅。

【奶源基地】2020年，全省有奶牛养殖场（户）170个，奶牛存栏50头及以上的规模养殖场（户）135个，存栏奶牛数占全省奶牛总数的99.4%；存栏奶牛100头及以上规模养殖场（户）125个，存栏奶牛数占全省奶牛总数的98.8%；存栏奶牛500头及以上规模养殖场61个，占全省奶牛总数的86.0%（表2）。大中型规模养殖场奶牛年单产均达到8t以上，部分奶牛养殖场奶牛年单产突破11t以上。省级财政安排100万元，政府采购南京卫岗乳业有限公司和南京农业大学开展奶牛生产性能测定，参测6次或以上的奶牛数为23 496头，测定了乳脂率、乳蛋白率、体细胞数、尿素氮、乳糖、日产奶量等指标。

表2 2020年江苏省奶牛存栏情况

存栏规模分类	场（户）数（个）	存栏数（头）	规模比重（%）
1~49头	35	775	0.6
50~99头	10	783	0.6
100~199头	20	3 021	2.3
200~499头	44	14 180	10.6
500~999头	27	20 010	14.9
1 000~1 999头	21	27 214	20.3
2 000~4 999头	7	20 367	15.2
5 000头以上	6	47 679	35.6

【质量监管】截至2020年年底，全省共计有持证生鲜乳收购站58个、生鲜乳运输车117辆。围绕生产、收购、运输3个环节，加大对奶畜养殖场、生鲜乳收购站和运输车的监督检查力度。组织开展部级生鲜乳例行监测、飞行检查等工作，全年共计完成生鲜乳抽样检测257批次，检测结果全部合格；现场监督检查生鲜乳收购站95批次和生鲜乳运输车95车次，检查结果综合判定全部合格。省级例行监测抽检生鲜乳样品647批次，全年监测合格率100%。

【奶业大事】为贯彻落实省政府办公厅《关于推进奶业振兴保障乳品质量安全实施意见》要求，省级财政在“现代农业发展专项”的预算为100万元，为符合条件的牧场的4万头奶牛开展生产性能测定工作，并完善奶牛性能测定数据库。

（江苏省畜牧业协会，朱志谦）

浙 江 省

【奶畜养殖】受浙江省地域及相关土地政策影响，奶牛行业持续低迷。据2020年年底业务数据统计，全省奶牛存栏4.45万头，能繁母牛2.55万头，比2019年分别增长6.81%和7.92%；奶类总产量19.79万t，其中牛奶产量19.76万t，比2019年分别增长6.08%和6.13%。宁波市牛奶集团十八牧场是省内有机奶源基地。奶牛养殖区域化明显，主要集中在金华市、宁波市、杭州市、绍兴市及温州市，5市存栏占总存栏的86.67%，其中金华市奶牛饲养量居全省首位，占总存栏的34.88%。面对低价进口奶粉和液态奶、养殖环境成本对浙江奶业的持续冲击，养殖户为提高效益，不断引进高产奶牛，淘汰低产奶牛，奶牛生产水平明显提升。

【乳制品加工】浙江省有获得乳制品及婴幼儿配方奶粉生产许可证的生产企业20家，其中婴幼儿配方奶粉生产企业4家，液态羊奶生产企业2家。全省主要乳制品加工企业的日处理鲜奶能力在3 000t左右。2020年生产乳制品53.2万t，同比下降5.65%；销售额85.2亿元，同比增长1.25%。

浙江省乳制品加工企业缺乏龙头企业带动，本土化的乳制品加工企业只有新希望双峰、一鸣、宁波牛奶、李子园、佳乐等几个品牌，以本省或本市销售甚至以大品牌OEM为主，品牌影响力和市场占有率比较低，市场规模提升空间大。

【市场消费】牛奶消费量逐年上升，尤其新冠肺炎疫情发生后，各相关专家呼吁喝奶的好处，对刺激消费起了一定作用。同时低温鲜奶和酸奶在一线城市增速明显，而二线城市的增速主要来源于伊利、光明、蒙牛的常温酸奶和常温基础白奶的快速覆盖。另外，高端消费群体逐年增加，尤其是高蛋白、有机奶及有技术含量的酸奶份额逐渐提升，消费空间潜力大。在超市销售的主要是伊利、蒙牛、光明、新希望双峰、味全等。随着市场竞争和抢份额等因素，以光明为首的低温资源型乳企上市高温巴氏杀菌乳，迅速引起大型乳企和地方部分乳企的跟风，每升售价仅仅在10元左右。其他产品因为奶价影响，每升基本维持在12~16元。从销售形式看，一鸣乳业主要以奶吧形式销售，深受年轻消费者青睐；美丽健及一景以家庭订奶和特殊渠道销售为主，以生产地市为主要销售区域；光明、新希望双峰，超市销售、配送兼顾。

【奶源基地】据业务统计，截至2020年年底，全省共有奶牛养殖场167个，同比下降5.11%；年存栏100头以下奶牛养殖场118个，占总存栏的3.97%；年存栏500头以上奶牛养殖场30个，占总存栏的84.77%（表1）。

表1　浙江省奶牛养殖场规模情况

规模	数量（个）	存栏量（头）	占总存栏量比率（%）
2 000头以上	3	10 184	22.91
1 000~2 000头	11	15 942	35.86
500~999头	16	11 557	26.00
100~499头	19	5 009	11.27
100头以下	118	1 761	3.96
合计	167	44 453	

整体养殖水平较高，全省泌乳牛平均单产为7.74t。挤奶机、贮奶罐、冷藏罐等设备虽已纳入机械购置补贴范围，但2020年无企业申请购买。

粪污处理方式省内常用的为异位发酵床、沼气池、生化处理等。

本省生鲜乳全年收购价在4.7元/kg左右，远远高于产奶区收购价格，主要还是环保压力迫使中小型牧场主动关闭。面对巨大利差，乳制品加工企业纷纷向外省拓展奶源，主要集中在河南、山东及河北，酸奶生产企业增加进口奶粉使用量，压缩本地生鲜乳收购量，合同外的生鲜乳收购价随着外调运输成本的持续提高和运距的逐渐拉长，最远已经达到宁夏回族自治区吴忠市，整体收购价格高于本身奶源基地价格。

奶源基地的建设，要按照浙江省《关于促进奶业高质量发展的意见》和“浙北适度发展、浙南稳定提质”的思路，以现代农业园区为重点，统筹现有乳制品加工企业布局，建设了一批适度规模、种养结合的规模奶牛养殖场，进一步推进生鲜乳生产向优势区域集中。支持现有规模奶牛养殖场改造提升基础设施条件，因地制宜扩大养殖规模。支持奶山羊、奶水牛等其他奶畜生产，丰富奶源结构。

【奶农组织】

（一）会议的组织与安排

疫情的突发，很多的线下会议改成了线上会议，给交流造成了一定的障碍，同时也给文化职业水平相对较低的各牧场奶牛养殖企业主带来了不便。针对此种现象，浙江省奶牛业协会秘书处积极通过现场培训和腾讯、微信等方式培训各会员。按照钉钉等视频会议系统，共现场培训3场，线上培训10余场，参与人数500余人次。

2020年9月11—13日，浙江省奶牛业协会组织部分协会单位、乳制品加工企业10余家和养殖企业6家，参加中国乳制品工业协会在重庆召开的第26次年会暨2020年中国（国际）乳业技术博览会。

2020年10月11—13日，浙江省奶牛业协会组织部分协会单位参加由中国奶业协会主办的第11届中国奶业大会暨2020中国奶业展览会及2020中国奶业20强（D20）峰会。在石家庄国际会展中心参会期间，企业负责人、技术人员积极与供应商交流，聆听技术论坛。会后，协会召集部分理事单位进行总结，大家普遍反映收获颇丰。

2020年7月16日，浙江省奶牛业协会等单位召集的奶价协商会议，就奶源行情、奶源分布、价格行情等进行分析座谈。经会长单位浙江一鸣股份有限公司、秘书长单位杭州新希望双峰乳业有限公司、副会长单位宁波牛奶集团公司、绍兴一景乳业有限公司及省内知名养殖企业杭州萧山富伦奶牛养殖场、浙江星野集团杭江奶牛场、衢州荷鹭牧业有限公司等30余家单位进行协商，考虑到浙江与上海临近，按照长三角奶业协会联动的相关工作机制，决定采用上海奶业行业协会制定的价格相关机制和考核方案、价格体系，得到了参会企业普遍认可。

2020年12月5—7日，杭州市奶业协会组织，浙江奶牛业协会与浙江省食品工业协会乳制品分会支持，在湖州市安吉县举办2020年浙江奶业技术交流（安吉）论坛，对疫情前后奶牛养殖及奶源行情进行分析。会议有40余家奶牛养殖、乳制品加工及饲料、兽药等服务单位参与。

（二）两次参加浙江省农业农村厅组织的浙江畜牧产业“十四五”规划研讨会

为进一步落实《浙江省农业农村厅关于加快推进浙江奶业振兴　保障乳品质量安全的实施意见》（浙农牧发〔2019〕9号），农业农村厅林健东厅长、省畜牧兽医处骆健民处长及办公室杨大海主任等一行赴温州与温州奶业协会会长朱立科共同调研国务院、农业农村部等文件落实情况。浙江省奶牛业协会根据农业农村厅的要求，从8月开始对全省畜牧养殖情况进行调研，杭州市奶业协会配合调研杭州市奶业情况。走访奶牛养殖企业10余家，召开座谈会2场，听取奶牛养殖企业存在的困难。调研报告成稿后，征询协会副会长单位、专家和相关部门的意见，几易其稿后于2019年10月提交了《全省奶牛产业情况调研的报告》。

（三）抗疫献爱心

按照国家及省、市、区疫情防控领导组织的相关精神，协会于2020年2月3日发布《关于抗击新冠肺炎疫情的倡议书》，倡议会员尤其是加工企业会员积极参与助力打赢疫情防控攻坚战，号召广大会员奉献爱心，积极捐款捐物，协会企业累计捐款捐物130余万元。会员单位宁波牛奶集团、浙江一鸣股份有限公司、杭州新希望双峰乳业有限公司、金华佳乐乳业有限公司等被中国奶业协会评为“抗疫爱心企业”；宁波牛奶集团被评为“社会帮扶爱心企业”。

【政策法规】2020年，奶牛良种补贴政策按照原有的补贴标准不变，由省财政安排90万元，通过政府公开招标，全年采购奶牛冷冻精液6万支。

【质量监管】全省突出问题导向，强化监管措施，全面开展生鲜乳质量安全专项整治行动。严格审核奶站和运输车资质条件，加强许可管理，推进奶站和运输车标准化建设与管理。截至2020年年底，全省有生鲜乳运输车44辆、奶站41个，全部为机械化挤奶站，机械化挤奶率达100%。全年配合农业农村部指定的第三方机构做好79批次生鲜乳例行监测、35批次生鲜乳质量安全飞行抽检和40批次《食品安全国家标准　生乳》指标检测任务，另外安排了83批次省级生鲜乳质量安全专项监测，检测结果均合格。

【奶业大事】浙江日报社联合长三角一体化发展调查与传播中心等机构，评定“70年70品·美好生活品牌”，杭州新希望双峰乳业有限公司被选为乳制品行业唯一入选的品牌。

2020年1月10日，由浙江工商大学、浙江大学、浙江一鸣食品股份有限公司、杭州新希望双峰乳业有限公司等参与完成的“功能性乳酸菌靶向筛选及产业化应用关键技术”成果获2019年度国家科学技术进步奖二等奖。

2020年12月28日上午，浙江奶牛业协会会长单位浙江一鸣食品股份有限公司（股票代码：605179）在上海证券交易所主板鸣锣上市，正式登陆A股市场。

（浙江省奶牛业协会，赵广生）

附表 1　浙江省奶畜养殖场（小区）名录

序号	名称	供奶企业	全群存栏（头）	成母畜存栏（头）	奶畜品种	成母畜单产（t/年）	年总产量（t）	是否有机奶源基地	有机奶产量（t）
1	宁波市牛奶集团十八牧场	宁波市牛奶集团有限公司	3 803	2 247	荷斯坦	11.0	24 717	√	690
2	余姚市联盛牧场	杭州光明乳业有限公司	790	475	荷斯坦	8.9	4 275		
3	浙江博凯农牧业科技有限公司	温州一鸣食品有限公司	1 600	300	荷斯坦	9.0	2 700		
4	宁海县利丰牧业有限公司	温州一鸣食品有限公司	1 014	502	荷斯坦	8.8	4 417		
5	慈溪市荷优牧业有限公司	宁波市牛奶集团有限公司	210	90	荷斯坦	8.3	747		
6	慈溪市一荷牧业有限公司	宁波市牛奶集团有限公司	120	60	荷斯坦	8.4	504		
7	镇海蟹浦方针奶牛场	宁波市牛奶集团有限公司	315	157	荷斯坦	10.0	1 570		
8	乐清市成丰畜牧专业合作社	浙江一鸣食品股份有限公司	306	167	荷斯坦	5.0	835		
9	瑞安市利民奶牛养殖场	浙江一鸣食品股份有限公司	350	250	荷斯坦	9.0	2 000		
10	泰顺县一鸣生态农业有限公司	浙江一鸣食品股份有限公司	1 700	850	荷斯坦、娟姗	9.0	7 650		
11	浙江一景生态牧业有限公司	浙江一景乳业股份有限公司	4 700	2 400	荷斯坦、中国荷斯坦	10.0	21 346		
12	衢州佳苑牧业有限公司	龙游伊利乳业有限公司	758	392	荷斯坦	10.0	3 920		
13	常盛农业开发有限公司	温州一鸣食品股份有限公司	810	600	荷斯坦	8.0	5 475		
14	金华市佳惠农业发展有限公司曹宅分公司	金华市海华乳业有限公司	1 310	705	荷斯坦	7.5	5 500		
15	金华市乐乐奶牛养殖专业合作社	蒙牛乳业金华分公司	608	302	荷斯坦	8.0	2 190		
16	金华市金东区含香奶牛生态养殖场	温州一鸣食品股份有限公司	476	280	荷斯坦	8.5	2 210		
17	金华市兴旺奶牛养殖专业合作社	宁波牛奶公司	623	323	荷斯坦	7.8	2 520		
18	金华市智勇奶牛专业合作社	温州一鸣食品股份有限公司	1 530	1 115	荷斯坦	7.5	8 200		
19	金华市金东区方志龙奶牛场	温州一鸣食品股份有限公司	197	141	荷斯坦	8.5	1 040		
20	浙江光明牧业有限公司	佳乐	1 468	797	荷斯坦	11.2	9 090		
21	浙江光明牧业有限公司		681	370	娟姗	5.1	1 328		
22	金华市一康农业发展有限公司	浙江金华市佳乐乳业有限公司 杭州杭江乳品厂	1 558	770	荷斯坦	9.8	7 522		
23	金华市国佳牧业有限公司上盛村养殖场	浙江金华市佳乐乳业有限公司	2 413	1 206	荷斯坦	8.3	9 997		
24	金华市琅峰奶牛专业合作社	浙江金华市佳乐乳业有限公司	665	410	荷斯坦	10.3	4 223		
25	金华市下杨牧业有限公司	浙江金华市佳乐乳业有限公司	303	255	荷斯坦	8.1	980		

（续）

序号	名称	供奶企业	全群存栏（头）	成母畜存栏（头）	奶畜品种	成母畜单产（t/年）	年总产量（t）	是否有机奶源基地	有机奶产量（t）
26	金华市婺城区金根松奶牛场	浙江金华市佳乐乳业有限公司	180	100	荷斯坦	8.1	729		
27	金华市筱溪奶牛专业合作社	蒙牛乳业（金华）有限公司	306	178	荷斯坦	7.5	1 100		
28	金华市婺城区荣阳牧场	蒙牛乳业（金华）有限公司	450	230	荷斯坦	7.8	1 595		
29	金华市上六奶牛专业合作社	蒙牛乳业（金华）有限公司	622	402	荷斯坦	8.1	2 850		
30	金华市婺城区王旭春奶牛养殖场	浙江金华市佳乐乳业有限公司	330	290	荷斯坦	8.0	1 995		
31	金华市婺城区宋家奶牛养殖场	蒙牛乳业（金华）有限公司	705	386	荷斯坦	9.1	3 423		

备注：本表所指奶畜包括奶山羊、奶绵羊、奶水牛、牦牛、骆驼、驴等产商品奶家畜。如认证为有机奶源基地等，请在相应表格中打钩。

附表 2　浙江省乳制品生产企业名录

序号	名称	生产地点	生产许可证号码	年收购原奶量（t）	其中：自有奶源量（t）	平均支付价格（元/kg）	日处理生鲜乳能力（t）	年乳制品产量（t）	其中：低温鲜奶（t）	UHT 奶（t）	常温酸奶（t）	低温酸奶（t）	原料奶粉（t）	婴幼儿配方奶粉（t）	成人奶粉（t）	奶油（t）	奶酪（t）	含乳饮料（t）	冰品（t）	年销售收入（万元）	利润（万元）	有机产品（枚）
1	宁波市牛奶集团有限公司	宁波市江北区洪盛路6号	SC10533020505381	31 415	24 717	4.96	240	33 119	16 560	2 315	0	6 628	0	0	0	0	0	7 616	0	46 855	10 293	2 550 000
2	浙江百强乳业有限公司	浙江省瑞安市陶山镇荆谷新岙村	SC11033038100222	292	0	4.70	1	10 000	0	0	0	0	0	0	0	0	0	1 489	0	10 000		
3	浙江一鸣食品股份有限公司	平阳	SC10533032600625	67 528	10 000	5.20	200	48 310	14 123	1 927	2 628	29 631	0	0	0	0	0	43 110		110 039	12 238	0
4	衢州佳苑牧业有限公司衢江荷鹭分公司	衢州市衢江区天湖南路28号		3 650	3 650	5.40	50	3 650	2 190			1 460								8 295	1 659	
5	龙游伊利乳业有限责任公司	浙江省衢州市龙游县城北工业园区亲善路3号	SC10533082500850	46 679	—		160	48 520	—	—	48 520	—	—	—	—	—	—	86 989	—	79 922	9 261	—
6	金华市海华乳业有限公司	浙江省金华市婺城区工业园区熟溪路99号	SC10533070202334	30 531	10 418	4.71	100	64 044	1 228	19 876	9 970	3 847	0	0	0	0	40	29 123	0	38 736	2 204	

备注：本表包括在中国及海外的生产企业。日处理生鲜乳能力指设计加工生鲜乳能力。自有奶源指来自自建和参建（控股、参股）牧场（小区）的原奶。成人奶粉指除婴幼儿配方奶粉以外的学生奶粉、孕妇奶粉、中老年奶粉等终端消费奶粉。冰品包括冰激凌、雪糕等。有机产品数量单位为“枚”，指获得有机标志的数量。

安徽省

【奶畜养殖】2020年，安徽省奶业仍然保持质量稳定、数量增长、效益增加的发展态势。据安徽调查总队数据，全省奶牛存栏16.4万头，同比增长13%；生鲜乳产量37.6万t，同比增长11.5%。生鲜乳产量居全国第18位。安徽奶牛养殖规模化程度高、区域集中，且单体企业规模大，全产业链发展完善。全省43个奶牛养殖场，100头以上奶牛规模养殖比重达到98%，主要集中在蚌埠、合肥、马鞍山、淮南等市，其中现代牧业蚌埠市五河县分公司设计规模4万头，存栏4.01万头，为亚洲单体规模最大牧场。TMR饲喂设备使用率达98%以上；机械挤奶100%。在省内的阜阳、六安、滁州、宿州等地区，奶牛养殖正在进一步发展中。

【乳制品加工】2020年全省乳制品加工能力约230万t，同比上涨35%。加工产品种类较齐全，从婴幼儿配方奶粉到食品工业原料奶粉均有分布。乳制品加工企业主要有现代牧业、合肥伊利、马鞍山蒙牛、安徽益益、蚌埠和平、安徽曦强、安徽华好阳光、蚌埠达诺乳业、蚌埠福淋、上海乳品七厂(歙县)等，主要产品有安慕希、纯牛奶、高钙奶、优酸乳、甄稀、巧乐兹、牧场、冰工厂等。70%以上的乳制品销往上海、浙江、江苏等地，是长三角地区乳制品的重要生产基地，部分产品远销港澳、东南亚等地区。随着消费者对乳制品认知的提高，乳制品除安全外，品质（营养成分、风味、口感）仍然会成为消费者选择产品的重要依据。

【奶源基地】本省利用区位优势，鼓励省外奶牛养殖企业采取合资、合作、独资、寄养、收购、兼并、参股、控股等多种方式，先后引进了蒙牛、伊利、光明、卫岗、现代牧业等国家级乳制品加工龙头企业，形成了一大批高水平的奶牛生产基地。仅现代牧业在安徽就拥有3个高标准大规模的奶牛养殖基地，拥有全国南方面积最大的10万亩优质苜蓿现代化种植基地，有力地带动了全省奶牛养殖业、饲草业和乳制品加工业的快速崛起，支撑着乳制品加工产值和利润实现跨越式发展。蚌埠市支持现代牧业、汉邦牧业、和平乳业、金河公司、荒白山养殖场等奶牛规模化养殖主体自建或与种植大户合作，发展苜蓿、青贮玉米等饲草种植基地15万亩，5个牧场全部采用TMR技术饲养，全部实现机械化挤奶，奶牛平均年单产达到8t以上。在粪污处理方面，基本上采用固液分离，固体做有机肥、牛床垫料，发酵后回田；液体产沼气，发酵后浇灌，达标排放。

【奶农组织】建有安徽省奶业协会，协会有会员215名。协会主要参与奶业政策制定；畅通政府与企业间信息交流；协调养殖与加工企业；协助中国奶业协会管理安徽国家学生饮用奶的工作；组织省内奶业科技工作者开展奶业相关科研、牧场服务等工作；组织召开“安徽奶业论坛”大会、安徽奶业政策解读等专项会议，传达奶业政策和新知识。

生产性能测定（DHI）。2020年通过政府购买服务，由安徽省奶业协会依托安徽省DHI实验室继续进行奶牛生产性能测定，共测定2 997头，同比增长147.3%。参与DHI工作的牧场主要有合肥优然牧业、蚌埠和平乳业、曦强乳业、滁州南谯奶牛场、安徽华好乳业和淮南益益乳业等单位，参测奶牛比例在20%左右。牧场每年奶牛存栏总量在2万头以上，参与DHI测定的泌乳牛数约占总数的60%以上，安徽省的奶牛生产性能测定已经形成一定规模体系，逐步趋于规范化。据测算，参测奶牛每年每头增加1t产奶量，可直接增加经济收入4 000元，经济效益可观。参测奶牛的平均体细胞数下降到25.4万个/mL，同比减少了31.7%，整体控制在正常的水平。安徽省奶业协会举办了安徽省奶牛生产性能测定技术推广应用培训会，安徽农业大学、安徽省农业科学院畜牧兽医研究所、安徽科技学院的奶牛领域专家授课，各个奶牛养殖场负责人和相关技术人员参加培训。通过加大宣传力度，广大养殖场（户）对奶牛生产性能测定工作的具体内容、重要意义有了进一步了解，参与测定的积极性越来越高，为推进DHI测定技术创造了良好氛围。

【质量监管】2020年，农业农村部组织开展的全国生鲜乳质量安全监测和监督抽查工作中，累计检查奶站37站次，检查运输车100多辆次，出动监督执法人员约200人次，抽取生鲜乳样品100余份(部、省级抽检)。其中，生鲜乳收购站17个，检查覆盖率达到100%；抽检生鲜乳产品74批次，合格率达到100%；飞行抽检生鲜乳产品20批次，合格率达到100%；生鲜乳收购站检查33个，达标率100%；生鲜乳运输车抽检46辆次，达标率100%，共获得5个100%。

（安徽省农业农村厅畜牧处，杨　林、单昌盛；安徽省奶业协会，王志耕）

福建省

【奶畜养殖】2020年福建省奶业占畜牧业的比重为4.7%。2020年，全省奶牛存栏4.43万头，相对数4.7%，能繁母牛2.1万头，奶类产量17.48万t，鲜牛奶产量18.10万t。奶业主产区位于闽北南平市的延平区、建阳区、建瓯市、邵武市 、顺昌县、浦城县、政和县等县（市、区）、福州市、莆田市、泉州市、漳州市、厦门市、宁德市等地区的24个县（市、区）也饲养少量荷斯坦牛。其中，南平市奶牛存栏约占全省奶牛存栏的2/1。2020年南平市奶类总产量1.27万t，鲜奶产量14.0万t。奶牛存栏2.84万头，成乳牛存栏1.5万头，平均单产约9.3t，单体产量超过16t。其中，延平区成乳牛存栏1.58万头，鲜奶产量7.4万t；建瓯市奶牛存栏4 041头，鲜奶产量2.0万t；建阳区奶牛存栏4 770头，鲜奶产量2.29万t；顺昌县奶牛存栏1 492头，鲜奶产量1.2万t。

奶水牛主要分布在漳州市等地区的8个县（市、区），水牛存栏6 791头，水牛奶产量4 055t，能繁母牛4 506头，年单产1 000kg。其中，芗城区奶水牛存栏806头，水牛奶产量530t；长泰县奶水牛存栏1 453头，水牛奶产量805t；平和县奶水牛存栏872头，水牛奶产量633t；龙海市奶水牛存栏1 987头，水牛奶产量1 300t；漳浦县奶水牛存栏1 215头，水牛奶产量850t。

奶山羊存栏主要分布在南安市、屏南县、龙岩市新罗区、永定区、莆田市涵江区、长汀县、上杭县、永安县、尤溪县、同安区等县（市、区），其中规模性养殖主要是秋田（福建）农牧有限公司、南安裕农农牧有限公司，萨能奶山羊存栏3 645头，羊奶产量1 250t。

【乳制品加工】2020年，福建省乳制品总产量22.5万t，液态奶产量7.49万t，干乳制品5.66万t，奶酪1 814 t。福建省乳企以长富、澳牛、闽牛、台农、大乘等加工低温巴氏杀菌乳为主，其他酸奶、含乳饮料、奶粉为辅，其中鲜牛奶产量超16.95万t。福建鲜奶量2/3由本省企业加工，接近1/3销售到广东、浙江等周边省份的伊利和燕塘乳企。虽然福建省多年来主推巴氏鲜奶，但是液态奶的生产加工还是保持在10万t左右，还有5.3万t左右鲜奶要依靠周边的省份乳企加工，福建液态奶还缺乏能统领福建品牌的企业。目前福建液态奶市场还是伊利、蒙牛、光明等常温奶、酸奶占主导，在福建年销售总额达到100多亿元。

有代表性的乳制品加工企业分别为长富、澳牛、新希望澳牛、闽牛、碧海、台农、大乘、久牧、秋田、骏牧等液态奶企业，明一、贝登、晨冠等奶粉企业，吉士汀等奶酪企业。其中，福建长富公司是福建省的省级龙头企业，是福建省唯一进入中国奶业D20联盟的企业，也是中国奶业协会副会长单位，主要生产巴氏鲜奶产品，日加工鲜奶超过300t，年销售额16.46亿元；明一国际集团营养品有限公司是福建省奶粉生产企业，是福建省农业产业化重点龙头企业、中国乳制品行业领军品牌，集团综合实力位居全国同行业前列，也是福建省入选中国奶业协会副会长单位企业，2020年12月液态奶生产加工销售正式启动，年销售额26.3亿元。

以福建长富乳品有限公司为例，作为省级龙头企业，2020年长富乳制品产量约10.57万t，其中巴氏杀菌乳58 095.47t、UHT奶24 267t、低温酸奶10 119.2t、含乳饮料13 231 t。加工特点主要以低温冷链产品为主，其中巴氏杀菌乳占比达到60%以上，巴氏杀菌温度时间控制在每15s75℃ ±0.25℃，同时使用低温脱气罐，保留了牛奶天然甘甜的口感。

福建奶业的主要问题为冬季鲜奶太多，乳企要喷粉，夏天鲜奶又不够。因鲜奶收购价问题乳企与奶牛养殖企业的矛盾凸显，还需进一步协调。虽然福建省的奶业总产量较小，但奶源的质量较好，本土乳企以加工低温巴氏鲜奶和酸奶为主，奶酪将成为福建省部分奶企的高端乳制品。今后应在品种、花色上多做文章，以面对全球奶业市场的严峻形势。

【市场消费】全省奶类消费以液态奶为主，干乳制品少，其中液态奶又以常温奶居多。在加工液态奶中，又以加工巴氏杀菌乳为主。2020年福建省奶类消费总量约100万t，人均奶类占有量大约25.37kg，仅为全国人均35.8kg的近3/4、为世界平均水平的1/4、 发展中国家的1/3、奶业发达国家的1/10。福建乳制品主要靠省外或国外调进，乳制品市场潜力巨大，发展多元化优质乳制品市场前景好。

全省奶价的制定遵循公开、公平、公正和平等协商的原则，以长期合同为立足点，以社会责任和企业担当为抓手，以原料奶质量指标为计价依据，实现优质优价。原料奶价格一年一定，年初制定，全年执行，合作双方实现全流程公开、透明。为了保证原料奶品质，实现优质优价，福建省制定了复杂而又严谨的价格体系，根据冬天和夏天奶量增减情况还对鲜奶1—5月和12月递减700元 /t，6—11月递增700元 /t；使得全年收奶每车奶的价格均不同。该价格体系对于乳企和牧场的可持续发展意义重大。由于福建奶业体量太小的特殊性，福建其他乳企参照长富公司的价格标准，2020年全年平均单价为5 050元 /t。

2020年，福建乳制品销售总量大约100万t，其中60% 靠外来乳制品供应全省市场。2020年全省（不含厦门市）鲜奶平均支付价格为3.6~5.8元 /kg，水牛奶平均支付价格为20元 /kg，羊奶平均支付价格为8.5~10.5元 /kg。巴氏杀菌乳、UHT奶、酸奶、奶粉等乳制品，在福建大小超市均有销售。飞鹤、明一、君乐宝、伊利、完达山等国产品牌奶粉呈现多方竞争的态势，伊利和蒙牛的UHT奶占据优势地位，而巴氏鲜奶则以本土的长富、新希望澳牛、闽牛、大乘、台农、秋田等为主。其中，低温巴氏鲜奶和酸奶的销售渠道有商场销售和液态奶加工企业配送到户，冷链销售网络分布全省各县（市、区）、镇，包括社区连锁便利店。巴氏鲜奶还销售到广东省、江西省、浙江省等周边省份。

【奶源基地】全省有奶牛规模养殖场 28 个，其中 24 家企业养殖规模超过千头，5 个为国家级标准化示范场。加强源头管理，强化疫病防控，落实疫病净化，推进抗菌药减量活动，保障奶源质量安全。一是强化重大动物疫病防控，建设布鲁氏菌病和结核病净化场（区）。福建出台《福建省中长期动物疫病防治规划（2012—2020 年）》，严格贯彻“两病”净化制度，坚持每年 2 次奶牛“两病”全面监测，使奶牛“两病”得到有效净化，促进了乳制品高质量健康发展。截至 2020 年 12 月，福建省已完成 4 个奶牛养殖场的布鲁氏菌病非免疫净化认证工作，完成 2 个奶牛养殖场结核病非免疫净化场认证工作。二是积极开展兽用抗菌药使用减量化示范活动，制定并印发《关于加强兽用抗菌药使用减量化行动试点养殖场监管工作通知》，指导督促规模养殖场对照《养殖场兽用抗菌药使用减量化效果评价方法和标准（试行）》，建立健全安全用药管理制度，严格遵守兽用处方药和休药期等规定，兽用抗菌药使用量实现“零增长”，取得较好成效。南平市建阳区吉翔牧业有限公司获得国家畜牧业协会中国兽药协会颁发的“全国兽用抗菌药使用减量化行动试点达标养殖场”。三是严格源头管理，将奶牛养殖场纳入省食用农产品合格证与一品一码追溯并行系统监管。目前已有 26 个奶牛规模养殖场纳入省食用农产品合格证与一品一码追溯并行系统，2020 年以来共赋码出证 8 749 批次，推动源头赋码、一品一码、凭证销售。

福建长富乳品有限公司作为省级龙头企业，与 15 个牧场建立了长期供奶关系。牧场奶牛存栏总量 2.1 万头，年可供奶总量 10.59 万 t，平均成乳牛年单产 9.99t。福建长富乳品有限公司日销售巴氏鲜奶超 300t。明一国际在福建三明建宁县上黎生态牧场又迎来了一批新的成员——澳洲荷斯坦奶牛，奶牛存栏规模已达 3 205 头。福建省鼎业生态农业有限公司建设标准化养殖基地，该项目已投资 2 亿元，主营奶牛饲养，最大养殖场存栏奶牛可达 4 100 头，奶牛养殖场进行高标准建设设计，配备目前世界最为先进的 72 位利拉伐转盘挤奶机、自走式自动化司达特饲料制备机等智能化设备，现已存栏奶牛 3 323 头，其中泌乳牛 1 496 头，日产量达到 39t，截至 2020 年 11 月 30 日已累计产生鲜乳 11 192t。

全省牧场多采用先进的散栏式饲养和 TMR 饲喂工艺。有十几个牧场先后引进意大利尤尼法斯特、斯达特公司的 TMR 全自动喂料车或固定式搅拌站。采用现代化、标准化的管理模式，通过企业内部追溯系统，实现原奶供应生产记录可存储、流向可跟踪、储运信息可查询。在环境治理上牧场建有环保处理设施，基本采取零排放工艺，污粪先进行固液分离，沼液用于灌溉牧草种植基地，固体晒干制成有机肥销售。采取达标排放工艺，固液分离后，沼液处理增加固形物去除及好氧处理装置，做到达标排放。原料奶各项指标均优于国家标准，其卫生指标已经达到欧美等乳业发达国家水平，生鲜乳的微生物菌落数低于 5 万 CFU/mL，体细胞数低于 20 万个 /mL。

福建奶业企业主要通过牧场改造、整合资源、加大科技投入来协调养殖牧场与加工企业之间的利益矛盾，稳定提高产品质量，提升乳制品加工企业与奶牛养殖企业的效率和效益，促进福建奶业朝着现代化目标持续健康发展。因单产差距，福建奶牛养殖的收入根据泌乳牛的产量约为每头奶牛净收入 10 000 元 / 年，规模牧场年利润约为 800 万 ~1 500 万元 / 个。

【奶农组织】福建省奶业协会是省级唯一的奶业行业组织，2012 年 6 月成立以来，分别在推进福建巴氏鲜奶发展、落实奶牛良种冻精补贴和品种改良政策、深入开展行业调研活动、加强奶业行业宣传、开展奶牛养殖技术培训、支持福建奶源基地建设、引导乳企发展壮大以及加强福建奶业对外交流等方面做出了贡献，特别是在“放心奶”、学生饮用奶两方面积极工作，取得了一定的成绩。福建省奶业协会积极推进国家优质乳工程项目在福建长富乳品有限公司实施，提高福建巴氏鲜奶生产销售量，以此促进福建各相关乳企狠抓产品质量，增加产品花色品种，繁荣牛奶市场，让老百姓喝上放心奶。2020 年省奶业协会为牧场企业举办了 9 场业务培训，也为当地奶牛养殖场举办多期牧场种植技术培训，深受奶牛养殖场管理人员和技术人员的欢迎。

南平市延平区福牛奶牛专业合作社是福建省唯一一个奶牛专业合作社，由 10 个牧场以股份制形式入股，在自愿、平等、民主、互利的原则基础上组建。2020 年，福牛奶牛专业合作社总存栏奶牛 14 040 头，其中泌乳牛 7 705 头，2019 年鲜奶总产量达 7.19 万 t，平均单产 10.13 t。

【政策法规】2020 年，福建省政府推出了一系列政策来推动奶业的健康发展，具体如下。

印发《福建省工业和信息化厅关于印发福建省食品产业保产业链供应链稳定工作方案的通知》（闽工信函消费〔2020〕454 号）。

福建省市场监督管理局转发国务院办公厅《关于促进畜牧业高质量发展的意见》（国办发〔2020〕31 号）。

福建省市场监督管理局转发市场监管总局关于印发《乳制品质量安全提升行动方案》的通知（国市监生〔2020〕195 号）。

《福建省农业农村厅关于实施重要农产品区域布局及分品种生产供给方案的通知》（闽农规函〔2020〕747 号）。

印发《福建省农业农村厅关于进一步做好兽药生鲜乳质量安全监测和兽药管理相关各种的通知》（闽农发明电〔2020〕43 号）。

印发《福建省农业农村关于开展“瘦肉精”、饲料和生鲜乳抽检的通知》（闽农发明电〔2020〕27 号）。

【质量监管】2020 年，福建各级政府都加强了生鲜乳产品质量安全监管。具体措施如下。

强化监测执法，对全省奶站和运奶车开展拉网式专项整治。依据《福建省2020年农产品质量安全专项整治“利剑”行动方案》，组织各地开展生鲜乳专项整治行动，加强对生鲜乳收购站和运输车的执法检查，严厉打击无证经营、无证运输、掺杂制假、添加违禁物或有害物质等违法行为，坚决取缔不合格的奶站和运输车，有效保障生鲜乳质量安全。全省共检查奶牛养殖场、生鲜乳收购站、运输车203个（站、车）次，实现生鲜乳收购站和运输车的执法检查全覆盖。

配合做好农业农村部奶及奶制品监督抽检工作。根据《农业农村部关于印发2020年饲料兽药生鲜乳质量安全监测计划的通知》（农牧发〔2020〕8号）、《农业农村部畜牧兽医局关于开展〈生乳〉国标指标检测和奶畜养殖散户生鲜乳质量监测工作的通知》（农牧便函〔2020〕624号）、《农业农村部畜牧兽医局关于2020年生鲜乳质量安全监测工作任务分工的通知》（农牧便函〔2020〕625号）文件精神，精心组织抽样准备工作，配合农业农村部奶及奶制品监督检验测试中心（佳木斯）、精益捷检测科技有限公司在福建省进行生鲜乳监督抽检。完成农业农村部全年生鲜乳质量安全监测工作任务37批次。完成全年国标指标监测工作任务鲜乳质量安全监测20批次，完成全年奶畜养殖散养户生鲜乳质量监测任务鲜乳质量安全监测10批次。完成全年生鲜乳质量安全飞行抽检任务鲜乳质量安全监测15批次。

加强省级监测、抽检工作。福建省下发《2020年畜牧兽医有关事项随机抽查工作计划》，组织各地开展生鲜乳质量安全全覆盖“双随机”检查，其中，省级检查生鲜乳收购站2个，未发现违法违规行为。及时将抽查情况和查处结果向社会公开，并按要求与社会信用体系相衔接。省级抽检生鲜乳样品24批次，检测项目为三聚氰胺、革皮水解物、β–内酰胺酶、黄曲霉毒素M_1和抗生素（青霉素类）药残，结果均未检出，合格率100%。福建省奶源基地在防疫管理上依托当地畜牧主管部门每年春秋2次进行全群牛结核病和布鲁氏菌病检测，检测情况良好，基本完成每年2次口蹄疫疫苗全群预防注射。

【奶业大事】2020年1月2日，2020亚洲乳业博览会新闻发布会在广州举行，中国奶业协会、广东省奶业协会、福建省奶业协会、福建省闽牛乳业有限公司等近百家协会、企业及媒体代表出席本次发布会。

2020年1月12日，福建奶业迎新春暨二届三次会员代表大会在福州举办，为了积极贯彻国务院办公厅《关于振兴奶业保障乳品质量安全的意见》，积极推进福建奶业持续健康发展。会议对福建奶业长期做出贡献奶业同仁林纪智等进行表彰（新中国成立70周年福建奶业个人突出贡献奖颁奖典礼）。

为不断提升乳制品行业质量安全水平，让老百姓喝上放心奶、健康奶，2020年7月25日，2020福建省乳制品质量提升承诺书发布会在福州举行。福建省奶业协会发出“提升乳品质量 企业公开承诺”倡议，长富乳业、明一国际、新希望澳牛、闽牛乳业、澳牛乳业、晨冠生物科技、贝登奶粉、台农农牧、久牧乳业、大乘乳业、骏牧乳业11家福建省乳制品生产和销售企业代表分别向全社会作出郑重承诺，严格落实主体责任，确保产品质量安全，接受社会监督。

2020年8月10日，国家奶业科技创新联盟在武夷山举办发布会，宣布福建长富乳品有限公司全部低温巴氏鲜奶顺利通过中国优质乳工程验收，成为全国首家全部低温巴氏鲜奶连续获得中国优质奶标准认证企业。

2020年10月21日，“2020民众满意福建省乳制品品牌企业授牌仪式”在福州进行，福建长富乳品有限公司、福建新希望澳牛乳业有限公司、福建省闽牛乳业有限公司、福建大乘食品科技有限公司、台农（厦门）农牧有限公司、厦门久牧乳业有限公司、福州慢活文化传播有限公司7家乳制品企业受到表彰。

（福建省奶业协会，吴 妍）

附表1　福建省奶畜养殖场（小区）名录

序号	名称	供奶企业	全群存栏（头）	成母畜存栏（头）	奶畜品种	成母畜单产（t/年）	年总产量（t）	是否有机奶源基地	有机奶产量（t）
1	南平市三田牧业有限公司	福建长富乳品有限公司	1 595	644	荷斯坦	8.57	5 298.77		
2	南平市长源牧业有限公司	福建长富乳品有限公司	1 635	946	荷斯坦	10.06	8 465.19		
3	南平市丰旺畜牧养殖有限公司	福建长富乳品有限公司	1 224	701	荷斯坦	10.69	6 359.51		
4	建瓯市富雅饲草饲料有限公司	福建长富乳品有限公司	1 289	662	荷斯坦	10.07	6 303.06		
5	南平市绿盛牧业有限公司	福建长富乳品有限公司	998	661	荷斯坦	8.89	5 492.10		
6	建瓯市小雅牧业有限公司	福建长富乳品有限公司	1 640	863	荷斯坦	9.84	7 942.41		
7	顺昌县富泉农业发展有限公司	福建长富乳品有限公司	1 492	1 092	荷斯坦	10.76	12 060.64		
8	南平市富洋牧业有限公司	福建长富乳品有限公司	1 170	653	荷斯坦	9.18	5 637.52		
9	福建南平禾原牧业有限公司	福建长富乳品有限公司	1 990	963	荷斯坦	10.50	8 921.70		
10	南平市南山生态园有限公司	福建长富乳品有限公司	1 333	727	荷斯坦	10.14	5 462.14		
11	福建省南平市荣发牧业有限公司	福建长富乳品有限公司	1 120	375	荷斯坦	9.62	3 792.16		
12	建瓯市东源生态牧业有限公司	福建长富乳品有限公司	1 112	657	荷斯坦	10.35	6 375.18		
13	南平市福延牧业有限公司	福建长富乳品有限公司	1 324	728	荷斯坦	10.30	6 919.00		
14	南平市建阳区嘉远生态农业科技有限公司	福建长富乳品有限公司	1 765	977	荷斯坦	9.96	7 625.48		
15	南平市建阳区吉翔牧业有限公司	福建长富乳品有限公司	1 705	793	荷斯坦	11.00	9 310.03		
16	福建省鼎业生态农业有限公司	广东伊利乳业有限责任公司	3 863	1 796	荷斯坦	10.50	14 400.00		
17	南平市建阳区锦山牧业有限公司	福州建氏食品有限公司	1 300	800	荷斯坦	8.00	6 000.00		
18	福清犇鸿牧业有限公司	伊利	1 280	744	荷斯坦	9.20	6 844.80		
19	南平富益牧业有限公司	广东燕塘	1 493	900	荷斯坦	9.00	8 100.00	√	8 100
20	福建省福清市盛泽农牧开发有限公司	龙游伊利乳业有限责任公司	1 324	889	荷斯坦	9.95	6 284.00		
21	南平市延平区大横生态牧业有限公司	福建大乘乳业有限公司	1 255	1 100	荷斯坦	10.00	9 000.00		
22	南平市延平区常坑生态牧业有限公司	福建大乘乳业有限公司	750	100	荷斯坦	10.00	1 000.00		
23	浦城县坑沿牧场	伊利	1 230	680	荷斯坦	8.90	4 500.00		
24	浦城县高胜奶牛养殖场	龙游伊利乳业有限责任公司	1 021	560	荷斯坦	9.88	5 530.00		
25	福建南安市裕农牧业有限公司	福建南安市裕农牧业有限公司	845	550	萨能奶山羊	0.50~0.60	250.00		
26	建宁县上黎生态牧业有限公司	福建明一天籁生态营养品有限公司	3 205	1 500	荷斯坦、娟姗	9.00	205.00	认证中	

（续）

序号	名称	供奶企业	全群存栏（头）	成母畜存栏（头）	奶畜品种	成母畜单产（t/年）	年总产量（t）	是否有机奶源基地	有机奶产量（t）
27	秋田农牧（福建）股份有限公司	福建台农乳业有限公司	2 800	2 000	关中萨能奶山羊	0.70	1 000.00		
28	三元区碧海牧场	三明碧海乳业有限公司	735	336	荷斯坦	8.50	2 712.00		
29	三元区闽牛牧场	三明闽牛乳业有限公司	1 130	515	荷斯坦	8.90	4 452.00		
30	周宁县和谐牧业有限公司	龙游伊利乳业有限责任公司	1 000	600	荷斯坦	10.00	6 000.00		

备注：本表所指奶畜包括奶山羊、奶绵羊、奶水牛、牦牛、骆驼、驴等产商品奶家畜。如认证为有机奶源基地等，请在相应表格中打钩。

附表2　福建省乳制品生产企业名录

序号	名称	生产地点	生产许可证号码	年收购原奶量（t）	其中：自有奶源量（t）	平均支付价格（元/kg）	日处理生鲜乳能力（t）	年乳制品产量（t）	其中：低温鲜奶（t）	UHT奶（t）	常温酸奶（t）	低温酸奶（t）	原料奶粉（t）	婴幼儿配方奶粉（t）	成人奶粉（t）	奶油（t）	奶酪（t）	含乳饮料（t）	冰品（t）	年销售收入（万元）	利润（万元）	有机产品（枚）
1	福建长富乳品有限公司	福建南平	SC10635070200033	112 752	99 046	5.16	600	105 713	58 095	24 267	—	10 119	—	—	—	—	—	13 231	—	164 606	15 170	—
2	明一国际营养品集团有限公司	福建省	SC20135018200349					54 851						38 396	16 455					263 102	15 348	409 364
3	福建省闽牛乳业有限公司	福建省闽牛乳业有限公司	SC10535040200152	4 452	4 452	5.50	256	4 321	2 128			1 127						1 066		7 430	230	
4	三明市碧海乳业有限公司	三明碧海乳业公司	SC10535040200793	2 712	2 712	5.50	256	2 617	1 572			565						480		4 602	162	
5	福建大乘乳品有限公司	福建南平	SC10635070200068	13 300	8 075	5.20	37	13 300	6 480	4 200		1 850						2 200		10 640		
6	台农（厦门）农牧有限公司（牛奶）	厦门同安	SC10535021201939	599		5.48	2	586.53	493									94		787	33	
7	台农（厦门）农牧有限公司（羊奶）	厦门同安	SC10535021201939	255		13.85	1	234.15	234											452	19	
8	晨冠生物科技有限公司	福建福鼎	SC10535098200011					307						307						1 231	-453	

（续）

序号	名称	生产地点	生产许可证号码	年收购原奶量（t）	其中：自有奶源量（t）	平均支付价格（元/kg）	日处理生鲜乳能力（t）	年乳制品产量（t）	其中：低温鲜奶（t）	UHT奶（t）	常温酸奶（t）	低温酸奶（t）	原料奶粉（t）	婴幼儿配方奶粉（t）	成人奶粉（t）	奶油（t）	奶酪（t）	含乳饮料（t）	冰品（t）	年销售收入（万元）	利润（万元）	有机产品（枚）
9	福建骏牧乳业股份有限公司	福建省泉州市永春县外山乡墘溪村493号	SC10535052500146	—	—	—	—	4 680	—	—	—	4 680	—	—	—	—	—	—	—	代加工	300	
10	宁德市秋田盛泽乳业有限公司	三明市三元区	SC10635040300197	1 000	600	9.00	200	1 500	300		500							800		3 000	300	
11	贝登（福建）婴幼儿营养品有限公司	福建省莆田市涵江区江口镇华正路99号	SC12935030300352	—	—	—	—	1 500	—	—	—	—	—	1 400	100	—	—	—	—	11 098	940.5	—
12	厦门市吉士汀食品有限责任公司	福建省厦门市翔安区新圩镇新曙路302号02单元	SC10535021301463	—	—	—	—	1 814	—	—	—	—	—	—	—	—	—	—	—	10 218	-3605	—
13	漳州澳羚牧业有限公司	福建省漳州市漳浦县石榴镇玳瑁村园里40-2	SC10635062301658	1 400		9.00	144	600	600									1 020		3 800	420	
14	福建澳牛乳业有限公司	南平浦城	SC10535072200214	28 000	3 600	4.90	200	28 000	0	28 000	0	0	0	0	0	0	0	3 600	0	35 000	1 000	0
15	福建大乘食品科技有限公司	南平延平	SC10635070200068	5 000	3 800	4.90	200	5 000	5 000	0	0	1 500	0	0	0	0	0	0	0	5 000	800	0

备注：本表包括在中国及海外的生产企业。日处理生鲜乳能力指设计加工生鲜乳能力。自有奶源指来自自建和参建（控股、参股）牧场（小区）的原奶。成人奶粉指除婴幼儿配方奶粉以外的学生奶粉、孕妇奶粉、中老年奶粉等终端消费奶粉。冰品包括冰激凌、雪糕等。有机产品数量单位为“枚”，指获得有机标志的数量。

江 西 省

【奶畜养殖】2020年，江西省奶牛存栏2.51万头，较2019年减少0.7万头，奶牛存栏下降22%。2020年全省牛奶总产量9.11万t，同比下降0.05%。全省奶山羊存栏702头，羊奶产量60t。2020年随着奶牛养殖规模化、自动化和现代化水平的不断提高，奶牛生产性能也在不断提升，规模牧场成母牛年均单产最高达9.3t，平均单产6.7t。奶牛养殖区域主要分布于南昌、赣州、吉安、宜春、抚州和萍乡，奶业产值占畜牧业产值的比重为2.6%。

江西奶牛养殖的特点：养殖规模适中，主力牧场规模存栏1 000~2 600头，便于奶牛养殖过程中的粪污处理还田和青贮饲料的本地化，同时有效改良红色酸性土壤，更有利于玉米、象草等饲料作物的生长。生牛乳主要提供本地乳企生产新鲜低温巴氏奶，可以说，江西奶牛养殖为江西新鲜低温奶市场的稳定起到了定海神针的作用。

2020年虽然在新冠肺炎疫情初期乳制品市场受到影响，但江西奶牛养殖由于本地化程度高，养殖与加工沟通渠道畅通，生鲜奶销售基本没有受到影响。不仅如此，江西奶牛养殖逆势而上，江西阳光和宁都嘉荷新建、改造、扩建牧场3个，可增加奶牛存栏7 000头，大大提升了本省奶牛养殖的体量。

【奶源基地】2020年全省奶牛规模养殖比重为：存栏500头及以上的牧场84%，存栏500头以下的牧场或农户16%。疫病防控：坚持春秋“两病”检疫不放松，口蹄疫、流行热等主要疫病防疫接种无死角。粪污处理方式：通过生物垫床减少奶牛粪便的处理量，干湿分离，沼液和干粪、垫料经腐熟还田，其他污水经污水处理系统处理后再利用或达标排放。2020年江西省生鲜乳收购年均价格5元/kg。

【乳制品加工】2020年全省乳制品生产企业8家，其中婴幼儿配方奶粉生产企业3家，注册配方27个，加工厂设计产能4.6万t，2020年全省乳制品生产总量24.133万t，其中液态奶产量15.648万t、干乳制品产量8.485万t。本省乳制品加工企业分工明确，江西阳光乳业、江西牛牛乳业、江西省大富乳业、江西蒙山乳业和于都高山青草奶业以新鲜低温牛奶作为主打产品，是液态奶加工方面的主力军；美庐生物科技、江西人之初乳品和爱优诺营养品以婴幼儿配方奶粉作为主打产品，是奶粉加工方面的生力军。2020年江西阳光乳业投资2亿元新建乳品加工厂3万m^2，可扩大产量10万t。

江西乳制品加工业虽然在全国来说体量不大，但始终不忘初心，秉持让江西人民喝上新鲜营养健康的好牛奶的信念，一直在努力前行。立足本地市场，坚持新鲜低温，笃定鲜奶入户是江西乳业立身之本，并在今后的发展中坚持不懈。

【市场消费】2020年江西乳制品市场主要销售的品牌有江西阳光乳业生产的“天天阳光”牌和“阳光”牌鲜牛奶和鲜羊奶、酸奶等；江西蒙山乳业生产的“优乐多”牌和“小磨时光”牌低温鲜奶、豆奶等；江西牛牛乳业生产的“牛牛乐”牌鲜牛奶（井岗黄牛奶）、酸奶等；于都高山青草奶业生产的“琼汁”牌鲜牛奶、酸奶等；江西省大富乳业生产的“大富康园”牌鲜牛奶、酸奶等；美庐生物科技生产的“美庐”牌婴幼儿配方奶粉，江西人之初乳品生产的“人之初”牌婴幼儿配方奶粉。市场消费特点：新鲜低温奶市场基本由本地企业的产品掌控，尤其是上户奶90%以上是“天天阳光”品牌，常温奶主要被伊利、蒙牛和光明三大品牌占据。

【奶农组织】2020年6月30日成立了江西省奶业发展协会，由于疫情等因素，协会未开展规模活动。

【质量监管】2020年前三季度省市场监督管理局对市场乳制品抽检829批次，合格率100%。根据《农业农村部关于印发2020年饲料兽药生鲜乳质量安全监测计划的通知》（农牧发〔2020〕8号）要求，江西省农业农村厅制订了《2020年全省饲料兽药残留生鲜乳质量安全监测计划》，由江西省农业农村厅畜牧兽医局负责监控计划的组织实施，各设市、县（市、区）农业农村部门负责样品采集，省兽药饲料监察所负责样品检测和数据分析汇总，生鲜乳合格率100%。

【奶业大事】2020年6月30日，江西省奶业发展协会成立大会在省会南昌市召开，江西省农业农村厅总畜牧兽医师钟新福出席大会并致贺词，中国奶业协会副会长兼秘书长刘亚清、中国乳制品工业协会秘书长刘美菊分别发去祝贺视频。

（江西省奶业发展协会，程　钢）

附表 1　2020 年江西省奶畜养殖场（小区）名录

序号	名称	供奶企业	全群存栏（头）	成母畜存栏（头）	奶畜品种	成母畜单产（t/年）	年总产量（t）	是否有机奶源基地	有机奶产量（t）
5	新建县乐化晓珍徐邓奶牛场	江西阳光乳业	800	480	中国荷斯坦	5.0	2 400		
	江西牧林生态牧场		600	360	中国荷斯坦	5.0	1 800		
6	南昌市星光奶牛场		1 600	960	中国荷斯坦	6.0	5 760		
7	江西阳光牧场		2 663	1 598	中国荷斯坦	7.0	11 185		
8	江西秋实有机牧场		2 180	1 308	中国荷斯坦	6.3	8 240		
9	江西省嘉牧生态牧场		702	300	萨能奶山羊	0.2	60		
10	江西长山牧场		2 400	1 440	中国荷斯坦	7.2	10 368	√	1 200
11	宁都嘉荷牧业	江西蒙山乳业	1 800	1 080	中国荷斯坦	9.3	10 044		
12	江西蒙山牧场		1 600	960	中国荷斯坦	9.2	8 832		
13	江西牛牛牧场	江西牛牛乳业	1 200	720	中国荷斯坦	6.0	4 320		
14	江西大富牧场	江西大富乳业	1 000	600	中国荷斯坦	6.0	3 600		
15	于都高山青草牧场	于都高山青草奶业	1 800	1 080	中国荷斯坦	5.4	5 832		

备注：本表所指奶畜包括奶山羊、奶绵羊、奶水牛、牦牛、骆驼、驴等产商品奶家畜。如认证为有机奶源基地等，请在相应表格中打钩。

附表 2　2020 年江西省乳制品生产企业名录

序号	名称	生产地点	生产许可证号码	年收购原奶量（t）	其中：自有奶源量（t）	平均支付价格（元/kg）	日处理生鲜乳能力（t）	年乳制品产量（t）	其中：低温鲜奶（t）	UHT 奶（t）	常温酸奶（t）	低温酸奶（t）	原料奶粉（t）	婴幼儿配方奶粉（t）	成人奶粉（t）	奶油（t）	奶酪（t）	含乳饮料（t）	冰品（t）	年销售收入（万元）	利润（万元）	有机产品（枚）
1	江西阳光乳业集团有限公司	南昌		78 500	62 800	5.0	500	145 000	55 000			50 500								149 950		
2	江西牛牛乳业有限责任公司	吉安		2 703	2 703	4.6	50	50 000	2 700											8 300		
3	江西蒙山乳业有限公司	赣州		19 00	19 800	5.3	70	35 964	9 900											28 000		
4	美庐生物科技股份有限公司	九江												2 719						40 531		
5	于都高山青草奶业有限公司	赣州		9 800	4 822	5.4	20	10 210	2 000											9 100		
6	江西省大富乳业集团有限公司	萍乡		3 600	3 600	5.0	20	6 000	3 000											7 100		
7	江西人之初乳品营养有限公司	南昌												3 728						34 500		

备注：本表包括在中国及海外的生产企业。日处理生鲜乳能力指设计加工生鲜乳能力。自有奶源指来自自建和参建（控股、参股）牧场（小区）的原奶。成人奶粉指除婴幼儿配方奶粉以外的学生奶粉、孕妇奶粉、中老年奶粉等终端消费奶粉。冰品包括冰激凌、雪糕等。有机产品数量单位为“枚”，指获得有机标志的数量。

山东省

【奶畜养殖】山东是农区奶业大省，2020年奶牛存栏量、牛奶产量均居全国第四位，以乳制品加工为引领，以奶业大县为重点，结合市场、交通、资源、历史等因素，全省奶牛产业区域化发展更加明显，形成胶东半岛东部沿海优质奶源基地、济南都市圈中部奶业隆起带、沿黄地区奶业优势产区“一地一带一区”格局。截至2020年年底，全省奶牛存栏86万头，牛奶产量241万t，饲养品种以荷斯坦牛为主。羊奶产量约7万t。个别生产驴奶。万头牧场达26个，产奶牛平均单产达8.7 t，其中东营市奶牛年均单产高达11.3 t。

【乳制品加工】山东奶业发展活力足，通过招商引资，伊利、蒙牛、光明、卫岗等国内D20企业纷纷来山东投资兴办加工厂，建设优质奶源基地。济南佳宝、山东得益等本土企业也加大投资力度，建设万头牧场，扩大产能。据省市场监管部门统计，2020年共有乳制品生产企业71家，婴幼儿配方奶粉生产企业3家。据行业统计，全省奶农发展乳制品加工企业中，取得食品生产许可证的有10家。主要产品为巴氏奶和酸奶。全省鲜奶吧有1 000多个，形成“大乳企顶天立地，中小乳企遍地开花”的局面。

【市场消费】通过对全省乳制品消费市场调查发现，商超中销售的液态奶和固态奶，主要以伊利、蒙牛、光明、君乐宝、得益、佳宝等D20品牌为主。近几年，涌现出山东合力牧业、山东银香伟业、泰安金兰公司、潍坊市玉泉洼农牧科技、济南舒阳奶业等一批乳制品加工典型企业，拥有“合力”“归一”“伊金兰”“纯典”“益多鲜”“优鲜福”“舒阳”“荷牧园”“安康”等当地知名品牌。部分养殖场在城镇居民消费区以建立鲜奶吧的方式，促进牧场奶消费。

【奶源基地】据行业监测数据，全省规模化饲养比重近90%，平均牛群规模达416头，100~999头存栏占比36%，1 000~4 999头占比20%，5 000头及以上占比33.7%，产业素质加快提升，规模化进程快速推进。2020年落实中央农业发展资金2 809万元，支持全省16个地市240个存栏500~2 000头中小奶畜牧场和合作社升级改造。

2020年种植青贮玉米260万亩，苜蓿8万亩，燕麦2万亩，全年生产各类饲草700万t以上。落实中央农发资金1 000万元，支持全省7地市、2万亩集中连片优质苜蓿基地建设任务。近年来，全省农牧循环加快，奶牛养殖场通过自种、订单收购、合作种植等方式实现全株玉米青贮全覆盖。全力引导奶牛养殖场建设粪污处理利用设施，打通粪肥还田通道，实现“奶牛养殖—粪肥—种植”生态循环模式。利用粪污资源化利用整县项目，重点对奶牛养殖场粪污资源利用设施设备进行提升改造。粪污综合利用率平均接近90%。

2020年上半年奶牛养殖效益受疫情影响有所下降，原奶价格于5月触底后开始反弹，6月原奶价格持续回升至疫情前水平；下半年以来，随着消费恢复性增长，原奶供求紧张趋势进一步明显，加之饲料价格又出现大幅上行，进一步提升了原奶生产成本，下半年原奶价格维持上涨态势，奶牛养殖整体效益提高。据测算，山东省全年原奶成本平均维持在3.48元/kg，生鲜乳全年平均收购价格在3.88元/kg，一头年产8 000 kg的奶牛获利约是3 200元，养殖效益较好。

【奶农组织】山东省畜牧协会奶业分会是非营利性社会组织，也是沟通政府与企业的桥梁，服务对象为在山东省境内注册的奶牛、奶山羊等奶畜养殖场（区），乳制品加工企业，服务乳业的饲料、兽药、育种、机械制造、技术服务等企业。奶业分会承担山东省境内学生饮用奶加工企业认证管理任务，为会员单位提供生鲜乳成本价格调查、核算、发布等具体工作；反映行业诉求，制定奶业团体标准，提供信息化建设、品牌推广、技术培训等服务。山东省畜牧协会奶业分会充分利用本省奶业专家的资源，组织大学教授、科研院所、饲料兽药等服务企业和一线养殖场技术总监相关人员组建奶业专家服务团队，学习“金钥匙”模式，进入生产一线，开展实地培训，增强服务的针对性和有效性。

【政策法规】2020年分别落实中央农业发展资金2 809万元、1 000万元，支持16个地市240个存栏500~2 000头的中小奶畜牧场和合作社升级改造、支持7个地市2万亩集中连片优质苜蓿基地建设任务。

【质量监管】严格生鲜乳收购站、运输车监管，依法取缔不合格的经营主体。严厉打击非法收购、违法添加等行为。多年来，生鲜乳质量合格率一直稳定在99.5%以上，乳制品监督抽检合格率持续保持在99%以上。2020年各级生鲜乳抽检共计3 440批次，未发现质量安全问题，实现生鲜乳收购站和运输车监测全覆盖。组织乳制品监督抽检1 482批次，全部合格。乳制品质量处于历史最高水平，消费者信心逐步提振。

【奶业大事】2020年9月23日，全国奶业振兴工作现场会在山东省青岛市召开，会议总结交流了奶业振兴工作的做法与经验，分析研判当前奶业发展形势，梳理问题，部署下一步重点工作，参观学习了山东省奶酪加工及奶农发展乳制品加工典型。省畜牧兽医局代表山东作典型发言。来自全国31个省（自治区、直辖市）以及新疆生产建设兵团的农业农村部门代表参加了会议。

2020年8月27日，潍坊市人民政府与内蒙古伊利实业集团股份有限公司战略合作协议签署仪式在济南举行。山东省委副书记、省长李干杰，省人大常委会副主任、省工商联主席王随莲，内蒙古伊利实业集团股份有限公司董事长、总裁潘刚出席仪式。据悉，伊利将在山东建设30个万头牧场，2020年已与潍坊市签署战略合作协议，计划建设10万头现代化奶牛牧场和新建日产

1 500t 乳制品加工厂，将潍坊打造成全国优质奶源基地、高端乳制品加工基地和奶产品物流供应基地。潍坊项目落成，将带动千亿产业贡献值，助力山东奶业振兴。

（山东省畜牧兽医局，蒋吉红、王　文）

济 南 市

【奶畜养殖】济南市 2020 年奶牛存栏 4.9 万头，其中能繁母牛 3.3 万头，主要分布在商河县、平阴县、长清区、济阳区、章丘区、历城区、先行区、莱芜区、钢城区，其奶牛存栏占总存栏的 93% 以上，饲养品种以荷斯坦牛为主。2020 年奶类总产量 26.5 万 t，奶牛种群规模较 2019 年有所减少，但能繁母牛规模有所提高，管理水平不断提升，单产平均水平达到 8.6 kg。2020 年奶价平均在 4.23 元 /kg，比 2019 年同期价格上涨 11.08%。

【乳制品加工】2020 年本地共有乳制品加工企业 6 家，其中合资企业 1 家、地方自建企业 4 家、外地来济投资建厂企业 1 家。全市日处理鲜奶的能力总计达到 3.86 t，全年共收购原奶量 33.46 万 t，自有奶源 3.84 万 t，生产乳制品 43.39 万 t，其中低温鲜奶 3.31 万 t、UHT 奶 30.98 万 t、酸奶 4.08 万 t、奶油 328 t、含乳饮料 3.12 万 t，实现销售收入 296 468 万元，利润 15 751 亿元。

【市场消费】2020 年人均奶类占有量 36.6 kg，人均乳制品消费量为 23.8 kg，2020 年城市居民奶及奶制品年人均支出金额为 602.2 元，占消费支出比重的 4.05%。对当地乳制品消费市场调查发现，超市乳制品品牌主要有伊利、蒙牛、光明、佳宝、君乐宝、得益等品牌，低温奶市场占有率不断提升，接近 50%。UHT 奶、低温鲜奶为当地乳企主要产品，价格在 5.0~8.7 元 /500g。

【奶源基地】2020 年，全市 100~199 头的奶牛养殖场（户）有 9 个、200~499 头的奶牛养殖场（户）有 22 个、500~999 头的奶牛养殖场（户）有 2 个、1 000 头及以上的奶牛养殖场（户）4 个；奶牛养殖小区 5 个，奶牛存栏 0.156 5 万头。标准化规模养殖场 37 个，奶牛存栏 4.9 万头。2020 年共有奶站 28 个，其中乳制品加工企业自建的 5 个、奶农专业合作社建设的 10 个、奶畜养殖场建设的 13 个。奶站平均日收奶量达 520 t。2020 年本地区机械化挤奶达到 100%。疫病防治情况方面，常规防疫、检疫和强制免疫相结合，免疫率达 100%，无重大疫病发生。

【奶农组织】奶农协会共 1 个，包含农户 200 户，存栏奶牛 0.957 万头；奶农合作社共 13 个，包含农户 56 户，存栏奶牛 0.156 5 万头。

【政策法规】为提高奶业现代化水平，加快优质奶牛种群扩繁速度，提升全市奶牛种群的生产性能和经济效益，济南市在全市范围内大力推广奶牛优质性控冻精的使用。在全市符合标准的奶牛养殖场推行生态牧场提升改造项目工程。印发了《关于做好 2020 年度济南市畜禽种业振兴项目申报工作的通知》。

【质量监管】2020 年完成生鲜乳质量安全监测抽样共 164 批次，其中 122 批次为农业农村部抽检任务，42 批次为省畜牧兽医局抽检任务。农业农村部监督检查抽检的 20 批次生鲜乳样品检测合格率 100%，风险监测 102 批次生鲜乳样品及省局 40 批次生鲜乳样品检测合格率 100%。全市生鲜乳收购站和生鲜乳运输车辆检查抽样实现了全覆盖。济南市安排生鲜乳采样检测 33 批次，已完成采样检测计划 33 批次，检测合格率 100%，有效保证了生鲜乳的质量安全。

印发《关于开展生鲜乳专项整治检查工作的通知》《关于进一步做好 2020 年生鲜乳质量安全监测工作的通知》《关于推进奶业高质量发展的通知》，举办济南市奶牛健康高效养殖技术培训班。在生鲜乳质量安全监管工作中做到"三到位、四检查"制度。一是制度建设到位，十项制度一规程和奶牛养殖小区（场）四项制度全部上墙。二是记录到位，生鲜乳收购、销售和检测记录等档案材料齐备，有清洗消毒记录、不合格奶处理，有留样记录，使生鲜乳质量可寻根、可追溯。三是监督管理到位。实行市级监管人员每季度抽查、县（区）监管人员每月巡查、监管责任人日常检查的层层监管督导制度，把好源头、管好出口。

通过多种形式和渠道，加强生鲜乳质量安全知识宣传和技术培训，提高从业者质量意识和安全生产能力；并结合奶牛良种补贴、生鲜乳收购站机械设备购置补贴、奶牛标准化规模养殖补贴和奶牛生产性能测定（DHI）等项目，积极引导奶牛标准化规模养殖，夯实生鲜乳质量安全基础。

【奶业大事】建设国家良种奶牛高效扩繁示范与种质输出基地项目建设。山东奥克斯畜牧种业有限公司牵头国家畜禽良种攻关计划项目（荷斯坦牛种质自主创新联合攻关），建设国家良种奶牛高效扩繁示范与种质输出基地，项目总投资约 2.3 亿元。

建设济南佳宝牧业有限公司（生态牧场）项目。项目总投资 4.1 亿元，用地面积 1 700 亩，分为养殖用地 887 亩和饲草饲料用地 813 亩项目达产后，养殖场全群奶牛约 10 000 头，其中成母牛约为 6 000 头（泌乳牛 4 830 头）、后备牛约 4 000 头。项目达产后，日产鲜奶可达 150 t 以上，全年生产生鲜乳可达 5.4 万 t，销售收入可达 1.9 亿元。

（济南市农业农村局，魏绍会）

青岛市

【奶畜养殖】截至2020年年底，青岛市共有奶牛规模养殖场180个，存栏奶牛9.37万头，牛奶总产量30.67万t，较2019年同比分别增长11.15%和17.37%，实现双增长。莱西市、即墨区存栏量占全市总存栏量的93.22%，奶牛规模化养殖区域较2019年更进一步集中。

【乳制品加工】全市从事乳制品生产加工企业的共4家，青岛雀巢有限公司主要以生产UHT奶为主；柏札莱（青岛）食品有限公司主要生产奶酪系列产品；新希望琴牌乳业有限公司和青岛迎春乐食品有限公司主要生产低温鲜奶和发酵乳品，市场占有率提升很快，详见表1。2020年乳制品总产量25.76万t，其中UHT奶7.17万t、浓缩乳7.40万t、奶油4.95万t、其他等6.24万t。

表1 青岛市获乳制品生产许可企业名单

序号	企业名称	产品名称	许可生产产品
1	青岛雀巢有限公司	乳制品	液体乳（调制乳）、其他乳制品（炼乳、奶油）
2	柏札莱（青岛）食品有限公司	乳制品	其他乳制品（奶酪）
3	青岛新希望琴牌乳业有限公司	乳制品	液体乳（巴氏杀菌乳、灭菌乳、调制乳、发酵乳）
4	青岛迎春乐食品有限公司	乳制品	液体乳（巴氏杀菌乳、灭菌乳、调制乳、发酵乳）

【市场消费】对当地乳制品消费市场调查发现，在商超中液态奶主要有伊利、蒙牛、光明、君乐宝、新希望、迎春乐、得益等品牌，固态奶主要有雀巢、伊利、惠氏、圣元等。其中巴氏杀菌乳一般在7元/500g左右，UHT奶一般在6元/500g左右、酸奶一般在8元/500g左右，婴幼儿配方奶粉一般在150元/500g左右；本地奶农开办的鲜奶吧提供的低温奶，则以门店销售为主，鲜奶吧低温奶价格为7元/kg，自制酸奶价格为6~8元/瓶。

【奶源基地】全市加大了集约化、标准化和规模化养殖的扶持力度，规模化养殖比例上升，存栏100头以上的规模养殖场共180个，其中500头以上的18个，平均年单产达到9t左右。通过开展奶牛养殖场标准化示范创建和奶牛养殖场疫病净化活动，提升奶牛养殖机械化、信息化、智能化水平，共有国家级标准示范场11个、市级示范场31个，创建布鲁氏菌病净化场20个。规模化奶牛场基本实现采用机械挤奶和全混合日粮（TMR）饲喂工艺，参加生产性能测定（DHI）的奶牛养殖场（合作社）有30余个。奶业机械如TMR搅拌车等设备获得农机购置补贴。上半年胶州市创建高产优质苜蓿示范点1个，完成苜蓿种植133 hm^2，5月，青岛市首届苜蓿裹包青贮收储观摩会在胶州市召开。青贮玉米全市种植面积约9 533 hm^2，总产量约39.2万t。疫病防控情况总体良好，未发生重大疫情。粪污处理方对面，鼓励奶牛生态发酵床养殖处理模式已形成比较成熟的运作经验，实现了农牧结合、种养循环，为全市养殖废弃物资源化利用工作向纵深开展提供了可复制、可借鉴的样板。

2020年生鲜乳收购价格3.5~4.3元/kg，较2019年有所上涨，但因玉米等饲料原料价格畸高等原因，奶牛养殖场利润仍较微薄，每头成母牛年净收入约为6 000元。

【奶农组织】青岛市奶业协会是由青岛市民间组织管理局批准注册，成立于1992年，是非营利性的行业组织社会团体法人。现任会长单位为青岛新希望琴牌乳业有限公司，现有7家副会长单位，10家常务理事单位，牧场和会员100多人，涵盖奶业产业链的乳企、院校、牧场、饲料、牧草、设备等服务企业。莱西和胶州均成立了自己的奶业协会，其中胶州有奶农合作社10余个。为进一步强化“三进三促”和助推奶业振兴提供了帮助。

【政策法规】为加强推进青岛市奶业振兴，保障乳制品质量安全，根据国务院办公厅《关于推进奶业振兴保障乳品质量安全的意见》要求，青岛市农业农村局印发《关于做好奶业振兴暨2020年生鲜乳质量安全监管工作的通知》（青农字〔2020〕39号）。2020年9月23—24日，全国奶业振兴工作现场会在山东省青岛市莱西市召开，会议总结交流各省奶业振兴工作的做法与经验，分析研判当前奶业发展形势，梳理问题，部署下一步重点工作。

【质量监管】根据农业农村部要求，印发了《关于做好奶业振兴暨2020年生鲜乳质量安全监管工作的通知》。完善奶牛养殖场（户）、生鲜乳收购站和生鲜乳运输车“网格化”监督管理，建立奶畜饲养—生鲜乳收购—生鲜乳运输全链条的长效监管机制，明确监管责任人，建立监管台账，签订监管责任书和质量安全承诺书。对辖区内的全部奶畜养殖场（户）、生鲜乳收购站和运输车发放《青岛市规范生鲜乳收购“十要”告知书》。每季度对生鲜乳收购站和运输车实行1次全覆盖检查，全年共检查奶站203站次，运输车376辆次，出动执法人员约1 211人次，发放宣传材料1万余份。

【奶业大事】2020年9月，全国奶业振兴工作现场会在莱西市召开，农业农村部兽医局二级巡视员王俊勋、省畜牧兽医局局长唐建俊、青岛农业农村局局长由翠玉和多个省份分管领导参加会议。

2021年青岛新希望琴牌乳业有限公司荣获中华人民共和国第14届学生运动会赞助商、中国奶业传奇与辉煌、2020/2021年度金凤凰美好城市品牌创新奖等荣誉。

（青岛市农业农村局，刘虎传）

东营市

【奶畜养殖】据畜牧行业统计，截至2020年年底，东营市奶牛存栏10.24万头，能繁母牛4.93万头，奶类总产量45.88万t（均为牛奶），产值为17.71亿元，奶业产值占牧业产值的11.15%。东营市奶牛养殖主要集中于河口区、垦利区和省黄河三角洲农业高新技术产业示范区，占全市奶牛养殖量的90%以上。近年来，东营市紧紧围绕现代生态奶业生产基地建设这条主线，不断加大政策扶持力度，推动东部奶牛产业优势区建设，建成农业高新区生态奶牛养殖园区、河口仙河奶牛园区、神州澳亚奶牛园区等大型现代奶业园区，形成了以华澳大地、澳亚牧业为代表的现代奶牛循环产业体系。随着国外高产奶牛的不断引进和高产奶牛冻精细管及性控冻精细管的推广应用，规模化养殖比重和良种覆盖率均达100%，奶牛年均单产达11.3t以上，生鲜乳质量和单产水平均居全国前列，淄博市已成为国内高档乳制品重要的奶源基地。建成万头智慧牧场6个，华澳大地奶牛场荣获全国“畜牧业数字化转型样板场”和“畜牧业信息化种子工程样板场”。将依托6个万头牧场，持续开展优质奶源基地建设、奶业科技创新、质量安全管控、乳制品品牌提升、精准引导宣传五大行动，积极发展优质奶源基地，全力打造“黄河三角洲奶都”。

【乳制品加工】东营市现有乳制品生产企业3家，其中，山东恩泽乳品有限公司成立于2011年8月，现建有日处理生鲜乳500t奶粉和日处理生鲜乳500t液态奶项目各1个，主要生产“奈高”牌巴氏奶、酸奶、配方奶、含乳饮料，及“广北”牌全脂奶粉、甜奶粉、脱脂奶粉。2020年乳制品总产量1 531.7t。俄罗斯FOODUNION公司与新加坡澳亚集团联合成立的东营富友联合澳亚乳业有限公司，投资1.2亿美元建设日加工鲜奶能力740t的乳制品加工项目于2017年10月完工，2018年6月23日2条调制乳生产线正式投产，2018年9月中旬2条鲜奶生产线投产，4条生产线均正常运行。2020年加工原奶4 000t。东营安和乳业有限公司是一家主要生产原料奶粉的企业，日处理生鲜乳能力1 200t，2020年奶粉产量6 060t，产值3.45亿元。

【市场消费】据不完全统计，2020年东营市奶类总产量45.88万t，常住人口217万左右，人均奶类占有量约为211.4kg。

当地乳制品市场主要销售的液态奶品牌有佳宝、蒙牛、伊利、光明、得益、君乐宝，价格在45~80元/箱，其中主要品牌蒙牛，价格为3.5元/盒；酸奶主要品牌伊利，价格为6元/盒。奶粉主要有贝因美、味全、合生元、多美滋、喜康宝、惠氏、雀巢等，价格在80~350元/kg。入户巴氏杀菌乳为11元/kg左右。

【奶源基地】2020年东营市规模奶牛养殖场28个，存栏10.24万头，所占奶牛养殖比重达99.85%，其中万头奶牛养殖场6个，国家级畜禽标准养殖化示范场7个，省级示范场22个。规模养殖场全部使用TMR饲喂系统，机械化挤奶实现全覆盖，其中1个为有机奶源基地。2020年，全市收购青贮饲料71.35万t，带动青贮玉米种植面积2.08万hm^2，青贮单产约为34.5 t/hm^2。

在粪污处理设施建设上，强化粪污农牧循环综合利用、中小奶牛养殖场改造提升，推行生态化科学养殖方式。2020年11个奶牛养殖场实施了2020年中小奶牛养殖场改造升级项目，中央补贴资金125.6万元。截至2020年年底，规模奶牛养殖场全部配套粪污处理设施并正常运行。其中，澳亚三大牧场先后投资9 000万元于美国DVO公司、黑龙江农垦玖阳生物质能源有限公司建设了粪污干湿分离、沼气生产系统，目前日产沼气约5万m^3，主要用于牧场生产生活用能，剩余部分用于发电或甲烷提纯，沼渣作为高质量牛床垫料和土壤改良的优质肥料，沼液可在牧场冲洗系统中再循环利用或作为青贮地肥料，形成可持续发展的循环绿色经济产业链条。华澳大地引进四川发展集团中恒能公司，联合投资7 200多万元，高标准建设万亩水肥一体化高效节水灌溉项目和粪污资源化利用项目，构建“种养沼”生态循环模式。

疫病防控方面，奶牛散养户每年春秋两季开展集中免疫，接种疫苗为政府免费提供的口蹄疫O型或OA型疫苗，布鲁氏菌病疫苗。奶牛规模养殖场根据自身需要自行采购疫苗开展免疫。定期补充更新消毒物资，开展消毒灭源工作，净化养殖场（区）环境。同时，密切监控布鲁氏菌病和结核病等威胁奶牛产业的重大疾病，主动建立全市统一格式的养殖档案，规范养殖。

【奶农组织】全市培育奶牛合作社4个，2020年举办奶农培训班4期，培训农民100余人次。

【政策法规】2020年，东营市整市制推进粮改饲项目，项目资金3 172万元，青贮补助平均为59.2元/t，其中28个奶牛养殖场参与实施了该项目。11个中小型奶牛养殖场实施改造升级项目，项目中央资金125.6万元。

【质量监管】东营市紧紧围绕奶牛养殖场、生鲜乳收购站、生鲜乳运输车等重点环节加强监管工作。一是加强监管安排部署。研究制定了年度《监督抽检方案》《风险抽检方案》《综合整治方案》，明确了部门人员监管责任和企业的主体责任，强化工作任务落实。二是狠抓生鲜乳违禁物质专项整治和兽用抗生素专项整治。强化对全市奶站和奶类运输车辆监管，严格投入品管理，大力宣传相关法律法规，严厉打击假冒伪劣兽药饲料及各类使用违禁投入品的违法行为。

【奶业大事】2020年12月8日，河口区举行澳华生科（山东）生物技术有限公司动物体外受精胚胎实验室启动仪式，有关政府部门、中国奶业协会、中国农业大学、新加坡澳亚投资控股集团、澳华生科（山东）生物技术有限公司以及有关专家、教授、企业代表等参加活动。

山东华澳大地农业发展有限公司（垦利）新建 1.19 万头 A2 奶牛特种养殖场投产供奶，建成国内最大的单体 A2 奶源基地，被中国畜牧业协会评为“畜牧业信息化种子工程样板场”和“畜牧业数字化智能化转型样板场”，是2020年全国奶牛单产突破12 t的6个牧场之一；2 个万头牧场通过“中国学生饮用奶奶源基地”认证以及 ISO 质量、环境和 GAP 管理体系认证，生鲜乳通过无公害农产品认证；奶牛总存栏突破 2 万头，生鲜乳日产能 400 t。一是科技创新方面。引进科技特派员 2 名，新承担东营市科技计划项目 1 个，新授权专利 7 项（其中发明专利 1 项、实用新型专利 6 项），创建市级研发平台 1 个（东营市生态草牧业重点实验室），认定为东营市科技型企业。二是企业荣誉方面。华澳大地通过“山东省农业产业化重点龙头企业”和“山东省扶贫龙头企业”认定，被中国奶业协会评为“2020 年抗疫捐赠奶业企业”；旗下产品获得“山东省扶贫产品”“东营市扶贫产品”“东营市金奖农产品”和“山东畜牧业博览会优质畜产品金奖”。

（东营市现代畜牧业发展服务中心，刘学森、杨艳芬）

泰 安 市

【奶畜养殖】截至 2020 年年底，泰安市奶牛存栏 4.5 万头，成母畜存栏 2.5 万头，奶产量 21.39 万 t。肥城市、宁阳县 2 个县（市）奶牛存栏超过万头；奶牛个体单产提高到 8.4 t，规模饲养比重达 97.1%；乳制品加工企业达到 5 家，日加工鲜奶能力超 2 000t，年创产值 36.52 亿元，占牧业产值的比重达到 22.97%，奶业富民的作用日益凸现。规模化养殖场 100% 实现了机械化挤奶，荷斯坦牛良种覆盖率达到了 100%；奶牛饲养的专业化、区域化特征明显，优势产业带开始形成，现代奶业体系初步建立。

具体做法：一是创新发展思路。2003 年，市政府研究制定了《关于实施奶业富民工程，促进奶业快速发展的意见》，成立了由市长任组长，分管市长任副组长，财政、土地、金融、发改、畜牧等 22 部门共同组成的奶业发展领导小组，同时成立了贷款、调牛、技术服务和物资保障 4 个指挥部，制定了贷款、土地、考核、奖励等一系列政策和措施，明确了各部门职责，形成发展合力。二是实施奶牛数字化养殖，推进现代奶业发展。通过引进和推广先进的管理模式和成套的适用技术，加快提高奶牛养殖的科技水平，推进奶业现代化发展进程。三是调整产业结构，发展观光牧场。近年来，相继出台的关于发展高效、生态、特色畜牧业及观光旅游畜牧业的一系列意见，充分依托旅游资源和畜牧资源优势，把奶业与旅游业有机融合，将第一产业向第三产业逐步延伸，规划建设了金兰乳业等一批生态观光牧场，为畜牧业转方式、调结构开辟了新路子。四是全力做好粮改饲工作。通过项目实施，饲喂全株青贮玉米，奶牛平均单产提高 0.5 t，肉牛、肉羊可提高饲料转化率、降低饲料消耗，节约饲料成本，缩短养殖周期，收储全株青贮玉米还可增加种植农户收入。五是加强粪污治理，加快推进绿色奶业发展。各县（市、区）依托大型奶牛养殖场兴建了锦利源、金兰等一批有机肥加工企业，加快粪污无害化处理、资源化利用进程。奶牛发酵床养殖模式进一步推广，降低污水产生量，改善牛只健康状况，有利于雨污分流。六是加大信贷、保险等支撑服务体系建设，补齐奶业保障短板。积极推动奶业保险开展，保险对现代奶业发展的保障能力不断提升，为奶业防灾减灾、灾后恢复生产、生产行情稳定发挥了积极作用。

【乳制品加工】本市有影响力的牛奶加工生产龙头企业主要是蒙牛乳业泰安公司、亚奥特乳业、伊特乳业、安康乳业、伊金兰乳业 5 家，他们立足企业自身特点，做好市场定位与产品开发，取得了新的发展。蒙牛乳业泰安有限公司拥有常温液态奶、冰激凌、酸奶三大生产车间，有 22 条常温液态奶生产线、13 条冰激凌生产线、11 条酸奶生产线，拥有液态奶、酸奶、冰激凌三大系列 160 多个品项，产品以其优良的品质覆盖国内市场。先后被认定为绿色食品、无公害食品、山东著名商标、山东名牌产品和中国驰名商标，2020 年销售收入达到 32.5 亿元，利润 1.8 亿元。亚奥特乳业坚持新鲜战略，立足区域市场，重点发力低温奶市场，被评为中国优秀乳制品加工企业和最具影响力品牌企业，亚奥特乳业 2020 年销售收入 3.2 亿元，利润 1 400 万元。支持安康、金兰等有条件的养殖场建设加工厂，在执行生产许可、食品安全标准等规定，确保质量安全前提下，推行生产、加工、销售一体化，发展周边地区预包装乳制品供应，引导鲜奶消费，按照就近就地原则，加快推进一二三产业融合发展，打造“特色、新鲜”品牌。

【市场消费】2020 年，全市人均奶类占有量达到 39.6 kg，乳制品消费量逐年上升，消费支出也水涨船高。乳制品人均消费量大约在 40 kg，人均支出在 660 元左右。本市销售主要乳制品品牌有蒙牛、伊利、亚奥特、佳宝、君乐宝等。近年来，乳制品市场变化较快，传统 UHT 奶份额逐步下降，巴氏杀菌乳随着奶吧的兴起，进一步挤占 UHT 奶份额。青少年则是巴氏杀菌乳和酸奶的主力消费者。随着消费者对乳制品营养认识的深化，巴氏杀菌乳、酸奶将会被更多消费者认可，奶酪的消费量也有所上升。本地乳企重点发展低温奶，蒙牛、伊利则侧重常温奶市场。金兰奶牛养殖有限公司积极向消费环节拓展，日产鲜奶 15 t，自己加工 3 t 供应奶吧，产品以巴氏杀菌乳和酸奶为主，经济效益显著。

【奶源基地】以蒙牛、亚奥特、安康、金兰等乳制品加工企业为引领，以城区周边、新泰、肥城、宁阳为区域重点，优化奶业布局。鼓励乳制品企业自建、收购奶源基地。稳定发展荷斯坦奶牛，因地制宜引导乳肉兼用牛、奶山羊生产。出台扶持奶业发展的若干政策，加大对上争取，对13个中小牧场在设备配置、奶牛购进、粪污资源化利用等方面给予补助。截至2020年年底，规模饲养比重达到97.1%以上，存栏50~99头、100~199头、200~499头、500~999头和1 000头及以上的牧场分别占总存栏的0.57%、2.3%、17.7%、28.5%和48.6%，规模化水平进一步提升。规模养殖场全部做到了机械化挤奶，100%推广应用TMR技术，36个规模养殖场开展了DHI测定。山东圣力牧业有限公司总投资2.6亿元，设计奶牛存栏5 000头，每年生产鲜奶4万t、每年生产优质荷斯坦母犊牛1 800头，年销售收入达2亿元以上，实现利润3 000万元以上。牛粪多采用堆肥的处理方式，大型奶牛养殖场大多建设了沼气发电、沼气池等粪污处理设施。全年收购价格在4.4元/kg左右。

【奶农组织】鼓励企业通过订单收购、建立风险基金、返还利润、参股入股等多种形式，与奶农结成稳定的产销关系，形成紧密的利益联结机制，达到以龙头带产业、产业促龙头的良好发展局面。

（泰安市畜牧兽医事业发展服务中心，亓宇龙）

德州市

【奶畜养殖】德州市2020年奶牛存栏约8.24万头，奶类总产量约30万t。养殖区域主要分布在禹城市、乐陵市、齐河县、陵城区。全市规模以上奶牛养殖场35个，其中500头以上的奶牛养殖场17个；1 000头以上的奶牛养殖场8个；10 000头以上的奶牛牧场5个，分别是维多利亚农牧有限公司、视界牧业有限公司、嘉立荷（山东）牧业有限公司、醇源牧场有限公司（2个牧场）。伴随着陵城区光明生态示范奶牛养殖有限公司、山东视界牧业有限公司、齐河县醇源牧场有限公司等大型奶牛养殖场在德州市快速崛起，形成了"龙头＋基地＋牧场"的产业化生产格局，带动全市现代奶业快速健康发展。

【乳制品加工】全市有乳制品加工厂3个，日加工产能约870 t。其中，禹城市乳制品加工企业2家，分别为东君乳业（禹城）有限公司及山东君君乳酪有限公司，乳制品总产量达到6万t，主要品种有低温鲜奶1 025 t、UHT奶2 000 t、常温酸奶47 923 t、低温酸奶2 363 t、奶油1500 t、奶酪30 000 t、含乳饮料1 000 t。经济开发区光明乳业（德州）有限公司乳制品总产量达到10.8万t，UHT奶71 314 t，酸奶34 381 t。

【市场消费】全市人均奶类占有量约53 kg。当地市场主要销售的巴氏杀菌乳品牌有蒙牛、伊利、莫斯利安、得益，价格每包（250 mL）8~12元，UHT奶品牌主要有蒙牛、特仑苏、金典等，价格分别为3.5元/盒、4.5元/盒、5元/盒。酸奶品牌主要有开菲尔、安幕希等，价格分别为4.3元/盒、4.2元/盒。婴幼儿配方奶粉品牌主要有飞鹤、美赞臣、爱他美、启赋等，价格为每500g 270元。其他奶粉品牌主要有德运、雀巢、金可澳等。

【奶源基地】德州市大力推广奶业先进生产技术，如优质奶牛改良、不同阶段日粮配合饲养、机械化挤奶、后备母牛培育、环境控制、DHI测定等技术。70%以上奶牛养殖场实现了全日粮混合饲喂，95%以上奶牛养殖场建成了大型现代化挤奶厅，TMR机、卧床等一些先进设施设备得到了应用，机械化挤奶水平提高。随着国家良种补贴政策的落实和改良技术的应用，大幅度改良了低产奶牛，形成了本区域的优质母牛群，为奶牛高产打下了坚实的基础。全市粮改饲面积16万亩，年提供优质饲草料50万t，规模奶牛养殖场优质青贮饲料覆盖率100%，种养结合更加紧密。2020年，全市规模奶牛养殖场单产均达到9 t左右，高产奶牛单产达到了11.8 t。为确保奶牛健康，积极开展疫病监测和程序化免疫，积极预防治疗乳腺炎等常见疾病。粪污通过干湿分离，粪便进行槽式发酵后，堆积利用，污水进行厌氧发酵处理后排入氧化塘。乳企收购生鲜乳价格为4.3元/kg，1头奶牛年净收入3 000~4 000元。

【政策法规】根据鲁财农整指〔2020〕17号文件，下达德州市2020年中央财政补助奶牛牧场和合作社升级改造资金247.1万元，改造和升级中小奶牛牧场21个。根据鲁财农整指〔2020〕17号文件，省财政下达本市2020年高产优质苜蓿基地建设资金25万元，在乐陵市建设苜蓿基地500亩。2020年出台的政策文件有《关于开展2020年生鲜乳专项整治行动的通知》《关于配合做好2020年第一批生鲜乳质量安全异地抽检工作的通知》《关于配合做好2020年第二批生鲜乳质量安全异地抽检工作的通知》《关于报送振兴奶业苜蓿发展行动项目实施情况自评报告的通知》《关于配合做好山东省2020年第二次畜产品（生鲜乳）质量安全监测工作的通知》《关于维护生鲜乳购销秩序保障乳产品质量安全的通知》《关于对2020年有关项目进行总结并提报2021年项目需求的通知》《关于报送2020年度奶业振兴工作总结的通知》《关于对涉嫌非法收购生鲜乳进行核查的通知》。

【质量监管】全市有标准化奶站33个。近年来，本市奶牛养殖场设施设备不断提档升级，积极开展生鲜乳收购站标准化建设等活动，奶牛标准化饲养快速提高。加大对奶站的监管和抽查力度，奶农的法律责任意识得到了明显提高，生鲜乳生产、运输环节得到严密监控，确保了生鲜乳质量和安全。2020年生鲜乳抽检全部合格，未发生生鲜乳质量安全事件。

【奶业大事】在山东省"乡村振兴杯"畜牧业项目争先创优竞赛中，德州市农业农村局获得先进单位荣誉称号。本市齐力新农业服务有限公司获得山东省第三届（2021年）青贮饲料质量评鉴大赛一等奖。

（德州市农业农村局，郭俊刚）

附表 1　山东省主要规模奶畜养殖场（小区）名录

序号	县（市、区）	名称	场址	供奶企业	全群存栏（头）	成母畜存栏（头）	奶畜品种	成母畜单产（t/年）	年总产量（t）	是否有机奶源基地	有机奶产量（t）
1	商河县	现代牧业（商河）有限公司	山东省济南市商河县沙河镇赵黑豆村北	蒙牛	23 000	20 000	荷斯坦	12.0	132 000	√	132 000
2	平阴县	平阴县顺兴奶牛养殖有限公司	安城镇南贵平村	济南伊利乳业有限责任公司	160	12	荷斯坦	7.5	90		
3	平阴县	济南长明牧业有限公司	玫瑰镇大站村	济南伊利乳业有限责任公司	429	190	荷斯坦	6.0	1 140		
4	平阴县	济南增益奶牛养殖有限公司	洪范池镇苗海村	亚奥特	446	246	荷斯坦	8.0	1 968		
5	平阴县	山东佳源农牧科技发展有限公司	孔村镇范皮村	济南伊利乳业有限责任公司	490	225	荷斯坦	10.0	2 250		
6	平阴县	济南优然牧业有限责任公司	孝直镇前洼村	济南伊利乳业有限责任公司	9 393	4 796	荷斯坦	13.0	62 348		
7	济南市济阳区	山东高速生物工程有限公司	济阳区新市镇江店村	山东高速生物工程有限公司	1 931	1 035	荷斯坦	7.0	7 200		
8	济南市济阳区	济南春雨富田畜牧养殖有限公司	济阳区新市镇段家村	蒙牛	397	210	荷斯坦	10.5	1 800		
9	济南市济阳区	济阳县云春奶牛专业合作社	济阳区新市镇董家村	科迪	210	110	荷斯坦	6.9	759		
10	济南市济阳区	济南景辉牧业有限公司	济阳区仁风镇王老虎村	山东旺旺食品有限公司	1 500	400	荷斯坦	11.0	5 000		
11	济南市济阳区	兴瑞奶牛养殖合作社	济阳区仁风镇北陈村	科迪	290	95	荷斯坦	9.0	850		
12	济南市济阳区	济阳县蓝天奶牛养殖专业合作社	济阳区仁风镇东街村	旺旺	410	200	荷斯坦	9.0	1 500		
13	济南市济阳区	济阳县鸿祥奶牛养殖专业合作社	济阳区仁风镇朱家	旺旺集团	256	165	荷斯坦	8.0	1 100		
14	济南市济阳区	济阳县富元奶牛养殖专业合作社	济阳区仁风镇王让村	济阳旺旺食品有限公司	480	200	荷斯坦	8.0	1 500		
15	济南市济阳区	山东祁氏牧业畜牧有限公司	济阳区垛石街道玉皇庙村东首	山东农科院	324	165	荷斯坦	7.1	1 170		
16	济南市济阳区	济阳县顺天奶牛养殖专业合作社	济阳区回河街道吴寨村	旺旺集团	315	220	荷斯坦	7.0	1 540		
17	济南市长清区	济南长清区旺盛奶牛厂	张夏	亚奥特	385	340	荷斯坦	9.0	1 800		
18	济南市长清区	长清区志诚奶牛场	归德	亚奥特	420	210	荷斯坦	8.7	1 200		
19	济南市长清区	佳宝一牧	文昌	佳宝	3 200	1 400	荷斯坦、娟珊	10.1	15 000		
20	济南市长清区	佳宝二牧	平安	佳宝	2 851	1 642	荷斯坦、娟珊	10.0	16 420		
21	济南市历城区	济南市历城区润达奶牛养殖场	董家街道季家村	山东瑞旺食品有限公司	297	180	荷斯坦	9.0	1 400		
22	济南市历城区	济南永义牧业有限公司	唐王街道韩东村	蒙牛乳业	195	98	荷斯坦	7.5	800		
23	济南市章丘区	济南黉塘岭丰顺农产品开发有限公司	章丘区相公庄街道巡检村东首	山东兴牛乳业有限公司	200	160	荷斯坦	7.2	750		
24	济南市章丘区	济南市章丘区立志奶牛厂	高官寨街道罗家村	济南市章丘区高官寨爱心奶牛专业合作社	187	100	荷斯坦	9.3	700		
25	济南市先行区	济南望勤奶牛场	孙耿街道杓子李村	旺旺集团	180	150	荷斯坦	10.0	1 000		
26	济南市先行区	济南三利奶牛场	孙耿街道魏家村	旺旺集团	300	220	荷斯坦	10.0	1 300		
27	济南市莱芜区	济南市杰瑞牧业有限公司	济南市莱芜区口镇枣园村	淄博得益	416	160	荷斯坦	10.0	1 200		
28	济南市莱芜区	济南市莱芜区星火养殖家庭农场	济南市莱芜区口镇古城村	亚奥特	88	25	荷斯坦	9.5	120		

（续）

序号	县（市、区）	名称	场址	供奶企业	全群存栏（头）	成母畜存栏（头）	奶畜品种	成母畜单产（t/年）	年总产量（t）	是否有机奶源基地	有机奶产量（t）
29	济南市钢城区	济南相奎养殖有限公司	钢城区汶源街道马家庄村	亚奥特	103	58	荷斯坦	7.2	114		
30	济南市钢城区	济南市钢城区建强牧业有限公司	钢城区里辛街道潘家庄村	亚奥特	118	62	荷斯坦	8.0	400		
31	青岛市城阳区	广源发荣照康养殖有限公司	惜福镇纸房	雀巢乳业	850	560	荷斯坦	5.0	2 800		
32	青岛市城阳区	康达畜牧场	河套街道胡庆	青岛迎春乐食品有限公司	160	70	荷斯坦	5.0	350		
33	青岛市即墨区	即墨区永兴奶牛养殖场	大信镇常家街	雀巢	380	190	荷斯坦	8.5	1 615		
34	青岛市即墨区	青岛佳顺养殖有限公司	大信镇西孙唐庄	伊利	590	400	荷斯坦	10.5	4 200		
35	青岛市即墨区	即墨牧春奶牛场	北安兰东	南京卫岗	480	240	荷斯坦	9.0	2 200		
36	青岛市即墨区	邹慎强奶牛场	北安邹家疃	迎春乐	80	80	荷斯坦	6.0	500		
37	青岛市即墨区	军浩养殖场	高新区孙辛	新希望	120	53	荷斯坦	8.0	424		
38	青岛市即墨区	德先奶牛场	高新区孙辛	雀巢	220	110	荷斯坦	9.0	990		
39	青岛市即墨区	青岛和意畜禽养殖专业合作社	移风店镇上泊村	迎春乐	120	100	荷斯坦	10.0	700		
40	青岛市即墨区	青岛市瑞鑫苑奶牛养殖场	移风店镇毛子埠村	迎春乐	80	60	荷斯坦	10.0	400		
41	青岛市即墨区	即墨市杰鑫奶牛场	移风店镇湍湾石硼村	雀巢	130	105	荷斯坦	10.0	580		
42	青岛市即墨区	吴宗昌奶牛场	移风店镇青中埠村	迎春乐	130	100	荷斯坦	10.0	700		
43	青岛市即墨区	傅兵起牛业养殖场	移风店镇傅家村	迎春乐	160	130	荷斯坦	10.0	900		
44	青岛市即墨区	青岛顺美牧业有限公司	段泊岚镇西瓦村	迎春乐	580	290	荷斯坦	9.6	2 650		
45	青岛市即墨区	世丰明光奶牛养殖场	段泊岚镇段三村	雀巢	410	260	荷斯坦	9.2	2 360		
46	青岛市即墨区	青岛奥特奶牛良种场	段泊岚镇姜家庄村	新希望	570	280	荷斯坦	9.5	2 630		
47	青岛市即墨区	盛发家庭农场	段泊岚镇姜家庄村	迎春乐	150	69	荷斯坦	9.5	530		
48	青岛市即墨区	森传奶牛养殖场	段泊岚镇孙家屯村	迎春乐	163	76	荷斯坦	9.6	560		
49	青岛市即墨区	源合兴奶牛场	灵山镇后山后	雀巢	90	41	荷斯坦	9.0	369		
50	青岛市即墨区	孙孝平	蓝村镇二里	迎春乐	70	55	荷斯坦	8.0	490		
51	青岛市即墨区	荆相宗	蓝村镇二里	迎春乐	70	55	荷斯坦	7.5	413		
52	青岛市即墨区	李元文	蓝村镇贾戈庄	新希望	95	85	荷斯坦	8.5	723		
53	青岛市即墨区	孙术启	蓝村镇六里村	迎春乐	96	88	荷斯坦	8.5	748		
54	胶州市	青岛泽鲁奶牛养殖场	里岔镇游家屯	青岛新希望琴牌乳业有限公司	164	80	荷斯坦	7.5	450		
55	胶州市	青岛三益奶牛养殖有限公司	九龙街道办事处西匡家茔村东 600 m	青岛新希望琴牌乳业有限公司	425	410	荷斯坦	9.0	1 900		
56	胶州市	青岛浩德瑞牧业有限公司	洋河镇秦家庄	潍坊伊利乳业有限责任公司	910	388	荷斯坦	11.0	5 000		
57	胶州市	青岛银湾牧业有限公司	洋河镇姜戈庄	烟台紫鸳乳业有限公司	103	40	荷斯坦	8.0	320		
58	胶州市	胶州市含铄牧场	胶北街道办事处西庸村	青岛雀巢有限公司	280	180	荷斯坦	9.0	1 200		
59	莱西市	莱西市鑫盛源奶牛养殖	姜山镇后庞家岚村	雀巢	160	77	荷斯坦	5.0	350		
60	莱西市	青岛金仰岭牧业有限公司	姜山镇南仰岚岭村	雀巢	322	200	荷斯坦	8.0	1 600		
61	莱西市	莱西市玉泉林奶牛养殖场	姜山镇蒲湾岭村	雀巢	165	90	荷斯坦	9.4	750		

（续）

序号	县（市、区）	名称	场址	供奶企业	全群存栏（头）	成母畜存栏（头）	奶畜品种	成母畜单产（t/年）	年总产量（t）	是否有机奶源基地	有机奶产量（t）
62	莱西市	青岛永兴腾飞奶牛养殖专业合作社	姜山镇解家泽口村	雀巢	186	100	荷斯坦	8.0	800		
63	莱西市	莱西市兴家奶牛养殖场	姜山镇后庞家岚	雀巢	150	62	荷斯坦	4.5	220		
64	莱西市	莱西市金宇奶牛养殖场	姜山镇南仰岚岭村	雀巢	210	130	荷斯坦	7.0	920		
65	莱西市	莱西市盛林奶牛养殖场	姜山镇兴隆庄村	雀巢	180	96	荷斯坦	7.2	750		
66	莱西市	莱西市呈旭畜牧养殖场	姜山镇后山村	雀巢	130	90	荷斯坦	5.3	450		
67	莱西市	莱西市七里庄奶牛养殖场	姜山镇七里庄村	雀巢	185	92	荷斯坦	7.2	750		
68	莱西市	莱西市地强奶牛养殖场	姜山镇菜园村	雀巢	230	120	荷斯坦	8.0	900		
69	莱西市	莱西市永华奶牛养殖场	姜山镇石河村	雀巢	31	0	荷斯坦				
70	莱西市	青岛榕昕牧业集团有限公司	姜山镇黄家庄村	雀巢	145	101	荷斯坦	8.5	800		
71	莱西市	莱西市邹明学奶牛养殖场	姜山镇洽疃	雀巢	180	122	荷斯坦	8.0	910		
72	莱西市	青岛亚东畜牧场	姜山镇兴隆屯村	雀巢	405	198	荷斯坦	8.5	1 600		
73	莱西市	李宝建养殖场	姜山镇李家泽口	伊利	140	65	荷斯坦	5.0	390		
74	莱西市	李世东养殖场	姜山西众水村	伊利	120	63	荷斯坦	5.5	300		
75	莱西市	徐春笋养殖场	姜山西众水村	伊利	160	85	荷斯坦	6.0	653		
76	莱西市	徐仁国养殖场	姜山石河村	雀巢	135	80	荷斯坦	8.5	650		
77	莱西市	李青养殖场	姜山大河头村	雀巢	100	60	荷斯坦	8.0	470		
78	莱西市	莱西市子明养殖场	姜山北仰岭村	江苏南京卫岗乳品有限公司	485	360	荷斯坦	9.0	3 600		
79	莱西市	军胜牧场	姜山镇姜山六村	雀巢	125	75	荷斯坦	7.5	648		
80	莱西市	孙成友养殖场	姜山镇后垛埠村	雀巢	102	45	荷斯坦	5.2	432		
81	莱西市	青岛南辛庄牧业有限公司	院上镇南辛庄村	联润	214	140	荷斯坦	8.5	1 100		
82	莱西市	莱西市广友奶牛场	院上镇黄王地村	雀巢	160	110	荷斯坦	8.1	900		
83	莱西市	智丰奶牛场	院上镇史格庄	雀巢	120	75	荷斯坦	7.5	400		
84	莱西市	福旺旺奶牛场	院上镇张家屯	三元	140	80	荷斯坦	7.5	600		
85	莱西市	军汪奶牛合作社	院上镇逄家会	雀巢	150	90	荷斯坦	8.5	800		
86	莱西市	青岛建顺奶牛养殖专业合作社奶牛养殖小区	院上镇后上泊村	雀巢	300	145	荷斯坦	8.5	1 233		
87	莱西市	青岛犇隆畜牧养殖专业合作社养殖场	院上镇东朱东村	雀巢	120	80	荷斯坦	9.0	720		
88	莱西市	莱西市益农奶牛养殖场	院上镇葛家院村北	雀巢	150	50	荷斯坦	8.0	400		
89	莱西市	青岛源川奶牛养殖专业合作社	院上镇史家庄村	雀巢	305	150	荷斯坦	8.8	1 320		
90	莱西市	青岛宏达奶牛养殖专业合作社奶牛养殖小区	院上镇朱西庄村	雀巢	250	130	荷斯坦	8.5	1 080		
91	莱西市	青岛燕妮奶牛专业合作社奶牛养殖小区	日庄东白石山	雀巢	390	220	荷斯坦	9.0	2 016		

（续）

序号	县（市、区）	名称	场址	供奶企业	全群存栏（头）	成母畜存栏（头）	奶畜品种	成母畜单产（t/年）	年总产量（t）	是否有机奶源基地	有机奶产量(t)
92	莱西市	青岛汇泉涌奶牛养殖专业合作社	日庄东白石山	雀巢	500	260	荷斯坦	9.5	2 520		
93	莱西市	青岛凯盛兴奶牛养殖专业合作社	日庄镇瓦庄村	雀巢	130	80	荷斯坦	8.0	480		
94	莱西市	李风春奶牛场	日庄镇前庞村	雀巢	122	80	荷斯坦	8.0	480		
95	莱西市	青岛东毅奶牛养殖专业合作社	日庄镇泊子	雀巢	210	160	荷斯坦	8.5	945		
96	莱西市	青岛莱西市长青奶牛养殖专业合作社	日庄余水庄	新希望	180	120	荷斯坦	8.0	540		
97	莱西市	青岛瑞良奶牛养殖专业合作社	日庄后山珍村	雀巢	120	95	荷斯坦	8.0	504		
98	莱西市	莱西市李奇奶牛养殖场	日庄镇西郭	雀巢	120	60	荷斯坦	8.5	512		
99	莱西市	青岛莱西市共兴奶牛养殖专业合作社	日庄沟西	雀巢	130	95	荷斯坦	8.0	660		
100	莱西市	青岛新恒基奶牛养殖专业合作社	日庄院里	伊利	490	290	荷斯坦	9.5	2 256		
101	莱西市	青岛院牛一号畜禽养殖专业合作社	日庄镇西朱毛村	雀巢	100	70	荷斯坦	9.0	548		
102	莱西市	王仁军奶牛场	日庄镇淤场	雀巢	70	50	荷斯坦	8.5	385		
103	莱西市	青岛富昊德奶牛养殖场	日庄胡沟	雀巢	500	330	荷斯坦	9.0	3 060		
104	莱西市	丁建良奶牛场	日庄向阳夼	雀巢	126	70	荷斯坦	8.6	540		
105	莱西市	青岛强牛奶牛养殖专业合作社	南墅埠前庄	雀巢	430	282	荷斯坦	9.0	2 480		
106	莱西市	青岛普瑞纳奶牛养殖专业合作社	南墅柳杭	雀巢	320	245	荷斯坦	9.0	2 190		
107	莱西市	黄振瑞奶牛场	南墅镇黄家屯	雀巢	120	60	荷斯坦	8.5	480		
108	莱西市	青岛东野兴旺奶牛养殖专业合作社	河头店东野	雀巢	300	120	荷斯坦	8.7	1 020		
109	莱西市	青岛莱西市宏杰奶牛养殖场	河头店镇陈家村	蒙牛	480	350	荷斯坦	8.8	2 190	√	2 190
110	莱西市	青岛莱西市盛顺达奶牛养殖专业合作社	河头店镇陈家村	雀巢	460	320	荷斯坦	9.0	2 480		
111	莱西市	青岛安德奶牛养殖专业合作社	河头店镇大淳于村	雀巢	270	110	荷斯坦	9.0	1 320		
112	莱西市	青岛丰牧奶牛养殖专业合作社	河头店镇岚子村	雀巢	260	135	荷斯坦	8.8	1 120		
113	莱西市	莱西市建朋奶牛养殖场	河头店镇南岚	雀巢	170	80	荷斯坦	7.5	630		
114	莱西市	山东青岛莱西宝源泉奶牛养殖场	河头店镇善家屯村	雀巢	85	37	荷斯坦	6.7	240		
115	莱西市	莱西市红英奶牛养殖场	河头店镇水台村	雀巢	219	126	荷斯坦	8.5	1 100		
116	莱西市	青岛高家草泊奶牛专业合作社	马连庄镇高家草泊	雀巢	312	122	荷斯坦	8.7	1 090		
117	莱西市	青岛莱西市兴伟奶牛养殖专业合作社	马连庄镇彭格庄村	蒙牛	305	156	荷斯坦	8.8	1 380		
118	莱西市	莱西市甲雷养殖场	马连庄镇泗水村	雀巢	130	55	荷斯坦	6.7	435		
119	莱西市	莱西市成立养殖场	马连庄镇吴家草泊	新希望	150	65	荷斯坦	7.4	475		
120	莱西市	莱西市宝杰养殖场	马连庄镇于家洼村	雀巢	200	91	荷斯坦	7.5	720		
121	莱西市	青岛兴牧富农奶牛养殖专业合作社	马连庄镇展家村	新希望	500	350	荷斯坦	10.2	2 920		

（续）

序号	县（市、区）	名称	场址	供奶企业	全群存栏（头）	成母畜存栏（头）	奶畜品种	成母畜单产（t/年）	年总产量（t）	是否有机奶源基地	有机奶产量（t）
122	莱西市	青岛凯琨宇奶牛养殖专业合作社	马连庄镇仲格庄村	雀巢	300	170	荷斯坦	9.0	1 460		
123	莱西市	万太杰奶牛场	店埠西阁	迎春乐	130	62	荷斯坦	9.2	515		
124	莱西市	李洪方奶牛场	店埠镇西才	雀巢	170	84	荷斯坦	8.0	709		
125	莱西市	莱西市琴超牧场	店埠镇天井山	雀巢	161	92	荷斯坦	8.8	908		
126	莱西市	徐兆方奶牛场	店埠后朴木	雀巢	120	60	荷斯坦	8.9	615		
127	莱西市	葛俭顺奶牛场	夏格庄镇西夏村	雀巢	150	75	荷斯坦	9.7	597		
128	莱西市	青岛洪乳奶牛养殖专业合作社	夏格庄镇夏七	雀巢	150	75	荷斯坦	10.0	872		
129	莱西市	莱西市周波牧场	夏格庄镇新家疃	雀巢	230	110	荷斯坦	11.0	1 134		
130	莱西市	莱西市耿世湖牧场	夏格庄夏一	联益	300	142	荷斯坦	9.9	1 043		
131	莱西市	青岛夏五奶牛养殖专业合作社	夏格庄夏五	伊利	467	232	荷斯坦	8.0	2 409		
132	莱西市	郑知双奶牛场	夏格庄夏三	雀巢	280	138	荷斯坦	8.2	1 261		
133	莱西市	刘世阳奶牛场	夏格庄夏三	雀巢	148	70	荷斯坦	8.1	598		
134	莱西市	青岛澳新苑畜牧有限公司	夏格庄西曲	雀巢	600	382	荷斯坦	11.0	3 296		
135	莱西市	莱西市奶牛良种场	夏格庄渭田	雀巢	500	348	荷斯坦	9.0	2 103		
136	莱西市	青岛恒利奶牛养殖专业合作社	夏格庄官庄	雀巢	240	109	荷斯坦	9.7	988		
137	莱西市	青岛云庆奶牛养殖专业合作社	夏格庄杜疃	雀巢	298	142	荷斯坦	8.7	1 461		
138	莱西市	莱西市顺鑫奶牛养殖场	店埠中由	雀巢	180	85	荷斯坦	8.4	986		
139	莱西市	莱西市李涛奶牛养殖场	店埠中由	雀巢	100	51	荷斯坦	7.5	479		
140	莱西市	李言体奶牛场	店埠中由	雀巢	180	87	荷斯坦	9.8	1 037		
141	莱西市	李欣奶牛场	店埠镇中由村	雀巢	150	72	荷斯坦	9.6	718		
142	莱西市	莱西市增群奶牛养殖场	店埠中由	雀巢	400	201	荷斯坦	8.7	2 175		
143	莱西市	青岛新高地奶牛养殖场	店埠镇政府东	光明	1 805	903	娟珊	7.0	3 560		
144	莱西市	莱西市海航鑫源奶牛养殖场	店埠镇西黄埠	雀巢	365	202	荷斯坦	9.9	1 548		
145	莱西市	青岛昊运畜禽养殖专业合作社	店埠西黄埠	迎春乐	230	113	荷斯坦	9.0	944		
146	莱西市	青岛嘉祥奶牛养殖专业合作社	店埠镇西南阁村	雀巢	450	225	荷斯坦	8.8	1 523		
147	莱西市	万福瑞小区	店埠西阁	柏扎莱	120	81	荷斯坦	8.9	674		
148	莱西市	青岛庆新奶牛养殖专业合作社	店埠镇前寨	雀巢	498	249	荷斯坦	10.2	2 723		
149	莱西市	莱西市水口奶牛养殖场	店埠镇前水口	柏扎莱	102	51	荷斯坦	9.8	570		
150	莱西市	青岛恒硕奶牛养殖专业合作社	店埠镇后水	雀巢	310	155	荷斯坦	8.4	1 324		
151	莱西市	青岛良玉奶牛养殖专业合作社	店埠镇后朴木	雀巢	175	82	荷斯坦	9.5	729		
152	莱西市	青岛张栋奶牛专业合作社	店埠镇韩家汇	雀巢	220	109	荷斯坦	7.8	609		
153	莱西市	孔范明奶牛场	店埠镇东黄埠	雀巢	203	122	荷斯坦	10.8	1 120		
154	莱西市	莱西市万玉宾奶牛养殖场	店埠西才	雀巢	140	68	荷斯坦	7.8	582		
155	莱西市	耿卫华奶牛场	店埠镇前高	雀巢	150	85	荷斯坦	9.0	790		

（续）

序号	县（市、区）	名称	场址	供奶企业	全群存栏（头）	成母畜存栏（头）	奶畜品种	成母畜单产（t/年）	年总产量（t）	是否有机奶源基地	有机奶产量(t)
156	莱西市	莱西市珺超养殖场	望城街道张家庄村	迎春乐	136	70	荷斯坦	9.3	657		
157	莱西市	青岛博奥牧场	望城街道西韩家屯村	雀巢	446	420	荷斯坦	4.35	1 850		
158	莱西市	青岛荷斯坦奶牛养殖有限公司	望城街道曲家屯村	雀巢、光明	3 200	1 800	荷斯坦	10.1	18 250		
159	莱西市	青岛丰联奶牛养殖专业合作社	望城街道前堤村	雀巢	800	460	荷斯坦	11.1	5 110		
160	莱西市	青岛犇鑫奶牛养殖场	望城街道林泉庄村	伊利	480	300	荷斯坦	11.0	3 285		
161	莱西市	莱西市翰霖奶牛养殖场	望城街道西韩家屯村	青岛莱西市联润养殖专业合作社	178	70	荷斯坦	9.3	657		
162	莱西市	青岛宗帅奶牛养殖专业合作社	望城街道西韩家屯村	迎春乐	170	90	荷斯坦	11.0	986		
163	莱西市	青岛莱西市奇青奶牛养殖专业合作社	水集街道产芝村	青岛莱西市联润养殖专业合作社	108	67	荷斯坦	10.0	300		
164	莱西市	莱西市信发奶牛养殖场	经济开发焦格庄村	雀巢	256	126	荷斯坦	7.2	913		
165	莱西市	青岛京海奶牛养殖专业合作社	经济开发区龙一村	新希望	200	160	荷斯坦	11.0	1 100		
166	莱西市	青岛莱西市联润养殖专业合作社	望城街道林泉庄村	伊利	480	300	荷斯坦	11.0	3 285		
167	莱西市	莱西市金鑫养殖场	望城街道后冯北村	迎春乐	125	70	荷斯坦	8.3	584		
168	莱西市	青岛莱西市联益养殖专业合作社	沽河街道铁家庄	雀巢	420	300	荷斯坦	3.0	900		
169	莱西市	青岛育丰奶牛养殖专业合作社	沽河街道前我乐	雀巢	495	266	荷斯坦	9.0	2 394		
170	莱西市	青岛璐琨养殖有限公司	沽河街道中孟格庄	卫岗	750	350	荷斯坦	11.0	3 600		
171	莱西市	青岛莱西市树青兴旺奶牛养殖专业合作社	沽河街道潘格庄	莱西市奶业中心	270	150	荷斯坦	3.0	450		
172	莱西市	青岛汇泉奶牛养殖场	沽河街道南栾家寨子	光明	1 200	592	荷斯坦	12.5	5 000		
173	莱西市	莱西市牛多多奶牛养殖场	沽河街道凤凰屯	雀巢	150	80	荷斯坦	9.0	720		
174	莱西市	莱西市王军奶牛养殖场	沽河街道东王庄村	雀巢	120	90	荷斯坦	6.0	540		
175	莱西市	莱西市茂晓奶牛养殖场	沽河街道兴旺庄	雀巢	184	110	荷斯坦	8.0	900		
176	莱西市	莱西市俊美奶牛养殖场	沽河街道王家山后	雀巢	350	170	荷斯坦	10.0	1 650		
177	莱西市	莱西市袁程牧业养殖场	沽河街道办三教村	莱西市奶业中心	93	50	荷斯坦	8.0	400		
178	莱西市	莱西市鑫福源奶牛养殖场	沽河街道郎家庄	雀巢	135	80	荷斯坦	9.0	720		
179	莱西市	莱西市理波奶牛养殖场	沽河街道马家会	青岛璐琨养殖有限公司	150	100	荷斯坦	6.0	600		
180	莱西市	莱西市犇牛奶牛养殖场	沽河街道郎家庄	新希望	101	35	荷斯坦	13.0	480		
181	莱西市	吴金涛奶牛场	沽河街道朱家庄	伊利	98	60	荷斯坦	6.0	360		
182	莱西市	任丰智奶牛场	沽河街道大高岚	新希望	84	33	荷斯坦	7.5	248		
183	平度市	青岛绿草源牧场	平度市南村镇蔡家辛庄村	潍坊伊利	983	487	中国荷斯坦	6.6	3 214	√	3 214
184	淄博市临淄区	淄博临淄学士奶牛养殖场	金山镇福山村	山东得益乳业有限公司	180	60	荷斯坦	4.0	250		
185	淄博市临淄区	淄博市临淄宏夏农牧业开发有限公司	朱台镇后夏村	山东得益乳业有限公司	120	45	荷斯坦	6.6	350		
186	淄博市临淄区	淄博临淄庚源晨奶牛专业合作社	齐陵街道前丁村	山东得益乳业有限公司	500	240	荷斯坦	10.8	2 000		

（续）

序号	县（市、区）	名称	场址	供奶企业	全群存栏（头）	成母畜存栏（头）	奶畜品种	成母畜单产（t/年）	年总产量（t）	是否有机奶源基地	有机奶产量(t)
187	淄博市临淄区	临淄区金岭康源奶牛养殖场	金岭镇金岭二村	山东得益乳业有限公司	310	180	荷斯坦	6.0	1 200		
188	淄博市临淄区	淄博青源牧业有限公司	齐陵街道老刘家村	山东得益乳业有限公司	220	145	荷斯坦	10.8	1 600		
189	桓台县	桓台县荆家镇蓝泉牧场	桓台县荆家镇	山东亚奥特乳业有限公司	170	102	荷斯坦	8.2	836		
190	桓台县	桓台县巨惠养殖农民专业合作社	桓台县唐山镇	山东得益乳业有限公司	184	110	荷斯坦	8.1	891		
191	桓台县	桓台县新城镇地林奶牛养殖场	桓台县新城镇	山东亚奥特乳业有限公司	190	114	荷斯坦	8.0	912		
192	桓台县	桓台县新城镇桐明奶牛养殖厂	桓台县新城镇	山东亚奥特乳业有限公司	135	80	荷斯坦	8.2	656		
193	桓台县	桓台县马桥镇汇源养牛场	桓台县马桥镇	山东亚奥特乳业有限公司	265	153	荷斯坦	8.1	1 239		
194	高青县	淄博荣英牧业有限公司生鲜乳收购站	黑里寨镇萁张村	山东得益乳业有限公司、伊利	1 400	503	荷斯坦	11.0	6 700		
195	高青县	山东得益乳业股份有限公司高青第三牧场生鲜乳收购站	青城镇徐家寨村	山东得益乳业有限公司	4 779	1 834	荷斯坦	10.0	17 193		
196	高青县	高青聚益牧业有限公司生鲜乳收购站	黑里寨镇太平村	科迪	580	241	荷斯坦	4.0	2 281		
197	高青县	山东得益二牧牧业有限责任公司生鲜乳收购站	木李镇常家坊村	山东得益乳业有限公司	7 324	3 230	荷斯坦	10.0	30 279		
198	高青县	高青花沟镇鑫泰牧场生鲜乳收购站	花沟镇任马寨村	君乐宝	694	262	荷斯坦	12.0	1 200		
199	高青县	高青县和谐牧场生鲜乳收购站	黑里寨镇格家村	维维	328	161	荷斯坦	6.0	365		
200	高青县	高青森澳奶牛养殖专业合作社生鲜乳收购站	黑里寨镇郝家村	科迪	220	86	荷斯坦	9.0	360		
201	高青县	高青县永胜奶牛养殖场生鲜乳收购站	黑里寨镇黑三村	科迪	179	80	荷斯坦	8.0	438		
202	高青县	高青县家禄奶牛养殖专业合作社生鲜乳收购站	黑里寨镇刘镇村	新希望	610	302	荷斯坦	8.5	1 600		
203	高青县	高青县风德奶牛养殖场生鲜乳收购站	黑里寨店头王村	三元	633	287	荷斯坦	9.0	1 278		
204	高青县	高青县顺腾奶牛养殖专业合作社奶站	花沟镇庄家村	三元	753	322	荷斯坦	6.4	767		
205	高青县	淄博同创牧业有限公司生鲜乳收购站	黑里寨黑三村	新希望	580	231	荷斯坦	7.0	800		
206	高青县	高青县犇腾奶牛养殖专业合作社生鲜乳收购站	花沟镇周闫村	蒙牛	423	189	荷斯坦	8.0	800		
207	高青县	淄博市润客农业发展有限公司生鲜乳收购站	青城镇西三里村	君乐宝	684	231	荷斯坦	9.5	1 800		

（续）

序号	县（市、区）	名称	场址	供奶企业	全群存栏（头）	成母畜存栏（头）	奶畜品种	成母畜单产（t/年）	年总产量（t）	是否有机奶源基地	有机奶产量（t）
208	高青县	山东得益一牧牧业有限责任公司生鲜乳收购站	田镇街道前池村	山东得益乳业有限公司	3 018	1 207	荷斯坦	10.0	11 315		
209	高青县	高青县昌禾牧业生鲜乳收购站	芦湖街道王坡庄村南	伊利	410	194	荷斯坦	11.0	2 000		
210	高青县	山东九头牛牧业有限公司生鲜乳收购站	唐坊镇西洼村	科迪	131	80	荷斯坦	6.5	400		
211	高青县	德忠三牧生鲜乳收购站	黑里寨镇黑三村	蒙牛	362	185	荷斯坦	7.0	900		
212	高青县	河张村奶牛养殖场生鲜乳收购站	木李镇河张村	蒙牛	1 258	704	荷斯坦	9.0	3 600		
213	高青县	剑涛牧场生鲜乳收购站	黑里寨店头王村	维维	631	352	荷斯坦	7.0	900		
214	高青县	犇犇生鲜乳收购站	黑里寨东沙里村	山东得益乳业有限公司	594	229	荷斯坦	9.0	1 000		
215	高青县	高青县现元奶牛养殖专业合作社生鲜乳收购站	黑里寨镇孟家村	君乐宝	664	262	荷斯坦	8.0	1 460		
216	高青县	高青县乃强养殖专业合作社生鲜乳收购站	黑里寨西小王村	君乐宝	533	211	荷斯坦	7.0	1 095		
217	高青县	高青县光军奶牛养殖专业合作社生鲜乳收购站	黑里寨西小王村	三元	402	161	荷斯坦	9.0	1 050		
218	高青县	淄博神龙滩农业科技有限公司生鲜乳收购站	木李镇青郭村	蒙牛	624	302	荷斯坦	9.0	700		
219	枣庄市台儿庄区	山东祥和乳业有限责任公司奶牛场	马兰屯镇抗埠村	山东祥和乳业有限公司	4 047	3 000	荷斯坦	6.5	19 500	√	2 500
220	济南市市中区	枣庄今日奶牛养殖有限公司	市中区税郭镇沙沟村	徐州绿箭乳品饮料有限公司	310	140	荷斯坦	8.4	208		
221	东营市东营区	东营市阳光庄园牧业有限责任公司	文汇街道东营市北二路623号	味全	1 397	430	荷斯坦	9.9	4 200		
222	东营市东营区	东营区天源奶牛养殖场	东营区龙居镇小麻湾村	雀巢	430	270	荷斯坦	6.6	324		
223	东营市东营区	东营区龙居牧然奶牛养殖场	东营区龙居镇老于村	山东得益乳业有限公司	210	110	荷斯坦	7.6	620		
224	东营市河口区	东营仙河澳亚现代牧场有限公司	山东省东营市河口区仙河镇镇东路以南	江苏君乐宝乳业等	12 825	6 475	荷斯坦	12.3	79 960		
225	东营市河口区	东营神州澳亚现代牧场有限公司	山东省东营市河口区仙河镇镇东路以北	光明乳业、朴诚乳业、上海澳亚乳业等	13 064	6 765	荷斯坦	12.8	86 797		
226	东营市河口区	东营神州澳亚现代牧场有限公司新户分公司	山东省东营市河口区新户镇原东兴村	光明乳业等	12 948	6 628	荷斯坦	12.8	86 628		
227	东营市河口区	东营福庆永牧业有限公司	孤岛镇一团四分厂	青岛雀巢乳业	445	180	荷斯坦	8.6	1 513		
228	东营市河口区	河口区建智牧业有限公司	孤岛镇济军基地一团五分厂	青岛雀巢乳业	282	142	荷斯坦	8.3	1 117		
229	东营市垦利区	山东华澳大地农牧业有限公司	垦利区董集镇	上海光明、伊利	9 806	5 244	荷斯坦	9.0	29 228.43		

（续）

序号	县（市、区）	名称	场址	供奶企业	全群存栏（头）	成母畜存栏（头）	奶畜品种	成母畜单产（t/年）	年总产量（t）	是否有机奶源基地	有机奶产量(t)
230	东营市垦利区	东营市东旭牧业有限责任公司	胜坨镇皇殿村	山东得益乳业有限公司	420	135	荷斯坦	8.5	1 241		
231	东营市垦利区	东营市丰和农牧业有限公司	胜坨镇尚庄村	山东得益乳业有限公司	460	220	荷斯坦	8.6	2 340		
232	东营市垦利区	垦利区兴发奶牛养殖场	兴隆街道办店子村南	青岛雀巢	480	230	荷斯坦	8.6	2 244		
233	东营市垦利区	垦利区明源奶牛养殖场	永安镇牛圈村	青岛雀巢	480	210	荷斯坦	8.6	2 160		
234	东营市垦利区	垦利区东九奶牛养殖场	永安镇东九村西	青岛雀巢	480	200	荷斯坦	8.6	1 980		
235	东营市垦利区	东营市金海岸农业开发有限公司	垦利街道办21户村	蒙牛乳业泰安有限责任公司	420	180	荷斯坦	8.6	2 184		
236	东营市垦利区	垦利区金浩奶牛养殖场	垦利街道办21户村	山东得益乳业有限公司	300	115	荷斯坦	8.0	960		
237	东营市垦利区	垦利区新营奶牛养殖场	黄河口镇新营村	青岛新希望琴牌乳业有限公司	120	20	荷斯坦	8.0	50		
238	利津县	山东广驰乳业有限公司	利津县汀罗镇渤海农场省315国道南510m	蒙牛	480	275	娟姗	6.1	1 680	正在申请	
239	广饶县	东营市柏拉蒙奶牛繁育有限公司	大王镇高卜纸村	伊利	1 100	700	荷斯坦	9.8	6 832		
240	广饶县	广饶县大王镇张淡牧场	大王镇北张淡村	山东得益乳业有限公司	420	210	荷斯坦	7.9	1 460		
241	广饶县	广饶县大王镇阳光奶牛场	大王镇王西村农业高新区	新希望	650	310	荷斯坦	8.5	2 555	√	1 095
242	广饶县	广饶县大王镇恒信奶牛场	大王镇王西村农业高新区	青岛雀巢	480	250	荷斯坦	9.2	2 008		
243	广饶县	广饶县大王镇盛泽奶牛场	大王镇李璩村	潍坊紫鸢	150	30	荷斯坦	7.3	220		
244	东营经济技术开发区	山东宏润农业科技发展有限公司	东二路西，九分厂南，八支渠东，东风村以北	烟台新希望	309	172	荷斯坦	9.0	1 450		
245	黄三角农高区	东营澳亚现代牧场有限公司	东营市广饶县广青路北侧	潍坊伊利、光明	8 430	6 581	荷斯坦	12.6	81 638		
246	黄三角农高区	东营民和牧业有限公司	丁庄镇牛圈村	临朐伊利	480	150	荷斯坦	11.0	1 700		
247	黄三角农高区	东营天驰牧业有限责任公司	广北农场二分场	恩泽、伊利、光明、味全、蒙牛、众联	10 596	5 481	娟姗、荷斯坦	12.5	62 000		
248	黄三角农高区	山东大地乳业有限公司	广北农场二分场	恩泽、伊利、光明、味全、蒙牛、众联	176	176	荷斯坦	12.3	1 935		
249	福山区	福山区东厅明涛养牛场	东厅义村炮山	天宝生物科技有限公司	325	180	荷斯坦	7.0	600		
250	莱州市	莱州市德泰奶牛养殖专业合作社	莱州市金城焦家村	蒙牛、伊利	200	170	弗莱维赫	8.0	720		
251	龙口市	格润富德农牧科技股份有限公司	龙口市黄山馆镇一村	新希望	3 200	1 600	弗莱维赫	4.0	6 400		
252	烟台市蓬莱区	蓬莱市丰源养牛专业合作社	蓬莱区北沟镇徐家集村	烟台市蓬莱区丰源鲜奶吧	216	161	荷斯坦、弗莱维赫	7.5	580		
253	烟台市牟平区	山东荷斯坦奶牛繁育中心有限公司	牟平区水道镇西邓格庄村	潍坊乳业有限责任公司	2 369	1 268	荷斯坦、弗莱维赫	9.0	9 200		
254	烟台市牟平区	烟台市牟平区长生奶牛场	牟平区高陵镇高陵村	青岛雀巢有限公司	560	265	荷斯坦	9.0	2 340		
255	烟台市牟平区	烟台托玛斯畜牧养殖有限公司	牟平区武宁街道留生院村	青岛雀巢有限公司	905	585	荷斯坦	8.5	3 825		
256	招远市	招远市林通奶牛场	毕郭镇西庄	雀巢	208	102	荷斯坦、弗莱维赫	8.3	847		

（续）

序号	县（市、区）	名称	场址	供奶企业	全群存栏（头）	成母畜存栏（头）	奶畜品种	成母畜单产（t/年）	年总产量（t）	是否有机奶源基地	有机奶产量(t)
257	招远市	招远市永平奶牛场	城区罗峰郭家埠村	雀巢	128	65	荷斯坦	9.5	618		
258	招远市	招远市吴少庆牛场	齐山镇小吴家	雀巢	150	66	荷斯坦	9.0	594		
259	海阳市	海阳市盛景农牧发展有限责任公司	海阳市东村办事处垛兰村北	伊利集团	964	530	荷斯坦	12.8	4 015		
260	海阳市	海阳市由常岩养牛场	海阳市东村街道后辛治村西山	雀巢	146	103	荷斯坦	10.2	550		
261	莱阳市	莱阳市祥牛奶牛养殖合作社奶牛场	山前店镇石硼村	青岛雀巢有限公司	385	173	荷斯坦	9.0	1 557		
262	莱阳市	莱阳市龙旺庄新兴奶牛养殖场	龙旺庄逍仙庄村	青岛雀巢有限公司	262	140	荷斯坦	7.2	1 008		
263	莱阳市	烟台元化肉牛养殖有限公司	谭格庄安儿沟村	青岛雀巢有限公司	560	275	荷斯坦、弗莱维赫	9.0	2 475		
264	莱阳市	莱阳市谭格庄镇惠农奶牛养殖小区	谭格庄镇胡家堡村	平阴伊利	850	410	荷斯坦	9.5	3 895		
265	莱阳市	莱阳市谭格庄镇新利奶牛养殖专业合作社	谭格庄镇许家旺庄	青岛雀巢有限公司	830	425	荷斯坦	8.0	3 400		
266	莱阳市	莱阳市谭格庄镇其航奶牛养殖场	谭格庄镇瓦屋村	青岛雀巢有限公司	360	190	荷斯坦	7.0	1 330		
267	莱阳市	莱阳市谭格庄正方奶牛养殖场	谭格庄镇大水岔村	青岛雀巢有限公司	330	160	荷斯坦	8.4	1 344		
268	莱阳市	莱阳市进庆奶牛养殖场	谭格庄镇小汪家村	青岛雀巢有限公司	198	100	荷斯坦	8.0	800		
269	莱阳市	莱阳市谭格庄镇宏盛奶牛养殖场	谭格庄镇小韩家村	青岛雀巢有限公司	205	105	荷斯坦	8.5	893		
270	莱阳市	莱阳市兴旺达奶牛养殖场	谭格庄镇姜岭庄村	青岛雀巢有限公司	216	108	荷斯坦	8.0	864		
271	莱阳市	莱阳市谭格庄宇晟奶牛养殖场	谭格庄镇蔡庄村	青岛雀巢有限公司	260	120	荷斯坦	8.0	960		
272	莱阳市	莱阳市谭格庄镇李香东奶牛场	谭格庄镇小汪家村	青岛雀巢有限公司	220	110	荷斯坦	8.0	880		
273	莱阳市	莱阳市谭格庄镇犇鑫奶牛养殖场	谭格庄镇西王庄村	青岛雀巢有限公司	285	150	荷斯坦	7.3	1 095		
274	莱阳市	莱阳市谭格庄正兴奶牛养殖场	谭格庄镇高庄沟村	青岛雀巢有限公司	190	100	荷斯坦	7.0	700		
275	莱阳市	莱阳市谭格庄镇少飞养牛场	谭格庄镇大水岔村	青岛雀巢有限公司	430	220	荷斯坦	8.0	1 760		
276	莱阳市	昌文奶牛场	谭格庄镇朱省村	青岛雀巢有限公司	165	80	荷斯坦	7.0	560		
277	莱阳市	莱阳市德顺奶牛养殖场	谭格庄许家旺	青岛雀巢有限公司	128	60	荷斯坦	7.0	420		
278	莱阳市	莱阳市谭格庄镇宋秀祥奶牛场	谭格庄镇朱省村	青岛雀巢有限公司	210	100	荷斯坦	7.0	700		
279	莱阳市	莱阳市祥泉牧业养殖场	谭格庄大水岔村	青岛雀巢有限公司	260	120	荷斯坦	8.0	960		
280	莱阳市	莱阳市冯格庄乳源奶牛养殖场	冯格庄办事处东官庄村	青岛雀巢有限公司	730	360	荷斯坦	11.0	3 960		
281	莱阳市	莱阳市冯格庄旭东奶牛场	冯格庄办事处瓦屋庄村	青岛雀巢有限公司	160	70	荷斯坦	8.0	560		
282	莱阳市	莱阳市冯格庄永浩奶牛场	冯格庄办事处沈家屯村	青岛雀巢有限公司	206	100	荷斯坦	8.0	800		
283	莱阳市	莱阳市冯格庄国林奶牛场	冯格庄镇瓦屋庄村	青岛雀巢有限公司	185	95	荷斯坦	8.0	760		
284	莱阳市	莱阳市欣创牧业有限公司	穴坊镇东教格庄村	平阴伊利	496	250	荷斯坦	9.5	2 375		

（续）

序号	县（市、区）	名称	场址	供奶企业	全群存栏（头）	成母畜存栏（头）	奶畜品种	成母畜单产（t/年）	年总产量（t）	是否有机奶源基地	有机奶产量（t）
285	莱阳市	莱阳市穴坊犇犇奶牛养殖场	穴坊镇朱家夼村	青岛雀巢有限公司	280	135	荷斯坦	7.5	1 013		
286	莱阳市	莱阳市穴坊广全奶牛养殖场	穴坊镇望埠村	青岛雀巢有限公司	130	70	荷斯坦	7.5	525		
287	莱阳市	莱阳市穴坊崇解奶牛养殖场	穴坊西教	青岛雀巢有限公司	125	50	荷斯坦	7.5	375		
288	莱阳市	莱阳市城厢刘原瑚奶牛场	城厢办事处西林格庄村	青岛雀巢有限公司	230	130	荷斯坦	8.2	1 066		
289	莱阳市	莱阳市正旺奶牛养殖有限公司	柏林庄办事处孙家夼村	青岛雀巢有限公司	306	160	荷斯坦	8.0	1 280		
290	莱阳市	莱阳市柏林庄庆勇奶牛养殖场	柏林庄办事处候家夼村	青岛雀巢有限公司	210	110	荷斯坦	8.0	880		
291	莱阳市	山东唯品牧业有限公司	沐浴店镇大明村	山东唯品乳业有限公司	1 700	800	荷斯坦	10.0	8 000		
292	莱阳市	莱阳市小石头奶牛养殖场	沐浴店镇鹤山后村	青岛雀巢有限公司	400	200	荷斯坦	9.0	1 800		
293	莱阳市	莱阳市沐浴店鑫程奶牛养殖场	沐浴店镇大名店村	青岛雀巢有限公司	206	100	荷斯坦	8.0	800		
294	莱阳市	莱阳市万第镇王德群奶牛场	万第镇南寨头村	青岛雀巢有限公司	170	80	荷斯坦	8.5	680		
295	莱阳市	莱阳市河洛永丰养牛场	河洛镇河洛村	青岛雀巢有限公司	580	285	荷斯坦	9.2	2 622		
296	莱阳市	莱阳市河洛国余奶牛场	河洛镇河洛村	青岛雀巢有限公司	160	70	荷斯坦	8.5	595		
297	莱阳市	莱阳市河洛镇惠忠奶牛养殖场	河洛镇河洛村	青岛雀巢有限公司	200	100	荷斯坦	8.2	820		
298	莱阳市	莱阳市河洛王福杰奶牛场	河洛镇周家枣行村	青岛雀巢有限公司	180	95	荷斯坦	8.5	808		
299	莱阳市	烟台荷牧园牧业有限责任公司	团旺镇东石格庄村	泰安蒙牛	650	320	荷斯坦	9.6	3 072		
300	莱阳市	莱阳市团旺镇宏德奶牛养殖场	团旺镇崔疃村	青岛新希望	660	330	荷斯坦	9.5	3 135		
301	莱阳市	莱阳市团旺汇泉奶牛养殖场	团旺镇姜家夼村	青岛雀巢有限公司	480	240	荷斯坦	7.5	1 800		
302	莱阳市	莱阳市团旺尹飞奶牛场	团旺镇西马村	青岛雀巢有限公司	230	160	荷斯坦	7.5	1 200		
303	莱阳市	莱阳市团旺镇东大格庄村欣悦养殖场	团旺镇东大格庄村	青岛雀巢有限公司	220	120	荷斯坦	8.5	1 020		
304	莱阳市	莱阳市团旺吕禄松奶牛场	团旺镇韩家白庙村	青岛雀巢有限公司	130	60	荷斯坦	7.5	450		
305	莱阳市	莱阳市团旺镇红光奶牛养殖场	团旺镇东夼村	青岛雀巢有限公司	200	100	荷斯坦	7.5	750		
306	莱阳市	万作慧奶牛场	团旺镇东马村	青岛雀巢有限公司	210	120	荷斯坦	7.5	900		
307	莱阳市	莱阳市团旺镇德华奶牛场	团旺镇西大村	青岛雀巢有限公司	270	130	荷斯坦	7.5	975		
308	莱阳市	王风才牛场	团旺镇后李村	青岛雀巢有限公司	120	60	荷斯坦	7.5	450		
309	莱阳市	莱阳市姜疃镇祥涛养殖场	姜疃南姜格庄村	青岛雀巢有限公司	360	180	荷斯坦	8.5	1 530		
310	临朐县	临朐县曙光牧业有限公司	蒋峪镇小朱家庄	潍坊伊利	680	408	荷斯坦	8.5	3 468		
311	临朐县	临朐县永浩奶牛养殖专业合作社	蒋峪镇邢家官庄村	潍坊伊利	500	300	荷斯坦	8.5	2 550		
312	临朐县	临朐县宝成奶牛养殖场	蒋峪镇西长命沟村	潍坊伊利	340	204	荷斯坦	7.0	1 428		
313	临朐县	临朐兴备奶牛养殖合作社	东城街道相家楼	潍坊伊利	460	276	荷斯坦	8.6	2 374		
314	临朐县	临朐北石庙奶牛养殖专业合作社	东城街道北石庙	潍坊三元	300	180	荷斯坦	8.0	1 440		
315	临朐县	临朐县惠亮奶牛养殖场	东城街道北石庙	潍坊伊利	500	300	荷斯坦	8.0	2 400		
316	临朐县	临朐县森鑫晟奶牛养殖场	东城街道北石庙	顶羊乳业	450	270	荷斯坦	7.0	1 890		
317	临朐县	临朐县汇明养殖场	东城街道胡梅涧	潍坊三元	420	252	荷斯坦	8.0	2 016		

（续）

序号	县（市、区）	名称	场址	供奶企业	全群存栏（头）	成母畜存栏（头）	奶畜品种	成母畜单产（t/年）	年总产量（t）	是否有机奶源基地	有机奶产量（t）
318	临朐县	临朐县山岭奶牛场	东城街道张家寨	潍坊伊利	180	108	荷斯坦	7.5	810		
319	临朐县	临朐县洋河奶牛养殖专业合作社	柳山镇洋河村	潍坊伊利	370	222	荷斯坦	8.0	1 776		
320	临朐县	临朐县雨田牧场	山旺镇凰山店村	潍坊伊利	600	360	荷斯坦	8.5	3 060		
321	临朐县	临朐县元润养殖场	山旺镇上林西村	潍坊伊利	720	432	荷斯坦	8.0	3 456		
322	临朐县	临朐县龙岗镇洪达养殖场	山旺镇乜家河村	潍坊伊利	450	270	荷斯坦	7.8	2 106		
323	临朐县	临朐县梅烽奶牛养殖专业合作社	山旺镇崔家河村	潍坊三元	420	252	荷斯坦	7.6	1 915		
324	临朐县	临朐新荷奶牛养殖有限公司	辛寨街道河北社区	潍坊伊利	1880	1 200	荷斯坦	10.0	12 000		
325	临朐县	临朐县玉强奶牛养殖专业合作社	辛寨街道兴寺村	潍坊伊利	400	240	荷斯坦	8.0	1 920		
326	临朐县	沂荷农牧科技有限公司小关村	小关村	潍坊伊利	0	0	荷斯坦				
327	临朐县	临朐县宝山奶牛场	冶源街道葛拉村	潍坊伊利	420	252	荷斯坦	8.5	2 142		
328	临朐县	潍坊德牛牧业有限公司	冶源街道老崖崮村	潍坊伊利	500	300	荷斯坦	8.5	2 550		
329	临朐县	临朐县宇弘奶牛养殖场	石家河经济区桥沟村	潍坊伊利	400	240	荷斯坦	8.7	2 088		
330	临朐县	临朐县汇宝奶牛养殖专业合作社	五井镇茹家庄村	潍坊伊利	700	420	荷斯坦	9.0	3 780		
331	临朐县	临朐县康泰奶牛养殖场	五井镇黄崖头村	潍坊伊利	550	330	荷斯坦	9.0	2 970		
332	临朐县	临朐县欣源奶牛养殖专业合作社	临朐县城关街道东朱堡村	潍坊伊利	450	270	荷斯坦	8.5	2 295		
333	安丘市	山东合力牧业有限公司	安丘市吾山镇南逯村	青岛雀巢	959	504	荷斯坦	10.5	5 292		
334	昌乐县	潍坊杏源牧业有限公司	昌乐县高崖水库库区北段村北	山东得益乳业有限公司	400	200	荷斯坦	8.0	1 600		
335	昌乐县	潍坊宝利牧业发展有限公司	昌乐县崔家庄镇赵家村南	山东得益乳业有限公司	1 000	600	荷斯坦	8.0	4 800		
336	昌乐县	潍坊田原农牧科技股份有限公司	昌乐县五图街道政府南邻姜家洼子村南	山东得益乳业有限公司	290	170	荷斯坦	8.0	1 360		
337	昌乐县	昌乐本吉奶牛养殖专业合作社	昌乐县乔官镇下庄村	山东得益乳业有限公司	600	310	荷斯坦	8.0	2 480		
338	昌乐县	昌乐永新奶牛养殖专业合作社	昌乐县鄌郚镇于家村东	山东得益乳业有限公司	420	260	荷斯坦	8.0	2 080		
339	昌乐县	昌乐县华源奶牛养殖专业合作社	昌乐县高崖水库库区洛村村西	山东得益乳业有限公司	500	300	荷斯坦	8.0	2 400		
340	昌乐县	昌乐县益源奶牛养殖场	昌乐县高崖库区西后韩村146号	山东得益乳业有限公司	240	160	荷斯坦	8.0	1 280		
341	潍坊市潍城区	洪忠奶牛养殖场	姚家坡子村	潍坊紫鸳乳业有限公司	208	80	荷斯坦	5.5	400		
342	潍坊市寒亭区	潍坊高升牧业有限公司	寒亭区固堤街道李家沿村	蒙牛	982	500	荷斯坦	7.2	3 600		
343	潍坊市寒亭区	潍坊照亮奶牛养殖场	寒亭区固堤街道李家沿村	三元	325	200	荷斯坦	7.5	1 500		
344	潍坊市寒亭区	潍坊纳福奶牛养殖场	寒亭区固堤街道李家沿村	山东得益乳业有限公司	455	240	荷斯坦	7.9	1 900		
345	潍坊市寒亭区	潍坊市福润奶牛养殖专业合作社	寒亭区固堤街道李家沿村	蒙牛	386	210	荷斯坦	7.2	1 500		
346	潍坊市寒亭区	寒亭区欣裕源奶牛养殖场	寒亭区固堤街道李家沿村	紫鸢	310	120	荷斯坦	7.0	840		

（续）

序号	县（市、区）	名称	场址	供奶企业	全群存栏（头）	成母畜存栏（头）	奶畜品种	成母畜单产（t/年）	年总产量（t）	是否有机奶源基地	有机奶产量（t）
347	潍坊市寒亭区	潍坊兴茂奶牛养殖厂	寒亭区杨家埠旅游开发区于家绛埠	蒙牛	650	400	荷斯坦	7.5	3 000		
348	潍坊市寒亭区	潍坊市寒亭区茂盛奶牛养殖专业合作社	寒亭区朱里街道圈子村	山东得益乳业有限公司	398	200	荷斯坦	8.0	1 600		
349	潍坊市寒亭区	潍坊市寒亭区盛隆奶牛养殖专业合作社	寒亭区朱里街道圈子村	山东得益乳业有限公司	499	220	荷斯坦	7.0	1 540		
350	潍坊市寒亭区	潍坊恒祥养殖有限公司	寒亭区朱里街道西镇村	味全	1 500	800	荷斯坦	8.2	6 560		
351	潍坊市寒亭区	潍坊市寒亭区同心奶牛养殖专业合作社	寒亭区寒亭街道北纸坊村	临沂格瑞	310	150	荷斯坦	7.0	1 050		
352	潍坊市寒亭区	潍坊市寒亭区康源奶牛养殖专业合作社	寒亭区寒亭街道陈埠村	蒙牛	1 380	700	荷斯坦	8.0	5 600		
353	潍坊市寒亭区	潍坊市寒亭区团结奶牛养殖专业合作社	寒亭区寒亭街道袁家埠村	三元	380	200	荷斯坦	7.8	1 560		
354	潍坊市寒亭区	潍坊腾龙牧业有限公司	寒亭区寒亭街道张家院村	紫鸢	310	130	荷斯坦	7.0	910		
355	潍坊市寒亭区	潍坊市寒亭区卫东奶牛养殖专业合作社	寒亭区开元街道东里疃村	山东得益乳业有限公司	415	200	荷斯坦	8.0	1 600		
356	潍坊市寒亭区	潍坊嘉盛奶牛养殖专业合作社	寒亭区开元街道西常疃村	伊利	350	200	荷斯坦	8.0	1 600		
357	潍坊市寒亭区	寒亭区盈祥奶牛养殖专业合作社	寒亭区固堤街道李家沿村	紫鸢	260	100	荷斯坦	7.0	700		
358	潍坊市寒亭区	寒亭区新源奶牛养殖专业合作社	寒亭区寒亭街道袁家埠村	青岛新希望	240	100	荷斯坦	7.0	700		
359	潍坊市坊子区	潍坊市玉泉洼农牧科技有限公司	潍坊市坊子区坊安街道洼里村	青岛雀巢有限公司	320	260	荷斯坦	6.0	500		
360	高密市	山东大牟牛农业科技发展有限公司	高密市大牟家镇小迟家村	青岛琴牌乳业	481	184	荷斯坦	4.6	846		
361	高密市	潍坊熠瑞农牧有限公司	高密市咸家工业区大楚家村	泰安蒙牛	750	230	荷斯坦	9.0	2 070		
362	高密市	高密市朝阳奶牛专业合作社	高密市经济技术开发区张鲁四村	青岛迎春乐	420	120	荷斯坦	5.0	600		
363	高密市	山东世本农业科技股份有限公司	高密市柏城镇柳林村	泰安蒙牛	204	68	荷斯坦	5.0	340		
364	高密市	高密市浩翔家庭农场	高密市密水街道东葛家桥村	泰安蒙牛	650	280	荷斯坦	8.7	2 440		
365	青州市	青州市春源牧场	益都街道东黄村	山东得益乳业有限公司	287	185	荷斯坦	4.7	864		
366	青州市	青州市伟宸奶牛场	高柳镇许王村	淄博得益乳业	243	165	荷斯坦	5.5	908		
367	寿光市	灶户牧场	稻田镇灶户村	山东厚地乳业有限公司	130	80	荷斯坦	6.0	1 568		
368	寿光市	北京首农畜牧发展有限公司山东分公司	寿光市田柳镇东头村	三元	4 989	2574	荷斯坦	10.7	29 710		
369	诸城市	诸城市申泰奶牛一牧场	辛兴镇东辛兴村北	申泰奶吧	180	45	荷斯坦	4.0	180		

（续）

序号	县（市、区）	名称	场址	供奶企业	全群存栏（头）	成母畜存栏（头）	奶畜品种	成母畜单产（t/年）	年总产量（t）	是否有机奶源基地	有机奶产量(t)
370	昌邑市	昌邑市烟潍奶牛养殖专业合作社	昌邑市卜庄镇206国道311km处	青岛新希望琴牌	600	300	荷斯坦	10.0	3 000		
371	济宁任城区	济宁市幸福牧业有限公司	济宁市任城区李营街道前双村	徐州市绿箭饮料有限公司	420	200	荷斯坦	6.0	1 900		
372	济宁任城区	济宁市任城区基洲奶牛养殖场	济宁市任城区喻屯镇张户村西	徐州市绿箭 饮料有限公司	281	130	荷斯坦	7.5	975		
373	济宁任城区	济宁协和盛奶牛养殖场	济宁市任城区安居街道刘营村西	济宁三强乳业有限公司	238	120	荷斯坦	7.0	700		
374	济宁任城区	原野奶牛养殖场	济宁市任城区南张街道南陈村	济宁三强乳业有限公司	320	150	荷斯坦	6.0	750		
375	济宁兖州区	济宁市兖州区绿牧养殖厂	新兖镇易家村	君乐宝	650	200	荷斯坦	6.5	1 300		
376	曲阜市	曲阜大成奶牛场	鲁城街道葛庄	济宁三强乳业有限公司	200	150	荷斯坦	9.5	1 424	√	1 424
377	曲阜市	曲阜市恒泰奶牛养殖场	书院街道前瓦村	奶吧	100	80	荷斯坦	9.1	730	√	730
378	曲阜市	超源牧业养殖场	吴村镇张庄村	河南科迪乳业	150	100	西门塔尔	9.1	913	√	913
379	泗水县	泗水县红山奶牛养殖有限公司	泗水县圣水峪镇椿树沟村	济宁三强乳制品有限公司	380	96	荷斯坦	8.0	800		
380	邹城市	邹城市牧兴奶牛饲养专业合作社	中心店镇双桥村	济宁地市内鲜奶吧	580	200	荷斯坦	6.0	1 400		
381	金乡县	金乡县康华乳业有限公司	金乡县金乡街道霍古村	伊利集团	740	520	荷斯坦	10.2	5 278		
382	金乡县	金乡县金鹰牧业有限公司	金乡县胡集镇后史屯村	济宁三强乳业有限公司	420	355	荷斯坦	9.4	3 344		
383	金乡县	金乡县益源奶牛有限公司	金乡县兴隆镇西杨村	济宁三强乳业有限公司	290	168	荷斯坦	9.2	1 538		
384	嘉祥县	山东万祥牧业有限公司	嘉祥县仲山镇彭官屯村东2 000m	济南（平阴）伊利乳业有限责任公司	840	504	荷斯坦	8.0	3 450		
385	汶上县	现代牧业（汶上）有限公司	郭仓镇束村东	泰安蒙牛、马鞍山蒙牛	8 576	3 621	荷斯坦	9.0	31 055		
386	汶上县	汶上县汇鑫牧业有限公司	康驿镇庙东村	山东旺旺	812	401	荷斯坦	8.8	3 240		
387	汶上县	山东田野乳业有限公司	次丘镇伊海村西	济宁三强乳业有限公司	155	73	荷斯坦	8.0	550		
388	梁山县	山东安山牧业有限公司	梁山县小安山镇西唐村西北	济南伊利有限责任公司	725	310	荷斯坦	9.5	2 945		
389	梁山县	山东中汇奶牛养殖有限公司	韩岗镇袁口村西林	山东旺旺食品有限公司	2 687	1 123	荷斯坦	11.0	9 420		
390	梁山县	梁山县富民奶牛养殖有限公司	梁山县寿张集镇开发区	济南伊利乳业有限责任公司	860	380	荷斯坦	9.2	3 496		
391	梁山县	梁山福盛奶牛养殖专业合作社	杨营镇李阁村	济宁三强乳业有限公司	216	184	荷斯坦	6.6	1 208		
392	梁山县	梁山县绿泉奶牛科技养殖有限公司	马营镇赵坝村	济宁三强乳业有限公司	430	300	荷斯坦	9.0	2 700		
393	泰安市泰山区	泰安市泰山区松松家庭农场	省庄镇岳庄村	山东亚奥特乳业有限公司	170	56	荷斯坦	7.1	400		
394	泰安市泰山区	泰安市福运泉奶牛养殖专业合作社	邱家店镇侯家店村	山东亚奥特乳业有限公司	200	150	荷斯坦	7.2	1 080		

（续）

序号	县（市、区）	名称	场址	供奶企业	全群存栏（头）	成母畜存栏（头）	奶畜品种	成母畜单产（t/年）	年总产量（t）	是否有机奶源基地	有机奶产量（t）
395	泰安市泰山区	泰安市祥顺牧业有限公司	邱家店镇埠阳庄村	君乐宝乳业有限公司	570	330	荷斯坦	7.3	2 400		
396	泰安市泰山区	山东亚奥特乳业有限公司良种奶牛场	邱家店镇五里井村	山东亚奥特乳业有限公司	355	180	荷斯坦	8.0	1 440		
397	泰安市泰山区	山东亚奥特乳业有限公司奥特良种奶牛场	邱家店镇埠阳庄村	山东亚奥特乳业有限公司	700	450	荷斯坦	7.2	3 240		
398	泰安市岱岳区	泰安市汇丰奶牛养殖专业合作社	泰安市岱岳区夏张镇故县店村	山东亚奥特乳业有限公司	584	326	荷斯坦	10.0	3 180		
399	泰安市岱岳区	泰安市宗华奶牛养殖有限公司	岱岳区李家大坡村	山东亚奥特乳业有限公司	218	132	荷斯坦	6.0	880		
400	泰安市岱岳区	泰安金兰奶牛养殖有限公司	山东省泰安市岱岳区满庄镇泥沟村	泰安蒙牛股份有限公司	1 650	1 100	荷斯坦	9.5	8 200		
401	泰安市岱岳区	泰安市岱岳区满庄镇国晟奶牛养殖场	岱岳区满庄镇宋家庄村	泰安蒙牛股份有限公司	635	397	荷斯坦	8.3	2 100		
402	泰安市岱岳区	泰安市众鑫日月奶牛养殖专业合作社	岱岳区山口镇西太平村	泰安蒙牛股份有限公司	510	288	荷斯坦	8.5	1 920		
403	泰安市岱岳区	泰安市盛誉奶牛养殖专业合作社	泰安市岱岳区马庄镇前营村	山东亚奥特乳业有限公司	462	246	荷斯坦	7.5	1 350		
404	泰安市岱岳区	泰安市岱岳区祝阳镇玉廷奶牛养殖专业合作社	岱岳区祝阳镇祝阳村	山东亚奥特乳业有限公司	420	220	荷斯坦	7.8	1 152		
405	泰安市岱岳区	泰安市绿源奶牛养殖专业合作社	岱岳区山口镇大马庄村	山东亚奥特乳业有限公司	460	252	荷斯坦	7.6	1 200		
406	泰安市岱岳区	泰安市凤丽生态农业有限公司	岱岳区山口镇西碾疃村	山东亚奥特乳业有限公司	400	220	荷斯坦	7.3	1 080		
407	泰安市岱岳区	泰安市岱岳区同和奶牛养殖专业合作社	岱岳区道朗镇大王村	山东亚奥特乳业有限公司	180	110	荷斯坦	7.0	900		
408	泰安市岱岳区	泰安市岱岳区金源奶牛养殖专业合作社	泰安市岱岳区夏张镇	山东亚奥特乳业有限公司	510	150	荷斯坦	7.0	1 050		
409	泰安市岱岳区	山东乔氏生态农牧发展有限公司	泰安市岱岳区大汶口镇颜南村	山东亚奥特乳业有限公司	780	420	荷斯坦	8.2	3 350		
410	泰安市岱岳区	泰安市岱岳区宝泉奶牛养殖专业合作社	范镇大沟头村	山东亚奥特乳业有限公司	76	42	荷斯坦	5.7	240		
411	泰安市岱岳区	泰安市居田奶牛专业合作社	岱岳区夏张镇周家坡村	山东亚奥特乳业有限公司	242	142	荷斯坦	5.2	720		
412	泰安市岱岳区	泰安市方顺牧业有限公司	泰安市岱岳区范镇	泰安蒙牛股份有限公司	770	410	荷斯坦	8.9	3 500		
413	新泰市	山东奎凤农业发展有限公司	泉沟镇运舟湖村村北	山东亚奥特乳业有限公司	900	500	荷斯坦	11.6	4 000		
414	新泰市	新泰市旺达畜禽养殖有限公司	汶南镇北鲍村	山东亚奥特乳业有限公司	115	42	荷斯坦	7.5	315		
415	新泰市	泰安市银燕乳业有限公司	新泰市禹村镇汤禹村	山东亚奥特乳业有限公司	580	380	荷斯坦	11.0	3 600		
416	新泰市	新泰市中福田奶牛饲养场	金果村	山东亚奥特乳业有限公司	389	209	荷斯坦	11.0	2 880		
417	肥城市	肥城市牧和养殖有限公司	肥城市老城北关三里沟	山东亚奥特乳业有限公司	1 860	890	荷斯坦	9.0	8 010		

（续）

序号	县（市、区）	名称	场址	供奶企业	全群存栏（头）	成母畜存栏（头）	奶畜品种	成母畜单产（t/年）	年总产量（t）	是否有机奶源基地	有机奶产量（t）
418	肥城市	肥城市牧源奶牛养殖有限公司	汶阳镇砖舍村	山东亚奥特乳业有限公司	475	240	荷斯坦	8.0	1 920		
419	肥城市	肥城市聚和源奶牛养殖有限公司	汶阳镇城东村	山东亚奥特乳业有限公司	462	245	荷斯坦	8.0	1 960		
420	肥城市	肥城百润奶牛养殖有限公司	汶阳镇贾北村	山东亚奥特乳业有限公司	400	214	荷斯坦	7.5	1 605		
421	肥城市	肥城忠利奶牛养殖合作社	王瓜店潘台村	山东亚奥特乳业有限公司	480	245	荷斯坦	9.0	2 205		
422	肥城市	肥城市新百利奶牛养殖专业合作社	边院镇周家岗村	山东旺旺集团	1 247	630	荷斯坦	10.0	6 300		
423	肥城市	肥城泰安澳亚现代牧场有限公司	边院镇张岭村北	蒙牛	10 478	6 523	荷斯坦	11.0	71 753		
424	肥城市	肥城市龙头泉牧业有限公司	安庄镇冯楼村	山东亚奥特乳业有限公司	586	320	荷斯坦	8.5	2 720		
425	宁阳县	宁阳县奥力牧业有限公司	宁阳县乡饮乡八官庄村邱家庄村西南	泰安伊特乳业有限公司	500	400	荷斯坦	9.0	2 100		
426	宁阳县	永森奶牛养殖场	乡饮乡万家村	山东亚奥特乳业有限公司	1 160	700	荷斯坦	12.0	4 800	√	4 800
427	宁阳县	金阳山奶牛场	宁阳县葛石镇石集村	山东亚奥特乳业有限公司	220	120	荷斯坦	7.5	400		
428	宁阳县	宁阳县华丰华鑫奶牛养殖场	宁阳县华丰镇成功村	光明（德州）乳业有限公司	687	418	荷斯坦	8.5	3 000		
429	宁阳县	山东圣力牧业有限公司	宁阳县东疏镇庞庄村南	江苏一鸣食品有限公司	2 566	1 084	荷斯坦	11.0	9 108		
430	宁阳县	宁阳县恒源奶牛养殖场	宁阳县葛石镇西官庄村	山东亚奥特乳业有限公司	488	300	荷斯坦	11.4	3 000	√	3 000
431	宁阳县	宁阳县顺宇家庭农场	山东省宁阳县伏山镇桑家庄村	山东亚奥特乳业有限公司	488	300	荷斯坦	11.4	3 000	√	3 000
432	宁阳县	宁阳丰庆牧场有限公司	宁阳县乡饮乡五厂村南	济南伊利乳业有限责任公司	980	560	荷斯坦	9.0	4 000		
433	宁阳县	宁阳县华丰华元奶牛养殖场	宁阳县乡饮乡崇化村	山东亚奥特乳业有限公司	580	320	荷斯坦	8.0	1 800		
434	宁阳县	宁阳县溢源奶牛养殖专业合作社	宁阳县东疏镇郑庄村	山东亚奥特乳业有限公司	1 106	432	荷斯坦	9.6	4 623		
435	宁阳县	宁阳县鑫阳奶牛养殖专业合作社	宁阳县蒋集镇西北村北	山东亚奥特乳业有限公司	483	208	荷斯坦	8.3	1 570		
436	宁阳县	泰安兴润牧业有限公司	宁阳县蒋集镇西北村北	山东亚奥特乳业有限公司	380	220	荷斯坦	8.0	900		
437	宁阳县	宁阳县华丰华鑫奶牛养殖场	宁阳县华丰镇成功村	光明（德州）乳业有限公司	687	418	荷斯坦	8.5	3 000		
438	宁阳县	东犇奶牛养殖有限公司东庄镇南故城村蒙牛	东庄镇南故城村蒙牛乳业	蒙牛	620	450	荷斯坦	7.0	3 000		
439	宁阳县	泰安市顺顺牧业有限公司	宁阳县东疏镇前张西	泰安蒙牛乳业	492	360	荷斯坦	9.5	2 100		
440	宁阳县	磁窑镇大磨庄恒新奶牛场	磁窑镇大磨村西岭	山东亚奥特乳业有限公司	700	320	荷斯坦	9.0	2 880	√	2 850
441	东平县	东平县戴庙乡兴达奶牛养殖专业合作社	戴庙镇新华村	伊利	560	240	荷斯坦	8.0	1 920		
442	东平县	东平润泽牧业有限公司	老湖镇杨村	山东亚奥特乳业有限公司	450	224	荷斯坦	8.5	1 700		
443	东平县	东平溢隆奶牛养殖专业合作社	接山镇姜庄村	山东亚奥特乳业有限公司	490	390	荷斯坦	7.5	1 400		
444	东平县	聚源奶牛养殖专业合作社	新湖镇侯河村	山东亚奥特乳业有限公司	380	158	荷斯坦	7.0	1 180		
445	东平县	唐营奶牛场	新湖镇唐营村	山东亚奥特乳业有限公司	177	86	荷斯坦	7.5	468		
446	泰安市高新区	泰安市都来汇牧业有限公司	高新区房村镇肖庄村	君乐宝	350	200	荷斯坦	7.3	548		
447	泰安市高新区	奶之源奶牛养殖专业合作社	高新区房村镇程白塔村	蒙牛	460	320	荷斯坦	7.3	1 296		

（续）

序号	县（市、区）	名称	场址	供奶企业	全群存栏（头）	成母畜存栏（头）	奶畜品种	成母畜单产（t/年）	年总产量（t）	是否有机奶源基地	有机奶产量（t）
448	泰安市高新区	泰安市岱岳区其闯养殖有限公司	良庄镇薛庄南村	山东亚奥特乳业有限公司	337	220	荷斯坦	5.0	1 100		
449	泰安徂汶景区	泰安三和顺牧业有限公司	化马湾西庄村	君乐宝	450	265	荷斯坦	9.2	2 438		
450	泰安徂汶景区	山东泰山安康生态乳业有限公司	徂徕镇北望村	山东泰山安康生态乳业有限公司	500	230	荷斯坦	8.0	1 840		
451	泰安徂汶景区	泰安市金龙腾飞畜业有限公司	山东省泰安市徂汶景区滨河片区西颜张村	山东亚奥特乳业有限公司	490	366	荷斯坦	9.0	3 200		
452	泰安徂汶景区	泰安市宝瑞牧业有限公司	山东省泰安市徂汶景区滨河片区桂林村	山东亚奥特乳业有限公司	145	70	荷斯坦	8.0	560		
453	日照市岚山区	日照市岚山澳兰德奶牛养殖专业合作社挤奶厅	碑廓镇	南京卫岗乳业有限公司	520	248	荷斯坦	7.8	1 942		
454	日照市岚山区	日照鲜纯生态牧业有限公司挤奶厅	碑廓镇	南京卫岗乳业有限公司	10 806	2 950	荷斯坦	8.2	24 305		
455	日照市岚山区	日照市润生牧业有限公司生鲜乳收购站	巨峰镇	南京卫岗乳业有限公司	3 786	2 476	斯坦牛	5.7	14 111		
456	莒县	莒县奥林奶牛养殖专业合作社	浮来山镇前石灰窑村南	宿迁蒙牛乳业	268	102	荷斯坦	8.0	550		
457	莒县	莒县润达牧业有限公司	莒县浮来山镇大薛庄村	新希望乳业	490	260	荷斯坦	8.0	2 000		
458	莒县	陆源牧业	莒县果庄	蒙牛	490	360	荷斯坦	5.8	2 190		
459	莒县	百泰奶牛场	龙山镇前仲沟村	益膳房	320	172	荷斯坦	7.0	1 000		
460	莒县	百慧奶牛养殖基地	招贤镇普安村	百慧乳业	816	420	荷斯坦	7.0	2 950		
461	莒县	凯璇牧场	莒县果庄	伊利	480	400	荷斯坦	6.0	2 400		
462	莒县	莒县玉晓盈健奶牛场	城阳街道大湖村	潍坊紫鸢乳业有限公司	121	46	荷斯坦	6.5	300		
463	莒县	莒县江汇奶牛场	小店镇南王家官庄	潍坊紫鸢乳业有限公司	280	150	荷斯坦	7.0	800		
464	日照市山海天旅游度假区	日照宜生牧业有限公司	日照市山海天旅游度假区两城街道联合村与大界牌交界处	泰安蒙牛有限公司	390	220	荷斯坦	6.0	230	√	230
465	临沂市兰山区	彦春奶牛养殖农民专业合作社	方城镇诸满村	上海光明	2 530	710	荷斯坦	9.0	6 200		
466	临沂市兰山区	兰山畜旺养殖场	枣园镇闫村	常州红梅	190	92	荷斯坦	7.0	600		
467	临沂市罗庄区	临沂优源牧业有限公司	高都街道北茶棚村	南京卫岗乳业有限公司	700	660	荷斯坦	8.0	2 000		
468	临沂市罗庄区	临沂益膳房养殖有限公司	沂堂镇大兴屯村	临沂格瑞	650	600	荷斯坦	8.0	1 800		
469	临沂市罗庄区	罗庄区兆营养殖专业合作社	罗庄街道朱张桥沟东村	南京卫岗乳业有限公司	500	470	荷斯坦	7.8	1 200		
470	临沂市罗庄区	罗庄区茂源养殖专业合作社	傅庄街道沂兴庄村	临沂格瑞	700	630	荷斯坦	9.2	2 200		
471	临沂市罗庄区	罗庄区新星牧业有限公司	高都街道东小李庄村	淮安翔宇	200	185	荷斯坦	7.5	300		
472	临沂市河东区	临沂市河东区富源奶牛养殖场	汤头街道西岭村	常州红梅	360	150	荷斯坦	7.5	200		
473	临沂市莒南县	临沂阜康牧业有限公司	相沟镇相沟社区	苏州伊利	800	630	荷斯坦	10.0	4 050		
474	费县	费县恒发奶牛场	胡阳镇养马庄村	临沂格瑞	783	368	荷斯坦	9.0	2 300		

（续）

序号	县（市、区）	名称	场址	供奶企业	全群存栏（头）	成母畜存栏（头）	奶畜品种	成母畜单产（t/年）	年总产量（t）	是否有机奶源基地	有机奶产量（t）
475	费县	费县盛旺奶牛场	胡阳镇城立庄村	南京卫岗乳业有限公司	500	350	荷斯坦	7.0	1 500		
476	兰陵县	临沂诺干牧业有限责任公司	矿坑真棠林村	泰安蒙牛	5 284	3 205	荷斯坦	10.6	36 000		
477	临沭县	临沭县恒大牧业服务有限公司	青云镇石埠子村	苏州伊利	960	550	荷斯坦	10.0	4 000		
478	临沭县	临沭县翔源奶牛场	玉山镇前湖子村	临沂格瑞	960	500	荷斯坦	9.5	3 200		
479	临沭县	临沂绿科养殖有限公司	临沭街道庙前村	临沂格瑞	976	490	荷斯坦	9.7	4 000		
480	临沭县	临沭县齐力奶牛养殖场	临沭街道高湖村	南京卫岗乳业有限公司	1 013	510	荷斯坦	8.0	2 500		
481	临沂市高新区	高新区富康奶牛养殖专业合作社	罗西街道庙山村	南京卫岗乳业有限公司	650	420	荷斯坦	8.4	1 800		
482	临沂市高新区	临沂亿牛达奶业发展有限公司	罗西街道南白埠村	宿迁蒙牛	420	220	荷斯坦	9.0	1 600		
483	沂南县	沂南县天合奶牛养殖场	苏村镇姚官庄	临沂格瑞	750	297	荷斯坦	10.0	2 970		
484	沂南县	沂南县瑞沣奶牛养殖场	苏村镇牛家小河	泰安蒙牛	500	160	荷斯坦	10.0	1 600		
485	沂南县	沂南中地牧业有限公司	蒲汪镇长虹大道 7 号	平阴伊利	7 082	2 977	荷斯坦	11.5	34 236	√	34 236
486	沂南县	沂南县宜泉奶牛养殖有限公司	蒲汪镇马家拐头村	南京卫岗乳业有限公司	650	450	荷斯坦	8.0	3 600		
487	沂南县	沂南县彩蒙奶牛养殖有限公司	蒲汪镇拐头村	临沂格瑞	1 100	650	荷斯坦	10.5	6 825		
488	沂南县	沂南县鑫兴奶牛养殖专业合作社	蒲汪镇秫草官庄	河南乐迪	760	326	荷斯坦	7.3	2 380		
489	沂南县	沂南县蒙山奶牛场	双堠镇张铁峪村	临沂格瑞	500	400	荷斯坦	6.5	2 600		
490	沂南县	沂南誉伟家庭农场	大庄镇李家官庄村	临沂格瑞	320	180	西门塔尔	11.0	1 980		
491	沂南县	沂南牧之源奶牛养殖场	青坨镇丁家庄子村	南京卫岗乳业有限公司	390	270	和斯坦	7.5	2 025		
492	郯城县	临沂尚氏牧业有限公司	李庄镇青山村	南京伊利	387	191	荷斯坦	8.5	1 825		
493	沂水县	沂水县盛伊奶牛养殖场	马站镇马站村	临沂格瑞	450	200	荷斯坦	11.0	1 095		
494	沂水县	沂水顶羊奶山羊养殖专业合作社	许家湖镇石屋官庄村	沂水御膳香	737	660	莎能奶山羊	0.5	90		
495	沂水县	沂水县兴禹奶牛养殖专业合作社	许家湖镇芦家庄子村	临沂格瑞	500	350	荷斯坦	7.4	1 260		
496	沂水县	沂水县京援奶牛专业合作社	杨庄镇四社村	泰安蒙牛	596	274	荷斯坦	10.5	2 876		
497	沂水县	沂水县蓝丘奶山羊养殖场	诸葛镇刘家河北村	山东白羚	620	360	关中奶山羊	0.4	80		
498	沂水县	沂水县鹏犇养殖场	高桥镇凤凰官庄村	潍坊三元	473	200	荷斯坦	9.0	110		
499	沂水县	沂水县国亮奶牛养殖专业合作社	高桥镇闫家宅村	临沂格瑞	456	180	荷斯坦	9.0	99		
500	乐陵市	嘉立荷（山东）牧业有限公司	大孙乡刘背津村	蒙牛、君乐宝、伊利	11 255	6 179	荷斯坦	11.8	72 910		
501	乐陵市	乐陵市旺源奶牛场	寨头堡乡闫芙蓉村	科迪乳业	387	190	荷斯坦	8.0	1 527		
502	乐陵市	乐陵市金亿奶牛养殖专业合作社	丁坞镇大杨寨村	山东旺旺食品有限公司、济南伊利公司	2 300	1450	荷斯坦	10.0	14 500		
503	乐陵市	乐陵市阳光奶牛养殖专业合作社	丁坞镇东郭家	君乐宝	935	539	荷斯坦	7.6	4 097		
504	乐陵市	乐陵市乐农奶牛养殖专业合作社	黄夹镇茨头堡小韩集	蒙牛	433	205	荷斯坦	7.8	1 600		
505	德州市陵城区	德州光明生态示范奶牛养殖有限公司	陵城区马庄	光明	2 987	1 620	荷斯坦	11.0	15 906		
506	德州市陵城区	陵县众鑫奶牛场	陵城区于集乡张武村	科迪	320	180	荷斯坦	7.0	1 000		

（续）

序号	县（市、区）	名称	场址	供奶企业	全群存栏（头）	成母畜存栏（头）	奶畜品种	成母畜单产（t/年）	年总产量（t）	是否有机奶源基地	有机奶产量（t）
507	德州市陵城区	康益养殖场	神头镇唐李村	河南科迪	110	65	荷斯坦	9.0	360		
508	德州市陵城区	康深牧业	陵城区郑家寨百家村	泰安蒙牛	860	465	荷斯坦	9.0	1 920		
509	齐河县	齐河县旺达奶牛专业合作社	晏城街道办事处毛官屯村东	济阳旺旺食品有限公司	523	266	荷斯坦	10.0	1 850		
510	齐河县	醇源牧场有限公司（一号牧场）	晏城街道赵庄村	安和乳业	2 000	400	荷斯坦	8.0	4 000		
511	齐河县	醇源牧场有限公司（二号牧场）	潘店镇十里雾村	安和乳业	6 300	3 000	荷斯坦	8.0	26 250		
512	齐河县	齐河县美润牧业有限公司	胡官屯镇沙张村	济南伊利乳业	490	350	荷斯坦	9.0	2 900		
513	齐河县	齐河县旺源奶牛养殖专业合作社	齐河县大黄乡大张村	山东旺旺食品有限公司	600	300	荷斯坦	9.0	2 500		
514	齐河县	晟茂奶牛养殖专业合作社	齐河开发区畜牧三场瓦宋村北	济南佳宝	326	280	荷斯坦	8.0	800		
515	齐河县	齐河县安头乡新月家庭农场	安头乡大吴现屯村	泰安蒙牛	375	255	荷斯坦	8.0	950		
516	齐河县	齐河县明军奶牛牧场	晏城街道办事处毛官屯村西南	济南兴牛乳业	300	210	荷斯坦	9.0	1 200		
517	武城县	武城县星河牧业有限公司	老城镇沙庄村	蒙牛	120	513	荷斯坦	9.0	4 600		
518	武城县	武城县洪源奶牛养殖专业合作社	李家户镇刘王庄村	科迪	520	261	荷斯坦	8.5	2 200		
519	武城县	武城县鹏宇家庭牧场	李家户镇辛庄	奶吧	1 200	60	荷斯坦	8.5	510		
520	临邑县	临邑孟寺镇小解奶牛场	山东省德州市临邑县孟寺镇小解村	科迪	450	260	荷斯坦	9.0	1 080		
521	临邑县	临邑县临盘小马家村奶牛场	山东省德州市临邑县临盘小马家	光明	500	200	荷斯坦	10.8	1 800		
522	临邑县	临邑县新澳奶牛养殖专业合作社	山东省德州市临邑县临邑镇演马村	科迪	134	98	荷斯坦	8.6	842		
523	临邑县	临邑县绿康奶牛养殖场	临邑县德平镇	科迪	550	460	荷斯坦	11.8	3 520		
524	临邑县	临邑县临盘少丽奶牛场	临邑县临盘孟家村东	科迪	438	112	荷斯坦	11.2	1 512		
525	禹城市	禹城市亿陆发奶牛专业合作社	禹城市市中办事处曹坡村北	山东旺旺食品有限公司	490	300	荷斯坦	9.0	2 700		
526	禹城市	犇乳奶牛养殖小区	房寺镇篦子杨村	佳宝乳业	320	105	荷斯坦	8.6	900		
527	禹城市	禹城市瑞丰养殖家庭农场	房寺镇瓜张村	德州光明乳业	300	190	荷斯坦	7.0	1 100		
528	禹城市	犇福农牧有限公司 / 和顺祥	梁家镇毛子张	德州光明乳业	485	220	荷斯坦	9.5	2 090		
529	禹城市	德州市维多利亚农牧有限公司	山东省德州市禹城市辛店镇沙河辛村	蒙牛、优诺	9 955	5 488	荷斯坦	10.0	60 503		
530	禹城市	山东视界牧业有限公司	禹城市伦镇大孙社区	东君乳业有限公司	8 700	4 564	荷斯坦	10.0	43 800		
531	禹城市	禹城市息森奶牛养殖专业合作社	市中办范庄村	山东旺旺食品有限公司	500	300	荷斯坦	8.8	2 700		
532	禹城市	禹城市房寺镇裕森奶牛养殖农场	房寺镇张庄村	河南科迪乳业	320	180	荷斯坦	6.5	1 100		
533	平原县	盛源奶牛养殖专业合作社	龙门街道办事处姜庄村	山东旺旺	520	220	荷斯坦	9.7	2 134		

（续）

序号	县（市、区）	名称	场址	供奶企业	全群存栏（头）	成母畜存栏（头）	奶畜品种	成母畜单产（t/年）	年总产量（t）	是否有机奶源基地	有机奶产量（t）
534	临清市	临清市亮兢养殖有限公司	临清市刘垓子镇许庄村	禹城市房寺镇顺发奶牛养殖专业合作社奶站	220	115	荷斯坦	7.5	400		
535	临清市	山东聊城东林牧业有限公司	临清市康庄镇高庄村	济南伊利乳业有限责任公司	2 236	928	荷斯坦	12.5	12 000		
536	临清市	临清市天逸养殖有限公司	临清市戴湾镇水东村	光明乳业（德州）有限公司	1 220	384	荷斯坦	7.5	4 722		
537	临清市	临清乳泰牧业有限公司	临清市尚店镇洼里村	蒙牛乳业泰安责任有限公司	3 500	1 600	荷斯坦	11.0	15 000		
538	阳谷县	阳谷县良种奶牛繁育有限公司赵海奶牛场	阳谷县闫楼镇赵海村	蒙牛乳业泰安有限公司	640	481	荷斯坦	10.0	4 680		
539	阳谷县	阳谷县兴隆奶牛养殖专业合作社	阳谷县郭屯镇姜邢村西	蒙牛乳业泰安有限公司	412	215	荷斯坦	8.5	1 881		
540	阳谷县	阳谷县勇新奶牛养殖厂	阳谷县郭屯镇姜邢村	聊城市倍尔康鲜奶吧	231	120	娟珊、荷斯坦、弗莱维赫	8.1	980		
541	阳谷县	阳谷县博济桥办事处龙虎寨村胜利奶牛养殖场	阳谷县郭屯镇姜邢村	阳谷县康之源鲜奶吧	150	100	荷斯坦	7.6	778		
542	冠县	冠县润强奶牛养殖专业合作社奶站	冠县定远寨乡吕铺村	济南伊利乳业有限公司	510	280	荷斯坦	9.0	2 520		
543	冠县	冠县兴润佳源奶牛养殖专业合作社奶站	冠县桑阿镇西白塔村	济南伊利乳业有限公司	480	310	荷斯坦	9.0	2 790		
544	冠县	冠县范寨康源奶站	冠县范寨乡范庄村	蒙牛乳业泰安有限公司	800	500	荷斯坦	9.0	4 500		
545	冠县	冠县鹏展奶牛养殖专业合作社奶站	冠县范寨乡范庄村	山东光明乳业有限公司	410	270	荷斯坦	9.0	2 350		
546	冠县	冠县举德丰奶站	冠县柳林镇和寨村	江苏君乐宝乳业有限公司	560	350	荷斯坦	9.0	2 400		
547	冠县	冠县东方奶牛养殖专业合作社奶站	冠县范寨乡张坊村	江苏君乐宝乳业有限公司	500	320	荷斯坦	8.8	2 800		
548	冠县	冠县建利奶牛养殖专业合作社	冠县农牧良种场	河北邯山区合民奶牛养殖专业合作社	210	120	荷斯坦	9.0	1 000		
549	冠县	冠县二运奶站	冠县店子镇赵当铺村	江苏君乐宝乳业有限公司	300	130	荷斯坦	9.2	1 200		
550	冠县	聊城诺达农业科技有限公司奶站	冠县辛集镇鲍庄	河南花花牛乳业有限公司	500	240	荷斯坦	8.5	2 040		
551	冠县	冠县浩然奶牛养殖场奶站	冠县范寨乡张坊村	江苏君乐宝乳业有限公司	200	120	荷斯坦	9.0	1 000		
552	高唐县	鲁鑫农牧有限公司	人和办事处殷庄村	旺旺集团	230	110	荷斯坦	7.2	720		
553	东阿县	山东东阿阿胶黑毛驴牧业科技有限公司	东阿县新城刘庄村西100 m	东阿阿胶股份有限公司	4 890	120（能挤奶的）	驴	0.012	1.44		
554	滨州市滨城区	滨州市滨城区顺驰奶牛养殖专业合作社	山东省滨州市滨城区梁才东魏	蒙牛乳业泰安有限责任公司	805	430	荷斯坦	32.0	13 760		
555	滨州市滨城区	滨州市滨城区合利奶牛养殖专业合作社	山东省滨州市滨城区滨北办事处窦家村	蒙牛乳业泰安有限责任公司	500	280	荷斯坦	30.0	8 400		

（续）

序号	县（市、区）	名称	场址	供奶企业	全群存栏（头）	成母畜存栏（头）	奶畜品种	成母畜单产（t/年）	年总产量（t）	是否有机奶源基地	有机奶产量（t）
556	滨州市滨城区	滨州市滨城区恒源奶牛场	山东省滨州市滨城区梁才办事处东石村	蒙牛乳业泰安有限责任公司	422	203	荷斯坦	30.0	6 090		
557	滨州市滨城区	滨州市滨城区广丰牧业有限公司	山东省滨州市滨城区雁来红高科技园	蒙牛乳业泰安有限责任公司	606	290	荷斯坦	32.0	9 280		
558	滨州市滨城区	滨州市滨城区泰兴奶牛养殖场	山东省滨州市滨城区秦皇台乡张马村	奶吧	178	53	荷斯坦	27.0	1 431		
559	滨州市滨城区	滨州市滨城区薛家奶牛专业合作社	山东省滨州市滨城区滨北办事处薛家村	潍坊伊利乳业有限公司	1 098	512	荷斯坦	32.0	16 384		
560	滨州市滨城区	滨州市草原锦茂牧业有限公司	山东省滨州市滨城区滨北街道办事处瓦屋邢村	杭州味全食品有限公司	996	475	荷斯坦	32.0	15 200		
561	滨州市滨城区	滨州市滨城区绿源奶牛养殖场	山东省滨州市滨城区杨柳雪镇夏家村	佳宝	150	60	荷斯坦	27.0	1 620		
562	滨州市沾化区	滨州市沾化区大高奶牛专业合作社	沾化区大高镇薛家村	伊利集团	1 050	670	荷斯坦	9.0	5 500		
563	邹平市	邹平市博萍牧场	邹平市码头镇	山东得益乳业有限公司	220	150	荷斯坦	7.4	700		
564	邹平市	邹平市鑫星养殖场	邹平市九户镇	山东伊怡乳业有限公司	200	120	荷斯坦	7.0	700		
565	邹平市	邹平市金土地牧场	邹平市九户镇	山东得益乳业有限公司	320	220	荷斯坦	8.4	1 152		
566	邹平市	邹平锦程牧业有限公司	邹平市九户镇驻地	蒙牛泰安乳业有限公司	402	278	荷斯坦	9.1	1 650		
567	邹平市	邹平市旭日奶牛养殖厂	邹平市孙镇	山东得益乳业有限公司	503	360	荷斯坦	8.5	1 550		
568	邹平市	山东天基生态牧业有限公司	九户镇东赵村	山东得益乳业有限公司	212	130	荷斯坦、弗莱维赫	8.2	720		
569	邹平市	夏天牧场	邹平市九户镇新民村	九户伊怡乳业	206	80	荷斯坦	7.7	220		
570	邹平市	山东惠仁生态牧业科技有限公司	邹平市长山镇	山东蒙牛乳业	285	180	荷斯坦	8 .0	1 400		
571	惠民县	惠民县黄河四星奶牛饲养专业合作社	大年陈镇永和新村	济宁三强	324	110	荷斯坦	9.0	850		
572	惠民县	惠民鹏启农牧有限公司	惠民县姜楼镇张八林场	蒙牛乳业山东分公司	120	70	荷斯坦	7.0	240		
573	菏泽市牡丹区	菏泽市永远牧业有限公司	山东省菏泽市牡丹区胡集乡马垓村	河南省科迪	220	200	荷斯坦	7.5	1 500		
574	曹县	山东银香伟业集团有限公司第二牧场	曹县倪集乡岳庄村	山东银香大地乳业有限公司	7 830	4 295	荷斯坦	9.8	42 091	√	2 850
575	曹县	山东银香伟业集团有限公司第三牧场	曹县梁堤头镇祝口村	山东银香大地乳业有限公司	7 980	4 390	荷斯坦	9.5	41 705	√	3 510
576	曹县	山东银香伟业集团有限公司赵楼牧场	曹县磐石办赵楼村	山东银香大地乳业有限公司	4 400	2 400	荷斯坦、娟姗	10.0	24 000		
577	曹县	曹县德岷牧业有限公司	曹县郑庄街道袁庄村	伊利	975	480	荷斯坦	10.0	5 000		

（续）

序号	县（市、区）	名称	场址	供奶企业	全群存栏（头）	成母畜存栏（头）	奶畜品种	成母畜单产（t/年）	年总产量（t）	是否有机奶源基地	有机奶产量(t)
578	曹县	曹县牛儿乐养殖场	曹县魏湾镇牛咀嘴村	北京百贝康食品有限公司	242	152	荷斯坦	4.8	725		
579	曹县	曹县同庆奶牛养殖厂	曹县邵庄镇曹楼村	伊利	960	600	荷斯坦	10.0	3 960		
580	曹县	曹县旺旺养殖专业合作社	曹县王集镇齐王庙村	君乐宝	768	768	荷斯坦	8.5	2 100		
581	曹县	郑庄街道办事处佳和奶牛牧场	郑庄街道办事处冯庄村	河南科迪乳业	400	210	荷斯坦	8.0	1 400		
582	曹县	曹县金牛养殖专业合作社	郑庄街道办事处孔井村	江苏君乐宝	660	270	荷斯坦	8.2	2 215		
583	单县	山东莱河乳业有限公司养殖场	山东单县莱河镇工业园区189号	山东莱河乳业有限公司	860	400	荷斯坦	10.1	4 032		
584	郓城县	郓城县新鑫奶牛专业合作社	唐塔社区北徐庄村	邯郸市邯山区全民奶牛养殖专业合作社	326	270	中国荷斯坦	7.2	1 872		
585	郓城县	郓城县晨新奶牛专业合作社	玉皇庙镇梁集村	河南科迪乳业有限公司	312	254	中国荷斯坦	7.5	1 830		
586	郓城县	郓城县润丰奶牛养殖场	潘渡镇王井村	河南科迪乳业有限公司	305	247	中国荷斯坦	7.1	1 682		

备注：如认证为有机奶源基地，请在相应表格中打钩。

附表 2　山东省主要乳制品生产企业名录

序号	名称	生产地点	生产许可证号码	年收购原奶量（t）	其中：自有奶源量（t）	平均支付价格（元/kg）	日处理生鲜乳能力（t）	年乳制品产量（t）	其中：低温鲜奶（t）	UHT 奶（t）	常温酸奶（t）	低温酸奶（t）	原料奶粉（t）	婴幼儿配方奶粉（t）	成人奶粉（t）	奶油（t）	奶酪（t）	含乳饮料（t）	冰品（t）	年销售收入（万元）	利润（万元）	有机产品（枚）	备注
1	济南伊利乳业有限责任公司	平阴县西工业区振兴街536号	SC10537012400189	248 600	0	4.21	30 158	276 011	0	248 900	459	0	0	0	0	328	0	26 324	0	201 163	10 520	0	
2	山东高速生物工程有限公司	新市镇江店村	SC10537012500333	0	7 200	4.00	20	7 200	4 800			2 400								9 800	600		
3	山东旺旺食品有限公司	济阳区旺旺街8号	SC10637012509637	43 344	0	4.78	400	9 497		9 497	0	0	0	0	0					221 332	42 457		
4	济南佳宝乳业有限公司	长清平安	SC10537011300356	77 012	28 223	4.15	1 200	114 094	22 260	51 442		34 837	689					4 866		78 317	4 124		
5	山东兴牛乳业有限公司	济南市历城区桑园路8号	SC10537011200763	6 000	0	4.60	200	6 000	4 000			2 000								4 988	407		
6	济南舒阳奶业有限公司	章丘高官寨	SC10537018101093	3 000	3 000	4.20	7 000	3 000	2 000			1 000								2 200	100		
7	青岛迎春乐食品有限公司	青岛市城阳区	SC10637021400299	20 000		4.10	400	21 170	6 570	4 380	0	6 570	0	0	0	0	0	3 650	0				
8	青岛新希望琴牌乳业有限公司	山东省青岛市胶州市经济技术开发区太湖路6号	SC10637028100848	67 311	4 998	4.35	800	66 624	21 219	21 280	0	24 035		0	0	0	0	89	0	60 943	3 812	1	
9	柏札莱（青岛）食品有限公司	莱西市店埠镇兴店路工业园	SC10537028501332	1 000	0	3.50	30	300	0	0	0	0	0	0	0	0	300	0	0	1 500	−220	0	
10	青岛雀巢有限公司	莱西市威海西路	SC10637028510660	22 6343	0	3.84	730	95 549	0	46 022	0	0	0	0	0	49 527	0	0	0	386 049	40 991	0	浓缩乳73 981 t
11	山东祥和乳业有限责任公司	山东省枣庄市台儿庄区马兰屯镇	SC10637040500101	2 400	2 400	4.40	200	2 059	756	846		457						657		2 107	2	2	
12	富友联合澳亚乳业有限公司	河口区	SC10537050300189	5 549	0	3.80	740	5 134	934	1 752	2 109							339		803	0		
13	安和乳业（山东）有限公司	广饶县经济技术开发区	SC10537052300940	82 790	0	4.20	1 200	6 000					6 000		60					34 461	111		
14	山东恩泽乳品有限公司	广北农场广青路23号	SC10637052300106	1 689	1 689	4.50	800	1 532	763	134	0	614	0	0	21	0	0	0	0	2 833	86		

（续）

序号	名称	生产地点	生产许可证号码	年收购原奶量（t）	其中：自有奶源量（t）	平均支付价格（元/kg）	日处理生鲜乳能力（t）	年乳制品产量（t）	其中：低温鲜奶（t）	UHT奶（t）	常温酸奶（t）	低温酸奶（t）	原料奶粉（t）	婴幼儿配方奶粉（t）	成人奶粉（t）	奶油（t）	奶酪（t）	含乳饮料（t）	冰品（t）	年销售收入（万元）	利润（万元）	有机产品（枚）	备注
15	烟台益生源乳业有限公司	烟台市福山区回里工业园	SC10537061100297	14 200	9 200	4.35	80	4 800	4 800	—	—	500	—	—	—	—	—	—	—	4 100	445	—	
16	烟台长生乳品有限公司	烟台芝罘区卧龙经济园区荆山路2号	SC10637060200742	140	140	3.70	20	104	104									32		300	35		
17	山东绿源唯品乳业有限公司	莱阳市龙大食品工业园	SC 10537068200750	6 525	6 525	4.91	20	6 233		6 322										28 799	2 279		
18	山东万宝乳业有限公司	临朐县辛寨街办	SC10637072400449	11 064	0	4.26	800	5 104	0	0	0	0	45 623	0	541	0	0	0	0	9 919	337		
19	临朐乾福乳业有限公司	临朐县山旺镇	SC10537072400760																	1 142	280		为伊利喷粉5 000元/t
20	潍坊伊利乳业有限责任公司	临朐县城关街办	SC10537072408178	205 000	0	—	1 725	367 912	—	119 050	75 862	—	—	—	—	—	—	173 000		276 500	17 600	—	
21	山东三元乳业有限公司	潍坊市坊子区崇文街2466号	SC10637070400024	24 297	0	3.60	270	28 416	15 147	0	0	10 156	0	0	0	0	0	3 114	0	19 627	45	0	
22	潍坊紫鸢乳业发展有限公司	潍坊高新区樱前街3537号	SC10637079200045	30 504	0	4.50	300	32 258	16 698	15 560										23 226	2 400	0	
23	济宁三强乳业有限公司	唐口工业园人民路8号	SC10537081109576	7 000		4.80	100	7 500	3 500	400		3 500						100		3 902	283		
24	山东亚奥特乳业有限公司	山东泰安泰山区	SC10637090200327	50 470	30 000	4.20	240	33 000	11 000	7 000		11 000						4 000		32 217	1 421		

（续）

序号	名称	生产地点	生产许可证号码	年收购原奶量（t）	其中：自有奶源量（t）	平均支付价格（元/kg）	日处理生鲜乳能力（t）	年乳制品产量（t）	其中：低温鲜奶（t）	UHT 奶（t）	常温酸奶（t）	低温酸奶（t）	原料奶粉（t）	婴幼儿配方奶粉（t）	成人奶粉（t）	奶油（t）	奶酪（t）	含乳饮料（t）	冰品（t）	年销售收入（万元）	利润（万元）	有机产品（枚）	备注
25	山东泰山安康乳业有限公司	山东泰安徂徕镇北望村	SC10637091112048	1 840	1 840	3.80	20	2 000	1 200			500						300		3 000	50		
26	蒙牛乳业泰安有限责任公司	泰安市高新区中天门大街669号	SC11037090100044	268 082	93 694	4.50	1 400	342 897		266 151	11 674							35 946	29 042	243 200	16 768		
27	蒙牛乳制品（泰安）有限责任公司	泰安市高新区中天门大街669号	SC10637090100051	38 582	38 582	3.80	400	94 562				83 057	2 911					11 505		81 360	1 347		
28	山东百慧乳业股份有限公司	莒县经济开发区	SC10937112201137	2 900	2 900		280	22 000			2 000							20 000		11 000	890	0	
29	山东认养一头牛乳业有限公司	山东省临沂市平邑县白彦镇黄坡社区铜枣线与S244交汇处南188m	SC10537132601611	115 000	7 300	5.13	800	124 362	—	85 874	38 488	—	—	—	—	—	—	—	—	125 685	2 000	—	
30	临沂格瑞食品有限公司	临沂市高新区	SC10537139800328	27 533	3 000	4.80	500	27 533	1 490	15 326	0	5 154	0	0	0	0	0	5 563	0	16 208	-407	—	
31	沂水县御膳香乳业有限公司	沂水县裕丰开发区	SC10637132300202	1 220	90	6.00	41	1 120	0	1 080	40	0	0	0	0	0	0	0	0	2 128	115	0	
32	山东白羚乳业有限公司	沂水县丰国路C01020号	SC10537132301410	360	170	7.00	30	358	0	348	10	0	0	0	0	0	0	0	0	360	72	0	
33	光明乳业（德州）有限公司	德州市经济开发区晶华大道2157号	SC10637140100137	104 495	7 599	4.31	490	108 415		71 314	34 381									86 748	11 160		
34	山东君君乳酪有限公司	禹城市	SC10537148200805	15 000	0	5.30	300	34 500	0	2 000	0	0	0	0	0	1 500	30 000	1 000	0	19 000	3 000	0	

（续）

序号	名称	生产地点	生产许可证号码	年收购原奶量（t）	其中：自有奶源量（t）	平均支付价格（元/kg）	日处理生鲜乳能力（t）	年乳制品产量（t）	其中：低温鲜奶（t）	UHT奶（t）	常温酸奶（t）	低温酸奶（t）	原料奶粉（t）	婴幼儿配方奶粉（t）	成人奶粉（t）	奶油（t）	奶酪（t）	含乳饮料（t）	冰品（t）	年销售收入（万元）	利润（万元）	有机产品（枚）	备注
35	东君乳业（禹城）有限公司	禹城市	SC10637148200546	15 000	15 000	5.30	80	51 311	1 025		47 923	2 363								24 866	661		
36	临清乳泰奶业有限公司	山东省聊城市临清市尚店镇东段屯村	SC10637158100456	3 443		4.64	200	3 484	1 048	1 531		905								2 400	-340		
37	山东伊怡乳业有限公司	邹平市九户镇	SC10537162600073	3 000	3 000	4.50	150	3 000	0	3 000	0	0	0	0	0	0	0	0	0	5 000	300	0	
38	山东银香大地乳业有限公司	曹县	SC10137172100079	73 000	73 000	6.00	300	73 000	18 250	0		7 300	0	0	0	0	0	47 450	0	20 000	1 700	27 027 723	
39	山东莱河乳业有限公司	单县莱河镇工业园	SC10637172200419	5 400	5 400	4.20	15	5 400	2 800			2 600								2 500	225		

备注：本表包括在中国及海外的生产企业。日处理生鲜乳能力指设计加工生鲜乳能力。自有奶源指来自自检和参建（控股、参股）牧场（小区）的原奶。成人奶粉指除婴幼儿配方奶粉以外的学生奶粉、孕妇奶粉、中老年奶粉等终端消费奶粉。冰品包括冰激凌、雪糕等。有机产品数量单位为“枚”，指获得有机标志的数量。

河南省

【奶畜养殖】河南以推进奶业振兴为抓手，促进奶业高质量发展，呈现健康发展的好态势。受新冠肺炎疫情影响，河南奶业既经历了奶料运输受阻、奶价低迷、乳制品消费受限、养殖加工全链亏损的上半年，又迎来了消费增加、奶价上涨、效益增加、快速发展的下半年。河南省坚持以落实中央和省级奶业扶持政策为抓手，积极克服疫情影响，大力推进优质奶源基地建设，积极强化技术支撑服务，切实加强生鲜乳质量安全监管，继续扩大奶业公益宣传，全方位扎实推进奶业振兴。一是积极抗击疫情，狠抓奶业稳产保供。2020年年初受新冠肺炎疫情影响，奶业生产一度出现奶车运输受阻、生鲜乳收购价格降低、乳制品企业产品大量积压等现象。针对生鲜乳生产实际，加强汇报沟通，积极努力争取，较早为全省奶业企业发放通行证，有效解决了生鲜乳、乳制品及生产物资的运输问题。同时，在疫情期间加强线上技术服务，指导奶业复工复产，3月奶业企业复工率就达到了100%，有效稳定了奶业生产基础，保障了奶业持续健康发展。二是加快推进优质奶源基地建设。制定下发2020年奶业发展专项、奶畜家庭牧场（中小牧场）升级改造项目和新型经营主体肉牛奶牛生产能力提升工程项目实施方案，并召开会议进行政策解读，将发展目标任务分解到各市、县。认真落实“两牛”政策，支持新建奶牛养殖场16个，其中新建存栏5 000头以上奶牛养殖场5个。积极实施家庭牧场升级改造项目，支持89个牧场对饲草料设施设备进行升级改造，提高优质饲草料的供应和生产效率提升。三是强化技术支撑，夯实奶业振兴基础。持续开展奶牛品种登记、生产性能测定、测料养牛、高产奶牛核心群组建等基础性工作，全年完成品种登记16万头、生产性能测定8万头，参测牛只日均单产29.55kg，305天产量达9.01t，平均乳脂率为3.96%，乳蛋白率为3.32%，平均体细胞数为23.94万个/mL，对4.3万头新生高产奶牛母犊进行了补贴。逐步完善全省粗饲料数据库模型，分析反馈数据，指导养殖场优化日粮配方，实施精准饲喂、精细饲养。四是推进草业带建设，提升优质牧草供应能力。印发《关于加快推进黄河滩区优质草业带建设的通知》，5月省政府在兰考县召开了黄河滩区草业带建设推进会，通过示范带动、政策支持、培育主体、开展培训、强化服务指导等，强力推进滩区优质草业带建设。2020年新增苜蓿种植面积5.96万亩，优质饲草生产供应能力明显提升，为优质草畜特别是奶业振兴提供了饲草支撑。五是积极发展奶业新业态。奶业休闲观光和鲜奶现制现售稳步发展，成为奶业发展新的增长点。尽管2020年上半年受到了疫情影响，但是4个国家级休闲观光牧场全年接待参观人数仍达8万余人次、增加经济收入250多万元。全省有42个养殖场开办240个奶吧，每天加工生鲜乳28 t，平均每个奶吧日加工量为120kg，为周边群众消费低温奶开辟了新途径。六是完善利益联结机制。印发《关于稳定生鲜乳购销秩序保障生鲜乳质量安全的通知》，全面规范生鲜乳购销合同，督促规范签订并履行生鲜乳购销合同；构建全产业链收益共享、风险分担的利益格局。指导河南省奶业协会多次组织生鲜乳价格协商会议，每季度召开1次生鲜乳收购定价会，实现了生鲜乳收购先定价后交奶，稳定了奶农收益预期，也强化了加工与养殖的利益联结。农业农村部畜牧兽医局肯定了河南的做法，在《畜牧兽医工作动态》第100期（奶业振兴专刊第9期）上刊发了《生鲜乳价格协商新成效——河南省探索生鲜乳收购先定价后交奶》，宣传河南经验和做法。

【乳制品加工】支持乳制品加工龙头企业做大做强，支持建设焦作蒙牛100亿元产业园区、驻马店伊利产业园区等重大项目，重点是加强乳企与市、县的对接，寻求适养地块，寻求合作机会。先后与驻马店市、平顶山市、兰考县、周口市、新乡市、洛阳市、南阳市、邓州市等十几个市、县联系，为伊利、蒙牛、首农、新希望等大型龙头企业在河南建设奶源基地寻找养殖用地，并取得新的进展。伊利、蒙牛、首农3家企业在河南新建在建5 000头以上牧场7个，其中伊利宝丰优然牧业（1.2万头）已建成投产，驻马店西平优然2.4万头牧场已开工建设；蒙牛焦作兴豫源牧场已经投产，与河南花花牛合作在兰考县新建的2个万头牧场已开工。

【奶农组织】一是稳定购销秩序，签订新版购销合同。2020年1月11日，在河南省奶业协会、山东省奶业协会、辽宁省奶业协会、河北省奶业协会、天津市奶业协会的共同见证下，蒙牛（焦作）乳业有限公司与河南奶源供应商共同签订了新版《生鲜乳购销合同》，标志着河南省率先签订新版生鲜乳购销合同。新版合同要求必须有第三方见证合同签订的过程，并签字、盖章。“三方合同”不仅保障了乳企和牧场双方权益，维护了行业秩序，而且有利于推动构建可持续的奶业链利益联结机制。按照新版合同约定，每季度初生鲜乳收购方同上游牧场双方友好协商，共同签订《生鲜乳收购价补充协议》，协议对每季度逐月生鲜乳收购价进行了明确约定，同时鼓励优质优价，打破了以往生鲜乳购销过程中价格不明朗，甲方说了算的局面，实现了生鲜乳购销先定价、后交易，对规范生鲜乳购销秩序，维护收购人、销售人双方合法权益，密切产销利益联结，推进奶业振兴有着重要意义。二是举办河南全（高）青贮日粮高级研习班。2020年7月3日，由河南省奶业协会主办，维尔塔宁青贮科学研究中心提供技术支持，在开封市举办了河南全（高）青贮日粮高级研习班。围绕“什么质量的青贮可以实施全（高）青贮日粮”内容与大家分享，以理论课、实践课、案例课等教学方式进行专业培训，助力全面提升青贮日粮等制作水平，并逐步实施全（高）青贮日粮。三是评选2020年度高质量发展典范企业。

为了激励和表彰为河南省畜牧业做出突出贡献的优秀企业，在9月举办的河南省第32届畜牧业交易博览会期间，河南省奶业协会联合省家禽业协会、省养猪行业协会、省养羊行业协会组成奖项评审委员会，根据评选办法和评选标准对申报企业进行认真评选，决定授予焦作博农、河南瑞亚、花花牛畜牧科技等15家企业为“河南省畜牧行业高质量发展标兵”；河南省鼎元种牛育种有限公司、河南花花牛乳业集团股份有限公司等11家企业为“河南省畜牧行业最具影响力品牌企业”。四是举办奶业科技博览。2020年9月28日第32届中原畜牧业交易博览会奶业展览在郑州会展中心成功举办。大会展览展示了乳制品、动物卫生保健、奶牛（奶羊）养殖与牧场设备、装备机械、乳制品加工技术设备、环保设备、奶业新业态；重点打造多场高端奶业论坛，邀请众多国内外顶级行业专家举办讲座，以及新时代中原奶业创新发展论坛。

【政策法规】河南省持续实施支持肉牛奶牛产业发展政策。支持新建畜位300头以上的奶牛标准化规模养殖场项目建设，对新建1个奶牛畜位省财政按不超过2 000元予以奖补。支持良种繁育体系建设，进口荷斯坦牛每头补助1 000元，进口奶牛育种胚胎每枚补助5 000元。

河南省承担农业农村部振兴奶业苜蓿发展行动项目。中央财政安排建设高产优质苜蓿示范片区6.2万亩、资金3 720万元，其中国家级贫困县嵩县、镇平县、兰考县和新蔡县合计5.8万亩，补贴资金3 480万元；非贫困县长垣市0.4万亩，补贴资金240万元。

实施国家粮改饲试点项目，全省75个试点县完成粮改饲面积133.9万亩，完成农业农村部下达目标任务79万亩的168%，示范带动全省优质饲料作物种植面积发展到317万亩。

【质量监管】一是开展生鲜乳质量安全专项整治。印发《关于开展2020年生鲜乳质量安全专项整治行动的通知》，以收购运输许可管理为重点，对生鲜乳生产、收购、运输等环节进行全面排查，紧紧围绕全过程管理的规范性和质量安全管控措施的严密性，严查、严防非法添加等违法行为；核查、规范网上发证行为和信息录入，推进生鲜乳购销合同备案。印发《生鲜乳收购站告知书》《生鲜乳运输车辆告知书》《奶畜养殖散户告知书》到全省质量安全主体责任单位。二是完善生鲜乳质量安全信息化追溯体系。对新增生鲜乳收购站安装视频监控系统13套，对原有监管追溯体系进行运行维护，全省奶站、乳企和奶车“两点一线”实现实时监控、全程追溯，省、市、县和乳企“三级四层”监管平台运行良好，生鲜乳质量安全监管更加及时有效。三是持续加大抽检监测力度。全年完成部、省两级监测1 515批次，实现国家和省级对收购站抽检全覆盖。其中，省级抽检879批次，检测合格率100%。四是继续在郑州等4个省辖市开展生鲜乳第三方检测试点，涉及的生鲜乳收购站占全省的60%以上，完善数据收集与分析平台，强化数据利用。

【奶业大事】2020年1—3月，受新冠肺炎疫情影响，全省奶业生产一度出现饲草料供应紧张、生鲜乳运输受阻、用工复产困难、养殖环节成本上涨等情况，河南省加大协调力度，多措并举，及时发放运输通行证，有效解决了生鲜乳等生产物资运输问题，促进了奶业及早复工复产，完成了稳产保供任务。

2020年5月27日，省政府在兰考县组织召开黄河滩区优质草业带建设工作推进会，现场观摩兰考县紫花苜蓿种植基地，总结交流草业带建设进展情况、存在问题，研究部署下一步工作。

2020年5月29日，省农业农村厅在兰考县召开全省奶业振兴工作座谈会，现场参观2个奶牛养殖基地和1个苜蓿种植基地，总结交流推进奶业振兴工作情况，分析奶业发展面临的形势和机遇，安排部署下一步推进全省奶业振兴工作。

2020年7月18日，首届中原休闲观光牧场高层论坛在郑州举办，成立河南省奶业协会休闲观光牧场发展委员会，解读休闲观光牧场政策、交流创建经验，现场观摩荥阳昌明奶牛科普乐园。

2020年7月23日，印发《河南省农业农村厅关于深入开展生鲜乳质量安全第三方检测试点工作的意见》（豫农文〔2020〕259号），统筹安排项目内容、着力规范试点工作实施，不断提高工作成效。

2020年8月18日，《河南省农业农村厅关于印发河南省2020年新型经营主体肉牛奶牛生产能力提升工程项目实施方案的通知》（豫农文〔2020〕293号），其中支持新建奶牛畜位5万个以上，是“十三五”期间安排资金额度最大的一年。

2020年9月23—24日，农业农村部在山东省青岛市召开全国奶业振兴现场会。河南省作为10个主产省之一，从奶业振兴成效、采取的措施、下一步打算3个方面作了发言，介绍了河南省奶业振兴工作推进情况。

2020年9月29日，兰考县政府与蒙牛乳业集团、河南花花牛乳业集团，在河南省农业农村厅签署了战略合作协议，三方将共同推进20万头奶牛养殖基地建设，决战脱贫攻坚，助力河南奶业振兴。

2020年10月11日，河南省省长尹弘在郑州同伊利集团董事长潘刚一行举行会谈，就推进双方投资合作事项深入交流。

2020年10月12日，驻马店市伊利集团高端乳产业集群示范项目暨10万头奶牛生态养殖示范基地项目在西平县正式开工兴建。

2020年12月7日，驻马店市政府与伊利集团举行加工基地项目投资合作签约仪式，为加快推动驻马店市奶业振兴、产业发展注入强劲动力。

2020年12月7—8日，河南省农业农村厅在郑州举办全省生鲜乳质量安全监管法规培训。分析解读全省生鲜乳质量安全检测结果，学习奶业法律法规，通报生鲜乳质量安全信息化追溯体系运行管理情况，进行追溯体系操作应用培训，介绍生鲜乳第三方检测数据平台建设情况，全面分析全省生鲜乳质量安全监管形势及下一步监管重点。

2020 年 12 月 10 日，省畜牧总站在兰考县举办全省奶牛品种登记和单产提升工作座谈会暨现场观摩活动。现场观摩了大、中、小型 3 个奶牛规模养殖场，10 余个奶牛养殖场进行了经验交流，会议就奶牛养殖场“1+1”单产提升行动方案、奶牛品种登记和单产提升工作进行了专题座谈，对 2021 年全省奶牛品种登记和奶牛单产提升工作进行了安排部署。

2020 年 12 月 11—12 日，河南省举办百家牛场青贮质量评鉴活动暨优质饲草质量控制技术培训班。向青贮评鉴活动中获奖的 30 家企业颁发了证书，通报了粮改饲、测料养牛项目工作进展，分享了中国全株玉米青贮质量安全报告、饲料近红外检测技术在奶牛养殖场的应用报告、优质苜蓿青贮应用案例分析等。

2020 年，河南省奶牛生产性能测定中心作为第三方牵头单位，联合中国奶业协会、中国农业大学等单位组成专家组，完成北京、上海、河南等 5 个省（自治区、直辖市）的 8 个牧场取样、5 个实验室检测过程规范性核查，以及 42 批次 5 760 头参考群奶牛 DHI 检测复核工作。

（河南省农业农村厅奶业管理处，宋洛文）

郑州市

为加快促进奶业转型升级，2020 年郑州市通过补短板、强弱项，实施奶业提质增效行动，在规范化、标准化的基础上继续促进家庭牧场发展，合力加快推进奶业振兴，乳制品质量安全连续保持优良。

【奶畜养殖】截至 2020 年年底，郑州市奶牛存栏 1.8 万头，其中成母牛 0.81 万头；牛奶产量 10.7 万 t，同比增长 26.2%。100 头以上规模奶牛养殖场（小区）20 个，分布在中牟县、荥阳市、新郑市等地。主要呈现以下特点。

规模化养殖程度进一步提高。为应对奶业形势严重下滑的局面，持续开展奶牛养殖场（小区）转型升级行动，通过淘汰低产奶牛、小区牧场化转型、规模养殖场技术托管等措施，2020 年年底牧场化率达到 90% 以上。

机械化生产水平明显增强。规模养殖场和养殖小区机械化挤奶率达 100%；95% 以上牧场配备了全混合日粮（TMR）搅拌车；大型青贮收割机、自动清粪、自动饮水等设施设备和技术相继应用于奶业生产，奶业规模化、标准化、机械化水平均居全省前列。

奶牛单产水平明显提升。通过严格选育、全方位开展奶牛单产提升行动，机械化、智能化、信息化和关键生产技术的加快推广应用，奶牛科学分群和精细化管理，牛奶产量质量均有提高。2020 年，全市参加奶牛生产性能测定（DHI）奶牛场 18 个，参测奶牛 8 147 头，平均日单产 29.3kg，305 天产量 8 681.16kg，平均乳脂率为 4.21%，平均乳蛋白率为 3.36%，体细胞数为 24.78 万个 /mL，高产奶牛的比例逐渐增加，牛群结构更趋合理，生产力水平逐年提升。

积极发展美丽牧场，培育发展观光奶业。2020 年郑州市出台了美丽牧场建设实施方案，支持各类规模养殖场申报创建美丽牧场项目，单个美丽牧场项目最高扶持额不超过 500 万元。郑州市荥阳昌明农牧科技有限公司奶牛科普乐园 2017 年被农业农村部推介为“亲子互动”典型模式向全国推介以来，吸引了大批游客，成为全市奶业宣传及科普教育基地和第一个畜牧业对大众开放的窗口。利用自有牧场打造的科普长廊、科普大讲堂、酸奶 DIY、犊牛饲喂体验、对牛弹琴等体验项目，寓教于乐，既增加了活动体验的趣味性，又科普学习了牛奶和奶牛知识，每年接待儿童及家长 8 万余人次。荥阳昌明农牧科技有限公司是全国四星级休闲农业园区、河南省科普教育基地、河南省农业科普示范园、河南省四星级乡村旅游经营单位、河南省美丽牧场。

【乳制品加工】全市有河南花花牛乳业集团股份有限公司、郑州光明乳业有限公司等 5 家乳制品加工企业，年设计加工能力 60.01 万 t。2020 年，牛奶总产量 22.3 万 t，较 2019 年增加 2.23 万 t；总产值 18.27 亿元，较 2019 年减少 1.19 亿元。

【市场消费】2020 年，郑州市居民人均可支配收入 37 275 元，比 2019 年增长 3.7%。其中，城镇居民人均可支配收入 42 887 元、增长 1.9%，人均消费性支出 25 450 元、下降 6.4%；农村居民人均可支配收入 24 783 元、增长 5.3%，人均消费性支出 17 518 元、增长 3.9%。

通过对世纪联华、丹尼斯、大商新玛特等超市乳制品销售情况进行调查，其销售乳制品的种类及价格如下。

纯牛奶、酸牛奶类：花花牛透明小袋 180g×12 袋，批发价格 30.90 元；花花牛俄式炭烧酸奶，160g×12 袋，批发价格 30.90 元；花花牛益生菌风味发酵乳 180g×12 袋，批发价格 43.90 元；花花牛袋装早餐酸牛奶 150mL×15 袋，批发价格 29.90 元；伊利纯牛奶（礼盒装）250mL×20 盒，批发价格 54.80 元；伊利早餐奶小白袋 180mL×16 袋，批发价格 36.90 元；伊利金典有机脱脂纯牛奶 250mL×10 盒，批发价格 76.30 元；蒙牛特仑苏纯牛奶 250mL×16 盒，批发价格 89.9 元。

婴幼儿配方奶粉类：销售的产品主要有飞鹤、伊利等品牌。飞鹤星飞帆 1 段（0~6 个月）婴儿配方奶粉 700g/ 听，324 元；2 段（6~12 个月）较大婴儿配方奶粉 700g/ 听，275 元；3 段（1~3 岁）幼儿配方奶粉 700g/ 听，275 元。伊利金领冠 1 段 900 克 / 听，418 元；2 段 900 克 / 听，346 元；3 段 900 克 / 听，320 元。

【奶源基地】据统计，2020 年全市存栏 100 头以上规模奶牛养殖场（区）20 个。其中，存栏 1 000 头以上养殖场

4个，占规模奶牛养殖场总数的20%；500~999头养殖场（区）5个，占规模奶牛养殖场总数的25%；200~499头养殖场（区）9个，占规模奶牛养殖场总数的45%。

2020年全市牧草面积2 000hm^2，全年共产青贮33万t，其中牧草青贮7万t、玉米等其他秸秆类青贮26万t。郑州辖区内共完成9 333头荷斯坦牛的品种登记工作。

奶牛养殖场粪污处理方面，大部分规模奶牛养殖场采用雨水、粪污水分离，粪污水采用三级沉淀池分离，定期抽取沉淀液；牛舍采用人工干清粪或刮粪板清粪，并集中到储粪场发酵处理。

2020年利用省肉牛奶牛产业发展专项资金项目，投入162万元，对8个家庭牧场进行了升级改造。通过对取料机、饲料搅拌车、干草粉碎机、牵引式TMR等设备的升级改造，牧场的生产得以充分保证，避免了以前因为设备故障影响奶牛饲喂情况的发生，同时提高了牧草利用率，减少了损耗，也提高了奶牛单产。

郑州市最大的乳制品加工企业是河南花花牛乳业集团股份有限公司（以下简称河南花花牛）。该公司是国家农业产业化重点龙头企业，是中国奶业20强（D20）企业之一，也是河南省扶贫龙头企业。该公司有3个乳制品加工基地，分别在郑州市二七区马寨工业区、郑州市航空港区及驻马店市新蔡县（在建）；是一家集饲草种植、饲料生产、奶牛养殖、乳制品加工为一体的国家级农业产业化重点龙头企业。拥有1家农业科技种植公司和12个养殖牧场、3个乳制品加工基地，乳制品加工能力达1 300t/日，产品涵盖巴氏杀菌乳、发酵乳、灭菌乳、调制乳、含乳饮料、乳粉六大类百余个单品。近年来，河南花花牛先后加入“中荷奶业发展中心”和“国家奶业科技创新联盟”，并率先通过“国家优质乳工程”认证，也是河南省唯一一家通过优质乳工程验收的企业。同时也是2020年第11届全国少数民族传统体育运动会唯一指定的乳制品供应商，经过中国奶业协会的严格筛选，河南花花牛被选定为“学生饮用奶计划”新增产品种类试点15家企业之一。

【奶农组织】郑州市奶业协会在本行业发挥着协调和服务的职能，在积极服务政府相关部门、乳企和奶牛养殖场的基础上，关注郑州市牛奶消费者的认知需求和服务需求，紧紧围绕奶业发展开展调研、宣传、推广等工作，为推动奶业的持续、稳定和健康发展做出了积极的贡献。郑州市奶业协会现有会员单位61个，个人会员93人。2020年7月，郑州市奶业协会参与承办“一带一路”奶牛肉牛性能测定国际论坛，加深本省畜牧企业与国际的合作交流，进一步促进国内外资源和技术的优势互补，参加会议人数200余人。2020年10月，郑州市奶业协会参与主办的2020北方牛人会暨牧场发展交流会，聚全国高能之势，实现奶牛业可持续发展，促进产业升级，提升产业整体竞争力，参会300余人。2020年参与承办《名师大讲堂》系列讲座6期，邀请行业专家及精英做演讲，丰富在场学员的学识及眼界。

奶业科普方面，河南省奶牛生产性能测定中心在金水区农委的支持下，利用现有办公条件建成奶业科普馆，制作奶业宣传视频、牛奶知识科普手册、活动展板、条幅等一系列道具帮助协会开展各项科普宣传活动。2020年在河南省农业农村厅奶业处、郑州市农委、河南省奶牛生产性能测定中心以及部分乳企的支持下举办“六一儿童节”及“九九重阳节”活动。完成3次奶业科普进社区活动，共接待1 000余人次，发放宣传手册3 000余册。在第32届中原畜牧业交易博览会上参展亮相，现场宣传奶业、解答问题，接待人员百余人次，发放牛奶知识科普手册2 000余册。

【政策法规】2020年，郑州市人民政府办公厅印发《关于加快推动畜牧业高质量发展的意见》，提出了到2025年肉蛋奶总产量保持在38万t左右、建立5 000头奶牛应急保供基地的发展目标。

【质量监管】全市有生鲜乳收购站16个，其中奶牛养殖场开办的奶站14个，奶牛养殖合作社开办的奶站2个。正常运营的生鲜乳运输车有15辆。生鲜乳质量安全监管主要工作如下。

突出资质合规抓整治。调阅16个生鲜乳收购站和15辆生鲜乳运输车辆的生鲜乳收购许可证、生鲜乳准运证明。重点核查收购许可证中明确的收购站名称、地址、收购地域范围、收购生鲜乳种类、负责人姓名、法定代表人，核查准运证明中明确的车牌号码、车辆所有者名称、最大运载量，特别是对许可条件是否完善、办证程序是否规范以及证照是否超过有效期等进行详细了解和认真核查，确保全市所有收购许可证和准运证明合法有效，发挥好许可监管的源头作用。

突出抽检监测抓整治。充分发挥抽检监测对整治行动的技术支撑作用，尽可能发现问题、解决问题，打击违法违规行为。一是借助上级抽检发现问题。2020年6月承担省级生鲜乳质量安全监督抽检和现场检查，现场检查生鲜乳收购站7个，专项监测抽样19批次，对存在的设备室、更衣室划分不明确，化验、计量、检测仪器设备不全，档案记录不规范、不完整等问题，逐一进行了整改。2020年8月5—11日，农业农村部进行2020年生鲜乳质量安全例行检测和国标检测第一次抽样工作，共抽取奶站13个、运输车48辆，全部合格。二是市级抽检计划发现问题。2020年2月，郑州市农委制定下发了《关于下达2020年全市兽药饲料和畜产品质量安全监测计划的通知》（郑农〔2020〕21号），其中明确在生鲜乳收购站和专业合作社抽样20批次，重点监测三聚氰胺、革皮水解物、碱类物质、硫氰酸钠以及黄曲霉毒素M_1 5个项目。全部完成抽检监测任务，未发现问题。三是发挥第三方机构抽检发现问题。从2016年开始，已连续五年担任省赋予的生鲜乳安全质量检测试点任务，2020年，实际检测485批次。同时，第三方检测数据也显示，生鲜乳的平均乳蛋白率和乳脂率分别为3.29%和3.97%，生鲜乳品质明显提高。

突出信息化建设抓整治。一是把所有收购站和运输车全部纳入农业农村部奶业监管平台，做到信息登记准确、数据更新及时、在线出证无误。指定专人负责此项工作，经常核查信息、督促上报数据，定期分析数据，研判生产形势，适时提出改进意见建议。二是信息化追溯体系建设。把所有乳制品加工企业和持许可证的生鲜乳收购站安装了视频监控系统，把所有持有准运证生鲜乳运输车辆安装了视频监控系统。在此基础上，制定了追溯体系使用和管理规定，明确了专人负责，还对县（市）负责此项工作的人员进行了培训，保障了系统正常运转。

突出标准化生产抓整治。生鲜乳质量安全离不开养殖场标准化程度的提升，越是规范化越要标准化。2020年郑州市利用省下达的资金，对8个奶牛养殖场的青贮池及干草棚、购置青贮自动取料机、TMR混合机械、机械化饲喂等设施设备及精准饲喂系统信息化建设等进行升级改造，旨在引导企业规范生产行为，转变经营模式，大力发展循环经济，促进农牧结合、农旅结合、三产融合，全面提高管理水平。

【奶业大事】郑州乳企积极复工复产。突发的新冠肺炎疫情对奶畜养殖业造成了较大冲击，很多奶畜养殖场（户）面临无饲料来源、无产品出路的困境。疫情防控关乎生命，复工复产关系生计。郑州市农委紧急协调，为乳企办理应急物资通行证71张，为复工复产和稳产保供做好保障。在细化防控措施、执行防控规定等的基础上，奶畜养殖企业和乳制品加工企业克服困难，履行责任，收购生鲜乳喷粉储存，避免了大面积倒奶情况发生，稳定了生鲜乳购销市场。

捐款捐物助力抗疫。一方有难，八方支援。郑州市乳企主动承担社会责任，在组织生产保供给的同时，捐款捐物献爱心，全市8家乳企累计捐款捐物价值13.18万元，为打赢疫情防控阻击战贡献了积极力量。

2个牧场获得河南省美丽牧场称号。河南省农业农村厅公布了2020年河南省美丽牧场名单，郑州市5个养殖场榜上有名，其中，河南瑞亚牧业有限公司和郑州昌明农牧科技有限公司的2个奶牛养殖场上榜。

农业农村部到郑州市督查生鲜乳专项整治工作。2020年10月15—16日，农业农村部第四检查组对郑州市生鲜乳专项整治工作开展情况进行督导检查。检查组深入奶畜养殖场（户）、生鲜乳收购站、乳制品生产加工企业，采取座谈了解、查阅资料、现场检查等方式，对生鲜乳收购站、运输车许可及监管情况，生鲜乳质量安全监测监管信息化应用情况，奶畜散养户监管情况，生鲜乳购销合同备案等制度落实情况等方面工作进行督导检查。检查组对郑州市生鲜乳专项整治工作开展情况给予肯定，并对监管工作提出了建议。

全市奶业生产发展暨粮改饲工作培训班成功举办。2020年10月15—16日，在巩义市举办了培训班，各县（市、区）畜牧主管部门、生鲜乳收购站、乳制品加工企业等有关负责人共计50余人参加培训。此次培训采取集中授课、研讨交流等方式进行，邀请多位专家对奶业生产发展形势、生鲜乳质量安全监管措施、粮改饲政策等内容进行解读，围绕奶牛养殖新技术、农旅牧场建设、饲草机械应用等典型经验和做法进行交流学习。

（郑州市农业农村工作委员会，李长城）

洛阳市

近年来，洛阳市以优质安全、绿色发展为目标，以主攻单产水平、提升乳制品质量为着力点，加快推进种养结合、草畜配套和养殖废弃物资源化利用，加快构建现代奶业产业体系、经营体系和质量安全体系，强化质量安全管控和品牌培育，不断提高奶业发展质量效益和竞争力。

【奶畜养殖】2020年洛阳市奶牛存栏2.82万头，同比下降9.9%，牛奶总产量16.29万t，同比增长3.7%。规模养殖场集中分布在洛阳市偃师区、孟津区和嵩县，占全部奶牛规模养殖场总数的78.6%。其中，位于孟津区平乐镇的洛阳生生乳业农牧庄园存栏约2 000头，每头奶牛年产鲜奶超过9 t，平均乳脂率为4.2%，平均乳蛋白率为3.3%，“生生”牌乳制品已成为河南省著名商标。该企业是国家首批推介的休闲观光牧场，集高产奶牛养殖、绿色乳制品加工、牧草种植于一体，开展奶牛科普宣传、饮奶知识讲解、牛奶品尝、儿童挤奶体验、乳制品制作等多种项目，设有奶牛参观区、可视挤奶厅、奶业科普馆、休闲体验区、果蔬采摘区、观赏动物区等，同时开设骑马、射箭、垂钓等休闲娱乐活动。2020年洛阳市继续开展奶牛品种登记工作，有6个规模养殖场获“2020年度全省奶牛品种登记优秀牧场”荣誉称号，占全省表彰总数的17%，位居河南省前列。这6个规模养殖场分别是偃师市高龙镇隆鑫奶牛养殖场、洛阳卓尔牧业有限公司、洛阳市春雨生态农业开发有限公司、洛阳爱荷牧业有限公司、洛阳生生牧业有限公司、洛阳沐润农牧有限公司，产奶牛305天产奶量分别为10 598.96kg、10 229.64kg、10 081.67kg、9 939.64kg、9 639.41kg、8 408.65kg。

【乳制品加工】洛阳市共有3家乳制品加工企业，分别是洛阳科迪巨尔乳业有限公司、洛阳阿新奶业有限公司、洛阳生生乳业有限公司，加工厂设计产能分别为10万t、8万t和6万t，日处理生鲜乳能力为10 360t。全市乳企年收购原奶量14 125t，其中自有奶源7 820t，平均支付价格约为4元/kg，年乳制品产量18 954t，其中低温鲜奶4 550t、UHT奶4 620t、低温酸奶6 481t、含乳饮料3 303t，年销售收入1.486 1亿元。本地乳企均提供送奶入户的服务，产品包括瓶装奶、袋装奶，低温鲜牛奶、低温酸牛奶等，价格为每200g 2.8~3.0元。洛阳市嵩县亚杰奶牛养殖专业合作社探索奶农办加工模式，设计产能日加工巴氏鲜奶3t以上，实际日加工1t左右，主要生产巴氏鲜奶和巴氏酸奶，产品有杯装和袋装两种包装、5种规格，分别是4元（250mL）、3.5元

（200mL）、3 元（160mL）、2 元（100mL）、3.5 元（180mL）。销售范围以城区为主，辐射周边城关、闫庄、大坪、德亭、何村 5 个乡镇；送奶入户以嵩县城区为主，用户 300 多户。日加工销售鲜奶 800kg 左右，年销售收入 200 多万元。

【市场消费】除本地乳企入户产品外，入户乳制品较多的是产地位于郑州的花花牛乳制品，包括原味风味酸乳、DHA 风味酸乳、瑞亚牧场鲜牛奶、益生菌风味发酵乳、大红枣益生菌风味发酵乳等产品，价格为 3.8~4.5 元。该品牌坚持“养健康奶牛、产优质有机生鲜牛奶”理念，在洛阳市享有较好的口碑和销量。据了解，商超销售的乳制品种类繁多，可以买到的国内外不同品牌、规格、口味的乳制品多达 500 多种。

低温鲜奶。低温鲜奶的主要品牌有伊利、光明、蒙牛和君乐宝，还有部分本土品牌，包装形式丰富，有屋顶包、瓶装、袋装等。部分规格和价格为：伊利屋顶包鲜牛奶 13.9 元（950mL），金典全脂鲜牛奶 29.9 元（780mL），PET 低温纯牛奶 10.9 元（780mL）。光明优倍鲜牛奶屋顶装 21.8 元（950mL）、11.9 元（460mL），新鲜牧场高品质牛奶 9.9 元（950mL）、3.9 元（200mL）。蒙牛现代牧场鲜牛奶屋顶装 9.9 元（960mL），每日鲜语巴氏杀菌乳 29.9 元（1 000mL），每日鲜语 A2 鲜牛奶 27.9 元（720mL），每日鲜语有机鲜牛奶 35.9 元（720mL）。君乐宝悦鲜活牛奶 19.9 元（780mL）、12.9 元（450mL）。

UHT 奶因保质期较长的特点，除国产品牌夏进、伊利、花花牛、蒙牛外，还有进口品牌德亚、澳牧、甘蒂、尼平河等。部分规格和价格为：夏进纯牛奶 42 元 / 箱（250mL × 20 盒），浓缩牛奶 32 元 / 箱（227g × 16 包），甜牛奶 49.5 元 / 箱（243mL × 15 瓶），瓶装纯牛奶 49.5 元 / 箱（243mL × 15 瓶），浓缩牛奶礼盒 48 元（250mL × 10 盒）。伊利纯牛奶 46.4 元 / 箱（250mL × 16 盒），盒装高钙奶 52.8 元 / 箱（250mL × 16 盒），枕装臻浓高钙奶 48 元 / 箱（230mL × 16 盒），盒装臻浓牛奶 50 元 / 箱（250mL × 16 盒），枕装臻浓牛奶 39.9 元 / 箱（230mL × 16 盒），麦香早餐奶 36.8 元 / 箱（230mL × 16 盒），舒化无乳糖低脂牛奶 49.8 元 / 箱（220mL × 12 盒），舒化全脂奶 49.8 元 / 箱（220mL × 12 盒），舒化富硒奶 66 元 / 箱（220mL × 12 盒），舒化高钙奶 52.8 元 / 箱（220mL × 12 盒），金典有机纯牛奶梦幻盖 75 元 / 箱（250mL × 10 盒），金典梦幻花纯牛奶 45 元 / 箱（250mL × 10 盒）。花花牛瑞亚牧场纯牛奶 39 元 / 箱（210g × 12 盒）。德亚脱脂纯牛奶、全脂纯牛奶 65 元 / 箱（200mL × 12 盒），原产地法国。澳牧纯牛奶 108 元 / 箱（250mL × 10 盒），原产地澳大利亚。甘蒂牧场全脂牛奶礼盒 49.8 元 / 箱（200mL × 10 盒），原产地德国。尼平河脱脂牛奶礼盒 58 元 / 箱（200mL × 10 盒），原产地澳大利亚。

酸奶。酸奶包装多种多样，有桶装、杯装、盒装、瓶装、袋装等，比较多的品牌有蒙牛、君乐宝、光明、伊利等。部分规格和价格为：蒙牛冠益乳 12.9 元（450g）、8.5 元（250g）；君乐宝慢醇风味发酵乳 15 元（150g × 6 袋）、13.8 元（950g），简醇风味发酵乳 15 元（150g × 6 袋）、15.8 元（950g），嚼吧燕麦粒风味发酵乳 14.9 元（150g × 5 袋），优果酪风味发酵乳 9.9 元（100g × 8 袋），0 蔗糖风味酸牛奶 7.5 元（150g × 5 袋），无糖酸牛奶 12.9 元（100g × 10 袋），高钙酸牛奶 12.9 元（100g × 10 袋），纯享 9.9 元（300g）；光明健能蓝莓黑米发酵乳 15 元（450g），Jcan 风味发酵乳 15 元（450g）、9.9 元（250g），益生菌风味发酵乳屋顶装 14.6 元（950g）、8.5 元（460g），如实风味发酵乳 9.9 元（250g）；伊利畅轻风味发酵乳 13.9 元（450g）、8.5 元（250g），益消风味桶装 12.9 元（1 050g），褐色炭烧风味发酵乳 18.8 元（1 050g），老酸奶 4 元（138g）。

婴幼儿配方奶粉。婴幼儿配方奶粉的选择同样多种多样，有合生元、海普凯诺、佳贝艾特、美赞臣、至初、惠氏、美素佳儿、爱他美、飞鹤、伊利、雀巢、君乐宝等品牌。奶粉的适用阶段以月龄划分，其中 1 段适用 0~6 月龄婴儿，2 段适用 6~12 月龄的较大婴儿，3 段适用 12~36 月龄的幼儿，4 段适用 36~72 月龄的儿童。部分规格和价格为：合生元阿尔法星配方奶粉 800g1 段 278 元、2 段 278 元、3 段 278 元、4 段 218 元。贝塔星配方奶粉 800g1 段 298 元、2 段 298 元、3 段 298 元、4 段 268 元。派星配方奶粉 800g1 段 378 元、2 段 378 元、3 段 378 元、4 段 358 元。伊利金领冠塞纳牧有机配方奶粉 800g1 段 355.8 元、900g2 段 190.9 元（活动特价）、900g3 段 166.9 元（活动特价）、800g4 段 328 元。佳贝艾特悠装配方羊奶粉 800g1 段 368 元、2 段 368 元、3 段 368 元。至初配方奶粉 900g1 段 414.8 元、2 段 389.3 元、3 段 363.8 元、4 段 298.5 元。

【奶源基地】洛阳市生鲜乳交售去向多元，既有本地乳企，又有外地乳企。本地乳企有洛阳科迪巨尔乳业有限公司、洛阳阿新奶业有限公司、洛阳生生乳业有限公司，外地乳企有焦作市博农乳业有限责任公司、蒙牛乳业（焦作）有限公司、郑州光明乳业有限公司、济源伊利乳业有限责任公司、河南花花牛乳业股份有限公司、灵宝阿姆斯饮品有限公司等，生鲜乳收购年均价格 3.6~4.4 元 /kg。

近年来，洛阳市奶业重点做好提质增效工作。2020 年本市申请上级补助资金 914 万元，对 14 个奶牛规模养殖场进行了升级改造，3 个奶牛规模养殖场实施了奶业提质增效项目，1 个奶牛规模养殖场新建 500 个栏位。2020 年全市苜蓿种植面积 1.313 万亩，总产量 9 666.5 万 t，单产 736kg/ 亩，其中洛阳生生牧业有限公司合作种植苜蓿 500 亩，单产 700kg/ 亩。青贮玉米种植面积 10.882 万亩，总产量 9.305 4 万 t，单产 855kg/ 亩。全市奶牛接种的疫苗主要有口蹄疫、流行热、布鲁氏菌病、牛痘疫苗等，2020 年未发生重大动物疫病，动物防疫工作成效显著。受养殖水平、地理位置、自然条件、管理程度等影响，不同奶牛规模养殖场养殖效益有所差异，

2020年规模养殖场年均奶牛养殖净收入2 500元/头，奶牛养殖场平均净收入41万元。

【质量监管】严格落实生鲜乳质量安全监管责任。按照属地管理原则，对生鲜乳收购站进行分类监管，明确县、乡监管责任人及养殖场和生鲜乳收购站负责人负总责的监管体系；细化任务分工，在养殖场和生鲜乳收购站显著位置公示监管责任人职责及举报电话，张贴生鲜乳收购站责任明示牌，发放生鲜乳质量安全生产告知书，签订生鲜乳质量安全承诺书。

严格审查收购站和运输车辆资质条件。有关县（市、区）均对辖区内的生鲜乳收购站和运输车开展了全面摸底排查，重点核查生鲜乳收购站和运输车资质条件，对生鲜乳收购站开办主体、软硬件条件进行认真审查，没有出现监管"真空"。

强化生鲜乳收购站和运输车日常监管。洛阳市和相关县（市、区）农业农村局高度重视生鲜乳收购站和运输车的检查和日常监管，突出重点，注重实效。对生鲜乳收购站检查实现全市覆盖，在检查过程中发现问题，限时督促问题整改，确保对辖区内的生鲜乳收购站进行规范管理，保障生鲜乳质量安全。同时，加大对生鲜乳运输车的监管力度。洛阳市现有生鲜乳运输车15辆，为消除生鲜乳质量安全隐患，把好生鲜乳运输车辆关，要求许可证到期前15天必须进行申请，并组织专人对申请资料严格审核、现场进行验收，在生鲜乳收购站运输车监督管理系统中填写信息，验收合格后办理生鲜乳车辆运输许可证。在日常监管中，严格按照生鲜乳车辆办理审核条件逐一核实检查，利用车辆GPS卫星定位设备，不定期进行远程监控。一年来，没有发现无证收购运输生鲜乳、倒买倒卖不合格生鲜乳、非法添加违禁物质等违法行为。

加大生鲜乳质量安全抽检力度。按照要求，生鲜乳抽样范围需覆盖辖区所有奶站和运输车，监测抽样和现场检查。2020年共检查奶站110站次，检测运输车45辆次，出动执法人员418人次，检查86批次，监测结果全部合格。

【转型升级】优质奶源基地建设得到加强。加快推进了偃师、孟津等沿黄区域绿色奶业示范带建设，引导奶畜养殖场按照品种优良化、养殖设施化、管理规范化、防疫制度化、粪肥资源化等要求，大力实施奶畜养殖标准化，切实提升奶业主产地生产水平。以宜阳、伊川、嵩县、洛宁、伊滨为奶畜生产潜力区，积极发展奶牛、奶山羊养殖，培育奶业新的增长点。

粪污循环模式初步建成。粪污处理方式主要有干清粪、干湿分离、六级沉淀等，一般污水经沉淀后可还田利用，干粪经堆积发酵后可出售或回填卧床等。支持龙头企业围绕产业集群建设与基地养殖场组建合作社，依靠推进一体化做大做强。鼓励新建（扩建）300头以上存栏规模奶牛养殖场，支持配套建设粪污处理设施，重点推广粪污循环利用与种养一体化模式。

奶畜生产先进实用技术得到推广。结合奶牛养殖场物联网和智能化设施设备，提升了奶牛养殖机械化、信息化、智能化水平。通过开展品种登记、生产性能测定、高产奶牛核心群选育，提升了洛阳市奶牛良种繁育体系建设。

生鲜乳质量安全得到保障。例行检查和飞行抽检、监测抽样和现场检查等生鲜乳质量安全检查，洛阳市连续多年监测结果全部合格，保障了质量安全。

（洛阳市农业农村局，雷海伟、叶逢春）

附表1　河南省奶畜养殖场（小区）名录

序号	名称	供奶企业	全群存栏（头）	成母畜存栏（头）	奶畜品种	成母畜单产（t/年）	年总产量（t）	是否有机奶源基地	有机奶产量（t）
1	郑州市中牟县万胜牧业有限公司	蒙牛乳业（焦作）有限公司	1 607	851	荷斯坦	9.7	8 292		0
2	河南瑞亚牧业有限公司	河南花花牛集团乳业股份公司	3 840	2 339	荷斯坦	8.5	19 884		0
3	郑州绿麒麟奶牛养殖有限公司	蒙牛乳业（焦作）有限公司	1 629	814	荷斯坦	12.0	9 768		0
4	中牟县绿源奶牛养殖有限公司	河南花花牛集团乳业股份公司	1 205	602	荷斯坦	4.8	2 892		0
5	开封市木易牧业有限公司	济源伊利乳业有限公司	1 092	850	荷斯坦	9.8	8 296		0
6	河南合源乳业有限公司	河南花花牛、蒙牛乳业（焦作）有限公司	1 418	810	荷斯坦	9.5	8 412		0
7	洛阳生生牧业有限公司	洛阳生生乳、郑州光明	1 850	920	荷斯坦	9.5	8 000		0
8	平顶山优然牧业有限责任公司	内蒙古伊利实业集团股份有限公司	8 373	2 839	荷斯坦	12.6	36 500		0
9	鲁山瑞亚牧业有限公司	河南伊利乳业有限责任公司	2 800	1 470	荷斯坦	10.0	14 000		0
10	郏县发展牧业有限公司	河南花花牛集团乳业股份公司	1 185	680	荷斯坦	12.0	7 200		0
11	汤阴天润牧业有限公司	蒙牛乳业（焦作）有限公司	1 300	589	荷斯坦	9.0	5 300		0
12	睢县瑞亚牧业有限公司	河南花花牛集团乳业股份公司	1 630	1 630	荷斯坦	9.0	14 670		0
13	滑县光明生态奶牛养殖有限公司	光明乳业	10 160	5 851	荷斯坦	11.2	64 906		0
14	北京首农畜牧发展有限公司兰考分公司	新乡三元食品股份有限公司	6 000	2 492	荷斯坦	10.5	21 500		0
15	河南花花牛农牧科技有限公司	河南花花牛集团乳业股份公司	1 861	850	荷斯坦	10.3	9 000		0
16	河南启航牧业有限公司	蒙牛乳业（焦作）有限公司	1 187	402	荷斯坦	9.5	3 500		0
17	新蔡瑞亚牧业有限公司	武汉蒙牛	5 735	2 775	荷斯坦	11.0	25 000		0
18	新蔡豫信瑞亚牧业有限公司	蒙牛乳业（焦作）有限公司	5 780	3 000	荷斯坦	11.0	31 000		0
19	河南花花牛畜牧科技有限公司	河南花花牛集团乳业股份公司	1 900	1 000	荷斯坦	11.0	10 968		0
20	原阳县福源奶牛有限公司	新乡市三元食品有限公司	1 150	460	荷斯坦	7.3	3 200		0
21	北京首农畜牧发展有限公司河南分公司	蒙牛乳业（焦作）有限公司	4 325	2 329	荷斯坦	10.0	2 400		0
22	济源市赛科星牧业有限公司轵城镇南冢村奶站	济源市赛科星牧业有限公司	5 289	2 882	荷斯坦	9.2	24 312		0
23	河南惠龙牧业股份有限公司五龙口镇逯村奶站	河南惠龙牧业股份有限公司	4 445	2 148	荷斯坦	9.8	17 691		0
24	济源市伟恒牛业有限公司大峪槐姻村奶站	济源市伟恒牛业有限公司	5 200		荷斯坦				0
25	河南人和春天奶业科技有限公司	蒙牛乳业（焦作）有限公司、郑州光明	1 438	892	荷斯坦	10.3	8 300		0
26	河南天牧农业发展有限公司	焦作蒙牛	1 544	803	荷斯坦	9.2	6 480		0
27	河南兴豫源牧业科技有限公司	蒙牛乳业（焦作）有限公司	5 000	2 433	荷斯坦	9.0	25 000		0

（续）

序号	名称	供奶企业	全群存栏（头）	成母畜存栏（头）	奶畜品种	成母畜单产（t/年）	年总产量（t）	是否有机奶源基地	有机奶产量（t）
28	河南牛硕牧业有限公司	河南三色鸽乳业有限公司	1 100	605	娟珊、荷斯坦	7.2	4 500		0
29	乐源牧业正阳有限公司	正阳君乐宝乳业有限公司	9 682	5 916	荷斯坦	11.0	5 000		0
30	驻马店优然牧业有限责任公司	河南伊利乳业有限责任公司	9 500		荷斯坦	0.0	0		0
31	平舆瑞亚牧业有限公司	伊利（黄冈）乳业	4 123	3 494	荷斯坦	9.6	33 500		0
32	平舆诚信瑞亚牧业有限公司	蒙牛乳业（焦作）有限公司	5 779	4 756	荷斯坦	9.9	47 000		0
33	河南荣华牧业有限公司	正阳君乐宝乳业有限公司	1 275	677	荷斯坦	10.0	6 770		0

备注：本表所填报为存栏 1 000 头以上的奶牛养殖场。如认证为有机奶源基地等，请在相应表格中打钩。

附表 2　河南省主要乳制品生产企业名录

序号	名称	生产地点	生产许可证号码	年收购原奶量（t）	其中：自有奶源量（t）	平均支付价格（元/kg）	日处理生鲜乳能力（t）	年乳制品产量（t）	其中：低温鲜奶（t）	UHT 奶（t）	常温酸奶（t）	低温酸奶（t）	原料奶粉（t）	婴幼儿配方奶粉（t）	成人奶粉（t）	奶油（t）	奶酪（t）	含乳饮料（t）	冰品（t）	年销售收入（万元）	利润（万元）	有机产品（枚）
1	蒙牛乳业（焦作）有限公司	河南省焦作市城乡一体化示范区神州路 3188 号	SC10541081200015	289 381		4.28	1 500	399 387		220 625	31 884	85 859						28 161	32 859	344 850	17 023	
2	济源伊利乳业有限公司	济源市	SC10541900100129	148 736		4.00	450	262 769		28 119	65 514							145 066		175 425	10 424	
3	河南花花牛集团如乳业股份公司	郑州马寨 新郑港区	SC10541018400354 SC10541010300077	98 699	29 662	4.02	1 300	152 840	4 217	25 574	1 879	94 753						19 614		117 832	2 963	
4	正阳君乐宝乳品有限公司	正阳县	SC10541172400014	28 968	18 813	4.67	131	4 566	3 924	0	641	3 924	0	0	0	0	0	641	3 924	60 000		
5	郑州光明乳业有限公司	新郑市	SC10541018400032	63 035	24 173	4.54	350	70 300	—	21 400	40 700	5 800						2 400		64 863	1 040	
6	河南科迪乳业股份有限公司	虞城县利民镇工业园区虞单路北侧 18 号	SC10541142500030	40 000	5 000	4.50	1 000	60 000	1 000	30 000	14 000	5 000						10 000		48 000	-127000	
7	新乡市三元食品有限公司	新乡市原阳县原阳工业区南二环路 1 号	SC10541072500442	58 000	32 000	3.88	300	51 532	—	35 532	—	16 000	—	—	—	—	—	—	—	32 444	763	
8	河南三剑客奶业有限责任公司	漯河市沙澧产业集聚区湘江西路 869 号	SC10541110200015	21 000	11 000	4.50	180 000	22 000	3 000	11 000	6 000	2 000	0	0	0	0	0	20 210	0	32 000	1 680	
9	河南三色鸽乳业有限公司	南阳市经一路 1 号	SC10541130200300（1-1）	17 625	17 625	4.33	94	23 600	4 700	4 700	470	4 700	0	0	0	0	0	1 880	0	18 010	426	
10	河南伊利乳业有限公司	平顶山市宝丰县	SC10541042100013	33 943		4.16	260	59 524	20 935			38 588								35 413	915	
11	洛阳科迪巨尔乳业有限公司	洛阳市高新区	SC10541039100131	8 025	2 920	3.76	260	11 954	1 900	4 120	0	2 881	0	0	0	0	0	3 053	0	8 061	13	
12	洛阳生生乳业有限公司	洛阳市孟津县平乐镇	SC10641032200017	3 500	3 500	4.10	100	4 000	1 250	500		2 000						250		3 800	40	
13	西峡县新太阳乳业有限责任公司	西峡县电厂路	SC10641132300307	1 000	1 000	5.00	15	1 500	500	0	0	300	0	0	0	0	0	700	0	1 500	60	

（续）

序号	名称	生产地点	生产许可证号码	年收购原奶量（t）	其中：自有奶源量（t）	平均支付价格（元/kg）	日处理生鲜乳能力（t）	年乳制品产量（t）	其中：低温鲜奶（t）	UHT 奶（t）	常温酸奶（t）	低温酸奶（t）	原料奶粉（t）	婴幼儿配方奶粉（t）	成人奶粉（t）	奶油（t）	奶酪（t）	含乳饮料（t）	冰品（t）	年销售收入（万元）	利润（万元）	有机产品（枚）
14	南阳农校绿白乳制品厂	社旗县	SC10541130300224	1 800	1 800	4.50	5	1 900	900			1 000								2 000	600	
15	洛阳阿新奶业有限公司	孟津县麻屯镇董村	SC10541032200212	2 600	1 400	4.00	10 000	3 000	1 400	0	0	1 600	0	0	0	0	0	0	0	3 000	-91	
16	焦作市博农乳业有限责任公司	博爱县	SC10541082200164	18 025	3 058	3.80	300	18 950	4 150	3 280	0	11 520	0	0	0	0	0	0	0	13 502	678	
17	开封市禹王乳业有限公司	开封市禹王台区南郊乡豆腐营	SC10541020500151	850	850	4.50	144	800	300	0	0	500	0	0	0	0	0	50	0	700	41	
18	河南中荷乳业有限公司（获嘉县）	新乡市获嘉县产业集聚区南区迎宾大道 33 号	SC10541072400031	2 000	1 800	4.80	100	2 400	0	200	0	2 200	0	0	0	0	0	0	0	1 544	-329	
19	河南宝乐奶业有限公司	扶沟县韭园镇	SC10641162100368		1 700	5.00	20	12 000	1 600	1 800	3 200	1 200						4 200			450	
20	河南上蔡县牛硕牧业有限公司	上蔡县	SC10541172200300	4 500	4 500	0.00	30	720	360	0	0	360	0	0	0	0	0	0	0	576	95	
21	河南西峡县健羊牧业有限公司	西峡县丹水镇	SC10541132300687	266	266	0.00	12	266	150	0	0	116	0	0	0	0	0	0	0	690	115	

备注：本表包括在中国及海外的生产企业。日处理生鲜乳能力指设计加工生鲜乳能力。自有奶源指来自自建和参建（控股、参股）牧场（小区）的原奶。成人奶粉指除婴幼儿配方奶粉以外的学生奶粉、孕妇奶粉、中老年奶粉等终端消费奶粉。冰品包括冰激凌、雪糕等。有机产品数量单位为“枚”，指获得有机标志的数量。

湖北省

【奶类生产】2020年湖北省奶牛存栏4.28万头，牛奶总产量达到13.39万t。全省奶牛养殖主要分布在黄冈、武汉、宜昌、咸宁、襄阳等地区。近年来，湖北省采取有效措施加大奶水牛品种改良，奶水牛养殖在湖北省得到一定发展。全省奶水牛养殖主要分布在襄阳、荆门、随州、孝感等地，全省具有代表性的奶水牛养殖企业是湖北劲牛牧业有限公司，奶水牛品种以地中海奶水牛为主。经过多年的努力，湖北劲牛牧业有限公司已初具规模，集养殖、加工、销售于一体，打造自有奶水牛品牌，逐渐走出了一条新的奶业发展道路。

【乳制品加工】随着湖北省奶业标准化、规模化水平不断提升，乳制品生产总量稳步增长，乳制品加工企业发展迅速。全省乳制品加工企业设计总加工能力超过190万t，国内伊利集团、蒙牛集团和光明乳业等大型乳制品企业均在湖北省建设加工基地和产业园区。

【市场消费】市场主要销售品牌有蒙牛、伊利、光明、圣牧等。主要乳制品超市销售价格：蒙牛纯牛奶整箱装（250mL×16盒）销售价格49.5元，蒙牛真果粒整箱装（250mL×12盒）销售价格48元，蒙牛纯甄酸牛奶整箱装（230g×10盒）销售价格78元，蒙牛特仑苏纯牛奶箱装（250mL×12盒）销售价格50元，蒙牛现代牧场鲜牛奶（1.5kg）销售价格35元；伊利高钙全脂牛奶整箱装（250mL×24盒）销售价格75元，伊利金典限定牧场有机纯牛奶整箱装（250mL×10盒）销售价格80元，伊利安慕希原味常温酸奶整箱装（205g×16盒）销售价格60元，伊利植选植物奶高蛋白豆乳原味整箱装（315mL×10瓶）销售价格40元；光明健能梨+枇杷风味发酵乳（250mL）销售价格10元，光明畅优木糖醇酸奶八杯装（100g×8盒）销售价格16.8元，光明益生菌风味发酵乳（1 250g）销售价格19.8元，光明莫斯利安常温酸牛奶原味整箱装（200g×16盒）销售价格70元；圣牧有机牛奶挚醇整箱装（250mL×12盒）销售价格110元；友芝友汉口老酸奶（140g）销售价格5元。

【奶源基地】全省奶牛养殖以规模化养殖为主，根据部门统计，2020年存栏100头以上的规模化牧场（户）16个，其中1 000头以上的3个。

DHI测定。2020年，受新冠肺炎疫情影响，在湖北奶牛生产性能测定中心参加测定的奶牛养殖场有11个。参测牧场主要分布于湖北、福建和广西3个省份，其中3 000头以上规模奶牛养殖场3个。参测奶牛品种包括荷斯坦牛、娟姗牛和奶水牛，以荷斯坦牛为主。2020年，全省奶牛生产性能测定中心测定奶牛为1.04万头，检测奶牛样品5.6万头份左右，参测奶牛日均产奶量达到28kg，平均乳脂率为3.84%，平均乳蛋白率为3.44%，平均体细胞数为34万个/mL。2020年，湖北奶牛生产性能测定中心承担农业农村部“奶业机械监测指标信息收集”任务，配合完成“DHI测定牧场定点监测”任务。为进一步提高牧场管理水平，湖北奶牛生产性能测定中心多次组织专家团队下牧场进行现场指导；与省内大专院校开展奶牛养殖相关的基础科研合作，解决奶牛生产、繁殖和粪污处理等方面的实际问题，多措并举，不断提高奶牛养殖水平。

粪污处理方式。主要采取有机肥加工厂和沼气、农田利用等方式，在全省开展奶牛“场（运动场）、床（卧床）一体化”养殖模式的推广应用。采用“床、场一体化”养殖模式，即运动场设防雨棚，卧床和运动场连成一体，用无害化处理的粪便做垫料，利用垫料中的有益优势菌，清除垫床中有害微生物和有害气体。维持垫料水分低于65%，使其干燥舒适，便于牛只任意躺卧。全省已有50%的奶牛养殖场、90%以上的肉牛养殖场应用该模式，其成本较低、效果较为理想。

饲草饲料。在全省草牧业快速发展和青贮玉米需求旺盛的带动下，全省优质牧草种植面积逐年扩大，草产业链得到了延伸，价值链得到了拓展。省内种植业与养殖业结合日益紧密，农业内部产业融合得到加强，在一定程度上解决了牛羊优质饲草料来源问题。部分新型农业经营主体以农业优势资源为依托，将种养业某些环节甚至整个环节连在一起，形成了农业内部紧密协作、循环利用、一体化发展。部分牛羊养殖主体在满足自身养殖需要的基础上，开展青贮饲料产品的种植和加工销售，形成以草牧业养殖为中心，产业链向前向后延伸，实现“以一为主，接二连三”的产加销一条龙发展模式。

【奶农组织】2020年，湖北省奶牛行业协会继续履行社会责任，充分发挥协会的引导与组织作用。一是与湖北奶牛生产性能测定中心配合，宣传推广奶牛生产性能测定技术，从源头上把控乳制品质量安全。二是引导奶业公益宣传，普及营养知识，倡导科学饮奶，先后两次聘请美国乳制品推广专家对全省鲜奶吧、奶牛养殖场技术人员进行现场奶酪加工指导培训。三是在新冠肺炎疫情期间组织牧场生产自救、捐款，统计上报牧场损失情况等。四是推进国家“学生饮用奶计划”的实施。多次邀请营养师入校为学校校长、专管员、班主任、家长等进行营养健康知识培训。五是开展“精准扶贫”进校园活动，向贫困学生捐赠学习用品、校服、体育用品和现金，推动企业积极承担社会责任。

【政策法规】2019年1月4日，湖北省人民政府办公厅印发了《湖北省人民政府办公厅关于推进奶业振兴保障乳品质量安全的实施意见》。一是明确了湖北省奶业发展的指导思想和总体目标。提出到2025年，全省奶业生产达到优质、高效、布局合理。奶业供给侧结构性改革取得实质性成效，奶业现代化建设取得明显进展；乳制品供给和消费需求更加契合，武汉、襄阳、宜昌等主要城市及周边的奶源基地形成规模，以保障市民高品质鲜乳制品供给的都市型奶业生产布局初步建成。

全省 100 头以上规模养殖场比重超过 90%，奶源自给率从 8.6% 提升到 25%，奶牛年均单产水平达到 8 500kg；原奶产量达到 50 万 t，奶业产值达到 100 亿元；养殖废弃物综合利用率达到 100%。二是明确了湖北省奶业振兴发展的主要任务。主要从加强优质奶源基地建设，强化乳制品质量安全监管，完善乳制品生产、加工、流通体系等方面入手，全面推进全省奶业振兴。三是制定了科学可行的保障措施。主要从财政投入力度、强化金融保险等资源联动支持、落实配套政策、切实加强组织领导等方面为全省奶业发展保驾护航。明确要求各级政府要加大支持力度，统筹相关资金支持奶业振兴工作。重点支持良种繁育及推广、青贮饲料种植收储补助、奶牛养殖场标准化示范创建、奶牛养殖场疫病净化和病死奶牛无害化处理、养殖废弃物资源化利用、生鲜乳收购站标准化建设、生鲜乳收购运输监管体系建设、本土奶业品牌复兴战略等。

【质量监管】建立了完善的生鲜乳监测体系，常年开展生鲜乳质量安全监测工作，有力保障了生鲜乳质量安全。2020 年全省生鲜乳违禁物专项检测 50 批次，检测 450 项次样品，覆盖全部生鲜乳收购站和运输车，具体检测包括三聚氰胺、碱类物质、硫氰酸钠、β－内酰胺酶、黄曲霉毒素 M_1、铅、铬、汞、砷 9 项指标，检测结果均合格；完成生鲜乳国家标准指标监测 61 批次，检测了三聚氰胺、碱类物质、硫氰酸钠、β－内酰胺酶、黄曲霉毒素 M_1、铅、铬、汞、砷 9 项指标，检测结果均合格。

【奶站管理】不断强化奶站与生鲜乳运输车管理。一是要求各地严格按照《食品安全法》《乳品质量安全监督管理条例》等法律法规，按照县级以上人民政府对本行政区域内生鲜乳质量安全负总责，各级农业农村主管部门负监管责任，奶畜养殖者、生鲜乳收购站开办者和运输车经营者负第一责任的要求，认真落实各级责任。二是要求各地加强奶站和运输车的监督管理，按照“谁发证、谁监管”的原则，加强证前许可和证后监管，确保辖区内营运的生鲜乳收购站和运输车具备法定资质条件，坚决取缔不合格的奶站和运输车。按照“四个最严”的要求，开展生鲜乳质量安全执法工作，严厉打击非法收购运输行为，严防不合格生鲜乳流入市场。三是按照全年监测计划要求，由省兽药监察所完成了生鲜乳抽样任务，把开展生鲜乳质量安全监测工作作为落实监管责任的重要抓手，切实加强生鲜乳质量安全监管。

（湖北省农业农村厅畜牧兽医处，付　聪）

湖南省

【奶畜养殖】2020年，湖南省奶畜种类以荷斯坦牛为主，另有少量娟珊牛和奶山羊。奶牛存栏与2019年基本持平，奶山羊养殖数量呈增长趋势。全省奶产量略有提升。主要规模化牧场饲养方式持续改进，精细化管理水平不断提高，生产性能得到提升。2020年，全省主要规模化牧场（小区）奶牛存栏15 329头，成母牛8 000只，荷斯坦奶牛平均单产9.0t，娟姗牛平均单产7.0t，牛奶总产量55 316t；主要规模化羊场奶山羊存栏8 265只，平均单产0.65t，羊奶总产量2 700t。总体来看，全省奶牛存栏量和牛奶产量均处于国内相对靠后位置，奶牛养殖技术和管理水平、单产水平仍有待提升。

产业分布上，全省奶畜养殖集中在4个产业优势区。一是以南山牧场为代表的草山资源区，是湖南传统的奶牛养殖区，主要集中在邵阳市城步苗族自治县，奶业已成为城步苗族自治县域经济发展的支柱产业、乡村振兴的重要产业；该区域内有南山牧业、龑牧科技2家奶业龙头企业；地处该县的南山牧场以草山放牧方式饲养奶牛，以小区化的方式管理、集中挤奶、统一收奶、统一防疫、统一饲料供应，现有15个奶牛小区投入运营；城步苗族自治县着力"打造南方奶业第一县"的发展目标，发展奶牛养殖基地乡镇场4个、基地村19个，建立万只存栏规模奶山羊养殖场1个，千只存栏规模种羊场1个。二是以常德为代表的洞庭湖平原饲草供应优势区。该区域内土地资源丰富，且优质、平坦，适合青贮玉米、苜蓿草等饲草机械化种植和收割，发展适度规模的奶牛养殖，代表企业为金健乳业、德人牧业，区域内有3家存栏规模在1 000头以上的养殖场。三是以长沙市为代表的城市消费型奶业区。瞄准乳制品消费市场，发展都市型奶业，以市场消费带动奶业发展；该区域内聚集有新希望南山、皇氏集团优氏乳业、湖南光明、优卓牧业等中大型乳企；其中皇氏集团优氏乳业、优卓牧业就地发展"种－养－加－销－游产业一体化"经营模式。四是承接沿海地区产业转移奶业发展区。以永州、郴州为代表，发展中大型规模牧场，面向广东、香港等地提供优质奶源，代表企业有江华温氏和郴州鸿运。

从养殖规模看，全省奶牛养殖场（小区）平均存栏100头以上的养殖场（小区）存栏比例占全省奶牛养殖量的90%以上，新建牧场均为千头以上存栏规模，农户散户养殖基本退出。从奶畜品种看，由传统的纯饲养荷斯坦牛到以荷斯坦牛为主，向娟姗牛、奶山羊等多品种养殖格局转变。

从奶源品质看，2020年生鲜乳抽检合格率100%，体细胞数平均在30万个/mL以内、细菌总数在25万CFU/mL以内，乳脂率、乳蛋白率平均达3.63%和3.22%，各项指标优于国标。

【乳制品加工】2020年，湖南省共有乳制品加工以及涉乳生产企业18家，其中总产值过亿元的企业8家。近年来，省内乳制品加工企业不断加大产能建设和工艺升级改造，全省乳制品年生产加工能力在850 000t以上，是2020年全省原料奶供应量的10倍，但部分企业产量不足产能的1/2。全省乳制品生产企业有3种类型，一是奶粉生产企业，以进口或国产优质奶粉为原料，主要生产加工灌装、袋装婴幼儿配方奶粉；主要有澳优乳品（湖南）有限公司、合生元（长沙）营养制品有限公司、湖南欧比佳营养食品有限公司、湖南展辉食品有限公司4家，每家企业拥有9个注册配方；以羊奶为原料，生产成人羊奶粉为主的生产企业有湖南龑牧营养品科技有限公司。二是液态奶生产企业，以生鲜乳为原料，生产低温奶（巴氏杀菌乳和酸奶）和UHT奶，全省有液态奶生产企业8家。三是复原乳和含乳饮料生产企业，以外购奶粉为原料，生产瓶装、听装常温含乳饮料。全省乳制品加工企业的奶源仍需大量依靠外调，本土奶源供应不足30%；干乳制品和含乳饮料生产企业的主要原料全部需要外调，液态奶生产企业奶源以本地奶源为主、部分企业需要完全依靠省外调运奶源。2020年度液态奶产品生产特点为巴氏杀菌乳、酸奶等低温奶产品持续稳定增长。

【市场消费】湖南省常住人口为6 918.38万人，其中城镇常住人口超过3 958万人，本土乳企奶制品仅占市场份额的1/6，湖南奶制品市场消费潜力巨大。从消费结构看，低温液态奶消费增长速度较常温奶明显加快；城镇居民消费酸奶、巴氏杀菌乳等低温奶产品比例继续上升，农村居民消费以常温奶、含乳饮料等产品为主，但低温奶产品也在不断深入农村消费市场；奶粉消费以婴幼儿配方奶粉为主，消费总量呈快速增长。

湖南省奶制品消费市场中，2020年本土品牌市场份额略有上升，但省外品牌和产品仍占据主导地位；本省液态奶品牌有金健、新希望南山、南山草原、皇氏优氏、优卓、德人牧香、湘密等，在湖南境内生产并销售的全国性液态奶品牌有光明、旺仔；在湖南境内市场销售占有量较大的全国性液态奶品牌有蒙牛、伊利、卡氏、君乐宝等；在湖南省内生产、销售的奶粉品牌有澳优、合生元、龑牧。

2020年湖南省生产销售的主要乳制品品牌、规格及价格如下：巴氏杀菌乳有新希望南山、南山草原、金健、皇氏优氏、优卓、德人牧香，150~200mL，3.2~8.0元；UHT奶有新希望南山、金健、皇氏优氏、湘密、南山草原，150~250mL，2.8~4.8元；酸奶有新希望南山、金健、皇氏优氏、南山草原、优卓、德人牧香，120~250mL，2.5~8.0元；奶粉有澳优、合生元、龑牧等，900g，148~428元。

【奶源基地】全年奶牛存栏在100~499头的养殖场（小区）存栏总数为10 300头，占全省的比重为44.77%；奶牛存栏在500~999头的养殖场4个，存栏总数为3 326头，占全省的比重为14.46%；奶牛存栏规模在1 000~3 000头的养殖场2个，存栏总数为2 347头，占全省的比重为10.20%；存栏规模在3 000头以上的养殖场1个，存栏4 961头，占全省的比重为21.57%。

全省奶牛养殖实现机械化挤奶全覆盖，规模化牧场100%采用TMR饲喂，畜舍环境人工控制、自动清粪系统、青贮玉米机械化收割、污水自动处理系统等装备不断完善，现代化程度不断提高。奶牛生产性能（DHI）测定在省内规模化牧场或小区开展，规模化牧场全覆盖。

省内奶牛养殖的草料以干草、青贮玉米为主。据统计，2020年全省规模化奶牛养殖场青干草中苜蓿、燕麦草占比达95.0%，外调比例占90.0%；粗饲料本地化供应方面，主要为苜蓿、全株青贮玉米和禾本科青草，苜蓿平均单产6t/亩，全株青贮玉米平均单产5t/亩。全省优质苜蓿种植基地新增5个，实现最大种植面积6 925 000 hm^2，总投资达2 672.56万元。

疫病防控方面，全省各级动物疫病防检部门全力抓好奶牛疫病防控工作，奶牛养殖场（小区）奶牛“两病”检疫工作覆盖率为100%，按要求定期接种疫苗，全年无重大动物疫病发生。在粪污处理上，散养户主要采用粪污直接还田（地），规模化养殖场采用粪便生产有机肥或发酵处理后种植牧草的方式处理。

2020年本省规模化奶牛养殖场平均原料奶的综合成本为3.93元/kg，原料奶收购价格年均4.39元/kg，利润空间为0.46元/kg，利润空间同比有所提升，但养殖场奶业养殖年净收入仍不足3 000元/头。

湖南省正在不断完善全混合日粮饲料搅拌机、有机肥加工设备和粪污固液分离设备等养殖类农机购置补贴机制，对规模养殖场改扩建予以适度补助。

【奶农组织】全省有省级奶业行业协会1个，有5个奶牛养殖合作社；参与协会和合作社的会员和成员共185人。全省共有生鲜乳收购站12个（其中长沙4个、邵阳4个、常德3个、永州1个），生鲜乳运输车14辆（其中长沙2辆、邵阳6辆、常德3辆、永州3辆）。2020年全省共组织相关的培训班、考察学习等活动7次，培训奶牛养殖户和相关技术人员300人次。为加强协会会员单位的信息传送与业务交流，促进专家与对接企业之间联系的紧密度，2020年在湖南省奶业协会微信平台和网站，解答会员提出的相关技术咨询、发布行业信息及政策等200多次。

【政策法规】根据《农业农村部关于开展2020年兽药饲料生鲜乳质量安全监测工作的通知》（农牧发〔2020〕8号）、《国务院关于在市场监管领域全面推行部门联合“双随机，一公开”监管的意见》（国发〔2019〕5号）及《农业农村部畜牧兽医局关于开展〈生乳〉国标指标监测和奶畜养殖散户生鲜乳质量检测工作的通知》（农牧便函〔2020〕第624号）精神，为深入贯彻《乳品质量安全监督管理条例》，进一步加强全省生鲜乳违禁物质安全监管，2020年7月湖南省农业农村厅制定了《关于开展2020年生鲜乳质量安全专项整治行动的通知》以及生鲜乳专项整治行动方案。

为贯彻落实《乳品质量安全监督管理条例》，切实加强全省生鲜乳质量安全监管，按照省农业农村厅机构改革后，各单位职能划分，统筹安排，进一步明确目标，要求各市（州）强化奶牛养殖场规范化建设及机械挤奶站、集中收购点和运输环节的监管工作，以保证生鲜乳质量安全。按照部、省统一部署，采取行政监管和乳企自管相结合，日常监管和专项检查相结合，项目实施和执法监管相结合的监管方式，明确整治工作任务和工作责任，确保工作到位、措施有效，专项整治行动不走过场、不流于形式，严格落实属地管理责任，对所有生鲜乳生产、收购、运输企业和个人签订责任状，确保工作任务按时完成。各市（州）农业农村部门按照省厅统一安排，组织实施2020年湖南省生鲜乳质量安全监测计划，加大监督抽检和检查力度，实行收购站和运输车年度监测全覆盖，不留监管空白，配合做好省、部级生鲜乳抽检工作。

生鲜乳质量安全管理明确目标，突出重点，通过深入开展奶牛养殖场标准化示范创建活动，强化执法监督，规范生鲜乳生产、收购和运输管理，实现生鲜乳收购站和运输车持证率100%，生鲜乳收购站、运输车监管和监测率100%，三聚氰胺、革皮水解物、碱类物质、硫氰酸钠和β-内酰胺酶5项违禁物质检测指标覆盖率100%，生鲜乳质量安全违法案件查处率100%，确保全省生鲜乳质量安全水平全面提升，三聚氰胺检测指标合格率达到100%。整治重点单位的生鲜乳收购站和运输车，特别是收购外省生鲜乳的生鲜乳收购站和运输车。重点整治长沙市、常德市、邵阳市3市奶牛养殖县和奶牛养殖重点区域。整治项目包括无证收购、非法添加违禁添加物、非法收购生鲜乳、倒买倒卖不合格生鲜乳、不按规定对不合格生鲜乳进行销毁和无害化处理、恶意争抢奶源、趁机压级压价和扰乱生鲜乳收购市场秩序等行为。

【质量监管】组织开展奶牛养殖场（户）现场检查，重点检查饲料、饲料添加剂和兽药库存、使用和记录等情况，查看挤奶厅、储奶场地是否清洁卫生，查看挤奶设备是否按照要求清洗，查看生产记录、养殖档案是否完整，查看粪尿、废水、废物处理设施，查看动物防疫合格证、从业人员健康证。对检查中发现的问题现场指出，并督促及时整改，进一步规范奶牛饲养管理行为，从源头上杜绝生鲜乳质量安全问题的发生。认真贯彻落实农业农村部《乳品质量安全监督管理条例》《农业农村部关于开展2020年兽药饲料生鲜乳质量安全监测工作的通知》和《农业农村部畜牧兽医局关于开展〈生乳〉国标指标监测和奶畜养殖散户生鲜乳质量检测工作的通知》等法规文件要求，推进生鲜乳收购站规范化建设和标准化管理。继续实施主管部门派驻监管和乳企自管双重监管制度，建立常态化监管工作机制，加强生鲜乳收购站和运输车的日常检查、交叉互检和巡查。强化许可证管理，严把准入关。坚决取缔不合格奶站和车辆，严厉打击非法收购运输“黑窝点”，特别是打击一证多用套用、无证无交接单收购运输，以及在中转站转运、跨省运输、拼车装运、长途贩运过程中的违法违规行为，维护生鲜乳生产收购和运输秩序。

2020 年 7 月，根据本省实际情况，省农业农村厅统一制定《关于开展 2020 年生鲜乳质量安全专项整治行动的通知》。2020 年 7—11 月重点在长沙市、常德市、邵阳市和永州市 4 市的奶牛养殖县和奶牛养殖重点区域全面开展生鲜乳违禁物质专项整治行动，进行二次全覆盖专项检查，检查奶站 56 站次，检查运输车 52 辆次，出动执法人员 247 人次，抽检 60 批次。举办监管人员和生鲜乳养殖收购运输车从业人员培训 7 期，专业执法培训 247 人次。生鲜乳质量安全监管体系完善，各项日常监管措施到位，在此次专项整治行动中没有发现生鲜乳添加违禁物的行为。全年完成了农业农村部监测计划 67 批次，其中云南云测质量检验有限公司异地抽检 47 批次；农业农村部蜂产品质量监督检验测试中心（北京）抽检 20 批次。本省监测计划 44 批次。奶畜散养户监测，全年分 2 次进行，共监测 120 批次样品，检测项目为菌落总数、体细胞数、蛋白质、脂肪、黄曲霉毒素 M_1、苯甲酸、碱类物质、β- 内酰胺酶，所有样品均检测三聚氰胺、碱类物质、硫氰酸钠 3 个项目，全年的抽检合格率 100%。

【奶业大事】湖南德人牧业科技有限公司入选国家现代农业科技示范展示基地。

皇氏集团湖南优氏乳业有限公司启动优质乳工程。

全省 6 家乳企获得中国奶业协会助力防控新冠肺炎疫情先进企业。

全省 1 家奶畜养殖企业和 3 家乳制品加工企业入选《2020 中国奶业“融智创优”品牌企业名录》。

（湖南省奶业协会，刘海林、樊志坚）

广东省

【奶畜养殖】截至2020年年底，广东省存栏荷斯坦牛4.868 4万头，成母牛2.634 3万头；奶水牛0.287 6万头，成母牛0.214 8万头。牛奶总产量19.83万t，其中，荷斯坦牛奶总产量19.59万t，成母牛年均单产7.44t，挤奶水牛总产量0.238 8万t，成母牛年均单产1.11t。荷斯坦牛主要分布在粤北、珠江三角洲和粤西地区。存栏前六位的分别是清远市1.14万头、广州市0.84万头、惠州市0.70万头、肇庆市0.52万头、阳江市0.26万头、湛江市0.25万头、约占广东省21个地级市荷斯坦牛存栏总量的75.7%。奶水牛存栏0.287 6万头，主要分布在揭阳、佛山、肇庆等市。全省荷斯坦牛存栏在100头以上的养殖场有32个，存栏奶牛4.62万头，占全省存栏奶牛的94.3%；奶水牛存栏100头以上的养殖场有4个，存栏奶水牛1 252头，占全省存栏奶水牛的43.5%。

【乳制品加工】全省登记在册的生鲜奶收购站37个，主要分布在广州、惠州、清远等大中城市。生鲜乳生产收购运输全部实行持证经营和运输车辆准运证管理，100%实现机械挤奶。全省有液态奶生产企业28家，其中液态奶年产量过万吨的企业主要有广美香满楼畜牧有限公司、广州风行乳业股份有限公司、广州九龙维记牛奶有限公司、广东燕塘乳业股份有限公司、广东伊利乳业有限责任公司、广东温氏乳业有限公司、深圳市晨光乳业有限公司、湛江燕塘乳业有限公司8家。广东燕塘乳业股份有限公司已于2014年12月在深圳A股挂牌上市（股票代码：002732）。

【市场消费】2018年广东省居民家庭人均年奶类消费8.6kg，其中城镇消费10.8kg、农村4kg。全省每年奶类消费量约为80万t，每年需向港澳供应生鲜乳及其制品约2万t。广东市场乳制品销售的主要品牌是燕塘、风行、香满楼、光明、蒙牛、伊利等。市场上也有娟姗鲜牛奶出售。广东本地消费者倾向于购买本地乳企生产的液态奶产品。

【奶源基地】广东奶牛规模化养殖水平较高，荷斯坦牛存栏1 000头以上的大型奶牛养殖场15个，存栏3.42万头，占全省奶牛总存栏量的70.31%。荷斯坦牛存栏100头以上的奶牛养殖场32个，存栏46 147头，其中能繁母牛24 558头、后备母牛15 770头、犊母牛5 820头，占全省奶牛总存栏量的94.79%。

广东牧场荷斯坦牛100%实现机械化挤奶，生鲜乳的质量和卫生指标均高于国家标准的要求。广东省2008年以来参测DHI项目奶牛养殖场统计数字显示，平均乳蛋白率为3.3%，平均乳脂率为3.8%，平均体细胞数在30万个/mL左右。2018年，广东燕塘乳业、广州风行乳业成为华南地区首批通过优质乳工程验收的企业。2020年风行乳业下属华美牧场、仙泉湖牧场（穗新牧场）获颁“中国农垦标杆牧场”牌匾，再续标杆牧场荣誉；华美牧场荣获“农垦绿色环保特色牧场”，是国内唯一一家获此殊荣的企业。燕塘乳业的红五月牧场、澳新牧场凭借一流的生产实力及标杆品质，再次被授予“中国农垦标杆牧场”。此外，红五月牧场更被认定为“农垦好种好牛特色牧场”，是中国农垦乳业唯一一家获此殊荣的标杆牧场。

广东省生鲜乳的购销全部实行订单生产。一般是每年11—12月，广东省奶业协会主持召开生鲜乳购销沟通协调会（包括奶农之间、乳企之间、奶农与乳企之间），并于12月底前在行业内发布生鲜乳购销参考价，同时组织奶农与乳制品加工企业共同签订下一年度的生鲜乳购销合同，明确规定生鲜乳供应的时间、数量、质量、价格、检测方法与奖罚条款等。这样一来，在下一年，奶农就可以专心地养健康牛，出优质奶，不用担心市场销路；而乳制品加工企业也就可以全力做好乳制品加工与市场开发，不用担心奶源问题。

生鲜乳收购实行优质优价，2020年生鲜乳价格在5 600~5 800元/t，平均价格约5 500元/t。生鲜乳除每天供香港约50t外，全部用于生产液体乳（包括鲜奶、纯牛奶和酸奶等），没有用于奶粉加工。

【政策法规】为深入贯彻落实《国务院办公厅关于推进奶业振兴保障乳品质量安全的意见》和胡春华副总理在全国奶业振兴工作推进会议上的讲话精神，广东省结合奶业发展实际，会同省发展改革委等9部门印发了《转发关于进一步促进奶业振兴的若干意见》，提出了贯彻落实意见。全省各地各有关部门高度重视，认真抓好贯彻落实，着力加强奶业振兴组织领导，加强优质奶源基地建设，做强做优乳制品加工业，加大乳制品消费引导，强化乳制品质量安全监管和推进奶牛养殖废弃物资源化利用。

不断优化奶牛养殖与乳制品加工布局，突出重点，巩固发展以广州为中心的城郊型奶源基地，加快向粤东西两翼和粤北发展。同时，大力开展奶牛标准化规模养殖场示范创建、省级现代化美丽牧场示范创建、学生饮用奶奶源基地创建等项目，2020年全省共创建省级现代化美丽牧场（奶牛）2个，国家级奶牛养殖标准化示范场1个，有力保障了全省生鲜乳的质量和安全。

不断加强奶牛生产性能测定工作，全省建设了奶牛生产性能测定实验室3个，平均月测定10 000头份，占全省存栏成母牛的30%左右。通过奶牛生产性能测定工作的实施，不断提高奶牛健康、饲养管理和生鲜乳质量安全水平，加快推进奶业转型升级。

按照《自然资源部 农业农村部关于设施农业用地管理有关问题的通知》（自然资规〔2019〕4号）要求，积极与省自然资源厅沟通协调，在报送省政府《关于加强和改进设施农业用地管理的实施意见》（送审稿）中，明确奶牛生产设施用地及与生产直接相关联的辅助设施用地为设施农业用地范围。生产设施用地规模按生产需要合理确定，辅助设施用地包括饲料存储、粪污处置、疫病防控、检验检疫、生物质有机肥料生产、病死动物无害化处理及必要的管理用房等。尤其是很好地解决了奶牛养殖场反映的配套辅助设施用地规模严重不足及占用少量永久基本农田问题，将原规模化奶牛养殖场辅助设施用地规模比例控制在项目用地的 10% 以内、最多不超过 15 亩，调整为控制在项目用地的 15% 以内即可。规定养殖设施在选址确实无法避让永久基本农田的，允许使用少量基本农田，但应控制在项目用地规模的 15% 以内、最多不超过 30 亩，并需要按规定落实补划。

2020 年受疫情综合管控影响，春节前后部分地方限制畜禽产品、牛奶和饲料、草料等运输车辆通行，造成了饲料和草料拉不进、畜禽产品运不出的困境。同时，由于社会企业复工延后，奶制品消费受阻，部分乳制品加工企业尚未配套超高温牛奶产品加工生产线，或生鲜乳加工能力及仓容受限，造成个别奶牛养殖场（户）倒奶情况，影响了奶业正常产销秩序。广东省农业农村厅及时调度掌握有关情况，迅速部署全省各地办理民生保供企业资质证明，协调交通、交警部门解决畜禽和奶品、饲草料运输困难。随着各地交通逐步顺畅，社会企业基本复工，乳制品需求逐步回升，各市倒奶现象很快消除，奶业生产恢复正常，市场总体平稳有序。

【奶农组织】做好行业新冠肺炎疫情抗击工作。2020 年 1 月 31 日，广东省奶业协会向全省乳企发出《广东省奶业协会关于抗击新型肺炎疫情的倡议书》；2020 年 2 月 3 日，广东省奶业协会为企业出示关于保障乳业正常流通和供应的函；2020 年 2 月 4 日，组织全省乳企自愿加入由省农业农村厅发起的“保供稳价安心行动平台”；2020 年 2 月 8 日，组织全省乳企助力屠宰加工收储家禽产品，助推广东家禽业持续健康发展；2020 年 2 月 26 日，广东省奶业协会发文《相关企业调研有关疫情防控期间保障供应》情况。

完成各级部门下达的工作任务。完成中国奶业协会有关新冠肺炎疫情的抗击情况报告；组织行业企业参加中国奶业大会期间“2020 年融智创优”的申报工作；组织专家，对广东省学生饮用 奶奶源基地进行现场审核，2020 年 8 月，完成韶关市曲江区农胜奶牛畜牧有限公司的现场评审工作；配合中国奶业协会学生饮用奶管理办公室做好广东省风行乳业、燕塘乳业等相关企业学生饮用奶资质的延续备案工作。

坚持有序开展交流、宣传和培训工作。继续办好《南方奶业》，按时出版 4 期，及时传递奶业新技术、新政策给广大会员；创建《南方奶业》微信公众号，广泛宣传奶业政策法规、牛奶知识、会展信息、奶牛养殖技术和乳制品加工技术；2020 年 11 月 23—27 日，广东省奶业协会联合南方 8 省奶业协会，在广州市九龙湖再次成功举办了“加强行业技术合作、保障奶业稳定发展”为主题的“南方地区奶牛技术高峰论坛”；多次组织广大会员参加行业相关企业举办的线上技术培训。

【质量监管】高度重视乳制品质量安全监管，制定了《广东省 2020 年生鲜乳质量安全监测计划》，地方各级农业农村主管部门制定详细的乳制品质量监督检测计划，实行生鲜乳收购站和运输车年度监测全覆盖，不留监管空白。根据全省奶牛养殖布局，共建立了 37 个生鲜乳收购站，全部按要求建有生鲜乳检测室，配备必要的仪器设备和专业技术人员，对出场的生鲜乳实行批批自检；生鲜乳运输车共 73 辆，运输车全部实行准运证管理，部分运输车还装备了卫星跟踪监控管理设施。2020 年以来，广东省密切配合农业农村部委托的质检机构，联合相关地市的畜牧管理部门先后到广州、清远、惠州、肇庆等 11 个地市对生鲜乳收购站和运输车进行了检查及监督抽样，共抽检生鲜乳样品 166 个，加强对养殖场、生鲜乳收购站和运输车的标准化管理，生鲜乳质量检验，安全制度落实等方面的监督检查，及时堵塞安全隐患风险漏洞。

（广东省农业技术推广中心，陈三有、刘建营）

广西壮族自治区

【奶畜养殖】生产情况。据畜牧部门统计，2020年广西奶牛存栏6.66万头，能繁母牛4.21万头，分别比2019年增长12.94%和16.87%；奶类产量9.41万t，增长14.28%。其中，荷斯坦牛存栏1.55万头，能繁母牛1.07万头，分别比2019年增长4.73%和17.58%；奶水牛存栏5.12万头，能繁奶水牛3.14万头，分别比2019年增长15.82%和16.55%。荷斯坦牛奶产量6.34万t，水牛奶产量3.03万t，分别比2019年增长16.54%和9.78%。2020年广西奶类产值为6.46亿元，其中水牛奶产值为2.91亿元。

养殖分布。广西奶业呈现两大优势区域发展。荷斯坦牛养殖以南宁、贺州、柳州、来宾、北海、贵港、崇左为中心产区，2020年有荷斯坦牛存栏1.44万头，占广西荷斯坦牛总量的93.07%；奶水牛已向规模场或小区养殖方向发展，以钦州、北海、玉林、南宁为主要产区，2020年有奶水牛存栏5.01万头，占广西奶水牛存栏总量的97.97%。

生鲜乳价格。2020年荷斯坦牛奶收购价格5.60元/kg，水牛奶收购价格9.60元/kg。饲养年产1.6t的奶水牛年可获利3 000元左右，全广西奶水牛养殖户有10 573户。

特色水牛奶业发展情况。2020年，广西继续加强水牛奶业开发工作，规模化养殖进一步扩大。2020年有养殖规模100头以上的奶水牛养殖小区（场）27个，奶水牛存栏9 641头；养殖规模50~100头的奶水牛养殖小区（场）有22个，奶水牛存栏1 407头。

奶业发展趋势。广西奶业的特色是水牛奶业，发展方向为荷斯坦牛和奶水牛并重，突出抓好水牛奶业发展。在广西壮族自治区人民政府的推动下，广西水牛奶业已有起色，作为特色农业产业加大发展力度，今后广西水牛奶业发展会稳步推进，持续稳步增长。

【乳制品加工】2020年广西获得食品生产许可证并生产乳制品的企业有22家，其中婴幼儿配方奶粉企业1家。2020年广西乳制品产量为28.63万t，其中液体乳27.48万t，占95.89%。

广西加工水牛乳制品的企业有广西皇氏甲天下乳业股份有限公司、广西壮牛乳业有限公司、广西百菲乳业有限公司、广西桂牛水牛乳业股份有限公司、广西石埠乳业有限责任公司、广西农垦西江乳业有限公司、广西合浦南国乳业有限公司和崇左市天添乳品厂。2020年实际加工水牛奶产品6.05万t，主要有巴氏杀菌乳、酸奶、UHT奶、含乳饮料等系列50多个品种，包装有瓶装、杯装、袋装、听装和利乐包装等，部分产品和奶酪远销香港、广东、湖南、上海、北京、黑龙江等20多个地区。

【市场消费】2020年广西常住人口5 012万人，奶类产量9.41万t，人均奶类占有量为1.88kg。

【奶源基地】2020年年底，广西存栏奶牛100头规模以上的奶牛养殖小区（场）共48个，存栏奶牛24 484头，占广西奶牛存栏总量的36.76%，奶牛品种主要有荷斯坦牛、娟姗牛和奶水牛。其中，南宁市17个、钦州市5个、柳州市5个、北海市7个、玉林市5个、来宾市3个、贵港市2个、崇左市2个、防城港市1个、贺州市1个。存栏规模100~300头的养殖小区（场）27个，301~500头的养殖小区（场）7个，501~1 000头的养殖小区（场）9个，1 000头以上的养殖小区（场）5个。属于乳企自建的奶牛养殖小区（场）共13个，国有单位办的4个，私营公司办的19个，合作社或个体办的12个。

2020年广西在饲草料开发与利用方面，重点抓了高产优质牧草（桂牧1号等）和优质农副产品（玉米秆、菠萝渣等）种植开发利用以及粮改饲项目实施工作，较好地解决了奶牛养殖业所需饲草料问题。全年推广种植单一高产牧草（桂牧1号等象草）41.78万亩，种植青贮专用玉米14.82万亩，实施果园隙地种草15.37万亩，冬闲田种草11.31万亩。科学推广农作物秸秆饲料化利用531万t。2020年广西粮改饲项目，中央财政补助资金3 167万元，工作任务是粮改饲种植面积19万亩，饲草料收储57万t。任务下达后，东兰县、大化县、忻城县、天等县共整合581.97万元用于脱贫攻坚，粮改饲目标面积调整为16.75万亩，饲草料收储50.25万t。截至2020年年底，共完成粮改饲种植面积16.84万亩，完成任务的100.54%；收储优质饲草料60.74万t，完成任务的120.88%。

2020年广西继续抓好奶牛疫病防控工作，主要抓好规模养殖场和散养户管理、推广普及生态健康养殖技术、动物疫病防控和监测等环节，广西奶牛养殖业无重大疫情发生。

【奶农组织】2020年广西奶业协会、广西食品安全协会、《南国早报》联合开展了广西奶业模范集体、先进个人、优质乳品牌评选活动，共评选出优质乳品牌、模范乳制品生产企业、模范生态养殖牧场、单项高产奖牧场、模范诚信企业、模范扶贫公益企业、先进个人七大奖项。

本次参与优质乳品牌评选的15款广西本土奶产品中，皇氏集团华南乳品有限公司的250mL摩拉菲尔水牛奶、200mL一只水牛纯牛奶分别获得优质乳品牌五星级和四星级评定；另有3家乳制品生产企业共5个品种分别获得星级优质乳品牌奖。

皇氏集团华南乳品有限公司、柳州三元天爱乳业有限公司等6家乳制品生产企业荣获“模范乳制品生产企业”称号。

农垦西江牧场、石埠生态观光牧场、钟山温氏奶牛场、来宾绿健牧业奶牛场、桂牛奶水牛场、柳州三元天爱鹧鸪江奶牛场、柳州三元天爱羊角山奶牛场、皇氏甲天下桂平奶牛场、皇氏甲天下根竹奶牛场、农垦金光奶牛场、柳州市康小乐奶牛场、上思皇氏奶牛场12家企业奶牛养殖场荣获“模范生态养殖牧场奖”。

广西石埠乳业生态观光牧场、广西农垦西江乳业奶牛场、广西钟山温氏乳业奶牛场凭借超过9t的平均单产量，荣获“单项高产奖”。

皇氏集团华南乳品有限公司、广西石埠乳业有限责任公司、南宁市甜蜜蜜饲料有限公司、广西百菲乳业股份有限公司、广西创健食品原料有限公司、南宁市科泰科技信息咨询有限公司6家企业荣获“模范诚信企业”。

2020年，广西奶业协会倡导“一方有难，八方支援”的精神，组织广西乳企捐款捐物支援武汉抗击新冠肺炎疫情。据不完全统计，广西乳企共计捐款捐物价值达756万元，其中皇氏集团捐赠500万元。

2020年，广西各级畜牧部门继续加强奶农技术培训，组织开展有关法规、生态养殖技术、饲养管理、疫病防治等培训班52期，培训学员3 380人次，发放宣传资料2 650份。

【政策法规】2020年12月广西壮族自治区人民政府办公厅印发了《广西壮族自治区人民政府办公厅关于加快牛羊产业高质量发展助推乡村振兴的意见》（桂政办发〔2020〕110号）文件。该实施意见明确抓好包含奶牛在内的良种繁育体系、标准化规模养殖、优质饲草料供应、疫病防控、加大政策支持力度、强化科技支撑6个重要方面的保障措施。

【质量监管】2020年5月，广西持有生鲜乳收购许可证的生鲜乳收购站共31个，已核发生鲜乳运输许可证的运输车共26辆。截至2020年10月底，持有生鲜乳收购许可证的生鲜乳收购站共29个，注销2个；已核发生鲜乳运输许可证的运输车共25辆，注销1辆。

2020年广西在生鲜乳质量监管方面主要把好以下三关。

一是全面落实生鲜乳质量安全监管责任。2020年，广西各级政府管理部门高度重视生鲜乳质量安全监管工作，并将其列为全年重点工作之一，以文件形式下达监管任务，狠抓各级监管责任的落实。广西壮族自治区农业农村厅下发了《关于开展2020年广西生鲜乳质量安全监测工作的通知》（桂农厅函〔2020〕207号）和广西壮族自治区农业农村厅办公室《关于开展2020年生鲜乳质量安全专项整治行动的通知》，要求各级农业农村部门在当地政府的统一领导下，认真履行生鲜乳质量安全监管和专项整治职责，落实监管措施；督促奶牛养殖者、生鲜乳收购者和运输者落实对其生产、收购、运输的生鲜乳质量安全的主体责任；严格审核生鲜乳收购站经营主体和运输车辆的资质条件，严格生鲜乳收购许可证和生鲜乳准运许可证发放；加大监管力度，严厉打击违法违规行为。监测机构要严格遵守相关工作规范，确保抽样、送样、异议处理等程序合法。

二是加强监督检查，确保任务完成。严格按照国务院《乳品质量安全监督管理条例》、农业农村部《生鲜乳生产收购管理办法》等有关规定要求，根据农业农村部和广西下达的年度生鲜乳质量安全监测工作任务，进行2次以上全覆盖监督检查和抽样检测，100%完成年度监督检查和抽样检测任务。在监督检查工作中，重点抓好奶牛养殖、生鲜乳档案记录、投入品的使用、生鲜乳收购站、运输车管理、生鲜乳的溯源、不合格生鲜乳的处理、生鲜乳质量安全抽检等环节的检查，确保产品质量安全。2020年广西共完成生鲜乳专项监测任务三聚氰胺、黄曲霉毒素 M_1、β－内酰胺酶、碱类物质、硫氰酸钠5个项目60批次。其中，水牛奶25批次，前4个项目结果均符合规定，合格率为100%；硫氰酸钠检测结果不作判定，上报数据为具体检测值。

三是加强培训，做好服务指导。2020年，广西根据生鲜乳质量安全监管工作需要，举办了1期广西生鲜乳质量安全监管和奶业生产统计培训班，参训人员为各有关市、县（市、区）生鲜乳质量安全部门负责人、抽样检测工作人员和直联直报平台填报人员、统计人员、生鲜乳收购站负责人、重点乳制品生产企业质量监管负责人，共计140人。通过培训学习，增强了责任意识，强化了服务指导，提高了广西生鲜乳质量安全监管工作水平。

（广西壮族自治区畜牧站，唐善生；广西壮族自治区农业农村厅，孙旭波）

海南省

【奶畜养殖】截至2020年年底，海南省奶牛存栏1 700头，其中三亚380头、澄迈320头、儋州332头、昌江503头。全年牛奶产量2 600t，奶牛养殖企业主要有4家，分布在三亚、澄迈、儋州、昌江等地。海南奶牛养殖以规模养殖场为主，集约化、设施化、标准化发展较好。奶业产值占牧业产值的比重较低。近年来随着鲜奶需求增加，奶牛养殖呈逐渐上升状态，存栏量较2019年增加289头，牛奶产量增加335t。

【乳制品加工】海南省共4家乳企。海南艾森牧业有限公司（位于澄迈县），拥有牧草种植、奶牛养殖、乳制品加工、冷链配送为一体的完整产业体系，是海南乳制品行业的龙头企业，配备检测实验室和运输车。三亚和昌江雪古丽公司拥有小型乳制品加工厂，配备检测室和运输车，采用以色列阿非金挤奶设备，具有自动脱杯功能，自动筛查抗生素，若检测到不合格奶，挤奶杯自动脱落。儋州泓犅畜牧科技有限公司主要养殖品种为奶水牛，产奶量较少。

因自然环境等因素限制，海南奶牛业规模仍较小。市场以复原乳酸奶、乳酸菌饮料为主，且多为全国性的品牌产品，少量鲜牛奶以个人定制、高档酒店供应为主。海南本地市场产品主要分为复原乳酸奶、乳酸菌饮料和巴氏杀菌乳，其中巴氏杀菌乳仅占一小部分。

【市场消费】各大乳制品企业均有进入海南本地市场，本地品牌以艾森、雪古力为主，主要生产巴氏杀菌乳、复原乳酸奶和乳酸菌饮料等。规格从150mL至1 000mL不等，市场价格与全国无较大差异。

【奶源基地】奶牛养殖基地3个，设计均为规模养殖场，全部应用全混合日粮（TMR）技术。牧草主要有甜玉米秸秆、象草等青绿饲料，以及青贮饲料；苜蓿等优质草料依靠岛外输入。

【质量监管】根据农业农村部和省农业农村厅下达的监测计划，结合本省实际情况，对本省奶牛养殖场进行检查、抽样，共抽取生鲜乳样品20份，合格率100%，与2019年持平。检测项目包括黄曲霉毒素M_1和β–内酰胺类抗生素（青霉素G、氨苄西林、阿莫西林、苯唑西林、氯唑西林、萘夫西林、双氯西林、头孢喹肟、头孢乙腈、头孢洛宁、头孢匹林、头孢哌酮、头孢唑林、头孢噻呋）等指标。现场检查和抽检中，未发现非法使用违禁药物和滥用药物情况。

（海南省农业农村厅，周　兵）

重庆市

【奶畜养殖】根据相关统计，截至2020年年底，全市奶牛存栏0.86万头、同比下降22.52%；产奶总量3.21万t、同比下降23.39%；牛奶产值约1.64亿元；有机奶产量3 196t，同比增长5.93%。奶牛品种主要为荷斯坦牛（0.68万头）和娟姗牛。据对养殖100头以上规模奶牛养殖场粗算，产奶牛年均产奶约7.77t，同比下降13.67%。奶牛养殖以规模养殖为主，主要分布在巴南、黔江、渝北、合川、垫江、荣昌、长寿、巫溪、云阳、綦江等地区。受环境保护治理压力、养殖用地批准困难、奶牛“两病”净化政策、饲草料和劳动力价格大幅上涨等不利因素影响，全市奶牛饲养总量、规模化养殖数量继续萎缩。中小规模奶牛养殖场逐渐减少，大型奶牛养殖场养殖减量、单产有所提升，奶源基地基本实现规模养殖，远郊地区存有少部分散养。

【乳制品加工】截至2020年年底，重庆有重庆市天友乳业股份有限公司（以下简称天友乳业）和重庆光大集团乳业股份有限公司（以下简称光大乳业）2家乳制品加工企业，日处理鲜奶能力1 100t。2家企业全年收购原奶18.86万t，其中天友乳业收购17.36万t、光大乳业收购1.5万t，生产乳制品总量25.04万t。产品中，低温鲜奶2.98万t，同比减少0.39万t、下降11.57%；UHT奶14.79万t，同比增加4.25万t、增长40.32%；常温酸奶0.3万t，同比减少0.3万t、下降50%；低温酸奶5.93万t，同比减少1.8万t、下降23.28%；原料奶粉0.25万t，增加0.13万t、增长108.33%；成人奶粉63t，增加59t、增长14.8倍；婴幼儿配方奶粉784t；含乳饮料0.71万t，同比减少3.59万t、下降83.49%。天友乳业获得有机标志产品的数量为1 691.53万枚。

重庆乳制品加工企业在本地鲜奶不足、资源有限的情况下，逐渐将奶源生产基地扩展到陕西、宁夏、四川等省（自治区），经过几年的建设、发展、壮大，已形成稳定、可控的供需体系，显著降低了对本市奶源的依赖程度，但也给本地奶牛产业发展带来一定影响，奶牛养殖数量持续下降。同时，市场上存在少量鲜奶或经简单消毒后直接上市，以奶吧形式消费、售卖给糕点、冷饮店等情况。

【市场消费】据全国第七次人口普查资料，截至2020年11月1日，重庆市常住人口3 205.42万人，人均占有市内生产的生鲜乳约1kg、消费乳及乳制品约7.81kg。市场销售的乳制品主要有巴氏杀菌乳、UHT奶、酸奶、婴幼儿配方奶粉、成人奶粉、含乳饮料、奶酪等。市场上的本地品牌乳企有重庆天友、重庆光大等，埠外品牌有伊利、蒙牛、澳牧、圣牧、现代牧业、养乐多、娃哈哈、旺仔等，以及WHOLE MILK、simply white等域外品牌。包装包括康美包、利乐包、屋顶盒、PE瓶、PET瓶、玻璃瓶等形式，规格从50mL、100mL、195g、200mL、220mL、250mL、260mL到750mL、950mL、1L、2L不等。巴氏杀菌乳、酸奶一般为盒装、袋装。常见袋装规格为200~250mL的，价格在2~5元；盒装规格主要在100~2 000mL，价格多在3~20元；瓶（罐）装规格主要在145~260mL，价格在3~6元。

全市乳制品市场以巴氏杀菌乳、UHT奶、酸奶等消费为主，少量存在鲜奶经简单消毒后直接销售或销售给当地及主城的奶吧、糕点、冷饮店等情况。随着社会经济的快速发展、居民收入的提高，重庆奶类市场消费将呈多元化持续增长的发展状态。

【奶源基地】截至2020年年底，重庆奶牛存栏100头以上的规模养殖场10个，比2019年减少1个；存栏奶牛100头以上的养殖场规模化率约为69%，较2019年下降5个百分点。全市奶牛规模养殖场通过设施设备升级改造，基本做到雨污分流、固液分离，生产条件极大改善，实现了散栏式喂养和分群管理；多数养殖场建成了管道式或厅式挤奶场地，天友乳业和光大乳业2家乳制品加工企业自建牧场和合作牧场均采用机械化方式挤奶。饲养管理上，已改精、粗饲料分开投喂为全混合日粮（TMR）饲喂。各规模奶牛养殖场重点对口蹄疫、布鲁氏菌病、结核病等传染病进行了防控。天友乳业等乳企加强了高产奶牛生产性能测定，强化个体指标进行选育；采用优质性控冻精，增产母犊，提升后备畜群生产性能。

全市种植青贮玉米3 920hm²，平均单产（折合干草，后同）15.57t/hm²，生产饲草料6.1万t，实际收储鲜草7.7万t；种植青贮青饲高粱1 250hm²，平均单产17.55t/hm²，生产饲草料2.19万t，实际收储鲜草2.55万t；种植多花黑麦草5 320hm²，平均单产18.5t/hm²，生产饲草9.84万t，实际收储鲜草2.16万t。

本地合作牧场是天友乳业和光大乳业2家乳制品加工企业重要的本土奶源之一，2家企业多年来持续给予了一定帮扶、支持，特别是生鲜乳价格。生鲜乳基价为4.5元/kg，实行按质计价、优质优价的计价方法，质量加价约0.5~0.6元/kg（主要考核理化指标、微生物指标、体细胞数等），出牧场实际价格5.1元/kg左右，处于全国中高位置。

2020年，受新冠肺炎疫情严密防控、饲料价格大涨、牛源引进更新困难等多重因素影响，中小规模奶牛养殖场（户）估计年净收入约2 000元/头（按平均产奶量约7.8t/头），100头规模奶牛养殖场净收入约15万元，基本处于微利状况。养殖场（户）无法外购、引进奶牛，大多只能通过自购国内外冻精或性控冻精，依靠本场自繁自养更新牛群、淘汰低产老病残牛，保持、扩充养殖规模。

天友乳业外购原奶主要通过重庆企业在陕西、宁夏等地建设的大型牧场提供，光大乳业外购原奶主要通过市场化第三方奶源基地提供。全年总量15万t以上。

【奶农组织】2020年重庆奶农合作组织减少，荣昌区的重庆市渝西奶牛专业合作社尚存。垫江县的重庆市新曲奶牛养殖专业合作社、农福生态奶牛养殖股份合作社相继解散，少量奶牛并入重庆文顺奶牛养殖场暂时饲养。

奶农技术培训主要由当地畜牧部门、购奶企业根据情况，结合市农业农村委、市畜牧技术推广总站发布的中国荷斯坦牛等奶牛主导品种和奶牛规模养殖场精细化饲养技术、玉米全株青贮等主推技术、制定发布的《奶牛标准化规模养殖场建设规范》《奶牛抗热应激饲养管理技术规范》等地方标准进行。

【政策法规】2020年，除享受国家扶持政策中的奶牛保险补贴和继续执行2019年先后出台的《重庆市人民政府办公厅关于推进奶业振兴保障乳品质量安全的实施意见》、重庆市农业农村委等9部门《关于贯彻落实〈进一步促进奶业振兴的若干意见〉的通知》、重庆市发展改革委关于转发国家发展改革委等7部委《关于印发〈国产婴幼儿配方乳粉提升行动方案〉的通知》等文件外，重庆没有出台其他的资金和项目支持政策。奶牛保险的具体政策是：每头保费500元，国家补贴400元，业主自己承担100元，保险金额1万元。全市6 000余头奶牛参加了保险。部分县（市、区）对奶牛养殖贷款实行贴息扶持。天友乳业对部分合作牧场按45元/头单独给予了补贴。

【质量监管】2020年，重庆市农业农村委印发了《关于开展2020年生鲜乳质量安全监测工作的通知》和《2020年生鲜乳质量安全专项整治工作方案的通知》，制定了生鲜乳质量安全监测计划。监测抽检覆盖所有生鲜乳收购站和运输车，严格按照农业农村部《关于印发2020年饲料兽药生鲜乳质量安全监测计划的通知》要求，按时完成了监测项目和数量，在重庆市黔江、渝北、长寿、荣昌、巫溪、垫江、云阳、合川等设立生鲜乳收购站的地区，抽取了60批次（含农业农村部30批次）的生鲜乳样品，完成全年生鲜乳质量安全监测任务的100%，合格率100%。

【奶业大事】2020年1月5—6日，中国工程院院士任发政、中国农业大学博士后张炎一行考察重庆天友乳业，院士团队与公司签订产学研项目合作协议，通过协同创新，进一步提升天友乳业的创新和基础研究能力，为健康产品赋能。

2020年10月22日，国家知识产权局副局长何志敏一行来重庆调研，肯定了天友乳业的知识产权工作，并在天友乳业召开了“商标注册便利化改革座谈会”。

（重庆市农业农村委员会，潘　川；重庆市畜牧技术推广总站，李发玉、刘学福、尹权为）

附表 1　重庆市奶畜养殖场（小区）名录

序号	名称	供奶企业	全群存栏（头）	成母畜存栏（头）	奶畜品种	成母畜单产（t/年）	年总产量（t）	是否有机奶源基地	有机奶产量（t）
1	重庆泰基科技有限公司巴南牧场	重庆时代乳业	2 011	860	荷斯坦、娟珊	8.0	5 800		
2	重庆市天翼牧业发展有限公司	重庆天友乳业	942	562	荷斯坦	10.3	5 600		
3	重庆市天友纵横牧业发展有限公司两江奶牛养殖场	重庆天友乳业	598	358	荷斯坦、娟珊	9.3	3 196	√	3 196
4	重庆市天合牧业发展有限公司	重庆天友乳业	587	344	荷斯坦	10.3	3 594		
5	重庆市蒙润农业有限公司	重庆天友纵横牧业	348	210	中国荷斯坦	7.5	1 345		
6	重庆渝西奶牛养殖专业合作社	重庆天友乳业	375	216	荷斯坦	5.2	1 300		
7	巫溪县文鑫农牧有限责任公司	重庆天友乳业	312	191	荷斯坦	4.6	1 200		
8	云阳县林久农牧综合开发有限责任公司	重庆天友纵横牧业	208	80	荷斯坦	8.5	680		
9	重庆爱牧生态农业有限公司	重庆天友纵横牧业	400	300	荷斯坦	6.0	1 460		
10	重庆文顺奶牛养殖场	重庆天友纵横牧业	165	110	荷斯坦	7.0	800		
11	綦江区宏源奶牛场	无	63	46	荷斯坦	6.0	240		

备注：本表所指奶畜包括奶山羊、奶绵羊、奶水牛、牦牛、骆驼、驴等产商品奶家畜。如认证为有机奶源基地等，请在相应表格中打钩。

附表 2　重庆市主要乳制品生产企业名录

序号	名称	生产地点	生产许可证号码	年收购原奶量（t）	其中：自有奶源量（t）	平均支付价格（元/kg）	日处理生鲜乳能力（t）	年乳制品产量（t）	其中：低温鲜奶（t）	UHT 奶（t）	常温酸奶（t）	低温酸奶（t）	原料奶粉（t）	婴幼儿配方奶粉（t）	成人奶粉（t）	奶油（t）	奶酪（t）	含乳饮料（t）	冰品（t）	年销售收入（万元）	利润（万元）	有机产品（枚）
1	重庆市天友乳业股份有限公司	重庆市渝北区金石大道99号	SC10550011212179	173 602	20 968	4.86	1 000	234 146	27 128	139 320	2 994	55 181	2 494	784	63	0	0	6 182	0	228 739	8 302	16 915 340
2	重庆光大集团乳业股份有限公司	重庆江北区鱼嘴镇鱼冠大道15号	SC10550010509096	15 000	4 000	6.00	120	16 294	2 632	8 591	0	4 141	0	0	0	0	0	930	0	13 048	283	0

备注：本表包括在中国及海外的生产企业。日处理生鲜乳能力指设计加工生鲜乳能力。自有奶源指来自自建和参建（控股、参股）牧场（小区）的原奶。成人奶粉指除婴幼儿配方奶粉以外的学生奶粉、孕妇奶粉、中老年奶粉等终端消费奶粉。冰品包括冰激凌、雪糕等。有机产品数量单位为“枚”，指获得有机标志的数量。

四川省

【奶类生产】2020年，全省牛存栏880.27万头（含牦牛）。据行业统计，荷斯坦奶牛和娟珊奶牛及改良奶牛存栏约6万头，挤奶牦牛150万头。全年奶类产量68.52万t，其中牛奶产量68.50万t（含牦牛奶产量24.70万t）。生鲜乳收购站收购备案合同生鲜乳平均交售价格为4.06元/kg，牦牛奶交售价格为7.00元/kg。

【乳制品加工】2020年四川省乳制品产量115.98万t，其中液态奶产量105.20万t、奶粉产量0.10万t、干乳制品产量10.79万t。阿坝州高原之宝牦牛乳业股份有限公司是全省唯一一家婴幼儿配方奶粉生产企业。

2020年四川省进口液态奶1 896t，进口额166.6万美元；进口酸奶25.60t，进口额7.30万美元；进口奶粉22 781.10t，进口额7 397.00万美元；进口炼乳19.20t、进口额3.30万美元；进口乳清3 564.60t，进口额267.10万美元；进口奶油962.80t，进口额475.70万美元；进口奶酪25.20t，进口额10.20万美元。

【奶源基地】2020年登记奶牛养殖场（户）414个，其中100~500头适度规模的养殖场101个，501~1 000头以上规模的牧场7个，1 001~5 000头以上规模的牧场6个，5 000头以上的牧场1个。省部级示范场28个，7个规模养殖场通过GAP评定，13个规模化奶牛养殖场成为学生饮用奶奶源基地示范牧场。

2020年，全省有四川省畜牧总站和新希望生态牧业有限公司建设的DHI测定中心2个，9个奶牛养殖场参加奶牛生产性能测定，测定奶牛7 478头。测定的奶牛养殖场中奶牛日均产奶量29.2kg，平均脂肪率3.95%，平均乳蛋白率3.30%，平均体细胞数28.6万个/mL。

四川省现有种公牛站1个，为成都汇丰动物育种有限公司。共有种公牛49头，其中娟姗公牛3头、荷斯坦公牛2头。

饲草饲料生产。2020年四川省饲料产量为1 577.83万t，其中配合饲料876.51万t、混合饲料183.58万t；人工种草面积1 384.90万亩，各类饲草产量1 107.00万t；秸秆可收集资源量343.00亿kg，秸秆饲料化利用量429.26万t，各类青贮饲料产量145.70万t。

【政策法规】2020年7月，中共四川省委农村工作领导小组印发了《川牛羊（畜禽饲草）产业振兴工作推进方案》，针对奶业振兴工作进行了系统谋划。在包括饲草饲料、疫病防控、粪污资源化利用等方面提出了具体工作措施，将推动奶业高质量发展作为努力目标，依托优化生产布局，创新发展方式，建立完善的以规模化养殖为基础的生产经营体系，依托龙头公司，重点在眉山市、成都市、绵阳市、德阳市、凉山彝族自治州等地发展奶源基地，推动奶业全产业链高质量发展。在全省范围布局18个奶牛产业基地县和40个“以秸秆换肉奶”工程基地县，秸秆饲料化利用达到550.00万t，牧草良种化率达到80%，人工种草面积达到1 200.00万亩，草产品和秸秆加工利用能力达到700万t，实现青贮饲草料基本自给。力争到2025年，奶牛存栏100头以上的规模养殖比重达80%以上，规模养殖场设施装备配套率达到100%，奶牛畜禽粪污综合利用率达到80%以上，规模养殖场粪污处理设施装备配套率达到100%。

【质量监管】四川省现有生鲜乳收购站30个，核发生鲜乳运输准运证车辆79辆。全年省、市（州）、县（区）现场检查生鲜乳收购站724站次，检查运输车644辆次，出动执法人员1 783人次。全省抽检生鲜乳样品1 541批次，其中市、县抽检样品1 288批次（含快速检测）。省、市、县安排监测资金35.50万元，其中省级安排资金10万元，市、县安排资金25.50万元。

【奶业大事】2020年5月5日，新乳业发布公告披露重大资产重组，以17.11亿元收购西北区域龙头乳企宁夏夏进乳业的全部股份，收购资金的60%为自有及自筹资金，40%拟通过可转债募集现金支付。夏进乳业在西北区域经营近30年，在品牌影响力和渠道网络、上游稀缺性奶源、生产管理和财务业绩方面均有明显优势。新乳业将其纳入囊中，双强联合，使西南西北连成一片，形成优质奶源、市场布局的南北协同，对于区域扩张、奶源把控、规模可持续增长、全国渠道建设意义重大。

2020年7月30日，新乳业发布公告称，公司于2020年5月5日召开第一届董事会第二十一次会议，审议通过《关于公司重大资产购买方案的议案》，并于2020年6月16日召开2019年年度股东大会，审议通过《关于公司重大资产购买方案的议案》，同意公司以现金支付的方式购买物美科技、永峰管理、上达投资合计持有的寰美乳业60%的股权，股权转让价款约为10.27亿元。截至2020年7月30日，新乳业已完成该次交易全部股权转让价款支付以及标的公司股权转让工商变更登记，新乳业合法持有寰美乳业60%股权。

四川菊乐乳业有限公司和甘肃前进乳业合作在张掖的5 000头奶牛养殖场开工建设，2021年3月奶牛入场投产。

（四川省畜牧总站，杨　嵩；四川省奶业协会，李自成）

贵州省

【奶类生产】2020年贵州全省奶类总产量5.8万t，与2019年同比降低8.6%；奶牛存栏1.15万头，与2019年同比下降17.3%。奶牛品种主要为荷斯坦牛，有少量娟姗牛，全省奶牛分布在贵阳市、遵义市、黔南布依族苗族自治州、黔东南苗族侗族自治州的清镇、开阳、息峰、修文、红花岗、都匀、独山、凯里等县（市、区）。其中，贵阳市奶牛存栏占全省87.9%以上。全省生鲜牛乳平均交售价格为4.2~5.1元/kg。

【乳制品加工】全省主要乳制品加工企业有6家，2020年乳企销售总额12.7亿元，利润1.3亿元。乳制品产量13万t，其中巴氏杀菌乳2.7万t。UHT奶5.4万t、酸奶2.3万t、含乳饮料1.6万t。与2019年同期相比，UHT奶下降，巴氏杀菌乳、酸奶、含乳饮料增加。本地乳企未生产配方奶粉。

【市场消费】2020年，全省城镇居民人均消费鲜奶7.04kg，主要品牌有山花、好一多、贵草、皇氏、伊利、蒙牛、澳优、新希望、欧亚、现代牧业、遵义、光明、来思儿等，同类产品价格相差不大。本省生产产品主要在省内和四川、云南、重庆等周边省份销售。据市场消费调查，收入水平、消费习惯、购买的便利性、营养知识、保健意识、质量和价格等因素是影响液态奶消费行为的主要因素，由于对乳制品不同的消费理念以及价格等因素，UHT奶在贵州占有较大市场消费比例。城镇居民人均液态奶消费量稳定，市场正处于成熟阶段，农村居民人均液态奶消费量随着生活水平的不断提高，市场处于成长阶段。消费者在超大仓储和超市购买液态奶的比例仍在不断上升，同时网购销售比例也在提高。

【奶源基地】据行业统计数据，2020年全省奶牛养殖场（户）共66个。其中，1~49头规模的养殖场（户）55个，存栏奶牛468头，占4.2%；50~99头规模的养殖场（户）1个，存栏奶牛75头，占0.68%；100~199头规模的养殖场（户）1个，存栏奶牛132头，占1.18%；200~499头规模的养殖场（户）3个，存栏奶牛973头，占8.7%；500~999头规模的养殖场（户）1个，存栏奶牛535头，占4.8%；1 000~1 999头规模的养殖场（户）4个，存栏奶牛6 075头，占54.5%；2 000~4 999头以上规模的养殖场1个，存栏奶牛2 890头，占25.92%；无5 000头及以上规模养殖场（户）。

全省奶牛养殖以规模养殖场（户）为主，挤奶方式为集中到挤奶平台机械化挤奶；大多采用全混合日粮（TMR）技术。

【奶农组织】全省有奶农合作社6个，其中贵阳市4个，主要组织周边农户种草，通过种养循环有效解决粪污消纳问题，并针对牧草种植与管理等进行培训；遵义市2个，拥有会员163户，采用“公司+奶农合作社+奶农”三级培训的方式，2020年培训奶农150余人次，市、县农业农村部门实地技术指导40余次。

【政策法规】为贯彻落实《国务院办公厅关于推进奶业振兴保障乳品质量安全的意见》(国办发〔2018〕43号)，根据《乳品质量安全监督管理条例》和《生鲜乳生产收购管理办法》，制定并印发了《2020年生鲜乳质量安全监督抽检方案》《2020年〈生乳〉国标指标监测方案》。

【质量监管】全省共有6个奶站，全部由乳制品生产企业开办，均已取得生鲜乳收购许可证，生鲜乳收购没有中间环节。质量安全监管方面，狠抓中央有关精神和农业农村部相关工作要求的贯彻落实，制定全省2020年生鲜乳质量安全监测工作计划，明确了生鲜乳及运输车辆监管组织工作、抽检数量及送样时间、监测对象和要求、监测方式、工作进度等内容，检测项目包括三聚氰胺、碱类物质和革皮水解物、β-内酰胺酶、黄曲霉毒素M_1、抗生素等，检测合格率100%。

【奶业大事】为满足遵义市城区构建200万人口的鲜奶需求和遵义市发展1.8万头奶牛基地的规划要求，遵义乳品公司奶牛养殖基地已由原来的红花岗区复兴村搬迁至遵义市播州区龙坪镇大兴村。贵州南方乳业有限公司采取异地建设奶源基地的办法，在甘肃张掖、陕西合阳创建了2个奶牛养殖基地，解决了本地奶源供应不足的问题。

（贵州省农业农村厅，梁显义、王　燕、唐　霞、张游宇、罗玉洁）

附表 1　贵州省奶畜养殖场（小区）名录

序号	名称	供奶企业	养殖场	小区	全群存栏（头）	成母畜存栏（头）	奶畜品种	成母畜单产（t/年）	年总产量（t）	是否参加DHI	是否应用TMR	是否国家学生饮用奶奶源基地	是否有机奶源基地	有机奶产量（t）	有机奶源认证机构	是否为布鲁氏菌病及结核病净化创建场或示范场
1	贵州南方乳业有限公司开阳龙岗基地	贵州南方乳业有限公司	√		3 290	1 619	荷斯坦	8.9	14 041		√			0		
2	清镇卫城规模化养殖场	贵阳中博农畜牧科技有限公司	√		1 950	1 200	荷斯坦	8.9	14 770		√			0		
3	贵州好一多乳业股份有限公司	贵州好一多乳业股份有限公司	√		4 162	3 300	荷斯坦	7.5	22 500	√	√			0		
4	独山草籽繁殖场	贵州南方乳业有限公司	√		383	125	荷斯坦	7.5	50		√			0		
5	海龙奶牛养殖户	遵义市乳制品有限公司		√	170	181	荷斯坦	6.0	1 179							
6	贵州高原乳业有限公司	贵州高原乳业有限公司	√		420	300	荷斯坦	6.0	1 200							
7	贵州独山牧草种植场	贵州牧草种籽繁殖场	√		425	266	荷斯坦、娟珊	6.0	1 596		√					
8	贵州独山牧草种植场	独山县上司镇打羊奶牛养殖小区		√	166	151	荷斯坦	3.7	545							
9	黔东南州永丰乳业有限公司	黔东南州永丰乳业有限公司		√	166	96	荷斯坦	5.4	518							√
10	贵州榕昕康乐生态有限公司	贵州榕昕康乐生态有限公司	√		380	160	荷斯坦	10.0	1 600		√					√
合计					11 512	7 398		7.0	57 999							

备注：本表所指奶畜包括奶山羊、奶绵羊、奶水牛、牦牛、骆驼、驴等产商品奶家畜。请在养殖场或小区列中选择打钩；如参加 DHI、为学生饮用奶奶源基地、认证为有机奶源基地等，请在相应表格中打钩。布鲁氏菌病及结核病净化示范场或创建场请标明疫病净化具体级别。

附表 2　贵州省主要乳制品生产企业名录

序号	名称	生产许可证号码	年收购原奶量（t）	平均支付价格（元/kg）	其中：自有奶源量（t）	年乳制品产量（t）	其中：巴氏杀菌乳（t）	UHT 奶（t）	酸奶（t）	奶粉（t）	婴幼儿配方奶粉（t）	奶油（t）	奶酪（t）	含乳饮料（t）	产品销售区域	年销售收入（万元）	利润（万元）	平均成本（元/kg）	是否为国家学生饮用奶认定企业	有机产品（枚）	有机认证机构	有机产品品类 1 及数量（枚）	有机产品品类 2 及数量（枚）	有机产品品类 3 及数量（枚）
1	贵州南方乳业有限公司	SC10552018110262	94 948	4.80	28 969	100 459	14 803	54 167	16 363	—	—	—	—	15 126	贵州省内及周边云南、广西、湖南、四川、重庆部分城市	103 665	8 628	6.70		1	中国质量认证中心	液态奶（1）	—	—
2	贵州好一多乳业股份有限公司	SC11052012300012	21 900		21 900	25 500	8 000	200	6 000	—	—	—	—	150	贵州	19 940	4 075	0.00	—	—	—	—	—	—
3	遵义市乳制品有限公司	SC10552030200010	2 335	5.10		2 305	1 964		137					204	遵义									
4	贵州高原乳业有限公司	SC10552270110231	1 200		1 200	1 120	770		350						贵州、广东	1 150	150	4.50						
5	贵州独山牧草种植场	SC10552272610074	2 141	4.90	1 596	1 695	1 473		115					107	贵州	2 020	239	8.50						
6	黔东南州永丰乳业有限公司	SC10552260111082	518	4.20	518	518	316	0	182	0	0	0	0	20	本州凯里市	336	−28	8.50		0	0	0	0	0
合计			123 042	4.75	54 183	131 597	27 326	54 367	23 147					15 607		127 111	13 064	6.35		1		1		

备注：自有奶源指来自自建和参建（控股、参股）牧场（小区）的原奶。有机产品数量单位为“枚”，指获得有机标志的数量。有机产品品类指液态奶、酸奶、奶粉、奶酪等大类。如认定为国家学生饮用奶企业，请在相应表格中打钩。

云南省

【奶畜养殖】2020年，云南省荷斯坦牛存栏12.15万头，能繁母牛6.06万头，奶产量51.81万t。云南省荷斯坦牛主要分布在昆明市、大理白族自治州和红河哈尼族彝族自治州。昆明市（嵩明县、宜良县、石林县、寻甸县、晋宁区、富民县和澄江县）奶牛存栏4.80万头（包括昆明雪兰牛奶公司在陆良县的2个奶牛养殖场），牛奶产量15.9万t，奶类产值7.67亿元，占畜牧业总产值的5.06%，比2019年增长21.0%。大理白族自治州（洱源县、大理市、弥渡县、祥云县、鹤庆县、剑川县、宾川县、巍山县）奶牛存栏6万头，牛奶产量30.74万t，牛奶产值12亿元，占牧业产值的4.8%。红河哈尼族彝族自治州（个旧市、弥勒市、泸西县、建水县）奶牛存栏1.23万头，牛奶产量4.51万t，牛奶总产值2.45亿元，占牧业产值的9.94%。文山壮族苗族自治州（文山市）奶牛存栏0.15万头，牛奶产量0.67万t，牛奶产值0.87亿元，占牧业产值的0.57%。

奶水牛0.83万头，主要分布在德宏傣族景颇族自治州（芒市、盈江县、陇川县）、保山市（腾冲市）、大理白族自治州（大理市、巍山县、鹤庆县），水牛奶产量1万t，水牛奶产值约1亿元。云南奶山羊存栏52.97万只，能繁母羊34万只，主要分布在昆明市（石林县、宜良县）、曲靖市（陆良县）、红河哈尼族彝族自治州（建水县、弥勒市、泸西县、个旧市、开远市、石屏县、蒙自市）、大理白族自治州（剑川县、鹤庆县）、玉溪市（华宁县、通海县）、文山壮族苗族自治州（砚山县），羊奶产量13.83万t，产值约10亿元。牦牛（犏牛）存栏6.17万头，能繁母牛2.40万头，奶产量2.16万t，产值约2亿元，主要分布在云南省迪庆藏族自治州。

云南省奶类总产量68.92万t，奶业总产值89.13亿元，其中奶牛养殖产值约36亿元，乳企销售产值为53.13亿元，奶业产值占全省牧业产值（2 315.41亿元）的3.8%。荷斯坦牛养殖规模化程度逐年提高，新建和扩建了16个规模化养殖场，除了标准化奶牛养殖场外，主要采用奶牛小区及合作社集中饲养、统一挤奶的模式，使奶业成为当地农民的主要收入来源之一。有机奶源持续增加，有机奶源牧场4个（云南新希望邓川蝶泉乳业有限公司、云南牛牛牧业股份有限公司、云南欧亚乳业有限公司和云南乍甸乳业有限责任公司），有机奶产量2.04万t。

云南奶业特色明显，具有荷斯坦牛、奶水牛、乳肉兼用型西门塔尔牛、牦牛和奶山羊多元化发展得较为完善的奶业生产、加工和销售体系。奶牛养殖总体趋势表现为稳中有升，其中荷斯坦牛、奶山羊在相关龙头企业带动下，养殖规模增长较快、生鲜乳质量大幅提高，而奶水牛、牦牛养殖稳中有降。云南奶业机遇与挑战并存，继续推进奶牛、奶山羊标准化规模养殖，同时发展适度规模的家庭牧场，提高养殖效益，积极探索适合本省的产业化发展模式。

【乳制品加工】云南省2020年有乳制品加工企业19家，其中昆明市11家（牛奶加工厂5个、山羊奶加工厂3个、鲜奶吧3个）、大理白族自治州3家、红河哈尼族彝族自治州2家、腾冲市1家（水牛奶加工）、德宏傣族景颇族自治州1家（鲜奶吧）、迪庆藏族自治州1家（牦牛奶加工）。乳制品加工能力约为120万t/年。乳制品总产量62.14万t，其中鲜奶4.48万t、UHT奶22.94万t、常温酸奶5.53万t、低温酸奶13.72万t、原料奶粉0.15万t、成人奶粉0.30万t、奶油92.33t、奶酪11t、含乳饮料12.52万t。全省乳制品加工产值达53.13亿元。

尽管受到全球性新冠肺炎疫情的影响，但由于乳制品营养丰富（特殊的免疫活性物质），云南乳制品加工业较2019年度稳中有升，乳制品加工呈现多样化，鲜奶（巴氏杀菌乳）、酸奶（包括常温酸奶）发展势头良好，升幅较大，而常温奶、含乳饮料市场有所下滑，说明消费者的营养健康意识不断提高。各乳企更加重视奶源基地建设，大力引进国外优秀荷斯坦牛，建设标准化奶牛养殖场。作为奶业发展的新模式，云南省鲜奶吧产业发展稳中有进，但需要加强监管，任重道远。

【市场消费】云南省2020年人均奶类占有量约为18.84kg，人均奶制品（折合成生奶）消费量18.1kg。云南省内市场主要的乳制品品牌有伊利、蒙牛、雪兰、欧亚、蝶泉、来思尔、乍甸、艾爱等。根据品牌、包装和产品质量，云南市场主要产品销售价格：巴氏杀菌乳（鲜奶）1.9~2.8元/100g，低温酸奶1.6~2.9元/100g，常温酸奶2.0~3.4元/100g，常温调制乳1.7~2.9元/100g，常温含乳饮料1.0~2.1元/100g，常温纯奶0.8~3.1元/100g，婴幼儿配方奶粉（1阶段）21.0~42.0元/100g，中老年奶粉6.8~14.7元/100g。

消费者偏爱酸奶，其次是巴氏杀菌乳，奶粉消费群体主要为婴幼儿和中老年人。巴氏杀菌乳（鲜奶）和酸奶发展势头良好，市场消费量逐年增加。乳制品遵循大众消费特点，尽量使其多样化，口味与营养俱佳。

【奶源基地】奶牛养殖场：全省100头以上奶牛养殖场（小区）79个，其中荷斯坦奶牛养殖场69个、奶水牛养殖场有6个，牦牛养殖场4个。规模养殖场奶牛存栏11.58万头，其中荷斯坦牛7.89万头。荷斯坦奶牛规模养殖比例达45.54%，比2019年提高19个百分点。1 001头及以上养殖场24个，501~1 000头21个，101~500头24个。云南省计划实施小牧场升级项目80个。奶水牛0.83万头，50~500头养殖场13个，500头以上2个。1 000只以上奶山羊养殖场3个，奶山羊1.40万只。云南省录入生鲜乳监督管理系统的奶站有192个，其中，乳企开办121个，占63%；奶畜养殖场开办37个，占19.3%；奶农专业合作社开办34个，占17.7%。机械挤奶：机械化挤奶站141个，机械化挤奶率达73.4%。生鲜乳准运：取得生鲜乳运输车准运证的有106辆，随车携带生鲜乳交接单。奶牛生产性能测定（DHI）：全省参测奶牛养殖场10个，其中昆明市2个、其他市（州）8个。平均每月测定样品数在7 519份以上，共检测样品90 231份，出具DHI管理报告120份，出具生鲜乳质量安全监测报告272份。种草：种植全株青贮玉米100万亩，收购青贮310万t。农区（除迪庆藏族自治州外）耕地种植饲草314.99万亩，产量319.81万t。其中，饲草地面积51.08万亩，产量59.27万t；农闲田241万亩，产量249.2万t；撂荒地22.91万亩，产量11.34万t。耕地主要种植青贮玉米、紫花苜蓿、一年生黑麦草（多花黑麦草）、毛苕子（非绿肥）、燕麦、菊苣等，菊苣平均产量为1 100kg/亩，紫花苜蓿平均产量为800kg/亩，一年生黑麦草（多花黑麦草）平均产量为1 200kg/亩，青贮玉米平均产量为3 500kg/亩。疫病防控：主要由市、县各级动物疫病预防控制中心、动物卫生监督所监督管理。预防为主、防治结合，强制免疫和疫情监测工作为重点，每年进行2次口蹄疫二联疫苗注射，确保100%的免疫密度。每年至少进行1次奶牛"两病"检疫及扑杀净化工作，并实施动物标识管理和跨境奶牛引种检疫审批、产地检疫、运输检疫监督等。2020年春秋两季全省牲畜口蹄疫免疫7 585.61万头（次）（春秋季两次累加，含猪、牛、羊），禽流感免疫2.94亿羽（次），小反刍兽疫免疫1 551万只（次），应免密度均达100%；全省畜禽重大动物疫病免疫密度常年保持在90%以上，实现应免尽免。全省完成监测样品103万份，免疫抗体合格率维持在70%以上。粪污处理主要有3种方式：一是沼气工程模式。在相关政府部门的引导和支持下，规模奶牛养殖场普遍采用沼气工程技术。二是有机肥或还田模式。奶牛粪便生产有机肥，用于种花或种植有机蔬菜，昆明市实施效果明显。奶牛粪便污水还田作肥料为传统而经济有效的处置方法，个体分散户养牛粪便污水处理均采用该法。三是自然处理模式。主要采用氧化塘、土地处理系统或人工湿地等自然处理系统对养殖场粪便污水进行处理。奶价与定价：荷斯坦牛牛奶收购价昆明片区平均奶价4.9元/kg，大理片区平均奶价4.2元/kg，红河哈尼族彝族自治州片区平均奶价4.6元/kg，全省平均收购价约4.43元/kg，生鲜水牛奶收购价为10元/kg；山羊奶收购价为6.5元/kg，较2019年度小幅上升。在《国家食品安全标准 生乳》（GB19301-2010）基础上，云南乳企生奶收购按质论价（根据乳脂率、乳蛋白率，细菌数、体细胞数、酸度等），乳制品质量大幅提高。养牛效益：中国荷斯坦牛养殖户年净收入3 000元/头，奶水牛年净收入约3 600元/头。

【奶农组织】奶业协会：云南省奶业协会、昆明市奶业协会、大理白族自治州奶业协会以及昆明市宜良县奶业协会等。宣传培训：云南省畜牧总站、云南省奶业协会、昆明市奶业协会、大理白族自治州奶业协会和个旧畜牧站等组织全省范围的"奶牛现代养殖技术"班，内容涵盖"奶牛冻精改良技术，饲养管理，优质牧草种植，秸秆青贮，奶牛产前、产中和产后全过程配套技术，生鲜乳质量安全监管技术"，共发放了《养牛实用技术》和《奶牛高效饲养新技术》等资料2 000余份。作为信息沟通、宣传介绍会员单位、传达有关奶业发展政策法规以及学术交流的重要窗口，云南省奶业协会将《奶业天地》会刊和网站的出版发行工作作为头等大事，分别于3月、6月、9月、12月按时出版并及时寄送到会员单位和相关部门，会刊质量得到了明显提高。2020年发布国内外奶业发展信息量增加，及时将国内外有关奶业发展信息上传至网站。

【政策法规】云南省政府出台《支持肉（奶）牛产业加快发展若干措施》。2020—2022年，对肉牛、奶牛养殖企业或农民专业合作社每年收储全株青贮玉米1 500t以上的，采取先储后补的方式，省财政按照60元/t给予奖补。云南省政府发布《云南省农业农村厅办公室关于开展2020年生鲜乳质量安全专项整治行动的通知》。昆明市奶业扶持政策：能繁奶牛保险政策、畜牧良种补贴政策、粮改饲试点项目补助政策、优质冻精改良补助政策，以及昆明市人民政府办公室出台了《昆明市支持肉（奶）牛产业加快发展若干措施》。

【质量监管】云南省农业农村厅下发了《云南省农业农村厅办公室关于开展2020年生鲜乳质量安全专项整治行动的通知》，一是要求县级自查和市（州）检查。奶业重点市（州）派出检查组到奶业重点县开展检查，县（市、区）进行全面自查，于2020年7月底前全面完成自查和检查工作。二是省级重点督查。省级由畜牧兽医处处长、副处长带队，组成2个督查组，于8月对昆明、大理、红河、曲靖等奶业重点市（州）开展情况进行重点督查。对收购许可证及运输证办理不规范、不及时，以及档案记录不全、环境卫生状况不佳、无随车携带交接单、收购合同不全等问题，督促相关县（市、区）限期整改。通过开展检查，整改生鲜乳收购站17个、取缔3个，整改生鲜乳运输车8辆、取缔1辆。截至2020年年底，全省出动执法人员840人次、检查奶站326站次、检查运输车145车次，抽检535批次。省、市、县安排监测资金100万元、抽检160批次，云南省兽药饲料检测所完成监测任务160批次，监测项目为三聚氰胺、碱类物质和黄曲霉毒素M_1，合格率为100%。按《农业农村部关于印发2020年饲料兽药生鲜乳质量安全监测计划的通知》（农牧发〔2020〕8号）和《农业农村部畜牧兽医局关于2020年鲜乳质量安全监管工作任务分工的通知》（农牧便函〔2020〕624号）要求，2020年，农业农村部委托第三方陕西秦云农产品检验检测股份有限公司（以下简称秦云公司），于2020年8—9月分2批次对全省生鲜乳样品例行监测，共完成生鲜乳样品监测305批次，《国家食品安全标准 生乳》监测40批次。2020年8月9—14日，由农业农村部蜂产品质量监督检验测试中心（北京）对全省生鲜乳质量安全监测进行抽样工作，共抽取生鲜乳样品70批次（其中生鲜乳质量安全飞行抽检 60 批次、奶畜散养户 10 批次），检测合格率 100%。2020 年，昆明市动物卫生监督所和昆明市奶业协会开展每月 1 次对全市奶牛养殖场（合作社）奶样抽检，项目为三聚氰胺、氯霉素、黄曲霉毒素 M_1，全年共抽检样品 1 587 批次，未检出不合格样品，说明昆明市生鲜乳质量安全状况良好。先后 40 余人次协助农业农村部生鲜乳检测中心、云南省饲料检测所对昆明市生鲜乳进行抽检，抽检覆盖全市的所有生鲜乳收购站和运输车辆，共抽检生鲜乳 185 批次。全年共组织了 1 期生鲜乳质量安全监管技术培训班，培训 130 余人次，培训对象包括奶牛养殖场技术负责人、技术人员，动物卫生监督所负责人和技术骨干，培训内容为奶牛养殖新技术和生鲜乳质量安全监管技术等。

【奶业大事】云南欧亚乳业有限责任公司、昆明雪兰牛奶有限责任公司再度入选云南省绿色食品 10 强企业，云南皇氏来思尔乳业有限公司、昆明龙腾生物有限公司进入绿色食品 20 强创新企业。

云南省奶业协会 7 家乳企捐赠价值人民币 760 多万元的牛奶 10.68 万件，助力疫情防控。

2020 年 3 月 28 日，新希望雪兰牛奶“巴氏鲜奶新标杆——24 小时优质乳，用鲜活重新定义牛奶价值”云发布会，在雪兰牛奶透明工厂举行。云南省奶业协会会长黄艾祥教授表示：“优质鲜奶本土造，让云南老百姓喝上充满活性物质的优质乳，是我们奶业人的梦想，在优质乳时代，雪兰牛奶开创了历史的先河。而今，新希望雪兰牛奶又在优质乳领域取得新的突破，这势必将推动着云南奶业向更好、更强发展。”

2020 年 12 月 2 日，昆明市奶业协会第六届理事会进行了换届选举。

云南省奶业协会会长、云南农业大学黄艾祥教授和云南农业大学毛华明教授主持完成的“高原特色奶酪、奶渣产品关键技术研发与产业化应用”项目获云南省科技进步二等奖。

（云南省奶业协会，黄艾祥、李　清）

昆 明 市

【奶畜养殖】昆明市规模奶牛养殖场荷斯坦牛存栏 2.99 万头，其中成母牛 1.68 万头，奶牛分布在嵩明县、宜良县、石林县、寻甸县、晋宁区、富民县。全市共有 29 个奶牛养殖场（其中合作社 17 个、标准化奶牛养殖场 12 个）。昆明市奶山羊存栏 17.88 万只，其中能繁母羊 12.61 万只，主要分布在石林县、宜良县。

昆明市荷斯坦牛牛奶产量 11.13 万 t，羊奶产量 4.66 万 t，奶类产值 7.67 亿元，占牧业产值的 5.06%；荷斯坦牛养殖规模化程度逐年提高，除了标准化奶牛养殖场外，主要采用奶牛小区及合作社集中饲养、统一挤奶的模式，昆明市已没有奶牛散养户。

石林建设了 1 个标准化奶牛养殖场（迪杰农业），规模为 3 000 头。

【乳制品加工】昆明市 2020 年有乳制品加工企业 11 家，其中牛奶加工厂 5 个、山羊奶加工厂 3 个、鲜奶吧 3 个。昆明市 2020 年乳制品总产量 26.53 万 t，其中巴氏杀菌乳 1.98 万 t、UHT 奶 7.86 万 t、酸奶 7.44 万 t、含乳饮料 9.09 万 t、奶粉 0.12 万 t。全市乳制品加工产值达 19.59 亿元。

昆明乳制品加工业较 2019 年基本持平，乳制品加工呈现多样化，低温奶发展势头良好，而常温奶、含乳饮料市场有所下滑，说明消费者的营养健康意识不断提高。昆明市鲜奶吧产业发展稳中有进，全市鲜奶吧数量达 3 个，年加工巴氏奶 1 560t。2020 年 1—12 月，昆明市利芙德的鲜奶吧年生产巴氏奶 300t，奶源全部为娟姗牛牛奶。

【市场消费】昆明市 2020 年人均奶类占有量约为 21.9kg，人均乳制品消费量约为 36.8kg。昆明市内市场主要的乳制品品牌有省外的蒙牛、伊利、光明等，以及省内的雪兰、欧亚、蝶泉、来思尔、乍甸等。

昆明消费者喜欢喝巴氏杀菌乳，其次是酸奶，奶粉消费群体主要为婴幼儿和中老年人。

【奶源基地】奶牛养殖场：全市 100 头以上规模奶牛养殖场 29 个，其中荷斯坦奶牛养殖场 28 个、娟姗牛养殖场 1 个；规模养殖场奶牛存栏 2.99 万头，奶产量 11.13 万 t；存栏 1 001 头及以上规模养殖场 10 个，501~1 000 头养殖场 9 个，101~500 头养殖场 10 个。昆明市录入生鲜乳监督管理系统的生鲜乳收购站有 35 个，其中，乳企开办 4 个，占 11.5%；奶畜养殖场开办 18 个，占 51.4%；奶农专业合作社开办 13 个，占 37.1%。机械挤奶：机械化挤奶站 35 个，机械化挤奶率达 100%。生鲜乳准运：取得生鲜乳运输车准运证的有 33 辆，随车携带生鲜乳交接单。TMR 应用：昆明市有 13 个荷斯坦（娟姗）奶牛场应用 TMR，占 41.2%。奶牛生产性能测定（DHI）：2020 年，全省参测奶牛养殖场 10 个，其中昆明市 2 个，其他市（州）8 个，平均每月测定样品数在 7 519 份以上，共检测样品 90 231 份。出具 DHI 管理报告 120 份，出具生鲜乳质量安全监测报告 272 份。疫病防控：主要由市、县各级动物疫病预防控制中心、动物卫生监督所监督管理。预防为主、防治结合，将强制免疫和疫情监测工作作为重点，每年进行 2 次口蹄疫二联疫苗注射，确保 100% 的免疫密度；每年至少进行 1 次奶牛“两病”检疫及扑杀净化工作，并实施动物标识管理和跨境奶牛引种检疫审批、产地检疫、运输检疫监督等。粪污处理方式主要有 3 种：一是沼气工程模式。在相关政府部门的引导和支持下，规模奶牛养殖场普遍采用沼气工程技术。二是有机肥或还田模式。奶牛粪便生产有机肥，用于种花或种植有机蔬菜，昆明市实施效果明显；奶牛粪便污水还田作肥料为传统而经济有效的处置方法，个体分散户养牛粪便污水处理均采用该法。

三是自然处理模式。主要采用氧化塘、土地处理系统或人工湿地等自然处理系统对养殖场粪便污水进行处理。奶价与定价：2020年荷斯坦牛牛奶收购价昆明片区约为4.9元/kg，奶价较2019年小幅上升；山羊奶收购价为6.5元/kg，与2019年基本持平。养牛效益：中国荷斯坦奶牛养殖户年净收入3 000元/头。

【奶农组织】昆明市宜良县、晋宁区由于禁养奶牛，两县区奶业协会已停止工作。昆明市奶业协会组织全市奶业从业人员参加省内外会议和技术培训10期256人次。

【政策法规】昆明市奶业扶持政策：能繁奶牛保险政策、畜牧良种补贴政策、粮改饲试点项目补助政策、优质冻精改良补助政策，以及昆明市人民政府办公室出台了《昆明市支持肉（奶）牛产业加快发展若干措施》。

【质量监管】生鲜乳质量安全监管责任落实，奶畜养殖场、生鲜乳收购站、运输车监管情况检查，生鲜乳质量安全监测与执法情况检查，开展服务、培训及宣传。

2020年，昆明市动物卫生监督所和昆明市奶业协会开展每月1次对全市奶牛养殖场（合作社）奶样抽检，项目为三聚氰胺、氯霉素、黄曲霉毒素M_1，全年共抽检样品1 587批次，未检出不合格样品，说明昆明市生鲜乳质量安全状况良好。先后40余人次协助农业农村部生鲜乳检测中心、云南省饲料检测所对昆明市生鲜乳进行抽检，抽检覆盖全市的所有生鲜乳收购站和运输车辆，共抽检生鲜乳185批次。全年共组织了1期生鲜乳质量安全监管技术培训班，培训130余人次，培训对象包括奶牛养殖场技术负责人、技术人员，动物卫生监督所负责人和技术骨干，培训内容为奶牛养殖新技术和生鲜乳质量安全监管技术等。

【奶业大事】2020年12月2日，昆明市奶业协会第六届理事会进行了换届选举。

（昆明市动物卫生监督所，周亚平）

附表 1　云南省奶畜养殖场（小区）名录

序号	名称	供奶企业	养殖场	小区	全群存栏（头）	成母畜存栏（头）	奶畜品种	成母畜单产（t/年）	年总产量（t）	是否有机奶源基地	有机奶产量（t）
1	石林新希望雪兰牧业有限公司（雪兰）	昆明雪兰牛奶有限责任公司	√		3 333	1 500	荷斯坦	10.22	15 330		
2	云南新希望雪兰牧业科技有限公司（雪兰）	昆明雪兰牛奶有限责任公司	√		3 889	1 750	荷斯坦	10.22	17 885		
3	陆良新希望雪兰奶牛养殖有限公司（雪兰）	昆明雪兰牛奶有限责任公司	√		4 222	1 900	荷斯坦	10.95	20 805		
4	嵩明会新奶牛养殖专业合作社（雪兰）	昆明雪兰牛奶有限责任公司		√	1 734	728	荷斯坦	5.84	4 252		
5	牧兴奶牛养殖合作社（昆明）	昆明雪兰牛奶有限责任公司		√	2 060	820	荷斯坦	5.11	3 100		
6	嵩明东达养殖合作社（嵩明）	昆明雪兰牛奶有限责任公司		√	1 250	670	荷斯坦	5.48	320		
7	龙鱼多牧场（欧亚）	云南欧亚乳业有限公司		√	600	430	荷斯坦	9.00	853		
8	嵩明犇腾奶牛养殖有限公司（雪兰）	昆明雪兰牛奶有限责任公司		√	459	193	荷斯坦	5.11	985		
9	金国牧场（欧亚）	云南欧亚乳业有限公司	√		1 100	700	荷斯坦	9.00	748		
10	明新奶牛养殖合作社（嵩明）	昆明雪兰牛奶有限责任公司	√		1 300	900	荷斯坦	3.67	2 100		
11	嵩明杨林大家利奶牛养殖场（雪兰）	昆明雪兰牛奶有限责任公司		√	179	75	荷斯坦	5.11	384		
12	兴瑞合奶牛养殖合作社（嵩明）	昆明雪兰牛奶有限责任公司		√	2 400	1 300	荷斯坦	5.84	2 700		
13	宜良县兴达奶牛养殖场（雪兰）	昆明雪兰牛奶有限责任公司	√		892	375	荷斯坦	6.21	2 324		
14	宜良兴达奶牛养殖场（昆明）	昆明雪兰牛奶有限责任公司	√		980	486	荷斯坦	6.50	1 800		
15	宜良县瓦窑奶牛养殖场（昆明）	昆明雪兰牛奶有限责任公司	√		352	283	荷斯坦	7.00	400		
16	宜良县胜利奶牛养殖专业合作社（昆明）	昆明雪兰牛奶有限责任公司		√	638	412	荷斯坦	7.20	1 260		
17	宜良县木希村奶牛养殖专业合作社（雪兰）	昆明雪兰牛奶有限责任公司		√	135	57	荷斯坦	5.48	310		
18	宜良县鑫磊奶牛养殖场（雪兰）	昆明雪兰牛奶有限责任公司	√		160	67	荷斯坦	5.48	369		
19	宜良县奶初源奶牛养殖专业合作社（昆明）	昆明雪兰牛奶有限责任公司		√	792	450	荷斯坦	6.20	1 497		
20	宜良九乡阿格里乳牧业有限公司（雪兰）	昆明雪兰牛奶有限责任公司		√	366	154	荷斯坦	6.57	1 018		
21	宜良锦秀奶牛养殖专业合作社（昆明）	昆明雪兰牛奶有限责任公司		√	256	173	荷斯坦	7.00	400		
22	宜良县华达奶牛养殖专业合作社（昆明）	昆明雪兰牛奶有限责任公司		√	785	330	荷斯坦	5.48	2 206		
23	宜良森琦奶牛养殖专业合作社（昆明）	昆明雪兰牛奶有限责任公司		√	266	136	荷斯坦	7.60	850		
24	晋宁尼摩合奶牛专业合作社（海牧）	云南伊利乳业有限责任公司	√		800	500	荷斯坦	9.30	4 650		
25	云南海牧牧业有限责任公司石林分公司（海牧）	云南伊利乳业有限责任公司	√		900	400	荷斯坦	10.30	4 100		
26	昆明守捷农业有限公司（昆明）	自产自销		√	92	70	娟珊	5.00	300		

（续）

序号	名称	供奶企业	养殖场	小区	全群存栏（头）	成母畜存栏（头）	奶畜品种	成母畜单产（t/年）	年总产量（t）	是否有机奶源基地	有机奶产量（t）
27	寻甸赛优牧业有限公司（昆明）	云南伊利乳液有限责任公司	√		920	466	荷斯坦	8.50	3 103		
28	寻甸稼竜畜牧养殖有限公司（昆明）	云南伊利乳业有限责任公司	√		1 060	527	荷斯坦	10.74	5 600		
29	博野种养殖有限公司（昆明）	云南伊利乳业有限责任公司		√	350	150	荷斯坦	3.97	596		
30	石林春草原农产品专业合作社	大理欧亚		√	515	318	荷斯坦	7.00	1 180		
31	石林新鹏牧业有限公司（昆明）	云南伊利乳业有限责任公司	√		1 375	772	荷斯坦	9.40	7 256		
32	宜良县玮鹏奶牛养殖专业合作社（昆明，新增）	昆明雪兰牛奶有限责任公司		√	486	360	荷斯坦	6.20	790		
33	云南伊盛奶牛养殖有限公司（昆明，新增）	云南伊利乳业有限责任公司	√		1 626	890	荷斯坦	21.60	19 224		
34	云南恒牧牧业有限公司（昆明，新增）	云南伊利乳业有限责任公司	√		917	487	荷斯坦	10.00	5 000		
35	会兴奶牛养殖合作社（昆明，新增）	昆明雪兰牛奶有限责任公司		√	2 450	1 300	荷斯坦	3.66	2 750		
36	云南迪杰农业科技有限公司（昆明，新增）	昆明雪兰牛奶有限责任公司	√		2 780	2 202	荷斯坦	8.40	1 800		
37	富民品原农业科技开发有限公司（昆明，新增）	自产自销		√	130	80	荷斯坦、娟姗	7.00	600		
38	澄江市众益奶牛养殖农民专业合作社（雪兰，新增）	昆明雪兰牛奶有限责任公司		√	1 169	491	荷斯坦	5.84	2 468		
39	寻甸营顺奶牛养殖有限公司（蝶泉，新增）	云南新希望邓川蝶泉乳业有限公司	√		709	336	荷斯坦	3.90	650		
40	通海县云江奶牛养殖场（普通合伙）（雪兰，新增）	昆明雪兰牛奶有限责任公司		√	7	3	荷斯坦	5.11	15		
41	现代牧业（宝鸡）有限公司（雪兰，新增）	昆明雪兰牛奶有限责任公司	√		3 111	1 400	荷斯坦	10.95	15 330		
42	通海县云江奶牛养殖有限公司（蝶泉乳业，新增）	云南新希望邓川蝶泉乳业有限公司	√		910	645	荷斯坦	3.60	1 200		
43	云南爱地业农业开发有限公司（蝶泉，新增）	云南新希望邓川蝶泉乳业有限公司	√		560	120	荷斯坦	3.70	720		
	昆明市合计（奶牛）				**47 956**	**24 783**		**6.96**	**159 227**		
44	石林小尖山乳制品养殖专业合作社	昆明龙腾生物乳业有限公司		√	5 650	4 000	萨能奶山羊	0.65	230		
45	石林志和养殖专业合作社	昆明龙腾生物乳业有限公司		√	7 290	5 460	萨能奶山羊	0.26	260		
	石林志和养殖专业合作社收购站（昆明）			√		2 000	萨能奶山羊和圭山山羊杂交二代	0.30	600		

（续）

序号	名称	供奶企业	养殖场	小区	全群存栏（头）	成母畜存栏（头）	奶畜品种	成母畜单产（t/年）	年总产量（t）	是否有机奶源基地	有机奶产量（t）
46	石林合胜奶山羊养殖专业合作社	昆明龙腾生物乳业有限公司		√	1 000	800	萨能奶山羊	1.00	300		
47	云南合胜奶山羊养殖专业合作社(昆明)			√		20 000	萨能奶山羊和圭山山羊杂交二代	0.40	800		
	昆明市合计（奶山羊）				**13 940**	**12 260**		**0.55**	**1 390**		
48	云南牛牛牧业股份有限公司（红河）	云南乍甸乳业有限责任公司	√		6 500	2 200	荷斯坦	10.00	16 000	√	10 000
49	云南乍甸乳业有限责任公司（红河）	云南乍甸乳业有限责任公司	√		925	420	荷斯坦	7.70	2 754	√	2 754
50	弥勒市佛亨牧业有限公司（红河）	云南乍甸乳业有限责任公司	√		260	50	荷斯坦	5.28	220		
51	红河佳合奶牛养殖有限公司（红河）	云南乍甸乳业有限责任公司	√		726	245	荷斯坦	5.25	2 930		
52	弥勒东风奶牛场（红河）	云南乍甸乳业有限责任公司	√		1 030	425	荷斯坦	5.64	5 421		
53	建水面甸镇梭罗奶牛养殖专业合作社（红河，新增）	云南乍甸乳业有限责任公司		√	246	187	荷斯坦	5.30	991		
54	云南元新乳业有限公司（红河，新增）	云南乍甸乳业有限责任公司	√		2 625	978	荷斯坦	5.76	10 336		
	红河哈尼族彝族自治州合计（荷斯坦牛、乳肉兼用牛）				**12 312**	**4 505**		**6.42**	**38 652**	√	**12 754**
55	大理云樱牧业有限公司（来思尔）	云南皇氏来思尔乳业有限公司	√		970	517	荷斯坦	10.78	3 936		
56	洱源县鑫农养殖专业合作社（蝶泉）	云南新希望邓川蝶泉乳业有限公司		√	151	111	荷斯坦	3.66	548		
57	西街机械化挤奶站（蝶泉）	云南新希望邓川蝶泉乳业有限公司		√	17	14	荷斯坦	3.66	85		
58	陈官机械化挤奶站（蝶泉）	云南新希望邓川蝶泉乳业有限公司		√	26	26	荷斯坦	3.60	127		
59	古诏机械化挤奶站（蝶泉）	云南新希望邓川蝶泉乳业有限公司		√	21	15	荷斯坦	3.60	114		
60	赶香营机械化挤奶站（蝶泉）	云南新希望邓川蝶泉乳业有限公司		√	90	59	荷斯坦	3.60	323		
61	云南新希望蝶泉牧业有限公司（蝶泉乳业）	云南新希望邓川蝶泉乳业有限公司	√		1 643	979	荷斯坦	9.52	8 564	√	1 061
62	荷斯坦牧场（欧亚）	云南欧亚乳业有限公司	√		800	550	荷斯坦	11.00	1 440		
63	鹤庆县现代农业庄园有限公司（欧亚）	云南欧亚乳业有限公司	√		4 027	2 839	荷斯坦、娟姗	12.00	30 104	√	6 608
64	祥云和泰牧业有限公司（欧亚）	云南欧亚乳业有限公司	√		1 600	1297	荷斯坦、娟姗	11.00	10 472		
65	弥渡县金润良种奶牛场（欧亚）	云南欧亚乳业有限公司	√		422	266	荷斯坦	9.00	1 017		
66	神野牧场（欧亚）	云南欧亚乳业有限公司	√		505	355	荷斯坦	9.00	1 529		

（续）

序号	名称	供奶企业	养殖场	小区	全群存栏（头）	成母畜存栏（头）	奶畜品种	成母畜单产（t/年）	年总产量（t）	是否有机奶源基地	有机奶产量（t）
67	硕庆牧场（欧亚）	云南欧亚乳业有限公司	√		207	100	荷斯坦	9.00	594		
68	益新牧场（欧亚）	云南欧亚乳业有限公司	√		235	136	荷斯坦	9.50	840		
69	明新牧场（欧亚）	云南欧亚乳业有限公司	√		1 300	810	荷斯坦	9.00	3501		
70	兴泰牧场（欧亚）	云南欧亚乳业有限公司	√		540	358	荷斯坦	8.00	873		
71	云南大理云端牧业有限公司（来思尔，新增）	云南皇氏来思尔乳业有限公司	√		1 639		荷斯坦				
72	海富牧场（欧亚，新增）	云南欧亚乳业有限公司	√		450	325	荷斯坦	11.00	1 001		
73	聚鑫牧场（欧亚，新增）	云南欧亚乳业有限公司	√		620	420	荷斯坦	10.50	1 468		
74	鹤庆泽牧场（欧亚，新增）	云南欧亚乳业有限公司	√		430	290	荷斯坦	9.50	684		
75	远源牧场（欧亚，新增）	云南欧亚乳业有限公司	√		480	360	荷斯坦	10.20	480		
76	本源牧场（欧亚，新增）	云南欧亚乳业有限公司	√		430	325	荷斯坦	9.00	570		
77	华利牧场（欧亚，新增）	云南欧亚乳业有限公司	√		260	160	荷斯坦	8.50	198		
78	辉宝牧场（欧亚，新增）	云南欧亚乳业有限公司	√		220	135	荷斯坦	8.50	130		
79	白塔山牧场（欧亚，新增）	云南欧亚乳业有限公司	√		410	235	荷斯坦	9.10	653		
	大理白族自治州合计（荷斯坦牛）				**17 493**	**10 682**		**8.43**	**69 249**		**7 669**
80	腾冲市巴福乐槟榔江水牛良种繁育有限公司（腾冲）	腾冲市巴福乐槟榔江水牛良种繁育有限公司	√		616	345	奶水牛	1.80	280.6		
81	腾冲市中和约园奶水牛养殖专业合作社（腾冲）	腾冲市爱艾摩拉牛乳业有限责任公司		√	62	41	奶水牛	2.00	40		
82	云南腾冲龙川江农业发展有限公司（腾冲）	腾冲市巴福乐槟榔江水牛良种繁育有限公司		√	252	164	奶水牛	1.60	75		
83	腾冲市界头镇吉成家庭农场（腾冲）	腾冲市巴福乐槟榔江水牛良种繁育有限公司		√	150	77	奶水牛	2.10	100		
84	腾冲腾超农业开发有限责任公司（腾冲）	腾冲市巴福乐槟榔江水牛良种繁育有限公司		√	137	89	奶水牛	2.00	72		
85	腾冲市界头镇龙有枝奶水牛养殖场（腾冲，新增）	腾冲市巴福乐槟榔江水牛良种繁育有限公司		√	55	35	奶水牛	2.00	30		
86	腾冲市众惠槟榔江水牛养殖专业合作社（腾冲，新增）	腾冲市巴福乐槟榔江水牛良种繁育有限公司		√	160	84	奶水牛	1.80	110		
87	腾冲聂家湾奶水牛养殖专业合作社（腾冲，新增）	腾冲市爱艾摩拉牛乳业有限责任公司		√	86	47	奶水牛	2.00	50		

（续）

序号	名称	供奶企业	养殖场	小区	全群存栏（头）	成母畜存栏（头）	奶畜品种	成母畜单产（t/年）	年总产量（t）	是否有机奶源基地	有机奶产量（t）
88	腾冲县越林水牛养殖专业合作社（腾冲，新增）	腾冲市爱艾摩拉牛乳业有限责任公司		√	20	10	奶水牛	2.00	10		
89	腾冲市固东镇恒发养殖场（腾冲，新增）	腾冲市爱艾摩拉牛乳业有限责任公司		√	51	22	奶水牛	1.80	16		
90	腾冲市滇滩镇加兰水牛养殖场（腾冲，新增）	腾冲市爱艾摩拉牛乳业有限责任公司		√	25	17	奶水牛	1.80	12		
91	槟榔江水牛（腾冲，新增）	腾冲市巴福乐槟榔江水牛良种繁育有限公司	√		1 013	526	奶水牛	2.00	950		
	腾冲市合计（奶水牛）				**2 627**	**1 457**		**1.35**	**1 746**		
92	芒市勐戛镇赵苍达奶水牛养殖场（德宏）	芒市禾牛科技有限责任公司，部分自销	√		31	14	奶水牛	1.96	39		
93	芒市勐戛镇芒丙奶水牛养殖专业合作社（德宏）	自行销售		√	13	15	奶水牛	1.96	39		
94	德宏民诚养殖专业合作社（德宏）	芒市禾牛科技有限责任公司		√	62	22	奶水牛	0.84	19		
95	张建国（德宏）	芒市禾牛科技有限责任公司，部分自销		√	23	8	奶水牛	1.62	13		
96	朱贵周养殖场（德宏）	芒市禾牛科技有限责任公司，部分自销		√	16	8	奶水牛	1.45	12		
97	盈江弄璋文明奶水牛养殖小区（德宏）	自行销售		√	68	42	奶水牛	1.50	42		
98	盈江旧城宏发奶水牛养殖小区（德宏）	自行销售		√	75	56	奶水牛	1.52	18（部分挤奶）		
99	陇川县张老大奶水牛养殖场（德宏）	陇川县羊城饼屋		√	20	16	奶水牛	1.55	27		
100	陇川县许有增奶水牛养殖场（德宏）	陇川县羊城饼屋		√	18	13	奶水牛	1.60	14		
101	陇川县张定建奶水牛养殖场（德宏）	陇川县羊城饼屋		√	8	5	奶水牛	1.34	5		
102	陇川县叶超留奶水牛养殖场（德宏）	陇川县羊城饼屋		√	20	10	奶水牛	1.40	8		
103	陇川县聂大行奶水牛养殖场（德宏）	陇川县羊城饼屋		√	20	11	奶水牛	0.00	0（未挤奶）		
104	陇川县董有强奶水牛养殖场（德宏）	陇川县羊城饼屋		√	11	5	奶水牛	0.00	0（未挤奶）		
105	陇川县韩永传奶水牛养殖场（德宏）	陇川县羊城饼屋		√	13	8	奶水牛	0.00	0（未挤奶）		
106	陇川县陈昌寿奶水牛养殖场（德宏）	陇川县羊城饼屋		√	23	14	奶水牛	0.00	0（未挤奶）		
107	陇川县陈德金奶水牛养殖场（德宏）	陇川县羊城饼屋		√	19	8	奶水牛	0.00	0（未挤奶）		
	德宏傣族景颇族自治州合计（奶水牛）				**440**	**255**		**1.05**	**235**		
108	德宏民诚养殖专业合作社（德宏）	用于本社牛场替换水牛奶饲喂犊牛		√	26	4	弗莱维赫杂交	2.30	9		
109	盈江县牧丰养殖场（德宏）	自行销售		√	20	18	荷斯坦	2.79	50		

（续）

序号	名称	供奶企业	养殖场	小区	全群存栏（头）	成母畜存栏（头）	奶畜品种	成母畜单产（t/年）	年总产量（t）	是否有机奶源基地	有机奶产量（t）
	德宏州合计（荷斯坦牛、西门塔尔杂交牛）				46	22		2.55	59		
	德宏傣族景颇族自治州合计（荷斯坦牛、西门塔尔杂交牛、奶水牛）				486	277		1.80	294		
110	旺 扎（新增）	农拉央培合作社		√	19 600	2 000	牦牛、牦犏牛	0.36	720		
111	张志坚（新增）	农户		√	13 000	960	牦牛、牦犏牛	0.36	346		
112	农 缅（新增）	红坡集体农民合作社		√	600	146	牦牛、牦犏牛	0.36	53		
113	斯南劳丁（新增）	养殖农民专业合作社		√	570	132	牦牛、牦犏牛	0.36	48		
	香格里拉合计（牦牛、牦犏牛）				33 770	3 238		0.36	1 167		
	云南省合计（荷斯坦牛、西门塔尔杂交牛）				78 860	39 992		4.94	267 187		20 423
	云南省合计（奶水牛）				3 067	1 712		1.20	990		
	云南省合计（奶山羊）				13 940	12 260		0.55	1 390		
	云南省合计（牦牛、牦犏牛）				33 770	3 238		0.36	1 167		
	合计								270 734		

备注：本表所指奶畜包括奶山羊、奶绵羊、奶水牛、牦牛、骆驼、驴等产商品奶家畜。请在养殖场或小区列中选择打钩；如认证为有机奶源基地等，请在相应表格中打钩。

附表2　云南省主要乳制品生产企业名录

序号	名称	生产地点	生产许可证号码	年收购原奶量（t）	其中：自有奶源量（t）	平均支付价格（元/kg）	日处理生鲜乳能力（t）	年乳制品产量（t）	其中：低温鲜奶（t）	UHT奶（t）	常温酸奶（t）	低温酸奶（t）	原料奶粉（t）	婴幼儿配方奶粉（t）	成人奶粉（t）	奶油（t）	奶酪（t）	含乳饮料（t）	冰品（t）	年销售收入（万元）	利润（万元）	有机产品（枚）
1	昆明雪兰牛奶有限责任公司	云南昆明	SC10553011110668	98 170	54 750	4.79	500	120 173	18 546	53 377	1 112	38 241						8 896		111 736	6 645	43 002
2	昆明市海子乳业有限公司		SC10553011113025																			
3	七彩云乳业有限公司		SC10553012115057																			
4	云南伊利乳业有限责任公司（昆明）	云南昆明	SC10653012706593	68 497	0	5.00	400	142 181	0	25 248	34 897	0						82 036	0	79 300	4 265	
5	昆明石林青龙矿泉饮料有限公司（山羊奶）（昆明）	石林县鹿阜街道办路美邑村委会路美邑村	91530126622692582F	53	0	6.50	4	7	0	0	0	0	0	0	0	0				35	2.23	
6	昆明圣宴食品有限公司（山羊奶）（昆明）	石林县石林街道办台创园	91530126563167410F	80	0	6.50	5	0	4	0	2	0	0	0						180	36	
7	春和牧野鲜奶餐吧（昆明，鲜奶吧）	昆明市经开区	JY25301000001866（食品经营许可证）	540		6.30	20	540	395			145								1 050	20	
8	富民品原农业科技开发有限公司（昆明，鲜奶吧）	富民	中央厨房检验5301000001962	720	720	9.00	10	720	620	0	0	100	0	0	0	0	0	0	0	1 200	120	
9	昆明守捷农业有限公司（昆明，鲜奶吧，新增）	寻甸县鸡街镇四哨村	JY25301290039545（食品经营许可证）	300	300		10	300	250			50								900	200	
10	云南庞俊商贸有限公司（昆明，鲜奶吧，新增）	昆明市大板桥街道办事处板桥社区工业园	JY15301010041947（食品经营许可证）	15	0	6.50	1.5	12	12	0	0	0	0	0	0	0	0	0	110	10	0	
	昆明市合计（牛奶）			**177 837**	**55 770**	**6.32**	**950**	**263 933**	**19 826**	**78 625**	**36 012**	**38 536**	**0**	**0**	**0**	**0**	**0**	**90 932**	**110**	**194 410**	**11 288**	**43 002**
11	昆明龙腾生物乳业有限公司（龙腾）	宝峰园区	SC10553012207005	9 461	0	6.50	200	1 516					342		1 174					9 982	460	
	昆明市合计（羊奶）			**9 461**	**0**	**6.50**	**200.00**	**1 516**					**342**		**1 174**					**9 982**	**460**	
12	云南乍甸乳业有限责任公司（红河）	个旧市鸡街镇乍甸	SC10553250136769	37 661	2 754	4.33	300	46 456	14 150	14 421		12 155						3 244		45 553	3 296	51 016
13	红河云牧乳业有限公司（红河）	弥勒市小石山工业园食品加工园	SC10653252651003	1 200	1 200	4.20	260	11 400	0	540	0	710	920	0				8 400		11 058	718	
	红河哈尼族彝族自治州合计（牛奶）			**38 861**	**3 954**	**4.27**	**560**	**57 856**	**14 150**	**14 961**	**0**	**12 865**	**920**	**0**	**0**	**0**	**0**	**11 644**	**0**	**56 611**	**4 014**	**51 016**
14	云南欧亚乳业有限公司（欧亚）	云南省大理白族自治州大理经济技术开发区	SC10553290113000	117 368	40 576	4.15	1 000	179 965	6 756	60 948	13 607	36 891						61 763	0	150 000	8 012	800

（续）

序号	名称	生产地点	生产许可证号码	年收购原奶量(t)	其中：自有奶源量(t)	平均支付价格(元/kg)	日处理生鲜乳能力(t)	年乳制品产量(t)	其中：低温鲜奶(t)	UHT奶(t)	常温酸奶(t)	低温酸奶(t)	原料奶粉(t)	婴幼儿配方奶粉(t)	成人奶粉(t)	奶油(t)	奶酪(t)	含乳饮料(t)	冰品(t)	年销售收入(万元)	利润(万元)	有机产品(枚)
15	云南皇氏来思尔乳业有限公司（来思尔）	大理市大理镇	SC10553290101054	58 040	3 823.52	4.17	480	98 280	3 754	40 044	4 447	39 982					1	10 052		74 824	4 607	
16	云南新希望邓川蝶泉乳业有限公司（蝶泉）	云南省大理白族自治州洱源县邓川镇新州街88号	SC10553293016421	38 643	8 563.75	4.61	600	40 450	0	28 364	1 139	8 875	232	0	1 748	92	0	12 408	0	47 117	1 372	756 540
	大理市合计			214 050	52 963.27	4.31	2 080	318 695	10 510	129 356	19 192	85 748	232	0	1 748	92	1	84 224	0	271 941	13 991	757 340
17	腾冲市艾爱摩卡牛乳业有限责任公司（腾冲）	腾冲市	SC10553052213032	656	280.6	17.80	31	432	273	0	20	0	0	0	0	0	10	130	0	997	153	
	腾冲市合计			656	280.6	17.80	31	432	273	0	20	0	0	0	0	0	10	130	0	997	153	
	芒市禾牛科技有限责任公司鲜奶吧（德宏）	芒市勐焕街道风情街1号	JY25331030047591（食品经营许可证）	35	13	10.00	0.5		32			2						1	1	63	6	
	德宏傣族景颇族自治州合计			35	13	10.00	0.5	0	32	0	0	2	0	0	0	0	0	1	1	63	6	
18	香格里拉圣达牦牛乳业有限公司（新增）	云南省迪庆藏族自治州香格里拉市工业园区箐口特色产业片区	SC10553340100017	5 000	—	11.00	100	1 000	—	—	—	—	—	—	1 000	—	—	—	—	800	800	—
	香格里拉市合计			5 000	—	11.00	100	1 000														
	云南省合计（牛奶）			430 748	112 687	4.96	3 590	640 484	44 486	222 942	55 204	137 149	1 152	0	1 748	92	1	186 800	110	522 962	29 293	851 358
	云南省合计（羊奶）			9 461	0	6.50	200	1 516	0	0	0	0	342	0	1 174	0	0	0	0	9 982	460	
	云南省合计（水牛奶）			691	294	13.90	32	432	305	0	20	2	0	0	0	0	10	131	1	1 060	159	
	云南省合计（牦牛奶）			5 000		11.00																
	合计			440 900	112 981	9.09	3 822	642 432	44 791	222 942	55 224	137 151	1 494	0	2 922	92	11	18 6931	111	534 004	29 912	851 358

备注：本表包括在中国及海外的生产企业。日处理生鲜乳能力指设计加工生鲜乳能力。自有奶源指来自自检和参建（控股、参股）牧场（小区）的原奶。成人奶粉指除婴幼儿配方奶粉以外的学生奶粉、孕妇奶粉、中老年奶粉等终端消费奶粉。冰品包括冰激凌、雪糕等。有机产品数量单位为“枚”，指获得有机标志的数量。

附表 3　昆明市奶畜养殖场（小区）名录

序号	名称	供奶企业	全群存栏（头）	成母畜存栏（头）	奶畜品种	成母畜单产（t/年）	年总产量（t）	是否有机奶源基地	有机奶产量（t）
1	宜良锦秀奶牛养殖专业合作社	昆明雪兰牛奶有限责任公司	256	173	荷斯坦	7.00	400		
2	宜良县瓦窑奶牛养殖场	昆明雪兰牛奶有限责任公司	352	283	荷斯坦	6.00	510		
3	宜良县奶初源奶牛养殖专业合作社	昆明雪兰牛奶有限责任公司	792	450	荷斯坦	6.20	1 497		
4	宜良森琦奶牛养殖专业合作社	昆明雪兰牛奶有限责任公司	266	136	荷斯坦	7.60	850		
5	宜良九乡阿格里乳牧业有限公司	昆明雪兰牛奶有限责任公司	336	216	何斯坦	6.00	1 460		
6	宜良县玮鹏奶牛养殖专业合作社	昆明雪兰牛奶有限责任公司	486	360	何斯坦	6.20	790		
7	宜良兴达奶牛养殖场	昆明雪兰牛奶有限责任公司	980	486	何斯坦	6.50	1 800		
8	宜良县胜利奶牛养殖专业合作社	昆明雪兰牛奶有限责任公司	638	412	荷斯坦	7.20	1 260		
9	寻甸赛优牧业有限公司	云南伊利乳液有限责任公司	920	466	荷斯坦	8.50	3 103		
10	昆明守捷农业有限公司	自产自销	92	70	娟姗	5.00	300		
11	寻甸稼竜畜牧养殖有限公司	云南伊利乳业有限责任公司	1 060	527	荷斯坦	10.74	5 600		
12	云南伊盛奶牛养殖有限公司	云南伊利乳业有限责任公司	1 626	890	荷斯坦	21.60	19 224		
13	云南恒牧牧业有限公司	云南伊利乳业有限责任公司	917	487	荷斯坦	10.00	5 000		
14	晋宁尼摩合奶牛专业合作社	云南伊利乳业有限责任公司	714	466	荷斯坦	10.11	4 712		
15	龙渔多养殖合作社	雪兰	480	302	荷斯坦	3.66	545		
16	明新奶牛养殖合作社	雪兰	1 300	900	荷斯坦	3.67	2 100		
17	金国奶牛养殖场	雪兰	980	260	荷斯坦	3.36	1 140		
18	兴瑞合奶牛养殖合作社	雪兰	2 400	1 300	荷斯坦	3.36	2 700		
19	牧兴奶牛养殖合作社	雪兰	2 060	820	荷斯坦	3.97	3 100		
20	博野种养殖有限公司	伊利	350	150	荷斯坦	3.97	596		
21	东达养殖合作社	雪兰	1 250	670	荷斯坦	3.05	320		
22	犇腾奶牛养殖有限公司	雪兰	370	255	荷斯坦	3.66	750		
23	会兴奶牛养殖合作社	雪兰	2 450	1 300	荷斯坦	3.66	2 750		
24	石林新希望雪兰牧业有限公司	昆明雪兰牛奶有限责任公司	3 333	1 500	荷斯坦	10.22	15 330		
25	石林新鹏牧业有限公司	伊利	1 375	772	荷斯坦	9.40	7 256		
26	云南海牧牧业有限公司石林分公司	伊利	696	552	荷斯坦	11.03	6 088		
27	云南迪杰农业科技有限公司	雪兰	2 780	2 202	荷斯坦	8.40	1 800		
28	石林春草原农产品专业合作社	大理欧亚	515	318	荷斯坦	7.00	1 180		
29	富民品原农业科技开发有限公司	自产自销	130	80	荷斯坦 娟姗	7.00	600		

（续）

序号	名称	供奶企业	全群存栏（头）	成母畜存栏（头）	奶畜品种	成母畜单产（t/年）	年总产量（t）	是否有机奶源基地	有机奶产量（t）
合计			29 904	16 803		7.04	92 760		
30	云南合胜奶山羊养殖专业合作社	石林县鹿阜街道办路美邑村委会四家村	20 000	10 000	圭山山羊、萨能二元杂	0.40	800		
31	石林志和养殖专业合作社收购站	石林县西街口镇威黑村委会威黑村	4 000	2 000	圭山山羊、萨能二元杂	0.30	600		

备注：本表所指奶畜包括奶山羊、奶绵羊、奶水牛、牦牛、骆驼、驴等产商品奶家畜。如认证为有机奶源基地等，请在相应表格中打钩。

附表 4　昆明市主要乳制品生产企业名录

序号	名称	生产地点	生产许可证号码	年收购原奶量（t）	其中：自有奶源量（t）	平均支付价格（元/kg）	日处理生鲜乳能力(t)	年乳制品产量（t）	其中：低温鲜奶（t）	UHT 奶（t）	常温酸奶（t）	低温酸奶（t）	原料奶粉（t）	婴幼儿配方奶粉(t)	成人奶粉（t）	奶油（t）	奶酪（t）	含乳饮料（t）	冰品（t）	年销售收入（万元）	利润（万元）	有机产品（枚）
1	云南伊利乳业有限责任公司	云南昆明	SC10653012706593	68 497	0	5.00	400	142 181	0	25 248	34 897	0	0	0	0	0	0	82 036	0	71 091	4 265	0
2	昆明雪兰牛奶有限责任公司	云南昆明	SC10553011110668	98 170	54 750	4.79	500	120 173	18 546	53377	1 112	38 241						8 896		111 736	6 645	2
3	昆明市海子乳业有限公司		SC10553011113025																			
4	七彩云乳业有限公司		SC10553012115057																			
5	昆明守捷农业有限公司	寻甸县鸡街镇四哨村	JY25301290039545	300	300		10	300	250			50								900	200	
6	富民品原农业科技开发有限公司	富民县赤就镇东核村委会望海山	JY25301000001962	600	600		10	600	600											1 000	100	
7	春和牧野鲜奶餐吧	昆明市经开区	JY25301000001866（食品经营许可证）	540		6.30	20	540	395	—	—	145	—	—	—	—	—	—	—	1 050	20	—
8	云南庞俊商贸有限公司	昆明市大板桥街道办事处板桥社区工业园	JY15301010041947	15	0	6.50	2	12	12	0	0	3	0	0	0	0	0	0	0	110	10	0
	合计			168 122	55 650		942	263 806	19 803	78 625	36 009	38 439	0	0	0	0	0	90 932	0	185 887	11 240	2
9	龙腾乳业（山羊奶）	晋宁区宝峰镇宝峰食品工业园区	SC10553012207005	9 461	0	6.50	200	1 516					342		1 174					9 982	460	
10	昆明石林青龙矿泉饮料有限公司（山羊奶）	石林县鹿阜街道办路美邑村委会路美邑村	91530126622692582F	53	0	6.50	4	7	0	0	0	0	0	0	0	0	0	0	0	35	2	
11	昆明圣宴食品有限公司(山羊奶)	石林县石林街道办台创园	91530126563167410F	80	0	6.50	5	0	4	0	2	0	0	0	0	0	0	0	0	180	36	
	合计			9 594	5 773		209	1 523	4	0	2	0	342	0	1 174	0	0	0	0	10 197	498	

备注：本表包括在中国及海外的生产企业。日处理生鲜乳能力指设计加工生鲜乳能力。自有奶源指来自自建和参建（控股、参股）牧场（小区）的原奶。成人奶粉指除婴幼儿配方奶粉以外的学生奶粉、孕妇奶粉、中老年奶粉等终端消费奶粉。冰品包括冰激凌、雪糕等。有机产品数量单位为“枚”，指获得有机标志的数量。

西藏自治区

【奶类生产】2020年，西藏存栏母牛约349.69万头，产奶牛约179.78万头。其中，引进奶牛0.91万头、改良奶牛21.87万头（荷斯坦、娟姗）、本地产奶黄牛约26万头、产奶犏牛约11万头、产奶牦牛约120万头。主要分布在拉萨、山南、林芝、日喀则、昌都、那曲等地区，占牛总数的52%。全区奶产量64.73万t，同比增长17%。其中，牛奶产量60.22万t，羊奶产量4.51万t。

【乳制品加工】截至2020年，自治区有一定规模的乳制品加工企业已发展到22家，乳制品种类包括巴氏杀菌乳、UHT奶、酸奶等30余个品种，日处理340t鲜奶，规模以上企业产值达近10亿元。奶制品加工龙头企业，重点收购农区、半农半牧区黄牛奶源，牧区如那曲、当雄、墨竹工卡等为发展特色牦牛奶加工产品，通过建立生态牧场、牦牛养殖合作社，生产酥油、奶酪（拉拉）等特色产品，协同牧区旅游业发展迅速。

【市场消费】2020年自治区常住人口为364.81万人（其中城镇人中130.34万人、乡村人口234.47万人），自治区外流入人口40.71万人，每年旅游约4 000万人次。据统计，自治区城镇居民人均年消费奶类20.3kg，乡村居民人均年消费奶类8.2kg；城镇人口年消费鲜奶2.64万t，乡村人口年消费鲜奶1.92万t；流动人口年消费液态奶0.28万t，旅游人口年消费液态奶0.8万t。自治区年各类奶制品折算为鲜奶的消费总量为79.49万t，年自给率达81.49%。

【饲草料生产】截至2020年，在拉萨、日喀则等7个地级市的21个县（区）开展玉米、苜蓿等人工种植饲草料15万亩。各地市通过指导复种，进一步拓宽饲草来源，落实资金1 500万元。

【政策法规】西藏自治区在2019年印发的《西藏自治区人民政府办公厅关于推进肉牛和奶业高质量发展意见》的基础上，为深入贯彻落实习近平总书记关于乡村振兴的重要论述，贯彻落实中共中央、国务院关于“三农”工作的决策部署，加快实施肉奶倍增行动，促进西藏自治区奶业高质量发展，自治区产业建设领导小组印发了《西藏自治区牛产业发展的实施意见》，其中对奶业发展进一步明确发展目标，优化产业布局，健全育繁推体系，提升饲草料供给水平，开展标准化规模养殖，加强养殖废弃物资源化利用，狠抓疫病防控。将拉萨市城关区、拉萨市达孜区、白朗县、隆子县、贡嘎县、林芝市巴宜区打造成为奶牛养殖主产区。积极发展昌都市奶牛养殖。2020年自治区成立高原生物产业专项推进组，积极协调政策落实，推进奶业高质量发展。

2020年，根据自治区政府的指示精神，西藏自治区农牧厅研究制定了《西藏自治区生鲜乳生产经营管理规程》和《西藏自治区标准化奶牛养殖场建设技术指南》，加强了行政对生鲜乳生产环节的监管。

2020年，中央财政通过农业转移支付形式安排农业生产发展资金6 850万元。其中，支持中小型奶牛养殖场改造升级项目20个，国家补贴2 000万元；支持苜蓿种植6.5万亩，国家补贴4 850万元。自治区财政资金支持奶牛良种补贴2 400万元。

（西藏自治区农牧厅畜牧水产处，边　珍）

陕 西 省

【奶畜养殖】2020 年，陕西省奶牛存栏 27.6 万头，较 2019 年增长 0.5%；奶山羊存栏 246.8 万只，较 2019 年增长 4%。奶类产量 175.4 万 t，较 2019 年增长 2.9%，其中牛奶产量 108.7 万 t，较 2019 年增长 0.8%。

陕西省奶牛主要分布在关中地区 5 市 1 区（即西安市、宝鸡市、咸阳市、铜川市、渭南市和杨凌示范区），奶牛存栏和牛奶产量分别占陕西省的 92.2% 和 91.8%。

陕西省奶山羊全部饲养在关中地区。

【乳制品加工】2020 年，陕西省生产乳制品 112.2 万 t，同比降低 6.6%，实现主营业务收入约 150 亿元。奶粉产量居全国第二位、液态奶产量居全国第七位。

【市场消费】2020 年，全省人均奶类占有量 44.4kg，较 2019 年增加 0.5kg。

【奶源基地】行业统计数字显示，陕西省存栏奶牛 100 头以上的养殖场有 311 个，与 2019 年持平。

DHI 测定。2020 年度陕西省奶牛 DHI 测定中心接受送检牛场 26 个，参测奶牛 2.98 万头，测定样品 116 530 头份，制作 DHI 测定报告 286 批份。2020 年度参测场奶牛 305 天产奶量平均达到 9 373.5kg，平均乳脂率为 4.07%，乳蛋白率为 3.41%，乳糖为 5.16%，总固型物为 12.71%，平均体细胞数为 20.51 万个 /mL，乳制品质量与 2019 年相比有所提升。在有条件的奶山羊养殖场试点开展奶山羊 DHI 测定，共测定 2 102 只奶山羊。

饲草种植。2020 年国家高产优质苜蓿示范建设项目投资 2 100 万元，在陕西省新种植 3.5 万亩高产优质苜蓿。中央投资 13 141 万元，在西安市临潼区、阎良区、眉县、陇县、千阳县、岐山县、凤翔县、泾阳县、三原县、乾县、武功县、蒲城县、合阳县、白水县、富平县、大荔县、子长县、延安市安塞区、神木市 、榆林市榆阳区、定边县、杨陵示范区 22 个县（市、区）和铜川市及省农垦集团实施粮改饲项目，种植青贮玉米 73 万亩，全株青贮 219 万 t。

养殖效益。全省牛奶平均价格约为 3.85 元 /kg，较 2019 年上涨 1.3%，12 月均价最高，为 4.23 元 /kg；5 月均价最低，为 3.47 元 /kg。按成母牛计算，每年奶牛养殖户亏损约为 170 元 / 头，规模养殖场每年盈利约为 2 181 元 / 头（收益仅包含销售生鲜乳，不包含生物资产和产羔等收益）。

全省羊奶平均价格约为 5.13 元 /kg，较 2019 年下降 11.09%，12 月均价最高，为 6.03 元 /kg；6 月均价最低，为 4.78 元 /kg。从 2020 年奶山羊生产监测点收益情况看，散户每只成母羊养殖利润平均约为 830.7 元，规模养殖场亏损约 344 元（养殖收入包括生鲜乳销售、公羔销售及淘汰羊销售，养殖成本包括饲料费、雇工费、防疫治疗费、水电燃料费）。

【政策法规】陕西始终把新型生产经营主体培育作为奶业振兴的关键，坚持内强、外引并举，通过土地出让、贷款贴息、财政奖补等政策，扶持乳制品加工企业做大做强。2020 年 4 月，省政府与伊利集团签署战略合作框架协议，双方将加强资金、技术、人才等方面合作，推进奶源、乳制品加工及配套产业协调发展。2020 年 6 月，中垦乳业 6 万头奶牛基地破土动工，年底 1 500 头奶牛已进场。2020 年 7 月，千阳县与正大集团签约奶山羊全产业链示范项目战略合作协议，总投资 11 亿元，建设良种羊繁育场、乳制品加工厂和有机肥生产加工厂，实现全产业链一体化，9 月已全面开工建设。伊利集团在延安市洛川县建设的万头奶源基地项目也于 2020 年 11 月动工。

2020 年陕西奶山羊产业克服新冠肺炎疫情影响，围绕产业既定目标，加大投资力度，省财政安排 0.6 亿元资金继续支持奶山羊产业发展；陕西关中奶山羊产业集群获农业农村部和财政部批复，中央财政安排 1 亿元资金，集中打造陇县、富平县、乾县、西安市阎良区、蒲城县、泾阳县、千阳县 7 个产业集群县，全面提升奶山羊全产业链水平。

【质量监管】陕西省有生鲜乳收购站 323 个，其中牛奶收购站 132 个，羊奶收购站 182 个，牛羊奶兼收的 9 个，较 2019 年减少 45 个。按主体分，乳企开办的 94 个，养殖场开办的 107 个，合作社开办的 122 个，分别占奶站总数的 29%、33%、38%。婴幼儿配方奶粉奶源基地奶站 57 个，其中羊奶收购站 51 个，占奶源基地奶站总数的 89.5%。全省核发准运证的生鲜乳运输车 260 辆。

2020 年省级完成生鲜乳监测任务共计 400 批次，其中牛乳样品 200 批次，羊乳样品 200 批次。收购环节样品 263 批次，运输环节 137 批次。婴幼儿配方奶粉奶源质量安全监测任务 100 批次。检测指标主要有三聚氰胺、革皮水解物、β- 内酰胺酶等违禁添加物，检测结果合格率 100%。

（陕西省农业农村厅畜牧兽医局，王鹏飞）

甘肃省

【奶畜养殖】据统计，2020年甘肃省奶牛存栏31.3万头，同比增长2.0%。其中，荷斯坦牛存栏20.18万头，成母牛9.95万头。年产鲜奶57.5万t，同比增长30.4%。年产有机奶36 780t。随着全国畜牧养殖梯次向西部转移，武威市凉州区优然牧业新建1.2万头现代化奶牛养殖示范牧场、古浪县6万头奶牛产业发展园区等奶业优势特色产业集群在河西落地，甘肃奶畜养殖逐步形成了4个优势产区，分别是以张掖市甘州区、临泽县、民乐县、高台县、武威市凉州区、古浪县、金昌市金川区、永昌县、嘉峪关市、酒泉市肃州区10个县（市、区）养殖荷斯坦牛为主的河西走廊优质奶业优势区；以榆中县、兰州市红古区、临夏县、临洮县、白银市白银区、景泰县、靖远县和宁县8个县（区）养殖荷斯坦牛为主的中东部种养循环奶业优势区；以夏河县、合作市、卓尼县、玛曲县、碌曲县、天祝县、肃南县7个县（市）养殖牦牛和犏雌牛为主的高原牧区牦牛奶业优势区；以永昌县、合水县和环县养殖奶山（绵）羊为主的特色奶业优势产区。奶业产值32亿元，加工产值46亿元，优势区农牧民人均奶产业收入320元。大型规模养殖场使用自动饲喂车、自动饮水槽、转盘式挤奶机等自动化设备，建立了先进的数字化管理监控系统，实现了奶牛饲养、牛奶生产、粪污处理等生产全程机械化、数字化和自动化。奶牛养殖集约化、规模化水平快速提升，奶牛整体生产能力和标准化程度稳步提高。张掖市甘州区前进牧业拥有15个标准化牧场，共计存栏奶牛3.6万头，日产鲜奶550t，与成都菊乐乳业、贵阳三联乳业、重庆天友乳业、福建长富乳业、深圳晨光乳业等18家乳企建立了长期原奶供应合作关系，原奶主要运往省外加工。

【乳制品加工】2020年，全省取得生产许可证的乳制品加工企业47家，正常运营的企业43家，产品主要为本地巴氏杀菌乳、UHT奶、奶粉、酸奶和干酪素，产量为38.34万t，其中液体乳产量为36.49万t，奶粉和干酪素产量为1.85万t。乳企日处理生鲜乳能力达到3 000t以上，但大多未满负荷生产。庄园、三元、燎原、华羚、雪顿等乳制品加工企业积极推动奶业科技创新，在奶牛养殖、地方乳制品加工和质量检测等方面，不断加大科技投入，提高先进工艺、先进技术和智能装备应用水平，加强乳制品产品研发，提升精深加工能力，积极培育打造乳制品品牌。以羊奶加工为主的庆阳伟赫、永昌元生、百跃羊乳（合水）古象有限公司等进一步完善奶业全产业链，开发特色系列羊乳制品，丰富了奶产品品种，带动了甘肃奶业健康可持续发展。2019年6月开工建设的武威伊利绿色生产及智能制造示范应用项目，计划总投资21亿元，一期投资11.2亿元，建成6条利乐钻安慕希生产线、2条高速标准装生产线、2条高速苗条装生产线，形成603t液态奶日生产能力。项目于2020年11月24日投入试生产。全部建成达产后，液态奶日生产能力为1 888t，奶源辐射范围将覆盖金昌、酒泉等河西地区。

【市场消费】全省年人均奶类占有量约为22.5kg。当地市场主要销售的乳制品品牌有蒙牛、伊利、庄园、燎原、雪顿、华羚、雪莲等。产品主要有UHT奶、发酵乳、巴氏杀菌乳、含乳饮料、奶粉、干酪素等，常温利乐砖系列和利乐枕系列、低温酸奶系列。利乐枕白奶零售单价1.07万元/t，利乐砖白奶1.7万元/t，利乐钻常温酸奶1.87万元/t，低温高端酸奶2.5万元/t，低温基础杯1.04万元/t。主要在甘肃、青海、陕西等区域销售，雪顿牦牛奶系列产品还销往西藏、四川等藏区，甘肃2家伊利乳企产品还销往云南、贵州、广州等地，其他企业产品除有少量的电商渠道销往省外以外，大多数都以本地消化为主。华羚干酪素出口东南亚国家。甘肃省牛奶消费市场呈现出消费量逐步攀升、消费种类增加和本地乳制品认可度趋升的特点。在甘肃低温奶市场，庄园牧场巴氏杀菌乳产销量占全省总量的23.24%，市场区域优势明显。

【奶源基地】建成存栏100头以上奶牛规模养殖场86个，占荷斯坦牛存栏的77.8%，全混合日粮（TMR）技术应用在大中型奶牛养殖场已普及。2020年，甘肃省高起点、高标准奶源基地建设进入快速发展阶段，全省奶牛养殖场新建、扩建14个。其中，甘肃德联牧业1万头奶牛养殖基地一期项目已顺利建成投产，引进荷斯坦牛3 000头；甘肃蜀汉牧业万头奶牛养殖场开工建设；古浪县先后引进9家客商投资建设奶牛园区，规划建设存栏6万头奶牛养殖园区，2020年已引进荷斯坦牛8 100头；总投资5.32亿元的优然牧业凉州区1.2万头现代化奶牛养殖示范牧场项目，已引进奶牛4 800头；永昌县新希望万头奶牛养殖场建设项目，计划投资2.7亿元，2020年已投资2.2亿元，引进荷斯坦奶牛2 800头；甘肃瑞嘉牧业投资5亿元的金川区万头奶牛养殖循环产业园项目，存栏奶牛3 980头；永昌元生农牧公司投资1.01亿元的奶绵羊产业示范园项目，现已存栏奶绵羊1万余只等。

【政策法规】政策支持方面，2020年安排中央资金1 000万元用于33个奶牛养殖合作社（家庭牧场）改造升级；省级财政安排奶业补助资金1 150万元，对全省11个奶牛养殖场和14家生鲜乳收购加工企业进行补助，帮助企业减轻新冠肺炎疫情带来的冲击和影响。2020年安排项目中央资金6 000万元，在全省13个市（州）38个县（区）和兰州新区、省农垦总公司种植高产优质苜蓿15万 hm^2；安排粮改饲项目资金16 600万元，带动全省粮改饲种植面积达到300万 hm^2。通过组织实施高产优质苜蓿、粮改饲、秸秆饲料化利用等项目，助推饲草产业开发，夯实饲草基础。2020年甘肃省市场牛奶年均收购价格为4.5元/kg，羊奶年均收购价格为6.5元/kg，牦牛奶年均收购价格为14元/kg。

DHI测定。全省开展奶牛DHI测定的实验室有2家。中国农业科学院兰州畜牧与兽药研究所奶牛DHI测定实验室于2019年12月17日通过农业农村部专家组现场评审，2020年承担农业农村部2 000头奶牛DHI项目的测定任务，每月及时为本省3个牧场和西藏区域的4个规模化牧场提供1次DHI报告及牧场服务工作，参测泌乳奶牛达5 276头，数据合格率达到84.48%；甘肃农垦天牧乳业有限责任公司DHI测定实验室于2019年12月18日通过农业农村部专家组现场评审，2020年每月按时对该公司牛群开展1次DHI测定工作，全年累计测定59 693头次，其中连续测定6次以上的5 049头，及时完成向中国奶牛数据中心报送数据54 329条，有效数据44 929条，数据合格率达到92.6%。

【质量监管】加强源头管控，严格奶牛养殖环节饲料、兽药等投入品的使用和监管。全省乳企质量安全第一责任得到严格落实，初步建立健全了养殖、加工、流通等全过程乳制品质量安全追溯体系，积极开展生鲜乳质量安全监督检查，加强生鲜乳收购站和运输车的监管，严厉打击非法收购生鲜乳行为以及各类违法添加行为。制定印发了《甘肃省2020年饲料饲草兽药生鲜乳质量安全监测工作方案》（甘牧医〔2020〕31号）和《甘肃省畜牧兽医局关于开展2020年生鲜乳质量安全专项整治行动的通知》（甘牧医函〔2020〕108号），对全省生鲜乳质量安全监测工作进行了全面安排部署。据统计，2020年全省共有80个生鲜乳收购站，其中20个奶站为乳企所有，49个奶站为奶牛养殖场所有，8个为奶农合作组织所有，3个为其他所有；全部实现集中式机械挤奶。共有生鲜乳运输车189辆，其中生鲜乳收购站自有99辆，乳制品企业自有13辆，租用67辆，其他10辆。全年检查奶站290站次，检查运输车252辆次，出动执法人员841人次。对线上线下信息不一致、未及时换证的15个生鲜乳收购站和3辆生鲜乳运输车督促整改，对1个奶站和3辆运输车进行了注销。

【奶业大事】2020年8月17日，由国家奶业科技创新联盟、甘肃省乳品协会、甘肃省奶业协会主办，兰州庄园牧场股份有限公司承办的“首届中国高原牧场鲜奶峰会”在甘肃兰州举行。乳制品行业专家、乳企代表等齐聚兰州，共同讨论高原牧场鲜奶的优势，进一步促进高原牧场鲜奶事业的发展。会上，庄园牧场还正式启动了优质乳工程项目，同时推出了两款符合优质乳标准的新产品。

2020年12月12日，甘肃省委副书记、代省长任振鹤在兰州会见了伊利集团董事长潘刚一行。

2020年12月13日，在甘肃省委副书记孙伟等领导与伊利集团董事长潘刚的共同见证下，甘肃最大的智能乳业制造项目——武威伊利绿色生产及智能制造示范应用项目正式投产。该项目的投产将有力推动甘肃奶业振兴，巩固脱贫攻坚成果，开启一条助力当地经济高质量发展的乳业新丝路。

2020年12月25日，甘肃农垦集团通过全资子公司甘肃省农垦资产经营有限公司认购庄园牧场非公开发行的3 793.17万股股份，占公司总股本的比例为16.23%。本次股份转让事项实施完毕后，甘肃农垦集团合计持有庄园牧场的股份为6 882.64万股，占公司总股本的比例为29.45%。甘肃农垦集团将成为庄园牧场的控股股东，甘肃省人民政府国有资产监督管理委员会将成为庄园牧场的最终实际控制人。

（甘肃省畜牧兽医局畜牧处，唐　煜）

附表1　甘肃省奶畜养殖场（小区）名录

序号	名称	供奶企业	全群存栏（头）	成母畜存栏（头）	奶畜品种	成母畜单产（t/年）	年总产量（t）	是否有机奶源基地	有机奶产量（t）
1	甘肃祁牧乳业有限公司	兰州伊利乳业有限责任公司	6 010	3 050	荷斯坦	13.18	31 720		
2	酒泉晟航农民养殖专业合作社	零售	130	38	荷斯坦	9.00	348		
3	酒泉天丰养殖农民专业合作社	酒泉市乐为尔乳业	172	70	荷斯坦	8.40	598		
4	玉门油田分公司综合服务处养殖中心	华油乳品厂	380	150	荷斯坦	9.13	1 144		
5	敦煌市双元乳业生态奶牛养殖基地	敦煌市双元乳业有限公司	150	65	荷斯坦	7.50	409		
6	青海油田四方生活服务公司牛奶加工厂奶牛场	敦煌市青海油田生活服务公司	175	90	荷斯坦	4.80	366		
7	甘肃前进牧业科技有限责任公司	陕西蒙牛、深圳晨光	9 126	4 920	荷斯坦	11.40	45 750		
8	甘肃德瑞牧业有限公司	四川菊乐	4 455	2 521	荷斯坦	11.40	21 185	√	21 185
9	甘肃德联牧业有限公司	贵州三联	4 795	2 772	荷斯坦	11.40	25 925		
10	张掖市甘州区绿洲奶牛繁育农民专业合作社	陕西蒙牛	2 398	1 001	荷斯坦	11.40	12 200		
11	张掖市甘州区前进奶牛专业合作社	青海乳制品厂	711	495	荷斯坦	11.40	4 575		
12	张掖市下寨奶牛养殖农民专业合作社	新疆天润乳业	2 695	880	荷斯坦	8.54	7 674		
13	甘肃三元黑河农牧科技有限责任公司	三元乳业、陕西蒙牛	3 178	1 348	荷斯坦	9.52	12 859		
14	张掖市五泉奶牛养殖农民专业合作社	新疆天润乳业	2 451	1 170	荷斯坦	9.20	9 357		
15	张掖市蓼泉奶牛养殖农民专业合作社	四川菊乐乳业	2 671	1 646	荷斯坦	11.68	11 877		
16	张掖市新华草畜科技有限 责任公司	成都光明乳业	2 120	1 365	荷斯坦	11.36	11 550		
17	甘肃瑞谐良种奶牛繁育有限责任公司	兰州伊利、临泽雪莲	2 737	1 630	荷斯坦	12.60	12 810		
18	张掖市东联草畜科技有限责任公司鲜奶收购站（前进牧业）	四川菊乐、贵阳三联、重庆天友、深圳晨光	1 744	1 000	荷斯坦	12.05	10 065		
19	甘肃华瑞农业股份有限公司	光明乳业、新希望、陕西蒙牛、四川雪宝、新疆瑞源	6 580	2 632	荷斯坦、娟姗	8.75	24 400	√	13 600
20	民乐县晨旭养殖专业合作社	自售	120	60	荷斯坦	6.00	458		
21	永昌新希望农牧业有限公司	四川新希望	2 824	0	荷斯坦	0.00	0		
22	甘肃农垦天牧乳业有限公司	兰州伊利、兰州雪顿、庄园乳业	16 454	12 361	荷斯坦	11.00	57 950		
23	金昌居佳生态农业有限公司	居佳乳业、兰州伊利	1 636	1 212	荷斯坦	9.55	7 015		
24	甘肃瑞嘉牧业有限公司	兰州庄园牧场股份有限公司	5 200	2 991	荷斯坦	10.50	18 910		
25	武威瑞达牧场有限公司	兰州庄园牧场股份有限公司	2 720	1 442	荷斯坦	9.76	13 725		
26	武威市优然牧业有限公司	武威伊利	4 855	0	荷斯坦	0.00	0		
27	武威荣华新型农业股份有限公司	兰州伊利	16 400	5 428	荷斯坦	9.62	50 935		

（续）

序号	名称	供奶企业	全群存栏（头）	成母畜存栏（头）	奶畜品种	成母畜单产（t/年）	年总产量（t）	是否有机奶源基地	有机奶产量（t）
28	武威市凉州区恒丰源种羊农民专业合作社	凉州区城区	212	80	荷斯坦	7.00	610		
29	武威金宇浩睿农牧业股份有限公司	武威伊利	5 500	0	荷斯坦	0.00	0		
30	甘肃育新顺牧业有限公司	武威伊利	840	0	荷斯坦	0.00	0		
31	甘肃峰伟宝农牧有限公司	武威伊利	900	0	荷斯坦	0.00	0		
32	武威伊云鑫农牧有限公司	武威伊利	790	0	荷斯坦	0.00	0		
33	庆阳陇牛养殖农民专业合作社	庆阳陇牛乳业公司	684	485	荷斯坦	10.20	4 947	√	4 947
34	环县昊乐养殖有限公司	伊利乳品有限公司	2 241	800	荷斯坦	8.70	7 107		
35	甘肃陇牛康源牧业有限公司	庆阳陇牛乳业公司	2 200	650	荷斯坦	8.00	5 490		
36	庄浪县康源奶牛养殖有限责任公司	县内自销	210	90	荷斯坦	4.90	549		
37	鑫盛源奶牛养殖有限责任公司	县内自销	358	126	荷斯坦	5.00	845		
38	甘肃省天辰牧业有限公司	兰州伊利生物科技有限公司	1 005	553	荷斯坦	9.67	4 270		
39	通渭县库邦畜牧养殖有限责任公司	兰州伊利生物科技有限公司	980	420	荷斯坦	10.00	3 965		
40	通渭亨丰乳业有限责任公司	兰州庄园乳业有限责任公司	220	70	荷斯坦	9.00	458		
41	陇西县天力元乳业有限责任公司	自加工及鲜奶销售	158	99	荷斯坦	4.60	378		
42	陇西县罗记乳业有限公司	自加工及鲜奶销售	171	108	荷斯坦	4.36	479		
43	临洮县华加牧业科技有限责任公司	兰州伊利生物科技有限公司	360	150	荷斯坦	5.56	833		
44	临洮县和谐牧业科技有限责任公司	青海	280	97	荷斯坦	7.52	729		
45	甘肃安贝源乳业有限公司	宝鸡蒙牛、兰州伊利	4 380	1 917	荷斯坦	9.10	12 505		
46	甘肃临夏丰源奶牛养殖有限公司	临夏州燎原乳业有限公司、甘南州燎原乳业股份公司	2 687	1 076	荷斯坦	11.68	10 706		
47	临夏州盛源奶牛养殖有限公司	临夏州燎原乳业有限公司、甘南州燎原乳业股份公司	3 681	1 678	荷斯坦	11.59	15 860		
48	临夏县瑞园牧场有限公司	兰州庄园乳业有限责任公司	2 560	1 360	荷斯坦	10.41	11 895		
49	和政县金箭综合养殖有限公司	零售	160	120	荷斯坦	3.00	153		
50	榆中万豫奶牛养殖场	零售	101	40	荷斯坦	6.00	198		
51	榆中旭源奶牛养殖场	零售	100	45	荷斯坦	7.00	229		
52	榆中绿康奶牛奶养殖场	零售	315	80	荷斯坦	8.80	598		
53	榆中昌源奶牛养殖场	零售	116	48	荷斯坦	9.00	305		
54	榆中生宏奶牛养殖场	零售	106	40	荷斯坦	7.00	214		
55	榆中德利奶牛繁育场	零售	150	40	荷斯坦	9.00	366		

（续）

序号	名称	供奶企业	全群存栏（头）	成母畜存栏（头）	奶畜品种	成母畜单产（t/年）	年总产量（t）	是否有机奶源基地	有机奶产量（t）
56	兰州志存养殖有限公司	零售	134	65	荷斯坦	8.50	397		
57	榆中县金崖奶牛场	青海省民和县	305	134	荷斯坦	8.70	915		
58	榆中冯湾红霞养殖场	兰州零售	205	80	荷斯坦	8.00	549		
59	榆中瑞丰牧场有限公司	兰州庄园	693	247	荷斯坦	9.00	1 507		
60	榆中县艺汇源奶牛养殖有限公司	零售	102	40	荷斯坦	6.00	229		
61	甘肃华清农牧科技有限公司	兰州伊利生物科技有限公司	1 493	500	荷斯坦	9.00	4 423		
62	兰州牧工商有限责任公司甘肃荷斯坦牛繁育示范中心	兰州伊利生物科技有限公司	6 020	2 700	荷斯坦	10.27	24 400		
63	兰州史飞龙奶牛养殖农民专业合作社	兰州天方乳业	252	130	荷斯坦	7.20	641		
64	兰州市红古区新名汇良种奶牛养殖农民专业合作社	零售	137	96	荷斯坦	7.50	458		
65	兰州鸿霖养殖场	零售	120	75	荷斯坦	7.50	458		
66	甘肃巨源达生物科技有限公司	零售	185	103	荷斯坦	7.20	550		
67	源生奶牛养殖专业合作社	自销	412	256	荷斯坦	4.75	1 220		
68	兰州瑞兴牧业有限公司	兰州庄园牧场	1 804	1 208	荷斯坦	5.87	8 845		
69	永登县良林养殖场	青海乳制品厂	115	73	荷斯坦	3.80	610		
70	兰州金和奶牛养殖农民专业合作社	甘肃天方、临洮	278	180	荷斯坦	8.60	1 312		
71	靖远新希望牧业有限公司	四川新西华乳业有限公司	1 764	1 223	荷斯坦	6.50	7 656		
72	甘肃陇蓄园农业发展有限责任公司	蒙牛乳业（宝鸡）有限公司	796	324	荷斯坦	5.00	2 196		
73	白银鑫昊工贸有限公司四龙奶牛养殖示范园	兰州伊利生物科技有限公司	2 980	970	荷斯坦	7.50	8 845		
74	白银天博养殖有限公司	兰州伊利生物科技有限公司	1 800	860	荷斯坦	7.80	6 100		
75	白银馨凯养殖有限公司	兰州伊利生物科技有限公司	417	160	荷斯坦	7.00	1 098		
76	曾海涛奶牛养殖场	零售	116	84	荷斯坦	6.80	336		
77	甘肃鑫河实业集团有限公司	兰州伊利生物科技有限公司	740	350	荷斯坦	9.77	2 898		
78	甘肃润沣牧业发展有限公司	陕西蒙牛	610	336	荷斯坦	5.46	1 556		
79	甘肃三鼎乳业有限责任公司	兰州伊利生物科技有限公司	497	240	荷斯坦	10.05	2 044		
80	白银市首百源乳业有限公司	陕西蒙牛	1 588	1 200	荷斯坦	10.95	5 490		
81	景泰县团结牧业	青海兄弟酸奶	195	150	荷斯坦	10.77	610		
82	甘肃亿金源农牧发展有限公司	兰州伊利生物科技有限公司	262	88	荷斯坦	9.00	885		
83	会宁县亿源养殖有限公司奶站	兰州伊利生物科技有限公司	1 130	520	荷斯坦	9.00	5 246		

（续）

序号	名称	供奶企业	全群存栏（头）	成母畜存栏（头）	奶畜品种	成母畜单产（t/年）	年总产量（t）	是否有机奶源基地	有机奶产量（t）
84	兰州新区四兄弟奶牛繁育有限公司	兰州伊利生物科技有限公司	425	279	荷斯坦	8.32	2 135		
85	甘肃三合农业发展有限公司	自售	150	120	荷斯坦	6.00	1 525		
86	武都白龙乳业公司	自售	140	85	荷斯坦	5.00	214		

备注：如认证为有机奶源基地，请在相应表格中打钩。

附表2　甘肃省主要乳制品生产企业名录

序号	生产者名称	生产地点	生产许可证编号	年收购原奶量（t）	其中自有奶源量（t）	平均支付价格（元/kg）	日处理新鲜乳能力(t)	年乳制品产量（t）	其中：巴氏杀菌乳	UHT奶(t)	常温酸奶(t)	低温酸奶(t)	原料奶粉(t)	婴幼儿配方奶粉(t)	成人奶粉(t)	奶油(t)	奶酪(t)	含乳饮料(t)	冰品(t)	其他乳制品（干酪素、乳糖）(t)	羊奶粉(t)	驴奶粉(t)	驼奶粉(t)	销售收入（万元）	利润总额（万元）	“三品一标”认证情况(枚)	产品主要销售区域
1	兰州雪顿生物乳业有限公司	兰州市七里河区彭家坪路16号	SC10562010300259	19 818	0	4.50	120	21 180	398	15 002		5 565						215						21 396	503	绿色1	甘肃、青海、西藏、四川等
2	甘肃天方食品有限责任公司	甘肃省兰州市七里河区彭家坪路24-1号	SC10562010300656	2 000	0	4.50	20	2 520	720			1 500						300						1 350	0		
3	兰州伊利乳业有限责任公司	甘肃省兰州市红古区花庄镇工农路17-24号	SC10562011100015	175 091	0	4.50	732	164 926	400	137 859	26 667													114 738	7 870		甘肃、青海、陕西、云南、贵州、广西
4	兰州庄园牧场股份有限公司	甘肃省兰州市榆中县三角城乡三角城村	SC10562012300296	57 629	36 537	4.60	600	60 829	5 851	47 140		7 427	286					125						52 449	800	绿色1	甘肃、青海、陕西、电商
5	白银鑫昊生物科技有限公司	甘肃省白银市白银区银西产业园食品园区	SC10562040200355	18 250	18 250	4.50	500	3 750	1 647	890		1 200						13						218	–1 317		白银区、电商
6	甘肃祁牧乳业有限责任公司	甘肃省嘉峪关市市辖区嘉东工业园区	SC10562020000024	12 075	12 076	4.50	100	12 075	3 019	6 037		2 415						604						10 609			
7	酒泉市好牛乳业食品有限公司	甘肃省酒泉市肃州区酒火路6KM处（高新技术开发区）	SC10562090200396	3 000	0	4.50	60	3 600		3 600														2 048			
8	酒泉市乐为尔乳业有限责任公司	甘肃省酒泉市肃州区果园工业园区	SC10562090200474	3 500	0	4.60	120	3 920	1 000	1 825		1 095												3 620	220		
9	玉门油田农牧业有限责任公司	甘肃省酒泉市玉门市老市区三台炼油路	SC10562098100124	1 900	1 900	4.50	20	1 900	1 500			400												1 100	120		玉门、酒泉、嘉峪关
10	甘肃普罗生物科技有限公司老市区分公司	甘肃省酒泉市玉门市老市区钻井北路2号	SC10562098100253	1 000	0	4.50	10	1 000												1 000				16 000	150		长三角
11	甘肃普罗生物科技有限公司	甘肃省酒泉市玉门市下西号乡	SC10562098100108	2 000	0	4.50	5	2 000												2 000				10 000	100		长三角
12	敦煌市双元乳业有限公司	甘肃省酒泉市敦煌市月牙泉镇杨中公路63号	SC10562098200141	690	600	4.50	20	670	40			600						30						605	45		

（续）

序号	生产者名称	生产地点	生产许可证编号	年收购原奶量（t）	其中自有奶源量（t）	平均支付价格（元/kg）	日处理新鲜乳能力（t）	年乳制品产量（t）	其中：巴氏杀菌乳	UHT奶（t）	常温酸奶（t）	低温酸奶（t）	原料奶粉（t）	婴幼儿配方奶粉（t）	成人奶粉（t）	奶油（t）	奶酪（t）	含乳饮料（t）	冰品（t）	其他乳制品（干酪素、乳糖）（t）	羊奶粉（t）	驴奶粉（t）	驼奶粉（t）	销售收入（万元）	利润总额（万元）	“三品一标”认证情况（枚）	产品主要销售区域
13	青海油田生活服务公司食品加工厂	敦煌市七里镇生活服务公司院内	SC10562098200133	400	400	4.50	10	400	400															400			
14	甘肃三元乳业有限公司	甘肃省张掖市甘州区绿洲现代物流园区滨河路	SC10562070200977	6 317	6 070	4.50	500	8 202	940	5 783		13 91						88						4 468	−2 791		内蒙古、甘肃、青海、宁夏、新疆
15	甘肃前进牧业科技有限责任公司	甘肃省张掖市甘州区长安家园	/	100	100	4.50	15	5 475	3 615			1 860												5 200			
16	甘肃临泽雪莲乳品有限责任公司	甘肃省张掖市临泽县工业开发园区	SC10562072300118	6 650	770	4.20	300	1 140	15	300		15	790					20						2 467	50		张掖地区
17	武威高原生物制品有限责任公司	甘肃省武威市凉州区天马大道	SC10562060200844	13 657	0	4.10	500	2 070								978				1 092				4 730	253		江苏、浙江、上海
18	武威伊利乳业有限责任公司	甘肃省武威市凉州区武威工业园区金沙路	SC10562060201630	3 618	0	4.50	1 888	3 117		3 117														3 232			甘肃、重庆、海南、新疆、河南
19	金昌居佳生态农业有限公司	甘肃省金昌市金川区甘肃省金昌市金川区延安东路59号、甘肃省金昌市金川区北京路13号	SC10562030200214	8 030	8 030	4.20	30	5 553	848	3 638		1 059						8						16 645	388		金昌、武威、张掖、酒泉
20	庆阳市嘉仕乳业有限公司	甘肃省庆阳市镇原县孟坝镇北街	SC10562102700030	8 000	2 000	6.50	12	650													650			6 000	500		庆阳市
21	甘肃鲜之纯乳业有限公司	甘肃省庆阳市西峰区温泉镇地庄村盖坳队60号	SC10562100200758	100	98	6.50	5	100	100															180	160		庆阳市
22	百跃羊乳（合水）古象有限公司	甘肃省庆阳市合水县示范园区纬四东路北侧	SC12962102400073	35 000	10 000	6.50	27	3 000													3 000			7 200	1 700		省内或省外
23	甘肃那拉陇原乳业有限责任公司	甘肃省庆阳市合水县解放东路137号	SC10562102400086	332	0	7.00	8	420													420			960	40		省内或省外
24	庆阳陇牛乳业有限公司	甘肃省庆阳市宁县米桥乡街道15号	SC10562102600045	13 120	6 120	4.98	50	10 970	7 300			730						2 940						15 000	1 144		省内或省外
25	甘肃省临洮县农副产品综合开发公司	甘肃省定西市临洮县临洮县城西桥头2号	SC10562112400265	600	0	4.20	20	400							150			250						350	10		省内或省外

（续）

序号	生产者名称	生产地点	生产许可证编号	年收购原奶量（t）	其中自有奶源量（t）	平均支付价格（元/kg）	日处理新鲜乳能力(t)	年乳制品产量（t）	其中：巴氏杀菌乳	UHT奶(t)	常温酸奶(t)	低温酸奶(t)	原料奶粉(t)	婴幼儿配方奶粉(t)	成人奶粉(t)	奶油(t)	奶酪(t)	含乳饮料(t)	冰品(t)	其他乳制品（干酪素、乳糖）(t)	羊奶粉(t)	驴奶粉(t)	驼奶粉(t)	销售收入（万元）	利润总额(万元)	“三品一标”认证情况(枚)	产品主要销售区域
26	临洮康源乳品有限责任公司	甘肃省定西市临洮县洮阳镇车刘家村	SC10562112400101	730	0	4.20	300	200				200												200	20		省内或省外
27	甘肃德鑫源乳业有限责任公司	甘肃省定西市临洮县太石镇上咀村	SC10562112400281	2 500	500	4.20	80	300					200		100									900	300		省内获省外
28	天水嘉乐乳业有限公司	甘肃省天水市麦积区中滩镇农业高新科技园	SC10562050300019	3 200	0	4.50	200	4 500	900	2 100		900			0			600						2 724	220		
29	天水娃哈哈饮料有限公司	甘肃省天水市秦州区暖和湾工业示范区1号	SC10562050200157	674	0	4.20	210	36 741										36 741						9 427	1 090		全国各地
30	临夏州华安生物制品有限责任公司	甘肃省临夏回族自治州临夏县经济开发区清真食品加工区经十七路1号	SC10562292100035	10	0	4.20	15	832												832				4 549	89		沿海大中城市，出口泰国、菲律宾等东南亚地区和国家
31	临夏市泉乳乳品有限责任公司	甘肃省临夏州临夏市折达公路3号	SC10562290100412	15 000	12 000	4.80	15	1 200							1 200									1 845	148		全国各地
32	甘肃华羚乳品股份有限公司	甘肃省甘南州合作市生态产业园	SC10562300100018	60 000	10 000	14.00	60	6 500						500	1 000					5 500				48 000		有机1	全球（出口1 000t）
33	燎原乳业股份有限公司	甘肃省甘南藏族自治州合作市甘南合作生态产业园区	SC10562300100026	19 640	18 000	14.00	320	3 837				1 358		520	1 959									17 486	1 267	绿色5	出口巴基斯坦
34	甘肃雪顿牦牛乳业股份有限公司	甘肃省甘南州夏河县拉卜楞镇浪格路008号	SC10562302700044	10 000	0	14.00	400	8 150		8 000					150									10 000			甘肃、青海、西藏、四川
35	临夏金牛乳业有限责任公司	临夏县北塬乡朱潘村潘东社	SC10562292100416	2 790	0	3.20	18	520							520									605	73		广东、山东、湖北

备注：本表包括在中国及海外的生产企业。日处理生鲜乳能力指设计加工生鲜乳能力。自有奶源指来自自检和参建（控股、参股）牧场（小区）的原奶。成人奶粉 指除婴幼儿配方奶粉以外的学生奶粉、孕妇奶粉、中老年奶粉等终端消费奶粉。冰品包括冰激凌、雪糕等。有机产品数量单位为“枚”，指获得有机标志的数量。

金昌市

【奶畜养殖】金昌市现有奶畜包括奶牛、牦牛、奶绵羊。截至2020年年底，全市奶牛存栏2.62万头，其中成母牛存栏1.05万头，年产鲜奶7.57万t；全市奶绵羊存栏数1.4万只，由于正处于扩群阶段，产奶母羊存栏0.15万只，年产鲜奶0.061 5万t。奶业呈现出产业规模进一步扩大、品种结构不断优化、规模生产成为绝对主体、生产水平显著提高4个特点。后期，金昌市计划持续推进优质奶源生产供应基地建设，做大做强已经形成优势的牛奶产业，积极发展绵羊奶等新型特色产业，继续支持农垦天牧、瑞嘉牧业、金昌居佳、元生农牧等大型龙头企业进行优质奶源供应基地的扩建续建工程。计划五年内建成万头标准化奶牛养殖场5个（甘肃农垦天牧乳业奶牛一场、二场，甘肃瑞嘉牧业奶牛一场、二场，永昌新希望农牧业有限公司），到2025年全市奶牛规模达到6万头以上，年产鲜牛奶30万t以上。继续扩大奶绵羊规模，计划新建万只奶绵羊场3个，届时鲜绵羊奶年产量达到0.5万t。

【乳制品加工】全市乳制品加工生产企业有金昌居佳生态农业有限公司1家。公司乳制品生产车间包括前处理间、无菌灌装间、包装间、洗筐间、吹瓶间五大部分。加工设备配置有板式杀菌机1台、管式杀菌机2台、鲜奶灌装机5台、酸奶灌装机4台，共8条生产线，日加工能力30t，现平均每日加工15t左右。主要产品有巴氏杀菌乳、百利包灭菌奶、无菌砖、利乐枕、PET瓶、苗条杯风味酸奶、原味酸奶、冰激凌酸奶、熟酸奶等4个系列23个品种，根据公司发展规划，新开发出冰激凌酸奶、熟酸奶、果蔬乳饮料等多个产品。2020年乳制品车间共计完成生产任务5 557t。其中，巴氏杀菌乳848t、UHT奶3 642t、凝固型酸奶779t，搅拌型酸奶280t、风味乳饮料8t、产品合格率100%。

随着区域内奶牛养殖规模的不断扩大，计划有2个乳制品加工项目陆续上马。一是金昌市居佳乳业有限公司乳制品车间设备升级改造项目，改造升级现有乳制品加工生产线，项目实施后，鲜乳日加工能力将提升至日处理鲜奶能力235t；二是甘肃农垦天牧乳业有限公司乳制品加工中央厨房建设项目，建设日处理鲜奶70t的综合生产车间1座。

【奶源基地】全市有规模奶牛养殖场6个（永昌县2个，金川区4个），包括1个万头牧场（甘肃农垦天牧乳业）,3个千头牧场（甘肃瑞嘉牧业有限公司、永昌新希望农牧业有限公司、金昌市居佳生态牧场）和2个百头养殖小区（金昌市裕和祥奶牛养殖农民专业合作社、永昌小坝奶牛养殖小区），分别占全市奶牛养殖量的62.68%、36.81%、0.51%，全市规模化养殖率达到99.49 %。有规模奶绵羊养殖场4个，均在永昌。其中，甘肃元生农牧科技有限公司共存栏奶绵羊群体1.4万只，占全市存栏量的86.4%。生鲜乳收购年均价格为4.2元/kg，高于往年。受乳制品加工企业利益分配影响，奶牛养殖场净收入800元/头。

2020年全市紫花苜蓿留床面积20万亩，单位面积产量900kg/亩，总产量18万t；全市种植青贮玉米1.03万亩，单位面积产量4 500kg/亩，总产量46万t；全市在沿山地区种植燕麦5万亩，单位面积产量850kg/亩，总产量4 300万t。

疫病防控方面，按照“因病设防、预防为主”的原则，主要是每年春秋两次对辖区奶牛采取“自检+送检”模式进行“两病”检测净化。2020年全年共完成奶牛布布鲁氏病检测9 865头份，结核病检测9 935头份，奶绵羊布鲁氏菌病检测18 500只份，均未检测出阳性畜。完成预防的主要奶牛病种有口蹄疫、巴氏杆菌病、病毒性腹泻、传染性鼻气管炎、牛结节病。奶绵羊主要预防病种有小反刍兽疫、口蹄疫、梭菌病、羊痘。

粪污资源化利用方面，全市规模奶牛（奶绵羊）养殖场粪污处理设施装备配套率达到100%。粪污资源化利用设施均有堆粪场（有砼地坪及挡墙），清粪方式均为干清粪，粪便处理利用方式均为堆粪发酵还田和有机肥生产，污水处理方式均为“好氧发酵+厌氧发酵”，污水利用方式均达标排放，用于场区绿化、美化。

【政策法规】2020年奶业方面享受财政补贴的项目只有农机购置补贴与农业保险补贴，享受农机购置补贴购置机械共计52台，购机总投资428.34万元，享受财政补贴资金共计126.07万元。全市承保奶牛4 875头，保险金额10 000元/头（荷斯坦牛），保险费率5%，保险费由中央财政补贴50%，省级财政补贴30%，市县财政补贴10%，养殖场（户）承担10%，共计财政补贴资金269.739万元。理赔方面奶牛报案85件，根据定损情况，总计理赔资金93.9万元。

【奶农组织】全市有2个奶牛养殖农民专业合作社，即金昌市裕和祥奶牛养殖农民专业合作社、小坝奶牛养殖小区，没有奶业协会等团体组织。

【质量监管】一是认真宣传落实《农产品质量安全法》《乳品质量安全监督管理条例》《乳品安全国家标准》及农业农村部《生鲜乳生产收购管理办法》《生鲜乳生产收购记录和进货查验制度》等法律法规；二是开展生鲜乳生产、收购、运输环节的检查活动；三是配合省畜牧兽医局开展生鲜乳质量安全监测工作，未发现不符合规定的生鲜乳收购站，生鲜乳质量安全总体良好；四是运行维护生鲜乳收购站运输车监督管理系统，全面推行生鲜乳收购许可证、生鲜乳准运证明在线出证，实行区域内生鲜乳收购站和运输车辆年度监测全覆盖。全区共有生鲜乳收购站4个，居佳生态、农垦天牧、瑞嘉牧业、新希望各1个。2020年办理生鲜乳准运车17辆，生鲜乳运输范围包括甘肃、宁夏、青海、陕西、四川、湖南6个省份。

【奶业大事】2020年3月5日，由美国Trans Ove

Genetics 公司生产的首批荷斯坦种用胚胎运抵甘肃农垦天牧乳业有限公司。这标志着甘肃农垦天牧乳业有限公司、美国 Trans Ova Genetics 公司、北京八零同创畜牧科技有限公司奶牛体外胚胎生产技术合作进入实质性操作阶段。

2020 年 3 月 11 日，金昌市政府办公室印发了《金昌市 2020 年重大项目清单》，甘肃农垦天牧乳业有限公司现代化规模奶牛养殖建设二期项目、甘肃瑞嘉牧业有限公司万头奶牛养殖建设一期项目、甘肃瑞嘉牧业有限公司万头奶牛养殖建设二期项目位列其中。

2020 年 4 月 26 日，天牧乳业奶牛一场生鲜乳日总产量突破 180t。

2020 年 4 月 26 日，瑞嘉牧业完成工商变更登记手续，并取得了金昌市金川区市场监督管理局于 2020 年 5 月 19 日颁发的营业执照。本次变更完成后，瑞嘉牧业的注册资本由人民币 1 000 万元变更为 1.8 亿元。

2020 年 5 月 11 日下午，金昌市委书记张永霞，市委副书记、市长杨建武，市人大常委会主任常守远，市政协主席王富民等领导一行莅临永昌新希望农牧业有限公司调研指导。

2020 年 6 月 10 日，永昌新希望农牧业有限公司进口的 2 833 头澳大利亚荷斯坦奶牛到场。

2020 年 7 月 4 日，金昌居佳生态农业有限公司挂牌“甘肃省营养示范基地”。

2020 年 10 月 10 日，天牧乳业奶牛二期项目 3 300 头新西兰进口基础母牛到场。

2020 年 11 月 2 日，天牧乳业奶牛养殖场通过中国农垦乳业联盟“标杆牧场”复审验收、荣获“全能冠军牧场”荣誉称号。同日，由中国农垦乳业联盟、金昌市政府、甘肃省农垦集团公司主办的 2020 年中国农垦乳业联盟成员大会在金昌召开。大会为 33 个“中国农垦标杆牧场”和 5 个“全能冠军牧场”颁发荣誉证书，天牧乳业位列其中。

2020 年 11 月 19 日，天牧乳业荣登中国规模化牧场“2019 年度 11t 俱乐部”。

2020 年 12 月 19 日，中新奶绵羊产业研究院在甘肃元生农牧科技有限公司成立，聘请国内外专家 20 人，西北农林科技大学宋宇轩研究员任院长，内设有奶绵羊育种测定中心、奶绵羊高效繁殖测定中心、奶绵羊专用饲料营养价值评价中心、绵羊奶品质分析与检测中心、奶绵羊疫病检测中心五大功能室，主要开展胚胎移植、分子育种、基因测定、性控技术研究、绵羊奶产品开发等科研。

（金昌市畜牧兽医总站，周　勇）

附表 1　金昌市奶畜养殖场（小区）名录

序号	名称	供奶企业	全群存栏（头）	成母畜存栏（头）	奶畜品种	成母畜单产（t/年）	年总产量(t)	是否有机奶源基地	有机奶产量（t）
1	甘肃农垦天牧乳业有限公司	兰州伊利、兰州雪顿、兰州庄园牧场	16 454	6 458	荷斯坦	11.00	63 899		0
2	金昌居佳生态农业有限公司	自用	1 636	934	中国荷斯坦	9.50	2 904		0
3	甘肃瑞嘉牧业有限公司	兰州庄园牧场	5 200	2 991	荷斯坦	10.50	8 067		0
4	永昌新希望农牧业有限公司	临夏新希望乳业加工厂	2 828	0	荷斯坦	0.00	0		0
5	永昌县城关镇小坝奶牛养殖小区(10户)	无	134	105	中国荷斯坦	7.84	823		0
	小计		26 252	10 488		9.71	75 693		0
6	甘肃元生农牧科技有限公司	陕西百跃优利士乳业有限公司	14 000	1 500	东佛里生羊	0.41	615		0
	合计		14 000	1 500		0.41	615		0

备注：如认证为有机奶源基地，请在相应表格打钩。

酒泉市

【奶畜养殖】酒泉市发展奶牛产业的资源条件得天独厚，秸秆产量大，奶业是酒泉市现代农业的重要组成部分，也是酒泉市农业发展的一大支柱产业，国家级粮改饲试点项目建设又在酒泉市5个农业县（市、区）实施。但由于近几年奶业市场竞争激烈、原料奶产业化经营机制不完善，本地奶业龙头企业发展受制于国内龙头企业冲击、市场空间小、竞争能力弱等原因，酒泉市总体出现了奶牛数量减少、奶农养殖效益低、加工企业效益下滑的现象。截至2020年，全市奶牛存栏10 114头，比2019年的9 746头增长3.77%，其中产奶牛6 122头，年产奶量1.85万t，比2019年的1.83万t增长了1.09%。

【乳制品加工】在乳制品加工龙头企业建设上，有酒泉乐为尔乳业、酒泉好牛乳业、敦煌市双元乳业、玉门油田乳品厂和青海油田乳品厂5家乳制品加工企业。酒泉乐为尔乳业、酒泉好牛乳业和敦煌市双元乳业属于地方民营企业，玉门油田乳品厂和青海油田乳品厂属于中国石油石化企业奶牛养殖场附属企业，产品企业自主消化不对外销售。5家企业均先后引进日本岩井工业株式会社超高温杀菌机、日本山武工业株式会社均质机、德国斯可络空压设备、国内最先进的中亚无菌包装机、永宏玻璃瓶灌装全套生产线、大连冷冻机械股份公司整套制冷设备和全套海奥特空气净化设备，拥有国内先进的乳制品检测设备。中国质量认证中心相继对酒泉乐为尔乳业、酒泉好牛乳业、敦煌市双元乳业的质量管理体系运行情况进行了验证，顺利完成由ISO9001:2008版到ISO9001:2016版的换版及认证审核工作。5家乳制品加工企业拥有日处理能力30t生产线1条、20t生产线4条，主要产品有低温鲜奶、UHT奶、常温酸奶、低温酸奶、含乳饮料共计近10个品种。

2020年实际收购原奶3 770t，其中企业自有奶源3 050t，平均原奶支付价格4.4元/kg。全年乳制品产量3 830t，其中低温鲜奶2 160t、UHT奶310t、常温酸奶110t、低温酸奶1 110t、含乳饮料140t。5家乳企年销售收入6 150万元，企业利润低，难以维持。由于市场占有量的逐步缩减，酒泉市乐为尔乳业和酒泉市好牛乳业从2019年以来，生鲜奶按4 400元/t收购价格核算，2家乳制品加工企业均出现卖难问题，由于产品积压，资金周转不灵，这2家企业拖欠奶农奶款最少的2个月，最多的达4个月。而低温鲜奶、UHT奶与常温酸奶市场基本被大型外地乳企占领，本地品牌奶销售空间非常小，市场占有率低，产品销不出去，企业生产经营开工率为20.7%。近年来，奶牛比较效益降低，奶牛养殖户开始大量出售成年奶牛，成母牛养殖量减少致使乳制品加工企业无奶可收，举步维艰。

【市场消费】据调查，2020年酒泉市奶类产量1.85万t，全市总人口112.7万人，人均占有16.41kg。酒泉市人均消费生鲜乳制品41.2kg，比2019年增加5.5kg。60%以上乳制品主要依靠超市或互联网购进，品牌种类多，但主要以伊利、蒙牛产品为主，40%来自本地乳企供给。酒泉乐为尔乳业、酒泉好牛乳业、敦煌市双元乳业、玉门油田乳品厂和青海油田乳品厂在产品品质上精益求精。低温鲜奶与常温酸奶生产，引进了国内最先进的玻璃瓶生产线；液态奶，增加了目前最流行的透明包装。2017年后陆续推出了新产品黄桃、草莓果味酸奶，丝路记忆酸牛奶、透明盒乐为尔千年冰川纯牛奶、透明桶丝路好未来千年冰川牧场纯牛奶、透明装椰子汁牛奶等特色产品，有效提升了产品的内在和外在品质及形象，产品上市后，深受消费者青睐。各大乳企与高校、科研机构等建立了长期的合作关系，充分利用科技手段，及时采用乳制品生产新技术、新设备，结合西北当地的特色资源，进行差异化经营，走特色化道路，不断研发推广新产品，提升产品品质，扩大销售区域。从切实保障消费者权益出发，建立完善、高效的市场售后服务和信息反馈体系，以良好的品质和信誉，不断提升酒泉“乐为尔”“好牛”“双元”的品牌价值。

【奶源基地】2020年，酒泉市奶牛饲养户1 735户。奶牛养殖专业户133户，其中5头以上的养殖户133户、20头以上的大户达到34户、100头以上养殖场（小区）现有6户。养殖专业户的奶牛存栏1 165头，其中成年产奶牛713头，鲜奶总产量4 075.9t，平均单产5.71t。酒泉市境内有7 037.3万亩可利用草原、126.67万亩人工种草和252.3万亩农作物基础，充分利用120万t人工饲草和241万t秸秆资源，大力发展以牛羊养殖为主导的草食畜牧业，牛羊饲养量迅速增长。在规模养殖户中，牛羊养殖户达到6.63万户，占规模养殖户总数的92%。酒泉7个县（市、区）均被省上认定为甘肃省养羊大县，肃州区被认定为全省养牛大县。牛羊产业生产总值达到28.85亿元，占全市牧业产值的73%，草畜产业已经成为酒泉市畜牧业优势主导产业。

近年来，酒泉市从北京、上海引进优质奶牛冻精。经过改良，本市6个规模奶牛养殖小区产奶牛泌乳牛个体平均产奶量达到了5.71t，比2015年提高了28%。规模奶牛养殖场（小区）、养殖户全部都采用高产奶牛良种冻精配种，对提高后代奶牛生产水平发挥了重要作用。与此同时，大力推广饲料青贮、优质牧草种植等实用技术，使良种、良法、良料配套，提高了奶牛整体生产水平，加快了奶业由数量型增长向质量效益型增长的转变。

【奶农组织】为提升乳制品行业的诚信，在市、县各级政府的支持下，酒泉乐为尔乳业积极联合同行业企业，先后成立了酒泉以乐为尔乳业为会长单位的酒泉市肃州区奶牛养殖协会和酒泉市肃州区乳品行业协会，吸收奶牛养殖户加入协会。奶牛养殖集中小区也在政府的大力支持下，成立了相应的奶牛养殖合作社，与奶企合作，逐步走向“龙头+合作社+农户”三方合作发展的快车道。据调查，2020 年全市有 5 家奶牛养殖专业合作社，由于各县（市、区）禁养区划定，城郊规模以上奶牛养殖场涉及关闭搬迁，到 2020 年年底，正常运转的乳品行业协会和合作社也仅有酒泉晟航养殖农民专业合作社，有成员 15 户，养殖奶牛 150 头，合作社社员养殖的奶牛均以分散养殖为主。为了解决奶农设施养殖、饲草料利用等方面存在的技术难题。从北京三元乳业和上海光明乳业聘请乳业养殖与疫病防治专家来酒泉市深入养殖场（户）调研指导，进行专门技术培训，举办奶牛养殖与疫病防治培训班 15 场次，参加培训奶农 1 800 人次，发放各类技术资料 2 600 份（册），提升了全市奶农专业技术水平。

【政策法规】酒泉市政府和各县（市、区）政府对农户发展奶牛养殖也出台了相应的扶持政策：一是鼓励各大乳制品生产企业提高鲜奶的市场收购价，建议散户饲养检验合格的一级鲜奶价格不低于 4.4 元 /kg，集中饲养检验合格的一级鲜奶价格不低于 5.0 元 /kg，通过经济手段调动养殖户的积极性，刺激奶农加大饲草料的投入，恢复奶牛的最佳生产性能，提高产奶量。二是加大了奶源基地建设，借鉴奶业发达地区的经验和现代农业养殖示范园区的运作模式，科学规划建设一批高标准奶牛养殖示范小区，推动奶牛产业向优质、高效方向发展。三是连续实施奶牛良种补贴实施，免费为奶牛养殖户供应高产奶牛冻精，由各冻配站点统一为养殖户提供繁育改良、防疫灭病、饲料供应、技术指导等服务，架通农户与企业、政府之间的桥梁，加强企业、基地、农户三方利益对接，形成风险共担、利益共享的一体化关系，提高奶农组织化程度和奶业产业化经营水平。四是各级政府把政策、资金扶持的重点向养殖小区的基础设施建设、牛奶检测设备、冷藏设施、饲草料调制加工等方向倾斜，积极出台奶牛养殖大户贷款财政贴息扶持政策，加大对奶农的补贴，为产业发展增加后劲。五是保险公司进一步加大奶牛保险，借鉴成功经验，扩大承保范围，采取降低保额保费以及农户投保、政府和企业补贴等措施，充分调动农户的投保积极性，最大限度地扩大奶牛投保覆盖面，降低奶牛产业的风险。六是金融部门加大了对奶业的资金扶持力度，特别是信用社等金融机构及时调整贷款方向，加大对奶牛养殖大户的贷款额度，出台支持奶业的中长期贷款政策，采用灵活多样的放贷方式，对奶牛养殖大户的贷款期限延长 5 年，切实解决好农户发展奶牛产业资金困难的问题，帮助奶牛养殖户渡过难关。

【质量监管】酒泉市高度重视生鲜乳质量安全工作，以排查消除生鲜乳质量安全隐患为目标，集中对奶畜养殖场、生鲜乳收购站、运输车许可，生鲜乳质量安全监测监管信息化应用，婴幼儿配方奶粉奶源，奶畜散养户，生鲜乳购销合同备案等监管措施及制度落实情况进行了重点排查，市场监管部门定期或不定期对乳制品进行抽查，全市 5 家乳制品加工企业乳制品合格率在 95% 以上。

针对市内生鲜乳收购站生鲜乳收购许可证和运输车准运证发放、换证和吊销 3 个重点环节进行监督巡查，整改、取缔不合格生鲜乳收购站和运输车，严查严防非法添加等违法违规行为，核查、规范线上发证行为。据核查，市内共有 100 头以上奶畜规模养殖场 6 个、乳制品收购加工企业 5 家、运输车 16 辆，5 家乳制品加工企业中玉门油田乳品厂和青海油田乳品厂为中石油后勤附属乳品加工企业，生鲜乳生产与加工为自产自用，产品基本为企业职工消化，酒泉乐为尔乳业、酒泉好牛乳业和敦煌市双元乳业属于地方乳制品加工企业，生鲜乳加工原料从当地规模化奶牛养殖场和散养户中收购。根据《甘肃省动物防疫管理条例》《动物防疫条件审查办法》《乳品质量安全管理条例》等法律法规向奶畜养殖场和乳制品收购企业核发动物防疫条件合格证、生鲜乳收购许可证、生鲜乳准运证。

生鲜乳质量安全监测监管信息化平台运行正常。2020 年酒泉市按照《甘肃省生鲜乳质量安全监测方案》要求，固定专人负责生鲜乳质量安全工作，对辖区内养殖场生鲜乳生产情况及时统计，建立健全对奶站日常检查，严格按照《生鲜乳收购站标准化管理技术规范》等要求，对奶站的基础设施、卫生条件、检测手段、操作规范和人员素质等方面进行检查，提高奶站标准化管理水平。每月 20 日前，本市 5 家乳制品生产企业和 6 个规模以上奶畜养殖场（小区）上报当月《生鲜乳生产和收购情况统计表》，县、市审核后上报生鲜乳质量安全监测管理系统，系统内生鲜乳收购站、运输车信息准确。在市、县督查中，严格检查生鲜乳收购加工各项记录、生产销售记录，确保做到了收购记录能够准确反映生鲜乳生产收购情况，检测记录能够准确反映生鲜乳基本质量状况，销售记录能够准确反映生鲜乳流向。

生鲜乳购销合同备案等制度落实情况督查。2020 年酒泉市在生鲜乳质量安全督查中对购销合同备案制度执行情况进行了督查，涉及对外生鲜乳收购的企业酒泉乐为尔乳业、酒泉好牛乳业和敦煌市双元乳业非常重视企业与奶农生鲜乳购销合同的签订，经过现场抽查和对奶农走访，奶农反应 3 家地方乳企收购生鲜乳和兑付奶款也比较及时，奶农和奶企合作关系密切，乳制品加工企业收购合同在生鲜乳收购站监督管理系统中的填报正常，市级审核及时，奶业信息填报也比较及时，市、县卫生监督所承担了生鲜乳购销合同第三方见证的义务，但在新一轮机构改革中市、县卫生监督所已经撤销，市畜牧兽医总站和县、市畜牧兽医服务中心也不具备奶业监督执行职责。

（酒泉市畜牧兽医总站，岳　斌）

兰州市

【奶畜养殖】2020年兰州市奶牛存栏1.81万头，奶类总产量7.48万t。奶牛养殖主要分布在七里河区、西固区、红古区、榆中区、永登县、皋兰县，奶牛存栏占全市的94%。其中荷斯坦奶牛存栏1.81万头，奶牛良种覆盖率达100%。全市成年奶牛平均单产5 715t，比2017年(5 703t)提高0.21%，存栏奶牛质量显著改善，奶牛平均单产稳步提高。

【乳制品加工】全市日处理10t规模以上的乳制品企业有伊利、庄园、雪顿、天方4家，原料奶日处理能力1 330t/日，2020年全市乳制品年总产量24.3万t，产值达182 789.76万元（不含天方），产品主要包括本地巴氏杀菌乳、UHT奶、调制乳、奶粉（不含婴幼儿配方奶粉）、酸奶、含乳饮料和冷饮等，满足了不同地区、不同消费水平、不同消费人群的消费需求。

【奶源基地】随着兰州市奶业生产由粗放式散养向标准化规模养殖转变，兰州市奶牛规模养殖比重达到73%，已经成为兰州市奶源保障的主体。2020年，兰州市100头以上规模化奶牛养殖场21个，占全市奶牛养殖场（户）数的4.67%，奶牛存栏12 711头，与2019年相比规模养殖场数量不变、奶牛存栏增加了987头；100头以下养殖场（户）429个，奶牛存栏5 455头，与2019年相比养殖场（户）数量减少了34个，奶牛存栏减少了522头。全市100头以上养殖场（户）数量占比为4.67%，奶牛存栏占全市奶牛总存栏量的69.71%；100头以下养殖场（户）数量占比95.32%，奶牛存栏占全市奶牛总存栏量的30.29%。2020年，全市推广人工种草面积18.1万亩，年产量36.93万t，其中推广高产优质苜蓿2.85万亩，年产量1.5万t；推广优质燕麦草5.71万亩，年产量2.28万t，推广全株青贮玉米9.6万亩，年产量33.2万t，为兰州市奶业发展奠定了坚实的基础。

【市场消费】2020年，兰州市12个奶站平均交售价格为4.1元/kg，市场零售（铃铛奶）平均价格为7元/kg。自2015年以来，规模化奶牛养殖场生鲜乳生产成本大幅上升，在3.2~3.4元/kg。尤其是劳动用工成本和资金成本的过快上涨拉动了生鲜乳成本的升高，迫使部分奶站、养殖场将当日生产收购的生鲜乳低价批发给零售商，或将鲜奶灌装后自行进入市场销售，以维持生产。

【质量监管】生鲜乳收购站运营基本平稳。全市有生鲜乳收购站12个，其中养殖场自建9个、乳制品企业自建2个、奶农专业合作社建设1个。机械挤奶占100%，日收鲜奶146.5t；生鲜乳运输车12辆，生鲜乳收购许可证、车辆准运证核发率100%。生鲜乳交售主要依托伊利、庄园、雪顿、天方等乳制品企业，少部分生鲜乳以零售等其他形式销售。随着兰州市生鲜乳质量安全监管体系建设不断完善，生鲜乳监管取得了明显效果。2014年以来，经国家和省、市三级生鲜乳质量安全监测，连续7年三聚氰胺、革皮水解物、β－内酰胺酶、硫氰酸钠、黄曲霉毒素M_1等指标抽检合格率均达到100%。

【政策法规】一是奶牛标准化规模养殖场建设项目补贴，二是奶牛良种补贴，三是奶牛养殖场农机补贴项目，四是中央财政现代农业生产发展资金项目也向标准化奶牛场建设进行了适当的倾斜。这些政策的落实保障了全市奶业健康稳定发展。

（兰州市动物疫病预防控制中心，田　斌）

武威市

【奶畜养殖】2020年武威市奶牛存栏4.09万头，成年母畜1.5万头，奶产量9.36万t，为乳制品市场供应提供了有力保障。产业素质不断提高。全市以武威荣华新型农业股份有限公司、武威市优然牧业有限责任公司、武威金宇浩睿农牧业股份有限公司等为龙头的大型奶牛养殖企业迅速发展，“龙头企业＋养殖场＋专业合作社＋养殖户”的养殖格局基本形成。养殖区域主要分布在凉州区邓马营湖、长城镇、和平镇和古浪县黄花滩镇等。积极推进投资5.32亿元的武威优然牧业1.2万头现代化奶牛养殖示范牧场项目建设和武威荣华新型农业股份有限公司第三养殖场的启动运营，截至2020年武威优然牧业存栏奶牛5 200头；采取区属国有企业租赁，招商引资投产运营模式，荣华三场正在与天津嘉立荷牧业集团公司积极对接，争取项目尽快投运，扩大全区奶牛养殖规模。同时，积极引进宁夏金宇浩睿农牧业股份有限公司、甘肃育新顺牧业有限公司、甘肃铭原牧业有限公司等9家企业落户古浪投资建设奶牛园区，计划投资22亿元，规划建设存栏6万头奶牛，目前完成投资4.11亿元，引进奶牛8 066头。

【乳制品加工】现有乳制品加工企业2家，武威伊利乳业有限责任公司设计日产能603t，现加工日产能330t，主要产品有纯牛奶、优酸乳等；武威高原生物制品有限责任公司设计日产能500t，现加工日产能120t，主要生产工业用干酪素，产值约3 000万元。有生鲜乳收购站8个，主要销往武威伊利、兰州庄园等企业。散户牛奶主要供应本地居民。

【奶源基地】建成万头奶牛养殖产业园3个，千头奶牛养殖牧场10个，奶牛规模化养殖比重达95%，良种化程度达100%。2020年青贮饲草64万t，建成2 000hm^2以上青贮玉米种植基地8个，2 000hm^2以上苜蓿种植基地14个，5 000t以上专业青贮点17个。新建奶牛种公牛站1个、冻精人工授配点10个，年产10万t以上反刍动物饲料生产线3~5条。

【政策法规】2019 年 5 月，制定出台《关于加快奶业发展的实施意见》《武威市加快推进粮改饲和秸秆综合利用产业发展的实施意见》，设立粮改饲和秸秆综合利用产业发展专项资金，市财政已安排粮改饲和秸秆综合利用产业发展专项资金 1 038 万元，对青贮饲料生产加工、优质牧草种植、黄化秸秆综合利用、秸秆收储加工服务、产业化经营体系建设、大型秸秆牧草机具购置等给予资金奖补。

【质量监管】对辖区内生鲜乳收购站“两证一单”、生鲜乳收购、销售和检测记录台账和落实分户留样制度进行检查，指导督促生鲜乳收购站建立质量安全运行体系，按照乳制品质量安全国家标准对收购的生鲜乳进行常规检测，规范填写生鲜乳收购、检测、留样、销售、不合格生鲜乳无害化处理等记录，建立健全记录档案。严格管控生鲜乳收购质量，严禁生鲜乳收购、运输过程中添加任何物质。

【奶业大事】凉州区于 2019 年，引进武威市优然牧业有限责任公司的奶牛养殖示范牧场项目，现存栏奶牛 5 200 头。

古浪县先后引进宁夏金宇浩兴农牧业股份有限公司、甘肃育新顺牧业有限公司、甘肃铭原牧业有限公司等 9 家企业来古浪投资建设奶牛园区，计划投资 22 亿元，规划建设存栏 6 万头奶牛，项目规划建设用地 8 600hm^2。

（武威市农业农村局，赵晓程）

张 掖 市

【奶畜养殖】2020 年，张掖市奶牛存栏 6.05 万头，成年奶牛存栏 4.55 万头，奶类总产量 24.38 万 t。全市奶牛养殖场（户）共 274 个，其中千头以上养殖场 14 个，奶牛存栏量占全市奶牛存栏总量的 96%，形成了以前进牧业、华瑞农业、三元乳业等规模养殖企业为引领的奶业发展格局，正在向高端化、集约化、有机化方向发展，努力打造西北地区优质有机奶源基地。特别是前进牧业和贵阳三联乳业、贵州农投共同投资建设的甘肃德联牧场建成投产，前进牧业与成都菊乐合作建设的甘肃蜀汉牧业有限公司建成投产，全市奶业产能将进一步提升。经过近十几年的高速发展，奶牛产业实现了由小到大、由弱变强的转变，进入了集约化、规模化、现代化、标准化的崭新发展阶段。2020 年年底，以前进牧业、华瑞农业、三元乳业等规模养殖企业为支撑，建成 1 000 头以上高标准奶牛养殖场 14 个，成年奶牛平均单产达到 10t 左右。全市日产鲜奶 668t，年产 24.38 万 t（其中有机奶源产量达到 36 780.78t），实现奶业产值 15 亿元，占牧业产值的 8%。为进一步做大做优奶产业，全市将依托丰富的饲草资源和黄金奶源带资源优势，以优质安全、提质增效、绿色有机为目标，把奶产业作为打造百亿级牛产业体系的战略重点，按照区域化布局、规模化养殖、产业化经营的发展思路，加快构建更具竞争力、影响力、品牌力的乳制品生产加工体系、销售经营体系和政策支撑体系，努力把张掖打造成为全省乃至全国奶牛全产业链样板和优质乳制品生产加工基地。计划到 2021 年年底，全区奶牛存栏量稳定在 6 万头以上，生鲜乳年产量达到 35 万 t，奶业产值达到 30 亿元。

【乳制品加工】建成传祁乳业、三元乳业、临泽雪莲、华瑞农业 4 个乳制品加工企业，形成日处理鲜奶 1 000t 乳制品加工能力，2020 年实际处理鲜奶 2.68 万 t。2021 年新建的传祁乳业乳制品加工生产线设计产能为日处理鲜奶 100t，主要生产液态纯牛奶及酸奶产品，已开发低温和常温单品 23 种。将进一步加大争取国家和省级扶持项目资金，提升壮大乳制品生产企业加工能力，增强产品研发能力，拓展产品市场，助推乳企达产达标、全负荷生产，推进奶业全产业链建设，促进产业增产增效。

【市场消费】2020 年，年产鲜奶 24.38 万 t，人均奶类占有量 198kg，鲜奶除满足本地需求外，还销往伊利、蒙牛、深圳光明、成都菊乐、贵州三联乳业、光明乳业、四川新希望乳业、兰州庄园牧场、青海金祁连乳业等大型乳制品加工企业。下一步将以政府引导、企业参与、市场运作模式，引导乳制品加工企业改进生产经营理念，加大新产品研发力度，提升处理鲜奶的能力，延伸产业链条，提升产品档次。打造牛奶绿色牌、有机牌，推进绿色有机乳制品生产，利用独特竞争优势，提高本地乳制品商标品牌美誉度和市场竞争力。2020 年全市主要乳企收购价格在 4.0~4.5 元 /kg，乳制品价格基本保持稳定。

【奶源基地】张掖是全国最大的杂交玉米种子繁育基地，年种植面积稳定在 100hm^2 以上，年产各类农作物秸秆 350 万 t 以上；全市人工种草面积达到 136 万 hm^2，共建成秸秆青贮窖池 260 万 m^3，完成秸秆青贮 190 万 t，农作物秸秆收获加工机械化水平达 60% 以上，秸秆饲料化利用率达到 65%；已建成甘州大业、山丹润牧、临泽泽牧、民乐希诺等草产品生产加工企业 28 家，加工能力达到 65 万 t，为奶业发展提供了有力的饲草饲料保障。张掖灌溉农业发达，水土光热资源丰富，全市土地面积 3.86 万 km^2，所产牧草粗蛋白含量高，青贮饲料质量极佳。通过实施粮改饲、草牧业、区域循环农业等项目，加快调整种植业结构，全市积极发展全株青贮玉米、紫花苜蓿、燕麦等优质饲草种植，青贮饲料和优质牧草（苜蓿）已在规模奶牛养殖场中普及推广。前进牧业、华瑞农业、三元乳业、临泽雪莲等规模养殖场都有自己的饲草种植基地，全部使用全混合日粮饲喂技术，单产水平显著提高。规模奶牛养殖场采用沼气和微生物技术处理粪便，利用粪便加工制作复合有机肥，实现了循环利用并实现健康养殖，为打造以甘州区现代循环畜牧产业园区为核心的优质黄金奶源基地奠定了基础。

【奶农组织】前进牧业，是甘肃省最大的奶牛养殖企业，甘肃奶业协会会长单位，国家级农业产业化重点龙头企业，先后获得部级标准化示范场、全国A+奶源基地、全国十大最美牧场等称号，企业资产总额18亿元。近年来，先后与贵州三联乳业、成都菊乐、新希望等企业合作，在甘州区建成奶牛规模养殖场7个，其中万头规模养殖场1个（前进牧业），千头规模养殖场4个（德瑞、绿洲、德华、德联），百头规模养殖场2个（前进合作社、汇源）。存栏优质荷斯坦牛近3万头，日产鲜奶超400t，2020年销售收入10亿元，净利润1.8亿元。配套建成优质牧草基地2万hm^2，2016年通过了国家认监委奶牛养殖和牧草种植有机产品认证。

甘肃三元黑河农牧公司，是由甘肃黑河水电实业投资有限责任公司与张掖市现代农业投资股份有限公司、北京三元食品股份有限公司分别出资成立的国有控股公司。2018年公司引进北京首农集团合作，建成三元黑河农牧公司万头奶牛养殖场一期项目，设计存栏5 000头，配套牧草基地4 000hm^2。截至2020年，荷斯坦奶牛存栏3 178头，日产鲜牛奶超40t，主要供应三元乳业生产加工。养殖场二期于2021年3月底开工建设，建成后将达到万头养殖规模。

甘州区下寨奶牛养殖农民专业合作社，2012年甘州区党寨镇下寨村党支部和村委会牵头、农户入股，投资建设3 000头规模奶牛养殖场。截至2020年荷斯坦奶牛存栏2 965头，日产鲜奶30t，主要销往新疆蒙牛和新疆瑞源乳业。

【政策法规】2019年张掖市委市政府制定了《张掖市牛产业发展五年规划（2019—2023）》和《关于进一步支持牛产业持续快速发展助推脱贫攻坚的若干政策措施》，为全力推动奶业转型升级、实现跨越式发展提供了有力的政策支撑。2020年各县（区）出台的一号文件，对新建的高标准奶牛养殖场，均给予不同程度的政策及资金扶持。

【质量监管】建立健全养殖档案，严格落实疫病防控责任。一是强化重大动物疫病口蹄疫疫苗免疫措施，奶牛免疫合格率达到抗体监测水平，未发生重大疫情。二是强化牛结核病、布鲁氏菌病两种重要人畜共患病的监测和净化，参与生产人员没有疫情发生，保障了家畜和人员的健康。三是牛场门卫制度、消毒制度和疫病防制措施进一步规范化、制度化，各项管理制度得到了有力落实。四是开展体系内技术人员奶牛健康养殖和主要疫病防治技术培训，取得了较好的效果。

定期对生鲜乳收购站开展监督检查，突出对奶畜养殖、生鲜乳收购站和奶畜运输车辆3个重点环节的监管，督导奶畜养殖场严格落实疫病防控、兽药使用、病原微生物和污染物控制、挤奶规范等方面的工作。按照《生鲜乳收购管理办法》，进一步强化生鲜乳收购站和运输车规范化管理，督导落实常规检测、产品留样、清洗消毒、交接单和从业人员健康证等制度，将前进牧业作为食用农产品合格证推行单位，进一步强化畜产品生产者是畜产品质量安全的第一责任人，推行质量自我控制、合格证自我开具和质量安全自我承诺制度，落实生鲜乳质量安全监管责任、主体责任公示制度，严格生鲜乳收购、运输行政许可，依法取缔生鲜乳违法收购站点和运输车辆，严厉打击生鲜乳违法添加行为，配合农业农村部开展生鲜乳抽样检测65批次以上，抽检合格率100%。

【奶业大事】2020年5月，前进牧业和贵阳三联乳业、贵州农投共同投资建设的甘肃德联牧场建成。

（张掖市畜牧技术推广站，严天元）

临夏回族自治州

【奶畜养殖】截至2020年年底，临夏回族自治州奶牛存栏23 555头，成年奶牛存栏14 383头。其中，荷斯坦牛存栏15 740头，荷斯坦成母牛存栏8 514头，荷斯坦牛存栏量占奶牛总存栏量的66.8%。奶类总产量63 192t，牛奶产量62 687t，牦牛奶产量100t，羊奶产量405t，人均奶类占有量26.93kg；主要饲养品种有荷斯坦牛，产奶牛泌乳期（305天）平均产奶量7 162kg。奶山羊分布在全州各县，主要作为保姆羊，主要品种为关中奶山羊、萨能奶山羊，有临夏县、东乡区和积石山县统计羊奶年产量405t。2020年全州有奶牛养殖场（户）2 726个，其中饲养规模在千头以上的奶牛养殖场3个。产奶牛头均年纯收入4 500元左右。奶牛养殖形式主要有养殖园区、奶牛养殖场和农户散养3种，奶牛养殖场是养殖的主要模式。奶牛养殖主要分布在临夏县北塬片区、各县县城周围，临夏县养殖数量占全州总数的70%，其余各县占全州总数的30%。自国家实施奶牛良种补贴和州上实施奶肉牛良种工程以来，奶牛品种质量有了明显提高，产奶牛平均产奶量由2014年的4 652kg提高到2020年的7 162kg，奶产量大幅提高。2020年全州奶牛养殖业产值20 511万元，奶牛养殖业产值占牧业产值（232 851万元）的8.8%；农民从奶牛养殖业中获得的人均收入为108元。牧草及玉米青贮情况，据不完全统计，2020年全州玉米全株青贮种植面积31.96万hm^2，加工优质青贮玉米123.85万t；种植苜蓿19.55万hm^2，产量37.28万t；种植燕麦1.05万hm^2，产量1.17万t；州内有饲草加工企业24家，合作社264个，年加工饲草93.18万t。

【乳制品加工】全州现有鲜奶收购站5个，全部取得生鲜乳收购许可证，日收购鲜奶121t左右，其中4个奶站为乳企奶牛养殖场自建奶站，生鲜乳送乳企加工，均有收购合同，不对外收购鲜奶。丰源公司收奶站和盛源公司收奶站向燎原公司交售，价格为5.2元/kg，瑞园牧场收奶站向兰州庄园公司交售，价格为4.3元/kg；临夏明良奶站为奶农合作社自建，日收购鲜奶0.8t，收购价格为3.8元/kg，主要向市民零售；全州建有机械化挤奶厅4个，由4个大型奶牛养殖场自己建设使用，其他养殖场（户）均采用小型手推式挤奶器挤奶，自己挤奶后主要向周边村民和临夏市民零售，零售价格为7元/kg。

全州目前正常运行的乳制品加工企业有2家。燎原公司以生鲜乳为原料，奶源来自临夏丰源、盛源养殖基地和甘南的牦牛奶，有2条生产线（目前运转1条），主要生产婴幼儿配方奶粉和中老年奶粉，鲜奶日处理能力80t，实际年加工鲜奶29 200t，年产婴幼儿配方奶粉、中老年奶粉2 271t，产值21 388万元，发展趋势良好。燎原公司整体收购蒙牛壹清，目前正在进行车间改造和设备安装，主要生产液态奶和冰激凌。瑞安牧场正在进行场地整修，准备尽快投入生产。持续壮大燎原乳业有限公司，支持企业通过开展农业产业化联合体、现代农业产业园和产业集群建设，引导乳企与奶源基地、奶源基地与饲草料基地布局匹配、生产协调，实现现有乳企产能发挥、达产达标。和政县华龙乳制品有限公司以从甘南采购的曲拉为原料，主要产品是酪蛋白酸钠，年产量1 000t，产值7 000万元。千头以上养殖场及乳制品加工企业融资情况：丰源奶牛养殖有限公司贷款4 000万元、盛源奶牛养殖有限公司贷款5 500万元，贷款利率均为6.37%；和政县华龙乳制品有限公司贷款1 800万元，贷款利率4.35%。

【市场消费】全州人均奶类占有量为26.93kg，当地乳制品市场主要销售的品牌有伊利、蒙牛、飞鹤、庄园、燎原等，价格根据品牌从几十元到几百元不等，随着人们生活水平的不断提高，市场消费也逐渐向中高端发展。

【奶源基地】奶牛养殖主要集中在丰源、盛源、瑞园3个规模养殖场，存栏为9 442头。着力打造提升临夏县北塬片区种养循环奶业优势区，包括临夏县土桥镇、北塬镇、安家坡乡、先锋乡、桥寺乡、坡头乡6个乡（镇）。本片区以养殖荷斯坦奶牛为主，重点建设千头示范牧场，发展全株青贮玉米及优质苜蓿生产，推进种养结合、循环发展，引导奶业生产实现规模化、标准化，就近保障城乡乳制品供应。强化奶牛疫病防控。落实政府属地责任、部门监管责任和企业主体责任，加强奶牛布鲁氏菌病和结核病防控，每年开展1次全面监测，依法扑杀淘汰阳性奶牛。统筹抓好奶牛乳腺炎、代谢病等常见病防控，鼓励有条件的牧场创建动物疫病净化示范场。强化奶牛口蹄疫等免疫、疫病监测及净化、养殖场环境消毒等措施，严格实施调运审批和隔离观察制度，加强奶牛养殖场综合防疫管理，健全卫生消毒制度，不断提高生物安全水平。强化畜禽粪污资源化利用。坚持“源头减量、过程控制、末端利用”的基本思路。支持奶牛规模养殖场配套固液分离、有机肥加工等粪污处理设施，实现粪污就近全量还田，提高资源化利用水平和循环发展能力。

【奶农组织】由于近几年牛奶价格下跌、奶农养殖效益受冲击较大，虽然2019年下半年奶价有所上涨，但近期玉米、豆粕、小麦麸皮和苜蓿等饲料价格大幅上涨，奶农养殖成本加大，养殖效益降低。奶农合作社和协会等团体组织建设滞后，合作社发挥不了组织、协调、带动示范的效应。

【政策法规】目前，地方奶业法规和地方标准没有制定，州上没有出台专门的奶业发展规划和扶持政策，但在项目申报及实施方面、奶牛养殖项目上仍有扶持，如2019年实施的临夏县生猪家禽奶牛标准化规模养殖项目、2020年新（改扩）建项目中，对新建规模达100头以上的奶牛养殖场补助30万元等，这在一定程度上对增加奶牛养殖数量、推动临夏回族自治州奶产业发展起到很大的推动作用。

【质量监管】加大生鲜乳收购站和运输车辆监管工作力度，防范非法收购站（点）出现反弹，坚决取缔未经许可的非法收购站（点），严厉打击非法收购行为，规范生鲜乳收购秩序。一是切实加强许可管理，按照“谁许可、谁监督、谁负责”的原则，严格审核收购站（点）和运输车辆资质条件，确保只对符合条件的收购站（点）、运输车辆发证，规范生鲜乳收购站、运输车辆换证工作，对逾期未换证的生鲜乳收购站、运输车辆，按照《行政许可法》的有关规定，及时依法予以注销。二是完善生鲜乳收购站（点）的日常检查、不定期巡查、监督抽查等监管制度，坚决打击各类非法添加行为；严格按照《生鲜乳生产收购管理办法》和《生鲜乳收购站标准化管理技术规范》要求，在收购站（点）的基础设施、卫生条件、机械设备、检测手段、操作规范和人员素质等方面对收购站（点）进行认真审核，提高生鲜乳收购站（点）标准化管理水平。三是对正常运行的5个收奶站（点）及其运输车辆基础条件进行了重新审核，并颁发了全国统一格式的生鲜乳收购许可证和生鲜乳准运证；与生鲜乳收购站（点）负责人签订了《生鲜乳质量安全承诺书》。四是检查两证一单及收购记录、检测记录、销售记录三记录和卫生状况，确保生鲜乳在生产、收购、运输、销售环节上质量安全。五是配合农业农村部第三方检测对收购站（点）生鲜乳开展抽样工作，检测结果均为合格。

（临夏回族自治州畜牧技术推广站）

定 西 市

【奶畜养殖】截至2020年年底，定西市奶牛（含杂种牛）存栏1.08万头，其中荷斯坦牛存栏1.05万头（成母牛存栏6 511头），主要分布在临洮县、安定区、通渭县、陇西县，其奶牛存栏量占总存栏量的95.8%。全市奶类总产量4.29万t，其中牛奶4.24万t，占总产量98.88%。牦牛存栏5.51万头（成年母牦牛存栏3.82万头），集中在岷县、漳县和渭源县，牦牛奶产量85t，羊奶450.32t。全市牧业产值56.6亿元，其中奶牛养殖总产值1.62亿元。农民人均从奶业获得的收入为147.5元，占农民纯收入的2.24%。

【乳制品加工】定西市现有乳制品加工企业4家，其中日处理10t规模以上加工企业2家，分别为甘肃省临洮县农副产品综合开发公司、甘肃德鑫源乳业有限责任公司。2020年，全市4家乳制品加工企业处理鲜奶2 840 t，产值1 240万元。

【市场消费】2020年，定西市人均奶类占有量14.44 kg，居民消费奶类人均支出131元。乳制品当地市场主要销售的品牌有蒙牛、伊利、飞鹤、完达山、庄园、燎原等。商超销售乳制品主要以蒙牛、伊利、庄园等品牌为主，灭菌奶价格均为14元/L左右、酸奶价格为10元/L左右、奶粉价格为438元/kg左右。

【奶源基地】2020年，全市种植苜蓿5.06万hm^2，年产量85万t，单产16.8 t/hm^2；燕麦种植面积1.83万hm^2，产量60.89万t，单产33.3 t/hm^2；青贮玉米种植面积6.31万hm^2，产量237万t，单产37.50 t/hm^2；饲草加工企业25家、合作社483个，饲草加工量251.17万t。2020年原料奶收购均价为3.89元/kg，集中交往伊利、蒙牛、庄园等大型乳企。结合春秋两季动物防疫工作，完成了牛口蹄疫、牛出血性败血症等疫病免疫工作。

【奶农组织】2020年定西市有奶牛规模养殖场8个（安定区1个、通渭县2个、陇西县2个、临洮县3个），散养户1 500户。

【政策法规】定西市特色优势产业标准化提升项目扶持200万元用于饲草种植和奶业发展。

【质量监管】结合春秋季动物防疫工作，对辖区内所有奶牛进行排查摸底和“两病”检测净化。对检测为阳性的奶牛全部进行扑杀，对检测合格的奶牛按照“一牛一卡、一牛一号、一户一报告”的要求全部建档立卡。制定奶牛档案管理制度，落实“一对一”监管责任人。同时，对所有奶牛实行动态监管，做到“来源清、去向明”。督促兽药、饲料经营企业针对奶牛养殖户建立专门销售台账，严禁奶牛使用违禁药物。安定区市场监督管理局不定期对超市、零售店等销售的乳制品进行抽检，对销售的过期、假冒伪劣等乳制品一经发现严肃查处；对市场销售的散装鲜奶进行药物残留快速检测，确保市场奶源质量安全，保障奶牛养殖业持续健康发展，保护人民群众身体健康。2020年开展生鲜乳质量安全专项整治行动，检查奶站7个、运输车9辆，出动执法人员79人次，抽检产品56批次，乳制品抽检合格率100%。

（定西市畜牧技术推广站，李卫东）

附表1　定西市奶畜养殖场（小区）名录

序号	名称	供奶企业	全群存栏（头）	成母畜存栏（头）	奶畜品种	成母畜单产（t/年）	年总产量（t）	是否有机奶源基地	有机奶产量(t)
1	甘肃安贝源乳业有限公司	伊利	4 380	2 250	荷斯坦	6.20	13 950		
2	临洮县和谐牧业有限公司		280	120	荷斯坦	5.80	696		
3	临洮县华加乳业有限公司	伊利	360	150	荷斯坦	5.80	870		
4	甘肃省天辰牧业有限公司	兰州伊利	1 005	553	荷斯坦	9.60	5 309		
5	伊林养殖场		20	15	荷斯坦	7.50	110		
6	荣威牧业		13	9	荷斯坦	7.50	67		
7	定西东欣养殖农民专业合作社		12	8	荷斯坦	7.00	56		
8	李建军奶牛场		17	6	荷斯坦	7.00	42		
9	薛继荣奶牛场		14	10	荷斯坦	7.60	76		
10	赵卫进奶牛场		31	21	荷斯坦	7.50	157		
11	赵卫平奶牛场		10	7	荷斯坦	7.00	50		
12	庞元荣奶牛场		17	14	荷斯坦	6.50	90		
13	杨进明奶牛场		11	6	荷斯坦	6.50	40		
14	马海清奶牛场		31	21	荷斯坦	7.00	145		
15	谢银宝奶牛场		15	11	荷斯坦	7.50	82		
16	马海龙奶牛场		17	14	荷斯坦	7.00	100		
17	郭伟奶牛场		18	13	荷斯坦	7.00	90		
18	鑫瑜养殖场		43	31	荷斯坦	7.50	230		
19	伊林养殖场		20	15	荷斯坦	7.50	110		
20	通渭县建原养殖专业合作社		16	6	荷斯坦	4.50	27		
21	通渭县恒通牧业有限公司养殖场		41	20	荷斯坦	4.20	80.4		
22	通渭县活力奶牛养殖有限责任公司		65	40	荷斯坦	4.20	161		
23	通渭县建堂百成源奶牛养殖有限公司		39	19	荷斯坦	4.20	80		
24	通渭县鑫源牧业有限公司		62	38	荷斯坦	4.20	160		
25	苏建军奶牛场		9	5	荷斯坦	4.20	21		
26	陈来福奶牛场		25	10	奶山羊	0.48	5		
27	通渭腾达农牧合作社		10	1	荷斯坦	3.00	3		
28	通渭县永凡种养殖专业合作社		2	2	荷斯坦	3.20	6		

（续）

序号	名称	供奶企业	全群存栏（头）	成母畜存栏（头）	奶畜品种	成母畜单产（t/年）	年总产量（t）	是否有机奶源基地	有机奶产量(t)
29	甘肃库邦有限责任公司	兰州伊利	1 025	600	荷斯坦	10.00	6 000		
30	通渭县亨丰乳业有限责任公司	兰州庄园	200	80	荷斯坦	4.50	360		
31	陇西县天力元乳业有限责任公司		50	25	荷斯坦	6.00	150		
32	陇西县罗记乳业食品有限公司		38	24	荷斯坦	6.00	144		
33	岷县富源养殖农民专业合作社		18	16	荷斯坦	3.00	48		

备注：本表所指奶畜包括奶山羊、奶绵羊、奶水牛、牦牛、骆驼、驴等产商品奶家畜。如认证为有机奶源基地等，请在相应表格中打钩。

附表 2　定西市主要乳制品生产企业名录

序号	名称	生产地点	年收购原奶量(t)	其中：自有奶源量	平均支付价格（元/kg）	日处理生鲜乳能力（t）	年乳制品产量（t）	其中：低温鲜奶（t）	UHT 奶（t）	常温酸奶（t）	低温酸奶（t）	原料奶粉（t）	婴幼儿配方奶粉(t)	成人奶粉(t)	奶油（t）	奶酪（t）	含乳饮料（t）	冰品（t）	年销售收入（万元）	利润（万元）	有机产品(枚)
1	临洮县农副产品综合开发公司	临洮县洮阳镇车刘家村	650	0	3.90	45.0	120	0	0	5	15	0	0	50	0	0	280	0	290	-29	
2	甘肃德鑫源乳业有限责任公司	临洮县太石镇上咀村	2 100	0	3.30	25.0	300	0	0	0	0	0	0	300	0	0	0	0	900	80	
3	陇西县天力元乳业有限责任公司	陇西县巩昌镇十里铺村	18	18	10.00	1.5	18	0	0	18	0	0	0	0	0	0	0	0	37	14	
4	陇西县罗记乳业食品有限公司	陇西县菜子镇元阁村	72	72	10.00	1.8	80	0	0	80	0	0	0	0	0	0	0	0	160	60	

备注：本表包括在中国及海外的生产企业。日处理生鲜乳能力指设计加工生鲜乳能力。自有奶源指来自自建和参建（控股、参股）牧场（小区）的原奶。成人奶粉指除婴幼儿配方奶粉以外的学生奶粉、孕妇奶粉、中老年奶粉等终端消费奶粉。冰品包括冰激凌、雪糕等。有机产品数量单位为“枚”，指获得有机标志的数量。

青海省

【奶畜养殖】2020 年青海省牛存栏 652.33 万头。其中奶牛存栏 16.18 万头，同比下降 17.45%，能繁母牛 9.67 万头，同比下降 16.13%，主要分布在西宁市、海东市，存栏分别为 5.80 万头、3.55 万头。牦牛产业异军突起，全省牦牛存栏 608.87 万头，同比增长 17.58%，其中能繁母牛 311.91 万头，同比增长 19.50%，主要分布在海北藏族自治州、黄南藏族自治州、海南藏族自治州、果洛藏族自治州、玉树藏族自治州、海西蒙古族藏族自治州，牦牛存栏分别为 93.1 万头、78.59 万头、90.93 万头、108.94 万头、157.52 万头、26.75 万头。

2020 年青海省奶类总产量为 36.58 万 t，同比下降 7.32%。其中，奶牛奶产量 23.51 万 t，同比增长 2.22%；牦牛奶产量 13.07 万 t，同比下降 20.64%。

青海省坚持奶牛、牦牛协同发展，农区以高产奶牛为主，农牧交错区以乳肉兼用牛为主，牧区以牦牛为主，在统筹好保护与发展关系的同时，强化牦牛奶生产，发挥好牦牛主体畜种的产奶作用。2020 年奶牛存栏有所下降，但奶牛良种率、牛奶产量、生鲜乳价格保持稳定，奶牛质量逐步提升，生鲜乳生产能力不断提高，奶牛养殖综合生产能力明显增强，总体发展趋势良好。

【乳制品加工】2020 年青海省乳制品加工企业主要产品有巴氏杀菌乳、UHT 奶、酸奶、奶粉及含乳饮料。年销售收入达 116 804.81 万元，利润为 11 770 万元，乳制品总产量达 136 621.7t。其中，巴氏杀菌乳 8 038.12t、UHT 奶 73 345.39t、酸奶 53 557.69t、奶粉 324.19t、含乳饮料 1 000t、有机奶 15 768 t。近两年，由奶牛养殖场及奶农合作社建立的特色小型乳制品加工企业不断涌现，生产、加工、销售具有地域特色的乳制品，丰富了奶产业发展模式，增强了市场风险抵御能力，以奶农合作社为代表的乳制品加工企业发展步伐明显加快。

【市场消费】2020 年全省人均乳制品占有量达到 57.60 kg，市场上主要销售的乳制品品牌为天露、圣湖、小西牛、青藏牧场、青藏祁莲、伊利、蒙牛、光明、庄园等，巴氏杀菌乳规格为 180mL 和 225mL，价格在 2.0~3.0 元，UHT 奶规格为 180mL、220mL 和 250mL，价格在 2.5~4.0 元，原味酸奶规格为 150g、200g 等，价格在 2.5~4.5 元，风味酸奶规格为 140g、180g 等，价格在 3.5~4.5 元。乳制品市场种类丰富、供应充足，人均奶类消费量达 18.8kg，全省奶类市场消费发展趋势呈现持续增长的态势。

【奶源基地】2020 年全省规模养殖场全部实现机械化挤奶，规模化率达 64%，规模养殖场奶牛年均单产达 6.7t，有效提升了奶牛生产效率。

2020 年规模养殖场农机补贴项目，投资 1 384.684 万元，共受益 1 434 户农户，1 876 台，其中中央财政资金 1 162.458 万元、省级财政资金 222.226 万元，主要购置收割机、饲草料加工设备、冷藏罐及挤奶设备等。

2020 年规模养殖场及奶农合作社建设项目，中央投入资金 600 万元，省级财政投入资金 3 450 万元，主要用于奶牛家庭牧场、奶农合作社及标准化规模养殖场提升改造建设、粪污资源化利用等。奶牛粪污处理主要采用干清粪、固液分离、生产有机肥、生产垫料等技术。通过规模养殖场建设、粪污资源化利用等一系列项目的实施，奶牛散养户和低产牛逐步退出养殖环节，牛群结构进一步得到优化，种养加一体化运营加快推进。

2020 年粮改饲及奶牛苜蓿发展行动项目中央财政投入资金 8 478 万元。全省种植玉米、燕麦、苜蓿等饲草料共计 56 086.95hm²，其中玉米种植面积达 15 178.46 hm²、苜蓿种植面积为 3 000 hm²、燕麦种植面积为 37 908.49hm²，年产青贮玉米、苜蓿燕麦共计 1 637 378.78t。

2020 年，全省各级兽医机构认真贯彻全国动物防控工作视频会议精神，围绕“防风险、保安全、促发展”目标任务，全省未发生区域性重大动物疫情和重大畜产品质量安全事件，保障了畜禽生产安全、畜产品质量安全、公共卫生安全和生态环境安全。

2020 年生鲜乳收购年均价格为 3.50 元 /kg，奶牛养殖户年净收入约 2 900 元 / 头，500 头规模养殖场年净收入约 52 万元，基本保证了奶牛养殖的盈利状况。

【奶农组织】青海省奶业协会积极配合行业主管部门开展良种奶牛引进及生鲜乳质量安全监管等工作，充分发挥行业协会组织作用，积极宣传奶牛养殖、乳制品加工和质量安全监管等方面的成效，2020 年举办全省生鲜乳质量安全检测技术培训班 1 期，组织考察学习 3 次，定期开展乳制品质量安全抽检监测，全面提高生鲜乳相关从业人员对质量安全技术规范的认识，开阔技术人员及管理人员眼界，拓展思路，为全省奶业的健康发展奠定了坚实的基础。协会努力为会员服务，搭建交流与合作平台，积极推进利益联结机制，保障乳制品质量安全，提升广大群众认可度。同时根据中国奶业协会“学生饮用奶计划”工作要求，继续开展学生饮用奶加工企业及奶源基地的监督管理，学生饮用奶奶源基地安全可靠，配送有序进行，全年配送学生饮用奶 1 500t。

【政策法规】为认真贯彻《国务院办公厅关于推进奶业振兴保障乳品质量安全的意见》（国办发〔2018〕43 号）、农业农村部等 9 部委《关于进一步促进奶业振兴的若干意见》（农牧发〔2018〕18 号）精神，由省农业农村厅启动制定《青海省奶业振兴工程建设规划（2021—2025）》以促进全省奶业高质量发展，保障乳制品质量安全，提升奶业生产效益和竞争力，挖掘高原特色奶业潜质，实现奶业振兴。

鼓励具备条件的奶牛养殖场、合作社建设区域特色小型乳制品加工企业，推行生产加工销售一体化模式，生产具有地方特色的乳制品，利用每年投入规模养殖场建设的资金，在合作社、养殖场能够办理相关乳制品加工手续的基础上，支持利用建设资金购置乳制品加工设施，开展酸奶、巴氏杀菌乳生产，通过加工提高牛奶价格，扩大收益。

着力打造“青海牦牛奶”品牌。2018年，省政府制定出台了《青海省人民政府办公厅关于加快推进牦牛产业发展的实施意见》，根据牦牛奶市场需求大、加工能力不足等现状，因势利导，利用生态畜牧业合作社建设资金和牦牛产业发展项目，大力扶持积极性较高的合作社开展牦牛奶加工，支持牦牛奶生产基地建设，同时加大对牦牛乳加工企业的技术改造力度，持续推进牦牛产业发展，以突出有机、绿色、无污染优势，提高牦牛产值。2018年以来先后建设千头牦牛养殖基地20个、千头犏牛养殖基地3个、从事牦牛奶加工的生态畜牧业合作社126个，通过政府扶持和企业融资的形式设立奶站，采购移动收奶车、消毒设备、运输奶车，初步建立了牦牛奶冷链运输体系，企业开发精制酥油、酸奶、牛奶、奶油巧克力、雪糕、牛奶饼干等产品，着力打造以企业为龙头、合作社为纽带、牧户为基础、资源为保障的一体化发展新模式，牦牛奶产业健康快速发展。

为增加和规范牦牛奶生产，创建高端牦牛奶品牌，发挥和有效利用牦牛生鲜乳的资源优势，规范牦牛生鲜乳产业的健康发展，通过实施标准化、品牌化管理战略，因地制宜发展高原特色牦牛产业，起草制定了《食品安全地方标准牦牛乳》（DBS 63/0007—2019），于2020年发布，为保障乳制品质量安全、规范产业发展、促使牧民健康养殖、保障企业和消费者的合法权益提供了科学依据。

【质量监管】按照农业农村部的有关要求，积极配合开展全省生鲜乳质量安全监测工作。全省生鲜乳乳蛋白率达到3.33%，乳脂率达到4.01%，均已达到国家生乳标准，三聚氰胺等违禁物抽检合格率连续5年保持在100%，生鲜乳抽检合格率达到100%，位居食品行业前列。

2020年完成了对西宁市、海东市、海南藏族自治州的7个县（市、区）的12个生鲜乳收购站、8辆生鲜乳运输车的奶牛生鲜乳检测，开展了海南藏族自治州、海北藏族自治州、黄南藏族自治州、玉树藏族自治州、果洛藏族自治州5个市（州）13个县（市）的牦牛生乳检测，共检测109批次，检测项目分别是三聚氰胺、黄曲霉毒素M_1、碱类物质、铅、镉、铬、总砷、脂肪、蛋白质、色泽、滋味气味、组织状态、体细胞、酸度，生鲜乳样品合格率均为100%。在抽样检测的同时，对全省生鲜乳收购站和生鲜乳运输车，按照生鲜乳收购站、生鲜乳运输车辆标准化管理检查内容和判定标准的要求进行了检查，合格率达100%。另外，积极配合农业农村部安排的《食品安全国家标准　生乳》指标监测、生鲜乳例行监测、质量安全飞行抽检、奶畜养殖散户检测任务达98批次，抽检覆盖率及合格率均达100%。

2020年全省共有12个生鲜乳收购站和8辆运输车，主要分布在西宁市、海东市、海南藏族自治州的7个县（市、区），其中乳制品加工企业开办的生鲜乳收购站5个、奶牛养殖场（户）开办的7个，机械化挤奶站比例为71.43%。全年对生鲜乳的收购、储存、运输进行进一步规范，督促生鲜乳收购站建立台账，积极开展生鲜乳常规项目检测及统计监测工作，积极完善档案管理，开展生鲜乳收购站管理系统和农业农村部畜牧业统计监测系统报送，全年进一步加强了信息化建设，完成了12个奶站和8个运输车辆的许可证及准运证的出证及信息更新、审核情况，全面提高了管理系统运行及统计监测在线直报数据的准确性和时效性，并进一步规范生鲜乳购销秩序，推进生鲜乳收购站与乳企生鲜乳购销合同备案，全年未发生争抢奶源现象，生鲜乳购销全部按购销合同交售。同时，统一配发了《青海省生鲜乳收购站生鲜乳收购、检测记录档案》等标准文本，健全和规范了档案管理及生鲜乳质量安全追溯系统。

【奶业大事】为进一步提高全省家畜繁殖员的职业技能水平，强化畜牧行业高技能人才队伍建设。2020年举办全省第二届家畜（奶牛）繁殖员职业技能竞赛，此次大赛由青海省总工会、青海省农业农村厅主办，省农牧工会、青海省畜牧总站承办，全省10支代表队40名参赛人员经过激烈角逐，顺利完成了理论考试、精液解冻与质量鉴定、母牛发情鉴定、人工输精全部赛程，竞赛共产生优秀选手6名，团体奖3名，优秀组织奖1名。比赛取得了圆满成功，全面展现了青海繁殖技术人才的技术水平，有针对性地开展了“人员大培训、岗位大练兵”。参赛选手在赛场上拼技能、比速度、展风采，充分体现了畜牧人精益求精、追求卓越的工匠精神，营造了重视农业技能、尊重农牧业专业技术人才的良好氛围，增强了畜牧兽医工作者的自豪感和自信心。同时，也为全省奶牛繁殖专业技术人员提供了互学互鉴、合作交流的平台。

青海天露乳业有限责任公司成功入选“中国最美绿色食品企业”、2020中国奶业“融智创优”奶畜养殖企业品牌、中国学生饮用奶——学生营养改善贡献企业，青海雪峰牦牛乳业有限责任公司入选2020中国奶业“融智创优”乳品企业品牌，大大提升了青海省奶企的品牌影响力。

（青海省畜牧总站，张亚君）

附表 1　青海省奶畜养殖场（小区）名录

序号	名称	供奶企业	全群存栏（头）	成母畜存栏（头）	奶畜品种	成母畜单产（t/年）	年总产量（t）	是否有机奶源基地	有机奶产量（t）
1	青海圣亚高原牧场有限公司	兰州庄园牧场股份有限公司	1 705	910	荷斯坦	7.50	6 825		
2	青海藏地堂生物科技开发有限公司	青海小西牛生物乳业股份有限公司	316	214	荷斯坦	7.50	840		
3	青海联友养殖合作社	青海互邦农业开发有限公司	186	129	荷斯坦	6.50	720	√	720
4	万元奶牛养殖基地	万元奶牛养殖基地	115	83	荷斯坦	4.50	320		
5	湟源云祥奶牛养殖场	湟源云祥奶牛养殖场	50	50	荷斯坦	2.50	120		
6	玉盛奶牛养殖场	玉盛奶牛养殖场	200	150	荷斯坦	4.50	300		
7	民和县忠杰奶牛养殖场		334	220	荷斯坦	2.50	829		
8	民和县鼎辉农牧科技有限公司	青海雪峰牦牛乳业有限公司	500	341	荷斯坦	2.90	1 641		
9	奶牛养殖专业合作社		121	70	荷斯坦	2.30	275		
10	循化县胖子农牧开发有限公司		305	200	荷斯坦	9.13	1 826		
11	兴海县华天池种养殖农民专业合作社		370	235	牦牛	0.15	38	√	38
12	共和县世辉奶牛养殖专业合作社	青海雪峰牦牛乳业有限公司	240	240	荷斯坦		252		
13	共和顺成牛羊育肥专业合作		8	8	乳用西门塔尔		27		
14	青海圣亚高原牧场有限公司	青海青海湖乳业有限责任公司	1 700	900	荷斯坦	8.50	8 000		
15	青海天露乳业乐都良种繁育中心	青海天露乳业有限责任公司	2 500	1 850	荷斯坦	8.10	15 048	√	15 048
16	贵德天露良种繁殖有限公司	青海天露乳业有限责任公司	750	450	荷斯坦	7.50	3 364		
17	金祁连俄堡镇自建牧场	青海金祁连乳业有限责任公司	300	150	牦牛	0.45	135		

备注：本表所指奶畜包括奶山羊、奶绵羊、奶水牛、牦牛、骆驼、驴等产商品奶家畜。如认证为有机奶源基地等，请在相应表格中打钩。

附表 2　青海省主要乳制品生产企业名录

序号	名称	生产地点	生产许可证号码	年收购原奶量（t）	其中：自有奶源量（t）	平均支付价格（元/kg）	日处理生鲜乳能力（t）	年乳制品产量（t）	其中：低温鲜奶（t）	UHT 奶（t）	常温酸奶（t）	低温酸奶（t）	原料奶粉（t）	婴幼儿配方奶粉（t）	成人奶粉（t）	奶油（t）	奶酪（t）	含乳饮料（t）	冰品（t）	年销售收入（万元）	利润（万元）	有机产品（枚）
1	青海互邦农业开发有限公司	湟中区土门关乡	SC10563012202769	700	720	4.60	10															
2	民和湟乳乳制品有限责任公司	民和县现代农业科技示范园	91632122710496097E	2 800		4.50	60	2 100				2 000			100					2 700	65	
3	青海雲牧牦牛生物乳业有限公司	互助县威远镇白崖村	SC10563212601358	2 000	0	3.50		1 900			1 900									2 000	200	
4	青海雪峰牦牛乳业有限责任公司	青海省共和县	SC10563252101104	15 490	0	5.50	120	14 789	2 563	4 489	4 356	2 956	424	0	0	0	0	0	0	11 287	2 447	
5	青海天露乳业有限责任公司	生物园区经四路 16 号	SC10563010502579	22 678	18 412	4.50	76	21 563	5 475	12 803	0	3 285	0	0	0	0	0	0	0	900	-100	25 000
6	青海小西牛生物乳业股份有限公司	生物园区	SC10563010502538	48 115	21 900	4.66	360	54 823		38 730		16 093								57 887	7 919	
7	青海金祁连乳业有限责任公司	青海省祁连县	SC10563222201028	7 500	7 000	5.00	75	7 200	0	5 500	1 700	15								8 000	100	
8	青海好朋友乳业有限公司	西宁市南川工业园区同安路附 108 号	SC10563010302557	25 000		4.80	300	30 000		10 000	10 000	9 000						1 000		24 000	2 000	
9	青海青海湖乳业有限责任公司	西宁市城东区东新路 16 号	SC10563010201430	3 671	3 671	4.23	50	4 246	0	1 823	0	2 252	0	0	0	0	0	161	0	10 030	-861	

备注：本表包括在中国及海外的生产企业。日处理生鲜乳能力指设计加工生鲜乳能力。自有奶源指来自自建和参建（控股、参股）牧场（小区）的原奶。成人奶粉指除婴幼儿配方奶粉以外的学生奶粉、孕妇奶粉、中老年奶粉等终端消费奶粉。冰品包括冰激凌、雪糕等。有机产品数量单位为“枚”，指获得有机标志的数量。

宁夏回族自治区

【奶畜养殖】2020年，奶产业被宁夏回族自治区列为九大重点特色产业之一。在各级党委和政府的支持下，在有关企业和社会各方的积极努力下，宁夏奶产业保持了持续、健康、快速发展的良好势头，已成为全国奶业优势产区和优质高端乳制品重要生产基地。全区奶牛养殖主要分布在引（扬）黄灌区14个县（市、区），总存栏达到57.4万头，新增存栏13.7万头，同比增长31.35%；生鲜乳总产量215.3万t，同比增长17.39%；人均鲜奶占有量300kg；成母牛年均单产9 000kg，比全国平均水平高700kg。生鲜乳乳脂率3.9%，乳蛋白率3.3%，体细胞数低于20万个/mL，达到欧盟标准（表1）。2020年生鲜乳产值77.8亿元，占牧业产值的31.3%，占农业总产值的11.0%。

【乳制品加工】2020年，宁夏乳制品加工企业共20家，设计日加工能力9 705t，主要分布在银川市和吴忠市，其中，全年保持正常生产的企业10家，停产或季节性生产的企业10家。乳制品总产量152.78万t，其中，UHT奶115.82万t，占75.8%；低温鲜奶0.26万t，占0.2%；酸奶21.23万t，占13.9%；全脂及配方奶粉2.05万t，占1.3%；含乳饮料8.62万t，占5.6%；奶油、奶酪等其他产品4.8万t，占3.1%；生产婴幼儿配方奶粉的企业有1家，注册配方数有9个。

【市场消费】据乳制品企业销售量测算，2020年，宁夏居民人均乳制品消费量23.6kg。乳制品入户销售的产品主要是北方乳业的巴氏杀菌纯鲜奶（规格215mL）、酸牛奶（规格225g），按月订购，每瓶4元；夏进乳业的巴氏纯牛奶（规格230mL）、巴氏酸牛奶（规格230g），按月订购，每瓶4.2元；商超及订单销售的主要乳制品产品及价格见表2。目前市场消费主要以常温奶、巴氏奶、酸奶为主，夏进乳业生产的特色枸杞奶畅销区内外，塞尚乳业与雀巢、星巴克咖啡、蒙牛、伊利合作，研制出夸克奶酪、奶油奶酪、蛋白粉、芝士奶盖浆、代餐粉等定制型产品，以满足不同客户的需求。

表1　宁夏原料奶指标与国内外标准对比

指标	宁夏平均	全国平均	国家标准	欧盟标准	美国标准
乳脂率（%）	3.9	3.85	3.1	—	3.8
乳蛋白率（%）	3.3	3.16	2.8	—	3.2
体细胞数（万个/mL）	≤20	≤27	—	≤40	≤75
细菌数（万CFU/mL）	<5	<14	<200	<10	<10

表2　银川市部分超市乳制品销售价格调查

品牌	品名	规格	价格（元）	品牌	品名	规格	价格（元）
伊利	鲜牛奶	180g	2.50	雀巢	力多精金装婴儿奶粉（2段）	900g	188.00
	金典纯牛奶	250mL×12	65.00		早启能恩	400g	186.00
	利乐枕纯牛奶	240mL	2.70		能恩金牌成长奶粉（4段）	900g	150.54
	安慕希零蔗糖酸牛奶	230g	7.80		怡养益护因子高钙中老年奶粉	850g	89.00
	原味老酸奶	138g	4.00		爱思培6~15岁学生奶粉	1kg	139.90
	QQ星健固儿童成长奶	190mL	3.60	君乐宝	悦鲜活牛奶	200g	3.50
	金领冠珍护婴儿配方奶粉（6~12月龄2段）	900g	338.30		纯享苹果味益生菌酸奶	360g	10.10
	金领冠睿护婴儿配方奶粉（0~6月龄1段）	800g	278.80		简醇无蔗糖风味酸牛奶	180g	4.50
蒙牛	特仑苏纯牛奶	250mL×12	49.50		涨芝士风味酸牛奶	180g	5.10
	精选牧场高钙牛奶	250mL×12	33.60		多果粒黄桃八连杯	90g×8	11.90
	臻享牛奶利乐枕	230mL	2.50		酸牛奶白桃燕麦	300mL	10.10
	未来星骨力型儿童成长牛奶	190mL	3.50		奇异果活菌乳酸	900mL	15.90
	纯甄果粒酸牛奶	200mg	5.05	光明	大白兔奶糖风味牛奶	200mL×6	35.50
	风味发酵乳	150g×5	9.90		慕斯利安红枣枸杞风味酸奶	200g×10	35.00

（续）

品牌	品名	规格	价格（元）	品牌	品名	规格	价格（元）
夏进	爵品纯牛奶	250mL×16	80.00	北方	银泉巴氏鲜牛奶	500g	6.90
	浓缩牛奶	250mL×12	38.80		银泉塑瓶纯牛奶	243mL	3.00
	利乐枕浓缩牛奶	227g	2.30		银泉利乐枕浓缩牛奶	227mL	2.20
	瓶装纯牛奶	243mL	2.90		银泉百利包酸奶	195mL	0.84
	炼乳牛奶	500mL	6.00	天友	纯牛奶	250mL×24	65.90
	益生菌酸牛奶原味	180g	2.40		红百特高优质牛奶	250mL×12	55.00
金河	浓缩酸牛奶	180g	3.00		希腊神话风味酸奶	200g×12	50.00
	老酸奶风味酸奶	160g	4.00		恬恩婴儿配方奶粉 1 段	800g	328.00
	寻味西夏酸奶	192g	6.10		汇滋力幼儿配方奶粉 3 段	800g	328.00
	冰激凌酸奶	120g	5.10		英贝儿婴儿配方奶粉 1 段	800g	328.00
	益生菌酸奶	1kg	3.00		山城中老年奶粉	800g	158.00
	宁夏印象酸牛奶	225g	6.00	春天然	巴氏鲜奶	200mL	3.00
	原生酸牛奶	180g	3.00		巴氏杀菌风味发酵乳	180g×12	54.00
	乐膳风味发酵乳	138g	6.10				

【奶源基地】2020 年，新（扩）建奶牛养殖场 71 个，100 头及以上规模奶牛养殖场达到 303 个，规模化养殖比重达到 98% 以上。其中，存栏 100~1 000 头的规模奶牛养殖场 103 个、奶牛存栏 5.23 万头，占 9.11%；1 001~5 000 头的规模奶牛养殖场 176 个、奶牛存栏 34.74 万头，占 60.52%；5 001 ~ 10 000 头的规模奶牛养殖场 20 个、奶牛存栏 13.00 万头，占 22.65%；10 000 头以上的规模奶牛养殖场 4 个、奶牛存栏 4.43 万头，占 7.72%（表 3）。建成了兴庆区月牙湖、灵武市白土岗、平罗县红崖子、利通区五里坡（一、二、三、四期）、吴忠市孙家滩和宁夏农垦贺兰山奶业集团 9 个 2 万头以上的养殖基地，奶牛存栏 30 万头，占全区总数的 52.3%。

表 3　2020 年宁夏奶牛规模养殖情况

规模（头）	场数（个）	奶牛存栏量（万头）	占总存栏比率（%）
100~1 000	103	5.23	9.11
1 001~5 000	176	34.74	60.52
5 001~10 000	20	13.00	22.65
>10 000	4	4.43	7.72
合 计	303	57.40	100.00

奶牛主产区饲草面积 17.1 万 hm^2，饲草产量 605 万 t。其中，种植青贮玉米 9.4 万 hm^2，全珠玉米青贮量 522 万 t；苜蓿留床面积 3.8 万 hm^2，产量 54.7 万 t；一年生牧草 3.9 万 hm^2，干草产量 28.2 万 t（表 4）。最新发布的《2019 年中国全株玉米青贮质量安全报告》显示，宁夏全株玉米青贮质量分级评分指数（CSQS）达到 68.3 分，在全国粮改饲试点省份中排名第一，比全国平均水平（61.0 分）高 12.0%。其中，干物质、30 小时中性洗涤纤维消化率、淀粉、粗脂肪、乳酸含量比全国平均水平分别提高 1.7 个百分点、4.7 个百分点、9.6 个百分点、7.7 个百分点、2.2 个百分点，全株玉米青贮质量均达到良好水平，17.1% 质量达到优秀水平；与 2018 年相比，CSQS 评分全株玉米青贮质量提高了 3.2 个百分点。

表 4　2020 年全区饲草生产情况

品种	全区		奶牛主产区	
	总面积（万 hm^2）	产量（t）	总面积（万 hm^2）	产量（t）
优质苜蓿	8.8	116.0	3.8	54.7
青贮玉米	12.6	737.0	9.4	522.0
一年生牧草	7.3	50.6	3.9	28.3
小 计	28.7	903.6	17.1	605.0

奶业机械购置补贴共 6 971.6 万元，其中，挤奶机补贴 164.8 万元；奶牛发情监测设备补贴资金 36.6 万元；青饲收获机补贴资金 1 596.7 万元；打压（捆）机补贴资金 1 467.5 万元；铡草机补贴资金 1 068.2 万元；饲料混合机补贴资金 280.8 万元；饲料制备（搅拌）机补贴资金 2 357 万元。

全区规模养殖场奶牛良种率、全混合日粮（TMR）饲喂率、机械化挤奶与冷链储运推广应用率、青贮饲喂率均达到 100%。参加奶牛生产性能测定的牧场 28 个，参测泌乳牛 5.4 万头，305 天产奶量 10 578.4 kg。实施养殖大县种养结合整县推进试点和畜禽粪污资源化利用等项目，配套完善奶牛粪污收集、存储、处理、利用等设施设备，推广应用粪污厌氧发酵（沼气工程）、污水清洁回用、粪便垫料利用、粪污全量还田种养结合等 8 种粪污资源化利用主推技术和模式。2020 年，全区畜禽粪污综合利用率达到 90% 以上，设施装备配套率达到 95%，大型规模养殖场粪污处理设施装备配套率达到 100%。

宁夏规模奶牛养殖场生鲜乳年均收购价格3.79元/kg，成母牛年头均盈利6 500~10 000元。

【奶农组织】2020年，宁夏共有奶农合作社98个，主要分布在银川市、吴忠市、中卫市、石嘴山市。宁夏共有自治区级行业协会2家，分别是宁夏奶业协会、宁夏乳制品工业协会，市、县（区）奶业协会2家，分别是灵武市奶业协会、吴忠市奶业协会。为进一步加强奶牛养殖技术培训和技术推广服务工作，举办畜牧业领军人才、优质饲草种植收贮、奶牛生产性能测定、粪污资源化利用等技术培训20余期，培训各级人才2 000余人次，组织参加全国技术交流及培训近10期，培训技术骨干30余人次。

【政策法规】2020年，相关厅局为支持奶产业发展，陆续出台了扶持政策。其中，财政厅制定了《支持九大重点产业加快发展若干财政措施（暂行）》，着力支持品牌宣传、标准化体系建设、良种繁育、品牌创建、产业融合、技术改造、科技攻关、基地建设、服务体系建设等关键领域和薄弱环节；科技厅制定了《自治区奶产业高质量发展科技支撑行动方案》，加强科技攻关，加大创新平台培育力度，推动产业科技园区建设，强化创新主体地位，培育科技人才队伍，加快成果转移转化；自然资源厅、生态环境厅、水利厅等有关部门，落实了发展用地、环保、用水等保障措施；金融局制定了《宁夏动物活体抵押贷款服务指引》，明确了抵押范围和价值、贷款额度、用途、期限、利率及还款方式。2020年，国家及自治区在奶产业方面扶持资金共计23 041万元。具体如下。

中央扶持资金18 130万元。其中，粮改饲补助资金12 610万元，种植青贮玉米4.95万hm^2，收贮270万t。根据宁夏实际，将计划调整为种植青贮玉米6.67万hm^2，收购优质全株玉米青贮365.3万t，补助资金12 010万元；示范“青贮玉米+小黑麦”一年两茬种植模式，种植优质越冬型一年生饲草0.27万hm^2，补助资金600万元。高产优质苜蓿示范建设补助资金5 520万元，种植优质高产苜蓿0.61万hm^2，每亩补助600元。

自治区扶持资金3 060万元。奶牛节本增效扶持资金60万元，建设奶牛节本增效科技示范点10个，每个补助6万元。示范推广奶牛高效繁殖、高效日粮配制与饲喂、奶牛生产性能测定（DHI）、隐性乳腺炎控制、粪污资源化利用、信息化（物联网）管理共6项技术。按照《农业农村厅　财政厅关于支持做好2020年农业结构调整有关事宜的通知》（宁农〈计〉发〔2020〕19号），下达奶产业性控冻精（胚胎）补贴资金3 000万元，在全区规模养殖场使用符合参数的性控冻精25万支，每支补贴100元；使用符合参数的性控胚胎1.25万枚，每枚补贴400元。

畜禽粪污资源化利用专项资金1 851万元。2020年，农业农村部、财政部下达宁夏农业资源及生态保护补助项目资金1 851万元。项目在全区9个县（区）实施。根据各县（区）规模养殖场数量、畜禽养殖种类和数量，自治区确定了2020年各项目县（区）资金量。重点用于对畜禽规模养殖场配套建设堆肥发酵、污水储存池、厌氧发酵池、氧化塘、污水深度处理等设施和装备，改（扩）建雨污分流、暗沟污水收集系统、漏缝地板和防渗、防雨、防溢流粪污储存设施等，购置清粪机、固液分离机等设备及第三方处理机构投资建设粪污集中处理利用设施装备等环节进行补助。

【质量监管】2020年，宁夏认真开展生鲜乳质量监管工作。一是严格执法检查，落实生鲜乳质量安全监管职责，制定全区生鲜乳质量安全监测计划，确保辖区内收购站和运输车年度监测全覆盖，共出动检查执法人员1 852人次，检查奶站979站次，检查运输车811辆次，严查生鲜乳收购运输环节违法行为，定期开展巡查，对不符合法定条件的生鲜乳收购站和运输车坚决予以取缔。二是持续强化生鲜乳质量安全监测，农业农村部在宁夏抽检生鲜乳247批次，现场检查生鲜乳收购站459站次、运输车377辆次，抽检合格率连续11年保持100%。三是坚持生鲜乳质量安全可追溯监管，2020年全区生鲜乳收购站261个，生鲜乳运输车522辆，配备手持移动抽样终端，生鲜乳收购站、运输车抽检现场检查信息填写全程自动化，实现生鲜乳质量安全监管信息可追溯。2020年宁夏乳制品抽检合格率100%。

【奶业大事】2020年1月，宁夏农垦集团与内蒙古伊利集团签订合作协议，共同出资成立宁夏利垦牧业有限公司，计划4年内在平罗县建成4个1.25万头、总计5万头的奶牛养殖基地。2020年4月17日，第一个1.25万头奶牛养殖场开工建设，总投资5.52亿元。项目建成后将由宁夏利垦牧业有限公司负责日常经营管理，其中宁夏农垦集团占股80.5%、内蒙古伊利集团占股19.5%，所生产的原奶全部供应内蒙古伊利集团。宁夏利垦牧业有限公司现存栏奶牛5 967头，全部为育成牛。

2020年4月8日，蒙牛集团（灵武）奶业全产业链高质量发展百亿集群项目正式在灵武市临港产业园区开工建设，该项目概算总投资11.3亿元，占地623亩，计划配备16条世界领先的全自动乳制品生产线，规划产能年加工能力150万t。项目全面投产达效后，将成为集优质奶源生产、液态奶加工、物流运输、包装销售等为一体的产业集群基地，预计实现销售收入60亿元，实现年产值100亿元，解决就业1 000人以上，带动奶牛存栏10万头，日产鲜奶1 500t以上；与蒙牛乳业（银川）工厂形成集群效应，为推动宁夏回族自治区奶业全产业链规模化、高端化发展发挥积极作用。

2020年5月6日，新希望乳业股份有限公司计划以17.11亿元收购宁夏夏进乳业母公司寰美乳业100%的股权。夏进乳业作为宁夏龙头乳制品企业，在宁夏市场拥有50%的市场份额、400多家经销商，年收入达15亿元，利润超过1亿元，净利率达到8.1%。全资收购夏进乳业有助于上市公司销售区域的拓展和盈利能力的提升，通过地域拓展培育新的盈利增长点，实现跨越式发展。

2020年5月13日，自治区政府与伊利集团签订战略合作框架协议，共同打造宁夏伊利千亿元奶产业链集群项目。自治区党委书记、人大常委会主任陈润儿，自治区党委副书记、自治区主席咸辉在银川会见了伊利集团董事长潘刚一行，并共同见证签约。双方将本着深度合作、互利共赢的原则，充分发挥宁夏奶产业独特的资源优势和伊利集团乳业龙头带动作用，在乳制品加工、奶源基地打造、饲草料种植、精准扶贫等方面开展全方位、多层次合作，推动宁夏奶产业全面振兴，助力宁夏经济持续健康发展。

2020年6月8—10日，习近平总书记在宁夏考察并作重要讲话，指出“奶牛规模化养殖很重要，没有规模化就没有标准化，就没有效益。宁夏牛奶品质很好，要把它做大做强”。

2020年6月17日，光明乳业、宁夏中卫市政府、宁夏农业投资集团三方签订战略合作协议，共同投资建设奶产业种养加全产业链项目，打造宁夏优质奶产业千亿级产业集群，带动宁夏农业走特色产业、高品质、高端市场、高效益的“一特三高”现代农业发展之路。签约仪式前，自治区党委书记、人大常委会主任陈润儿在银川市会见了光明乳业党委书记、董事长濮韶华一行。

2020年8月，宁夏畜牧工作站组织实施的《优质高产奶牛选育技术研究与应用》项目获自治区科技进步一等奖。

2020年8月17日，自治区党委办公厅、人民政府办公厅印发了《关于建立自治区省级领导同志包抓重点特色产业工作机制的通知》（宁党办〔2020〕56号），奶产业包抓领导分别为自治区党委常委、统战部部长白尚成同志，自治区人大常委会副主任姚爱兴同志。牵头责任单位为自治区农业农村厅。

2020年8月24日，宁夏回族自治区党委召开2020年第29次常委会（扩大）会议，自治区党委书记陈润儿同志明确指出，要把奶产业作为推动宁夏现代农业高质量发展的战略性支柱产业来抓，定位要着眼于打造高端奶之乡，目标要力争养殖规模达到100万头以上、产值达到1 000亿元以上，布局要考虑环境的承载能力，规划要科学精准，确保持续健康发展。

2020年9月3日，召开宁夏回族自治区建设黄河流域生态保护和高质量发展先行区第一次推进会，自治区党委书记陈润儿同志提出奶产业发展要“壮大主体、保障品质、提升效益”的新要求，为奶产业发展指明了方向、划出了重点、明确了路径。

2020年10月9—10日，经自治区党委和政府同意，在灵武市、吴忠市召开了全区奶产业高质量发展现场观摩推进会。奶产业包抓领导自治区统战部部长白尚成，人大常委会副主任、民进中央副主席、自治区主委姚爱兴出席会议。银川市、石嘴山市、吴忠市、中卫市政府分管农业农村工作负责同志，自治区相关厅局和主产县（区）政府、农业农村局负责同志，自治区金融部门和相关银行负责同志及养殖加工企业代表共110余人参加会议。会上自治区农业农村厅通报了全区奶产业高质量发展情况，相关县（区）政府分管同志、相关企业负责人围绕推进奶产业高质量发展进行交流发言。与会代表现场观摩学习了灵武市、吴忠市利通区推进奶产业发展的典型经验和做法。

2020年12月7日，宁夏农业农村厅联合市场监管厅印发了《关于维护生鲜乳购销秩序加强乳品质量安全监管的通知》［宁农（牧）发〔2020〕36号］，明确了要加强部门联动，形成工作合力；强化利益联结，构建长效机制；实施第三方检测，确保公平公正；明确工作任务，压实主体责任；加强宣传引导，严格排查监管。

2020年12月20—22日，由民进宁夏区委会和自治区农业农村厅联合主办、吴忠市农业农村局承办的全区奶产业高质量发展培训班在吴忠市利通区举办，培训班邀请了国家奶牛产业技术体系首席科学家李胜利等9位国内知名的行业专家，从国内外奶产业发展现状趋势分析、现代化规模牧场管理理念、奶牛先进育种技术应用、“4050”健康高产技术模式、5G未来牧场建设规划、疫病综合防控6个方面进行授课。全区292个规模奶牛养殖场、21家乳制品加工企业负责人，奶产业主产县畜牧站（中心）负责人，民进宁夏区委会、农业农村厅相关单位负责人等共400余人参加了培训。

2020年12月31日，宁夏回族自治区党委办公厅、人民政府办公厅《关于印发自治区九大重点产业高质量发展实施方案的通知》（宁党办〔2020〕88号），其中，奶产业高质量发展实施方案从总体目标、重点任务、工作要求3个方面，提出了明确实施内容。

（宁夏回族自治区畜牧工作站，田　佳）

银 川 市

在习近平总书记“两山”理论重要讲话精神的指引下，宁夏回族自治区将奶产业确定为自治区九大特色产业之一，银川市作为自治区奶产业的重要组成部分，其奶牛存栏和生鲜乳总产量分别占全区的28.45%和30.1%。近年来，银川市大力推进养殖业转型升级，提高科学管理水平，奶牛养殖技术和经济效益不断提高，逐步形成了以灵武市白土岗乡草畜产业带、兴庆区月牙湖乡万亩奶牛养殖园区、贺兰山沿山农垦集团为核心，永宁灌区、贺兰灌区为发展区的奶牛产业集群，已成为我国重要的黄金奶源生产基地。

【奶畜养殖】2020年，银川市奶牛存栏17万头。其中，兴庆区3.3万头、金凤区0.54万头、西夏区2.3万头、贺兰县5.0万头、永宁县0.9万头、灵武市4.9万头。牛奶总产量65.24万t，同比增长14.7%。全市奶牛规模化比率达到99%以上，全市生鲜乳产值达到25.68亿元，占全市牧业产值的 51.8%。

【乳制品加工】全市有乳制品加工企业 8 家，分别是蒙牛乳业银川公司、宁夏金河科技股份公司、宁夏塞尚乳业有限公司、北方乳业有限公司、平吉堡酸奶厂、亿美乳业股份有限公司、夏进昊尔乳业公司、上陵春天然乳品股份有限公司。8 家企业设计日加工能力达到 4 080t，年收购原奶 101.34 万 t。其中，蒙牛乳业银川公司日加工处理能力达到 1 500t，年收购原奶 90.48 万 t，宁夏金河科技股份公司日处理生鲜乳能力达到 150t，年收购鲜奶 0.6 万；宁夏塞尚乳业有限公司日处理生鲜乳能力达到 200t，年收购原奶 2.5 万 t；北方乳业有限公司日处理生鲜乳能力达到 100t，年收购原奶 1.7 万 t；平吉堡酸奶厂日处理生鲜乳能力达到 30t，年收购原奶 0.1 万 t；亿美乳业股份有限公司日处理生鲜乳能力达到 2 000t，年收购原奶 5.9 万 t；上陵春天然乳品股份有限公司日处理生鲜乳能力达到 100t，年收购原奶 0.063 万 t。8 家企业主要产品有奶粉、巴氏杀菌乳、UHT 奶、酸奶、含乳饮料、奶油、奶酪等，生鲜乳平均收购价格为 3.94 元 /kg。

【市场消费】2020 年，全市总人口 2 859 074 人，生鲜乳人均占有量达到 340kg，城镇居民年奶类消费支出 374.07 元，农村居民奶类消费支出 165.9 元。

【奶源基地】2020 年，全市有规模养殖户 83 个，存栏奶牛 17 万头，200 头及以上规模化率达到 99.7%。存栏 200~999 头的规模养殖场 33 个，存栏 1 000~2 999 头规模养殖场 51 个，3 000 头及以上规模养殖场 10 个。机械挤奶比例 100%，全混合日粮（TMR）技术应用 100%，有 23 个牛场参加生产性能测定（DHI），奶牛良种补贴全覆盖。苜蓿和青贮玉米种植面积分别为 0.78 万 hm^2 和 1.52 万 hm^2。规模奶牛养殖场粪便采取两种处理模式，一是选用粪便肥料化一体机处理奶牛粪便，将新鲜牛粪装入一体机内，经高温好氧发酵加工处理后一部分制作成有机肥用于农田，一部分作为牛卧床垫料循环利用；二是个别小规模奶牛养殖场采用干清粪，粪便在堆粪场堆积发酵用于农田。奶牛养殖场污水处理采取两种处理模式，一是液体污水经过多级沉降，通过氧化塘进行氧化处理，处理后的污水部分由养殖场循环利用，剩余部分用于养殖场自建饲草基地和农田；二是建设污水处理设备，挤奶台污水经过深度处理达到《畜禽养殖业污染物排放标准》的要求后用于循环回冲挤奶台，或用于灌溉周边农田。

生鲜乳年均收购价格 3.9 元 /kg，养殖场奶业养殖年净收入 6 500~8 500 元 / 头。

【质量监管】2020 年，全市有生鲜乳收购奶站（点）共 83 个，审核发放生鲜乳运输车准运证车辆 175 辆，生鲜乳日常监管具体方法：一是分别与收购奶站（点）负责人签订《2020 年度生鲜乳质量安全目标管理责任书》，明确了各项工作职责，为更好地开展工作打下了坚实的基础。二是加强养殖场（户）的管理，切实抓好源头工作，严禁使用和添加国家明令禁用药品和化学品，建立健全规模养殖场（户）饲养档案、投入品使用档案（兽药、饲料）和动物疫病防疫、治疗等档案、从而在源头上防止疫情的传入传出。三是对奶站（点）生产场区、卫生环境是否严格执行消毒制度、饲料来源、配方饲喂、人畜混住、同属种牲畜混养、购进串换牲畜的隔离观察制度执行情况进行详细检查。四是全面强化奶牛疫病防治工作。要求奶牛饲养必须严格执行佩戴免疫标识、奶牛常见疾病预防、奶牛免疫期和患病期全部检验等制度。五是完善奶站（点）各项管理制度。根据奶站（点）现有条件，帮助奶站（点）建立健全挤奶、收购、冷却、运输等各项管理制度和操作规程，建立卫生消毒制度、生鲜乳日常检测制度、质量监督员工作制度、奶站（点）购销台账制度和运输管理制度。2020 年全市共采奶样 150 份送农业农村部和自治区饲料兽药监察所检测，未检测出违禁物质，样品全部合格。

（银川市畜牧兽医技术推广服务中心，蔡建伟）

吴忠市

【奶畜养殖】截至 2020 年，吴忠市建成运行规模养殖场 137 个，规模化率 98%，平均存栏 2 200 头左右，65% 以上养殖场奶牛存栏超过千头，万头规模养殖场 6 个；奶牛存栏 27.29 万头，同比增长 31.4%，日产生鲜乳 3 200t，较 2019 年年底增加 200t。形成了利通区五里坡、青铜峡牛首山、吴忠国家农业科技园区鸽堂沟三大养殖核心区，奶牛平均单产 9.2t，高出全国平均水平 1t，年产量 104.68 万 t，增长 21.4%，质量指标高于全国和欧盟标准，良种率、机械挤奶率、青贮饲喂率均为 100%，近 3 年农业农村部生鲜乳抽检合格率 100%。饲草种植、奶牛养殖、乳制品加工、冷链物流、印刷包装等一二三产业融合发展，全产业链产值达到 200 亿元。

吴忠市是宁夏回族自治区的奶牛养殖大市，是《宁夏现代农业“十三五”发展规划》确立“1+4”特色优势产业奶牛核心区。经过多年的培育和发展，吴忠市奶业已基本实现了产业化，有效促进了农业增效和农民增收，优化了农业产业结构。被伊利集团、蒙牛集团确定为黄金奶源基地，被中国奶牛产业技术体系专家赞誉为“奶牛的天堂、奶业企业的福地”。

制定并印发了《吴忠市 2021 年奶产业高质量发展实施方案》，持续推进利通区五里坡、吴忠国家农业科技园区鸽堂沟、青铜峡牛首山及盐池县奶源基地项目建设，规划新建奶牛养殖场 30 个，2020 年开工新建 27 个，开工率 90%。推广使用标准化管理模式，国家级奶牛标准化示范场 1 个，犇腾奶牛合作社创建为自治区级标准化示范场，全市达到 15 个；金宇浩兴、优然牧业等 10 个奶牛养殖场创建为自治区级农业重点龙头企业，奥巴牛等 4 个奶牛养殖场创建为市级农业重点龙头企业。

【乳制品加工】全市现有乳制品加工龙头企业10家，其中国家级龙头企业1家、自治区级3家，日加工能力5 325t，占全区的54.9%，加工销售产值100亿元。伊利公司共有生产线46条，解决就业岗位2 000多个，加工能力达到3 800t，生产液态奶达84万t。主要包括金典、舒化、安慕希等高端产品20多个品项，加工产值78亿元，吸引带动了8家配套物流供应商相继落户吴忠并实现纳税，计划成立宁夏伊利物流园。夏进公司现有瑞典利乐、康美等47条生产线，产品涵盖灭菌乳、巴氏杀菌乳、风味发酵乳、含乳饮料、乳粉等7大类80余种，区内外销售量各占50%，实现销售收入16亿元，被授权使用"吴忠牛乳"农产品地理标志。伊利等乳企的发展带动了金世纪包装、夏进包装、嘉信吸管等包装材料生产企业的规模，产值实现了翻番。

【市场消费】2020年全市居民人均奶类（折合成原料奶）占有量729kg，主要乳制品品牌及产品有夏进（巴氏有机奶、爵品、纯牛奶、甜牛奶、酸牛奶、发酵老酸奶、含乳饮料）、伊利（金典有机奶、营养舒化奶、儿童QQ星、安慕希系列酸奶）等。吴忠市实施农业品牌提升行动，引导支持企业争创中国驰名商标、宁夏著名商标和宁夏名牌产品。夏进牧场奶源被认证为有机奶，"夏进"获中国驰名商标，产品发展到五大系列，销售至全国200多个主要城市；借助"伊利"品牌优势，宁夏伊利生产包括金典、舒化、安慕希等高端产品20多个品项，加工产值78亿元，吸引带动了8家配套物流供应商相继落户吴忠并实现纳税。

【奶源基地】截至2020年年底，吴忠市共有奶牛养殖场（户）137个，规模化养殖比例达98%，平均单产9.2t。实施了奶牛良种工程和科技提升工程，健全了奶牛良种繁育体系、饲料配送体系和疫病防控体系，奶牛良种率达到100%。推广了DHI测定、性控胚胎、精准饲喂、健康养殖等技术，机械化挤奶、全混合日粮（TMR）饲喂、全株玉米青贮饲喂技术推广应用率达到100%，DHI测定技术在12个规模奶牛养殖场推广应用。在粪污资源化利用方面，重点推广了种养结合、深度处理、垫料回用和集中处理等粪污处理模式，牧场配套建设粪便堆肥发酵、雨污分流、粪污处理等设施。加强兽医社会化服务体系、牧场疫病自防体系、疫病监测预警信息体系、疫病防控可追溯体系的建设，确保了奶产业的健康发展。大力推广黑麦草、苜蓿、青贮玉米等优质饲草种植，成立了利通区益农草畜联合体、建立了优质饲草种植基地，2020年全市种植青贮玉米3.13万hm^2，制作青贮164万t，自给率达85%以上，基本实现自给自足；种植优质苜蓿0.23万hm^2，自给率达到12%。2019年利通区落实优质饲草种植面积1.52万hm^2，2021年计划种植优质饲草1.65万hm^2，预计产量达83.43万t。伊康元二期、天康生物等专业化饲料加工项目正在筹备建设，建成后新增年产饲料加工能力60万t。生鲜乳收购年均价格3.84元/kg。

【奶农组织】通过政策扶持，规范了生产、经营、服务行为。奶农专业合作社在协调奶企双方利益，做好奶农生产、技术、资金、信息、销售等服务方面发挥了积极作用，进一步促进了奶农合作社组织的发展。同时，"龙头企业+合作社+奶农"产、加、销一体化的紧密利益共同体逐步建立。

【政策法规】推进养殖设施改造和乳制品生产加工提升，利通区成功申报实施农业农村部创建国家现代农业产业园项目，涉及资金1亿元，目前各工程建设项目正在有序推进。利通区和青铜峡市被纳入宁夏奶牛产业集群项目区。2020年实施奶牛性控冻精（胚胎）补贴项目，共向67个养殖场补助资金569.35万元，2021年争取到自治区奶牛性控冻精8.7万支、性控胚胎4 000枚，计划补助资金1 270万元，另自治区支持利通区建设奶牛体外胚胎生产技术示范中心，补助100万元。在金宇浩兴、夏进牧场、恒源林牧等7个标准化养殖场试点开展"吴忠牛乳"地理标志农产品保护工程项目，开展技术培训，安装设施设备，共补贴资金170万元，并在中国（宁夏）奶业研究院成立了教授工作站。2021年，落实市人大代表提案建议，在促进奶产业高质量发展方面，组织相关人员外出考察学习，召开交流座谈会，起草了《吴忠市促进奶产业高质量发展的决定（讨论稿）》，目前正在修改。筹资7 000万元建立奶业风险基金，撬动银行为养殖户发放贷款3.5亿元。伊利公司为新（改）建养殖场扩群补栏提供融资贷款25亿元。农村商业银行等金融机构探索开展活体抵押贷款，为6户奶牛养殖户累计发放贷款3 250万元，对鸽堂沟11个养殖场发放贷款700万元，并达成多项融资意向。

【质量监管】严格生鲜乳收购站许可管理，严厉打击非法收购运输"黑窝点"和各种违禁添加行为，加强生鲜乳抽样检测，对全市奶站、运输车辆抽检做到全覆盖。按照"落实制度、严格发证、强化监管、确保质量"的原则，以奶站监管和生鲜乳检测为抓手，层层落实生鲜乳质量安全监管责任，扎实开展生鲜乳违禁物质专项整治行动，三聚氰胺、β-内酰胺酶、碱类物质等抽检合格率达到100%。生鲜乳违禁添加物抽检合格率达100%。开展饲料生产和饲喂环节质量安全监测，严厉打击非法添加、超范围、超剂量添加兽药等违法行为，违法案件查处率达到100%。

奶牛防疫、良种繁育、兽医防疫、疫病监测预警信息和饲料配送体系不断健全，近100个乡镇兽医站覆盖所有乡镇村和奶牛养殖场，口蹄疫免疫密度达100%，免疫抗体达90%以上。

【奶业大事】2020年1月21日，吴忠市生鲜乳价格协调委员会组织召开了2020年第一季度生鲜乳价格协调会，经与会委员综合分析研判、充分协商并投票表决，确定吴忠市2020年第一季度生鲜乳收购指导价格为3.75元/kg（不含运费），最低收购价在此基础上不得低于5%，鼓励优质优价，并授权由吴忠市奶牛养殖业协会向社会发布。

2020年2月，为缓解伊利公司受疫情影响，产品销售不畅、库存积压的资金短缺问题，市农业农村局和市财政局积极对接自治区财政厅、农业农村厅，简化手续，特事特办，仅用1天时间完成项目资金申请、审核，为伊利公司拨付自治区生鲜乳增量补贴项目资金940万元，保障企业稳定生产，助力伊利公司打赢疫情防控战。

2020年5月15日，自治区农业农村厅组织召开了全区优质饲草种植与加工利用现场观摩会。自治区农业农村厅及相关处室，各市、县（区）农业农村局、畜牧技术推广中心负责人，饲草种植与加工、农机服务的企业、合作社，奶牛、肉牛养殖场负责人和养殖大户等100余人参加观摩会。首先观摩了利通区马莲渠乡优质饲草及生态农业示范园“晋饲草1号”小黑麦、冬牧70、饲用燕麦、紫花苜蓿等优质饲草高效种植利用模式和多品种引进与试验示范种植情况。然后观摩了利通区金银滩镇吴忠富农奶牛养殖合作社种植基地一年两茬高效种植模式、新技术新品种试验研究成果、“晋饲草1号”品种测产结果以及牧草收割机、打捆机等收获加工机械设备。

2020年5月29日，吴忠市生鲜乳价格协调委员会组织召开了2020年第二次生鲜乳价格协调会，经与会委员综合分析研判、充分协商并投票表决，确定吴忠市2020年5月、6月生鲜乳收购指导价格为3.61元/kg（不含运费），最低收购价在此基础上不得低于5%，鼓励优质优价。

2020年5月31日，吴忠市农业农村局与吴忠市奶牛养殖业协会、中国（宁夏）奶业研究院联合举办应对奶牛热应激主题培训班。牧场负责同志和畜牧业专业技术人员共90余人参加培训，培训班邀请以色列热应激防治专家伊斯雷尔·佛莱蒙鲍姆博士、伊利集团奶科院姜山工程师、北京和牧兴邦网络技术公司陈锴行博士、北京丰尊百奥生物科技公司仇学军博士进行授课。

2020年8月14日，吴忠市生鲜乳价格协调委员会组织召开了2020年第三季度生鲜乳价格协调会。根据第三季度市场行情预判，结合吴忠市奶产业发展实际情况，经与会委员综合分析研判、协商投票表决，最终确定吴忠市2020年第三季度生鲜乳收购指导价格为4.02元/kg（不含运费），最低收购价在此基础上不低于5%，鼓励优质优价，执行时限为2020年7月1日至9月30日。

2020年9月21日，中国农业科学院北京畜牧兽医研究所马莹书记一行4人到中国（宁夏）奶业研究院举行科技扶贫赠书仪式，并召开了现场座谈交流会，了解奶产业发展情况及存在的问题。此次赠书仪式共捐赠图书100余册，包括奶业科普、农业实用技术、养殖管理知识等方面图书，践行了科技为民的主线，受到大家热烈欢迎。

2020年10月19—20日，吴忠市农业农村局、市投资促进服务中心联合市奶牛养殖业协会赴甘肃亚盛田园牧歌草业集团有限责任公司学习考察。学习借鉴国内优质饲草企业种植加工技术，解决当地奶牛养殖优质饲草短缺问题，保障奶牛饲草供给，推进奶产业高质量发展。

2020年11月30日，吴忠市农业农村局与吴忠市奶牛养殖业协会、中国（宁夏）奶业研究院联合举办奶牛疾病防控主题培训班。各养殖场驻场兽医和畜牧业技术人员共100余人参加培训。特邀请宁夏大学农学院临床兽医学教授吴兴华、齐鲁动保反刍动物疫苗技术负责人薛原、明日达（宁夏）科贸有限公司技术经理赵歆平、新疆石河子大学教授齐亚银、金宇保灵反刍产品防疫部技术总监曹如周、美国环球技术经理王波臻6名疾病防控专家，围绕犊牛肺炎与产后奶牛疾病诊疗技术、当前奶牛主要疾病流行趋势等内容，结合吴忠市实际举办了专题讲座。

2020年12月10日，为有效防范本区国外引进牛再度发生牛结节性皮肤病疫情，规范国外引进奶牛调运监管，控制疫病传入传播，保障畜牧业健康稳定发展。农业农村厅、疾控中心、自治区监督所及各养殖场代表者共同开展关于吴忠市加强国外引进牛防疫监管工作会议。

2020年12月21—22日，由自治区农业农村厅举办、吴忠市农业农村局承办的“全区奶产业高质量发展培训班”在吴忠市召开。来自全区各畜牧中心、奶牛养殖和乳制品加工企业的近400名负责人及专业技术人员参加培训。培训班特邀请国家奶产业首席科学家李胜利等9名国内知名专家，围绕全国奶产业规划、现代化牧场管理要点、奶牛胚胎移植技术等方面进行专业讲授。分析研判奶产业特性和产业发展趋势，缓解产业发展制约困境。

（吴忠市畜牧水产中心，王　欣、周　磊）

附表1　宁夏回族自治区奶畜养殖场（小区）名录

序号	名称	供奶企业	全群存栏（头）	成母畜存栏（头）	奶畜品种	成母畜单产（t/年）	年总产量（t）	是否有机奶源基地	有机奶产量（t）
1	宁夏农垦贺兰山奶业有限公司奶牛一分场	蒙牛乳业（银川）有限公司	2 138	976	荷斯坦	10.6	7 363		
2	宁夏农垦贺兰山奶业有限公司奶牛二分场	蒙牛乳业（银川）有限公司	2 323	1 229	荷斯坦	11.4	11 211		
3	宁夏农垦贺兰山奶业有限公司平吉堡奶三场	宁夏伊利乳业有限责任公司	1 388	737	荷斯坦	12.1	8 769		
4	宁夏贺兰山奶牛原种繁育公司	宁夏伊利乳业有限责任公司	1 463	795	荷斯坦	11.2	9 060		
5	宁夏荷利源奶牛繁育有限公司	蒙牛乳业（银川）有限公司	1 683	936	荷斯坦	11.3	10 645		
6	宁夏赛科星养殖有限责任公司	宁夏伊利乳业有限责任公司	7 299	3 799	荷斯坦	10.3	39 049		
7	宁夏翔达牧业科技有限公司	蒙牛乳业（银川）有限公司	5 469	2 915	荷斯坦	8.5	24 648		
8	宁夏农垦贺兰山奶业公司平吉堡第六奶牛场	宁夏伊利乳业有限责任公司	5 338	3 139	荷斯坦	10.7	33 794		
9	宁夏农垦贺兰山奶业茂盛牧场	宁夏伊利乳业有限责任公司	5 237	3 017	荷斯坦	10.9	31 591		
10	宁夏汇丰源牧业股份有限公司	宁夏伊利乳业有限责任公司	5 215	2 943	荷斯坦	9.2	27 156		
11	贺兰中地生态牧场有限公司	宁夏伊利乳业有限责任公司	12 042	6 221	荷斯坦	12.6	78 161		
12	宁夏中地畜牧养殖有限公司	宁夏伊利乳业有限责任公司	10 638	6 426	荷斯坦	11.6	74 400		
13	宁夏农垦贺兰山奶业有限公司暖泉牧场分公司	宁夏伊利乳业有限责任公司	8 002	4 309	荷斯坦	10.6	40 313		
14	宁夏灵武市金岭农牧有限公司	蒙牛乳业（银川）有限公司	4 933	1 964	荷斯坦	9.3	18 355		
15	宁夏新澳农牧有限公司	蒙牛乳业（银川）有限公司	4 426	3 775	荷斯坦	11.3	21 813		
16	宁夏泽瑞生态养殖牧业有限公司	蒙牛乳业（银川）有限公司	3 944	2 362	荷斯坦	9.6	22 620		
17	宁夏农垦贺兰山奶业有限公司白土岗奶牛场	蒙牛乳业（银川）有限公司	9 839	1 514	荷斯坦	11.3	1 453（新投产）		
18	宁夏农垦贺兰山奶业有限公司灵武奶牛场	蒙牛乳业（银川）有限公司	2 747	1 462	荷斯坦	11.8	18 026		
19	宁夏瑞丰源牧业有限公司	宁夏伊利乳业有限责任公司	8 369	3 342	荷斯坦	10.2	33 928		
20	宁夏农垦贺兰山奶业有限公司简泉奶牛场	宁夏伊利乳业有限责任公司	10 678	6 280	荷斯坦	9.8	57 999		
21	惠农区兴业奶牛养殖专业合作社	宁夏伊利乳业有限责任公司	3 929	1 690	荷斯坦	9.9	16 685		
22	宁夏金谷禾川农牧有限公司	宁夏伊利乳业有限责任公司	3 025	1 293	荷斯坦	8.3	10 670		
23	宁夏伊祥源牧业有限公司	宁夏伊利乳业有限责任公司	3 645	2 144	荷斯坦	11.0	16 086		
24	宁夏金宇浩兴农牧业股份有限公司	四川菊乐食品股份有限公司、宁夏伊利乳业有限责任	7 775	3 957	荷斯坦	9.8	38 852		
25	宁夏夏进综合牧业开发有限公司	宁夏夏进乳业集团股份有限公司	9 821	5 297	荷斯坦	11.3	60 064		
26	吴忠优然牧业有限责任公司	宁夏伊利乳业有限责任公司	4 917	2 614	荷斯坦	12.4	32 352		
27	吴忠市东宝奶牛养殖专业合作社	蒙牛乳业（银川）有限公司	5 231	2 874	荷斯坦	8.9	25 474		

（续）

序号	名称	供奶企业	全群存栏（头）	成母畜存栏（头）	奶畜品种	成母畜单产（t/年）	年总产量（t）	是否有机奶源基地	有机奶产量（t）
28	吴忠市万银奶牛养殖专业合作社	蒙牛乳业（银川）有限公司、宁夏伊利乳业有限责任公司	7 000	4 175	荷斯坦	9.6	40 255		
29	吴忠市秀琴奶牛养殖专业合作社	蒙牛乳业（银川）有限公司	4 855	3 358	荷斯坦	9.1	30 545		
30	吴忠市万财奶牛养殖专业合作社	蒙牛乳业（银川）有限公司	3 800	1 969	荷斯坦	8.9	17 490		
31	吴忠市小西牛养殖有限公司	青海小西牛生物乳业股份有限公司	4 088	2 391	荷斯坦	9.1	21 660		
32	吴忠市犇腾养殖专业合作社	蒙牛乳业（银川）有限公司	4 463	2 305	荷斯坦	10.2	23 480		
33	吴忠市鑫启源养殖专业合作社	蒙牛乳业（银川）有限公司	3 437	1 715	荷斯坦	8.7	14 916		
34	吴忠市富农奶牛养殖专业合作社	蒙牛乳业（银川）有限公司	5 112	3 182	荷斯坦	9.9	31 536		
35	宁夏昊恺农牧发展有限公司	蒙牛乳业（银川）有限公司	7 852	5 030	荷斯坦	9.5	47 708		
36	吴忠市利通区荣跃奶牛养殖专业合作社	蒙牛乳业（银川）有限公司	3 468	2 067	荷斯坦	9.1	18 792		
37	宁夏农垦贺兰山奶业有限公司连湖奶牛场	宁夏伊利乳业有限责任公司	1 245	675	荷斯坦	11.8	8 009		
38	青铜峡市康盛奶牛养殖场	蒙牛乳业（银川）有限公司	3 044	1 210	荷斯坦	10.1	12 264		
39	宁夏恒天然牧业有限公司	宁夏伊利乳业有限责任公司	4 210	1 911	荷斯坦	10.4	19 920		
40	青铜峡市恒源林牧有限公司	宁夏伊利乳业有限责任公司	4 560	2 713	荷斯坦	8.0	21 720		
41	宁夏金宇浩源农牧业发展有限公司	宁夏伊利乳业有限责任公司	5 600	2 100	荷斯坦	10.3	21 600		
42	宁夏元邦牧业科技有限公司	蒙牛乳业（银川）有限公司	5 586	2 929	荷斯坦	8.4	24 625		
43	宁夏阜民丰牧业发展有限责任公司	宁夏伊利乳业有限责任公司	3 315	1 721	荷斯坦	10.8	18 636		
44	中卫市沐露奶牛养殖农民专业合作社	宁夏伊利乳业有限责任公司	3 900	2 395	荷斯坦	9.2	22 140		
45	宁夏农垦贺兰山奶业有限公司渠口牧场	宁夏伊利乳业有限责任公司	4 715	2 654	荷斯坦	11.1	29 841		
46	宁夏牛一农牧科技有限公司	宁夏伊利乳业有限责任公司	5 504	2 692	荷斯坦	10.1	27 096		
47	宁夏兴垦牧业有限公司	宁夏伊利乳业有限责任公司	8 970	3 286	荷斯坦	11.0	35 521		
48	中垦天宁牧业有限公司	中宁县黄河乳制品有限公司、重庆市天友乳业、中垦华山牧乳业有限公司	10 917	6 366	荷斯坦	12.0	76 256		
49	海原县新希望牧场有限公司	成都新希望乳品厂	5 945	1 669	荷斯坦	11.0	8 162		

备注：如认证为有机奶源基地，请在相应表格中打钩。

附表 2　宁夏回族自治区主要乳制品生产企业名录

序号	名称	生产地点	生产许可证号码	年收购原奶量（t）	其中：自有奶源量（t）	平均支付价格（元/kg）	日处理生鲜乳能力（t）	年乳制品产量（t）	其中：低温鲜奶（t）	UHT奶（t）	常温酸奶（t）	低温酸奶（t）	原料奶粉（t）	婴幼儿配方奶粉（t）	成人奶粉（t）	奶油（t）	奶酪（t）	含乳饮料（t）	冰品（t）	年销售收入（万元）	利润（万元）	有机产品（枚）
1	宁夏伊利乳业有限责任公司	吴忠市	SC10564030200130	1 307 726		4.09	3 285	845 731		659 063	162 426		5 737			18 505				616 200	36 865	
2	宁夏夏进乳业集团股份有限公司（含夏进昊尔）	吴忠市	SC10564030200017	184 457	54 750	3.81	900	228 300	405	156 839		13 556						57 500		145 000	10 000	
3	蒙牛乳业（银川）有限公司	银川市	SC10564010500185	904 895	13 482	3.99	1 500	349 823		317 554		18 769							13 500	383 203	17 430	
4	吴忠恒枫乳业有限公司	吴忠市	SC10564030200269	17 954		2.75	300	3 303					3 303									
5	中宁县黄河乳制品有限公司	中卫市	SC12964052100985	25 202		4.04	300	3 548					2 692	845	11					15 287	351	7
6	青铜峡市众乐乳业有限公司	青铜峡市	SC10564038100455	停产																		
7	宁夏银川平吉堡乳品厂	银川市	SC10564010500048	1 095	1 095	3.76	30	1 095				1 095								680	126	
8	宁夏夏进昊尔乳品有限公司	银川市	SC10564010500097	上报数据同总部合并																		
9	宁夏北方乳业有限责任公司	银川市	SC10564012100692	16 712	16 712	4.30	100	15 837	420	9 324	0	1 583	0	0	0	0	0	4 510	0	5 322	271	
10	宁夏金河科技股份有限公司	银川市	SC10564012200013	6 000	2 400	4.25	150	23 729				12 343						11 386		21 420	59	
11	宁夏塞尚乳业有限公司	银川市	SC10564012200675	25 000	9 663	4.25	200	23 593		15 376			331				7 886			33 303	1 426	
12	宁夏亿美生物科技有限公司	灵武市	SC10264022100300	59 878	0	3.29	2 000	20 556	0	58	245	250	5 010	0	0	1 423	3 100	6 832	3 638	27 332	2 368	
13	宁夏雪泉乳业有限公司	吴忠市	SC10564030200734	6 738		3.50	240	3 850	1 158			2 025	667									
14	吴忠银湖乳品有限公司	吴忠市	SC10564030200662	停产																		
15	宁夏伊友乳业有限公司	吴忠市	SC10564030200130	24 087		3.20	300	168					168									
16	宁夏蓝天乳业有限公司	吴忠市	SC10564030200806	停产																		
17	宁夏伊安纳乳业有限公司	吴忠市	阶段生产，无数据																			
18	宁夏七彩阳光乳业有限公司	中卫市	SC10664050200646	收购奶粉				6 000										6 000		2 000	−200	
19	宁夏恒大乳业有限公司	吴忠市	SC12964030200112	14 968		3.60	300	1 709					1 709							2 547	−79	
20	宁夏春天然乳品股份有限公司	银川市	SC10564010500030	634	634	3.88	100	624	611			14								580	−332	

备注：本表包括在中国及海外的生产企业。日处理生鲜乳能力指设计加工生鲜乳能力。自有奶源指来自自建和参建（控股、参股）牧场（小区）的原奶。成人奶粉指除婴幼儿配方奶粉以外的学生奶粉、孕妇奶粉、中老年奶粉等终端消费奶粉。冰品包括冰激凌、雪糕等。有机产品数量单位为“枚”，指获得有机标志的数量。

新疆生产建设兵团

【奶畜养殖】截至2020年年底，新疆生产建设兵团奶牛存栏25.60万头，比2019年增加0.29万头，同比增幅1.1%；牛奶总产量73.8万t，比2019年减少3.7万t，同比下降4.8%。主要品种为中国荷斯坦牛、西门塔尔牛和新疆褐牛，其中，中国荷斯坦牛存栏21万头，占兵团奶牛总存栏的82.1%，主要分布在一师、七师、八师、十二师4个师；新疆褐牛2.7万头，占兵团奶牛总存栏的10.5%，主要分布在四师、九师和十师；西门塔尔牛1.9万头，占兵团奶牛总存栏的7.4%，在各师均有分布。

奶牛主产区一师、七师、八师、十二师，4个师奶牛存栏14.8万头，占兵团奶牛总存栏的57.8%，牛奶总产量53.5万t，占兵团奶产量的72.4%，成母牛平均单产7.3t。

2020年兵团原料奶实现产值31.7亿元，占当年畜牧业总产值的13.2%。生鲜乳收购价格全年持续上涨，由年初的3.9元/kg上涨至年末的4.7元/kg，收购价格屡创新高，奶牛养殖利润较好。

【乳制品加工】2020年兵团辖区共有乳制品加工企业10家（含2家婴幼儿配方奶粉生产企业），日加工处理鲜奶能力总计2 990t，年加工能力达到90万t以上。产品主要包括大包装工业奶粉、巴氏杀菌乳、UHT奶、酸奶、奶酪等，大包装工业奶粉销往内地，液态奶主要在新疆销售。2020年实际加工鲜奶39.2万t，生产奶粉1.1万t、UHT奶14.1万t、酸奶14.8t、巴氏杀菌乳0.4万t、其他2.1万t。兵团区域内规模较大的乳企有石河子花园乳业、新疆天润乳业、新农乳业、石河子娃哈哈启力乳业、石河子乳旺乳业、石河子西牧乳业6家，其中石河子花园乳业、新疆天润乳业和新农乳业为兵团控股上市乳企，石河子花园乳业和石河子西牧乳业是新疆区域内仅有的2家婴幼儿配方奶粉生产许可企业。

【市场消费】2020年兵团人均奶类占有量223kg，人均乳制品(折合成鲜奶)消费量34.8kg，其中纯牛奶25.5kg、酸奶6.9kg、奶粉0.3kg。人均用于奶类消费支出约427元。

新疆商场、超市乳制品销售品牌及种类繁多，本地的花园、新农、西域春、天润、南达以及蒙牛、伊利、光明、麦趣尔等国内知名品牌均有销售，产品类型主要有UHT奶、酸奶、含乳饮料、巴氏杀菌乳、奶粉、奶酪等。新疆消费者偏爱酸奶，纯牛奶次之，巴氏杀菌乳排第三位。奶类消费群体主要为婴幼儿和中老年人，其次是中小学生。酸奶和巴氏杀菌乳发展势头良好，市场消费量逐年增加。

【奶源基地】2020年兵团奶牛养殖场（户）共7 883个。其中，1~29头规模养殖户7 352户，存栏10.8万头，约占奶牛总存栏的42.4%；30~99头规模养殖户416户，存栏2.4万头，约占奶牛总存栏的9.2%；存栏规模达100头及以上的荷斯坦奶牛养殖场115个，存栏量达到12.4万头，约占总存栏的48.4%，其中100~199头的规模养殖场19个、200~499头的规模养殖场31个、500~999头的规模养殖场24个、1 000~1 999头的规模养殖场25个、2 000头规模及以上的养殖场16个。

配备TMR饲喂机械151台（套），青贮玉米收割机416台，苜蓿收获机械127台，清粪机械135台。机械化挤奶设备150余套，机械化集中挤奶比例达到80%以上。

2020年口蹄疫累计免疫牛107.08万头次，应免密度达100%，免疫抗体平均合格率均达80%以上。兵团各级兽医实验室累计开展牛血清学监测10.67万份，阳性率0.02%；开展口蹄疫病原学监测0.89万份，阳性率0；结核检疫17.47万头，阳性率0.01%。全年共完成产地检疫牛12.09万头。对奶牛布鲁氏菌病、结核病，实行一年2次检测，发现阳性畜进行无害化扑杀处理，净化了奶牛养殖环境。奶牛乳腺炎、子宫内膜炎等发病率逐年下降。

饲草料基地建设。全年落实饲草料作物种植面积248.4万亩，其中籽实玉米种植面积144.7万亩、青贮玉米种植面积35.9万亩、苜蓿种植面积27.3万亩、其他饲草种植面积40.5万亩，兵团全年收储饲草433.7万t。新疆北部各师饲草料供给充足，新疆南部垦区仍有缺口。兵团乳业集团、疆南牧业、八师、九师等在探索推进以养带种、种养结合、种养一体化经营方面成效显著。

农作物秸秆饲料化利用工作实施范围涵盖13个师的110个团场，各师主要以增加农作物种植面积、提高秸秆机械收获率和推广“三贮一化”技术提高秸秆饲料化利用率来增加农作物秸秆饲料化利用量。

饲料质量抽查情况：全年兵团共抽取饲料样品336批次，合格率为100%。样品涉及13个师78个团，包括23个饲料生产厂、141个养殖场（户）和18个饲料经营门店。经营环节抽样29批次，生产环节抽样37批次，使用环节（饲料生产厂）抽样3批次，使用环节（养殖场）抽样267批次。饲料产品质量安全监测检测样品136批次，其中配合饲料47批次、浓缩饲料43批次、饲料原料5批次、添加剂预混料41批次，均符合国家标准要求，合格率100%。养殖环节饲料中违禁添加物专项监测检测样品115批次，其中牛羊饲料5批次、蛋白饲料原料37批次，均符合饲料标准要求，合格率100%。饲料中（包括蛋白类饲料原料）三聚氰胺专项监测检测57批次，合格率100%。反刍动物饲料中牛羊源性成分例行监测检测样品85批次，结果全部为阴性。

品种改良。奶牛品种改良主要通过人工授精技术，2020年实际使用奶牛冻精35.6万剂，参配母牛17.3万头。奶牛性控冻精配种2.5万头。奶牛冻精冷配技术覆盖面达到95%以上。通过冷配项目带动，兵团奶牛良种率达到67%以上。兵团规模化牛场奶牛平均单产7.8t

以上 。

奶站及运输车管理。截至2020年12月底，有生鲜乳收购站95个，均为发证奶站，全年因奶源不足等因素关停7个规模较小的奶站。奶站全部机械集中挤奶，其中，开办主体为加工企业的有14个、奶畜养殖场的有67个、奶农合作社的有14个。兵团现有奶站挤（收）奶厅、储奶间、化验室、设备间等基础设施齐全，更衣室、办公室较全。冷藏、冷却、低温储运等设备配套。拥有简单的化验、计量、检测仪器设备，乳糖、脂肪、蛋白、乳比重计等测定仪器拥有率较高。生鲜乳收购站布局合理，硬件设施基本完善，可保障兵团范围内生鲜乳的正常收购及其质量安全。对从业人员进行了相关奶业法律培训、生鲜乳生产收购、卫生安全、化学品管理的培训。奶站建立了卫生管理、质量安全保障、工作规程、挤奶操作、留样等制度。生鲜乳收购、销售、检测等记录较完备，奶牛防疫、检疫、治病、抗奶、酒精阳性乳记录处置清晰。

现有运输车62辆，核发了62个生鲜乳运输车准运证，准运证核发比例100%。运输车辆严格初检和交接：进口和出口用铅封，并详细记录数量、领取时间、各个铅封号码，双方签字确认。初检合格后，填写生乳交接单，详细记录生鲜乳收购站名称、生鲜乳收购经手人、生鲜乳数量、押运员、司机、车牌号、出发时间、出发时生鲜乳温度、到达时间、到达时生鲜乳温度、收购企业名称、企业收奶人员签名，签字确认。

【质量监管】生鲜乳质量监管：根据农业农村部2020年生鲜乳质量安全计划，兵团各级严格从生产、收购和运输3个关键环节进行生鲜乳监督检查，全年开展现场检查162次。对95个收购站，62辆运输车全覆盖，共检测三聚氰胺217批次、黄曲霉毒素M_1 217批次、β－内酰胺酶217批次、革皮水解物217批次、碱类物质217批次、硫氰酸钠217批次，检测结果均为合格。生鲜乳质量安全监测及监管行动覆盖兵团各级奶站，检测指标覆盖卫健委公布的违禁添加物，确保了兵团范围内生鲜乳质量安全。

兽药质量抽检情况：共完成兽药质量监督抽检221批次。其中，检测不合格5批次，不符合兽药追溯监管要求7批次，总体检测合格率97.7%。抽样覆盖兵团13个师、78个团，共110家经营单位、45家使用单位，样品涵盖化学药品类、抗生素类和中药类三大类。从经营环节抽检156批次，检测不合格4批次，合格率97.3 %；从使用环节抽检65批次，检测不合格1批次，合格率98.4%。从产品类别看，化学药品类产品共抽检96批次，合格95批次，合格率99.0%；抗生素类产品共抽检57批次，合格54批次，合格率94.7%；中药类产品共抽检61批次，合格60批次，合格率98.4%。

【政策法规】2021年发布了《兵团奶业振兴行动方案》，按照“市场开拓是关键，龙头拉动是动力，科技是支撑，养殖是基础，奶源是保障”的总体要求，优化产业布局，建设规模化、标准化奶源基地，突出奶牛良种和品种提升，加快产加销一体化建设，快速扩增牛奶产能。兵团计划用4年时间，到2025年，新增高产奶牛存栏6万头，新增牛奶产量30万t。在一师、三师、六师、七师、八师、十二师高产奶牛核心区建设20万头高产优质奶牛养殖基地，在四师、五师、九师、十师西门塔尔牛、新疆褐牛集中区建设10万头乳肉兼用牛养殖基地。

（新疆生产建设兵团畜牧兽医工作总站，杨　华、杨红卫）

附表1　2020年新疆生产建设兵团千头以上奶畜养殖场(小区)名录

养殖场名称	品种	总存栏（头）	成母牛存栏（头）	后备母牛存栏（头）	是否应用TMR
四团托峰冰川4牧场	荷斯坦	1 559	996	563	√
四团托峰冰川5牧场	荷斯坦	1 205	782	423	√
五团新农一场	荷斯坦	1 678	900	778	√
五团新农二场	荷斯坦	1 682	950	732	√
五团新农三场	荷斯坦	1 585	906	679	√
五团天润建融一牧场	荷斯坦	2 423	1 264	1 159	√
五团天润建融二牧场	荷斯坦	2 073	1 150	923	√
五团天润建融三牧场	荷斯坦	2 000	1 040	960	√
十团奔丰养殖有限公司	荷斯坦	1 580	960	450	√
30团吉缘牧业有限公司	荷斯坦	3 070	2 150	200	√
四师创锦牧业种牛场	西门塔尔	5 813	5 249	564	√
103团鑫宝奶牛场	荷斯坦	1 045	679	366	√
新疆芳草天润牧业有限公司	荷斯坦	3 802	2 472	1 330	√
西部准噶尔牧业股份有限公司	荷斯坦	2 633	1 711	922	√
123团一牧场	荷斯坦	3 400	2 000	691	√

（续）

养殖场名称	品种	总存栏（头）	成母牛存栏（头）	后备母牛存栏（头）	是否应用 TMR
123 团祥盛通牧业	荷斯坦	2 700	1 820	508	√
125 团兵团乳业	荷斯坦	19 000	11 700	7 800	√
131 团润达牧业	荷斯坦	2 000	986	406	√
133 团天盈牧业牛场	荷斯坦	1 846	1 525	321	√
133 团红光牧业牛场	荷斯坦	1 406	1 164	242	√
134 团西部牧业	荷斯坦	1 295	974	321	√
134 团曙瑞牧业	荷斯坦	1 765	1 420	345	√
石河子市祥瑞牧业有限责任公司	荷斯坦	2 045	980	820	√
141 团三盈牧业	荷斯坦	2 300	1 685	520	√
141 团双鹤牧业	荷斯坦	1 957	1 586	206	√
141 团振新牧业	荷斯坦	2 264	960	1 304	√
144 天锦牧业及七支部	荷斯坦	2 800	2 500	300	√
144 团中心牛场	荷斯坦	1 400	1 100	300	√
144 团泉旺牧业	荷斯坦	1 460	960	500	√
144 团利群牧业	荷斯坦	1 775	1 105	226	√
148 团娃哈哈启力三牛场	荷斯坦	1 025	795	230	√
148 团西锦牧业奶牛场	荷斯坦	1 406	763	643	√
149 团娃哈哈启力一牛场	荷斯坦	1 502	899	603	√
149 团委 娃哈哈启力二牛场	荷斯坦	1 508	931	577	√
149 团阜瑞牧业	荷斯坦	2 090	1 482	608	√
149 团梦园牧业	荷斯坦	1 144	605	539	√
五一农场标准化牛场	荷斯坦	1 036	616	131	√
天润公司沙湾牛场	荷斯坦	1 250	821	341	√
222 团新疆博格达畜牧有限公司	荷斯坦	1 000	636	456	√
222 团新疆天润北亭牧业有限公司	荷斯坦	1 492	914	716	√
新疆天润西山烽火台示范奶牛场	荷斯坦	1 506	877	427	√

备注：如应用 TMR，请在相应表格中打钩。

附表 2　2020 年新疆生产建设兵团乳制品生产企业名录

企业名称	日处理鲜奶能力（t）	实际年处理鲜奶量（t）	奶粉产量（t）	UHT 奶产量（t）	巴氏杀菌乳奶产量（t）	酸奶产量（t）	其他	企业产值（万元）	企业净利润（万元）
兵团合计（10 个）	**2 990**	**391 808**	**49 695**	**141 124**	**3 956**	**148 385**	**21 118**	**274 029**	**26 657**
阿拉尔新农乳业有限责任公司	450	30 804	1 895	21 128		1 155		27 443	2 881
创锦牧业	20	7 373	0	0	0	0	0	2 600	450
澳利亚乳业	70	9 831	100	0	3 70	10 229		2 026	11
124 团天天乳业	200	5 000	600					850	55
新疆西部天山乳业	500	0	0	0	0	0	0	0	0
新疆石河子花园乳业	400	46 100	1 500	27 200	300	16 900	2 900	43 440	660
新疆西牧乳业	200	7 300	0	4 300	0	3 100	0	6 902	1 500
石河子娃哈哈启力乳业	200	14 500	1 800	0	0	0	0	0	0
新疆乳旺乳业	300	43 900	43 800	0	0	0	0	15 768	6 500
新疆天润乳业	650	227 000	0	88 496	3 286	117 001	18 218	175 000	14 600

五、D20奶业

D20 NAIYE

【D20 企业】

内蒙古伊利实业集团股份有限公司

【奶源基地】内蒙古伊利实业集团股份有限公司（以下简称伊利）奶源基地分布在内蒙古、宁夏、黑龙江、河北、山东、河南、陕西、山西等全国 26 个省（自治区、直辖市）。全国总存栏奶牛约 170 万头，成母牛存栏约 90 万头，年收奶量达 820 万 t。

伊利的所有原料奶合作供应商已经全部实现规模化、标准化养殖。伊利持续深入洞察领先科技在传统养殖业的应用价值，不断强化数字化、智能化在奶业领域的应用。在多年研究的基础上，再次汇集全产业链资源，组建“科技研发组 + 养殖专家组”，联合开展智慧牧场攻关项目。通过大量的牧场一线需求调研、养殖数据分析、数字化技术攻关，结合当下行业难点、痛点，以牧场实际经营管理需求为出发点，创新开发了功能最先进、分析最智能、应用最高效、覆盖养殖领域最全面的“伊利智慧牧场大数据分析应用平台 3.0”。伊利也是我国唯一为牧场研发管理系统并免费开放使用的乳制品企业。

2020 年，伊利在持续加大生产基地布局与建设的基础上，积极推进加速奶源布局与建设。相继启动实施了呼和浩特伊利现代智慧健康谷项目、呼伦贝尔伊利绿色智能示范应用项目、兴安盟伊利集团绿色健康产业创新示范区暨有机高端乳制品智能示范项目、巴彦淖尔伊利集团高端有机乳产业集群样板项目、甘肃武威伊利绿色生产及智能制造示范应用项目、宁夏伊利千亿产业链集群项目、河南驻马店伊利集团高端乳产业集群示范项目暨 10 万头奶牛生态养殖示范基地、河北邢台高端乳产业集群示范项目、山东省“双百亿”产业规划项目等一批高起点、高标准、高投资的奶业高质量发展项目。项目建成达产共计每日增加产能近万吨，极大地带动了全产业链的同步发展。

遵循“以养带种、以种促养”的原则，伊利出台种植奖励政策，鼓励农牧民大力发展优质饲草种植，向种养一体化循环经济发展。仅 2020 年伊利就发放优质青贮及优质苜蓿奖励款超过 7 726 万元，并带动 270 多万亩优质青贮玉米的种植。同时，为进一步促进种植业与奶牛养殖业的科学协同发展，有效帮助合作伙伴降低饲养成本，伊利整合内部技术资源，长期研究各地本地化粗饲料在奶牛养殖业中的应用，实施开展“粗饲料本地化项目”，累计开发本地化粗饲料 40 多种。

伊利洞察奶业发展模式升级的趋势，2010 年成立奶牛科学研究院，聘请了在国内外有专业权威和实战经验的专家组建了奶牛营养中心、技术中心、培训与防疫中心、育种中心四大中心，进行专业化奶牛养殖技术研究与应用推广。同时伊利还不断选派优秀的专业技术与管理人员前往美国、以色列、欧洲等奶业发达国家和地区学习，在国外学习实践 1 年以上的牧业精英返回公司，服务于伊利奶源基地。奶牛科学研究院组织提炼了美国最先进的牧场管理与奶牛饲养技术，并结合在自有牧场的实践情况编制了从牧场选址、建设，到奶牛全生命周期的、全过程的标准化手册（伊利 SOP），填补了国内相关技术标准空白，被广大牧场公认为是较科学、较实用的实战派技术与管理模型，伊利将该标准全部无偿提供给合作牧场，目前得到了行业的广泛认同与学习借鉴。

伊利推出以运营全过程标准化、规范化操作的“降本增效项目”，以配方优化、饲养关键点评估为主的“精准饲喂项目”，以提升牧场各运营模块价值流的“精益运营项目”三大项目，通过技术联结机制的实施、依托“嵌入式”全新服务模式，与伊利合作的牧场奶牛平均日单产从 2016 年的 25.89kg 提升到 2020 年的 29.96kg，每千克牛奶养殖成本从 3.58 元降到 3.09 元，“一升一降”帮助合作农牧民增收超 50 多亿元。伊利持续帮助和带动产业链合作伙伴共同成长，带动 500 万名养殖从业者走上了脱贫致富的道路，引领行业向提升产业国际竞争力的远大目标迈进。

伊利创新产业链金融模式，探索了一种“核心企业承担实质性风险”为特色的融资模式，陆续推出了“青贮保”“牧场保”“购牛保”等金融产品，为农牧民融资提供担保。2014—2020 年已累计为牧场提供融资扶持资金达 229.67 亿元，其中 2020 年全年发放融资款约 69.58 亿元。伊利积极响应国家奶业振兴号召，投入资金在奶牛种群建设与奶牛品质升级方面对牧场进行补贴，包括对使用优质性控冻精改良奶牛种群的牧场给予补贴，对良种奶牛引入提供专项融资支持的同时也给予补贴，并整合全球优质资源开展良种改良技术研究，为牧场提供专业技术指导服务，帮扶牧场提升种群建设进度及奶牛品质升级成效，从而构建奶牛品质升级利益联结。伊利也是我国率先为奶牛种群建设与奶牛品质升级实施企业补贴的乳制品企业。

【乳制品加工】截至2020年年底，伊利国内外生产企业数量53家，伊利婴幼儿配方奶粉生产企业数量4家；婴幼儿配方奶粉注册配方数量33家。2020年伊利加工厂设计产能1 312 万t。2020年伊利各类乳制品产量见表1。

表1　2020年伊利各类乳制品产量

产品种类	生产量（t）	生产量较2019年同期增减(%)
液体乳	8 861 824	1.18
奶粉及奶制品	223 464	23.14
冷饮产品	431 155	5.15
其他产品	41 467	194.01

随着消费需求升级的趋势越发明显及低温鲜奶各企业持续的消费者教育，消费者对低温牛奶消费意识逐渐增强，低温巴氏杀菌乳迎来了广阔的市场前景。2020年伊利升级传统巴氏杀菌工艺为“除菌分离＋膜滤＋巴氏杀菌”的组合式工艺，提高杀菌效率的同时进一步降低加热强度，不仅将传统巴氏奶的3~7天货架期延长至15天，打破了巴氏奶短保质期及运输距离制约，进而提高覆盖范围，促进业务拓展，而且也保留了更高含量的活性物质，如乳铁蛋白、免疫球蛋白及乳过氧化物酶等，提升了产品品质。除此之外，还利用组合式杀菌技术及超滤技术将巴氏奶蛋白含量进一步提高到3.8%，以满足不同消费者的个性化需求。

在常温产品方面，2020年伊利引入了infusion杀菌设备，采用豆奶直接注入高温蒸汽中，达到140℃瞬时灭菌的技术，经过系统研究测试，推出了高蛋白豆奶产品。采用infusion瞬时灭菌技术，最大限度地保证了产品的营养及口感，并延长了货架期，达到了营养、风味及货架期完美兼顾，最大限度地满足了消费者的多维需求。

【市场消费】2020年伊利各品类市场占有率如表2所示。

表2　2020年伊利各品类在细分市场的占有率

细分市场	市场份额（%）	份额同比增减（%）
液态奶	33.3	+1.0
婴幼儿配方奶粉	6.0	基本持平
成人奶粉（含孕妇奶粉）	22.9	–0.9

备注：基于零售额计算。

伊利产品的品牌特点及发展趋势如下。

液态奶：消费者健康意识不断提升，受新冠肺炎疫情影响，乳制品，尤其是白奶类，以其特有的健康营养属性，吸引了更多消费者，乳制品的市场渗透率不断提高，未来随着消费者购买力持续提升，产品的创新升级和渠道拓展，预计液态奶发展前景良好。

婴幼儿配方奶粉：近年来新生儿出生率走低，婴幼儿食品继续通过产品升级、品类多元化、营养服务创新等方面拉动增长。

成人奶粉：在“乳制品”基础上附加功能属性，随着人口老龄化，消费者对健康、功能需求的提升，再加上品类创新速度加快，成人奶粉市场渗透率呈上升趋势，消费规模不断扩大，预计未来国内成人奶粉市场仍有较好的增长空间。

伊利2020年销售收入及利润如表3所示。

表3　伊利2020年销售收入

产品种类	主营业务收入（亿元）	毛利额（亿元）	毛利率（%）
液体乳	761.23	259.20	34.05
奶粉及奶制品	128.85	55.28	42.90
冷饮产品	61.58	29.96	48.66
其他产品	1.79	0.61	33.82

2020年伊利实现营业总收入968.86亿元，较2019年同期增长7.38%，净利润70.99亿元，较2019年同期增长2.13%。

【全球发展】国际化是伊利的重要战略。伊利在亚洲、欧洲、美洲、大洋洲等乳业发达地区构建了一张覆盖全球资源体系、全球创新体系、全球市场体系的骨干大网。伊利的合作伙伴遍及五大洲，分布在33个国家。通过整合全球优质资源，伊利更好地服务消费者。伊利旗下液态奶、酸奶、奶酪、冷饮等产品已在全球21个国家和地区上市。

伊利在国际化发展过程中，始终秉持互利共赢的理念，以“全球化思维、本土化经营”的运作方式，积极与全球合作伙伴开展友好合作，积极融入当地社会，发掘和培养本地人才，主动践行社会责任，推动当地经济发展与繁荣，与各方共享发展成果。

2020年伊利在大洋洲及东南亚设有生产工厂基地，具有Westland、Westpro、Westgold、Cremo等品牌资产，产品销往全球。

2020年6月，泰国公共卫生部食品药品监督管理局正式公布“2020 FDA质量奖”名单。作为泰国本土最大的冰激凌企业，伊利Chomthana公司凭借领先的质量管控水平，被授予“2020 FDA质量奖”。Chomthana获颁FDA质量奖，标志着伊利收购Chomthana公司以来，企业生产经营实现全面健康发展，赢得泰国各界高度认可，进一步彰显了伊利领先的全球化运营能力。

【社会责任】2020年，伊利联合中国红十字基金会，响应“中国小康牛奶行动”号召，推进开展“伊利营养2020”扶贫抗疫公益行动，聚焦贫困家庭营养改善需求，通过公益捐赠、健康教育等方式，给贫困地区家庭带去健康与关爱，提升受助人群免疫力。针对多数学校在校时间缩短的实际情况，伊利及时调整捐赠计划，为四川、甘肃、云南、陕西、吉林、河南等地的贫困家庭捐赠价值 470.6 万元的伊利学生饮用奶、金典等产品，用营养与健康守护更多的贫困家庭。截至 2020 年年底，“伊利营养 2020”已覆盖全国 25 个省（自治区、直辖市），累计投入 8 400 余万元，60 余万名儿童从中受益。

2018 年 4 月起，伊利集团党委按照市扶贫办统一安排对武川县得胜沟乡大路耗村进行定点帮扶。针对大路耗村田地灌溉难、庄稼收成差的问题，伊利集团党委实施了“大路耗村水利灌溉项目专项扶贫方案”，共为其新建机井房 2 座，铺设、修复管道 7 300 余米，修复、新增水耕地面积达 1 350 亩。伊利集团党委还为村里购置了垃圾清洁车及工具，重新修建旱厕，由村委会雇用贫困村民进行日常保洁，在改善居住环境的同时提高了贫困户的收入。据统计，帮扶措施惠及 3 个自然村 121 户 273 人，其中贫困户 30 户 51 人，让贫困户享受到了更多实惠。2019 年全村农产品增收约 115 万斤，超出预期近 70 万斤，村民收入增加约 185 万元，比起初预估值增加近 100 万元，人均收入和户均收入都实现了翻番。

2019 年 1 月起，伊利集团党委与宁德市委组织部正式签署“党建共建合作协议”。双方将深入推进政企合作，通过优势互补、互利共赢、长期合作、共同发展的原则，在促脱贫攻坚、党建人才培养、政企党建模式经验等多个领域开展深入合作，实现党建工作与企业经营的深度融合。

2019 年起，伊利集团党委组织 10 个党支部与呼和浩特市土默特左旗 10 个村党支部签署党建共建协议，围绕产业扶贫兴农、技术扶贫兴农、文化扶贫兴农开展帮扶与共建。其中，伊利规划的青贮种植收购产业扶贫项目，解决了村民种植玉米秸秆回收处理的环保问题，2019—2020 年，两年间共计为结对村创造收益 2 600 万元；还在市场价基础上额外增加 20 元 /t 作为扶贫补贴，巩固和壮大村集体经济。

伊利不断强化产学研综合平台，持续给养殖户开办“牧场专项班”“牛二代”训练营、“牧业精英班”“伊课堂”管理专项培训与专题讲座等多形式、多维度的专题培训及赋能活动，其中牛二代培养近 464 人，组织牧业精英大型培训讲座近 60 场次，培训牧业精英学员 2 568 人次，开展远程直播培训 470 场次，累计培训覆盖人数 21.1 万人次，开发奶牛养殖精品课程 367 门，印刷专业书籍 4.5 万册赠予养殖户及养殖从业者，实现产业链协同发展。伊利通过系列务实赋能项目的实施，为行业培养了大批专业人才，提升了养殖户、从业者的专业技术水平，牧场的奶牛养殖水平也得到了快速提升，4 年来全国与伊利合作的牧场奶牛平均日单产提升 4.07kg，每千克牛奶养殖成本降低 0.41 元。伊利持续帮助和带动产业链合作伙伴共同成长，引领行业向提升产业国际竞争力的远大目标迈进。

【奶业大事】2020 年 1 月 25 日，伊利面对突然袭来的新冠肺炎疫情，第一时间启动《新型冠状病毒肺炎防控预案》，持续捐赠 2.8 亿元投入抗疫，并通过“公益战略联盟平台”携手苏宁、利乐等全球 30 余家产业链合作伙伴共同抗击疫情。

2020 年 3 月 7 日，伊利通过中国红十字基金会向伊拉克捐赠伊利金领冠婴幼儿配方奶粉，并成为第一家加入中国红十字基金会“新冠肺炎疫情国际人道援助基金”的食品企业。

2020 年 4 月 14 日，伊利向乌拉圭驻中国大使馆捐赠 10 万个医用口罩。同日，伊利向荷兰乌德勒支省安全中心捐赠 10 000 个 KN95 口罩，助力荷兰抗击疫情。

2020 年 4 月 29 日，内蒙古自治区重大项目开工动员大会暨伊利现代智慧健康谷项目开工仪式在呼和浩特市举行。伊利现代智慧健康谷是内蒙古自治区重点打造的项目之一，致力于创建全球一流的乳业高质量发展综合体，推动产业全面升级，在进一步提升内蒙古乃至全国乳业的国际竞争力和影响力方面发挥重要的引领作用，建成后将创造 GDP 超过 1 000 亿元，累计财政收入达 900 亿元，直接和间接带动就业人口超过 50 万人。

2020 年 5 月 1 日，“兴安盟 · 伊利集团绿色健康产业创新示范区暨有机高端乳制品智能示范项目”正式开工建设。建成之后，兴安盟将拥有世界领先的高端有机乳制品生产基地。

2020 年 5 月 5 日，伊利向印度尼西亚总统办公室捐赠 10 万个医用口罩、2 000 套防护服和 2 000 个护目镜。捐赠物资交付仪式在印度尼西亚总统办公室举行。

2020 年 5 月 8 日，伊利联合泰国华裔联合会将 17 万余个（件）口罩、防护服等防疫物资分别捐赠给泰国卫生部、泰国警察总署和普吉府警察总局、泰国红十字会、巴吞他尼府公立医院，为泰国抗击疫情提供力所能及的帮助。

2020 年 5 月 27 日，“世界食品创新大奖”（World Food Innovation Awards）入围名单在英国正式公布。伊利成功入围八大奖项，成为全球获提名最多的健康食品企业，也是唯一入围的中国乳企。

2020 年 6 月，凯度消费者指数发布了《2020 亚洲品牌足迹报告》，伊利凭借 91.6% 的品牌渗透率、近 13 亿人次的消费者触及数和近 8 次的购买频次，连续 5 年位列中国市场消费者选择最多的品牌榜首。综合报告数据显示，伊利各项指标在榜单中遥遥领先于其他品牌，持续领跑中国快消品市场。

2020 年 6 月，泰国公共卫生部食品药品监督管理局正式公布“2020 FDA 质量”名单。作为泰国本土最大的冰激凌企业，伊利 Chomthana 公司凭借领先的质量管控水平，被授予“2020 FDA 质量奖”。

2020 年 6 月 17 日，“伊利现代智慧健康谷——敕勒川 30 万头奶牛生态牧场示范项目暨国家奶牛核心育种基地”开工仪式在呼和浩特市土默特左旗举行。该项目将打造国际一流的“绿色智能”规模化牧场集群，建设一座全国规模最大的奶牛育种基地，为全产业链实现协同发展构建坚实基础，全面助力内蒙古农牧业高质量发展。

2020年6月24日，“世界乳品创新奖”（World Dairy Innovation Awards）获奖名单正式公布，伊利成功斩获“最佳冰激凌/冷冻酸奶”和“最佳包装设计”2项大奖。

2020年8月5日，由世界品牌实验室（World Brand Lab）主办的“世界品牌大会”在北京举行，会上发布了2020年“中国500最具价值品牌榜”，在这一基于财务分析、消费者行为分析和品牌强度分析而获得的中国品牌阵容中，伊利品牌价值相较2019年大增三成，排名上升19位，第15次荣登行业第一，成为中国乳业在品牌价值榜单中的耀眼明星。

2020年8月31日，荷兰合作银行公布了“2020年全球乳业20强”排行榜，伊利排名跃升至第五，成功跻身5强。这是首次有中国乳企进入全球乳业5强，也是迄今为止亚洲乳业在榜单上的最高排名。

2020年9月10日，国际权威品牌价值评估机构Brand Finance发布系列榜单，伊利在“2020年全球最具价值乳品品牌10强”强势登顶，成为世界上最有价值的乳制品品牌，并在“2020年全球最具价值食品品牌50强”榜单中跃升至全球第二。

2020年10月15日，具有“全球营销界奥斯卡”之称的BrandZ发布了“2020年最具价值中国品牌100强”，伊利蝉联行业第一，实现“八连冠”，向公众展现了强大的品牌影响力，也以世界级的品质奠定了其在中国乳业的龙头地位。

2020年11月26日，伊利与江苏农垦集团签署战略合作备忘录签约仪式，与江苏农垦集团携手打造华东最大的奶源基地。

2020年12月1日，伊利集团董事长潘刚凭借在中国企业管理实践中的杰出贡献荣获第11届袁宝华企业管理金奖。

2020年12月10日，联合国全球契约中国网络在北京举办以“新格局 新发展 新动能”为主题的“2020实现可持续发展目标中国企业峰会”。伊利凭借在疫情防控和脱贫攻坚等方面的突出贡献，荣获“2020实现可持续发展目标企业最佳实践”，潘刚董事长也入选了“2020联合国可持续发展目标中国先锋”。

（内蒙古伊利实业集团股份有限公司）

附表 1　内蒙古伊利实业集团股份有限公司乳制品生产企业名录

名称	生产地点	生产许可证号码	年收购原奶量（t）	其中：自有奶源量（t）	平均支付价格（元/kg）	日处理生鲜乳能力（t）	年乳制品产量（t）	其中：低温鲜奶（t）	UHT 奶（t）	常温酸奶（t）	低温酸奶（t）	原料奶粉（t）	婴幼儿配方奶粉（t）	成人奶粉及其他（t）	奶油（t）	奶酪（t）	含乳饮料（t）	冰品（t）	年销售收入（亿元）	利润（亿元）	有机产品（枚）
内蒙古伊利实业集团股份有限公司	全国	—	8 200 000	—	—	39 500	8 715 987.62	22 190.60	4 759 948	1 174 517	644 118.28	142.93	39 745.45	59 749.20	11 927	14 825	1 970 338	18 486.16	968.86	70.99	—

备注：本表包括在中国及海外的生产企业。日处理生鲜乳能力指设计加工生鲜乳能力。自有奶源指来自自建和参建（控股、参股）牧场（小区）的原奶。成人奶粉指除婴幼儿配方奶粉以外的学生奶粉、孕妇奶粉、中老年奶粉等终端消费奶粉。冰品包括冰激凌、雪糕等。有机产品数量单位为“枚”，指获得有机标志的数量。

内蒙古蒙牛乳业（集团）股份有限公司

【奶源基地】截至2020年，内蒙古蒙牛乳业（集团）股份有限公司（以下简称蒙牛）奶源生鲜乳日收购量17000余吨，奶牛存栏130多万头，奶牛平均单产9.1t，100%来自规模化、集约化牧场，机械化挤奶率100%，100% TMR科学饲养、100%紫花苜蓿及青贮全覆盖。参控股牧业公司有国内知名的现代牧业、富源、圣牧，战略参控股原奶供应占比近50%，使得蒙牛在高品质奶源供应方面更具优势。

蒙牛与金融机构累计投入扶持资金220多亿元，辐射全国所有合作牧场，满足合作伙伴购牛、增量、购买设备、转型改造、良种繁育、信息化建设、饲草料购置等多种资金需求。

各区域奶业养殖头均年净收入达4 000元，5 000头奶牛养殖场年净收入达2 000万元。蒙牛全国合作牧场苜蓿种植面积近300万亩，青贮玉米种植面积360余万亩，积极开发引进新型高品质牧草，提升奶牛营养水平。

疫病防控方面，严格按照国家相关规定、行业标准执行检疫。重点针对口蹄疫、结节病、牛流行热、结核病、布鲁氏菌病等疫病，按照多层次推进、全覆盖实施进行防控，着重落实日常防疫、疫苗防疫、高风险疫病防控、疫病应急处置。

粪肥处理基于“达标排放”的要求，推动牧场粪肥资源化利用，主要采用发酵、堆肥等方式处理后实现资源化利用。其中，堆肥发酵是将收集的粪肥进行堆肥发酵后，用作卧床垫料或者制作有机肥还田，该方式主要在北方相对干燥地区使用；发酵工艺是通过集装箱式、槽式发酵系统或者CTB垫料再生系统，直接经过烘干、全量发酵、杀菌等一系列处理工艺后，所产生的沼渣用作牛床垫料、有机肥、燃料等，该方式重点在中南部多雨地区使用。

【乳制品加工】蒙牛拥有包括液态奶、冰激凌、奶粉、奶酪等品类在内的丰富产品矩阵。其中，液态乳制品产量超600万t，干乳制品产量超7万t，其他含乳产品超150万t。奶粉产品包括婴幼儿配方奶粉、成人奶粉等。截至2020年12月底，雅士利及其合作伙伴Arla共有18个系列、54个产品获批婴幼儿配方奶粉注册。蒙牛常温纯牛奶推出每100mL3.8g蛋白质、125mg原生高钙的梦幻盖有机牛奶系列及纯牛奶升级版产品，巩固了高端品牌地位。蒙牛低温酸奶冠益乳作为全国唯一一款通过国家食品药品管理局保健食品认证的酸奶，产品富含益生菌及益生元，可有效促进肠道舒畅。蒙牛鲜奶——每日鲜语推出沙漠有机鲜奶和优护A2ß-酪蛋白高端鲜牛奶。蒙牛乳粉加工采用了最新的乳制品加工和喷雾干燥技术——MSD喷雾干燥塔，产品具有均匀的颗粒度、能附聚、自由流动和无尘等特性。蒙牛奶酪推出0白砂糖含量的奶酪甜点、开创性的常温鱿鱼奶酪零食和全国首款国内生产的液体黄油。蒙牛冰激凌推出两款茶饮冰激凌，主打年轻品牌形象，蒂兰圣雪推出黑凤梨果肉牛奶冰激凌和雪绒乳酪牛奶冰激凌等创新产品，打造鲜奶冰激凌高端品牌。蒙牛未来将针对国民对营养健康的关注及对奶制品日益增加的需求，继续打造高端、有机、低脂、减糖等营养健康品类的明星产品。

【市场消费】2020年，蒙牛集团收入760.348亿元，可比业务收入同比增长10.6%，利润达35.25亿元。纯牛奶、奶酪、鲜奶等多项业务实现了高质量双位数甚至三位数增长。蒙牛拥有特仑苏、纯甄、冠益乳、优益C、每日鲜语、蒂兰圣雪、瑞哺恩、贝拉米、爱氏晨曦等明星品牌。在高端纯牛奶、低温酸奶、高端鲜奶、奶酪等领域，市场份额处于领先地位。截至2020年12月31日，蒙牛在国内建立了41个生产基地，并且分别在澳大利亚、新西兰及印度尼西亚各设有1个生产基地，全球工厂总数达68座，年产能合计逾1 000万t。

【全球发展】2020年5月，蒙牛通过子公司“蒙牛欧洲创新中心（Mengniu Innovation Center Europe B.V.）”对荷兰SieveCorp Europe B.V.公司及其关联公司的有形和无形资产实施并购。其中，收购SieveCorp公司的总对价为130万欧元（约合人民币1 046.72万元）。2020年，蒙牛旗下澳洲乳企Burra Foods销售收入3.9亿澳元（1澳元约合4.61元人民币，2022），主要销售地区包括澳大利亚本地市场以及日本市场、中国台湾及东南亚市场、中国大陆市场、中东市场等。2020年，Haykingdom（草王）销售23.5万t牧草，销售收入达8 485万美元，主要销售地区包括中国市场、日本市场、韩国市场、东南亚市场等。同时，蒙牛积极深耕东南亚市场，推动优益C等品牌在东南亚市场份额稳步提升。2020年，印度尼西亚和东南亚销售收入达1 676万美元，主要销售地为印度尼西亚、新加坡、马来西亚、菲律宾、柬埔寨、缅甸、加拿大、澳大利亚等国家和中国香港、澳门等地区。

【社会责任】蒙牛持续在乡村振兴、精准扶贫、抗击疫情、营养公益、环境保护等多个领域长期开展公益事业。通过多年探索实践，蒙牛建立了“产业扶贫+营养扶贫+定点扶贫+多元帮扶”的精准扶贫模式，最大限度地发挥了乳企的扶贫效能，为助力乡村振兴奠定了坚实的基础。

扶贫及营养公益。在产业扶贫方面，蒙牛充分发挥资源优势，通过扩大种植、壮大养殖等多种形式，提高贫困户的产业参与度和受益度，提升“造血”功能。通过联合现代牧业、圣牧高科、富源国际及合作伙伴，蒙牛直接和间接带动全国150万名农牧民发家致富，其中带动内蒙古自治区30万名农牧民发展致富；每年推动内蒙古超过220万t青贮、苜蓿、燕麦等饲草产业发展，带动农牧民增加收入近9亿元。

在营养扶贫方面，2017—2020年，蒙牛“营养普惠计划”累计捐赠2 088万盒未来星学生饮用奶，惠及学生80万人以上。为进一步强化营养扶贫行动，蒙牛与中国青少年发展基金会合作成立“蒙牛营养普惠基金”。2020年，蒙牛携手联合国世界粮食计划署（WFP）合作开展学龄前儿童营养改善项目。截至2020年年底，蒙牛通过该项目向湖南湘西、广西靖西51所学校近5 000名学龄前儿童提供免费学生饮用奶。此外，蒙牛“营养普惠计划”探索建立了“学生饮用奶捐赠为基础+食育教育+环保教育”的公益模式。

2020年，蒙牛营养普惠计划与“青椒计划”继续推进合作，累计为1 251名乡村青年教师提供全年互联网在线教育，助力提升贫困地区教育水平。

稳产保供，勇战疫情。2020年年初，新冠肺炎疫情暴发，蒙牛积极投身抗疫，践行乳业国家队责任，复工复产、稳定上游，保障供应，开展员工安全防控，全力组织公益捐赠行动，众志成城，勇战疫情。

面对疫情，蒙牛向合作牧场发出了“不拒收一滴合格奶”的承诺，并发布了“保收购、保供应、保运力、保资金、保运营”的五大保障措施，保证牧场正常经营，守护上游，稳定信心。在做好疫情防控的同时，蒙牛大力开展公益捐赠。疫情发生后，蒙牛第一时间携手中华慈善总会成立了“抗击疫情蒙牛专项基金”，及时为抗疫人员提供救济支持。蒙牛将牛奶送至31个省份、350多个地级市、1 800多个县（区）的10 000余家医疗单位，连同雅士利国际、现代牧业、富源国际、圣牧高科将营养健康送到抗疫一线，累计捐款捐物价值7.4亿元。

积极推动海外履责。蒙牛坚持海外履责，推进全球乳业实现共治、共享、共赢的可持续发展。作为全球乳业论坛组织（GDP）的中国成员，蒙牛积极参与GDP发起的“乳业滋养非洲（DNA）”项目，携手乳业相关从业者及各利益相关方，以坦桑尼亚为试点，改善非洲儿童的营养健康水平。

此外，贝拉米在澳大利亚坚持与当地社区建立合作，长期向慈善机构、研究机构和社区团体提供资金、资源等捐助。

【奶业大事】2020年1月21日，国际商业理事会唯一中国乳企代表理事、蒙牛集团总裁卢敏放参加了达沃斯2020世界经济论坛“塑造消费体系的未来”分论坛，卢敏放作为中国乳业代言人为世界贡献了“中国智慧”。

2020年，蒙牛捐赠7.4亿元款物，特仑苏向4.26万名援鄂医护人员捐赠全年特仑苏——抗疫战役不仅体现蒙牛积极践行社会责任的担当，而且提升了蒙牛品牌知名度，极大地增强了公司的美誉度。

2020年5月18日，中国乳业产业园核心区10万头奶源基地项目在“中国乳都”核心区和林格尔县正式启动开工。

2020年6月18日，蒙牛再创新纪录，拿下京东和天猫平台乳制品行业销量双冠王。

2020年8月14日，蒙牛凭借可持续发展方面的突出表现，入选恒生可持续发展企业指数（HSSUS）成分股，跻身港股可持续发展表现排名前30，被资本市场认可为港股可持续发展表现最为卓越的企业之一。

2020年8月26日，蒙牛发布2020年中期财报，收入达375.3亿元，归母净利润12.1亿元，可比业务收入同比增长9.4%。

2020年8月28日，荷兰合作银行发布了2020年“全球乳业20强”榜单。蒙牛集团上升2名跻身8强阵营，已连续12年入榜。

2020年9月2日，蒙牛与武汉临空港经济技术开发区签署《蒙牛高端乳品工厂（奶酪）鲜奶项目协议书》。蒙牛武汉百亿级产业集群全面启动。

2020年10月12日，第11届中国奶业大会暨2020中国奶业展览会和2020中国奶业20强（D20）峰会上，蒙牛前后5次登台屡获殊荣。

2020年10月28日，可口可乐（中国）投资有限公司和内蒙古蒙牛乳业（集团）股份有限公司共同出资设立可牛了乳制品有限公司，已完成工商注册登记，并取得营业执照。

［内蒙古蒙牛乳业（集团）股份有限公司，王俊威、林　笛、宋　丽、王丹凝、马　磊、高莉芳、徐晓凤、刘郁薇］

光明乳业股份有限公司

光明乳业股份有限公司（以下简称光明乳业）业务渊源始于1911年，已有100多年的历史。光明乳业经过持续创新发展，逐步确立以牧业、乳制品开发、生产和销售为主营业务，致力于成为“中国最好的乳制品企业”。

作为国家级重点龙头企业，拥有中国食品行业唯一一家国家重点实验室的乳业生物技术国家重点实验室，光明乳业不断致力于改革创新，始终践行国有企业的责任与担当，积极参与食品安全社会共治，大力实施从牧场到终端的全产业链质量追溯体系；推进普及新鲜教育，积极推动“新鲜巴氏乳”标准出台，倡议活性物质指标成为新鲜巴氏乳第一标准，引领乳制品行业发展振兴之路，真正确保消费者“舌尖上的安全”，让更多人享受美味和健康的快乐。

【奶源基地】截至2020年年底，奶牛存栏77 094头，其中成母牛平均存栏42 357头，原料奶总产量超43万t，成母牛年单产超1万kg，其中有1个牧场成母牛年单产超过1.2万kg。

牧场养殖分布在上海（含崇明）、江苏、浙江、河南、山东、天津、湖北、黑龙江共20个奶牛养殖场。牧场养殖规模最高13 596头，最少700头，分传统栓系饲养（7个牧场）和现代化散栏饲养（13个牧场）2种模式。

所有牧场均采用全混合日粮（TMR）技术，均为立式TMR设备，分固定式和移动式2种。牧场均采用机械挤奶，包括3种类型：管道式挤奶（传统栓系牧场）、并列式挤奶、转盘挤奶。所有牧场每月参加奶牛生产性能测定（DHI），均由上海奶牛DHI检测中心进行检测。

2020年生奶质量持续保持良好，远优于欧盟标准。其中体细胞数20.7万个/mL，微生物平均1.05万CFU/mL。

2020年光明乳业大力开展自营种植和订单农业，青贮收储数量和质量创新高。光明乳业实行订单制，采用招投标定价收购，与供应商共同提高质量，青贮共计收储51.3万t。光明乳业制定青贮玉米技术标准作业程序（SOP）进行全程细节把控，干物质、淀粉、籽粒破碎、切割、压窖水平进步明显，青贮玉米干物质达到31.8%，淀粉含量达到31.1%。2020年自营种植青贮玉米2.1万亩，同时解决牧场环保问题。其中，光明乳业在宁夏中卫开荒试种1 560亩玉米，施用有机肥1.12万m^3改良土壤，实现优质青贮玉米产量4.3t/亩。

2020年公司牧场未发生重大动物疫情，牧场主要免疫口蹄疫（O型、A型和亚Ⅰ型），每年免疫3次，免疫后抗体合格率均在95%以上（低于90%全群补免），另外牧场进行梭菌免疫、牛结节性皮肤病免疫。牧场监控疫病为牛结核病、布鲁氏菌病，每年2次检疫。同时对牛病毒性腹泻病毒（BVDV）、牛呼吸道合胞体病毒（IBRV）、牛副结核病进行监控。

牧场粪污处理：牧场产生的粪污首先固液分离，分为固体牛粪和液体污水。固体牛粪处理主要分三种：一是烘干（或者发酵）后作为牛床垫料，干物质达到60%以上；二是由第三方制作有机肥后销售；三是与第三方合作直接还田。固液分离产生的液体处理分以下三种：一是直接纳管处理，二是经氧化塘或沼气发酵后还田处理，三是牧场污水处理达标后排放。

【乳制品加工】光明乳业在全国拥有16家生产企业，主要生产新鲜牛奶、新鲜酸奶、常温牛奶、常温酸奶、奶粉、奶酪等各类乳制品。2020年，光明乳业乳制品总产量近121.80万t，其中液态奶产量121.04万t、干乳制品产量0.76万t。

百年光明，不变的是对质量的坚守。深厚的历史积淀，形成了光明持续追求卓越的企业文化。为保障食品安全，光明乳业全面实施“18165”品质光明战略。即“1”个质量战略、“8”项战略举措、“1”个光明EQMS卓越质量管理体系、“6”大系统、“5”支质量人才队伍建设。“18165”品质光明战略贯穿全产业链，从研发、奶源、生产、物流、分销到客户，整个产业链各个环节紧密围绕“以消费者为中心，保障安全、提升品质”展开。

围绕公司战略，光明乳业以“顾客健康”为导向，以食品安全保障为基础，以卓越绩效为引领，创造性地建立了覆盖第一、第二、第三产业的全产业链质量管理模式。该模式以EQMS卓越质量管理体系为支撑，贯穿总部、子公司、基层单位三层级，覆盖从源头到终端全产业链，是现有光明PAI质量体系基础上的进一步提升，实现了全方位、全过程、全要素综合质量管理。通过全面运用目标管理、预防、监测、评估、内控、改善六大系统，全力打造“安全、新鲜、营养”的产品品质和品牌形象，持续提升组织绩效，保障企业高质量发展。

同时，光明乳业在世界级制造项目上经历了10年深耕，取得了丰硕成果。10年间，产品质量、成本、交货期均大幅提升，各工厂共计开展项目小组1 937个，培养出443名工厂内部专业人才，累计成本改善收益1.9亿元；共计有10个工厂分别获得日本设备维修协会（JIPM）颁发的TPM优秀奖及优秀继续奖，成为中国乳制品行业荣获JIPM颁发的TPM优秀奖最多的企业。

【市场消费】“光明”品牌历史悠久，是耳熟能详的“老字号”，在全国范围内有较高的知名度。品牌建设方面，光明乳业积极响应上海“四大品牌”建设，让国有“老字号”焕发新光彩；服务质量方面公司牢牢把握“高质量发展”总基调，以“全产业链核心竞争力”为支撑，加强一二三产业联动，不断夯实各类乳制品的保障能力；产品创新方面聚焦“鲜活营养”，打造“品质光明”，树立和提升“中国高端品牌引领者”形象。

光明乳业坚持“价值提升”原则，充分掌握消费品市场需求，依托行业领先的技术开发团队，以光明品牌为主，逐步建立了光明乳业品牌体系，推出了致优、优倍、莫斯利安、如实、健能、畅优、优加等一系列明星品牌。

在聚焦光明主品牌的同时，塑造不同领域的专业属性，在全覆盖目标消费群的基础上增加高端产品的区隔与辨识度，为进一步提升企业盈利能力打下了坚实基础。

光明乳业围绕“领鲜”关键词，延展“乐在新鲜”策略，拓展“新鲜战役”，推进普及新鲜教育，积极推动“新鲜巴氏乳”标准出台，倡议活性物质指标成为新鲜巴氏乳第一标准，引领乳制品行业发展振兴之路。确定以天然美味、高营养价值的低温冷鲜乳制品为主要产品保供上海辐射华东地区，发展常温高端产品拓展华东及全国市场，形成四大品类布局。

光明作为中国乳企领先品牌，秉持新鲜理念，率先推进全国巴氏杀菌乳布局，以华东为核心区域，辐射华中、华北、华南、西南等省会及上线城市 160 多个。截至 2020 年已占据 36.3% 的全国市场份额，是国内巴氏杀菌乳第一品牌。

光明乳业聚焦新鲜战略，大力发展中高端鲜奶，旗下优倍、致优两大品牌分别满足上线城市中高消费群体。光明优倍鲜奶率先采用 75℃巴氏杀菌工艺，保留牛奶中更多的天然活性蛋白酶，是行业内首家在牛奶包装上标注 3 项活性指标含量（乳铁蛋白、免疫球蛋白、乳过氧化物酶）的企业，让具有活性蛋白活性酶的新鲜巴氏奶惠及每一位消费者，为消费者提供更多更高品质的营养、美味和健康。

光明酸奶坚持捍卫国人肠道健康，提供美味享受。依托乳业生物技术国家重点实验室，光明乳业联合大学机构及专业公司，共同开发推出了更专注于健康、调理肠道的无添加、功能型酸奶。2020 年上市的新品有如实高蛋白发酵乳，只有牛奶和发酵菌，采用发酵乳过滤乳清工艺，浓缩牛奶精华，每杯含有 10g 优质乳蛋白。功能性发酵乳健能 JACN 系列，以“倍护健康”为品牌核心价值，带给消费者健康保护力，满足消费者对于健康和养生的个性化需求。2020 年 7 月，光明健能 JCAN 高手家族又添新成员——健能 JCAN 亮睛高手，添加的活性益生菌、叶黄素酯和 DNA，能够帮助减少光线引起的眼部损害。此外，蓝莓与黑米的搭配带来了更多营养保护力。截至 2020 年，光明酸奶占据 8.8% 的全国市场份额。

莫斯利安开创了中国常温酸奶全新品类，是中国酸奶品类技术和产品两方面的一次重大创新。在颠覆传统酸奶存储模式的同时，也填补了国内常温酸奶的技术和产品空白，并荣获世界食品品质评鉴大会大奖和世界乳品创新大奖。莫斯利安延承光明“从牧场到餐桌”全程质量管理体系下的纯净奶源，结合高科技酸奶生产工艺，成为常温酸奶品类中一颗闪亮的明星。近年来光明莫斯利安在产品端致力于不断创新，秉承“寻遍世界的美味”的理念和使命，汲取世界各地的美食灵感，陆续推出“低脂减糖系列”“甄选果粒系列”“星厨甜品系列”等新品，满足不同消费者对健康和美味的追求。

光明常温牛奶，持续以场景聚焦 TA，以产品升级和不断创新，满足各层级消费者日益多元化的需求，实现产品线拓展和品牌拉新。2020 年 7 月，优加益固牛奶产品上市，优加益固牛奶中含有“1.5 倍乳源钙 + 维 D”促吸收组合，更添加 CBP 初乳碱性蛋白，CBP 通过激活成骨细胞，促使骨骼自主锁钙，不仅摄取钙，更锁住钙。目前光明常温纯牛奶的市场份额已稳居常温牛奶第三。

除以上四大类重点品类外，光明乳业还积极致力于在奶粉、奶酪、冰激凌、烘焙等品类的创新拓展。

2020 年光明乳业营业总收入 252.23 亿元，实现净利润 7.85 亿元。其中液态奶（巴氏杀菌乳、UHT 奶、酸奶、乳酸菌饮品等）142.7 亿元，其他乳制品（婴幼儿配方奶粉、成人奶粉、奶酪）77.9 亿元。

【全球发展】光明乳业持续推进公司国际化发展，加强对海外投资实体新莱特乳业有限公司（以下简称新莱特）的管理，不断加大产业升级和创新力度，推动乳制品及品牌国际化，提升公司的国际品牌形象和竞争力。

2020 年，新莱特完成对 Dairyworks 公司的股权收购，获得了优质的奶酪加工产能、澳新地区驰名的消费者品牌和成熟销售渠道。同期，公司完成了邓桑德尔牧场的股权收购，为公司“优质奶源”计划和“示范牧场”计划建立了展示窗口，并为公司运营奠定了坚实基础。光明乳业投资 10 多年来，新莱特公司的经营情况发生了巨大变化。公司产能扩大，产品结构向高附加值调整；企业员工增长至千人，并带动周边原奶供应的良性发展。2011—2020 财年，新莱特营业收入增加了近 3.36 倍，达到近 60 亿元人民币；净利润扭亏为盈，增加了 25 倍。

尽管新冠肺炎疫情给全球贸易带来巨大影响，但是光明乳业始终积极在全球范围内开展国际合作，包括推进与乌拉圭国家奶农合作社集团 Conaprole 和西班牙 Clun 乳业的合作协议，并逐步推动与其他国际知名乳企和研究机构的务实合作，如与新西兰皇家农科院 AgResearch 合作开展关于光明专利益生菌的功效研究等，促进产学研交流融合，积极将国际优质资源对接国内市场，满足国民多元化消费需求，提升中国乳业和光明乳业的国际影响力。

【社会责任】作为 D20 乳企中的重要一员，光明乳业积极投身“中国小康牛奶行动”，踊跃承担助力少年强的行业使命。

2020 年，光明乳业向贫困地区、打工子弟学校累计捐赠学生饮用奶近 6 万箱，惠及学生数量达 6 万人，援助学校 59 所。自 2017 年起，在积极参与 D20“中国小康牛奶行动”期间，光明乳业已累计捐赠学生饮用奶 34 万箱，价值超 1 600 万元，惠及学生数量超 38 万人，援助学校超 400 所，涉及 20 个省份，60 多个市、县，为各贫困地区学生送去营养和关爱。

2020 年年初，光明乳业携手中央广播电视总台《故事里的中国》栏目，走进习近平总书记提出“精准扶贫”理念的湖南省湘西土家族苗族自治州十八洞村，与村支书、村主任和村民们展开亲切交流，深入探讨双方产业合作事项，并赠送一批光明乳业产品为村民们带去春节的问候。

尊崇军人、关爱烈属是全社会的共同责任。自2017年起，光明乳业就开展了“光明营养计划”公益项目首个试点工作。2020年是中国共产党成立99周年，光明乳业在上海全市正式启动“光明营养计划”。从2020年7月1日起，上海全市所有3 880名烈士家属获赠光明乳业高品质乳制品，感受来自光明的爱与尊重。2020年，光明乳业累计向上海全市烈士家属捐赠乳制品价值超235万元。

2019年光明乳业启动牛奶纸盒回收绿色大行动，希望以此号召鼓励市民参与垃圾分类，提高市民垃圾分类自觉意识，让牛奶纸盒变废为宝。2020年6月15日，光明乳业牛奶纸盒回收绿色大行动在江苏省13个地级市及济南市、杭州市等33个垃圾分类重点城市全面启动，标志着光明乳业“垃圾分类·光明未来”公益项目向全国更多省、市迈进。活动开展期间，累计回收牛奶纸盒180.5万个，首尾相接相当于31座珠穆朗玛峰的高度。

因为光明，所以温暖。长期以来，光明乳业坚持承担企业社会责任，以公益之心铸就品牌发展，积极参与抗震救灾、捐资助学、扶危济困、拥军优属等公益事业。作为行业内的领军企业，光明乳业在为消费者带来营养健康的同时，将一如既往勇担责任，始终践行“让更多人感受美味和健康的快乐”的企业愿景，不忘初心、砥砺前行。

在热心公益的同时，光明乳业持续关注产业链上游的奶源供应商。为帮助他们提高牧场运营效率、降低运营成本、增强奶牛健康，光明乳业与上海奶业行业协会合作，多次举办技术培训，针对性地解决奶源供应商实际技术操作问题，推动他们提高饲养管理水平。

为缓解热应激对奶牛的影响，提升奶牛夏季产量，光明乳业举办了“奶牛场隧道通风应用技术”培训会，吸引了国内知名专家、江浙沪奶源供应商、上海奶业行业协会等单位共60多人参加培训。会上多位业内专家分享了隧道通风的改造案例，对隧道通风持续改进的应用过程进行了详细介绍。专家们还与奶源供应商分别就老牧场隧道通风改造、防暑降温喷淋参数设置等问题进行了深入探讨和交流，帮助他们认识到通过硬件设施改造可以更好地改善饲养环境和饲养质量，从而进一步提升产量。

多年来，光明乳业坚持与奶业协会、奶源供应商积极沟通、交流合作，不断促进光明乳业奶源供应商管理水平的提高和奶源质量进一步提升。

【奶业大事】2020年1月，共同战“疫”，全力以赴驰援前线。光明乳业在新冠肺炎疫情期间主动积极践行企业社会责任，累计捐赠乳制品物资近120万箱，受益范围涵盖一线医护人员、公安干警、社区工作者、抗疫志愿者、高龄老人、上海市聋儿康复中心人员等；累计向全国医护人员捐赠5万多个光明牛奶提手用于固定口罩。

2020年2月，坚持保障供应，响应国家号召，坚守“三保”政策，在行业内率先承诺，绝不拒收签署采购协议的合作牧场一滴牛奶，与奶农共克时艰。光明乳业武汉工厂成为全国唯一一家在武汉地区坚持保障供应并且不间断生产的乳制品工厂；光明乳业华东中心工厂鲜奶日产量从平时400t左右，激增到超过700t，全面保障城市乳制品供应。随心订App上线蔬菜肉类配送服务，其间重点为1 859名上海援鄂医疗队队员们守候在沪的家属，每周送上牛奶、新鲜蔬果和肉类补给，全面保障上海援鄂医疗队员的后方。

2020年3月，稳价保供，大白兔雪糕上市开启复工；携手上海青浦白鹤镇，在随心订App上线时令蔬果，开启公益助农行动；品牌跨界，光明乳业成为2020英雄联盟职业联赛战略合作伙伴。光明莫斯利安打破传统品牌和超级IP的次元壁，深耕年轻市场，助推中国电竞事业发展。

2020年4月，光明莫斯利安独家冠名原创手作解密互动体验秀《巧手神探》及中国首档职场文化代际互动真人秀《花样实习生》。

2020年5月，光明随心订打造鲜食宅配平台，同时与天猫签署2020年品牌数字化转型战略合作，全面开启品牌数字化新布局；上海“五五购物节”期间，光明随心订线上发放17亿元电子消费券。

2020年6月，光明乳业、宁夏中卫市、宁夏农投三方签订战略合作协议，在宁夏中卫建设世界级优质高端奶牛基地、育种基地、饲草种植基地，引入光明乳业特色的牧场托管服务、领先的基因筛查服务，提升当地养牛水平。通过三方努力，致力于把宁夏建设成为优质奶源供应基地，带动宁夏农业走特色产业、高品质、高端市场、高效益的“一特三高”现代农业发展之路。

2020年7月，光明乳业与银宝集团强强联手，分别成立江苏光明银宝乳业有限公司和江苏银宝光明牧业有限公司。以此为起点，光明乳业全国领鲜版图再度扩大。同月，光明乳业携手中国火星探测，开启天问之旅。作为中国第一家搭乘航天器将菌株送上外太空和实现地月往返的企业，光明乳业荣耀见证此次航天事业的重要里程碑。

2020年8月，光明乳业独家特约赞助播出的《故事里的中国》斩获“白玉兰奖”最佳电视综艺节目奖项。

2020年9月，光明乳业作为中国女排的官方战略合作伙伴，用优倍75℃鲜活力助力《夺冠》电影的上映。

2020年10月，“光明悠焙”新店正式亮相豫园百货；光明乳业特约赞助《故事里的中国》第二季开播。

2020年11月，光明乳业旗下领鲜物流再度服务中国国标进口博览会，是唯一一家连续3届服务中国国标进口博览会的物流配送企业；首创国内生牛乳空运模式，将国内黄金奶源带宁夏中卫鲜奶3小时空运至上海。

2020年12月，光明乳业响应国家“学生饮用奶计划”20年。

（光明乳业股份有限公司）

现代牧业（集团）有限公司

【奶源基地】截至2020年年底，现代牧业（集团）有限公司（以下简称现代牧业）在全国建成万头规模牧场26个，奶牛存栏24.74万头，其中成母牛存栏13.62万头，占比55%。年产鲜奶149万t，同比增长7.2%；原奶总销量146万t，同比增长6.6%。依托“牧草种植、奶牛养殖、牛奶加工一体化”全产业链模式，现代牧业引领奶牛规模化养殖行业，成为国内高品质原奶供应商及优质乳加工制造者。

自创办以来，现代牧业一直秉持着“食品安全对消费者负责，防疫安全对产业负责，环境安全对子孙后代负责”的理念，创新采用“种养加一体化、两小时零距离”生产模式，把现代化的加工厂建在规模化的牧场里，把规模化的牧场建在配套的牧草场里，不仅实现了一二三产业的有机融合，还可实现全产业链、各环节无缝链接，生产过程全面监管。牧场采用世界先进的散栏式工业化养殖方式，实现了全自动全混合日粮（TMR）喂养、全自动清粪、全自动挤奶及全自动粪污处理，使养殖规模化、管理自动化、饲喂科学、牛奶品质优异。

原奶品质方面，公司坚持严格的原奶标准，挤奶到加工2小时完成全过程。得益于先进的生产模式，现代牧业原奶体细胞数低于15万个/mL，微生物菌落数量低于1万CFU/mL，优于欧盟标准。优质的乳制品也使得公司成为首家优质UHT奶和优质巴氏杀菌乳同时通过优质乳工程验收的企业，并连续7年荣膺“世界食品品质评鉴大会金奖”。

疫病防控方面，现代牧业按照国家相关规定要求严格执行各项消毒、免疫、检疫工作，同时考虑各牧场区域周边的特殊情况，以当地畜牧部门要求为基础，建立了有效的牧场卫生防疫系统。安全生产方面，为切实保障员工在工作过程中的职业健康与人身安全，现代牧业建立了集团、牧场、部门三层级的职业健康管理机构。各技术中心依据生产一线实际情况，制定有效的安全操作流程。集团严格遵守国家关于职业健康防护等相关法律法规，提供符合法规要求的合格足量的劳动防护用品、防护设施。

粪污处理方面，公司立足于资源化循环利用、无废弃物排放的目标，构建起一条“饲草种植—奶牛养殖—粪污处理—沼气发电—沼肥还田”的绿色循环产业链条。每期牧场都配建了大型沼气发电设施和沼肥综合利用设施，采用沼气发酵无害化处理模式，将万头奶牛的牛粪吸收、消化并进行无害化处理，年产沼气1.5亿m^3、粪肥566万t、沼渣182万m^3，沼气转化蒸汽88万t、发电自用4 555万kW·h，每年直接效益2亿元；减少碳排放37.3万t/年，碳交易潜力价值746万元，实现了生产过程中再生能源的循环利用。

业绩经营方面，2020年公司核心指标再创新高，盈利突破预期：销售收入60.20亿元，同比增长9%。现金EBITDA录得22.65亿元，同比增长11%。公司净利润7.84亿元，同比大幅增长124%，创历史新高。千克奶的现金成本进一步降低至2.29元/千克，创历史新低。

【市场消费】下游品牌奶业务，公司以“好牛自然产好奶”进行全产品线布局，品牌奶联营公司收入同比增长近10%至11.19亿元。全品发力，三大主销单品销售额贡献率接近70%，功能产品高钙奶销售额增长43%，新品脱脂牛奶月销售额接近1 000万元。现代牧业品牌奶继续深耕三四线城市，新增品牌奶合作客户236个，渠道渗透率进一步提升。

【社会责任】现代牧业自成立以来，秉持绿色环保的发展理念，构建环境友好牧场，以工匠精神打造中国制造好牛奶，践行循环经济，实现可持续发展。

农业循环经济，解决贫困户就业。为积极响应国家“一控两减三基本”的政策，同时解决好奶牛的饲草问题，现代牧业牧场选址多为乡村贫困地区，并在建场后积极吸收当地农民为员工，通过无偿提供技术支持服务、捐赠饲料与牛只等措施，拓宽贫困户就业渠道，解决当地就业。集团各牧场对当地贫困群体开放企业部分岗位，助力扶贫工作及公益事业的开展。

绿色环保模式，循环可持续发展。为解决好奶牛的饲草问题，公司推行“企业+基地+农户”的饲草产业化经营模式。2020年，企业订单饲草种植面积7.13万hm^2，辐射带动牧场周边6万余名农户从事饲草种植，年收入6.89亿元。现代牧业创新粪污处理模式，实现“牛–沼–草”“牛–沼–菜”的农业生态循环，建设能源自给、资源循环利用的现代高效牧场。

持续关注民生，捐粮修路。现代牧业坚持对牧场当地或附近的贫困县、贫困村进行捐赠，从基础的粮油米面，到提升生活质量的牛奶、现金等，同时积极捐款协助政府修建健身广场、清理河道、铺设乡道，为助力地区扶贫攻坚贡献企业力量。

积极助力公益，做爱心企业“鲜”行者。为积极响应农业农村部、中国奶业协会号召，现代牧业积极参加“中国小康牛奶行动”等大型公益活动，并制定了具体、详细的捐赠方案，为贫困地区115所学校的学生捐赠出价值385万元，累计64 107提近80万包的纯牛奶，并多次向贫困地区儿童、困难家庭捐赠牛奶物资。

践行“三保”坚守一线，凝心聚力共克时艰。2020年新冠肺炎疫情发生以来，现代牧业紧密关注疫情发展，与社会共克时艰，积极承担社会责任，并第一时间加入捐赠行列，向湖北、安徽、内蒙古、河南、河北、山东、浙江等省份疫情一线地区捐赠价值总计1 000万元的现代牧业品牌牛奶，驰援医院、疾控中心、治安岗亭等防疫一线场所，切实用自身行动为重灾区一线人员献上专属于现代牧业人的营养与关爱，筑牢“抗疫共同体”。

现代牧业积极履行社会责任，彰显大企业大担当。面对疫情，现代牧业能够第一时间积极响应，将现代牧业牛奶飞速送达防疫一线，为后方提供坚实营养支撑。同时全力保障原奶供应，维护市场稳定，不仅体现了现代牧业强大的社会责任意识与民族情怀，更是中国奶业振兴、反哺社会的最好证明。

【奶业大事】2020年1月，现代牧业荣膺“最佳投资者关系管理”大奖。

2020年2月，现代牧业捐赠价值1 000万元牛奶至抗疫一线。

2020年4月，现代牧业品牌奶连续7年荣膺“世界食品品质评鉴大会金奖”。

2020年10月，经上级党委批复成立现代牧业（集团）有限公司党委。

2020年12月，现代牧业成为首批现代奶牛场定级与评价中心。同月，现代牧业旗下14个法人单位全部通过QES管理体系认证，成为国内第一家且是唯一一家通过QES管理体系集团化奶牛养殖认证的企业。

［现代牧业（集团）有限公司，齐芳华］

附表 1　现代牧业（集团）有限公司奶牛养殖场（小区）名录

名称	地址	全群存栏（头）	成母畜存栏（头）	奶畜品种	成母畜单产（t/年）	年总产量（t）	是否有机奶源基地	有机奶产量（t）
现代牧业（集团）有限公司	安徽省马鞍山市博望区丹阳镇	247 371	136 203	荷斯坦	11.1	1 485 888		

备注：本表奶畜养殖场指企业在中国及海外自建和参建（控股、参股）牧场（小区）。如认证为有机奶源基地等，请在相应表格中打钩。

附表 2　现代牧业（集团）有限公司乳制品生产企业名录

序号	名称	生产地点	生产许可证号码	年收购原奶量（t）	其中：自有奶源量（t）	平均支付价格（元/kg）	日处理生鲜乳能力（t）	年乳制品产量（t）	其中：低温鲜奶（t）	UHT 奶（t）	常温酸奶（t）	低温酸奶（t）	原料奶粉（t）	婴幼儿配方奶粉（t）	成人奶粉及其他（t）	奶油（t）	奶酪（t）	含乳饮料（t）	冰品（t）	年销售收入（万元）	利润（万元）	有机产品（枚）
1	合肥蒙牛现代牧业乳制品有限公司	安徽省合肥市肥东县白龙镇长王村	SC10534012200020	25 198	25 198	4.287 6	100	27 646			27 646									28 646	1 872	
2	现代牧业（蚌埠）有限公司	安徽省蚌埠市五河县朱顶镇现代牧业园区	SC10534032200010	34 024		4.072 6		33 393		33 393										84 228	5 164	

备注：本表包括在中国及海外的生产企业。日处理生鲜乳能力指设计加工生鲜乳能力。自有奶源指来自自建和参建（控股、参股）牧场（小区）的原奶。成人奶粉指除婴幼儿配方奶粉以外的学生奶粉、孕妇奶粉、中老年奶粉等终端消费奶粉。冰品包括冰激凌、雪糕等。有机产品数量单位为“枚”，指获得有机标志的数量。

石家庄君乐宝乳业有限公司

【奶源基地】截至2020年，石家庄君乐宝乳业有限公司（以下简称君乐宝）共有奶源基地169个，奶牛存栏19.98万头，其中，企业投资自建牧场13个，奶牛存栏9.6万头；合作牧场156个，奶牛存栏11.66万头，规模化养殖比例100%。年生鲜乳收购总量97.8万t。近五年生鲜乳总产量年均增长17%。生鲜乳质量达到国际先进水平，乳脂率3.87%、乳蛋白率3.30%，菌落总数2.23万CFU/mL、体细胞数23万个/mL。

目前君乐宝牧场管理创建了5种模式：一是建设观光牧场，打造“优致牧场模式”。君乐宝拥有4个自建观光牧场（奥运牧场在建），建立行业标杆，将奶牛科普知识和牧场实景观光相结合，以生动、立体的形式展现中国现代化奶业的先进水平。二是建设国家级奶业园区，实施产业扶贫“金牛模式”。整合政府、企业、农民三方资源，直接帮扶贫困村200余个，贫困人口18 000余人，增加就业岗位近4 000个，其中直接吸纳贫困人口就业2 000余人，年人均增收4万~5万元。在邢台威县，君乐宝采用奶牛胚胎繁育、牧草种植、奶牛养殖、饲料加工、液态奶加工、产品就地消费、生态牧场观光等全产业链一体化生产经营模式，投资50多亿元建设了5个万头规模化牧场、1个液态奶加工厂、1个3A级旅游区及10万亩饲草基地，成为全亚洲在县域范围内规模最大、产业链最完整的奶牛养殖示范区。三是建设种养加一体化工厂，构建“零距离生产加工模式”。按照“零距离一体化”顶层设计理念，君乐宝在张家口察北牧场建设“牧草种植、饲料加工、奶牛养殖、生产加工”直通一体化，优质的生鲜牛乳从挤奶到加工不到2小时，能够最大限度地保留乳制品中的生物活性物质。四是建设社会牧场，推行“利益共享模式”。君乐宝合作牧场主要分布在河北、河南、山东、江苏、吉林等10余个省份。集团对所有合作的奶牛养殖场建立统一规范的管理制度及标准，实现了奶牛科学养殖、精细化管理和全链条监管保障。“利益共享模式”保障牧场长期收益，奶价形成、结算机制公开透明，严格执行政府指导价和最低保护价且整体高于行业平均水平，为合作牧场提供全方位的金融支持及免费技术培训。五是建设标准化家庭牧场，助力乡村振兴。君乐宝参与编制河北省奶业协会发布的《河北省示范型奶牛家庭牧场》团体标准，并大力推进家庭牧场建设。推行“1+1+N”组团模式，即在一个地区围绕“1个工厂+1个自建牧场+N个家庭牧场”的产业布局，实现与工厂、自建牧场组团式推进与发展。邢台柏乡君兴牧场是君乐宝家庭牧场项目的首个示范牧场，已于2020年5月建成并进牛、7月开始产奶，不到半年的时间即实现盈利。目前，君乐宝在河北石家庄、邢台等地规划的10余个家庭牧场项目正在建设中。

【乳制品加工】君乐宝经营保持良性增长，生产规模持续扩大。截至2020年年底，在河北、江苏、河南、吉林等地建有20个生产工厂，年产能共计229万t。其中液态奶工厂13个，拥有生产线129条、灌装设备211台，产能210万t；奶粉工厂7个，拥有生产线30条、灌装设备99台，产能17.9万t。

近年来，君乐宝不断引进先进工艺设备，推进工业化、信息化发展融合。其中，液态奶工厂引进世界最先进的德国斯托克无菌冷灌装设备，以及瑞典利乐公司灌装设备，为产品品质提供了强有力的保障。奶粉工厂采用丹麦、瑞士、法国、德国、澳大利亚、新西兰等世界领先的婴幼儿配方奶粉生产技术和装备，建设成国际领先水平的全自动配方奶粉生产线，配套全自动仓储物流中心，开创了电商物流自动发运系统，确保了产品以最安全、最便捷、最省时的方式供应给消费者。基于物联网、互联网技术，充分利用、整合多模块数据信息管理工具，实现运营各环节数据的自动生成、自动采集、总结分析、预警等智能管控，使产品安全及高品质得以保障。整合第三方专业信息团队共同研发的食品安全追溯系统，更是实现了每一最小单位产品的双向全链条质量安全可溯源。

【市场消费】君乐宝销售额增长率连续多年在全行业领先，拥有香港、澳门在内的多达33个全国市场。

君乐宝奶粉产销量全国领先，市场占有率已超过全部进口奶粉品牌，成为推动国产奶粉振兴的重要力量。第三方调研数据显示，每天有超400万名妈妈共同选择君乐宝奶粉，且复购率达96%、净推荐值为45%，远超进口品牌。2020年3月11日上市的君乐宝新一代有机奶粉优萃有机奶粉，是行业内首款全产业链适度水解的有机奶粉，增加小分子蛋白、益生菌等14种营养，配方更全面，试销首月销售额就突破1.2亿元。

旗帜奶粉凭借独有的“0124”模式，首创鲜活奶粉品类，并在安全、营养、活性、新鲜4个全球公认的科学指标维度上做到了创新引领、标准引领、品质引领，树立了婴幼儿配方奶粉鲜活营养的新鲜度标准。

君乐宝低温酸奶增速在行业居首，市场占有率全国第三。简醇酸奶采用0添加蔗糖的配方，每年卖出超过14亿盒（杯、袋），第三方数据显示，简醇酸奶已成为低温0添加蔗糖酸奶第一品牌，在此品类中的市场占有率高达41%。纯享无添加酸奶是全球首款以全产业链条通过SGS独立慧鉴认证的酸奶产品，树立了“无添加酸奶”品类的新标杆。慢醇、优果酪等新品带动袋装酸奶高速增长，进一步巩固了袋装酸奶占市场第一的地位。

低温鲜奶方面，君乐宝新一代“鲜牛奶”悦鲜活上市1周年，成功进入高端鲜奶销售第一阵营。常温液态奶方面，短保牛奶白小纯实现70%以上的快速增长，学生饮用奶获取主营区域50%以上份额，带动常温奶业绩整体提升。

君乐宝致力于强品牌战略，先后聘请埃森哲、罗兰贝格、里斯、普华永道等国际一流咨询公司，进行企业品牌战略、营销、管理咨询，结合企业实际形成系统的5~10年品牌战略规划与实施路线，逐年提升品牌价值与美誉度。一是加大品牌传播。实施公信力融媒体传播策略，大数据科学分析精细化管理，使用央视索福瑞第三方数据，聘请国际4A凯洛传播公司进行媒介策略分析，建立以品牌目标及市场需求的融媒体整合传播策略，通过科学化大数据测算，优化媒体组合，实现投放成本最优，效果最大化。2017年起公司以提高君乐宝奶粉品牌公信力、知名度、美誉度为目的，连续3年与央视合作，占领公信力制高点，覆盖全国78%的收视人口，打响全国知名度，媒体投资回报率超过170%。线下体验方面，投资近4.5亿元建设国家4A级旅游观光优致牧场、透明工厂面向全社会免费开放，接受公众观光和监督，游客接待量累计超过400万人次，为提升君乐宝品牌影响力及产品形象奠定了坚实的基础。倡导健康生活，持续冠名赞助郑开、衡水湖、秦皇岛、石家庄等马拉松国际赛事，为品牌注入活力，提升品牌国际影响力和美誉度。二是强化渠道开拓。坚持全渠道运营持续精耕细作，目前拥有经销商3 300个，网点60万个。同时大力推展电商，通过视频、直播等新媒体营销创新，结合客服、物流等综合服务，整合提升线上品牌影响力。三是扩大消费者知名度。调研显示君乐宝的品牌知名度已经达到97%，完成了从地方品牌向全国品牌的蜕变和跨越。目标人群呈现年轻趋势，关联产品凸出奶粉品类，消费者图谱分析上呈现可信可靠的感情联想；企业认知上，消费者认为君乐宝是不断创新、产品丰富的品牌。君乐宝已由区域品牌逐步提升为全国品牌。

【全球发展】君乐宝一直把科技创新作为企业的核心竞争力，以创新引领高质量发展，建立了国际、国内两个创新平台和全员创新管理体系。

一方面，建立了以项目为纽带的产学研国际联合研发平台，与美国范德堡大学、爱尔兰农业与食品发展部、以色列领先油脂、荷兰皇家帝斯曼等全球领先高校、科研院所和领先企业开展合作，推动科技创新和产品研发。

另一方面，着力建设高水平的企业科研平台，已建成河北省企业技术中心、国家乳品专业研发中心、院士工作站、博士后科研工作站等9个省级以上科研平台。

【社会责任】企业的生存发展与社会息息相关、与国家命运相连。君乐宝在实现自身发展壮大的同时，积极承担社会责任，采用“产业扶贫＋项目扶贫＋营养扶贫”模式，努力探索从“输血”式扶贫到“造血”式扶贫的转变，将扶贫“基因”融入企业发展的核心。

在各级党委、政府和主管部门的大力支持下，君乐宝积极开展脱贫攻坚，在威县、行唐、灵寿等地以产业扶贫及项目扶贫等形式助力精准扶贫，通过土地流转增加农民收入、订单农业保障农民收益等多种模式，带动当地经济发展和农民增收。

在企业不断发展壮大的同时，君乐宝一直持续关注青少年健康成长，践行营养扶贫。君乐宝积极响应“中国小康牛奶行动”，2017年以来，累计向贫困地区捐赠价值2 000余万元的优质学生饮用奶。除此之外，君乐宝还连续7年独家支持省中学生“自强之星”大型公益评选活动，为评选出的100多位自强不息、品学兼优的“自强之星”学子捐助助学金。

2020年伊始，新冠肺炎疫情袭来，作为民生保障的重点企业，君乐宝在积极响应国家市场监督管理总局发起的“保价格、保质量、保供应”活动的同时，捐赠款物超过1亿元，其中600万元善款用于雷神山医院建设，以及从海外紧急调运的医用口罩、防护服等医疗物资，另有酸奶、牛奶等营养乳制品用于疫情防控人员的营养补充。君乐宝还捐赠了价值7 500余万元的婴幼儿配方奶粉，解决了全国近11万个家庭婴幼儿口粮的燃眉之急。

凭借多方面的优异表现，君乐宝2020年荣获“全国‘万企帮万村’精准扶贫行动先进民企”“中国民营企业社会责任优秀案例”等荣誉。

【奶业大事】2020年春节期间，新冠肺炎疫情暴发。作为民生保障重点企业，君乐宝一手抓疫情防控稳风险，一手抓复工复产保供应。并且，通过各种渠道向抗疫一线捐赠款物超1亿元，包括现金、医用防护物资、乳制品等，积极支援疫情防控。

2020年6月28日，君乐宝旗帜奶粉二期领航乳业年产5万t奶粉生产线项目在张家口市察北管理区正式开工。项目建成后旗帜将具备年产8万t奶粉生产能力，成为全球领先的高端婴幼儿配方奶粉品牌。

2020年9月10日，由全国工商联主办，国家市场监督管理总局、国务院扶贫办支持的2020中国民营企业500强峰会在京举行。会上发布《2020中国民营企业500强调研分析报告》及“2020中国民营企业500强”榜单，君乐宝以创新的生产管理模式和强大的综合制造能力成功入选“2020中国制造业民营企业500强”。

2020年11月12日，全国“万企帮万村”精准扶贫行动现场交流会暨先进民营企业表彰会在贵州省织金县召开，君乐宝荣获“全国‘万企帮万村’精准扶贫行动先进民企”荣誉称号。

2020年12月10日，河北省民营经济发展大会在石家庄召开，省委书记、省人大常委会主任王东峰发表重要讲话，省委副书记、省长许勤主持会议。大会对民营经济的重要作用给予充分肯定，并对民营经济下一步发展提出具体要求和部署。会上，君乐宝、君乐宝董事长兼总裁魏立华分别荣获“河北省优秀民营企业”“河北省优秀民营企业家”殊荣。

2020年12月27日，第六届中国工业大奖发布会在京召开，君乐宝“国产优质婴幼儿配方奶粉关键技术研究及产业化项目”凭借高质量创新成果，荣获“中国工业大奖表彰奖”。君乐宝是唯一获“中国工业大奖表彰奖”的乳企，这也是乳制品行业首次获得该奖项，国产奶粉产业在促进工业经济发展方面又一次获得权威认可。

2021年1月22日，由中共中央统战部、工业和信息化部、国家市场监督管理总局和全国工商联联合组织的全国抗击新冠肺炎疫情民营经济先进个人表彰大会在北京召开。大会向全国100位民营经济人士授予“全国抗击新冠肺炎疫情民营经济先进个人”荣誉称号，君乐宝董事长兼总裁魏立华获此殊荣。

（石家庄君乐宝乳业有限公司，郭柯宇）

附表 1　石家庄君乐宝乳业有限公司奶牛养殖场（小区）名录

序号	名称	地址	全群存栏（头）	成母畜存栏（头）	奶畜品种	成母畜单产量（t/年）	年总产量（t）	是否有机奶源基地	有机奶产量（t）
1	河北乐源牧业有限公司	河北省石家庄市鹿泉区铜冶镇西任村	4 713	2 390	荷斯坦	10.71	24 945.76		—
2	乐源牧业行唐有限公司	河北省石家庄市行唐县南豆庄村北	1 599	899	荷斯坦	9.56	8 667.65	√	8 667.65
3	石家庄君盛牧业有限公司	行唐县北河乡安家峪村西南	4 619	2 676	荷斯坦	12.09	28 695.03	√	28 695.03
4	乐源牧业正阳有限公司	河南省驻马店市正阳县兰青乡吴庄村余楼	9 926	5 718	荷斯坦	11.20	49 719.11		—
5	徐州乐源牧业有限公司	江苏省徐州市丰县顺河镇工业大道南	3 897	1 776	荷斯坦	10.36	12 743.49		—
6	乐源牧业威县有限公司	河北省邢台市威县赵村镇前寺庄村	12 604	5 706	荷斯坦	11.14	57 326.43		—
7	乐源君邦牧业威县有限公司	河北省邢台市威县赵村镇前赵村	9 874	5 836	荷斯坦	12.24	61 874.41		—
8	乐源君宏牧业威县有限公司	河北省邢台市威县赵村乡后赵村西北	10 963	6 199	荷斯坦	12.95	49 279.09		—
9	乐源君享牧业威县有限公司	河北省邢台市威县侯贯镇西王村	6 771	173	荷斯坦	12.20	7.81		—
10	乐源君康牧业威县有限公司	河北省邢台市威县章台镇掌史村	7 319	224	荷斯坦	12.10	41.71		—
11	张家口君乐宝旗帜牧业有限公司	张家口市察北管理区旗帜大道 6 号	22 737	12 105	荷斯坦	9.05	109 331.06		—
12	乐源牧业邯郸有限公司	河北省邯郸市大名县埝头乡曹仁村	1 419	—	荷斯坦	—	—		—

备注：本表奶畜养殖场指企业在中国及海外自建和参建（控股、参股）牧场（小区）。如认证为有机奶源基地等，请在相应表格中打钩。

附表2　石家庄君乐宝乳业有限公司乳制品生产企业名录

序号	名称	生产地点	生产许可证号码	年收购原奶量（t）	其中：自有奶源量（t）	平均支付价格（元/kg）	日处理生鲜乳能力（t）	年乳制品产量（t）	其中：低温鲜奶（t）	UHT奶（t）	常温酸奶（t）	低温酸奶（t）	原料奶粉（t）	婴幼儿配方奶粉（t）	成人奶粉及其他（t）	奶油（t）	奶酪（t）	含乳饮料（t）	冰品（t）	年销售收入（万元）	利润（万元）	有机产品（枚）
1	石家庄君乐宝乳业有限公司	河北石家庄市石铜路68号	SC10513011300130	270 364.16	30 717.45	4.08	751.00	243 665.12		68 413.09		141 939.08	5 627.02		37.54	323.10		27 325.29		1 446 765.06	59 133.30	
2	石家庄永盛乳业有限公司	河北石家庄市石铜路36号	SC10513011300017	176 362.64	14 166.19	3.99	738.65	245 027.56				214 476.05						30 551.51				
3	石家庄君乐宝太行乳业有限公司	行唐县太行路88号	SC12913012500050	22 512.78	22 512.78	4.24	300.00	16 023.11					1 195.75	12 057.29	2 770.07							
4	正阳君乐宝乳业有限公司	河南省驻马店市正阳县真阳镇君乐宝大道68号	SC10541172400014	46 235.45	24 094.36	4.18	302.93	59 633.02				45 381.13						14 251.89				
5	四平君乐宝乳业有限公司	吉林省四平市铁东区山门镇塔山村南宁路北侧	SC10522030324640	41 442.10	463.68	4.08	268.00	57 764.84				52 836.33						4 928.51				
6	保定君乐宝乳业有限公司	保定市七一东路（高新区东区）2192号	SC10513060500111	32 905.65		4.05	210.00	40 933.95		14 397.44								26 536.50				
7	石家庄君乐宝乐时乳业有限公司	石家庄市鹿泉经济开发区云开路49号	SC10513011300084	42 882.18	3 418.31	3.84	300.00	87 580.33				70 341.58						17 238.75				
8	河北君乐宝君源乳业有限公司	河北石家庄	SC12913011300193	61 250.32	61 250.32	4.45	210.00	24 539.70						24 342.64	197.05							
9	江苏君乐宝乳业有限公司	丰县顺河工业园、丰县开发区	SC10532032100036	116 097.47	20 104.62	4.36	350.00	133 089.85		28 549.30	9 892.28	90 107.09						4 541.18				
10	河北君乐宝君恒乳业有限公司	石家庄市鹿泉区铜冶镇火炬路8号	SC10513011300662	37 130.79	37 130.79	4.78	300.00	13 133.54					93.70	9 828.51	3 211.33							1
11	威县君乐宝乳业有限公司	威县赵村乡前寺庄村迎宾大道6号	SC10513053300453	87 150.62	52 971.27	4.24	499.00	84 437.31	24 352.14	59 901.78								183.39				
12	旗帜婴儿乳品股份有限公司	河北张家口	SC10513070700046	51 859.38	51 859.38	4.19	450.00	17 793.83					2 053.78	13 632.79	2 107.26							
13	河北君乐宝君昌乳业有限公司	唐山市丰南区迎宾路23号	SC10513020700554	19 491.66	19 491.66	4.43	80.00	6 471.22							6 471.22							1
14	沧州君乐宝乡谣乳业有限公司	沧州中捷产业园黄赵公路北	SC10513090700083	14 256.21	162.98	4.30	160.00	12 563.00		12 563.00												

备注：本表包括在中国及海外的生产企业。日处理生鲜乳能力指设计加工生鲜乳能力。自有奶源指来自自建和参建（控股、参股）牧场（小区）的原奶。成人奶粉指除婴配粉以外的学生奶粉、孕妇奶粉、中老年奶粉等终端消费奶粉。冰品包括冰激凌、雪糕等。有机产品数量单位为“枚”，指获得有机标志的数量。

北京三元食品股份有限公司

【奶源基地】2020 年北京三元食品股份有限公司（以下简称三元食品）奶源供应商奶牛全群存栏 139 427 头，成母牛存栏 72 341 头，生鲜乳总产量 702 174.55t。其中牛奶产量和养殖区域主要集中在京津冀地区。有机奶源主要分布在河北省承德市及河北省三河市，2020 年有机原料奶总产量 20 448.92t。

现有奶户按养殖规模统计见表 1。机械挤奶率达到 100%，全混合日粮（TMR）技术应用达到 100%，生产性能测定（DHI）占 88% 以上。疫病防控情况方面，所有奶户都能提供春秋两季当地畜牧兽医主管部门出具的“两病”检疫、免疫证明，粪污处理基本实现干湿分离。生鲜乳收购加工按工厂所在区域划分如表 2。奶业养殖年净收入 3 900 元 / 头左右（成乳牛）。

表 1　规模养殖比例

存栏规模（头）	＜ 200	[200,500)	[500,1000)	≥ 1000
存栏范围个数（个）	2	46	36	37
比例（%）	1.65	38.02	29.75	30.58

【乳制品加工】三元食品现有 17 个乳制品生产厂，生产液态奶、奶粉、奶酪、冰品及其他奶制品等百余个品种，日均处理鲜奶约 3 000t；国外生产基地分别为加拿大阿瓦隆乳业有限公司、艾莱发喜新西兰食品有限公司、法国圣休伯特公司。

全年乳制品总产量 578 502.94t，其中低温鲜奶 100 289.54t、UHT 奶 302 688.54t、常温酸奶 11 740.37t、低温酸奶 114 450.75t、原料奶粉 1 797.33t、婴幼儿配方奶粉 2 978.77t、奶油 8 077.66t、奶酪 3 813.25t、成人奶粉及其他 6 987.49t、含乳饮料 11 922.94t。

【市场消费】近几年，低温鲜奶和 UHT 奶（以下简称常温纯牛奶）市场均呈稳定增长之势，分析机构预测会继续保持正增长。

常温纯牛奶预计将以 4.9% 的年均复合增长率增长，到 2025 年将达 1 460 亿元。低温鲜奶预计将以 8.9% 的年均复合增长率增长，到 2025 年将达到 201 亿元。销售额的增长在很大程度上归因于高端化和价格上涨。由于消费者对品质和营养的需求不断增加，中国冷链物流基础设施的发展，以及领先企业加强对奶源的控制，冷藏细分品类的市场份额将会有所增长。

2020 年常温纯牛奶全年销售额 844.9 亿元，同比增长 14.7%；2020 年低温鲜奶全年销售额 83.4 亿元，同比增长 20.5%。2020 年三元品牌北京线下液态奶市场占有率 26%，其重点品类高端白奶占该品类总体的 23%，基础白奶占该品类总体的 51.1%，低温鲜奶占该品类总体的 79.9%，基础酸奶占该品类总体的 43.4%，大果粒占该品类总体的 17.9%，儿童酸奶占该品类总体的 46.8%，老酸奶占该品类总体的 39.8%，中低端益生菌酸奶占该品类总体的 41.5%。

表 2　各区域生鲜乳收购年均价格

区域	北京	天津	河北迁安	山东潍坊	河北新乐	河南新乡	江苏连云港	广西柳州
单价（元 /kg）	4.02	3.84	3.91	4.05	3.96	3.88	4.56	4.38

【全球发展】“十四五”期间，三元食品将把握新发展阶段、贯彻新发展理念、构建新发展格局，始终秉承诚信为本、质量立市、创新领“鲜”的价值观，坚持“做优、做强、做大”的战略发展定位，以消费者为中心，持续加大科技创新投入将产品做优，打造核心竞争力将品牌做强，以主营盈利为导向、投资并购为补充，将企业做大，努力将三元食品建设成为最受国人信赖的民族乳企。

三元食品定位于战略协同型并购，坚持三元食品“低温”基因，完善全国工厂布局；结合自身优势要素，利用国外乳制品行业的成本和产品优势，寻找国内外能与三元食品有效协同互补的企业，通过并购重组以实现市场重大突破。通过开展国际国内横向并购及合作，快速实现规模、产品、品牌、渠道的突破；通过纵向并购对产业的上下游延伸，产生协同效应；利用海外优势要素整合并购，推动婴幼儿配方奶粉等产品走向高端。

2018 年，三元食品收购法国圣休伯特（St Hubert）公司（以下简称圣休伯特）。圣休伯特成立于 1904 年，具有 115 年历史，是法国家喻户晓的品牌，在法国、意大利及周边国家市场占有率居第一位，经营情况良好。主要产品为植物基健康涂抹酱、植物基酸奶、植物基饮料及甜品、有机产品系列等。

与国内绿色、健康消费需求相呼应，截至 2020 年已在中国市场上市 5 款圣悠活植物酸奶及 2 款燕麦奶产品，丰富了三元食品的产品类型，提升了整体品牌形象，为三元食品成为国内高端品牌助力。

随着中国消费者对健康关注度的提升，有健康元素的乳制品以及食物呈现强劲增长态势，并且在未来更将迅猛发展。三元食品积极推进高端健康食品行业的供给侧结构性改革，有效提升其产品力和增强国际竞争力，实现健康产业升级。

【社会责任】三元食品始终秉承“良心、爱心、责任心的责任理念，发挥主业优势，积极回馈社会，开展多种形式的公益慈善和志愿服务活动，用爱心温暖整个社会。

关爱青少年健康。少年儿童是祖国和民族的未来，三元食品密切关注青少年营养健康与成长，持续开展牛奶公益助学行动，为提升我国青少年营养健康水平贡献力量。

开展公益慈善。三元食品以实际行动践行“取之于社会、回于社会”的企业社会责任观，广泛开展扶贫济困、无偿献血、救灾捐助等公益慈善活动，鼓励员工参与志愿服务，让雷锋精神在企业内传递和发扬。新冠肺炎疫情期间，三元食品在做好疫情防控、保障市场供应的基础上，积极承担社会责任，为抗疫一线的医护人员捐赠牛奶，成为保障医护人员营养健康的坚强后盾。

【奶业大事】面对突如其来的新冠肺炎疫情，三元食品全国各地工厂积极响应，各岗位职工坚守一线，众志成城，共抗疫情。公司紧急启动防护措施，在确保员工健康和工厂安全稳定的前提下为国人不间断提供优质的乳制品。新乡三元及时落实疫情防控工作部署要求，组织员工认识和防范新冠肺炎疫情，及时做好个人及家庭人员的防护工作,做好安全卫生防疫和自我保护工作。山东三元积极落实领导责任，加强人员管控，对食堂卫生加强管理，做好生产经营与工作场所的通风、消毒等工作。河北三元全面采取各项措施开展疫情防控，坚持每日监测健康状况，工作期间一律佩戴口罩，各区域严格消毒，减少疫情传播风险。

三元食品全力支持坚守在疫情一线的医护人员，为他们提供牛奶营养保障。自 2020 年 2 月起，公司陆续向北京 3 家收治新冠肺炎患者的定点医院、2 家急救中心以及 14 家设有发热门诊的医院医护人员送去牛奶表示慰问，并为北京援鄂医疗队精心送上全年新鲜高品质的鲜牛奶，帮助他们的身体能够得到更好的恢复，以实际行动支持医务工作者。2 月 24 日以来，三元食品经过多方协调，为雷神山医院的医护人员以及来自北京、天津、青海等地的援鄂医疗队医护人员送去三元牛奶，以营养助力武汉抗击疫情。同时，公司联合复星基金会向一线医护人员捐赠牛奶、口罩、防护服等物资，为负重前行的医护人员提供营养和物资支持。

2020 年 10 月，第 11 届中国奶业大会暨 2020 中国奶业展览会隆重举行，并同期举行了中国奶业 D20 峰会，共同回顾五年发展成就，展望光明美好未来。北京三元食品股份有限公司党委书记、董事长于永杰受邀出席本次大会，并现场签署了《中国奶业 20 强企业“赋能产业链供应链稳定性和竞争力”三年行动计划(2021—2023 年)》。

（北京三元食品股份有限公司，夏志春）

附表1　北京三元食品股份有限公司奶牛养殖场（小区）名录

序号	名称	地址	全群存栏（头）	成母畜存栏（头）	奶畜品种	成母畜单产（t/年）	年总产量（t）	是否有机奶源基地	有机奶产量（t）
1	半河	北京市通州区永乐店镇半截河村东	1 475	792	荷斯坦	11.4	8 379		
2	草场	北京市通州区漷县镇草厂村东	1 395	782	荷斯坦	12.2	9 514		
3	长三	北京市房山区长阳镇保合庄村南	1 237	651	荷斯坦	13.3	8 903		
4	长四	北京市房山区长阳镇保合庄村南	1 226	629	荷斯坦	11.7	7 360		
5	创辉	北京大兴区采育镇大皮营村南	1 419	724	荷斯坦	11.9	8 862		
6	二牧	天津市宝坻区牛道口镇郑各庄村北	3 228	1713	荷斯坦	12.8	22 493		
7	河北首农	河北省定州市高棚镇纽店村	18 623	10 000	荷斯坦、娟姗	10.5	104 939		
8	金鑫园	北京市延庆区沈家营八里店北	746	381	荷斯坦	11.9	4 653		
9	金银岛	北京大兴区庞各庄镇保安庄村西	2 962	1 523	荷斯坦	12.6	19 343		
10	兰考	河南省兰考县许河乡杨桥村北	4 999	2 704	荷斯坦	10.2	24 137		
11	良种场	北京市延庆区延庆农场北	1 456	657	荷斯坦	13.5	8 359		
12	南二	北京市昌平区南口镇南口农场南	2 120	1 176	荷斯坦	12.6	14 506		
13	南三	北京市昌平区南口镇南口农场西南	1 174	636	荷斯坦	12.0	7 774		
14	三垡	北京市通州区永乐店镇三垡村	1 395	782	荷斯坦	12.2	9 514		
15	圣兴达	北京市房山区琉璃河镇官庄村南古城道北侧	1 426	648	荷斯坦	11.9	10 786		
16	寿光	山东省寿光市田柳镇东头村北	5 042	2 647	荷斯坦	10.8	29 711		
17	顺三	北京市顺义区龙湾屯镇丁甲庄村	378	206	荷斯坦	10.9	2 274		
18	小段	北京市顺义区大小孙各庄镇小段村	702	372	荷斯坦	11.7	4 405		
19	小务	北京市通州区永乐店镇小务村东	1 292	666	荷斯坦	12.3	8 320		
20	新绿洲	河北省唐山市滦县新城205国道北、滦河商厦东侧	8 307	4 647	荷斯坦、娟姗	10.4	47 299		
21	邢台首农	河北省邢台市宁晋县大曹庄管理区东工业园区泰丰路南侧	3 007	1 475	荷斯坦	13.3	18 047		
22	雄特	北京市顺义区大孙各庄村东	1 245	658	荷斯坦、娟姗	11.9	8 150		
23	延津	河南省延津县新兴农场	4 105	2 260	荷斯坦	10.1	23 548		
24	一牧	北京市通州区于家务乡渠头村东	1 680	813	荷斯坦、娟姗	11.5	12 932		
25	承德三元晓雅奶牛养殖有限责任公司一牧场分公司	围场满族蒙古族自治县黄土坎乡大墙村	1 582	840	荷斯坦	10.2	8 401	√	8 401

（续）

序号	名称	地址	全群存栏（头）	成母畜存栏（头）	奶畜品种	成母畜单产（t/年）	年总产量（t）	是否有机奶源基地	有机奶产量（t）
26	承德三元有限责任公司御道口奶牛分公司	承德市围场满族蒙古族自治县御道口牧场压岱生产队	843	525	荷斯坦	11.9	5 311	√	5 311
27	三河百辰奶牛养殖有限公司	三河市皇庄镇马大亩村村民委员会	1 300	630	荷斯坦	9.9	6 212		
28	香河春山养殖有限公司	香河县刘宋镇程官屯村林海巷 6 号	688	314	荷斯坦	10.3	3 241		
29	北京富农兴牧奶牛养殖中心（普通合伙）	北京市延庆区旧县镇大柏老村	617	271	荷斯坦	9.1	2 460		
30	三河市富祥奶牛养殖有限公司	三河市黄庄镇葛中马坊	1 862	743	荷斯坦	8.4	6 247	√	6 247
31	天津市佳禾牧业有限公司	天津市武清区大碱厂镇洪家庄村	967	496	荷斯坦	8.0	3 965		
32	北京金龙腾达养殖场	北京市延庆区旧县镇小柏老村西	220	96	荷斯坦	8.9	852		
33	北京科润维德生物技术有限责任公司	北京市海淀区苏家坨镇前沙涧村东 1 000m	133	63	荷斯坦	8.5	538		
34	北京民禾诚奶牛专业合作社	北京市顺义区马坡镇肖家坡村村委会南	586	232	荷斯坦	9.4	2 170		
35	农标普瑞纳（廊坊）饲料有限公司霸州养殖分公司	河北省廊坊市霸州市煎茶铺镇七间房村南	274	112	荷斯坦	9.8	1 097		
36	三河顺发奶牛养殖有限公司	三河市皇庄镇韶道庵村南	671	408	荷斯坦	9.9	4 043		
37	北京三石奶牛场有限公司	北京市昌平区流村镇西峰山村	416	234	荷斯坦	10.5	2 462		
38	怀来县土木镇银海鑫兴牧场	河北省怀来县土木火车站南 50m	1 316	883	荷斯坦	10.4	9 209		
39	北京天意兴旺养殖专业合作社	北京市延庆区旧县镇大柏老养殖小区一分社	996	208	荷斯坦	9.0	1 874		
40	北京延照富民奶牛养殖中心	北京市延庆区延庆镇赵庄村	453	247	荷斯坦	11.0	2 771		
41	北京运昌奶牛养殖专业合作社	北京市延庆区井庄镇井家庄村北 500m	370	185	荷斯坦	8.9	1 654		
42	北京中加永宏科技有限公司	北京市房山区琉璃河镇赵营村	595	172	荷斯坦	7.5	1 290		
43	迁安市智联农牧有限公司	迁安市大五里乡贯头山村	618	298	荷斯坦	9.0	2 672		
44	迁安市民健农牧有限公司	迁安市建昌营镇西环路西	132	39	荷斯坦	6.8	266		
45	迁安市二牛畜牧养殖有限公司	迁安市太平庄乡东峪村	1 370	501	荷斯坦	9.5	4 781		
46	滦南县海龙奶牛养殖场	滦南县程庄镇潘戴庄村	543	309	荷斯坦	7.0	2 158		
47	滦县茂源牧场	滦州市小马庄镇光水坨村	560	219	荷斯坦	6.9	1 507		
48	昌黎县玉杰奶牛养殖专业合作社	昌黎县朱各庄镇大樊各庄村	446	102	荷斯坦	7.5	764		
49	遵化市铁厂美富养牛场	遵化市铁厂镇铁厂村	557	208	荷斯坦	7.4	1 531		
50	滦南县明赫奶牛养殖有限公司	滦南县宋道口镇大二里村	590	201	荷斯坦	5.0	1 011		
51	乐亭县天园奶牛养殖专业合作社	乐亭县古河乡东新庄村	432	155	荷斯坦	4.9	757		

（续）

序号	名称	地址	全群存栏（头）	成母畜存栏（头）	奶畜品种	成母畜单产（t/年）	年总产量（t）	是否有机奶源基地	有机奶产量（t）
52	迁安市广原奶牛养殖科技有限公司	迁安市赵店子镇三港湾村西	1 030	514	荷斯坦	6.5	3 330		
53	秦皇岛浩轩生态农业经济示范园	卢龙县木井乡侯庄子村南	950	485	荷斯坦	7.0	3 407		
54	昌黎县鑫丰奶牛养殖专业合作社	昌黎县安山镇党各庄村	446	159	荷斯坦	7.5	1 188		
55	滦南县福兴奶牛养殖场	扒齿港镇东水清村	542	265	荷斯坦	6.3	1 682		
56	昌黎县青源奶牛养殖合作社	昌黎县龙家店镇垂柳庄村	395	175	荷斯坦	6.1	1 074		
57	唐山市丰润区金明奶农农民专业合作社	唐山丰润区火石营镇前刘城子村	221	101	荷斯坦	5.2	530		
58	滦南县龙顺奶牛养殖场	河北省唐山市滦南县扒齿港镇后龙坨村	270	141	荷斯坦	8.5	1 196		
59	滦县隆泉奶牛养殖专业合作社	滦州市王店子镇大高庄村	395	149	荷斯坦	5.6	831		
60	滦县店坨泽生牧场	滦州市古马镇店坨村	352	154	荷斯坦	8.0	1 228		
61	唐山市丰润区绿欣源畜牧养殖场	唐山市丰润区泉河镇东孝义村	238	123	荷斯坦	8.2	1 007		
62	天津市北辰区恩芝奶牛养殖场	天津市北辰区双口镇东提村南	500	170	荷斯坦	8.0	1 237		
63	天津市北辰区久金奶牛养殖场	天津市北辰区双口镇杨河村南	480	330	荷斯坦	8.0	1 151		
64	天津市隆达奶牛养殖场	天津市静海区唐官屯镇靳官屯村	1 207	830	荷斯坦	6.5	3 212		
65	天津市静海区蓄驰奶牛养殖有限公司	天津市静海区大邱庄镇巨家庄村	519	291	荷斯坦	10.7	1 929		
66	天津市东盛养殖场（普通合伙）	天津市静海区陈官屯镇吕官屯村铁路东	800	490	荷斯坦	6.5	823		
67	玉田县林西镇旺达养殖场	河北省唐山市玉田县林西镇西迷王会村	750	240	荷斯坦	10.9	3 071		
68	沧州金源牧业有限公司	河北省 沧州市青县木门店镇前吴召村	600	400	荷斯坦	9.1	2 612		
69	青县华盛奶牛养殖专业合作社	河北省 沧州市青县木门店镇后仔仪	492	269	荷斯坦	10.9	1 824		
70	青县耐康奶牛养殖有限公司	河北省青县流河镇东魏村	1 700	1 000	荷斯坦	7.3	6 524		
71	天津市静海区文成养殖场	天津市静海区双塘镇扬家园村铁路东2 000m	460	380	荷斯坦	8.1	3 078		
72	天津市凤虎奶牛养殖场	天津市静海区陈官屯镇潘村村委会西2 000m	800	400	荷斯坦	8.2	3 280		
73	晋州市周家庄农牧业有限公司	晋州市周家庄乡北王庄村村西	1 250	470	荷斯坦	8.5	4 781		
74	河北红山乳业有限公司	隆尧县山口镇霍庄村	390	170	荷斯坦	8.0	1 628		
75	元氏县康顺奶牛养殖场	元氏县殷村镇故城村北	570	220	荷斯坦	9.2	2 422		
76	元氏县铁达奶牛养殖有限公司	元氏县槐阳镇铁屯	670	330	荷斯坦	10.2	4 028		
77	元氏县绿康奶牛养殖场	元氏县南因镇杜村	490	220	荷斯坦	9.9	2 606		

（续）

序号	名称	地址	全群存栏（头）	成母畜存栏（头）	奶畜品种	成母畜单产（t/年）	年总产量（t）	是否有机奶源基地	有机奶产量（t）
78	赵县永兴牧业有限公司	赵县北王里镇后田村东	610	252	荷斯坦	8.8	2 654		
79	平山县兴达养殖专业合作社	石家庄平山县上三汲乡郎家村	300	100	荷斯坦	7.5	898		
80	河北艾拓牧业有限公司	赵县新寨店镇赵刀寺村	405	124	荷斯坦	9.0	1 336		
81	高邑县千秋优种奶牛有限公司	高邑县城东 10km 国营苗圃东临	590	190	荷斯坦	8.7	1 978		
82	元氏县金寨奶牛养殖场	元氏县北正乡杨家寨村	510	220	荷斯坦	8.5	2 238		
83	石家庄市藁城区秀芳养殖专业合作社	藁城区西关镇丰上村	700	292	荷斯坦	8.4	2 935		
84	石家庄市诚鑫牧业有限公司	藁城区南孟镇南乡村	600	250	荷斯坦	7.6	2 274		
85	石家庄市藁城区荣祥奶牛饲养专业合作社	藁城区东桥寨村	560	300	荷斯坦	7.6	2 729		
86	正定县旭盛奶牛养殖专业合作社	正定县北早现乡北早现村	340	180	荷斯坦	5.5	1 185		
87	石家庄市瑞江奶牛养殖有限公司	藁城区增村镇东慈邑村南	540	370	荷斯坦	7.3	3 232		
88	正定县润达奶牛养殖专业合作社	正定县新城铺镇小邯村	420	260	荷斯坦	6.1	1 898		
89	行唐县鑫泉养殖小区	行唐县翟营乡康庄村南	500	250	荷斯坦	7.6	2 274		
90	石家庄硕文牧业有限公司	行唐县上方乡东井底村	350	210	荷斯坦	7.6	1 910		
91	石家庄德安农牧有限公司	新乐市邯邰镇香城村	760	420	荷斯坦	7.6	3 820		
92	石家庄市藁城区河牧奶牛养殖服务专业合作社	藁城区梅花镇许家庄村	300	120	荷斯坦	6.1	876		
93	原阳县福源奶牛有限公司	河南省新乡市原阳县官厂乡判官村	1 100	700	荷斯坦	8.0	4 250		
94	原阳县富民奶牛养殖有限公司	河南省新乡市原阳县福宁集乡张大夫寨村	492	270	荷斯坦	7.0	1 670		
95	新乡市菁宇农牧有限公司	河南省新乡市原阳县福宁集乡王庄村	410	184	荷斯坦	9.2	1 480		
96	邯郸市邯山区利林奶牛养殖有限公司	河北省邯郸市邯山区河沙镇南泊村南	924	498	荷斯坦	10.0	4 750		
97	河北圣犇牧业有限公司	河北省邢台市沙河市十里亭镇高店村北	1 150	760	荷斯坦	9.0	5 100		
98	河南省黄河岸边乳业有限公司	河南省新乡市原阳县靳堂乡朱庄村	450	218	荷斯坦	8.1	1 650		
99	孟州市华亿畜产养殖有限公司	河南省焦作市孟州西虢镇西逯滩区	328	228	荷斯坦	6.9	1 000		
100	孟州市作谦奶牛养殖场	河南省焦作市孟州市会昌办竹园内	360	170	荷斯坦	6.7	800		
101	博爱县鑫恒牧业有限公司	河南省焦作市博爱县金城乡刘村北地	350	201	荷斯坦	7.9	1 160		
102	新乡市新旺牧业有限公司	河南省新乡市凤泉区大块镇闫庄村	420	240	荷斯坦	8.9	1 900		
103	卫辉市牧丰奶牛养殖有限公司	河南省卫辉市孙杏村镇张武店村西头	378	195	荷斯坦	6.0	800		

（续）

序号	名称	地址	全群存栏（头）	成母畜存栏（头）	奶畜品种	成母畜单产（t/年）	年总产量（t）	是否有机奶源基地	有机奶产量（t）
104	新乡市犇犇奶牛养殖农民专业合作社	河南省新乡市卫滨区张固城村	290	150	荷斯坦	6.0	550		
105	北京首农畜牧发展有限公司河南分公司	河南省延津县新兴农场	4 200	2 200	荷斯坦	8.5	15 300		
106	新乡市凤泉区亿丽牧场	新乡市凤泉区耿黄乡南鲁堡村西	270	170	荷斯坦	7.0	1 060		
107	北京首农畜牧发展有限公司兰考分公司	河南省兰考县许河乡杨桥村北	5 350	2 750	荷斯坦	9.0	23 400		
108	开封市大勇阳光畜牧养殖场	河南省开封市祥符区范村乡齐岗村	450	264	荷斯坦	7.5	1 030		
109	潍坊市寒亭区团结奶牛养殖专业合作社	潍坊市寒亭区寒亭街办袁家埠村	349	184	荷斯坦	8.4	1 546		
110	潍坊照亮奶牛养殖场	潍坊市寒亭区固堤街道办事处李家沿村	316	183	荷斯坦	8.7	1 592		
111	高青县顺腾奶牛养殖专业合作社	高青县花沟镇庄家村	335	185	荷斯坦	8.1	1 499		
112	高青县光军奶牛养殖专业合作社	高青县黑里寨镇西小王村	322	164	荷斯坦	9.0	1 476		
113	高青县凤德奶牛养殖场	高青县黑里寨镇店头王村	358	158	荷斯坦	9.0	1 422		
114	临朐县汇明养殖场	山东省潍坊市临朐县东城街道胡梅涧村	249	117	荷斯坦	8.7	1 018		
115	青岛莱西市联润养殖专业合作社	莱西市望城街道办事处林泉庄村	2 028	1 260	荷斯坦	8.7	10 962		
116	青岛犇鑫奶牛养殖场	青岛莱西市望城街道办事处林泉庄村东	583	364	荷斯坦	9.3	3 385		
117	临朐县宝山奶牛场	临朐县冶源镇葛拉村	387	217	荷斯坦	9.0	1 953		
118	临朐县永浩奶牛养殖专业合作社	临朐县沂山镇邢家官庄村	440	221	荷斯坦	9.6	2 122		
119	临朐县宇弘奶牛养殖场	临朐县寺头镇桥沟村	402	204	荷斯坦	9.0	1 836		
120	江苏三元双宝乳业有限公司（中心牧场）	江苏省连云港市东辛农场	1 890	1 037	荷斯坦	26.0	7 850	√	490
121	柳州三元天爱乳业有限公司	柳州市柳北区鹧鸪江路 103 号	1 068	602	荷斯坦	6.6	4 245		

备注：如认证为有机奶源基地，请在相应表格打钩。

附表2 北京三元食品股份有限公司乳制品生产企业名录

序号	名称	生产地点	生产许可证号码	年收购原奶量(t)	其中：自有奶源量(t)	平均支付价格(元/kg)	日处理生鲜乳能力(t)	年乳制品产量(t)	其中：低温鲜奶(t)	UHT奶(t)	常温酸奶(t)	低温酸奶(t)	原料奶粉(t)	婴幼儿配方奶粉(t)	成人奶粉及其他(t)	奶油(t)	奶酪(t)	含乳饮料(t)	冰品(t)	年销售收入(万元)	利润(万元)	有机产品(枚)
1	北京三元食品股份有限公司	北京市	SC10511150810031	228 571.18	176 548.41	4.02	1 200	246 172.63	98 391.05	60 051.54		70 401.67				1 353.64	2 163.71	54.72		448 917.62	4 720.73	21 670 000
2	北京三元食品股份有限公司乳品四厂	北京市	SC10511140210065	54.22	54.22	3.55		6 221.96					1 797.33		1 110.09	1 665.00	1 649.54			73 367.80	6 731.18	
3	天津三元乳业有限公司	天津市	SC10512022300241	27 211.99	5 529.87	3.84	100	27 137.43		27 137.43										16 420.16	477.45	
4	迁安三元食品有限公司	河北省唐山市	SC10513028300120	40 031.04	5 141.63	3.91	306	49 853.94		47 866.19						195.13		1 792.62		29 794.14	719.57	
5	河北三元食品有限公司	河北省石家庄市	SC10513018400046	168 074.15	68 895.56	3.96	1 000	131 627.20	66.39	77 726.11	2 716.08	36 543.52	0.00	2 478.56	5 795.70	4 863.90	0.00	1 436.95	0.00	135 311.02	4 796.56	
6	唐山三元食品有限公司	河北省唐山市	SC12913020900010	15 948.38	9 422.36	3.76	200	581.90						500.21	81.69					4 375.49	712.36	
7	山东三元乳业有限公司	山东省潍坊市	SC10637070400024	39 722.49	20 543.46	4.05	250	43 057.06		32 456.07	9 024.29	35.84						1 540.87		27 072.57	434.95	
8	江苏三元双宝乳业有限公司	江苏省连云港市	SC10532070300509	12 124.06	7 580.09	4.56	75	7 992.88	661.48	5 024.11		2 307.29								9 536.03	149.05	1 077 685
9	新乡市三元食品有限公司	河南省新乡市	SC10541072500442	54 414.48	31 566.32	3.88	260	55 406.13		48 328.09		4 958.82						2 119.22		33 982.45	708.38	
10	甘肃三元乳业有限公司	甘肃省张掖市	SC10562070200977				300	4 099.00		4 099.00										0.00	0.00	
11	柳州三元天爱乳业有限公司	广西壮族自治区柳州市	SC10545020500353	3 052.45	3 052.45	4.37	82	3 477.57	1170.62			203.61						2 103.34		4 224.11	10.22	
12	湖南太子奶集团生物科技有限责任公司	湖南省株洲市	SC10543020100021					2 875.22										2 875.22		2 722.64	4 118.85	

备注：本表包括在中国及海外的生产企业。日处理生鲜乳能力指设计加工生鲜乳能力。自有奶源指来自自建和参建（控股、参股）牧场（小区）的原奶。成人奶粉指除婴幼儿配方奶粉以外的学生奶粉、孕妇奶粉、中老年奶粉等终端消费奶粉。冰品包括冰激凌、雪糕等。有机产品数量单位为“枚”，指获得有机标志的数量。

西安银桥乳业（集团）有限公司

【奶源基地】2020 年西安银桥乳业（集团）有限公司（以下简称银桥乳业）有奶源基地 52 个，存栏奶牛 7.6 万余头，其中成母牛存栏 4.1 万余头，年产鲜牛奶 306 619t；奶源分布区域覆盖陕西、甘肃、宁夏、山西、河南等省份，其中陕西关中 4 市为主要产区，奶牛养殖重点区域有西安市临潼区和阎良区、泾阳县、合阳县、华阴市、富平县、眉县；自有奶源占比达到 27.6%；有机奶源基地位于陕西省泾阳县，年产有机鲜奶 10 000t。奶源基地规划扩建牧场 5 个，改造升级牧场 8 个。

银桥乳业奶源基地奶牛存栏 200 头及以上规模养殖率达到 100%，其中奶牛存栏 200~299 头的占 18.2%、存栏 300~499 头的占 20.3%、存栏 500~999 头的占 38.1%、存栏 1 000 头及以上的占 23.4%；100% 实现机械化挤奶；100% 实现全混合日粮（TMR）机械饲喂。

银桥乳业奶源基地参加生产性能测定（DHI）的规模牧场达到 46 个，覆盖率达 88.5%。测定牛场 305 天平均产奶量 9 350kg，头均日产奶量 30.6kg。305 天产奶量在 8 000kg 以下的养殖场 1 个，8 000~9 000kg（不含 9 000）的养殖场 16 个，9 000~10 000kg（不含 10 000）的养殖场 16 个，10 000kg 及以上的养殖场 19 个。从测定结果来看，平均乳脂率为 4.26%，平均乳蛋白率为 3.3%，平均体细胞数为 18.8 万个 /mL，其中体细胞数小于 50 万个 /mL 的牛场占 100%。

饲草种植方面，2020 年银桥乳业奶源基地参加陕西高产优质苜蓿示范场建设，种植紫花苜蓿 988hm²，苜蓿干草平均单产 12.3t/ hm²，苜蓿干草总产量 121t；种植优质青贮玉米 9 922 hm²，平均单产 38.1t/hm²，青贮玉米总产量 37.802 8 万 t。

疫病防控方面，2020 年银桥乳业奶源基地积极落实奶牛口蹄疫免疫工作，应免密度达到 100%，免疫抗体监测合格率达到 100%。

粪污处理方面，银桥乳业奶源基地粪污处理方式主要有两种：第一种方式是牛粪干清，堆积发酵用作农家肥还田，占比 88.5%；第二种方式是用牛粪制作沼气，沼渣经干湿分离、堆积发酵后用于卧床垫料，沼液作为液肥用于还田灌溉，占比 11.5%。

养殖效益方面，2020 年银桥乳业生鲜乳收购年均价格 4.10 元 /kg，奶价进入上行周期，奶牛养殖效益较好，2020 年奶牛养殖年净收入达到 4 980 元 / 头，规模奶牛养殖场年净收入达到 6 630 元 / 头。

【乳制品加工】银桥乳业现有婴幼儿配方奶粉生产工厂 2 个，旗下共有 6 个婴幼儿配方奶粉品牌，18 个注册配方，包括阳光宝宝、阳光澳嘉、贝多瑞、澳瑞佳 4 款牛奶粉婴幼儿配方奶粉，艾宝瑞、秦俑冠佳 2 款羊奶粉婴幼儿配方奶粉。银桥乳业中心工厂年设计产能 60 万 t。截至 2020 年，已形成常温液态奶、低温酸奶、婴幼儿配方奶粉、牛羊奶粉等 100 多个品种多元产品矩阵，2020 年各类乳制品产量 30 万 t。银桥乳业奶源稳产提质，理化 3 项指标明显加强，鲜奶菌落总数、体细胞数控制进一步提高，鲜奶质量稳定可靠。产品追溯优化升级，体系建设持续升级，银桥乳业及贝多公司顺利通过 BRC、IFS 欧洲双认证。新增《初乳碱性蛋白》《包材验收规定》等 20 个验收标准；修订《生牛乳》《巴氏杀菌乳》等 84 个原辅料验收规定及工艺文件。圆满完成全年各项体系认证和评审检查工作。被陕西省工业和信息化厅授予“陕西省企业技术中心”。

【市场消费】银桥乳业常温系列牛奶陕西市场占有率为 63%，低温系列酸奶陕西市场占有率为 65%，牛奶粉全国市场占有率为 2%，羊奶粉陕西市场占有率为 1%，银桥直投儿童成长发酵乳陕西市场占有率为 78%。

品牌形象实现新提升。银桥乳业当选第 14 届全国运动会乳制品独家供应商，作为官方指定乳制品亮相第 14 届运动会赛场内外；被工业和信息化部评为“三品战略优秀成果”，代表陕西参加全国食品工业三品成果展；被陕西省商务厅认定为首批“陕西老字号”企业；荣获西安市委、市政府首届“市长特别奖”；阳光澳嘉婴幼儿配方牛奶粉和艾宝瑞婴幼儿配方羊奶粉荣获“世界食品品质评鉴大会”金奖。

银桥乳业 2020 年实现销售收入 34 亿元。品牌宣传等相关费用占销售收入超过 2%。银桥乳业顺应“互联网 +”现代商业模式，开通企业微博、微信公众号、抖音等网络媒体平台，打破之前传统的单向传播模式，增强传播的社交属性，创新交互体验，搭建线上线下多角度全方位的沟通模式，与消费者进行深层次双向互动交流。通过数据调查统计显示，近四年公司的顾客满意度和忠诚度的各项关键绩效指标均保持较高水平，并呈现稳定提升趋势。

【社会责任】2020 年，面对突如其来的新冠肺炎疫情，银桥乳业与全国上下一心，并肩作战。银桥乳业先后向陕西省红十字会、武汉金银潭医院、西安市防疫指控中心和一线医务、警务人员等捐赠现金和物资共计 1 160 余万元。

疫情期间，银桥乳业积极响应国家市场监督管理总局的号召，认真落实“三保”行动，确保市民群众的“奶瓶子”和舌尖上的安全，中央电视台 CCTV-1《新闻联播》给予肯定和报道。

银桥乳业深入贯彻落实推进乡村振兴战略，为建档立卡贫困户提供就业岗位，实现稳定增收。银桥系列产品被认定为“国务院扶贫产品”。

银桥乳业积极响应农业农村部“中国小康牛奶行动”号召，关注贫困地区青少年儿童健康成长，深入参与营养扶贫，持续开展牛奶公益助学。银桥乳业已累计支付奶款达 40 多亿元，累计为社会公益事业投入超 1 亿元。被授予“国家学生饮用奶计划实施二十周年 · 学生营养改善贡献企业”。

2020 年银桥乳业与陕西师范大学食品学院签订“银桥奖学金”捐赠及战略合作协议。双方将围绕推进产教融合培养优秀人才、校企协同攻克核心技术、数字互联共享发展成果等领域合作。

【奶业大事】2020 年 1 月，银桥乳业通过国际领先的第三方认证机构 SGS 的严格审核，获得 GFSI 认可的 BRCS 食品安全全球标准 A 级证书和 IFS 国际食品标准认证证书。这标志着银桥乳业产品在产品品质、生产工艺、质量监管等诸多方面达到国际一流水平。集团旗下阳光宝宝婴幼儿配方奶粉连续 4 年荣获“质量金奖”。

2020 年 9 月，银桥乳业以“卓越品质”成为第 14 届全运会乳制品独家供应商。银桥乳业将作为全运会官方指定乳制品，为来自全国各地的运动员、教练员、工作人员提供营养健康保障。

2020 年 10 月，银桥乳业参加第 11 届中国奶业大会、中国奶业 20 强（D20）峰会，荣获“小康牛奶行动爱心企业”和“大爱无疆 2020 年抗疫捐赠奶业企业”等殊荣。

2020 年 11 月，银桥乳业受邀参加第 18 届中国国际农产品交易会。携带旗下原点牧场系列娟姗牛纯牛奶、嫩酸奶等产品登台亮相。

2020 年 12 月 3—6 日，第 29 届中国食品博览会暨 2020 食品工业“三品”（增品种、提品质、创品牌）成果展在武汉市举办。此次银桥乳业代表陕西食品工业企业参加“三品”战略成果展。旗下的生榨核桃牛奶、“阳光冠 + 有机纯牛奶”亮相展会，受到了现场观众高度称赞和好评。

2020 年 12 月，银桥乳业参加陕西省婴幼儿配方羊奶粉质量提升行动启动仪式。集团及旗下子公司贝多营养食品有限公司分别签订了《婴幼儿配方羊乳粉质量提升行动承诺书》。

2020 年 12 月，银桥乳业注册商标“银桥”被陕西省商务厅认定为首批“陕西老字号”企业。

［西安银桥乳业（集团）有限公司，闵　杨］

内蒙古圣牧高科牧业有限公司

以“提供全球最高品质的沙漠有机奶”为使命，圣牧在乌兰布和沙漠累计投入75亿元，打造了有机沙草产业体系，形成封闭循环的有机生态圈，并成了生态治理与产业发展相结合的范例。

经过11年的努力，圣牧种植了9 700多万棵各类沙生树木，使200km²的沙漠披上了绿装，修建公路193.3km，架设277.9km电线，实现了路通、电通、水通、网通等完善的基础设施，“圣牧有机大道”连通着沙漠内外，现代文明源源输入，有机理念频频输出。

【奶源基地】 截至2020年年底，圣牧运营自建牧场33座，奶牛存栏110 735头，其中有机牧场14座，有机奶牛58 889头；非有机牧场19座，奶牛存栏51 846头。年产原奶59万t，其中有机原奶28.5万t，非有机原奶29.2万t，DHA原奶1.3万t。2020年圣牧主要运营目标优于预期，每头成年乳牛的年产奶量为10.34t（2019年为9.62t）；有机奶销量为28.5万t较上年增长10.4%；原料奶平均售价为4 513元/t（2019年为4 183元/t），同比增长7.9%；奶牛养殖业务的毛利达人民币102 511万元（2019年为88 550万元），毛利率为38.5%（2019年为35.5%）。2020年营业收入27.79亿元，净利润4.61亿元。2020年以52亿元的市值在26家乳企中市值增速中位列第二，以159.31亿元的品牌价值，再次荣登“内蒙古百强品牌榜单”。

圣牧积极参与内蒙古自治区的奶业振兴发展计划，推动优质牧草供应、牧场改扩建、奶牛优质性控冻精使用、机械设备购置等，做大做强奶牛养殖产业。

为保证奶牛健康成长，确保原奶的质量安全，圣牧坚持“防重于治”的原则，每年不断完善各项安全管理、繁育保健及疫病防控等管理制度和流程，做好日常的消毒、免疫等预防措施。同时提升动物福利，在牛舍配备沙垫、风扇、牛体刷、御寒服、喷淋系统、防风栏等设施，保障奶牛良好的饲养环境，并为奶牛提供宽阔的运动场，保障奶牛能得到充分运动。

【社会责任】 在企业发展的同时，圣牧勇担社会责任，热心公益事业。

首先，沙漠治理是最大的扶贫。以“种养结合”为指导思路，遵循“三亩地养一头牛，一头牛还三亩地”的规律，圣牧高科在沙漠中“草养牛、粪还田”，11年来，圣牧让2万多hm²的沙漠变成了绿洲，为祖国西北部建起了绿色的防沙屏障，使区域小气候得到了很大改善，获得了很好的生态效益和经济效益。

其次，圣牧利用自身优势开展精准扶贫，为巴彦淖尔市及周边地区提供大量就业岗位，带动当地农牧民增收致富。同时，为帮扶的困难村捐赠犊牛，帮助其发展肉牛产业，并在节日期间，走访慰问困难家庭。2020年，圣牧公益投入总金额100万元，在新冠肺炎疫情期间，分别向赴湖北、巴彦淖尔市、呼和浩特市、阿拉善盟等的医疗队捐赠口罩、酒精、牛奶等防疫物资。参与志愿者活动150余人次，志愿者服务300h以上。

【奶业大事】 2020年圣牧致力于提升自身能力、整合外部资源、优化原奶布局、拓展附加业务、加强供应链管理协同，并取得了很好的营运效益。

1. 聚焦核心业务。 为提升乌兰布和沙漠有机牧场的核心竞争力，洞察有机奶市场需求，2020年圣牧将3座常规牧场转换为有机牧场，未来力争转换更多的有机牧场，奠定圣牧在有机领域的绝对领先地位。同时，圣牧在中丹有机示范牧场的基础上，获评亚洲有机农业技术研发中心示范基地，继续提升有机牧场的卓越运营能力，提高运营效率，提升品牌影响力。此外，圣牧还积极拓展海外有机饲草合作与认证业务，聚焦全球有机资源，夯实有机管控能力，打造优质产品形象。

2. 打造智慧牧场。 2020年9月，圣牧启动SAP-ERP项目，借助SAP全球领先的解决方案，建立支撑企业数字化运营的核心管控及业务平台，通过共享共建、互联互通和生态兴牧等数字信息技术，实现奶牛养殖生产管理的流程化、标准化、数字化、智能化，从而推进智慧牧场的建设。

3. 探索协同业务。 2020年，圣牧把握市场机遇，在创新和紧跟消费升级趋势下，结合自身资源优势，探索以奶为本，有效发展奶肉联动项目。

4. 加大力度推进“产学研”合作战略。 2020年9月，圣牧与国家奶牛产业体系首席科学家李胜利团队合作，成立圣牧研究院，并签署为期3年的战略合作协议，依托专家团队，多维度、全方位的技术指导、专家现场诊断及资源整合，不断引入行业先进的养殖技术和养殖理念，从而提升企业核心竞争力。

5. 夯实文化根基 储备关键人才。 圣牧继续深入推进企业文化建设工作，进一步深化“诚信、卓越、务实、激情”的价值观引领，着力于从实践中培养优秀人才，为践行企业的愿景和战略目标提供坚实的人才保障。

11年间，圣牧人将原来人迹罕至的沙漠，变成了一座“绿色花园”。在圣牧现有的草场基地，绿色的大型喷灌圈逐渐布满了整个基地，泛黄的沙漠上绿色逐渐蔓延。接下来，圣牧将紧密围绕“推动全产业链、实现新跨越”的总体目标，力争在2023年，将所属的28座泌乳牛场全部打造为S级牧场，系统推进系谱管理、高效扩繁优良品种，进一步扩大存栏规模，遵循种养循环模式，助力中国奶业品质升级，打造具有国际竞争力的沙漠有机原奶产业。实现绿色、低碳、可持续发展，依托文化与平台战略、智慧牧场战略、创新发展战略，推动产业升级与生态建设协同发展，圣牧立志成为黄河流域生态保护和高质量发展的成功典范。

（内蒙古圣牧高科牧业有限公司，张家旺）

附表 1　内蒙古圣牧高科牧业有限公司奶牛养殖场（小区）名录

名称	地址	全群存栏（头）	成母畜存栏（头）	奶畜品种	成母畜单产量（t/年）	年总产量（t）	是否有机奶源基地	有机奶产量（t）
内蒙古圣牧高科牧业有限公司	内蒙古自治区呼和浩特市如意南区沙尔沁工业园区开放大街	110 735	57 658	荷斯坦	10.34	589 621	√（14 座有机牧场）	285 073

备注：本表所指奶畜包括奶山羊、奶绵羊、奶水牛、牦牛、骆驼、驴等产商品奶家畜。本表奶畜养殖场指企业在中国及海外自建和参建（控股、参股）牧场（小区）。如认证为有机奶源基地等，请在相应表格中打钩。

黑龙江飞鹤乳业有限公司

飞鹤始建于 1962 年，从丹顶鹤的故乡齐齐哈尔起步，是中国最早的奶粉企业之一。2019 年 11 月中国飞鹤港股上市， 成为港交所历史上首发市值最大的乳品企业。59 年来，飞鹤一直专注于中国宝宝体质和母乳营养研究，引领行业开创多种提升中国宝宝体质适应性的奶粉技术、配方工艺，潜心打造“更新鲜、更适合”的高品质奶粉，是飞鹤乳业的不懈追求。

【奶源基地】飞鹤依托齐齐哈尔北纬 47° 黄金奶源带的天然优势和得天独厚的生态优势，打造了中国婴幼儿奶粉行业第一个婴幼儿配方奶粉专属产业集群，实现了从源头牧草种植、饲料加工、规模化奶牛饲养，到生产加工、售后服务各个环节的全程可控。如今，飞鹤已在饲草种植、自有奶源地建设、奶源自给率等方面率先实现了《奶业振兴意见》2020 年目标，并率先实现 100% 牧场新鲜生牛乳制粉。

奶源是产品的源头，也是品质的最根本保障。飞鹤设立了鲜奶采购控制程序、调奶控制程序、践行《奶源管理要求》《有机奶源管理要求》等标准，通过供应商审核、现场管理、培训赋能和奶源质量风险识别，全面保障品质。

飞鹤严格依据 ISO9001、HACCP、《良好农业规范》GB/T2014 和 FSSC22000，对于奶源质量风险进行积极管控，每月各工厂需对辖区内的牧场做现场检查审核工作，严格遵守相关制度要求，对病牛治疗、饲料、饲养环境、化学污染物和病菌管控、生乳质量监控与生乳本地识别等进行审核，以确保牧场奶源的质量。2020 年飞鹤协助牧场完成 37 个项目生产环境的整改工作，涉及清洗消毒、综合虫害管理、奶车及挤奶设备卫生设计、牧场基础设施建设与管理等方面，持续优化了牧场养殖生产环境。

飞鹤牧场建立了牧场审核标准，每年组建审核组对供应商牧场进行定期全面审核，审核内容包括现场环境和体系文件。在牧场，飞鹤检查消毒室、更衣间、奶厅、化验室、药房、库房等场所，并对体系文件、记录、化验单、资质资料、合同等文件资料进行检查。2020 年我们共完成了 10 个牧场的管理评审，并建立了合格牧场清单，对于不符合标准的地方指派专人追踪问题点并落实到责任人，全年整改达成率 97.8%。飞鹤采购的生乳全部来自经审核批准的专属牧场。

在牧场建设上， 牧场规划和设计尽最大可能使用机械设备，实现自动化，全部采用国际先进的挤奶系统，TMR 饲喂系统、自动喷淋送风系统、自动清粪系统，粪污自动处理系统等。制定合理标准的饲养管理流程，生产细节全部流程化，做到可追溯核查检验结果。同时，飞鹤注重生态环境保护，在牧场发展过程中积极与当地政府配合，推进粪污转化利用项目，补足企业生态环境的短板，并建设规模化生物天然气与有机肥循环综合利用项目，探索种养加一体的生态循环模式，实现了用地与养地相结合，有效保护了生态环境。

【乳品加工】飞鹤结合国家提出的“中国制造 2025”与自身发展需要，致力于从自动化工厂到智能工厂的转型，通过软硬结合、智能平台建设、数字化管理系统等多领域开拓，持续赋能智能管理企业建设。

截至 2020 年年底，飞鹤拥有 7 个生产设施，设计年产能合计为 19.24 万 t。由于预期公司产能将持续强势增长，市场对其产品的需求量也会持续上升，飞鹤正在扩充现有生产设施中的龙江工厂，同时新建哈尔滨工厂和加拿大工厂。

为保证产品的品质，飞鹤工厂的生产车间均配备了世界一流的加工设备，实现了生产的管道化、自动化、密闭化和标准化。在生产加工环节上，企业始终坚守“品质不能为任何事情让路”的铁律，坚决执行“不合格原辅料不得入厂，不合格产品不得出厂”的准则，对鲜奶、原材料、半成品、成品进行 24h 全程跟踪检验，经过 25 道检验工序、300 逾次检验，确保出厂合格率达 100%。

飞鹤引入世界级工厂（WCM）制造企业生产过程执行管理系统（MES）、仓库管理系统（WMS）及设备管理 EV 系统等工具，对生产、物流与仓储进行更精密、高效和规范的管理，以确保产品的最佳品质。飞鹤获得中国乳制品工业协会 2020 年度质量金奖和日本工业协会 TPM 世界级制造卓越奖。飞鹤所有工厂建立和实施了 ISO9001 质量管理体系和 FSSC22000 食品安全管理体系；黑龙江飞鹤乳业有限公司、飞鹤（甘南）乳品有限公司和黑龙江飞鹤乳业有限公司龙江分公司在 2020 年持续通过外部机构认证，以确保质量和食品安全体系的有效实施。飞鹤依据 ISO/IEC17025、CNAS CL011 的相关标准建立实验管理体系，并参加 FAPAS、LGC、中国检科院等国内外能力验证。每个工厂均建立综合检测实验室并规划 LIMS 系统，配备各类检测仪器 1 400 余台 / 套，通过先进的硬件设备保障产品质量。2020 年，飞鹤各实验室接受审核共计 30 次，包括 CNAS 评审、省局 / 市局体系检查、SGS 监督评审、配方注册现场评审等，共计接受现场考核 187 项次，考核结果满意率达 100%。

【市场消费】2016—2020 年，飞鹤分别实现营收 37.24 亿元、58.87 亿元、103.92 亿元、137.22 亿元、185.92 亿元，业绩保持连续增长。飞鹤的产品涵盖婴幼儿配方奶粉产品及儿童奶粉产品，包括超高端、高端及普通类别产品以及其他产品，如成人及学生乳制品等。飞鹤的收益由 2019 年的 137.22 亿元增至 2020 年的 185.92 亿元，同比增长 35.5%；2020 年婴幼儿配方奶粉产品收益达 176.74 亿元，占 2020 年总收益的 95%，同比增长41%，主要因星飞帆及臻稚有机产品系列收益的增长使婴幼儿配方奶粉产品系列的收益增长以及品牌力提升，从而婴幼儿配方奶粉产品系列的收益增长。

飞鹤主要通过全国约2 000名线下客户（覆盖超过11万个零售销售点）的广泛经营网络销售产品。

【全球发展】飞鹤通过自主研发，建立中国母乳营养成分谱系，对中外母乳数据进行全面回顾与分析。这一系列研究所采用的数据分析方法在中国母乳研究领域尚属首次，该研究深度挖掘了学术公开的中国母乳成分数据，这也是目前行业公开的学术研究中对中国母乳成分样本量最大的总结之一。

2020年，母婴数据库建设取得了三项重大研究成果：一是发表中国母乳蛋白质和氨基酸功能变化的系统性综述；二是发表中国母乳活性蛋白动态变化的系统性综述；三是发表描述中国母乳脂肪酸比例特点的系统性综述。这些对中国母乳成分持续不断地深入探索，帮助飞鹤更好了解中国母乳的营养特点，从而引领行业基础研究的发展，对指导产品配方设计，研制更接近中国母乳营养成分的配方提供了理论依据。

作为乳业中科技含量最高的婴幼儿配方乳粉行业，创新是推动行业高质量发展的第一动力。飞鹤借助高校、科研机构的丰富智力资源，持续贯彻产学研深度融合，为企业及行业培养优秀的专业人才，创造更多的核心竞争优势，推动我国奶业乳业高质量发展。

2020年，飞鹤成为博士后科研工作站新设站获批单位。博士后科研工作站是企业集聚高层次人才团队、促进产学研结合的有效载体，是企业提高自主创新能力、推进跨越发展的重要引擎，为高技术人才与企业搭起了桥梁，成为产学研相结合的新路子。为更好地满足消费者的营养需求，飞鹤专注于母乳数据库建立、母乳成分研究，成为研究和开发的先行者，并不断强化科研力量，在母乳化领域及基础研究方面始终走在行业前列。

【社会责任】飞鹤乳业始终牢记企业的社会责任，以脱贫攻坚为己任，坚持“发展企业、回报社会、助力扶贫”的理念，从产业扶贫、医疗健康扶贫、教育扶贫三个方面着手开展扶贫工作，在完善大扶贫格局的基础上不断寻找突破，为精准扶贫事业贡献飞鹤智慧。

在产业扶贫方面，飞鹤实行创新产业集群发展模式，带动上游牧草种植、奶源建设等产业发展，将富地专业的农产（农业公司）、自有牧场纳入产业集群链条中。2020年，飞鹤与1家产业链前端专属农业公司及9家配套农业企业、8个现代化核心工厂紧密合作，农业总种植面积达30万亩，并与两个20万t饲料加工厂合作，用于饲料加工制作。飞鹤产业集群把黑龙江当地贫困户的土地流转过来，变成饲料地，让贫困户有直接的租金收入，带动黑龙江省100多万亩耕地增值，创造15万个就业岗位，拉动15万农民增收致富，这对转移农村劳动力、调整产业结构起到了推动作用。

在医疗健康扶贫方面，为了让贫困地区能够方便就医，飞鹤陆续对多地医院的基本医疗设施进行捐赠，先后为甘南、克东等地的医院捐赠了价值数百万元的医疗设备，为当地医疗事业的发展贡献了力量。

截至2020年年底，在教育扶贫方面，飞鹤已向黑龙江齐齐哈尔市区、克东县、甘南县、龙江县、泰来县、拜泉县、克山县、吉林省镇赉县80多所学校的贫困学生进行了资助，资助对象超过5 000人次，累计捐助超过400余万元，受到了社会各界的关注和好评。其中，向龙江县初高中贫困生、单亲家庭贫困生发放助学金52万余元，有近800人次受益。此外，飞鹤深度聚焦贫困地区青少年健康成长，持续为贫困学生提供乳制品，并普及健康营养知识。

2020年年初，新冠肺炎疫情暴发后，飞鹤先后捐赠2亿元款物驰援疫情一线，与武汉人民、全国人民同舟共济。同时，作为保供单位率先打响中国宝宝口粮保卫战，在门店停业、道路封闭、物流受阻等情况下，积极带动上下游企业共克时艰，助力婴幼儿配方奶粉市场稳定。联动微医、平安好医生等医疗服务平台，累计组织1 160位知名专家提供在线防护课程，开通24h母婴关爱热线和在线免费问诊通道，以拳拳爱心为母婴群体筑起健康保护墙。2020年，飞鹤荣获国家级抗疫表彰，并先后荣获由中国红十字会等机构颁发的特殊贡献奖、人民企业社会责任奖等年度企业奖、2020年度中国公益企业奖，以及中国乳业精神模范企业殊荣。

【奶业大事】原生态牧业有限公司为中国领先的乳牛畜牧公司（以畜群规模及产量计）之一，长久以来，是飞鹤最大的鲜奶供应商，并因其牧场靠近飞鹤的下游工厂房而具有显著地理优势，使其所供应的鲜奶能保持最佳鲜味。

为进一步加强飞鹤在高端婴幼儿配方奶粉产品市场的领导地位，根据中国乳牛畜牧行业未来的政策趋势，加强对飞鹤原料奶供应的保护和保障，使飞鹤成为拥有卓著能力控制整条价值链，以及进一步提升经营效益的综合市场领导者。飞鹤于2020年收购原生态牧业有限公司71.26%的已发行股本。

（黑龙江飞鹤乳业有限公司，邵　娜）

黑龙江省完达山乳业股份有限公司

【奶源基地】完达山乳业奶源基地地处北纬42°~47°，是世界仅存的三大黑土带之一，是举世公认的黄金奶源带。多年来，完达山乳业在北大荒集团的领导和支持下，不断加大对奶源基地的投入和培育力度，全力推进规模化养殖，奶源基地模式转型升级。2020年公司基地规模化养殖比例达到100%，全部实现TMR饲喂、机械化挤奶，现奶牛存栏10万余头，年产鲜奶40余万t，主要分布在黑龙江垦区内。完达山乳业积极引进和学习世界先进的奶牛饲养管理技术，加大生鲜乳质量安全品质提升，奶牛单产水平、质量指标不断提升，奶牛单产平均达9t以上，牛奶质量达到或者超过欧盟标准，规模牧场平均乳脂率4.05%、乳蛋白率3.35%、微生物10万CFU/mL以内，体细胞20万个/mL以内。

【乳品加工】完达山乳业股份有限公司系北大荒集团控股公司，现有20家分公司、子公司、14家加工企业，工厂主要分布在黑龙江、河北、天津、辽宁等地。完达山乳业年加工鲜奶能力113万t，年加工乳制品能力68万t。其中粉类工厂年产能8.9万t，液奶工厂年产能59.3万t。完达山主要以生产婴幼儿配方奶粉、成人奶粉、常低温液态奶、米豆制品及保健食品为主，拥有安力聪、元乳、亲蓓、黑沃A2β酪蛋白有机奶、黑沃低脂高钙牛奶、黑沃有机、黑沃纯牛奶、益养100、臻纯、盐芝爆表、甜蜜柚惑、乳此新鲜、艾菲娅、达卡、妍轻等明星产品。2020年完达山生产加工情况：加工产品32.1万t，其中粉类2.3万t、液态奶29.8万t。

【市场消费】完达山主销产品为奶粉和液态奶。奶粉除西藏、港澳台外，目前已经实现在全国30个省份布局，在其他省份均有产品销售。公司主销渠道为商超、KA、婴童和电商。液态奶主要围绕东北、华北、华东等成熟市场销售，并逐步向华中、西南等地扩展。2020年公司销售收入48.1亿元，利润1.98亿元。

【社会责任】2月7日，完达山乳业向黑龙江省疾病预防控制中心捐赠了第一批1 220箱乳制品，为此次疫情的防控治疗研究、病人救治恢复、医疗工作人员关爱等提供了乳品保障。

2月10日上午，完达山乳业捐赠的第二批1 500箱乳品运抵哈尔滨市道外区综合执法大队、南岗区疾病预防控制中心及香坊区疾病预防控制中心3家抗疫一线单位。公司希望通过捐赠，为辛苦在一线的工作人员带去温暖，带来健康。2月11日，完达山乳业向黑龙江省农垦总医院捐赠1 000箱乳制品，公司领导余宁江带队看望一线医务人员。

2月13日，完达山乳业向黑龙江省传染病防治院捐赠700箱乳制品。据悉，黑龙江省传染病防治院是黑龙江省收治新冠肺炎患者的定点医院，该医院现收治确诊患者50人，隔离疑似患者19人。完达山乳业希望通过这批捐赠物资为一线的工作人员增加营养、增强体质，能够更好地投入到一线防控工作中。

在新冠肺炎疫情下，为助力一线工作人员抗击疫情，2月13日完达山向哈尔滨市南岗区城市管理局、黑龙江省传染病防治院捐赠了共计1 200箱乳制品，为奋战在一线的工作人员提供营养支持，这也是完达山乳业的第四次物资捐赠行动。

在连续多次向黑龙江省多个一线抗疫工作单位捐赠乳制品后，完达山乳业继续投身到支持抗击疫情的工作中，进行了第十批、第十一批捐赠，捐赠乳制品共计1 300余箱。

2月28日，由完达山乳业副总经理余宁江带队，生产安全总监李健陪同，完达山员工冒着风雪来到哈尔滨医科大学附属第一医院群力分院，捐赠了乳制品500箱。这是完达山乳业自向黑龙江省传染病防治院捐赠后，再一次将物资送至抗疫一线的医务人员手中。完达山乳业负责人表示："一线的医务工作人员是最辛苦的，他们冒着风险守护着百姓的健康，我们希望乳品能为广大医护人员补充营养，让他们以更充沛的精力投入到工作中，你们守护健康，完达山守护你们。"

此外，完达山乳业当日还在双城分公司总经理林园的陪同下，为双城区养老机构送去了价值22 736元的袋装鲜奶，共计812箱，双城区区长刘志成代表养老院职工接受企业捐赠。

绥芬河疫情时刻牵动着龙江企业的心，4月17日完达山乳业将抗疫产品10t液态奶运抵牡丹江市，此批抗疫物资将由牡丹江市政府统一分配，按批次分别发放给防疫一线人员。完达山乳业已经多次捐助优质产品，公司副总经理余宁江表示，此次为抗击疫情捐赠的这10t，共2500箱纯牛奶是龙江企业应尽的责任，如果有需要，完达山还会一如既往地尽己所能，为一线医护人员提供更多的营养产品。

自2020年7月以来，我国南方多地遭遇因强降雨引发的内涝、山洪等灾害，已致千万群众受灾。完达山乳业心系灾区，在洪涝灾情发生后的第一时间奔赴受灾严重的安徽、江西、江苏、湖北、四川等地，为当地消防官兵捐赠完达山新品全家营养高钙奶粉等物资。

7月18日，完达山乳业在鄱阳灾情发生后，紧急调配全家营养高钙奶粉物资捐赠给鄱阳县消防队员，感谢他们在灾害事故中不顾个人安危始终冲锋在前。

7月28日，完达山乳业慰问代表前往湖北恩施，为防汛抗洪的恩施市消防队员送去奶粉等慰问品。对于受灾严重的合作伙伴，完达山乳业积极克服天气、人员、交通等困难，及时调拨援助物资火速发往受灾门店支援。为支援孝感抗疫，完达山乳业第十二批共计25 000箱总价值137.5万元的抗疫牛奶，直发湖北孝感，定点捐赠给孝感汉川、应城、安陆3支黑龙医疗队伍，供抗疫前线工作指挥部分配使用，用好产品致敬中国最美抗疫“逆行者”。

【奶业大事】

2020 年，完达山公司经受住了新冠肺炎疫情和市场激烈竞争的影响，实现逆势增长，取得了收入和利润双增长的较好成绩，展现出了强大的发展韧劲和活力。

2020 年，完达山公司全面加速企业上市工作，与相关中介机构签订了合作协议，为上市提供专项服务。同时开展了近年来规模最大的资产清理工作，为上市工作打下坚实的基础。

2020 年，公司建成“有机 +A2”牛奶核心产区，并在全球发布“有机 +A2 系列产品”，开创了 A2 乳制品的有机时代。完达山乳业被中国绿色食品发展中心授予“最美绿色食品企业”荣誉称号，这是公司第四次荣获该项荣誉。

2020 年，以天乳公司液态奶改造升级项目为代表的项目建设和设备改造升级是公司近年来资金投入力度最大的一次，总投资额达 5 亿元，创企业建立以来年度投资项目额度之最。

2020 年，公司以自我革命的魄力，加快推进产品焕新工作。奶粉优化整合，形成“安力聪”“元乳”和“完达山”三大品牌系列、九大单品系列的产品矩阵，全面完成成人粉单品的整合和包装焕新，液态奶对高端常温奶升级焕新，推出“黑沃”副品牌，精简梳理品类布局和产品定位，聚焦核心资源，产品整体提档升级，加快焕新。同时加大线上销售力度，通过平台深度合作、网红直播带货等，打造了市场销售业绩新的增长点。

2020 年 1 月 5 日，完达山再次当选中国奶业协会副会长单位，北大荒农垦集团有限公司党委委员、副总经理，公司党委书记、董事长王贵当选中国奶业协会副会长。公司再登行业发声平台，为弘扬行业正能量贡献力量。

2020 年 6 月 10 日，公司申报第九次农业产业化国家重点龙头企业监测项目，并于年底被审定为“农业产业化国家重点龙头企业”。

2020 年 8 月 5 日，作为中国乳业代表，完达山以 405.39 亿元的品牌价值，连续 17 年荣膺“中国 500 最具价值品牌”，较 2019 年的 366.18 亿元增长了 10.71%，总排名第 173 位。2020 年 9 月 22 日连续第十年入围亚洲品牌 500 强，完达山品牌影响力再上新台阶。同时提出“为所爱、尽所能”全新品牌主张，全面启动品牌形象升级、品牌年轻化进程。

2020 年 10 月 11—13 日，以“赋能奶业 领航健康 共享小康”为主题的 2020 中国奶业大会暨中国奶业展览会在石家庄举行。大会对积极践行“小康牛奶行动”以及抗疫捐赠爱心企业进行表彰，完达山乳业以突出的贡献被评为小康牛奶行动爱心企业及 2020 年抗疫捐赠企业荣誉称号，并入选大会发布的 2020 中国奶业“融智创优”品牌企业名录。

2020 年 11 月 26 日，完达山被全国高新技术企业认定管理工作领导小组办公室予以高新技术企业备案，成为黑龙江省 2020 年第三批高新技术企业，这标志着公司的科技创新水平又上升到了一个新的阶段。

2020 年 12 月 15 日，公司名称由黑龙江省完达山乳业股份有限公司变更为北大荒完达山乳业股份有限公司，发挥双品牌优势，开启发展新征程。

（黑龙江省完达山乳业股份有限公司）

附表 1　黑龙江省完达山乳业股份有限公司奶牛养殖场（小区）名录

序号	名称	地址	全群存栏（头）	成母畜存栏（头）	奶畜品种	成母畜单产量（t/年）	年总产量（t）	是否有机奶源基地	有机奶产量（t）
1	黑龙江省北安农垦军弘奶牛养殖专业合作社生鲜乳收购站	黑龙江省黑河市五大连池市二龙山农场第八管理区	696	291	荷斯坦	5.60	1 632.00		
2	北安农垦长鑫牧场专业合作社	黑龙江省黑河市北安区长水河农场第二管理区第一居民组	1 796	1 026	荷斯坦	8.50	8 762.00		
3	北安农垦鑫旺牧场专业合作社	黑龙江省黑河市北安市赵光农场第九管理区二十九队	1 293	784	荷斯坦	9.50	7 469.00		
4	黑龙江省九三农垦荣达奶牛养殖专业合作社	黑龙江省黑河市嫩江县七星泡农场第一管理区	1 462	768	荷斯坦	10.80	8 306.00		
5	九三农垦七星泡农场鑫顺奶牛养殖场	黑龙江省黑河市嫩江县七星泡农场第一管理区奶牛小区牛舍	442	202	荷斯坦	5.00	995.00		
6	黑龙江省九三农垦鑫澳奶牛养殖专业合作社	黑龙江省黑河市嫩江县嫩江农场第一畜牧养殖区	1 396	805	荷斯坦	7.30	5 847.00		
7	黑龙江省牡丹江农垦千牧奶牛养殖场	黑龙江省鸡西市密山市八五一一农场第一管理区第七作业站	1 450	750	荷斯坦	11.80	8 200.00		
8	隆盛奶牛养殖专业合作社	黑龙江省鸡西市虎林市庆丰农场第九连队	4 340	2 310	荷斯坦	10.10	21 055.00		
9	农垦互利养牛专业合作社	黑龙江省鸡西市虎林市八五○农场第一管理区一作业站	570	385	荷斯坦	8.70	2 923.00		
10	黑龙江省牡丹江农垦朝卫奶牛养殖专业合作社	黑龙江省鸡西市密山市八五七农场第三管理区第六作业站	992	494	荷斯坦	10.70	5 300.00		
11	嫩江市建源奶牛养殖专业合作社	黑龙江省嫩江县建边农场三区二组	493	385	荷斯坦	11.30	3 500.00		
12	黑河市特瑞奶牛养殖专业合作社	黑龙江省黑河市嫩江市鹤山农场场直红旗街 56 栋 2–2 号	909	589	荷斯坦	10.50	6 176.00		
13	黑龙江省九三农垦溢生沣牧业管理有限公司红澳牧场	黑龙江省黑河市嫩江县红五月农场原十六队道南	1 536	888	荷斯坦	9.00	7 695.00		
14	黑龙江省荣祥奶牛养殖专业合作社	黑龙江省黑河市嫩江县荣军农场 B 区 3 委 3 号	335	195	荷斯坦	9.00	1 688.00		
15	黑龙江省九三农垦德胜奶牛养殖专业合作社	黑龙江省黑河市嫩江县山河农场第六管理区	1106	710	荷斯坦	10.50	6 800.00		
16	黑龙江省九三农垦连新奶牛养殖专业合作社	黑龙江省黑河市嫩江县第八管理区原十四居民组	627	340	荷斯坦	9.50	2 800.00		
17	黑龙江省九三农垦鸿源农牧科技发展有限责任公司	黑龙江省黑河市嫩江县九三管理局局直 19 委 34 号	1 321	685	荷斯坦	9.50	6 480.00		
18	黑龙江省九三农垦麒源奶牛养殖专业合作社	黑龙江省黑河市嫩江县大西江农场第五管理区（原 12 队奶牛场办公室）	1 086	708	荷斯坦	10.00	7 000.00		

（续）

序号	名称	地址	全群存栏（头）	成母畜存栏（头）	奶畜品种	成母畜单产量（t/年）	年总产量（t）	是否有机奶源基地	有机奶产量（t）
19	黑龙江省牡丹江农垦牧丰奶牛养殖专业合作社	黑龙江省八五一〇农场杨木林子管理区第五作业站	4 708	2 564	荷斯坦	11.20	22 051.78		
20	黑龙江省牡丹江农垦金沙奶牛饲养专业合作社	黑龙江省密山市八五五农场场部东区	1 121	510	荷斯坦	9.70	3 391.37		
21	黑龙江省牡丹江农垦金澳奶牛饲养专业合作社	黑龙江省密山市八五五农场第十六作业站	3 438	1 692	荷斯坦	9.50	14 171.40		
22	黑龙江省牡丹江农垦双峰奶牛养殖专业合作社	黑龙江省鸡西市密山市裴德镇农垦牡丹局江管理局双峰农场第一管理区第一作业站	1 857	1 052	荷斯坦	9.80	8 288.28		
23	黑龙江省牡丹江农垦将军奶牛养殖专业合作社	黑龙江省密山市八五一一农场第三管理区第十一作业站39栋	6 172	2 976	荷斯坦	10.10	27 431.98		
24	黑龙江省牡丹江农垦鑫兴奶牛养殖专业合作社	黑龙江省鸡西市密山市八五一一农场第二管理区第八作业站	1 185	590	荷斯坦	10.00	5 312.80		
25	黑龙江省牡丹江农垦源泉奶牛养殖专业合作社	黑龙江省鸡西市密山市兴凯镇八五一一农场	2 011	968	荷斯坦	9.50	6 431.03		
26	黑龙江省牡丹江农垦振东奶牛养殖专业合作社	黑龙江省鸡西市密山市八五一一农场	967	408	荷斯坦	9.30	3 183.40		
27	黑龙江省牡丹江农垦安兴奶牛养殖专业合作社	黑龙江省鸡西市虎林市八五八农场	1 703	900	荷斯坦	12.00	9 901.15		
28	黑龙江省牡丹江农垦云都奶牛养殖专业合作社	黑龙江省鸡西市虎林市云山农场第三管理区	1 214	780	荷斯坦	8.50	5 094.69		
29	科菲特牧业（富裕）科技有限公司九三分公司	黑龙江省黑河市嫩江县鹤山农场第一管理区原鹤山二队	2 316	1 408	荷斯坦	9.36	12 336.23		
30	黑龙江省九三农垦洪兴奶牛养殖专业合作社	黑龙江省黑河市嫩江县九三管理局鹤山农场第四畜牧养殖区	414	250	荷斯坦	7.95	1 554.01		
31	黑龙江宝惠农牧有限公司	黑龙江省黑河市嫩江县尖山农场第六管理区第22队居民组	1 413	784	荷斯坦	10.74	8 044.17		
32	嫩江市鸿旭源牧业有限公司	黑龙江省黑河市嫩江市荣军农场荣福小区车库	1 202	712	荷斯坦	10.30	7 422.88		
33	九三农垦荣军农场荣升奶牛养殖牧场	黑龙江省黑河市嫩江县荣军农场十一队31幢098号	341	163	荷斯坦	8.85	1 190.01		
34	黑龙江省宝泉岭农垦川南奶牛养殖农民专业合作社	黑龙江省鹤岗市萝北县军川农场第三十九居民组南区奶牛场1栋1号	661	359	荷斯坦	9.60	1 200.00		
35	黑龙江红兴隆农垦犇犇奶牛养殖农民专业合作社	黑龙江省双鸭山市宝清县八五二农垦社区c区索伦小区六委	1 889	919	荷斯坦	11.50	9 930.00		

（续）

序号	名称	地址	全群存栏（头）	成母畜存栏（头）	奶畜品种	成母畜单产量（t/年）	年总产量（t）	是否有机奶源基地	有机奶产量（t）
36	哈尔滨完达山奶牛养殖有限公司军川分公司	黑龙江省鹤岗市萝北县军川牧场39队1幢1号	1907	1 058	荷斯坦	10.44	10 000.00	√	10 000.00
37	哈尔滨完达山奶牛养殖有限公司	黑龙江省哈尔滨市松北区对青山镇胜利村	4 335	2 414	荷斯坦	8.33	20 198.41	√	20 198.41
38	天津完达山畜牧养殖有限公司	天津市武清区南蔡村镇苏羊坊村	348	285	荷斯坦	7.40	104 025.00		
39	天津市武清区富栏奶牛养殖场	天津市武清区城关镇西门外	385	300	荷斯坦	9.29	109 500.00		
40	天津福润德牧业有限公司	天津市武清区大孟庄镇大王庄村西侧	856	690	荷斯坦	9.60	251 850.00		
41	天津市武清区新世纪牧业有限公司	天津市武清区大良镇北小营村	522	371	荷斯坦	9.03	135 415.00		
42	北京森茂种植有限公司	北京市房山区窦店镇兴隆庄村西	360	268	荷斯坦	9.17	97 820.00		
43	昌黎县靖安镇大勇奶牛养殖场	河北省秦皇岛市昌黎县靖安镇吴各庄村	405	314	荷斯坦	6.48	114 610.00		
44	卢龙县鑫园牧业有限公司	河北省秦皇岛市卢龙县木井镇郭佃子村	402	355	荷斯坦	8.58	129 575.00		
45	唐山市古冶区瑞康奶牛养殖场	河北省唐山市古冶区里家店镇	242	211	荷斯坦	8.74	77 015.00		
46	遵化市润辉养殖有限公司	河北省唐山市遵化市地北头镇西枣林村	623	466	荷斯坦	5.35	170 090.00		
47	滦南县弘康养殖有限公司	河北省唐山市滦南县程庄镇后坨里村西	572	415	荷斯坦	7.98	151 475.00		
48	丰宁满族自治县源顺合奶牛养殖专业合作社	丰宁满族自治县土城镇四间房村	214	192	荷斯坦	7.92	70 080.00		
49	丰宁满族自治县志夺奶牛养殖专业合作社	丰宁满族自治县土城镇洞上村	534	353	荷斯坦	8.76	128 845.00		
50	嘉立荷六场	天津市宝坻区八门城镇后辛村北	499	444	荷斯坦	11.65	162 060.00		
51	嘉立荷示范场	天津市宝坻区大钟庄镇大钟农场	5 100	3 500	荷斯坦	11.80	1 277 500.00		
52	张北睿丰牧业有限公司	河北省张家口市张北县馒头营乡	1 700	1 290	荷斯坦	9.72	470 850.00		
53	牡丹江万鼎乳业有限公司	河北省石家庄市行唐县翟营乡翟家庄村东	960	963	荷斯坦	8.69	351 495.00		
54	滦州市锦硕奶牛养殖有限公司	滦州市榛子镇高城子村北	2 087	1 475	荷斯坦	11.29	538 375.00		
55	大连金弘基钟蓄有限公司（阿尔滨）牛场	辽宁省大连市金州区登沙河街道阿尔滨村	710	360	荷斯坦	9.13	3 285.00		
56	大连金弘基钟蓄有限公司（程家）牛场	辽宁省大连市金州区登沙河街道程家村	910	500	荷斯坦	9.49	4 745.00		
57	北京首农畜牧兰西分公司	黑龙江省绥化市兰西县远大镇胜利村	33 519	1 878	荷斯坦	11.50	21 597.00		
58	保定徐水区天晨养殖场	河北省保定市徐水区户木乡屯庄	695	390	荷斯坦	10.25	3 467.50		
59	保定孟扬养殖有限公司	保定市徐水区崔庄镇中沙口村	382	220	荷斯坦	8.24	1 168.00		
60	廊坊市永业奶牛养殖有限公司	廊坊市九州镇	600	216	荷斯坦	8.24	1 204.50		

（续）

序号	名称	地址	全群存栏（头）	成母畜存栏（头）	奶畜品种	成母畜单产量（t/年）	年总产量（t）	是否有机奶源基地	有机奶产量（t）
61	衡水武邑县绿牧达生态奶牛养殖专业合作社	武义县城关镇姚左村	580	260	荷斯坦	7.63	1 460.00		
62	保定华戎饲养有限公司	河北保定蠡县大百尺镇握纽庄村卧牛庄牛场	400	240	荷斯坦	8.54	1 715.50		
63	保定玉洁农牧有限公司	保定市徐水区漕河镇中所营村	800	500	荷斯坦	9.76	5 475.00		
64	宁晋县鼎康奶牛养殖场	河北省邢台市宁晋县纪昌庄镇砖河村	220	160	荷斯坦	7.83	880.00		
65	河北澳鑫牧业有限公司	河北省石家庄市赵县赵州镇封家铺村	516	390	荷斯坦	8.10	1 870.00		
66	邢台市大曹庄管理区佳龙奶牛养殖场	河北省邢台市宁晋县徐家河乡贾家庄村	225	160	荷斯坦	6.60	660.00		
67	宁晋县程盛奶牛养殖场	河北省邢台市宁晋县东汪镇南丁曹村	383	262	荷斯坦	6.60	800.00		
68	衡水市桃城区华生奶牛养殖专业合作社	河北省衡水市桃城区赵圈镇胡家堂村	346	252	荷斯坦	8.10	1 630.00		
69	宁晋县京辉奶牛养殖场	河北省邢台市宁晋县北河庄镇塔底村	294	196	荷斯坦	6.00	590.00		
70	高邑县祥瑞牧业有限公司	河北省石家庄市高邑县中韩镇西韩庄村	383	258	荷斯坦	8.70	1 100.00		
71	宁晋县新康辉奶牛养殖场	河北省邢台市宁晋县纪昌庄乡东和睦村	319	238	荷斯坦	9.12	1 890.00		
72	河北雄达牧业有限公司	河北省邢台市宁晋县大曹庄农业总公司二分公司	186	144	荷斯坦	6.60	570.00		
73	元氏县铁达奶牛养殖有限公司	河北省石家庄市元氏县槐阳镇铁屯村	317	256	荷斯坦	9.00	1 490.00		
74	元氏县铁达奶牛养殖有限公司	河北省石家庄市元氏县槐阳镇陈村	256	206	荷斯坦	9.00	1 470.00		
75	元氏县绿康奶牛养殖场	河北省石家庄市元氏县南因镇西杜村	510	350	荷斯坦	9.00	2 200.00		
76	元氏县康顺奶牛养殖场	河北省石家庄市元氏县因村镇故城村	371	285	荷斯坦	8.73	2 220.00		
77	旺源	河北省石家庄市晋州市马于镇赵家庄村	904	665	荷斯坦	9.30	3 440.00		

备注：本表所指奶畜包括奶山羊、奶绵羊、奶水牛、牦牛、骆驼、驴等产商品奶家畜。本表奶畜养殖场指企业在中国及海外自建和参建（控股、参股）牧场（小区）。如认证为有机奶源基地等，请在相应表格中打钩。

附表 2 黑龙江省完达山乳业股份有限公司乳制品生产企业名录

序号	名称	生产地点	生产许可证号码	年收购原奶量（t）	其中：自有奶源量（t）	平均支付价格（元/kg）	日处理生鲜乳能力（t）	年乳制品产量（t）	其中：低温鲜奶（t）	UHT 奶（t）	常温酸奶（t）	低温酸奶（t）	原料奶粉（t）	婴幼儿配方奶粉（t）	成人奶粉及其他（t）	奶油（t）	奶酪（t）	乳饮料（t）	冰品（t）	年销售收入（万元）	利润（万元）	有机产品（枚）
1	北大荒完达山乳业股份有限公司			392 663.904	37 818.39	3.87	2 293	299 673	28 023	166 937		44 187	7 153	10 049	12 606	590		30 128		425 744	17 473	4 811 600

备注：本表包括在中国及海外的生产企业。日处理生鲜乳能力指设计加工生鲜乳能力。自有奶源指来自自建和参建（控股、参股）牧场（小区）的原奶。成人奶粉指除婴配粉以外的学生奶粉、孕妇奶粉、中老年奶粉等终端消费奶粉。冰品包括冰激凌、雪糕等。有机产品数量单位为“枚”指获得有机标志的数量。

新希望乳业股份有限公司

【奶源基地】新希望乳业股份有限公司（以下简称“新乳业”）旗下共有13家规模化牧场，2020年总存栏36 995头，其中成母牛18 319头。全年牛奶总产量177 372t，牛奶销量173 005t，成母牛年单产9.95t。牛只是主要来自澳大利亚、新西兰和乌拉圭的优质荷斯坦、娟姗奶牛。公司奶牛养殖区域主要分布在四川和云南、华东、山东与西北片区。有机牧场包括四川洪雅县四川新希望奶牛养殖有限公司、云南洱源县云南新希望蝶泉牧业有限公司、山东莱阳市山东唯品牧业有限公司，3个有机牧场，年产有机奶3 261t。2020年在甘肃省永昌县新建万头牧场，宁夏海原县新建万头牧场。新希望生态牧业饲养规模全是500头以上规模化的养殖场，其中500~1 000头规模化牧场1个，占8%；1 000~5 000头规模化牧场10个，占77%；5 000头以上规模化牧场2个，占比15%。牛奶平均单价4 640元/t。2020年奶业养殖头均年净收入1 643元/头，奶牛场净收入3 010万元。2020年牧场农机购置补贴24万元，规模化养殖场改扩建补贴418万元。

公司每年从牧场周边收购玉米青贮159 435t，青贮玉米种植面积约3 100hm²，带动周边农户致富。牧场疫病防控非常严格，牧场人员车辆规范消毒，严格做好牛只两病检疫、病原微生物的抗原抗体检测监控、开展疫苗免疫等工作，公司日常做好微生物的监控工作，主要是通过对奶样、血清、排泄物、发病牛只的病料进行检测监控，出现异常的牛只在第一时间采取相应的措施。牧场通过奶牛场粪污循环利用与种养一体化模式，实现粪污循环利用、构建种养一体化生产模式、促进生态农业和循环农业发展。通过粪便收集、固液分离、发酵、晾晒杀菌，用于有机肥生产与牛床垫料；污水通过氧化塘处理，可进行农业灌溉、种养循环。青白江牧场于2020年7月在西南地区首家启动智慧牧场，建立智慧牧场信息化管理平台、建立智慧牧场物联网系统，实现了更精准的营养配方、更完善的健康管理和优质的生活环境，提升奶牛福利、提高奶牛品质。

【乳品加工】新乳业是全国工厂布局的城市型乳企，现有16家生产工厂，遍布9个省份14个城市，年度液体乳产能136.1万t；2020年液体奶实际产量85.73万t，产能利用率55.02%。新乳业先后投入18亿元新建了川乳华西、河北天香、安徽白帝3家工厂，2020年投资3.5亿元新建青岛琴牌二期工厂，设备、工艺自动化先进程度达到了国际领先水平。同时，所有工厂的前处理设备进行了升级改造，提升了自动化水平和防纠错功能；在灌装设备上，推行自动化替换半自动，高速替换低速的升级置换。生产硬件的改善和投入，有效地保障并提升了产品品质稳定性，提高了效率，降低了成本。

在设备硬件提升的同时，通过强化全程标准化管理，严格执行QACP体系，打造透明工厂、美丽产品，产品品质恒定性稳步提升，产品内控精准率同比提升7.26%，市场投诉率同比下降20%；通过行业对标挖掘潜力，全面推进精益管理，成本效率指标提升明显，劳动效率同比提升21.4%，设备效率同比提升7.8%。生产系统全面推进完善，日常管理体系不断优化，强化过程现场管控，2020年有6家工厂通过审查验收，极大地提升了员工的素养和生产绩效。

2020年新乳业正式启动了数字化工厂项目，率先在华西、天香、白帝公司落地，项目以数据采集、设备全流程数字化、质量巡线等功能为主，采用西门子MES平台，云端集中创新部署，使生产设备的管控标准化、效率数据透明化、管理决策智能化逐步提升，打造生产科技的核心竞争力。

【市场消费】低温鲜奶市场占有率为3.5%，低温酸奶市场占有率为14.2%，低温酸奶品类呈负增长。24h品牌特点：新鲜只卖当天，国内第一款以时间定义的鲜奶，围绕极致新鲜（只卖当天）、极致营养（10倍、15倍免疫球蛋白）、极致标准（高于欧盟的优质乳标准）。活润：活菌嚼得到、通通到肠道，国内第一款晶球酸奶，3D包埋技术保证活菌直达肠道。初心：简单初心、自然美味，坚持只添加自然成分，更清洁的标签。2020年，新乳业营收为67.49亿元，同比增长18.92%；净利润为2.71亿元，同比增长11.18%。

【全球发展】2020年新乳业海外投资包括收购、建厂、参股、设立研发中心、引入国际战略合作方等。

新乳业在大洋洲、欧洲、美洲、东南亚等众多海外区域积极寻找投资及合作机会。2020年，新乳业以870.75万美元增资香港上市公司现代牧业，现代牧业系在中国大陆运营的奶牛养殖公司，2020年公司收入达60亿元人民币，牛只存栏达23万头，原奶产量达149万t。该合作有效补充了新乳业的优质奶源供应。

【社会责任】新乳业积极承担社会责任，2020年新冠肺炎疫情期间，公司率先做出“三保”承诺，全力以赴保质保供，疫情期间累计捐赠物资价值超过400万元。公司响应国家精准扶贫号召，共帮扶超过2 000人，并通过技术赋能、产业帮扶，建立脱贫致富的长效机制；通过“希望有你”公益平台，公司为贫困山区孩子提供物资帮扶和精神关怀。新乳业荣获中国乳业资本论坛2020最具社会责任奖、第二届德勤民企卓越管理公司等多项荣誉。

报告期内，公司共投入资金772.62万元，帮扶2 334人，其中帮助建档立卡贫困人员246人，帮扶其他人员2 088人。

产业扶贫：投入资金45.27万元，帮扶建档立卡贫困人员204人。联动牧场所在的村委会，开展以青贮种植、收购为主的产业扶贫，将贫困户的产品优先纳入收购计划中，通过划区域、划任务的方式帮助贫困户增加收入来源；根据当地扶贫情况，帮助贫困人员争取相关产业政策支持与资金帮扶，发展种植业、养殖业，建立长效的增收机制。

就业扶贫：投入资金 300.74 万元，帮扶 74 人，其中建档立卡贫困人员 37 人。通过开展贫困户专场招聘及有针对性的帮扶，凡是符合岗位需求的人员优先录用，并通过持续技能培训，使其提升职业技能、提高就业能力、拓宽职业发展路径。

技术帮扶：在安徽、江苏等地，安排养殖技术人员到村到户提供产业养殖专业技术培训，帮助贫困农户学习科学养殖技术，并捐赠饲料助力科学养殖；对所生产的生鲜产品，通过以购代捐的方式进行产业链式的帮扶。

教育扶贫：公司通过“希望有你”公益平台向理塘县甲洼镇小学捐赠一批价值 10.80 万元音乐器材，惠及 150 名贫困学生；通过组织大型公益音乐会，守护贫困山区里孩子的音乐梦想。

困难慰问：在节假日期间，多次走访慰问困难群众，投入资金 7.60 万元。

公司积极参与社会公益活动，公益帮扶 1 814 人，投入资金 407 万元。在新冠肺炎疫情期间，主动承担社会责任，捐赠牛奶及防疫物资发往 33 个城市、42 个医院、8 个慈善机构、39 个政府机构、数百个社区。

【奶业大事】

2020 年 5 月 5 日，公司公告以 17.11 亿元收购寰美乳业（拥有夏进乳业品牌）100% 股权，并于 2020 年年底完成全部股权交割，投后整合进展顺利，寰美乳业主要经营指标均保持良好发展态势。该案例被网易财经评选为 2020 年度最佳商业案例、公司董事长席刚先生获 2020 年度最佳操盘手。

2020 年 6 月 9 日，公司战略性收购福州澳牛 55% 的股权正式交割完毕。这是公司上市后的第一笔并购，并购完成后可加强新乳业在华东、华南区域的市场布局，从而加速全国化布局。

2020 年 6 月 16 日，公司 2019 年年度股东大会在成都举行。

2020 年 6 月，宁夏海原县新建投产万头牧场，海原牧场占地 1 300 余亩，已投资 2.42 亿元。

2020 年 6 月，甘肃永昌万头牧场一期建成投入使用，永昌牧场占地 1 000 亩，一期项目投资 1.5 亿元。

2020 年 8 月 28 日，德勤中国在杭州发布第二届中国卓越管理公司 (Best Managed Companies，下称 BMC) 榜单，新乳业首次入围。中国卓越管理公司项目由德勤中国主办，联合《哈佛商业评论》中文版、香港科技大学商学院、新加坡银行以及地方商业协会等进行严格筛选和辅导，是当前中国市场上唯一针对民营企业管理体系进行全面考量和评估的评选项目。BMC 评选项目旨在发掘和见证在企业管理理念和实践各方面表现卓越的中国民营企业。该项目于 1993 年在加拿大创立，至今已在全球多个国家推广。新乳业作为本次活动荣获该奖项的唯一一家中国乳企，彰显了中国乳企优秀的管理能力和中国企业的品牌力。

2020 年 7 月 3 日，公司公开发行可转换公司债券申请获得中国证券监督管理委员会受理。

2020 年 10 月 16 日，公司关于公开发行可转换公司债券申请获得中国证券监督管理委员会核准批文，核准公司向社会公开发行面值总额 7.18 亿元可转换公司债券。

2020 年 10 月 30 日，公司获得由证券日报颁发的第三届中国乳业资本论坛“2020 最具社会责任奖”。

2020 年 11 月，公司董事长席刚先生获得由中国食品安全大会组委会颁发的第十八届中国食品安全大会“社会责任优秀企业家”。

（新希望乳业股份有限公司行政部）

附表 1　新希望乳业股份有限公司奶牛养殖场（小区）名录

序号	名称	地址	全群存栏（头）	成母畜存栏（头）	奶畜品种	成母畜单产（t/年）	年总产（t）	是否有机奶源基地	有机奶产量（t）
1	四川新希望奶牛养殖有限公司	四川省洪雅县将军乡阳平村	1 134	702	荷斯坦	8.52	6 064.0	√	1 942.5
2	石林新希望雪兰牧业有限公司	云南省昆明市石林鹿阜街道办事处老挖村委会老挖村	2 320	1 393	荷斯坦	10.41	13 693.3		
3	陆良新希望雪兰奶牛养殖有限公司	云南省曲靖市陆良县芳华镇戚家山村杨梅沟	3 441	2 039	荷斯坦	10.19	20 110.4		
4	云南新希望雪兰牧业科技有限公司	曲靖市陆良县大莫古镇太平哨村	2 457	1 436	荷斯坦	10.56	15 323.0		
5	云南新希望蝶泉牧业有限公司	云南省洱源县三营镇永乐村委会白沙河以北	1 630	967	荷斯坦	10.25	9 434.3	√	1 060.85
6	建德新希望牧业有限公司	浙江省建德市更楼街道石岭村	805	453	荷斯坦	10.86	4 608.6		
7	四川新希望华西牧业有限公司	四川成都青白江区清泉镇金龙村 4.5 组	1 259	705	荷斯坦、娟姗	8.73	6 665.1		
8	吴忠新希望牧业有限公司	宁夏吴忠市利通区孙家滩开发区吴家沟村	1 662	1 096	荷斯坦	9.88	11 651.4		
9	靖远新希望牧业有限公司	甘肃省白银市靖远县东升乡东兴村	1 763	1 252	荷斯坦	8.95	12 663.6		
10	山东唯品牧业有限公司	山东省莱阳市沐浴店镇驻地	1 792	1 110	荷斯坦	11.05	11 829.8	√	257.32
11	海原县新希望牧业有限公司	海原县西安镇园河行政村村委会前排平房（三间）	6 058	1 865	荷斯坦	9.58	8 381.0		
12	永昌新希望农牧业有限公司	甘肃省金昌市永昌县河西堡镇金昌华博创业孵化园	2 820	4	荷斯坦				
13	宁夏夏进综合牧业开发有限公司	宁夏吴忠市孙家滩种畜场四干渠末梢横沟北	9 854	5297	荷斯坦	9.58	56 947.5		

备注：本表所指奶畜包括奶山羊、奶绵羊、奶水牛、牦牛、骆驼、驴等产商品奶家畜。本表奶畜养殖场指企业在中国及海外自建和参建（控股、参股）牧场（小区）。如认证为有机奶源基地等，请在相应表格中打钩。

附表2 新希望乳业股份有限公司乳制品生产企业名录

序号	名称	生产地点	生产许可证号码	年收购原奶量（t）	其中：自有奶源量（t）	平均支付价格（元/kg）	日处理生鲜乳能力（t）	年乳制品产量（t）	其中：低温鲜奶（t）	UHT 奶（t）	常温酸奶（t）	低温酸奶（t）	原料奶粉（t）	婴幼儿配方奶粉（t）	成人奶粉及其他（t）	奶油（t）	奶酪（t）	乳饮料（t）	冰品（t）	年销售收入（万元）	利润（万元）	有机产品（枚）	低温调制乳（t）
1	四川新华西乳业有限公司	四川省成都市郫都区永兴东路9号	SC10551142300017				500	93 792.45	33 692.220	8 175.32	1 290.37	36 093.92	0	0	25.05	0	0	12 102.42	0			3 192 925	2 413.16
2	四川新希望乳业有限公司洪雅阳平分公司	四川省洪雅县洪川镇临江路12号	SC10551012400098				250	54 209.66	0	43 805.90	0	0	0	0	0	0	0	10 403.76	0			435 454	0
3	西昌新希望三牧乳业有限公司	四川省西昌市安宁镇马坪坝村	SC10551340100016				60	13 186.97	1 891.076	3 074.99	0	3 426.20	0	0	0	0	0	4 794.70	0			0	0
4	昆明市雪兰牛奶有限责任公司	云南省昆明市官渡区经济技术开发区云大西路66号	SC10553011110668				500	80 655.36	13 670.26	53 513.61	1 191.4244	6 739.12	0	0	0	0	0	4 181.98	0			109 872	1 358.97
5	昆明市海子乳业有限公司	昆明经开区阿拉街道办事处海子村委会旁	SC10553011113025				48	21 999.04	0	0	0	21 847.36	0	0	0	0	0	151.68	0			0	0
6	昆明市七彩云乳业有限公司	云南省昆明阳宗海风景名胜区七甸工业园区大哨片区	SC10553012115057				60	15 359.42	4 405.89	0	0	10 096.74	0	0	0	0	0	574.20	0			148 259	282.58
7	云南新希望邓川蝶泉乳业有限公司	云南省大理州洱源县邓川镇新州街88号	SC10553293016421				500	52 824.57	0	28 364.15	1 306.08928	8 452.86	521.5675	0	1 571.86526	41.33	0	12 566.70	0			742 261	0
8	湖南新希望南山液态乳业有限公司	湖南省长沙市望城区雷锋大道108号	SC10543011200116				200	29 724.67	1 691.99	12 192.90	0	11 088.36	0	0	0	0	0	4 611.149	0			0	140.28

（续）

序号	名称	生产地点	生产许可证号码	年收购原奶量（t）	其中：自有奶源量（t）	平均支付价格（元/kg）	日处理生鲜乳能力（t）	年乳制品产量（t）	其中：低温鲜奶（t）	UHT 奶（t）	常温酸奶（t）	低温酸奶（t）	原料奶粉（t）	婴幼儿配方奶粉（t）	成人奶粉及其他（t）	奶油（t）	奶酪（t）	乳饮料（t）	冰品（t）	年销售收入（万元）	利润（万元）	有机产品（枚）	低温调制乳（t）
9	安徽新希望白帝乳业有限公司	安徽省合肥市肥东县肥东经济开发区镇西路 55 号	SC10534012200126				200	42 628.94	4 248.81	12 053.88	0	25 581.94	0	0	0	0	0	33.76	0			0	710.55
10	杭州新希望双峰乳业有限公司	浙江省杭州市余杭区余杭经济开发区新洲路 836 号	SC10533011010328				280	36 877.44	17 305.63	7 721.55	0	10 672.32	0	0	40.91	0	0	500.08	0			0	636.95
11	新希望双喜乳业（苏州）有限公司	江苏省苏州市高新区鹿山路 49 号	SC10532050500426				150	18 367.94	7 027.81	3 764.80		5 882.67			577.37		485.19	294.57	0				335.54
12	河北新希望天香乳业有限公司	河北省保定市满城区南韩村镇大顾店村新兴产业园区新希望路 8 号	SC10613060500018				500	91 635.86	1 331.49	46 673.38	6 411.2518	30 712.41	0	0	0	0	0	6 507.32	0			0	0
13	青岛新希望琴牌乳业有限公司	山东省青岛市胶州市太湖路 6 号	SC10637028100848				500	66 625.12	21 219.42	21 280.89	0	24 035.44	0	0	0	0	0	89.36	0			29 243	0
14	山东绿源唯品乳业有限公司	山东省烟台市莱阳市沐浴店镇绿源唯品农业园	SC10537068200750				18	6 322.06	6 322.06	0	0	0	0	0	0	0	0	0	0			0	0
15	宁夏夏进乳业集团股份有限公司	宁夏吴忠市金积工业园区	SC10564030200017	165404.95	38294	3.81	600	199 483.32	413.00	140 460.00	873	13 555.78	740	0	0	0	0	43 440.00	0	148 103	9 499	0	0
	宁夏夏进昊尔乳品有限公司	宁夏银川市西夏区平吉堡	SC10564010500097	19052.05	0	3.557111	100	33 607.43	0	19 759.00	0	0	0	0	0	0	0	13 848.00	0	2 208	458	0	0

备注：本表包括在中国及海外的生产企业。日处理生鲜乳能力指设计加工生鲜乳能力。自有奶源指来自自建和参建（控股、参股）牧场（小区）的原奶。成人奶粉指除婴配粉以外的学生奶粉、孕妇奶粉、中老年奶粉等终端消费奶粉。冰品包括冰激凌、雪糕等。有机产品数量单位为“枚”指获得有机标志的数量。

中地乳业集团有限公司

【奶源基地】截至2020年年底，中地乳业集团有限公司已在国内奶牛养殖的黄金奶源带建立运营了9座现代化、规模化的生态牧场，并配套种养结合的优质饲草基地。其中存栏10 000头的牧场5个，占比55.6%；5 000~10 000头的牧场3个，占比33.3%；3 000~25 000头的牧场1个，占比11.1%。牧场覆盖了中国8个省（自治区、直辖市），分别位于北京顺义、天津大港、河北廊坊、山西天镇、辽宁宽甸、内蒙古商都、宁夏贺兰及山东沂南。奶牛总存栏68 905头，其中成母牛存栏38 163头，年生鲜乳总产量436 084.52t。

近年来，公司狠抓精细化管理和高效率运营，在奶牛存栏、繁殖育种、疫病防控与健康养殖、种养结合与循环农业、智能化管理与高效运营等方面实现了跨越式发展，使得成母牛单产进一步提高。2020年公司成母牛年单产较2019年增长1 006kg，达到11.6t。公司规模化程度明显提升，种养结构不断优化，管理和运营水平明显提高。

为夯实规模化牧场可持续发展基础，公司全部的牧场参加了生产性能测定（DHI），建立了“高产、优质、长寿”的育种目标，优化“中地育种指数”和选择评价体系，科学选种选配，使牛群单产水平逐年稳步提高。同时，通过全基因组检测、活体采卵和胚胎移植等技术，进一步加速了牛群的整体遗传进展。

为推进科学营养和精细化管理，公司建立了奶牛粗饲料常规营养指标数据库和生产数据库，搭建了营养评价体系，从原料品质检测、营养标准制定与评估等方面实现了科学营养、精准饲喂和高效养殖，提高了饲料转化效率，提升了生产性能。同时，应用牧场智能化管理系统——Dairy Comp 305 (DC305)，实现了大数据系统对规模化牧场高效运营和精细化管理的指导与支撑作用。

为确保健康养殖为奶产业保驾护航，公司建立了系统的疫病防控体系，在疫病防控、生物安全、牛奶品质、奶牛福利等方面实现了以预防为主的健康养殖的系统化绿色可持续发展。

为提升奶牛养殖现代化水平，提升生产运营效率，公司积极推进牧场装备配置的现代化进程，进一步配置并完善了热应激防控的设施设备和垫料再生系统，实现了稳步增产和生态循环。

为使规模化牧场环境友好协同发展和种养结合提升粪污资源化综合利用，公司着力推进土地流转配套，发展本土化粗饲料。截至2020年，公司累计流转土地5 660hm^2 用于苜蓿、玉米等青贮饲料种植，其中种植苜蓿3 190hm^2，产量为14.8t/ hm^2（折合成干草）；玉米2 470hm^2，产量为49.6t/hm^2 (DM > 30%)。公司不仅实现了种养结合循环发展，同时还保证了粗饲料的有效供给和牛奶食品安全，以及促进农民增收，特别是优质苜蓿青贮的大量使用，不仅提高了牛奶理化指标和奶牛单产，同时还解决了对进口优质苜蓿的依赖，实现了优质粗饲料本土化，极大地降低了养殖成本。

【乳品加工】2020年，公司依托自有奶源优势，积极布局产业链下游。截至2020年，位于山东省临沂市的乳制品加工项目正在全力推进。

【社会责任】作为优质生鲜乳生产基地，公司以食品安全生产为己任，无论是牛奶理化指标，还是质量指标均达到行业领先水平。同时，作为龙头企业，公司除了示范推广良种良法、标准化流程、数字化管理模式、优质粗饲料加工调制及粪肥资源化综合利用等先进的生产和发展模式外，还通过奶牛托管、提供就业岗位等途径积极助力扶贫攻坚。

未来，中地乳业将多措并举促进奶产业转型升级和提质增效。一是创新思路谋划新发展。在大数据、物联网的基础上，大力发展人工智能，构建智能化、集约化、标准化的智慧牧场。二是创新驱动挖掘新优势。在多年的奶牛规模化健康高效养殖基础上，着力推进科学育种、种养结合和草畜配套、乳制品深加工，拉紧产业融合发展的纽带，实现种养加协调发展的产业发展模式。三是树立龙头创建新标杆。在树立龙头企业标杆的基础上，充分发挥现代奶业先行军作用，着力提单产、降成本、优质量、创品牌、增效益。

（中地乳业集团有限公司，何 举）

附表1 中地乳业集团有限公司奶牛养殖场（小区）名录

序号	名称	地址	全群存栏（头）	成母畜存栏（头）	奶畜品种	成母畜单产（t/年）	年总产（t）	是否有机奶源基地	有机奶产量（t）	有机奶产量（t）
1	北京中地畜牧科技有限公司	北京市顺义区大孙各庄镇赵家峪村龙尹路100号	2 036	1 148	荷斯坦	11.08	12 676.68			
2	内蒙古中地乳业有限公司	内蒙古乌兰察布市商都县七台镇西坊子村南	6 312	3 422	荷斯坦	11.60	38 797.11			
3	贺兰中地生态牧场有限公司	宁夏贺兰县洪广镇高荣村西侧爱依河东侧	10 011	6 112	荷斯坦	12.61	78 769.05			
4	宁夏中地畜牧养殖有限公司	宁夏贺兰县洪广镇高荣村西侧爱依河东侧	10 222	6 403	荷斯坦	11.82	75 561.56			
5	宽甸中地生态牧场有限公司	辽宁省宽甸县青椅山镇太平村	5 904	3 070	荷斯坦	11.94	37 991.14			
6	天镇中地生态牧场有限公司	山西省大同市天镇县卅里铺乡二十里铺村东1 000米	11 459	6 651	荷斯坦	10.69	71 330.90			
7	廊坊中地生态牧场有限公司	河北省文安县新桥工业区第一生产队（滩里镇刘营村东）	10 102	6 003	荷斯坦	11.94	80 556.36			
8	天津中地畜牧养殖有限公司	天津市滨海新区太平镇窦庄子村东侧大沽洼地段	6 079	3 486	荷斯坦	10.60	38 403.82			
9	沂南中地牧业有限公司	山东省临沂市沂南县蒲汪镇长虹大道7号	6 780	1 868	荷斯坦	9.67	1 997.91			

备注：本表所指奶畜包括奶山羊、奶绵羊、奶水牛、牦牛、骆驼、驴等产商品奶家畜。本表奶畜养殖场指企业在中国及海外自建和参建（控股、参股）牧场（小区）。如认证为有机奶源基地等，请在相应表格中打钩。

济南佳宝乳业有限公司

济南佳宝乳业有限公司始创于1932年的“五大牧场”，正式成立于1998年10月，是国家级农业产业化重点龙头企业，拥有员工2 100人，注册资金12 800万元。佳宝乳制品分为巴氏杀菌乳、UHT灭菌奶、酸奶、含乳饮料等系列数百个品种，畅销以山东省为核心的国内东部大部分地区，成为大众消费的健康食品。企业及产品先后荣获上百项荣誉：中国名牌产品、中国绿色食品、中国无公害农产品、中国食品工业协会推荐产品、中国轻工业质量效益型先进单位、全国“重合同守信用”先进单位、山东省首批社会责任试点企业、山东名牌、山东省著名商标、济南市“市奶”等，并通过了FSSC22000、HACCP、ISO18001、ISO14001等国际管理体系和安全标准化国家二级认证，具备国家和山东省学生饮用奶双重生产资质，是国际乳联IDF中国委员、中国乳制品工业协会副理事长、中国奶业协会副会长单位，是中国奶业D20联盟企业之一。

【奶源基地】济南佳宝乳业自营三大牧场均为国家标准委认定的全国农业标准化示范项目。国家科技专项核心示范场，是国家公益性行业科技专项、国家现代奶业产业技术体系济南综合试验站建设依托单位和核心示范场。牧场坐落于济南市农高区，2020年存栏荷斯坦奶牛1万余头、娟珊高产奶牛2 000余头，单头年产10t，总年产7万t，自有奶源比重占比60%。牧场采用规模化养殖、机械化作业，引进世界最先进的挤奶设备、全混合日粮技术，配有专业的兽医团队，科学地开展疫病防控，目前未出现牛只传播疫情。为巩固和扩大奶源，2020年公司投资5亿元，新建万头生态绿色、高科技现代化牧场一座，计划于2022年6月完工，设计存养高产奶牛12 000余头，实现粪污统一机械化、无害化、绿色可循环处理，节能降耗推动驻地养殖业绿色环保可持续发展。各区域生鲜乳收购年平均价格为4.65元/kg。牧场2020年实现单头产值6万元/头，养殖牧场净收入过亿元。

【乳品加工】总投资10亿元的佳宝工业园区是国家农副产品深加工示范项目工程，园区占地1 000余亩，拥有三大乳品加工厂，分别为常温灭菌奶生产厂、低温巴氏杀菌乳厂和酸奶工厂，年总产量35万t，其中生产巴氏杀菌乳10万t、UHT灭菌奶10万t、酸奶15万t。通过严格的奶源采购制度和自有奶源的可靠控制，园区投入世界最先进的进口设备，达到智能制造工厂标准，全力保证乳品质量安全，产品质量的稳定赢得了消费者的信任。公司根据市场变化及时调整产品结构，避开常温奶市场的激烈竞争，加大低温奶市场的开发，现低温奶市场占有率稳步提升。精准的市场分析、准确的产品定位、疫情后的销售战略调整保证了企业发展的良好势头。2020年公司销售业绩达到历史高位水平，保持了企业良好的发展势头。

【市场消费】佳宝乳品主要有巴氏杀菌乳、UHT奶、酸奶和含乳饮料四大类；线上销售渠道有天猫旗舰店、京东旗舰店，传统渠道有市内流通、省市内商超、送奶入户、团购及学生奶等；入户产品以巴氏杀菌奶和酸奶为主，济南市场占有率达78%以上，进入商超的产品涵盖销售全品项，济南市场占有率达20%以上，山东省市场占有率3.2%左右。2020年公司销售收入27.7亿元，利润4.13亿元，净利润2.2亿元左右。

【全球发展】2020年佳宝乳业合作的国际企业有新西兰恒天然和印尼澳雅，合作方式主要以产品代工为主。公司正在落实中国和爱尔兰农业合作谅解备忘录实施的“一带一路”中爱奶业合作项目，既爱尔兰小镇项目，佳宝乳业与中国农业科学院、中国奶业协会、山东省畜牧总站四方联合共同签订合作协议，就中爱奶业示范牧场、技术培训和推广达成共识，力争共同建立“中爱奶业科学技术中心华东分中心”，助力山东奶业加快转型升级，促进华东奶业持续健康发展。

为了充分发挥中爱奶业合作项目的资源优势，提升生态牧场的综合效益，也是为了贯彻落实党中央、国务院关于加强中爱农业合作谅解备忘录实施的“一带一路”中爱奶业合作项目。公司将在原生态牧场建设规划内增建产学研综合基地——爱尔兰风情小镇项目，计划投资1.2亿元，占地约300亩，功能定位是集科学研究、观光体验、教学观摩、成果转化为一体的产学研基地。该项目是集饲养模式展示、牛品种展示、科普展馆、犊牛接触、绿化景观、休闲广场、有机种植、亲子游戏、互动课堂、生态餐厅、特色民宿等附加功能为一体的。基地建成后，预计年接待能力5万人次，带动经济效益每年约2 000万元。同时借鉴国内同类牧场（君乐宝优致牧场）经验，申报国家3A级或4A级旅游景区。佳宝乳业爱尔兰示范牧场项目建设获得了中爱奶业可持持续发展中心、中国农业科学院北京畜牧兽医研究所、中国奶业协会、爱尔兰贸易与科技局（Enterprise Ireland）和爱尔兰食品局（Bord Bia）、爱尔兰都柏林大学、爱尔兰食品科学研究院的大力支持，此项目还得到了爱尔兰政府的重视与大力支持。目前项目进展顺利，将于2022年建设完成。

【社会责任】自2018年以来，佳宝乳业通过小康牛奶行动，每年给各种学校至少捐赠牛奶2.8万提以上，价值150万元，不包括向受灾地区、贫困老人、军转干部、养老院等的社会捐赠，公司4年共计捐赠牛奶近9.1万提，价值近640万元。佳宝公司自2018年起，3年来带动农户1万余户，公司对口扶贫15个贫困户。扶贫助农是以合作种植全株玉米青贮饲料项目为主，通过定向收购全株玉米作为自有牧场饲料的方式助农，从玉米选种、种植到收购，佳宝乳业会提供一定的技术指导和支持，并按照略高于市场收购价格购买该村的全株玉米，并建议村组织按照每千克青贮玉米提取0.02元用于建立扶贫专项基金，重点对该村贫困户、五保户进行定向精准帮扶。通过企业定向对口扶贫和村扶贫基金的应用，已帮助建档贫困户脱贫。

探索紧密型合作模式，更好地带动周边农业产业化发展，佳宝乳业经过多方协调与奶农们成立了专业的奶业合作社，创建了“基地＋农户”模式，与广大养牛农户签订了稳定的收购合同，避开了市场价格波动，以保护价格长期收购农民鲜奶，保证奶农收益稳定。基本思路是：先期政府在规划土地使用方面提供支持，村镇组织农民集资买奶牛，盖牛舍，佳宝乳业出资购买挤奶、冷却贮奶和运奶设备，由佳宝乳业与养牛户签订长期供销服务合同。运营中佳宝乳业委派畜牧技术人员常驻小区，指导奶牛饲养，做好防疫治病、配种方面的工作。每年组织奶农进行业务培训近100场，培训奶农上万人次。科学的饲养管理，专业的兽医团队技术指导，高品质的奶源产出，稳定的收购服务，奶业合作社未来可期。

通过产业化青贮环节带动，每年可转化粮食近20万t，约15万hm^2，50多万t农作物秸秆过腹还田，农民增加收入约4亿多元，户均增收30 000元。同时带动牧草种植近5 000 hm^2，有近2万农民围绕着佳宝乳业产业链条运作。佳宝乳业通过带动乳品的上下游产业发展、增加就业机会和人均收入，公司作为龙头企业的带动和示范作用得到了充分发挥。

2020年年初，新冠肺炎疫情期间，为防疫一线医务人员阻击疫情提供支持，先期为济南市中心医院送去价值近10万元的慰问物资，随后又陆续向山东省武警总医院、省区市各级疾控中心、长清区公安局、交警队等奋战在防疫一线的工作人员送去营养乳品，累计捐赠各类产品价值近50万元。

【奶业大事】2020年佳宝乳业赞助“2020济南12小时超级马拉松暨致敬抗疫英雄5公里跑”赛事，参赛选手3 000余人，观众5万余人，山东省电视台和济南市新闻频道对此赛事进行转播报道，企业还组织了参赛方队。通过赛事，企业取得了良好的宣传效果。

2020年10月佳宝乳业参加了第十一届中国奶业大会暨2020中国奶业展览会，展会上企业精心布展、宣传、推介，并在商务洽谈、实质性合作等方面取得了良好成效。展会期间，农业农村部副部长于康震亲临佳宝乳业展位与佳宝公司总裁李军就乳品行业发展和乡村振兴等相关话题进行亲切交流。

（济南佳宝乳业有限公司，张成柱）

附表 1　济南佳宝乳业有限公司奶牛养殖场（小区）名录

序号	名称	地址	全群存栏（头）	成母畜存栏（头）	奶畜品种	成母畜单产（t/年）	年总产（t）	是否有机奶源基地	有机奶产量（t）
1	济南佳宝乳业有限公司第一牧场	山东省济南市长清区	12 000	7 000	荷斯坦	10	7 万		

备注：本表所指奶畜包括奶山羊、奶绵羊、奶水牛、牦牛、骆驼、驴等产商品奶家畜。本表奶畜养殖场指企业在中国及海外自建和参建（控股、参股）牧场（小区）。如认证为有机奶源基地等，请在相应表格中打钩。

附表 2　济南佳宝乳业有限公司乳制品生产企业名录

序号	名称	生产地点	生产许可证号码	年收购原奶量（t）	其中：自有奶源量（t）	平均支付价格（元/kg）	日处理生鲜乳能力（t）	年乳制品产量（t）	其中：低温鲜奶（t）	UHT 奶（t）	常温酸奶（t）	低温酸奶（t）	原料奶粉（t）	婴幼儿配方奶粉（t）	成人奶粉及其他（t）	奶油（t）	奶酪（t）	乳饮料（t）	冰品（t）	年销售收入（万元）	利润（万元）	有机产品（枚）
1	济南佳宝乳业有限公司	济南市长清区明发路 1999 号	SC10537011300356	30 万	26 万	4.65	1500	35 万	10 万	10 万		15 万								277 500	22 000	

备注：本表包括在中国及海外的生产企业。日处理生鲜乳能力指设计加工生鲜乳能力。自有奶源指来自自建和参建（控股、参股）牧场（小区）的原奶。成人奶粉指除婴配粉以外的学生奶粉、孕妇奶粉、中老年奶粉等终端消费奶粉。冰品包括冰激凌、雪糕等。有机产品数量单位为“枚”指获得有机标志的数量。

中垦乳业股份有限公司

【**奶源基地**】公司共有奶畜3.7万头，其中牛奶产量21万t，养殖区域在陕西、宁夏、四川、重庆等地区，自有奶源比重100%。公司旗下牧场共17个，其中万头牧场3个，千头规模以上牧场6个，全部采用规模化养殖，机械挤奶、全混合日粮（TMR）技术应用和生产性能测定（DHI），年青贮种植面积10万亩，制作优质青贮20万t。各牧场按照“三大标准”体系建立了完善的疫病防控系统，粪污处理采用“干湿分离－沼气发酵－沼液还田－沼渣做卧床—沼液还田”的无害化处理方式。

牧场均配置了先进的挤奶设备，设置了自动刮粪板、固液分离、厌氧发酵设备等先进治污设备，同时通过“智慧牧场”项目，建设了全混合日粮（TMR）自动饲喂设备，引进了以色列阿菲金、Feedwatch精准饲喂系统等先进管理软件，建设了信息采集及网络体系。通过推行精准饲喂、精准饲养以及提升牧场的信息化水平和互联网智能化水平，提高了牧场的经营管理水平，实现了可持续发展。

【**乳品加工**】中垦乳业拥有3个现代化的液态奶加工厂和1个婴幼儿配方奶粉加工厂，年乳制品加工能力达60万t以上，现年产销乳制品32万t，建有1个省级博士后科研工作站、1个省级乳品工程中心，拥有1个国家级农业产业化重点龙头企业、7个省级农业产业化重点龙头企业。

质量安全管控体系不断升级。公司乳业全产业链已建立ISO9001质量管理体系、ISO22000食品安全管理体系、食品HACCP体系、乳制品HACCP体系、良好农业规范（GAP）、良好生产规范（GMP）、ISO14001环境管理体系、OHSAS18001职业健康安全管理体系、诚信管理体系、两化融合管理体系等10多个管理体系、140多个质量安全制度，形成了526个管理标准、479个工作标准、744个技术标准，90年来无重大食品安全事件发生。

2017年，中垦乳业旗下公司天友乳业优质乳工程建设成功通过验收，成为全国第一家通过验收的国有乳品企业；中垦华山牧乳业通过优质乳工程验收，成为西北第一家通过验收的乳企。通过实施优质乳工程，中垦乳业生乳标准远高于欧盟标准，巴氏杀菌乳中的糠氨酸指标能够控制在7mg/100g蛋白质以下，保留更多活性物质。

以国际乳业前沿技术保障生产质量。中垦乳业加工厂集合了世界一流乳制品加工资源，建成了具有世界一流、国内领先水平的整套全自动、可追溯的乳品加工生产线，公司产品加工技术水平再上一个新台阶，达到乳制品生产全过程质量控制体系集成方案最高等级。黄河乳业恬恩奶粉通过BRC全球食品技术标准(BRC Food Technical Standard)、欧盟IFS国际食品标准认证（International Food Standard），成为品质安全的最好见证。

强化管理实施食品安全质量追溯和问责。中垦乳业产业链开展农垦质量追溯体系建设，建立详细的饲草料、生鲜奶的生产验收、原料奶管理、生产过程控制、添加剂的使用和管理、出厂检验、产品流向等10多个关键环节控制点控制记录，对每一批次产品从原料来源到产品加工、配送、销售实施追溯性控制和管理，对产品质量安全可实施全程追溯，从而进一步保障乳制品质量安全。

建设“互联网＋牧场”大数据网云技术。基于大数据和网云技术的乳业全产业链数据共享系统，公司建成了奶牛个体基础信息采集、牛只健康信息分析、个体奶牛整体生产性能判断、饲喂营养配方、异常情况预警提示、远程网络监控、专家远程会诊等养殖全环节的大数据分析系统，整体提升奶牛养殖全要素生产能力。中垦乳业旗下宁夏中以合作万头示范牧场使用该技术，奶牛单产超过11t，乳蛋白含量超过3.5%，菌落总数低于2万CFU/mL。

打造科技创新平台。中垦乳业技术中心公司在渝北基地新建科创中心大楼，并于2018年9月正式搬迁运营，实验室建筑面积约4 000m^2，其中重庆市乳制品工程技术研究中心、市级博士后科研工作站，现有员工30名，包括1名博士、11名硕士，2人具有副高级职称。公司长期与重点高校合作，先后与陆军医大、西南大学、江南大学、中国农业大学签订科研合作协议，并成立了第三军医大学·天友乳业乳制品营养与安全研究中心、西南大学研究生培养协同创新基地、江南大学陈卫专家工作站；建成乳制品检测技术中心，配备专业的检测设备和人才队伍，与国际国内先进水平接轨。

智能化生产车间。引进国际、国内一流的灌装生产线，公司整个前处理的设计、设备安装均由全球知名设备供应商提供，中控室是集成前处理所有自动化设备的中央控制枢纽，生产过程中的设备操作均由中控室发出指令直接控制，操作简单方便，信息记录详细，整个管理系统具备生产管理、CIP报表、设备管理、能源管理、配方管理等管理系统，可完整记录生产信息、设备运行情况、能源利用情况等，为合理安排优化生产、设备维护保养、能源节约等提供了科学有效的依据。

灌装间设计达到十万级的洁净标准，最大限度地保证了产品质量。灌装、包装设备引进全球著名的德国康美包常温奶自动生产线、意大利WeightPack低温PET全自动生产线、美国Evepack屋顶盒全自动生产线等，包装间应用全球知名机器人供应商Yaskawa提供的码垛机器人，实现了从灌装间到成品入库全程自动化，不仅节约了人力，而且有效提高了生产效率。

坚持以工艺技术创新推动企业发展。瞄准国内同行业的先进工艺技术水平，加大技术改造和设备更新的资金投入和工作力度，不断改善工艺技术装备和工序结构，完善生产过程中的工艺控制手段；注重原创性，公司目前拥有有效发明专利 8 项、实用新型专利 6 项、外观专利 31 项。

【市场消费】公司拥有“天友”“华山牧”两大液态奶和“恬恩”婴幼儿配方奶粉等系列产品，其中 3 个中国驰名商标、4 个重庆市省级著名商标。产品销售区域辐射重庆、四川、陕西等 20 余个省份。公司产品线逐渐丰富，涵盖天友、华山牧、恬恩、奶气四大主力品牌产品，SKU 达到 160 个，形成以乳制品为主，其他关联品类为辅的产品体系；打造互联网品牌“奶气”，形成酸奶、甜牛奶、乳酸菌等产品矩阵。2020 年天友低温鲜奶在重庆市低温鲜奶市场占有率为 74.5%，华山牧巴氏杀菌乳在陕西省占有率为 39.4%。

天友乳业品牌标识语为“天友，让爱更美好”，致力为消费者带来产品、生活、精神三大层面上的美好感受。在产品层面上，向消费者传递“天友，身边的新鲜好奶”的价值理念，天友将通过提供新鲜优质的乳品，让消费者享有健康与活力；在生活层面上，天友则通过对美好品质的热爱，激发人们对生活的热爱；在精神层面上，天友通过对消费者贴心的关怀，让消费者感受到实质的温暖。同时，为满足不同消费群体的需求，构建起更清晰的品牌架构，合理地进行产品开发延伸，拓展品牌价值。

“天友”定位为面向大众消费群体提供丰富优质乳品的品牌，“百特”定位为高端乳品独立子品牌，面向消费升级的中高端消费群体，借势品牌的美誉度和知名度进行产品线的品类延伸，联动天友母品牌，合筑企业竞争壁垒。

“淳源”定位为有机乳品独立子品牌，面向苛求产品品质的高端消费群体，稳步增长，迎接未来有机乳品的消费高潮。作为天友最高产品 / 牧场的代表，与天友母品牌联动传播，提升了企业品牌形象。

“华山牧”定位为高品质鲜牛奶品牌，致力于为消费者提供接近完美的乳制品，引领西北消费市场的提档升级。品牌涵盖高中低端价格区间的乳制品，满足不同人群消费需求，立足陕西辐射西北地区。未来将与中垦旗下其他兄弟品牌看齐，布局全国，为满足人们美好生活建立新的标准。

“奶气”是中垦乳业旗下第一款纯互联网品牌，品牌及产品定位充分结合互联网传播趋势，从用户画像与消费场景矩阵模式出发，辅助专业咨询机构的行业数据，提炼品牌核心词、用户画像，确定上升与优势品类，通过色彩运用、包装版面、字体及产品名称、宣传语等多方面诠释出产品的内涵和品牌态度。

【社会责任】自中垦乳业成立以来，切实履行企业社会责任。公司一直积极助力小康牛奶行动，发起“天友童行 爱更美好”公益扶贫助学等行动，走进重庆市、陕西省数个深度贫困乡镇的小学，共计超过 100 余所小学，惠及超过 50 000 名学生。公司切实发挥了龙头企业带动作用，带动中小企业、农户每年增收近万元；中垦乳业旗下有天宁牧业帮扶中宁县委、县政府负责的 70 户特困户和恩和镇政府负责的 42 户贫困户。企业推进中宁县脱贫攻坚工作，帮扶时间为期 3 年。从新冠肺炎疫情暴发以来，中垦乳业勇于担当，迅速反应，捐献了大批牛奶到防疫一线，为一线防疫机构提供了强有力的后勤营养补给，旗下所属的天友乳业、华山牧乳业、华山牧业、天宁牧业，累计向重庆、贵州、四川、陕西、宁夏等近 150 家一线防疫机构捐赠物资 500 余万元。

【奶业大事】2020 年，中垦乳业赞助了 2020 年重庆马拉松等活动，宣扬中垦乳业“铸就国家品牌、引领良品生活”的企业理念，树立中垦乳业健康向上的企业形象。

2020 年，公司积极参与各大类型展会。公司主要参加了第十一届中国奶业大会暨 2020 中国奶业 20 强 (D20) 峰会、重庆市智博会、第十八届中国国际农交会暨第二十届中国西部农交会、2020 成都糖酒会等。公司还承办了中国奶业协会第七届理事会第三次会议。

子公司天友生活冷链喜获 2020 中国仓储物流优秀示范企业荣誉称号，天友乳业获得 2020 年度中国乳业社会责任典范企业，黄河乳业喜获全国百佳质量诚信标杆企业荣誉称号，天友乳业荣获重庆市科学技术奖——企业技术创新奖。

（中垦乳业股份有限公司，范庆伟）

附表1　中垦乳业股份有限公司奶牛养殖场（小区）名录

序号	名称	地址	全群存栏(头)	成母畜存栏(头)	奶畜品种	成母畜单产(t/年)	年总产(t)	是否有机奶源基地	有机奶产量(t)
1	中垦华山牧业有限公司	陕西省渭南市大荔县韦林镇果园	12 277	6 693	荷斯坦	11.97	80 120	√	4 500
2	中垦天宁牧业有限公司	宁夏中宁县恩和镇红梧山	13 200	7 194	荷斯坦	11.63	83 671		
	中垦定边牧业有限公司	陕西定边县	2 000	—	荷斯坦	—	—		
3	重庆市天翼牧业发展有限公司	重庆黔江区白石乡中和村	1 356	680	中国荷斯坦	10.33	7 020		
4	重庆市天友纵横牧业发展有限公司　两江奶牛养殖场	重庆渝北区茨竹镇秦家村	843	433	中国荷斯坦/娟珊牛	8.94	3 875	√	3 197
5	重庆市天合牧业发展有限公司	重庆合川区太和镇金钩村	849	416	中国荷斯坦	10.31	4 287		
6	宣汉大巴山牧业有限公司	四川达州宣汉七里乡	1 964	1 194	中国荷斯坦	10.73	12 808		
7	重庆蒙揽农业开发有限责任公司	重庆长寿石堰镇	519	251	中国荷斯坦	7.40	1 859		
8	重庆市文顺奶牛养殖场	重庆垫江高峰镇大井村	269	143	中国荷斯坦	7.30	1 047		
9	巫溪县文鑫农牧有限公司	重庆巫溪县文峰镇长沙村	446	249	中国荷斯坦	7.10	1 769		
10	云阳县林久农牧综合开发有限责任公司	重庆云阳县云安乡	406	154	中国荷斯坦	7.20	1 107		
11	重庆市渝西奶牛专业合作社	重庆市荣昌区远觉镇	571	287	中国荷斯坦	7.10	2 036		
12	泾阳县兴宁奶牛养殖专业合作社	陕西省泾阳县	800	408	中国荷斯坦	7.60	3 102		
13	宁夏靖宇农牧有限公司	宁夏回族自治区吴忠市	1 500	795	中国荷斯坦	9.18	7 300		

备注：本表所指奶畜包括奶山羊、奶绵羊、奶水牛、牦牛、骆驼、驴等产商品奶家畜。本表奶畜养殖场指企业在中国及海外自建和参建（控股、参股）牧场（小区）。如认证为有机奶源基地等，请在相应表格中打钩。

附表 2　中垦乳业股份有限公司乳制品生产企业名录

序号	名称	生产地点	生产许可证号码	年收购原奶量（t）	其中：自有奶源量（t）	平均支付价格（元/kg）	日处理生鲜乳能力（t）	年乳制品产量（t）	其中：低温鲜奶（t）	UHT奶（t）	常温酸奶（t）	低温酸奶（t）	原料奶粉（t）	婴幼儿配方奶粉（t）	成人奶粉及其他（t）	奶油（t）	奶酪（t）	乳饮料（t）	冰品（t）	年销售收入（万元）	利润（万元）	有机产品（枚）
1	重庆市天友乳业股份有限公司乳品一厂	渝北区金石大道 99 号	SC10550011212179	155 864.26	19 130.16	4.83	870	229 418.54	25 823.00	98 121.51	5 416.81	61 617.00	5 638	821.66	5.34	/	/	36 453.22	/	228 738	8 302	17 748 696
2	重庆市天友乳品二厂有限公司	重庆市经济技术开发区大石支路 6 号	SC10550010800608			4.51																
3	中宁县黄河乳制品有限公司	宁夏回族自治区中卫市中宁县	SC12964052100985			3.78																
4	中垦华山牧乳业有限公司	陕西省渭南经济技术开发区中垦大道	SC10561050101686	29 927.00	29 927	4.19	275	12 918.30	635.78	2 105.07	0	4 995.68	0	0	0	0	0	620.91	0	24 500	-4 370	58 998

备注：本表包括在中国及海外的生产企业。日处理生鲜乳能力指设计加工生鲜乳能力。自有奶源指来自自建和参建（控股、参股）牧场（小区）的原奶。成人奶粉指除婴配粉以外的学生奶粉、孕妇奶粉、中老年奶粉等终端消费奶粉。冰品包括冰激凌、雪糕等。有机产品数量单位为“枚”指获得有机标志的数量。

河南花花牛乳业集团股份有限公司

河南花花牛乳业集团股份有限公司是一家集饲草种植、饲料生产、奶牛养殖、乳品加工为一体的国家级农业产业化重点龙头企业，目前拥有一家农业科技种植公司和12座养殖牧场、3座乳品加工基地，乳制品加工能力每天达1 300t，产品涵盖巴氏杀菌乳、发酵乳、灭菌乳、调制乳、乳饮料、乳粉六大类、百余个单品。近年来，花花牛先后加入“中荷奶业发展中心”和“国家奶业科技创新联盟”，并率先通过“国家优质乳工程”认证，是河南省唯一一家通过优质乳工程验收的企业。同时，花花牛也是2019年第十一届全国少数民族传统体育运动会唯一指定乳品供应商。2020年经过中国奶业协会的严格筛选，花花牛被选定为国家“学生饮用奶计划”新增产品种类试点的15家企业之一。

【奶源基地】花花牛乳业集团非常重视自有奶源基地建设，以奶牛养殖为核心，兼顾疾病预防和良种繁育以及核心奶牛群的打造，多家牧场被评为河南省农业产业化重点龙头企业。公司现存栏奶牛40 056头，其中成年母牛1.5万头（图1）。

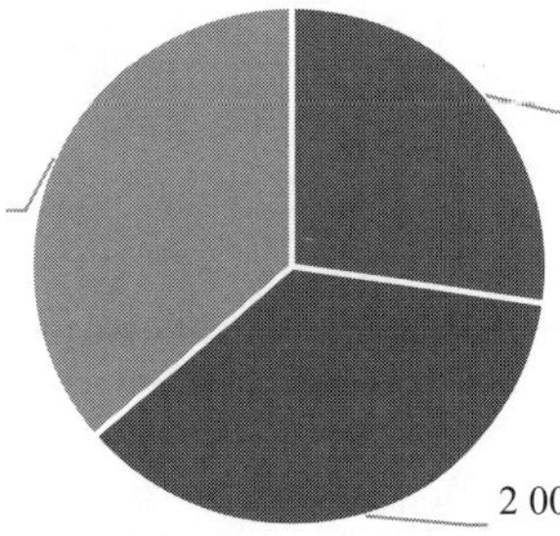

图1　牧场奶牛存栏规模

在河南省范围内拥有12座自有奶源基地，即河南瑞亚牧业、河南合源乳业、河南伊源乳业、汝州瑞亚牧业、鲁山瑞亚牧业、郏县发展牧业、新蔡瑞亚牧业、平舆瑞亚牧业、平舆诚信瑞亚、叶县瑞亚牧业、扶沟瑞亚牧业、中牟县瑞亚牧业，主要分布在河南省区域内郑州市中牟县、平顶山市宝丰县、汝州市、郏县、鲁山县，驻马店市新蔡县、平舆县等地（图2）。

奶源基地2020年鲜奶收购年均价格4 300元/t，年鲜奶产量14.7万t，每头均获利3 300元。

饲草料生产。公司致力于全产业链协同发展，全方位打造种养加结合新模式。公司实现自建农业与订单农业相结合的模式，于2020年成立河南格瑞佳农业科技有限公司，围绕大型牧场流转土地2 000万m^2，探索“饲料油菜/大麦/燕麦草+青贮玉米”新型种植模式，其中自种青贮玉米2 000万m^2，单产达2.7t/亩。订单农业发展苜蓿草种植面积3 000亩，单产达0.9t/亩，总产量0.27万t；订单青贮种植面积5 500万m^2，单产达到2.5t/亩，青贮总量达25万t。同时，公司于2015年建成年产18万t的河南全赫饲料有限公司，在完全满足自有牧场供应的基础上，同时实现年外销5万t。

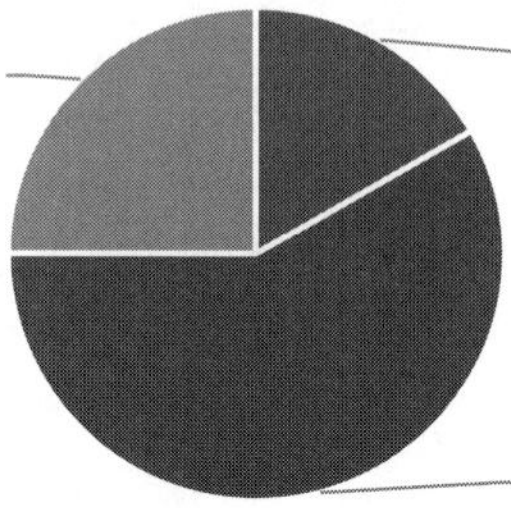

图2　牧场距离加工基地分布情况

奶牛养殖。牧场养殖规模化及现代化程度皆处于行业领先水平，奶牛福利环境控制、奶牛生产数字化管理、全混合日粮（TMR）饲养技术和奶牛生产标准化管理体系建设、繁殖育种技术等方面的工作日趋完善，各牧场的整体管控经营水平稳步提升，各牧场机械化挤奶率达到100%。公司成立了河南省奶牛发展研究院，产学研策相融合，利用公司现有的农业种植3万亩、订单农业8万亩、奶牛养殖4万头的优势，通过高校、科研机构和国内产业集团加强合作，在政府政策的导向下，构建草畜循环农业模式，探索低碳农牧业。通过中荷项目、中瑞项目加强与国外奶企合作，进行牧场技术管理模式升级，引进欧洲先进奶牛养殖技术，使得牧场管理和饲养技术得到快速升级。

疫病防控。公司遵循“预防为主，防治结合”的疫病防控方针，以创建国家“两病”净化场为标准，提升动保防疫控制，重点跟踪技术服务，结合实际进行综合会诊，减少淘汰牛只以降低损失，提高效益；切实做好隔离、消毒、检测和免疫工作，防疫防控工作切实有效；通过12个SOP流程的推广，重点落实各牧场奶牛产前、产后的保健护理，降低发病率，死亡率控制在合理范围内；加强奶牛血清检测，定期将血清样本送至上级主管部门，由上级主管部门进行检测并出具检测报告，推进落实“两病”净化工作，并取得了良好成效。

粪污处理。采取干湿分离的粪污处理方式。粪污经两次压榨后达到很好的固液分离效果。干粪堆积发酵，发酵后一部分作为有机肥还田，另一部分作为奶牛卧床垫料。粪水经“厌氧+好氧”发酵后形成沼液，牧场还与周边果园种植户进行合作，对沼液进行科学还田利用。

【乳品加工】河南花花牛乳业集团拥有3座乳品加工基地，分别是河南花花牛乳业集团股份有限公司郑州分公司、郑州花花牛乳制品有限公司及新蔡花花牛乳业有限公司（在建）。公司大力推进智能化工厂建设，引进全自动化灌装机和自动化生产线，采用全自动化中控程序操作，提升自动化能力。同时优化生产工艺，提高能源利用率，构建绿色工厂过程控制，人员操作标准化，减少次品率，提高生产效率，有效降低生产成本。根据市场需求每年对设备和技术进行改进，在环境控制上进行空气杀菌、除湿改造升级等，提高产品品质。2020 年，集团乳制品日加工能力达 1 300t，产品涵盖低温酸奶、低温牛奶、常温酸奶、常温牛奶、乳饮料、乳粉六大类百余个品种，并依托传统零售、现代商超、送奶入户、电子商务等多种渠道，形成河南省内全覆盖并逐步布局全国市场的销售网络。2020 年，花花牛乳制品总产量 19 万 t，其中酸奶 12 万 t、UHT 奶 3 万 t、乳饮料 2.5 万 t、调制乳 8 500t、巴氏杀菌乳 6 500t（图 3）。

“新鲜在你身边！”是花花牛永恒的主题。近年来，公司持续投入冷链建设，提升低温产品配送环节质量保证。花花牛陆续投入近 1 亿元，重点对现有配送车辆及冷链终端进行升级改造，完成冷藏车改造 300 余辆，终端投放冷柜 2 万台，实现全程冷链无缝运营。2018—2020 年陆续更新、增加符合国家环保要求的冷链车辆 500 余台。2020 年上线智能运输管理系统（简称 TMS），升级更换云媒网监控平台，安装配送车辆门磁监控 150 余台，加强配送环节冷链监控与数据分析。企业也正是抓住了乳品消费趋势与市场发展趋势，走“新鲜”的道路，打开了中原地区低温酸奶和巴氏杀菌乳的市场，实现了高速增长，成了区域内排名前列的低温奶生产商。

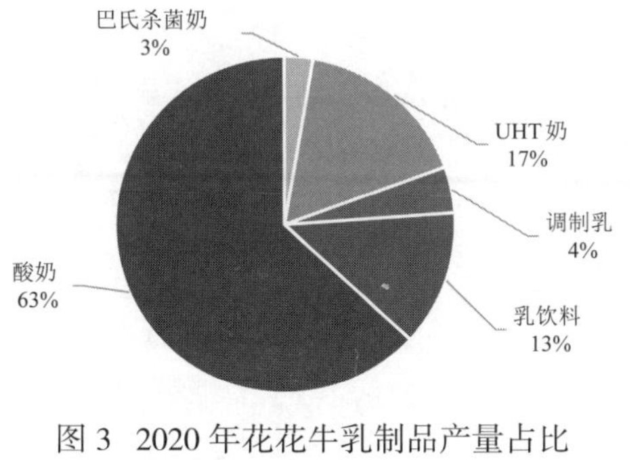

图 3　2020 年花花牛乳制品产量占比

【市场消费】花花牛以“新鲜”为品牌战略，在以郑州为中心的 150km“新鲜半径”内，产品从原奶收集到加工仅需 2h，确保花花牛低温牛奶“新鲜每一天”。

花花牛自 2018 年启动“国家优质乳工程”项目以来，充分发挥自身奶源及冷链优势，重新定位产品发展方向、合理优化产品结构、重点提升产品品质、丰富产品品项，成功推出低温利乐冠天养致鲜鲜牛奶及低温 PET、爱克林巴氏鲜牛奶。通过不断扩展营销渠道，提升低温鲜奶的销量占比，2020 年花花牛巴氏鲜奶在河南低温市场占有率约 32.5%。2020 年天养致鲜鲜牛奶已拓展到省外市场，如与北京便利蜂开展合作。爱克林鲜牛奶从单一家政入户渠道拓展到商超及便利店系统，大大提升了市场销量。同时，花花牛常温产品品项逐步丰富，新增爱克林醇香牛奶、米香牛奶等品项，并开发出适合 B2B 模式的芝士奶盖、稀奶油、脱脂牛奶等产品。

花花牛销售区域以河南为中心，辐射周边 7 个省份，并已完成华东和华南地区的市场布局，2020 年实现销售额近 20 亿元。未来，花花牛将继续立足“新鲜”战略，强化冷链升级改造，提升科研创新能力，全力推进优质乳工程建设，深度融合线上自媒体和线下实体推广宣传，拓展家政入户、电商平台、传统店商、自动售卖机等多个渠道，搭建新零售模式，夯实省内市场、拓展省外市场，努力为消费者提供更加营养、健康、安全的乳制品，实现区域性乳业品牌向全国性乳业品牌的转变，努力为中国奶业振兴贡献力量。

【全球发展】近年来，花花牛积极与国际接轨，与中东、以色列等国家展开农业技术交流，研究奶业技术，推动国际产能合作、产业结构优化升级。2015 年加入“中荷奶业发展中心”，依托中国农业大学、荷兰瓦赫宁根大学及研究中心、荷兰皇家菲仕兰公司的资源优势，秉承“从牧场到餐桌”的奶业全产业链发展理念，将荷兰奶业全产业链的安全优质生产模式带到中国，携手合作共同推动中国奶业全产业链建设再上新台阶。2016 年花花牛乳业集团位于郑州市中牟县的瑞亚牧场，成为中荷奶业发展中心在中原地区的示范基地——荷兰奶业技术中心。2019 年中荷奶业发展论坛暨 SDDDC 年会庆典首次在郑州举办，携手花花牛乳业集团开启奶业新篇章。

【社会责任】花花牛作为国家级农业产业化重点龙头企业，以优质的产品和服务得到了社会各界的广泛认可，并竭力于社会公益事业，彰显了企业的责任担当，积极投身国家扶贫事业，参与小康牛奶行动、社会公益等项目。

2020 年新冠肺炎疫情期间，花花牛乳业集团向医务工作人员以及广大公安民警、辅警、交警、学生群体等，累计捐赠低温酸奶、鲜牛奶等乳制品 30 612 余件，捐赠口罩等防疫物资 20 万个，价值超 300 万元。

为积极响应党和政府脱贫攻坚及乡村振兴的号召，发展现代农业产业助力乡村振兴，花花牛集团专门成立了扶贫办公室，并按照“产业贴近农业、产区接近农村”的思路，将企业的发展布局融入政府的脱贫战略当中。公司拥有 7 家省级及以上的农业产业化重点龙头企业，其在生产经营过程中，坚持生态循环农业的发展模式，通过牧场建设带动周边农户发展饲草订单种植，累计帮助 20 000 多户农民实现增收；同时，创新“五位一体”合作经营扶贫模式，将“政府 + 银行 + 企业 + 合作社 +

贫困户”进行联动，带动当地4 000余户贫困户发展。时任省委副书记、省长的陈润儿，农业农村部副部长于康震，副省长武国定等领导多次莅临企业、牧场进行考察调研，并对企业的精准扶贫工作表示高度认可。鲁山瑞亚牧业有限公司被当地政府认定为“精准扶贫就业基地”。2020年集团董事长关晓彦被先后授予河南省“脱贫攻坚奖·奉献奖”和“改革开放40年——卓越贡献企业家”等荣誉称号。

【奶业大事】2020年2月14日，河南省副省长武国定莅临河南花花牛乳业集团调研重点保障企业复工复产情况。

2月22日，平顶山市委书记周斌、市长张雷明等一行莅临河南花花牛乳业集团股份有限公司养殖事业部瑞亚牧业有限公司，调研疫情防控和复工复产情况，了解企业生产经营等情况。

3月26日，河南省委农办主任、河南省农业农村厅厅长申延平，河南省农业农村厅党组成员、副厅长王承启，河南省农业农村厅奶业办主任赵玲等领导一行莅临河南花花牛乳业集团股份有限公司郑州分公司参观调研。

6月18日，河南省纪委书记任正晓莅临河南花花牛乳业集团股份有限公司新蔡瑞亚牧场考察调研。

7月1日，郑州市委副书记周富强、副市长李喜安等一行莅临河南花花牛乳业集团股份有限公司养殖事业部瑞亚牧业有限公司，调研都市生态农业工作，了解企业生产经营及产业发展等情况。

9月2日，董事长关晓彦在河南食品安全与发展论坛作题为《吃放心肉、喝放心奶》的演讲报告。

9月28日，中原畜牧业交易博览会在郑州国际会展中心盛大开幕。河南花花牛乳业集团股份有限公司喜获2020年度河南省畜牧行业最具影响力品牌、2020年度河南省畜牧行业高质量发展标兵等荣誉，花花牛旗下的主打产品爱克林益生菌发酵乳摘得“第三十二届中原畜牧业交易博览会·金奖”桂冠。

10月12日上午，在第十一届中国奶业大会暨2020中国奶业展览会开幕式上，花花牛乳业集团、河南瑞亚牧业双双入选2020中国奶业“融智创优”品牌企业名录，河南花花牛乳业集团荣获“小康牛奶行动爱心企业”称号。

10月12日下午，在2020中国奶业20强峰会（D20峰会）上，河南花花牛乳业集团发布《河南花花牛乳业集团三年行动计划》。

（河南花花牛乳业集团股份有限公司）

南京卫岗乳业有限公司

【奶源基地】南京卫岗乳业2020年奶牛全群存栏1.95万头，其中成母牛8 030头，总产量8.72万t，养殖分布在江苏、山东等地，自有奶源占比46%。公司已规划新建4座优质奶源基地和高效育种扩繁基地，包括日照鲜纯三期、新沂棋盘牧场、淮安洪泽牧场和济南牧场，存栏可达35 000头。牧场规模化奶牛养殖比例达100%，其中1 000头以上的占比30%，2 000头以上的占比30%，3 000头以上的占比50%。公司充分利用地域资源，全面对接行业标准，推动规模化养殖与牧草种植一体化科学发展，围绕牧场周边的种草场，草地面积有6 300亩，青贮年总产量2.3万t。强化牛群健康管理：除日常消毒防疫工作外，按季度全面开展免疫保健工作，实现疫病安全零事件。推动信息化升级改造，布局数字化质量管理全程可追溯。牧场秉持种养结合、草畜一体发展，“牧场周边种草场”和“动物福利思想”，倾力打造现代化奶牛养殖花园式牧场，采用生化降解、固液分离、分级沉淀等粪水处理工艺，实现了牧场粪水生态化处理、资源循环化利用。各区域采用按质论价的方式收购生鲜乳，自有牧场年均价格4.43元/kg，社会牧场年均价格4.66元/kg，奶牛头均年净收入19 000元。

【乳品加工】南京卫岗乳业有限公司共有南京、泰州、徐州3个生产工厂。2020年液态奶生产总量25.1万t。南京工厂每天产能450t，共有22条生产线，产品主要以巴氏杀菌乳为主；产品品类有鲜牛奶、酸奶、调制乳、含乳饮料；包装形式有玻璃瓶、联杯、纸杯、塑杯、屋顶包、塑瓶、百利包、利乐钻；2020年液态奶生产产量为13.81万t。泰州工厂每天产能80t，共有9条生产线，产品主要为巴氏杀菌乳；产品类型为鲜牛奶、酸奶、调制乳；包装形式有玻璃瓶、联杯、纸杯、塑杯、袋装；2020年液态奶生产总产量为2.7万t。徐州工厂分为常温车间和低温车间。其中常温车间每天产能350t，有9条生产线，产品为UHT奶；产品类型为纯牛奶、调制乳、含乳（酸）饮料；包装形式有200/250/1000mL利乐砖、利乐枕等。低温车间每天产能50t，有6条生产线，产品为巴氏杀菌乳；产品类型为鲜牛奶、酸牛奶、含乳饮料；包装形式有玻璃瓶、纸杯、塑杯、袋装；2020年液态奶生产总产量为9.1万t。

乳品加工工厂主要设备为利乐、SPX、GEA等公司前处理设备，瑞典利乐、杭州中亚、美国唯绿、日本四国、宁波永宏等国际、国内一流灌包装设备，设备先进可控，生产效率高。卫岗乳业在生产制造软件系统方面，已稳定运行的系统有ERP系统，从原料到产品全程物资、成本流程管控；MES系统，通过软硬件升级实现性能优化和功能提升，扩展系统在计量、质量、设备、能源等业务领域的数据集成，对生产单元所有工艺参数实时管控，实现生产业务计划、调度、工艺、执行、统计、分析全过程的闭环管理，为设备管理、质量管理、能源管理、数据采集平台、移动BI提供全面支撑；实时数据系统，用于提供设备状态、工艺参数、读码数据；生产数据系统，按应用功能进行细分，记录收奶管理、防错管理、质量管理等功能操作过程中产生的数据记录；WMS系统，仓库职能管理管控。

卫岗乳业研发部坚持以市场为导向、以消费者和客户为中心、以产品和技术服务为抓手，围绕消费场景与产品应用挖掘消费者和客户的产品需求。2020年研发部门切实贯彻集团“三新五化”战略和新五年产业规划，在产品方面，不断加大科技创新力度，布局大健康、零食化、烘焙餐饮类等产品，对内打通供应链，深耕乳品深加工工艺，完成了多个产品线评估和产品产业化示范。公司联合国际国内各大知名院校，如澳洲联邦科工组织、中国农业大学、中国食品发酵院、南京农业大学等；聚力菌种研发、HPP等关键技术攻关，强化基础研究建设，打造出了诸如至淳草饲鲜奶、低温减脂高品淳鲜奶、大果粒白桃青提、低温弗瑞希饮用型酸奶、常温脱脂新绿园、核桃燕麦奶、七种坚果乳饮料等常低温乳制品新品，使公司业务平稳发展。

【市场消费】根据尼尔森数据显示，2020年卫岗乳业低温白奶全国市场占有率为2.7%，常温白奶全国市场占有率为0.3%，低温酸奶全国市场占有率为0.9%，常温酸奶全国市场占有率为0.3%。2020年，公司年销售收入295 036.99万元，利润6 754.02万元。作为“中华老字号”企业，卫岗乳业以新鲜战略为核心，以“品质+创新”为双驱动力，进一步推动企业品牌价值提升，开展新鲜盛典、酸奶嘉年华等一系列创新活动，同时以“万人看卫岗”“新鲜教育”等创新营销活动引导消费者科学饮奶，从而积极践行公益事业、塑造国产乳企良好形象。

【社会责任】

抗击疫情。作为乳制品行业的领军企业和国家疫情防控重点保障企业，卫岗乳业严格落实疫情防控要求，有序组织复工复产，按照“三保”要求全力保障市民“菜篮子”“奶篮子”供应需求。同时，秉承“因爱而生，为爱传承”的理念，时刻牢记与国家、民族同呼吸、共命运，卫岗乳业通过江苏省同心·贻芳行慈善基金会向抗疫一线的工作人员捐赠各类防疫物资，价值逾2 600万元。

防汛抗洪。2020年7月，卫岗通过同心·贻芳行慈善基金会向南京各街道、社区防汛抗洪一线的战士和工作人员送去牛奶和防汛慰问物资，累计20余万元。

小康牛奶行动。多年来，卫岗乳业积极践行小康牛奶行动公益助学活动。2020年5月26日，公司组织了慰问南京市江宁特殊教育学校慈善公益活动，邀请特校领导、相关教师和工作人员前来江宁民进之家，交流长期结对共建的心得体会。江苏省同心·贻芳行慈善基金会向特校捐赠5 000元手工作坊基金，并为特校师生送去多箱卫岗牛奶。5月31日，卫岗乳业向长期共建的两个乡村教育服务站（周岗学校和横溪小学），送去1 166提卫岗牛奶，助力学生们健康成长。

关爱青少年。2020年，卫岗乳业持续致力于建设青少年关爱帮扶新机制，积极参与各项青少年共建活动，参加科技夏令营开营仪式，以及南京团市委牵头开展的“点亮微心愿”新年主题活动等关爱青少年的公益活动。

乡村振兴与精准扶贫。2020年，卫岗乳业与江宁区对口支援新疆伊犁州特克斯县前方指挥组签署了消费扶贫合作协议；与云南省昭通市镇雄县以勒镇大山村签订了《社会力量助力挂牌督战村项目结对帮扶协议》，并为结对的大山村捐助了5万元帮扶资金。

企业积极响应“万企联万村、共走振兴路”行动，与江宁区横溪街道台湾农民产业园、淮安市淮阴区丁集镇老郑村、新沂市棋盘镇王徐村、洪泽区三河镇永丰村、日照市岚山区签订了联建协议，总投资逾19亿元。

助力垃圾分类与可持续发展。自2020年8月起，卫岗乳业已累计在528个小区、10余所学校开展了近千场的“为爱消费，为爱回收”奶盒回收社区行动。通过废弃奶盒换取牛奶和奶券的方式，引领提高消费者的垃圾分类回收意识，迈出环保新步伐，目前参与者超过50万人次。

【奶业大事】

2020年2月21日下午，卫岗乳业与江宁经济技术开发区管理委员会完成“卫岗乳业 全国运营总部及乳制品智能化工厂”项目的签约。

3月25日上午，卫岗乳业参与日照市项目招引集中签约仪式，启动“日照卫岗乳品工业园”项目云签约仪式。

4月16日下午，卫岗乳业参与中国奶业协会组织的“新增学生饮用奶试点产品团体标准预审会”，通过网络会议参与《学生饮用奶 巴氏杀菌乳》的团体标准起草。

4月17日，“选新鲜、饮健康、优生活”卫岗乳业第五届巴氏鲜奶节在线上举行，同时卫岗乳业高端鲜奶明星产品至淳草饲鲜牛奶正式发布。

5月10日，卫岗乳业作为中国奶业第一批“中华老字号”、江苏的百年乳企，受邀参加了云上中国自主品牌博览会活动，并上榜了“最具影响力品牌”。

5月，《农业农村部关于2018—2019年度神农中华农业科技奖的表彰决定》正式公布。卫岗乳业参与研究的“奶牛抗乳腺炎分子育种技术体系的建立及其应用”获得2018—2019年度神农中华农业科技奖二等奖。

6月，卫岗乳业首届酸奶嘉年华正式拉开序幕。

7月，在2019年度中国轻工业联合会科学技术进步奖评选中，卫岗参与的“乳及乳制品的品质提升与安全控制关键技术集成创新及应用”项目荣获一等奖。

7月28日，由Foodaily主办的“FBIC2020全球食品＆饮料创新大会”在上海举行，卫岗乳业成功晋级“iSEE食品创新力百强”，并斩获了iSEE食品创新力大奖。

8月6日，由中国物流与采购联合会、全球冷链联盟主办的“2020第十二届全球食品冷链峰会”在上海召开，卫岗乳业荣获“中国冷链物流百强企业”称号，为卫岗乳业冷链事业再添光彩。

8月26日上午，由卫岗乳业协办，江宁区委组织部、江宁团区委、区少工委主办的“人才助力 圆梦青创”2020全球精英人才节·红领巾圆梦科技夏令营举行开营仪式。

9月，卫岗乳业赞助了UP!TEMPO亚洲青少年街舞大赛，比赛颇受好评。

9月11日下午，卫岗乳业作为副理事长单位参加中国乳制品工业协会第二十六次年会暨第六届理事会第七次会议，“卫岗乳业黄金钙奶的产品研发与应用”项目获一等奖，卫岗乳业获“中国乳业精神模范企业”荣誉称号。

9月22日，卫岗乳业参加由江苏省农业农村厅、南京市人民政府主办的2020年中国农民丰收节暨第十六届中国·南京农业嘉年华开幕式。

9月22—24日，卫岗参加农业农村部农村社会事业发展中心、江苏省农业农村厅共同主办的全国新农民新业态创业创新大会。

9月24日，卫岗参加第十一届中国电子商务物流大会暨2020中国同城即时物流行业峰会，获“2020中国电子商务物流与供应链优秀服务商”称号。

9月27日，卫岗乳业协办2020江苏省校园食品安全行活动，为保障校园食品安全和学生饮奶安全发声。

9月，卫岗乳业入选首届江苏农业品牌目录名单品牌类榜单。

10月11—13日，卫岗乳业出席第十一届中国奶业大会暨2020中国奶业20强(D20)峰会。

10月15日，卫岗乳业出席第三届中国（淮安）国际食品博览会。

10月23日，卫岗乳业参加2020全国农商互联暨精准扶贫产销对接大会。

11月4日，卫岗乳业参加第三届中国国际进口博览会。

11月10—12日，2020两岸企业家峰会（紫金山）创新发展研讨会在南京举行，作为两岸企业家峰会中小企业合作及青年创业推进小组成员，卫岗乳业为此次大会带来了两岸同胞记忆中的南京味道。

11月，在长三角现代服务业联盟成立大会上，命名了8家“长三角现代服务业示范基地”，卫岗乳业获此殊荣。

11月23日，全国工商联商会工作会议在南京召开，卫岗乳业为本次大会定制了弗瑞希产品。

11月24日上午，全国劳动模范和先进工作者表彰大会在北京人民大会堂隆重举行。卫岗乳业南京加工厂三工段包装组班长田利民同志荣获全国劳动模范称号，并接受表彰。

11 月 26—29 日，NAFI 2020 在南京国际展览中心举行。卫岗乳业成为 NAFI 2020 官方唯一乳制品合作伙伴。

12 月 16 日，卫岗乳业参加“苏垦杯”首届江苏省农业企业知名品牌 30 强总决赛，并成功入选前 30 强，荣获江苏省农业企业品牌质量奖、江苏省农业企业品牌形象奖。

12 月 18 日，风云际会·中国气象服务协会 2020 年会暨第二届气象产业发展大会在南京信息工程大学正式开幕。卫岗乳业旗下的江苏桢源应用气象研究院有限公司获中国气象服务协会 2020 年第三期 AAA 信用等级评价。卫岗乳业“淳”系列牛奶成为第二届气象产业（中国气象谷）发展大会官方指定牛奶。

12 月 21 日，全国工商联第十二届四次执委会议在广西南宁开幕。会议期间，对在抗击疫情中做出贡献的民营企业进行了表彰，卫岗乳业获评抗击新冠肺炎疫情先进民营企业。

2020 年 12 月 22 日，由中国奶业协会主办的国家“学生饮用奶计划”实施 20 年活动暨现代奶业评价体系建设推进会在北京举行。卫岗乳业受邀参与此次活动，并荣获“中国学生饮用奶学生营养改善贡献企业”称号。此外，大会授予南京卫岗乳业为现代奶牛场定级与评价中心，卫岗乳业牧业公司总经理田雨等 5 人被中国奶业协会聘任为现代奶牛场定级评价师。

（南京卫岗乳业有限公司，贾　靖）

附表 1　南京卫岗乳业有限公司奶牛养殖场（小区）名录

序号	名称	地址	全群存栏(头)	成母畜存栏（头）	奶畜品种	成母畜单产（t/年）	年总产（t）	是否有机奶源基地	有机奶产量（t）
1	淮安杰隆牧业有限公司	淮安区丁集镇丁集村	1 153	564	荷斯坦	10.77	5 652.52		
2	徐州卫岗牧业有限公司	新沂市北沟镇长江路	1 066	514	荷斯坦	10.75	6 606.69		
3	爱德卫岗现代牧业（泗洪）有限公司	泗洪县上塘镇上东村	3 191	1514	荷斯坦	10.86	15 716.73		
4	盱眙卫岗牧业有限公司	盱眙县仇集镇工业集中区	1 587	820	荷斯坦	10.87	9 277.22		
5	宿迁市兴旺生态奶牛养殖有限公司	泗洪县魏营镇涧圩村	1 155	621	荷斯坦	11.91	7 266.98		
6	日照鲜纯生态牧业有限公司	山东省日照市岚山区碑廓镇南马家岭村	8 057	2 432	荷斯坦	11.36	23 461.06		
7	淮安鑫隆牧业有限公司	盱眙县仇集镇克贵居委会工业集中区北卢郢后山	497	227	荷斯坦	10.50	2 713.20		
8	日照市润生牧业有限公司	日照市岚山区巨峰镇罗川沟村	2 780	1 338	荷斯坦	11.37	14 798.49		
9	现代牧业（五河）有限公司	五河县朱顶镇现代牧场园区	240 000	180 000	荷斯坦	13.50	1 642 500.00		
10	连云港东旺养殖有限公司	连云港市连云区东辛农场东滩分场九十六大队	5 000	2 000	荷斯坦	12.50	22 000.00		
11	东营神州澳亚现代牧场有限公司 新户分公司	山东省东营市河口区	15 000	9 000	荷斯坦	14.00	131 400.00		
12	山东视界牧业有限公司	山东省德州市禹城市伦镇孙庄村社区大孙村	8 500	3 800	荷斯坦	13.00	45 000.00		
13	宿迁金娥奶牛养殖中心	江苏省宿迁市泗洪县车门乡团结村	400	280	荷斯坦	9.00	1 600.00		
14	即墨市牧春奶牛场	山东省青岛市即墨区北安街道办事处兰东村	500	400	荷斯坦	11.00	2 100.00		

备注：本表所指奶畜包括奶山羊、奶绵羊、奶水牛、牦牛、骆驼、驴等产商品奶家畜。本表奶畜养殖场指企业在中国及海外自建和参建（控股、参股）牧场（小区）。如认证为有机奶源基地等，请在相应表格中打钩。

附表 2　南京卫岗乳业有限公司乳制品生产企业名录

序号	名称	生产地点	生产许可证号码	年收购原奶量(t)	其中：自有奶源量(t)	平均支付价格（元/kg）	日处理生鲜乳能力(t)	年乳制品产量(t)	其中：低温鲜奶(t)	UHT 奶(t)	常温酸奶(t)	低温酸奶(t)	原料奶粉(t)	婴幼儿配方奶粉(t)	成人奶粉及其他(t)	奶油(t)	奶酪(t)	乳饮料(t)	冰品(t)	年销售收入(万元)	利润(万元)	有机产品(枚)
1	南京卫岗乳业有限公司	江苏省南京市将军大道139号	SC10532011500380	107 786	48 611	4.75	500	138 141.51	95 848.85	646.43	5 051.19	34 895.60						1 699.45		246 551.98	7 873.47	
2	泰州卫岗乳品有限公司	泰州市凤凰东路80号	SC10632120200061	44 045	5 919	4.75	100	21 886.36	8 217.63			13 668.74						0.00		18 112.86	569.75	
3	徐州卫岗乳品有限公司	新沂市无锡－新沂工业园大桥东路218号	SC10532038100142	13 808	11 606	4.75	300	91 017.63	47 032.05	3 656.01		28 394.07						11 935.50		52 897.05	558.50	

备注：本表包括在中国及海外的生产企业。日处理生鲜乳能力指设计加工生鲜乳能力。自有奶源指来自自建和参建（控股、参股）牧场（小区）的原奶。成人奶粉指除婴配粉以外的学生奶粉、孕妇奶粉、中老年奶粉等终端消费奶粉。冰品包括冰激凌、雪糕等。有机产品数量单位为“枚”指获得有机标志的数量。

贝因美婴童食品股份有限公司

【奶源基地】贝因美旗下牧场以引进的纯种荷斯坦奶牛为主，通过采用冻精配种、性控配种手段促进奶牛改良。现牧场奶牛存栏量达12 185头，成母牛7 626头，每头奶牛都有完整的健康档案，以保证生乳品质。养殖区域分布在北纬45° 中国“黄金奶源带”的黑龙江省安达市及大庆周边地区。2020年牧场青贮玉米种植面积42 250 hm^2，单产量3.5 t/ hm^2，总产量达14.78t。全年牛奶产量36 067 t，优质生乳实现从原料种植、饲养管理到牛奶品质的全程可追溯。

【规模养殖】为提高奶牛养殖水平，奶源基地牧场统一规划、合理布局、规模适度、人畜分离、规范管理、结合实际，已达到标准化养殖场要求。其中奶牛存栏1 000头以上的牧场占比23%，500~1 000头占比15%，300~500头占比38%，300头以下占比24%。公司不断完善自身牧场管理体系建设，在标准化牧场建设、奶牛科学饲养、疾病预防、奶牛种群结构优化、人员培训等方面付出了巨大努力，全面完善推进了牧场的标准化、科学化管理体系。

【疫病防控】牧场采用综合防控技术，实行封闭性管理，执行严格有效的消毒管理制度、完善的防疫检疫管理体系，从而保证牧场环境卫生。全年口蹄疫苗免疫接种3次，着重强调对牛布鲁菌病、牛结核病等的实时监测和净化。加强组织人员进行防治技术培训，完善消毒、防疫制度，实现了奶牛养殖场疫病的有效预防和控制。

【粪污处理】牧场的牛舍内全部采用荷兰JOZ刮粪板、美国US自动粪污处理系统、将牛舍内粪污进行二次筛分，固体进行有机堆肥或制作牛床垫料，液体厌氧发酵、达标后还田改良草场。通过科学饲养、高效挤奶、粪污处理等先进技术的应用，牧场实现了奶牛养殖的规模化、集约化及标准化。

公司的生乳价格体系始终坚持以“政策引导、质量先行”为中心思想，及时与生乳供应方协商及宣贯“政策引导”的原则及明确“质量先行”的关键控制点，在将生乳价格做到“合情合理”的同时，确保辖区牧场的利益。2020年贝因美全年生鲜乳收购均价为4.0元/kg，泌乳牛年盈利额度约3 500元/头。由于牧场投入与养殖水平不一致，整体奶牛场净收入在30万~1 000万元。

【乳品加工】2020年贝因美在国内外拥有黑龙江安达、杭州母婴、广西北海、湖北宜昌、吉林敦化五大现代化产业基地。贝因美成立安达贝佳满乳业集团有限公司，进行生产基地独立经营的模式探索，借助黑龙江安达市的区域优势打造“从牧场到亲子家庭”全产业链系统；与黑龙江康贝牧业管理有限公司共同成立合资公司，结合双方在牧场建设、牧场管理、乳制品加工等方面的优势，提高牧场管理效率、保障鲜奶供应、探索产品合作，从而实现互利共赢。

公司乳品加工以自主生产为主要模式，少量产品通过委外加工、OEM模式生产。自主生产模式以“市场预测”和“订单方式”相结合的模式进行组织。公司的主导产品婴幼儿配方奶粉主要由全资子公司\控股子公司贝因美（黑龙江）乳业、贝因美母婴、宜昌贝因美等工厂生产。婴幼儿营养米粉、葡萄糖等辅食主要由北海贝因美生产，亲子食品通过OEM模式生产。2020年公司乳粉产量为22 562t。

公司长期专注于婴童食品行业，依靠自身技术的不断创新、积累、优化，积累了大量的专有技术。公司现拥有发明专利23项，婴幼儿配方奶粉注册配方产品60个，特殊医学用途配方食品注册配方4个，软件著作权19项。公司在婴幼儿配方奶粉的研发、生产等技术方面积累了丰富的经验，形成了具有自主知识产权的核心技术，并积累了大量的专业技术人才。这些核心技术可以更好地满足不同婴儿群体的营养需求，增加奶粉的营养附加值。

【市场消费】公司产品主要通过区域代理、KA渠道、婴童渠道、电商等进行全渠道销售，同时部分产品通过总承销模式和包销模式进行销售，公司正在重点打造线上线下融合的新零售业务模式。乳制品销售收入占总销售收入的90.05%。根据尼尔森数据，贝因美的市场占有率约4%，在国产奶粉中位居前4。

2020年、2021年公司重点着力于重塑品牌形象，优化品牌投资。通过央视、卫视硬广的投放，户外广告投放等方式，强化品牌认知。携手CCTV-1《大国品牌》，打造国产奶粉品牌样板；联动消费者教育活动，推广《谢宏面对面》《美妈有话说》公益栏目，全面塑造“育儿专家、亲子顾问”的专业形象；投放及赞助浙江卫视《青春环游记》、爱奇艺《做家务的男人》、腾讯《心动的信号》等节目，夯实品牌年轻化战略；发起《妈妈英雄汇》年度大型网络消费者互动活动，寻找各种类型爱生活的妈妈，传递品牌温度。此外，通过精准投放到网易等主流媒体，实现品牌曝光及吸粉引流；通过社交媒体及网络红人双效联合运用，进行全域营销，抢占母婴人群，优化品牌投资。

2020年度，随着婴儿出生率的持续下降，婴儿配方奶粉行业的市场增长趋缓，行业形势严峻，品牌竞争加剧，叠加新冠肺炎疫情的不利影响，公司营业收入略有下降。2020年公司实现营业收入266 513.44万元，较2019年减少4.32%；实现净利润–32 427.99万元，较2019年下降214.58%；实现扣非净利润–48 150.96万元，较2019年下降247.77%。

【全球发展】公司一直致力于全球化布局和国际化战略，打造和完善全球产业链。

优化的股东结构。贝因美从一家地方企业开始，逐步壮大，变成一家拥有多元化股东结构的公司，包括贝因美集团持股 26.13%、国资股东长城国融持股 5.09%、恒天然持股 4.99%。

国际化的产业战略布局。贝因美不仅在国内外拥有五大现代化产业基地，同时还与全球最大的乳制品出口企业恒天然集团、Kerry 集团建立了战略合作关系，推进国际化产业布局。2017 年 4 月，贝因美联手一致行动人全资收购美国 SCL 公司，进一步推进全球化布局。

海外研发合作。在研发合作上，公司与以色列施耐德医学中心等机构开展项目合作，充分利用国外优秀研发机构的优势，在创新中不断提升与超越，进一步为公司国际化提供研发和技术支撑。

公司与爱尔兰百年工厂 KERRY 合作生产了绿爱和红爱婴幼儿系列奶粉产品。该产品严格执行欧盟、爱尔兰标准，并顺利通过了中国奶粉配方注册。2014 年 11 月，爱尔兰政府授信“贝因美绿爱 +”为一个“真正代表爱尔兰品质的婴幼儿配方奶粉”。该两款产品原装原罐进口后销往国内市场，深受国内消费者的喜爱。

【社会责任】贝因美主张“生命因爱而生，世界因爱而美”，将“帮助宝宝健康成长、帮助妈妈成就母爱、帮助家庭幸福和谐、帮助员工实现梦想”作为贝因美的使命，而这就是贝因美的企业社会责任之大爱观。自创立以来，贝因美累计捐赠财物总价值近 10 亿元。

参与小康牛奶行动。自“中国小康牛奶行动”启动以来，贝因美积极践行企业社会责任，开展牛奶助学及扶贫等公益行动，共捐赠奶粉 4 788 箱，价值 253.12 万元，惠及学生及贫困人口 2 万余人，援助学校近 90 所。公司曾在“中国奶牛”之乡安达启动了“中国小康牛奶行动”暨“牛奶的行走”大型公益活动，有近 500 人参加；同时也多次组织公益助学捐赠活动。

2019—2020 年，公司与湖北省恩施州建始县漆潦村连续两年进行对口帮扶。

新冠疫情捐赠。各地疫情暴发后，贝因美积极向社会捐赠抗疫物资。2020 年 1 月，通过中国红十字基金会向湖北省疫情当地捐赠 2 000 箱价值百万余元的成人配方奶粉，为奋战在一线的全体医护人员送去营养关爱；2 月，联合世界冠军、奥运冠军孙杨向浙江大学附属第一医院捐赠爱心物资。

2020 年，向杭州市学校及幼儿园捐赠 35.5 万只口罩，助力杭州学校复学复课。

持续多年的多胞胎捐赠。多年来贝因美积极投身公益事业，成功打造出“爱婴工程”等成熟的公益项目。早在 1993 年贝因美就正式筹建多胞胎之家，是国内最早开始资助特殊困难婴幼儿的企业之一。截至 2020 年，贝因美多胞胎之家已捐助 1 000 多户多胞胎困难家庭。

为丹寨儿童送健康。2021 年 6 月，贝因美携手谢宏基金会发起爱心捐赠公益活动，向丹寨县捐赠 2 000 箱价值 187 万余元的奶粉，惠及丹寨县 23 223 名学生。

河南灾区捐赠。2021 年河南多地遭遇罕见大暴雨，灾情牵动人心。7 月，贝因美第一时间通过当地经销商捐赠价值 50 万元的物资，及时向灾区人民送去关爱。同时，贝因美又通过中国友好和平发展基金会向河南捐赠价值 150 万元的物资，用于灾区婴童人群的生活所需。

组织奶农培训。公司以培养具有现代管理意识、具备现代养殖技能且熟悉乳业发展趋势的现代牧场管理人才为目标，制订了财务、技术、管理等能力的全方位培训计划，邀请工作多年的老师从榨奶、繁育、保健、饲养、设备管理、青贮制作以及牧场经营等方面对员工进行实践指导。公司组织了 30 多场牧场管理专项培训和专题讲座，培训学员 500 人次；进行了 50 余次牧场现场技术指导，保证生鲜乳的高品质，不断推进奶源建设升级工作。

【奶业大事】

打造大国品牌，重塑品牌矩阵。公司通过携手 CCTV《大国品牌》，焕新品牌视觉认知，重塑“贝因美、冠军宝贝、Kidsclub、Beingmate、贝佳满”的品牌定位，确定了以“贝因美”品牌统领全系配方奶粉、以“冠军宝贝”品牌统领婴幼儿辅食、以“Kidsclub”品牌统领儿童健康零食、以“Beingmate”品牌统领母婴营养品和以“贝佳满”品牌统领其他乳制品的五大品牌矩阵。

2020 年，公司焕新推出了“贝因美·爱加”“贝因美·成功妈咪”“贝因美·致越”以及“冠军宝贝”系列产品，舒力乐特殊医学用途婴儿乳蛋白部分水解配方食品获批投产。同时，面对竞争激烈的市场环境，公司推出了“贝因美·全能容”和“贝因美·博士容”两款儿童配方奶粉，以及“乳铁蛋白益生菌营养粉”和“乳白蛋白益生菌营养粉”。公司始终坚持以解决用户需求为原点的品牌初心，和“对宝宝负责，让妈妈放心”的质量方针。报告期内公司获得中国食品安全大会颁发的 2019—2020 食品安全诚信单位。

专注研发智造，打造国际品质。公司区块链追溯体系上线，并完成与浙江省市场监管平台对接，成为 2020 年浙江省省长工程。公司新申请发明专利 1 项，软件著作权 6 项。公司基于中国母乳脂质组成的婴幼儿配方奶粉创制关键技术及产业化项目、乳铁蛋白分离纯化关键技术及在婴幼儿配方乳粉的产业化应用研究项目等多个乳制品研究课题获得部级一等奖。同时，公司积极推进产学研用一体化建设，荣获 2020 年中国产学研合作创新示范企业，公司智能配方系统（PLM）入选杭州市 2020 年数字化攻关项目并通过验收。贝因美(杭州)食品研究院有限公司获得国家高新技术企业认定，黑龙江贝因美乳业有限公司获得农业产业化国家重点龙头企业认定，杭州贝因美母婴营养品有限公司获得中国标杆智能工厂称号。

拥抱数字经济，迎接新零售时代。公司基本完成了数据营销体系的主体建设，整合了支付宝小程序、SCRM、微信公众号等平台的会员数据，数据中台的建设将加速为终端零售业务提供数字赋能，提升公司与消费者之间的联系。在 2020 年新冠肺炎疫情期间，公司举办线上微课堂等直播活动323场，累计触达消费者1 432万人次，为消费者带去了更立体、更专业、更有温度的品牌体验。未来，公司将强化会员管理，以消费者价值最大化为目标，扎实做好基础会员服务，提升响应时效，增强消费者黏性和公司亲和力。同时，公司将不断深入推进以门店为对象的创新型精准营销体系建设，实现一店一码、职能服务一体化、业务数字一体化的精准营销体系，形成线上线下的良性互动，加强公司、客户与消费者之间的联系，从而实现真正的母婴生态圈服务体系。

优化资产结构，加强成本控制。公司通过设立MCN公司、信息技术服务公司、消费者运营及数字营销公司，有效实现了公司强大的技术服务输出，提升了公司信息技术的价值成果转化。公司拓展发展思路，以业务为纽带、以资本合作为契机，合纵联合，充分发挥了公司的产能优势和品牌优势。

在经营成本控制方面，在保证原料品质的前提下，加强重点原料资源开发和备份力度，加深与乳铁蛋白主产区企业的合作伙伴关系，确保供应稳定和成本有效控制。优化生产管理，充分利用工厂富裕产能，提高工厂制造效益；承揽对外加工业务，降低工厂闲置产能；优化仓储物流配送，提高效能，降低费用；提高销售计划准确率，降低库存周转时间。

重大会议、活动、项目建设。贝因美（杭州）食品研究院有限公司获得国家级高新技术企业认定，被列入“浙江省2020年高新技术企业”。

2020年6月20日，由浙江省企业社会责任促进会主办的2020浙江省企业社会责任高峰论坛暨表彰大会在杭州举行，贝因美被授予2020年抗击疫情卓越贡献奖。

6月22日，国内首创的以区块链为核心技术的奶粉区块链溯源平台在贝因美发布。

9月11日，贝因美“基于中国母乳脂质组成的婴幼儿配方奶粉创制关键技术及产业化”项目荣获中国乳制品工业协会技术进步奖一等奖。

12月6日，在河南郑州举行的全国食品工业科技进步工作会议上，贝因美因“乳铁蛋白分离纯化关键技术及在婴幼儿配方奶粉的产业化应用研究”项目荣获科学技术奖一等奖。

（贝因美婴童食品股份有限公司，陈　真）

广东燕塘乳业股份有限公司

2020年，面对新冠肺炎疫情造成的阶段性影响，公司一方面积极做好各项防控防护措施，充分利用一体化全产业链优势，保证产品供应不断、质量不降、价格不涨，为全民防“疫”攻坚战筑起强而有力的健康后盾；另一方面，公司持续通过理顺旗舰工厂链条、奶源体系升级、管理结构优化等措施，夯实优势资源基础，不断提高经营效率。同时，公司逐步开展广东省外的销售业务并且增长显著。未来，公司将不断探索更多形式的营销路径，降低流通成本，扩大营销收入，提高经营效益。

【奶源基地】2020年，公司不断加大自有牧场建设，更好地保证原料奶品质，并有效掌控原料奶资源，2020年，公司已建立全新型、现代化的阳江牧场、澳新牧场和新澳牧场。公司把牧场视为第一生产车间，以规模化、集约化、标准化的方式进行管理。一方面，从国际引入优质良种奶牛，使公司自产原料奶数量稳步提高；另一方面，采用全球领先的美国原种胚胎牛基因组、繁育工程等技术，在奶牛品种改良优化、养殖饲喂、机械化挤奶、疫病防治、提高单产量等方面均达到了国内领先水平。其间，公司阳江牧场和澳新牧场均已获得国家学生饮用奶奶源基地认证、广东省“菜篮子”基地认证，澳新牧场还被农业农村部评为“奶牛标准化示范场”，公司自有牧场建设成绩斐然，建设水平居于南方领先水平。

与此同时，燕塘乳业严格执行“公司＋牧场”的集约化购奶模式，2020年与十多个大中型牧场建立了互助互信、风险共担的“三赢”模式战略合作关系，即牧场获得收益和提升，公司获得发展，消费者获得健康安全的乳制品。公司重视对合作牧场原料奶供应体系的管控。一方面，公司战略合作牧场的养殖规模普遍在1 000头以上，远超过国家规定的规模化养殖最低限。规模化养殖有利于先进养殖技术的运用，也有利于从源头展开质量检测以保证原料奶的优鲜品质；另一方面，公司通过自有良种奶牛养殖示范基地“一点”，在奶牛品种改良优化、扩大养殖规模、提高单产水平、改良牧场设施等方面提供全面指导，带动合作牧场养殖水平“全面”提高。供应稳定、质量优良的奶源是乳制品加工企业生存发展的基石，公司的原料奶来源于自有奶源基地和战略合作奶源基地，这样可以有效保障公司稳定优质的原料奶来源。2020年全年生鲜乳收购量比2019年多4 000t（图1），其中自有牧场占比略低于合作牧场。自有牧场全群存栏量及成母畜存栏量基本持平，但其年内的产奶总量和自有奶源量均有所增长。

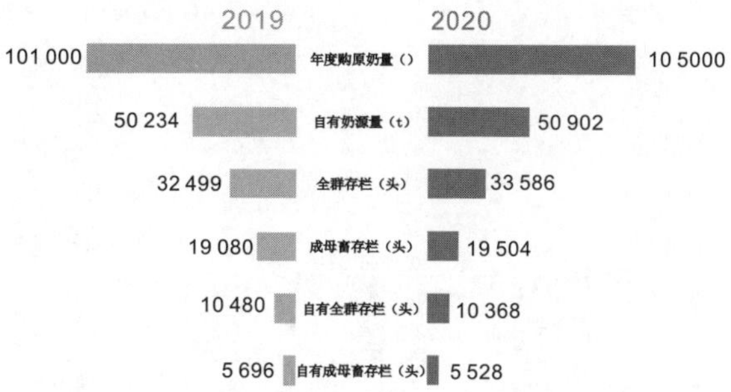

图1 2019年与2020年相关奶牛养殖数据比较

2015—2020年，公司在对生鲜乳进行收购时，其价格相对平稳，但存在下行趋势。从2015年的5 439元/t，降至2020年的5 244元/t，5年内降幅仅3.6%（图2）。

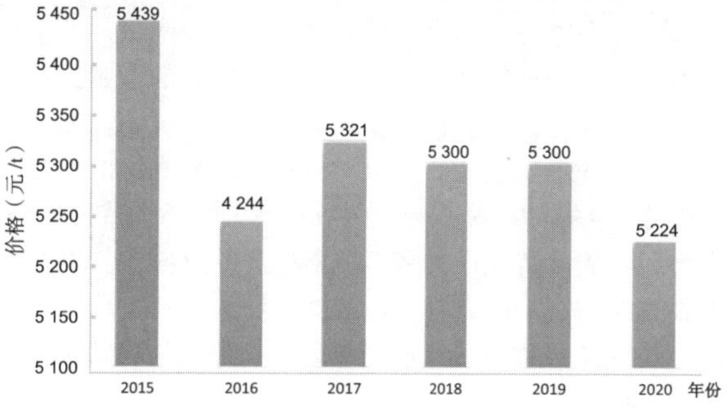

图2 2015—2020年度生鲜乳收购年平均价

【乳品加工】公司始终坚持“市场导向、科技领先、质量第一、顾客至上”的经营方针，为实现对产品全方位的质量控制，公司建立了华南地区乃至全国领先成熟的乳制品产品质量控制体系，坚持从牧场开始进行全程质量监控，并配有先进、齐全的检验检测设备，经验丰富的质检团队及缜密的质检流程，构建起贯穿全产业链的可追溯质控管理系统。从牧场饲料采购、仓管、配制等环节开始，公司对外购饲料、农副产品及产出鲜乳等进行全程自检和不定期送检。除国标常规检测项目外，公司引进了国际先进的体细胞检测仪，还配置了温控与质检系统，从原材料端口入手，严格把控产品质量。在产品制造环节，公司品控中心承担起了产品质量监控、检测、检验职能，同时引进了国际一流的检测仪器，制定了包括纸箱在内的包材检测流程，建立起了完善的质量检测体系，全面确保产品的质量安全。

2020年，燕塘乳业乳制品产量同比增长了13.7%。分品类来看，UHT奶的增长幅度最大，达到了72.1%；同时，乳饮料产量的贡献率也有个位数的增长，为6.2%；巴氏杀菌乳增长32.5%，而酸奶也有9.9%的增幅，如图3所示。

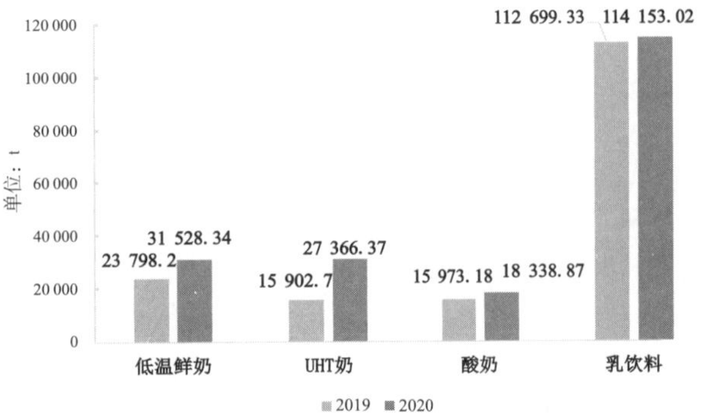

图3　2020年与2019年部分产品产量对比

【市场消费】公司属于区域性城市型乳制品龙头企业，业务区域主要在华南地区，以广东省为主，但目前公司的销售业务也在周边省份逐步展开，并且收益增长显著。公司营销渠道包括经销、商超、专营店、送奶服务部等几乎覆盖全渠道的线下立体化营销网络及线上电商销售模式，未来 还将不断探索更多形式的营销路径，降低流通成本，扩大营销收入，提高经营效益。

公司凭借稳定优质的奶源优势、新鲜安全的产品质量优势、区域品牌影响力优势、差异化的产品品类优势、完善封闭的冷链配送优势、覆盖率高的立体销售网络优势、强大的产品研发优势、智能工厂生产技术优势等，赢得了众多消费者的认可，并拥有较高的品牌知名度和市场影响力。

2020年，紧贴消费者对营养健康的需求，推出了具有活性营养的“新广州”鲜牛奶，其采用75℃低温巴氏杀菌工艺，既保留了鲜牛奶中珍贵的天然生物活性营养物质，又拥有高乳铁蛋白含量，这是华南地区首款75℃新基准的乳品，也是国内首款与现代城市地标相结合的专属巴氏产品。此外，公司结合岭南独有的水果风味，推出三款岭南真果乐酸奶饮品；结合“健康美味”主题，推出“鼓粒”谷物组合风味发酵乳。公司新产品的推出，丰富了公司产品线，不断提升客群跨度和消费黏性，公司差异化的产品品类优势得到了进一步巩固。

【社会责任】

公司热心投入公益事业，在创造经济价值的同时，真诚回馈社会，身体力行践行社会责任，以实际行动促进社会进步。

2020年春运期间，公司大力支持广州春运志愿服务，捐赠牛奶并设立志愿者服务“加油站”，为各志愿服务队提供支持与关怀。作为学生奶定点生产企业，公司秉承“关爱少年儿童成长”的理念，报告期内对多家特殊教育学校进行爱心捐赠，扶残助残，传播正能量。

公司深入贯彻落实习近平总书记关于扶贫工作的重要论述和党中央、国务院脱贫攻坚的决策部署，按照上级党委和公司的统一部署，积极完成精准扶贫任务，履行上市公司的社会责任，履行好国企的政治责任和使命，助力脱贫攻坚收官战。

公司参加广东省食品医药行业联合党委组织的支援“三区三州”扶贫协作项目，投入帮扶资金2万元，参与新疆第三师叶城二牧场4连苹果冷藏保鲜库项目、新疆第三师51团19连庭院养殖场项目、新疆哈什图木舒克市托库孜萨热依种植专业合作社项目，共3个支援项目，惠及864名困难群众。

公司贯彻落实国务院扶贫办等七部委《关于开展消费扶贫行动的通知》和省扶贫开发领导小组《关于进一步加大工作力度扎实推进消费扶贫的实施意见》《2020年“广东扶贫济困日”活动工作要点》精神，购买扶贫农副产品12.93万元用作职工节日慰问品，帮助化解新冠肺炎疫情对贫困地区农产品销售和贫困群众增收带来的不利影响。同时，组织职工自愿参加“以购代捐”消费扶贫活动，购买扶贫农副产品8.31万元，为贫困群众奉献爱心，为脱贫攻坚贡献力量。

在公司内部由工会牵头，党员、团员带头捐赠，管理层积极捐赠，普通职工自愿捐赠，设立的爱心基金运作愈加规范，“守望互助，同舟共济”的理念已成为企业文化的一部分。公司为员工购买住院二次医保，为员工子女购买独生子女保险，对经济困难、大病住院等员工开展定期走访和慰问活动，协助困难职工申请民政认定和社会福利，切实解决特需职工的生活问题。公司为患病职工办理住院二次医保理赔24人次，爱心基金帮扶困难职工41人次，上门慰问住院职工14人次，把对困难职工的关怀落到实处。

【奶业大事】2020年，是国家“学生饮用奶计划”实施20年，公司荣获中国奶业协会颁发的学生营养改善贡献企业殊荣。

2020年，公司“新广州”鲜牛奶荣获2020年度广东省食品行业优秀新产品，“海盐芝士酸酪乳（奇亚籽）”“养生食膳木瓜牛奶饮品”分别被广东省食品行业协会评为2019年度广东省食品行业优秀新产品、广东岭南特色食品。

2020年，疫情期间公司向包括疫症定点救治医院在内的多间医院及医护人员、公安民警、街道办工作人员、援鄂医疗队、在校师生等捐赠牛奶产品，以实际行动支援防疫一线，共抗疫情，并被中国奶业协会授予“大爱无疆”2020年抗疫捐赠奶业企业。

2020年，子公司湛江燕塘被评为“湛江市清洁生产企业”。

1月，广东省农业农村厅发布关于表彰2019年广东省名牌产品（农业类）生产企业的决定，燕塘乳业旗下的鲜牛奶、老广州酸奶以及原味酸奶饮品被评为广东省名牌产品。燕塘乳业是获评企业中唯一的乳制品上市公司。

2月，燕塘乳业持续开展支援防疫一线行动。公司将第二批总值近200万元的爱心牛奶捐赠至广州市越秀区政府、黄埔区政府、广州市公安局、广东省青基会、湛江市疫情防控指挥部及南部战区海军第一医院、湛江中心人民医院等多家单位，为医护人员、公安干警、志愿者以及社区工作人员等一线抗疫人员提供能量补给和营养支持。此外，公司还向广州市天河区兴华街捐赠了一批帐篷，用于设置防控监测点。

5 月 13 日，燕塘乳业连续三年蝉联天马奖最佳董事会、最佳新媒体运营、最佳董事会秘书殊荣，是榜单中包揽这三项殊荣的唯一一家乳制品企业。

7 月 6 日，广东省政府办公厅副主任张汉昌同志率省政府机关事务管理局人事教育处党支部一行，到燕塘乳业开展党建交流活动。

7 月 23 日，广东省委党校（广东行政学院）校委委员、教育长尹德慈，二级巡视员刘冬松一行，在广东省农垦集团公司（省农垦总局）党委委员、副总经理（副局长）莫仕文的陪同下，到燕塘乳业开展党建交流活动。

11 月 2 日，燕塘乳业红五月牧场、澳新牧场再次被联盟授予中国农垦标杆牧场荣誉称号。此外，红五月牧场更被评为农垦好种好牛特色牧场，是中国农垦乳业唯一一家获此殊荣的标杆牧场。

12 月，燕塘乳业正式获得国家工业和信息化部颁发的“国家绿色工厂”荣誉牌匾，这是广东省农垦第一家国家绿色工厂，也是广东省本土乳品企业首次获此殊荣。

12 月 4 日，中国农林水利气象工会副主席原成刚一行，在广东省农垦工会主席王元的陪同下到燕塘乳业调研。

12 月 10 日，燕塘乳业被授予新冠肺炎疫情防控工作先进集体、2019—2020 中国冷链产业金链奖（中国冷链优秀区域配送服务商）称号，是华南地区唯一获此殊荣的乳制品企业。

（广东燕塘乳业股份有限公司，吴代锚、庞思源、翁子帅）

附表 1　广东燕塘乳业股份有限公司奶牛养殖场（小区）名录

序号	名称	地址	全群存栏(头)	成母畜存栏（头）	奶畜品种	成母畜单产（t/年）	年总产（t）	是否有机奶源基地	有机奶产量（t）
1	广东燕塘乳业股份有限公司红五月良种奶牛场分公司	广东省阳江市阳东区红五月农场 17 队	4 287	2 384	荷斯坦、娟姗	8.9	21 217.6		
2	湛江燕塘澳新牧业有限公司	广东省湛江市遂溪县草潭镇草潭大村对面岭	3 949	2 100	荷斯坦、娟姗	9.2	19 320.0		
3	陆丰市新澳良种奶牛养殖有限公司	陆丰市铜锣湖农场西南管区三连队新点 1 号	2 244	1 212	荷斯坦、娟姗	8.0	9 696.0		
4	钟山温氏乳业有限公司	广西壮族自治区钟山县钟山镇龙井村	4 050	2 200	荷斯坦	8.5	18 700.0		
5	肇庆市鼎湖温氏畜牧有限公司	广东省肇庆市鼎湖区莲花镇大坾村	4 250	2 602	荷斯坦	9.0	23 418.0		
6	肇庆市鼎湖温氏乳业有限公司鱼湾奶牛场	广东省英德市东华镇鱼湾青石塘	4 400	2 599	荷斯坦	9.0	23 391.0		
7	南平市福延牧业有限公司	福建省南平市来舟镇王富村	1 228	704	荷斯坦	8.0	5 632.0		
8	开平市粤顺牧业有限公司	广东省开平市马冈镇黄屋村民委员会陈田新村	766	448	荷斯坦	8.5	3 808.0		
9	韶关市武江区兴农畜牧有限公司	广东省韶关市武江区龙归镇寺前村	907	472	荷斯坦	7.5	3 540.0		
10	南平市富益牧业有限公司	福建省南平市延平区大横镇大横村	1 372	759	荷斯坦	8.0	6 072.0		
11	甘肃省前进牧业科技有限责任公司	甘肃省张掖市甘州区石岗墩开发区	5 046	3 600	荷斯坦	8.0	28 800.0		

备注：本表所指奶畜包括奶山羊、奶绵羊、奶水牛、牦牛、骆驼、驴等产商品奶家畜。本表奶畜养殖场指企业在中国及海外自建和参建（控股、参股）牧场（小区）。如认证为有机奶源基地等，请在相应表格中打钩。

附表 2　广东燕塘乳业股份有限公司乳制品生产企业名录

序号	名称	生产地点	生产许可证号码	年收购原奶量（t）	其中：自有奶源量(t)	平均支付价格(元/kg)	日处理生鲜乳能力（t）	年乳制品产量（t）	其中：低温鲜奶（t）	UHT 奶（t）	常温酸奶（t）	低温酸奶（t）	原料奶粉（t）	婴幼儿配方奶粉（t）	成人奶粉及其他(t)	奶油（t）	奶酪（t）	乳饮料（t）	冰品（t）	年销售收入（万元）	利润（万元）	有机产品（枚）
1	广东燕塘乳业股份有限公司	广州市黄埔区	SC10544011200503	101 000	50 233.6	5 102.6	900	168 373.4	23 798.2	15 902.7	1 853.8	14 119.4						112 699.3		181 800	14 973	

备注：本表包括在中国及海外的生产企业。日处理生鲜乳能力指设计加工生鲜乳能力。自有奶源指来自自建和参建（控股、参股）牧场（小区）的原奶。成人奶粉指除婴配粉以外的学生奶粉、孕妇奶粉、中老年奶粉等终端消费奶粉。冰品包括冰激凌、雪糕等。有机产品数量单位为“枚”指获得有机标志的数量。

新疆天润乳业股份有限公司

【基本情况】2020年与“十三五”初期相比，天润乳业产品销量达到19.83万t，增长2.8倍；营业收入达到17.68亿元，增长2.0倍；利润总额达到1.74亿元，增长1.7倍；工业总产值达到15.42亿元，增长1.6倍；工业增加值达到3.15亿元，增长1.0倍；缴纳税费0.72亿元，增长1.2倍，经济保持高质量发展态势。

经营模式。天润乳业由单一化乳品加工经营模式向饲草种植、饲料加工、奶牛养殖、乳品生产、科研开发、市场营销一体的产业化、多元化经营模式转变，延伸了企业产业链，建立了新的经营模式，抗御市场风险的能力显著增强。

产业壮大。坚持“围绕市场建工厂、围绕工厂建牧场”产业协同发展思想，天润乳业通过并购、新建，由一个千头牧场，发展到拥有6个奶牛养殖企业、16个规模化牧场的企业，奶牛存栏2.84万头，自有奶源占比达67.31%，建立了以自有养殖基地为主的奶源体系，养殖产业成为企业的支柱产业之一。

创新能力。公司实施创新驱动，坚持差异化原则，确立了领先低温、做强常温、突破乳饮的产品发展思路，通过建立企业技术中心、研发中心、博士后工作站，特聘专家及其团队，依靠技能大师工作室、劳模工作室等平台，与科研院所合作，发布企业产品标准4个，取得发明专利7个，产品结构持续优化，自主创新能力和核心竞争力不断增强，引领了新疆乳品行业的发展方向。

信息化平台。在阿米巴平台助推公司管理转型的基础上，天润乳业通过五大数据业务平台实现乳业、牧业、营销横向纵向的企业协同跨界战略信息化应用。公司构建了财务共享平台，搭建了大采购协同管理平台，公司实现了牧场管理透明化、质量管控数字化、成本控制精细化，规范了乳品生产流程，实现了企业生产经营管理平台化、精细化、数据化，提升了企业信息化、数据化管控水平。

全国市场。通过实施用新疆资源，做全国市场的“走出去”市场发展战略，创全国品牌，跻身全国市场取得成效。公司发展了传统渠道，搭建了线上平台，建立了专卖网络，新疆市场占有率达40%，内地市场销量占公司总销量的35%，成为新疆液态奶产销量最大的企业，成功跻身全国乳品市场。

行业影响。天润乳业成为中国奶业协会、中国乳业协会、中国农垦乳业联盟三大协会的副理事长、副会长单位，成为中国奶业20强企业联盟成员单位（中国奶业D20）、中国奶业脊梁企业、全国奶业行业最具影响力品牌企业、全国乳品质量安全管理优秀企业、全国轻工品牌培育管理体系先进企业，并荣获新疆上市公司最具价值增长奖和新疆最具创新力研发企业等荣誉。

改革成效。公司建立完善了党委会、董事会、监事会，经理层各司其职、各负其责、协调运转、相互制衡的治理机制。公司党委把方向、管大局、保落实，董事会定战略、作决策、防风险，经理层谋经营、抓落实、强管理的体制机制得到进一步建立和完善，各层级的权责边际进一步明确，以阿米巴绩效薪酬体系为主的三项制度改革不断推向深入，增强了企业发展的活力。

融资作用。作为上市公司，天润乳业从单纯的生产经营向生产经营与资本运营相结合的发展模式转变，发挥了上市公司的融资优势，采取“产业+资本”双轮驱动，2015年和2020年通过定向增发等方式，两轮融资5.33亿元，为企业整合资源、扩大产业规模创造了条件。

党的领导。将党的领导写入公司章程，建立了“三重一大”决策机制，党对企业的领导得到了全面加强。

工作成效。2020年公司完成产品销量19.83万t，较上年增幅4.81%；实现营业收入17.68亿元，较上年增幅8.67%；实现净利润1.54亿元，较上年增幅8.15%；完成工业总产值15.42亿元，较2019年增幅3.62%；完成工业增加值3.15亿元，较2019年增幅0.61%；完成劳动生产总值5.65亿元，较2019年增幅11.96%；全年缴纳税费0.72亿元，较上年增幅3.52%，经济保持高速、高质量发展态势。2020年已向国有股东分红1 577.2万元，其中国资公司1 242.96万元，兵团乳业334.24万元。

奶牛育种工作取得了新突破，进入全国先进行列。2020年，公司的6个养殖企业、16个牧场奶牛存栏达到28 362头，其中成母牛16 196头，占全群的57.1%；有3个牧场的奶牛单产超过11t，奶牛平均单产超过9.46t，超过了全国同行业的平均水平。

公司全年商品奶产量12.87万t，自有奶源基地占公司原料奶总量的67.31%，养殖业成为公司的支柱产业之一。

【奶源基地】天润乳业的6家养殖企业、16个牧场，分别分布在乌鲁木齐、兵团第七师（胡杨河市）的9个团场、塔城地区沙湾县、第十二师（阜康市）222团、五家渠市芳草湖总场、兵团第一师（阿拉尔）5团沙河镇。牧场全部参加新疆维吾尔自治区乳品质量监测中心的生产性能测定（DHI），其中天润建融（五团沙河镇）三个牧场的7 000头奶牛通过有机奶源认证，年产有机奶3万t。

公司投资了4 350万元，对天润建融三个规模化奶牛养殖场实施技术改造，并改善了牧场生产条件。2020年，天润乳业获得奶业机械购置补贴14.67万元，规模养殖场改扩建补助600万元，

传统养殖牧场，通过机械清粪进行堆积发酵后腐熟还田，挤奶厅粪水采取固液分离和氧化塘集中氧化后还田；现代化的养殖牧场，采取刮粪系统进行自动化清粪，水冲式管道集中收集后进行固液分离，实施牛床垫料再生系统，牛粪经过发酵消毒后直接作为牛床垫料进行自我消纳，这样即解决了卧床垫料又可以解决牛粪消纳的问题，液态粪水进行氧化塘氧化还田。

天润乳业建立了标准的疫病防控体系，每年进行两次疫苗注射、两病检疫，建立了企业初级疫病监测实验室，实施主动免疫、主动检疫、动态实时监测抗体，确保了牧场的防疫安全，保证了牛群健康。

【市场消费】原料奶供应紧张，每天缺口有200多t。2020年天润乳业生鲜乳收购年均价格由上年的3.73元/kg上涨到3.93元/kg，其中外购奶源价格由上年的3.87元/kg上涨到4.25元/kg，自有奶源价格由上年的3.63元/kg上涨到3.77元/kg。

天润乳业7个牧场获得学生饮用奶原料奶基地。经中国奶业协会评审，向天润乳业核发了中国学生饮用奶生产企业证书。

由于疫情和贸易战的影响，国内养殖企业从国外进口饲草料的数量减少，而新疆饲草种植面积减少，造成饲草价格上扬，其中苜蓿草收购价由2019年的每千克1.6元上涨到1.9元，青贮饲料每千克由0.41元上涨到0.45元，麦草每千克由0.55元上涨到0.88元，养殖企业生产成本增加。

公司积极拓展社区供应网点、社区微信群业务，创新市场供应渠道，集中力量做好疆外市场，在巩固发展现有市场的基础上，天润乳业建立专营、分销、特通和电商多渠道并举、多路径拓展的营销模式，深耕渠道、拓宽销路，化解市场高度聚集的风险，减轻新冠肺炎疫情对公司的影响。全年完成乳品销量19.83万t，营业收入17.67亿元。

【乳品加工】2020年，天润乳业国内生产企业3家，年产能达到25万t。面对激烈的市场竞争，公司坚持差异化原则，生产的乳制品种类包括巴氏杀菌乳、调制乳、高温灭菌乳、发酵乳、奶酪、乳饮料六大系列。

2020年公司生产乳制品总产量199 142t，其中巴氏杀菌乳3 003t，高温灭菌乳90 933t，发酵乳84 939t，乳饮（奶啤）17 566t，奶酪28t。乳品加工特点主要以低温产品为主，以纯净的新疆奶源为背书，取得了较好成效，符合国内乳品市场的发展趋势。

公司开展精细化管理提升年活动，建立质量管控体系，把质量检测融于生产环节，落实在线品控。公司建立质量可追溯体系和追责问责机制，全年无产品质量事故。

公司实施差异化产品发展战略，按照研发一代、储备一代、生产一代产品创新思路，以发酵乳和功能性乳品为重点，发挥自身优势，引进新技术、打造新品类、突出市场需求导向，推出23款新品种，优化了产品结构。

2020年公司实施重点建设项目9个，其中新建项目6个、续建项目3个，其中包括天润唐王城年产3万t乳制品的加工项目等，总投资3.562亿元。通过申报各类项目争取上级资金支持，公司获得财政资金2 120.6万元，助推重点项目建设。

【其他工作】天润乳业发挥上市公司优势，完成了实施配股项目，获得配股发行募集资金净额4.37亿元，实际到位资金3.87亿元，为产业发展和生产经营提供了资金支持。

深化改革。天润乳业要继续发展壮大，深化企业改革，结合企业的经营情况及未来发展前景，公司制定了天润乳业国资国企改革实施方案。公司积极组织申报国家级“百户科技型企业改革”项目，参与国家深化市场化改革提升自主创新能力专项行动，天润乳业被列入国家百户科技型企业改革示范企业。

向南发展。向南发展是中央赋予兵团的职责使命，作为兵团企业，天润乳业自觉扛起国有企业责任，投资4 350万元，对兵团第一师5团的3个规模化奶牛养殖场实施技术改造，改善了牧场生产条件；以博润农牧公司为基础，大力发展肉牛、肉羊饲料加工业，为发展饲料加工业积累了经验；投资2.8亿元，建设图木舒克市年产10万t（首期3万t）的乳品加工项目，带动当地兵团5 000头奶牛养殖基地建设和2万亩饲草种植业的发展，带动新疆知名包装项目落地图木舒克。天润乳业被评为兵团脱贫攻坚组织创新奖。

兵地融合。2020年，天润乳业与喀什地区巴楚县人民政府合作建设5 000头奶牛养殖场项目签约，建立了企业与政府产业联合、优势互补、互利双赢的战略合作关系，为发挥巴楚县的资源优势和天润乳业品牌、技术和市场优势搭建了平台。

信息化建设。公司对阿米巴组织架构、业务流程调整，新建142条本地流程，调整优化流程40余条。公司梳理固化月度KPI清单，完成了销售公司阿米巴薪酬体系建设和优化，搭建了牧业领域的绩效考核体系，实现了计划、生产、质量以及原奶运输、物流配送等数字化，以此动态展示了生产现状。公司完成大采购平台体系在乳业板块的上线试运行工作，阿米巴功能和信息化作用得到彰显，提升了企业的发展层次。

【社会责任】天润乳业在职在岗员工2 225人，随着经济的发展，公司党委把提高员工收入作为关心员工的主要措施。2020年天润乳业人均月收入6 642元，较上年增长5.12%，尤其在两次封闭管理期间，公司对居家人员发放了80%的岗位工资，对在岗人员发放了一定的补贴，让企业发展成果普惠员工大众。天润乳业发挥群团组织的作用，架起关爱员工连心桥。2020年公司探望慰问伤病困难员工、特扶家庭等，共投入资金65万元，公司在档的困难职工已全部实现解困脱困。

2020年，新冠肺炎疫情席卷全球，按照中央和兵师党委的部署，天润乳业自觉扛起了疫情防控的政治责任，把外防输入和联防联控作为着力点，多方协调解决产品运输和生产物资短缺问题，在两次70多天的封闭管理期间，公司员工舍小家顾大家，坚守工作岗位开展乳品生产和保供配送工作，为打赢疫情防控阻击战做出了积极贡献。2020全年公司未发生确诊病例和疑似病例。

在疫情最为严重之际，天润乳业两次向武汉两所医院、兵团赴武汉的国家医疗队，乌鲁木齐和兵师抗疫一线人员捐赠乳制品10万多件，价值419.5万元；公司选派20名专业技术人员支援新卫亿康医疗器械有限公司，帮助生产口罩等医疗物资；在市场萎缩、销量骤降的情况下，公司将合作牧场的牛奶加工奶粉进行处理，做到不拒收、不降级、不压价，尽管增加了企业2 000多万元的费用支出，但维持了产业链的稳定，保障了社会养殖企业和奶农的利益，较好地履行了社会义务。

按照“一团一企帮一连”的要求，2019年天润乳业向地处南疆昆玉市的47团养殖合作社无偿捐赠价值73.79万元的100头大月龄犊公牛。2020年公牛育成出栏后，47团养殖合作社实现净利润40多万元，产生了较好的经济效益。2020年9月，公司再次向47团4连、5连无偿捐赠了价值85万元的100头大月龄犊公牛，形成连队育肥牛养殖业循环发展的业态，为巩固脱贫成果贡献天润力量。

【获得荣誉】天润乳业荣获全国文明单位称号、兵团党委抗疫先进集体称号，天润科技UHT灌装班荣获全国妇联抗疫“三八”红旗集体称号，中国奶协授予公司“大爱无疆”2020年抗疫捐赠奶业企业。

【奶业大事】2020年，公司推进图木舒克市唐王城乳品公司项目建设，完成了天润乳业南疆加工产业的布局。

发挥特聘专家及其团队的作用，依托国家奶业体系平台，李胜利教授组织专家团队开展“奶牛金钥匙进天润”活动，对公司权属牧场进行技术指导，解决生产技术的问题和难题。

强化行业间的合作与交流，引进光明牧业的管理团队，对芳草天润规模化牧场进行全面经营管理；学习借鉴光明牧业的管理模式和经验，提高公司养殖业的经营管理水平。

（新疆天润乳业股份有限公司，刘西宏）

福建长富乳品有限公司

【奶源基地】2020 年福建长富乳品有限公司合作的奶源基地共 15 个，存栏荷斯坦牛 21 392 头，其中成母牛 11 442 头，年产生鲜乳 10.57 万 t。奶源基地均非有机奶源，主要分布在福建省南平市，其中延平区 9 个、建阳区 2 个、建瓯市 3 个、顺昌县 1 个。合作奶源基地全部为千头以上的规模化牧场，其中奶牛存栏 1 000~1 500 头的牧场有 9 个，占比 60%；1 500~2 000 头的牧场有 6 个，占比 40%。

牧场全部采用机械化挤奶，其中采用转盘式挤奶机 13 个，并列式挤奶机 1 个，管道式挤奶机 1 个，全部应用 TMR 全混合设备。截至 2020 年，牧场主要粗饲料为裹包青贮、苜蓿干草、燕麦干草。裹包青贮主要是外购，产地有安徽、河南、山东；苜宿干草主要从西班牙、美国进口；燕麦干草主要来自澳洲。2020 年全年牧场未发生传染性疫病，已有两家牧场通过福建省奶牛布鲁氏菌病非免疫净化场认证，一家通过国家级布鲁氏菌病净化示范场和牛结核病净化示范场认证。

牧场采用固液分离方式处理粪污，固体牛粪发酵作卧床垫料或有机肥，液体厌氧发酵无害化后还田利用，以种养结合的方式消纳利用畜禽养殖废弃物。2020 年区域生鲜乳收购价年均 5.02 元 /kg，奶牛养殖头均年净收入 4 500 元。

【乳品加工】长富共有乳品加工厂 1 个，年设计产能为 20 万 t。2020 年乳制品产量 10.57 万 t，其中巴氏杀菌乳 58 095.47t、UHT 奶 24 267.11t、酸奶 10 119.15t、乳饮料 13 230.77t。

公司产品主要以低温冷链产品为主，其中巴氏杀菌乳占比达 60% 以上，巴氏杀菌温度、时间控制在（75 ± 0.25）℃ /15s，同时使用低温脱气罐，保留了牛奶天然甘甜的口感，最大限度地保留了牛奶中的天然活性物质，如乳铁蛋白、α－乳白蛋白和 β－乳球蛋白以及活性肽等。

随着我国消费升级和消费结构的优化，为乳制品加工企业在低温领域提供了新的发展契机。区域性乳企相比全国性乳企，更专注于特定区域的渠道和消费者口感需求，在低温领域形成了较为显著的本地品牌优势。未来借助消费驱动，区域性乳企在低温领域的发力，具备长期高速可持续性增长潜力。

【市场消费】长富开创“先奶源、后市场”的产业模式，依托武夷优质生态牧场，走出了一条适度规模养殖、全产业一体化发展之路。

公司始终专注巴氏杀菌乳等低温产品，建立具有国际水平的冷链管控流程，坚持每日配送、每日新鲜，提倡喝好奶、喝当天，以消费价值夯实品牌内涵。公司巴氏杀菌乳在福建省入户和商超的市场占有率为 90% 左右。2020 年公司销售总收入为 16.46 亿元，利润为 1.52 亿元。

作为全国首家两次通过中国优质乳工程“四全”（全牧场、全巴杀线、全品巴杀奶、全冷链）复评审的乳企，长富将继续坚守产业初心定位，致力发展本土优质奶，坚持为消费者提供一杯优质、安全、富含天然活性营养的好牛奶。

【社会责任】**小康牛奶行动。**长富向南平市延平区 18 所学校捐赠 10 000 箱优质牛奶，总价值 65 万元，惠及 10 000 名学生。自 2017 年以来，长富公益助学行动累计捐赠了总价值 330 多万元的优质牛奶，惠及 5 万多名贫困地区的学生，以营养支持陪伴孩子健康成长，用实际行动切实书写企业责任。在给予孩子们营养的同时，长富乳品还在各学校及社区举办营养课堂等公益活动，通过“营养课堂”普及科学饮奶知识，助力孩子们健康成长。

扶贫项目。长富从牧草种植、奶牛饲养、饲料生产和乳品加工、运输、销售等环节共带动相关产业链就业人员 2 万余人。公司充分开发、利用本地饲料资源，让农民就地创业。长富奶牛养殖每年需青贮玉米、狼尾草超 10 万 t，充分开发和利用牧场周边及当地闲置田地，积极引导农民种植粗饲料，免费提供沼液为农户种植牧草，农户收割的牧草再由牧场收购，用于奶牛饲养。种养结合的模式解决了奶牛主要的粗饲料来源，该模式可带动农户 3 950 多户，种植牧草 2 万多亩，为农民创收 6 500 多万元，实现农业增效、农民增收。通过种养结合发展循环经济，服务农业经营。牧场每年为农户提供有机肥 1.9 万 t，为农民提供价廉质优的经济作物肥料，效益得到显著提高。同时，种养结合的循环经济体系，实现养殖“零排放”，彻底解决了牧场养殖的污染问题，保护了生态环境，有效推动了当地绿色产业可持续发展，取得了良好的经济、社会和生态效益。

组织奶农培训。2020 年公司共组织各类牧场技术培训 12 场，参加人数达 450 人次。培训内容主要涉及原料奶质量管控、政策解读、奶牛场生物安全等方面。

【奶业大事】

2020 年，长富入选福建省第三十批省级企业技术中心单位，成为全国首家试点生产供应学生饮用奶巴氏杀菌乳的企业。

2020 年 8 月，长富公司连续两次通过优质乳工程复评审，成为全国首家全品项巴氏鲜奶连续获得国家优质乳标准认证的企业。

从 2 月 1 日开始，长富通过南平市卫健委、南平市红十字会、福建省卫健委、厦门红十字会、福建卫生报社等单位，陆续向南平十个县（市、区）城区医院和福州、厦门、泉州、江西上饶、鹰潭、抚州等各大医院以及延平区医学观察隔离人员捐赠价值超过 320 万元的牛初乳和牛奶等物资，特殊时期彰显了企业的担当与社会责任。

2020 年，长富参与了 2 项国家标准、5 项农业农村部标准、4项优质乳团队标准的评审、制定。

2020年长富申报专利共11项，其中“一种改进的牛舍”“可进行湿度调节的牛卧床”“流体在线取样装置”获得了发明专利；“高钙低脂巴氏奶”“高钙牛奶”外包装获得发明专利。

（福建长富乳品有限公司，蓝珍妹）

附表 1　福建长富乳品有限公司奶牛养殖场（小区）名录

序号	名称	地址	全群存栏（头）	成母畜存栏（头）	奶畜品种	成母畜单产（t/年）	年总产（t）	是否有机奶源基地	有机奶产量（t）
1	南平市三田牧业有限公司	延平区长富路 113 号	1 595	644	荷斯坦	8.6	5 299		
2	南平市长源牧业有限公司	延平区炉下镇瓦口村	1 635	946	荷斯坦	10.1	8 465		
3	南平市丰旺畜牧养殖有限公司	延平区峡阳镇浪石村	1 224	701	荷斯坦	10.7	6 360		
4	建瓯市富雅饲草饲料有限公司	建瓯市南雅镇房村	1 289	662	荷斯坦	10.1	6 303		
5	南平市绿盛牧业有限公司	延平区夏道镇徐洋村	998	661	荷斯坦	8.9	5 492		
6	建瓯市小雅牧业有限公司	建瓯市南雅镇小雅村	1 640	863	荷斯坦	9.8	7 942		
7	顺昌县富泉农业发展有限公司	顺昌县洋口镇沙墩村	1 492	1 092	荷斯坦	10.8	12 061		
8	南平市富洋牧业有限公司	延平区夏道镇罗坑村	1 170	653	荷斯坦	9.2	5 638		
9	福建南平禾原牧业有限公司	延平区峡阳镇埂头村	1 990	963	荷斯坦	10.5	8 922		
10	福建省南平市南山生态园有限公司	延平区南山镇村尾村	1 333	727	荷斯坦	10.1	5 462		
11	福建省南平市荣发牧业有限公司	延平区西芹镇禾村后甲	1 120	375	荷斯坦	9.6	3 792		
12	建瓯市东源生态牧业有限公司	建瓯市东峰镇井岐村	1 112	657	荷斯坦	10.4	6 375		
13	南平市福延牧业有限公司	延平区来舟镇王富村	1 324	728	荷斯坦	10.3	6 919		
14	南平市建阳区嘉远生态农业科技有限公司	建阳区徐市镇林厂	1 765	977	荷斯坦	10.0	7 625		
15	南平市建阳区吉翔牧业有限公司	建阳区水吉镇玉瑶村	1 705	793	荷斯坦	11.0	9 310		

备注：本表所指奶畜包括奶山羊、奶绵羊、奶水牛、牦牛、骆驼、驴等产商品奶家畜。本表奶畜养殖场指企业在中国及海外自建和参建（控股、参股）牧场（小区）。如认证为有机奶源基地等，请在相应表格中打钩。

附表 2　福建长富乳品有限公司乳制品生产企业名录

序号	名称	生产地点	生产许可证号码	年收购原奶量（t）	其中：自有奶源量（t）	平均支付价格（元/kg）	日处理生鲜乳能力（t）	年乳制品产量（t）	其中：低温鲜奶（t）	UHT 奶（t）	常温酸奶（t）	低温酸奶（t）	原料奶粉（t）	婴幼儿配方奶粉（t）	成人奶粉及其他（t）	奶油（t）	奶酪（t）	乳饮料（t）	冰品（t）	年销售收入（万元）	利润（万元）	有机产品（枚）
1	福建长富乳品有限公司	福建省南平市延平区长富路 168 号	SC10635070200033	112 751.59	99 045.84	5.16	600	10 5712.5	58 095.47	24 267.11		10 119.15						13 230.77		164 605.82	15 170.1	

备注：本表包括在中国及海外的生产企业。日处理生鲜乳能力指设计加工生鲜乳能力。自有奶源指来自自建和参建（控股、参股）牧场（小区）的原奶。成人奶粉指除婴配粉以外的学生奶粉、孕妇奶粉、中老年奶粉等终端消费奶粉。冰品包括冰激凌、雪糕等。有机产品数量单位为“枚”指获得有机标志的数量。

【观察员企业】

辽宁辉山乳业集团有限公司

根植辽沈大地数十载的辉山乳业，潜心摸索，厚积薄发，在北纬42° 的黄金奶源带上，率先打造了以饲草、牧草种植、精饲料加工、良种奶牛饲养繁育、多品类乳制品加工、乳品研发销售、质量管控以及清洁能源等为一体的全产业链发展模式。依托全产业链建设，辉山乳业实现了奶源100%来于规模化自营牧场，建成了奶粉追溯体系，成为中国乳品行业婴幼儿配方奶粉产品追溯首批试点单位，打造了中国首批、东北首家通过国家优质乳工程验收的企业，开创了“从田间到餐桌”的管控模式，成就了“安全零事故”的乳业传奇。

2020年11月11日，越秀集团成功重组辉山乳业，标志着辉山乳业迈入了全新的发展时代，全新的辉山乳业将秉承“不断超越、更加优秀”的企业核心价值观，继续夯实全产业链发展模式，坚持奶源100%来自规模化自营牧场，坚持将“辉山”品牌做大做强，实现高质量、跨越式发展，为辽宁产业升级、东北经济振兴和中国乳业腾飞贡献力量。

【奶源基地】为确保“奶源自有、品质更优”，辉山乳业持续坚持奶源100%来自规模化自营牧场。截至2020年年底，辉山乳业拥有自营牧场78座，奶牛存栏量12万余头。养殖区域主要分布于辽宁省内，所有牧场均引进TMR饲喂系统，实现了全天候饲喂，机械挤奶比例达100%。牧场采用内部开发的专有ERP系统完整保存了牛群记录，包括家族史、血统、繁殖记录、疫苗接种史和健康记录。严控奶牛健康状况，确保奶源品质。

辉山乳业通过流转土地的方式，拥有40万亩的种植基地，分布在沈阳市沈北新区、法库县、康平县、新民县，铁岭西丰县和锦州义县。通过引进自动驾驶、无人机看护等数字农业技术，开启了智慧农业新篇章。其中，重点作业环节的上百台拖拉机全部安装北斗自动驾驶导航系统，从而提高了田间作业精确度，确保植株的整齐度，提高土地使用率，减少机械作业对植株的损耗，保障了青贮的产量和品质。同时，公司建立土地与农机管理的数字化平台，让农业种植管理更加精细化，向智慧农业迈出坚实的一步。

辉山乳业不断创新发展，将产业链条延伸至再生能源领域，实现了有机肥还田，在种、养、加产业链条的基础上发展循环经济，真正实现了有机生态可持续发展。

【乳品加工】辉山乳业先后引进法国、德国、美国、瑞典等全球先进的乳品生产设备和加工工艺，打造了4座国际一流的现代化乳品加工生产基地，完善的生产管理系统和先进的技术支持，使辉山乳业的产品品质更有保障。截至2020年年底，辉山乳业已投产3座现代化乳品加工生产基地，其中，沈阳乳品加工厂是世界著名乳品设备供应商利乐公司设计、施工的“交钥匙工程”，采用了利乐公司的顶尖工艺，也是利乐公司的全球样板工厂之一。

辉山乳业依托全产业链发展模式实现了“从田间到餐桌”的全程信息追溯体系建设，保障了消费者“舌尖上”的乳品安全。公司全面推行ISO9001、ISO14001、HACCP、GB/T28001管理体系，从牧草种植到奶牛饲养、从牧场管理到乳品生产的各个环节都有着严格的质量管控体系，从原奶验收到产品出厂须经过百余道严密的检验程序、近200项监控指标，切实践行着辉山乳业给予消费者的安全承诺。公司投入巨资打造了完善的全程冷链系统，实现了鲜奶从挤奶、原奶运输、储存到产品生产、产品运输和销售等全程冷链覆盖，保证了每一滴辉山奶的新鲜品质。

【市场消费】辉山乳业利用自身奶源优势，持续为消费者提供高质、新鲜的乳制品，并成为全国首批、东北首家通过优质乳工程验收的乳品企业，成为中国乳品行业婴幼儿配方奶粉产品追溯首批试点单位。通过多年的发展，辉山乳业产品矩阵已经涵盖婴幼儿配方奶粉、成人粉、灭菌乳、巴氏杀菌乳、发酵乳和乳饮料等多个产品品类。

液态奶产品。囊括灭菌乳、巴氏杀菌乳等多个产品品类，包括杰茜牧场系列、3.7倍鲜、鲜博士巴氏奶、十天酸奶、零添加酸奶、2054鲜奶·茶、婴幼儿配方奶粉和成人粉等市场占有率高、美誉度好的特色产品。

辉山乳业于2010年引进第一批种系纯正的娟姗牛，建设国内最大规模的珍稀娟姗牛繁育基地，并开始依托娟姗奶源，生产3.7倍鲜冷藏牛乳、杰茜至优3.8纯牛奶、真优3.6纯牛奶、杰茜酸奶（原味/芝士蛋黄味）等产品，如今杰茜至优3.8已实现乳蛋白含量3.8g/100mL的突破。未来，杰茜系列将在高端优质乳品领域持续探索，娟姗酸奶新品类的“娟姗奢享酪乳”即将重磅上市，辉山乳业将全面布局娟姗奶源市场，以差异化竞争满足市场消费需求。

此外，作为区域家喻户晓的鲜博士、十天、零添加等品牌产品，连续几年增长率全国领先。2020年，辉山核桃奶二十年、玻璃瓶小红帽酸奶重出江湖，辉山乳业以“经典复刻”“振兴国潮”的理念，让经典产品焕发新生，提升与消费者的情感互联。

2020年，辉山乳业为辽宁援鄂医疗队量身定做的爱心鲜奶茶在消费者的热情呼吁下正式上市：2054英雄鲜奶·茶采用最好的娟姗奶源，成了新一代网红产品，也为乳品企业拓展市场触角、调整升级产业矩阵提供了新的思路。

奶粉产品。依托独有的全产业链资源优势，凭借科学的配方、先进的鲜奶一次成粉工艺，辉山玛瑞、辉山初品、星恩等奶粉品牌得到了全国消费者的认可。

网红“快闪店”。辉山乳业在2020年首次尝试“快闪店”模式，创新营销刷新了品牌认知，引发话题贡献销量开行业先河。全年在沈阳、大连、长春共进行4次快闪，首发经典复刻产品“辉山小红帽”风味酸乳，限时限量发售“2054鲜奶·茶”及其新口味，更有辉山独家娟姗奶手工鲜奶雪糕、鲜奶布丁，一时间成为网红打卡地。网络自媒体抖音、小红书、朋友圈的消费者纷纷自发进行二次传播，在年轻人群中形成了声势浩大的品牌影响力，刷新了消费者对一个老品牌的认知。

【社会责任】多年来，辉山乳业一直以公益事业为己任，积极履行社会责任，致力于回馈各级政府和人民群众对企业的支持和帮助。

2020年新冠肺炎疫情发生最初，辉山乳业第一时间响应国家市场监督管理总局启动的“保价格、保质量、保供应”系列行动，率先做出承诺表率，加快恢复产能，确保为消费者提供优质产品。

作为东北最大的乳制品企业，辉山乳业在危难时刻挺身而出，勇担社会责任，主动联系相关部门，为白衣天使和一线工作者们带去关怀、献上绵薄之力。抗疫期间，辉山乳业先后为中国医科大学附属第一医院、大连第六人民医院、锦州义县疾控中心、本溪第六人民医院、吉林省人民医院、吉林省中医院、长春市传染病医院、长春市公安局经济开发区分局、辽宁援鄂医疗队等疫情防控一线捐赠了价值120余万元的乳制品。

2020年3月20日，辽宁援鄂的“白衣战士”陆续返辽，辉山乳业再次捐赠了价值10.4万元的奶品，并连续14天送往医护休整驻地。同时，公司选用100%辉山自营牧场优质鲜奶、8种茶品、4种配方，经反复试验调配，制作千余瓶原汁原味呈现奶香与茶香兼备的“辽医专供”2054鲜奶·茶，实现了“白衣战士”想喝奶茶的愿望。

【奶业大事】

2020年11月11日，越秀集团重组辉山乳业，越秀集团食品板块迎来实力新援，业务范围也延伸至东北地区，板块整体实力将得到跨越式提升。

本次重组辉山乳业，越秀集团在农业食品领域的战略布局也得以凸显，打造集乳业、生猪、食品加工、生鲜、商贸、冷链于一体的“3+3”产业体系。在这一体系中，起到支撑作用的就是一“猪”一“牛”，前者就是生猪养殖全产业链，后者则是涵盖优质奶牛、奶源的乳制品全产业链。

越秀集团将发挥辉山乳业的“桥头堡”作用，在东北地区发展饲料生产、食品深加工等特色农副食品产业，同时在全球范围内筛选对接产地资源，通过并购、战略合作等方式，实现“买全球、卖全球”，力争在“十四五”期间实现食品板块营业收入超500亿元的目标，成为大湾区优质食品供应龙头企业和全国具有影响力的农业食品企业，彰显集团作为广州龙头国企的社会担当。重组启动同日，越秀集团与沈阳市政府签订战略合作协议，双方将在农业食品、综合开发和金融服务等领域开展全方位合作。

（辽宁越秀辉山控股股份有限公司，岳巍）

皇氏集团股份有限公司

【奶源基地】2020年随着生产奶源需求量的不断攀升，公司积极夯实标准化奶源基地建设，提高奶源供给率。在奶源战略布局上，公司在建设优质奶源基地的同时，不断加强产业链深度合作，通过全方位、长期的利益连接机制，以及嵌入式管理方式，提供技术服务、统一防疫、统一培训等改革措施，打造与奶源、牧场、奶农的命运共同体。

皇氏集团股份有限公司2020年在全国自营、参股及合作的牧场有28个，其中直属管理规模牧场9个、合作牧场16个、奶水牛规模牧场3个。公司的牧场奶牛存栏总数41 887头，其中奶水牛存栏总数12 126头，荷斯坦奶牛存栏总数29 761头。

为确保奶源基地的健康发展和建设，公司积极开展饲草料本地化的探索，大力发展属地种植玉米青贮，引导农户种植地方特色作物，制作奶牛可食用的发酵饲料，进一步降低奶源基地的饲料成本。同时，建立绿色生态循环养殖模式，将基地牛粪加工制作成有机肥，并对农作物进行灌溉，带动地方农业的健康发展。

所有牧场在饲喂模式上采用TMR饲养技术，实现奶牛日粮配方电脑化、饲料加工机械化、投喂饲料自动化。牧场采用垫料卧床和发酵床饲养模式，不但保证了奶牛躺卧的舒适度，还减少了污水的排放量，进一步解决了养殖场粪污环保处理问题。所有牧场奶牛通过和科研单位合作，参与了DHI生产性能测定，为牛群优化选育提供了科学依据，使得牛群生产性能得到逐步提高。

各牧场成立了以场长为第一责任人的防疫责任制度，制定了严格的奶牛年度疫苗免疫接种计划，督促各牧场按流程进行免疫注射，并对牛群进行疫苗注射后抗体水平的检测监控，确保牛只处在有效抗体的保护之下。同时，配合牧场所在地疫控中心做好每年的“两病”检疫净化工作。2020年公司生鲜乳中的乳蛋白、乳脂肪平均值分别达到3.11g/100g、3.69g/100g，均高于《生乳》国家标准。

作为“中国水牛乳之都”的水牛奶核心生产企业，建好水牛奶种源基地是将水牛奶产品推向全国的必要手段。公司积极规划建设奶水牛生态养殖牧场，合作建设奶水牛种育基地。未来公司将进一步加大奶水牛扩繁速率，提高水牛奶的产量及质量，有效解决水牛奶奶源紧缺的问题。

【乳品加工】2020年皇氏集团在国内有5个现代化乳品加工厂，位于广西、云南、湖南、贵州，乳制品年总产量约216 175.92t。公司是国家学生饮用奶定点生产企业，企业及产品通过HACCP、ISO9001、GMP等多体系认证，是国家级农业产业化重点龙头企业。公司聚焦大品类和优势产品，大力发展水牛奶和低温酸奶等，如饭不着爆浆燕麦代餐酸奶、裸酸奶、爱特浓系列、小爱酸奶系列等新产品深受消费者喜爱。同时，公司凭借水牛奶及相关产业积累的深厚技术经验、强大的自主创新能力和核心竞争力，在2020年被正式确定为广西壮族自治区长寿乡人源益生菌资源与应用工程研究中心、广西壮族自治区水牛乳质量与安全控制技术工程研究中心、广西水牛乳工程技术研究中心。

【市场消费】皇氏集团主要生产以水牛奶、荷斯坦牛奶为主要原料的巴氏杀菌奶、无菌奶、水牛奶系列、特色果奶和酸奶等液态乳制品和乳饮料。在销售网络建设上，公司始终推行深度营销策略，公司营销网络从城市渗透到乡镇市场，营销网络渠道包括经销商、商超及便利店、电商、鲜奶配送上门、专卖店、企事业单位食堂、学校、自动售卖机等强有力的销售渠道，形成了完善的营销网络平台。在市场营销方面，公司抓住新冠肺炎疫情期间消费方式变化的契机，针对无接触配送需求，创新性推出自助售取终端新鲜到家业务；加强品牌线上推广力度，与国内头部直播网红多次开展直接带货，效果显著，摩菲水牛纯牛奶首秀李佳琦直播间仅3分钟即售出21万件。

【社会责任】2020年是全面建成小康社会目标实现之年，是脱贫攻坚的收官之年，公司乘势而上，保持攻坚态势、强化攻坚责任，坚持不懈抓好各项工作落实，继续发挥作为农业产业化国家重点龙头企业的社会责任，确保脱贫攻坚目标任务如期全面完成。

公司通过“万企帮万村”活动，开展结存帮扶工作；与驻地村建档立卡户签订扶贫协议，尝试通过帮扶、慰问、助学、就业等多种灵活形式，增加驻地建档立卡户人员的收入；公司将环境保护作为企业可持续发展战略的重要环节，注重履行企业环境保护的职责，制定了严格的环境作业规范，建设可循环牧场，持续推广和倡导绿色包装。皇氏集团华南乳品有限公司2020年度荣膺国家级“绿色工厂”的称号。

疫情期间，面对严峻的防疫形势，公司发挥产业优势，在确保市场供应稳定的同时，集结广西、云南、湖南、贵州、山东、浙江各分子公司资源，向奋战在抗疫一线的工作人员捐赠了价值总计550多万元的物资，彰显了众志成城、共克时艰的爱心与力量，并荣获中国奶业协会颁发的“大爱无疆”2020抗疫捐赠奶业企业、中国乳品工业协会颁发的中国乳业精神模范企业殊荣。

【奶业大事】2020年1月11日，社会责任助力质量百分百暨第三届中国乳业质量年会在北京召开。皇氏集团以过硬的产品质量及长期热心关注社会公益事业的工作成效，荣获“2019年中国乳业社会责任典范企业”称号。皇氏集团能够获得该称号，是社会各界对皇氏集团在质量管控、科技创新、节能减排、环境保护、公益事业和牧场建设等方面工作成效的肯定。

3月15日，中办国办复工复产调研工作组一行莅临皇氏集团华南中央工厂开展实地调研，深入了解因疫情冲击给企业带来的用工短缺、资金紧张、供应链不畅等困难和问题，倾听企业在复产中提出的需求。

7月18日，皇氏集团股份有限公司与韵达控股股份有限公司分别在云南大理及上海两地通过线上“云签约”的方式，完成了战略合作框架协议的签署。根据协议的相关内容，双方拟推动在物流、仓储、商业及相关供应链领域的全面深层次合作，共同探索后疫情时期的O2O新零售、门店共享、仓储共享等商业创新领域，携手推进“智慧仓储解决方案”“门店共享服务”等方面的合作与实践，为双方今后的业务发展开启更广阔的空间。

12月21日，中央纪委国家监委驻中央统战部纪检监察组组长周小莹率由中央统战部相关领导组成的调研组，在广西壮族自治区党委统战部、自治区工商联领导的陪同下，莅临皇氏集团股份有限公司调研民营经济统战工作。

（皇氏集团股份有限公司）

附表 1　皇氏集团股份有限公司奶牛养殖场（小区）名录

序号	名称	地址	全群存栏(头)	成母畜存栏(头)	奶畜品种	成母畜单产(t/年)	年总产(t)	是否有机奶源基地	有机奶产量(t)
1	上思皇氏乳业畜牧发展有限公司	防城港市上思县那琴乡龙楼圩	806	523	荷斯坦	8.7	4 750		
2	广西皇氏甲天下畜牧有限公司	南宁市江南区根竹坡新村	767	447	荷斯坦	7.6	3 496.2		
3	广西皇氏甲天下奶水牛开发有限公司	贵港市桂平市蒙圩镇龙门食品工业集中区	667	440	荷斯坦	8	3518		
4	广西来宾绿健牧业有限公司	广西来宾市兴宾区桥巩乡	1 552	820	荷斯坦	9.2	7 599.3		
5	广西农垦金光乳业有限公司奶牛场	广西南宁市西乡塘区坛洛镇金光农场青年分场	704	352	荷斯坦	7.8	2 835.6		
6	大理云樱牧业有限公司	巍山县永建镇永乐村委会碗城村	990	610	荷斯坦	10.2	6 223		
7	剑川县剑川好方向牧场	剑川县金华镇金星村委会江尾村	420	280	荷斯坦	8.8	2 588		
8	大理云端牧业有限公司	剑川县羊岑乡杨家村三甸箐	1 639		荷斯坦				
9	大理云端牧业有限公司	洱源县右所镇温水村委会元井村	630	342	荷斯坦	8.2	2 884.4		
10	大理感通牧场	大理市大湾庄村委会	200	110	荷斯坦	9.8	1 062		
11	大理吉峰牧场	大理市下关	63	41	荷斯坦	9.4	361		
12	大理孙齐美牧场	大理市凤仪镇大江西村委会	221	115	荷斯坦	9.4	1 072		
13	大理李军牧场	大理市下关	71	50	荷斯坦	9.5	480		
14	湖南优氏牧业科技有限公司	宁乡市煤炭坝镇双龙村	1 001	502	荷斯坦	9	4 520		
15	皇氏集团横县摩拉菲尔奶水牛场	横县云表镇旺庄村委武寨经联社	4 720	2 381	奶水牛	1.2	2 856.4		
16	广西南宁雄牛牧业有限公司	南宁市江南区那马镇	530	274	奶水牛	1.0	287		
17	灵山县九牧奶水牛养殖专业合作社	广西钦州市灵山县文利镇文利村委大沙头村	320	157	奶水牛	1.5	225.5		
18	来宾市兴宾区宏礼奶水牛养殖场	广西来宾市兴宾区桥巩乡	420	213	奶水牛	2.1	450.6		
19	灵山县本菲拉奶水牛养殖专业合作社	广西钦州市灵山县文利镇文利新城区	2 148	1 021	奶水牛	1.8	1 820.7		
20	灵山县陆屋镇丰顺育畜奶水牛场	广西钦州市灵山县陆屋镇新光农场	310	167	奶水牛	1.2	210		
21	广西横县兴云牧业有限公司	广西南宁市横县横州镇长寨村	1 320	724	奶水牛	1.9	1 385.6		
22	北流市梁显奶水牛养殖专业合作社	北流市城西一路三里 51 号	331	161	奶水牛	1.8	289.6		
			19 830	9 730			48 914.9		

备注：本表所指奶畜包括奶山羊、奶绵羊、奶水牛、牦牛、骆驼、驴等产商品奶家畜。本表奶畜养殖场指企业在中国及海外自建和参建（控股、参股）牧场（小区）。如认证为有机奶源基地等，请在相应表格中打钩。

附表 2 皇氏集团股份有限公司乳制品生产企业名录

序号	名称	生产地点	生产许可证号码	年收购原奶量（t）	其中：自有奶源量(t)	平均支付价格（元/kg）	日处理生鲜乳能力(t)	年乳制品产量（t）	其中：低温鲜奶（t）	UHT 奶（t）	常温酸奶（t）	低温酸奶（t）	原料奶粉（t）	婴幼儿配方奶粉(t)	成人奶粉及其他（t）	奶油（t）	奶酪（t）	乳饮料（t）	冰品（t）	年销售收入（万元）	利润（万元）	有机产品（枚）
1	皇氏集团股份有限公司	广西南宁市高新区丰达路 65 号、云南省大理州大理市大理镇食品工业园区、湖南省长沙市宁乡市宁乡经开区永佳西路 18 号、贵州省遵义市南部新区药业园区、广西来宾市华侨投资区星城路 1 号	SC10553290101054、SC10645011100087、SC10543012400268、SC10545130200321、SC10552030200010	130 816.54	48 914.90	6.50	965.00	216 175.92	23 577.10	84 945.54	21 607.29	57 922.68					412.50	27 709.81		165 133.10	9 760.99	

备注：本表包括在中国及海外的生产企业。日处理生鲜乳能力指设计加工生鲜乳能力。自有奶源指来自自建和参建（控股、参股）牧场（小区）的原奶。成人奶粉指除婴配粉以外的学生奶粉、孕妇奶粉、中老年奶粉等终端消费奶粉。冰品包括冰激凌、雪糕等。有机产品数量单位为“枚”指获得有机标志的数量。

山东得益乳业股份有限公司

【奶源基地】得益乳业在北纬 37° 黄金纬度的黄河三角洲湿地，建立了一二三产业融合生态循环奶业基地，总占地 3 000 余 hm^2，奶牛存栏 3.5 万头，并配套建立了 2 万 hm^2 高蛋白美国紫花苜蓿和玉米青贮种植基地。基地先后从澳大利亚引进 7 000 头纯种荷斯坦青年奶牛，2020 年已繁育至万头规模。基地采用世界先进的集约化养殖方式，率先提出国内 6 个 100% 牧场经营管理体系，实现了 100% 青贮全覆盖、100% 进口冻精繁育、100% 全自动 TMR 喂养、100% 全自动清粪、100% 全自动挤奶及 100% 全自动粪污处理，从饲草种植、奶牛品种、养殖规模、设施配置、养殖技术到牧业管理等都达到了国际先进水平。

得益乳业奶源采取自有牧场和社会化牧场共同发展的模式。2020 年自有牧场存栏 1.86 万头，成母牛单产 11t，并全部参加 DHI 检测；社会化牧场 40 余处，奶牛存栏 1 万余头，成母牛单产 7.35t，全部采用机械化挤奶、TMR 饲喂技术，利用公司信息化平台实现奶牛养殖的信息化管理。原奶从牧场到工厂 1h 内低温送达，通过开发智慧养殖系统平台，引入互联网、物联网和大数据信息化技术，实现从草料采购、配种、培育、喂养、疾病防控、挤奶、销售到原奶销售产业链信息化控制，保证原奶品质。优质原奶乳蛋白含量达到 3.5%，菌落总数控制在 1 万 CFU/mL 以下，体细胞数控制在 20 万个 /mL 以下，指标媲美欧盟标准。

公司奶源基地依照国际高标准建设，以种养结合为特色，发挥得益乳业的“种 – 养 – 加 – 售”一体化战略优势，实现农牧生态可持续发展，是国务院一二三产业融合发展政策支持项目。目前该项目已列入 2018 年山东省重点项目，成为山东省振兴乡村的齐鲁样板。

【乳品加工】得益乳业专注于国际流行的低温奶生产加工与研发，主营巴氏鲜奶、低温酸奶、低温乳酸菌饮料等系列，共 90 多个产品。2020 年公司产品已涵盖儿童、青年、中年、老年等所有人群，满足了不同年龄层次人群的营养需求。多年来，得益乳业为 100 万客户提供送奶到家服务，赢得了千万家庭的共同信赖。

得益乳业新建低温乳品智能车间，设计产能 18 万 t/年（500t/d），产品以低温巴氏鲜奶、益生菌功能性酸奶、奶酪等乳制品为主，以世界级标杆法国 Yoplait 工厂为标准进行设计，以 ERP、OTAS 上位机 SCADA 系统为核心，实现互联网数字化与工业自动化平台结合，采用“云计算”每天实时对上千万客户进行动态需求分析，搭建以客户为导向的“订单式”生产模式，配备从瑞典、荷兰、法国等国家进口的自动化杀菌机、脱脂机、灌装机等设备，并引进国际领先的低温乳制品生产工艺、低温反渗透浓缩及低温脱气工艺等，最大限度地保留了牛奶的鲜活营养，同时采用乳制品生产国际领先的中央自动化控制技术，实现整个乳品生产链条的智能化、自动化、信息化，实现生产闭环自动控制，实现对整个生产过程实时记录和监测及防错，保证产品在原料进厂、生产加工、包装出厂的整个生产流程中可控和产品鲜活营养。

低温优质乳巴氏杀菌乳。在通过国家优质乳工程认证后，得益乳业与中国奶业创新团队合作，专线生产、精准控制、工艺创新，通过不断优化巴氏杀菌乳的杀菌工艺，将牛奶杀菌温度波动控制在 ±0.2℃以内，更好地保留牛奶的天然活性营养物质，产品中的乳铁蛋白含量高达 30 mg/L 以上。公司在 2019 年荣获优质乳工程工匠团队奖。

得益乳业专利功能益生菌风味发酵乳。得益乳业与中国农业大学合作对中国本土的益生菌进行筛选获得 1 株乳双歧杆菌，菌种具有优异的耐酸性和耐氧性，通过使用严苛的随机双盲测试证明具有润肠通便的效果。公司将研制菌种命名为 IU–100 益生菌，并完成专利菌种保藏（No.CGMCC 12942）；上市 IU100 益生菌风味发酵乳，专利菌种的润肠通便效果比市面同功能型产品效果更优，有效提升了产品的口感、品质和技术差异化，同时通过自主掌握酸奶中核心的菌种技术，确保了产品开发的自主性以及产品的稳定性。

【市场消费】为实现冷链的全程控制，得益乳业打造完善的“得益冷链物流控制体系”，实现全程冷链可追溯，24h 新鲜直达。得益乳业自控体系拥有独立制冷机组的冷藏车辆 150 余辆，并且在济南、青岛、临沂、烟台等 16 个地市建立低温冷库及分拨中心，形成了覆盖山东全省并辐射华北、华东的配送网络。

得益乳业现有社区、商超、代理、零售、连锁、团购、特通、电商八大渠道，建设鲜活牛奶门店 10 000 余家，覆盖大型超市 1 500 余家，三星级以上酒店 200 多个，便利连锁店 2 000 多家，拥有 5 000 余人的益家订终端服务队伍，配套 5 000 余辆专业保温投递车辆，密集覆盖山东省 16 个地市，并辐射北京、天津、河北、山西、河南、江苏、安徽、浙江、上海等省份。公司利用信息化设备实现企业、终端、客户互联互通，打造智能化销售终端，每天为 100 万个家庭提供新鲜高品质牛奶，服务全国近千万消费者。

【全球发展】得益乳业积极开展对外合作，开放性引进国际先进技术，与瓦赫宁根大学、哥本哈根大学、慕尼黑工业大学、维罗纳大学、墨尔本大学、澳大利亚联邦科工组织等国内外的著名院校、研究机构合作交流，不断增强公司在技术方面的实力。

得益与意大利帕尔马大学和维罗纳大学共同创建了中国 – 意大利乳品科学技术研发中心——得益乳业技术中心。意大利维罗纳大学的 Dellaglio 教授荣获山东省淄博市高新区成立以来的第一个国际科学技术合作奖。得益乳业加强与国内外著名院校、研究机构的合作交流和项目转化，不断强化自主科研能力；2020 年公司拥有有效专利 105 项，其中授权发明专利 6 项，实用新型专利 8 项，拥有自有专利菌种 2 株，拥有省级企业技术中心、山东省功能性乳制品工程技术研究中心两个省级研发平台。

【社会责任】

得益乳业与 6 个农机专业合作社合作，采用“龙头企业 + 合作社 + 农民”的合作模式，将机械作业、田间管理、安全防护承包给合作社，合作社将承包作业分包至社员，带动高青县青城镇大于村、刘茹村、刘公顺村、木李镇常家坊村、结网刘村等当地 200 名农户年均增收 4 万元。截至 2020 年，已实现周边 12 000 余名农民增收致富，基地通过“粮改饲”优化高青县周边种植结构的土地达 8.4 万亩，增加当地农民收入 500 余万元。

得益乳业与木李镇签订黄河滩区优先用工协议，保证滩区搬迁后的 1 000 人优先就业，助力黄河流域高质量发展。

2019 年 8 月 16 日，得益乳业与淄博市慈善总会携价值 10 万元爱心牛奶赶往受 9 号台风“利奇马”的淄博市桓台县马桥镇、高青县唐坊镇，为受灾群众和现场抗洪救灾人员送去新鲜营养的牛奶。

基于合作牧场在生物资产安全、夏季饲喂管理及成本控制等关键环节存在的共性问题，2019 年公司依托自有牧场培训基地，组织合作牧场负责人、场长等重要岗位人员，围绕奶牛防疫、夏季饲养管理、奶牛舒适度管理、青贮制作及繁育管理 5 项课程，进行实操培训。培训采用“理论 + 实践”方式，课堂实施“一家抛问题，多家想办法”的模式互动。学员将标准、流程带回牧场进行对照整改、规范提升，实现牧场养殖效益提升。2019 年 1—11 月，共开展 3 期得益“BOSS”班培训，共计培训 19 处牧场、45 人次。

2020 年，得益乳业积极参与“振兴乡村 牛奶先行”中国小康牛奶行动公益活动，走进山东乡村学校，活动已覆盖 15 所乡村小学，捐赠价值 100 万元的牛奶。

从 2020 年 1 月 30 日起，得益乳业陆续向抗击新冠肺炎疫情一线的医院、公安部门、疾控中心等部门工作人员赠送牛奶，提供营养支持。截至 2020 年，已累计向山东省以及江苏、河南、安徽的一线抗疫人员捐赠了价值 100 余万元的新鲜牛奶。

（山东得益乳业股份有限公司，房现波）

附表 1　山东得益乳业股份有限公司奶牛养殖场（小区）名录

序号	名称	地址	全群存栏(头)	成母畜存栏（头）	奶畜品种	成母畜单产（t/年）	年总产（t）	是否有机奶源基地	有机奶产量（t）
1	高青牧场	高青县	18 607	9 689	荷斯坦	11.24	103 747		

备注：本表所指奶畜包括奶山羊、奶绵羊、奶水牛、牦牛、骆驼、驴等产商品奶家畜。本表奶畜养殖场指企业在中国及海外自建和参建（控股、参股）牧场（小区）。如认证为有机奶源基地等，请在相应表格中打钩。

附表 2　山东得益乳业股份有限公司乳制品生产企业名录

序号	名称	生产地点	生产许可证号码	年收购原奶量（t）	其中：自有奶源量(t)	平均支付价格(元/kg)	日处理生鲜乳能力（t）	年乳制品产量（t）	其中：低温鲜奶（t）	UHT 奶（t）	常温酸奶（t）	低温酸奶（t）	原料奶粉（t）	婴幼儿配方奶粉（t）	成人奶粉及其他（t）	奶油（t）	奶酪（t）	乳饮料(t)	冰品（t）	年销售收入（万元）	利润（万元）	有机产品（枚）
1	山东得益乳业股份有限公司	山东省淄博市高新区裕民路135号	SC10637039913023	195 475.33	103 747	3.84		202 730.96	71 212	2 942		126 005					91	2 482		108 930	5 449	

备注：本表包括在中国及海外的生产企业。日处理生鲜乳能力指设计加工生鲜乳能力。自有奶源指来自自建和参建（控股、参股）牧场（小区）的原奶。成人奶粉指除婴配粉以外的学生奶粉、孕妇奶粉、中老年奶粉等终端消费奶粉。冰品包括冰激凌、雪糕等。有机产品数量单位为“枚”指获得有机标志的数量。

新疆西域春乳业有限责任公司

【奶源基地】西域春乳业自有牧场9座，奶牛存栏2.5万头，其中成母牛12 000头，2020年牛奶总产量10.8万t。西域春乳业依托呼图壁种牛场倾心打造饲草料种植与饲料加工、奶牛繁育改良与饲养、乳制品加工与销售的全产业链模式，使奶源与终端产品市场联系更为紧密。公司自有奶源占80%，养殖主要分布在昌吉地区，主要产区在呼图壁县，其中奶牛存栏2 000头及以上规模的牧场占比100%。牧场采用散栏式科学饲喂方式，引入国际先进的挤奶设备、自动化饲喂设备和全自动清粪设备，采入阿菲金牧场管理软件系统，牧场全部实现了规模化、标准化、现代化管理。奶业机械购置补贴达到100%。

西域春乳业拥有天然草场20万 hm^2，人工饲草料基地12万 hm^2。其中苜蓿种植面积2.5万 hm^2，平均单产1 000kg/hm^2，年总产2.5万t；青贮玉米种植面积2万 hm^2，单产4 200kg/hm^2，年总产8.4万t。

疫病防控方面，西域春乳业按照国家相关规定严格执行各项消毒、免疫、检疫工作。在牛场各出入口设置标准的消毒池，并配有喷雾消毒设备，对出入车辆进行消毒；人员进出通道设置了喷雾消毒室。根据自治区要求，结合牛场实际，制定科学的免疫程序，严格按照免疫程序接种，并按照国家和自治区要求佩戴免疫标识。牛场每年开展两次疫病监测。

牛场粪污主要采用刮粪板清理，部分牛粪发酵后用作卧床垫料，其余粪污全部集中送往中广核呼图壁生物能源有限公司（第三方）天然气站，利用牛粪发酵后产生的沼气，经提纯后变成生物天然气。沼渣和沼液经处理后生产有机肥，可提高土壤肥力、改善土壤结构、减少化肥用量、降低病虫害的发生，为种植有机饲草料、有机蔬菜创造了条件。

区域内生鲜乳收购价年均4.2元/kg，奶牛养殖头均年净收入2 500元，奶牛场净收入约6 000万元。

【乳品加工】西域春乳业主要产品有巴氏杀菌奶、发酵乳、高温灭菌乳、调制乳、乳粉、乳饮料六大系列、60多个品类。2020年乳制品总产量近11万t，同比增加约25%。

公司始终坚持绿色低碳、新鲜营养的加工理念，在工艺创新、产品研发以及节能减排技术改造等方面进行了大规模的技术改造；为适应消费市场对高质量乳品的要求，公司启动并实施“优质乳工程”项目，严格把控乳制品质量安全，实时更新安全生产技术、创新生产加工工艺；公司正在优化质量追溯体系和问责机制，把质量安全控制细化到每个生产环节，将质量管控落实到人。

公司已通过ISO9001质量管理体系认证、乳制品危害分析与关键控制点（HACCP）体系认证、乳制品良好生产规范认证；西域春乳业公司有9座牧场通过学生饮用奶原料奶基地认证，被中国奶业协会认定为中国学生饮用奶生产企业。

【市场消费】西域春乳业以稳固疆内市场、加快疆外市场延伸拓展来提升市场竞争力。2020年公司销售范围已经覆盖新疆全区，并在上海、浙江、广东、山东、江苏、福建、海南、北京、郑州、湖北、湖南、四川等地设有销售处。2020年公司销售收入9亿元，疆外销售收入占总收入的20.7%。

【社会责任】西域春乳业始终秉持博爱精神，勇于承担社会责任，在危难紧急时刻彰显国企担当。2020年，在全国上下抗击新冠肺炎疫情的关键时刻，西域春乳业公司为疫情防控一线的医务工作者、社区工作人员捐赠牛奶、酸奶等物资，累计金额达230.82万元。

公司长期关注青少年健康，帮助贫困地区学生提高身体素质，为形成奶业界扶贫济困助力。公司自践行“中国小康牛奶公益助学行动”以来，累计向新疆昌吉州、呼图壁县、塔城地区等重点区域中小学生捐赠了价值396.21万元、9.42万箱西域春学生奶，惠及9万余名青少年贫困学生，为贫困地区学生成长贡献国有企业力量。

为贯彻落实新疆维吾尔自治区党委关于南疆扶贫开发工作一系列决策部署，西域春乳业公司在和田地区洛浦县建设了西域春乳品加工分厂暨3 000头核心群高产奶牛示范场重点项目。该项目直接创造就业岗位400人，间接创造就业岗位1 500人。公司把“种养加”全产业模式推广到南疆地区，通过龙头企业带动作用，带领少数民族脱贫致富，并形成了新的就业增收途径。2019—2020年西域春为和田地区洛浦县的3 766户贫困户，每户分红5 000元，共计金额为1 883万元。公司帮助维吾尔族农牧民兄弟发展养牛业及乳品加工业来实现增收脱贫致富，为南疆扶贫开发做出了积极贡献。

【奶业大事】2020年西域春乳业启动了“优质乳工程”项目，通过该项目的实施使西域春拥有了优质的原料奶，并具备了进行功能产品开发的前期基础。

4月，西域春乳业主持了新疆维吾尔自治区重大科技专项“新疆奶业创新专项”的子课题“专用功能奶粉的开发与品牌增值”，通过该项目的实施将进一步促进西域春乳业产品向功能化、精深加工化发展。

12月6日，“西域春”牌冰激凌酸奶荣获第十一届新疆农产品北京交易会“产品金奖”。

12月25日，西域春乳业生产的纯牛奶、酸奶荣获全国名特优新农产品证书，证书编号分别为CAQS-MTYX-20200806、CAQS-MTYX-20200805。

（新疆西域春乳业有限责任公司，葛建军、何玉婷）

附表 1　新疆西域春乳业有限责任公司奶牛养殖场（小区）名录

序号	名称	地址	全群存栏(头)	成母畜存栏（头）	奶畜品种	成母畜单产（t/年）	年总产（t）	是否有机奶源基地	有机奶产量（t）
1	新疆西域春乳业有限责任公司	新疆昌吉州东郊种牛场	25 000	12 000	荷斯坦、西门塔尔	10t/年、7t/年	108 000		

备注：本表所指奶畜包括奶山羊、奶绵羊、奶水牛、牦牛、骆驼、驴等产商品奶家畜。本表奶畜养殖场指企业在中国及海外自建和参建（控股、参股）牧场（小区）。如认证为有机奶源基地等，请在相应表格中打钩。

附表 2　新疆西域春乳业有限责任公司乳制品生产企业名录

序号	名称	生产地点	生产许可证号码	年收购原奶量（t）	其中：自有奶源量（t）	平均支付价格（元/kg）	日处理生鲜乳能力（t）	年乳制品产量（t）	其中：低温鲜奶（t）	UHT 奶（t）	常温酸奶（t）	低温酸奶（t）	原料奶粉（t）	婴幼儿配方奶粉（t）	成人奶粉及其他（t）	奶油（t）	奶酪（t）	乳饮料（t）	冰品（t）	年销售收入（万元）	利润（万元）	有机产品（枚）
1	新疆西域春乳业有限责任公司	新疆昌吉州呼图壁县东郊种牛场	916523237760661622	110 000	87 000	4.59	700	107 000	3 500	59 000		40 000						5 000		90 000	9 000	

备注：本表包括在中国及海外的生产企业。日处理生鲜乳能力指设计加工生鲜乳能力。自有奶源指来自自建和参建（控股、参股）牧场（小区）的原奶。成人奶粉指除婴幼儿配方奶粉以外的学生奶粉、孕妇奶粉、中老年奶粉等终端消费奶粉。冰品包括冰激凌、雪糕等。有机产品数量单位为“枚”指获得有机标志的数量。

天津嘉立荷牧业集团有限公司

天津嘉立荷牧业集团有限公司（以下简称嘉立荷牧业）是天津食品集团有限公司的全资子公司，注册资本为3.9亿元，现拥有资产总额19.74亿元，下辖18家分公司、子公司，员工1 300多人，是全国农业产业化重点龙头企业，也是天津市主要生鲜乳供应商。

【奶源基地】

奶牛存栏数及总产量。截至2020年年底，嘉立荷牧业中国荷斯坦奶牛存栏35 675头，成母牛存栏19 147头，全年上市生鲜乳217 848 195kg，成母牛头年均产奶量12 218kg。

养殖分布区域及规模养殖。嘉立荷牧业所属奶牛场集中分布在天津市宝坻区、滨海新区、静海区、宁河区，山东省乐陵市以及唐山市丰润区。其中万头牛场有2个（其中1个牛场在建），存栏占总数的30%；5 000头牛场有1个，存栏占比15%；存栏2 000~5 000头的牛场有3个，存栏占比35%；存栏2 000头以下的牛场有1个，存栏占比20%。

奶源规划。一是按照天津食品集团有限公司农业板块发展规划，在宝坻区打造宝坻区国家现代农业产业园。嘉立荷牧业规划在产业园内建设天津天食智慧牧场。该牧场设计养殖规模4 300头，年产生鲜乳2.75万t，旨在中国—中东欧现代农业示范区内打造一个面向“一带一路”的现代化观光牧场。

二是按照嘉立荷牧业发展战略规划，在河北省唐山市丰润区欢喜庄乡建设万头奶牛场，注册成立嘉立荷唐山牧业有限公司。牧场建成后，饲养规模约1万头，生鲜乳年产量7万余t。

奶业机械购置补贴及规模养殖场改扩建补助。2020年共申报奶业机械购置补贴27万元，共申报奶牛养殖场改扩建补助项目13个，补助资金共2 100万元。项目内容主要包括建设天津天食智慧牧场、挤奶厅改造及购置牛床垫料烘干设备等。

苜蓿和青贮玉米种植面积及产量。2020年嘉立荷牧业苜蓿种植面积达129hm^2，平均单产15 481kg/hm^2，年产量1 997 000kg；青贮玉米种植面积314hm^2，平均单产17 379kg/hm^2，年产量5 457 000kg。

疫病防控情况。嘉立荷牧业设有独立的天津市奶牛营养代谢病实验室和天津市企业技术中心，实验中心分为饲料化验室、微生物实验室和细胞室三部分，拥有国际先进水平的近红外、乳成分分析仪、液相色谱等仪器设备为牧场服务。饲料化验室承接了饲料粗蛋白、灰分、水分、脂肪、钙、磷、纤维素、霉菌毒素等常规成分化验，为奶牛科学饲料配方提供了强有力的技术支持。微生物实验室主要开展病原微生物分离鉴定、乳腺炎诊断、药敏试验等，为奶牛疾病的防治提供了基础数据和解决方法；通过对IBR、BVD、口蹄疫等传染病血清检测，为预防奶牛传染病起到了科学指导作用。

粪污处理方式。嘉立荷牧业奶牛场粪污全部通过固液分离、厌氧发酵、氧化塘三级氧化、沼液还田的方式妥善处理，真正实现了种养结合、绿色发展。

各区域生鲜乳收购年均价格。天津市各区域：滨海新区生鲜乳收购年均价格4.13元/kg，宝坻区4.14元/kg，静海区4.16元/kg，宁河区4.16元/kg，山东乐陵市4.26元/kg。

（天津嘉立荷牧业集团有限公司，刘小雨、狄婷婷、张振兴、祁敏丽、任妮、于圳、金苗苗、李玉梅、全春兰）

附表 1　天津嘉立荷牧业集团有限公司奶牛养殖场（小区）名录

序号	名称	地址	全群存栏（头）	成母畜存栏（头）	奶畜品种	成母畜单产（t/年）	年总产（t）	是否有机奶源基地	有机奶产量（t）
1	天津嘉立荷示范奶牛场分公司	天津市宝坻区大钟庄林钟路	4 878	2 958	荷斯坦	12.20	34 049.80		
2	天津嘉立荷第五奶牛场分公司	天津市静海区良王庄乡西硫城大桥南	3 399	1 226	荷斯坦	13.62	15 933.43		
3	天津嘉立荷第六奶牛场分公司	天津市宝坻区宝芦公路南侧	410	352	荷斯坦	12.53	3 925.29		
4	天津嘉立荷第七奶牛场分公司	天津市宁河区潘庄镇西	2 582	1 538	荷斯坦	11.65	18 033.24		
5	天津嘉立荷第八奶牛场分公司	天津市宝坻区里自沽农场南	926	534	荷斯坦	12.76	7 081.57		
6	天津嘉立荷第九奶牛场分公司	天津市宝坻区里自沽农场南	931	558	荷斯坦	12.50	6 929.62		
7	天津嘉立荷第十奶牛场分公司	天津市滨海新区小王庄镇东	2 167	1 210	荷斯坦	11.86	15 203.41		
8	天津嘉立荷第十一奶牛场分公司	天津市滨海新区小王庄镇东	2 258	1 256	荷斯坦	12.21	15 048.28		
9	天津嘉立荷第十二奶牛场分公司	天津市宝坻区新安镇大高村东	935	554	荷斯坦	12.50	6 925.10		
10	天津嘉立荷第十四奶牛场分公司	天津市滨海新区小王镇嘉立荷新建奶牛场	2 403	1 338	荷斯坦	12.68	16 704.25		
11	天津嘉立荷第十五奶牛场分公司	天津市宝坻区林亭口镇南清沟村西	631	506	荷斯坦	13.00	6 652.22		
12	天津嘉立荷第十六奶牛场分公司	天津市宝坻区林亭口镇南清沟村西	745	562	荷斯坦	13.00	7 454.13		
13	嘉立荷山东牧业有限公司	山东省乐陵市大孙乡	11 225	6 142	荷斯坦	11.81	69 925.98		
14	天津嘉立荷第十七奶牛场分公司	天津市西青区辛口镇第六埠村津静公路与王埠路交口东侧 500 米	795	413	荷斯坦	10.99	3 867.33		

备注：本表所指奶畜包括奶山羊、奶绵羊、奶水牛、牦牛、骆驼、驴等产商品奶家畜。本表奶畜养殖场指企业在中国及海外自建和参建（控股、参股）牧场（小区）。如认证为有机奶源基地等，请在相应表格中打钩。

六、政策法规

ZHENGCE FAGUI

【全国人大常委会发布】

中华人民共和国主席令

第六十九号

《中华人民共和国动物防疫法》已由中华人民共和国第十三届全国人民代表大会常务委员会第二十五次会议于2021年1月22日修订通过，现予公布，自2021年5月1日起施行。

中华人民共和国主席　习近平

2021年1月22日

中华人民共和国动物防疫法（2021版）

1997年7月3日第八届全国人民代表大会常务委员会第二十六次会议通过，2007年8月30日第十届全国人民代表大会常务委员会第二十九次会议第一次修订，根据2013年6月29日第十二届全国人民代表大会常务委员会第三次会议《关于修改〈中华人民共和国文物保护法〉等十二部法律的决定》第一次修正，根据2015年4月24日第十二届全国人民代表大会常务委员会第十四次会议《关于修改〈中华人民共和国电力法〉等六部法律的决定》第二次修正，2021年1月22日第十三届全国人民代表大会常务委员会第二十五次会议第二次修订。

目　录

第一章　总　则

第一条　为了加强对动物防疫活动的管理，预防、控制、净化、消灭动物疫病，促进养殖业发展，防控人畜共患传染病，保障公共卫生安全和人体健康，制定本法。

第二条　本法适用于在中华人民共和国领域内的动物防疫及其监督管理活动。

进出境动物、动物产品的检疫，适用《中华人民共和国进出境动植物检疫法》。

第三条　本法所称动物，是指家畜家禽和人工饲养、捕获的其他动物。

本法所称动物产品，是指动物的肉、生皮、原毛、绒、脏器、脂、血液、精液、卵、胚胎、骨、蹄、头、角、筋以及可能传播动物疫病的奶、蛋等。

本法所称动物疫病，是指动物传染病，包括寄生虫病。

本法所称动物防疫，是指动物疫病的预防、控制、诊疗、净化、消灭和动物、动物产品的检疫，以及病死动物、病害动物产品的无害化处理。

第四条　根据动物疫病对养殖业生产和人体健康的危害程度，本法规定的动物疫病分为下列三类：

（一）一类疫病，是指口蹄疫、非洲猪瘟、高致病性禽流感等对人、动物构成特别严重危害，可能造成重大经济损失和社会影响，需要采取紧急、严厉的强制预防、控制等措施的；

（二）二类疫病，是指狂犬病、布鲁氏菌病、草鱼出血病等对人、动物构成严重危害，可能造成较大经济损失和社会影响，需要采取严格预防、控制等措施的；

（三）三类疫病，是指大肠杆菌病、禽结核病、鳖腮腺炎病等常见多发，对人、动物构成危害，可能造成一定程度的经济损失和社会影响，需要及时预防、控制的。

前款一、二、三类动物疫病具体病种名录由国务院农业农村主管部门制定并公布。国务院农业农村主管部门应当根据动物疫病发生、流行情况和危害程度，及时增加、减少或者调整一、二、三类动物疫病具体病种并予以公布。

人畜共患传染病名录由国务院农业农村主管部门会同国务院卫生健康、野生动物保护等主管部门制定并公布。

第五条 动物防疫实行预防为主，预防与控制、净化、消灭相结合的方针。

第六条 国家鼓励社会力量参与动物防疫工作。各级人民政府采取措施，支持单位和个人参与动物防疫的宣传教育、疫情报告、志愿服务和捐赠等活动。

第七条 从事动物饲养、屠宰、经营、隔离、运输以及动物产品生产、经营、加工、贮藏等活动的单位和个人，依照本法和国务院农业农村主管部门的规定，做好免疫、消毒、检测、隔离、净化、消灭、无害化处理等动物防疫工作，承担动物防疫相关责任。

第八条 县级以上人民政府对动物防疫工作实行统一领导，采取有效措施稳定基层机构队伍，加强动物防疫队伍建设，建立健全动物防疫体系，制定并组织实施动物疫病防治规划。

乡级人民政府、街道办事处组织群众做好本辖区的动物疫病预防与控制工作，村民委员会、居民委员会予以协助。

第九条 国务院农业农村主管部门主管全国的动物防疫工作。

县级以上地方人民政府农业农村主管部门主管本行政区域的动物防疫工作。

县级以上人民政府其他有关部门在各自职责范围内做好动物防疫工作。

军队动物卫生监督职能部门负责军队现役动物和饲养自用动物的防疫工作。

第十条 县级以上人民政府卫生健康主管部门和本级人民政府农业农村、野生动物保护等主管部门应当建立人畜共患传染病防治的协作机制。

国务院农业农村主管部门和海关总署等部门应当建立防止境外动物疫病输入的协作机制。

第十一条 县级以上地方人民政府的动物卫生监督机构依照本法规定，负责动物、动物产品的检疫工作。

第十二条 县级以上人民政府按照国务院的规定，根据统筹规划、合理布局、综合设置的原则建立动物疫病预防控制机构。

动物疫病预防控制机构承担动物疫病的监测、检测、诊断、流行病学调查、疫情报告以及其他预防、控制等技术工作；承担动物疫病净化、消灭的技术工作。

第十三条 国家鼓励和支持开展动物疫病的科学研究以及国际合作与交流，推广先进适用的科学研究成果，提高动物疫病防治的科学技术水平。

各级人民政府和有关部门、新闻媒体，应当加强对动物防疫法律法规和动物防疫知识的宣传。

第十四条 对在动物防疫工作、相关科学研究、动物疫情扑灭中做出贡献的单位和个人，各级人民政府和有关部门按照国家有关规定给予表彰、奖励。

有关单位应当依法为动物防疫人员缴纳工伤保险费。对因参与动物防疫工作致病、致残、死亡的人员，按照国家有关规定给予补助或者抚恤。

第二章　动物疫病的预防

第十五条 国家建立动物疫病风险评估制度。

国务院农业农村主管部门根据国内外动物疫情以及保护养殖业生产和人体健康的需要，及时会同国务院卫生健康等有关部门对动物疫病进行风险评估，并制定、公布动物疫病预防、控制、净化、消灭措施和技术规范。

省、自治区、直辖市人民政府农业农村主管部门会同本级人民政府卫生健康等有关部门开展本行政区域的动物疫病风险评估，并落实动物疫病预防、控制、净化、消灭措施。

第十六条 国家对严重危害养殖业生产和人体健康的动物疫病实施强制免疫。

国务院农业农村主管部门确定强制免疫的动物疫病病种和区域。

省、自治区、直辖市人民政府农业农村主管部门制定本行政区域的强制免疫计划；根据本行政区域动物疫病流行情况增加实施强制免疫的动物疫病病种和区域，报本级人民政府批准后执行，并报国务院农业农村主管部门备案。

第十七条 饲养动物的单位和个人应当履行动物疫病强制免疫义务，按照强制免疫计划和技术规范，对动物实施免疫接种，并按照国家有关规定建立免疫档案、加施畜禽标识，保证可追溯。

实施强制免疫接种的动物未达到免疫质量要求，实施补充免疫接种后仍不符合免疫质量要求的，有关单位和个人应当按照国家有关规定处理。

用于预防接种的疫苗应当符合国家质量标准。

第十八条 县级以上地方人民政府农业农村主管部门负责组织实施动物疫病强制免疫计划，并对饲养动物的单位和个人履行强制免疫义务的情况进行监督检查。

乡级人民政府、街道办事处组织本辖区饲养动物的单位和个人做好强制免疫，协助做好监督检查；村民委员会、居民委员会协助做好相关工作。

县级以上地方人民政府农业农村主管部门应当定期对本行政区域的强制免疫计划实施情况和效果进行评估，并向社会公布评估结果。

第十九条 国家实行动物疫病监测和疫情预警制度。

县级以上人民政府建立健全动物疫病监测网络，加强动物疫病监测。

国务院农业农村主管部门会同国务院有关部门制定国家动物疫病监测计划。省、自治区、直辖市人民政府农业农村主管部门根据国家动物疫病监测计划，制定本行政区域的动物疫病监测计划。

动物疫病预防控制机构按照国务院农业农村主管部门的规定和动物疫病监测计划，对动物疫病的发生、流行等情况进行监测；从事动物饲养、屠宰、经营、隔离、运输以及动物产品生产、经营、加工、贮藏、无害化处理等活动的单位和个人不得拒绝或者阻碍。

国务院农业农村主管部门和省、自治区、直辖市人民政府农业农村主管部门根据对动物疫病发生、流行趋势的预测，及时发出动物疫情预警。地方各级人民政府接到动物疫情预警后，应当及时采取预防、控制措施。

第二十条 陆路边境省、自治区人民政府根据动物疫病防控需要，合理设置动物疫病监测站点，健全监测工作机制，防范境外动物疫病传入。

科技、海关等部门按照本法和有关法律法规的规定做好动物疫病监测预警工作，并定期与农业农村主管部门互通情况，紧急情况及时通报。

县级以上人民政府应当完善野生动物疫源疫病监测体系和工作机制，根据需要合理布局监测站点；野生动物保护、农业农村主管部门按照职责分工做好野生动物疫源疫病监测等工作，并定期互通情况，紧急情况及时通报。

第二十一条 国家支持地方建立无规定动物疫病区，鼓励动物饲养场建设无规定动物疫病生物安全隔离区。对符合国务院农业农村主管部门规定标准的无规定动物疫病区和无规定动物疫病生物安全隔离区，国务院农业农村主管部门验收合格予以公布，并对其维持情况进行监督检查。

省、自治区、直辖市人民政府制定并组织实施本行政区域的无规定动物疫病区建设方案。国务院农业农村主管部门指导跨省、自治区、直辖市无规定动物疫病区建设。

国务院农业农村主管部门根据行政区划、养殖屠宰产业布局、风险评估情况等对动物疫病实施分区防控，可以采取禁止或者限制特定动物、动物产品跨区域调运等措施。

第二十二条 国务院农业农村主管部门制定并组织实施动物疫病净化、消灭规划。

县级以上地方人民政府根据动物疫病净化、消灭规划，制定并组织实施本行政区域的动物疫病净化、消灭计划。

动物疫病预防控制机构按照动物疫病净化、消灭规划、计划，开展动物疫病净化技术指导、培训，对动物疫病净化效果进行监测、评估。

国家推进动物疫病净化，鼓励和支持饲养动物的单位和个人开展动物疫病净化。饲养动物的单位和个人达到国务院农业农村主管部门规定的净化标准的，由省级以上人民政府农业农村主管部门予以公布。

第二十三条 种用、乳用动物应当符合国务院农业农村主管部门规定的健康标准。

饲养种用、乳用动物的单位和个人，应当按照国务院农业农村主管部门的要求，定期开展动物疫病检测；检测不合格的，应当按照国家有关规定处理。

第二十四条 动物饲养场和隔离场所、动物屠宰加工场所以及动物和动物产品无害化处理场所，应当符合下列动物防疫条件：

（一）场所的位置与居民生活区、生活饮用水水源地、学校、医院等公共场所的距离符合国务院农业农村主管部门的规定；

（二）生产经营区域封闭隔离，工程设计和有关流程符合动物防疫要求；

（三）有与其规模相适应的污水、污物处理设施，病死动物、病害动物产品无害化处理设施设备或者冷藏冷冻设施设备，以及清洗消毒设施设备；

（四）有与其规模相适应的执业兽医或者动物防疫技术人员；

（五）有完善的隔离消毒、购销台账、日常巡查等动物防疫制度；

（六）具备国务院农业农村主管部门规定的其他动物防疫条件。

动物和动物产品无害化处理场所除应当符合前款规定的条件外，还应当具有病原检测设备、检测能力和符合动物防疫要求的专用运输车辆。

第二十五条 国家实行动物防疫条件审查制度。

开办动物饲养场和隔离场所、动物屠宰加工场所以及动物和动物产品无害化处理场所，应当向县级以上地方人民政府农业农村主管部门提出申请，并附具相关材料。受理申请的农业农村主管部门应当依照本法和《中华人民共和国行政许可法》的规定进行审查。经审查合格的，发给动物防疫条件合格证；不合格的，应当通知申请人并说明理由。

动物防疫条件合格证应当载明申请人的名称（姓名）、场（厂）址、动物（动物产品）种类等事项。

第二十六条 经营动物、动物产品的集贸市场应当具备国务院农业农村主管部门规定的动物防疫条件，并接受农业农村主管部门的监督检查。具体办法由国务院农业农村主管部门制定。

县级以上地方人民政府应当根据本地情况，决定在城市特定区域禁止家畜家禽活体交易。

第二十七条 动物、动物产品的运载工具、垫料、包装物、容器等应当符合国务院农业农村主管部门规定的动物防疫要求。

染疫动物及其排泄物、染疫动物产品，运载工具中的动物排泄物以及垫料、包装物、容器等被污染的物品，应当按照国家有关规定处理，不得随意处置。

第二十八条 采集、保存、运输动物病料或者病原微生物以及从事病原微生物研究、教学、检测、诊断等活动，应当遵守国家有关病原微生物实验室管理的规定。

第二十九条 禁止屠宰、经营、运输下列动物和生产、经营、加工、贮藏、运输下列动物产品：

（一）封锁疫区内与所发生动物疫病有关的；

（二）疫区内易感染的；

（三）依法应当检疫而未经检疫或者检疫不合格的；

（四）染疫或者疑似染疫的；

（五）病死或者死因不明的；

（六）其他不符合国务院农业农村主管部门有关动物防疫规定的。

因实施集中无害化处理需要暂存、运输动物和动物产品并按照规定采取防疫措施的，不适用前款规定。

第三十条 单位和个人饲养犬只，应当按照规定定期免疫接种狂犬病疫苗，凭动物诊疗机构出具的免疫证明向所在地养犬登记机关申请登记。

携带犬只出户的，应当按照规定佩戴犬牌并采取系犬绳等措施，防止犬只伤人、疫病传播。

街道办事处、乡级人民政府组织协调居民委员会、村民委员会，做好本辖区流浪犬、猫的控制和处置，防止疫病传播。

县级人民政府和乡级人民政府、街道办事处应当结合本地实际，做好农村地区饲养犬只的防疫管理工作。

饲养犬只防疫管理的具体办法，由省、自治区、直辖市制定。

第三章 动物疫情的报告、通报和公布

第三十一条 从事动物疫病监测、检测、检验检疫、研究、诊疗以及动物饲养、屠宰、经营、隔离、运输等活动的单位和个人，发现动物染疫或者疑似染疫的，应当立即向所在地农业农村主管部门或者动物疫病预防控制机构报告，并迅速采取隔离等控制措施，防止动物疫情扩散。其他单位和个人发现动物染疫或者疑似染疫的，应当及时报告。

接到动物疫情报告的单位，应当及时采取临时隔离控制等必要措施，防止延误防控时机，并及时按照国家规定的程序上报。

第三十二条 动物疫情由县级以上人民政府农业农村主管部门认定；其中重大动物疫情由省、自治区、直辖市人民政府农业农村主管部门认定，必要时报国务院农业农村主管部门认定。

本法所称重大动物疫情，是指一、二、三类动物疫病突然发生，迅速传播，给养殖业生产安全造成严重威胁、危害，以及可能对公众身体健康与生命安全造成危害的情形。

在重大动物疫情报告期间，必要时，所在地县级以上地方人民政府可以作出封锁决定并采取扑杀、销毁等措施。

第三十三条 国家实行动物疫情通报制度。

国务院农业农村主管部门应当及时向国务院卫生健康等有关部门和军队有关部门以及省、自治区、直辖市人民政府农业农村主管部门通报重大动物疫情的发生和处置情况。

海关发现进出境动物和动物产品染疫或者疑似染疫的，应当及时处置并向农业农村主管部门通报。

县级以上地方人民政府野生动物保护主管部门发现野生动物染疫或者疑似染疫的，应当及时处置并向本级人民政府农业农村主管部门通报。

国务院农业农村主管部门应当依照我国缔结或者参加的条约、协定，及时向有关国际组织或者贸易方通报重大动物疫情的发生和处置情况。

第三十四条 发生人畜共患传染病疫情时，县级以上人民政府农业农村主管部门与本级人民政府卫生健康、野生动物保护等主管部门应当及时相互通报。

发生人畜共患传染病时，卫生健康主管部门应当对疫区易感染的人群进行监测，并应当依照《中华人民共和国传染病防治法》的规定及时公布疫情，采取相应的预防、控制措施。

第三十五条 患有人畜共患传染病的人员不得直接从事动物疫病监测、检测、检验检疫、诊疗以及易感染动物的饲养、屠宰、经营、隔离、运输等活动。

第三十六条 国务院农业农村主管部门向社会及时公布全国动物疫情，也可以根据需要授权省、自治区、直辖市人民政府农业农村主管部门公布本行政区域的动物疫情。其他单位和个人不得发布动物疫情。

第三十七条 任何单位和个人不得瞒报、谎报、迟报、漏报动物疫情，不得授意他人瞒报、谎报、迟报动物疫情，不得阻碍他人报告动物疫情。

第四章 动物疫病的控制

第三十八条 发生一类动物疫病时，应当采取下列控制措施：

（一）所在地县级以上地方人民政府农业农村主管部门应当立即派人到现场，划定疫点、疫区、受威胁区，调查疫源，及时报请本级人民政府对疫区实行封锁。疫区范围涉及两个以上行政区域的，由有关行政区域共同的上一级人民政府对疫区实行封锁，或者由各有关行政区域的上一级人民政府共同对疫区实行封锁。必要时，上级人民政府可以责成下级人民政府对疫区实行封锁；

（二）县级以上地方人民政府应当立即组织有关部门和单位采取封锁、隔离、扑杀、销毁、消毒、无害化处理、紧急免疫接种等强制性措施；

（三）在封锁期间，禁止染疫、疑似染疫和易感染的动物、动物产品流出疫区，禁止非疫区的易感染动物

进入疫区，并根据需要对出入疫区的人员、运输工具及有关物品采取消毒和其他限制性措施。

第三十九条 发生二类动物疫病时，应当采取下列控制措施：

（一）所在地县级以上地方人民政府农业农村主管部门应当划定疫点、疫区、受威胁区；

（二）县级以上地方人民政府根据需要组织有关部门和单位采取隔离、扑杀、销毁、消毒、无害化处理、紧急免疫接种、限制易感染的动物和动物产品及有关物品出入等措施。

第四十条 疫点、疫区、受威胁区的撤销和疫区封锁的解除，按照国务院农业农村主管部门规定的标准和程序评估后，由原决定机关决定并宣布。

第四十一条 发生三类动物疫病时，所在地县级、乡级人民政府应当按照国务院农业农村主管部门的规定组织防治。

第四十二条 二、三类动物疫病呈暴发性流行时，按照一类动物疫病处理。

第四十三条 疫区内有关单位和个人，应当遵守县级以上人民政府及其农业农村主管部门依法作出的有关控制动物疫病的规定。

任何单位和个人不得藏匿、转移、盗掘已被依法隔离、封存、处理的动物和动物产品。

第四十四条 发生动物疫情时，航空、铁路、道路、水路运输企业应当优先组织运送防疫人员和物资。

第四十五条 国务院农业农村主管部门根据动物疫病的性质、特点和可能造成的社会危害，制定国家重大动物疫情应急预案报国务院批准，并按照不同动物疫病病种、流行特点和危害程度，分别制定实施方案。

县级以上地方人民政府根据上级重大动物疫情应急预案和本地区的实际情况，制定本行政区域的重大动物疫情应急预案，报上一级人民政府农业农村主管部门备案，并抄送上一级人民政府应急管理部门。县级以上地方人民政府农业农村主管部门按照不同动物疫病病种、流行特点和危害程度，分别制定实施方案。

重大动物疫情应急预案和实施方案根据疫情状况及时调整。

第四十六条 发生重大动物疫情时，国务院农业农村主管部门负责划定动物疫病风险区，禁止或者限制特定动物、动物产品由高风险区向低风险区调运。

第四十七条 发生重大动物疫情时，依照法律和国务院的规定以及应急预案采取应急处置措施。

第五章　动物和动物产品的检疫

第四十八条 动物卫生监督机构依照本法和国务院农业农村主管部门的规定对动物、动物产品实施检疫。

动物卫生监督机构的官方兽医具体实施动物、动物产品检疫。

第四十九条 屠宰、出售或者运输动物以及出售或者运输动物产品前，货主应当按照国务院农业农村主管部门的规定向所在地动物卫生监督机构申报检疫。

动物卫生监督机构接到检疫申报后，应当及时指派官方兽医对动物、动物产品实施检疫；检疫合格的，出具检疫证明、加施检疫标志。实施检疫的官方兽医应当在检疫证明、检疫标志上签字或者盖章，并对检疫结论负责。

动物饲养场、屠宰企业的执业兽医或者动物防疫技术人员，应当协助官方兽医实施检疫。

第五十条 因科研、药用、展示等特殊情形需要非食用性利用的野生动物，应当按照国家有关规定报动物卫生监督机构检疫，检疫合格的，方可利用。

人工捕获的野生动物，应当按照国家有关规定报捕获地动物卫生监督机构检疫，检疫合格的，方可饲养、经营和运输。

国务院农业农村主管部门会同国务院野生动物保护主管部门制定野生动物检疫办法。

第五十一条 屠宰、经营、运输的动物，以及用于科研、展示、演出和比赛等非食用性利用的动物，应当附有检疫证明；经营和运输的动物产品，应当附有检疫证明、检疫标志。

第五十二条 经航空、铁路、道路、水路运输动物和动物产品的，托运人托运时应当提供检疫证明；没有检疫证明的，承运人不得承运。

进出口动物和动物产品，承运人凭进口报关单证或者海关签发的检疫单证运递。

从事动物运输的单位、个人以及车辆，应当向所在地县级人民政府农业农村主管部门备案，妥善保存行程路线和托运人提供的动物名称、检疫证明编号、数量等信息。具体办法由国务院农业农村主管部门制定。

运载工具在装载前和卸载后应当及时清洗、消毒。

第五十三条 省、自治区、直辖市人民政府确定并公布道路运输的动物进入本行政区域的指定通道，设置引导标志。跨省、自治区、直辖市通过道路运输动物的，应当经省、自治区、直辖市人民政府设立的指定通道入省境或者过省境。

第五十四条 输入到无规定动物疫病区的动物、动物产品，货主应当按照国务院农业农村主管部门的规定向无规定动物疫病区所在地动物卫生监督机构申报检疫，经检疫合格的，方可进入。

第五十五条 跨省、自治区、直辖市引进的种用、乳用动物到达输入地后，货主应当按照国务院农业农村主管部门的规定对引进的种用、乳用动物进行隔离观察。

第五十六条 经检疫不合格的动物、动物产品，货主应当在农业农村主管部门的监督下按照国家有关规定处理，处理费用由货主承担。

第六章　病死动物和病害动物产品的无害化处理

第五十七条 从事动物饲养、屠宰、经营、隔离以及动物产品生产、经营、加工、贮藏等活动的单位和个人，应当按照国家有关规定做好病死动物、病害动物产品的无害化处理，或者委托动物和动物产品无害化处理场所处理。

从事动物、动物产品运输的单位和个人，应当配合做好病死动物和病害动物产品的无害化处理，不得在途中擅自弃置和处理有关动物和动物产品。

任何单位和个人不得买卖、加工、随意弃置病死动物和病害动物产品。

动物和动物产品无害化处理管理办法由国务院农业农村、野生动物保护主管部门按照职责制定。

第五十八条 在江河、湖泊、水库等水域发现的死亡畜禽，由所在地县级人民政府组织收集、处理并溯源。

在城市公共场所和乡村发现的死亡畜禽，由所在地街道办事处、乡级人民政府组织收集、处理并溯源。

在野外环境发现的死亡野生动物，由所在地野生动物保护主管部门收集、处理。

第五十九条 省、自治区、直辖市人民政府制定动物和动物产品集中无害化处理场所建设规划，建立政府主导、市场运作的无害化处理机制。

第六十条 各级财政对病死动物无害化处理提供补助。具体补助标准和办法由县级以上人民政府财政部门会同本级人民政府农业农村、野生动物保护等有关部门制定。

第七章 动物诊疗

第六十一条 从事动物诊疗活动的机构，应当具备下列条件：

（一）有与动物诊疗活动相适应并符合动物防疫条件的场所；

（二）有与动物诊疗活动相适应的执业兽医；

（三）有与动物诊疗活动相适应的兽医器械和设备；

（四）有完善的管理制度。

动物诊疗机构包括动物医院、动物诊所以及其他提供动物诊疗服务的机构。

第六十二条 从事动物诊疗活动的机构，应当向县级以上地方人民政府农业农村主管部门申请动物诊疗许可证。受理申请的农业农村主管部门应当依照本法和《中华人民共和国行政许可法》的规定进行审查。经审查合格的，发给动物诊疗许可证；不合格的，应当通知申请人并说明理由。

第六十三条 动物诊疗许可证应当载明诊疗机构名称、诊疗活动范围、从业地点和法定代表人（负责人）等事项。

动物诊疗许可证载明事项变更的，应当申请变更或者换发动物诊疗许可证。

第六十四条 动物诊疗机构应当按照国务院农业农村主管部门的规定，做好诊疗活动中的卫生安全防护、消毒、隔离和诊疗废弃物处置等工作。

第六十五条 从事动物诊疗活动，应当遵守有关动物诊疗的操作技术规范，使用符合规定的兽药和兽医器械。

兽药和兽医器械的管理办法由国务院规定。

第八章 兽医管理

第六十六条 国家实行官方兽医任命制度。

官方兽医应当具备国务院农业农村主管部门规定的条件，由省、自治区、直辖市人民政府农业农村主管部门按照程序确认，由所在地县级以上人民政府农业农村主管部门任命。具体办法由国务院农业农村主管部门制定。

海关的官方兽医应当具备规定的条件，由海关总署任命。具体办法由海关总署会同国务院农业农村主管部门制定。

第六十七条 官方兽医依法履行动物、动物产品检疫职责，任何单位和个人不得拒绝或者阻碍。

第六十八条 县级以上人民政府农业农村主管部门制定官方兽医培训计划，提供培训条件，定期对官方兽医进行培训和考核。

第六十九条 国家实行执业兽医资格考试制度。具有兽医相关专业大学专科以上学历的人员或者符合条件的乡村兽医，通过执业兽医资格考试的，由省、自治区、直辖市人民政府农业农村主管部门颁发执业兽医资格证书；从事动物诊疗等经营活动的，还应当向所在地县级人民政府农业农村主管部门备案。

执业兽医资格考试办法由国务院农业农村主管部门商国务院人力资源主管部门制定。

第七十条 执业兽医开具兽医处方应当亲自诊断，并对诊断结论负责。

国家鼓励执业兽医接受继续教育。执业兽医所在机构应当支持执业兽医参加继续教育。

第七十一条 乡村兽医可以在乡村从事动物诊疗活动。具体管理办法由国务院农业农村主管部门制定。

第七十二条 执业兽医、乡村兽医应当按照所在地人民政府和农业农村主管部门的要求，参加动物疫病预防、控制和动物疫情扑灭等活动。

第七十三条 兽医行业协会提供兽医信息、技术、培训等服务，维护成员合法权益，按照章程建立健全行业规范和奖惩机制，加强行业自律，推动行业诚信建设，宣传动物防疫和兽医知识。

第九章 监督管理

第七十四条 县级以上地方人民政府农业农村主管部门依照本法规定，对动物饲养、屠宰、经营、隔离、运输以及动物产品生产、经营、加工、贮藏、运输等活动中的动物防疫实施监督管理。

第七十五条 为控制动物疫病，县级人民政府农业农村主管部门应当派人在所在地依法设立的现有检查站执行监督检查任务；必要时，经省、自治区、直辖市人民政府批准，可以设立临时性的动物防疫检查站，执行监督检查任务。

第七十六条 县级以上地方人民政府农业农村主管部门执行监督检查任务，可以采取下列措施，有关单位和个人不得拒绝或者阻碍：

（一）对动物、动物产品按照规定采样、留验、抽检；

（二）对染疫或者疑似染疫的动物、动物产品及相关物品进行隔离、查封、扣押和处理；

（三）对依法应当检疫而未经检疫的动物和动物产品，具备补检条件的实施补检，不具备补检条件的予以收缴销毁；

（四）查验检疫证明、检疫标志和畜禽标识；

（五）进入有关场所调查取证，查阅、复制与动物防疫有关的资料。

县级以上地方人民政府农业农村主管部门根据动物疫病预防、控制需要，经所在地县级以上地方人民政府批准，可以在车站、港口、机场等相关场所派驻官方兽医或者工作人员。

第七十七条 执法人员执行动物防疫监督检查任务，应当出示行政执法证件，佩戴统一标志。

县级以上人民政府农业农村主管部门及其工作人员不得从事与动物防疫有关的经营性活动，进行监督检查不得收取任何费用。

第七十八条 禁止转让、伪造或者变造检疫证明、检疫标志或者畜禽标识。

禁止持有、使用伪造或者变造的检疫证明、检疫标志或者畜禽标识。

检疫证明、检疫标志的管理办法由国务院农业农村主管部门制定。

第十章 保障措施

第七十九条 县级以上人民政府应当将动物防疫工作纳入本级国民经济和社会发展规划及年度计划。

第八十条 国家鼓励和支持动物防疫领域新技术、新设备、新产品等科学技术研究开发。

第八十一条 县级人民政府应当为动物卫生监督机构配备与动物、动物产品检疫工作相适应的官方兽医，保障检疫工作条件。

县级人民政府农业农村主管部门可以根据动物防疫工作需要，向乡、镇或者特定区域派驻兽医机构或者工作人员。

第八十二条 国家鼓励和支持执业兽医、乡村兽医和动物诊疗机构开展动物防疫和疫病诊疗活动；鼓励养殖企业、兽药及饲料生产企业组建动物防疫服务团队，提供防疫服务。地方人民政府组织村级防疫员参加动物疫病防治工作的，应当保障村级防疫员合理劳务报酬。

第八十三条 县级以上人民政府按照本级政府职责，将动物疫病的监测、预防、控制、净化、消灭，动物、动物产品的检疫和病死动物的无害化处理，以及监督管理所需经费纳入本级预算。

第八十四条 县级以上人民政府应当储备动物疫情应急处置所需的防疫物资。

第八十五条 对在动物疫病预防、控制、净化、消灭过程中强制扑杀的动物、销毁的动物产品和相关物品，县级以上人民政府给予补偿。具体补偿标准和办法由国务院财政部门会同有关部门制定。

第八十六条 对从事动物疫病预防、检疫、监督检查、现场处理疫情以及在工作中接触动物疫病病原体的人员，有关单位按照国家规定，采取有效的卫生防护、医疗保健措施，给予畜牧兽医医疗卫生津贴等相关待遇。

第十一章 法律责任

第八十七条 地方各级人民政府及其工作人员未依照本法规定履行职责的，对直接负责的主管人员和其他直接责任人员依法给予处分。

第八十八条 县级以上人民政府农业农村主管部门及其工作人员违反本法规定，有下列行为之一的，由本级人民政府责令改正，通报批评；对直接负责的主管人员和其他直接责任人员依法给予处分：

（一）未及时采取预防、控制、扑灭等措施的；

（二）对不符合条件的颁发动物防疫条件合格证、动物诊疗许可证，或者对符合条件的拒不颁发动物防疫条件合格证、动物诊疗许可证的；

（三）从事与动物防疫有关的经营性活动，或者违法收取费用的；

（四）其他未依照本法规定履行职责的行为。

第八十九条 动物卫生监督机构及其工作人员违反本法规定，有下列行为之一的，由本级人民政府或者农业农村主管部门责令改正，通报批评；对直接负责的主管人员和其他直接责任人员依法给予处分：

（一）对未经检疫或者检疫不合格的动物、动物产品出具检疫证明、加施检疫标志，或者对检疫合格的动物、动物产品拒不出具检疫证明、加施检疫标志的；

（二）对附有检疫证明、检疫标志的动物、动物产品重复检疫的；

（三）从事与动物防疫有关的经营性活动，或者违法收取费用的；

（四）其他未依照本法规定履行职责的行为。

第九十条 动物疫病预防控制机构及其工作人员违反本法规定，有下列行为之一的，由本级人民政府或者农业农村主管部门责令改正，通报批评；对直接负责的主管人员和其他直接责任人员依法给予处分：

（一）未履行动物疫病监测、检测、评估职责或者伪造监测、检测、评估结果的；

（二）发生动物疫情时未及时进行诊断、调查的；

（三）接到染疫或者疑似染疫报告后，未及时按照国家规定采取措施、上报的；

（四）其他未依照本法规定履行职责的行为。

第九十一条 地方各级人民政府、有关部门及其工作人员瞒报、谎报、迟报、漏报或者授意他人瞒报、谎报、迟报动物疫情，或者阻碍他人报告动物疫情的，由上级人民政府或者有关部门责令改正，通报批评；对直接负责的主管人员和其他直接责任人员依法给予处分。

第九十二条 违反本法规定，有下列行为之一的，由县级以上地方人民政府农业农村主管部门责令限期改正，可以处一千元以下罚款；逾期不改正的，处一千元以上五千元以下罚款，由县级以上地方人民政府农业农村主管部门委托动物诊疗机构、无害化处理场所等代为处理，所需费用由违法行为人承担：

（一）对饲养的动物未按照动物疫病强制免疫计划或者免疫技术规范实施免疫接种的；

（二）对饲养的种用、乳用动物未按照国务院农业农村主管部门的要求定期开展疫病检测，或者经检测不合格而未按照规定处理的；

（三）对饲养的犬只未按照规定定期进行狂犬病免疫接种的；

（四）动物、动物产品的运载工具在装载前和卸载后未按照规定及时清洗、消毒的。

第九十三条 违反本法规定，对经强制免疫的动物未按照规定建立免疫档案，或者未按照规定加施畜禽标识的，依照《中华人民共和国畜牧法》的有关规定处罚。

第九十四条 违反本法规定，动物、动物产品的运载工具、垫料、包装物、容器等不符合国务院农业农村主管部门规定的动物防疫要求的，由县级以上地方人民政府农业农村主管部门责令改正，可以处五千元以下罚款；情节严重的，处五千元以上五万元以下罚款。

第九十五条 违反本法规定，对染疫动物及其排泄物、染疫动物产品或者被染疫动物、动物产品污染的运载工具、垫料、包装物、容器等未按照规定处置的，由县级以上地方人民政府农业农村主管部门责令限期处理；逾期不处理的，由县级以上地方人民政府农业农村主管部门委托有关单位代为处理，所需费用由违法行为人承担，处五千元以上五万元以下罚款。

造成环境污染或者生态破坏的，依照环境保护有关法律法规进行处罚。

第九十六条 违反本法规定，患有人畜共患传染病的人员，直接从事动物疫病监测、检测、检验检疫，动物诊疗以及易感染动物的饲养、屠宰、经营、隔离、运输等活动的，由县级以上地方人民政府农业农村或者野生动物保护主管部门责令改正；拒不改正的，处一千元以上一万元以下罚款；情节严重的，处一万元以上五万元以下罚款。

第九十七条 违反本法第二十九条规定，屠宰、经营、运输动物或者生产、经营、加工、贮藏、运输动物产品的，由县级以上地方人民政府农业农村主管部门责令改正、采取补救措施，没收违法所得、动物和动物产品，并处同类检疫合格动物、动物产品货值金额十五倍以上三十倍以下罚款；同类检疫合格动物、动物产品货值金额不足一万元的，并处五万元以上十五万元以下罚款；其中依法应当检疫而未检疫的，依照本法第一百条的规定处罚。

前款规定的违法行为人及其法定代表人（负责人）、直接负责的主管人员和其他直接责任人员，自处罚决定作出之日起五年内不得从事相关活动；构成犯罪的，终身不得从事屠宰、经营、运输动物或者生产、经营、加工、贮藏、运输动物产品等相关活动。

第九十八条 违反本法规定，有下列行为之一的，由县级以上地方人民政府农业农村主管部门责令改正，处三千元以上三万元以下罚款；情节严重的，责令停业整顿，并处三万元以上十万元以下罚款：

（一）开办动物饲养场和隔离场所、动物屠宰加工场所以及动物和动物产品无害化处理场所，未取得动物防疫条件合格证的；

（二）经营动物、动物产品的集贸市场不具备国务院农业农村主管部门规定的防疫条件的；

（三）未经备案从事动物运输的；

（四）未按照规定保存行程路线和托运人提供的动物名称、检疫证明编号、数量等信息的；

（五）未经检疫合格，向无规定动物疫病区输入动物、动物产品的；

（六）跨省、自治区、直辖市引进种用、乳用动物到达输入地后未按照规定进行隔离观察的；

（七）未按照规定处理或者随意弃置病死动物、病害动物产品的。

第九十九条 动物饲养场和隔离场所、动物屠宰加工场所以及动物和动物产品无害化处理场所，生产经营条件发生变化，不再符合本法第二十四条规定的动物防疫条件继续从事相关活动的，由县级以上地方人民政府农业农村主管部门给予警告，责令限期改正；逾期仍达不到规定条件的，吊销动物防疫条件合格证，并通报市场监督管理部门依法处理。

第一百条 违反本法规定，屠宰、经营、运输的动物未附有检疫证明，经营和运输的动物产品未附有检疫证明、检疫标志的，由县级以上地方人民政府农业农村主管部门责令改正，处同类检疫合格动物、动物产品货值金额一倍以下罚款；对货主以外的承运人处运输费用三倍以上五倍以下罚款，情节严重的，处五倍以上十倍以下罚款。

违反本法规定，用于科研、展示、演出和比赛等非食用性利用的动物未附有检疫证明的，由县级以上地方人民政府农业农村主管部门责令改正，处三千元以上一万元以下罚款。

第一百零一条 违反本法规定，将禁止或者限制调运的特定动物、动物产品由动物疫病高风险区调入低风险区的，由县级以上地方人民政府农业农村主管部门没收运输费用、违法运输的动物和动物产品，并处运输费用一倍以上五倍以下罚款。

第一百零二条 违反本法规定，通过道路跨省、自治区、直辖市运输动物，未经省、自治区、直辖市人民政府设立的指定通道入省境或者过省境的，由县级以上地方人民政府农业农村主管部门对运输人处五千元以上一万元以下罚款；情节严重的，处一万元以上五万元以下罚款。

第一百零三条 违反本法规定，转让、伪造或者变造检疫证明、检疫标志或者畜禽标识的，由县级以上地方人民政府农业农村主管部门没收违法所得和检疫证明、检疫标志、畜禽标识，并处五千元以上五万元以下罚款。

持有、使用伪造或者变造的检疫证明、检疫标志或者畜禽标识的，由县级以上人民政府农业农村主管部门没收检疫证明、检疫标志、畜禽标识和对应的动物、动物产品，并处三千元以上三万元以下罚款。

第一百零四条 违反本法规定，有下列行为之一的，由县级以上地方人民政府农业农村主管部门责令改正，处三千元以上三万元以下罚款：

（一）擅自发布动物疫情的；

（二）不遵守县级以上人民政府及其农业农村主管部门依法作出的有关控制动物疫病规定的；

（三）藏匿、转移、盗掘已被依法隔离、封存、处理的动物和动物产品的。

第一百零五条 违反本法规定，未取得动物诊疗许可证从事动物诊疗活动的，由县级以上地方人民政府农业农村主管部门责令停止诊疗活动，没收违法所得，并处违法所得一倍以上三倍以下罚款；违法所得不足三万元的，并处三千元以上三万元以下罚款。

动物诊疗机构违反本法规定，未按照规定实施卫生安全防护、消毒、隔离和处置诊疗废弃物的，由县级以上地方人民政府农业农村主管部门责令改正，处一千元以上一万元以下罚款；造成动物疫病扩散的，处一万元以上五万元以下罚款；情节严重的，吊销动物诊疗许可证。

第一百零六条 违反本法规定，未经执业兽医备案从事经营性动物诊疗活动的，由县级以上地方人民政府农业农村主管部门责令停止动物诊疗活动，没收违法所得，并处三千元以上三万元以下罚款；对其所在的动物诊疗机构处一万元以上五万元以下罚款。

执业兽医有下列行为之一的，由县级以上地方人民政府农业农村主管部门给予警告，责令暂停六个月以上一年以下动物诊疗活动；情节严重的，吊销执业兽医资格证书：

（一）违反有关动物诊疗的操作技术规范，造成或者可能造成动物疫病传播、流行的；

（二）使用不符合规定的兽药和兽医器械的；

（三）未按照当地人民政府或者农业农村主管部门要求参加动物疫病预防、控制和动物疫情扑灭活动的。

第一百零七条 违反本法规定，生产经营兽医器械，产品质量不符合要求的，由县级以上地方人民政府农业农村主管部门责令限期整改；情节严重的，责令停业整顿，并处二万元以上十万元以下罚款。

第一百零八条 违反本法规定，从事动物疫病研究、诊疗和动物饲养、屠宰、经营、隔离、运输，以及动物产品生产、经营、加工、贮藏、无害化处理等活动的单位和个人，有下列行为之一的，由县级以上地方人民政府农业农村主管部门责令改正，可以处一万元以下罚款；拒不改正的，处一万元以上五万元以下罚款，并可以责令停业整顿：

（一）发现动物染疫、疑似染疫未报告，或者未采取隔离等控制措施的；

（二）不如实提供与动物防疫有关的资料的；

（三）拒绝或者阻碍农业农村主管部门进行监督检查的；

（四）拒绝或者阻碍动物疫病预防控制机构进行动物疫病监测、检测、评估的；

（五）拒绝或者阻碍官方兽医依法履行职责的。

第一百零九条 违反本法规定，造成人畜共患传染病传播、流行的，依法从重给予处分、处罚。

违反本法规定，构成违反治安管理行为的，依法给予治安管理处罚；构成犯罪的，依法追究刑事责任。

违反本法规定，给他人人身、财产造成损害的，依法承担民事责任。

第十二章　附　　则

第一百一十条 本法下列用语的含义：

（一）无规定动物疫病区，是指具有天然屏障或者采取人工措施，在一定期限内没有发生规定的一种或者几种动物疫病，并经验收合格的区域；

（二）无规定动物疫病生物安全隔离区，是指处于同一生物安全管理体系下，在一定期限内没有发生规定的一种或者几种动物疫病的若干动物饲养场及其辅助生产场所构成的，并经验收合格的特定小型区域；

（三）病死动物，是指染疫死亡、因病死亡、死因不明或者经检验检疫可能危害人体或者动物健康的死亡动物；

（四）病害动物产品，是指来源于病死动物的产品，或者经检验检疫可能危害人体或者动物健康的动物产品。

第一百一十一条 境外无规定动物疫病区和无规定动物疫病生物安全隔离区的无疫等效性评估，参照本法有关规定执行。

第一百一十二条 实验动物防疫有特殊要求的，按照实验动物管理的有关规定执行。

第一百一十三条 本法自2021年5月1日起施行。

中华人民共和国食品安全法（2021年修正）

2009年2月28日第十一届全国人民代表大会常务委员会第七次会议通过，2015年4月24日第十二届全国人民代表大会常务委员会第十四次会议修订，根据2018年12月29日第十三届全国人民代表大会常务委员会第七次会议《关于修改〈中华人民共和国产品质量法〉等五部法律的决定》第一次修正，根据2021年4月29日第十三届全国人民代表大会常务委员会第二十八次会议《关于修改〈中华人民共和国道路交通安全法〉等八部法律的决定》第二次修正。

目　录

第一章　总　　则

第一条　为了保证食品安全，保障公众身体健康和生命安全，制定本法。

第二条　在中华人民共和国境内从事下列活动，应当遵守本法：

（一）食品生产和加工（以下称食品生产），食品销售和餐饮服务（以下称食品经营）；

（二）食品添加剂的生产经营；

（三）用于食品的包装材料、容器、洗涤剂、消毒剂和用于食品生产经营的工具、设备（以下称食品相关产品）的生产经营；

（四）食品生产经营者使用食品添加剂、食品相关产品；

（五）食品的贮存和运输；

（六）对食品、食品添加剂、食品相关产品的安全管理。

供食用的源于农业的初级产品（以下称食用农产品）的质量安全管理，遵守《中华人民共和国农产品质量安全法》的规定。但是，食用农产品的市场销售、有关质量安全标准的制定、有关安全信息的公布和本法对农业投入品作出规定的，应当遵守本法的规定。

第三条　食品安全工作实行预防为主、风险管理、全程控制、社会共治，建立科学、严格的监督管理制度。

第四条　食品生产经营者对其生产经营食品的安全负责。

食品生产经营者应当依照法律、法规和食品安全标准从事生产经营活动，保证食品安全，诚信自律，对社会和公众负责，接受社会监督，承担社会责任。

第五条　国务院设立食品安全委员会，其职责由国务院规定。

国务院食品安全监督管理部门依照本法和国务院规定的职责，对食品生产经营活动实施监督管理。

国务院卫生行政部门依照本法和国务院规定的职责，组织开展食品安全风险监测和风险评估，会同国务院食品安全监督管理部门制定并公布食品安全国家标准。

国务院其他有关部门依照本法和国务院规定的职责，承担有关食品安全工作。

第六条　县级以上地方人民政府对本行政区域的食品安全监督管理工作负责，统一领导、组织、协调本行政区域的食品安全监督管理工作以及食品安全突发事件应对工作，建立健全食品安全全程监督管理工作机制和信息共享机制。

县级以上地方人民政府依照本法和国务院的规定，确定本级食品安全监督管理、卫生行政部门和其他有关部门的职责。有关部门在各自职责范围内负责本行政区域的食品安全监督管理工作。

县级人民政府食品安全监督管理部门可以在乡镇或者特定区域设立派出机构。

第七条　县级以上地方人民政府实行食品安全监督管理责任制。上级人民政府负责对下一级人民政府的食品安全监督管理工作进行评议、考核。县级以上地方人民政府负责对本级食品安全监督管理部门和其他有关部门的食品安全监督管理工作进行评议、考核。

第八条 县级以上人民政府应当将食品安全工作纳入本级国民经济和社会发展规划，将食品安全工作经费列入本级政府财政预算，加强食品安全监督管理能力建设，为食品安全工作提供保障。

县级以上人民政府食品安全监督管理部门和其他有关部门应当加强沟通、密切配合，按照各自职责分工，依法行使职权，承担责任。

第九条 食品行业协会应当加强行业自律，按照章程建立健全行业规范和奖惩机制，提供食品安全信息、技术等服务，引导和督促食品生产经营者依法生产经营，推动行业诚信建设，宣传、普及食品安全知识。

消费者协会和其他消费者组织对违反本法规定，损害消费者合法权益的行为，依法进行社会监督。

第十条 各级人民政府应当加强食品安全的宣传教育，普及食品安全知识，鼓励社会组织、基层群众性自治组织、食品生产经营者开展食品安全法律、法规以及食品安全标准和知识的普及工作，倡导健康的饮食方式，增强消费者食品安全意识和自我保护能力。

新闻媒体应当开展食品安全法律、法规以及食品安全标准和知识的公益宣传，并对食品安全违法行为进行舆论监督。有关食品安全的宣传报道应当真实、公正。

第十一条 国家鼓励和支持开展与食品安全有关的基础研究、应用研究，鼓励和支持食品生产经营者为提高食品安全水平采用先进技术和先进管理规范。

国家对农药的使用实行严格的管理制度，加快淘汰剧毒、高毒、高残留农药，推动替代产品的研发和应用，鼓励使用高效低毒低残留农药。

第十二条 任何组织或者个人有权举报食品安全违法行为，依法向有关部门了解食品安全信息，对食品安全监督管理工作提出意见和建议。

第十三条 对在食品安全工作中做出突出贡献的单位和个人，按照国家有关规定给予表彰、奖励。

第二章 食品安全风险监测和评估

第十四条 国家建立食品安全风险监测制度，对食源性疾病、食品污染以及食品中的有害因素进行监测。

国务院卫生行政部门会同国务院食品安全监督管理等部门，制定、实施国家食品安全风险监测计划。

国务院食品安全监督管理部门和其他有关部门获知有关食品安全风险信息后，应当立即核实并向国务院卫生行政部门通报。对有关部门通报的食品安全风险信息以及医疗机构报告的食源性疾病等有关疾病信息，国务院卫生行政部门应当会同国务院有关部门分析研究，认为必要的，及时调整国家食品安全风险监测计划。

省、自治区、直辖市人民政府卫生行政部门会同同级食品安全监督管理等部门，根据国家食品安全风险监测计划，结合本行政区域的具体情况，制定、调整本行政区域的食品安全风险监测方案，报国务院卫生行政部门备案并实施。

第十五条 承担食品安全风险监测工作的技术机构应当根据食品安全风险监测计划和监测方案开展监测工作，保证监测数据真实、准确，并按照食品安全风险监测计划和监测方案的要求报送监测数据和分析结果。

食品安全风险监测工作人员有权进入相关食用农产品种植养殖、食品生产经营场所采集样品、收集相关数据。采集样品应当按照市场价格支付费用。

第十六条 食品安全风险监测结果表明可能存在食品安全隐患的，县级以上人民政府卫生行政部门应当及时将相关信息通报同级食品安全监督管理等部门，并报告本级人民政府和上级人民政府卫生行政部门。食品安全监督管理等部门应当组织开展进一步调查。

第十七条 国家建立食品安全风险评估制度，运用科学方法，根据食品安全风险监测信息、科学数据以及有关信息，对食品、食品添加剂、食品相关产品中生物性、化学性和物理性危害因素进行风险评估。

国务院卫生行政部门负责组织食品安全风险评估工作，成立由医学、农业、食品、营养、生物、环境等方面的专家组成的食品安全风险评估专家委员会进行食品安全风险评估。食品安全风险评估结果由国务院卫生行政部门公布。

对农药、肥料、兽药、饲料和饲料添加剂等的安全性评估，应当有食品安全风险评估专家委员会的专家参加。

食品安全风险评估不得向生产经营者收取费用，采集样品应当按照市场价格支付费用。

第十八条 有下列情形之一的，应当进行食品安全风险评估：

（一）通过食品安全风险监测或者接到举报发现食品、食品添加剂、食品相关产品可能存在安全隐患的；

（二）为制定或者修订食品安全国家标准提供科学依据需要进行风险评估的；

（三）为确定监督管理的重点领域、重点品种需要进行风险评估的；

（四）发现新的可能危害食品安全因素的；

（五）需要判断某一因素是否构成食品安全隐患的；

（六）国务院卫生行政部门认为需要进行风险评估的其他情形。

第十九条 国务院食品安全监督管理、农业行政等部门在监督管理工作中发现需要进行食品安全风险评估的，应当向国务院卫生行政部门提出食品安全风险评估的建议，并提供风险来源、相关检验数据和结论等信息、资料。属于本法第十八条规定情形的，国务院卫生行政部门应当及时进行食品安全风险评估，并向国务院有关部门通报评估结果。

第二十条 省级以上人民政府卫生行政、农业行政部门应当及时相互通报食品、食用农产品安全风险监测信息。

国务院卫生行政、农业行政部门应当及时相互通报食品、食用农产品安全风险评估结果等信息。

第二十一条 食品安全风险评估结果是制定、修订食品安全标准和实施食品安全监督管理的科学依据。

经食品安全风险评估，得出食品、食品添加剂、食品相关产品不安全结论的，国务院食品安全监督管理等部门应当依据各自职责立即向社会公告，告知消费者停止食用或者使用，并采取相应措施，确保该食品、食品添加剂、食品相关产品停止生产经营；需要制定、修订相关食品安全国家标准的，国务院卫生行政部门应当会同国务院食品安全监督管理部门立即制定、修订。

第二十二条 国务院食品安全监督管理部门应当会同国务院有关部门，根据食品安全风险评估结果、食品安全监督管理信息，对食品安全状况进行综合分析。对经综合分析表明可能具有较高程度安全风险的食品，国务院食品安全监督管理部门应当及时提出食品安全风险警示，并向社会公布。

第二十三条 县级以上人民政府食品安全监督管理部门和其他有关部门、食品安全风险评估专家委员会及其技术机构，应当按照科学、客观、及时、公开的原则，组织食品生产经营者、食品检验机构、认证机构、食品行业协会、消费者协会以及新闻媒体等，就食品安全风险评估信息和食品安全监督管理信息进行交流沟通。

第三章 食品安全标准

第二十四条 制定食品安全标准，应当以保障公众身体健康为宗旨，做到科学合理、安全可靠。

第二十五条 食品安全标准是强制执行的标准。除食品安全标准外，不得制定其他食品强制性标准。

第二十六条 食品安全标准应当包括下列内容：

（一）食品、食品添加剂、食品相关产品中的致病性微生物，农药残留、兽药残留、生物毒素、重金属等污染物质以及其他危害人体健康物质的限量规定；

（二）食品添加剂的品种、使用范围、用量；

（三）专供婴幼儿和其他特定人群的主辅食品的营养成分要求；

（四）对与卫生、营养等食品安全要求有关的标签、标志、说明书的要求；

（五）食品生产经营过程的卫生要求；

（六）与食品安全有关的质量要求；

（七）与食品安全有关的食品检验方法与规程；

（八）其他需要制定为食品安全标准的内容。

第二十七条 食品安全国家标准由国务院卫生行政部门会同国务院食品安全监督管理部门制定、公布，国务院标准化行政部门提供国家标准编号。

食品中农药残留、兽药残留的限量规定及其检验方法与规程由国务院卫生行政部门、国务院农业行政部门会同国务院食品安全监督管理部门制定。

屠宰畜、禽的检验规程由国务院农业行政部门会同国务院卫生行政部门制定。

第二十八条 制定食品安全国家标准，应当依据食品安全风险评估结果并充分考虑食用农产品安全风险评估结果，参照相关的国际标准和国际食品安全风险评估结果，并将食品安全国家标准草案向社会公布，广泛听取食品生产经营者、消费者、有关部门等方面的意见。

食品安全国家标准应当经国务院卫生行政部门组织的食品安全国家标准审评委员会审查通过。食品安全国家标准审评委员会由医学、农业、食品、营养、生物、环境等方面的专家以及国务院有关部门、食品行业协会、消费者协会的代表组成，对食品安全国家标准草案的科学性和实用性等进行审查。

第二十九条 对地方特色食品，没有食品安全国家标准的，省、自治区、直辖市人民政府卫生行政部门可以制定并公布食品安全地方标准，报国务院卫生行政部门备案。食品安全国家标准制定后，该地方标准即行废止。

第三十条 国家鼓励食品生产企业制定严于食品安全国家标准或者地方标准的企业标准，在本企业适用，并报省、自治区、直辖市人民政府卫生行政部门备案。

第三十一条 省级以上人民政府卫生行政部门应当在其网站上公布制定和备案的食品安全国家标准、地方标准和企业标准，供公众免费查阅、下载。

对食品安全标准执行过程中的问题，县级以上人民政府卫生行政部门应当会同有关部门及时给予指导、解答。

第三十二条 省级以上人民政府卫生行政部门应当会同同级食品安全监督管理、农业行政等部门，分别对食品安全国家标准和地方标准的执行情况进行跟踪评价，并根据评价结果及时修订食品安全标准。

省级以上人民政府食品安全监督管理、农业行政等部门应当对食品安全标准执行中存在的问题进行收集、汇总，并及时向同级卫生行政部门通报。

食品生产经营者、食品行业协会发现食品安全标准在执行中存在问题的，应当立即向卫生行政部门报告。

第四章 食品生产经营

第一节 一般规定

第三十三条 食品生产经营应当符合食品安全标准，并符合下列要求：

（一）具有与生产经营的食品品种、数量相适应的食品原料处理和食品加工、包装、贮存等场所，保持该场所环境整洁，并与有毒、有害场所以及其他污染源保持规定的距离；

（二）具有与生产经营的食品品种、数量相适应的生产经营设备或者设施，有相应的消毒、更衣、盥洗、采光、照明、通风、防腐、防尘、防蝇、防鼠、防虫、洗涤以及处理废水、存放垃圾和废弃物的设备或者设施；

（三）有专职或者兼职的食品安全专业技术人员、食品安全管理人员和保证食品安全的规章制度；

（四）具有合理的设备布局和工艺流程，防止待加工食品与直接入口食品、原料与成品交叉污染，避免食品接触有毒物、不洁物；

（五）餐具、饮具和盛放直接入口食品的容器，使用前应当洗净、消毒，炊具、用具用后应当洗净，保持清洁；

（六）贮存、运输和装卸食品的容器、工具和设备应当安全、无害，保持清洁，防止食品污染，并符合保证食品安全所需的温度、湿度等特殊要求，不得将食品与有毒、有害物品一同贮存、运输；

（七）直接入口的食品应当使用无毒、清洁的包装材料、餐具、饮具和容器；

（八）食品生产经营人员应当保持个人卫生，生产经营食品时，应当将手洗净，穿戴清洁的工作衣、帽等；销售无包装的直接入口食品时，应当使用无毒、清洁的容器、售货工具和设备；

（九）用水应当符合国家规定的生活饮用水卫生标准；

（十）使用的洗涤剂、消毒剂应当对人体安全、无害；

（十一）法律、法规规定的其他要求。

非食品生产经营者从事食品贮存、运输和装卸的，应当符合前款第六项的规定。

第三十四条 禁止生产经营下列食品、食品添加剂、食品相关产品：

（一）用非食品原料生产的食品或者添加食品添加剂以外的化学物质和其他可能危害人体健康物质的食品，或者用回收食品作为原料生产的食品；

（二）致病性微生物，农药残留、兽药残留、生物毒素、重金属等污染物质以及其他危害人体健康的物质含量超过食品安全标准限量的食品、食品添加剂、食品相关产品；

（三）用超过保质期的食品原料、食品添加剂生产的食品、食品添加剂；

（四）超范围、超限量使用食品添加剂的食品；

（五）营养成分不符合食品安全标准的专供婴幼儿和其他特定人群的主辅食品；

（六）腐败变质、油脂酸败、霉变生虫、污秽不洁、混有异物、掺假掺杂或者感官性状异常的食品、食品添加剂；

（七）病死、毒死或者死因不明的禽、畜、兽、水产动物肉类及其制品；

（八）未按规定进行检疫或者检疫不合格的肉类，或者未经检验或者检验不合格的肉类制品；

（九）被包装材料、容器、运输工具等污染的食品、食品添加剂；

（十）标注虚假生产日期、保质期或者超过保质期的食品、食品添加剂；

（十一）无标签的预包装食品、食品添加剂；

（十二）国家为防病等特殊需要明令禁止生产经营的食品；

（十三）其他不符合法律、法规或者食品安全标准的食品、食品添加剂、食品相关产品。

第三十五条 国家对食品生产经营实行许可制度。从事食品生产、食品销售、餐饮服务，应当依法取得许可。但是，销售食用农产品和仅销售预包装食品的，不需要取得许可。仅销售预包装食品的，应当报所在地县级以上地方人民政府食品安全监督管理部门备案。

县级以上地方人民政府食品安全监督管理部门应当依照《中华人民共和国行政许可法》的规定，审核申请人提交的本法第三十三条第一款第一项至第四项规定要求的相关资料，必要时对申请人的生产经营场所进行现场核查；对符合规定条件的，准予许可；对不符合规定条件的，不予许可并书面说明理由。

第三十六条 食品生产加工小作坊和食品摊贩等从事食品生产经营活动，应当符合本法规定的与其生产经营规模、条件相适应的食品安全要求，保证所生产经营的食品卫生、无毒、无害，食品安全监督管理部门应当对其加强监督管理。

县级以上地方人民政府应当对食品生产加工小作坊、食品摊贩等进行综合治理，加强服务和统一规划，改善其生产经营环境，鼓励和支持其改进生产经营条件，进入集中交易市场、店铺等固定场所经营，或者在指定的临时经营区域、时段经营。

食品生产加工小作坊和食品摊贩等的具体管理办法由省、自治区、直辖市制定。

第三十七条 利用新的食品原料生产食品，或者生产食品添加剂新品种、食品相关产品新品种，应当向国务院卫生行政部门提交相关产品的安全性评估材料。国务院卫生行政部门应当自收到申请之日起六十日内组织审查；对符合食品安全要求的，准予许可并公布；对不符合食品安全要求的，不予许可并书面说明理由。

第三十八条 生产经营的食品中不得添加药品，但是可以添加按照传统既是食品又是中药材的物质。按照传统既是食品又是中药材的物质目录由国务院卫生行政部门会同国务院食品安全监督管理部门制定、公布。

第三十九条 国家对食品添加剂生产实行许可制度。从事食品添加剂生产，应当具有与所生产食品添加剂品种相适应的场所、生产设备或者设施、专业技术人员和管理制度，并依照本法第三十五条第二款规定的程序，取得食品添加剂生产许可。

生产食品添加剂应当符合法律、法规和食品安全国家标准。

第四十条 食品添加剂应当在技术上确有必要且经过风险评估证明安全可靠，方可列入允许使用的范围；有关食品安全国家标准应当根据技术必要性和食品安全风险评估结果及时修订。

食品生产经营者应当按照食品安全国家标准使用食品添加剂。

第四十一条 生产食品相关产品应当符合法律、法规和食品安全国家标准。对直接接触食品的包装材料等具有较高风险的食品相关产品，按照国家有关工业产品生产许可证管理的规定实施生产许可。食品安全监督管理部门应当加强对食品相关产品生产活动的监督管理。

第四十二条 国家建立食品安全全程追溯制度。

食品生产经营者应当依照本法的规定，建立食品安全追溯体系，保证食品可追溯。国家鼓励食品生产经营者采用信息化手段采集、留存生产经营信息，建立食品安全追溯体系。

国务院食品安全监督管理部门会同国务院农业行政等有关部门建立食品安全全程追溯协作机制。

第四十三条 地方各级人民政府应当采取措施鼓励食品规模化生产和连锁经营、配送。

国家鼓励食品生产经营企业参加食品安全责任保险。

第二节 生产经营过程控制

第四十四条 食品生产经营企业应当建立健全食品安全管理制度，对职工进行食品安全知识培训，加强食品检验工作，依法从事生产经营活动。

食品生产经营企业的主要负责人应当落实企业食品安全管理制度，对本企业的食品安全工作全面负责。

食品生产经营企业应当配备食品安全管理人员，加强对其培训和考核。经考核不具备食品安全管理能力的，不得上岗。食品安全监督管理部门应当对企业食品安全管理人员随机进行监督抽查考核并公布考核情况。监督抽查考核不得收取费用。

第四十五条 食品生产经营者应当建立并执行从业人员健康管理制度。患有国务院卫生行政部门规定的有碍食品安全疾病的人员，不得从事接触直接入口食品的工作。

从事接触直接入口食品工作的食品生产经营人员应当每年进行健康检查，取得健康证明后方可上岗工作。

第四十六条 食品生产企业应当就下列事项制定并实施控制要求，保证所生产的食品符合食品安全标准：

（一）原料采购、原料验收、投料等原料控制；

（二）生产工序、设备、贮存、包装等生产关键环节控制；

（三）原料检验、半成品检验、成品出厂检验等检验控制；

（四）运输和交付控制。

第四十七条 食品生产经营者应当建立食品安全自查制度，定期对食品安全状况进行检查评价。生产经营条件发生变化，不再符合食品安全要求的，食品生产经营者应当立即采取整改措施；有发生食品安全事故潜在风险的，应当立即停止食品生产经营活动，并向所在地县级人民政府食品安全监督管理部门报告。

第四十八条 国家鼓励食品生产经营企业符合良好生产规范要求，实施危害分析与关键控制点体系，提高食品安全管理水平。

对通过良好生产规范、危害分析与关键控制点体系认证的食品生产经营企业，认证机构应当依法实施跟踪调查；对不再符合认证要求的企业，应当依法撤销认证，及时向县级以上人民政府食品安全监督管理部门通报，并向社会公布。认证机构实施跟踪调查不得收取费用。

第四十九条 食用农产品生产者应当按照食品安全标准和国家有关规定使用农药、肥料、兽药、饲料和饲料添加剂等农业投入品，严格执行农业投入品使用安全间隔期或者休药期的规定，不得使用国家明令禁止的农业投入品。禁止将剧毒、高毒农药用于蔬菜、瓜果、茶叶和中草药材等国家规定的农作物。

食用农产品的生产企业和农民专业合作经济组织应当建立农业投入品使用记录制度。

县级以上人民政府农业行政部门应当加强对农业投入品使用的监督管理和指导，建立健全农业投入品安全使用制度。

第五十条 食品生产者采购食品原料、食品添加剂、食品相关产品，应当查验供货者的许可证和产品合格证明；对无法提供合格证明的食品原料，应当按照食品安全标准进行检验；不得采购或者使用不符合食品安全标准的食品原料、食品添加剂、食品相关产品。

食品生产企业应当建立食品原料、食品添加剂、食品相关产品进货查验记录制度，如实记录食品原料、食品添加剂、食品相关产品的名称、规格、数量、生产日期或者生产批号、保质期、进货日期以及供货者名称、地址、联系方式等内容，并保存相关凭证。记录和凭证保存期限不得少于产品保质期满后六个月；没有明确保质期的，保存期限不得少于二年。

第五十一条 食品生产企业应当建立食品出厂检验记录制度，查验出厂食品的检验合格证和安全状况，如实记录食品的名称、规格、数量、生产日期或者生产批号、保质期、检验合格证号、销售日期以及购货者名称、地址、联系方式等内容，并保存相关凭证。记录和凭证保存期限应当符合本法第五十条第二款的规定。

第五十二条 食品、食品添加剂、食品相关产品的生产者，应当按照食品安全标准对所生产的食品、食品添加剂、食品相关产品进行检验，检验合格后方可出厂或者销售。

第五十三条 食品经营者采购食品，应当查验供货者的许可证和食品出厂检验合格证或者其他合格证明（以下称合格证明文件）。

食品经营企业应当建立食品进货查验记录制度，如实记录食品的名称、规格、数量、生产日期或者生产批号、保质期、进货日期以及供货者名称、地址、联系方式等内容，并保存相关凭证。记录和凭证保存期限应当符合本法第五十条第二款的规定。

实行统一配送经营方式的食品经营企业，可以由企业总部统一查验供货者的许可证和食品合格证明文件，进行食品进货查验记录。

从事食品批发业务的经营企业应当建立食品销售记录制度，如实记录批发食品的名称、规格、数量、生产日期或者生产批号、保质期、销售日期以及购货者名称、地址、联系方式等内容，并保存相关凭证。记录和凭证保存期限应当符合本法第五十条第二款的规定。

第五十四条 食品经营者应当按照保证食品安全的要求贮存食品，定期检查库存食品，及时清理变质或者超过保质期的食品。

食品经营者贮存散装食品，应当在贮存位置标明食品的名称、生产日期或者生产批号、保质期、生产者名称及联系方式等内容。

第五十五条 餐饮服务提供者应当制定并实施原料控制要求，不得采购不符合食品安全标准的食品原料。倡导餐饮服务提供者公开加工过程，公示食品原料及其来源等信息。

餐饮服务提供者在加工过程中应当检查待加工的食品及原料，发现有本法第三十四条第六项规定情形的，不得加工或者使用。

第五十六条 餐饮服务提供者应当定期维护食品加工、贮存、陈列等设施、设备；定期清洗、校验保温设施及冷藏、冷冻设施。

餐饮服务提供者应当按照要求对餐具、饮具进行清洗消毒，不得使用未经清洗消毒的餐具、饮具；餐饮服务提供者委托清洗消毒餐具、饮具的，应当委托符合本法规定条件的餐具、饮具集中消毒服务单位。

第五十七条 学校、托幼机构、养老机构、建筑工地等集中用餐单位的食堂应当严格遵守法律、法规和食品安全标准；从供餐单位订餐的，应当从取得食品生产经营许可的企业订购，并按照要求对订购的食品进行查验。供餐单位应当严格遵守法律、法规和食品安全标准，当餐加工，确保食品安全。

学校、托幼机构、养老机构、建筑工地等集中用餐单位的主管部门应当加强对集中用餐单位的食品安全教育和日常管理，降低食品安全风险，及时消除食品安全隐患。

第五十八条 餐具、饮具集中消毒服务单位应当具备相应的作业场所、清洗消毒设备或者设施，用水和使用的洗涤剂、消毒剂应当符合相关食品安全国家标准和其他国家标准、卫生规范。

餐具、饮具集中消毒服务单位应当对消毒餐具、饮具进行逐批检验，检验合格后方可出厂，并应当随附消毒合格证明。消毒后的餐具、饮具应当在独立包装上标注单位名称、地址、联系方式、消毒日期以及使用期限等内容。

第五十九条 食品添加剂生产者应当建立食品添加剂出厂检验记录制度，查验出厂产品的检验合格证和安全状况，如实记录食品添加剂的名称、规格、数量、生产日期或者生产批号、保质期、检验合格证号、销售日期以及购货者名称、地址、联系方式等相关内容，并保存相关凭证。记录和凭证保存期限应当符合本法第五十条第二款的规定。

第六十条 食品添加剂经营者采购食品添加剂，应当依法查验供货者的许可证和产品合格证明文件，如实记录食品添加剂的名称、规格、数量、生产日期或者生产批号、保质期、进货日期以及供货者名称、地址、联系方式等内容，并保存相关凭证。记录和凭证保存期限应当符合本法第五十条第二款的规定。

第六十一条 集中交易市场的开办者、柜台出租者和展销会举办者，应当依法审查入场食品经营者的许可证，明确其食品安全管理责任，定期对其经营环境和条件进行检查，发现其有违反本法规定行为的，应当及时制止并立即报告所在地县级人民政府食品安全监督管理部门。

第六十二条 网络食品交易第三方平台提供者应当对入网食品经营者进行实名登记，明确其食品安全管理责任；依法应当取得许可证的，还应当审查其许可证。

网络食品交易第三方平台提供者发现入网食品经营者有违反本法规定行为的，应当及时制止并立即报告所在地县级人民政府食品安全监督管理部门；发现严重违法行为的，应当立即停止提供网络交易平台服务。

第六十三条 国家建立食品召回制度。食品生产者发现其生产的食品不符合食品安全标准或者有证据证明可能危害人体健康的，应当立即停止生产，召回已经上市销售的食品，通知相关生产经营者和消费者，并记录召回和通知情况。

食品经营者发现其经营的食品有前款规定情形的，应当立即停止经营，通知相关生产经营者和消费者，并记录停止经营和通知情况。食品生产者认为应当召回的，应当立即召回。由于食品经营者的原因造成其经营的食品有前款规定情形的，食品经营者应当召回。

食品生产经营者应当对召回的食品采取无害化处理、销毁等措施，防止其再次流入市场。但是，对因标签、标志或者说明书不符合食品安全标准而被召回的食品，食品生产者在采取补救措施且能保证食品安全的情况下可以继续销售；销售时应当向消费者明示补救措施。

食品生产经营者应当将食品召回和处理情况向所在地县级人民政府食品安全监督管理部门报告；需要对召回的食品进行无害化处理、销毁的，应当提前报告时间、地点。食品安全监督管理部门认为必要的，可以实施现场监督。

食品生产经营者未依照本条规定召回或者停止经营的，县级以上人民政府食品安全监督管理部门可以责令其召回或者停止经营。

第六十四条 食用农产品批发市场应当配备检验设备和检验人员或者委托符合本法规定的食品检验机构，对进入该批发市场销售的食用农产品进行抽样检验；发现不符合食品安全标准的，应当要求销售者立即停止销售，并向食品安全监督管理部门报告。

第六十五条 食用农产品销售者应当建立食用农产品进货查验记录制度，如实记录食用农产品的名称、数量、进货日期以及供货者名称、地址、联系方式等内容，并保存相关凭证。记录和凭证保存期限不得少于六个月。

第六十六条 进入市场销售的食用农产品在包装、保鲜、贮存、运输中使用保鲜剂、防腐剂等食品添加剂和包装材料等食品相关产品，应当符合食品安全国家标准。

第三节 标签、说明书和广告

第六十七条 预包装食品的包装上应当有标签。标签应当标明下列事项：

（一）名称、规格、净含量、生产日期；

（二）成分或者配料表；

（三）生产者的名称、地址、联系方式；

（四）保质期；

（五）产品标准代号；

（六）贮存条件；

（七）所使用的食品添加剂在国家标准中的通用名称；

（八）生产许可证编号；

（九）法律、法规或者食品安全标准规定应当标明的其他事项。

专供婴幼儿和其他特定人群的主辅食品，其标签还应当标明主要营养成分及其含量。

食品安全国家标准对标签标注事项另有规定的，从其规定。

第六十八条 食品经营者销售散装食品，应当在散装食品的容器、外包装上标明食品的名称、生产日期或者生产批号、保质期以及生产经营者名称、地址、联系方式等内容。

第六十九条 生产经营转基因食品应当按照规定显著标示。

第七十条 食品添加剂应当有标签、说明书和包装。标签、说明书应当载明本法第六十七条第一款第一项至第六项、第八项、第九项规定的事项，以及食品添加剂的使用范围、用量、使用方法，并在标签上载明“食品添加剂”字样。

第七十一条 食品和食品添加剂的标签、说明书，不得含有虚假内容，不得涉及疾病预防、治疗功能。生产经营者对其提供的标签、说明书的内容负责。

食品和食品添加剂的标签、说明书应当清楚、明显，生产日期、保质期等事项应当显著标注，容易辨识。

食品和食品添加剂与其标签、说明书的内容不符的，不得上市销售。

第七十二条 食品经营者应当按照食品标签标示的警示标志、警示说明或者注意事项的要求销售食品。

第七十三条 食品广告的内容应当真实合法，不得含有虚假内容，不得涉及疾病预防、治疗功能。食品生产经营者对食品广告内容的真实性、合法性负责。

县级以上人民政府食品安全监督管理部门和其他有关部门以及食品检验机构、食品行业协会不得以广告或者其他形式向消费者推荐食品。消费者组织不得以收取费用或者其他牟取利益的方式向消费者推荐食品。

第四节 特殊食品

第七十四条 国家对保健食品、特殊医学用途配方食品和婴幼儿配方食品等特殊食品实行严格监督管理。

第七十五条 保健食品声称保健功能，应当具有科学依据，不得对人体产生急性、亚急性或者慢性危害。

保健食品原料目录和允许保健食品声称的保健功能目录，由国务院食品安全监督管理部门会同国务院卫生行政部门、国家中医药管理部门制定、调整并公布。

保健食品原料目录应当包括原料名称、用量及其对应的功效；列入保健食品原料目录的原料只能用于保健食品生产，不得用于其他食品生产。

第七十六条 使用保健食品原料目录以外原料的保健食品和首次进口的保健食品应当经国务院食品安全监督管理部门注册。但是，首次进口的保健食品中属于补充维生素、矿物质等营养物质的，应当报国务院食品安全监督管理部门备案。其他保健食品应当报省、自治区、直辖市人民政府食品安全监督管理部门备案。

进口的保健食品应当是出口国（地区）主管部门准许上市销售的产品。

第七十七条 依法应当注册的保健食品，注册时应当提交保健食品的研发报告、产品配方、生产工艺、安全性和保健功能评价、标签、说明书等材料及样品，并提供相关证明文件。国务院食品安全监督管理部门经组织技术审评，对符合安全和功能声称要求的，准予注册；对不符合要求的，不予注册并书面说明理由。对使用保健食品原料目录以外原料的保健食品作出准予注册决定的，应当及时将该原料纳入保健食品原料目录。

依法应当备案的保健食品，备案时应当提交产品配方、生产工艺、标签、说明书以及表明产品安全性和保健功能的材料。

第七十八条 保健食品的标签、说明书不得涉及疾病预防、治疗功能，内容应当真实，与注册或者备案的内容相一致，载明适宜人群、不适宜人群、功效成分或者标志性成分及其含量等，并声明“本品不能代替药物”。保健食品的功能和成分应当与标签、说明书相一致。

第七十九条 保健食品广告除应当符合本法第七十三条第一款的规定外，还应当声明“本品不能代替药物”；其内容应当经生产企业所在地省、自治区、直辖市人民政府食品安全监督管理部门审查批准，取得保健食品广告批准文件。省、自治区、直辖市人民政府食品安全监督管理部门应当公布并及时更新已经批准的保健食品广告目录以及批准的广告内容。

第八十条 特殊医学用途配方食品应当经国务院食品安全监督管理部门注册。注册时，应当提交产品配方、生产工艺、标签、说明书以及表明产品安全性、营养充足性和特殊医学用途临床效果的材料。

特殊医学用途配方食品广告适用《中华人民共和国广告法》和其他法律、行政法规关于药品广告管理的规定。

第八十一条 婴幼儿配方食品生产企业应当实施从原料进厂到成品出厂的全过程质量控制，对出厂的婴幼儿配方食品实施逐批检验，保证食品安全。

生产婴幼儿配方食品使用的生鲜乳、辅料等食品原料、食品添加剂等，应当符合法律、行政法规的规定和食品安全国家标准，保证婴幼儿生长发育所需的营养成分。

婴幼儿配方食品生产企业应当将食品原料、食品添加剂、产品配方及标签等事项向省、自治区、直辖市人民政府食品安全监督管理部门备案。

婴幼儿配方乳粉的产品配方应当经国务院食品安全监督管理部门注册。注册时，应当提交配方研发报告和其他表明配方科学性、安全性的材料。

不得以分装方式生产婴幼儿配方乳粉，同一企业不得用同一配方生产不同品牌的婴幼儿配方乳粉。

第八十二条 保健食品、特殊医学用途配方食品、婴幼儿配方乳粉的注册人或者备案人应当对其提交材料的真实性负责。

省级以上人民政府食品安全监督管理部门应当及时公布注册或者备案的保健食品、特殊医学用途配方食品、婴幼儿配方乳粉目录，并对注册或者备案中获知的企业商业秘密予以保密。

保健食品、特殊医学用途配方食品、婴幼儿配方乳粉生产企业应当按照注册或者备案的产品配方、生产工艺等技术要求组织生产。

第八十三条 生产保健食品，特殊医学用途配方食品、婴幼儿配方食品和其他专供特定人群的主辅食品的企业，应当按照良好生产规范的要求建立与所生产食品相适应的生产质量管理体系，定期对该体系的运行情况进行自查，保证其有效运行，并向所在地县级人民政府食品安全监督管理部门提交自查报告。

第五章　食品检验

第八十四条 食品检验机构按照国家有关认证认可的规定取得资质认定后，方可从事食品检验活动。但是，法律另有规定的除外。

食品检验机构的资质认定条件和检验规范，由国务院食品安全监督管理部门规定。

符合本法规定的食品检验机构出具的检验报告具有同等效力。

县级以上人民政府应当整合食品检验资源，实现资源共享。

第八十五条 食品检验由食品检验机构指定的检验人独立进行。

检验人应当依照有关法律、法规的规定，并按照食品安全标准和检验规范对食品进行检验，尊重科学，恪守职业道德，保证出具的检验数据和结论客观、公正，不得出具虚假检验报告。

第八十六条 食品检验实行食品检验机构与检验人负责制。食品检验报告应当加盖食品检验机构公章，并有检验人的签名或者盖章。食品检验机构和检验人对出具的食品检验报告负责。

第八十七条 县级以上人民政府食品安全监督管理部门应当对食品进行定期或者不定期的抽样检验，并依据有关规定公布检验结果，不得免检。进行抽样检验，应当购买抽取的样品，委托符合本法规定的食品检验机构进行检验，并支付相关费用；不得向食品生产经营者收取检验费和其他费用。

第八十八条 对依照本法规定实施的检验结论有异议的，食品生产经营者可以自收到检验结论之日起七个工作日内向实施抽样检验的食品安全监督管理部门或者其上一级食品安全监督管理部门提出复检申请，由受理复检申请的食品安全监督管理部门在公布的复检机构名录中随机确定复检机构进行复检。复检机构出具的复检结论为最终检验结论。复检机构与初检机构不得为同一机构。复检机构名录由国务院认证认可监督管理、食品安全监督管理、卫生行政、农业行政等部门共同公布。

采用国家规定的快速检测方法对食用农产品进行抽查检测，被抽查人对检测结果有异议的，可以自收到检测结果时起四小时内申请复检。复检不得采用快速检测方法。

第八十九条 食品生产企业可以自行对所生产的食品进行检验，也可以委托符合本法规定的食品检验机构进行检验。

食品行业协会和消费者协会等组织、消费者需要委托食品检验机构对食品进行检验的，应当委托符合本法规定的食品检验机构进行。

第九十条 食品添加剂的检验，适用本法有关食品检验的规定。

第六章　食品进出口

第九十一条 国家出入境检验检疫部门对进出口食品安全实施监督管理。

第九十二条 进口的食品、食品添加剂、食品相关产品应当符合我国食品安全国家标准。

进口的食品、食品添加剂应当经出入境检验检疫机构依照进出口商品检验相关法律、行政法规的规定检验合格。

进口的食品、食品添加剂应当按照国家出入境检验检疫部门的要求随附合格证明材料。

第九十三条 进口尚无食品安全国家标准的食品，由境外出口商、境外生产企业或者其委托的进口商向国务院卫生行政部门提交所执行的相关国家（地区）标准或者国际标准。国务院卫生行政部门对相关标准进行审查，认为符合食品安全要求的，决定暂予适用，并及时制定相应的食品安全国家标准。进口利用新的食品原料生产的食品或者进口食品添加剂新品种、食品相关产品新品种，依照本法第三十七条的规定办理。

出入境检验检疫机构按照国务院卫生行政部门的要求，对前款规定的食品、食品添加剂、食品相关产品进行检验。检验结果应当公开。

第九十四条 境外出口商、境外生产企业应当保证向我国出口的食品、食品添加剂、食品相关产品符合本法以及我国其他有关法律、行政法规的规定和食品安全国家标准的要求，并对标签、说明书的内容负责。

进口商应当建立境外出口商、境外生产企业审核制度，重点审核前款规定的内容；审核不合格的，不得进口。

发现进口食品不符合我国食品安全国家标准或者有证据证明可能危害人体健康的，进口商应当立即停止进口，并依照本法第六十三条的规定召回。

第九十五条 境外发生的食品安全事件可能对我国境内造成影响，或者在进口食品、食品添加剂、食品相关产品中发现严重食品安全问题的，国家出入境检验检疫部门应当及时采取风险预警或者控制措施，并向国务院食品安全监督管理、卫生行政、农业行政部门通报。接到通报的部门应当及时采取相应措施。

县级以上人民政府食品安全监督管理部门对国内市场上销售的进口食品、食品添加剂实施监督管理。发现存在严重食品安全问题的，国务院食品安全监督管理部门应当及时向国家出入境检验检疫部门通报。国家出入境检验检疫部门应当及时采取相应措施。

第九十六条 向我国境内出口食品的境外出口商或者代理商、进口食品的进口商应当向国家出入境检验检疫部门备案。向我国境内出口食品的境外食品生产企业应当经国家出入境检验检疫部门注册。已经注册的境外食品生产企业提供虚假材料，或者因其自身的原因致使进口食品发生重大食品安全事故的，国家出入境检验检疫部门应当撤销注册并公告。

国家出入境检验检疫部门应当定期公布已经备案的境外出口商、代理商、进口商和已经注册的境外食品生产企业名单。

第九十七条 进口的预包装食品、食品添加剂应当有中文标签；依法应当有说明书的，还应当有中文说明书。标签、说明书应当符合本法以及我国其他有关法律、行政法规的规定和食品安全国家标准的要求，并载明食品的原产地以及境内代理商的名称、地址、联系方式。预包装食品没有中文标签、中文说明书或者标签、说明书不符合本条规定的，不得进口。

第九十八条 进口商应当建立食品、食品添加剂进口和销售记录制度，如实记录食品、食品添加剂的名称、规格、数量、生产日期、生产或者进口批号、保质期、境外出口商和购货者名称、地址及联系方式、交货日期等内容，并保存相关凭证。记录和凭证保存期限应当符合本法第五十条第二款的规定。

第九十九条 出口食品生产企业应当保证其出口食品符合进口国（地区）的标准或者合同要求。

出口食品生产企业和出口食品原料种植、养殖场应当向国家出入境检验检疫部门备案。

第一百条 国家出入境检验检疫部门应当收集、汇总下列进出口食品安全信息，并及时通报相关部门、机构和企业：

（一）出入境检验检疫机构对进出口食品实施检验检疫发现的食品安全信息；

（二）食品行业协会和消费者协会等组织、消费者反映的进口食品安全信息；

（三）国际组织、境外政府机构发布的风险预警信息及其他食品安全信息，以及境外食品行业协会等组织、消费者反映的食品安全信息；

（四）其他食品安全信息。

国家出入境检验检疫部门应当对进出口食品的进口商、出口商和出口食品生产企业实施信用管理，建立信用记录，并依法向社会公布。对有不良记录的进口商、出口商和出口食品生产企业，应当加强对其进出口食品的检验检疫。

第一百零一条 国家出入境检验检疫部门可以对向我国境内出口食品的国家（地区）的食品安全管理体系和食品安全状况进行评估和审查，并根据评估和审查结果，确定相应检验检疫要求。

第七章 食品安全事故处置

第一百零二条 国务院组织制定国家食品安全事故应急预案。

县级以上地方人民政府应当根据有关法律、法规的规定和上级人民政府的食品安全事故应急预案以及本行政区域的实际情况，制定本行政区域的食品安全事故应急预案，并报上一级人民政府备案。

食品安全事故应急预案应当对食品安全事故分级、事故处置组织指挥体系与职责、预防预警机制、处置程序、应急保障措施等作出规定。

食品生产经营企业应当制定食品安全事故处置方案，定期检查本企业各项食品安全防范措施的落实情况，及时消除事故隐患。

第一百零三条 发生食品安全事故的单位应当立即采取措施，防止事故扩大。事故单位和接收病人进行治疗的单位应当及时向事故发生地县级人民政府食品安全监督管理、卫生行政部门报告。

县级以上人民政府农业行政等部门在日常监督管理中发现食品安全事故或者接到事故举报，应当立即向同级食品安全监督管理部门通报。

发生食品安全事故，接到报告的县级人民政府食品安全监督管理部门应当按照应急预案的规定向本级人民政府和上级人民政府食品安全监督管理部门报告。县级人民政府和上级人民政府食品安全监督管理部门应当按照应急预案的规定上报。

任何单位和个人不得对食品安全事故隐瞒、谎报、缓报，不得隐匿、伪造、毁灭有关证据。

第一百零四条 医疗机构发现其接收的病人属于食源性疾病病人或者疑似病人的，应当按照规定及时将相关信息向所在地县级人民政府卫生行政部门报告。县级人民政府卫生行政部门认为与食品安全有关的，应当及时通报同级食品安全监督管理部门。

县级以上人民政府卫生行政部门在调查处理传染病或者其他突发公共卫生事件中发现与食品安全相关的信息，应当及时通报同级食品安全监督管理部门。

第一百零五条 县级以上人民政府食品安全监督管理部门接到食品安全事故的报告后，应当立即会同同级卫生行政、农业行政等部门进行调查处理，并采取下列措施，防止或者减轻社会危害：

（一）开展应急救援工作，组织救治因食品安全事故导致人身伤害的人员；

（二）封存可能导致食品安全事故的食品及其原料，并立即进行检验；对确认属于被污染的食品及其原料，责令食品生产经营者依照本法第六十三条的规定召回或者停止经营；

（三）封存被污染的食品相关产品，并责令进行清洗消毒；

（四）做好信息发布工作，依法对食品安全事故及其处理情况进行发布，并对可能产生的危害加以解释、说明。

发生食品安全事故需要启动应急预案的，县级以上人民政府应当立即成立事故处置指挥机构，启动应急预案，依照前款和应急预案的规定进行处置。

发生食品安全事故，县级以上疾病预防控制机构应当对事故现场进行卫生处理，并对与事故有关的因素开展流行病学调查，有关部门应当予以协助。县级以上疾病预防控制机构应当向同级食品安全监督管理、卫生行政部门提交流行病学调查报告。

第一百零六条 发生食品安全事故，设区的市级以上人民政府食品安全监督管理部门应当立即会同有关部门进行事故责任调查，督促有关部门履行职责，向本级人民政府和上一级人民政府食品安全监督管理部门提出事故责任调查处理报告。

涉及两个以上省、自治区、直辖市的重大食品安全事故由国务院食品安全监督管理部门依照前款规定组织事故责任调查。

第一百零七条 调查食品安全事故，应当坚持实事求是、尊重科学的原则，及时、准确查清事故性质和原因，认定事故责任，提出整改措施。

调查食品安全事故，除了查明事故单位的责任，还应当查明有关监督管理部门、食品检验机构、认证机构及其工作人员的责任。

第一百零八条 食品安全事故调查部门有权向有关单位和个人了解与事故有关的情况，并要求提供相关资料和样品。有关单位和个人应当予以配合，按照要求提供相关资料和样品，不得拒绝。

任何单位和个人不得阻挠、干涉食品安全事故的调查处理。

第八章　监督管理

第一百零九条 县级以上人民政府食品安全监督管理部门根据食品安全风险监测、风险评估结果和食品安全状况等，确定监督管理的重点、方式和频次，实施风险分级管理。

县级以上地方人民政府组织本级食品安全监督管理、农业行政等部门制定本行政区域的食品安全年度监督管理计划，向社会公布并组织实施。

食品安全年度监督管理计划应当将下列事项作为监督管理的重点：

（一）专供婴幼儿和其他特定人群的主辅食品；

（二）保健食品生产过程中的添加行为和按照注册或者备案的技术要求组织生产的情况，保健食品标签、说明书以及宣传材料中有关功能宣传的情况；

（三）发生食品安全事故风险较高的食品生产经营者；

（四）食品安全风险监测结果表明可能存在食品安全隐患的事项。

第一百一十条 县级以上人民政府食品安全监督管理部门履行食品安全监督管理职责，有权采取下列措施，对生产经营者遵守本法的情况进行监督检查：

（一）进入生产经营场所实施现场检查；

（二）对生产经营的食品、食品添加剂、食品相关产品进行抽样检验；

（三）查阅、复制有关合同、票据、账簿以及其他有关资料；

（四）查封、扣押有证据证明不符合食品安全标准或者有证据证明存在安全隐患以及用于违法生产经营的食品、食品添加剂、食品相关产品；

（五）查封违法从事生产经营活动的场所。

第一百一十一条 对食品安全风险评估结果证明食品存在安全隐患，需要制定、修订食品安全标准的，在制定、修订食品安全标准前，国务院卫生行政部门应当及时会同国务院有关部门规定食品中有害物质的临时限量值和临时检验方法，作为生产经营和监督管理的依据。

第一百一十二条 县级以上人民政府食品安全监督管理部门在食品安全监督管理工作中可以采用国家规定的快速检测方法对食品进行抽查检测。

对抽查检测结果表明可能不符合食品安全标准的食品，应当依照本法第八十七条的规定进行检验。抽查检测结果确定有关食品不符合食品安全标准的，可以作为行政处罚的依据。

第一百一十三条 县级以上人民政府食品安全监督管理部门应当建立食品生产经营者食品安全信用档案，记录许可颁发、日常监督检查结果、违法行为查处等情况，依法向社会公布并实时更新；对有不良信用记录的食品生产经营者增加监督检查频次，对违法行为情节严重的食品生产经营者，可以通报投资主管部门、证券监督管理机构和有关的金融机构。

第一百一十四条 食品生产经营过程中存在食品安全隐患，未及时采取措施消除的，县级以上人民政府食品安全监督管理部门可以对食品生产经营者的法定代表人或者主要负责人进行责任约谈。食品生产经营者应当立即采取措施，进行整改，消除隐患。责任约谈情况和整改情况应当纳入食品生产经营者食品安全信用档案。

第一百一十五条 县级以上人民政府食品安全监督管理等部门应当公布本部门的电子邮件地址或者电话，接受咨询、投诉、举报。接到咨询、投诉、举报，对属于本部门职责的，应当受理并在法定期限内及时答复、核实、处理；对不属于本部门职责的，应当移交有权处理的部门并书面通知咨询、投诉、举报人。有权处理的部门应当在法定期限内及时处理，不得推诿。对查证属实的举报，给予举报人奖励。

有关部门应当对举报人的信息予以保密，保护举报人的合法权益。举报人举报所在企业的，该企业不得以解除、变更劳动合同或者其他方式对举报人进行打击报复。

第一百一十六条 县级以上人民政府食品安全监督管理等部门应当加强对执法人员食品安全法律、法规、标准和专业知识与执法能力等的培训，并组织考核。不具备相应知识和能力的，不得从事食品安全执法工作。

食品生产经营者、食品行业协会、消费者协会等发现食品安全执法人员在执法过程中有违反法律、法规规定的行为以及不规范执法行为的，可以向本级或者上级人民政府食品安全监督管理等部门或者监察机关投诉、举报。接到投诉、举报的部门或者机关应当进行核实，并将经核实的情况向食品安全执法人员所在部门通报；涉嫌违法违纪的，按照本法和有关规定处理。

第一百一十七条 县级以上人民政府食品安全监督管理等部门未及时发现食品安全系统性风险，未及时消除监督管理区域内的食品安全隐患的，本级人民政府可以对其主要负责人进行责任约谈。

地方人民政府未履行食品安全职责，未及时消除区域性重大食品安全隐患的，上级人民政府可以对其主要负责人进行责任约谈。

被约谈的食品安全监督管理等部门、地方人民政府应当立即采取措施，对食品安全监督管理工作进行整改。

责任约谈情况和整改情况应当纳入地方人民政府和有关部门食品安全监督管理工作评议、考核记录。

第一百一十八条 国家建立统一的食品安全信息平台，实行食品安全信息统一公布制度。国家食品安全总体情况、食品安全风险警示信息、重大食品安全事故及其调查处理信息和国务院确定需要统一公布的其他信息由国务院食品安全监督管理部门统一公布。食品安全风险警示信息和重大食品安全事故及其调查处理信息的影响限于特定区域的，也可以由有关省、自治区、直辖市人民政府食品安全监督管理部门公布。未经授权不得发布上述信息。

县级以上人民政府食品安全监督管理、农业行政部门依据各自职责公布食品安全日常监督管理信息。

公布食品安全信息，应当做到准确、及时，并进行必要的解释说明，避免误导消费者和社会舆论。

第一百一十九条 县级以上地方人民政府食品安全监督管理、卫生行政、农业行政部门获知本法规定需要统一公布的信息，应当向上级主管部门报告，由上级主管部门立即报告国务院食品安全监督管理部门；必要时，可以直接向国务院食品安全监督管理部门报告。

县级以上人民政府食品安全监督管理、卫生行政、农业行政部门应当相互通报获知的食品安全信息。

第一百二十条 任何单位和个人不得编造、散布虚假食品安全信息。

县级以上人民政府食品安全监督管理部门发现可能误导消费者和社会舆论的食品安全信息，应当立即组织有关部门、专业机构、相关食品生产经营者等进行核实、分析，并及时公布结果。

第一百二十一条 县级以上人民政府食品安全监督管理等部门发现涉嫌食品安全犯罪的，应当按照有关规定及时将案件移送公安机关。对移送的案件，公安机关应当及时审查；认为有犯罪事实需要追究刑事责任的，应当立案侦查。

公安机关在食品安全犯罪案件侦查过程中认为没有犯罪事实，或者犯罪事实显著轻微，不需要追究刑事责任，但依法应当追究行政责任的，应当及时将案件移送食品安全监督管理等部门和监察机关，有关部门应当依法处理。

公安机关商请食品安全监督管理、生态环境等部门提供检验结论、认定意见以及对涉案物品进行无害化处理等协助的，有关部门应当及时提供，予以协助。

第九章 法律责任

第一百二十二条 违反本法规定，未取得食品生产经营许可从事食品生产经营活动，或者未取得食品添加剂生产许可从事食品添加剂生产活动的，由县级以上人民政府食品安全监督管理部门没收违法所得和违法生产经营的食品、食品添加剂以及用于违法生产经营的工具、设备、原料等物品；违法生产经营的食品、食品添加剂货值金额不足一万元的，并处五万元以上、十万元以下罚款；货值金额一万元以上的，并处货值金额十倍以上二十倍以下罚款。

明知从事前款规定的违法行为，仍为其提供生产经营场所或者其他条件的，由县级以上人民政府食品安全监督管理部门责令停止违法行为，没收违法所得，并处五万元以上、十万元以下罚款；使消费者的合法权益受到损害的，应当与食品、食品添加剂生产经营者承担连带责任。

第一百二十三条 违反本法规定，有下列情形之一，尚不构成犯罪的，由县级以上人民政府食品安全监督管理部门没收违法所得和违法生产经营的食品，并可以没收用于违法生产经营的工具、设备、原料等物品；违法生产经营的食品货值金额不足一万元的，并处十万元以上、十五万元以下罚款；货值金额一万元以上的，并处货值金额十五倍以上三十倍以下罚款；情节严重的，吊销许可证，并可以由公安机关对其直接负责的主管人员和其他直接责任人员处五日以上、十五日以下拘留：

（一）用非食品原料生产食品、在食品中添加食品添加剂以外的化学物质和其他可能危害人体健康的物质，或者用回收食品作为原料生产食品，或者经营上述食品；

（二）生产经营营养成分不符合食品安全标准的专供婴幼儿和其他特定人群的主辅食品；

（三）经营病死、毒死或者死因不明的禽、畜、兽、水产动物肉类，或者生产经营其制品；

（四）经营未按规定进行检疫或者检疫不合格的肉类，或者生产经营未经检验或者检验不合格的肉类制品；

（五）生产经营国家为防病等特殊需要明令禁止生产经营的食品；

（六）生产经营添加药品的食品。

明知从事前款规定的违法行为，仍为其提供生产经营场所或者其他条件的，由县级以上人民政府食品安全监督管理部门责令停止违法行为，没收违法所得，并处十万元以上二十万元以下罚款；使消费者的合法权益受到损害的，应当与食品生产经营者承担连带责任。

违法使用剧毒、高毒农药的，除依照有关法律、法规规定给予处罚外，可以由公安机关依照第一款规定给予拘留。

第一百二十四条 违反本法规定，有下列情形之一，尚不构成犯罪的，由县级以上人民政府食品安全监督管理部门没收违法所得和违法生产经营的食品、食品添加剂，并可以没收用于违法生产经营的工具、设备、原料等物品；违法生产经营的食品、食品添加剂货值金额不足一万元的，并处五万元以上十万元以下罚款；货值金额一万元以上的，并处货值金额十倍以上二十倍以下罚款；情节严重的，吊销许可证：

（一）生产经营致病性微生物，农药残留、兽药残留、生物毒素、重金属等污染物质以及其他危害人体健康的物质含量超过食品安全标准限量的食品、食品添加剂；

（二）用超过保质期的食品原料、食品添加剂生产食品、食品添加剂，或者经营上述食品、食品添加剂；

（三）生产经营超范围、超限量使用食品添加剂的食品；

（四）生产经营腐败变质、油脂酸败、霉变生虫、污秽不洁、混有异物、掺假掺杂或者感官性状异常的食品、食品添加剂；

（五）生产经营标注虚假生产日期、保质期或者超过保质期的食品、食品添加剂；

（六）生产经营未按规定注册的保健食品、特殊医学用途配方食品、婴幼儿配方乳粉，或者未按注册的产品配方、生产工艺等技术要求组织生产；

（七）以分装方式生产婴幼儿配方乳粉，或者同一企业以同一配方生产不同品牌的婴幼儿配方乳粉；

（八）利用新的食品原料生产食品，或者生产食品添加剂新品种，未通过安全性评估；

（九）食品生产经营者在食品安全监督管理部门责令其召回或者停止经营后，仍拒不召回或者停止经营。

除前款和本法第一百二十三条、第一百二十五条规定的情形外，生产经营不符合法律、法规或者食品安全标准的食品、食品添加剂的，依照前款规定给予处罚。

生产食品相关产品新品种，未通过安全性评估，或者生产不符合食品安全标准的食品相关产品的，由县级以上人民政府食品安全监督管理部门依照第一款规定给予处罚。

第一百二十五条 违反本法规定，有下列情形之一的，由县级以上人民政府食品安全监督管理部门没收违法所得和违法生产经营的食品、食品添加剂，并可以没收用于违法生产经营的工具、设备、原料等物品；违法生产经营的食品、食品添加剂货值金额不足一万元的，并处五千元以上五万元以下罚款；货值金额一万元以上的，并处货值金额五倍以上十倍以下罚款；情节严重的，责令停产停业，直至吊销许可证：

（一）生产经营被包装材料、容器、运输工具等污染的食品、食品添加剂；

（二）生产经营无标签的预包装食品、食品添加剂或者标签、说明书不符合本法规定的食品、食品添加剂；

（三）生产经营转基因食品未按规定进行标示；

（四）食品生产经营者采购或者使用不符合食品安全标准的食品原料、食品添加剂、食品相关产品。

生产经营的食品、食品添加剂的标签、说明书存在瑕疵但不影响食品安全且不会对消费者造成误导的，由县级以上人民政府食品安全监督管理部门责令改正；拒不改正的，处二千元以下罚款。

第一百二十六条 违反本法规定，有下列情形之一的，由县级以上人民政府食品安全监督管理部门责令改正，给予警告；拒不改正的，处五千元以上、五万元以下罚款；情节严重的，责令停产停业，直至吊销许可证：

（一）食品、食品添加剂生产者未按规定对采购的食品原料和生产的食品、食品添加剂进行检验；

（二）食品生产经营企业未按规定建立食品安全管理制度，或者未按规定配备或者培训、考核食品安全管理人员；

（三）食品、食品添加剂生产经营者进货时未查验许可证和相关证明文件，或者未按规定建立并遵守进货查验记录、出厂检验记录和销售记录制度；

（四）食品生产经营企业未制定食品安全事故处置

方案；

（五）餐具、饮具和盛放直接入口食品的容器，使用前未经洗净、消毒或者清洗消毒不合格，或者餐饮服务设施、设备未按规定定期维护、清洗、校验；

（六）食品生产经营者安排未取得健康证明或者患有国务院卫生行政部门规定的有碍食品安全疾病的人员从事接触直接入口食品的工作；

（七）食品经营者未按规定要求销售食品；

（八）保健食品生产企业未按规定向食品安全监督管理部门备案，或者未按备案的产品配方、生产工艺等技术要求组织生产；

（九）婴幼儿配方食品生产企业未将食品原料、食品添加剂、产品配方、标签等向食品安全监督管理部门备案；

（十）特殊食品生产企业未按规定建立生产质量管理体系并有效运行，或者未定期提交自查报告；

（十一）食品生产经营者未定期对食品安全状况进行检查评价，或者生产经营条件发生变化，未按规定处理；

（十二）学校、托幼机构、养老机构、建筑工地等集中用餐单位未按规定履行食品安全管理责任；

（十三）食品生产企业、餐饮服务提供者未按规定制定、实施生产经营过程控制要求。

餐具、饮具集中消毒服务单位违反本法规定用水，使用洗涤剂、消毒剂，或者出厂的餐具、饮具未按规定检验合格并随附消毒合格证明，或者未按规定在独立包装上标注相关内容的，由县级以上人民政府卫生行政部门依照前款规定给予处罚。

食品相关产品生产者未按规定对生产的食品相关产品进行检验的，由县级以上人民政府食品安全监督管理部门依照第一款规定给予处罚。

食用农产品销售者违反本法第六十五条规定的，由县级以上人民政府食品安全监督管理部门依照第一款规定给予处罚。

第一百二十七条 对食品生产加工小作坊、食品摊贩等的违法行为的处罚，依照省、自治区、直辖市制定的具体管理办法执行。

第一百二十八条 违反本法规定，事故单位在发生食品安全事故后未进行处置、报告的，由有关主管部门按照各自职责分工责令改正，给予警告；隐匿、伪造、毁灭有关证据的，责令停产停业，没收违法所得，并处十万元以上五十万元以下罚款；造成严重后果的，吊销许可证。

第一百二十九条 违反本法规定，有下列情形之一的，由出入境检验检疫机构依照本法第一百二十四条的规定给予处罚：

（一）提供虚假材料，进口不符合我国食品安全国家标准的食品、食品添加剂、食品相关产品；

（二）进口尚无食品安全国家标准的食品，未提交所执行的标准并经国务院卫生行政部门审查，或者进口利用新的食品原料生产的食品或者进口食品添加剂新品种、食品相关产品新品种，未通过安全性评估；

（三）未遵守本法的规定出口食品；

（四）进口商在有关主管部门责令其依照本法规定召回进口的食品后，仍拒不召回。

违反本法规定，进口商未建立并遵守食品、食品添加剂进口和销售记录制度、境外出口商或者生产企业审核制度的，由出入境检验检疫机构依照本法第一百二十六条的规定给予处罚。

第一百三十条 违反本法规定，集中交易市场的开办者、柜台出租者、展销会的举办者允许未依法取得许可的食品经营者进入市场销售食品，或者未履行检查、报告等义务的，由县级以上人民政府食品安全监督管理部门责令改正，没收违法所得，并处五万元以上二十万元以下罚款；造成严重后果的，责令停业，直至由原发证部门吊销许可证；使消费者的合法权益受到损害的，应当与食品经营者承担连带责任。

食用农产品批发市场违反本法第六十四条规定的，依照前款规定承担责任。

第一百三十一条 违反本法规定，网络食品交易第三方平台提供者未对入网食品经营者进行实名登记、审查许可证，或者未履行报告、停止提供网络交易平台服务等义务的，由县级以上人民政府食品安全监督管理部门责令改正，没收违法所得，并处五万元以上、二十万元以下罚款；造成严重后果的，责令停业，直至由原发证部门吊销许可证；使消费者的合法权益受到损害的，应当与食品经营者承担连带责任。

消费者通过网络食品交易第三方平台购买食品，其合法权益受到损害的，可以向入网食品经营者或者食品生产者要求赔偿。网络食品交易第三方平台提供者不能提供入网食品经营者的真实名称、地址和有效联系方式的，由网络食品交易第三方平台提供者赔偿。网络食品交易第三方平台提供者赔偿后，有权向入网食品经营者或者食品生产者追偿。网络食品交易第三方平台提供者作出更有利于消费者承诺的，应当履行其承诺。

第一百三十二条 违反本法规定，未按要求进行食品贮存、运输和装卸的，由县级以上人民政府食品安全监督管理等部门按照各自职责分工责令改正，给予警告；拒不改正的，责令停产停业，并处一万元以上、五万元以下罚款；情节严重的，吊销许可证。

第一百三十三条 违反本法规定，拒绝、阻挠、干涉有关部门、机构及其工作人员依法开展食品安全监督检查、事故调查处理、风险监测和风险评估的，由有关主管部门按照各自职责分工责令停产停业，并处二千元以上、五万元以下罚款；情节严重的，吊销许可证；构成违反治安管理行为的，由公安机关依法给予治安管理处罚。

违反本法规定，对举报人以解除、变更劳动合同或者其他方式打击报复的，应当依照有关法律的规定承担责任。

第一百三十四条 食品生产经营者在一年内累计三次因违反本法规定受到责令停产停业、吊销许可证以外处罚的，由食品安全监督管理部门责令停产停业，直至吊销许可证。

第一百三十五条 被吊销许可证的食品生产经营者及其法定代表人、直接负责的主管人员和其他直接责任人员自处罚决定作出之日起五年内不得申请食品生产经营许可，或者从事食品生产经营管理工作、担任食品生产经营企业食品安全管理人员。

因食品安全犯罪被判处有期徒刑以上刑罚的，终身不得从事食品生产经营管理工作，也不得担任食品生产经营企业食品安全管理人员。

食品生产经营者聘用人员违反前两款规定的，由县级以上人民政府食品安全监督管理部门吊销许可证。

第一百三十六条 食品经营者履行了本法规定的进货查验等义务，有充分证据证明其不知道所采购的食品不符合食品安全标准，并能如实说明其进货来源的，可以免予处罚，但应当依法没收其不符合食品安全标准的食品；造成人身、财产或者其他损害的，依法承担赔偿责任。

第一百三十七条 违反本法规定，承担食品安全风险监测、风险评估工作的技术机构、技术人员提供虚假监测、评估信息的，依法对技术机构直接负责的主管人员和技术人员给予撤职、开除处分；有执业资格的，由授予其资格的主管部门吊销执业证书。

第一百三十八条 违反本法规定，食品检验机构、食品检验人员出具虚假检验报告的，由授予其资质的主管部门或者机构撤销该食品检验机构的检验资质，没收所收取的检验费用，并处检验费用五倍以上、十倍以下罚款，检验费用不足一万元的，并处五万元以上、十万元以下罚款；依法对食品检验机构直接负责的主管人员和食品检验人员给予撤职或者开除处分；导致发生重大食品安全事故的，对直接负责的主管人员和食品检验人员给予开除处分。

违反本法规定，受到开除处分的食品检验机构人员，自处分决定作出之日起十年内不得从事食品检验工作；因食品安全违法行为受到刑事处罚或者因出具虚假检验报告导致发生重大食品安全事故受到开除处分的食品检验机构人员，终身不得从事食品检验工作。食品检验机构聘用不得从事食品检验工作的人员的，由授予其资质的主管部门或者机构撤销该食品检验机构的检验资质。

食品检验机构出具虚假检验报告，使消费者的合法权益受到损害的，应当与食品生产经营者承担连带责任。

第一百三十九条 违反本法规定，认证机构出具虚假认证结论，由认证认可监督管理部门没收所收取的认证费用，并处认证费用五倍以上、十倍以下罚款，认证费用不足一万元的，并处五万元以上、十万元以下罚款；情节严重的，责令停业，直至撤销认证机构批准文件，并向社会公布；对直接负责的主管人员和负有直接责任的认证人员，撤销其执业资格。

认证机构出具虚假认证结论，使消费者的合法权益受到损害的，应当与食品生产经营者承担连带责任。

第一百四十条 违反本法规定，在广告中对食品作虚假宣传，欺骗消费者，或者发布未取得批准文件、广告内容与批准文件不一致的保健食品广告的，依照《中华人民共和国广告法》的规定给予处罚。

广告经营者、发布者设计、制作、发布虚假食品广告，使消费者的合法权益受到损害的，应当与食品生产经营者承担连带责任。

社会团体或者其他组织、个人在虚假广告或者其他虚假宣传中向消费者推荐食品，使消费者的合法权益受到损害的，应当与食品生产经营者承担连带责任。

违反本法规定，食品安全监督管理等部门、食品检验机构、食品行业协会以广告或者其他形式向消费者推荐食品，消费者组织以收取费用或者其他牟取利益的方式向消费者推荐食品的，由有关主管部门没收违法所得，依法对直接负责的主管人员和其他直接责任人员给予记大过、降级或者撤职处分；情节严重的，给予开除处分。

对食品作虚假宣传且情节严重的，由省级以上人民政府食品安全监督管理部门决定暂停销售该食品，并向社会公布；仍然销售该食品的，由县级以上人民政府食品安全监督管理部门没收违法所得和违法销售的食品，并处二万元以上、五万元以下罚款。

第一百四十一条 违反本法规定，编造、散布虚假食品安全信息，构成违反治安管理行为的，由公安机关依法给予治安管理处罚。

媒体编造、散布虚假食品安全信息的，由有关主管部门依法给予处罚，并对直接负责的主管人员和其他直接责任人员给予处分；使公民、法人或者其他组织的合法权益受到损害的，依法承担消除影响、恢复名誉、赔偿损失、赔礼道歉等民事责任。

第一百四十二条 违反本法规定，县级以上地方人民政府有下列行为之一的，对直接负责的主管人员和其他直接责任人员给予记大过处分；情节较重的，给予降级或者撤职处分；情节严重的，给予开除处分；造成严重后果的，其主要负责人还应当引咎辞职：

（一）对发生在本行政区域内的食品安全事故，未及时组织协调有关部门开展有效处置，造成不良影响或者损失；

（二）对本行政区域内涉及多环节的区域性食品安全问题，未及时组织整治，造成不良影响或者损失；

（三）隐瞒、谎报、缓报食品安全事故；

（四）本行政区域内发生特别重大食品安全事故，或者连续发生重大食品安全事故。

第一百四十三条 违反本法规定，县级以上地方人民政府有下列行为之一的，对直接负责的主管人员和其他直接责任人员给予警告、记过或者记大过处分；造成严重后果的，给予降级或者撤职处分：

（一）未确定有关部门的食品安全监督管理职责，

未建立健全食品安全全程监督管理工作机制和信息共享机制，未落实食品安全监督管理责任制；

（二）未制定本行政区域的食品安全事故应急预案，或者发生食品安全事故后未按规定立即成立事故处置指挥机构、启动应急预案。

第一百四十四条 违反本法规定，县级以上人民政府食品安全监督管理、卫生行政、农业行政等部门有下列行为之一的，对直接负责的主管人员和其他直接责任人员给予记大过处分；情节较重的，给予降级或者撤职处分；情节严重的，给予开除处分；造成严重后果的，其主要负责人还应当引咎辞职：

（一）隐瞒、谎报、缓报食品安全事故；

（二）未按规定查处食品安全事故，或者接到食品安全事故报告未及时处理，造成事故扩大或者蔓延；

（三）经食品安全风险评估得出食品、食品添加剂、食品相关产品不安全结论后，未及时采取相应措施，造成食品安全事故或者不良社会影响；

（四）对不符合条件的申请人准予许可，或者超越法定职权准予许可；

（五）不履行食品安全监督管理职责，导致发生食品安全事故。

第一百四十五条 违反本法规定，县级以上人民政府食品安全监督管理、卫生行政、农业行政等部门有下列行为之一，造成不良后果的，对直接负责的主管人员和其他直接责任人员给予警告、记过或者记大过处分；情节较重的，给予降级或者撤职处分；情节严重的，给予开除处分：

（一）在获知有关食品安全信息后，未按规定向上级主管部门和本级人民政府报告，或者未按规定相互通报；

（二）未按规定公布食品安全信息；

（三）不履行法定职责，对查处食品安全违法行为不配合，或者滥用职权、玩忽职守、徇私舞弊。

第一百四十六条 食品安全监督管理等部门在履行食品安全监督管理职责过程中，违法实施检查、强制等执法措施，给生产经营者造成损失的，应当依法予以赔偿，对直接负责的主管人员和其他直接责任人员依法给予处分。

第一百四十七条 违反本法规定，造成人身、财产或者其他损害的，依法承担赔偿责任。生产经营者财产不足以同时承担民事赔偿责任和缴纳罚款、罚金时，先承担民事赔偿责任。

第一百四十八条 消费者因不符合食品安全标准的食品受到损害的，可以向经营者要求赔偿损失，也可以向生产者要求赔偿损失。接到消费者赔偿要求的生产经营者，应当实行首负责任制，先行赔付，不得推诿；属于生产者责任的，经营者赔偿后有权向生产者追偿；属于经营者责任的，生产者赔偿后有权向经营者追偿。

生产不符合食品安全标准的食品或者经营明知是不符合食品安全标准的食品，消费者除要求赔偿损失外，还可以向生产者或者经营者要求支付价款十倍或者损失三倍的赔偿金；增加赔偿的金额不足一千元的，为一千元。但是，食品的标签、说明书存在不影响食品安全且不会对消费者造成误导的瑕疵的除外。

第一百四十九条 违反本法规定，构成犯罪的，依法追究刑事责任。

第十章　附　　则

第一百五十条 本法下列用语的含义：

食品，指各种供人食用或者饮用的成品和原料以及按照传统既是食品又是中药材的物品，但是不包括以治疗为目的的物品。

食品安全，指食品无毒、无害，符合应当有的营养要求，对人体健康不造成任何急性、亚急性或者慢性危害。

预包装食品，指预先定量包装或者制作在包装材料、容器中的食品。

食品添加剂，指为改善食品品质和色、香、味以及为防腐、保鲜和加工工艺的需要而加入食品中的人工合成或者天然物质，包括营养强化剂。

用于食品的包装材料和容器，指包装、盛放食品或者食品添加剂用的纸、竹、木、金属、搪瓷、陶瓷、塑料、橡胶、天然纤维、化学纤维、玻璃等制品和直接接触食品或者食品添加剂的涂料。

用于食品生产经营的工具、设备，指在食品或者食品添加剂生产、销售、使用过程中直接接触食品或者食品添加剂的机械、管道、传送带、容器、用具、餐具等。

用于食品的洗涤剂、消毒剂，指直接用于洗涤或者消毒食品、餐具、饮具以及直接接触食品的工具、设备或者食品包装材料和容器的物质。

食品保质期，指食品在标明的贮存条件下保持品质的期限。

食源性疾病，指食品中致病因素进入人体引起的感染性、中毒性等疾病，包括食物中毒。

食品安全事故，指食源性疾病、食品污染等源于食品，对人体健康有危害或者可能有危害的事故。

第一百五十一条 转基因食品和食盐的食品安全管理，本法未作规定的，适用其他法律、行政法规的规定。

第一百五十二条 铁路、民航运营中食品安全的管理办法由国务院食品安全监督管理部门会同国务院有关部门依照本法制定。

保健食品的具体管理办法由国务院食品安全监督管理部门依照本法制定。

食品相关产品生产活动的具体管理办法由国务院食品安全监督管理部门依照本法制定。

国境口岸食品的监督管理由出入境检验检疫机构依照本法以及有关法律、行政法规的规定实施。

军队专用食品和自供食品的食品安全管理办法由中央军事委员会依照本法制定。

第一百五十三条 国务院根据实际需要，可以对食品安全监督管理体制作出调整。

第一百五十四条 本法自2015年10月1日起施行。

中华人民共和国进出口商品检验法（2021年修正）

1989年2月21日第七届全国人民代表大会常务委员会第六次会议通过，根据2002年4月28日第九届全国人民代表大会常务委员会第二十七次会议《关于修改〈中华人民共和国进出口商品检验法〉的决定》第一次修正，根据2013年6月29日第十二届全国人民代表大会常务委员会第三次会议《关于修改〈中华人民共和国文物保护法〉等十二部法律的决定》第二次修正，根据2018年4月27日第十三届全国人民代表大会常务委员会第二次会议《关于修改〈中华人民共和国国境卫生检疫法〉等六部法律的决定》第三次修正，根据2018年12月29日第十三届全国人民代表大会常务委员会第七次会议《关于修改〈中华人民共和国产品质量法〉等五部法律的决定》第四次修正，根据2021年4月29日第十三届全国人民代表大会常务委员会第二十八次会议《关于修改〈中华人民共和国道路交通安全法〉等八部法律的决定》第五次修正。

目　录

第一章　总　则

第一条　为了加强进出口商品检验工作，规范进出口商品检验行为，维护社会公共利益和进出口贸易有关各方的合法权益，促进对外经济贸易关系的顺利发展，制定本法。

第二条　国务院设立进出口商品检验部门（以下简称国家商检部门），主管全国进出口商品检验工作。国家商检部门设在各地的进出口商品检验机构（以下简称商检机构）管理所辖地区的进出口商品检验工作。

第三条　商检机构和依法设立的检验机构（以下称其他检验机构），依法对进出口商品实施检验。

第四条　进出口商品检验应当根据保护人类健康和安全、保护动物或者植物的生命和健康、保护环境、防止欺诈行为、维护国家安全的原则，由国家商检部门制定、调整必须实施检验的进出口商品目录（以下简称目录）并公布实施。

第五条　列入目录的进出口商品，由商检机构实施检验。

前款规定的进口商品未经检验的，不准销售、使用；前款规定的出口商品未经检验合格的，不准出口。

本条第一款规定的进出口商品，其中符合国家规定的免予检验条件的，由收货人或者发货人申请，经国家商检部门审查批准，可以免予检验。

第六条　必须实施的进出口商品检验，是指确定列入目录的进出口商品是否符合国家技术规范的强制性要求的合格评定活动。

合格评定程序包括：抽样、检验和检查；评估、验证和合格保证；注册、认可和批准以及各项的组合。

对本条第一款规定的进出口商品检验，商检机构可以采信检验机构的检验结果；国家商检部门对前述检验机构实行目录管理。

第七条　列入目录的进出口商品，按照国家技术规范的强制性要求进行检验；尚未制定国家技术规范的强制性要求的，应当依法及时制定，未制定之前，可以参照国家商检部门指定的国外有关标准进行检验。

第八条　其他检验机构可以接受对外贸易关系人或者外国检验机构的委托，办理进出口商品检验鉴定业务。

第九条　法律、行政法规规定由其他检验机构实施检验的进出口商品或者检验项目，依照有关法律、行政法规的规定办理。

第十条　国家商检部门和商检机构应当及时收集和向有关方面提供进出口商品检验方面的信息。

国家商检部门和商检机构的工作人员在履行进出口商品检验的职责中，对所知悉的商业秘密负有保密义务。

第二章　进口商品的检验

第十一条　本法规定必须经商检机构检验的进口商品的收货人或者其代理人，应当向报关地的商检机构报检。

第十二条　本法规定必须经商检机构检验的进口商品的收货人或者其代理人，应当在商检机构规定的地点和期限内，接受商检机构对进口商品的检验。商检机构应当在国家商检部门统一规定的期限内检验完毕，并出具检验证单。

第十三条 本法规定必须经商检机构检验的进口商品以外的进口商品的收货人，发现进口商品质量不合格或者残损短缺，需要由商检机构出证索赔的，应当向商检机构申请检验出证。

第十四条 对重要的进口商品和大型的成套设备，收货人应当依据对外贸易合同约定在出口国装运前进行预检验、监造或者监装，主管部门应当加强监督；商检机构根据需要可以派出检验人员参加。

第三章 出口商品的检验

第十五条 本法规定必须经商检机构检验的出口商品的发货人或者其代理人，应当在商检机构规定的地点和期限内，向商检机构报检。商检机构应当在国家商检部门统一规定的期限内检验完毕，并出具检验证单。

第十六条 经商检机构检验合格发给检验证单的出口商品，应当在商检机构规定的期限内报关出口；超过期限的，应当重新报检。

第十七条 为出口危险货物生产包装容器的企业，必须申请商检机构进行包装容器的性能鉴定。生产出口危险货物的企业，必须申请商检机构进行包装容器的使用鉴定。使用未经鉴定合格的包装容器的危险货物，不准出口。

第十八条 对装运出口易腐烂变质食品的船舱和集装箱，承运人或者装箱单位必须在装货前申请检验。未经检验合格的，不准装运。

第四章 监督管理

第十九条 商检机构对本法规定必须经商检机构检验的进出口商品以外的进出口商品，根据国家规定实施抽查检验。

国家商检部门可以公布抽查检验结果或者向有关部门通报抽查检验情况。

第二十条 商检机构根据便利对外贸易的需要，可以按照国家规定对列入目录的出口商品进行出厂前的质量监督管理和检验。

第二十一条 为进出口货物的收发货人办理报检手续的代理人办理报检手续时应当向商检机构提交授权委托书。

第二十二条 国家商检部门和商检机构依法对其他检验机构的进出口商品检验鉴定业务活动进行监督，可以对其检验的商品抽查检验。

第二十三条 国务院认证认可监督管理部门根据国家统一的认证制度，对有关的进出口商品实施认证管理。

第二十四条 认证机构可以根据国务院认证认可监督管理部门同外国有关机构签订的协议或者接受外国有关机构的委托进行进出口商品质量认证工作，准许在认证合格的进出口商品上使用质量认证标志。

第二十五条 商检机构依照本法对实施许可制度的进出口商品实行验证管理，查验单证，核对证货是否相符。

第二十六条 商检机构根据需要，对检验合格的进出口商品，可以加施商检标志或者封识。

第二十七条 进出口商品的报检人对商检机构作出的检验结果有异议的，可以向原商检机构或者其上级商检机构以至国家商检部门申请复验，由受理复验的商检机构或者国家商检部门及时作出复验结论。

第二十八条 当事人对商检机构、国家商检部门作出的复验结论不服或者对商检机构作出的处罚决定不服的，可以依法申请行政复议，也可以依法向人民法院提起诉讼。

第二十九条 国家商检部门和商检机构履行职责，必须遵守法律，维护国家利益，依照法定职权和法定程序严格执法，接受监督。

国家商检部门和商检机构应当根据依法履行职责的需要，加强队伍建设，使商检工作人员具有良好的政治、业务素质。商检工作人员应当定期接受业务培训和考核，经考核合格，方可上岗执行职务。

商检工作人员必须忠于职守，文明服务，遵守职业道德，不得滥用职权，谋取私利。

第三十条 国家商检部门和商检机构应当建立健全内部监督制度，对其工作人员的执法活动进行监督检查。

商检机构内部负责受理报检、检验、出证放行等主要岗位的职责权限应当明确，并相互分离、相互制约。

第三十一条 任何单位和个人均有权对国家商检部门、商检机构及其工作人员的违法、违纪行为进行控告、检举。收到控告、检举的机关应当依法按照职责分工及时查处，并为控告人、检举人保密。

第五章 法律责任

第三十二条 违反本法规定，将必须经商检机构检验的进口商品未报经检验而擅自销售或者使用的，或者将必须经商检机构检验的出口商品未报经检验合格而擅自出口的，由商检机构没收违法所得，并处货值金额百分之五以上百分之二十以下的罚款；构成犯罪的，依法追究刑事责任。

第三十三条 进口或者出口属于掺杂掺假、以假充真、以次充好的商品或者以不合格进出口商品冒充合格进出口商品的，由商检机构责令停止进口或者出口，没收违法所得，并处货值金额百分之五十以上三倍以下的罚款；构成犯罪的，依法追究刑事责任。

第三十四条 伪造、变造、买卖或者盗窃商检单证、印章、标志、封识、质量认证标志的，依法追究刑事责任；尚不够刑事处罚的，由商检机构、认证认可监督管理部门依据各自职责责令改正，没收违法所得，并处货值金额等值以下的罚款。

第三十五条 国家商检部门、商检机构的工作人员违反本法规定，泄露所知悉的商业秘密的，依法给予行政处分，有违法所得的，没收违法所得；构成犯罪的，依法追究刑事责任。

第三十六条 国家商检部门、商检机构的工作人员滥用职权，故意刁难的，徇私舞弊，伪造检验结果的，或者玩忽职守，延误检验出证的，依法给予行政处分；构成犯罪的，依法追究刑事责任。

第六章 附 则

第三十七条 商检机构和其他检验机构依照本法的规定实施检验和办理检验鉴定业务，依照国家有关规定收取费用。

第三十八条 国务院根据本法制定实施条例。

第三十九条 本法自1989年8月1日起施行。

中华人民共和国海关法（2021年修正）

1987年1月22日第六届全国人民代表大会常务委员会第十九次会议通过，根据2000年7月8日第九届全国人民代表大会常务委员会第十六次会议《关于修改〈中华人民共和国海关法〉的决定》第一次修正，根据2013年6月29日第十二届全国人民代表大会常务委员会第三次会议《关于修改〈中华人民共和国文物保护法〉等十二部法律的决定》第二次修正，根据2013年12月28日第十二届全国人民代表大会常务委员会第六次会议《关于修改〈中华人民共和国海洋环境保护法〉等七部法律的决定》第三次修正，根据2016年11月7日第十二届全国人民代表大会常务委员会第二十四次会议《关于修改〈中华人民共和国对外贸易法〉等十二部法律的决定》第四次修正，根据2017年11月4日第十二届全国人民代表大会常务委员会第三十次会议《关于修改〈中华人民共和国会计法〉等十一部法律的决定》第五次修正，根据2021年4月29日第十三届全国人民代表大会常务委员会第二十八次会议《关于修改〈中华人民共和国道路交通安全法〉等八部法律的决定》第六次修正。

目　录

第一章　总　则

第一条　为了维护国家的主权和利益，加强海关监督管理，促进对外经济贸易和科技文化交往，保障社会主义现代化建设，特制定本法。

第二条　中华人民共和国海关是国家的进出关境（以下简称进出境）监督管理机关。海关依照本法和其他有关法律、行政法规，监管进出境的运输工具、货物、行李物品、邮递物品和其他物品（以下简称进出境运输工具、货物、物品），征收关税和其他税、费，查缉走私，并编制海关统计和办理其他海关业务。

第三条　国务院设立海关总署，统一管理全国海关。

国家在对外开放的口岸和海关监管业务集中的地点设立海关。海关的隶属关系，不受行政区划的限制。

海关依法独立行使职权，向海关总署负责。

第四条　国家在海关总署设立专门侦查走私犯罪的公安机构，配备专职缉私警察，负责对其管辖的走私犯罪案件的侦查、拘留、执行逮捕、预审。

海关侦查走私犯罪公安机构履行侦查、拘留、执行逮捕、预审职责，应当按照《中华人民共和国刑事诉讼法》的规定办理。

海关侦查走私犯罪公安机构根据国家有关规定，可以设立分支机构。各分支机构办理其管辖的走私犯罪案件，应当依法向有管辖权的人民检察院移送起诉。

地方各级公安机关应当配合海关侦查走私犯罪公安机构依法履行职责。

第五条　国家实行联合缉私、统一处理、综合治理的缉私体制。海关负责组织、协调、管理查缉走私工作。有关规定由国务院另行制定。

各有关行政执法部门查获的走私案件，应当给予行政处罚的，移送海关依法处理；涉嫌犯罪的，应当移送海关侦查走私犯罪公安机构、地方公安机关依据案件管辖分工和法定程序办理。

第六条　海关可以行使下列权力：

（一）检查进出境运输工具，查验进出境货物、物品；对违反本法或者其他有关法律、行政法规的，可以扣留；

（二）查阅进出境人员的证件；查问违反本法或者其他有关法律、行政法规的嫌疑人，调查其违法行为；

（三）查阅、复制与进出境运输工具、货物、物品有关的合同、发票、账册、单据、记录、文件、业务函电、录音录像制品和其他资料；对其中与违反本法或者其他有关法律、行政法规的进出境运输工具、货物、物品有牵连的，可以扣留；

（四）在海关监管区和海关附近沿海沿边规定地区，检查有走私嫌疑的运输工具和有藏匿走私货物、物品嫌疑的场所，检查走私嫌疑人的身体；对有走私嫌疑的运输工具、货物、物品和走私犯罪嫌疑人，经直属海关关长或者其授权的隶属海关关长批准，可以扣留；对走私犯罪嫌疑人，扣留时间不超过二十四小时，在特殊情况下可以延长至四十八小时；

在海关监管区和海关附近沿海沿边规定地区以外，海关在调查走私案件时，对有走私嫌疑的运输工具和除公民住处以外的有藏匿走私货物、物品嫌疑的场所，经直属海关关长或者其授权的隶属海关关长批准，可以进行检查，有关当事人应当到场；当事人未到场的，在有见证人在场的情况下，可以径行检查；对其中有证据证明有走私嫌疑的运输工具、货物、物品，可以扣留；

海关附近沿海沿边规定地区的范围，由海关总署和国务院公安部门会同有关省级人民政府确定；

（五）在调查走私案件时，经直属海关关长或者其授权的隶属海关关长批准，可以查询案件涉嫌单位和涉嫌人员在金融机构、邮政企业的存款、汇款；

（六）进出境运输工具或者个人违抗海关监管逃逸的，海关可以连续追至海关监管区和海关附近沿海沿边规定地区以外，将其带回处理；

（七）海关为履行职责，可以配备武器。海关工作人员佩带和使用武器的规则，由海关总署会同国务院公安部门制定，报国务院批准；

（八）法律、行政法规规定由海关行使的其他权力。

第七条 各地方、各部门应当支持海关依法行使职权，不得非法干预海关的执法活动。

第八条 进出境运输工具、货物、物品，必须通过设立海关的地点进境或者出境。在特殊情况下，需要经过未设立海关的地点临时进境或者出境的，必须经国务院或者国务院授权的机关批准，并依照本法规定办理海关手续。

第九条 进出口货物，除另有规定的外，可以由进出口货物收发货人自行办理报关纳税手续，也可以由进出口货物收发货人委托报关企业办理报关纳税手续。

进出境物品的所有人可以自行办理报关纳税手续，也可以委托他人办理报关纳税手续。

第十条 报关企业接受进出口货物收发货人的委托，以委托人的名义办理报关手续的，应当向海关提交由委托人签署的授权委托书，遵守本法对委托人的各项规定。

报关企业接受进出口货物收发货人的委托，以自己的名义办理报关手续的，应当承担与收发货人相同的法律责任。

委托人委托报关企业办理报关手续的，应当向报关企业提供所委托报关事项的真实情况；报关企业接受委托人的委托办理报关手续的，应当对委托人所提供情况的真实性进行合理审查。

第十一条 进出口货物收发货人、报关企业办理报关手续，应当依法向海关备案。

报关企业和报关人员不得非法代理他人报关。

第十二条 海关依法执行职务，有关单位和个人应当如实回答询问，并予以配合，任何单位和个人不得阻挠。

海关执行职务受到暴力抗拒时，执行有关任务的公安机关和人民武装警察部队应当予以协助。

第十三条 海关建立对违反本法规定逃避海关监管行为的举报制度。

任何单位和个人均有权对违反本法规定逃避海关监管的行为进行举报。

海关对举报或者协助查获违反本法案件的有功单位和个人，应当给予精神的或者物质的奖励。

海关应当为举报人保密。

第二章　进出境运输工具

第十四条 进出境运输工具到达或者驶离设立海关的地点时，运输工具负责人应当向海关如实申报，交验单证，并接受海关监管和检查。

停留在设立海关的地点的进出境运输工具，未经海关同意，不得擅自驶离。

进出境运输工具从一个设立海关的地点驶往另一个设立海关的地点的，应当符合海关监管要求，办理海关手续，未办结海关手续的，不得改驶境外。

第十五条 进境运输工具在进境以后向海关申报以前，出境运输工具在办结海关手续以后出境以前，应当按照交通主管机关规定的路线行进；交通主管机关没有规定的，由海关指定。

第十六条 进出境船舶、火车、航空器到达和驶离时间、停留地点、停留期间更换地点以及装卸货物、物品时间，运输工具负责人或者有关交通运输部门应当事先通知海关。

第十七条 运输工具装卸进出境货物、物品或者上下进出境旅客，应当接受海关监管。

货物、物品装卸完毕，运输工具负责人应当向海关递交反映实际装卸情况的交接单据和记录。

上下进出境运输工具的人员携带物品的，应当向海关如实申报，并接受海关检查。

第十八条 海关检查进出境运输工具时，运输工具负责人应当到场，并根据海关的要求开启舱室、房间、车门；有走私嫌疑的，并应当开拆可能藏匿走私货物、物品的部位，搬移货物、物料。

海关根据工作需要，可以派员随运输工具执行职务，运输工具负责人应当提供方便。

第十九条 进境的境外运输工具和出境的境内运输工具，未向海关办理手续并缴纳关税，不得转让或者移作他用。

第二十条 进出境船舶和航空器兼营境内客、货运输，应当符合海关监管要求。

进出境运输工具改营境内运输，需向海关办理手续。

第二十一条 沿海运输船舶、渔船和从事海上作业的特种船舶，未经海关同意，不得载运或者换取、买卖、转让进出境货物、物品。

第二十二条 进出境船舶和航空器，由于不可抗力的原因，被迫在未设立海关的地点停泊、降落或者抛掷、起卸货物、物品，运输工具负责人应当立即报告附近海关。

第三章 进出境货物

第二十三条 进口货物自进境起到办结海关手续止，出口货物自向海关申报起到出境止，过境、转运和通运货物自进境起到出境止，应当接受海关监管。

第二十四条 进口货物的收货人、出口货物的发货人应当向海关如实申报，交验进出口许可证件和有关单证。国家限制进出口的货物，没有进出口许可证件的，不予放行，具体处理办法由国务院规定。

进口货物的收货人应当自运输工具申报进境之日起十四日内，出口货物的发货人除海关特准的外应当在货物运抵海关监管区后、装货的二十四小时以前，向海关申报。

进口货物的收货人超过前款规定期限向海关申报的，由海关征收滞报金。

第二十五条 办理进出口货物的海关申报手续，应当采用纸质报关单和电子数据报关单的形式。

第二十六条 海关接受申报后，报关单证及其内容不得修改或者撤销，但符合海关规定情形的除外。

第二十七条 进口货物的收货人经海关同意，可以在申报前查看货物或者提取货样。需要依法检疫的货物，应当在检疫合格后提取货样。

第二十八条 进出口货物应当接受海关查验。海关查验货物时，进口货物的收货人、出口货物的发货人应当到场，并负责搬移货物，开拆和重封货物的包装。海关认为必要时，可以径行开验、复验或者提取货样。

海关在特殊情况下对进出口货物予以免验，具体办法由海关总署制定。

第二十九条 除海关特准的外，进出口货物在收发货人缴清税款或者提供担保后，由海关签印放行。

第三十条 进口货物的收货人自运输工具申报进境之日起超过三个月未向海关申报的，其进口货物由海关提取依法变卖处理，所得价款在扣除运输、装卸、储存等费用和税款后，尚有余款的，自货物依法变卖之日起一年内，经收货人申请，予以发还；其中属于国家对进口有限制性规定，应当提交许可证件而不能提供的，不予发还。逾期无人申请或者不予发还的，上缴国库。

确属误卸或者溢卸的进境货物，经海关审定，由原运输工具负责人或者货物的收发货人自该运输工具卸货之日起三个月内，办理退运或者进口手续；必要时，经海关批准，可以延期三个月。逾期未办手续的，由海关按前款规定处理。

前两款所列货物不宜长期保存的，海关可以根据实际情况提前处理。

收货人或者货物所有人声明放弃的进口货物，由海关提取依法变卖处理；所得价款在扣除运输、装卸、储存等费用后，上缴国库。

第三十一条 按照法律、行政法规、国务院或者海关总署规定暂时进口或者暂时出口的货物，应当在六个月内复运出境或者复运进境；需要延长复运出境或者复运进境期限的，应当根据海关总署的规定办理延期手续。

第三十二条 经营保税货物的储存、加工、装配、展示、运输、寄售业务和经营免税商店，应当符合海关监管要求，经海关批准，并办理注册手续。

保税货物的转让、转移以及进出保税场所，应当向海关办理有关手续，接受海关监管和查验。

第三十三条 企业从事加工贸易，应当按照海关总署的规定向海关备案。加工贸易制成品单位耗料量由海关按照有关规定核定。

加工贸易制成品应当在规定的期限内复出口。其中使用的进口料件，属于国家规定准予保税的，应当向海关办理核销手续；属于先征收税款的，依法向海关办理退税手续。

加工贸易保税进口料件或者制成品内销的，海关对保税的进口料件依法征税；属于国家对进口有限制性规定的，还应当向海关提交进口许可证件。

第三十四条 经国务院批准在中华人民共和国境内设立的保税区等海关特殊监管区域，由海关按照国家有关规定实施监管。

第三十五条 进口货物应当由收货人在货物的进境地海关办理海关手续，出口货物应当由发货人在货物的出境地海关办理海关手续。

经收发货人申请，海关同意，进口货物的收货人可以在设有海关的指运地、出口货物的发货人可以在设有海关的启运地办理海关手续。上述货物的转关运输，应当符合海关监管要求；必要时，海关可以派员押运。

经电缆、管道或者其他特殊方式输送进出境的货物，经营单位应当定期向指定的海关申报和办理海关手续。

第三十六条 过境、转运和通运货物，运输工具负责人应当向进境地海关如实申报，并应当在规定期限内运输出境。

海关认为必要时，可以查验过境、转运和通运货物。

第三十七条 海关监管货物，未经海关许可，不得开拆、提取、交付、发运、调换、改装、抵押、质押、留置、转让、更换标记、移作他用或者进行其他处置。

海关加施的封志，任何人不得擅自开启或者损毁。

人民法院判决、裁定或者有关行政执法部门决定处理海关监管货物的，应当责令当事人办结海关手续。

第三十八条 经营海关监管货物仓储业务的企业，应当经海关注册，并按照海关规定，办理收存、交付手续。

在海关监管区外存放海关监管货物，应当经海关同意，并接受海关监管。

违反前两款规定或者在保管海关监管货物期间造成海关监管货物损毁或者灭失的，除不可抗力外，对海关监管货物负有保管义务的人应当承担相应的纳税义务和法律责任。

第三十九条 进出境集装箱的监管办法、打捞进出境货物和沉船的监管办法、边境小额贸易进出口货物的监管办法，以及本法未具体列明的其他进出境货物的监管办法，由海关总署或者由海关总署会同国务院有关部门另行制定。

第四十条 国家对进出境货物、物品有禁止性或者限制性规定的，海关依据法律、行政法规、国务院的规定或者国务院有关部门依据法律、行政法规的授权作出的规定实施监管。具体监管办法由海关总署制定。

第四十一条 进出口货物的原产地按照国家有关原产地规则的规定确定。

第四十二条 进出口货物的商品归类按照国家有关商品归类的规定确定。

海关可以要求进出口货物的收发货人提供确定商品归类所需的有关资料；必要时，海关可以组织化验、检验，并将海关认定的化验、检验结果作为商品归类的依据。

第四十三条 海关可以根据对外贸易经营者提出的书面申请，对拟作进口或者出口的货物预先作出商品归类等行政裁定。

进口或者出口相同货物，应当适用相同的商品归类行政裁定。

海关对所作出的商品归类等行政裁定，应当予以公布。

第四十四条 海关依照法律、行政法规的规定，对与进出境货物有关的知识产权实施保护。

需要向海关申报知识产权状况的，进出口货物收发货人及其代理人应当按照国家规定向海关如实申报有关知识产权状况，并提交合法使用有关知识产权的证明文件。

第四十五条 自进出口货物放行之日起三年内或者在保税货物、减免税进口货物的海关监管期限内及其后的三年内，海关可以对与进出口货物直接有关的企业、单位的会计账簿、会计凭证、报关单证以及其他有关资料和有关进出口货物实施稽查。具体办法由国务院规定。

第四章　进出境物品

第四十六条 个人携带进出境的行李物品、邮寄进出境的物品，应当以自用、合理数量为限，并接受海关监管。

第四十七条 进出境物品的所有人应当向海关如实申报，并接受海关查验。

海关加施的封志，任何人不得擅自开启或者损毁。

第四十八条 进出境邮袋的装卸、转运和过境，应当接受海关监管。邮政企业应当向海关递交邮件路单。

邮政企业应当将开拆及封发国际邮袋的时间事先通知海关，海关应当按时派员到场监管查验。

第四十九条 邮运进出境的物品，经海关查验放行后，有关经营单位方可投递或者交付。

第五十条 经海关登记准予暂时免税进境或者暂时免税出境的物品，应当由本人复带出境或者复带进境。

过境人员未经海关批准，不得将其所带物品留在境内。

第五十一条 进出境物品所有人声明放弃的物品、在海关规定期限内未办理海关手续或者无人认领的物品，以及无法投递又无法退回的进境邮递物品，由海关依照本法第三十条的规定处理。

第五十二条 享有外交特权和豁免的外国机构或者人员的公务用品或者自用物品进出境，依照有关法律、行政法规的规定办理。

第五章　关　　税

第五十三条 准许进出口的货物、进出境物品，由海关依法征收关税。

第五十四条 进口货物的收货人、出口货物的发货人、进出境物品的所有人，是关税的纳税义务人。

第五十五条 进出口货物的完税价格，由海关以该货物的成交价格为基础审查确定。成交价格不能确定时，完税价格由海关依法估定。

进口货物的完税价格包括货物的货价、货物运抵中华人民共和国境内输入地点起卸前的运输及其相关费用、保险费；出口货物的完税价格包括货物的货价、货物运至中华人民共和国境内输出地点装载前的运输及其相关费用、保险费，但是其中包含的出口关税税额，应当予以扣除。

进出境物品的完税价格，由海关依法确定。

第五十六条 下列进出口货物、进出境物品，减征或者免征关税：

（一）无商业价值的广告品和货样；

（二）外国政府、国际组织无偿赠送的物资；

（三）在海关放行前遭受损坏或者损失的货物；

（四）规定数额以内的物品；

（五）法律规定减征、免征关税的其他货物、物品；

（六）中华人民共和国缔结或者参加的国际条约规定减征、免征关税的货物、物品。

第五十七条 特定地区、特定企业或者有特定用途的进出口货物，可以减征或者免征关税。特定减税或者免税的范围和办法由国务院规定。

依照前款规定减征或者免征关税进口的货物，只能用于特定地区、特定企业或者特定用途，未经海关核准并补缴关税，不得移作他用。

第五十八条 本法第五十六条、第五十七条第一款规定范围以外的临时减征或者免征关税，由国务院决定。

第五十九条 暂时进口或者暂时出口的货物，以及特准进口的保税货物，在货物收发货人向海关缴纳相当于税款的保证金或者提供担保后，准予暂时免纳关税。

第六十条 进出口货物的纳税义务人，应当自海关填发税款缴款书之日起十五日内缴纳税款；逾期缴纳的，由海关征收滞纳金。纳税义务人、担保人超过三个月仍未缴纳的，经直属海关关长或者其授权的隶属海关关长批准，海关可以采取下列强制措施：

（一）书面通知其开户银行或者其他金融机构从其存款中扣缴税款；

（二）将应税货物依法变卖，以变卖所得抵缴税款；

（三）扣留并依法变卖其价值相当于应纳税款的货物或者其他财产，以变卖所得抵缴税款。

海关采取强制措施时，对前款所列纳税义务人、担保人未缴纳的滞纳金同时强制执行。

进出境物品的纳税义务人，应当在物品放行前缴纳税款。

第六十一条 进出口货物的纳税义务人在规定的纳税期限内有明显的转移、藏匿其应税货物以及其他财产迹象的，海关可以责令纳税义务人提供担保；纳税义务人不能提供纳税担保的，经直属海关关长或者其授权的隶属海关关长批准，海关可以采取下列税收保全措施：

（一）书面通知纳税义务人开户银行或者其他金融机构暂停支付纳税义务人相当于应纳税款的存款；

（二）扣留纳税义务人价值相当于应纳税款的货物或者其他财产。

纳税义务人在规定的纳税期限内缴纳税款的，海关必须立即解除税收保全措施；期限届满仍未缴纳税款的，经直属海关关长或者其授权的隶属海关关长批准，海关可以书面通知纳税义务人开户银行或者其他金融机构从其暂停支付的存款中扣缴税款，或者依法变卖所扣留的货物或者其他财产，以变卖所得抵缴税款。

采取税收保全措施不当，或者纳税义务人在规定期限内已缴纳税款，海关未立即解除税收保全措施，致使纳税义务人的合法权益受到损失的，海关应当依法承担赔偿责任。

第六十二条 进出口货物、进出境物品放行后，海关发现少征或者漏征税款，应当自缴纳税款或者货物、物品放行之日起一年内，向纳税义务人补征。因纳税义务人违反规定而造成的少征或者漏征，海关在三年以内可以追征。

第六十三条 海关多征的税款，海关发现后应当立即退还；纳税义务人自缴纳税款之日起一年内，可以要求海关退还。

第六十四条 纳税义务人同海关发生纳税争议时，应当缴纳税款，并可以依法申请行政复议；对复议决定仍不服的，可以依法向人民法院提起诉讼。

第六十五条 进口环节海关代征税的征收管理，适用关税征收管理的规定。

第六章 海关事务担保

第六十六条 在确定货物的商品归类、估价和提供有效报关单证或者办结其他海关手续前，收发货人要求放行货物的，海关应当在其提供与其依法应当履行的法律义务相适应的担保后放行。法律、行政法规规定可以免除担保的除外。

法律、行政法规对履行海关义务的担保另有规定的，从其规定。

国家对进出境货物、物品有限制性规定，应当提供许可证件而不能提供的，以及法律、行政法规规定不得担保的其他情形，海关不得办理担保放行。

第六十七条 具有履行海关事务担保能力的法人、其他组织或者公民，可以成为担保人。法律规定不得为担保人的除外。

第六十八条 担保人可以以下列财产、权利提供担保：

（一）人民币、可自由兑换货币；

（二）汇票、本票、支票、债券、存单；

（三）银行或者非银行金融机构的保函；

（四）海关依法认可的其他财产、权利。

第六十九条 担保人应当在担保期限内承担担保责任。担保人履行担保责任的，不免除被担保人应当办理有关海关手续的义务。

第七十条 海关事务担保管理办法，由国务院规定。

第七章 执法监督

第七十一条 海关履行职责，必须遵守法律，维护国家利益，依照法定职权和法定程序严格执法，接受监督。

第七十二条 海关工作人员必须秉公执法，廉洁自律，忠于职守，文明服务，不得有下列行为：

（一）包庇、纵容走私或者与他人串通进行走私；

（二）非法限制他人人身自由，非法检查他人身体、住所或者场所，非法检查、扣留进出境运输工具、货物、物品；

（三）利用职权为自己或者他人谋取私利；

（四）索取、收受贿赂；

（五）泄露国家秘密、商业秘密和海关工作秘密；

（六）滥用职权，故意刁难，拖延监管、查验；

（七）购买、私分、占用没收的走私货物、物品；

（八）参与或者变相参与营利性经营活动；

（九）违反法定程序或者超越权限执行职务；

（十）其他违法行为。

第七十三条 海关应当根据依法履行职责的需要，加强队伍建设，使海关工作人员具有良好的政治、业务素质。

海关专业人员应当具有法律和相关专业知识，符合海关规定的专业岗位任职要求。

海关招收工作人员应当按照国家规定，公开考试，严格考核，择优录用。

海关应当有计划地对其工作人员进行政治思想、法制、海关业务培训和考核。海关工作人员必须定期接受培训和考核，经考核不合格的，不得继续上岗执行职务。

第七十四条 海关总署应当实行海关关长定期交

流制度。

海关关长定期向上一级海关述职，如实陈述其执行职务情况。海关总署应当定期对直属海关关长进行考核，直属海关应当定期对隶属海关关长进行考核。

第七十五条 海关及其工作人员的行政执法活动，依法接受监察机关的监督；缉私警察进行侦查活动，依法接受人民检察院的监督。

第七十六条 审计机关依法对海关的财政收支进行审计监督，对海关办理的与国家财政收支有关的事项，有权进行专项审计调查。

第七十七条 上级海关应当对下级海关的执法活动依法进行监督。上级海关认为下级海关作出的处理或者决定不适当的，可以依法予以变更或者撤销。

第七十八条 海关应当依照本法和其他有关法律、行政法规的规定，建立健全内部监督制度，对其工作人员执行法律、行政法规和遵守纪律的情况，进行监督检查。

第七十九条 海关内部负责审单、查验、放行、稽查和调查等主要岗位的职责权限应当明确，并相互分离、相互制约。

第八十条 任何单位和个人均有权对海关及其工作人员的违法、违纪行为进行控告、检举。收到控告、检举的机关有权处理的，应当依法按照职责分工及时查处。收到控告、检举的机关和负责查处的机关应当为控告人、检举人保密。

第八十一条 海关工作人员在调查处理违法案件时，遇有下列情形之一的，应当回避：

（一）是本案的当事人或者是当事人的近亲属；

（二）本人或者其近亲属与本案有利害关系；

（三）与本案当事人有其他关系，可能影响案件公正处理的。

第八章　法律责任

第八十二条 违反本法及有关法律、行政法规，逃避海关监管，偷逃应纳税款、逃避国家有关进出境的禁止性或者限制性管理，有下列情形之一的，是走私行为：

（一）运输、携带、邮寄国家禁止或者限制进出境货物、物品或者依法应当缴纳税款的货物、物品进出境的；

（二）未经海关许可并且未缴纳应纳税款、交验有关许可证件，擅自将保税货物、特定减免税货物以及其他海关监管货物、物品、进境的境外运输工具，在境内销售的；

（三）有逃避海关监管，构成走私的其他行为的。

有前款所列行为之一，尚不构成犯罪的，由海关没收走私货物、物品及违法所得，可以并处罚款；专门或者多次用于掩护走私的货物、物品，专门或者多次用于走私的运输工具，予以没收，藏匿走私货物、物品的特制设备，责令拆毁或者没收。

有第一款所列行为之一，构成犯罪的，依法追究刑事责任。

第八十三条 有下列行为之一的，按走私行为论处，依照本法第八十二条的规定处罚：

（一）直接向走私人非法收购走私进口的货物、物品的；

（二）在内海、领海、界河、界湖，船舶及所载人员运输、收购、贩卖国家禁止或者限制进出境的货物、物品，或者运输、收购、贩卖依法应当缴纳税款的货物，没有合法证明的。

第八十四条 伪造、变造、买卖海关单证，与走私人通谋为走私人提供贷款、资金、账号、发票、证明、海关单证，与走私人通谋为走私人提供运输、保管、邮寄或者其他方便，构成犯罪的，依法追究刑事责任；尚不构成犯罪的，由海关没收违法所得，并处罚款。

第八十五条 个人携带、邮寄超过合理数量的自用物品进出境，未依法向海关申报的，责令补缴关税，可以处以罚款。

第八十六条 违反本法规定有下列行为之一的，可以处以罚款，有违法所得的，没收违法所得：

（一）运输工具不经设立海关的地点进出境的；

（二）不将进出境运输工具到达的时间、停留的地点或者更换的地点通知海关的；

（三）进出口货物、物品或者过境、转运、通运货物向海关申报不实的；

（四）不按照规定接受海关对进出境运输工具、货物、物品进行检查、查验的；

（五）进出境运输工具未经海关同意，擅自装卸进出境货物、物品或者上下进出境旅客的；

（六）在设立海关的地点停留的进出境运输工具未经海关同意，擅自驶离的；

（七）进出境运输工具从一个设立海关的地点驶往另一个设立海关的地点，尚未办结海关手续又未经海关批准，中途擅自改驶境外或者境内未设立海关的地点的；

（八）进出境运输工具，不符合海关监管要求或者未向海关办理手续，擅自兼营或者改营境内运输的；

（九）由于不可抗力的原因，进出境船舶和航空器被迫在未设立海关的地点停泊、降落或者在境内抛掷、起卸货物、物品，无正当理由，不向附近海关报告的；

（十）未经海关许可，擅自将海关监管货物开拆、提取、交付、发运、调换、改装、抵押、质押、留置、转让、更换标记、移作他用或者进行其他处置的；

（十一）擅自开启或者损毁海关封志的；

（十二）经营海关监管货物的运输、储存、加工等业务，有关货物灭失或者有关记录不真实，不能提供正当理由的；

（十三）有违反海关监管规定的其他行为的。

第八十七条 海关准予从事有关业务的企业，违反本法有关规定的，由海关责令改正，可以给予警告，暂停其从事有关业务，直至撤销注册。

第八十八条 未向海关备案从事报关业务的，海关可以处以罚款。

第八十九条 报关企业非法代理他人报关的，由海关责令改正，处以罚款；情节严重的，禁止其从事报关活动。

报关人员非法代理他人报关的，由海关责令改正，处以罚款。

第九十条 进出口货物收发货人、报关企业向海关工作人员行贿的，由海关禁止其从事报关活动，并处以罚款；构成犯罪的，依法追究刑事责任。

报关人员向海关工作人员行贿的，处以罚款；构成犯罪的，依法追究刑事责任。

第九十一条 违反本法规定进出口侵犯中华人民共和国法律、行政法规保护的知识产权的货物的，由海关依法没收侵权货物，并处以罚款；构成犯罪的，依法追究刑事责任。

第九十二条 海关依法扣留的货物、物品、运输工具，在人民法院判决或者海关处罚决定作出之前，不得处理。但是，危险品或者鲜活、易腐、易失效等不宜长期保存的货物、物品以及所有人申请先行变卖的货物、物品、运输工具，经直属海关关长或者其授权的隶属海关关长批准，可以先行依法变卖，变卖所得价款由海关保存，并通知其所有人。

人民法院判决没收或者海关决定没收的走私货物、物品、违法所得、走私运输工具、特制设备，由海关依法统一处理，所得价款和海关决定处以的罚款，全部上缴中央国库。

第九十三条 当事人逾期不履行海关的处罚决定又不申请复议或者向人民法院提起诉讼的，作出处罚决定的海关可以将其保证金抵缴或者将其被扣留的货物、物品、运输工具依法变价抵缴，也可以申请人民法院强制执行。

第九十四条 海关在查验进出境货物、物品时，损坏被查验的货物、物品的，应当赔偿实际损失。

第九十五条 海关违法扣留货物、物品、运输工具，致使当事人的合法权益受到损失的，应当依法承担赔偿责任。

第九十六条 海关工作人员有本法第七十二条所列行为之一的，依法给予行政处分；有违法所得的，依法没收违法所得；构成犯罪的，依法追究刑事责任。

第九十七条 海关的财政收支违反法律、行政法规规定的，由审计机关以及有关部门依照法律、行政法规的规定作出处理；对直接负责的主管人员和其他直接责任人员，依法给予行政处分；构成犯罪的，依法追究刑事责任。

第九十八条 未按照本法规定为控告人、检举人、举报人保密的，对直接负责的主管人员和其他直接责任人员，由所在单位或者有关单位依法给予行政处分。

第九十九条 海关工作人员在调查处理违法案件时，未按照本法规定进行回避的，对直接负责的主管人员和其他直接责任人员，依法给予行政处分。

第九章 附 则

第一百条 本法下列用语的含义：

直属海关，是指直接由海关总署领导，负责管理一定区域范围内的海关业务的海关；隶属海关，是指由直属海关领导，负责办理具体海关业务的海关。

进出境运输工具，是指用以载运人员、货物、物品进出境的各种船舶、车辆、航空器和驮畜。

过境、转运和通运货物，是指由境外启运、通过中国境内继续运往境外的货物。其中，通过境内陆路运输的，称过境货物；在境内设立海关的地点换装运输工具，而不通过境内陆路运输的，称转运货物；由船舶、航空器载运进境并由原装运输工具载运出境的，称通运货物。

海关监管货物，是指本法第二十三条所列的进出口货物，过境、转运、通运货物，特定减免税货物，以及暂时进出口货物、保税货物和其他尚未办结海关手续的进出境货物。

保税货物，是指经海关批准未办理纳税手续进境，在境内储存、加工、装配后复运出境的货物。

海关监管区，是指设立海关的港口、车站、机场、国界孔道、国际邮件互换局（交换站）和其他有海关监管业务的场所，以及虽未设立海关，但是经国务院批准的进出境地点。

第一百零一条 经济特区等特定地区同境内其他地区之间往来的运输工具、货物、物品的监管办法，由国务院另行规定。

第一百零二条 本法自 1987 年 7 月 1 日起施行。1951 年 4 月 18 日中央人民政府公布的《中华人民共和国暂行海关法》同时废止。

【国务院发布】

国务院办公厅关于
加强草原保护修复的若干意见

国办发〔2021〕7号

各省、自治区、直辖市人民政府，国务院各部委、各直属机构：

草原是我国重要的生态系统和自然资源，在维护国家生态安全、边疆稳定、民族团结和促进经济社会可持续发展、农牧民增收等方面具有基础性、战略性作用。党的十八大以来，草原保护修复工作取得显著成效，草原生态持续恶化的状况得到初步遏制，部分地区草原生态明显恢复。但当前我国草原生态系统整体仍较脆弱，保护修复力度不够、利用管理水平不高、科技支撑能力不足、草原资源底数不清等问题依然突出，草原生态形势依然严峻。为进一步加强草原保护修复，加快推进生态文明建设，经国务院同意，现提出以下意见。

一、总体要求

（一）指导思想。以习近平新时代中国特色社会主义思想为指导，全面贯彻党的十九大和十九届二中、三中、四中、五中全会精神，深入贯彻习近平生态文明思想，坚持绿水青山就是金山银山、山水林田湖草是一个生命共同体，按照节约优先、保护优先、自然恢复为主的方针，以完善草原保护修复制度、推进草原治理体系和治理能力现代化为主线，加强草原保护管理，推进草原生态修复，促进草原合理利用，改善草原生态状况，推动草原地区绿色发展，为建设生态文明和美丽中国奠定重要基础。

（二）工作原则。坚持尊重自然，保护优先。遵循顺应生态系统演替规律和内在机理，促进草原休养生息，维护自然生态系统安全稳定。宜林则林、宜草则草，林草有机结合。把保护草原生态放在更加突出的位置，全面维护和提升草原生态功能。

坚持系统治理，分区施策。采取综合措施全面保护、系统修复草原生态系统，同时注重因地制宜、突出重点，增强草原保护修复的系统性、针对性、长效性。

坚持科学利用，绿色发展。正确处理保护与利用的关系，在保护好草原生态的基础上，科学利用草原资源，促进草原地区绿色发展和农牧民增收。

坚持政府主导，全民参与。明确地方各级人民政府保护修复草原的主导地位，落实林（草）长制，充分发挥农牧民的主体作用，积极引导全社会参与草原保护修复。

（三）主要目标。到2025年，草原保护修复制度体系基本建立，草畜矛盾明显缓解，草原退化趋势得到根本遏制，草原综合植被盖度稳定在57%左右，草原生态状况持续改善。到2035年，草原保护修复制度体系更加完善，基本实现草畜平衡，退化草原得到有效治理和修复，草原综合植被盖度稳定在60%左右，草原生态功能和生产功能显著提升，在美丽中国建设中的作用彰显。到21世纪中叶，退化草原得到全面治理和修复，草原生态系统实现良性循环，形成人与自然和谐共生的新格局。

二、工作措施

（四）建立草原调查体系。完善草原调查制度，整合优化草原调查队伍，健全草原调查技术标准体系。在第三次全国国土调查基础上，适时组织开展草原资源专项调查，全面查清草原类型、权属、面积、分布、质量以及利用状况等底数，建立草原管理基本档案。（自然资源部、国家林草局负责）

（五）健全草原监测评价体系。建立完善草原监测评价队伍、技术和标准体系。加强草原监测网络建设，充分利用遥感卫星等数据资源，构建空天地一体化草原监测网络，强化草原动态监测。健全草原监测评价数据汇交、定期发布和信息共享机制。加强草原统计，完善草原统计指标和方法。（国家林草局、自然资源部、生态环境部、国家统计局等按职责分工负责）

（六）编制草原保护修复利用规划。按照因地制宜、分区施策的原则，依据国土空间规划，编制全国草原保护修复利用规划，明确草原功能分区、保护目标和管理措施。合理规划牧民定居点，防止出现定居点周边草原退化问题。地方各级人民政府要依据上一级规划，编制本行政区域草原保护修复利用规划并组织实施。（国

家林草局、自然资源部、生态环境部等按职责分工负责）

（七）加大草原保护力度。落实基本草原保护制度，把维护国家生态安全、保障草原畜牧业健康发展所需最基本、最重要的草原划定为基本草原，实施更加严格的保护和管理，确保基本草原面积不减少、质量不下降、用途不改变。严格落实生态保护红线制度和国土空间用途管制制度。加大执法监督力度，建立健全草原联合执法机制，严厉打击、坚决遏制各类非法挤占草原生态空间、乱开滥垦草原等行为。建立健全草原执法责任追究制度，严格落实草原生态环境损害赔偿制度。加强矿藏开采、工程建设等征占用草原审核审批管理，强化源头管控和事中事后监管。依法规范规模化养殖场等设施建设占用草原行为。完善落实禁牧休牧和草畜平衡制度，依法查处超载过牧和禁牧休牧期违规放牧行为。组织开展草畜平衡示范县建设，总结推广实现草畜平衡的经验和模式。（国家林草局、自然资源部、生态环境部、农业农村部等按职责分工负责）

（八）完善草原自然保护地体系。整合优化建立草原类型自然保护地，实行整体保护、差别化管理。开展自然保护地自然资源确权登记，在自然保护地核心保护区，原则上禁止人为活动；在自然保护地一般控制区和草原自然公园，实行负面清单管理，规范生产生活和旅游等活动，增强草原生态系统的完整性和连通性，为野生动植物生存繁衍留下空间，有效保护生物多样性。（国家林草局、自然资源部、生态环境部等按职责分工负责）

（九）加快推进草原生态修复。实施草原生态修复治理，加快退化草原植被和土壤恢复，提升草原生态功能和生产功能。在严重超载过牧地区，采取禁牧封育、免耕补播、松土施肥、鼠虫害防治等措施，促进草原植被恢复。对已垦草原，按照国务院批准的范围和规模，有计划地退耕还草。在水土条件适宜地区，实施退化草原生态修复，鼓励和支持人工草地建设，恢复提升草原生产能力，支持优质储备饲草基地建设，促进草原生态修复与草原畜牧业高质量发展有机融合。强化草原生物灾害监测预警，加强草原有害生物及外来入侵物种防治，不断提高绿色防治水平。完善草原火灾突发事件应急预案，加强草原火情监测预警和火灾防控。健全草原生态保护修复监管制度。（国家林草局、自然资源部、应急部、生态环境部、农业农村部等按职责分工负责）

（十）统筹推进林草生态治理。按照山水林田湖草整体保护、系统修复、综合治理的要求和宜林则林、宜草则草、宜荒则荒的原则，统筹推进森林、草原保护修复和荒漠化治理。在干旱半干旱地区，坚持以水定绿，采取以草灌为主、林草结合方式恢复植被，增强生态系统稳定性。在林草交错地带，营造林草复合植被，避免过分强调集中连片和高密度造林。在森林区，适当保留林间和林缘草地，形成林地、草地镶嵌分布的复合生态系统。在草原区，对生态系统脆弱、生态区位重要的退化草原，加强生态修复和保护管理，巩固生态治理成果。研究设置林草覆盖率指标，用于考核评价各地生态建设成效。（国家林草局负责）

（十一）大力发展草种业。建立健全国家草种质资源保护利用体系，鼓励地方开展草种质资源普查，建立草种质资源库、资源圃及原生境保护为一体的保存体系，完善草种质资源收集保存、评价鉴定、创新利用和信息共享的技术体系。加强优良草种特别是优质乡土草种选育、扩繁、储备和推广利用，不断提高草种自给率，满足草原生态修复用种需要。完善草品种审定制度，加强草种质量监管。（国家林草局负责）

（十二）合理利用草原资源。牧区要以实现草畜平衡为目标，优化畜群结构，控制放牧牲畜数量，提高科学饲养和放牧管理水平，减轻天然草原放牧压力。半农半牧区要因地制宜建设多年生人工草地，发展适度规模经营。农区要结合退耕还草、草田轮作等工作，大力发展人工草地，提高饲草供给能力，发展规模化、标准化养殖。加快转变传统草原畜牧业生产方式，优化牧区、半农半牧区和农区资源配置，推行“牧区繁育、农区育肥”等生产模式，提高资源利用效率。发展现代草业，支持草产品加工业发展，建立完善草产品质量标准体系。强化农牧民培训，提升科学保护、合理利用草原的能力水平。（农业农村部、国家林草局等按职责分工负责）

（十三）完善草原承包经营制度。加快推进草原确权登记颁证。牧区半牧区要着重解决草原承包地块四至不清、证地不符、交叉重叠等问题。草原面积较小、零星分布地区，要因地制宜采取灵活多样方式落实完善草原承包经营制度，明确责任主体。加强草原承包经营管理，明确所有权、使用权，稳定承包权，放活经营权。规范草原经营权流转，引导鼓励按照放牧系统单元实行合作经营，提高草原合理经营利用水平。在落实草原承包经营制度和规范经营权流转时，要充分考虑草原生态系统的完整性，防止草原碎片化。（国家林草局、自然资源部等按职责分工负责）

（十四）稳妥推进国有草原资源有偿使用制度改革。合理确定国有草原有偿使用范围。由农村集体经济组织成员实行家庭或者联户承包经营使用的国有草原，不纳入有偿使用范围，但需要明确使用者保护草原的义务。应签订协议明确国有草原所有权代理行使主体和使用权人并落实双方权利义务。探索创新国有草原所有者权益的有效实现形式，国有草原所有权代理行使主体以租金、特许经营费、经营收益分红等方式收取有偿使用费，并建立收益分配机制。将有偿使用情况纳入年度国有资产报告。（国家林草局、自然资源部、国家发展改革委、财政部等按职责分工负责）

（十五）推动草原地区绿色发展。科学推进草原资源多功能利用，加快发展绿色低碳产业，努力拓宽农牧民增收渠道。充分发挥草原生态和文化功能，打造一批草原旅游景区、度假地和精品旅游线路，推动草原旅游和生态康养产业发展。引导支持草原地区低收入人口通过参与草原保护修复增加收入。（国家林草局、文化和

旅游部、国家乡村振兴局等按职责分工负责）

三、保障措施

（十六）提升科技支撑能力。通过国家科技计划，支持草原科技创新，开展草原保护修复重大问题研究，尽快在退化草原修复治理、生态系统重建、生态服务价值评估、智慧草原建设等方面取得突破，着力解决草原保护修复科技支撑能力不足问题。加强草品种选育、草种生产、退化草原植被恢复、人工草地建设、草原有害生物防治等关键技术和装备研发推广。建立健全草原保护修复技术标准体系。加强草原学科建设和高素质专业人才培养。加强草原重点实验室、长期科研基地、定位观测站、创新联盟等平台建设，构建产学研推用协调机制，提高草原科技成果转化效率。加强草原保护修复国际合作与交流，积极参与全球生态治理。（科技部、教育部、国家林草局等按职责分工负责）

（十七）完善法律法规体系。加快推动草原法修改，研究制定基本草原保护相关规定，推动地方性法规制修订，健全草原保护修复制度体系。加大草原法律法规贯彻实施力度，建立健全违法举报、案件督办等机制，依法打击各类破坏草原的违法行为。完善草原行政执法与刑事司法衔接机制，依法惩治破坏草原的犯罪行为。（国家林草局、自然资源部、生态环境部、司法部、公安部等按职责分工负责）

（十八）加大政策支持力度。建立健全草原保护修复财政投入保障机制，加大中央财政对重点生态功能区转移支付力度。健全草原生态保护补偿机制。地方各级人民政府要把草原保护修复及相关基础设施建设纳入基本建设规划，加大投入力度，完善补助政策。探索开展草原生态价值评估和资产核算。鼓励金融机构创设适合草原特点的金融产品，强化金融支持。鼓励地方探索开展草原政策性保险试点。鼓励社会资本设立草原保护基金，参与草原保护修复。（国家林草局、国家发展改革委、财政部、自然资源部、生态环境部、农业农村部、水利部、人民银行、银保监会等按职责分工负责）

（十九）加强管理队伍建设。进一步整合加强、稳定壮大基层草原管理和技术推广队伍，提升监督管理和公共服务能力。重点草原地区要强化草原监管执法，加强执法人员培训，提升执法监督能力。加强草原管护员队伍建设管理，充分发挥作用。支持社会化服务组织发展，充分发挥草原专业学会、协会等社会组织在政策咨询、信息服务、科技推广、行业自律等方面作用。（国家林草局、自然资源部、人力资源和社会保障部、民政部等按职责分工负责）

四、组织领导

（二十）加强对草原保护修复工作的领导。地方各级人民政府要进一步提高认识，切实把草原保护修复工作摆在重要位置，加强组织领导，周密安排部署，确保取得实效。省级人民政府对本行政区域草原保护修复工作负总责，实行市（地、州、盟）、县（市、区、旗）人民政府目标责任制。要把草原承包经营、基本草原保护、草畜平衡、禁牧休牧等制度落实情况纳入地方各级人民政府年度目标考核，细化考核指标，压实地方责任。

（二十一）落实部门责任。各有关部门要根据职责分工，认真做好草原保护修复相关工作。各级林业和草原主管部门要适应生态文明体制改革新形势，进一步转变职能，切实加强对草原保护修复工作的管理、服务和监督，及时研究解决重大问题。

（二十二）引导全社会关心支持草原事业发展。深入开展草原普法宣传和科普活动，广泛宣传草原的重要生态、经济、社会和文化功能，不断增强全社会关心关爱草原和依法保护草原的意识，夯实加强草原保护修复的群众基础。充分发挥种草护草在国土绿化中的重要作用，积极动员社会组织和群众参与草原保护修复。

国务院办公厅

2021 年 3 月 12 日

【农业农村部发布】

中华人民共和国农业农村部令

2021 年 第 2 号

《兽用生物制品经营管理办法》已经农业农村部 2021 年 3 月 2 日第 3 次常务会议审议通过，现予发布，自 2021 年 5 月 15 日起施行。

部长 唐仁健

2021 年 3 月 17 日

兽用生物制品经营管理办法

第一条 为了加强兽用生物制品经营管理，保证兽用生物制品质量，根据《兽药管理条例》，制定本办法。

第二条 在中华人民共和国境内从事兽用生物制品的分发、经营和监督管理，应当遵守本办法。

第三条 本办法所称兽用生物制品，是指以天然或者人工改造的微生物、寄生虫、生物毒素或者生物组织及代谢产物等为材料，采用生物学、分子生物学或者生物化学、生物工程等相应技术制成的，用于预防、治疗、诊断动物疫病或者有目的地调节动物生理机能的兽药，主要包括血清制品、疫苗、诊断制品和微生态制品等。

第四条 兽用生物制品分为国家强制免疫计划所需兽用生物制品（以下简称国家强制免疫用生物制品）和非国家强制免疫计划所需兽用生物制品（以下简称非国家强制免疫用生物制品）。

国家强制免疫用生物制品品种名录由农业农村部确定并公布。非国家强制免疫用生物制品是指农业农村部确定的强制免疫用生物制品以外的兽用生物制品。

第五条 农业农村部负责全国兽用生物制品的监督管理工作。县级以上地方人民政府畜牧兽医主管部门负责本行政区域内兽用生物制品的监督管理工作。

第六条 兽用生物制品生产企业可以将本企业生产的兽用生物制品销售给各级人民政府畜牧兽医主管部门或养殖场（户）、动物诊疗机构等使用者，也可以委托经销商销售。

发生重大动物疫情、灾情或者其他突发事件时，根据工作需要，国家强制免疫用生物制品由农业农村部统一调用，生产企业不得自行销售。

第七条 从事兽用生物制品经营的企业，应当依法取得《兽药经营许可证》。《兽药经营许可证》的经营范围应当具体载明国家强制免疫用生物制品、非国家强制免疫用生物制品等产品类别和委托的兽用生物制品生产企业名称。经营范围发生变化的，应当办理变更手续。

第八条 兽用生物制品生产企业可自主确定、调整经销商，并与经销商签订销售代理合同，明确代理范围等事项。

经销商只能经营所代理兽用生物制品生产企业生产的兽用生物制品，不得经营未经委托的其他企业生产的兽用生物制品。经销商可以将所代理的产品销售给使用者和获得生产企业委托的其他经销商。

第九条 省级人民政府畜牧兽医主管部门对国家强制免疫用生物制品可以依法组织实行政府采购、分发。

承担国家强制免疫用生物制品政府采购、分发任务的单位，应当建立国家强制免疫用生物制品贮存、运输、分发等管理制度，建立真实、完整的分发和冷链运输记录，记录应当保存至制品有效期满 2 年后。

第十条 向国家强制免疫用生物制品生产企业或其委托的经销商采购自用的国家强制免疫用生物制品的养殖场（户），在申请强制免疫补助经费时，应当按要求将采购的品种、数量、生产企业及经销商等信息提供给所在地县级地方人民政府畜牧兽医主管部门。

养殖场（户）应当建立真实、完整的采购、贮存、使用记录，并保存至制品有效期满 2 年后。

第十一条 兽用生物制品生产、经营企业应当遵守兽药生产质量管理规范和兽药经营质量管理规范各项规定，建立真实、完整的贮存、销售、冷链运输记录，经营企业还应当建立真实、完整的采购记录。贮存记录应当每日记录贮存设施设备温度；销售记录和采购记录应当载明产品名称、产品批号、产品规格、产品数量、生产日期、有效期、供货单位或收货单位和地址、发货日期等内容；冷链运输记录应当记录起运和到达时的温度。

第十二条 兽用生物制品生产、经营企业自行配送兽用生物制品的，应当具备相应的冷链贮存、运输条件，也可以委托具备相应冷链贮存、运输条件的配送单位配送，并对委托配送的产品质量负责。冷链贮存、运输全过程应当处于规定的贮藏温度环境下。

第十三条 兽用生物制品生产、经营企业以及承担国家强制免疫用生物制品政府采购、分发任务的单位，应当按照兽药产品追溯要求及时、准确、完整地上传制品入库、出库追溯数据至国家兽药追溯系统。

第十四条 县级以上地方人民政府畜牧兽医主管部门应当依法加强对兽用生物制品生产、经营企业和使用者监督检查，发现有违反《兽药管理条例》和本办法规定情形的，应当依法做出处理决定或者报告上级畜牧兽医主管部门。

第十五条 各级畜牧兽医主管部门、兽药检验机构、动物卫生监督机构、动物疫病预防控制机构及其工作人员，不得参与兽用生物制品生产、经营活动，不得以其名义推荐或者监制、监销兽用生物制品和进行广告宣传。

第十六条 养殖场（户）、动物诊疗机构等使用者采购的或者经政府分发获得的兽用生物制品只限自用，不得转手销售。

养殖场（户）、动物诊疗机构等使用者转手销售兽用生物制品的，或者兽用生物制品经营企业超出《兽药经营许可证》载明的经营范围经营兽用生物制品的，属于无证经营，按照《兽药管理条例》第五十六条的规定处罚；属于国家强制免疫用生物制品的，依法从重处罚。

第十七条 兽用生物制品生产、经营企业未按照要求实施兽药产品追溯，以及未按照要求建立真实、完整的贮存、销售、冷链运输记录或未实施冷链贮存、运输的，按照《兽药管理条例》第五十九条的规定处罚。

第十八条 进口兽用生物制品的经营管理，还应当适用《兽药进口管理办法》。

第十九条 本办法自2021年5月15日起施行。农业部2007年3月29日发布的《兽用生物制品经营管理办法》（农业部令第3号）同时废止。

中华人民共和国农业农村部公告

第412号

根据《中华人民共和国种子法》《中华人民共和国草原法》和《草种管理办法》等有关规定，批准成都绿牧天下农业科技有限公司、甘肃百斯特种业有限公司、甘肃猛犸农业有限公司和北京正道种业有限公司等4家企业的草种经营许可申请，并颁发《草种经营许可证》。

特此公告。

附件：《草种经营许可证》单位名单（第二十七批）

农业农村部

2021年3月29日

附件：

公告412.ofd

http://www.moa.gov.cn/govpublic/xmsyj/202104/P020210402415435266172.ofd。

中华人民共和国农业农村部公告

第 420 号

根据《兽药管理条例》，我部组织修订了收载于2017版《兽药质量标准》（化学药品卷）的血促性素和注射用血促性素质量标准、说明书，现予发布，自发布之日起执行。原我部发布的该产品质量标准、说明书同时废止。

特此公告。

附件：1. 血促性素和注射用血促性素质量标准

2. 注射用血促性素说明书

农业农村部

2021 年 4 月 30 日

附件：

血促性素及制剂质量标准和说明书范本 .docx

http://www.moa.gov.cn/govpublic/xmsyj/202105/t20210510_6367392.htm.

中华人民共和国农业农村部公告

第 449 号

根据《兽药管理条例》和《兽药注册办法》规定，经审查，批准中国农业科学院兰州兽医研究所等 19 家单位申报的口蹄疫病毒非结构蛋白 3ABC 阻断 ELISA 抗体检测试剂盒等 5 种兽药产品为新兽药，核发《新兽药注册证书》，发布产品试行规程、质量标准、说明书和内包装标签，自发布之日起执行。

批准北京市农林科学院等 2 家单位申报的鸡新城疫、传染性支气管炎、减蛋综合征、传染性脑脊髓炎四联灭活疫苗变更注册，发布修订后的质量标准、说明书和标签，自发布之日起执行，原我部发布的本产品质量标准、说明书和内包装标签同时废止。

特此公告。

附件：1. 新兽药注册目录

2. 兽药变更注册目录 (略)

3. 制造及检验试行规程 (略)

4. 质量标准 (略)

5. 说明书和内包装标签 (略)

农业农村部

2021 年 7 月 16 日

附件 1：

新兽药注册目录

新兽药名称	研制单位	类别	新兽药注册证书号	监测期	备注
口蹄疫病毒非结构蛋白 3ABC 阻断 ELISA 抗体检测试剂盒	中国农业科学院兰州兽医研究所、天津威特生物医药有限责任公司、瑞普（保定）生物药业有限公司	三类	（2021）新兽药证字 46 号	3 年	注册

注：其余兽药略。

中华人民共和国农业农村部公告

第484号

根据《中华人民共和国种子法》《中华人民共和国草原法》和《草种管理办法》等有关规定，批准北京佰青源畜牧业科技发展有限公司和百绿（天津）国际草业有限公司的草种经营许可申请，并颁发《草种经营许可证》。

特此公告。

附件：《草种经营许可证》单位名单（第三十批）

农业农村部

2021年11月3日

附件：

《草种经营许可证》单位名单（第三十批）

序号	单位名称	住所	法定代表人	经营范围	经营方式	有效区域	许可证编号	有效期	备注
1	北京佰青源畜牧业科技发展有限公司	北京市密云区大城子镇政府东侧海惠诚综合楼101室-87	石岩	草种	批发、零售、进出口	全国	（农）草种经许字（2021）第008号	至2026年	期满重新申请
2	百绿（天津）国际草业有限公司	天津自贸试验区（空港经济区）环河北路与中心大道交口商务园西区21号楼423室	周思龙	草种	批发、零售、进出口	全国	（农）草种经许字（2021）第009号	至2026年	期满重新申请

农业农村部关于印发《2021 年国家动物疫病强制免疫计划》的通知

农牧发〔2021〕2 号

各省、自治区、直辖市及计划单列市农业农村（农牧、畜牧兽医）厅（局、委），新疆生产建设兵团农业农村局，部属有关事业单位：

为切实做好 2021 年全国动物疫病强制免疫工作，根据《中华人民共和国动物防疫法》规定，结合当前动物防疫实际，我部组织制定了《2021 年国家动物疫病强制免疫计划》。现印发你们，请遵照执行。

农业农村部

2021 年 1 月 6 日

2021 年国家动物疫病强制免疫计划

一、免疫病种及要求

（一）免疫病种。高致病性禽流感、口蹄疫、小反刍兽疫、布鲁氏菌病、包虫病。

（二）免疫要求。高致病性禽流感、口蹄疫、小反刍兽疫、布鲁氏菌病、包虫病的群体免疫密度应常年保持在 90% 以上，其中应免畜禽免疫密度应达到 100%。高致病性禽流感、口蹄疫和小反刍兽疫免疫抗体合格率应常年保持在 70% 以上。

（三）免疫动物种类和区域。高致病性禽流感：对全国所有鸡、鸭、鹅、鹌鹑等人工饲养的禽类，进行 H5 亚型和 H7 亚型高致病性禽流感免疫。对供研究和疫苗生产用的家禽、进口国（地区）明确要求不得实施高致病性禽流感免疫的出口家禽以及因其他特殊原因不免疫的，有关养殖场户逐级报省级畜牧兽医主管部门同意后，可不实施免疫。

口蹄疫：对全国所有牛、羊、骆驼、鹿进行 O 型和 A 型口蹄疫免疫（已制定强制免疫计划或完成疫苗招标采购的省份和计划单列市，可仍按照《2020 年国家动物疫病强制免疫计划》有关要求实施）。对全国所有猪进行 O 型口蹄疫免疫，各地根据评估结果确定是否对猪实施 A 型口蹄疫免疫，经省级畜牧兽医主管部门同意后实施。

小反刍兽疫：对全国所有羊进行小反刍兽疫免疫。开展小反刍兽疫非免疫无疫区建设和已退出强制免疫的区域，省级畜牧兽医主管部门同意后，可不实施免疫。

布鲁氏菌病：在布鲁氏菌病一类地区，种畜禁止免疫，对除种畜外的牛羊进行布鲁氏菌病免疫；各省根据评估结果，自行确定是否对奶畜免疫，确需免疫的，有关养殖场户可逐级报省级畜牧兽医主管部门同意后，以场群为单位采取免疫措施；各省根据评估情况，确定非免疫净化区域，经省级畜牧兽医主管部门同意后实施。在布鲁氏菌病二类地区，原则上禁止对牛羊实施免疫，确需免疫的，养殖场户可逐级报省级畜牧兽医主管部门同意后，以场群为单位进行免疫。

包虫病：在包虫病流行区，对种羊进行程序化免疫，对新生羔羊、补栏羊及时进行免疫；四川、西藏、甘肃、青海等省份的包虫病高发地区，经省级畜牧兽医主管部门同意后，可使用 5 倍剂量的羊棘球蚴病基因工程亚单位疫苗，试点开展牦牛强制免疫；中国动物疫病预防控制中心要指导省级动物疫病预防控制中心开展免疫效果监测评价，为下一步全面实施牛包虫病强制免疫提供技术支撑。

猪瘟、高致病性猪蓝耳病，按照国家防治指导意见的防控要求开展免疫。省级畜牧兽医主管部门可根据本辖区内动物疫病流行情况，增加实施强制免疫的病种和区域。

二、疫苗种类

国家批准使用的高致病性禽流感、口蹄疫、小反刍兽疫、布鲁氏菌病、包虫病疫苗和目录见附件。疫苗生产企业和具体产品信息，请查询国家兽药基础数据库（www.ivdc.gov.cn）。

三、免疫主体

饲养动物的单位和个人（养殖场户）是强制免疫主体，依据《中华人民共和国动物防疫法》承担强制免疫主体责任，切实履行强制免疫义务，自主实施免疫接种，建立免疫档案，做好免疫记录，并接受监督检查。

四、职责分工

根据国务院有关文件规定，地方各级人民政府对辖区内动物防疫工作负总责，组织有关部门按照职责分工，落实强制免疫计划。

各级畜牧兽医主管部门具体组织实施强制免疫计划，负责组织强制免疫疫苗的调拨、保存和使用监管。各级动物疫病预防控制机构、相关国家兽医参考实验室负责开展使用环节强制免疫效果评价。各级承担动物卫生监督职责的机构负责监督检查养殖场户履行强制免疫义务情况。

省级畜牧兽医主管部门会同省级财政主管部门组织做好“先打后补”资金发放管理和强制免疫疫苗采购工作。各级畜牧兽医部门要协调同级财政部门，确保强制免疫补助经费落实到位。其他有关部门依法配合做好强制免疫计划实施工作。

五、组织实施

（一）制定实施方案。各地应按照本计划要求，结合防控实际，及时制定本省份强制免疫计划实施方案。对散养动物，采取春秋两季集中免疫与定期补免相结合的方式进行，规模养殖场及有条件的地方实施程序化免疫。

（二）推进“先打后补”。各省份要按照《农业农村部办公厅关于深入推进动物疫病强制免疫补助政策实施机制改革的通知》（农办牧〔2020〕53 号）要求，结合实际制定实施方案，加快推进“先打后补”工作，按时报送进展情况。

（三）规范疫苗采购。省级畜牧兽医主管部门要会同省级财政主管部门，加强疫苗采购工作的监督管理。各地应建立健全本部门疫苗采购制度，完善内部管控体系，严格规范疫苗采购活动。疫苗采购应以质量、免疫效果、价格和售后服务等综合指标为评判标准。禁止疫苗企业恶意竞标、串标、以低于成本的价格参与竞标和超出使用范围宣传等行为，一经发现，将相关违规企业列入黑名单。

（四）开展技术培训。在春季集中免疫工作开展前，中国动物疫病预防控制中心应组织开展省级免疫技术师资培训。各级畜牧兽医机构要组织做好乡镇及村级防疫员免疫技术培训。疫苗及诊断试剂供应企业要做好培训、技术服务等工作。

（五）完善免疫记录。乡镇畜牧兽医机构、村级防疫员、养殖场户要做好免疫记录，确保免疫记录与畜禽标识相符。养殖场户要详细记录畜禽存栏、出栏、免疫等情况，特别是疫苗种类、生产厂家、生产批号等信息。

（六）落实报告制度。省级畜牧兽医机构按月报告疫苗采购情况，各级畜牧兽医机构按月报告免疫情况。在春秋两季集中免疫期间，对免疫进展实行周报告制度。发生突发重大动物疫情时，对紧急免疫情况实行日报告制度。各地要明确专人负责收集、统计免疫信息，按时报中国动物疫病预防控制中心，免疫过程中发现的问题随时报告。

（七）评估免疫效果。各级畜牧兽医机构要加强免疫效果监测与评价工作，实行常规监测与随机抽检相结合，对畜禽群体抗体合格率未达到规定要求的，及时组织开展补免；对开展强制免疫“先打后补”的养殖场户，要组织开展免疫效果抽查，确保免疫效果；对辖区内的免疫副反应发生情况、免疫抗体水平不达标情况和免疫失败情况，应及时进行调查处理。农业农村部将组织开展定期检查，并视情况组织随机抽检，通报检查结果。

六、监督管理

对拒不履行强制免疫义务、因免疫不到位引发动物疫情的养殖单位和个人，要依法处理并追究相关单位和人员的责任。

各级畜牧兽医主管部门要加强对辖区内强制免疫疫苗生产企业的监督检查，督促生产企业严格执行兽药生产质量管理规范（GMP）。全面实施兽药“二维码”管理制度，加强疫苗追踪和全程质量监管，严厉打击制售假劣疫苗行为。

中国兽医药品监察所要加强疫苗质量监管工作，开展监督抽检，对生产企业实行督导检查。

七、经费支持

按照《财政部农业农村部关于修订印发农业相关转移支付资金管理办法的通知》（财农〔2020〕10 号）要求，对国家确定的强制免疫病种，中央财政按照国家统计局公布的畜禽饲养量、单个畜禽补助标准、地区补助系数等因素，测算中央财政强制免疫补助规模，切块下达各省级财政，用于开展强制免疫、免疫效果监测评价、疫病监测和净化、人员防护，以及实施强制免疫计划、购买防疫服务等。

各省份根据疫苗实际招标价格、需求数量和动物防疫工作实际需要，结合中央财政补助资金，据实安排省级财政补助资金，重点保障牧区半牧区和偏远山区未实施“先打后补”的中小养殖场户强制免疫需要，确保构筑有效免疫屏障。

附件 : 国家批准使用的有关疫苗目录

附件：

国家批准使用的有关疫苗目录

一、高致病性禽流感

重组禽流感病毒 (H5+H7) 三价灭活疫苗。

二、口蹄疫

1. 口蹄疫 O 型灭活疫苗 ;

2. 口蹄疫 O 型合成肽疫苗 ;

3. 口蹄疫 A 型灭活疫苗 ;

4. 口蹄疫 O 型—A 型二价灭活疫苗 ;

5. 口蹄疫 O 型—A 型二价合成肽疫苗。

三、小反刍兽疫

1. 小反刍兽疫活疫苗 ;

2. 小反刍兽疫、山羊痘二联活疫苗。

四、布鲁氏菌病

布病活疫苗。

五、包虫病

羊棘球蚴病基因工程亚单位疫苗。

农业农村部关于成立第八届全国草品种审定委员会的通知

农牧发〔2021〕13 号

第七届全国草品种审定委员会任期已满，依据《草品种审定管理规定》，我部成立第八届全国草品种审定委员会，任期五年，归口畜牧兽医局管理。现将第八届全国草品种审定委员会组成人员名单（见附件）印发给你们，请各单位积极支持全国草品种审定委员会的工作。

附件：第八届全国草品种审定委员会组成人员名单

农业农村部

2021 年 4 月 20 日

附件：

第八届全国草品种审定委员会组成人员名单

主　任：

魏宏阳　农业农村部畜牧兽医局副局长

常务副主任：

周　禾　中国农业大学教授

副主任：

贠旭江　全国畜牧总站副站长

张　博　新疆农业大学教授

刘国道　中国热带农业科学院研究员

毕玉芬　云南农业大学教授

石凤翎　内蒙古农业大学教授

委　员（按姓氏笔画排序）：

于林清　中国农业科学院草原研究所研究员

王加亭　全国畜牧总站草业处处长

李　源　河北省农林科学院旱作农业研究所副研究员

刘建秀　江苏省中国科学院植物研究所研究员

刘公社　中国科学院植物研究所研究员

刘　洋　湖北省农业科学院畜牧兽医研究所研究员

杨青川　中国农业科学院北京畜牧兽医研究所研究员

杨伟光　黑龙江省农业科学院畜牧兽医分院研究员

张新跃　四川省草业技术研究推广中心研究员

张巨明　华南农业大学教授

张新全　四川农业大学教授

张吉宇　兰州大学教授

呼天明　西北农林科技大学教授

周青平　西南民族大学教授

赵美清　山西农业大学研究员

赵桂琴　甘肃农业大学教授

钟小仙　江苏省农业科学院研究员

莫本田　贵州省畜牧兽医研究所研究员

徐安凯　吉林省农业科学院研究员

黄庆生　农业农村部畜牧兽医局饲料饲草处处长

黄毅斌　福建省农业科学院土壤肥料研究所研究员

赖志强　广西壮族自治区畜牧研究所研究员

农业农村部关于印发新一轮全国畜禽遗传改良计划的通知

农种发〔2021〕2号

各省、自治区、直辖市农业农村（农牧）厅（局、委），新疆生产建设兵团农业农村局，全国畜牧总站，有关单位：

畜禽种业是畜牧业发展的根基，是畜牧业核心竞争力的重要体现。为推进畜禽种业发展，2008年以来，我部陆续发布实施了奶牛、生猪、肉牛、蛋鸡、肉鸡和肉羊遗传改良计划，有力推进了我国畜禽种业发展，种源立足国内有保障，风险可管控，为我国畜牧业持续健康发展、丰富百姓“菜篮子”提供了有力支撑。

进入“十四五”，我国开启了全面建设社会主义现代化国家新征程，2035年将基本实现农业农村现代化。中央经济工作会议、中央农村工作会议对打好种业翻身仗作出了总体部署，中央1号文件对实施新一轮畜禽遗传改良计划提出了明确要求。按照党中央、国务院的决策部署，我部组织制定了新一轮全国畜禽遗传改良计划，包括生猪、奶牛、肉牛、羊、蛋鸡和肉鸡六种畜禽，力争通过15年的努力，建成比较完善的商业化育种体系，自主培育一批具有国际竞争力的突破性品种，确保畜禽核心种源自主可控，筑牢农业农村现代化和人民美好生活的种业根基。

为保障畜禽遗传改良计划顺利实施，农业农村部成立全国畜禽遗传改良计划领导小组，分管部领导任组长，种业管理司、全国畜牧总站主要负责同志任副组长，相关单位负责同志任成员。领导小组下设办公室、咨询委员会和各畜种专家委员会，办公室设在全国畜牧总站，负责具体组织实施工作；咨询委员会主要负责提供战略咨询，各畜种专家委员会负责提供专业技术支撑。

现将新一轮全国畜禽遗传改良计划等印发你们，请遵照执行。

附件：1. 全国生猪遗传改良计划（2021—2035年）（略）

2. 全国奶牛遗传改良计划（2021—2035年）（见本书特载）

3. 全国肉牛遗传改良计划（2021—2035年）（略）

4. 全国羊遗传改良计划（2021—2035年）（略）

5. 全国蛋鸡遗传改良计划（2021—2035年）（略）

6. 全国肉鸡遗传改良计划（2021—2035年）（略）

7. 全国畜禽遗传改良计划领导小组办公室名单

8. 全国畜禽遗传改良计划咨询委员会名单

9. 各畜种遗传改良计划专家委员会名单

农业农村部

2021年4月23日

附件7：

全国畜禽遗传改良计划领导小组办公室名单

主　任：时建忠　全国畜牧总站党委书记、副站长

副主任：邹　奎　农业农村部种业管理司品种创新处处长

王　健　农业农村部畜牧兽医局畜牧处处长

刘丑生　全国畜牧总站畜禽种业指导处处长

翟新验　中国动物疫病预防控制中心疫情监测处处长

成　员：陈瑶生　中山大学教授

张胜利　中国农业大学教授

李俊雅　中国农业科学院北京畜牧兽医研究所研究员

李发弟　兰州大学教授

杨　宁　中国农业大学教授

文　杰　中国农业科学院北京畜牧兽医研究所研究员

侯水生　中国农业科学院北京畜牧兽医研究所研究员

陶伟国　农业农村部种业管理司品种创新处副处长

张桂香　全国畜牧总站畜禽种业指导处副处长

邱小田　全国畜牧总站畜禽种业指导处高级畜牧师

李　姣　全国畜牧总站畜禽种业指导处高级畜牧师

段忠意　全国畜牧总站畜禽种业指导处畜牧师

附件8：

全国畜禽遗传改良计划咨询委员会名单

名誉主任：吴常信　院　士　中国农业大学

主　　任：黄路生　院　士　江西农业大学

成　　员：陈焕春　院　士　华中农业大学

张　沅　教　授　中国农业大学

宫桂芬　研究员　中国畜牧业协会

陈宽维　研究员　江苏省家禽科学研究所
王爱国　教　授　中国农业大学
张　勤　教　授　中国农业大学
徐宁迎　教　授　浙江大学
武　英　研究员　山东省农业科学院畜牧兽医研究所
杜立新　教　授　中国农业科学院北京畜牧兽医研究所
李金泉　教　授　内蒙古农业大学
王根林　教　授　南京农业大学
开荣　研究员　中国兽医药品监察所
杨公社　教　授　西北农林科技大学
朱　庆　教　授　四川农业大学
柳　楠　教　授　青岛农业大学
杨汉春　教　授　中国农业大学
秘　书：张　浩　教　授　中国农业大学

附件9：

各畜种遗传改良计划专家委员会

全国奶牛遗传改良计划专家委员会
主　任：张胜利　教　授　中国农业大学
副主任：朱化彬　研究员　中国农业科学院北京畜牧兽医研究所
成　员（按照姓氏笔画排序）：
马　云　教　授　宁夏大学
马　毅　研究员　天津市畜牧兽医研究所
王雅春　教　授　中国农业大学
曲永利　教　授　黑龙江八一农垦大学
孙东晓　教　授　中国农业大学
张　震　研究员　河南省奶牛生产性能测定中心
陈绍祜　高级畜牧师　中国奶业协会
郭爱珍　教　授　华中农业大学

农业农村部关于印发《“十四五”全国畜牧兽医行业发展规划》的通知

农牧发〔2021〕37号

各省、自治区、直辖市及计划单列市农业农村（农牧）、畜牧兽医厅（局、委），新疆生产建设兵团农业农村局：

为推进畜牧兽医行业高质量发展，我部制定了《“十四五”全国畜牧兽医行业发展规划》。现印发你们，请结合本地实际，认真组织实施。

农业农村部

2021年12月14日

下载链接如下：http://www.moa.gov.cn.govpublic/xmsyj/202112/P020211220636479865309.ofd.

农业农村部办公厅关于公布2020年畜禽养殖标准化示范场名单的通知

农办牧〔2021〕1号

各省、自治区、直辖市农业农村（农牧、畜牧兽医）厅（局、委），青岛市农业农村局，新疆生产建设兵团农业农村局：

为贯彻落实《国务院办公厅关于稳定生猪生产促进转型升级的意见》和《国务院办公厅关于促进畜牧业高质量发展的意见》，按照“生产高效、环境友好、产品安全、管理先进”的标准，我部组织开展了2020年畜禽养殖标准化示范创建活动。经养殖场自愿申请、省级遴选推荐、部级专家评审，现确定天津农垦康嘉生态养殖有限公司第五分公司等180家畜禽养殖场为2020年农业农村部畜禽养殖标准化示范场。请各地按照要求颁发标牌，强化对标准化示范场的监管与指导，切实发挥示范效应，带动周边养殖场户尤其是中小养殖户提升标准化水平，加快构建现代养殖体系。

附件：2020年农业农村部畜禽养殖标准化示范场名单

农业农村部办公厅

2021年1月5日

附件：

2020年农业农村部畜禽养殖标准化示范场名单

天津　奶牛　天津嘉立荷牧业集团有限公司第十奶牛场分公司

河北　奶牛　博野县兴农奶农专业合作社

内蒙古　奶牛　内蒙古富源牧业（赛罕）有限责任公司

内蒙古　奶牛　现代牧业（通辽）有限公司

黑龙江　奶牛　黑龙江丰源牧业有限公司

黑龙江　奶牛　黑龙江省牡丹江农垦安兴奶牛养殖专业合作社

黑龙江　奶牛　黑龙江省牡丹江农垦牧丰奶牛养殖专业合作社

黑龙江　奶牛　林甸县永兴牧场

黑龙江　奶牛　林甸众晔奶牛养殖场

上海　奶牛　光明牧业有限公司（金山种奶牛场）

江苏　奶牛　盱眙卫岗牧业有限公司

山东　奶牛　格润富德农牧科技股份有限公司（牧场）

山东　奶牛　山东得益二牧牧业有限责任公司

山东　奶牛　济南优然牧业有限责任公司

河南　奶牛　河南瑞亚牧业有限公司

河南　奶牛　滑县光明生态示范奶牛养殖有限公司

四川　奶牛　现代牧业洪雅有限公司

陕西　奶山羊　陕西和氏高寒川牧业有限公司（东风奶山羊生态养殖场）

陕西　奶牛　中垦华山牧业有限公司

宁夏　奶牛　宁夏中地畜牧养殖有限公司

宁夏　奶牛　宁夏新澳农牧有限公司

宁夏　奶牛　中垦天宁牧业有限公司

新疆　奶牛　新疆呼图壁种牛场有限公司(牧五场)

农业农村部办公厅关于印发《牲畜耳标技术规范（修订稿）》《牲畜电子耳标技术规范》的通知

农办牧〔2021〕3 号

各省、自治区、直辖市农业农村（农牧、畜牧兽医）厅（局、委），新疆生产建设兵团农业农村局：

为进一步规范牲畜耳标使用管理，推广使用牲畜电子耳标，提高牲畜可追溯性，我部组织制修订了《牲畜耳标技术规范（修订稿）》《牲畜电子耳标技术规范》，现印发给你们，请遵照执行。工作中发现的问题，请及时反馈中国动物疫病预防控制中心。

附件：1. 牲畜耳标技术规范（修订稿）

2. 牲畜电子耳标技术规范

农业农村部办公厅

2021 年 1 月 11 日

附件：

农办牧〔2021〕3 号 .ofd

http://www.moa.gov.cn/govpublic/xmsyj/202101/P020210115617294094171.ofd

农业农村部办公厅关于公布全国农业全产业链重点链和典型县建设名单的通知

农办产〔2021〕3 号 21 号

各省、自治区、直辖市农业农村（农牧）厅（局、委），新疆生产建设兵团农业农村局：

为贯彻落实中央 1 号文件和《国务院关于促进乡村产业振兴的指导意见》精神，依托乡村特色优势资源，打造农业全产业链，按照《农业农村部关于加快农业全产业链培育发展的指导意见》部署，我部组织开展了全国农业全产业链重点链和典型县建设工作。经各省（自治区、直辖市）农业农村部门遴选推荐、专家审核和网上公示，确认北京市设施蔬菜等 31 个全产业链重点链、天津市宝坻区等 63 个全产业链典型县开展建设，现予以公布。

农业全产业链建设是贯通产加销、融合农文旅、对接科工贸、拓展农业多种功能、促进乡村产业高质量发展的重要途径。经批准建设的农业全产业链重点链和典型县要聚焦增强主导产业全产业链优势，完善联农带农利益联结机制，优化产业上中下游协同发展机制，推动全产业链转型升级，成为农业全产业链建设典型标杆，把产业链主体留在县域，让农民更多分享全产业链增值收益。

各级农业农村部门要把促进重点链和典型县农业全产业链发展整体跃升作为重要任务，加强组织领导，加大政策扶持，培育壮大主体，完善支撑体系，做好主导产业建链、加工流通延链、科技创新补链、园区集群壮链、融合发展优链工作，构建创新能力强、产业链条全、绿色底色足、安全可控制、联农带农紧的农业全产业链，为乡村全面振兴和农业农村现代化提供支撑。

附件：1. 全国农业全产业链重点链建设名单

2. 全国农业全产业链典型县建设名单

农业农村部办公厅

2021 年 11 月 24 日

附件 1：

全国农业全产业链重点链建设名单

河北省石家庄奶业全产业链重点链

上海市奶业全产业链重点链

陕西省乳制品全产业链重点链

宁夏回族自治区奶业全产业链重点链

附件 2：

全国农业全产业链典型县建设名单

黑龙江省克东县乳制品全产业链典型县

农业农村部办公厅关于公布2021年畜禽养殖标准化示范场名单的通知

农办牧〔2021〕49号

各省、自治区、直辖市农业农村（农牧）、畜牧兽医厅（局、委），新疆生产建设兵团农业农村局：

按照《农业农村部办公厅关于开展2021年畜禽养殖标准化示范创建活动的通知》（农办牧〔2021〕20号），我部组织开展了2021年畜禽养殖标准化示范创建活动，并要求地方对2018年度正式公布、2021年底到期并有意愿继续创建的示范场进行了现场复验。经养殖场自愿申请、省级遴选推荐、部级专家评审和网上公示，现确定天津市惠康种猪育种有限公司等193家畜禽养殖场为2021年农业农村部畜禽养殖标准化示范场。经现场审核，天津市宁河原种猪场有限责任公司等78家养殖场通过复验，一并予以公布。

请各地按照要求对新创建示范场和复验通过示范场颁发标牌，继续强化对示范场的监管与指导，推动示范场切实发挥示范效应，带动周边养殖场（户）尤其是中小养殖户提升标准化饲养水平，加快构建现代养殖体系，推进畜牧业高质量发展。

附件：1. 2021年农业农村部畜禽养殖标准化示范场名单

2. 2021年农业农村部畜禽养殖标准化示范场复验通过名单

农业农村部办公厅

2021年12月15日

附件1：

2021年农业农村部畜禽养殖标准化示范场名单

河北　奶牛　唐山市锦程牧业有限公司

山西　奶牛　天镇中地生态牧场有限公司

内蒙古　奶牛　内蒙古赛科星牧业有限公司

内蒙古　奶牛　呼伦贝尔优然牧业示范牧场有限责任公司

河南　奶牛　平舆诚信瑞亚牧业有限公司

河南　奶牛　汝州市亿鑫源牧业有限公司

广东　奶牛　广东燕塘乳业股份有限公司红五月良种奶牛场分公司

甘肃　奶牛　甘肃农垦天牧乳业有限公司

甘肃　奶牛　甘肃安贝源乳业有限公司

宁夏　奶牛　宁夏骏华月牙湖农牧科技股份有限公司

新疆　奶牛　新疆豪子畜牧有限公司（豪子养殖场）

附件2：

2021年农业农村部畜禽养殖标准化示范场复验通过名单

河北　奶牛　保定双丰牧业有限公司

河北　奶牛　河北首农现代农业科技有限公司

山西　奶牛　山西仁德牧业有限责任公司

山西　奶牛　大同市南郊区四方高科农牧有限公司

内蒙古　奶牛　内蒙古富源牧业（托县）有限责任公司

山东　奶牛　山东大地乳业有限公司

河南　奶牛　河南花花牛畜牧科技有限公司

河南　奶牛　新蔡瑞亚牧业有限公司

四川　奶牛　四川新希望华西牧业有限公司（青白江牧场）

陕西　奶牛　现代牧业（宝鸡）有限公司

宁夏　奶牛　宁夏汇丰源牧业股份有限公司

【海关总署发布】

海关总署令

第 249 号

《中华人民共和国进出口食品安全管理办法》已于 2021 年 3 月 12 日经海关总署署务会议审议通过，现予公布，自 2022 年 1 月 1 日起实施。2011 年 9 月 13 日原国家质量监督检验检疫总局令第 144 号公布并根据 2016 年 10 月 18 日原国家质量监督检验检疫总局令第 184 号以及 2018 年 11 月 23 日海关总署令第 243 号修改的《进出口食品安全管理办法》、2000 年 2 月 22 日原国家检验检疫局令第 20 号公布并根据 2018 年 4 月 28 日海关总署令第 238 号修改的《出口蜂蜜检验检疫管理办法》、2011 年 1 月 4 日原国家质量监督检验检疫总局令第 135 号公布并根据 2018 年 11 月 23 日海关总署令第 243 号修改的《进出口水产品检验检疫监督管理办法》、2011 年 1 月 4 日原国家质量监督检验检疫总局令第 136 号公布并根据 2018 年 11 月 23 日海关总署令第 243 号修改的《进出口肉类产品检验检疫监督管理办法》、2013 年 1 月 24 日原国家质量监督检验检疫总局令第 152 号公布并根据 2018 年 11 月 23 日海关总署令第 243 号修改的《进出口乳品检验检疫监督管理办法》、2017 年 11 月 14 日原国家质量监督检验检疫总局令第 192 号公布并根据 2018 年 11 月 23 日海关总署令第 243 号修改的《出口食品生产企业备案管理规定》同时废止。

署长倪岳峰

2021 年 4 月 14 日

《中华人民共和国进出口食品安全管理办法》详见如下链接：

http://www.gov.cn/gongbao/content/ 2021/content_5621202.htm.

海关总署关于2021年自澳大利亚进口两类农产品触发水平数量的公告

2021年第8号

根据《中华人民共和国政府和澳大利亚政府自由贸易协定》和海关总署公告2019年第207号，我国对自澳大利亚进口的两类8个税号农产品（以下简称两类农产品）实施特殊保障措施。现将2020年度两类农产品适用协定税率进口数量和2021年度进口触发水平数量予以公布（详见附件）。

两类农产品进口时仍按照海关总署公告2019年第207号的规定办理相关手续。

特此公告。

附件：2020年度两类农产品适用协定税率进口数量和2021年度进口触发水平数量情况表

海关总署

2021年1月25日

附件：

2020年度两类农产品适用协定税率进口数量和2021年度进口触发水平数量情况表

单位：t

分类	税号	产品描述	2020年度适用协定税率进口数量			2021年度适用协定税率可进口数量	
			本年度触发水平数量	累计进口数量	以在途方式进口数量	本年度触发水平数量	本年度实际可进口的触发水平数量
一类	02011000	整头及半头鲜、冷牛肉	179 687	201 851.456	22 164.456	185 078	162 913.544
	02012000	鲜、冷的带骨牛肉					
	02013000	鲜、冷的去骨牛肉					
	02021000	冻的整头及半头牛肉					
	02022000	冻的带骨牛肉					
	02023000	冻的去骨牛肉					
二类	04022100	脂肪量>1.5%未加糖或其他甜物质固状乳及奶油	22 335	10 669.393	0	23 452	23 452
	04022900	脂肪量>1.5%的加糖或其他甜物质固状乳及奶油					

说明：

1. 协定指《中华人民共和国政府和澳大利亚政府自由贸易协定》。
2. 2020年度适用协定税率累计进口数量=2020年度适用协定税率实际进口数量+2019年度以在途方式进口数量。
3. 2020年度以在途方式进口数量=2020年度适用协定税率累计进口数量－2020年度触发水平数量。
4. 2021年度实际可进口的触发水平数量=协定所规定2021年度触发水平数量－2020年度以在途方式进口数量。

海关总署关于进口阿尔巴尼亚乳品检验检疫要求的公告

2021 年第 18 号

根据我国相关法律法规和《中华人民共和国海关总署与阿尔巴尼亚共和国农业和农村发展部关于阿尔巴尼亚共和国输华乳品检验检疫要求议定书》的规定，允许自本公告发布之日起生产的、符合检验检疫要求的阿尔巴尼亚乳品进口。现将进口阿尔巴尼亚乳品检验检疫要求予以公布（见附件）。

特此公告。

附件：进口阿尔巴尼亚乳品检验检疫要求

海关总署

2021 年 3 月 1 日

附件：

进口阿尔巴尼亚乳品检验检疫要求

一、检验检疫依据

（一）《中华人民共和国进出境动植物检疫法》《中华人民共和国进出境动植物检疫法实施条例》《中华人民共和国进出口商品检验法》《中华人民共和国进出口商品检验法实施条例》《中华人民共和国食品安全法》《中华人民共和国食品安全法实施条例》。

（二）《进出口食品安全管理办法》《进出口乳品检验检疫监督管理办法》。

（三）《中华人民共和国海关总署与阿尔巴尼亚共和国农业和农村发展部关于阿尔巴尼亚共和国输华乳品检验检疫要求议定书》。

二、允许进口产品

阿尔巴尼亚输华乳品是指以经过加热处理的牛奶、绵羊奶和山羊奶为主要原料加工而成的乳及乳制品，包括巴氏杀菌乳、灭菌乳、调制乳、发酵乳、干酪及再制干酪、稀奶油、奶油、无水奶油、炼乳、乳粉、乳清粉、乳清蛋白粉、牛初乳粉、酪蛋白、乳矿物盐、乳基婴幼儿配方食品及其预混料（或基粉）等。

三、生产设施要求

阿尔巴尼亚输华乳品生产企业应符合中国和阿尔巴尼亚有关动物卫生和公共卫生要求，应经阿尔巴尼亚官方批准或注册，并获得中方注册。

四、动物检疫要求

为输华乳品提供原料乳的奶畜须符合下列条件：

（一）采集生乳前至少一个月，农场无口蹄疫病例或疑似病例。

（二）采集生乳时，农场未发现炭疽临床症状。

（三）农场无牛结核病、副结核、牛瘟、裂谷热、小反刍兽疫、羊天花、传染性牛胸膜肺炎。

（四）农场受阿尔巴尼亚共和国农业和农村发展部监管。

（五）农场及其周边地区未因动物疾病按《OIE 陆生动物卫生法典》和本国动物卫生法规规定而受到检疫限制。

五、检疫审批要求

进口阿尔巴尼亚巴氏杀菌乳和以巴氏杀菌工艺生产的调制乳，应事先办理检疫审批，获得《中华人民共和国进境动植物检疫许可证》。

六、证书要求

阿尔巴尼亚输华乳品应随附阿尔巴尼亚官方签发的卫生证书。

七、食品安全要求

阿尔巴尼亚输华乳品应符合中国法律法规的规定和中国食品安全国家标准。

八、包装和标识要求

阿尔巴尼亚输华乳品必须用符合中国相关标准的全新材料包装，外包装要用中文及英文标明规格、产地（具体到州/省/市）、目的地、品名、重量、生产厂名称、注册号、生产批号、储存条件、生产日期和保质期。

内包装须符合中国相关规定，标签上应注明原产国、品名、企业注册号、生产企业名称地址和联系方式、生产日期和保质期、生产批号。

九、存放和运输要求

阿尔巴尼亚输华乳品的存放、运输的全过程，均应符合卫生条件，防止受有毒有害物质的污染。货物装入集装箱后，应加施封识，封识号须在卫生证书中注明。运输过程中不得拆开及更换包装。

十、其他

阿尔巴尼亚输华乳品应来自获得中方注册的生产企业。获得注册的阿尔巴尼亚输华乳品企业名单，可通过海关总署网站查询。

海关总署关于进口波兰饲用乳制品检疫和卫生要求的公告

2021 年第 26 号

根据我国相关法律法规和《中华人民共和国海关总署和波兰共和国农业和农村发展部关于中国从波兰输入饲用乳制品的检疫和卫生要求议定书》规定，自本公告发布之日起，允许符合相关要求的波兰饲用乳制品进口。现将进口波兰饲用乳制品的检疫和卫生要求予以公布（见附件）。

特此公告。

附件：进口波兰饲用乳制品检疫和卫生要求

海关总署

2021 年 3 月 18 日

附件：

进口波兰饲用乳制品检疫和卫生要求

一、检验检疫依据

（一）《中华人民共和国进出境动植物检疫法》《中华人民共和国进出境动植物检疫法实施条例》；

（二）《饲料和饲料添加剂管理条例》；

（三）《农业转基因生物安全管理条例》；

（四）《进出口饲料和饲料添加剂检验检疫监督管理办法》；

（五）《中华人民共和国海关总署和波兰共和国农业和农村发展部关于中国从波兰输入饲用乳制品的检疫和卫生要求议定书》。

二、允许进口商品名称

本公告中的饲用乳制品是指由蔬菜成分、维生素预混合饲料、益生菌以及其他中国与波兰法律准许使用的非动物源性原料与乳清、乳酪、脱脂乳等混合制成的饲用乳制品，及由不含以上原料的乳清、乳酪、脱脂乳等制成的饲用乳制品。

三、生产企业要求

向中华人民共和国输出饲用乳制品的生产企业应符合下列条件：

（一）符合中华人民共和国和波兰共和国有关饲料卫生和兽医卫生法规的要求；

（二）获得波兰官方注册批准，并在其有效监督之下生产，其产品允许在波兰自由销售；

（三）建立并实施了 HACCP 等安全卫生质量控制计划，并获得波兰法律认可的认证机构的认证；

（四）须经波兰共和国农业和农村发展部向中华人民共和国海关总署推荐，获得中方注册登记后方可向中国出口饲用乳制品。

四、原料及产品要求

（一）生产原料应来自波兰本国，且波兰国内没有口蹄疫、牛瘟、牛结节性疹、小反刍兽疫、绵羊痘和山羊痘、羊痒病疫情。同时，过去一年内出口中国的饲用乳制品的奶源供应农场未发生过牛结核病、布鲁氏菌病、牛地方流行性白血病、牛副结核病、梅迪—维斯纳病、山羊关节炎 / 脑炎、牛传染性胸膜肺炎；

（二）原料奶来自无任何传染病症状的健康动物，并不得使用生育后 7 天内取得的初乳；

（三）原料中不得含有除牛奶及其衍生品外的其他反刍动物蛋白和其他动物源性成分；

（四）输华产品加工所使用的原料不得含有未经中方批准的转基因成分；

（五）输华产品属中国农业农村部进口产品登记范围的，还应满足进口产品登记要求；

（六）输华产品应符合中方饲料卫生标准（GB13078）要求。

五、生产工艺要求

（一）应进行热处理加工，热处理加工方法应符合波兰饲用乳制品法律法规要求并经中方认可；

（二）生产过程中不得使用危害动物健康的有毒有害物质，同时不得添加中国法律法规、波兰法律法规禁止使用的添加物；

（三）饲用乳制品输华前应经波兰官方抽样检测，并符合以下要求：

沙门氏菌：25克样品中未检出，$n=5$，$c=0$，$m=0$，$M=0$

细菌总数：$<2\times10^{6}$CFU/g

霉菌总数：$<1\times10^{3}$CFU/g

n——检验的样品数

m——细菌数的阈值；如果所有样品中细菌数都没有超过m，该结果为合格；

M——细菌数的最大值；如果有1个或多个样品中细菌数等于或大于M，该结果为不合格；

c——细菌数介于m与M之间的样品数，如果其他样品的细菌数是小于或等于m，该结果仍认为可接受。

六、包装、标签和存储运输要求

（一）每批输华饲用乳制品须用全新、洁净，密封和防潮性能良好、不易破损的包装材料进行包装；

（二）包装需加施中文标签，标签应符合中国国家标准《饲料标签》（GB 10648）要求。货物外包装需注明生产企业名称及注册登记号码，并标注“仅用作饲料”等警示语；

（三）输华饲用乳制品的生产、存储、运输过程采取了有效措施避免污染。

七、出口前查验和证书要求

波兰官方负责对输华饲用乳制品实施检验检疫，并出具卫生证书，证明其符合双方议定书的要求。向中国出口的每批饲用乳制品均须随附一份正本官方卫生证书。

八、进境检验检疫要求

（一）检疫审批。

进口商应在签订贸易合同前，申请取得《进境动植物检疫许可证》（部分取消检疫审批的产品除外）。

（二）证单核查。

1. 核查是否附有《进境动植物检疫许可证》；

2. 核查是否来自注册登记企业；

3. 核查卫生证书是否真实有效。

（三）货物检查。

根据有关法律、行政法规、规章等规定，结合本要求，对进境波兰饲用乳制品实施检验检疫。经检验检疫合格的，准予进境。

（四）不符合情况处理。

1. 无有效的卫生证书，作退回或销毁处理；

2. 来自非注册登记境外生产企业的产品，作退回或销毁处理；

3. 检出未经中国官方批准的转基因成分，作退回或销毁处理；

4. 检出未经批准的动物源性成分的，作退回或销毁处理；

5. 发现土壤、动物尸体、动物排泄物或其他禁止进境物，按照相关法律法规作除害、退回或销毁处理；

6. 经检测发现安全卫生项目不符合中国饲料卫生标准的，作除害、退回或者销毁处理；

7. 发现散包、容器破裂的，由货主或代理人负责整理完好。包装破损且有传播动植物疫病风险的，应当对所污染的场地、物品、器具进行检疫处理。

发现重大安全卫生问题，中国海关总署向波兰农业和农村发展部通报，并视情采取暂停相关出口企业甚至暂停波兰相关产品输华等措施。

海关总署关于实行进口乳品检测报告证明事项告知承诺制的公告

2021 年第 50 号

为进一步深化“放管服”改革，优化营商环境，根据《国务院办公厅关于全面推行证明事项和涉企经营许可事项告知承诺制的指导意见》（国办发〔2020〕42 号）要求，经研究，海关总署决定对进口乳品检测报告实行证明事项告知承诺制。进口乳品检测报告证明事项告知承诺制办事指南见附件 1，证明事项告知承诺书格式文本见附件 2。

本公告自 2021 年 7 月 5 日起施行。

特此公告。

附件：

1. 进口乳品检测报告证明事项告知承诺制办事指南

2. 进口乳品检测报告证明事项告知承诺书

海关总署

2021 年 7 月 5 日

附件 1：

进口乳品检测报告证明事项告知承诺制办事指南

一、适用范围

办理乳品进口报关业务。

二、办理依据

1.《中华人民共和国食品安全法》第九十二条：“……进口的食品、食品添加剂应当按照国家出入境检验检疫部门的要求随附合格证明材料。”

2.《进出口乳品检验检疫监督管理办法》第十一条：“进口乳品的进口商或者其代理人，应当凭下列材料向海关报检：……（三）首次进口的乳品，应当提供相应食品安全国家标准中列明项目的检测报告。……（四）非首次进口的乳品，应当提供首次进口检测报告的复印件以及海关总署要求项目的检测报告。”

三、承诺的条件

进口乳品的进口商或者其代理人应为依法成立并能够承担相应法律责任的法人。申请人有较严重的不良信用记录或者存在曾作出虚假承诺等情形的，在信用修复前不适用告知承诺制。

四、承诺的方式

申请人可自主选择是否采用告知承诺替代证明。申请人不愿承诺或无法承诺的，应当依法提交进口乳品检测报告。申请人愿意作出承诺的，应当向海关提交加盖单位公章后的告知承诺书原件。本证明事项必须由申请人作出承诺，不可代为承诺。

五、承诺的效力

申请人书面承诺已经符合告知的条件、要求，并愿意承担不实承诺的法律责任后，海关受理进口乳品报关时不再索要检测报告而依据书面承诺办理相关事项。

六、不实承诺责任

对于申请人作出虚假承诺或者承诺内容不实的，海关依法撤销相关决定，其基于本次告知承诺取得的利益不受保护，补充提交相关进口乳品检测报告，并承担因此引发的相应法律责任。采取信用惩戒措施，一年内不得申请进口乳品检测报告证明事项告知承诺。符合法定行政处罚情形的给予行政处罚。

七、办理程序

1. 申请人在海关总署官方网站自行下载打印或在业务现场由海关提供证明事项告知承诺书文本。认真阅读告知事项和承诺内容后，填写申请人基本信息，加盖单位公章并填写申请日期。

2. 经审查，符合告知承诺证明事项要求的，海关填写日期并签章；对发现承诺信息虚假、不符合条件的，作出不予审查通过决定并及时告知申请人。

3. 海关按照证明事项告知承诺内容办理相关业务。

附件2：

进口乳品检测报告证明事项告知承诺书

申请人信息	姓名/名称	
	证件类型	
	证件编号	
海关告知	证明事项名称	进口乳品检测报告
	证明用途	办理乳品进口报关业务
	证明事项设定依据	《食品安全法》第九十二条《进出口乳品检验检疫监督管理办法》第十一条
	承诺方式	本证明事项采用书面承诺方式，申请人作出承诺的，应当向海关提交加盖单位公章后的告知承诺书原件。
	适用对象	本证明事项申请人可自主选择是否采用告知承诺制方式办理。申请人不愿承诺或无法承诺的，应当依法提交证明材料。申请人有较严重的不良信用记录或者存在曾作出虚假承诺等情形的，在信用修复前不适用告知承诺制。
	承诺的效力	申请人向海关提交书面告知承诺书，承诺已经符合告知的条件、要求，并愿意承担不实承诺的法律责任后，海关不再要求申请人提交该项证明材料。
	不实承诺的责任	对提供不实承诺办理相关事项的，海关依法撤销相关决定，采取信用惩戒措施，符合法定行政处罚情形的给予行政处罚。
申请人的承诺	（一）申请人持有符合《进出口乳品检验检疫监督管理办法》第十一条规定的本批次进口乳品的检测报告； （二）无不良信用记录或者曾作出虚假承诺； （三）已经知晓海关告知的全部内容； （四）自身符合海关告知的相关条件要求； （五）接受海关对本证明事项的核查； （六）愿意承担不实承诺的法律责任； （七）上述承诺意思表示真实。	

申请人（单位公章）： 海关（公章）：

年 月 日 年 月 日

海关总署关于明确进口乳品检验检疫有关要求的公告

2021年第114号

《中华人民共和国进口食品境外生产企业注册管理规定》（海关总署第248号令）和《中华人民共和国进出口食品安全管理办法》（海关总署第249号令）将于2022年1月1日正式生效，《进出口乳品检验检疫监督管理办法》同时废止，进口乳品检验检疫的下列相关要求继续有效，现公告如下：

一、进口乳品需随附出口国家或者地区政府主管部门出具的卫生证书。证书应当有出口国家或者地区政府主管部门印章和其授权人签字，目的地应当标明为中华人民共和国。卫生证书样本应当经海关总署确认。

二、进口生乳、生乳制品、巴氏杀菌乳、巴氏杀菌工艺生产加工的调制乳需要办理进境检疫审批手续。

三、境外生产企业应当熟悉并保证其向中国出口的乳品符合中国食品安全国家标准和相关要求。

（一）首次进口的乳品，应当提供相应食品安全国家标准中列明项目的检测报告。首次进口，指境外生产企业、产品名称、配方、境外出口商、境内进口商等信息完全相同的乳品从同一口岸第一次进口。

（二）非首次进口的乳品，应当提供首次进口检测报告的复印件以及海关总署要求项目的检测报告。非首次进口检测报告项目由海关总署根据乳品风险监测等有关情况确定并在海关总署网站公布（在海关总署食品局网站 http://jckspj.customs.gov.cn 的“信息服务——检验检疫要求”栏目中查询）。

（三）检测报告应与进口乳品的生产日期或生产批号对应。

（四）对进口乳品检测报告实行证明事项告知承诺制。

四、为进口乳品出具检测报告的检测机构，可以是境外官方实验室、第三方检测机构或企业实验室，也可以是境内取得食品检验机构资质认定的检测机构。

五、本公告所指的乳品包括初乳、生乳和乳制品。初乳是指奶畜产犊后7天内的乳。生乳是指从符合中国有关要求的健康奶畜乳房中挤出的无任何成分改变的常乳。奶畜初乳、应用抗生素期间和休药期间的乳汁、变质乳不得用作生乳。生乳制品是指由生乳加工而成、加工工艺中无热处理杀菌过程的产品。乳制品是指由乳为主要原料加工而成的食品，如巴氏杀菌乳、灭菌乳、调制乳、发酵乳、干酪及再制干酪、稀奶油、奶油、无水奶油、炼乳、乳粉、乳清粉及乳清蛋白粉、乳基婴幼儿配方食品及其生产原料基粉、酪蛋白及其他乳与乳制品（如乳矿物盐和乳蛋白等）。

本公告自2022年1月1日起执行。2013年4月15日《关于实施〈进出口乳品检验检疫监督管理办法〉有关要求的公告》(原质检总局公告2013年53号)、2015年1月8日《关于调整〈进出口乳品检验检疫监督管理办法〉实施要求的公告》(原国家质检总局公告2015年第3号)同时废止。

特此公告。

海关总署

2021年12月23日

【国家市场监督管理总局发布】

市场监管总局关于婴幼儿配方乳粉产品配方注册有关事宜的公告

2021 年第 10 号

《食品安全国家标准 婴儿配方食品》(GB 10765—2021)、《食品安全国家标准 较大婴儿配方食品》(GB 10766—2021)和《食品安全国家标准 幼儿配方食品》(GB 10767—2021)(以下统称新国标)已于 2021 年 2 月 22 日发布，将于 2023 年 2 月 22 日实施。为做好新国标发布后婴幼儿配方乳粉产品配方注册工作，现就注册有关事宜公告如下：

一、自新国标发布之日起，申请人即可按新国标提出产品配方注册(含变更、延续)申请，获得注册后可按新国标组织生产。自新国标实施之日起，生产企业应当按新国标注册的产品配方组织生产，此前按《食品安全国家标准 婴儿配方食品》(GB 10765—2010)和《食品安全国家标准 较大婴儿和幼儿配方食品》(GB 10767—2010)生产的产品可以销售至保质期结束。

二、对已获注册的产品配方，申请人按新国标调整配方的，原则上按变更注册办理；同时调整配方原料(含食品添加剂)品种和营养成分表，实质上已构成新产品配方的，按注销原配方、申请新配方注册办理。

三、对已获注册的产品配方，申请人按新国标申请注册(含变更、延续)的，应按《婴幼儿配方乳粉产品配方注册申请材料项目与要求(试行)(2017 修订版)》提交材料，未发生变化的材料不再重复提交。产品配方研发论证报告中，应详细说明配方调整的研发论证情况以及调整前后的差异。

四、申请人应提交产品货架期稳定性研究材料。稳定性研究应结合食品原料(含食品添加剂)的理化性质、产品配方、工艺条件及包装材料等合理设计试验，具体可参考《婴幼儿配方乳粉产品稳定性研究指南(试行)》(详见附件)，以保证产品质量安全。

特此公告。

附件：婴幼儿配方乳粉产品稳定性研究指南(试行)

市场监管总局

2021 年 3 月 23 日

附件：

婴幼儿配方乳粉产品稳定性研究指南(试行)

本指南适用于申请注册的婴幼儿配方乳粉产品配方营养素货架期衰减等稳定性研究工作，供申请人参考。

一、基本原则

稳定性研究是通过设计试验获得产品质量特性在各种环境因素影响下随时间变化的规律，并据此为产品配方设计、生产工艺设置、包装材料选择、产品贮存条件和保质期的确定等提供支持性信息的过程。

稳定性研究应结合食品原料(含食品添加剂)的理化性质、产品配方、工艺条件及包装材料等合理设计。

二、试验样品和项目

(一)试验样品

试验样品应在满足《食品安全国家标准 粉状婴幼儿配方食品良好生产规范》(GB 23790)要求及商业化生产条件下生产，产品配方、生产工艺、质量要求应与注册申请材料一致。每个产品配方均应进行稳定性研究，其加速试验和长期试验分别采用三批次样品进行。同一配方采用不同包装材料的，应充分评估后至少选择一种包装材料进行试验。

（二）试验项目

食品安全国家标准（含标签标识要求）的全部项目作为试验项目，可选取在产品保质期内易于变化、可能影响产品质量、安全性、营养充足性的项目作为重点试验项目，重点试验项目至少包括附录中的项目。试验项目原则上应由申请人采用婴幼儿食品安全国家标准规定的检验方法检测，没有食品安全国家标准或采用国际检验方法的应经过验证。委托有资质第三方检验机构检测的需说明理由。

（三）检测频率

试验开始和结束时应对所有试验项目进行检测。重点试验项目的检测频率可由申请人根据试验项目的稳定性确定。附录中的重点试验项目应在不同试验方法（加速试验、长期试验）明确的试验时间点进行检测。

三、试验方法

（一）加速试验

1. 试验时间。加速试验时间为产品保质期的四分之一，且不得少于6个月。

加速试验需设置多个试验时间点研究产品的质量变化。如试验时间为6个月的加速试验，时间点至少包括试验开始和结束时，中间不少于2个时间点，每个时间点间隔不少于1个月。试验开始时数据可使用同批次样品质量分析结果。

2. 试验条件。加速试验条件由申请人根据产品特性、包装材料等因素确定。一般可选择温度37℃ ±2℃、湿度RH 75% ±5%。

试验时间、加速试验条件等与上述内容不完全一致的，应当提供相关科学依据和试验数据。

（二）长期试验

1. 试验时间。长期试验时间应与产品保质期一致。

试验时间点的设置应当考虑产品的稳定性特点。如保质期为24个月的产品，时间点至少包括试验开始和结束时，中间不少于4个时间点，每个时间点间隔不少于3个月。保质期超过24个月的，应适当增加试验时间点，时间点可为第一年每3个月末一次，第二年每6个月末一次，第3年每年一次。试验开始时数据可使用同批次样品质量分析结果。

2. 试验条件。长期试验条件由申请人根据产品特性、包装材料等因素确定。试验条件一般应选择产品标签标注的贮存条件。

试验时间、长期试验条件等与上述内容不完全一致的，应当提供相关科学依据和试验数据。

四、报告内容

稳定性研究报告内容包括：

（一）试验样品的名称、规格、批次，批产量、生产日期和试验开始时间。

（二）生产工艺类型、包装材料名称和执行标准。

（三）试验方法和试验条件（如温度、湿度等）。

（四）试验项目、检测方法及其检测限。

（五）以表格的形式提交研究获得的全部试验分析数据。

（六）各试验时间点检测结果，应以具体数值表示（除感官），其中营养成分检测结果应标示其与首次检测结果的百分比以及与食品安全国家标准（含标签标识要求）的符合性。计量单位符合我国法定计量单位的规定。在某个时间点进行多次检测的，应提供所有的检测结果及其相对标准偏差（RSD）。

（七）试验方法选择依据、试验条件设置，试验结果与产品贮存条件、保质期、包装材料之间的关系，对试验结果进行分析并得出研究结论。

附录：

稳定性重点试验项目

序号	试验项目	序号	试验项目
1	感官	8	碘
2	亚油酸或 α－亚麻酸	9	二十二碳六烯酸 a
3	维生素 A	10	二十碳四烯酸 a
4	维生素 E	11	水分
5	维生素 B_1	12	叶黄素 a
6	维生素 B_6	13	牛磺酸 a
7	维生素 C	14	活性菌种 ab

注：a. 在产品中选择添加时检测。

b. 对某些不适于加速试验条件的活性菌种，可用同水分活度下相似配方的历史长期数据进行分析。

国家市场监督管理总局关于鼓励企业标注乳制品食用期限的公告

2021 年第 34 号

按照《中华人民共和国食品安全法》规定，生产经营的食品标签应当标注生产日期、保质期。为方便消费者识别乳制品的食用期限，避免食物浪费，市场监管总局鼓励食品生产企业生产的需冷藏保存的巴氏杀菌乳、发酵乳，在标明生产日期的基础上，明确标注保质期到期日，如“保质期至 ×××× 年 ×× 月 ×× 日”“请于 ×××× 年 ×× 月 ×× 日前食（饮）用”等。文字说明内容可以印制在包装标签的醒目位置，具体日期可以在生产过程中清晰喷码或打印在包装的醒目位置。标注内容的文字、符号、数字等应符合《食品安全国家标准 预包装食品标签通则》（GB7718）的规定。

市场监管总局

2021 年 10 月 8 日

国家市场监督管理总局关于进一步规范婴幼儿配方乳粉产品标签标识的公告

2021 年第 38 号

为进一步规范婴幼儿配方乳粉产品标签标识，督促企业落实主体责任，维护消费者合法权益，依据《中华人民共和国食品安全法》《中华人民共和国消费者权益保护法》等规定，现就有关事项公告如下：

一、婴幼儿配方乳粉产品标签应当符合食品安全法律、法规、标准和产品配方注册相关规定，标识内容应当真实准确、清晰易辨，不得含有虚假、夸大、使消费者误解的文字、图形或者绝对化的内容。

二、适用于 0 ~ 6 月龄的婴儿配方乳粉不得进行含量声称和功能声称。适用于 6 月龄以上的较大婴儿和幼儿配方乳粉不得对其必需成分进行含量声称和功能声称，其可选择成分可以文字形式在非主要展示版面进行食品安全国家标准允许的含量声称和功能声称。

三、产品标签主要展示版面应当标注产品名称、净含量（规格）、注册号，可配符合食品安全国家标准要求且不会使消费者误解的图形，也可在主要展示版面的边角标注已注册商标，不得标注其他内容。

四、产品名称中有某种动物性来源字样的，其生乳、乳粉、乳清粉等乳蛋白来源应当全部来自该物种。使用的同一种乳蛋白原料有两种或两种以上动物性来源的，应当在配料表中标注各种动物性来源原料所占比例。

五、产品标签配料表中的复合配料应当严格按照食品安全国家标准的要求标注。如果某种配料是两种或两种以上的其他配料构成的复合配料（不包括复合食品添加剂），应在配料表中标示复合配料的名称，随后将复合配料的原始配料在括号内按加入量的递减顺序标示。

六、产品标签上的推荐食用量或喂哺量建议应当有科学依据，表述严谨，不得使用“必须”“严格”等字样。

七、行业协会等社会组织应当加强行业自律，引导和督促企业规范产品标签标识和宣传声称。任何组织或个人如发现涉及违反本公告或侵犯消费者权益的，可通过 12315 热线和全国 12315 平台投诉举报。

自本公告发布之日起，婴幼儿配方乳粉产品配方注册申请照此执行。2023 年 2 月 22 日起生产产品的标签标识应符合本公告的要求，此前生产的产品可销售至保质期结束。

市场监管总局

2021 年 11 月 12 日

【国家卫生健康委员会发布】

国家卫生健康委关于蝉花子实体（人工培植）等 15 种“三新食品”的公告

2020 年第 9 号

根据《食品安全法》规定，审评机构组织专家对蝉花子实体（人工培植）等 3 种新食品原料、β－淀粉酶等 5 种食品添加剂新品种和 1,3,5－三（2,2－二甲基丙酰胺）苯等 7 种食品相关产品新品种的安全性评估材料审查并通过。

特此公告。

附件：蝉花子实体（人工培植）等 3 种新食品原料、β－淀粉酶等 5 种食品添加剂新品种和 1,3,5－三（2,2－二甲基丙酰胺）苯等 7 种食品相关产品新品种公告文本（略）

国家卫生健康委

2020 年 12 月 28 日

解读《关于蝉花子实体（人工培植）等 15 种“三新食品”的公告》

一、新食品原料

（一）蝉花子实体（人工培植）

蝉花（Isaria cicadae Miq.）子实体，又名蝉棒束孢子实体，在我国浙江、广东、福建、四川等省民间具有食用历史。蝉花子实体（人工培植）是将蝉花菌种接种到培养基上进行人工培养，经采收子座（即孢梗束）、干燥等工艺制成，含有蛋白质、多糖等成分，其推荐食用量为≤ 3 克 / 天（以干品计）。

根据《食品安全法》和《新食品原料安全性审查管理办法》规定，审评机构依照法定程序，组织专家对蝉花子实体（人工培植）的安全性评估材料审查并通过。新食品原料生产和使用应当符合公告内容以及食品安全相关法规要求。鉴于蝉花子实体（人工培植）在婴幼儿、孕妇、哺乳期妇女、食用菌过敏者人群中的食用安全性资料不足，从风险预防原则考虑，上述人群不宜食用，标签及说明书中应当标注不适宜人群。

该原料食品安全指标按照我国现行食品安全国家标准中食用菌类的规定执行。此外，黄曲霉毒素 B_1、黄曲霉毒素 B_2、黄曲霉毒素 G_1、黄曲霉毒素 G_2、脱氧雪腐镰刀菌烯醇、赭曲霉毒素 A、玉米赤霉烯酮不得检出；白僵菌素含量≤ 3mg/kg。

（二）透明质酸钠

透明质酸钠是以葡萄糖、酵母粉、蛋白胨等为培养基，由马链球菌兽疫亚种（Streptococcus equi subsp. zooepidemicus）经发酵生产而成，是由 D－葡糖醛酸和 N－乙酰基 -D－氨基葡萄糖双糖单元构成的糖胺聚糖的钠盐，是一种直链大分子多糖。

我国于 2008 年批准透明质酸钠为新资源食品，使用范围为保健食品原料。目前透明质酸钠及以其为主要成分的产品在日本、韩国、美国、欧盟、澳大利亚、新西兰和巴西被允许添加在食品或膳食补充剂中。基于在其他国家和国际组织的批准使用情况，本产品申请扩大使用范围为乳及乳制品，饮料类，酒类，可可制品、巧克力和巧克力制品（包括代可可脂巧克力及制品）以及糖果，冷冻饮品。透明质酸钠在婴幼儿、孕妇和哺乳期妇女人群中的食用安全性资料不足，从风险预防原则考虑，上述人群不宜食用，标签及说明书中应当标注不适宜人群，并标注推荐食用量≤ 200 毫克 / 天。

根据《食品安全法》和《新食品原料安全性审查管理办法》，国家卫生健康委员会委托审评机构依照法定程序，组织专家对透明质酸钠的安全性评估材料审查并通过。新食品原料生产和使用应当符合公告内容以及食品安全相关法规要求。

该原料的食品安全指标按照公告规定执行。

（三）马乳酒样乳杆菌马乳酒样亚种

马乳酒样乳杆菌马乳酒样亚种属于乳杆菌科，乳杆菌属，是一种可以产生开菲尔多糖的乳酸杆菌。该菌株粉性状为白色或微黄色粉末至细微颗粒。马乳酒样乳杆菌马乳酒样亚种已列入欧洲食品安全局资格认定（QPS）

名单的推荐生物制剂列表中，并列入国际乳品联合会公报（Bulletin of the IDF 455/2012）的“在发酵食品中有技术必要性的微生物品种目录”，且加拿大、韩国已批准使用。国内外开展的安全性评估研究证明，该菌株具有较好的食用安全性。

根据《食品安全法》和《新食品原料安全性审查管理办法》规定，审评机构依照法定程序，组织专家对马乳酒样乳杆菌马乳酒样亚种的安全性评估材料进行审查并通过。新食品原料生产和使用应当符合公告内容以及食品安全相关法规要求。

该菌株原料的食品安全指标应符合我国相关标准。

二、食品添加剂新品种

（一）β－淀粉酶

1. 背景资料。地衣芽孢杆菌（Bacillus licheniformis）来源的 β－淀粉酶申请作为食品工业用酶制剂新品种。法国食品安全局、丹麦兽医和食品局、日本厚生劳动省等允许其作为食品工业用酶制剂使用。

2. 工艺必要性。该物质作为食品工业用酶制剂，水解淀粉。其质量规格执行《食品安全国家标准 食品添加剂 食品工业用酶制剂》（GB 1886.174）。

（二）氧化亚氮

1. 背景资料。氧化亚氮作为食品工业用加工助剂已列入《食品安全国家标准 食品添加剂使用标准》（GB 2760），允许用于 01.05 稀奶油（淡奶油）及其类似品的加工工艺、02.02 水油状脂肪乳化制品（仅限植脂乳）和 02.02 类以外的脂肪乳化制品，包括混合的和（或）调味的脂肪乳化制品（仅限植脂奶油）的加工工艺。本次申请的氧化亚氮是以天然气为原料制得，属于新工艺制得的氧化亚氮，其使用范围与 GB 2760 和相关公告中对于氧化亚氮的规定一致。欧盟委员会允许其作为食品添加剂用于各类食品。

2. 工艺必要性。该物质作为起泡剂用于 01.05 稀奶油（淡奶油）及其类似品的加工工艺、02.02 水油状脂肪乳化制品（仅限植脂乳）和 02.02 类以外的脂肪乳化制品，包括混合的和（或）调味的脂肪乳化制品（仅限植脂奶油）的加工工艺，改善产品口感。其质量规格按照公告的相关内容执行。

（三）维生素 K_2（合成法）

1. 背景资料。维生素 K 作为食品营养强化剂已列入《食品安全国家标准 食品营养强化剂使用标准》（GB 14880），允许用于调制乳粉（仅限儿童用乳粉和孕产妇用乳粉）。本次申请的维生素 K_2（合成法）是维生素 K 的一种化合物来源，属于新的生产原料制得的维生素 K_2，其用量和使用范围与 GB14880 中关于维生素 K 的规定一致。欧盟委员会、美国食品药品管理局允许其作为食品原料和/或膳食补充剂用于多种食品类别。

2. 工艺必要性。该物质作为食品营养强化剂用于调制乳粉（仅限儿童用乳粉和孕产妇用乳粉）（食品类别 01.03.02），强化食品中的维生素 K。其质量规格按照公告的相关内容执行。

（四）达瓦树胶

1. 背景资料。达瓦树胶作为食品用香料已列入《食品安全国家标准 食品添加剂使用标准》（GB 2760）。本次申请扩大使用范围，作为乳化剂用于其他特殊膳食用食品（特殊医学用途配方食品，仅限 10 岁以上人群）（食品类别 13.05）。国际食品法典委员会、日本厚生劳动省等允许其作为乳化剂用于特殊医学用途配方食品。根据联合国粮农组织/世界卫生组织食品添加剂联合专家委员会评估结果，该物质的每日允许摄入量不需要限定。

2. 工艺必要性。该物质作为乳化剂用于其他特殊膳食用食品（特殊医学用途配方食品，仅限 10 岁以上人群）（食品类别 13.05），调节产品状态。其质量规格按照公告的相关内容执行。

（五）海藻酸钠（又名褐藻酸钠）

1. 背景资料。海藻酸钠（又名褐藻酸钠）作为增稠剂已列入《食品安全国家标准 食品添加剂使用标准》（GB 2760），允许用于稀奶油、生湿面制品、生干面制品、果蔬汁（浆）等食品类别。本次申请扩大使用范围至其他特殊膳食用食品（仅限 1~10 岁特殊医学用途配方食品中氨基酸代谢障碍配方产品）（食品类别 13.05）。欧盟委员会允许其作为食品添加剂用于特殊医学用途配方食品。根据联合国粮农组织/世界卫生组织食品添加剂联合专家委员会评估结果，该物质的每日允许摄入量不需要限定。

2. 工艺必要性。该物质作为稳定剂和凝固剂用于其他特殊膳食用食品（仅限 1~10 岁特殊医学用途配方食品中氨基酸代谢障碍配方产品）（食品类别 13.05），调节产品状态。其质量规格执行《食品安全国家标准 食品添加剂 海藻酸钠（又名褐藻酸钠）》（GB 1886.234—2016）。

三、食品相关产品新品种

（一）1,3,5－三（2,2－二甲基丙酰胺）苯

1. 背景资料。该物质常温下为白色粉末，难溶于水、酸性和碱性溶液，微溶于 95% 乙醇。美国食品药品管理局和欧盟委员会均允许该物质用于食品接触用聚丙烯（PP）塑料材料及制品。

2. 工艺必要性。该物质作为成核剂/澄清剂用于 PP 塑料材料及制品，可提高其结晶温度，改善其光学性能、提高透明度。同时该物质具有较好的热稳定性。

（二）C.I. 颜料红 101

1. 背景资料。该物质为红棕色粉末，不溶于水。《食品安全国家标准 食品接触材料及制品用添加剂使用标准》（GB 9685—2016）已批准该物质作为着色剂用于涂料及涂层、橡胶、油墨、黏合剂、纸和纸板及聚乙烯（PE）、聚丙烯（PP）等多种塑料材料及制品。本次申请将其使用范围扩大至聚对苯二甲酸 1,4－环己烷二

甲醇酯（PCT）塑料材料及制品。美国食品药品管理局和欧盟委员会均允许该物质用于食品接触用 PCT 塑料材料及制品。

2. 工艺必要性。该物质作为一种红棕色调的颜料，具有较好的耐热性、耐光性和耐候性。

（三）氢氧化镁

1. 背景资料。该物质在常温下为固体，几乎不溶于水和乙醇。GB 9685—2016 已批准该物质作为添加剂用于聚丙烯（PP）、聚苯乙烯（PS）等多种塑料材料及制品。本次申请将其使用范围扩大至聚甲醛（POM）塑料材料及制品。美国食品药品管理局和欧盟委员会均允许该物质用于食品接触用 POM 塑料材料及制品。

2. 工艺必要性。该物质用作食品接触材料及制品用添加剂，可以提高 POM 塑料材料及制品的耐热性和耐酸性。

（四）水合铝酸碳酸镁

1. 背景资料。该物质在常温下为白色固体粉末，难溶于水。GB 9685—2016 已批准该物质作为添加剂用于聚丙烯（PP）、聚苯乙烯（PS）等多种塑料材料及制品。本次申请将其使用范围扩大至聚甲醛（POM）塑料材料及制品。美国食品药品管理局和欧盟委员会均允许该物质用于食品接触用 POM 塑料材料及制品。

2. 工艺必要性。该物质用作食品接触材料及制品用添加剂，可以提高 POM 塑料材料及制品的耐热性和耐酸性。

（五）聚环辛烯

1. 背景资料。该物质不溶于水。国家卫生健康委员会 2019 年第 6 号公告已批准该物质作为添加剂用于乙烯 - 乙烯醇共聚物（EVOH）塑料材料及制品，并限制其使用温度不得超过 100℃。本次申请将其使用条件扩大至“使用温度不得超过 121℃”。美国食品药品管理局和欧盟委员会均允许该物质在不超过 121℃使用条件下用于食品接触用 EVOH 塑料材料及制品。

2. 工艺必要性。该物质添加到 EVOH 中，用于多层食品接触材料及制品，可增强其抗拉强度等机械性能及阻隔性能。

（六）1,3- 苯二甲酸与 1,4- 苯二甲酸二甲酯、2,2- 二甲基 -1,3- 丙二醇和 1,2- 乙二醇的聚合物

1. 背景资料。该物质为非结晶性固体，不溶于水。美国食品药品管理局和欧洲委员会均允许该物质用于食品接触用涂料及涂层。

2. 工艺必要性。该物质为涂料的成膜物质，成膜后具有较好的耐加工性能。

（七）1,4- 苯二甲酸二甲酯与癸二酸、2,2- 二甲基 -1,3- 丙二醇和 1,2- 乙二醇的聚合物

1. 背景资料。该物质非结晶性固体，不溶于水。美国食品药品管理局和欧洲委员会均允许该物质用于食品接触用涂料及涂层。

2. 工艺必要性。该物质为涂料的成膜物质，可增加涂膜的柔韧性。

国家卫生健康委
关于 α－淀粉酶等 16 种“三新食品”的公告

2021 年 第 2 号

根据《食品安全法》规定，审评机构组织专家对 α－淀粉酶等 10 种食品添加剂新品种和氢氧化钙等 6 种食品相关产品新品种的安全性评估材料审查并通过。

特此公告。

附件：α－淀粉酶等 10 种食品添加剂新品种和氢氧化钙等 6 种食品相关产品新品种公告文本（略）

国家卫生健康委

2021 年 2 月 8 日

解读《关于 α－淀粉酶等 16 种“三新食品”的公告》

一、食品添加剂新品种

（一）α－淀粉酶

1. 背景资料。地衣芽孢杆菌（Bacillus licheniformis）来源的 α－淀粉酶申请作为食品工业用酶制剂新品种。美国食品药品管理局、丹麦兽医和食品局等允许其作为食品工业用酶制剂使用。

2. 工艺必要性。该物质作为食品工业用酶制剂，主要用于谷物加工和酒精生产等，液化不溶性的淀粉分子、加速淀粉颗粒转化为可发酵糖。其质量规格执行《食品安全国家标准 食品添加剂 食品工业用酶制剂》（GB 1886.174）。

（二）蛋白酶

1. 背景资料。枯草芽孢杆菌（Bacillus subtilis）来源的蛋白酶申请作为食品工业用酶制剂新品种。法国食品安全局、美国食品药品管理局等允许其作为食品工业用酶制剂使用。

2. 工艺必要性。该物质作为食品工业用酶制剂，水解蛋白。其质量规格执行《食品安全国家标准 食品添加剂 食品工业用酶制剂》（GB 1886.174）。

（三）乳糖酶

1. 背景资料。枯草芽孢杆菌（Bacillus subtilis）来源的乳糖酶申请作为食品工业用酶制剂新品种。美国食品药品管理局、丹麦兽医和食品局等允许其作为食品工业用酶制剂使用。

2. 工艺必要性。该物质作为食品工业用酶制剂，主要用于乳制品加工，催化乳糖水解。其质量规格执行《食品安全国家标准 食品添加剂 食品工业用酶制剂》（GB 1886.174）。

（四）二氧化硅

1. 背景资料。二氧化硅作为食品添加剂已列入《食品安全国家标准 食品添加剂使用标准》（GB 2760），允许用于乳粉（包括加糖乳粉）和奶油粉及其调制产品、原粮等食品类别，本次申请扩大使用范围用于其他豆制品（仅限豆腐花粉）（食品类别 04.04.03）。欧盟委员会、美国食品药品管理局允许其作为抗结剂用于各类食品。根据联合国粮农组织 / 世界卫生组织食品添加剂联合专家委员会评估结果，该物质的每日允许摄入量不需要限定。

2. 工艺必要性。该物质作为抗结剂用于其他豆制品（仅限豆腐花粉）（食品类别 04.04.03），防止产品结块。其质量规格执行《食品安全国家标准 食品添加剂 二氧化硅》（GB 25576）。

（五）番茄红

1. 背景资料。番茄红作为食品添加剂已列入《食品安全国家标准 食品添加剂使用标准》（GB 2760），允许用于风味发酵乳、饮料类等食品类别。本次申请扩大使用范围用于除胶基糖果以外的其他糖果（食品类别 05.02.02）和半固体复合调味料（食品类别 12.10.02）。日本厚生劳动省等允许其作为着色剂用于多种食品类别。

2. 工艺必要性。该物质作为着色剂用于除胶基糖果以外的其他糖果（食品类别 05.02.02）和半固体复合调味料（食品类别 12.10.02），调节产品色泽。其质量规格执行《食品安全国家标准 食品添加剂 番茄红》（GB 28316）。

（六）可得然胶

1. 背景资料。可得然胶作为食品添加剂已列入《食品安全国家标准 食品添加剂使用标准》（GB 2760），允许用于生湿面制品、生干面制品、方便米面制品等食品类别，本次申请扩大使用范围用于果酱（食品类别04.01.02.05）、新型豆制品（大豆蛋白及其膨化食品、大豆素肉等）（食品类别04.04.01.05）、粉圆（食品类别06.05.02.04）和其他（仅限魔芋凝胶制品）（食品类别16.07）。国际食品法典委员会、美国食品药品管理局允许其作为增稠剂用于各类食品。根据联合国粮农组织/世界卫生组织食品添加剂联合专家委员会评估结果，该物质的每日允许摄入量不需要限定。

2. 工艺必要性。该物质作为增稠剂用于果酱（食品类别04.01.02.05）、新型豆制品（大豆蛋白及其膨化食品、大豆素肉等）（食品类别04.04.01.05）、粉圆（食品类别06.05.02.04）和其他（仅限魔芋凝胶制品）（食品类别16.07），改善产品质构。其质量规格执行《食品安全国家标准 食品添加剂 可得然胶》（GB 28304）。

（七）罗望子多糖胶

1. 背景资料。罗望子多糖胶作为食品添加剂已列入《食品安全国家标准 食品添加剂使用标准》（GB 2760），允许用于冷冻饮品、可可制品、巧克力和巧克力制品以及糖果、果冻等食品类别，本次申请扩大使用范围用于果酱（食品类别04.01.02.05）、果糕类（食品类别04.01.02.08.05）和果蔬汁（浆）类饮料（食品类别14.02.03）。日本厚生劳动省、美国食品药品管理局允许其作为增稠剂用于食品。

2. 工艺必要性。该物质作为增稠剂用于果酱（食品类别04.01.02.05）、果糕类（食品类别04.01.02.08.05）和果蔬汁（浆）类饮料（食品类别14.02.03），改善产品质构。其质量规格执行《食品安全国家标准 食品添加剂 罗望子多糖胶》（GB 1886.106）。

（八）丁烷

1. 背景资料。丁烷作为食品工业用加工助剂已列入《食品安全国家标准 食品添加剂使用标准》（GB 2760），允许用于提取工艺。本次申请扩大使用范围用于焙烤食品用喷雾脱模油的加工工艺。欧盟委员会允许其用于植物油烤盘喷雾。

2. 工艺必要性。该物质作为食品工业用加工助剂用于焙烤食品用喷雾脱模油的加工工艺，防止焙烤食品粘在烤盘上。其质量规格执行《食品安全国家标准 食品添加剂 丁烷》（GB 1886.55）。

（九）磷酸（湿法）

1. 背景资料。原国家卫生和计划生育委员会2016年第8号公告批准磷酸（湿法）作为食品添加剂新品种、原国家卫生和计划生育委员会2017年第10号公告批准磷酸（湿法）作为食品工业用加工助剂，允许用于制糖工艺。本次申请扩大使用范围用于油脂加工工艺和发酵工艺。澳大利亚和新西兰食品标准局允许其作为加工助剂用于各类食品。

2. 工艺必要性。该物质作为食品工业用加工助剂用于油脂加工工艺和发酵工艺，在油脂加工工艺中使用作用是精炼脱胶、在发酵工艺中使用作为发酵用营养物质。其质量规格执行《食品安全国家标准 食品添加剂 磷酸（湿法）》（GB 1886.304）。

（十）6S-5-甲基四氢叶酸钙

1. 背景资料。原国家卫生和计划生育委员会2017年第13号公告批准食品营养强化剂新品种6S-5-甲基四氢叶酸钙，作为叶酸的化合物来源，已批准用于调制乳、调制乳粉、特殊医学用途配方食品等食品类别。本次申请扩大使用范围用于除13.01~13.04外的其他特殊膳食用食品（仅限孕妇及乳母营养补充食品、运动营养食品）（食品类别13.05），用量应符合《食品安全国家标准 孕妇及乳母营养补充食品》（GB 31601）和《食品安全国家标准 运动营养食品通则》（GB 24154）中关于叶酸的规定。

2. 工艺必要性。该物质作为食品营养强化剂，增加食品中叶酸含量。其质量规格执行原国家卫生和计划生育委员会2017年第13号公告的相关内容。

二、食品相关产品新品种

（一）氢氧化钙

1. 背景资料。该物质常温下为白色固体粉末。美国食品药品管理局和欧盟委员会均允许该物质用于食品接触用聚丙烯（PP）塑料材料及制品。

2. 工艺必要性。该物质用于PP塑料材料及制品生产过程中，可防止材料变色。

（二）C11~15异烷烃

1. 背景资料。该物质是由C11到C15范围中的饱和支链烷烃组成，常温下为透明液体。美国食品药品管理局和加拿大卫生部均允许该物质用于间接接触食品的油墨。

2. 工艺必要性。该物质作为添加剂可改善油墨颗粒的溶解性能，使数码打印材料中的油墨颗粒更容易地分散在液体载体中。

（三）C.I. 颜料蓝15

1. 背景资料。该物质为艳蓝色粉末，不溶于水。《食品安全国家标准 食品接触材料及制品用添加剂使用标准》（GB 9685—2016）已批准该物质作为添加剂用于食品接触用油墨、涂料及涂层、橡胶及聚乙烯（PE）、聚丙烯（PP）、聚苯乙烯（PS）等多种塑料材料及制品。本次申请将其使用范围扩大至聚对苯二甲酸1,4-环己烷二甲醇酯（PCT）塑料材料及制品。美国食品药品管理局和欧盟委员会均允许该物质用于食品接触用PCT塑料材料及制品。

2. 工艺必要性。该物质作为着色剂具有良好的耐热性、耐光度和迁移牢度。

（四）玻璃纤维

1. 背景资料。该物质在常温下呈固态。GB 9685—2016已批准该物质作为添加剂用于聚乙烯（PE）、聚丙烯（PP）、聚苯乙烯（PS）等多种塑料材料及制品。国家卫生健康委2020年第4号公告批准其在50℃以下用于聚四氟乙烯（PTFE）塑料材料及制品，且接触时间不得超过 30min、不得接触婴幼儿食品及母乳。此次申请用于 PTFE 塑料材料及制品时无限制使用条件。欧盟委员会、德国联邦风险评估所及瑞士联邦政府均允许该物质用于食品接触用 PTFE 塑料材料及制品，无限制使用条件。

2. 工艺必要性。该物质作为一种塑料添加剂，可以调整 PTFE 塑料材料及制品的力学性能，提高产品的抗形变能力。

（五）滑石粉

1. 背景资料。该物质在常温下为白色粉末。GB 9685—2016 已批准该物质作为添加剂用于食品接触用涂料和涂层、橡胶、纸和纸板及聚乙烯（PE）、聚丙烯（PP）、聚苯乙烯（PS）等多种塑料材料及制品。此次申请将其使用范围扩大至食品接触用粘合剂。美国食品药品管理局和欧洲委员会均允许该物质用于食品接触用粘合剂。

2. 工艺必要性。该物质在粘合剂中起抗结作用，防止树脂颗粒粘连，以保证黏合剂生产顺利进行。

（六）2- 甲基 -2- 丙烯酸与 N-（丁氧甲基）-2- 丙烯酰胺、苯乙烯和 2- 丙烯酸乙酯的聚合物

1. 背景资料。该物质为食品接触用涂料及涂层的基础树脂，为热固性聚合物。美国食品药品管理局、欧洲委员会和日本制罐协会均允许该物质用于食品接触用涂料及涂层。

2. 工艺必要性。该物质用于生产罐用涂料及涂层，使其具有良好的耐溶剂性。

关于 β−1,3/α−1,3− 葡聚糖等 6 种“三新食品”的公告

2021 年第 5 号

根据《食品安全法》规定，审评机构组织专家对 β−1,3/α−1,3− 葡聚糖等 4 种新食品原料和蛋白酶等 2 种食品添加剂新品种的安全性评估材料审查并通过。

特此公告。

附件：β−1,3/α−1,3− 葡聚糖等 4 种新食品原料和蛋白酶等 2 种食品添加剂新品种公告文本（略）

国家卫生健康委

2021 年 4 月 15 日

解读《关于 β−1,3/α−1,3− 葡聚糖等 6 种“三新食品”的公告》

一、新食品原料

（一）β−1,3/α−1,3− 葡聚糖

β−1,3/α−1,3− 葡聚糖是以蔗糖为主要原料，经普沙根瘤菌（Rhizobium pusense）发酵、醇沉、过滤、分离、干燥、粉碎等工艺制成。β−1,3/α−1,3− 葡聚糖是由 7 个 β−1,3−D− 葡萄糖和 2 个 α−1,3− 葡萄糖相互连接而成的 9 个 D− 葡萄糖为重复单元构成的直链多糖。本产品中 β−1,3/α−1,3− 葡聚糖含量为≥ 90 g/100g。

由酵母、燕麦、大麦等来源的 β− 葡聚糖目前作为食品原料或食品添加剂已在美国、澳大利亚、日本等多个国家被批准使用。我国于 2006 年批准以 β−1,3− 葡聚糖为主要成分的可得然胶作为食品添加剂，2010 年和 2014 年分别批准酵母 β− 葡聚糖和燕麦 β− 葡聚糖为新食品原料。β−1,3/α−1,3− 葡聚糖的推荐食用量为≤ 3 克 / 天。

根据《食品安全法》和《新食品原料安全性审查管理办法》规定，审评机构依照法定程序，组织专家对 β−1,3/α−1,3− 葡聚糖的安全性评估材料审查并通过。新食品原料生产和使用应当符合公告内容以及食品安全相关法规要求。鉴于 β−1,3/α−1,3− 葡聚糖在婴幼儿、孕妇及哺乳期妇女人群中的食用安全性资料不足，从风险预防原则考虑，上述人群不宜食用，标签及说明书中应当标注不适宜人群。

该原料的食品安全指标按照公告规定执行。

（二）二氢槲皮素

二氢槲皮素（Dihydroquercetin）是多种植物中存在的一种二氢黄酮醇类化合物。本产品是以人工种植的长白落叶松的根部为原料，经去皮、撕裂处理，进行提取、浓缩、醇沉、上清液浓缩、萃取、再浓缩、结晶、离心分离、冷冻真空干燥、粉碎过筛等工艺制成。欧盟已批准落叶松来源的二氢槲皮素为新食品原料，俄罗斯已批准二氢槲皮素作为食品原料和食品添加剂使用。本产品推荐食用量为≤ 100mg/ 天（即含量为 90% 的二氢槲皮素推荐食用量为 100mg/ 天，超过该含量的按照实际含量折算）。使用范围和最大使用量：饮料（20mg/L），发酵乳和风味发酵乳（20mg/kg），可可制品、巧克力和巧克力制品（70mg/kg）。

根据《食品安全法》和《新食品原料安全性审查管理办法》规定，国家卫生健康委员会委托审评机构依照法定程序，组织专家对二氢槲皮素的安全性评估材料审查并通过。新食品原料生产和使用应当符合公告内容以及食品安全相关法规要求。二氢槲皮素在婴幼儿、儿童（14 岁及以下）、孕妇、哺乳期妇女人群中的食用安全性资料不足，从风险预防原则考虑，上述人群不宜食用，标签及说明书中应当标注不适宜人群。

该原料的食品安全指标按照公告规定执行。

（三）鼠李糖乳杆菌 MP108

鼠李糖乳杆菌 MP108（Lactobacillus rhamnosus MP108）从健康幼儿肠道分离得到，菌粉性状为白色至微棕色粉末。含有该菌株的产品已在澳大利亚生产并上市，可用于婴幼儿食品。国内外开展的多项婴幼儿临床研究证明，该菌株具有较好的食用安全性。

根据《食品安全法》和《新食品原料安全性审查管理办法》规定，国家卫生健康委员会委托审评机构依照法定程序，组织专家对鼠李糖乳杆菌 MP108 的安全性评估材料审查并通过。新食品原料生产和使用应当符合公告内容以及食品安全相关法规要求。

该菌株原料的食品安全指标应符合我国相关标准。

（四）拟微球藻（Nannochloropsis gaditana）

拟微球藻（Nannochloropsis gaditana）属于单胞藻

科拟微球藻属，藻体微小，通常为绿色或黄绿色。含有该藻的食品在美国、智利、加拿大等国家有销售。该藻含有蛋白质、二十碳五烯酸（EPA）等营养成分，其推荐食用量为≤ 2g / 天（以干品计）。

根据《食品安全法》和《新食品原料安全性审查管理办法》规定，国家卫生健康委员会委托审评机构依照法定程序，组织专家对拟微球藻（Nannochloropsis gaditana）的安全性评估材料进行审查并通过。新食品原料生产和使用应当符合公告内容以及食品安全相关法规要求。鉴于拟微球藻（Nannochloropsis gaditana）在婴幼儿、孕妇及哺乳期妇女人群中的食用安全性资料不足，从风险预防原则考虑，上述人群不宜食用，标签及说明书中应当标注不适宜人群。

该原料的食品安全指标按照我国现行食品安全国家标准中食用藻类的规定执行。

二、食品添加剂新品种

（一）蛋白酶

1. 背景资料。枯草芽孢杆菌（Bacillus subtilis）来源的蛋白酶申请作为食品工业用酶制剂新品种。法国食品安全局、美国食品药品管理局、丹麦兽医和食品管理局等允许其作为食品工业用酶制剂使用。

2. 工艺必要性。该物质作为食品工业用酶制剂，水解蛋白。其质量规格执行《食品安全国家标准食品添加剂食品工业用酶制剂》（GB1886.174）。

（二）磷酸肌醇磷脂酶 C

1. 背景资料。荧光假单胞菌（Pseudomonas fluorescens）来源的磷酸肌醇磷脂酶 C 申请作为食品工业用酶制剂新品种。美国食品药品管理局和巴西国家卫生监督局允许其作为食品工业用酶制剂使用。

2. 工艺必要性。该物质作为食品工业用酶制剂，用于食用植物油脂的脱胶。其质量规格执行《食品安全国家标准食品添加剂食品工业用酶制剂》（GB1886.174）。

国家卫生健康委
关于食叶草等15种"三新食品"的公告

2021年第9号

根据《食品安全法》规定，审评机构组织专家对食叶草新食品原料、蛋白酶等9种食品添加剂新品种、N,N-二甲基-N-2-丙烯基-2-丙烯-1-氯化胺（1:1）与2-丙烯酰胺脱羧基盐酸盐的共聚物等5种食品相关产品新品种的安全性评估材料审查并通过。

特此公告。

附件：食叶草等15种"三新食品"公告文本（略）

国家卫生健康委

2021年10月13日

附件：

解读《关于食叶草等15种"三新食品"的公告》

一、新食品原料

食叶草

食叶草是我国引进的鲁梅克斯K-1酸模与我国野生巴天酸模回交选育生成的多年生蓼科酸模属草本植物。食叶草在我国河北、河南、山东、山西、陕西、甘肃等多个省份均有种植并食用，食用部位为茎和叶，食用方式有凉拌、榨汁、炒菜、泡茶、制作豆腐和面食等，未见人群食用不良反应报道。

根据《食品安全法》和《新食品原料安全性审查管理办法》规定，审评机构依照法定程序，组织专家对食叶草的安全性评估材料审查并通过。新食品原料生产和使用应当符合公告内容以及食品安全相关法规要求。鉴于食叶草在婴幼儿、孕妇及哺乳期妇女人群中的食用安全性资料不足，从风险预防原则考虑，上述人群不宜食用，标签及说明书中应当标注不适宜人群。

该原料的食品安全指标按照我国现行食品安全国家标准中叶菜类蔬菜的规定执行。

二、食品添加剂新品种

（一）蛋白酶

1. 背景资料。热解蛋白无氧芽孢杆菌（Anoxybacillus caldiproteolyticus）来源的蛋白酶申请作为食品工业用酶制剂新品种。美国食品药品管理局、丹麦兽医和食品局等允许其作为食品工业用酶制剂使用。

2. 工艺必要性。该物质作为食品工业用酶制剂，主要用于水解蛋白。其质量规格执行《食品安全国家标准 食品添加剂 食品工业用酶制剂》（GB 1886.174）。

（二）谷氨酰胺酶

1. 背景资料。地衣芽孢杆菌（Bacillus licheniformis）来源的谷氨酰胺酶申请作为食品工业用酶制剂新品种。美国食品药品管理局、丹麦兽医和食品局等允许其作为食品工业用酶制剂使用。

2. 工艺必要性。该物质作为食品工业用酶制剂，主要用于催化L-谷氨酰胺水解。其质量规格执行《食品安全国家标准 食品添加剂 食品工业用酶制剂》（GB 1886.174）。

（三）木聚糖酶

1. 背景资料。李氏木霉（Trichoderma reesei）来源的木聚糖酶申请作为食品工业用酶制剂新品种。美国食品药品管理局、丹麦兽医和食品局等允许其作为食品工业用酶制剂使用。

2. 工艺必要性。该物质作为食品工业用酶制剂，主要用于催化木聚糖水解。其质量规格执行《食品安全国家标准 食品添加剂 食品工业用酶制剂》（GB 1886.174）。

（四）非洲竹芋提取物

1. 背景资料。非洲竹芋提取物申请作为食品用香料新品种。欧盟委员会、美国食用香料和提取物制造者协会、国际食品用香料香精工业组织等允许其作为食品用香料使用。

2. 工艺必要性。该物质配制成食品用香精后用于各类食品（《食品安全国家标准 食品添加剂使用标准》（GB 2760）表B.1中的食品类别除外），改善食品的味道。其质量规格按照公告的相关要求执行。

（五）爱德万甜

1. 背景资料。原国家卫生和计划生育委员会2017年第8号公告批准食品添加剂新品种爱德万甜作为甜味剂用于风味发酵乳、复合调味料、固体饮料等食品类别，本次申请扩大使用范围用于碳酸饮料（食品类别14.04）。美国食品药品管理局和欧盟委员会允许其作为甜味剂用于非酒精饮料和调味饮料。根据联合国粮农组织/世界卫生组织食品添加剂联合专家委员会评估结果，该物质的每日允许摄入量为0~5mg /kg bw。

2. 工艺必要性。该物质作为甜味剂用于碳酸饮料（食品类别14.04），改善产品口感。其质量规格执行原国家卫生和计划生育委员会2017年第8号公告的相关内容。

（六）可得然胶

1. 背景资料。可得然胶作为稳定剂和凝固剂、增稠剂已列入《食品安全国家标准 食品添加剂使用标准》（GB 2760），允许用于熟肉制品、果冻等食品类别，本次申请扩大使用范围用于调理肉制品（生肉添加调理料）（食品类别08.02.01）、速溶咖啡（食品类别14.06.03）和胶原蛋白肠衣（食品类别16.03）。国际食品法典委员会、美国食品药品管理局和日本厚生劳动省允许其作为增稠剂用于食品。根据联合国粮农组织/世界卫生组织食品添加剂联合专家委员会评估结果，该物质的每日允许摄入量不需要限定。

2. 工艺必要性。该物质作为增稠剂用于调理肉制品（生肉添加调理料）（食品类别08.02.01）、速溶咖啡（食品类别14.06.03），改善产品质构；作为稳定剂和凝固剂用于胶原蛋白肠衣（食品类别16.03），改善产品品质。其质量规格执行《食品安全国家标准 食品添加剂 可得然胶》（GB 28304）。

（七）辣椒红

1. 背景资料。辣椒红作为着色剂已列入《食品安全国家标准 食品添加剂使用标准》（GB 2760），允许用于熟肉制品、方便米面制品、调味品等食品类别，本次申请扩大使用量用于调理肉制品（生肉添加调理料）（食品类别08.02.01），申请扩大使用范围用于其他（仅限魔芋凝胶制品）（食品类别16.07）。美国食品药品管理局、澳大利亚和新西兰食品标准局等允许其作为着色剂用于一般食品。

2. 工艺必要性。该物质作为着色剂用于调理肉制品（生肉添加调理料）（食品类别08.02.01）、其他（仅限魔芋凝胶制品）（食品类别16.07），改善产品色相和口感。其质量规格执行《食品安全国家标准 食品添加剂 辣椒红》（GB 1886.34）。

（八）辣椒油树脂

1. 背景资料。辣椒油树脂作为增味剂、着色剂已列入《食品安全国家标准 食品添加剂使用标准》（GB 2760），允许用于豆干类、香辛料油、复合调味料等食品类别，本次申请扩大使用范围用于其他（仅限魔芋凝胶制品）（食品类别16.07）。美国食品药品管理局、澳大利亚和新西兰食品标准局等允许其作为增味剂、着色剂用于一般食品。根据联合国粮农组织/世界卫生组织食品添加剂联合专家委员会评估结果，该物质的每日允许摄入量不需要限定。

2. 工艺必要性。该物质作为增味剂、着色剂用于其他（仅限魔芋凝胶制品）（食品类别16.07），改善产品口感和色泽。其质量规格执行《食品安全国家标准 食品添加剂 辣椒油树脂》（GB 28314）。

（九）蔗糖脂肪酸酯

1. 背景资料。蔗糖脂肪酸酯作为乳化剂已列入《食品安全国家标准 食品添加剂使用标准》（GB 2760），允许用于调制乳、调味品等食品类别，本次申请扩大使用范围用于稀奶油（食品类别01.05.01）。国际食品法典委员会、美国食品药品管理局和欧盟委员会允许其作为乳化剂用于灭菌稀奶油。根据联合国粮农组织/世界卫生组织食品添加剂联合专家委员会评估结果，该物质的每日允许摄入量为0~30 mg/kg bw。

2. 工艺必要性。该物质作为乳化剂用于稀奶油（食品类别01.05.01），改善稀奶油的乳化特性，防止稀奶油凝聚。其质量规格执行《食品安全国家标准 食品添加剂 蔗糖脂肪酸酯》（GB 1886.27）。

三、食品相关产品新品种

（一）N,N-二甲基-N-2-丙烯基-2-丙烯-1-氯化胺（1∶1）与2-丙烯酰胺脱羧基盐酸盐的共聚物

1. 背景资料。该物质在常温下为黄色固体。美国食品药品管理局、德国联邦风险评估研究所和南方共同市场均允许该物质用于食品接触用纸和纸板材料及制品。

2. 工艺必要性。该物质作为食品接触用纸和纸板材料及制品生产过程中的干强剂，可以提高纸和纸板的强度。

（二）石蜡和烃蜡

1. 背景资料。该物质在常温下为白色固体，不溶于水、乙醇，可溶于乙醚、甲苯等有机溶剂。《食品安全国家标准 食品接触材料及制品用添加剂使用标准》（GB 9685—2016）已批准该物质作为添加剂用于食品接触用涂料及涂层、纸和纸板、黏合剂及聚乙烯（PE）、聚丙烯（PP）等多种塑料材料及制品。此次申请将其使用范围扩大至食品接触用橡胶材料及制品。美国食品药品管理局和德国联邦风险评估研究所均允许该物质用于食品接触用橡胶材料及制品。

2. 工艺必要性。该物质主要添加于挤奶设备中的橡胶组件，可在橡胶表面形成保护层，阻止空气中的臭氧等氧化气体进入橡胶内部破坏其结构，从而延长橡胶使用寿命。

（三）1,4-苯二甲酸与1,3-苯二甲酸、2,2,4,4-四甲基-1,3-环丁二醇、1,4-环己烷二甲醇和2-甲基-1,3-丙二醇的聚合物

1. 背景资料。该物质常温下为无色到淡黄色固体颗粒。美国食品药品管理局、日本厚生劳动省和荷兰卫

生福利及体育部均允许该物质用于食品接触用涂料及涂层。

2. 工艺必要性。该物质为食品接触用涂料及涂层的主要成膜物质，所制成的涂料具有良好的耐腐蚀性。

（四）苯乙烯与丙烯酸乙酯、甲基丙烯酸和甲基丙烯酸缩水甘油酯的聚合物

1. 背景资料。该物质在常温下为乳白色液体，易溶解于酯类、酮类化合物。美国食品药品管理局和欧洲委员会均允许该物质用于食品接触用涂料及涂层。

2. 工艺必要性。以该物质为主要原料生产的食品接触用涂料及涂层性能稳定，具有较好的涂膜附着力、机械加工性能和抗化学腐蚀性能。

（五）2- 甲基 -2- 丙烯酸与 2- 甲基 -2- 丙烯酸甲酯和 2- 丙烯酸的聚合物

1. 背景资料。该物质在常温下为液体，易溶于水。美国食品药品管理局和欧洲委员会均允许该物质用于食品接触用涂料及涂层。

2. 工艺必要性。以该物质为主要原料生产的食品接触用涂料及涂层性能稳定，具有较好的涂膜附着力、机械加工性能和抗化学腐蚀性能。

食品安全国家标准审评委员会秘书处关于征求《稀奶油、奶油和无水奶油》等23项食品安全国家标准（征求意见稿）意见的函

食标秘发〔2021〕6号

各有关单位：

根据《食品安全法》及其实施条例规定，我委组织起草了《稀奶油、奶油和无水奶油》等23项食品安全国家标准（征求意见稿），现向社会公开征求意见。请于2021年7月20日前登录食品安全国家标准管理信息系统（https://sppt.cfsa.net.cn:8086/cfsa_aiguo）在线提交反馈意见。

附件：征求意见的食品安全国家标准目录

食品安全国家标准审评委员会秘书处

2021年5月31日

附件：

征求意见的食品安全国家标准目录

序号	标准名称	制定／修订
1	稀奶油、奶油和无水奶油	修订
2	茶叶	制定
3	代用茶	制定
4	食品加工用植物蛋白肽	制定
5	《食品安全国家标准 食品添加剂 硬脂酸镁》（GB 1886.91—2016）第1号修改单	修改单
6	食品接触材料及制品迁移试验通则	修订
7	食品中乙酰磺氨酸钾的测定	修订
8	食品中维生素 B_6 的测定	修订
9	食品中烟酸和烟酰胺的测定	修订
10	食品中肌醇的测定	修订
11	食品中铅的测定	修订
12	食品中氰化物的测定	修订
13	食品中米酵菌酸的测定	修订
14	食品接触材料及制品 游离酚的测定和迁移量的测定	修订
15	食品中色氨酸的测定	制定
16	食品中唾液酸的测定	制定
17	动物性水产品中鄂口线虫的检验	制定
18	动物性水产品中异尖线虫的检验	制定
19	动物性水产品中广州管圆线虫的检验	制定
20	动物性水产品中华支睾吸虫的检验	制定
21	动物性水产品中并殖吸虫的检验	制定
22	动物性水产品中曼氏迭宫绦虫裂头蚴的检验	制定
23	食品微生物检验 采样与检验处理规程	制定

【国家林业和草原局发布】

国家林业和草原局公告

2021 年第 4 号

根据《中华人民共和国种子法》第十九条、第九十三条的规定，现将由国家林业和草原局草品种审定委员会审定通过的淮扬4号等18个草品种（详见附件）予以公告。自公告发布之日起，上述品种可以在本公告规定的适宜种植范围内推广。

特此公告。

附件：草品种名录（中英文）

国家林业和草原局
2021 年 2 月 3 日

草品种名录（中英文）详见如下链接：

http://www.forestry.gov.cn/html/main/main_5461/20210207151725159526450/file/20210207151931736894994.pdf

国家林业和草原局公告

2021 年第 13 号

根据《中华人民共和国种子法》的规定，现将《中华人民共和国主要草种目录（2021 年）》（见附件）予以公布。

特此公告。

附件：中华人民共和国主要草种目录（2021 年）

国家林业和草原局
2021 年 7 月 19 日

中华人民共和国主要草种目录（2021 年）详见如下链接：

http://www.forestry.gov.cn/html/main/main_5461/20210721090936038420302/file/20210721091033694962075.pdf

国家林业和草原局公告

2021 年第 19 号

根据《中华人民共和国种子法》第十九条、第九十三条的规定，现将由国家林业和草原局草品种审定委员会审定通过的‘兰箭 1 号’春箭筈豌豆等 14 个草品种（详见附件）予以公告。自公告发布之日起，这些品种可以在本公告规定的适宜种植范围内推广。

特此公告。

附件：2021 年度草品种名录（中英文）（略）

国家林业和草原局

2021 年 10 月 21 日

2021 年度草品种名录（中英文）详见如下链接：

http://www.forestry.gov.cn/html/main/main_5461/20211025095058915547813/file/20211025095151907219112.pdf

国家林业和草原局办公室关于启用《林草种子生产经营许可证》的通知

办场字〔2021〕132 号

各省、自治区、直辖市、新疆生产建设兵团林业和草原主管部门：

为加强林草种子生产经营管理，进一步精简行政审批事项，根据《中华人民共和国种子法》《国务院关于深化“证照分离”改革 进一步激发市场主体发展活力的通知》及我局实施方案有关规定，我局对原林木种子、草种生产经营许可证进行整合。现将有关事宜通知如下：

一、调整许可证名称

将《林木种子生产经营许可证》《草种生产许可证》《草种经营许可证》三证合一，改为《林草种子生产经营许可证》（纸质及电子证照式样见附件 1）。

二、启用时间

2022 年 1 月 1 日。

三、相关要求

（一）自启用之日起，办理“林草种子生产经营许可证”许可事项的，统一使用《林草种子生产经营许可证》申请表（式样见附件 2）；办理生产经营备案的，统一使用《林草种子生产经营备案登记表》（式样见附件 3）。

（二）自启用之日起，旧版许可证不再发放，但在有效期内仍然有效。

（三）请各地按要求做好新、旧许可证衔接工作，严格按照相关文件要求做好林草种子生产经营许可证核发事项的审批及事中事后监管工作，切实落实林草种子生产经营许可制度。

附件：1. 林草种子生产经营许可证（式样）（略）

http://www.forestry.gov.cn/html/main/main_5461/20211228153145008568571/file/20211228154004361638119.pdf

2.《林草种子生产经营许可证》申请表（式样）（略）

http://www.forestry.gov.cn/html/main/main_5461/20211228153145008568571/file/20211228154040488223856.pdf

3. 林草种子生产经营备案登记表（式样）（略）

http://www.forestry.gov.cn/html/main/main_5461/20211228153145008568571/file/20211228154113225164354.pdf

国家林业和草原局办公室

2021 年 12 月 23 日

【工业和信息化部发布】

工业和信息化部办公厅
关于开展2021年度绿色制造名单推荐工作的通知

工信厅节函〔2021〕130号

各省、自治区、直辖市及计划单列市、新疆生产建设兵团工业和信息化主管部门，有关行业协会，有关单位：

为完善绿色制造体系，全面推行绿色制造，助力工业领域实现碳达峰、碳中和目标，现组织开展2021年度绿色制造名单推荐工作。有关事项通知如下。

一、工作内容

请按照《工业和信息化部办公厅关于开展绿色制造体系建设的通知》（工信厅节函〔2016〕586号，以下简称《通知》）明确的推荐程序，参照前五批绿色制造名单推荐工作要求，组织本地区企业（含央企，下同）、园区等开展申报工作，遴选确定本地区绿色工厂、绿色设计产品、绿色工业园区、绿色供应链管理企业推荐名单。请于2021年7月30日前将申报材料（附件1~5）纸质版一式两份寄送至工业和信息化部（节能与综合利用司），电子版材料同时通过“工业节能与绿色发展管理平台”（https://green.miit.gov.cn）报送。

各地区要严格把控推荐质量，近三年有下列情况的，不得申报绿色制造名单：未正常经营生产的；发生较大及以上生产安全和质量事故、Ⅲ级（较大）及以上突发环境污染事件的；被动态调整出绿色制造名单的；在国务院及有关部门相关督查工作中被发现存在严重问题的、被列入工业节能监察整改名单且未按要求完成整改的、失信被执行人等。

二、工作要求

（一）绿色工厂

请各地区参照《绿色工厂评价通则》（GB/T36132—2018）及《通知》中绿色工厂评价要求，对照本地区绿色制造体系建设实施方案目标计划，推进绿色工厂创建。各地区推荐绿色工厂应与已有绿色工厂绿色制造水平指标进行对标，能耗水平等主要指标应优于本地区同行业已有绿色工厂，有关情况应在推荐材料中予以充分说明。每个地区推荐的绿色工厂不超过20个。钢铁、水泥、平板玻璃、电解铝、铜冶炼、乙烯、原油加工、合成氨、甲醇、电石、烧碱、焦化、铁合金等高耗能行业所推荐企业的能耗水平原则上应达到或优于相应国家能源消耗限额标准先进值。请各地区积极引导前五批绿色工厂名单内企业开展绿色制造水平指标自我声明（更新）。对名单内绿色工厂自我声明率达到85%以上的，推荐数量可放宽至30家。

（二）绿色设计产品

本批绿色设计产品申报范围和相应标准请登陆工业和信息化部节能与综合利用司网站，在“绿色设计产品标准清单”中查看，申请产品仅限清单中载明标准的产品。根据标准具体要求，编写绿色设计产品自评价报告。

（三）绿色工业园区

绿色工业园区建设重点是以产品制造和能源供给为主要功能、工业增加值占比超过50%、具有法定边界和范围、具备统一管理机构的省级以上工业园区。请选取一批工业基础好、基础设施完善、绿色水平高的工业园区进行申报（参照《通知》中绿色园区评价有关要求），鼓励国家低碳工业园区试点单位开展绿色工业园区建设工作。每个地区推荐的绿色工业园区不超过3个。

（四）绿色供应链管理企业

绿色供应链管理企业申报范围涵盖汽车、航空航天、船舶、电子电器、通信、电力装备、大型成套装备机械、轻工、纺织、食品、医药、建材、电子商务、快递包装等行业中代表性强、影响力大、经营实力雄厚、绿色供应链管理基础好的核心企业（参照《通知》中绿色供应链评价有关要求）。

三、第三方评价机构有关要求

开展绿色制造体系相关评价工作的第三方机构应满足以下基本条件：

（一）在中华人民共和国境内注册并具有独立法人资格的企事业单位、行业协会等，具有开展相关评价的经验和能力；

（二）具有固定的办公场所及开展评价工作的办公

条件，具有健全的财务管理制度；

（三）从事绿色评价的中级职称以上专职人员不少于 10 人，其中能源、环境、生态、低碳、生命周期评价等相关专业高级职称人员不少于 5 人；

（四）评价机构人员应遵守国家法律法规和评价程序，熟悉绿色制造相关政策和标准规范；

（五）具备开展绿色工厂、绿色工业园区、绿色供应链等领域评价的能力，近五年主导或参与绿色制造相关评审、论证、评价或省级以上科研项目，或国家及行业标准制定、绿色制造相关政策制定等。

绿色制造体系相关评价工作由申报企业或园区自主委托第三方机构开展。为提高评价质量，同一法人的第三方机构（包括与其相关联的企事业单位）开展的本批次绿色制造体系评价项目（包括绿色工厂、绿色工业园区、绿色供应链管理企业）总计不得超过 15 项。

四、其他

（一）第三方机构应对评价结果的真实性负责，在评价报告中对照前述的评价机构基本条件逐项进行说明、提供相关证明材料，并与申报主体自评价活动保持独立性，不应参与自评价报告编写。请有关省级工业和信息化主管部门进行核查，加强监督。

（二）各地区应加强对已公告绿色制造名单的监管，按照“每三年一复核”的原则，将 2018 年我部发布的第三批绿色制造名单内有关单位的复核情况，特别是不再符合绿色制造评价要求的名单和原因，随推荐名单一并报送至我部节能与综合利用司。

（三）在各地区监管的基础上，我部将组织对制造名单内有关单位、开展绿色制造体系相关评价工作的第三方机构进行抽查，根据实际情况动态调整绿色制造名单。对存在严重不良行为的评价机构，后续 3 年内不再采信该机构出具的评价报告。

（四）各地区要做好典型经验的总结和推荐工作。我部将组织对绿色特征明显、成效突出单位的先进经验和典型做法开展宣传活动，充分发挥示范带动效应。鼓励绿色制造名单单位发布绿色发展或可持续发展报告，宣传绿色制造先进经验和典型做法，并作出绿色发展承诺，履行社会责任，接受公共监督。

（五）企业申报咨询电话：

绿色工厂 010–68205369

绿色设计产品 010–68205359

绿色工业园区 010–68205355

绿色供应链 010–68205360

（六）申报工作联系方式：

联系人及电话：阳紫微 010–68205354/5337（传真）

地址：北京市西城区西长安街 13 号

邮编：100804

附件：1. 省级工业和信息化主管部门推荐汇总表 .wps

2. 绿色工厂自评价报告及第三方评价报告 .wps

3. 绿色设计产品自评价报告 .wps

4. 绿色工业园区自评价报告及第三方评价报告 .wps

5. 绿色供应链管理企业自评价报告和第三方评价报告 .wps

工业和信息化部办公厅

2021 年 5 月 24 日

工业和信息化部关于公布第五批和通过复核的第三批国家级工业设计中心名单的通告

工信部政法函〔2021〕300号

根据《制造业设计能力提升专项行动计划（2019-2022年）》（工信部联产业〔2019〕218号）和《国家级工业设计中心认定管理办法》（工信部产业〔2012〕422号）有关要求，经推荐、评审、公示等程序，我部确定了第五批国家级工业设计中心及通过复核的第三批国家级工业设计中心（名单见附件），现予以公布。

附件：

1. 第五批国家级工业设计中心名单
2. 通过复核的第三批国家级工业设计中心名单

工业和信息化部

2021年11月3日

附件：

第五批国家级工业设计中心名单（奶业企业）

一、企业工业设计中心

内蒙古伊利实业集团股份有限公司食品包装工业设计中心

二、工业设计企业（略）

通过复核的第三批国家级工业设计中心名单（略）

【多部委联合发布】

海关总署 农业农村部
关于解除老挝部分地区口蹄疫疫情禁令的公告

2021年第7号

根据风险评估结果，自本公告发布之日起，解除老挝南塔省勐新县部分区域口蹄疫疫情禁令。该区域位于35个地理坐标端点的连线范围内（经纬度和区划图见附件）。

原农业部文件[〔1990〕农（检疫）字第6号]对老挝上述区域的禁令同时解除。

附件：

1. 老挝口蹄疫免疫无疫区端点经纬度.doc

（http://www.customs.gov.cn/customs/302249/302266/302267/3524780/2021012515374857565.doc）

2. 老挝口蹄疫免疫无疫区区划图.doc

（http://www.customs.gov.cn/customs/302249/302266/302267/3524780/2021012515380283578.doc）

海关总署　农业农村部

2021年1月20日

海关总署 农业农村部
关于防止斯里兰卡牛结节性皮肤病传入我国的公告

2021年第12号

2021年1月19日，世界动物卫生组织（OIE）公布斯里兰卡贾夫纳县（Jaffna）、马纳尔县（Mannar）和瓦武尼亚县（Vavuniya）6家农场发生牛结节性皮肤病疫情，涉及的易感动物有543头牛，其中83头发病，这是斯里兰卡首次发生牛结节性皮肤病疫情。为保护我国畜牧业安全，防止疫情传入，根据《中华人民共和国海关法》《中华人民共和国进出境动植物检疫法》及其实施条例等有关法律法规的规定，现公告如下：

一、禁止直接或间接从斯里兰卡输入牛及其相关产品（源于牛未经加工或者虽经加工但仍有可能传播疫病的产品）。

二、禁止寄递或携带来自斯里兰卡的牛及其产品入境。一经发现，一律作退回或销毁处理。

三、进境船舶、航空器、公路车辆和铁路列车等运输工具上，如发现有来自斯里兰卡的牛及其产品，一律作封存处理，且在我国境内停留或者运行期间，未经海关许可，不得启封动用。其废弃物、泔水等，一律在海关的监督下做无害化处理，不得擅自抛弃。运输工具上如发现牛结节性皮肤病疫情，严格依法对污染或可能污染区域监督实施防疫消毒处理。

四、加强对来自斯里兰卡交通运输工具媒介昆虫的消杀处理。

五、对边防等部门截获的非法入境的来自斯里兰卡的牛及其产品，一律在海关的监督下作销毁处理。

六、凡违反上述规定者，由海关依照《中华人民共和国海关法》《中华人民共和国进出境动植物检疫法》及其实施条例有关规定处理。

七、各海关、各级动物疫病预防控制机构及动物卫生监督机构要分别按照《中华人民共和国海关法》《中华人民共和国进出境动植物检疫法》《中华人民共和国动物防疫法》等有关规定，密切配合，做好检疫、防疫和监督工作。

本公告自发布之日起实施。

特此公告。

海关总署　农业农村部

2021年1月28日

海关总署 农业农村部
关于防止毛里求斯口蹄疫传入我国的公告

2021 年第 29 号

2021 年 3 月 27 日，世界动物卫生组织（OIE）公布毛里求斯罗德里格斯区（Rodriguez）的一家农场发生 O 型口蹄疫疫情，涉及易感动物有 57 头牛。为保护我国畜牧业安全，防止疫情传入，根据《中华人民共和国海关法》《中华人民共和国进出境动植物检疫法》及其实施条例等有关法律法规的规定，现公告如下：

一、禁止直接或间接从毛里求斯输入偶蹄动物及其相关产品（源于偶蹄动物未经加工或者虽经加工但仍有可能传播疫病的产品）。

二、禁止寄递或携带来自毛里求斯的偶蹄动物及其产品入境。一经发现一律作退回或销毁处理。

三、进境船舶、航空器、公路车辆和铁路列车等运输工具上，如发现有来自毛里求斯的偶蹄动物及其产品，一律作封存处理，且在我国境内停留或者运行期间，未经海关许可，不得启封动用。其废弃物、泔水等，一律在海关的监督下作无害化处理，不得擅自抛弃。运输工具上如发现口蹄疫疫情，严格依法对被污染或可能被污染区域监督实施防疫消毒处理。

四、对边防等部门截获的非法入境的来自毛里求斯的偶蹄动物及其产品，一律在海关的监督下作销毁处理。

五、凡违反上述规定者，由海关依照《中华人民共和国海关法》《中华人民共和国进出境动植物检疫法》及其实施条例有关规定处理。

六、各级海关、动物疫病预防控制机构及动物卫生监督机构要分别按照《中华人民共和国海关法》《中华人民共和国进出境动植物检疫法》《中华人民共和国动物防疫法》等有关规定，密切配合，做好检疫、防疫和监督工作。

本公告自发布之日起实施。

特此公告。

海关总署　农业农村部

2021 年 4 月 6 日

海关总署 农业农村部
关于防止柬埔寨牛结节性皮肤病传入我国的公告

2021 年第 48 号

2021 年 6 月 16 日，世界动物卫生组织（OIE）公布柬埔寨柏威夏省（Preah Vih é ar）的一个村庄发生牛结节性皮肤病，这是柬埔寨首次发生牛结节性皮肤病疫情。为保护我国畜牧业安全，防止疫情传入，根据《中华人民共和国海关法》《中华人民共和国进出境动植物检疫法》及其实施条例等有关法律法规的规定，现公告如下：

一、禁止直接或间接从柬埔寨输入牛及其相关产品（源于牛未经加工或者虽经加工但仍有可能传播疫病的产品）。

二、禁止寄递或携带来自柬埔寨的牛及其产品入境。一经发现，一律作退回或销毁处理。

三、进境船舶、航空器、公路车辆和铁路列车等运输工具上，如发现有来自柬埔寨的牛及其产品，一律作封存处理，且在我国境内停留或者运行期间，未经海关许可，不得启封动用。其废弃物、泔水等，一律在海关的监督下做无害化处理，不得擅自抛弃。运输工具上如发现牛结节性皮肤病疫情，严格依法对污染或可能污染区域监督实施防疫消毒处理。

四、加强对来自柬埔寨交通运输工具媒介昆虫的消杀处理。

五、对边防等部门截获的非法入境的来自柬埔寨的牛及其产品，一律在海关的监督下作销毁处理。

六、凡违反上述规定者，由海关依照《中华人民共和国海关法》《中华人民共和国进出境动植物检疫法》及其实施条例有关规定处理。

七、各海关、各级动物疫病预防控制机构及动物卫生监督机构要分别按照《中华人民共和国海关法》《中华人民共和国进出境动植物检疫法》《中华人民共和国动物防疫法》等有关规定，密切配合，做好检疫、防疫和监督工作。

本公告自发布之日起实施。

特此公告。

海关总署 农业农村部

2021年6月25日

海关总署 农业农村部
关于防止老挝牛结节性皮肤病传入我国的公告

2021年第58号

2021年7月2日，世界动物卫生组织（OIE）公布老挝9个村庄发生牛结节性皮肤病，这是老挝首次发生牛结节性皮肤病疫情。为保护我国畜牧业安全，防止疫情传入，根据《中华人民共和国海关法》《中华人民共和国进出境动植物检疫法》及其实施条例等有关法律法规的规定，现公告如下：

一、禁止直接或间接从老挝输入牛及其相关产品（源于牛未经加工或者虽经加工但仍有可能传播疫病的产品）。

二、禁止寄递或携带来自老挝的牛及其产品入境。一经发现，一律作退回或销毁处理。

三、进境船舶、航空器、公路车辆和铁路列车等运输工具上，如发现有来自老挝的牛及其产品，一律作封存处理，且在我国境内停留或者运行期间，未经海关许可，不得启封动用。其废弃物、泔水等，一律在海关的监督下做无害化处理，不得擅自抛弃。运输工具上如发现牛结节性皮肤病疫情，严格依法对污染或可能污染区域监督实施防疫消毒处理。

四、加强对来自老挝交通运输工具媒介昆虫的消杀处理。

五、对边防等部门截获的非法入境的来自老挝的牛及其产品，一律在海关的监督下作销毁处理。

六、凡违反上述规定者，由海关依照《中华人民共和国海关法》《中华人民共和国进出境动植物检疫法》及其实施条例有关规定处理。

七、各海关、各级动物疫病预防控制机构及动物卫生监督机构要分别按照《中华人民共和国海关法》《中华人民共和国进出境动植物检疫法》《中华人民共和国动物防疫法》等有关规定，密切配合，做好检疫、防疫和监督工作。

本公告自发布之日起实施。

特此公告。

海关总署 农业农村部

2021年7月15日

海关总署 农业农村部
关于防止蒙古牛结节性皮肤病传入我国的公告

2021年第75号

2021年9月7日，世界动物卫生组织（OIE）通报，蒙古东方省（Dornod）的3家农场于8月21日至8月27日发生牛结节性皮肤病，这是蒙古首次发生牛结节性皮肤病疫情。为保护我国畜牧业安全，防止疫情传入，根据《中华人民共和国海关法》《中华人民共和国进出境动植物检疫法》及其实施条例等有关法律法规的规定，现公告如下：

一、禁止直接或间接从蒙古输入牛及其相关产品（源于牛未经加工或者虽经加工但仍有可能传播疫病的产品）。

二、禁止寄递或携带来自蒙古的牛及其产品入境。一经发现，一律作退回或销毁处理。

三、在进境船舶、航空器、公路车辆和铁路列车等运输工具上，如发现有来自蒙古的牛及其产品，一律作封存处理，且在我国境内停留或者运行期间，未经海关许可，不得启封动用。其废弃物、泔水等，一律在海关的监督下进行无害化处理，不得擅自抛弃。运输工具上如发现牛结节性皮肤病疫情，严格依法对污染或可能污染区域监督实施防疫消毒处理。

四、对边防等部门截获的非法入境的来自蒙古的牛及其产品，一律在海关的监督下作销毁处理。

五、凡违反上述规定者，由海关依照《中华人民共和国海关法》《中华人民共和国进出境动植物检疫法》及其实施条例有关规定处理。

六、各海关、各级动物疫病预防控制机构及动物卫生监督机构要分别按照《中华人民共和国海关法》《中华人民共和国进出境动植物检疫法》《中华人民共和国动物防疫法》等有关规定，密切配合，做好检疫、防疫和监督工作。

本公告自发布之日起实施。

特此公告。

海关总署　农业农村部

2021 年 9 月 26 日

海关总署　农业农村部
关于防止蒙古国西部 5 省口蹄疫传入我国的公告

2021 年第 109 号

近日，蒙古国戈壁阿尔泰省发生羊O型口蹄疫疫情。为保护我国畜牧业安全，防止疫情传入，根据《中华人民共和国海关法》《中华人民共和国进出境动植物检疫法》及其实施条例等有关法律法规的规定，现公告如下：

一、禁止直接或间接从蒙古国西部的戈壁阿尔泰省（Govi-Altai）、乌布苏省（Uvs）、扎布汗省（Zavkhan）、库苏古尔省（Khuvsgul）、巴彦洪格尔省（Bayankhongor）5 个省份（以下统称蒙古国西部 5 省）输入偶蹄动物及其相关产品（源于偶蹄动物未经加工或者虽经加工但仍有可能传播疫病的产品）。

二、禁止寄递或携带来自蒙古国西部 5 省的偶蹄动物及其产品入境。一经发现一律作退回或销毁处理。

三、进境船舶、航空器、公路车辆和铁路列车等运输工具上，如发现有来自蒙古国西部 5 省的偶蹄动物及其产品，一律作封存处理，且在我国境内停留或者运行期间，未经海关许可，不得启封动用；其卸下的废弃物、泔水等，一律在海关的监督下作动植物检疫除害处理，不得擅自抛弃。运输工具上如发现口蹄疫疫情，严格依法监督实施防疫消毒处理。

四、对边防等部门截获的非法入境的来自蒙古国西部 5 省的偶蹄动物及其产品，一律在海关的监督下作销毁处理。

五、凡违反上述规定者，由海关依照《中华人民共和国海关法》《中华人民共和国进出境动植物检疫法》及其实施条例有关规定处理。

六、各级海关、各级农业农村主管部门要分别按照《中华人民共和国海关法》《中华人民共和国进出境动植物检疫法》《中华人民共和国动物防疫法》等有关规定，密切配合，做好检疫、防疫和监督工作。

本公告自发布之日起实施。

特此公告。

海关总署 农业农村部

2021 年 12 月 16 日

国家卫生健康委 国家市场监管总局 关于发布《食品安全国家标准 干酪》（GB 5420—2021）等50项食品安全国家标准和4项修改单的公告

2021年第3号

根据《中华人民共和国食品安全法》规定，经食品安全国家标准审评委员会审查通过，现发布《食品安全国家标准干酪》（GB 5420—2021）等50项食品安全国家标准和4项修改单。其编号和名称如下：

GB5420—2021 食品安全国家标准　干酪

GB10765—2021 食品安全国家标准　婴儿配方食品

GB10766—2021 食品安全国家标准　较大婴儿配方食品

GB10767—2021 食品安全国家标准　幼儿配方食品

GB1886.1—2021 食品安全国家标准　食品添加剂碳酸钠

GB1886.3—2021 食品安全国家标准　食品添加剂磷酸氢钙

GB1886.302—2021 食品安全国家标准　食品添加剂聚乙二醇

GB1886.303—2021 食品安全国家标准　食品添加剂食用单宁

GB1886.315—2021 食品安全国家标准　食品添加剂胭脂虫红及其铝色淀

GB1886.316—2021 食品安全国家标准　食品添加剂 胭脂树橙

GB1886.317—2021 食品安全国家标准　食品添加剂 β-胡萝卜素（盐藻来源）

GB1886.318—2021 食品安全国家标准　食品添加剂 玉米黄

GB1886.319—2021 食品安全国家标准　食品添加剂沙棘黄

GB1886.320—2021 食品安全国家标准　食品添加剂葡萄糖酸钠

GB1886.321—2021 食品安全国家标准　食品添加剂索马甜

GB1886.322—2021 食品安全国家标准　食品添加剂可溶性大豆多糖

GB1886.323—2021 食品安全国家标准　食品添加剂 花生衣红

GB1886.324—2021 食品安全国家标准　食品添加剂 偏酒石酸

GB1886.325—2021 食品安全国家标准　食品添加剂聚偏磷酸钾

GB1886.326—2021 食品安全国家标准　食品添加剂酸式焦磷酸钙

GB1886.327—2021 食品安全国家标准　食品添加剂 磷酸三钾

GB1886.328—2021 食品安全国家标准　食品添加剂 焦磷酸二氢二钠

GB1886.329—2021 食品安全国家标准　食品添加剂 磷酸氢二钠

GB 1886.330—2021 食品安全国家标准　食品添加剂 磷酸二氢铵

GB1886.331—2021 食品安全国家标准　食品添加剂 磷酸氢二铵

GB1886.332—2021 食品安全国家标准　食品添加剂 磷酸三钙

GB1886.333—2021 食品安全国家标准　食品添加剂 磷酸二氢钙

GB1886.334—2021 食品安全国家标准　食品添加剂 磷酸氢二钾

GB1886.335—2021 食品安全国家标准　食品添加剂 三聚磷酸钠

GB1886.336—2021 食品安全国家标准　食品添加剂 磷酸二氢钠

GB1886.337—2021 食品安全国家标准　食品添加剂 磷酸二氢钾

GB1886.338—2021 食品安全国家标准　食品添加剂 磷酸三钠

GB1886.339—2021 食品安全国家标准　食品添加剂 焦磷酸钠

GB1886.340—2021 食品安全国家标准　食品添加剂 焦磷酸四钾

GB1886.341—2021 食品安全国家标准　食品添加剂 二氧化钛

GB1886.342—2021 食品安全国家标准　食品添加

剂 硫酸铝铵

GB1886.343—2021 食品安全国家标准　食品添加剂 L- 苏氨酸

GB1886.344—2021 食品安全国家标准　食品添加剂 DL- 丙氨酸

GB1886.345—2021 食品安全国家标准　食品添加剂桑椹红

GB1886.346—2021 食品安全国家标准　食品添加剂柑橘黄

GB1886.347—2021 食品安全国家标准　食品添加剂 4- 氨基 -5,6- 二甲基噻吩并 [2,3-d] 嘧啶 -2(1H)- 酮盐酸盐

GB1886.348—2021 食品安全国家标准　食品添加剂焦磷酸一氢三钠

GB31651—2021 食品安全国家标准　餐（饮）具集中消毒卫生规范

GB31652—2021 食品安全国家标准　即食鲜切果蔬加工卫生规范

GB31653—2021 食品安全国家标准　食品中黄曲霉毒素污染控制规范

GB31654—2021 食品安全国家标准　餐饮服务通用卫生规范

GB12456—2021 食品安全国家标准　食品中总酸的测定

GB31604.51—2021 食品安全国家标准　食品接触材料及制品 1,4- 丁二醇迁移量的测定

GB31604.52—2021 食品安全国家标准　食品接触材料及制品芳香族伯胺迁移量的测定

GB31655—2021 食品安全国家标准　哺乳动物体内碱性彗星试验

GB1886.47—2016《食品安全国家标准食品添加剂天门冬酰苯丙氨酸甲酯（又名阿斯巴甜）》第 1 号修改单

GB 1886.103—2015《食品安全国家标准食品添加剂微晶纤维素》第 1 号修改单

GB1886.169—2016《食品安全国家标准食品添加剂卡拉胶》第 1 号修改单

GB2762—2017《食品安全国家标准食品中污染物限量》第 1 号修改单

以上标准文本可在食品安全国家标准数据检索平台（https://sppt.cfsa.net.cn:8086/db）查阅下载。

国家卫生健康委　国家市场监管总局

2021 年 2 月 22 日

工业和信息化部 科技部 财政部 商务部 国务院国有资产监督管理委员会 中国证券监督管理委员会 关于加快培育发展制造业优质企业的指导意见

工信部联政法〔2021〕70号

制造业优质企业聚焦实业、做精主业，创新能力强、质量效益高、产业带动作用大，在制造强国建设中发挥领头雁、排头兵作用。加快培育发展制造业优质企业，是激发市场主体活力、推动制造业高质量发展的必然要求，是防范化解风险隐患、提升产业链供应链自主可控能力的迫切需要。为贯彻落实党中央、国务院决策部署，加快培育发展以专精特新“小巨人”企业、制造业单项冠军企业、产业链领航企业（以下简称“小巨人”企业、单项冠军企业、领航企业）为代表的优质企业，现提出以下意见。

一、准确把握培育发展优质企业的总体要求

以习近平新时代中国特色社会主义思想为指导，全面贯彻党的十九大和十九届二中、三中、四中、五中全会精神，立足新发展阶段，贯彻新发展理念，构建新发展格局，以推动企业高质量发展为主题，坚持系统观念，统筹发展和安全，健全体系、完善政策、优化服务，着力增强自主创新能力，着力发挥引领带动作用，推动优质企业持续做强做优做大，促进提升产业链供应链现代化水平，推进制造强国建设不断迈上新台阶。

二、构建优质企业梯度培育格局

分类制定完善遴选标准，选树“小巨人”企业、单项冠军企业、领航企业标杆。健全梯度培育工作机制，引导“专精特新”中小企业成长为国内市场领先的“小巨人”企业，聚焦重点行业和领域引导“小巨人”等各类企业成长为国际市场领先的单项冠军企业，引导大企业集团发展成为具有生态主导力、国际竞争力的领航企业。力争到2025年，梯度培育格局基本成型，发展形成万家“小巨人”企业、千家单项冠军企业和一大批领航企业。（工业和信息化部、国务院国资委按照职责分工负责）

三、提高优质企业自主创新能力

支持参与制造业创新中心、国家工程技术研究中心等创新平台建设，承担国家重大科技项目、重大技术装备创新发展工程。引导参与信息技术应用创新重大工程，推广经验成果。推动产业数字化发展，大力推动自主可控工业软件推广应用，提高企业软件化水平。依托优质企业组建创新联合体或技术创新战略联盟，开展协同创新，加大基础零部件、基础电子元器件、基础软件、基础材料、基础工艺、高端仪器设备、集成电路、网络安全等领域关键核心技术、产品、装备攻关和示范应用。推动国家重大科研基础设施和大型科研仪器向优质企业开放，建设生产应用示范平台和产业技术基础公共服务平台。（科技部、工业和信息化部、国务院国资委按照职责分工负责）

四、促进提升产业链供应链现代化水平

充分发挥优质企业在增强产业链供应链自主可控能力中的中坚作用，组织参与制造业强链补链行动，做强长板优势，补齐短板弱项，打造新兴产业链条，提升产业链供应链稳定性和竞争力。组织领航企业开展产业链供应链梳理，鼓励通过兼并重组、资本运作、战略合作等方式整合产业资源，提升产业链竞争力和抗风险能力。支持参与全国供应链创新与应用示范创建，培育一批制造业现代供应链示范企业。推动优质企业中的国有资本向关系国家安全、国民经济命脉的重要行业领域集中，加快在关键环节和中高端领域布局。鼓励增强根植性，引导有意愿的单项冠军企业、领航企业带动关联产业向中西部和东北地区有序转移，促进区域协同发展。（工业和信息化部、财政部、商务部、国务院国资委、证监会按照职责分工负责）

五、引导优质企业高端化智能化绿色化发展

对标世界一流企业，加快推进新一代信息技术和制造业融合发展，加大技术改造力度，加强质量品牌建设，参与国际技术规范、标准制定，提高中高端供给能力。实施智能制造工程、制造业数字化转型行动和5G应用创新行动，组织实施国有企业数字化转型行动计划，打造一批制造业数字化转型标杆企业，培育一批综合性强、带动面广的示范场景，建设和推广工业互联网平台，开

展百万工业APP培育行动，实施网络安全分类分级管理，积极发展服务型制造新模式新业态。支持参与实施工业低碳行动和绿色制造工程，在落实碳达峰、碳中和目标中发挥示范引领作用。（工业和信息化部、国务院国资委按照职责分工负责）

六、打造大中小企业融通发展生态

建设大中小企业融通发展平台载体，支持领航企业整合产业链资源，联合中小企业建设先进制造业集群、战略性新兴产业集群、创新型产业集群等。鼓励领航企业对上下游企业开放资源，开展供应链配套对接，与中小企业建立稳定合作关系，构建创新协同、产能共享、供应链互通的新型产业发展生态。（工业和信息化部、国务院国资委按照职责分工负责）

七、促进优质企业加强管理创新和文化建设

实施企业管理提升专项行动，鼓励推动组织管理变革，加强全面质量管理、强化资源集约管理和配置、做好风险防控，创新生产经营模式，提升全要素生产率。弘扬企业家精神和工匠精神，加强企业诚信建设。加大企业社会责任建设力度，增强风险防范和价值创造能力。引导企业重视企业文化建设，提高企业员工凝聚力、创造力和社会认同感。（工业和信息化部、国务院国资委按照职责分工负责）

八、提升优质企业开放合作水平

鼓励领航企业、单项冠军企业积极在全球布局研发设计中心，优化生产网络和供应链体系，有效对接和利用全球资源。以共建“一带一路”为重点，构建区域产业链共同体，更好融入全球产业链供应链。支持企业实施“抱团出海”行动，牵头建设境外经贸合作区。鼓励地方有序建设中外合作园区，吸引更多的全球高端要素、高端制造能力，支撑促进企业发展。（商务部、工业和信息化部、科技部、国务院国资委按照职责分工负责）

九、完善金融财政和人才政策措施

发挥各类政府引导基金作用，鼓励社会资本出资组建优质企业培育基金。加强企业融资能力建设和上市培育，支持符合条件的优质企业在资本市场上市融资和发行债券。发挥国家产融合作平台作用，整合企业信用信息，支持投贷联动、投投联动，引导金融机构为优质企业提供精准、有效的金融支持。用好现有资金渠道，支持“专精特新”中小企业高质量发展。支持引进高端人才，联合高等院校、科研机构建设先进制造业实训基地。持续加强企业经营管理人才培训，实施工业和信息化职业技能提升行动计划。鼓励各地研究制定符合国际通行规则的支持政策措施。（财政部、证监会、工业和信息化部、国务院国资委按照职责分工负责）

十、加强对优质企业的精准服务

分级构建优质企业培育库，建立“企业直通车”制度，及时掌握企业诉求，指导用好惠企政策，协调解决土地、用工、用能等问题。组织行业协会、商会等梳理企业需求，提供信息咨询、产品推广、人才培训、知识产权等专业化服务。加大宣传力度，编制发布企业案例集，推广地方典型经验，开展经验交流，组织“万家优质企业行”活动，打造“优质企业”名片。（工业和信息化部牵头、相关部门按照职责分工负责、有关行业协会配合相关工作）

各地工业和信息化主管部门要会同相关部门建立健全横向协同、上下联动的培育发展工作体系和常态化工作推进机制，加强与各类规划衔接，结合实际制定政策措施，形成工作合力，抓好工作落实。

工业和信息化部
科技部
财政部
商务部
国务院国有资产监督管理委员会
中国证券监督管理委员会
2021年6月1日

最高人民法院 最高人民检察院 关于办理危害食品安全刑事案件适用法律若干问题的解释

法释〔2021〕24号

2021年12月13日最高人民法院审判委员会第1856次会议、2021年12月29日最高人民检察院第十三届检察委员会第八十四次会议通过，自2022年1月1日起施行。

为依法惩治危害食品安全犯罪，保障人民群众身体健康、生命安全，根据《中华人民共和国刑法》《中华人民共和国刑事诉讼法》的有关规定，对办理此类刑事案件适用法律的若干问题解释如下：

第一条 生产、销售不符合食品安全标准的食品，具有下列情形之一的，应当认定为刑法第一百四十三条规定的“足以造成严重食物中毒事故或者其他严重食源性疾病”：

（一）含有严重超出标准限量的致病性微生物、农药残留、兽药残留、生物毒素、重金属等污染物质以及其他严重危害人体健康的物质的；

（二）属于病死、死因不明或者检验检疫不合格的畜、禽、兽、水产动物肉类及其制品的；

（三）属于国家为防控疾病等特殊需要明令禁止生产、销售的；

（四）特殊医学用途配方食品、专供婴幼儿的主辅食品营养成分严重不符合食品安全标准的；

（五）其他足以造成严重食物中毒事故或者严重食源性疾病的情形。

第二条 生产、销售不符合食品安全标准的食品，具有下列情形之一的，应当认定为刑法第一百四十三条规定的“对人体健康造成严重危害”：

（一）造成轻伤以上伤害的；

（二）造成轻度残疾或者中度残疾的；

（三）造成器官组织损伤导致一般功能障碍或者严重功能障碍的；

（四）造成十人以上严重食物中毒或者其他严重食源性疾病的；

（五）其他对人体健康造成严重危害的情形。

第三条 生产、销售不符合食品安全标准的食品，具有下列情形之一的，应当认定为刑法第一百四十三条规定的“其他严重情节”：

（一）生产、销售金额二十万元以上的；

（二）生产、销售金额十万元以上不满二十万元，不符合食品安全标准的食品数量较大或者生产、销售持续时间六个月以上的；

（三）生产、销售金额十万元以上不满二十万元，属于特殊医学用途配方食品、专供婴幼儿的主辅食品的；

（四）生产、销售金额十万元以上不满二十万元，且在中小学校园、托幼机构、养老机构及周边面向未成年人、老年人销售的；

（五）生产、销售金额十万元以上不满二十万元，曾因危害食品安全犯罪受过刑事处罚或者二年内因危害食品安全违法行为受过行政处罚的；

（六）其他情节严重的情形。

第四条 生产、销售不符合食品安全标准的食品，具有下列情形之一的，应当认定为刑法第一百四十三条规定的“后果特别严重”：

（一）致人死亡的；

（二）造成重度残疾以上的；

（三）造成三人以上重伤、中度残疾或者器官组织损伤导致严重功能障碍的；

（四）造成十人以上轻伤、五人以上轻度残疾或者器官组织损伤导致一般功能障碍的；

（五）造成三十人以上严重食物中毒或者其他严重食源性疾病的；

（六）其他特别严重的后果。

第五条 在食品生产、销售、运输、贮存等过程中，违反食品安全标准，超限量或者超范围滥用食品添加剂，足以造成严重食物中毒事故或者其他严重食源性疾病的，依照刑法第一百四十三条的规定以生产、销售不符合安全标准的食品罪定罪处罚。

在食用农产品种植、养殖、销售、运输、贮存等过程中，违反食品安全标准，超限量或者超范围滥用添加剂、农药、兽药等，足以造成严重食物中毒事故或者其他严重食源性疾病的，适用前款的规定定罪处罚。

第六条 生产、销售有毒、有害食品，具有本解释第二条规定情形之一的，应当认定为刑法第一百四十四条规定的“对人体健康造成严重危害”。

第七条 生产、销售有毒、有害食品，具有下列情形之一的，应当认定为刑法第一百四十四条规定的“其他严重情节”：

（一）生产、销售金额二十万元以上不满五十万元的；

（二）生产、销售金额十万元以上不满二十万元，有毒、有害食品数量较大或者生产、销售持续时间六个月以上的；

（三）生产、销售金额十万元以上不满二十万元，属于特殊医学用途配方食品、专供婴幼儿的主辅食品的；

（四）生产、销售金额十万元以上不满二十万元，且在中小学校园、托幼机构、养老机构及周边面向未成年人、老年人销售的；

（五）生产、销售金额十万元以上不满二十万元，曾因危害食品安全犯罪受过刑事处罚或者二年内因危害食品安全违法行为受过行政处罚的；

（六）有毒、有害的非食品原料毒害性强或者含量高的；

（七）其他情节严重的情形。

第八条 生产、销售有毒、有害食品，生产、销售金额五十万元以上，或者具有本解释第四条第二项至第六项规定的情形之一的，应当认定为刑法第一百四十四条规定的“其他特别严重情节”。

第九条 下列物质应当认定为刑法第一百四十四条规定的“有毒、有害的非食品原料”：

（一）因危害人体健康，被法律、法规禁止在食品生产经营活动中添加、使用的物质；

（二）因危害人体健康，被国务院有关部门列入《食品中可能违法添加的非食用物质名单》《保健食品中可能非法添加的物质名单》和国务院有关部门公告的禁用农药、《食品动物中禁止使用的药品及其他化合物清单》等名单上的物质；

（三）其他有毒、有害的物质。

第十条 刑法第一百四十四条规定的“明知”，应当综合行为人的认知能力、食品质量、进货或者销售的渠道及价格等主、客观因素进行认定。

具有下列情形之一的，可以认定为刑法第一百四十四条规定的“明知”，但存在相反证据并经查证属实的除外：

（一）长期从事相关食品、食用农产品生产、种植、养殖、销售、运输、贮存行业，不依法履行保障食品安全义务的；

（二）没有合法有效的购货凭证，且不能提供或者拒不提供销售的相关食品来源的；

（三）以明显低于市场价格进货或者销售且无合理原因的；

（四）在有关部门发出禁令或者食品安全预警的情况下继续销售的；

（五）因实施危害食品安全行为受过行政处罚或者刑事处罚，又实施同种行为的；

（六）其他足以认定行为人明知的情形。

第十一条 在食品生产、销售、运输、贮存等过程中，掺入有毒、有害的非食品原料，或者使用有毒、有害的非食品原料生产食品的，依照刑法第一百四十四条的规定以生产、销售有毒、有害食品罪定罪处罚。

在食用农产品种植、养殖、销售、运输、贮存等过程中，使用禁用农药、食品动物中禁止使用的药品及其他化合物等有毒、有害的非食品原料，适用前款的规定定罪处罚。

在保健食品或者其他食品中非法添加国家禁用药物等有毒、有害的非食品原料的，适用第一款的规定定罪处罚。

第十二条 在食品生产、销售、运输、贮存等过程中，使用不符合食品安全标准的食品包装材料、容器、洗涤剂、消毒剂，或者用于食品生产经营的工具、设备等，造成食品被污染，符合刑法第一百四十三条、第一百四十四条规定的，以生产、销售不符合安全标准的食品罪或者生产、销售有毒、有害食品罪定罪处罚。

第十三条 生产、销售不符合食品安全标准的食品，有毒、有害食品，符合刑法第一百四十三条、第一百四十四条规定的，以生产、销售不符合安全标准的食品罪或者生产、销售有毒、有害食品罪定罪处罚。同时构成其他犯罪的，依照处罚较重的规定定罪处罚。

生产、销售不符合食品安全标准的食品，无证据证明足以造成严重食物中毒事故或者其他严重食源性疾病，不构成生产、销售不符合安全标准的食品罪，但构成生产、销售伪劣产品罪，妨害动植物防疫、检疫罪等其他犯罪的，依照该其他犯罪定罪处罚。

第十四条 明知他人生产、销售不符合食品安全标准的食品，有毒、有害食品，具有下列情形之一的，以生产、销售不符合安全标准的食品罪或者生产、销售有毒、有害食品罪的共犯论处：

（一）提供资金、贷款、账号、发票、证明、许可证件的；

（二）提供生产、经营场所或者运输、贮存、保管、邮寄、销售渠道等便利条件的；

（三）提供生产技术或者食品原料、食品添加剂、食品相关产品或者有毒、有害的非食品原料的；

（四）提供广告宣传的；

（五）提供其他帮助行为的。

第十五条 生产、销售不符合食品安全标准的食品添加剂，用于食品的包装材料、容器、洗涤剂、消毒剂，或者用于食品生产经营的工具、设备等，符合刑法第一百四十条规定的，以生产、销售伪劣产品罪定罪处罚。

生产、销售用超过保质期的食品原料、超过保质期的食品、回收食品作为原料的食品，或者以更改生产日期、保质期、改换包装等方式销售超过保质期的食品、回收食品，适用前款的规定定罪处罚。

实施前两款行为，同时构成生产、销售不符合安全标准的食品罪，生产、销售不符合安全标准的产品罪等其他犯罪的，依照处罚较重的规定定罪处罚。

第十六条 以提供给他人生产、销售食品为目的，违反国家规定，生产、销售国家禁止用于食品生产、销售的非食品原料，情节严重的，依照刑法第二百二十五条的规定以非法经营罪定罪处罚。

以提供给他人生产、销售食用农产品为目的，违反国家规定，生产、销售国家禁用农药、食品动物中禁止使用的药品及其他化合物等有毒、有害的非食品原料，或者生产、销售添加上述有毒、有害的非食品原料的农药、兽药、饲料、饲料添加剂、饲料原料，情节严重的，依照前款的规定定罪处罚。

第十七条 违反国家规定，私设生猪屠宰厂（场），从事生猪屠宰、销售等经营活动，情节严重的，依照刑法第二百二十五条的规定以非法经营罪定罪处罚。

在畜禽屠宰相关环节，对畜禽使用食品动物中禁止使用的药品及其他化合物等有毒、有害的非食品原料，依照刑法第一百四十四条的规定以生产、销售有毒、有害食品罪定罪处罚；对畜禽注水或者注入其他物质，足以造成严重食物中毒事故或者其他严重食源性疾病的，依照刑法第一百四十三条的规定以生产、销售不符合安全标准的食品罪定罪处罚；虽不足以造成严重食物中毒事故或者其他严重食源性疾病，但符合刑法第一百四十条规定的，以生产、销售伪劣产品罪定罪处罚。

第十八条 实施本解释规定的非法经营行为，非法经营数额在十万元以上，或者违法所得数额在五万元以上的，应当认定为刑法第二百二十五条规定的“情节严重”；非法经营数额在五十万元以上，或者违法所得数额在二十五万元以上的，应当认定为刑法第二百二十五条规定的“情节特别严重”。

实施本解释规定的非法经营行为，同时构成生产、销售伪劣产品罪，生产、销售不符合安全标准的食品罪，生产、销售有毒、有害食品罪，生产、销售伪劣农药、兽药罪等其他犯罪的，依照处罚较重的规定定罪处罚。

第十九条 违反国家规定，利用广告对保健食品或者其他食品作虚假宣传，符合刑法第二百二十二条规定的，以虚假广告罪定罪处罚；以非法占有为目的，利用销售保健食品或者其他食品诈骗财物，符合刑法第二百六十六条规定的，以诈骗罪定罪处罚。同时构成生产、销售伪劣产品罪等其他犯罪的，依照处罚较重的规定定罪处罚。

第二十条 负有食品安全监督管理职责的国家机关工作人员，滥用职权或者玩忽职守，构成食品监管渎职罪，同时构成徇私舞弊不移交刑事案件罪、商检徇私舞弊罪、动植物检疫徇私舞弊罪、放纵制售伪劣商品犯罪行为罪等其他渎职犯罪的，依照处罚较重的规定定罪处罚。

负有食品安全监督管理职责的国家机关工作人员滥用职权或者玩忽职守，不构成食品监管渎职罪，但构成前款规定的其他渎职犯罪的，依照该其他犯罪定罪处罚。

负有食品安全监督管理职责的国家机关工作人员与他人共谋，利用其职务行为帮助他人实施危害食品安全犯罪行为，同时构成渎职犯罪和危害食品安全犯罪共犯的，依照处罚较重的规定定罪从重处罚。

第二十一条 犯生产、销售不符合安全标准的食品罪，生产、销售有毒、有害食品罪，一般应当依法判处生产、销售金额二倍以上的罚金。

共同犯罪的，对各共同犯罪人合计判处的罚金一般应当在生产、销售金额的二倍以上。

第二十二条 对实施本解释规定之犯罪的犯罪分子，应当依照刑法规定的条件，严格适用缓刑、免予刑事处罚。对于依法适用缓刑的，可以根据犯罪情况，同时宣告禁止令。

对于被不起诉或者免予刑事处罚的行为人，需要给予行政处罚、政务处分或者其他处分的，依法移送有关主管机关处理。

第二十三条 单位实施本解释规定的犯罪的，对单位判处罚金，并对直接负责的主管人员和其他直接责任人员，依照本解释规定的定罪量刑标准处罚。

第二十四条 “足以造成严重食物中毒事故或者其他严重食源性疾病”“有毒、有害的非食品原料”等专门性问题难以确定的，司法机关可以依据鉴定意见、检验报告、地市级以上相关行政主管部门组织出具的书面意见，结合其他证据作出认定。必要时，专门性问题由省级以上相关行政主管部门组织出具书面意见。

第二十五条 本解释所称“二年内”，以第一次违法行为受到行政处罚的生效之日与又实施相应行为之日的时间间隔计算确定。

第二十六条 本解释自2022年1月1日起施行。本解释公布实施后，《最高人民法院、最高人民检察院关于办理危害食品安全刑事案件适用法律若干问题的解释》（法释〔2013〕12号）同时废止；之前发布的司法解释与本解释不一致的，以本解释为准。

七、科学技术

KEXUE JISHU

2020 年中国奶山羊产业及科技发展情况

奶山羊产业是我国畜牧业的重要组成部分，随着羊奶消费市场的快速升温，奶山羊产业迎来了空前利好的发展机遇。奶山羊分布地域广泛，除陕西、山东两大主产区外，我国南北方如广东、云南、浙江、内蒙古、黑龙江、河南等省份奶山羊存栏量也逐年增加。奶山羊产业正在从传统的奶山羊养殖模式快速转向现代化、集约化、标准化、多样化的质量效益型适度规模经营模式。奶山羊科技研发进展加快，吸引大量资金投向奶山羊全产业链的各个环节，乳制品加工能力和产品研发水平持续提升，种类繁多、品质优良，呈现出良好的发展势头。

一、奶山羊良种引进

良种是奶山羊产业发展的根本，在国外优质种羊引进后，可迅速推动我国现有奶山羊品种的改良进程，提高种羊品质，促进奶山羊产业快速发展。据统计，2020 年度总计从澳洲引进种羊 9 374 只。

2020 年 4 月 27 日，甘肃庆阳伟赫乳制品有限公司从新西兰进口奶山羊 1 399 只，其中萨能奶山羊 1 342 只，其他奶山羊（阿尔卑斯奶山羊与吐根堡奶山羊）57 只。

2020 年 6 月 25 日，甘肃庆阳伟赫乳制品有限公司从澳大利亚进口奶山羊 2 018 只，其中萨能奶山羊 1 908 只，其他奶山羊（阿尔卑斯奶山羊与吐根堡奶山羊）110 只。

2020 年 8 月 11 日，陕西绿能生态牧业有限公司从澳大利亚进口奶山羊 1 678 只，其中萨能奶山羊 1 623 只，其他奶山羊（阿尔卑斯奶山羊与吐根堡奶山羊）55 只。陕西宝泰良种繁育有限公司从澳大利亚进口奶山羊 50 只，其中萨能奶山羊 44 只，其他奶山羊（阿尔卑斯奶山羊与吐根堡奶山羊）6 只。

2020 年 10 月 20 日，甘肃庆阳伟赫乳制品有限公司从澳大利亚进口奶山羊 390 只，其中萨能奶山羊 375 只，其他奶山羊（阿尔卑斯奶山羊与吐根堡奶山羊）15 只。陕西宝泰良种繁育有限公司从澳大利亚进口奶山羊 137 只，其中萨能奶山羊 136 只，阿尔卑斯奶山羊 1 只。

2020 年 12 月 17—24 日，甘肃庆阳伟赫乳制品有限公司从新西兰进口奶山羊 3 649 只，其中萨能奶山羊 3 457 只，其他奶山羊（阿尔卑斯奶山羊与吐根堡奶山羊）192 只。陕西宝泰良种繁育有限公司从澳大利亚进口奶山羊 53 只，其中萨能奶山羊 50 只，其他奶山羊（阿尔卑斯奶山羊与吐根堡奶山羊）3 只。

二、奶山羊产业技术研发

（一）奶山羊育种技术

内蒙古自治区农牧业科学院赵启南博士利用国外纯种良种公羊及冷冻精液，采用同期发情及人工授精技术，对 946 只国内基础母羊进行杂交改良，经选淘，得到了 1 266 只杂交后代，群体规模为 2 212 只，其中使用冻精改良的 135 只 F1 代杂交母羔二胎产奶量（按照 300 天泌乳期校正后）为 536.86 kg，较国内基础母羊（328.3 kg）高出 208 kg，且在体尺、体高及乳成分方面均有较明显的提升。

河南牧业经济学院李君团队对河南奶山羊、萨能奶山羊、关中奶山羊和伏牛白山羊线粒体 DNA D-loop 区全序列遗传多态性和遗传关系的分析结果表明，河南奶山羊首先与伏牛白山羊聚为一支，其次河南奶山羊与萨能奶山羊聚类，最后与关中奶山羊聚类。系统发育树聚类结果与遗传距离分析、遗传分化分析结果相符，从遗传角度证实了河南奶山羊是以萨能奶山羊为父本，以河南地方品种为母本，经杂交选育而成的。

山东农业大学王建民团队在对三个山羊品种（鲁波山羊、莱芜黑山羊和崂山奶山羊）朊蛋白基因多态性及其与血液免疫性状的关联分析发现，*PRNP* 基因在山东山羊中多态性比较丰富，且存在特有的位点；鲁波山羊、莱芜黑山羊和崂山奶山羊的抗痒病有利或优势多态位点是不同的，大多数血液生化指标都存在品种与年龄之间的交互作用，部分性状存在着品种与多态位点之间交互作用。

（二）高效繁殖技术

西北农林科技大学胡建宏团队发现，在奶山羊精液的基础冻存液中添加褪黑素，可提高细胞抗氧化、抗凋亡能力，并且减少细胞自噬，有利于奶山羊精原干细胞的冷冻保存。

（三）饲草料与饲养管理技术

西北农林科技大学罗军团队发现，提高日粮粗料比例（30 ∶ 70）显著降低了DMI，使乳脂率上升17.24%；采用瘤胃微生物宏基因组学技术深入分析表明，在该比例下，降低了奶山羊免疫系统通路相关功能基因表达的丰度，提高了与聚糖生物合成、代谢及其他次生代谢物代谢相关功能基因的丰度，提高了生长激素（GH）等家族相关功能基因的丰度，有助于奶山羊机体健康，增强奶山羊利用植物性饲料中的活性成分和纤维类物质的能力。

西北农林科技大学胡建宏团队发现，饲喂苜蓿干草和杂交构树青贮饲料均不会影响奶山羊公羊的机体健康，在奶山羊公羊养殖中杂交构树青贮能够替代苜蓿干草作为粗饲料；与苜蓿干草相比，饲喂杂交构树青贮饲料能够有效提高奶山羊公羊血液中睾酮含量，改善其精子抗氧化水平，提高奶山羊精液品质；饲喂杂交构树青贮饲料能够改善奶山羊肠道微生物菌群结构，降低病原微生物丰度，维持肠道健康，从而促进公羊睾丸发育和精子发生，改善精液品质。

内蒙古自治区农牧业科学院赵启南博士针对特色沙生植物的栽培与移植进行技术研发，筛选出适应性强的沙生植物作为饲料，结合光伏板下土壤指标的测定，在适于沙漠干旱地区的沙生植物中筛选出具有饲用作用的沙生灌木种类，研究其综合利用及抗营养因子，并以此为依据制定奶山羊全混合饲料配方。

咸阳职业技术学院畜牧兽医研究所熊忙利团队研究发现，关中奶山羊羔羊基础精料替换为20%的苹果渣饲料效果最好。

西北农林科技大学姚军虎团队在对照组基础日粮上分别添加低（<200 mPa·s）、中（200 ~ 400 mPa·s）、高（>400 mPa·s）3种聚合度的壳聚糖后发现，日粮中添加中、低聚合度的壳聚糖均可显著促进西农萨能奶山羊瘤胃内丙酸生成，改善瘤胃发酵模式。

西北农林科技大学赵善廷团队将元宝枫叶按照日饲量的10%添加到饲料中发现，羔羊肠道微生物组中特定有益菌属的相对丰度增加，生长发育明显，羔羊的抵抗力和存活率提高。

西北农林科技大学姚军虎团队在奶山羊日粮中添加过瘤胃赖氨酸（基础日粮添加28.94 g/（只·天）RP-Lys）、亮氨酸（基础日粮添加17.45 g/（只·天）RP-Leu）发现，添加RP-Leu、RP-Lys对青年关中奶山羊体尺指标、瘤胃发酵、血液生化指标无影响。

西北农林科技大学穆杨团队发现，长期饲喂高精料日粮导致奶山羊乳脂率和粪便pH降低，通过上调NF-κB基因表达诱导肝组织中IL-6和TNF-β基因表达升高，从而对肝造成炎性损伤，对脾组织无明显影响。

黑龙江八一农垦大学邓书辉团队发现，羊舍内温度随室外温度呈正弦变化趋势，相对湿度变化趋势与温度相反，建议通过增加机械通风等方式加强羊舍通风换气。

（四）疫病防控技术

陕西省陇县兽医工作站王平娟等对陇县畜间布鲁氏菌病防控现状提出建议。布鲁氏菌病是奶山羊养殖的“头号杀手”，严重危害人体健康。陕西省宝鸡市陇县将布鲁氏菌病防控作为“生态乳都”建设的重要内容，落实检疫、监测、消毒、扑杀、无害化处理等综合防控措施，形成切实可行的监测净化方案，有效遏制疫情扩散。

山东省滨州畜牧兽医研究院王金良团队从患病奶山羊的羊乳中分离出1株无乳链球菌，该菌对氟苯尼考、头孢噻呋、恩诺沙星敏感，而对磷霉素、庆大霉素、硫酸卡那霉素、新霉素、多西环素、阿莫西林、环丙沙星耐药，为羊场无乳链球菌性乳腺炎防控提供了重要数据。

西北农林科技大学程红玉等发现，患乳腺炎奶山羊的乳腺具有适宜IL-17~+γδT细胞活化的局部细胞因子微环境；S.aureus和IL-17可以在体外刺激乳腺上皮细胞分泌γδT细胞和中性粒细胞趋化因子；介导乳腺炎的IL-17来自乳腺中的IL-17~+γδT细胞；乳腺中IL-17~+γδT细胞的百分比显著上升，而脾脏中γδT核细胞百分比无显著变化；M_2型巨噬细胞分泌IL-10负调控免疫应答，避免免疫病理损伤。

扬州大学王洪荣团队发现，添加硫胺素在一定程度上改善了高淀粉日粮所引起的奶山羊瘤胃发酵异常，维持瘤胃内环境的相对稳定；高淀粉日粮对瘤胃上皮组织结构产生破坏促进瘤胃上皮细胞的凋亡，添加硫胺素可以缓解瘤胃上皮的损伤程度；高淀粉日粮导致血液中炎性因子、LPS以及乳酸含量升高，添加硫胺素可减少这些物质在体内的蓄积，改善瘤胃上皮屏障功能。

（五）羊奶产品开发及评价

陕西科技大学徐秦峰团队根据线粒体保守序列设计牛、羊特异性引物，同时采用核酸分子“光开光”钌（II）配合物[Ru（bpy）2（dppz）]2+作为荧光染料，建立了一种能简便、快速、直观地检测羊奶制品中掺入牛源性奶成分的可视化LAMP方法。该方法特异性好，对其他物种没有交叉反应及假阳性现象的发生，对牛、羊乳的检测灵敏度可达0.007 pg/μL和0.7 pg/μL，并能检测出羊乳中掺假0.1%的牛乳。

陕西科技大学魏佳团队建立了一种可以通过质谱技术对羊奶中风味物质进行无靶向筛选，这种技术可以在较低温度下对化合物进行分离，减少分析过程中热敏和易氧化化合物的损失，最终确定了羊奶的42种风味物质，对比羊奶香精仅发现14种风味物质，这种羊奶风味物质的检测技术可以为乳制品中非法添加香精的判定提供技术支持。

四川大学曾维才团队提出百里香精油对羊奶脱膻作用的机理，感官评价分析指出百里香精油对羊奶具有明显的脱膻效果，百里香精油可以有效改善羊奶的风味，在脱除羊奶本身膻味的同时，赋予了羊奶清新爽口的愉悦风味，而百里香精油通过减少致膻的癸酸、辛酸和己酸含量对羊奶进行脱膻。

陕西科技大学舒国伟团队通过Box-Behnken响应面方法对开菲尔发酵羊奶的发酵条件进行了优化，得出kefri羊奶的最佳发酵条件为24℃、发酵23 h，接种量为 2.5%，在最佳条件下，血管紧张素转换酶（ACE）抑制率从（73.34±0.37）%显著提高到（85.97±0.62）%，感官评分从 75.83±0.46 显著提高到 84.65±0.76（$P<0.05$）。kefri 发酵羊奶在 14 天的保藏过程中存在一个后酸化过程，感官评价值升高，这也为 kefri 羊奶的制备和储藏提供了良好的参考。

齐鲁工业大学王存芳团队发现，不同加工方式对山羊奶的酪蛋白品质影响较大，在均质、低温长时间（LTLT）、高温短时间（HTST）、超巴氏杀菌（UP）、超高温（UHT）灭菌方法中，酪蛋白－乳清蛋白复合物在 LTLT 羊奶中最大，LTLT、UP 和 UHT 羊奶中酪蛋白胶束比 HTST 羊奶中酪蛋白胶束变化更明显。因此，同质化、UP 和 UHT 可以有效改变山羊奶中酪蛋白的功能特性，从而促进其在羊奶工业中的应用。

陕西师范大学刘永峰团队发现，通过冷冻（低温冰箱、超低温冰箱）和解冻（或冷藏解冻）组合的方法比较羊奶在储藏期间（80 天）的营养成分及理化性质的变化，经过对比发现冻融山羊奶脂肪、蛋白质和乳糖的含量均有所减少，张力和稳定性系数有一定的降低，有效直径和多分散性指数增加。相较于其他冻融山羊奶，超低温冷冻－室温解冻（UFHT）处理的山羊奶具有更高的脂肪含量、更小的有效粒径和更低的多分散性指数值，激光共聚焦扫描显微镜图像与鲜羊奶图像相似，这说明 UFHT 方法是保持山羊奶天然性的最佳方法，也为生产者保存过剩羊奶提供了理论依据。

东北农业大学郭明若团队分析了关中山羊奶和荷斯坦牛乳的乳清蛋白差异性表达，利用同量异位素标签总共量化了 165 种乳清蛋白，其中 114 种乳清蛋白的丰度在山羊奶和荷斯坦牛乳中存在差异，差异表达的乳清蛋白中有 75% 是与“信号”类别相关，GO 分析表明这些差异表达的蛋白质参与的生物学过程是应激反应，细胞成分与细胞外区域有关，分子功能是结合；KEGG 通路分析表明，这些蛋白质主要参与补体和凝血级联通路，本研究通过对山羊奶乳清蛋白组学分析更深入了解了山羊奶乳清蛋白的生物学特性。

中国农业科学院吕加平团队采用超高效液相色谱－质谱联用技术分析羊奶中低聚糖。羊奶中的低聚糖经过分离共检测出 64 种，其中，关中奶山羊的羊奶中 6’－唾液酸乳糖（6’－SLN）含量是萨能奶山羊奶的 3.3 倍。

陕西师范大学李林强团队针对低聚糖的有益作用对小鼠肠道环境进行了分析。富含低聚果糖的羊奶能减少小鼠大肠微生物的丰度，对双歧杆菌和乳酸杆菌起到了扶持作用，使其丰度增加，减少肠道细菌的感染，从而改善内分泌和免疫系统，因此富含低聚果糖的山羊奶对宿主的大肠环境起到了有益作用。

三、奶山羊产业技术推广

（一）推广技术

1. 羔羊母子分离培育技术。在规模化奶山羊场和家庭牧场推广羔羊母子分离培育技术。羔羊出生后即与母羊分离，人工饲喂初乳 5 天后，采用机械自动哺乳和奶瓶哺乳两种方式进行羔羊哺乳，机械自动哺乳和奶瓶哺乳以代乳料进行。4 周龄后供给羔羊适口性好的优质豆科青干草及羔羊精饲料，让其自由采食，刺激羔羊瘤胃发育。

2.TMR 技术。云南羊羊好农牧发展有限公司采用 TMR 饲喂技术，根据当地的饲料资源情况、不同阶段奶山羊的营养需求，制定不同的饲料配方，配置适合不同阶段的全混合日粮，在节约劳动力的同时，不仅提高了奶山羊的干物质采食量，还提升了泌乳奶山羊的健康状况。

3. 机器挤奶技术。在规模场推广机器挤奶，机器挤奶有利于提高羊奶卫生质量，羊奶不与空气接触直接进入制冷罐，避免羊奶在空气中氧化，降低羊奶膻味；挤奶机自动清洗管道，避免因盛奶容器污染对羊奶造成二次污染。此外，机器挤奶通常将羊奶直接输入冷藏罐，使奶温迅速降至 5℃ 左右，可以有效防止羊奶变质；机器挤奶有利于保护奶山羊乳房，机器挤奶利用真空抽吸，有固定的挤奶节奏，每次挤奶的吸力和间隔时间均匀一致，可以减少对乳房的不利刺激，降低乳腺炎的发生率；机器挤奶可以降低劳动强度，提高劳动效率。

4. 人工授精技术。种公羊饲养管理与调教。人工授精前 1 个月左右，对种公羊单独饲喂，改善饲养管理水平，营养水平按配种种公羊配方添加，同时加强运动，每天早晚各运动 1 小时。在采精前 1 周，要对种公羊进行爬跨、采精调教，一般每天上午、下午各 1 次。

同期发情方案及具体方法如下：繁殖母羊按上午、下午逐批放置阴道栓，放栓 13 天左右，肌注 PMSG，放栓 14~15 天撤栓，同时肌注 PGF2α，在第 16 天可进行人工授精，间隔 12 小时进行复配，第一次人工授精后 15 天左右，再次观察，对返情的母畜要进行第二次人工授精。

5. 奶山羊阳光智能羊舍建设。内蒙古自治区农牧业科学院赵启南博士利用光伏板夏季可遮风挡雨、冬季可发电供热保温的便利，在核心区指导建设了 8 栋“奶山羊阳光智能羊舍”，改善羊只的舒适度，抵御极端天气对奶山羊机体的危害，实现了在内蒙古冬季舍内温度较舍外高 10℃以上的保温标准，有效减少了冷应激对奶山羊造成的不利影响。

（二）技术培训与指导

山东省奶山羊产业发展以山东省现代农业产业技术体系羊产业创新团队为技术依托，设立奶山羊综合试验站，汇集繁育、营养、疫病等方面技术专家，联合各地产业技术部门，开展不同形式的技术培训与服务，做到精确定位、精准服务、精细发展，引领山东省奶山羊产业发展迈向优质、高效、可持续的生态发展良性新格局。

2020 年，奶山羊专家将科技扶贫与奶山羊养殖紧密结合，带动农村贫困户精准脱贫。奶山羊专业委员会联合各地产业技术部门，开展不同形式的技术培训与服务，培训奶山羊专业养殖户、乳产品加工销售人员及相关畜牧兽医部门行政人员 2 000 余人次；同时，深入到全国奶山羊养殖基地，实际调研和指导奶山羊养殖工作，显著推动了当地奶山羊产业的发展。

（三）国际交流

2020 年，内蒙古自治区农牧业科学院赵启南课题组与法国、意大利及新西兰国外专家先后开展了 5 次线上奶山羊技术交流。新西兰专家 Nicolas Lopez-Villalobos 教授对新西兰奶山羊生产性能记录、遗传信息评估及奶山羊数量遗传学育种模型构建进行了详细的讲解，并针对内蒙古奶山羊发展现状提出了良好建议。

四、主要成绩

（一）淄博阳春三月乳业有限公司二期生产线项目启动

淄博阳春三月乳业有限公司新上液态羊奶生产线项目暨二期生产线落户于山东省沂源县鲁村镇。该项目包含生产车间两座，办公大楼一座，营销中心一座，羊文化展馆和园区样板奶吧一间，以及民宿 12 间，可解决 1 000 人以上就业。该集团公司通过标准化养殖及“互联网＋农村”的模式，改变村民传统的养殖观念，并以此促进村民其他自营经济的发展，增加市场绿色畜牧产品的供应，提高消费者饮食质量。

（二）《2020 中国羊奶质量安全报告》完稿

在农业农村部畜牧兽医局项目经费的支持下，西北农林科技大学罗军教授担任负责人，组织国内不同地域行业专家，制订严密的调研计划，开展了陕西、山东、云南、河南、内蒙古、浙江、湖南、福建、广东、安徽、广西、甘肃等地区的羊奶质量调研工作，最终撰写了《2020 中国羊奶质量安全报告》，分别从全国奶山羊产业总体情况、中国羊奶质量安全、羊奶质量安全监管措施三个方面进行了详尽论述，同时附加 3 个专栏，字数近 1 万字，为掌握我国羊奶情况以及保护羊奶质量安全提出了积极建议。

（三）《关中奶山羊》行业标准修订完成

西北农林科技大学罗军教授组织 2020 年农业标准制修订项目“修订《关中奶山羊》（NY 23—1986）”，在充分调研、意见征询、会议研讨的基础上，形成最终送审稿，上报全国畜牧业标准化技术委员会。

（四）三部奶山羊专著编撰出版

罗军教授主编的《奶山羊营养原理与饲料加工》专业书籍在中国农业出版社出版；史怀平、罗军教授共同译著《奶山羊养殖手册》专业书籍在西北农林科技大学出版社出版。

内蒙古自治区农牧业科学院赵启南博士汇总形成了《奶山羊主导品种及体型外貌鉴定图册》，并交予中国农业出版社出版。

五、大会记事

2020 年 8 月 11—12 日，第五届中国西部畜牧业博览会暨奶山羊产业发展大会在陕西省杨凌示范区召开，会议期间举办奶山羊产业专题论坛。

2020 年 10 月 11—13 日，第十一届中国奶业大会暨 2020 中国奶业展览会在河北省石家庄市召开，其间由中国奶业协会奶水牛专业委员会和奶山羊专业委员会联合主办的第二届中国特色奶发展论坛成功召开，本届论坛的主题为“传承精华，守正创新，激发特色奶业发展新动能”，来自全国多所科研院校的专家、学者，养殖企业、乳品加工企业负责人 100 余人汇聚一堂，共同探讨特色奶产业的发展壮大之路。

2020 年 12 月 10 日，陕西省食品安全委员会办公室、陕西省市场监管局，在渭南市富平县启动全省婴幼儿配方羊乳粉质量提升行动，力争通过 5~10 年努力，将陕西婴幼儿配方羊乳粉打造成国际品牌。会上，陕西省婴幼儿配方羊乳粉生产企业签订了质量提升行动承诺书。

（西北农林科技大学，史怀平、李聪；山东农业大学，纪志宾；云南畜牧兽医科学院，李卫娟；陕西师范大学，刘永峰；内蒙古自治区农牧业科学院，赵启南；河南农业大学，许会芬）

国家奶牛产业技术体系 2020 年建设情况

国家奶牛产业技术体系（以下简称“奶牛体系”）建设依托单位是中国农业大学，李胜利教授为首席科学家。十三五期间，奶牛体系下设 32 位岗位科学家（128 名团队成员）、20 个综合试验站（80 名团队成员）；综合试验站涵盖 115 个示范县、200 个示范辐射牛场、345 名技术推广骨干。

2020 年，根据农业农村部部署安排，奶牛体系紧紧围绕奶牛高产高效生态养殖技术研究与集成示范、奶牛重要疾病防控关键技术研究与示范推广等主要体系任务，以及 2020 年重点任务等，全面落实推进各项工作。

一、总体情况

2020 年，奶牛体系在科学研究、服务产业、行业咨询方面等全面推进，引领奶业科技创新，推动产业提质增效。其中，取得新技术 14 项、新规程 4 项、新工艺 6 项、新设备 7 项、新产品 7 项、12 项行业和团体标准（报批）、13 项地方标准（获批）、计算机软件 8 项、专利 55 项、论文 294 篇（其中 SCI 55 篇）、著作 17 部，2 人入选国家级人才、2 人入选省部级人才，获得国家级奖励 1 项、省部级奖励 7 项，举办培训班 262 场，线下线上合计培训 60 000 多人次，推广主推品种 2 项，主推技术 52 项，进行各种技术咨询和应急服务 125 次。

二、重大关键问题技术攻关

（一）奶牛高效育种与快繁策略研究

高产奶牛繁殖障碍改善策略研究取得进展。研发了在热应激环境下奶牛和奶水牛同期发情 - 定时输精技术，优化了高温高湿环境下高产奶牛高效健康繁殖调控技术，有效缓解了高温高湿环境下高产奶牛受胎率快速下降的实际问题，热应激下高产成母牛情期受胎率从 28% 提高至 45%，配种率从 55% 提高至 100%，21 天情期受胎率提高约 10%。

（二）奶牛饲草料资源开发与优化配置研究

优质粗饲料开发与利用研究。提高全株玉米青贮添加水平，可缩短奶牛采食时间，降低采食频率及干物质采食量（DMI）；当添加量为 30 kg 时，奶牛饲料转化率和氮的利用效率得到提高，饲料成本降低，公斤奶饲料成本从 2.81 元降低到 2.34 元，每头中产奶牛每天收益增加 9 元。该技术可在奶源供过于求、进口饲料紧张等特殊时期使用。

非常规饲料开发利用。新鲜干麦秸草粉颗粒可用作泌乳奶牛日粮中性洗涤纤维（NDF）的来源，用其替代日粮中的部分苜蓿。随着新鲜干麦秸草粉颗粒替代浓度的增加，奶牛干物质采食量和奶中尿素氮浓度增加。对芝麻粕、玉米糖渣、芦苇、笋壳及中药渣等非常规饲料进行了开发与利用研究，发现芝麻粕替代棉粕可提高奶牛的采食量和产奶量，乳成分稳定，饲料成本降低，经济效益显著，可推广使用；TMR 日粮中添加玉米糖渣可降低饲料成本，增加产奶量，在低温季节可推广使用。

（三）奶牛营养代谢障碍发生机制与防控策略

奶牛产后 DMI 减少而营养需求量增加是导致围产期奶牛出现能量负平衡，诱发代谢疾病的关键因素。通过微生物群落移植技术将泌乳高峰期奶牛瘤胃微生物移植给新产奶牛，瘤胃液移植后显著影响新产牛瘤胃中参与氨基酸代谢、脂肪酸生物合成和嘌呤代谢途径的中间体水平，改变了瘤胃代谢产物浓度以及代谢模式，可提高产犊后 3 天、4~14 天的产奶量，加速了产后 DMI 的恢复。对建立新产奶牛营养代谢病防控策略提供了思路。

（四）“两病”净化工作有序推进

有序推进“两病”检测和净化。研制出检测牛奶及血清中布鲁氏杆菌抗体的快检产品——间接酶联免疫吸附试验（ELISA）、胶体金、实时荧光 PCR 试剂盒各 1 项，优化布鲁氏菌病荧光偏振抗体检测法，积极推进粗糙型布鲁氏菌疫苗 Ra343 申报工作。完善了“两病”免疫净化和非免疫净化的评估、考核、监督技术指标、流程与责任主体。与山东省联合率先开展奶牛场“两病”净化工作，并取得了显著成效。在国家奶牛产业技术体系综合试验站及辐射场率先启动“两病”净化场评估、验收、挂牌工作，对首批 21 个申报“两病”净化的奶牛体系试验站牧场、辐射牧场等 70 多位负责人进行了“两病”净化培训。

（五）奶牛疫病与牛奶化学风险物质检测技术国产化程度进展明显

奶牛疫病国产化检测技术水平提升。牛支原体环介导等温扩增检测试剂盒获一类新兽药证书；建立牛结节性皮肤病病毒 PCR 检测方法、牛支原体荧光定量 PCR 检测方法、牛病毒性腹泻病毒抗体快速检测技术、奶牛常见消化道病毒四重荧光定量 PCR 检测方法、腹泻相关大肠杆菌 PCR 分型方法、牛呼吸道病原 PCR 检测方案等。

建立国产兽药检测方法。制备出硝基呋喃类、氨基糖苷类等抗生素的单抗，开发上市庆大霉素和卡那霉素2种快检试纸条产品；研制出1种检测牛奶冻干粉中环丙沙星的参考物质；建立了牛奶中玉米赤霉醇类化合物残留检测方法，编制出《牛奶主要有害物残留防控技术规程》。

三、服务县域经济

（一）已开展的工作

落实科教司服务县域经济、支撑“一县一业”发展任务，重点支持内蒙古乌兰察布市集宁区和西藏拉萨城关区奶业发展。成立工作组和专家组，例如集宁区由集宁区人民政府区长担任组长，相关政府部门落实责任人，由集宁区农牧水利局牵头成立奶牛养殖、菌种研发、乳品生产三个技术指导小组，由国家和地方的指导小组协调合作，对龙头企业、种养大户、合作社开展技术培训、现场指导。制定《集宁区一县一业实施方案》，由李胜利、高民、王雅春、李盛钰等组成国家奶牛产业技术体系科技帮扶专家组全年开展2次技术对接和指导工作。

拉萨城关区以首席科学家李胜利为组长，依托奶牛产业技术体系和“金钥匙”技术服务联盟专家库成立技术服务专家组，《城关区一县一业实施方案》明确了具体任务分工，制定了考核指标，全年开展了3次技术对接和指导服务，开发推广奶牛高原病防控配套技术，推动和评估学生奶奶源基地建设和投产，推动了当地奶业的发展。

（二）取得的成效

1. 提升生产技术水平。落实“一县一业”工作方案，一方面开展了集宁区和当地龙头企业兰格格产业发展方向和产品战略咨询，推广奶牛差异化品种培育技术和优质生鲜乳营养调控技术，开展了现代化规模牧场建设规划方案咨询，为区内特色乳制品开发生产奠定了基础，集宁区规模化养殖场奶牛日产奶量由过去的22 kg提高到33 kg，达到国内领先水平；另一方面通过提高牧场全产业链科学管理水平，提效增产，保障优质生鲜乳的稳定生产，生鲜乳和乳制品抽检合格率达到99%以上。

2. 提升产业发展能力。落实国家领导人对拉萨地区奶牛品种引进的工作指示，以及农业农村部《2020年畜牧产业脱贫和援疆援藏行动方案》通知要求，李胜利教授承接落实了《高海拔地区奶牛适应性生产技术试验示范项目》，向西藏拉萨城关区引进100头三河牛，研发和推广多项高海拔地区不同品种奶牛饲养技术和高原病防控技术，丰富藏区奶牛品种资源，并随同畜牧兽医局领导考察了项目进展情况，目前各项技术正在实施中。

李胜利教授积极联络和推动中国奶业协会对西藏净土乳业有限公司学生奶奶源加工基地的认证，并作为中国奶协专家组成员对拉萨城关区学生奶奶源基地进行了评估。2020年6月11日，净土乳业成为西藏首个获得“中国学生饮用奶”标志使用许可的企业，学生奶走进了西藏拉萨城关区的82所中小学，6万多名学生喝上了本土的学生奶，加工厂的加工量也从4吨提升到30吨，带动了拉萨奶业的发展壮大。

3. 提升市场竞争力。国家奶牛产业技术体系与集宁区龙头企业兰格格合作开发了2种口感细腻、品质优良的益生菌发酵乳制品，并对其进行产业化推广，打破了国外企业对益生菌制剂和发酵剂的垄断，实现了行业自主创新，现已经成为中高端特色酸奶的代表，受到销售渠道和终端的高度认可；推动兰格格乳业4.2万t液态奶生产车间建成投产，扩大集宁区乳品产量，2020年销售额同比增长30.24%；集宁区举办了“第三届中国草原酸奶大会”大型文化宣传活动，帮助乳品企业开展品牌宣传，推动品牌价值提升，兰格格以品牌价值13.85亿元荣获2019内蒙古百强品牌，进一步夯实了当地草原酸奶之都的地位，奶业产业竞争力得到大幅提高。

（三）经验模式

“一县一业”样板工程需要政府支持，企业主导，现代农业产业技术体系全产业链技术支撑，是个需要持续推进的工程。依托“一县一业”创建工作，集宁区已形成“科技＋龙头企业＋合作社＋农户”稳定的科技联接机制。以兰格格乳业为例，在集宁区政府的推动和指导下，国家奶牛产业技术体系首席科学家、中国农业大学李胜利教授及其技术团队在兰格格乳业牧场推广优质生鲜乳营养调控技术，保障优质生鲜乳的稳定生产；内蒙古农业大学张和平教授及其技术团队与兰格格乳业合作开发功能性特色酸奶产品并进行产业化推广。兰格格乳业负责在各个技术团队的指导下，制定本企业原料采购标准和产品标准，利用上下游关联企业、合作社、农户的合作关系，实现原奶、饲料、青贮玉米等物资的顺畅流动；在合作模式上，兰格格乳业负责投资购买奶牛和经营管理，农户以土地为股本。截至2020年，察哈尔右翼前旗巴音镇和黄茂营乡36个村集体、208户已享受分红金额139.66万元，产业合力提升了合作社、农牧民的养殖水平和收入，推动了集宁区以酸奶为特色的奶业主导产业链的发展。

四、应急与咨询服务

（一）政策咨询和服务

2020年积极参与农业农村部举行的各种行业形势分析会议，配合农业农村部完成各种调研活动，向行业主管部门提供国内饲料资源利用情况、奶牛养殖情况、奶业发展现状和趋势以及国际贸易情况，为主管领导了解国内和国际奶业动态、把握全国局势提供了第一手资料和数据，深受领导好评。同时，奶牛体系办公室每月都整理分析奶业发展动态，增加了领导及公众对当前我国奶业形势的了解，加大了奶牛体系的宣传力度。

2020年完成了《牧场提质增效典型案例》《中国奶业发展报告》《农业产业基本情况调查问卷》《农业产业国际比较研究问卷》《“十四五”科技需求》《中国奶牛群体遗传改良计划（2021—2035）》《乳肉兼用

牛群体遗传改良计划（2021—2035）》《2020年奶牛种业发展报告》《2025年和2030年生鲜乳供需预测》《提高我国奶业自给率的分析》《宁夏奶业高质量发展科技支撑方案》《宁夏吴忠现代农业高新技术产业示范区建设发展规划和建设实施方案》《农业产业基本情况调查问卷》。

（二）应急性工作

1. 新冠肺炎疫情对奶业产业链各环节的影响和建议。在新冠肺炎发生期间，体系首席科学家组织岗位科学家和站长积极响应，提出疫情期间牛场应对措施。调研新冠肺炎疫情对奶牛产业的影响并形成《新冠疫情对奶业影响及应对措施》《疫情影响下全球奶业相关产业走势及对我国奶业的影响》《疫情形势好转时奶业面临的问题和稳定奶业生产的措施》《疫情对奶牛养殖业的冲击与建议》《当前畜禽产业稳产保供面临的严峻挑战与对策建议》《疫情防控期间奶及奶产品质量安全分析——坚决守住奶及奶产品质量安全底线为疫情防控保驾护航》，为决策咨询和精准监管提供支撑。

同时开展奶业金钥匙公益讲堂37次，组织专家开展线上技术服务，并通过网络直播平台等向整个行业进行宣传推广，为政府和行业决策提供了宝贵建议；开放国家奶牛产业技术网“奶牛日粮配方软件”，可免费注册，软件使用期间由营养专家提供指导服务和技术支持。

2. 其他应急。2020年2月，针对有毒的氯化石蜡可通过牛奶进入食物链舆情进行应急处理，分析上报《奶及奶制品中氯化石蜡来源、主要风险因子及监控建议》。2020年5月11日，针对郴州假奶粉事件中出现的“固体饮料冒充特医奶粉”，发布《湖南郴州假奶粉事件对奶业的影响分析报告》，向公众进行科学解读。针对由中亚传入我国的奶牛一类传染病奶牛皮肤结节病在我国的传入与流行状况，及时组织了牛皮肤结节病防治技术培训班，通过奶牛金钥匙公益讲堂进行科普。

五、科技扶贫工作

根据农业农村部脱贫攻坚工作部署和《农业农村部办公厅关于印发“三区三州”和定点扶贫县科技服务团及联络员名单的通知》（农办科〔2019〕15号）有关要求，奶牛体系重点组织相关岗位科学家开展西藏、新疆、甘肃地区的扶贫工作。建立了多种助农脱贫模式。

（一）项目帮扶脱贫

首席科学家李胜利教授承接落实了《高海拔地区奶牛适应性生产技术试验示范项目》，向西藏拉萨城关区引进100头三河牛，研发和推广多项高海拔地区不同品种奶牛饲养技术和高原病防控技术。韩鲁佳教授建立了中国农业大学西藏扎囊教授工作站，也是全国高校在西藏自治区设立的唯一教授工作站。2020年度，配合西藏自治区山南市有关部门继续开展规模化奶牛养殖场粪污肥料化利用工程实施。

（二）“一对一”脱贫

余雄教授等在新疆喀什地区建立“一对一”技术服务档案和服务专家库平台。对南达等5个奶牛养殖企业进行了全产业技术覆盖服务。养殖企业可在平台上发布需求信息，平台会根据问题和专家技术特长，指派专家解答或进行现场服务。

建立人员“一对一岗位培训”。在新疆呼图壁综合试验站和克拉玛依综合试验站设立了长期轮岗培训机制，将培训单位的技术员送到综合试验站进行轮岗培训。每个岗位培训时间不少于30天，改变了以往专家培训时间短的缺点。截至2020年累计培训贫困人员42人。

（三）企业带动扶贫

在燕山–太行山贫困地区，龙头企业伊利的拉动下，将奶牛产业作为脱贫攻坚的重要产业来抓，推行“托牛入场、以场带户”的精准扶贫新模式，启动“贫困户托牛入场→农民种植青贮卖给牧场→牧场售奶给乳企→牛粪制成有机肥→给青贮基地施肥”的运行机制，带动贫困户全面脱贫。宁夏吴忠地区建立奶公犊脱贫模式，养殖企业通过与规模奶牛场签订购牛协议来稳定奶公犊的来源，将3~6月龄、7~12月龄较易饲养管理阶段的公牛交由农户或合作社，进行13~18月龄育肥；签订回收协议，公司协助贷款并提供技术服务，带动红寺堡区100户建档立卡脱贫户脱贫致富。

（四）公益性技术服务

通过为贫困地区养殖企业提供科技帮扶和技术培训，拉动贫困户脱贫致富。通过现场指导和远程视频指导的方式，专家赴甘肃临夏回族自治州、宁夏西吉县、宁夏贺兰县洪广镇、新疆呼图壁县、西藏拉萨市、内蒙古乌兰察布市、黑龙江龙江县等地参与扶贫工作，指导牛羊养殖及疾病防治70多次，免费检测样品23 100余份，培训技术人员600多人次，为受训人员提供奶牛养殖合理用药与牧场科学管理、玉米青贮制作及营养配方、疾病诊断和合理用药、疫病防控、生物安全等方面的科技培训和指导。

六、对接服务企业

2020年，奶牛体系全面贯彻落实体系任务书，继续深入推进农业科技快速进村、入养殖场，采取现场指导、技术示范、座谈走访、小型培训以及大型培训班等多形式、多样化的培训方式，开展了奶牛场高级人才研修班、金钥匙现场示范会、奶牛金钥匙公益讲堂等培训活动。奶牛体系的32位岗位科学家和20个综合试验站2020年共计培训262场，培训岗位人员5 000余人次。

（一）依托“奶牛金钥匙”平台，对大型养殖企业进行现场“问诊”

2009年由农业部（现为农业农村部）奶业管理办公室和国家奶牛产业技术体系联合创建了奶牛“金钥匙”技术示范现场会。“金钥匙”以产业和技术需求为导向，通过政–产–学（研）–推的推广模式，推出适应不同学习对象的特色鲜明的四个推广培训模块，包括现场检测诊断示范、昼会技术报告、晚会技术沙龙、答疑解惑。

2020年受新冠肺炎疫情影响，适时调整服务模式，改为“线下金钥匙现场示范会＋线上金钥匙公益讲堂”相结合的模式，线下服务让专家有更多的时间沉到牧场，通过“望、闻、问、切”诊断各种类型的问题和根源，提出切实可行、有针对性、令其信服的解决方案；线上培训形式避免了人员聚集，受众面广，可以让更多的从业人员足不出户了解奶牛科学养殖技术。2020年线下金钥匙现场会共举办了10期，走访牧场25个，答疑解惑300多个问题；线上公益讲堂，每周直播1次，每次1.5h讲座，2020年已直播37次。

（二）为企业提供定制化跟踪服务

针对规模养殖企业技术需求，选派技术团队开展为期2~3天的专项牛场诊断评估，就双方关心的技术问题开展科研验证试验，后续持续跟踪问题解决和技术提升情况，解决大牧场生产成本较高、持续亏损等难题。2020年对接了现代牧业、燕塘乳业、天润乳业、呼图壁、得益乳业、圣牧高科、完达山、石埠乳业等奶牛生产企业。全年服务20场次，被服务企业单产每年提升300 kg以上，养殖效益明显提升。

（三）通过“现代奶牛场高级人才研修班”，实现牛场人员再教育

为解决奶牛场人才短缺的现实问题，2012年国家奶牛产业技术体系奶牛“金钥匙”技术专家团队创办了“现代奶牛场高级人才研修班”。按照“理论学习－牧场实践－案例教学－结业考核”模块式培训方式，已连续8年为中国奶业培养了职业场长和实用技术人才。2020年与君乐宝和蒙牛合作，举办两期“奶牛场高级人才研修班”培训，培训了106位场长及后备场长。

（四）产业化应用，提升企业品牌

与蒙牛乳业（集团）股份有限公司共同成立乳酸菌联合创新实验室，为蒙牛提供优质益生菌，开展“功能性益生菌的筛选及其临床功能分析研究”合作。对接服务企业宁夏塞尚乳业，持续提供奶油及浓缩乳蛋白（MPC）产品加工及应用技术支持。塞尚稀奶油产品全国市场占有率为12%，排名第二，仅次于雀巢；MPC产品全国市场占有率为20%，排名第一。塞尚两种产品在宁夏地区市场占有率均为100%。稀奶油和MPC系列产品销售分别达到1.2亿元和6000万元。育种研究室和加工研究室与海拉尔农牧场管理局谢尔塔拉农牧场合作，开展“新型奶酪加工关键技术和产品开发”，为三河牛奶量身定制生产奶酪的方案，三河牛奶酪在内蒙古绿博会一经面世，便受到消费者的普遍好评。

七、宣传报道

（一）定期发行奶业知识和形势分析，加强宣传

奶业经济研究室定期编辑和发行《中国奶业经济月刊》（12期）、《中国奶业贸易月刊》（12期）、《国际奶业市场动态周报（双周）（24期）、《中国奶业经济调查研究》，主要收集国内外奶业生产、加工及行业发展动态、奶业国际贸易、政策和趋势等相关信息，目前已成为农业农村部，各奶业优势省区主管领导、企业家和学者了解我国奶业和国际奶业发展、贸易情况的案头参考资料，受到政府、协会、企业界的广泛赞誉，电子版发行量逐期增加。另外，体系发行《体系简报》3期，传达最新奶业动态以及养殖技术。

2020年增加了网络直播平台，进行奶牛金钥匙公益讲堂直播，宣传奶业养殖技术和前沿科技，每周1次，每次1.5~2小时，2020年已直播37次，向公众分享了奶牛育种、营养、疾病防控、行为学方面的知识。通过微信公众号及单位网站、电视台、会议报告和文章发表等对体系进行宣传100多次。

（二）通过网络、微信、纸媒、电视节目进行宣传

一方面利用电视、纸媒等传统媒体进行体系培训等报道，另一方面继续利用国家奶牛产业技术体系、奶牛金钥匙、奶牛疾病120平台等新媒体公众号平台以及各岗位和试验站的地方宣传平台等开展工作和技术宣传及对外交流信息。

2020年2月21日借助奶牛体系产业经济研究室的荷斯坦网络直播平台，举办了“李胜利首席领衔牛人大咖剖析牧场面临十大挑战”在线论坛。在疫情严峻期间，论坛引发全行业广泛关注和强烈反响，参与学习互动人次达到6万多人次，今日头条刊发文章《疫情期间牧场面临哪些困难——李首席＆牛人分享超6万人次参与》，为当时处于疫情困境的奶牛养殖业指明方向。

李胜利首席参与录制宁夏广播电视台《黄河谣》节目，介绍宁夏奶业的过去、现在和将来，阐释了宁夏奶产业高质量发展水平，为黄河流域经济发展赋能。

优质乳单篇科普资料《中国奶业要在做强做优上下足功夫》在新华社客户端发表，阅读量138.2万人次以上，消费者对优质乳的认识更加深入，进一步扩大了优质乳品牌的影响力。

表 1　2020 年度国家奶牛产业技术体系人员名单

首席科学家：李胜利

国家奶牛产业技术研发中心人员：曹志军、杨敦启、王雅晶、姚琨、夏建民、都文

岗位科学家

研究室名称	岗位专家	岗位名称	所在单位
营养与饲料研究室	刘建新（主任）	泌乳生理与调控	浙江大学
	李胜利	泌乳牛饲养管理	中国农业大学
	李建国	营养需求与饲养标准	河北农业大学
	高　民	粗饲料资源开发与利用	内蒙古自治区农牧业科学院
	张永根	饲料营养价值评定	东北农业大学
	王中华	饲料安全监测	山东农业大学
	高腾云	奶牛环境营养	河南农业大学
	蒋永清	后备牛饲养管理	浙江省农业科学院
	赵国琦	饲料配制与工艺	扬州大学
疾病防控研究室	李建喜（主任）	传统中兽医兽药防治	中国农业科学院兰州畜牧与兽药研究所
	高明春	病毒性传染病防控	东北农业大学
	范伟兴	细菌性传染病防控	中国动物卫生与流行病学中心
	吴文学	奶牛场生物安全与综合防控	中国农业大学
	杨宏军	繁殖病防控	山东省农业科学院奶牛研究中心
	沈建忠	兽药残留检测	中国农业大学
生产与环境控制研究室	王加启（主任）	生鲜乳质量控制与安全检测	中国农业科学院北京畜牧兽医研究所
	施正香	牛舍设计与养殖装备	中国农业大学
	余　雄	环境控制与奶牛福利	新疆农业大学
	韩鲁佳	粪污处理与利用（肥料化）	中国农业大学
	沈维政	智能化养殖	沈阳农业大学
遗传改良研究室	张胜利（主任）	后裔测定与遗传评估	中国农业大学
	王雅春	育种规划与核心群建立	中国农业大学
	孟庆勇	育种技术与方法	中国农业大学
	史远刚	奶牛品种资源评价	宁夏大学
	杨利国	繁殖技术	华中农业大学
	朱化彬	胚胎工程	中国农科院畜牧所
	仲跻峰	良种扩繁与生产技术	山东农科院
加工研究室	张和平（主任）	乳酸菌及发酵乳加工	内蒙古农业大学
	张列兵	乳粉及液态奶加工	中国农业大学
	李盛钰	干酪加工	吉林省农业科学院农产品加工研究所
	郑楠	质量安全与营养品质评价	中国农业科学院北京畜牧兽医研究所
产业经济研究室	刘长全（主任）	产业经济	中国社会科学院农村发展研究所

表2　综合试验站

试验站名称	站长	所在省份	所在单位
哈尔滨综合试验站	张维银	黑龙江	黑龙江省奶业协会
齐齐哈尔综合试验站	王永信	黑龙江	黑龙江克东瑞信达原生态牧业股份有限公司
鞍山综合试验站	谢振全	辽宁	鞍山市恒利奶牛场
保定综合试验站	孙凤莉	河北	河北省畜牧兽医研究所
石家庄综合试验站	张新同	河北	河北省农林科学院
济南综合试验站	赵　鲲	山东	济南佳宝乳业有限公司
大同综合试验站	马腾	山西	牧同科技股份有限公司
呼图壁综合试验站	葛建军	新疆	新疆呼图壁种牛场有限公司
克拉玛依综合试验站	邹阿玲	新疆	克拉玛依绿成农业开发有限责任公司
西安综合试验站	党东河	陕西	西安现代农业综合开发总公司
银川综合试验站	赵国丽	宁夏	宁夏现代牛业工程技术研究中心
三元综合试验站	李锡智	北京	北京首农畜牧发展有限公司
延庆综合试验站	任师喜	北京	北京市归原农业生态有限公司
北辰综合试验站	于　静	天津	天津梦得集团有限公司
武清综合试验站	贾春涛	天津	天津市武清区海林养殖场
上海综合试验站	袁耀明	上海	光明牧业有限公司
伊利综合试验站	韩吉雨	内蒙古	内蒙古伊利实业集团股份有限公司
哈尔滨农垦综合试验站	甘文平	黑龙江	黑龙江省农垦科学院畜牧兽医研究所
大理综合试验站	张克强	云南	农业农村部环境保护科研监测所
拉萨综合试验站	尼玛穷达	西藏	西藏自治区拉萨市城关区净土农业发展有限公司

奶牛体系建设依托单位是中国农业大学，李胜利教授为首席科学家。奶牛体系岗位的设置综合考虑了成员的研究领域、知识层次、年龄结构以及奶牛场示范辐射效应，基本保证了我国奶业研究的主要大学和科研单位都有岗位科学家。优势产区设有试验站的布局，为构建国家奶牛科研与推广的产业技术体系打下了坚实基础。其主要机构及组成情况如下。

奶牛产业技术研发中心由6个功能研究室组成。每个功能研究室设研究室主任1名和岗位成员若干：遗传改良研究室（7名）、营养与饲料研究室（9名）、疾病防控研究室（6名）、生产与环境控制研究室（5名）、加工研究室（4名）、产业经济研究室（1名），共计32位岗位科学家和128名团队成员。

奶牛产业技术研发中心下设20个综合试验站，每个综合试验站设站长1名（80名团队成员）。综合试验站涵盖115个示范县、200个示范辐射牛场、345名技术推广骨干。

体系还设立了由体系首席科学家、岗位科学家和试验站站长代表共13人组成的执行专家组，以及由知名专家组成的咨询专家组（4人）和首席科学家办公室（6人）。

（国家奶牛产业技术体系首席科学家办公室，李胜利、姚　琨、夏建民、曹志军、郝　文）

2020年中国奶水牛产业及科技发展概况

中国为世界第三水牛大国，仅次于印度和巴基斯坦，目前水牛存栏2 347.2万头，占世界水牛总数的33.6%。中国本地水牛为沼泽型水牛，乳用性能低，主要以役用为主。自20世纪50年代中国开始引进摩拉、尼里拉菲、地中海等优秀河流型品种，并以提高生产性能为目标在南方地区开展本地水牛的杂交改良，中国水牛开始向乳肉兼用型家畜转变，资源优势逐步向经济优势有效转化。经过多年的发展，奶水牛产业已经成为我国南方18个省份畜牧业的重要组成部分。随着国家和地方政府对奶水牛发展的重视，消费者对优质乳制品认可程度的提升，吸引大量资金投向奶水牛全产业链的各个环节。因此，水牛鲜奶收购价格正逐步上涨，奶水牛养殖利润的增加，进一步刺激奶水牛养殖规模扩大，推动遗传育种与繁殖、营养调控、特优产品加工等方面的科技研发进展加快，乳品加工能力和产品研发水平持续提高，传统特色与创新创意产品不断涌现，奶水牛呈现出了全产业链蓬勃发展、多点开花的良好势头。

一、奶水牛产业发展

（一）政府关注和政策支持

2020年水牛作为乳肉兼用牛列入“国家（2020–2035）畜禽遗传改良计划”。2020年“十四五”全国奶业振兴规划，奶水牛列入南方代表省份奶畜重点支持对象。

（二）主要产区及养殖情况

我国奶水牛产区集中分布在广西、云南、广东、湖北、福建等地，此外，浙江、四川、湖南、贵州等省奶水牛存栏量也逐年增加。2020年，中国奶水牛的存栏量约为14万头，其中能繁母牛约为6.92万头，用于加工的水牛鲜奶总产量约为6.5万吨，占全国鲜奶产量的0.2%左右。与此同时，奶水牛产业正在从传统的散户粗放的养殖模式逐渐向养殖现代化、饲养标准化、品种良种化、防疫规范化的适度规模模式转换。

（三）市场发展及经济效益

2020年后疫情时期，健康品质消费深入人心，水牛奶以其稀缺性和功能性的优势，更能满足国内消费者日益强烈的“喝好奶”需求，因此在全国经济下行压力增大的形势下，水牛奶市场坚挺且逆流而上。其中广西作为产业发展的引领，2020年水牛奶加工产值达近50亿元，突破200%的年增长。北京、上海、贵州、湖南等投资基金和相关企业都纷纷聚焦水牛奶市场，寻找优质奶源。奶源的紧缺，促使生鲜水牛乳的收购价上涨至10~13元/kg。饲养一头产奶水牛，农户可获得直接经济收益2万~2.5万元，这进一步刺激奶水牛养殖规模扩大。家庭农场养殖存栏已从最初的1~2头发展到10~50头的规模，家庭年收益可达15万~60万元。

（四）奶水牛加工企业发展

2020年全国主要从事水牛奶加工的企业有20多家，其中全国奶业D20成员标杆企业——皇氏集团，充分发挥着产业引领带动作用。其主要产品有巴氏水牛奶、高温灭菌水牛奶、发酵风味水牛奶、奶酪以及双皮奶、姜撞奶等传统工艺产品，特色鲜明，高质量打造了奶水牛产业的核心竞争力，具有稳定高端乳制品市场。而随着产业链的不断延伸和全球牧业发展水平的提升，以皇氏为代表的乳企们正开始从单一的加工经营，向全产业链发展，规模化自营牧场、饲料供给基地等运营已逐步进入各企业的发展规划内。

二、奶水牛科技研发

（一）育种与扩繁

1. 奶水牛良种扩繁与品种培育。良种是影响奶水牛产业发展的根本，群体遗传改良及新品种（系）培育已经迫在眉睫。我国通过先后引进的印度摩拉水牛、巴基斯坦尼里拉菲水牛和意大利地中海水牛三个世界著名奶水牛品种，开展了多种杂交组合试验，通过级进杂交培育了诸多二元杂个体，也通过多品种杂交培育了三元杂和四元杂群体。2020年广西水牛研究所国家级水牛种畜场存栏良种水牛831头，其中摩拉水牛411头，尼里拉菲水牛269头，地中海水牛151头，年供种能力250头。

2. 奶水牛良种繁育体系逐步形成。当前，世界各国使用的奶水牛良种繁育体系仍是公牛后裔测定体系，即首先通过生产性能测定、遗传评定、良种登记组建高产核心群，选出优秀种公母牛，繁殖后备公牛，通过后裔测定选育出优秀种公牛，再通过人工授精技术实现奶水牛群体改良。虽然国内的奶水牛良种繁育体系仍不够完善，但相关科研单位、养殖企业和乳品加工厂已经在DHI测定、遗传评定等方面开展工作，逐步完善奶水牛良种繁育体系，并取得了初步成效。围绕奶水牛核心群开展工作，2020年进行良种水牛登记及系谱登记近964头，测定生产性能数据1 918头次，产奶记录信息1 500条。

（二）奶水牛繁殖生物技术

1. 水牛人工授精。利用高度敏感的LC-MS/MS结合泛素化肽的免疫亲和富集对水牛睾丸泛素组进行分析，鉴定了成年水牛睾丸赖氨酸泛素化的整体特征；利用液相色谱-质谱结合亲和纯化的方法，鉴定了294种蛋白质的647个磷酸化位点和446种蛋白质的1 063个泛素化位点；通过对我国现有部分意大利水牛公牛的精液品质分析、睾丸周径测量、精浆中的氧化应激水平检测和精子活力相关基因表达情况来探究影响精液质量的相关因素，为意大利水牛种公牛的筛选提供理论依据；通过电刺激采精器成功采得了广西富钟水牛的精液，其精子活力、解冻后活力都达到了可用范围；采集上海水牛成年公牛精液进行冷冻保存，原精活率平均高于50%、活力平均高于45%，冻精解冻后精子活率平均高于45%、活力平均高于40%；利用奶水牛X-性控冻精进行人工授精推广试验，选择1 115头母牛从夏季开始到冬季结束进行人工授精，平均受胎率49.78%、产仔率84.68%、母犊率89.15%，性控效果较好。

2. 水牛的卵母细胞成熟和胚胎发育调控及体外生产。探讨了连续活体采卵（OPU）对水牛卵母细胞质量的影响；创制了一种新型3D玻璃支架进行水牛卵母细胞成熟并检测了其对水牛卵母细胞成熟的潜在机制；研究发现了在水牛卵母细胞体外成熟添加颗粒细胞或骨髓间充质干细胞，能显著提高水牛卵母细胞体外成熟率和随后胚胎发育卵裂率及囊胚率；抑制PGF2α信号可有效提高水牛卵母细胞体外成熟质量与早期胚胎发育潜力；胚胎群体培养有助于胚胎发育，而WOW体系提高了OPU-IVF体外胚胎发育效率；揭示了早期孤雌生殖胚胎可能存在不规则的能量代谢模式；发现了季节对水牛卵母细胞发育能力有显著影响，可用于水牛体细胞核移植的研究；探讨了激光辅助孵化对新鲜和冻融体外受精囊胚的孵化能力影响。

（三）奶水牛营养科学与绿色饲养

1. 粗饲料资源开发与应用。粗饲料在水牛日粮中占据一半以上的份额，水牛需摄取自身体重5%~10%的粗饲料才能维持生长，大量采食粗饲料后，能够增加水的摄入量，起到缓冲瘤胃pH的作用，减少瘤胃酸中毒的风险并且促进反刍动物咀嚼和唾液分泌。因此准确反映水牛对不同粗饲料利用效果及优势，可降低饲养成本，并创造更多经济效益。

在动物生产中，水牛表现出比黄牛更高的粗饲料消化能力。在体外采用小麦秸秆作为粗饲料来源的情况下，水牛对干物质、ADF、NDF消化率和瘤胃内真菌数量等显著高于荷斯坦牛；在较低温度条件下，水牛比绵羊具有更高的粗饲料消化能力。在饲喂大量粗饲料稻草的情况下，水牛会具有较高的干物质、中性洗涤纤维、酸性洗涤纤维等的消化率。饲喂新鲜象草日均采食量、日增重和血清尿素氮水平均显著高于其他青贮象草饲粮组，背膘厚度显著低于青贮饲料组。甘蔗梢全混青贮质量稳定，饲喂效果与同等条件下甘蔗梢青贮加精料饲喂养基本一致，该技术有利于提高青贮质量及便于贮藏及运输，并提高饲喂效率。

2. 植物提取物开发与应用。我国畜牧业集约化和自动化程度不断提高，动物营养研究不断深入，饲料添加剂行业更是蒸蒸日上。然而，化学合成药物、激素和抗生素等一系列饲料添加剂滥用的恶果已经出现。化学添加剂和抗生素滥用已经成为制约畜牧业发展的因素之一，其结果是产生了耐药性及影响了反刍动物和人类健康。植物提取物具有抗菌、促生长、提高免疫力和抗氧化的特点，对反刍动物的瘤胃发酵、营养代谢以及生长繁殖方面有积极作用。2020年研究发现一些植物提取物可以提高饲料适口性，改善饲料消化率，降低粪便及肥料中的不良气味。同时也有研究表明，植物提取物具有调控甲烷产量，延缓蛋白质降解，改善瘤胃发酵的功能。近年来，植物提取物作为饲料添加剂，在反刍动物营养研究方面，主要在提高采食量和饲料消化率、抑制甲烷生产、提高过瘤胃蛋白数量、调控瘤胃脂肪酸发酵模式及改善产品品质上集中研发。

（四）奶水牛乳产品开发与质量安全控制

1. 水牛乳产品开发。水牛奶营养丰富，与普通牛奶相比，不仅蛋白质含量高，其乳脂肪、干物质及矿物质含量均较普通牛奶高，因此对其进行加工具有很高的经济价值。水牛奶优良的物料特性非常适合干酪的制作。科研人员研究掌握了水牛奶传统Mozzarella干酪成熟过程中蛋白质的水解规律；通过添加新筛选的益生菌菌株，结合单因素及响应面分析方法，探究最佳工艺参数，开发了一款适合中国人食用的切达型益生菌水牛奶干酪；研究发现了富含罗汉果提取物的益生菌水牛酸奶具有一定的抗氧化、血管紧张素转换酶抑制（ACE-I）和抗菌活性；添加1%的中国甜茶提取物的水牛酸奶，其抗氧化活性、抗高血压活性和抑制Caco-2细胞系的生物活性最高；发明了一种水牛乳β-酪蛋白抗氧化物的制备方法；除此之外，还开展了凝固型聚葡萄糖酸水牛奶、酵素清汁水牛奶酸菌饮料以及水牛奶果味奶昔、水牛奶再制干酪、传统姜撞奶等工艺研究。

2. 水牛奶质量安全与控制。水牛奶营养物质丰富，具有诸多优良特性，其市场价格远高于普通牛奶，但由于缺乏有效的检测方法，目前我国市售的水牛奶及其制品品质参差不齐，存在以价格较低的荷斯坦牛奶或其他奶源冒充水牛奶的现象。科研人员开展水牛奶及其奶制品掺入牛奶的快速检测方法研究，从多种方法中筛选出RP-HPLC成熟度高、准确性高、快速便捷且针对性强的方法，建立了水牛奶蛋白特征图谱1个，基于乳蛋白αs1-CN为普通牛奶特征成分的水牛奶掺入牛奶的高效液相色谱定性、定量检测方法1项。根据水牛奶与普通牛奶的品质差异，建立了基于水牛奶和普通牛奶基本成分的多元回归模型，获得生水牛奶掺入普通牛奶的定量检测方法1项。

（广西壮族自治区水牛研究所）

2020 年度国家牧草产业技术体系工作总结

一、总体情况

2020 年国家牧草产业技术体系在农业农村部各位领导和专家的指导下，持续围绕国家乡村振兴战略、农业供给侧结构性改革和脱贫攻坚战略部署，在新冠肺炎疫情防控常态化的形势下，本年度重点针对牧草产业重大科技需求开展研发攻关、集成示范与培训，加强牧草全产业链发展的重大科技创新工作，高质量完成体系的各项考核指标。现总结如下。

2020 年牧草体系获得审定新品种 13 个，形成牧草新技术、新规程、新材料、新工艺 65 套，研制新设备 3 套，开发草产品相关软件 75 项；获批发明专利 36 件、实用新型专利 93 件，制定技术标准 47 项，获得新品种登记和奖励 6 项，出版专著 19 部，发表论文 356 篇，牧草科技创新大幅度提升了草牧业科技水平，为我国牧草产业发展和“粮改饲”的实施提供了重要的科技引领和技术支撑。

（一）科研创新推动农业提质增效方面

1. 定位产区，培育新品种，解决产业急需。本体系紧紧围绕我国牧草“一带两区”对适宜牧草品种的重大科技需求，组织体系育种研究室及相关试验站顶层设计和联合攻关，不断取得新成果。2020 年育成了支撑不同区域牧草产业发展和“粮改饲”实施急需的一批优良牧草品种。在育成的高产早熟苜蓿新品系中，苜 10 号新品种，已完成国家区域试验第二年的试验，增产效果显著，预期将有效支撑黄淮海、华北、西北地区优质苜蓿产业的高质量发展；育成的歌纳、公农 6 号等苜蓿新品种，已由全国草品种审定委员会审定，未来将分别对新疆等西北地区以及广大东北地区的苜蓿产业发展提供新品种支撑；育成安第斯多花黑麦草、川西扁穗雀麦国审新品种 2 个，有力支撑西南地区饲草产业发展；此外，还审定了龙牧 1 号羊草、龙牧 7 号青贮玉米、冀饲 4 号小黑麦等一年生牧草新品种，对推进相应地区的“粮改饲”和草牧业发展提供了更为丰富的品种选择。

2. 集成创新高效种植模式，推进“粮改饲”饲草产业高质量发展。体系紧扣农业供给侧结构性改革，聚焦推动我国优质饲草产业发展的重大技术需求，组织全体系科技力量，规划产业布局，研究建立了适宜不同区域的饲草高产高效种植模式，为转型期区域农业产业结构调整及推动优质饲草产业的持续发展提供科技支撑。研发的青贮玉米 – 高丹草间作高产优质饲草生产模式，成为解决宁夏南部旱作区优质饲草缺乏瓶颈的重要技术；5 龄苜蓿 –1 年玉米轮作高产优质饲草生产模式，成为河西走廊灌溉区优质饲草可持续发展的重要技术；集成了“青贮玉米 + 饲用燕麦”水肥耦合模式 1 套；揭示了紫花苜蓿 – 青贮玉米草田轮作系统，苜蓿地可为后茬青贮玉米提供 150~225 N kg/hm^2，不施氮肥的情况下青贮玉米干物质产量达到 22.5 t/hm^2，实现了紫花苜蓿 – 青贮玉米轮作系统减肥节本增效。

在体系任务 CARS–34–01A：“粮改饲”轮作模式关键技术研究与示范的技术支撑下，体系全面推进全国畜牧总站“优质青粗饲料资源开发利用示范项目”的实施，完成饲草低成本饲喂家畜日粮配方 10 个，示范牧草产量提升间作 / 混播种植方案 7 个，牧草优质减损加工技术 4 套，获得 200 余份牧草产品营养数据，全面支撑农业农村部“粮改饲”项目的顺利实施。

（二）推动农业绿色发展和草原生态文明建设方面

牧草体系继续贯彻落实党的十九大关于推动绿色发展的精神，在天然草地推广应用人工种草和草地改良技术，草地恢复成效明显。完成 1 万亩严重退化草地的改良治理，鲜草产量达 2 100 kg/ 亩，为当地增加近 6 000t（折合青干草产量 0.6t/ 亩）优质青干草，同时大大减少了当地牲畜冷季掉膘死亡率，提高了退化草地生态、生产功能。体系研制的草原蝗虫绿色可持续防控技术在全国主要草原省份进行示范推广，金龟子绿僵菌与增效剂混用防治蝗虫技术的防效可达 90% 以上，快速、有效降低害虫虫口密度示范面积近 40 万亩，减少化学农药用量 12t，直接经济效益 360 万元；围绕蚜虫、蓟马等主要苜蓿害虫研制出“真菌 + 化学农药防治核心区”“真菌 + 次生代谢物”“真菌 + 生长调节剂防治扩散区”等“微生物 +”绿色防治模式，在河北、宁夏、新疆累计防治苜蓿蚜虫、蓟马 5 000 亩，挽回经济损失 100 万元。另外，南方山地土壤改良取得突破。在贵州兴义、云南保山、四川攀枝花开展草畜循环农业示范，以柱花草为纽带，在山地进行果园间作、耦合家畜饲养，果园土壤有机质从 0.3% 提高到 2.2%，微生态环境得到了显著改善，果品质量有所提升，推动山地农业持续发展。

牧草体系受邀作为九三中央参政议政部的技术支撑和产业咨询力量，在 2020 年继续在全国草原地区开展提高草原生产力和生态修复的科技支撑工作，共实施22个点，遍布全国草原牧区。利用体系研发的免耕补播技术，为草原生产力提升提供品种、配套机械等材料，在各地进行技术示范，每个地点建立200亩试验示范基地，示范推广草原生产力提升的苜蓿等牧草品种，免耕补播技术等，生产力提升2到3倍，草地质量提升50%以上，为国家草原生态文明建设和高质量发展提供了技术和政策咨询。

（三）促进农民增产增收方面

农民增产增收是“三农”协调发展的根基。2020年体系各岗位及试验站持续跟进科技成果转化及示范推广任务，建立示范基地，积极推广新品种、新技术、新机械，扩大辐射范围。同时依托示范基地开展科技服务，以线上或线下理论授课、专题讲座、座谈会等形式举办培训290场次，培训基层农业技术研究与推广人员、企业技术人员、种养大户32 732人次，发放培训资料12 227份，促进体系技术成果转化和农民增产增收，提高基层科技人员和农牧民的整体理论技术水平。

主推的“粮改饲”东北冷凉区适宜品种紫花苜蓿公农5号、青贮玉米金岭67号、燕麦白燕7号，平均增产18%以上，综合经济效益提高28%；加大对丰瑞德”红三叶、“艾丽斯”白三叶、甜象草、杂交狼尾草等优质品种示范应用，在四川宣汉、阆中、宁南等地区辐射带动种草养畜户602户，累积种植优质饲草23.03万亩。研发出适于牧区的混播草地高效生产与持续利用模式1套，示范面积1 000亩，种草收益提高8%，养畜收益提高6.4%。黄淮海平原饲草生产及粮改饲最佳种植模式——饲草小黑麦－青贮玉米复种栽培，兼具节水、节肥、省药，较冬小麦与夏玉米复种亩投入减少350元，亩效益增加400元以上，被列为河北省农业主推技术。体系在呼图壁示范小麦－苜蓿轮作模式700亩，净收益为1 116元/亩，效益较青贮玉米高出43.81%；在内蒙喀喇沁旗西桥镇示范推广“春小麦茬后复种饲用燕麦”2.2万余亩，草地平均亩产提高12.6%。在南方实施“光叶紫花苕与燕麦混播试验”，不同混播处理中燕麦的株高比单播提高5.75%~11.93%；不同混播处理中光叶紫花苕株高为85.74~91.42 cm；混播鲜草产量为73 181.41~87 822.21 kg/hm^2。混播干草产量比燕麦单播提高19.02%~45.18%，比光叶紫花苕单播提高86.37%~127.33%。

（四）助力脱贫攻坚方面

2020年是国家打赢脱贫攻坚战的决胜之年，也是国家脱贫攻坚实践的关键一年，牧草体系凝聚全体系之力，继续充分调动自身科技支撑优势，深入贫困地区开展牧草技术帮扶，成效显著。

1. 体系专家深入“三区三州”，科技帮扶助力脱贫。“三区三州”是我国西部国家集中连片困难地区，也是重点生态功能区，贫困程度深、致贫因素多、的扶贫战线长。2020年年初体系在四川专门召开“体系助力青藏高原地区脱贫攻坚研讨会”，部署决战脱贫攻坚中体系的重点任务及实施方案。受农业农村部畜牧业司委派，本体系病害防控岗位专家南志标院士、草田轮作岗位专家师尚礼、披碱草无芒雀麦品种改良岗位专家张博、德宏试验站站长薛世明、盐池试验站站长张蓉、石河子试验站站长马春晖、阿坝试验站站长白史且任脱贫攻坚挂牌督战县和部定点扶贫县的产业技术顾问组成员，于2020年继续深入到四川（布拖县、昭觉县、美姑县）、云南宁蒗县、甘肃（通渭县、岷县）、宁夏西吉县、新疆（皮山县、于田县、洛浦县、阿克陶县）“三区三州”脱贫攻坚第一线，以种草养畜科技支撑助力贫困地区脱贫致富。在新疆，累计开展科技服务和扶贫工作20次以上，培训基层技术人员61人次，培训种养大户65人次，农牧民190人次，发放相关技术服务资料和培训教程90份；在四川凉山、阿坝等地开展种草养畜、饲草高产栽培、饲草产品加工与利用、农机配套与高效生产等技术培训18次，培训基层农技人员和农牧民共计500余人次，为种养大户和企业提供技术咨询和指导10次；在西藏阿里、那曲和日喀则市，共示范优质牧草高产栽培技术25 000亩，带动农户731户，贫困户80户。

2. 建立新模式新机制，联合企业脱贫富民。在六盘山半阴湿区，苜蓿大多种植在坡耕地，受降雨多和机械短缺的影响，牧草难以及时收获加工，种草效益低下，难以支撑区域草畜对优质饲草需求。自2019年体系与固原市人民政府签订《国家牧草产业技术体系专家团队助力宁夏回族自治区固原市脱贫攻坚框架协议》，以“牛羊是最好的割草机”思路，对传统肉牛养殖企业军盛草畜专业合作社进行技术帮扶，指导企业按照“人工混播草地建植—夏秋季季节性放牧—冬春季圈舍补饲”的模式，较传统舍饲养殖成本实现利润提升50%以上，成为六盘山贫困区草畜一体化生产模式的示范样板，该项技术的模式被列入宁夏回族自治区“十四五”优质饲草发展实施方案。2020年体系不断探索科技扶贫新机制，实施了技术支撑龙头企业带动农户脱贫新模式，建立了优质苜蓿标准化生产技术示范区7 000亩和“中苜3号”苜蓿专业化种子生产示范区1 000亩，带动贫困户种植牧草的同时，在贫困村设立牧草收购点，给贫困村养殖户配送草产品每吨让利100元，降低农户养殖成本，使军盛草畜专业合作社成了宁夏六盘山贫困区牧草产业发展的排头兵，助推了六盘山区科技精准脱贫致富。

体系在“科技＋企业＋农户”经营模式初见成效的基础上，2020年继续针对国家级贫困县吉林通榆县襄平村开展扶贫，依托企业完成区域适宜牧草良种筛选试验并推广示范，包括紫花苜蓿3万亩，青贮玉米2.5万亩，燕麦4万亩，小黑麦0.5万亩，为企业产业扶贫项目出谋划策。围绕河北省燕山、太行山贫困区精准扶贫的产业技术需求，与企业、合作社等联合开展种草养羊产业扶贫实践，出栏肉羊纯收益平均每只增加175元，示范企业和合作社累计出栏肉羊5万只，实现总增收870余万元，使带动的农户户均纯收入增加12 000余元，人均纯收入增加4 300余元；在阳原县、崇礼区、献县、海兴县、饶阳县、威县等国家级贫困县累计示范面积9万余亩、家畜1 5000余头（只），实现纯增收7 700余万元；与此同时体系开展技术培训、技术咨询等活动13场次，服务农民、农技人员等1 300余人次。

（五）支持政府决策方面

依托体系科技支撑，积极向国家及地方政府建言献策，为政府部门在草原生态文明建设及草牧业发展方面的决策和政策制定提供科学依据，凸显了牧草产业技术体系在推进农业现代化建设和发展方面的重要作用。

1. 积极向国家等部门提交建议，科技助推产业建设和发展。

（1）牧草体系作为九三中央草原生态文明建设的技术和决策咨询依托力量，经过2年的试验示范，在体系草原地区综合试验站的配合下，将体系研发的成果广泛用于九三中央提交的重大政策建议，促进我国草原生态文明建设和高质量发展。

（2）体系提出"变控制草原载畜量为控制家禽采食"的观点，被《人民日报内参》采用；此外，"关于调整'围栏禁牧'实施的建议"发表到《人民日报内参》，并得到胡春华副总理的肯定性批示。

（3）体系委托产业经济岗位调研并撰写的《汲取疫情教训，科学布局保障农产品供应》发表到《人民日报内参》，获胡春华副总理批示。

（4）受农业农村部委托，为加快现代饲草产业建设，促进饲草产业中长期持续健康发展，体系研讨并撰写提交了《饲草产业中长期规划》和《饲草种业"十四五"发展研究报告》。

（5）针对2020年年初爆发的境外沙漠蝗，体系协助制定了《沙漠蝗及国内蝗虫监测防控预案》，向科技部、农业农村部、国家林草局提交了《沙漠蝗入侵我国风险分析及对策》，并以专报形式进行广泛宣传。

2. 为地方政府出谋划策，推动草牧业高质量发展。

（1）体系撰写完成有关宁夏固原地区草畜产业发展现状、问题及对策建议的调研报告1份，对固原市政府制定草畜产业"十四五"规划提供了强有力的科技支撑。

（2）向河北省政府提交了1份《关于推进河北省饲草产业高质量发展的建议》，为更好地推进河北省牧草产业发展提供了政策支撑，为促进草牧业的持续健康发展提供了科学决策。

（3）体系受通榆县政府委托，起草《通榆县包拉温都草地生态规划》1篇，为当地草地生态建设提供科技引领。

（4）撰写《进一步充实完善草原生态保护措施专题协商报告》1份，并提交内蒙古政协。

二、重大关键问题技术攻关进展亮点

（一）重大创新突破

1. 紫花苜蓿重要性状基因资源挖掘与新品种选育成功。育成紫花苜蓿新品种公农6号。该品种具有根蘖、抗寒、高产等特点，适宜中国东北三省及内蒙古东部地区种植，为半干旱地区退化草地补播改良提供了优良的苜蓿品种资源。育成适宜黄淮海地区种植的高产早熟苜蓿新品系中苜10号（已完成国家区域试验第二年的试验），河北廊坊品种三年比较试验表明，新品系比对照品种中苜2号增产10.4%~13.5%。申请农业农村部植物新品种保护权1项。创制耐盐、高产、抗虫、抗寒苜蓿新种质15份。利用全基因组关联分析的方法发掘出与苜蓿产量显著相关的SNP位点3个、花期显著相关的SNP位点1个、耐盐性显著相关的SNP位点5个。分离克隆与苜蓿品质、抗性等相关功能基因6个。申请发明专利3项。此外育成的紫花苜蓿新品种中苜4号、中苜5号、公农1号、公农5号、龙牧801、龙牧803、新牧4号等新品种分别在黄淮海地区及东北地区新疆等地进行了大面积的推广应用，对于我国奶牛等草食畜牧业的发展发挥了积极的技术支撑作用。

2."粮改饲"轮作模式关键技术与示范取得重大突破。完善和细化了玉米种植分布区划，更新了"粮改饲"配套的适宜草种资源信息；制定了基于高分卫星、无人机的华北农牧交错区、河西地区"粮改饲"草地生产力整体评价体系与苜蓿各茬次产量动态监测技术模式。累计筛选出东北寒旱区、华北各地、西南地区、西北地区青贮玉米品种51个、苜蓿等其他牧草品种87个，制定不同区域"粮改饲"轮作生产技术规程4个，申报地方生产技术规程4个，授权专利7项、申请专利4项，计算机软件著作权7项，新申请相关地方标准4项，建立典型"粮改饲"品种及技术模式示范面积12.8万亩，提出各区域种植制度与栽培模式23套，配套种植、收获、加工及转化利用技术体系6套。其中，西北地区"苜蓿＋鸭茅＋无芒雀麦"混播放牧利用模式，每4至6亩草地牧养安格斯肉牛1头，投入减少30%以上，综合效益提高30%以上；青贮玉米复种饲用小黑麦模式较传统冬小麦－夏玉米复种模式，饲草增产21%，水分利用效率提高12.6%，节肥节药20%以上；华北地区紫花苜蓿夏季套作青贮玉米，一次性混收混贮利用技术模式，饲草增产23.5%，综合经济效益提高26.8%，土地当量比达1.46以上；青贮玉米－高丹草间作模式土地当量比达1.2，相对饲喂价值比单作提高了17.41%；山西吕梁、朔州、大同饲用玉米与拉巴豆、秣食豆、饲用黑豆间作混贮模式，饲草增产10%；内蒙古西部苜蓿－青贮玉米轮作倒茬模式，综合效益提高17%，土地当量比达1.3；西南地区多花黑麦草轮作青贮玉米，皇草或青贮玉米复种小黑麦，饲草产量增加15.6%，综合效益提高21.5%。为农区构建草田轮作种植体系、实现牧草产业高质量发展提供了技术支撑。

3. 退化草原免耕补播修复技术取得突破。体系联合九三学社中央草原生态文明建设试点项目，针对我国不同类型的退化草地，研制了退化草原植被免耕补播修复技术，包括筛选适宜补播物种应具有中性或正植物－土壤反馈特征，草地空斑补播"豆小禾大"原则以及补播后亚顶级群落以留茬高度为指标的中度利用管理模式，并在此基础上提出退化草原植被免耕补播修复技术框架模型。发明了用于免耕补播的倒“T”型开沟器，突破了补播后土壤水分散失及原生植物对补播种苗生长影响的技术瓶颈，极大地提高了免耕补播种苗的成活率。依据天然草地退化、沙化、盐渍化的分级指标，围绕补播草种选择、补播机械、补播技术和播后管理与利用，制定了不同退化程度草原免耕补播技术规程1项。这项技术为全国退化草原植被生态修复提供了理论和技术支撑，对我国草原生态文明建设具有重要意义。

4. 研制了专用牧草免耕补播机和苜蓿种子收获机械新产品。针对退化草原改良施肥补播的实际需要，进一步优化了9BM-3.0型牧草免耕补播改良机的性能，实现了开沟、播种、覆土、镇压的联合复式作业，并编写了《牧草免耕施肥混播机械化技术规程》，并完成了农业农村部农业机械推广鉴定。针对豆科牧草种子机械化收获的技术难题，优化设计了DX-2.0型苜蓿种子联合收获机，田间试验表明，该机优化效果良好，各收获指标均有明显提升。同时，DBY2.0-A型北斗云智能一体机和DBY2.0-B型北斗云智能一体机，还取得了内蒙古农牧业机械工业协会的农牧业机械定型鉴定证书。

5. 编制草牧业有关技术规范标准6套。我国草牧业的高质量发展离不开技术支撑。因此，本体系在凝练总结体系近10年的研究成果基础上，起草制定技术规范6项，包括苜蓿型混播草地建植与利用技术规范、三叶草型栽培草地建植与利用技术规范、草饲家畜生产规范、草饲畜产品－牛肉羊肉、栽培草地机械化免耕建植作业技术规范、栽培草地家畜优化配置技术规范。这些技术规程的制定与实施，将为进一步完善标准体系，促进产业转型升级，助力畜牧业产业链条高质量发展起到重要的推动作用。

（二）体系重点任务完成情况

1. CARS-34-01A：“粮改饲”轮作模式关键技术研究与示范。

年度考核指标：

（1）“粮改饲”生态布局与产业规划政策建议1份；“粮改饲”适宜牧草品种信息库1个。

（2）每个区筛选出适宜的饲用作物品种3~5个，建立适宜本区域且数据信息完备的粮食作物与饲草作物配套种植制度或模式1~2套。

（3）每个区域建立标志性或典型“粮改饲”种植模式配套饲草种植、收获加工及转化利用技术体系1~2套。

（4）制定不同区域“粮改饲”轮作生产技术规程3~5个，申请专利3~5项。

（5）建立典型“粮改饲”品种及技术模式示范面积5万亩，综合效益提高20%以上。

（6）提出饲草种子活力形成与劣变原因，增加饲草种子产量10%以上。

任务完成情况：

（1）完善和细化了玉米种植分布区划，更新“粮改饲”适宜草种资源信息；制定基于高分卫星、无人机的华北农牧交错区、河西地区“粮改饲”草地生产力评价体系与苜蓿产量动态监测技术模式2套；建立海南“粮改饲”草种资源信息库。

（2）新收集青贮玉米品种资源20份、苜蓿40份、饲用燕麦30份。筛选出东北寒旱区青贮玉米品种8个、其他饲草26个；华北青贮玉米品种15个、其他饲草16个；西南地区青贮玉米品种11个、其他饲草23个；西北地区青贮玉米品种17个、其他饲草22个。建立适宜粮食作物与饲草作物种植制度与栽培模式24套，其中东北地区1套、华北4套、南方地区13套、西北地区6套。

（3）各区域建立典型“粮改饲”配套种植、收获加工及转化利用技术体系6套、牧草青贮技术5项。提出苜蓿地上、地下病害发生规律与地上病害防治策略；筛选苜蓿蓟马综合防控技术体系1套、苜蓿地下害虫综合防控技术体系1套；苜蓿田间毒杂草管理技术1套。建立主要饲草产品霉菌及霉菌毒素的前端控制技术；明确西南高温高湿地区优选乳酸菌对青贮品质的影响及有氧稳定性机理；研究了公路沉降对青贮玉米表层重金属的贡献影响。

（4）制定不同区域“粮改饲”轮作生产技术规程4个，申报地方生产技术规程4个，授权专利7项、申请专利4项，计算机软件著作权7项。制定河北“粮改饲”饲草生产技术规程2个；发布重庆地区“粮改饲”技术规程2个。申请了黑麦草相关地方标准2项；“饲谷2号”种子繁育技术规程地方标准报批稿；完善冀饲3号饲用小黑麦栽培技术规程1项；提出机械化作业技术规程1套。

（5）建立典型“粮改饲”品种及技术模式示范面积12.8万亩，其中东北1.95万亩、华北3.95万亩、西南地区2.53万亩、西北地区4.49万亩，综合效益提高20%以上。饲用小黑麦－青贮玉米复种模式生物产量、经济效益高于传统冬小麦－夏玉米复种模式，水分利用效率提高12.6%，节肥20%以上。苜蓿蓟马综合防控示范面积0.2万亩，防效达70%以上。

（6）在甘肃酒泉开展行距与地下滴灌苜蓿种子生产试验，示范种子田面积达1 500亩，种子产量增加10%以上。

2. CARS-34-02A：饲草规模化高效生产及利用关键技术研究与示范。

年度考核指标：

（1）制定华北苜蓿混合干草优质高效生产技术规程1套；制定东北羊草优质高效生产技术规程1套；制定东北苜蓿混合青贮技术规程1套；研发饲草型颗粒饲料配方、产品和工艺（绒毛羊、奶牛）各1套。

（2）制定披碱草干草分级标准1个，狼尾草青贮分级标准1个，成型草产品质量标准1个；生产示范披碱草干草二级以上比例50%以上，披碱草、狼尾草青贮贮成率 90% 以上，优质率 50% 以上。

（3）明确各区域建植放牧型栽培草地的适宜草种 3~6 个；制定各区域多年生混播草地建植与管理利用技术规程各 1 套；制定各区域多年生混播草地生产力维持调控技术 5~8 套。

（4）制定草饲型畜产品质量标准 3 套；新建苜蓿、羊草、披碱草、狼尾草等主要牧草干草和青贮示范总面积共 3 万亩；新建放牧型多年生混播草地总面积共 1 万亩。

任务完成情况：

（1）制定适合华北地区单播和混合苜蓿干草优质高效生产技术规程各 1 套；制定羊草优质高效生产技术 1 项；以高丹草和紫花苜蓿为原料，研制了东北苜蓿混合青贮技术规程 1 套；研发秸秆型、牧草型 TMR 颗粒饲料配方 5 个，配套专用 TMR 颗粒日粮饲喂技术 1 套。

（2）研制了高丹草和紫花苜蓿混合青贮技术 1 项；制定了《杂交狼尾草青贮分级质量标准》技术规范；制定成型草产品加工技术标准 1 个；生产示范披碱草干草二级以上 60%，贮成率 90% 以上，优质率 85% 以上。

（3）培育出 2 个青藏高原适生草种“环湖”毛稃羊茅和“环湖”寒生羊茅；明确各区域建植放牧型栽培草地的适宜草种 16 个，其中西南地区 5 个，华北地区 6 个，东北地区 5 个；各区域制定多年生混播草地建植与管理利用技术规程 5 套，其中北方半干旱区 2 套，西南区 2 套，西北地区 1 套。制定西南区多年生混播草地建植与管理利用技术规程 1 套；制定不同区域多年生混播草地生产力维持调控技术 5 套，其中东北地区 1 套，华北地区 1 套，西南地区 2 套，西北地区 1 套。

（4）苜蓿、羊草、披碱草、狼尾草等主要牧草干草和青贮示范总面积为 11.79 万亩，其中东北地区示范 0.75 万亩，华北地区 6.3 万亩，西北地区 0.54 万亩，西南地区 3.2 万亩。新建放牧型多年生混播草地总面积共 1.07 万亩，其中东北地区 500 亩，华北地区 464 亩，华中地区 2800 亩，西南地区 6700 亩，青藏高原 320 亩。

（5）调查明确了内蒙古、东北三省和长江经济带 11 省份的人工草地资源与利用现状；提出基于无人机高光谱遥感的栽培苜蓿关键营养成分快速监测方法。

（6）提出东北牧草规模化种植区苜蓿病害综合防治策略 1 套；申报《苜蓿品种抗蓟马评价技术规程》和《燕麦田蚜虫监测技术规程》行业标准各 1 项；在全国畜牧总站的指导下，撰写《紫花苜蓿重大病虫害和杂草防控技术方案》和《羊草重大病虫害防控技术方案》。

（三）数据库建设工作完成情况

2020 年度，牧草体系在原有基础上进一步充实完善了各数据库的建设工作，并按照相关要求进行了数据搜集和录入（表 1）。

1. 产业技术研发中心。主要负责统筹安排全国牧草产业基础数据的收集录入工作。经汇总整理，本年度新录入牧草产业技术国内外研究进展数据 279 条；牧草产业全国省以上立项的科技项目数据 66 条；牧草产业全国从事研发的人员数据 138 条；牧草产业主要仪器设备数据 65 条；其他主产国牧草产业技术研发机构数据 4 条；草原法律法规数据 6 条。

2. 遗传改良研究室。重点开展牧草种质资源和种子生产信息的收集整理工作，2020 年度共获取牧草种质资源数据 302 条，牧草品种或品系数据 39 条，牧草基因数据 41 条，牧草种子生产及经营企业数据 39 条，已对应录入相关数据库。

3. 栽培与土肥研究室。在以往研究的基础之上，2020 年度收集了四川、山东、内蒙古、宁夏等地的土样进行测定，完善牧草生产区土壤肥力、施肥与肥料企业数据库，共增加数据 115 条；继续完善牧草主产区气候数据库及草地管理数据库，2020 年收集整理了全国多个气象站点降水量、气温、地温、日照时数、最高温度、最低温度、0℃积温、10℃积温及蒸发量等数据 47 条；草地生产力与资源数据库、牧草栽培模式数据库以及饲用植物营养价值数据库新增条数分别为 447 条、38 434 条和 144 条。

4. 病虫草害防控研究室。在原有基础上进一步完善了草地病虫害发生与防控数据库，包括不同种类牧草的病害名称、病原、病害图片、发病规律、防控措施及药剂生产企业，草地害虫名称及其拉丁学名、形态特征、照片、主要危害牧草等数据，共增加 20 条数据量；另外，杂草种类与防除数据库新增数据量 62 条。

5. 机械化研究室。在原数据库基础上，进一步更新完善了牧草栽培、收获与加工机械数据库。通过多条途径，广泛搜集不同类型的播种机、储运机械、干草收获机械、耕整机械、青贮设备与机械、饲草加工机械、田间管理机械和种子机械的适用地形、动力类型、外形尺寸、生产企业及其地址等信息，并增加 43 条数据量；另外，牧草机械化作业典型案视频数据库 2020 年新增 8 条数据。

6. 加工利用研究室。在已有数据的基础上，完善各地区草产品与加工企业数据库的建设，包括草产品的茬次、营养成分、干草分级及加工企业等，为草产品与加工企业数据库增加数据 10 条；通过对多个地区奶牛、肉牛、羊、蛋鸡、肉鸡、猪和兔广泛深入的调查取样，获取了品种，代谢能、粗蛋白、Ca、P 等畜禽需求量，日粮配方，采食量，消化率等数据，为加工利用研究室建立的食草畜禽营养参数技术档案数据库奠定了基础，并增加数据 71 条。

7. 产业经济研究室。2020 年度获得四川、陕西、宁夏、山西、新疆、山东、内蒙古、河北、黑龙江、云南、江苏和湖北等省份牧草产业发展固定监测点牧草种植成本收益基础数据 3 600 条；收集了 2020 年各月份我国燕麦草、苜蓿干草等草产品及紫花苜蓿种子、羊茅种子、黑麦草种子等草种子进出口贸易量和贸易额，为草产品价格与进出口贸易基础数据库新增数据 1 190 条；牧草产业生产资料数据库录入各地区种植者牧草生产资料，包括种植牧草品种、面积产量、牧草利用方式、

表 1　数据库建设工作完成情况

负责机构	数据库名称	2011—2019 年数据量	2020 年新增数据量	现有数据量
产业技术研发中心	牧草产业技术国内外研究进展数据库	2 936	279	3 215
	牧草产业全国省以上立项的科技项目数据库	864	66	930
	牧草产业全国从事研发的人员数据库	1150	138	1 288
	牧草产业主要仪器设备数据库	1431	65	1 496
	其他主产国牧草产业技术研发机构数据库	99	4	103
	草原法律法规数据库	69	6	75
遗传改良研究室	牧草种质资源数据库	4 124	302	4 426
	牧草品种或品系数据库	796	39	835
	牧草基因数据库	549	41	590
	牧草种子生产及经营企业数据库	376	39	415
栽培与土肥研究室	草地生产力与资源数据库	947	115	1 062
	牧草栽培模式数据库	965	47	1 012
	饲用植物营养价值数据库	3 841	447	4 288
	牧草主产区气候数据库及草地管理数据库	181 227	38 434	186 466
	牧草主产区土壤肥力、施肥与肥料企业数据库	7 511	144	7 655
病虫草害防控研究室	草地病虫害发生与防控数据库	448	20	468
	草地杂草种类与防除数据库	228	62	290
机械化研究室	牧草栽培、收获与加工机械数据库	1 144	43	1 187
	牧草机械化作业典型案例视频数据库	79	8	87
加工利用研究室	草产品与加工企业数据库	412	10	422
	食草畜禽营养参数技术档案数据库	629	71	700
产业经济研究室	牧草种植成本收益基础数据库	145 737	3 600	149 337
	草产品价格与进出口贸易基础数据库	7 380	1 190	8 570
	牧草产业生产资料数据库	44 929	1 200	46 129

种子用量、底肥追肥用量及成本、灌溉浇水用量及成本等信息，2020 年新增 1 200 条数据。

三、服务县域经济进展亮点

（一）宁夏回族自治区固原市原州区

1. 已开展的工作。2020 年，体系认真落实农业农村部关于“打造一批‘一县一业’示范样板”的精神，依托体系科技、人才等资源优势，促进原州区草畜产业的高质量发展。

（1）组织专家开展原州区牧草产业调研。针对原州区草畜产业发展的技术需求，体系组织专家开展草畜融合调研，提出原州区“十四五”草畜产业发展模式和路径，形成《固原市种草养畜产业发展调研报告》。

（2）依托龙头企业建立牧草科技示范区。体系在福建融侨集团原州区养殖基地，建立优质高产牧草科技示范区 542 亩，重点示范饲用燕麦、饲用高粱和青贮玉米，推广“青贮玉米 + 饲用高粱”间作混贮模式、放牧型混播草地建植及利用模式。体系专家指导宁夏荟峰农副产品有限公司开展种子田建植、病虫害防治、切叶蜂授粉等关键技术示范，建立苜蓿种子生产示范区 1 000 亩。

（3）开展混播草地种植生产机械化技术应用。结合对原州区苜蓿种植生产的调研情况，进行苜蓿切根补播施肥一体化的研发应用。

（4）提升原州区牧草大数据服务平台。体系指导“六盘山牧草大数据服务平台”建设，拓展“原州区牧草大统计服务平台 2.0”，完善牧草栽培、病虫害防治系统，增加自动化识别、预警服务等功能。

（5）举办“一县一业”服务原州区牧草产业发展推进会。体系组织 26 位专家召开“一县一业”原州区牧草产业发展推进会。针对产业部门、龙头企业、合作社的技术需求进行解疑和技术指导，并提出建设性意见。

2. 取得的成效。

（1）提升生产技术水平。优质饲草高效生产示范区饲用高粱青贮产量达 8.6t/ 亩，青贮玉米间作饲用高粱模式干草产量达 1 960kg/ 亩。放牧型混播草地建植及利用示范区为打造现代草畜一体化的养殖模式提供了重要途径。在苜蓿种子生产示范区推广示范精量播种技术、自走指针式喷灌水肥一体化技术、杂草防控和病虫害防治技术，种子田出苗达 90% 以上，病虫害防效 90% 以上。

（2）提升产业发展能力。筛选出适宜品种及高效生产技术，突破宁南半干旱山区大规模旱地苜蓿人工草地（3 000 亩以上）一次建植难以成功的瓶颈，提升优质苜蓿的产业化和规模化发展潜能，建立区域牧草品种多元化体系；形成肉牛高端舍饲养殖的新模式；在区内首次创新性提出南部山区放牧型混播草地建植与控制性放牧技术体系，具有显著的生态效益、经济效益、社会效益，推动草畜产业健康快速发展。

（3）提升品牌市场竞争力。为宁夏荟峰和福建融侨集团提供技术支持，打造了六盘山草畜一体化生产品牌，构建支撑原州区“一县一业”的现代草牧业新体系。

3. 经验模式。本体系采用联合高校、科研院所、地方产业部门、龙头企业的研发、示范、推广运行机制，实现产学研用高度融合和创新发展。例如在宁夏泾源县军盛草畜专业合作社开展了放牧型人工混播草地建植与利用模式研究，建立了放牧舍饲相结合的种养一体化高效养殖模式。经测算草地利用年限可达 5~8 年，干草产量每年可达 500kg/ 亩，较传统舍饲养殖利润提升 50% 以上。该成果 2020 年已被宁夏回族自治区农业农村厅列入全区饲草产业结构优化调整实施方案。

4. 下一步工作打算。

（1）进一步加强牧草科技示范区建设。严格落实示范区各项技术措施，计划组织相关部门、专家现场观摩和综合评价。

（2）进一步落实“一县一业”服务活动。围绕“一县一业”重点内容，体系专家积极沟通合作，将各项服务工作落在实处。

（3）开展技术培训。组织体系专家针对原州区基层专业技术人员、企业和专业合作社技术骨干、种养大户，举办技术培训及现场观摩。

（二）内蒙古赤峰市阿鲁科尔沁旗

1. 已开展的工作。在阿鲁科尔沁旗成立国家牧草产业技术体系服务县域经济支撑“一县一业”发展领导小组，重点以代表牧草产业化的龙头企业内蒙古绿田园农业有限责任公司，以及代表种养结合的农户呼日勒巴特尔为主要服务对象，通过产学研紧密对接，有序落实目标任务。

（1）谋划“一县一业”草牧业发展总体规划。本体系参与制定《赤峰市饲草产业发展实施方案（2020—2022）》；评审阿鲁科尔沁旗高产优质苜蓿实施方案、阿鲁科尔沁旗草牧业试点实施方案及作业设计。

（2）协助建立体系成果转移转化中心。建立核心示范区 40 亩，引进抗寒高产新品种 31 个；重点支撑龙头企业“绿田园农业”并协助“赤峰地森农牧”等 4 家企业，集体系科技力量打造现代化草产业示范区，累计建立示范基地 7 160 亩，通过实地指导、电话咨询等形式对企业在湖羊养殖、混播草地放牧利用等方面开展技术指导；体系在种养大户建立绿色种养示范区 690 亩，引进混播草地放牧、牧刈轮换利用等关键技术，建立放牧型人工草地 100 亩，通过实地指导、培训等方式助力牧户增产致富。

2. 取得的成效。

（1）提升生产技术水平。培育与引进牧草品种应用面积覆盖率达 90% 以上，草地苜蓿干草稳定在 850~1 100kg/ 亩，解决主栽品种盲目选择的问题；放牧型人工草地示范区草产量提高 10% 以上，每亩增收 100 元以上；建植、病虫害防控等多项技术使干草蛋白含量提升 2%~5%，越冬率提升 25%。

（2）提升产业发展能力。体系参与谋划该旗草牧业发展总体规划，为产业发展布局、转型方向等建言献策，以保障产业可持续发展；通过在龙头企业建立现代化草产业示范区，以点带面逐步提升全产业发展水平；通过栽培、加工与利用技术创新，在自然资源整合、政府引导推动、财政与金融及社会资本扶持、龙头企业与合作社及农户利益联动的条件下，助推阿旗牧草产业转型升级。

（3）提升市场竞争力。通过本体系的相关技术，使苜蓿干草、青贮品质提升 2% 以上，并逐步实现品质分级，实现优质优价，提高市场竞争力。通过智力扶持龙头企业“绿田园农业（Green Pasture）• 草原原生态‘苜蓿湖羊’高端品牌羊肉”品牌创建，典型种养大户在优质混播人工草地上生产优质放牧牛羊肉等途径，提升该区域草产品及畜产品的综合实力。

3. 经验模式。“体系成果转移转化中心 + 地方政府 + 龙头企业 + 种养大户”模式。阿旗百万亩牧草产业由于发展面积过快，以往很多技术不适宜该区域条件，造成品种选择不当、越冬管理盲目等诸多问题。在此背景下“体系成果转移转化中心 + 地方政府 + 龙头企业 + 种养大户”模式应运而生，即依托本体系赤峰试验站建立成果转移转化中心，使科学试验、成果示范直接在主产区开展，并能快速应用于生产；在地方政府的扶持和全领域渠道的推广中得以将各项工作顺利、快速开展；龙头企业使本体系各项成果得以打包落地，从产前、产中、产后全方位示范；种养大户为产业转型升级、草畜结合、乡村振兴提供典型样板，从而助推区域草牧业发展样本的形成。

4. 下一步工作打算。根据该旗“十四五”发展规划目标及科技需求，进一步加强规模化草产品生产力提升示范区建设和绿色种养草牧业示范区建设。计划召开体系服务县域经济高层论坛专题会议1次。加大培训力度，计划培训农牧民300人次以上。围绕“一县一业”服务阿旗牧草产业发展的重点内容，继续将本体系成果进行示范，创新地方品牌，将成型的模式进行复制、推广，助推阿旗牧草产业高质量发展。

四、应急与咨询服务工作亮点

（一）应急工作

1. 积极投身新冠肺炎疫情防控阻击战，及时关注疫情对区域牧草产业发展的影响，为特殊时期产业发展建言献策。疫情导致牧草调运受影响，针对牧草供应端产品积压、需求端饲草缺乏的问题，本体系协助牧草生产企业与养殖场对接，引导牧草生产企业及时销售库存、调节饲草供需矛盾。本体系对生产恢复动力做出正确评估，制定复工复产方案，为尽快恢复各区域产业提供建议。

2. 加强沙漠蝗及国内蝗虫监测预警与防治。自2020年年初以来，针对沙漠蝗持续爆发态势，按照农业农村部、科技部、国家林业和草原局指示，体系组织专家成立沙漠蝗监测与防控联合科技攻关队伍，并撰写《关于非洲蝗灾潜在风险分析及应对建议》，上报科技部和相关部委，并协助农业农村部、国家林业和草原局完成《沙漠蝗及国内蝗虫监测防控预案》，6月以来，针对内蒙古锡林郭勒盟、呼伦贝尔市等地草原蝗虫灾害严重发生，体系组织专家，对蝗灾发生地点开展了灾情调查，并向国家林业和草原局草原司提交了《关于加强草原蝗虫监测预警与防治工作的建议》的请示报告。

3. 对多种灾害做出积极响应策略。体系针对黑龙东兴草业基地因连续强降雨导致的苜蓿地长期积水，现场指导排涝保苗工作；针对四川资阳出现的“春旱夏涝”，开展牧草耐旱生产、高大禾草减肥抗倒栽培等技术服务；通过开展保水栽培技术示范、协调借调灌溉设施等措施，确保四川阆中市3 000余亩饲草顺利度过春旱；针对田园牧歌公司赤峰分部暴发小光壳叶斑病，实地开展病害调查、药剂防治试验，提出防治措施。

（二）咨询服务

本体系协助各级政府、业务部门开展生产调研，参与完成多地项目规划及“十四五”草业发展的单项和总体规划。根据中共中央十九届五中全会的指示精神，新时代为满足人民日益增长的美好生活需求所必需的优质安全草食畜产品，需加快现代饲草产业建设，促进饲草产业中长期持续健康发展，受农业农村部委托，体系牵头完成吧《现代饲草产业中长期发展规划》的设计撰写，在2020年1月、6月、7月、10月通过多次视频会议、座谈等方式广泛咨询相关专家、企业家和主管部门负责人意见，经研讨完善后将《饲草产业中长期规划》报告提交农业农村部畜牧兽医局。此外，体系还参与农业农村部种业管理司《饲草种业“十四五”发展研究报告》的编写，撰写了《我国饲用燕麦产业发展现状及存在的问题和建议》。

体系与新疆老科协、甘肃农业大学等科研院所合作，开展我国西北省区草种产业建设与发展现状调研，形成《关于在我国西部六省区建设国家草种专业化生产带的建议》，体系专家还承担了《青海省“十四五”草种质资源保护规划（2021—2025）》的编写工作。

五、科技扶贫工作亮点

2020年是脱贫攻坚的决胜之年，本体系大力推进科技助力产业扶贫相关工作，依托科技与人才优势在“三区三州”、定点扶贫县、挂牌督战县及其他国家级贫困县区等开展了卓有成效的科技扶贫工作。

甘肃省。本体系专家作为脱贫攻坚挂牌督战县和部定点扶贫县产业技术顾问组成员，参加通渭县调研对接活动，了解草牧业相关技术服务需求，制定针对性的科技服务计划，重点与通渭县西北部7个乡镇开展合作与技术服务；在定西市安定区推广栽培饲草种植技术和“放牧+补饲”的养殖模式，技术应用后农业净收入提高1 072元/人，全区饲草生产净收入达到2 000元/人，增加值7.65亿元，人均牧业可支配收入达2 705元。

西藏自治区。本体系在日喀则江孜县建植“甜燕麦+箭筈豌豆”高产栽培示范区400亩，带动辐射53户256人，总创收32万元；在噶尔县辐射示范0.91万亩优质人工草地示范田，亩产值300元；为拉孜县提供8个适应性较强的燕麦和紫花苜蓿品种，建立人工饲草料示范区900亩，并持续提供栽培技术和田间管理指导；与北京建藏援藏工作者协会合作，先后到八宿、江达等县向农牧民捐赠高原捡拾车2 000台。

四川省。本体系专家多次深入“三区三州”的凉山州美姑县等深度贫困县，累计培养和对接科技示范户120余户，培训农牧民5 000余人次，建立示范基地2 000亩；为壤塘县布康木达村配送燕麦种子2t，指导贫困户开展卧圈种草100亩，生产燕麦鲜草约150t。

云南省。本体系专家多次赴云南省迪庆州香格里拉市等地开展服务“三区三州”扶贫工作，2次赴云南省丽江市宁蒗县开展农业农村部服务挂牌督战县扶贫工作，累计带动1 038户（其中建档立卡贫困户70户）通过发展养殖产业实现增收，户均增收2 300元，同时向周边村特困农户提供长期就业岗位30多个，解决农村剩余劳动力就业810人。

新疆南疆四地州。本体系在和田、阿克苏等南疆深度贫困地区推广优质牧草品种6个，发放良种5t，推广苜蓿节水灌溉饲草生产田2 500亩，苏丹草饲草生产田1 000亩，示范推广青贮玉米等高产优质饲料作物及高产栽培技术2万余亩，青贮饲料产量每亩达10t以上，每亩增收1 000多元。

宁夏回族自治区。本体系在原州区开展技术支撑龙头企业带动农户脱贫新模式，带动贫困户种植牧草，同时在贫困村设立牧草收购点，给贫困村养殖户每吨让利100元，降低农户养殖成本。

青海省。本体系专家先后3次到青海省泽库县开展对接活动，对饲草品种选择与种植利用实施科技精准帮扶，筛选出适合泽库西部种植的饲用燕麦品种5个，干草产量提高20%以上，每亩增收150元以上，为解决冬春饲草不足的问题提供科技支撑。

河北省。本体系在阳原县、崇礼区等国家级贫困县开展林－草－畜循环生产技术、草畜结合技术等示范，累计面积9万余亩、家畜1.5万余头（只），实现纯增收7 700万余元，同时开展技术培训等活动13场次，服务农民、农技人员1 300余人次。

六、对接服务企业工作亮点

2020年，本体系与20个省（自治区、直辖市）及国外共计171个公司对接，在技术、人员、项目指导方面提供了有力支撑，帮助企业提升技术水平、解决难题、提高竞争力。

对接方式主要有四种。一是紧密开展一体化技术示范，本体系将牧草的种植、收获、加工利用技术一体化打包，共建优质草种、草产品种植基地与加工生产线，更好示范新品种新技术。为黄骅市“丰茂盛园农业”优化提升草颗粒研发及中试车间，全年生产优质苜蓿草颗粒饲料产量达12 000t，净利润超过180万元。在“内蒙古绿田园”引进紫花苜蓿施肥推荐系统和生物肥料，共建立示范田1 410亩。在瑞志种植专业合作社示范饲草新品种、全程机械化高效栽培等技术，饲草增产20%以上，减肥32.5%~37.5%。在朔州市“金土地农牧”建立示范基地，开展老旧苜蓿地轮作燕麦生产等技术示范，初步解决了牧草在提质增效、节本增效、丰产增效方面存在的重大技术难题。为河北容城绿硕农产品专业合作社提供中苜系列新品种及根瘤菌、测土配方施肥、杂草防控等配套栽培技术，播种当年收获青贮4次，亩产达3 500kg左右，亩产值达2 100元左右。协助杨柳青公司牧草品质检测实验室建设与检测培训。

二是定期到企业进行技术指导，及时发现问题、解决问题。为牧场建立“牧草测土配方施肥技术＋饲草种质资源引进评价＋新品种高产栽培＋沼液灌溉技术”方案，破解养殖过程中牛粪造成的面源污染难题，实现资源最大化利用。参加企业栽培技术论证会，指导企业申报“三农”领域补短板、科技重大专项计划等项目，促进企业自强发展。为牧场提供草地放牧技术，指导健康养殖，探索草业发展经济与生态共赢途径与模式。

三是解决企业难题，挽回经济损失。体系为田园牧歌公司在赤峰的5万亩苜蓿田解决了小光壳叶斑病难题，使每亩增收134元，仅此一项措施就使毛利润增加520万元。在“杨柳青”开展疫情影响调研与指导，协调解决“草业企业有草出不去，奶牛场无草吃”的问题。

四是建立长期合作机制，在合作过程中将新理念、新品种、新技术、新模式在企业落地生根。本体系和鑫农机械有限公司共同研发的机械装备有效推动了我国饲草料产品的高效生产，填补了我国草地改良机械的大量空白。体系成果实现成功“出口”，为亚洲世骏农牧业有限公司在马达加斯加草畜生产提供支撑。针对牧草种子短缺的情况，体系遗传改良研究室采用走出去和引进来的措施，将“长江2号”多花黑麦草授权转让给北京猛犸种业，在欧美国家异地繁种，从而降低种子成本。

七、重要机制创新

本体系发挥岗站联动机制，推进牧草产业产前、产中、产后环节的岗站联合攻关任务。在“土－草－畜”层面，与肉羊体系、奶牛体系、绿肥体系等开展合作工作。同时以体系工作为纽带，与地方行业主管部门、专业科研机构建立协作机制，创新服务地方草产业发展模式。

（一）体系内岗站协作

本体系按照全国布局，稳步推进不同维度的联合攻关任务（重点任务）。同时各区域内岗位专家与试验站长针对本区域和岗站任务布局开展了不同层面的岗站协作工作。比如遥感监测与智能管理岗位以草牧业信息化建设及推广应用为出发点，与青藏高原牧草栽培岗位、青藏高原牧草育种岗位等开展栽培苜蓿水肥调控信息化技术应用的讨论。干草调制贮藏岗位联合鄂尔多斯站在达拉特旗开展苜蓿干草收获、调制加工利用技术研发，联合乌兰察布站针对旱作苜蓿的收储技术开展研究。牧区混播栽培岗位围绕我国南北方野生饲草资源的差异，联合青贮技术岗位开展南北方野生优质饲草资源挖掘及利用。毒杂草防控岗位、乌兰察布站等本着早谋划、早行动的原则，召开岗站“十四五”规划研讨会。

（二）体系间工作交流

在国家现代农业产业技术体系构架下，充分挖掘牧草功能，积极推进牧草体系与其他相关体系的合作与交流。本体系与奶牛体系、肉羊体系和肉牛牦牛体系在河南、内蒙古等地进行饲养试验，开展草畜结合相关工作，联合肉牛牦牛体系在西南地区开展农牧民实用技术培训，联合谷子高粱体系有关岗站开展一年生牧草草谷子调制加工试验，联合绿肥体系进行牧草绿肥资源评价筛选。

（三）体系外联合协作

结合国家与区域产业发展需求，本体系积极推进与行业相关部门的对接合作。受国家林业和草原局草原管理司委托，开展长江经济带草地生态保护对策研究，形成《长江经济带草地生态保护与经济发展研究报告》，明确草地作为长江经济带“生态安全屏障”“山区生计保障”的战略定位，提出将生态产业做实、草畜产业做强、草旅康养做优的思路，为恢复和提高区域草地生态功能与生产能力提供支撑和参考。体系与甘肃省林草局草原站、庆阳市畜牧局、定西市畜牧兽医局、天祝县政府就“十四五”规划中草牧业发展及信息化建设进行座谈，提出了以科技为支撑、以信息化管理为手段，使草牧业生产管理向网络化、智能化、精细化、生态化发展。

八、宣传报道情况

2020年度本体系在引领行业发展、服务县域经济、国家重大事件应急保障和科技扶贫方面的工作，在中央电视台、新华社和科技日报社等中央媒体报道了22次，省市媒体报道了75次，累计报道97次。

本体系网站“中国牧草产业网”（http://www.forage.org.cn/）和微信公众号“草牧经”迎来正式运营的第五年。网站、微信同步推送体系新闻动态、体系专家风采、牧草生产技术等图文信息，共计183条。同时，继续扩大微信群“中国牧草技术交流研讨群”成员人数，微信群包括科学研究人员、生产上游服务相关企业人员、生产企业及生产合作社人员等，2020年已达416人。为生产者、企业与科研工作者相互之间的交流提供了方便，有利于行业信息共享。2020年度通过全方位、多途径线上、线下平台推广牧草体系相关研究进展与成果，实现了有效的宣传和互动。

典型和突出案例如下：

2020年2月17日，国外蝗灾暴发，本体系岗位科学家及时发声，展示体系研发的生物农药成果，用科学知识缓解恐慌、打破谣言，《科技日报》《农民日报》等多家媒体对比作了报道。2020年8月30日，CCTV17邀请本体系岗位科学家张泽华研究员做了“漫谈飞蝗”的专访。

2020年2月28日，《科技日报》报道，牧草体系岗位科学家针对企业春播面临的问题，开展远程技术服务，并整理汇编技术资料发送给相关企业，助推种植养殖企业逐步恢复生产，防疫春耕“两不误”。

2020年6月8日，“人民网”报道，牧草体系呼伦贝尔站站长将北方的40多个优质燕麦新品种引进乌蒙山区推广种植，燕麦种子产量突破300kg/亩。

2020年8月5日，《中国绿色时报》发表了本体系沧州站站长的文章：《河北牧草产业：从挑战中寻找发展机遇》。

2020年9月23日，体系首席科学家牵头在固原市原州区组织召开固原市草畜产业发展高层论坛，宁夏新闻联播、宁夏新闻网和固原日报等平台对论坛活动作了报道。

2020年10月15日，新华社在题为《生态保护与牧民增收如何实现“双赢”？》的报道中，介绍了本体系草地改良岗位团队的研究成果。

2020年10月21日，新华网报道了体系石河子站马春晖团队在霍城县开展的技术培训。

2020年10月25—27日，本体系组织的第八届（2020）全国草产业高质量发展大会在甘肃省庆阳市环县召开，人民网、澎湃新闻等新媒体对会议进行报道。

2020年11月13日，《经济日报·中国县域经济报》报道了由中国农业机械流通协会主办的草产业技术装备论坛，牧草体系、奶牛体系、肉牛牦牛体系专家及多家装备企业共同参与，共商草产业农机装备发展。

九、存在问题和明年工作计划

（一）存在问题

1. 任务方面。受疫情影响，2020年度计划开展的集中技术示范工作、科技扶贫和技术指导、学术会议等活动未能完全实施。

本体系在成果推广和转化方面稍有不足，部分研究和基层联系不够紧密。

国产品种种子产业化问题突出，适合不同饲草种类、地域特点的专业化种子扩繁技术体系不完善，实际生产中的品种几乎被国外垄断。

2. 交流合作方面。本体系重点任务由多岗站共同参与，部分信息收集较慢，重点任务的聚焦力度不够，岗站和岗岗协作机制仍需强化；与地方管理部门、高校的联系仍存在不足，对当地草业发展的方向缺少把控，产学研整合力度需要加强。

3. 经费方面。受疫情影响，各岗站经费减少、下拨较迟，部分任务开展受阻。体系试验站每年承担大量试验、区域示范、日常运转等，尤其是随着物价、劳动力成本的增长，出现经费紧张的情况。

4. 团队建设方面。新疆、西藏等地草原面积大，但草业科技人员严重缺乏，特别是缺乏高级专业技术人才，当地试验站研究基础相对薄弱，工作效率较低。

5. 扶贫方面。科技扶贫机制需要进一步创新，部分岗站的科技脱贫侧重于提供品种推荐、技术和机械推广等，与地方政府重点脱贫工程的多元化需求存在差距。

6. 宣传报道方面。部分试验站虽然开展工作较多，但宣传报道较少。

（二）明年工作计划

1. 任务方面。在继续开展相关合同任务的研究工作基础上，夯实“十三五”以来的研发成果，收集整理产业发展中的问题，结合各领域、各区域发展现状及国内外前沿，理清“十四五”工作任务与研究方向。积极参与“粮改饲”等项目实施，主动提供技术支撑，加强研发成果支撑政府工作与产业发展的力度。集成“十三五”期间关键技术，加快成果转化应用。

2. 交流合作方面。体系内加强同一区域岗站间衔接，强化不同领域专家合作水平、扩大合作范围；体系间加强与其他畜禽体系合作，推进草畜结合、种养结合，促进草产业和畜禽养殖业全面发展和转型升级；体系外加强与地方政府及企业合作，推动体系与县域经济、乡村产业、龙头企业融合。

3. 扶贫方面。巩固拓展脱贫攻坚成果，加强对脱贫地区技术升级改造，创新帮扶机制；积极开展科技服务和乡村振兴战略服务，让成果惠及农牧民，实现绿色发展、增产增收。

4. 宣传方面。继续完善体系网站、微信公众号运营；进一步加强对体系工作，特别是相关试验站的宣传力度，拓展宣传渠道，及时进行体系各项活动、技术的宣传。

5. 经费方面。继续严格按照国家项目经费管理办法执行，合理有效地使用科研经费。

6. 其他方面。抓好团队建设和人才培养，提升团队创新水平；完成各项应急性任务和突发事件的应急处理；强化技术培训和技术指导水平，加强基层与种养企业技术人员培训。

（国家牧草产业技术体系首席科学家，张英俊）

2020年度国家优质乳工程进展

2020年度，国家奶业科技创新联盟（以下简称“奶业联盟”）继续在优质乳的技术引领、标准引领、品质引领、品牌引领上下功夫。在技术引领上，首次全面科学解析了优质乳中功能活性因子应对新冠肺炎的作用机理，证实了优质乳提升机体健康功能的作用，另外在标准、品质、品牌的引领上，都进一步扩大了优质乳品牌的影响力。

一、科技创新进展情况

（1）掌握核心技术，率先研发制定高质量发展标准，在产业上形成强大凝聚力。

面对2020年新冠肺炎疫情，奶业联盟首次科学解析了牛奶如何在全球新冠肺炎疫情大流行中维持人体稳态调节作用，为新冠肺炎疫情全球大流行期间及后疫情时代家庭、医院健康膳食提供重要的参考及指导。核心技术已经构建“饲料－养殖－加工－品控－产品－宣传营销”等全产业链无缝对接的高质量发展标准26项，推动12项标准的制定。优质生乳－绿色低碳工艺－优质乳产品一体化技术，从2016年仅有2家乳制品企业应用，到2020年全国25个省份58家乳制品企业应用示范。依靠技术创新，始终引领奶业发展方向，形成强大凝聚力。

（2）标准技术应用到奶业全产业链，显著提升国产奶业应对进口冲击的核心竞争力。

示范企业应用标准技术体系，使国产优质巴氏杀菌乳的乳铁蛋白含量从2017年的10.4mg/L，提高到2019年的39.1 mg/L，是进口产品的8.3倍。国产奶业正在从传统的依靠变换花色品种和过度广告包装的同质化竞争，向提升内在品质转变，从根本上提升了国内企业应对进口奶的核心竞争力。“优质奶产自本土奶”的理念已经成为奶业振兴的共识。

（3）标准技术体系被评为优秀技术成果，消费者认识更加深入。

2020年9月，在江西南昌举办的国家级大院大所产业技术进江西智能峰会上，优质乳标准化技术被组委会遴选为4项优秀技术成果之一，并进行展示。消费者对优质乳的认识更加深入。

二、支撑产业（区域、行业）发展

优质乳工程研发了生鲜奶用途分级、低碳加工工艺和优质奶产品评价3项核心技术。截至2020年11月，已经较广泛地在全国相关企业示范应用，充分挖掘了本土奶源的鲜活优势。通过原料奶质量提升、分级利用和绿色低碳加工技术应用，使国产优质巴氏杀菌乳的乳铁蛋白含量大幅度提升，而且加工1吨液态奶减少水耗、电耗和气耗135.6元。光明乳业、长富乳业、新希望乳业、现代牧业、中垦乳业、燕塘乳业、卫岗乳业、花花牛乳业等一批优质乳示范企业面对进口冲击，不等不靠，开发出深受消费者喜爱的优质奶产品，形成了强大的市场竞争力，为推动奶业供给侧结构性改革闯出了一条优质绿色之路。

三、宣传推广取得初步成效

2020年以来，示范企业积极宣传优质乳工程，举办优质乳工程品牌现场与媒体宣讲会308次，开展线上线下科普教育16 787次，发放资料703.8万册，参加现场科普的消费者达294.2万人次，线上线下访问交流人数达4 413万人次。各级各类媒体对联盟优质乳工程的报道近9 000条，其中发布报刊新闻133篇、发布网站新闻8 264篇、发布公众号新闻688篇。奶业联盟理事长王加启于2020年11月以《中国奶业要在做强做优上下足功夫》为标题在新华社客户端发表文章，文中指出立足“优质奶产自本土奶”的科学理念，优质乳工程技术在全国已经得到认可，阅读量达138.2万人次，形成了广泛的影响力。

（国家奶业科技创新联盟，王加启、郑楠、张养东）

奶业：疫情中的三点思考

一、发展奶业有助于减少疫情风险

疫情发生与食物消费方式密不可分。我国2003年发生“非典”疫情，还有2004年、2005年、2006年、2007年、2008年、2009年、2013年、2014年、2015年、2016年、2017年、2018年、2019年、2020年的14次禽流感疫情，表面上看，既涉及非法食用野生动物，也涉及家养动物，归根结底是一个“吃”字，问题的本质是食物消费方式。

相对分离的食物消费方式可以减少疫情风险。食物消费方式有两类：一类是食物生产后直接消费，生产环境与消费环境混合在一起；另一类是在食物消费之前进行必要的简洁加工，食物生产环境与消费环境之间相对分离。相对分离的食物消费方式是人类社会文明进步的重要标志之一，也是有效避免直接消费活体动物，减少人类疫情风险的健康消费方式。

发展奶业是建立相对分离食物消费方式的引导力量，有助于减少疫情风险。据FAO统计数据，2017年全球人均每天牛奶蛋白摄入量为8.5克，是人类最多的单一动物蛋白来源。在食物系统中，奶业产业链长、产品不易贮存，而且投资大、硬件要求高、回报周期长，相对其他食物生产难度更大。但是人类对优质蛋白和美好生活的不懈追求，不仅成就了奶业，更升华了人类自身。奶业发展与奶产品消费必须经过种植、养殖、加工，最后进入商超，才能到消费者手中。在奶业的带动下，食物生产与食物消费环境相对分离，无论城市还是农村，用于食物消费的超市、商店和便利店逐渐发展，尤其是冷链条件日趋完善，对其他食物消费方式的转变起到了重要引导示范作用，不仅仅成为整个食物链健康消费方式的引领者，还在一定程度上减少了人类直接购买和消费活体动物类食物引发的疫情风险。

二、发展奶业有助于构建绿色农业体系

“粮猪”结构的农业体系作用重大，但是也有不足之处。种一季庄稼，有50%的生物产量转化为籽实，作为粮食用于口粮与饲料粮，但是还有50%的生物产量转化为秸秆，难以利用。一块土地上，拿走50%的粮食，废弃50%的秸秆，或者再用更多的能耗去处理秸秆，年复一年，这就是“粮猪”结构农业生产的基本状况。

发展奶业可以弥补“粮猪”结构的不足。奶牛等反刍动物，拥有特殊的瘤胃，能够大量充分利用整株植物资源，比如全株玉米青贮饲料、苜蓿青贮饲料，利用的就是整个植株，是全部的生物产量。奶牛养殖需要的牧草不适宜远距离运输，必须就近种植，而且需要禾本科与豆科合理搭配种植，所以在整个农业生产中，奶牛与土地结合最紧密，融为一体，一块土地，产出的生物量全部为奶牛食用，生产出人类需要的牛奶，留下优质的肥料肥田。因此，奶业生产，是名副其实的高效节粮型畜牧业。

发展奶业是维护农业多元化，构建绿色农业体系的重要途径。发达国家的奶业产值一般占整个农业产值的20%左右，英国达到40%，我国仅2%左右。20世纪70年代，欧共体通过联合国粮食计划署实施了很著名的对第三世界牛奶援助项目，依然值得我们思考。当时的欧共体国家，牛奶都大量过剩了，还要倒贴钱援助给第三世界国家，这些国家为什么还要发展奶业？一个原因是保持一定比例的奶业，可以避免形成过度依赖“粮猪”的农业生产结构，更有利于保持农业生产的多元化，更有利于维护整个农业的生态融合，一是维护养殖业与种植业的融合，二是维护种植业中禾本科植物与豆科植物的融合。豆科植物，不应该被冷落，她的可持续发展价值，需要更多重视。

因此，让奶业在整个农业系统中发展到合适的比例，可以减轻养猪生产的压力，是推动绿色农业体系构建的重要途径。

三、发展奶业有助于强壮整个民族

奶瓶子里装的是国家富强的基础和希望。牛奶是大自然赐予人类最接近完美的食物，素有“白色血液”的美誉，是除母乳之外，婴幼儿的第一口粮。因此，奶瓶子里装的不仅仅是一种普通食品，而是每个婴幼儿早期生命最脆弱时的“守护神”，是健康中国和强壮民族的担当，是对子孙后代的责任，也是国家富强的基础和希望。

许多国家把发展奶业作为提高国民身体素质的重要途径，并且取得了历史性的成就。如日本“一杯牛奶强壮一个民族”、美国“三杯牛奶行动”、印度“白色革命”等。

我国人均奶产品消费量低，是目前国家发展的短

板。2019年我国奶类人均表观消费量约35.9kg，仅为世界平均水平的三分之一。2017年我国每天人均动物蛋白消费量40.4克，其中肉类提供53.1%，奶类仅提供6.7%。相比之下，日本奶类提供动物蛋白的14.8%，美国是30.4%，德国是40.2%。无论从农业生产结构分析，还是从食物消费结构分析，我国奶业都是短板。

推动奶业优质发展，应该成为国家的优先政策。只有加快部署重大战略研究和重大科技攻关，攻克良种选育、健康养殖、苜蓿青贮、生鲜奶用途分级、低碳加工工艺和优质奶产品评价等核心技术，才能高质量构建饲料生产-奶牛养殖-奶类加工-奶品消费的有机衔接的健康发展模式，为推动奶业供给侧结构性改革闯出一条优质绿色之路，丰富全国人民的奶瓶子，同时从消费端减轻猪肉生产压力，改善食物结构，为健康中国、满足人民美好生活做出应有的贡献。发展奶业，可以有效带动食物消费方式中的乡村冷链或商超建设、推动绿色农业生产体系构建和提升食物消费结构中奶类的比例，这些都是社会发展与民生改善的期待，既要算经济账，更要算民生账。奶类食物是生活的必需品，是全社会的普惠食物，要避免过度加工、过度包装、过多环节、过高利润制造所谓的“高端食品”，鼓励通过简洁加工、就近加工，生产安全卫生、绿色低碳、营养鲜活的牛奶，从而保证牛奶惠及每个家庭，让中华民族更加健康强壮。

（农业农村部食物与营养发展研究所，王加启、程广燕；中国农业科学院北京畜牧兽医研究所，郑楠、张养东）

新冠肺炎疫情对奶类消费的影响及应对建议

一、2019 年奶类消费增长情况及原因分析

2019 年，我国奶类总产量[①]、各类乳制品进口量、乳品工业总产量分别为 3 307 万 t、297 万 t（折合原奶计，约 1 731 万 t）、2 719 万 t，同比分别增加 4.1%、7.1%、1.2%，国内生产、加工、进口“三量齐增”，一致反映出国内奶类消费需求旺盛。以表观消费量计，2019 年全年奶类消费总量 5 015 万 t（统一折原奶），同比增长 5.1%；人均消费量 35.9kg，与 2018 年相比，人均消费量提高 1.6kg，增长 4.7%，明显高于 2015—2018 年年均 0.5% 的消费增速。2019 年较高水平的奶类消费增长主要有三个方面的原因。

（一）奶业振兴利好政策带动

2018 年 6 月，《国务院办公厅关于推动奶业振兴保障乳品质量安全的意见》发布实施；12 月，农业农村部、发展改革委等 9 部委联合印发《关于进一步促进奶业振兴的若干意见》。奶业振兴意见不仅在提升国内生鲜乳产量、支持乳品加工、加强质量监管等方面做出明确要求，也把提振乳制品消费信心作为一条重要举措。围绕引导和促进乳制品消费，多个部门合力加强奶业公益宣传，倡导科学饮奶，积极培育国民食用乳制品特别是干乳制品的习惯。

（二）非洲猪瘟背景下奶类替代消费增长

非洲猪瘟发生以后，猪肉价格大幅上涨，并带动其他肉品价格同步提高，比较而言，奶类价格变化不大。据 2019 年 12 月第 4 周的数据，猪肉、禽肉、牛肉、羊肉、UHT 液态奶价格分别为 50.9 元 /kg、24.9 元 /kg、82.3 元 /kg、80.3 元 /kg、12.3 元 /kg，同比分别提高 114.7%、22.6%、20.2%、17.0%、6.4%。在这种价格体系下，10 克动物蛋白质对应的猪肉、禽肉、牛肉、羊肉、UHT 液态奶成本分别为 4.9 元、1.9 元、5.1 元、5.7 元和 4.1 元，除禽肉之外，牛奶还具有明显的价格优势。

除蛋白更优以外，牛奶还富含钙等其他营养成分，是国内外公认的完美食物，也是老百姓公认的营养品。猪肉价格上涨对中下等收入群体影响明显，相对稳定的奶类价格也增加了这部分群体的乳品消费。尼尔森和蒙牛市场调研数据一致表明，奶类市场在向四、五、六线城市及农村地区下沉。综合分析，受肉类价格大幅上涨的影响，部分中低收入群体用奶类替代猪肉，既保障了营养，又节约了开支。

（三）新产品新业态奶类消费增长较快

除了常规包装奶的消费，各种形式的间接奶类消费增长很快。一是奶茶。据行业测算，2019 年人均奶茶 16.1 杯，按每杯 500mL、16% 含奶量计算，全年奶茶用奶量 185 万 t，与 2018 年相比，增长 12.5%。二是咖啡。据行业专家判断，2019 年人均咖啡消费量 7.2 杯，按每杯 330mL、50% 含奶量计算，全年咖啡用奶量 156 万 t，与 2018 年相比，增长 16.5%。三是烘焙产品。受中西方饮食文化互鉴影响，添加奶油奶酪的烘焙产品很受市场欢迎，近 5 年烘焙行业市场规模年均增速 10% 以上。

二、新冠肺炎疫情对奶类消费影响及趋势判断

与 2003 年“非典”疫情不同，当前国内经济正处于高质量稳步发展阶段，2019 年人均 GDP 增速为 7.4%，明显低于 2002 年 9.1%；奶类消费属于稳定增长期，2019 年人均消费量增速为 4.7%，远低于 2002 年的 20%。而且新冠肺炎疫情集中暴发期在春节期间，是奶类消费的旺季，对经济发展、居民消费的影响都将远大于“非典”疫情。新冠肺炎疫情会对奶类消费造成以下正反两个方面的影响。

（一）正面影响

新冠肺炎疫情会从三个方面促进奶类消费，一是奶业振兴环境持续向好，2020 年中央 1 号文件明确提出支持奶业发展，为减轻本次疫情对奶业的冲击，国家和部分省份还出台了新的支持政策，卫健委把每人每天 300g 牛奶作为一项重要的膳食指导。二是新冠肺炎疫情和非洲猪瘟叠加，预计 2020 年以猪肉为代表的其他畜产品价格会继续保持高位，奶类会更具价格优势。三是新冠肺炎疫情会明显增强居民健康消费意识，根据营养所春节期间开展的 1 068 份消费者调研数据，如果提高对乳品营养价值的认知，60% 以上的消费者会增加牛奶消费。2003 年“非典”疫情下，人均奶类消费增长

① 2019 年奶类总产量统计数据尚未公布，2019 年全国牛奶产量 3 201 万 t，2018 年牛奶产量占奶类总产量的 96.8%，按该占比推算，2019 年全国奶类总产量约为 3 307 万 t。

26%，与2002年相比，增幅提高30%。2019年人均奶类消费量同比增长4.7%，比较“非典”疫情奶类消费增长情况，消费替代和健康意识增强会带动人均奶类消费增长6.1%。

（二）负面影响

从负面上讲，新冠肺炎疫情也从三个方面抑制了奶类消费：一是收入增幅下降将制约乳制品消费增长，据团队测算，以液态奶为例，收入每增加1%，人均乳制品消费增长1.74%，反之亦然。二是乳制品常年消费相对均衡，疫情期间减少的消费很难在后期得到补偿。三是疫情对咖啡和奶茶等新产品新业态消费影响较大，初步按2个月不能正常营业计，按2019年市场规模估计，将减少近60万t牛奶需求，约占总消费量的1.1%。

综合正负两方面影响，预计2020年难以保持上年高位增长势头，全年人均乳品消费量基本与上年持平，预计变幅在–0.8%~0.9%，人均年消费量为35.6~36.2kg，人口按14亿计①，奶类需求总量为4 996万~5 080万t，与2019相比，变幅在–0.4%~1.3%。

三、应对消费下降的政策建议

从国内生产看，根据农业农村部数据，2020年2月，奶站生鲜乳产量为180.8万t，同比增加9.1%，预计全年奶类产量增长5%以上。加上疫情期间10多万t喷粉和企业库存，后期国内乳品原料供给相对宽松，应积极扩大奶类消费，最大程度上减少疫情对奶类消费的抑制作用，继续保持生产、消费较快增长的良好局面。

1. 加强科普宣传，提升居民对牛奶营养健康的认知。2019年人均每日奶类消费量为98.4g（折原奶），仅相当于卫健委每日300g推荐量的32.8%，与营养需求差距很大。据农业农村部食物与营养发展研究所调研，如果提高对乳品营养价值的认知，60%以上的消费者会增加牛奶消费。建议利用疫情期间居民营养健康意识较高这个有利时机，加强奶类营养与健康知识科普，提高居民对乳制品营养价值的认知。

2. 推动由“喝奶”向“吃奶”转变，引导消费升级。2019年我国人均奶类表观消费量为49.2kg，仅为中国居民膳食指南推荐量的1/3，其中一个很重要的原因是消费结构过于单一，液态奶占66.5%，远高于中国台湾地区的34.3%、日本17.7%的水平。提升乳制品消费数量，要着力优化消费结构，积极引导百姓由喝奶向吃奶转变。一是培育奶酪等干乳制品新的增长点，开发易于消费者接受的奶酪、黄油等干乳制品；二是积极发展中国特色的奶豆腐等干乳制品，丰富消费者的选择。

3. 扩大学生奶覆盖对象，从小培养科学饮奶习惯。2018年，全国在校小学生数量1.56亿人，只有2 200万学生坚持在校饮奶，占比仅为14%，覆盖人群比较有限。建议扩大小学生学生奶覆盖人群，努力使贫困地区全覆盖，明确将学生奶纳入学生营养餐，同时将幼儿园低龄人口纳入学生奶覆盖范围。

4. 普及社区智能乳品柜，加大线上销售力度。新冠肺炎疫情下，消费者外出采购食物频次下降，建议推广社区乳制品智能冷柜，配奶取奶采取无缝管控，无人值守服务，避免交叉感染。开展社区拼团服务，以小区为单位，进行销售，实行居民线上下单，商家配送至提货点，自助提货的方式。充分利用电商平台和O2O平台，开展无接触配送和送货到家等业务。

（农业农村部食物与营养发展研究所，王加启、程广燕、杨祯妮、唐振闯、任广旭、肖湘怡）

① 数据来源《中国农业展望报告（2019—2028》宏观经济社会发展主要指标假设，2020年预测人口数为140 664万人，人口数量为2019年与2020年平均数。

八、国际奶业

GUOJI NAIYE

【国际概况】

2020 年全球奶业形势

一、奶类生产

（一）概况。2020 年，全球原料奶产量保持约 3% 的稳定增长，达到 9.1 亿 t。虽然自 2020 年以来一直受到 2019 新冠肺炎疫情的影响，但从原料奶产量及增长水平来看，全球乳制品行业整体表现出顽强的抵抗力。此外，全球原料奶产量在历史上首次突破了 9 亿 t 大关。参考过去 10 年的乳制品平均增长速度，全球原料奶产量很有可能在 5 年内超过 10 亿 t。

在过去几年，市场需求与水牛奶产量一直是两个潜在的增长因素。市场需求方面，尽管 2019 年新冠肺炎疫情对全球乳制品市场造成负面影响，全球许多地区的平均牛奶价格走势不利，但由于当地需求的强劲增长推动了牛奶短缺地区（尤其是亚洲）和其他新兴乳制品市场的生产。水牛奶产量方面，2010—2020 年期间，水牛奶产量的年增长率为 4.1%，约为牛奶产量增长率 (2.1%) 的两倍。水牛奶产量的持续增长使其在 2020 年全球原料奶产量中的占比逐渐提升至 15%(2015 年为 13%)。

（二）牛奶。全球牛奶产量是全球原料奶类总产量的主要组成部分 (2020 年所占份额为 81%)，2020 年全球牛奶产量增加了 2 000 多万 t，达到约 7.35 亿 t。原料奶供应量增长的大部分（约 60%）来自亚洲。近些年，亚洲地区对牛奶和奶制品的需求量增长最为显著，因此与世界其他地区相比，亚洲在过去 10 年的平均年增长率 (+4%) 是迄今为止最高的。

在亚洲，无论是从奶类产量（占亚洲总量的 44%）还是从增长 (2020 年增长 7.9%) 来看，印度的发展都依然是至关重要的。作为全球最大的原料奶供应国，印度的奶类产量一直在稳步增长，其部分原因是政府预测全国人口将不断增长，乳制品需求亦将进一步强劲增长，因此采取一系列相关措施和规划使当地畜牧生产率得到显著提高。除印度以外，中国（增长 7.5%）、土耳其（增长 3.5%）和巴基斯坦（增长 3.8%）也对亚洲地区的牛奶产量增长做出了重要贡献，尽管这些国家与印度的水平相差甚远。

与此同时，虽然欧盟 28 国和北美（即美国）的牛奶产量也有大幅增长，但总体来说，这些传统的出口地区（欧盟 28 国、大洋洲、美国）的牛奶产量增长仍低于世界平均水平。

这些地区增长有限的原因各不相同，如与极端天气相关的气候变化、环境限制、可持续性挑战、生产成本上升以及银行融资日渐收紧都抑制了生产。其中一些因素是结构性的，并将导致全球一些最重要的乳业地区的养殖场退出。

尽管如此，欧盟 28 国 2020 年的增长率仍与过去 10 年的平均值持平，为 1.3%，而且各成员的增长表现有相当大的差异。波兰和爱尔兰等生产成本相对较低的欧盟国家产量出现了较大增长，意大利也在增长，而德国、法国和英国等领先国家的增长非常有限。由于新冠肺炎疫情和高投入成本导致牛奶价格下降，养殖场的利润率不尽如人意，2020 年欧盟国家奶农十分艰难。因此在欧盟 28 国等这些高成本地区，总体增长有限。

在美国，2020 年上半年的乳制品价格水平很大程度上刺激了牛奶生产，此后，尽管受疫情影响，但奶料比仍比较合理，对全年的奶牛扩群相当有利。因此，2020 年年底美国奶牛存栏达到了 1995 年以来的最高水平，其 2020 年牛奶产量增长了 2.2%，高于过去 10 年的平均增长率。

在大洋洲，与天气异常有关的气候变化和环境问题抑制了该地区的牛奶生产未实现进一步增长。因此，2020 年澳大利亚和新西兰的牛奶生产增长率仍然非常有限。

非洲是除亚洲以外的另一个主要的牛奶短缺地区，但该地区牛奶产量只增加了很小一部分 (2020 年增长了 1.0%)。最令人满意的地区可能是非洲东南部，坦桑尼亚报道近几年牛奶产量取得了重大进展。同时，非洲其他主要牛奶生产国的牛奶产量增长率低于平均水平（埃及）或停滞不前（如肯尼亚、南非）。

南美洲一直维持着其内部平衡。尽管各国的经济环境充满挑战，但 2020 年的总体发展呈现积极态势，该地区的增长率高于平均水平（增长3%），这反映出阿根廷、乌拉圭和智利等出口导向型国家生产的复苏。尽管巴西在2020年面临很多不利因素，如南部干旱期、饲料价格高，以及新冠肺炎疫情导致当地市场购买力下降，但巴西作为该地区最主要的牛奶生产国，仍对南美洲牛奶产量的增长做出了重大贡献。

（三）水牛奶。作为水牛奶的两个主要生产国，印度（增长5.3%）和巴基斯坦（增长3.0%）的产量在2020年持续强劲增长，使得2020年全球水牛奶产量增长率达到4.5%，近1.39亿t。在2020年的水牛奶总增长量中，85%来自印度的增长，目前印度水牛奶产量占世界水牛奶产量的近3/4。

除印度和巴基斯坦外，中国、尼泊尔和埃及也是世界主要的水牛奶生产国。但2020年这些国家的水牛奶产量保持稳定或仅有少量的增长。

（四）绵羊奶、山羊奶及其他动物奶。山羊奶正逐渐成为一个有吸引力的利基市场，在传统乳品领域和婴儿营养领域都呈现不错的增长率。亚洲和非洲可能拥有最大的山羊存栏量，但其专业化加工主要集中在欧盟28国和大洋洲。在中国等一些需求不断增长的地区，强劲的利润率也正在吸引亚洲当地的专业性投资。2020年，全球山羊奶产量增长为1.6%，略低于过去10年的平均增长率。2020年世界山羊奶产量为2 140万t，约占世界奶类产量的2.4%。

与此同时，2020年的绵羊奶生产增长停滞不前（下降0.1%），而其他动物奶（如骆驼奶）的产量仅微增（增长0.3%）。

二、乳品加工

（一）牛奶供应。本文中，奶牛场向乳品企业的供奶信息来自IDF国家委员会、其他参与组织和公开收集的数据。自2019年稳定增产后，尽管受新冠肺炎疫情影响，2020年全球牛奶供应量仍有大幅增长（2.5%）。本文调研结果显示，除乌克兰和撒哈拉以南的非洲大多数国家外，牛奶供应量都有所增加。

大洋洲2020年的牛奶供应量基本保持稳定，澳大利亚（增长0.6%）和新西兰（增长0.4%）都是如此。澳大利亚的小幅增长受益于2020年有利的天气条件。新西兰由于2020年年初北岛的存栏量减少和干旱期影响，其供应增长率有所放缓。

2020年欧盟28国的牛奶供应量增长了1.4%，这是自2017年以来的最大增长幅度，但德国和法国这两大主要生产国的供应量几乎没有变化（分别增长0.2%和下降0.1%），因此他们并不是推动产量上升的两个主要生产国。荷兰的牛奶供应量增长了1.3%，从前几年的下降趋势中有所恢复，但荷兰的产量还是没有恢复到2017年磷酸盐排放标准开始实施之前的水平。意大利产量增幅最大（增长4.5%），而且预计2021年还将持续增长。爱尔兰（增长3.7%）、西班牙（增长2.4%）和波兰（增长2.4%）的牛奶供应量也继续保持高增长。

其他欧洲国家中，俄罗斯的牛奶供应量保持强劲增长（增长4.8%），高于其10年来的平均水平（增长2.8%）。瑞士和挪威的牛奶供应量仅有小幅增长（分别为增长0.2%和增长0.9%）。

在北美洲，经过两年的相对停滞期后，2020年美国的牛奶供应量强劲增长（增长2.2%）。这是由于在新冠肺炎疫情期间，美国政府为应对抗疫情的负面影响，为牛奶生产者提供了强有力的支持政策。加拿大的牛奶供应量增加了1.3%，而墨西哥的供应量保持稳定（增长0.2%）。

由于2019年的严重干旱，南美国家的牛奶生产量并不乐观，2020年由于有利的气候条件，该地区主要的牛奶生产国——巴西的牛奶供应量增加了2.4%。由于收奶价格的提高，阿根廷的供应量增长了7.4%，增幅最大。2020年，哥伦比亚、智利和乌拉圭的牛奶供应量都增长了5%以上。

在亚洲，2020年的牛奶供应量增长情况十分亮眼。中国的增长率高达10.7%，远高于10年来的平均水平(1.8%)。这种形势主要是因为2020年牛奶回收价格高，而且新建了许多大规模牧场。日本和韩国在2020年的牛奶供应量也有显著增长（分别为增长1.7%和2.0%）。

总体而言，新冠肺炎疫情对2020年全球牛奶供应的影响低于预期，而且预计2021年也不会产生更大影响。根据2020年的趋势，2021年年初，大多数主要出口国的供应量都出现了同比增长。

（二）乳制品产量概况。本文所列出的乳制品生产数据是基于国家统计数据汇总而来，它们至少占全球总产量的75%~90%，但新鲜乳制品例外，因为其中大部分鲜乳制品来自非正规市场，并通过非正规全球市场进行生产和销售，且通常被排除在官方统计数据之外。然而，本报告对来自50多个国家的鲜乳产品数据进行了分析，使我们能够估算产量和增长趋势。

由于2020年牛奶供应量的显著增长，乳制品总产量的增长率高于大多数产品类别的长期趋势增长率。总体而言，加工商更青睐黄油和无水奶油、奶酪、淡奶油、液态奶和奶粉，而发酵乳制品和乳清粉的产量与2019年相比几乎没有变化。

1. 液态奶和鲜乳制品。在连续两年下降之后，全球包装奶产量在2020年增长了1.3%。连续3年下降后，中国的产量实现强劲反弹（增长5.6%），以应对不断增长的需求。在印度，由于新冠肺炎疫情带来的限制性措施对消费产生了负面影响，合作社的产量停滞不前（下降3.0%）。

欧盟28国液态奶产量增长了2.0%，扭转了近年来的下降趋势。封锁措施改变了大多数欧洲国家的饮食习惯，从而使液态奶消费量增加。俄罗斯（增长1.6%）和加拿大（增长1.2%）也呈现相同的趋势，美国的液态奶产量则保持稳定，而其他乳制品的产量有所增长。南美国家的液态奶产量也有所增加。

对于发酵乳制品产量，各国表现均不相同，全球总体产量保持相对稳定(下降0.3%),远低于10年来的年平均增长率(增长3.2%)。欧盟28国的产量增长强劲(增长1.7%),尤其是法国和英国,美国的情况也是如此(增长3.2%),这是由于零售渠道消费增加引起的。另外,发酵乳制品产量位列全球第二的中国(下降3.8%)和第三的俄罗斯(下降1.5%),以及土耳其的产量都有所下降。印度的产量则持续强劲增长(增长22.2%)。

随着消费习惯中营养摄入的改善趋势,发展中国家的液态奶和鲜乳制品产量预计将继续增长。

2. 黄油和其他乳脂肪。全球每年生产超过1 200万t的黄油和其他乳脂,如无水奶油和酥油(以黄油当量表示)。2020年,该品类的产量增长3.1%,与近10年的平均增长率持平。

印度的产量占据主导地位,占到全球乳脂肪产量的近一半(49%),在15年前就超过了欧洲,之后其产量又增加了一倍多,2020年达到610万t。2020年,印度的黄油和酥油产量又增长了4.3%。欧盟28国是世界第二大黄油生产地区,其黄油产量比印度低50%以上。由于出口增长强劲,2020年欧洲黄油产量增长1.6%。美国的黄油产量也强劲增长(增长7.6%),但主要出口国新西兰的产量有所下降(下降4.1%)。本报告所调研的大多数国家,黄油产量均保持增长。

3. 奶酪。2020年全球奶酪总产量估计略高于2 400万t(为避免重复计算,此处不包括再制奶酪)。此处奶酪特指天然牛奶奶酪,其占天然奶酪总产量的近90%。其余的10%则包括其他动物奶酪(水牛奶酪、山羊奶酪和绵羊奶酪),以及不计入国家统计数据的自制奶酪和农场奶酪。2020年,奶酪产量增长2.0%,略低于2010年以来2.2%的平均年增长率。

尽管新冠肺炎疫情对餐饮服务行业的奶酪消费量带来了较严重的负面影响,但欧盟28国的奶酪产量还是增加了1.9%。欧洲委员会实施的私人储存援助计划有助于维持大多数欧洲国家奶酪产量的增加。德国(增长2.5%)和意大利(增长1.2%)的奶酪产量增长,而法国(下降1.5%)奶酪产量下降,法国的PDO奶酪消费受新冠肺炎疫情影响更大。美国是仅次于欧盟28国的第二大生产国,由于出口需求和国内需求增长的共同影响,美国的产量小幅上升(增长0.9%)。

另外,主要奶酪生产国巴西和土耳其则远远落后,其年产量分别为106.2万t和75.7万t。2020年,巴西的奶酪产量增加了2.8%,巩固了其世界第三大奶酪生产国的地位。土耳其的奶酪产量继2019年下降后也表现出强劲的增长(增长8.6%)。墨西哥和埃及的奶酪产量继续增长。在俄罗斯市场需求的推动下,白俄罗斯(增长9.1%)的产量增长。大洋洲的奶酪产量下降。

4. 奶粉。继2019年产量下降之后,2020年全脂和半脱脂奶粉的产量增加,达到484万t(增长3.0%)。主要生产国新西兰的产量增加了4.0%,向中国出口的乳制品品类也更加丰富,中国的市场需求推动了全脂奶粉市场的增长。在2019年剧烈下降(下降13.0%)之后,2020年中国的奶粉产量增加(增长3.6%)。尽管上半年出口非常活跃,欧盟28国产量保持稳定(增长0.3%)。法国一改往日的不景气局面,产量大幅增加19.5%。比利时的产量也剧增(增长31.3%),而大多数其他欧盟国家的产量都出现下降。俄罗斯的产量下降了11.2%,而白俄罗斯的产量增长了8.9%,可能因此平衡了俄罗斯的需求。大多数南美国家的产量都有所增加,尤其是巴西(增长3.1%)、阿根廷(增长13.6%)和乌拉圭(增长9.8%)。

经过5年的停滞期,全球脱脂奶粉产量大幅增长,到2020年达到500万t(增长3.7%)。欧盟28国的产量增加1.7%,部分原因是德国的产量增加(增长5.8%)。荷兰和爱尔兰的产量也大幅增加。与此同时,竞争力较弱的法国和比利时的产量也分别下降了0.3%和4.5%。美国在脱脂奶粉市场具有强大的地位和竞争力,其产量增加了10.8%。澳大利亚和新西兰的脱脂奶粉产量连续第二年下降。在南美洲,阿根廷因有利的牛奶生产条件和价格刺激推动了脱脂奶粉增产(增长16.4%),而巴西产量则下降5.7%。

2021年,由于国际市场的需求不断提高,尤其是中国的需求,预计脱脂奶粉产量可能还会上升。

5. 浓缩乳。2020年全球浓缩乳产量增长2.3%,达到410万t。这是自2015年以来的首次增产。浓缩乳市场由美国和欧盟主导,这两个国家及地区加起来的产量几乎占全球产量的一半。欧盟28国已确认浓缩乳产量连续第二年复苏(增长6.0%),主要得益于西班牙(增长25.1%)、比利时(增长38.1%)和法国(增长98.8%)的产量增长。与此同时,美国浓缩乳产量保持稳定。

6. 乳清产品。液体乳清主要是奶酪生产过程中的副产品(超过80%,其余来自酪蛋白生产)。因此液体乳清主要产自奶酪主产区,如欧盟和美国。欧盟28国是目前世界上最大的乳清粉生产地区,2020年的乳清粉产量为220万t,占到本报告所列国家总产量的69%。许多欧洲国家,如荷兰和丹麦,为满足市场需求其乳清粉产量也有所增长。但美国并没有从这种需求增长中获益,其产量反而下降了2.7%。

自2018年年底至2019年,中国因非洲猪瘟导致猪群数量大幅减少,对动物饲料用乳清粉出口产生了重大负面影响。但2020年,由于生猪存栏数得到恢复,中国饲料用乳清粉市场复苏,并出现强劲的需求,这一趋势似乎在2021年上半年已有显现。

乳清衍生物(乳清浓缩蛋白和乳清分离蛋白)加工增加的趋势也得到持续加强。由于与婴幼儿配方奶粉、营养食品与医疗用途产品密切相关,所以在全球范围内,乳清原料市场将成为一个日益增长的市场。

三、乳业产业

(一)2020年世界乳业巨头。2020年,全球乳业20强排名略有变化。在过去两年间,卡夫亨氏(Kraft Heinz)因将其在加拿大和美国的天然奶酪业务出售给拉克塔利斯集团（Lactalis），而退出榜单，取而代之的是日本明治乳业。

2020 年，欧元 (+1.9%)、人民币 (+0.2%) 和加元 (–1.2%) 对美元的汇率变化不大，但印度卢比 (–4.5%)、新西兰元 (–5.0%) 和日元(+4.5%)对美元汇率波动较大。由于卢比兑美元贬值，加上阿牟尔公司（Amul）以当地货币表示营业收入小幅增加 (+2%)，致使其以美元表示的营业额自 2002 年以来出现首次下降 (–3%)。同样，恒天然以美元表示的营业额略有下降 (–1%)，尽管以新西兰元换算后出现正增长 (+4%)。相反，受日元兑美元汇率升值的推动，日本森永乳业集团、雪印乳业和明治乳业的乳制品营业额分别增长了 3%、5% 和 3%（以美元计算）。

通过大规模的收购或出售，几家乳业集团的营业额急剧增长。 在以 4.33 亿美元从迪安食品公司购买 44 台流体和冷冻设备后，一方面美国主要乳业合作社美国奶农（DFA）的营业额猛增了 12%。同样，在几笔外部交易增长的推动下，法国拉克塔利斯（Lactalis）的营业额增长了 7%。另一方面，雀巢将其在美国的冰激凌业务以 40 亿美元的价格出售给英国的 Froneri。 因此，雀巢的乳制品营业额下降了 12%，而 Froneri 的销售额增长了 50%，达到 45 亿美元，使其距离全球乳业 20 强更近了一步。

2020 年，全球多个地区乳制品龙头企业的销售业绩出现较大波动，表明 COVID–19 大流行造成的特殊商业环境可能对乳制品企业产生了不同的影响。中国乳业领军企业的表现不同：伊利延续过去几年的稳定增长趋势，2020 年销售额增长了 7%；蒙牛下降了 4%，出现了 2015 年以来的首次下降。同样，加拿大乳业领军企业表现参差不齐：萨普托公司（Saputo）销售额下降了 4%；安格普公司（Agropur）继续扩大业务，销售额增长了 5%。欧洲乳业领军企业的成绩也喜忧参半：法国索地雅（Sodiaal）、DMK、达能（Danon）销售额分别下降了 3%、2%、1%；菲仕兰 Campina 保持稳定；阿尔乐（Arla）、Savencia 分别增长了 3% 和 5%。

（二）2020 年和 2021 年年初的主要合作与并购情况。

1. 大洋洲。在过去的几个月里，澳大利亚乳品行业的重组步伐加快。 2020 年，奥罗拉乳业（Aurora Dairies）以 2 800 万美元从贝斯顿全球食品公司（Beston Global Food）手中收购了位于甘比尔山的 4 个奶牛场，并以 3 800 万美元收购了位于吉普斯兰占地 2 500 hm^2 公顷的 Gray Wigg 奶牛场。贝加乳酪（Bega Cheese）以 3.86 亿美元的价格收购了 Lion 的乳制品和饮料业务。新西兰恒天然以 1 300 万美元收购了乳酪丝和碎芝士生产商 Dairy Country。日本明治控股收购了新加坡 Japfa 集团的澳大利亚子公司——澳亚投资控股（AustAsia Investment Holdings ）25% 的股份，该子公司在中国拥有乳制品业务。澳大利亚最大的犊牛代乳品供应商 ProviCo Australia，从恒天然手中收购了其在丹宁顿的生产基地。私募基金 Tanarra Capital 以 3 400 万美元参股了 Baramabah Organics，这家著名乳品公司斥资 600 万美元收购了位于吉隆北部的澳大利亚乳品厂 Organic Dairy Farmers。

2021 年上半年，握尔康（Wattle Health Australia ）以 900 万美元的价格将其持有的 Corio Bay 公司的 45% 股权出售给了韩国每日乳业（Maeil Dairies）。

在新西兰，A2 Milk 公司以 1.74 亿美元收购了位于南岛的马陶拉乳业（Mataura Valley Milk）公司 75.1% 的股权。恒天然以 1 800 万美元的价格将其在 Agrifeeds 的一半股份出售给了其合作伙伴新加坡的丰益国际。魁北克公共服务养老基金管理公司 PSP Investments 的子公司 Sooke Investments 收购了恒天然最大供应商 Dairy Holdings 1/4 的股份，该公司持有 59 个奶牛场，共计 50 000 头奶牛。 Synlait Milk 公司斥资 1 700 万美元在其 Dunsandel 加工厂附近建设了一个占地 582 hm^2 的奶牛场。

2021 年上半年，新西兰 Rural Land 公司以 7 400 万美元从 2017 年被接管的 Van Leeuwen 集团及其贷款人手中收购了 14 个奶牛场。 新加坡的奥兰国际以 5 300 万美元的价格将其在 Open Country Dairy 公司 15.19% 的股权出售给了 Talley Group。

2. 欧洲。在奥地利，德国 Meggle 公司将其在 SalzburgMilch 公司 41.65% 的股权出售给 3 家自有合作公司。Nöm 公司收购了破产的乳制品公司 Käsewölfe。

在波罗的海地区，爱沙尼亚乳品公司 E–Piim 与拉脱维亚乳业合作社 Piena Cels 合并，创建了一个名为 SCE Piim 的新乳业合作社。 2021 年上半年，立陶宛 Vilvi 收购了拉脱维亚波罗的海 Dairy Board 70% 的股权。

在比利时，荷兰皇家菲仕兰将其位于阿尔特的乳制品发电厂出售给了荷兰 A–Ware 公司。 2021 年上半年，米尔科贝尔（Milcobel）公司收购了奶酪公司 Kaasbrik。

在克罗地亚，Belje 公司接管了德国 Meggle 公司的乳制品资产。

在捷克共和国，法国 Sodiaal 公司将其位于 Stříbro 的乳清粉工厂出售给 Eligo 公司。

在芬兰，Valio 公司收购了芬兰餐饮服务批发商 Heinon Tukku 公司。

在法国，Bel 集团收购了植物专业公司 All in Foods。Laiti è re du Beaufortain 合作社收购了奶酪制造商 Duc–Goninaz。 Herv é Mons 接管了 Fromagerie des Hautes Chaumes。2021 年上半年，Bel 投资了 1.73 亿美元，将其在 MOM 集团的持股比例从 65% 增至 82.5%。在收购了美国通用磨坊的股份后，索地雅完全控制了 Yoplait 在欧洲的业务。私募股权公司 Unigrains 成为黄油专业公司 Loyez Woessen 的股东。

在德国，Lidl 公司从 DMK 手中收购了位于瓦尔德福伊赫特的一家冰激凌工厂。恒天然成为植物专业公司 YFood 的股东。Ostmilch Handelsgesellschaft 从瑞士 Hochdorf 集团手中收购了 Uckermärker Milch 公司 60% 的股权，成为该公司唯一的股东。2021 年上半年，达能将位于罗森海姆的工厂出售给了 Saumweber。DMK 和 Nordfrost GmbH 联合收购了 Tiefk ü hl-Center Everswinkel。Meggle 从法国索地雅手中接管了 Stegmann Emmentaler Käsereien。

在希腊，私募股权公司 CVC Capital 从 Marfin 投资集团手中收购了 Vivartia。

在意大利，PDO 认证奶酪生产商 Agriform 和 Parmareggio 合并。Fattorie Garofala 以 3 400 万美元收购了水牛奶生产商 Fattoria Apulia。2021 年上半年，葛兰纳诺（Granarolo）将其在 Mulino Formaggi 的股权从 40% 增至 100%。Newlat 集团收购了 Fidi Toscana 公司持有的 Centrale del Latte d' Italia 剩余的 6.15% 股份。

在荷兰，菲仕兰公司将其持有的发酵专业公司 CSK Food Enrichment 82.3% 的股权出售给了帝斯曼。瑞士艾美公司将其对山羊奶生产商 Bettinehoeve 的持股从 60% 增加到 90%。2021 年上半年，菲仕兰公司将其动物营养业务 Nutrifeed 出售给了 Denkavit 公司。法国兰特黎斯集团从 Bel 手中收购了奶酪公司 Leerdammer。该交易还包括收购 Bel 在乌克兰的乳制品资产。

在挪威，Tine 集团将其在有机乳制品生产商 Rørosmeieriet AS 的 11% 股权出售给了投资公司 Salvesen & Thams。

在波兰，位于弗得角的 Okregowa Spoldzielnia Mleczarska 和总部设在卡利斯兹的 Kaliska Spoldzielcza Grupa Producentow Mleka 两家乳制品公司于 2021 年上半年被妙可集团（Mlekovita）收购。

在俄罗斯，卢萨格鲁（Rusagro）集团收购了位于萨马拉地区已宣布破产的 Koshkinsky 奶油厂。2021 年上半年，德国爱尔曼公司从荷兰皇家菲仕兰手中接手了俄罗斯乳制品的甜点业务。

在西班牙，Capsa 集团收购了 L á cteas Flor de Burgos 公司 50% 的股份。瑞士艾美公司将其持有的 L á cteos caprinos 公司 80% 的股份出售给了 Garc í a Baquero。TGT 收购了山羊奶专业公司 L á cteas Cobreros 20% 的股份。Vascolac 接管了 Queser í a Berta de Villarcayo 公司。2021 年上半年，西班牙乳制品公司 Pascual 的控股者 Pascual Gomez-Cuetara 家族接管了鲜奶生产商 Ganaderia Priegola。

在瑞士，雀巢将其乳制品甜点品牌 Stalden 出售给了 Gumi。

在英国，2021 年上半年，意大利格兰那诺（Granarolo）收购了英国格兰那诺（Granarolo）49% 的未偿还股份，从而获得了对该子公司的完全控股权；法国 Laïta 收购了哈鲁米奶酪进口商 Marathon Foods；德国穆勒接管了物流专业公司 GreenWhiteStar Acquisitions；加拿大萨普托（Saputo）收购了乳制品替代品生产商 Bute Island Foods 和奶酪生产商 Wensleydale Dairy Products；乳制品贸易商 Somerdale 成为威尔士山羊奶酪生产商 Abergavenny Fine Foods 的股东。

3. 亚洲。在中国，光明乳业以 1.09 亿美元收购了辉山乳业的部分资产，法国达能收购了加拿大萨普托在中国的婴幼儿配方奶粉工厂美瑞古尔本，飞鹤以 3.96 亿美元收购了其原奶供应商原生态牧业，恒天然以 3.61 亿美元将其位于河北玉田县和山西应县的两个奶牛场出售给了优然牧业有限公司。此外，恒天然还以 2 700 万美元的价格向三元出售了其在北京汉沽牧场的 85% 股权。蒙牛成为圣牧高科的唯一股东，并以 5.43 亿美元收购了上海妙可蓝多 23.8% 的股权。蒙牛还与美国饮料巨头可口可乐成立了合资企业，在中国生产和销售低温乳制品。蒙牛还投资了 5 100 万美元将其对圣牧的持股从 3.83% 增至 17.80%。新希望乳业以 2.46 亿美元收购了寰美乳业 60% 的股权。红杉资本以 1.74 亿美元投资君乐宝，对其持股 15%。伊利投资 2.3 亿美元收购中地乳业 31.87% 的股权。

2021 年上半年，法国达能以近 20 亿美元的价格出售了其持有的蒙牛 9.8% 的股份。现代乳业以 5.04 亿美元收购富源国际，并以 1.08 亿美元收购了中元牧业的全部股权。总部位于新加坡的佳发集团通过其子公司澳亚集团，以 1.23 亿美元在山东省收购了两个设计存栏 16 000 头奶牛的牧场，还以 1.16 亿美元的价格收购了恒天然和雅培合资的两个牧场。蒙牛对中国圣牧有机奶的持股比例增至 29.9%。新希望乳业以 3 300 万美元收购了“一只酸奶牛”公司 60% 的股权。英国消费品公司利洁时以 22 亿美元将其婴幼儿配方奶粉子公司美赞臣（中国）出售给春华资本。

在日本，达能以 5.42 亿美元出售了其持有的养乐多 6.61% 的股份。

在新加坡，佳发集团以 2.28 亿美元的价格将其子公司 Greenfields Dairy 80% 的股份出售给投资公司 TPG 和 Northstar Group。

4. 拉丁美洲。在巴西，美国 Leprino Foods 公司将其在 Lactojara 的股份增至 100%。资产管理公司 Aqua Capital 旗下的巴西奶酪制造商 Ultracheese 收购了位于圣保罗的水牛奶酪生产商 Bufalo Dourado。 2021 年上半年，法国兰特黎斯集团收购了 Co-op Cativa 的乳制品资产。

在智利，联合利华以 2 100 万美元将其冰激凌业务出售给 Carozzi。

在哥伦比亚，Alpina 以 1 400 万美元收购了 Boydorr Nutrition 60% 的股份。

在巴拿马，墨西哥可口可乐 Femsa 公司将其子公司 Estrella Azul 出售给 Panam á Dairy Ventures。

5. 北美洲。在加拿大，爱尔兰嘉里集团收购了益生菌公司 Bio-K Plus。法国兰特黎斯集团从 Agropur 购买了其酸奶业务 Ultima Aliments。

在美国，已申请破产保护的博登乳业被出售给私募股权公司 Capitol Peak 和 KKR。可口可乐将其对 Fairlife 的股份从 42.5% 增至 100%。法国达能以 1 000 万美元收购了植物性食品制造商 Laird Superfood 的股份。美国奶农（DFA）以 4.33 亿美元收购了迪恩食品的 44 家工厂，Prairie Farms 也以 7 500 万美元收购了迪恩食品另外 8 个工厂和 2 个仓库。瑞士艾美公司收购了 Indulge Desserts 87.7% 的股份。Foremost Farms 将其在普雷斯顿（明尼苏达州）的乳制品厂出售给了 Diversified Ingredients。法国兰特黎斯以 30.8 亿美元收购了卡夫亨氏的天然奶酪业务。Turkey Hill 公司收购了 Yarnell Ice Cream 一家位于瑟西（阿肯色州）的工厂。

2021 年上半年，法国达能收购了椰子水和有机椰子产品生产商——Harmless Harvest 的大部分股权，并将旗下子品牌 Vega 出售给 WM Partners。加拿大萨普托公司收购了 Wisconsin Specialty Protein 位于里兹堡的工厂。

6. 非洲。在尼日利亚，荷兰皇家菲仕兰子公司 Wamco 从总部位于英国的 PZ Cussons 手中购买了其果汁和乳制品饮料厂 Nutricima。

四、消费

本章节内容中所提到的乳与乳制品消费是一种表观消费。在全球范围内，目前还没有针对基于实际购买消费行为的研究。此外，非正规市场在全球乳制品市场中占有相当大的比重。因此，总消费量只能基于贸易调整后的产量和可获得的库存变化数字来估计。

（一）全球乳品消费。尽管发生了 COVID-19 大流行并影响全球，但牛奶产量仍实现了自 2014 年以来的最高增长，增长了 3.0%，2020 年全球牛奶总产量达 9.1 亿 t。然而，整体消费趋势受到一些销售渠道关闭的影响较大，导致零售包装商品需求增加，餐饮服务需求下降。这导致了奶粉和黄油的库存增加，尤其是在美国和中国。

COVID-19 在全球范围内造成损失，导致了多年来最低的人口增长率 (0.8%)，2020 年世界总人口为 78 亿人。全球人均乳制品消费量为 116.9 kg 牛奶当量（包括库存变化，按非脂乳固体含量牛奶当量法计算），较 2019 年增长 1.7%。2005—2020 年，人均牛奶消费量增加了 15.2kg，在此期间每年增长约 1%。

（二）2020 年消费趋势。1-3 月中旬，乳制品市场表现稳定，消费趋势与往年相似。但为了防止 COVID-19 大流行造成进一步危害，大多数国家 / 地区都实施了封锁措施。4 月，全球 1/3 到 1/2 的人口都生活在限制条件下，这意味着很大一部分餐饮服务部门被关闭（餐饮服务业、酒店、餐厅、咖啡馆），而获得食品的唯一途径是零售店。在多个国家 / 地区 2~4 个月的时间内，人们普遍依赖额外的外卖食品和家庭烹饪，这导致大多数乳制品的零售销量有所提高，特别是在一些地区呈下降趋势的乳制品（例如欧盟的液态奶）。随着暑假期间疫情防控措施的放松，餐饮店得以重新开放，几乎恢复了正常消费，但在 9-10 月又经历了新一轮的封锁。人们再次被关在家里，消费行为也相应地做出了调整。

（三）各地区奶类消费。每年人均 116.9kg 的数字背后存在着各地区不同的情况。一方面与各地区人均收入的差异相关，而且不同国家和地区的消费习惯和趋势也有很大差异。例如，与欧洲一些国家相比，印度的牛奶和发酵产品消费量更大，但奶酪消费量远低于欧盟平均水平。总体来说，根据联合国粮农组织对区域乳制品总产量和贸易量的估计，年人均消费量从非洲的 43kg 到欧洲的 286kg 不等。

全球各地区的奶类消费份额接近去年水平，亚洲以 47% 的份额领先。虽然乳制品在亚洲地区特别是中国居民的消费习惯中越来越常见，但亚洲的人均乳制品年消费量仅为 90kg，仍远远落后于西方国家水平（2020 年欧盟人均年消费量 311kg）。

（四）单项产品的消费。全球近 50% 的奶类产量不是通过工业化渠道加工的，而是来自小规模和非正规的经营者。这种非正式的生产，无论是未经许可和不受监管意义上的生产，还是被官方统计数据排除在外的简单生产，都没有被统计在内。据粮农组织预测，这些可能占发展中国家乳制品产量的 80% 以上。因此，很难得出到达终端消费者手中的乳制品的确切数量和种类。

与往年一样，《世界奶业形势报告》中的奶类供应和加工数据占到奶类总产量的 52%。基于干物质含量的牛奶当量计算方法，我们能够对全球的奶类消费形式建立一个大致的分类。这个计算中不包括非正式渠道的奶产量，预计占到全球奶产量的 48%。在世界范围内，奶主要以新鲜产品的形式消费，即液态奶和发酵奶、酸奶、奶油等（15%），其次是黄油（15%）和奶酪（15%）。

在此报告中，各国的总消费量和人均消费量是根据各国机构提供的液态奶、黄油和奶酪统计数据计算的，可以从报告中的国家生产、加工和贸易数据推算出这些消费数据。需注意的是，各个国家的数据不包括除液态奶、黄油和奶酪以外的乳制品类别。就某些国家而言，数据还不包括非正式渠道生产的乳制品，这可能导致消费水平被严重低估。

从各国的液态奶、黄油、酥油和奶酪的人均消费量分布情况看，澳大利亚、新西兰以及一些北欧国家的液态奶（一些国家还有发酵产品）年度消费量最高，人均超过 100kg。从年度数据来看，欧洲也是全球最大的黄油消费地区，法国人均消费量高达 8kg，丹麦为 7kg。南美洲和亚洲的黄油消费量较低，但印度是个例外，人均超过 4kg，由于酥油是当地消费习惯的重要组成部分。全球主要的奶酪消费地区是欧洲、北美和以色列。在近一半的欧洲国家中，年人均奶酪消费量都超过了 20kg。

值得注意的一点是，新冠肺炎疫情间接对液态奶消费产生了积极影响，尤其是在西方国家。由于封锁期间居家烹饪和进食更多早餐的原因，多年来一直呈下降趋势的液态奶消费有所改变。在欧盟 28 国，液态奶消费量增长了 1.7%，达到年人均 56.9kg，且大多数国家的水平都较高。

（五）未来消费趋势。根据经合组织－粮农组织《2021年农业展望》，由于人口持续增长（人口咨询局预测到2050年人口将达到99亿人）、收入增加和饮食结构变化，乳制品的需求量将继续增长。2017—2030年，奶类总消费量（基于牛奶和蛋白质固体含量法计算的牛奶当量）预计将增长24%，其中鲜乳产品（增长28%）和黄油（增长29%）的增速更快。

由于人口数量和人均收入的增长，发展中国家的乳制品消费将持续增长（2017—2030年期间每年增长2.3%）。但是，发达国家的乳制品消费增长比较有限，一是其人均消费量已经很高，并受到日益增长的可持续性问题影响；二是来自植物性产品的竞争日益激烈，会进一步加剧影响。

五、世界乳制品贸易

（一）新冠肺炎疫情影响国际乳品市场，但总体贸易仍持续增长。2020年，国际乳品市场受到新冠肺炎疫情的严重影响，疫情还对全球经济以及消费者行为产生了巨大的影响。各国政府采取不同措施抗击疫情传播，从而对世界经济带来很多不确定性。从2月起，疫情导致上一年刚刚回暖的乳制品价格全面大幅下滑。由于很多人被限制居家，零售渠道的乳品销售数量显著增加。同时，疫情严重影响了餐饮服务业，因为餐饮机构和饭店暂停营业，导致该渠道的乳制品需求量大幅下滑。除了价格影响变化外，疫情还影响了乳制品运输成本，原因是本地分销和销售机制的暂时中断导致了该地区货源供应失衡，这使得贸易商的总体运输成本增加。

总之，尽管受到新冠肺炎疫情的影响，但总体上世界乳品贸易（不包括欧盟内部贸易）2020年仍持续增长，因为疫情期间全球乳制品行业普遍表现出衰退，在中国、非洲和其他亚洲国家的低产地区的国际市场上，乳制品的总体需求不断增长。

因此，2020年世界贸易增长了1.6%，达到约8 180万t牛奶当量。这使得自2015年以来的世界贸易增长量远远超过9%，相当于约690t吨奶当量。

总体而言，世界贸易量占到全球牛奶产量的9%~10%。这说明乳制品出口通常只占到牛奶产量的一小部分，大部分的全球原料奶都是在当地消费，没有跨地区。

尽管如此，国际贸易对全球奶类经济仍然至关重要。这是因为尽管全球乳制品行业一直在持续发展，贸易在调整全球乳品生产和消费区域不平衡方面仍发挥着关键作用。

（二）欧盟28国和新西兰继续主导全球乳品市场。在总体增长的背景下，各种主要产品类别的贸易变化显示出一些差异。奶酪、全脂奶粉以及原料奶和奶油类别表现积极增长，支撑整体增长，而黄油、无水奶油和脱脂奶粉表现为下滑。原料奶和奶油类别相对增长幅度最大（增长了10.4%），同时奶酪（增长1.9%）和全脂奶粉（增长2.5%）表现稳定增长。与此同时，黄油和无水奶油贸易量下降2.5%，而脱脂奶粉贸易下降了2.9%。

从出口国来看，2020年的世界贸易增长主要来自美国的出口增长，其次是阿根廷和白俄罗斯等国，这些国家的差距较大。美国的出口份额大幅增加，略高于16%，这是有史以来的最高比例。由于奶类产量稳定增长，美国的出口量特别是脱脂奶粉的出口量创下新高。

欧盟28国和新西兰2020年的总出口量都略有下降，但仍然是全球乳制品供应的主要出口力量。欧盟28国是全球最大的乳制品出口国，占世界贸易量的28%，其中的一半是来自荷兰、德国和法国的出口。新西兰紧随其后，所占份额接近25%。在新西兰，由于奶类供应有限，2020年上半年表现疲软，影响了大多数品类的出口。

与此同时，牛奶供应量的恢复使牛主要出口国阿根廷的出口发展强劲反弹（增长34%），所有主要产品类别表现两位数的增长，其中就增长量和对国际市场的影响而言，全脂奶粉一直是最重要的。

除阿根廷外，白俄罗斯的出口增长也十分强劲。阿根廷对其传统市场俄罗斯的出口量增长，尤其是奶酪出口量大增，牛奶、奶油和黄油次之。

2020年的总体形势再次证实，从供应角度来看，国际乳业市场仍相对集中，因此存在不稳定性，前五大供应国贸易量占到全球出口总量的近80%。与此同时，乳制品需求仍然非常分散。

乳制品市场的增长机会越来越取决于中国以及中东和非洲等地区的发展。2020年，尽管一些关键市场受到新冠肺炎疫情（如墨西哥）或低油价（如沙特阿拉伯）的影响，总体增长仍然是积极的。中国、阿尔及利亚、韩国、菲律宾和印度尼西亚等主要国家的乳制品进口为国际贸易的增长做出了重大贡献。

从长远来看，国际贸易将继续发挥重要作用，尽管许多发展中国家的自主供应能力不断增强，但总体上不太可能实现乳制品供应满足人口增长需求，尤指非洲和亚洲部分地区。

（三）不同产品类别的发展。

1. 奶酪。2020年世界奶酪贸易量增长速度有所放缓，低于平均水平，约为270万t（增长1.9%）。前十大奶酪出口供应国情况喜忧参半。大部分增长来自欧洲，而大洋洲的奶酪出口停滞不前。

欧盟28国的出口份额为34%，仍是全球市场最大的奶酪供应来源。2020年，其出口增长加速，高于平均水平的增长率（增长6%），对几大主要进口国家（日本、瑞士、韩国）的出口量大幅增加。

与此同时，美国的进口量下降了10%。2020年非常亮眼的是乌克兰的进口量几乎翻了一番，达到近4.7万t，使该国成为欧盟28国的第五大出口目的地。

2020年美国奶酪出口基本稳定，但仍远远落后于过去5年的平均增长率。一方面，美国对主要市场墨西哥的销量略有下降，而且对中美洲和加勒比地区，以及中东的出口量也略有下降。另一方面，美国对韩国、日本和澳大利亚等主要市场的贸易量则有所增加。

2020年年初，新西兰的出口受到奶产量下降与新冠肺炎疫情的严重影响，但下半年的强劲复苏使其出口削减不明显，这主要得益于对韩国、智利和中国的出口量增加。

白俄罗斯一直从俄罗斯对奶酪需求日益增长中受益。这个国家对2020年的世界贸易量贡献仅排在欧盟28国之后，在全球前五大出口国中，白俄罗斯增长率最高（增长12%）。因此，白俄罗斯一直是俄罗斯进口的主要供应国，拥有该市场87%的出口份额。

大多数主要奶酪市场的奶酪需求稳定或增长，可见全球市场对奶酪的需求长期稳定增长。尽管在2020年，俄罗斯再次显示出显著增长，但最有潜力的市场还是在亚洲，其中韩国和中国是领先的增长市场。

2. 黄油和无水奶油。2020年黄油和无水奶油世界贸易量收缩，达到99.5万t黄油当量（降低2.5%）。其中大约2/3是黄油贸易。国际市场乳脂供应的特点是高度集中的，前十大出口国的贸易量占世界贸易总量的近94%。其中新西兰和欧盟28国就占72%。

一直以来，这一类别中全球最大的出口国是新西兰，占到世界贸易总额的近一半。2020年，新西兰这一类别出口总量明显下滑（下降8%），主要是由于黄油出口的减少。新西兰1/5的黄油出口是进入其主要市场的中国，10万t贸易量是此产品类别全球最大的贸易流。尽管新西兰对中国，以及俄罗斯和沙特阿拉伯等主要市场的贸易量持续增长，但这些增长不足以抵消对其他国家贸易量的缩减，特别是对美国、阿联酋、墨西哥和菲律宾贸易量的缩减。

除新西兰外，印度是前十大出口国中导致全球乳脂出口缩减的另一个主要国家。它的出口仅针对亚洲部分地区和中东。2020年，印度对土耳其的出口几乎没有，而在2019年对土耳其占到总出口量的40%。

从积极的一面来看，2020年欧盟28国的出口量增加了近3.1万t（增长14%），将其在世界贸易额中的份额提升到了25%以上。欧盟28国对许多主要目的地的出口量都有所增长，如美国、沙特阿拉伯、中国、摩洛哥、埃及和乌克兰。与此同时，阿根廷、白俄罗斯和中国的出口量有小幅增长，而乌克兰的出口量则进一步回落。

黄油（脂肪）产品通常出口到许多国家，其中大多数在亚洲、北非和中东。中国和俄罗斯是全球最主要的进口国，共占到全球贸易总量的1/4左右，这两个主要市场的贸易量在2020年都有所增长。中国80%的供应来自新西兰，而白俄罗斯仍然是俄罗斯的传统供应国（59%）。总之在黄油市场上，新西兰是一个重要的参与者（23%）。

3. 全脂奶粉（WMP）。2020年，世界全脂奶粉贸易量增长2.5%，达到近270万t，这主要受益于中国、阿尔及利亚和巴西等国家的市场需求持续增长，其中57%的贸易量来自新西兰，其依然保持全脂奶粉无可争议的全球市场领导者地位。

中国和其他几个亚洲国家，包括一些海湾国家、阿尔及利亚、尼日利亚和巴西，构成了全球全脂奶粉贸易的焦点。2020年，这些前十大进口国占全球需求量的近60%。2020年，这些主要市场的贸易情况喜忧参半。虽然中国、阿尔及利亚和几个海湾国家（不是全部）都出现了增长，但来自其他几个进口国的市场需求，特别是亚洲的需求量有所下降。巴西的进口量增长最快，反映出对该国对全脂奶粉的需求激增，全脂奶粉是解决干旱带来的国内供应困难最经济的解决方案。

尽管增长缓慢，巨大的中国市场需求持续增长支持了国际贸易的增长。全球对中国的出口量增长了2%，产品贸易量达到了约72.2万t。由此，中国市场进口量占到世界贸易的近27%。

对中国贸易的增长主要来自市场领导者新西兰，2020年新西兰主导该市场91%的份额，对中国出口量占到其全脂奶粉出口总量的近43%。除了新西兰，还有少数几个出口国通过扩大出口从日益增长的中国市场中分得了一杯羹，首先是美国。虽然2020年新西兰的出口总量保持稳定，欧盟28国和南美国家的出口增长幅度较大，主要来自阿根廷，乌拉圭次之。对欧盟28国来说，这标志着已从表现疲软的一年中复苏，而在南美洲，这反映出气候条件好转带来的产奶量增加。欧盟28国将其产品出口到不同缺奶地区，而阿根廷和乌拉圭的出口主要集中在阿尔及利亚和邻国巴西。除白俄罗斯外，其余前十大出口国的出口均为负增长。

同时，一些像阿联酋这样的国家似乎同时是重要的进出口国，反映出其在中东地区贸易中心的地位。

4. 脱脂奶粉（SMP）。2020年，脱脂奶粉的全球贸易量收缩了近3%，略低于250万t。主要是由于经济放缓、受新冠肺炎疫情影响和各国产量的增加导致的。前十大出口国的情况各不相同。欧盟28国、新西兰、土耳其以及加拿大、乌克兰和乌拉圭（程度较轻）的出口都有所下降，美国和阿根廷的出口增长无法完全弥补这一损失。

欧盟28国和美国在这一产品类别中继续占据全球市场的主导地位，共占2020年总出口量的2/3。

欧盟28国的出口下降了近14%，主要是由于对东亚和中东市场的销售量减少。相比之下，尽管美国的主要市场墨西哥的需求量大幅下滑，但美国出口商成功地将出口扩大了16%。凭借在国际市场上的高度竞争力，美国的出口量创下历史新高。因此，美国从前一年的经济衰退中恢复不少。这主要是由于对包括中国在内的多个亚洲市场的出口量有所增加。尽管在2020—2021生产季开始后，2020年上半年出现了复苏，但总体来说，新西兰的出口量下降了4%。除印度尼西亚外，亚洲所有主要目的地的进口量大幅减少。中国的情况也是如此，新西兰继续保持其市场领先地位，但其份额下滑至35%。与此同时，美国、白俄罗斯和澳大利亚加强了对快速增长的中国市场的出口，中国市场2020年的脱脂奶粉进口量增长8%以上。因此，中国占到2020年全球脱脂奶粉出口市场近15%的份额。

随着牛奶供应的恢复，澳大利亚脱脂奶粉在2020年的出口量基本稳定（增长0.8%），白俄罗斯的情况也是如此，通过增加对其他多个目的地的出口量，主要是对中国、孟加拉国和马来西亚，弥补了对俄罗斯和哈萨克斯坦传统市场出口的减少。

除美国外，阿根廷是唯一一个在2020年脱脂奶粉出口量大幅增长的主要出口国。其一半以上的脱脂奶粉出口被销往邻近的巴西市场，2020年巴西需求量增加促进了阿根廷出口量的增长。

5. 牛奶和奶油。鉴于产品的性质，牛奶和奶油的贸易从传统上更多地集中在本地区和附近目的地，而大部分与全球范围的（长距离）贸易没有太多关联。然而，市场动态加上牛奶加工技术和物流的发展，使得远距离牛奶运输成为世界贸易中越来越重要的因素。

2020年，全球的牛奶和奶油贸易（包括更多的区域内贸易流）总量超过340万t，贸易量同比增长10%，增加约32.5万t。因此，牛奶和奶油类别大大推动了2020年世界贸易的增长。

欧盟28国占到全球贸易的1/3以上（36%），是这一类别目前出口份额最大的国家。位列其后相差较远的是新西兰、澳大利亚、白俄罗斯和沙特阿拉伯。欧盟28国、新西兰和澳大利亚将其大部分产品运往海外目的地，特别是在亚洲（中国）和中东，而白俄罗斯和沙特阿拉伯的出口更具区域性。前者主要针对俄罗斯联邦，后者主要供应海湾地区的邻国。与总体发展趋势一致，大多数主要供应国的出口量都有所增加，新西兰和沙特阿拉伯除外，这两个国家的一些出口目的国的需求有所下降。

牛奶和奶油类的出口贸易快速增长，尤其是在过去10年迅速发展，这与中国市场的需求持续增加密切相关，特别是在过去两年中，中国的进口量激增，2020年达到110万t，这相当于2015年水平的两倍多，约占世界贸易量的1/3。

2020年，仅中国的需求就占了世界贸易增长的一半以上。所有对华出口中，大多数（60%）来自欧盟28国，尤其是德国、波兰和法国。欧盟28国也再次成为从中国需求增长中获益最大的，占到中国进口增量的近90%。因此，在2020年，欧盟扩大了其市场份额，特别是抢占了新西兰的份额。

虽然中国的需求依然强劲，是该品类市场发展的主要驱动力，但由于各种原因，2020年其他几个前十大进口国的需求并不繁荣。新冠肺炎疫情带来的经济不确定性（亚洲）和/或许多国家（利比亚）的持续不稳定影响了消费者需求。

六、价格

（一）乳制品市场价格。2020年，新冠肺炎疫情对各种乳制品的价格都产生了巨大影响。全年出现了显著波动，这与疫情形势和经济的区域发展有关。

2020年年初与2019年年底一致，价格呈稳定（黄油）或上涨（奶粉）趋势。但很快人们担心的价格下跌就来了，新冠肺炎疫情对市场造成了重大影响。通过市场份额加权，以衡量脱脂奶粉、全脂奶粉、黄油和奶酪国际价格变化的粮农组织乳制品价格指数在2020年1—5月下降了近10个百分点。

一旦世界大部分地区放松封锁措施，乳制品需求量将部分恢复，价格将继续上涨，到2020年年底，接近新冠肺炎疫情前水平。

1—3月，黄油价格（大洋洲离岸价）小幅上涨4%。但之后价格出现下跌，原因是新冠肺炎疫情导致需求下降，到9月降至每吨3 400美元，相比3月的价格水平下降了20%。在第四季度情况有所改善，12月价格达到每吨4 300美元，高于1月的水平。欧洲的价格也表现出同样的趋势，但在第二季度下降幅度较大，1–5月下降了36%。2020年全年平均下来，大洋洲离岸价格为每吨3 875美元（下降14%），西欧离岸价格为每吨3 670美元（下降16%）。

2020年年初，脱脂奶粉市场价格受到需求低迷和美国竞争性价格的影响，之后又受新冠肺炎疫情影响，价格进一步下跌。尤其是在欧洲，1—5月，脱脂奶粉价格下降了36%，而大洋洲离岸价格下降了17%。黄油价格在2020年下半年缓慢回升。全年平均下来，大洋洲脱脂奶粉离岸价格为每吨2 806美元（上涨6%），而西大洋洲离岸价格为每吨2 452美元（上涨2%）。

全脂奶粉价格表现出与脱脂奶粉价格相同的发展趋势，在2020年上半年呈下降趋势，随后缓慢复苏。总体而言，2020年大洋洲全脂奶粉离岸价格为每吨2 987美元（下降5%），西欧和南美全脂奶粉离岸价格分别为每吨3 082美元（下降7%）和每吨3 028美元（下降3%）。

2—4月，国际切达干酪价格（大洋洲离岸价）稳定在每吨4 400美元左右，然后下降，并在8月降至2020年最低点每吨3 531美元。在世界大部分地区，经济复苏导致了2020年下半年切达干酪的价格上涨，达到每吨4 400美元，相当于2020年1月的水平。全年平均下来，大洋洲离岸价格为每吨3 965美元，与上一年相比略有上涨（上涨1%）。

由于中国消除非洲猪瘟带来的影响，乳清粉的需求有所增加，其价格在2020年下半年回暖，但2020年年初其价格也受到了新冠肺炎疫情的影响，1–5月下降了20%。2020年西欧乳清粉的离岸价平均为每吨877美元，较2019年小幅下降4%。

（二）农场收奶价格。

1. 总体情况。从2020年4月起，全球多个国家的收奶价格反映出新冠肺炎疫情导致的乳制品市场价格下跌。年初全球乳制品市场受到疫情冲击，世界许多地区的农场收奶价格在某个时候达到了低点后，趋于回暖，然而，在大多数没有达到疫情前的水平。总体来说，2020年的牛奶价格令人失望，再加上投入成本（如饲料）剧增，对世界许多地区的奶牛场效益产生了负面影响。

2. LTO农场收奶价格。LTO国际牛奶价格比较网站（www.zuivelnl.org/en/milkprices）对欧盟28国、美国和新西兰的农场收奶价格进行了分析。LTO欧盟价格是基于欧洲16家大型乳业公司支付给养殖场的平均收奶价格。美国和新西兰的牛奶价格分别是基于美国农业部的三级价格和全球最大乳品出口商恒天然支付的价格。LTO价格是以4.2%脂肪和3.4%蛋白质标准化后的价格。

3. 2020年的牛奶价格。与前一年相比，2020年欧盟28国农场收奶价格下降了约1.7%，降至每100kg标准奶33.47欧元（1欧元≈7.04RMB）。这是连续第三年下降。

以美国农业部公布的“所有牛奶”价格为基础，美国奶价在2020年也下降了1.7%，从2019年的每100磅*（cwt）18.63美元降至2020年的18.32美元。与欧盟28国和美国相反，新西兰2020年的牛奶价格比前一年有所上涨。

根据最近更新的数据（2021年5月26日），2020/2021年度产奶季恒天然收奶价为每千克乳固体（脂肪和蛋白质）7.55新西兰元（1新西兰元≈4.25RMB），比2019/2020年产奶季增加0.36新西兰元（上涨5.0%）。

4. 2021年上半年的发展形势。在2021年前8个月，欧盟委员会牛奶市场观测公布的每一个欧盟国家的牛奶价格比2020年高出4%。

从2021年1—7月，美国所有牛奶的平均价格为每100磅（cwt）17.99美元，相比2020年平均水平下降了1.8%。

恒天然最新预测的2021/2022年产奶季农场收奶价格为每千克乳固体8.00新西兰元（是7.25~8.75新西兰元的中间价）。这反映了对国际乳制品市场发展的积极预期。

（资料来源：IDF）

*磅为非法定计量单位，1磅≈0.45kg。——编者注

九、奶业大事记

NAIYE DASHIJI

2021 年奶业大事记

1 月

1 日　中国农业科学院北京畜牧兽医研究所消息，农业农村部畜牧兽医局局长杨振海一行于 2020 年年底到牧医所调研奶业科研情况，并向一线科研人员表达新年慰问。牧医所所长秦玉昌、奶产品质量与风险评估科技创新团队首席专家王加启陪同调研。

杨振海局长一行实地考察奶业楼，参观了农业农村部奶及奶制品质量监督检验测试中心（北京），了解了奶产品相关检测仪器设备的性能和使用情况，充分肯定了质检中心在奶业高质量发展工作中发挥的重要作用。

他指出，奶及奶制品质检中心经过 15 年的创新发展，取得了一系列重要科研成果，是奶业质量安全研究的国家队。他强调，奶业发展关乎民生，推进奶业振兴，实现奶业高质量发展还有很多硬仗要打。“十四五”期间，要继续加强奶业质量安全及品质提升技术科研攻关，多下功夫，多出成果，助力推进奶业振兴。

农业农村部畜牧兽医局有关处室负责人、牧医所有关部门和团队负责人，以及科研人员等 30 余人参加了座谈。

5 日　农业农村部办公厅公布 2020 年畜禽养殖标准化示范场名单，涉及奶牛养殖标准化示范场 22 家，奶山羊养殖标准化示范场 1 家。

同日　广西水牛奶业发展工作座谈会在南宁举行。从会上获悉，2020 年广西水牛奶产业产值实现 50 亿元。广西是全国唯一拥有摩拉水牛、尼里 / 拉菲水牛、意大利水牛 3 种河流型水牛品种的省份，全区良种水牛存栏 888 头。

同日　内蒙古圣牧高科牧业有限公司历时 119 天攻关，所有分、子公司全部完成 SAP-ERP 系统切换及数据补录，SAP-ERP 项目实现全面上线运行，开启了智慧牧场、有机乳业数字化时代。

6 日　河北省农业农村厅向河北省应对新冠肺炎疫情领导小组办公室发出“关于协调生鲜乳和雏鸡运输车辆通行的请示”。

8 日　蒙牛百亿集群焦作四期项目竣工投产仪式举行。河南省焦作市委书记王小平、市长徐衣显及蒙牛集团总裁卢敏放等出席。

同日　北大荒完达山乳业股份有限公司与江南大学战略合作签约仪式在无锡举行。北大荒农垦集团有限公司党委委员、副总经理，北大荒完达山乳业股份有限公司党委书记、董事长王贵，江南大学校长助理张光生出席签约仪式。北大荒完达山乳业副总经理王利代表完达山与江南大学及教授团队签署战略合作协议。江南大学产业研究院院长刘龙、食品学院院长刘元法出席签约仪式。

9 日　伊利现代智慧健康谷项目集中签约仪式暨呼和浩特市招商引资工作推进会在新城宾馆举行，内蒙古自治区党委常委、呼和浩特市委书记王莉霞，伊利集团董事长潘刚出席。土左旗人民政府与内蒙古乳业技术研究院有限责任公司、优然牧业、腾讯科技、厦门合兴等企业签署涉及国创中心、奶源牧场、智慧城市、乳产业链上下游四大类共 16 个建设项目，成为呼和浩特市“招商引资落地年”首批签约落地项目。

12 日　中共中央政治局委员、国务院副总理胡春华到中国农业科学院北京畜牧兽医研究所，调研国家肉牛遗传改良中心、全国种公牛联网实时监控中心，了解畜禽种业科研进展和国家畜禽种质资源库建设筹备情况，并出席专家座谈会认真听取畜禽种业领域专家意见建议。

胡春华指出，畜禽良种既是畜牧业现代化的基础，也是我国畜牧业发展中亟待加强的薄弱环节。要开展好畜禽遗传资源调查收集，加快布局建设种质资源库和保种场，强化畜禽种质资源遗传材料保存和活体保护，切实做到应保尽保。要大力推进畜禽种业科技自主创新，启动实施重点种源关键核心技术攻关，选育一批优势特色品种，提升核心种源自给率。要充分发挥畜牧业大型龙头企业创新主体作用，促进产学研用深度融合，建立健全商业化育种体系，提高畜禽种业产业科技创新能力和推广应用水平。

12 日　国务院扶贫办社会扶贫司公布企业精准扶贫综合案例 50 佳和企业精准扶贫专项案例 50 佳名单，蒙牛“创新产业扶贫模式，决战决胜脱贫攻坚”和“创新‘3+X’扶贫模式，多方位助力脱贫攻坚”两个案例入选。

13 日　国家畜禽遗传资源委员会办公室公布《国家

畜禽遗传资源品种名录（2021年版）》收录畜禽地方品种、培育品种、引入品种及配套系948个。涉及奶畜品种主要有引进的荷斯坦牛、莎能奶山羊等，培育品种主要有中国荷斯坦牛、关中奶山羊等。

同日 辽宁辉山乳业集团有限公司向中国奶业协会发出感谢信，感谢中国奶协在沈阳及辽宁抗击新冠肺炎疫情的关键时期，发挥行业协会沟通协调作用，以高度的责任感和使命感，第一时间发出倡议，号召奶业企业稳定奶业生产，保障乳品供应，将有营养、促健康的乳制品及防疫物资，及时运输到疫情一线，为稳定乳品市场和疫情防控做出积极贡献。

同日 中国探月工程嫦娥五号搭载伙伴揭秘暨中国飞鹤科研成果发布会举行，中国飞鹤作为中国探月工程嫦娥五号婴幼儿配方食品官方合作伙伴，旗下明星产品“星飞帆”与嫦娥五号一路相伴，成为首个进入地月空间的婴幼儿配方食品，印有“中国飞鹤”字样的铭牌永留月面。国家航天局探月与航天工程中心副主任刘彤杰、中国飞鹤副总裁魏静致辞，中国飞鹤创新中心高级总监蒋士龙公布飞鹤母乳科研成果。嫦娥五号副总指挥张玉花高度肯定飞鹤持续加码科研、锻造品牌实力的实践价值。中国飞鹤董事长冷友斌、中国奶业创新联盟理事长王加启、中国奶业协会副秘书长李栋、北京大学营养与食品卫生学系教授许雅君等出席发布会。发布会最后，国家航天局探月与航天工程中心副主任刘彤杰将探月搭载证书，移交到中国飞鹤董事长冷友斌手中。

同日 北京市市场监督管理局消息，2020年北京市市场监管局特殊食品处牵头，联合广告处、网监处对丽家宝贝、乐友等大型婴幼儿配方乳粉连锁经营企业及京东、美团、中粮我买网、亚马逊、聚美优品等9家相关网络第三方平台进行约谈，并对婴幼儿配方乳粉经营企业的经营和宣传行为，网络第三方平台落实入网核验、定期更新义务，刊登广告及发布产品信息等问题提出相关要求。2020年，针对全市婴幼儿配方奶粉经营企业开展双随机监督检查，各区局重点对涉及网络经营的婴幼儿配方奶粉经营企业及入驻的第三网络平台进行全面检查。北京市共有5 233家婴幼儿配方奶粉经营企业，共计检查6 399户次，出动执法人员13 821人次，监管覆盖率达100%。

14日 中央农办、农业农村部印发《关于做好当前农村地区新冠肺炎疫情防控有关工作的通知》，要求切实抓好疫情中高风险地区农产品供应，满足城乡居民生活需求。把粮油、蔬菜、肉蛋奶、水产品等农产品纳入疫情防控期间生活必需品保障范围。

同日 农业农村部农业机械化管理司、农业农村部畜牧兽医局共同推介20个畜禽养殖机械化典型案例。涉及奶牛养殖机械化应用典型案例4例：分别为河南花花牛农牧科技有限公司，推行生态发展模式打造机械化种养结合基地；北京金银岛牧场，机械化智能化装备改善奶牛养殖条件；江苏宇航食品科技有限公司，“机器换人”推动奶牛养殖产业转型升级；湖南优卓牧业有限公司，利用机械化装备推动集约化种养结合等。

同日 上海市市场监督管理局发出进一步推进乳制品质量安全提升工作的通知。

17日 《齐鲁晚报》消息，山东省市场监管局在济南举办乳品检验能力提升专题培训班，全省64家乳制品生产企业的104人参加培训。

同日 由光明乳业旗下光明优加纯牛奶倾力赞助的2020赛季F1电竞中国冠军赛全国总决赛在上海市浦东融媒体中心收官。

18日 国家统计局公布，2020年牛奶产量3 440万t，与2019年相比，增长7.5%，同比增长率创下近年来新高，国内牛奶供应趋紧的局面渐趋改善。

19日 农业农村部召开全国“菜篮子”产品保供稳价工作视频会。农业农村部副部长于康震出席会议并讲话。会议要求，农业生产部门要抓生产，加大支持力度，保障果蔬、肉蛋奶、水产品等“菜篮子”产品产得出、供得上。

同日 农业农村部办公厅印发《关于做好新冠肺炎疫情中高风险地区动物防疫和畜产品稳产保供工作的通知》，明确要求将出栏畜禽和肉蛋奶产品纳入疫情防控期间生活必需品保障范围。

同日 中国现代牧业控股有限公司（1117.HK）发布公告，根据公司可得的未经审核综合管理账目及相关资料之初步评估，预期本集团2020年全年业绩将录得溢利不低于人民币7亿元（其中包含本公司向合资公司注入可生产能源的资产，确认的一次性出售净收益共约人民币0.72亿元），同比增长不低于100%（2019年同期溢利约为人民币3.50亿元，其中包含一次性应收账款减值拨回约人民币1.61亿元）。如果撇除两个期间的一次性收益，溢利同比大幅增长230%以上。

20日 从中国人民银行乌鲁木齐中心支行了解到，中国人民银行乌鲁木齐中心支行通过印发《新疆银行业信贷工作指导意见》，引导辖区金融机构出台加强对畜牧业等特色产业的针对性支持政策，促进信贷资源持续倾斜。伊犁哈萨克自治州、克拉玛依、阿勒泰等地均已陆续出台金融支持奶业振兴相关举措。中国农业发展银行新疆分行积极推动落实“奶业振兴行动”方案，先后为和田西域春乳业有限公司、新疆西部牧业股份有限公司提供贷款5 000万元和6 000万元，支持乳品加工厂建设和奶牛饲养基地建设。国家开发银行新疆分行向兵团第四师可克达拉市创锦牧业有限公司发放5 000万元流动性资金贷款，贷款利率2%；阿勒泰辖区金融机构为奶业企业发放的贷款，利率较其他领域低1个百分点；农发行巴音郭楞蒙古自治州分行已为三宇公司发放500万元贷款作为流动资金扶贫贷款，利率为2.85%。

此外，辖区各级中国人民银行还积极推动各地政府相关部门将政策性农业保险工作纳入民生建设工程，严格落实对奶牛养殖采取中央财政补贴50%、自治区财政补贴30%、其余20%农户自交的“532”模式政策性保险支持，提高奶业产业链上企业风险共担和财政补贴水平。

22 日 央视财经频道报道，受到疫情影响，乳制品的销量大幅上升，尤其低温奶受到越来越多消费者的欢迎，为此不少乳制品企业也纷纷加大了低温奶市场的布局。与此同时，低温奶的线上销量增速更为迅猛。据天猫商城提供的数据显示，2020 年常温奶的销量同比增长了 50%，而低温奶的销量同比则增长了 150%。

同日 中国农业大学官网新闻中心推出情系奶业的“牛”教授长篇报道，介绍该校动物科学技术学院教授、国家奶牛产业技术体系首席科学家李胜利的事迹。

同日 10 点 20 分，随着北京朝阳站正式开始运营，G915 次复兴号缓缓驶出，由北大荒完达山乳业股份有限公司冠名的京哈复兴号高铁正式首发。

同日 黑龙江省人民政府新闻办公室举行“黑龙江省应对新冠肺炎疫情防控工作”系列新闻发布会的第 63 场。黑龙江省农业农村厅副厅长虞塞明在介绍“保障群众‘菜篮子’供应举措”有关情况中谈到，全省生鲜乳日产量 6 000t，自给率 200% 以上。

同日 中国光彩会第六次会员代表大会暨全国抗击新冠肺炎疫情民营经济先进个人表彰大会在京召开，伊利集团董事长潘刚荣膺“全国抗击新冠肺炎疫情民营经济先进个人”称号。

25 日 江西省市场监管局印发《江西省乳制品质量安全提升行动方案》，决定从 2021—2023 年在全省组织开展乳制品质量提升行动。

26 日 商务部部长王文涛与新西兰贸易和出口增长部长奥康纳分别代表两国政府，通过视频方式正式签署《中华人民共和国政府与新西兰政府关于升级〈中华人民共和国政府与新西兰政府自由贸易协定〉的议定书》。升级协定约定维持现有的乳制品条款，大部分产品的保障性关税将在一年内取消，奶粉则在三年内取消。即 2024 年 1 月 1 日，新西兰出口到中国的所有乳制品都将免征关税。

同日 内蒙古自治区第十三届人民代表大会第四次会议在内蒙古人民会堂开幕，自治区主席布小林在政府工作报告中提出，内蒙古推进奶业振兴，鼓励以混合所有制形式建设奶源基地和牧场。蒙牛集团总裁卢敏放提出了关于支持乳业交易中心建设、推动公平交易，建立更公平合理的乳业原料定价机制，让牧场、牧民以及产业链各个环节分享更多乳业发展红利的相关建议。

同日 Brand Finance 2021 年全球品牌价值 500 强报告发布，伊利品牌价值保持强劲增长，较去年增长 11%，排名上升至第 177 位，首次进入全球 200 强品牌行列，亦是进入此行列唯一的中国食品品牌，并稳居食品类品牌全球第二名。

同日 合肥元兴牧业有限公司在安徽省合肥市长丰县开工。安徽省农业农村厅畜牧技术推广总站站长李赛明、合肥市农业农村局副局长朱正和、长丰县副县长方捷、内蒙古优然牧业有限责任公司副总经理许燕飞等参加活动。

据悉，项目总投资 2.4 亿元，总建筑面积约 31.5 万 m^2。项目建成后，奶牛存栏 4 300 头，年产优质原料奶 2.5 万 t，为合肥伊利打造农业产业化百亿工厂提供优质的原料奶。该项目配套了国际先进的全自动挤奶系统、现代化奶牛饲养设施、全天候奶牛饲喂 TMR 配料系统，以及完善的粪污处理系统。

27 日 蒙牛总裁卢敏放应邀出席世界经济论坛“达沃斯议程”对话会，围绕“改变粮食系统和土地使用”话题，与荷兰首相马克·吕特、世界粮食计划署执行干事大卫·比斯利、荷兰皇家帝斯曼集团 CFO Matchett 等嘉宾展开讨论。会上，卢敏放总裁分享了蒙牛抗击疫情、中国乳业节能减碳、满足公众营养需求、打造责任供应链等方面的经验，并就改善粮食安全等议题提出了建议，得到与会人员及主流媒体的高度认同与关注。

28 日 甘肃省市场监督管理局印发甘肃省乳制品质量安全提升行动实施方案。

同日 中国奶业协会消息，国家知识产权局商标局发布第 1727 期《商标公告》，阿拉善右旗沙漠之神驼奶协会申请在第 29 类驼奶（鲜奶）上地理标志证明商标获商标注册初审公告。据悉，阿拉善右旗双峰驼存栏总数 5.7 万峰，从业农牧民 2 100 余人，养驼户户均增收 2 万余元。

29 日 中国奶业协会消息，中国疾病预防控制中心营养与健康所推出 2020 年新时代健康科普作品征集大赛优秀作品。其中提到成年人每天喝奶 300g（mL）或相当量的乳制品，如 300g 酸奶、37.5g 奶粉、30g 奶酪；对儿童来说，早餐可以食用奶酪 2~3 片，或者课间饮一瓶牛奶或酸奶。对于乳糖不耐受的人，可首选酸奶、奶酪或低乳糖乳制品。

30 日 若尔盖高原之宝牦牛乳业有限责任公司正式落地若尔盖扶贫工业园，入驻签约仪式在成都举办。签约仪式由若尔盖县人民政府县长余开勇同志主持。阿坝州政协副主席、中共若尔盖县委书记泽尔登，四川省经济和信息化厅领导农产品加工处处长何开华，高原之宝董事长王世全、执行副总裁郭鹏，若尔盖高原之宝总经理姜岩世出席签约仪式。

同日 中央宣传部、国家发展改革委向社会发布了 2020 年“诚信之星”。黑龙江飞鹤乳业有限公司董事长冷友斌荣获全国“诚信之星”殊荣。

31 日 央视网报道，从工业和信息化部了解到，由工业和信息化部主导开发的“婴配乳粉追溯”小程序，已接入 76 家国内主要婴配乳粉企业的相关数据，消费者可通过“婴配乳粉追溯”小程序，实现扫码查询追溯信息，能够全面了解“产品信息”“消费信息”“企业信息”三大类 32 项内容。

2 月

1 日 中央农办、农业农村部召开统筹做好农村地区疫情防控和“菜篮子”产品稳产保供视频调度会。会议要求各地千方百计稳定蔬菜和肉蛋奶、水产品等重点产品生产，加强质量安全监管，抓好流通运输、市场调控和产销衔接，从源头保障供应不断档、不脱销。农业农村部副部长于康震出席会议并讲话，国家首席兽医师李金祥主持会议。河北、黑龙江、广东、四川4省在会上做了交流发言。会议在各省（自治区、直辖市）设立分会场。

2日　内蒙古自治区、江西省、湖南省、甘肃省等地陆续召开“奶业两会”。其间，多位人大代表、政协委员围绕奶业发展建言献策。内蒙古自治区人大代表、国际乳品联合会董事、蒙牛集团总裁卢敏放提出《关于促进内蒙古奶业转型升级，实现高质量发展》《关于支持乳业交易中心建设、推动公平交易》的相关建议。建议中提出，通过打造产业集群，助力内蒙古奶业转型升级，拓展中国乳业高质量发展，推动打造建立更公平合理的乳业原料定价机制，让牧场、牧民以及产业链各个各环节分享更多乳业发展红利。内蒙古自治区政协委员、伊利集团奶牛科学研究院营养中心副主任韩吉雨带来《关于建立奶业基建投资平台，加快实现奶业发展良性循环》的提案。内蒙古自治区政协委员，建设银行内蒙古分行党委书记、行长张连钢在接受采访时表示，以“新金融”理念助力内蒙古自治区奶业振兴。江西省政协委员、人之初集团董事长李国勇提出《加大特医特膳食品产业投资，助力打造康养食品强省》的提案。湖南省政协委员、澳优乳业董事长颜卫彬提出《以创新思维加快湖南乳业发展》的建议。甘肃省人大代表梁和平在参加武威代表团审议时建议，加大对奶业产业的支持，建设以武威为重点的河西奶源、奶业基地。甘肃省人大代表、武威市人民政府副市长王琳玺在甘肃省第十三届人民代表大会第四次会议接受采访时表示，力争用3~5年的时间，把武威打造成河西走廊的黄金奶源基地和甘肃乳都。甘肃省人大代表、庄园牧场董事长马红富在接受采访时说：“甘肃省土地面积大，发展农业特色产业优势明显，在公司奶源供给能力不断增强的情况下，甘肃省充足的苜蓿资源，进一步夯实了庄园牧场的奶源质量，从而为公司长足发展注入了动力。”

同日　中国奶业协会消息，蒙牛集团积极响应党中央、国务院决策部署和农业农村部提出的要求，全力保障“肉蛋奶”产品“产得出、供得上”号召，第一时间拿出10亿元资金，通过“爱养牛”平台，帮助近千家牧场采购物料，并为牧场送去14种品类的春节物资礼包，包括“苜蓿草、玉米、豆粕、清洗液、消毒剂、兽药、冻精、易耗品”等。

同日　天润乳业股份有限公司与新疆生产建设兵团第十二师222团举行合作项目签约仪式，双方就投资建设万头奶牛养殖项目达成一致，签署了合作框架协议。

3日　中国奶业协会主办的《中国奶业“十四五”战略发展指导意见》编制工作筹备会在北京召开。农业农村部畜牧兽医局二级巡视员王俊勋在会上致辞，原农业部副部长、中国奶业协会名誉会长、中国奶业协会战略发展工作委员会名誉主任高鸿宾出席会议并做重要讲话，中国奶业协会副会长兼秘书长刘亚清做主题报告，原农业部党组成员、中国奶业协会战略发展委员会名誉常务副主任毕美家主持会议。出席线下主会场活动的领导和嘉宾有中国工程院院士、中国奶业协会会长李德发，中国工程院院士、中国奶业协会副会长任发政，农业农村部畜牧兽医局奶业处处长卫琳，农业农村部食物与营养发展研究所所长、饲料饲养与环境专业委员会主任王加启等。

以视频方式参会的有李胜利、仪坤秀、吴胜军、张胜利、杨利国、李秀波、毛学英、黄加祥、罗军、卜登攀、杨志刚、罗海等中国奶业协会专业委员会主任，伊利副总裁刘春喜、蒙牛执行总裁李鹏程、光明董事长濮韶华、现代牧业总裁高丽娜、君乐宝董事长魏立华、三元董事长于永杰、飞鹤董事长冷友斌、完达山董事长王贵、新希望董事长席刚、乳业总裁朱川，卫岗总裁谭玲、燕塘总裁冯立科、天润董事长刘让、长富董事长蔡永康、西域春总经理卫新璞等中国奶业20强及观察员企业和学生饮用奶生产企业有关负责人，以及其他参编人员总计200余人。

同日　中国奶业协会召开乳品企业现代化评价工作筹备会。出席《中国奶业“十四五”战略发展指导意见》编制工作筹备会的领导嘉宾共同出席了此次会议。中国奶业协会副会长兼秘书长刘亚清、农业农村部畜牧兽医局二级巡视员王俊勋、中国奶业协会会长李德发院士分别在会上讲话。本次会议由中国工程院院士、中国奶业协会副会长任发政主持。

同日　河南省市场监督管理局印发《全省乳制品质量安全提升行动实施方案（2021—2023年）》。

同日 福建省市场监督管理局印发《推进落实乳制品质量安全提升行动工作方案》。

4日　食品安全国家标准审评委员会秘书处印发《食品营养强化剂L–肉碱酒石酸盐》等26项食品安全国家标准函件，向社会公开征求意见。

同日　庄园牧场与新疆蒙牛乳业有限公司签署战略合作协议，双方决定就生鲜乳购销、乳制品加工、乳制品研发、供应商共享等领域形成战略合作伙伴关系。

同日　河南省奶业协会发布《关于推行〈生鲜乳购销合同（示范文本）的指导意见〉》。

5日　蒙牛把首笔15亿元全部发放到上千家合作牧场手中，此笔免息资金是为了帮助牧场缩短饲草料采购账期，降低采购成本，节省融资成本，保障牧场农牧民有充足的现金流，以稳定经营。据悉，蒙牛计划2至4月，再次增加拨款，向牧场调拨50亿元免息资金，并将全年授信额度扩大到200亿元，保障牧场持续发展。

7日　中国经济网发表长篇通讯，《做好稳供“领头羊”：看蒙牛如何守护老百姓的“奶瓶子”》。

同日　光明乳业消息，由每日经济新闻和商道纵横共同发起的第二届“首席责任官”的评选结果于2021CRO全球责任峰会上正式对外公布，光明乳业当选本年度“首席责任官”。

9日 农业农村部、国家发展改革委、财政部、交通运输部、商务部、国家卫生健康委、海关总署、市场监管总局八部委联合发文：《严禁违法断路封路，确保畜禽养殖场等场所道路畅通》。

同日 中国奶业协会向社会公开发出征求团体标准意见的函，征求《奶牛热应激防控标准》《全株玉米青贮制作质量标准》《牧场安全生产管理标准》《奶山羊羔羊人工哺育技术规程》4项团体标准意见。

10日 中国农业科学院北京畜牧兽医研究所消息，奶业创新团队研究揭示了瘤胃细菌脲酶辅助蛋白UreG与UreE互作机制，并鉴定出了UreG和UreE结合及镍传递的关键位点，为调控脲酶活性、提高尿素氮利用率提供了靶标。相关研究成果发表在《国际生物大分子杂志》上。据王加启研究员介绍，反刍动物瘤胃微生物脲酶在尿素氮代谢中发挥着重要作用，抑制脲酶活性有助于提高尿素氮利用率，增加瘤胃微生物蛋白合成量，提高牛奶合成底物量。

12日 《解放日报》以《喜迎金牛 光明乳业玩转"牛"》为题，分享了光明乳业新春期间紧紧围绕一个"牛"字，结合主业打出一套营销组合拳，营造出满满的牛市氛围，祝福消费者牛运当头，牛气百倍的新春营销案例。

同日 凌晨，农历新年的第一批优倍鲜奶在光明乳业乳品四厂生产出炉，由光明"随心订"党员章毅峰和送奶员一起乘坐专车送达幸运的消费者家中，除却新鲜出产的牛奶，光明乳业还特别订制了"光明牛年大礼盒"，为留沪过年者送上光明温暖。

23日 现代牧业董事会主席卢敏放前往现代牧业集团总部及马鞍山牧场。卢敏放与现代牧业集团管理层召开现场座谈会。卢敏放表示，2021年行业形势向好，市场供需两旺，蒙牛将全力支持现代牧业做大做强。现代牧业集团总裁高丽娜表示，未来现代牧业将沿着蒙牛及董事会的正确思路和方向，提升创新思维，进一步完善大数据，实现饲养的标准化、精准化和精细化。

23日 中国食品科学技术学会印发关于开展《食品安全国家标准 食品营养强化剂 乳铁蛋白》（GB 1903.17-2016）标准修订行业调研的通知。

24日 浙江省农业农村厅公开征求《关于促进奶业高质量发展的意见（征求意见稿）》意见。

25日 全国脱贫攻坚总结表彰大会在北京人民大会堂举行，大会对1 981名"全国脱贫攻坚先进个人"，1 501个"全国脱贫攻坚先进集体"进行了表彰。伊利集团入选"全国脱贫攻坚先进集体"，党委书记、董事长、总裁潘刚参加大会。

26日 宁夏回族自治区科学技术厅印发《自治区奶产业高质量发展科技支撑行动方案》。

同日 位于延安市洛川县杨舒便民服务中心的优然牧业万头优质奶牛生态循环养殖示范牧场破土动工。优然牧业北谷万头奶牛牧场项目落户在杨舒北谷村，由优然牧业有限责任公司投资建设，项目总投资5亿元，占地1 300亩，建设规划养殖母牛约6 000头，后备母牛约4 000头。

同日 欧洲冰激凌项目交流研讨会在上海奶业行业协会召开。上海奶业行业协会秘书长钱建国、办公室主任曹雅芬，上海益民一厂有限公司副总经理王香、市场总监张楠，光明乳业研究院冰激凌高级经理马中媛，欧洲冰激凌中国项目总负责人Lina、项目经理徐璐，应邀参加会议。

27日 "光明·无限想象 凡尔赛宫中国巡展"在上海新天地时尚举行了开幕仪式。法国驻上海总领事纪博伟、光明乳业股份有限公司董事长濮韶华等相关领导莅临开幕仪式并致辞，同时法国凡尔赛宫主席凯瑟琳（Mme Catherine P é gard）发来远程视频祝贺。

28日 国家统计局发布2020年中华人民共和国国民经济和社会发展统计公报。2020年牛奶产量3 440万t，比2019年增长7.5%。

同日 从咸阳市农业农村局获悉，2021年咸阳市在推进发展奶山羊特色产业上，已开工建设羊场12个，全市奶山羊存栏80万只，羊乳产量18万t，存栏100只以上的奶山羊场120个，羊奶机械化挤奶站64个；年加工羊奶粉14万t，液态奶3万t，奶山羊全产业链产值120亿元。

3月

2日 《呼伦贝尔日报》报道，海拉尔海关释放减免税红利，全力支持奶业基地建设。报道称，2020年海拉尔海关为辖区进出口企业审批减免税进口种牛8 732头，同比增长1.25倍，货值1.15亿元，减免税款1 106.39万元，同比增长1.31倍。

同日 《青年报·青春上海》刊发长篇报道，讲述了光明乳业金山种奶牛牧场"奶牛美甲师"邵长亮"9年修了27万只牛蹄"的感人事迹。

3日 黑龙江省人民政府发布《全省农业和农产品加工项目招商工作方案》。在建设现代化养殖基地方面，支持龙头企业扩大产能，鼓励投资1万头以上规模化牧场项目。到2025年，全省奶牛存栏达到135万头，形成年产600万t生鲜乳的生产能力。在乳制品加工方面，重点引进高端婴幼儿配方奶粉、高端功能性奶粉，奶酪、炼乳、奶油以及特色乳制品，低温巴氏杀菌乳、发酵乳、乳清蛋白粉等项目。

同日 现代牧业（集团）有限公司与南京农业大学校企战略合作签约仪式在现代牧业蚌埠牧场举行。蚌埠市人民政府副市长郭鹏、南京农业大学副校长丁艳锋、现代牧业集团总裁高丽娜、蚌埠市农业农村局局长李勇、蚌埠市五河县副县长丁云红以及南京农业大学技术专家团队和现代牧业高管代表，现场见证签约。

4日 中国奶业协会消息，《2020年我国种公牛遗传评估概要》发布。其中《2020中国乳用种公牛遗传评估概要》公布了全国19个种公牛站的1 715头种公牛遗传评估结果，其中，中国荷斯坦牛1 671头、娟姗牛 45 头，主要包括验证种公牛遗传评估和青年种公牛基因组检测遗传评估结果。《2020 中国肉用及乳肉兼用种公牛遗传评估概要》，公布了 32 个种公牛站的 30 个肉用或乳肉兼用品种、2 569 头种公牛遗传评估结果。文中首次公布了 80 头后裔测定西门塔尔种公牛结果以及 366 头西门塔尔牛的基因组评估结果。

5 日　农业农村部畜牧兽医局印发《关于开展 2021 年生鲜乳质量安全监测和监督抽查工作的通知》。同时印发了《关于推荐第四批奶牛休闲观光牧场的通知》。

同日　安徽省阜南县人民政府与光明牧业的合作协议签约仪式在上海举行。阜南县人民政府副县长曹涛、农业农村局局长张志宇、光明乳业副总裁王赞、光明乳业战略发展总监杨思行等共同出席签约仪式。

9 日　央视财经频道《消费主张》栏目播出《小康中国，餐桌上的革命：牛奶篇》节目，讲述中国牛奶所经历的变革。

10 日　辽宁省奶业协会下发《关于组建省级学生奶工作专家库的通知》。

11 日　央视报道，农业农村部发布，“十三五”期间大型规模养殖场畜禽粪污资源化利用工作有力推进，取得积极成效。截至 2020 年年底，全国 13.3 万家大型畜禽规模养殖场已全部配套畜禽粪污处理设施装备，基本解决了粪污处理和资源化利用问题。

同日　内蒙古自治区人民政府举行新闻发布会，《内蒙古自治区国民经济和社会发展第十四个五年规划和 2035 年远景目标纲要》正式印发实施。发布会现场，内蒙古自治区农牧厅副厅长刘永志就大家关心的实施国家绿色肉奶安全，保障基地建设工程的意义，以及在推进这些重大工程中，自治区将采取哪些具体措施，回答了记者的提问。

12 日　伊利集团董事长潘刚在呼和浩特与浦发银行副董事长、行长潘卫东一行，就深化产业链金融业务合作达成初步意向。未来，双方将进一步增进互惠互信，在金融科技领域强强联合，通过自治区重点打造的“伊利现代智慧健康谷”项目，实现“产业 + 金融科技”模式运用，以乳产业、高新技术产业为带动，探索资金融通、支付、投资和信息中介的新型金融服务模式。同时，双方也将继续立足上下游中小微客户，深入供应链金融合作，助力中国乳业持续健康发展。

同日　中国奶业协会消息，泰国朱拉隆功大学研发出一种新的技术叫“PASS+”，这种技术利用紫外线光使牛奶在运输过程中减少损失、保持新鲜。朱拉隆功大学创新技术管理项目中心的 David 说：“我们研发出‘PASS+’技术，至少可以减少 90% 以上微生物的生长，在完全不需要被冷藏的情况下，保持牛奶的新鲜。”“PASS+”技术已申请专利技术，泰国当地的奶农通过朱拉隆功大学的项目中心研发的技术进行了尝试和使用，奶农对该技术的效果表示很满意。

13 日　新乳业等媒体消息，十三届全国人大四次会议和全国政协十三届四次会议期间，全国人大代表、内蒙古自治区发改委主任龚明珠提出支持开展联合育种攻关，持续提升自主育种能力建议；全国政协委员、内蒙古自治区党委常委、呼和浩特市委书记王莉霞“关于支持建设国家绿色肉奶安全保障基地”建议；全国政协委员、全国政协人口资源环境委员会副主任任亚平“支持内蒙古实施奶业振兴”建议；全国人大代表、中国飞鹤董事长冷友斌提出了《关于建立乳制品行业供应链安全保障体系的建议》和《关于建立 0~3 岁儿童发展社会支持体系的建议》。魏立华在审议“十四五”规划时提出以创新驱动成长，更好地满足消费者需求。同时为大会提交了《关于增加进口奶牛采购地的建议》。全国人大代表、蒙牛集团研发工程师史玉东建议统筹开展“学生营养干预项目”，以提升中小学生的营养健康水平，提升整体国民的身体素质。会议期间，蒙牛集团总裁、国际乳品联合会董事卢敏放发表署名文章:《锚定“十四五”目标，开启乳业全面振兴新时代》。

15 日　中国奶业协会消息，国家畜牧科技创新联盟发表中国农业大学动物科技学院教授张胜利、孙东晓署名文章：《奶牛种业的昨天、今天和明天》。文章从奶牛种业发展的历史脉络、国内外现代奶牛育种发展情况、问题与差距、“十四五”奶牛种业发展方向四大方面论述了奶牛种业的历史与发展前景。对奶牛种业发展具有重要的参考价值。

同日　山东卫视以“培育核心技术 突破畜牧良种攻关”为主题，报道山东坚持把核心技术掌握在自己手里，加快良种遗传改良，推动以奶业为主的畜牧业高质量发展的举措。

17—19 日　中国奶业协会组织河北省畜牧良种工作总站、黑龙江省畜牧总站、山东省农业科学院奶牛研究中心、山西省畜牧遗传育种中心、河南省奶牛生产性能测定有限公司、内蒙古伊利实业集团股份有限公司、内蒙古蒙牛乳业（集团）股份有限公司、现代牧业（集团）有限公司、江苏鲜淳农业发展有限公司、光明牧业有限公司、北京首农畜牧发展有限公司共 11 个现代奶牛场定级与评价中心的评价师代表 17 人，赴爱德卫岗牧场进行现场定标，统一评价尺度，规范现场评价流程。评价师通过听取报告、审查资料、现场核查和问询 4 个环节，对牛场的布局合理化、养殖规模化、管理智能化、发展持续化、生产标准化、品种良种化、动物福利化和产品优质化 8 个方面，共 88 条具体条款、200 余条细则进行了逐一评价，形成了现代奶牛场评价意见和定级建议。

18 日　国家卫生健康委员会发布了《食品安全国家标准 干酪》（GB 5420—2021）等 50 项食品安全国家标准和 4 项修改单的公告，新版《食品安全国家标准 干酪》（GB 5420—2021）将于 2021 年 11 月 22 日起施行。

同日　中国飞鹤（06186.HK）发布了 2020 年业绩。报告期内，实现营业收入 185.92 亿元，同比增长 35.5%。其中婴幼儿配方奶粉产品实现营收 176.73 亿元，同比增长 41%。同时，尼尔森数据显示，2020 年第四季度，飞鹤整体市场占有率进一步提升至17.2%。

19日 以“风正扬帆，行稳致远”为主题的风行乳业2021年经销商会议召开。此次会议邀请了流通、商超、新零售、特渠、拓展五大渠道近200名经销商代表参会。

20日 卫岗乳业在南京举办以“守卫营养领鲜未来”为主题的第六届卫岗巴氏鲜奶节暨合作伙伴大会。中国奶业协会副会长兼秘书长刘亚清表示，奶业发展惠及国家、惠及民族，造福亿万人民，始终坚持“新鲜战略”的卫岗乳业，起步早、根基牢、力度大，是巴氏杀菌乳的倡导者、引领者和佼佼者。作为中国奶业20强企业，卫岗要继续积极而高效地加强乳品生产，深耕巴氏杀菌产品，为促进奶业高质量发展不懈奋斗。

同日 内蒙古自治区市场监管局彭万臻二级巡视员在自治区市场监管局主持召开研讨会，对本月17-19日，赴鄂尔多斯市康巴什新区、乌审旗、鄂托克前旗、杭锦旗、伊金霍洛旗等地9家试点示范单位开展现场检查评价工作情况进行全面总结。工作经验丰富、业务能力较强的10名盟市抽调同志，参加了本次集中培训和实地检查评价。

同日 内蒙古自治区阿拉善左旗永昊科技发展有限公司万头奶牛场奠基仪式在阿左旗巴润别立镇举行。

21日 《经济日报》刊载：《走活三步棋 抓好“奶瓶子”》文章。就奶业振兴行动、2021年奶业形势和保障“十四五”奶业供给等问题，采访行业领导及权威专家。中国社会科学院农村发展研究所产业经济室主任、国家奶牛产业技术体系产业经济室主任刘长全，中国奶业协会副会长兼秘书长刘亚清，中国奶业协会名誉会长高鸿宾，农业农村部畜牧兽医局二级巡视员王俊勋分别发表观点。

22日 中国奶业协会发布公告，即日开始受理现代奶牛场定级与评价申请。

同日 四川省奶业协会在成都市召开牦牛产业发展研讨会。四川省奶业协会会长李自成、常务副会长兼秘书长杨盛兴、监事长曾世明，四川省奶业协会牦牛专家委员会主任、四川省草原科学研究院副院长罗晓林等30位专家及行业人士出席会议。

同日 蒙牛雅士利与别提多美品牌管理有限公司在广州签署战略合作协议，蒙牛雅士利正式入股别提多美管理有限公司，携手共创社区一站式营养健康新生态。

同日 伊利集团北京商务运营中心办公大楼D栋启用。

22-23日 中国奶业协会组织伊利、蒙牛、雅士利、飞鹤、君乐宝和三元等会员单位及协会员工，参加商务部《区域全面经济伙伴协定》（RCEP）第二次线上专题培训。

23日 国家市场监督管理总局发布《关于婴幼儿配方乳粉产品配方注册有关事宜的公告》，公告以附件形式同时公布了《婴幼儿配方乳粉产品稳定性研究指南（试行）》。

同日 中国现代牧业控股有限公司（1117.HK）公布2020年全年业绩。公司核心指标再创新高，盈利突破预期：销售收入60.20亿元，同比增长9%。现金EBITDA录得22.65亿元，同比增长11%。公司净利润7.84亿元，同比大幅增长124%，创历史新高。

同日 中国现代牧业控股有限公司（1117.HK）宣布，已与蒙牛集团及其他卖方就收购内蒙古富源国际实业（集团）有限公司签订正式买卖协议，以人民币34.8亿元收购富源国际全部股权。成功收购富源国际后，现代牧业的奶牛存栏数将增至约30万头。规模的扩大将进一步巩固公司在中国奶牛养殖行业的领先地位，增强其在生鲜乳质量及定价方面的竞争力。

同日 河北奶协乳品质量安全委员会工作会议在石家庄召开，河北省市场监管局特食处牛跃峰调研员，河北奶协袁运生副会长兼秘书长、李贺峰副秘书长出席会议，会议由委员会轮值主任、君乐宝乳业副总裁柴艳兵主持。伊利、蒙牛、君乐宝、三元所在地企业等全省20家乳制品生产企业质量负责人参加会议。

24日 伊利集团正式启动“Goldrush”项目，位于新西兰西海岸的Westland霍基蒂卡工厂全面升级，大幅提高优质草饲黄油品牌Westgold（牧恩）产量，助力Westland从大宗原料供应市场拓展到全球消费品零售市场，扩大国际黄油市场份额，为全球消费者带来更高品质的草饲黄油全新体验。

24—28日 5天时间，君乐宝3个种养结合标准化家庭牧场项目——石家庄行唐君利源牧场、邢台威县君强牧场、衡水武邑君盛源牧场连续完成奠基，进入开工建设阶段。

25日 蒙牛乳业（2319.HK）发布2020年财报，显示全年公司多项业务实现了高质量双位数增长，收入达760.35亿元，可比业务收入同比增长10.6%，利润达35.25亿元。

同日 中国乳制品工业协会第六届理事会第八次会议暨2021年中国乳制品行业经济运行会议在南京举行。伊利集团副总裁刘刚在会上分享了伊利“智慧乳业”的建设经验。此次会上，伊利旗下产品金领冠荣膺“2020年度主流品牌婴幼儿配方乳粉质量大赛”的最高奖“质量金奖”。

同日 江西省农业农村厅畜牧兽医局印发《2021年全省生鲜乳质量安全监测工作方案》。

26日 上海奶业行业协会发出《关于光明乳业给予上海等地相关奶农补贴的通知》。

26—28日 第十四届内蒙古乳业博览会暨高峰论坛在呼和浩特市召开。中国奶业协会副秘书长邵明君，呼和浩特市委农牧办主任、市农牧局党组书记、局长刘月平，蒙牛集团副总裁赵杰军分别在开幕式上致辞和讲话。来自国内外335家企业参展，展览面积达15 000平方米。

27日 壹基金与伊利QQ星在北京798 IOMA爱马思艺术中心共同开启“美丽的妈妈开满山坡”关爱自闭症家庭主题展。伊利QQ星将联合壹基金在2021年启动家长加油站专项计划，预计全年服务覆盖1 500个家庭，通过社区融合的方式直接影响4 500名家庭照料者及1 500名自闭症孩子。

同日 四川省奶业协会在成都市召开常务理事会暨乳制品加工委员会会议，通过评选四川民众满意乳制品活动方案，决定成立四川奶业发展史编辑委员会并编辑出版《四川奶业发展史》。四川省奶业协会常务理事、监事、专业委员会主任和乳制品加工企业主要负责人42人出席会议。

28日 中国农业展览协会和中国国际贸促会农业行业分会在浙江省杭州市联合召开2019—2020中国农业展会分类认定发布会。由中国奶业协会主办的第十届中国奶业大会暨2019中国奶业展览会，凭借在奶业行业首屈一指的规模和卓越的影响力，荣获2019—2020年度中国农业展会分类认定的“优秀展会”，也是唯一获此殊荣的奶业展览会。

29日 《农民日报》富民乡村产业版刊发重要文章：《宁夏银川市“优质奶源+精深加工”让奶产品走向全国》。

同日 江西省市场监督管理局办公室印发《关于开展乳制品生产企业食品安全自查工作的通知》；江西省市场监管局食品生产处发布《乳制品生产企业食品安全自查工作指南》。

30日 内蒙古自治区党委书记、人大常委会主任石泰峰视察伊利现代智慧健康谷项目建设进展情况，并主持召开会议。伊利集团董事长潘刚陪同视察、参加会议，并就伊利现代智慧健康谷项目推进情况向石泰峰书记进行了详细汇报。内蒙古自治区党委常委、呼和浩特市委书记王莉霞参加汇报会，内蒙古自治区党委常委、秘书长、自治区常务副主席张韶春及有关部门负责同志参加活动。

同日 蒙牛集团与浙商银行战略合作签约仪式暨“浙+牛”乳业链平台发布会在呼和浩特举行。蒙牛集团总裁卢敏放、浙商银行行长徐仁艳出席仪式和发布会。从2021年1月牧场收到首笔融资落地开始，仅3个月的时间，浙商银行与蒙牛集团为上下游客户融资突破10亿元，同时为261户上下游企业提供结算服务支持。

31日 内蒙古自治区和林格尔县人民政府办公室发布奶业振兴扶持政策实施方案。

同日 中地乳业发布了2020年年度业绩公告。财报显示，受惠于原料奶价格的稳步增加，以及降本增效措施成效显著，报告期内公司业绩保持高速增长，实现收入19.27亿元，同比增长28.5%；生物资产调整后年内溢利2.33亿元，较上年度增加127.3%，母公司拥有人应占溢利为2.37亿元。2020年，公司超过90%的收入、净溢利及资产来自牧场业务，其中销售原料奶共实现收入18.83亿元。

报告期内，原料奶销量为43.06万t，相比于2020年增长15.2%。这主要得益于各牧场奶牛单产的提高、泌乳牛头数的增加以及销售力度的增大。财报显示，截至2020年年底，中地畜群规模为69 067头，相比前一年增加了3 638头；每头泌乳牛的平均年产奶量为13.3t，与2019年同期相比增长8.1%。中地乳业共运营9个现代化奶牛场：北京中地牧场、内蒙古中地牧场、贺兰中地牧场、宁夏中地牧场、宽甸中地牧场、廊坊中地牧场、天镇中地牧场、天津中地牧场和沂南中地牧场。

4月

2日 中国奶业协会消息，阿拉伯联合酋长国大学宣布将与中国科学院进行6个项目的研究，其中包括骆驼奶的研究。阿拉伯联合酋长国大学的博士Ahmed说：“阿拉伯大学与中科院长春应用化学研究所合作的‘氨基甲酸酯农药与骆驼奶中代谢产物之间的关系’已被立项推动。”

同日 第14个世界自闭症日来临之际，光明乳业携手海昌海洋公园邀请2 000组“星星家庭”畅游海昌旗下公园并为每个家庭免费提供暖心乳制品礼包，用暖心善举为“星星的孩子”点亮光明未来，为他们送去温暖和爱。

6日 得益乳业日产500t低温乳品智能车间开工建设仪式在山东淄博高新区得益乳品工业园举行。新车间建成后，得益乳业乳品工业园产能将达到1 000t/天，成为山东及周边省市最大的低温奶加工基地。来自全国的消费者代表、优秀代理商、合作伙伴参加开工仪式，得益乳业董事长兼总裁王培亮出席活动并讲话。

8日 中国奶业协会下发关于征集2021年度第一批团体标准制修订项目的通知。

同日 吉林省畜牧业管理局印发《全省生鲜乳收购站标准化管理规范年行动方案》。

同日 中国现代牧业控股有限公司宣布，已与中博农畜牧科技股份有限公司签订协议，并以不超过人民币8.15亿元的现金收购其全资持有的中元牧业有限公司的全部股权。

同日 中国奶业协会消息，蒙牛未来星学生奶携手西藏净土乳业推出第一款联合品牌学生饮用奶，并于本月走进西藏广大校园之中。

同日 云南网消息，云南省市场监督管理局出台《云南省乳制品质量安全三年提升行动方案》。

10日 中国青年企业家协会“感悟百年路，启航新征程”全国各级青年企业家协会庆祝建党百年学习教育实践活动在北京启动。共青团中央书记处书记傅振邦，中国青年企业家协会会长、内蒙古伊利实业集团股份有限公司党委书记、董事长潘刚出席活动并讲话。

同日 《奶牛减抗养殖技术规范指南》编撰启动会在线上举行。农业农村部食物与营养发展研究所所长王加启担任《奶牛减抗养殖技术规范指南》主编一职，同时聘请25位专家担任《奶牛减抗养殖技术规范指南》编委职务。

11日 中国奶业协会消息，联合国粮农组织报告显示，2020年全球奶产量8.6亿t，同比增长1.5%。奶产量前三位的国家分别是印度、美国、巴基斯坦。其中印度 1.95 亿 t，增长 2.1%，占全球奶产量的 22.7%；美国 1.01 亿 t，增长 2.1%，占全球产量的 11.8%；巴基斯坦 4 855.8 万 t，增长 2.7%，占全球产量的 5.6%。中国奶类产量在全球排名第四位，约 3 540 万 t，约增长 7.4%，占全球产量的 4.1%。

超过 3 000 万 t 的国家还有巴西、德国和俄罗斯。奶产量前五的国家印度、美国、巴基斯坦、中国、巴西产量合计 4.1 亿 t，占全球奶产量的 48.1%。

同日 蒙牛集团与内蒙古乌拉特前旗人民政府 10 万头奶牛高端奶产业基地战略合作签约仪式在乌拉特前旗政府举行。

同日 光明乳业与家家悦集团合作仪式在山东威海九龙城举行。

12 日 2021 年第 60 届世界食品品质评鉴大会喜报，现代牧业尊贵纯牛奶、金奖纯牛奶、高钙牛奶、脱脂牛奶获得金奖，荣膺八连冠，喜提四块金牌！其中尊贵纯牛奶已连续八年荣膺金奖；脱脂牛奶首次参选就获得金奖荣誉。

13 日 由中国农科院信息研究所和菲仕兰共同举办的乡村振兴与奶业创新发展论坛在北京举行。中国奶业协会副会长兼秘书长刘亚清应邀出席会议并做演讲。农业农村部畜牧兽医局奶业处处长卫琳、荷兰驻中国大使馆农业参赞武田富、荷兰皇家菲仕兰中国高级副总裁杨国超一并出席论坛。同时“菲常奶农”2021 系列公益活动正式启动。

同日 山东省启动现代奶牛场定级与评价工作。山东省农业科学院奶牛研究中心现代奶牛场定级与评价中心对泰安金兰奶牛养殖有限公司开展现场定级与评价。

14 日 齐齐哈尔市政府与中国飞鹤有限公司举行千亿级生态特色产业集群战略合作签约仪式。

15 日 黑龙江省奶业协会 DHI 中心与黑龙江省华测技术检测有限公司通力合作实现管理体系全面升级启动会在 DHI 中心实验室召开。黑龙江省畜牧总站聂德宝站长，黑龙江省奶业协会张维银常务副会长，黑龙江省奶业协会秘书长杜海涛，黑龙江华测检测乳品专项负责人姜冬梅，黑龙江省畜牧总站、黑龙江省奶业协会 DHI 检测技术人员及黑龙江华测检测服务专家团队成员参加了会议。

17 日 山东奥克斯畜牧种业公司奶牛优秀种质自主培育与高效扩繁示范基地奠基仪式在济南市举行。同时山东奶牛种业（产业）创新研究院在济南成立。全国畜牧总站、中国农业大学、山东省科技厅、山东省畜牧兽医局等单位的近 70 位领导专家参加成立仪式并在“奶牛种质与高效扩繁技术创新”主题下展开学术研讨。

18 日 2021 年国家奶业科技创新联盟大会暨中国飞鹤优质乳全产业链新鲜成果发布会在北京举办，国家奶业科技创新联盟发布《2020 年度飞鹤婴幼儿配方奶粉质量评价报告》。中国奶业协会副会长兼秘书长刘亚清出席会议并讲话。刘亚清对优质乳工程取得的成效和飞鹤乳业近年来的快速发展表示称赞，对“十四五”时期中国奶业高质量发展提出了建议和希望。

同日 中国奶业协会消息，内蒙古蒙牛乳业（集团）股份有限公司执行董事、党委书记孟凡杰在《经济》杂志发表《推进党建与生产经营互融互促 实现党建与企业发展互促双强 ——从蒙牛集团的实践看如何做好混合所有制企业的党建工作》一文，探讨混合所有制企业坚持党的领导、加强党的建设的指导思想、工作重点和工作方法，以期在建党 100 周年之际，为新时代加强混合所有制企业党建工作提供参考和实践案例。

20 日 内蒙古自治区市场监管局消息，该局组织召开内蒙古生鲜牛乳高质量标准体系地方标准研讨会，自治区市场监管局标准化处、内蒙古质量和标准化研究院、内蒙古伊利实业集团股份有限公司有关负责人参加了此次研讨会。

21 日 中国低温鲜活好奶高峰论坛暨得益乳业优质乳全产业链鲜活好奶成果发布会在济南举行。中国奶业协会副会长兼秘书长刘亚清，得益乳业董事长王培亮，国家公众营养改善项目指导委员会主任、中国大健康产业联盟执行主席于小冬教授，国家奶业科技创新联盟理事长、农业农村部食物与营养发展研究所所长王加启，国家奶牛产业技术体系首席科学家李胜利出席论坛并讲话。得益乳业副总裁吴文明发布题为《得益乳业全产业链优质乳鲜活好奶成果》的报告，国家奶业科技创新联盟秘书长张养东代表联盟，现场公布得益乳业优质乳复评审通过验收。

中国奶业协会副秘书长周振峰、国家奶牛产业技术体系首席科学家李胜利、山东农业大学教授王中华分别为得益乳业授予“臻优高品质鲜牛奶通过优质乳标准验收”“优质乳工程第二次复评审验收示范牧场”以及“优质乳工程第二次复评审验收示范工厂”三块牌匾。

论坛最后，得益乳业、长富乳业、光明乳业、新希望乳业、风行乳业、天友乳业、燕塘乳业、好一多乳业、卫岗乳业、花花牛乳业、银桥乳业、完达山乳业、佳宝乳业、温氏乳业、绿健乳业、熊猫乳业、海河乳业、西域春乳业一起启动“2021 年中国低温鲜活好奶高峰论坛‘济南倡议’”。

参加论坛的有协会领导、行业专家、知名乳企、合作伙伴、权威媒体等近 300 人。论坛覆盖了行业消费趋势、优质乳工程、质量安全、全产业链协同发展等内容。

22 日 中国奶业协会在河北省唐山市召开中国奶业协会专业委员会和省级奶（乳）业协会主要负责人座谈会。王加启、李胜利、仪坤秀等专业委员会主任以及廖晨星、袁运生、杜海涛等省级奶（乳）业协会会长（秘书长）共计近 50 人出席会议。中国奶业协会副会长兼秘书长刘亚清在会上做了报告，就助力奶业全面振兴和办好奶业大会、D20 峰会和展览会进行了详细部署。她特别强调协会要学懂悟透十九届五中全会精神和习近平总书记讲话精神，并对“十四五”规划和 2035 年远景目标，提升政治思维素质，提高工作站位提出了明确具体要求。会议由中国奶业协会副秘书长张智山主持。

同日 内蒙古自治区推进高质量发展重大项目建设动员大会在包头举行。各盟市以视频连线的方式，汇报重大项目开工情况。内蒙古自治区党委书记、人大常委会主任石泰峰出席动员会并宣布内蒙古自治区推进高质量发展重大项目集中开工。

作为重大项目之一，中国乳业产业园项目宣布奠基。首批开工的低温、鲜奶、奶酪3个工厂，全部按照“5G智慧样板工厂”标准建设，是全国最大的综合类低温板块项目。蒙牛总裁卢敏放表示，“将进一步推动中国乳业产业园打造成全球领先的智能制造生产基地，成为中国乳业加工4.0样板基地，推动呼和浩特由‘中国乳都’向‘世界乳都’跨越发展。”

中国乳业产业园以和林格尔县为核心区，向呼和浩特延展，辐射整个内蒙古。通过产业共生、融合发展、创新示范、全球共建及营养健康的发展原则，打造创新引领、数智驱动、产业融合发展的世界级乳制品与营养健康产业集群。

同日 甘肃省伟赫乳业白草塬10万只奶山羊养殖园区项目在环县环城镇开工建设。

同日 《辽宁日报》消息，辽宁省奶业协会组织召开“学生饮用奶计划”推广管理办法研讨会，正式通过了《辽宁省“学生饮用奶计划”推广管理办法（试行）》，从产品种类、生产企业、质量管理等方面明确了学生饮用奶在全省的推广管理工作。明确要求，产品直供幼儿园和中小学校，不准在市场上销售；生产企业在原则上实行“属地管理、就地生产”；对距离保质期截止日期不足1/3的产品不得配送到校等。

同日 首届功能性食品创新发展高峰论坛在济南举办，光明乳业董事长濮韶华受邀出席论坛。

同日 由中国安全生产协会组织的全国安全文化建设示范企业授牌及典型经验交流会在广西北海举行。会上，光明乳业华东中心工厂及松鹤工厂荣获“2020年度全国安全文化建设示范企业”荣誉称号。

23日 中国奶业高质量发展推进会、第三届河北国际奶业博览会在河北省唐山市同时举行。农业农村部总畜牧师马有祥，原农业部副部长、中国奶业协会名誉会长高鸿宾分别发表重要讲话；中国奶业协会会长李德发院士，河北省委常委、唐山市委书记张古江分别在会上致辞；中国奶业协会副会长兼秘书长刘亚清作题为《乳品企业现代化评价工作主题报告》；中国工程院院士、现代奶业评价工作领导小组顾问沈建忠宣读《中国奶业协会关于首批现代奶业评价定级奶牛场的公告》；中国农业科学院原党组书记、国家食物与营养咨询委员会主任陈萌山解读《现代奶业评价乳品企业现代化等级评价》团体标准（试行稿）；农业农村部畜牧兽医局二级巡视员辛国昌宣读《中国奶业协会关于聘任乳品企业现代化评价专家委员会首批专家委员的决定》。中国奶业协会副会长、君乐宝乳业集团董事长兼总裁魏立华，河北省农业农村厅厅长王国发，唐山市副市长张月仙同时为会议致辞。参会主要领导共同启动乳品企业现代化评价工作，并为现代奶牛场代表授牌 。34家乳品企业代表现场签字进行申报。河北省农业农村厅、唐山市委、中国奶业协会各专业委员会主任、各省奶业协会会长及秘书长、各D20企业负责人、奶业相关院校专家学者、其他各企业负责人、现代化奶牛场代表、供应商代表及新闻媒体代表等，共计500多人参会。

23日 农业农村部印发新一轮《全国畜禽遗传改良计划》，作为计划之一的《全国奶牛遗传改良计划（2021—2035年）》正式发布。

同日 黑龙江省奶业协会联合吉林省农科院农产品加工研究所和黑龙江省绿色食品科学研究院召开奶酪加工创新模式座谈会。黑龙江省奶业协会常务副会长张维银，黑龙江省绿色食品科学研究院副院长杨玉琢、黑龙江省畜牧业协会秘书长李忠民、吉林省农科院农产品加工研究所副所长李盛钰、吉林省农科院农产品加工研究所高磊主任、黑龙江省绿色食品科学研究院国家乳品研究中心李春主任、黑龙江省绿色食品研究院办公室食品标准与检测中心杨文敏主任、国家乳品研究中心中试示范中心王朋瑾主任、黑龙江省万家宝鲜牛奶投资有限公司执行总裁韩俊、黑龙江省绿野畜牧业有限公司总经理佟义彬、双城区君宇奶牛场（爱晴奶吧）董事长佟贵山以及来自黑龙江省奶业协会、黑龙江省绿色食品科学研究院专业技术人员参加了座谈研讨。会议由黑龙江省奶业协会高级畜牧师阿晓辉主持。座谈会期间，吉林省农科院农产品加工研究所高磊主任带领与会人员品鉴了微咸的马苏里拉、传统的切达、高熔点的哈罗米奶酪。

25日 2020年农业产业化龙头企业百强推介暨百强国龙进贵州活动在贵州省贵阳市举行，活动正式公布2020年农业产业化龙头企业100强和专项10强名单。多家乳品企业入选。

26日 黑龙江省畜牧总站联合黑龙江省奶业协会在双城雀巢奶牛养殖培训中心举办了规模奶牛场养殖关键技术座谈会。省畜牧总站专业技术人员、省奶业协会负责人、特邀专家和部分县市畜牧技术推广机构负责人以及20个奶牛养殖场负责人，共50余人参会。

27日 2021年庆祝“五一”国际劳动节暨“建功‘十四五’奋进新征程”主题劳动和技能竞赛动员大会在北京人民大会堂隆重举行。伊利集团的研发人员赵六永荣获“全国五一劳动奖章”，定州伊利乳业有限责任公司技术部化验室荣获“全国工人先锋号”称号。

同日 由伊利集团主办，人民网·人民健康支持的“盛世初心 朝气向前”伊利集团庆祝建党百年系列活动在上海市宝兴里社区举办了首场活动。上海黄浦区外滩街道宝兴居民区党总支书记徐丽华，复旦大学政党建设与国家发展研究中心兼职研究员、上海财经大学马克思主义学院李亚丁，伊利集团副总裁张轶鹏，上海绒绣国家级传承人、恒源祥绒绣原创工作室首席工艺师李蔷等嘉宾参加了活动。系列活动陆续在延安、北京、大庆、深圳、博鳌、武汉、呼和浩特7个城市举办。

本次活动设置了“同心绣党旗”环节，李蔷、徐丽华、李亚丁、张铁鹏等嘉宾上台共同绣制党旗。据了解，“同心绣党旗”是本次活动的一大亮点，8个城市的参与者将接力完成绣制，绣好的党旗将由伊利集团总部博物馆永久保留。据了解，此次绣制的党旗是标准6号旗，完成共计需36 500余针，象征建党100周年以来36 500多天的光荣岁月。

活动最后，中共上海市黄浦区外滩街道宝兴居民区党总支与中共内蒙古伊利上海分公司党支部签署了党建共建协议。

27—28日 中国奶业协会副秘书长陈绍祜、养殖业发展部主任闫青霞、中荷奶农交流项目负责人乔汉斌与河南省DHI中心张震博士、北京奥耐尔农牧科技有限公司董事长孟秀荣、北京首农集团畜牧兽医总站副站长张春起组成专家团队，在河南省农业农村厅奶业管理处宋洛文副处长、河南DHI中心闫跃飞副主任的陪同下，对“菲常奶农”——中荷奶农交流项目中牟县万胜牧业有限公司和河南旭阳牧业有限公司进行现场调研跟踪和技术帮扶。

28日 蒙牛集团“黄河几字湾”海高牧业3万头高标准牧场项目奠基仪式在达拉特旗举行。仪式现场鄂尔多斯市委副书记于新芳为项目奠基培土；达拉特旗旗委书记王枫宣布项目开工；达拉特旗政府旗长张秀玲和蒙牛集团副总裁郭晓斌分别在会上致辞。

同日 总投资4.7亿元的新农乳业万头奶牛养殖基地建设，在新疆生产建设兵团农一师新农开发四团田园特色小镇奠基。

同日 中国奶业协会消息，市场监管总局决定在社会重点关注的部分检验检测领域组织开展2021年国家级检验检测机构能力验证工作。2021年国家级能力验证计划共18项，其中涉及食品安全6项。婴幼儿配方奶粉中叶酸的测定作为验证项目，由河北省食品检验研究院承担验证。

28日 伊利股份发布2020年报。数据显示，2020年公司营业总收入达968.86亿元，归母净利润70.78亿元。

29日 基于“思维风险，乳与乳制品环境微生物监控与过程风险管控分析”培训班在西安市阎良区举办，来自陕西省的29家乳品生产企业的技术管理人员及检验检测人员114人参会。

同日 每日鲜语与熊爪咖啡正式启动战略合作，每日鲜语成为熊爪咖啡的独家鲜奶原料供应商。

5月

3日 第七届新西兰中国商业峰会在新西兰奥克兰举行。新西兰总理杰辛达·阿德恩在峰会上表示，中国是新西兰最重要的市场之一，新中两国始终保持着良好的全面战略伙伴关系。在疫情严重时期，两国政府和人民间的合作、贸易和对话从未中断。未来新西兰政府将在双边贸易、疫情防控等方面加强与中国的对话和合作。新西兰前总理约翰·基、海伦·克拉克，中国驻新西兰大使吴玺、新西兰贸易部长达明·奥康纳等两国政商界数百人参会。

5日 君旭家庭牧场君旭A2奶牛养殖项目，在河北省曲阳县东旺乡大盖都村奠基。项目由君乐宝乳业集团全资下属公司——石家庄君创牧业发展有限公司投资建设。

7日 国家市场监管总局发布《市场监管总局关于2020年市场监管部门食品安全监督抽检情况的通告》显示，2020年我国乳制品抽检合格率为99.87%，婴幼儿配方奶粉抽检合格率为99.89%，特殊医学用途配方食品抽检合格率为99.91%，是34类抽检食品中合格率最高的。国产奶正用世界级的品质与实力加速赢得消费者的信任。

同日 内蒙古赛科星繁育生物技术（集团）股份有限公司与内蒙古西部奶牛良种繁育中心正式签订了合作协议，打造以奶牛为主的家畜种质资源创新基地。

同日 天润乳业在新疆生产建设兵团第十二师222团举行万头规模化奶牛示范牧场项目开工仪式。第十二师党委常委、副政委田永浩出席开工仪式。

8日 蒙牛中国乳业产业园核心区正缘牧业万头奶牛生态牧场项目，在呼和浩特市和林格尔县奠基。

同日 河北省武强县人民政府与蒙牛集团、天津又一丰集团举行了签约仪式，河北省武强县奶源基地建设项目万头奶牛现代化牧场项目，预计总投资5亿元，占地面积1 100亩，计划建设存栏10 000头奶牛。

同日 安徽益益乳业年产10万t液态奶生产线及检测技术中心改扩建项目在淮南市经济技术开发区正式奠基。

10日 中国农业科学院北京畜牧兽医研究所消息，中国农业科学院科技创新工程重大科研任务“牛奶优质化科研攻关”推进会在牧医所召开。中国农业科学院科技局项目处副处长王萌、牧医所副所长张军民、项目首席科学家王加启研究员、项目专家组成员以及项目参与人出席会议。

同日 宁夏农业重大育种专项——“优质高产奶牛选育”中期汇报会暨现场观摩会在北京延庆种牛繁育基地举行。

11日 长三角奶协工作联席会议在安徽黄山市歙县境内的上海牛奶集团黄山练江牧场有限公司召开。上海奶协秘书长钱建国主持会议并与上海奶协常务副会长唐新仁、上海牛奶练江鲜奶有限公司生态牧场场长孙建军介绍了上海奶业发展情况；福建奶协副秘书长、长富乳品有限公司总经理助理何水双介绍了长富集团坚持主打低温巴氏鲜奶产品的情况。浙江奶协秘书长赵广生、安徽奶协秘书长王志耕、福建奶协秘书长吴大新、江苏奶协副秘书长侯庆永等出席会议并进行了交流与探讨。

13日 《榆林日报》报道，中垦定边生态牧场一期工程已完成投资1.6亿元，场区已有牛舍4栋投产，奶牛存栏已达到3 000余头。据了解，定边6万头奶牛智慧生态牧场项目由重庆农投集团所属企业中垦乳业股份公司投资建设。项目规划建设了4个奶牛养殖场，每个场有1.5万头奶牛，共计6万头规模，总投资22亿元。

同日 食品领域顶级期刊《食品科学》在线发表《3D打印牛奶蛋白复合凝胶结构的内部结构和结构特性》论文。该文章旨在通过调节3D打印工艺参数，从而对牛奶复合凝胶进行3D打印，为不同咀嚼能力的人群设计个性化食品提供新思路，为定制拥有特殊质构特性的3D打印食品提供新方法。此外，笔者还试图从分子演变模型的角度去阐释3D打印过程中材料的凝胶结构的变化，该研究成果为食品质构的改性提供了新的研究方向。

15日 以“消费升级与品牌领跑”为主题的新一期《对话》栏目在央视财经频道（CCTV-2）晚间播出。君乐宝乳业集团创始人、董事长兼总裁魏立华参与节目，与吉利、海尔、格力、联想、娃哈哈等各行业领先企业的企业家对话交流。魏立华表示“伴随着将牛奶的营养和免疫力两者相连，国民在此次疫情后对营养健康的关注度进一步提高，乳制品需求持续大幅增长。这都为乳制品消费升级带来了新动能和新机遇。”

17日 河北省保定市委书记党晓龙与君乐宝乳业集团董事长兼总裁魏立华一行举行工作座谈，双方就保定建设规模化家庭牧场、标准化万头牧场等工作进行深入交流。

18日 在甘肃省张掖市甘州区石岗墩畜牧产业园区，由甘肃前进牧业与四川菊乐食品股份有限公司共同出资筹建的甘肃蜀汉牧业有限公司5 000头奶牛养殖基地举行投产庆典仪式。甘肃省政府参事、农业农村厅一级巡视员阎奋民宣布甘肃蜀汉牧业奶牛养殖基地建成投产；四川省国有资产经营投资管理有限责任公司党委书记、董事长舒仕能，张掖市委常委、甘州区委书记葛永宏分别致辞；前进牧业董事长马志祥对双方合作情况做了汇报；蜀汉牧业董事长颜德先介绍了蜀汉牧业项目情况。庆典仪式由张掖市甘州区副区长张文智主持。甘肃省畜牧兽医局畜禽废弃物处理处处长马学武，张掖市政协主席王海峰、市政协秘书长郑生新、市畜牧兽医局局长王兴铭，甘州区人大常委会主任王洪德、区政协主席薛庆，以及广东、重庆、新疆、贵州、四川的乳品企业代表出席了庆典仪式。

19日 甘肃前进牧业科技有限责任公司高台县5万头奶牛产业园建设项目在高台县合黎镇启动。甘肃省政府参事、省农业农村厅一级巡视员阎奋民宣布项目启动，张掖市人大常委会主任张健、秘书长脱兴福出席启动仪式。仪式上，高台县人民政府与甘肃前进牧业科技有限责任公司签订了合作框架协议。据悉，甘肃前进牧业科技有限责任公司计划在“十四五”期间投资30亿元，规划建成5 000头奶牛养殖场8座。

同日 内蒙古自治区市场监督管理局食品安全总监特孟一行到中国奶业协会，进行乳品安全社会共治调研交流。受中国奶业协会刘亚清副会长兼秘书长的委托，副秘书长张智山介绍了协会的有关情况，以及中国奶业的发展情况和发展趋势。综合部许凤莲、会员服务部张朔望、信息宣传部邢海云、乳品工业发展部赵伟、战略发展工作委员会办公室张芳等参加调研交流。

20日 内蒙古自治区科左中旗人民政府与呼伦贝尔鼎泰农牧有限公司举行乳肉农牧业产业化项目签约仪式。旗委副书记、政府代旗长白音仓，旗政府副旗长孙柏生，呼伦贝尔鼎泰农牧有限公司董事长孙宝东、总顾问杨文学，蒙商银行左中支行行长楚利及相关部门主要负责同志出席签约仪式。规模化奶牛养殖项目计划总投资16亿元，分阶段投资建设4个规模化万头奶牛养殖场。2021年启动2个万头奶牛牧场建设，预计在2023年之前完成4个规模化奶牛养殖场建设。

同日 新希望乳业发布《2021—2025年战略规划》，提出“三年倍增、五年进入全球乳业领先行列”战略目标。

20—21日 中国奶业协会组织的2021年中国奶牛体型鉴定员培训班和考核工作在山东泰安市如期进行。培训班专门邀请了全国畜牧总站高级畜牧师李姣、中国奶业协会育种专业委员会副主任石万海、中国奶业协会育种专业委员会秘书长刘林，围绕《全国奶牛遗传改良计划（2021—2035）》《中国奶牛体型鉴定员管理办法（试行）》《中国荷斯坦牛体型鉴定技术规程》等相关内容进行详细解读，泰安市畜牧技术中心李蒙总畜牧师介绍了泰安市奶牛养殖现状。来自全国各地的150余名学员参加了此次培训，培训由中国奶业协会副秘书长陈绍祜主持。中国奶业协会育种专业委员会汪聪勇副主任受张胜利主任委托，与石万海和刘林一起担任主考官，按照《中国奶牛体型鉴定员管理办法（试行）》的规定，对57名中国奶牛体型备案鉴定员进行了资格考核。经过严格的理论考试和现场考核，最终有16名备案鉴定员通过了所有考核，晋升为中国奶牛体型鉴定员。原有的54名中国奶牛体型鉴定员也全部通过年审。

21–23日 “光明杯”第四届牛精英挑战赛在西北农林科技大学举办。大赛共设置理论考核、小组答辩考核、牧场定向操作与实地评估、颁奖、产学融合托举中国畜牧业人才培养高峰论坛、光明人才战略框架协议签约仪式暨挑战赛专场招聘会等内容。中国学位与研究生教育学会及各高校研究生院领导、国内各大型牧场管理人员和技术专家、光明牧业代表、牛精英联盟2021年度战略合作伙伴及陕西省业内企业家、牧场领导和专家等近500人出席会议。

22日 内蒙古自治区推进高质量发展重大项目建设动员大会在包头举行。内蒙古自治区党委书记、人大常委会主任石泰峰出席动员会，并宣布自治区推进高质量发展重大项目集中开工。作为重大项目之一，中国乳业产业园项目宣布奠基。首批开工的低温、鲜奶、奶酪3个工厂，全部按照“5G智慧样板工厂”标准建设。

同日 伟赫乳业白草塬10万只奶山羊养殖园区项目在甘肃省环县环城镇白草塬村开工建设。

24日 中国奶业协会发布公告，对中国奶业协会已备案且考核合格的王志丹等16名同志注册为中国奶牛体型鉴定员；对已注册的54名中国奶牛体型鉴定员进行年度审核，全部通过年审。

25日 蒙牛集团“营养双守护，点亮新未来”学生饮用奶发酵乳试点新品上市沟通会在广东清远顺利召开。

同日 河北农业大学与君乐宝乳业集团战略合作签约仪式在河北农业大学科研大楼报告厅举行。

25—27日 由中国奶业协会主办，利乐公司、光明乳业和卫岗乳业大力支持的“传承百年革命精神 共促学生营养健康”的国家“学生饮用奶计划” 2021年媒体采风首期活动正式开启。人民日报社、新华网、人民网、中国网、中国教育报刊社五大主流媒体记者先后赴浙江、江苏等地调研，共同走进学生饮用奶生产一线，推动宣传推广工作。

26日 蒙牛集团助力牧场伙伴高质量发展大会在呼和浩特召开。中国奶业协会副会长兼秘书长刘亚清出席大会并致辞。刘亚清指出，“十三五”期间奶源数量增长，质量提高，牧场贡献功不可没；“十四五”时期发展前景向好，牧场要积极应对，把握机遇推动高质量发展；蒙牛集团乘势而为，体现出龙头企业的责任和担当。刘亚清特别强调，牧场高质量发展，既是实现奶业振兴的迫切需要，更是助力乡村振兴的重大任务，国家有政策，政府有扶持，行业就要有引领。内蒙古自治区农牧厅总兽医师赵联成表示：“奶业是内蒙古兴区富民的基础产业和优势产业。蒙牛集团召开这次牧场伙伴高质量发展大会，通过一揽子方案解决牧场发展瓶颈问题，这是行业内的创新之举。”蒙牛集团副总裁赵杰军介绍，召开这次大会的目的就是要在坚持‘生态优先 绿色发展’的前提下，帮助牧场伙伴在有限的资源条件下增牛补栏，把牧场存栏量做大，抢抓机遇，提档升级。大会除为首批12位特聘专家颁发聘书外，主会场还与15个分会场同时启动了助力中小牧场奶量翻番签状仪式。

中国奶业协会副秘书长周振峰，呼和浩特市农牧局副局长梅花，内蒙古农业大学经济管理学院教授、博士生导师盖志毅，浙商银行呼和浩特分行党委书记、行长王君双，兴业银行股份有限公司呼和浩特分行党委书记、行长颜勇等政府主管部门领导、行业专家、金融界以及黑龙江、河北、宁夏、山东、河南等蒙牛集团全国产业链合作伙伴，共500余人在线上线下参会。

同日 由中国物流与采购联合会主办、卫岗乳业联合承办的2021全球农产品供应链峰会暨中国餐饮零售洽谈会在南京召开。卫岗乳业与望家欢农产品集团有限公司、上海中膳供应链管理有限公司、索迪斯（中国）企业管理服务有限公司、法焙儿（上海）餐饮管理有限公司签订了战略合作协议。

同日 呼和浩特市人民政府发布《呼和浩特市推进奶羊产业发展若干政策措施》。

同日 第三方专业科技成果评价机构——中科合创（北京）科技成果评价中心组织专家对云南农业大学独立完成的奶牛养殖与加工关键设施设备创新及应用项目通过科技成果评价。

28日 潍坊伊利集团10万头奶牛项目建设布局和养殖计划全面落实。其中临朐项目养殖规模2万头、寿光项目养殖规模1.2万头、滨海项目养殖规模2.4万头、昌邑项目养殖规模1.8万头、寒亭项目养殖规模1.6万头，落实奶业发展扶持政策全市规模养殖场增养1万头奶牛。

同日 光明乳业股份有限公司在2021年度上海市质量工作会议上荣获2020年度上海市市长质量奖。

同日 光明阜南生态智慧规模化奶牛场在安徽省阜阳市阜南县柳沟镇奠基。中共阜南县委书记崔黎，光明乳业党委副书记、总裁罗海分别致辞。光明乳业副总裁、光明牧业党委书记、董事长、总经理王赞为光明牧业重大工程项目党员攻坚队授旗；北京京鹏环宇畜牧公司董事长高继伟代表施工单位、智达安徽分公司总经理宋伟代表监理单位分别讲话。阜南县委和政府有关领导出席奠基仪式。

同日 湖南省民营经济统战工作会议暨民营经济高质量发展大会在长沙召开。澳优董事长颜卫彬等30名非公有制经济人士和新的社会阶层人士被授予“优秀中国特色社会主义事业建设者”称号。

同日 优秀研究生奖学金项目长三角高校联合选拔活动在江苏省扬州大学举行。活动由光明牧业与诺伟司国际携手举办。NGS诺伟司国际优秀研究生奖学金项目，覆盖全球40多所高等院校，总投入高达数百万美金，并于2006年落根中国。本次活动涉及南京农业大学、扬州大学、浙江大学三所高校。

同日 中国奶业协会、中国乳制品工业协会与飞鹤在广州联合举办的“528”中国宝宝日倡议活动。来自全国各地的“飞鹤特工家庭”与现场自发参与进来的亲子家庭，在“太空景观”中与“宇航员”亲密接触，在“奇幻湿地”感受北纬47°的自然纯净，在“特工趣造物里”描绘未来。由528顶帐篷拼成的“528”数字图案，由吉尼斯世界纪录认证官现场认证，完成“世界上最大的由帐篷拼成的数字”的吉尼斯世界纪录挑战。在以“童心陪伴 领跑未来”为主题的发布会，飞鹤品牌代言人章子怡、吴京也通过视频，为中国宝宝献上真挚的节日祝福，祝中国宝宝们节日快乐！北京大学医学部营养与食品卫生学系教授许雅君，丹麦技术大学化学工程博士、美国油脂化学家学会中国分会副主席徐学兵，中国飞鹤研究院副院长蒋士龙介绍了飞鹤添加了珍稀有机OPO的产品及功能。

另外，发布会共同启动了“童心陪伴100分行动”，中国飞鹤副总裁魏静说“我们倡导童心陪伴100分，是希望父母能真正做到100%用心，比如每天拿出100分（钟）的时间，并长期坚持，陪孩子做100件事情等，做好陪伴的时间和质量保障。”

29日 “呼和浩特市重大项目集中开工动员会暨伊利现代智慧健康谷国家乳业技术创新中心开工仪式”在呼和浩特举行，内蒙古自治区党委常委、呼和浩特市委书记王莉霞出席并宣布开工，呼和浩特市委副书记、市长、和林格尔新区党工委书记贺海东主持开工仪式，呼和浩特市人大常委会主任常培忠，呼和浩特市委副书记、政法委书记曹思阳出席开工仪式。伊利集团董事长潘刚出席活动。

同日 四川民众满意奶制品表彰会在成都市天府公园举行，同时还有“史努比欢乐跑嘉年华”活动，观众近万人。四川省农业农村厅草牧业处处长付建勇、草业中心主任王建文以及四川教育厅学生营养办、四川省经济和信息化厅农产品加工处、四川省市场监督管理局食品经营处的领导到会颁奖。四川省奶业协会监事长曾世明以及四川省龙日种畜场、四川省畜牧科学院、四川省阳平种牛场、四川省草科院的领导，四川省畜牧总站的杨嵩、曹伟等专家，各乳制品加工、销售企业负责人等出席会议。四川省奶业协会会长李自成宣布表彰决定并接受记者专访。四川省奶业协会常务副会长兼秘书长杨盛兴主持会议。

“活润晶球酸奶”“自立袋酸奶”“冠益乳（眉山）”发酵乳类，“菊乐酸乐奶”乳饮料类，“黄金24小时鲜牛乳”“瓶装定制鲜牛奶”低温奶类，“菊乐有机牛奶”“纯牛奶（杨森）”常温奶类，“红原牦牛奶粉”“牦牛奶幼儿配方乳粉”奶粉类五大类产品的10个品牌获得四川民众满意奶制品称号。

同日 江苏一鸣开工投产庆典暨新品发布会在常州市金坛区举行。原农业部副部长、中国奶业协会名誉会长高鸿宾，常州市金坛区委常委、经开区党工委书记刘小平，一鸣公司董事长朱立科分别讲话。与庆典同步举行的新品发布会上，希有主义希腊式风味发酵乳、生气君乳酸菌气泡水正式面世。常州市人民政府副市长许峥，金坛区委副书记、区长陆秋明等政府相关单位领导，银行、券商投资者、供应商、加盟商、合作伙伴、奶农、媒体出席活动。

江苏一鸣食品有限公司地处常州市金坛区金科园，占地面积123亩，建成投产后可实现一期乳制品及乳饮料500t、烘焙制品120万份的日生产能力。

29—30日 奶牛育种自主创新联盟五周年工作会在北京国家会议中心召开。奶牛育种自主创新联盟理事长麻柱做联盟工作汇报。中国奶业协会副会长兼秘书长刘亚清、北京首农食品集团副总经理常毅、农业农村部种业管理司品种创新处副处长陶伟国、全国畜牧总站畜禽种业指导处处长刘丑生、北京市农业农村局种业处处长王艺中出席会议并讲话。中国奶业协会副秘书长陈绍祜主持《联盟标准》发布，中国农业大学张沅教授主持《红皮书》发布，理事长麻柱为新加入联盟的6家单位授牌，联盟聘请中国农业大学孙东晓教授、王雅春教授分别担任芯片研发与遗传评估首席科学家。联盟成员、联盟专家委员会、中国荷斯坦牛后裔测定“香山联盟”代表及行业嘉宾受邀出席会议。

宁夏农垦集团副总经理宁晓波，北京首农畜牧发展有限公司董事长、总裁乔绿，上海荷斯坦科技有限公司董事长宋慧亭，中地乳业集团副总经理刘云祥作为联盟奶牛养殖企业代表，奶牛产业技术体系北京市创新团队首席科学家路永强、宁夏现代农业产业技术支撑体系首席科学家温万、中国农科院北京畜牧兽医研究所朱化彬研究员作为技术专家代表，出席《高产奶牛群体如何持续提升》主题高峰论坛，就奶牛单产提升中期目标与天花板、育种与胚胎技术、自主育种体系组织与品牌公信力建设等话题进行经验分享。

30日 第二届“北京牛奶文化节”在北京开幕。中国奶业协会副会长兼秘书长刘亚清在致辞中表示：通过“北京牛奶文化节”这一新高平台，做实“品味三元”“文化奶业”未来可期；讲出“北京故事”，发出“北京强音”值得期待；用好“北京资源”，做强“北京品牌”大有可为。北京牛奶文化节嘉年华活动同期举行。文化节由北京市奶业协会主办，农业农村部、工业和信息化部、中国奶业协会、中国乳制品工业协会、北京市农业农村局、北京市民政局、北京市科学技术协会的领导以及伊利、蒙牛、光明、三元等知名乳企、奶协会员单位、消费者代表等近400人出席了活动。

同日 在上海电视台新闻综合频道，光明乳业董事长濮韶华与复旦大学附属华山医院感染科主任张文宏做客《夜线约见》栏目，共同探讨国家大健康战略的未来发展。

同日 由青岛市奶业协会主办，青岛新希望琴牌乳业有限公司承办的“每天一杯巴氏奶，鲜活营养身体棒”暨世界牛奶日主题活动再次引燃李村商圈。青岛市奶业协会常务副会长孙洪涛，青岛市畜牧工作站站长周围，青岛新希望琴牌乳业有限公司副总经理王昌亮等领导以及青岛市媒体代表应邀出席本次活动。

6月

1日 东方澳龙公司澳乃康（泌乳期）乳房注入剂专利（一种组合物及其应用、研制，专利号：ZL201510607822.0）荣获中国专利优秀奖。此次是东方澳龙继“一种奶牛乳头防冻消毒剂及其制备方法”获奖后，第二次获得该殊荣，是我国知识产权系统对东方澳龙公司坚实研发实力的肯定。

同日 光明品牌迎来了70周年生日，庆典活动在上海外滩举行，同时为期一个月的“光明牌70年时光记忆”主题快闪店正式亮相。活动现场，除了与会领导与媒体嘉宾外，还迎来了两位特别来宾，光明冷饮老员工苏建华和光明二代薛佳淇小朋友携手上台为光明品牌70岁生日庆生。

2日 博鳌亚洲论坛全球健康论坛第二届大会在青岛开幕，伊利集团执行总裁张剑秋出席全体大会并发言。

3日 农业农村部食物与营养发展研究所和内蒙古伊利实业集团股份有限公司在北京举行合作研讨会。农业农村部食物与营养发展研究所王加启所长、内蒙古伊利实业集团股份有限公司刘春喜副总裁出席会议并讲话。

4日 伊利股份发布《2021年非公开发行A股股票预案》的公告。公司拟非公开发行股票募集资金总额不超过130亿元，用于液态奶生产基地建设项目、全球领先5G+工业互联网婴幼儿配方奶粉智能制造示范项目、长白山天然矿泉水项目、数字化转型和信息化升级项目、乳业创新基地项目、补充流动资金及偿还银行贷款项目。

7日 农业农村部发布《奶牛乳房炎防治技术指南(试行)》通知。

8日 第十二届中国食品安全论坛在北京举办。国家市场监督管理总局党组成员、副局长唐军致辞，蒙牛总裁卢敏放出席论坛并作题为《"奶以安为要"用心打造消费者至爱的国产乳品》的演讲。

同日 第四批"上海品牌"认证获证企业集中颁证仪式举行，光明乳业旗下明星产品光明优倍鲜牛奶成功通过"上海品牌"认证。

9日 为贯彻上海市政府关于早餐工程建设的有关要求，让学生们享受更加新鲜便利的早餐，光明乳业将光明早餐机引入校园，首批投放试点在华东师范大学。

10日 "伊利营养2030"启动仪式在北京举行，农业农村部畜牧兽医局副局长魏宏阳、中国奶业协会副会长兼秘书长刘亚清、中国红十字基金会副理事长刘选国、伊利集团副总裁刘春喜为"伊利营养2030"项目揭幕。同时"伊利营养2030"首场捐赠在河南驻马店市上蔡县邵店镇前杨村小学举行，向驻马店市、平顶山市、南阳市、洛阳市、信阳市的8所小学捐赠18万盒伊利学生奶。

15日 "农经观察"第二十一期会商会在北京举行，就"全面推进奶业振兴的再思考"进行研讨。国家发展改革委农村经济司副司长邱天朝、农业农村部畜牧兽医局副局长魏宏阳、全国畜牧总站站长王宗礼、中国农业科学院成果转化局副局长冯艳秋等专家出席会议并点评指导。中国农业科学院副院长梅旭荣主持会议。

16日 凯度消费者指数发布《2021年亚洲市场品牌足迹》报告。2020年，本土品牌继续领跑中国消费者十大首选品牌榜单。伊利蝉联榜首，连续6年成为消费者选择最多的品牌。伊利和蒙牛分别赢得了超过10亿的消费者触及数，光明乳业位列第十。妙可蓝多、燕塘、和路雪、新希望、香飘飘为乳制品增长前五品牌。

16—18日 河南省奶牛品种登记培训班暨单产提升技术高峰论坛在河南省驻马店市正阳县召开。河南省农业农村厅总畜牧师任心俊，驻马店市二级巡视员、市畜牧局党组书记、局长蔡新国，河南省农业农村厅奶业管理处副处长宋洛文，河南省畜牧总站站长睢富根，河南省畜牧总站党支部书记徐泽君，河南省种牛遗传性能测定中心主任赖登明，正阳县委常委、常务副县长蒋贵印，宁夏畜牧工作站副站长温万，中国奶业协会育种专业委员会副主任石万海，中地乳业集团有限公司副总裁刘云祥、河南省奶牛生产性能测定中心张震主任、闫跃飞副主任等出席本次会议，河南省18个省辖市、6个直管县、40多个奶牛主产县(市、区)畜牧站长、科长和技术骨干，70余家奶牛养殖企业负责人以及《中国乳业》杂志、河南电视台乡村频道、《河南日报》农村版、《河南畜牧兽医》杂志等媒体代表共200多人参加了本次会议。

17-18日 国家市场监督管理总局特殊食品安全监管司副司长马福祥率调研组赴赣就婴幼儿配方奶粉生产许可细则修订、婴幼儿配方奶粉注册和许可以及监管工作开展调研，江西省市场监督管理局二级巡视员章志键、二级巡视员陈少龄陪同考察调研。

18日 优然牧业正式于港交所挂牌上市。优然牧业在中国乳都呼和浩特举行上市仪式。原农业部副部长、中国奶业协会名誉会长高鸿宾，内蒙古自治区党委常委、呼和浩特市委书记王莉霞，内蒙古自治区副主席、政府党组成员黄志强，中国奶业协会副会长兼秘书长刘亚清，内蒙古自治区呼和浩特市市长贺海东，以及优然牧业管理层，股东、券商代表出席仪式，共同见证优然牧业乃至中国乳业的这一重要时刻。

同日 光明淮北万头生态智慧奶牛场项目奠基仪式在项目所在地安徽省淮北市濉溪县南坪镇朱口村举行。淮北市委常委、县委书记任东，光明乳业党委副书记、总裁罗海分别致辞。光明乳业副总裁、光明牧业党委书记、董事长、总经理王赞为光明牧业重大工程项目党员攻坚队授旗。

同日 现代牧业"我为中国牛"品牌战略升级暨新品发布会在山东烟台举办。

20日 河北省奶业协会七届二次理事会在唐山举行。会上，河北省奶业协会正式发布《河北省示范型奶牛家庭牧场》团体标准。团体标准由河北省奶业协会组织石家庄君乐宝乳业有限公司、利拉伐(天津)有限公司、定州市四丰环保科技有限公司、北京国科诚泰农牧设备有限公司、北京杉牧创唯科技有限公司、北京奥耐尔农牧科技有限公司和哈尔滨华美亿丰成套设备制造有限公司共同完成起草、编制的。同时，河北省奶业协会家庭牧场工作委员会正式宣布成立。

21日 新希望乳业完成寰美乳业100%股权交割后的首次年度股东大会在宁夏召开，在会上发布了公司的战略规划。

同日 蒙牛正式发布了《2020可持续发展报告》。针对国家"碳达峰碳中和"的目标，蒙牛在报告中承诺将在全行业率先实现碳中和，并将定期公布减排目标和路径；蒙牛还首次将具体ESG考核目标写入管理层年度绩效合同。

22日 由呼和浩特市市场监管局协调组织，在内蒙古质量和标准化研究院召开《内蒙古生鲜牛乳高质量标准体系地方标准》审定会，《奶牛场建设规范》《生牛乳质量规范》《饲草种植技术规范：紫花苜蓿》《奶牛饲养技术规范》《奶牛营养代谢病判定及防控技术规范》5项地方标准，经过审查委员会的评审，同意通过审查。

22日 由世界品牌实验室主办的(第十八届)世界品牌大会在北京举行，会上发布了2021年《中国500最具价值品牌》分析报告。光明乳业作为乳企中的佼佼者榜上有名，位列第143位。

23日 农业农村部食物与营养发展研究所、中国农科院农产品加工所、中国奶业协会、中国农业大学和北京工商大学等领导及专家，在山东省畜牧局奶业管理办公室二级调研员王文的陪同下，赴青岛新希望琴牌乳业调研学生饮用奶推广情况。青岛市农业农村局、青岛市市场监督管理局、青岛市教育局、青岛市疾病预防控制中心、胶州市农业农村局及胶州市教体局相关领导参加调研座谈，新乳业副总裁林永裕、琴牌乳业总经理安保森、副总经理王昌亮参与交流。农业农村部食物与营养发展研究所程广燕主任、中国奶业协会期刊总编杨秀文分别就学生饮用奶的发展提出了建设性意见。

22—24日 第十四届全球乳业大会举行了线上峰会，伊利集团作为中国受邀企业出席，集团总裁助理云战友博士发表主题演讲。2021年度世界乳品创新奖正式揭晓，伊利赢得九大奖项提名，并获最佳乳饮、最佳功能性乳品、最佳包装设计三项大奖。本届世界乳品创新奖共有来自25个国家、20个类别的222个作品参赛。伊利获得三大奖项：QQ星揉揉小肚子膳食纤维酸奶饮品获得最佳乳饮奖、“TOORAN有点突然”黑奶粉获得最佳功能性乳品奖、金典&故宫博物院联名特别版有机纯牛奶获得最佳包装设计奖。

24日 由蒙牛集团党委牵头，各基层党组织共同参与的“永远跟党走 共创新蒙牛”蒙牛庆祝建党100周年红歌会演在和林基地六期工厂举行。蒙牛集团党委书记孟凡杰带领新党员进行入党宣誓，党员重温入党誓词。来自蒙牛各基层党组织的数百名党员、员工代表参加活动。

23—25日 由农业农村部畜牧兽医局牵头，中国农业大学、中国农业科学院、中国奶业协会参加的第三调研组在湖北省对国家“学生饮用奶计划”实施推广情况进行调研。

25日 中国农业科学院北京畜牧兽医研究所奶产品质量安全与风险评估创新团队建立了牛奶黄曲霉毒素M_1（AFM1）的核酸适配体检测新方法，实现了牛奶中AFM1高灵敏度检测，为牛奶质量安全风险评估提供技术支撑。相关研究成果发表在《化学前沿（Frontiersin Chemistry）》上。

同日 甘肃省卫生健康委员会、甘肃省农业农村厅、甘肃省市场监督管理局联合印发《乳及乳制品 酒类食品安全国家标准跟踪评价（2021—2022年）实施方案的通知》。

26日 蒙牛集团中国乳业产业园乌拉特前旗10万头奶牛高端奶产业基地项目在额尔登布拉格苏木正式开工建设。巴彦淖尔市委常委、副市长赵辉，副市长郭占江，乌拉特前旗四大班子主要领导以及内蒙古自治区部分金融机构、企业、牧业的主要负责人出席了开工仪式。乌拉特前旗委书记苏亚拉图，蒙牛集团副总裁赵杰军，浙商银行呼和浩特分行党委书记、行长王君双，内蒙古自治区农村信用联社副主任卢晓东分别致辞。内蒙古萨菲牧业公司总经理程永利代表合作企业发言。乌拉特前旗旗委副书记王俊杰主持开工仪式。

27日 “2021福建省乳制品和奶源企业质量承诺三年提升行动”新闻发布活动在福州举办。福建省奶业协会会长林纪智宣读“提升乳品质量安全、企业公开承诺”倡议书。福建省奶业协会副会长兼秘书长吴大新就“提升乳制品质量安全三年行动、我们相伴同行”向会员企业发起号召。活动期间，开展了饮奶知识有奖问答，发布了《关于组织开展2021福建省民众满意度十佳乳制品品牌推介活动的通知》。

27日晚 碧海公司庆祝中国共产党成立100周年“和谐、聚力、迎战‘十四五’”员工歌唱大赛在碧海广场举行。公司领导同1 000余名碧海员工及其家属一起观看演出。公司董事长厉善红致辞表达了对中国共产党百年华诞的喜庆祝福及对全体员工及家属们的感谢，同时表示了迎战“十四五”规划的信心和决心。

28日 全国“两优一先”表彰大会在北京人民大会堂召开。君乐宝乳业集团党委书记、董事长兼总裁魏立华荣获“全国优秀党务工作者”称号；黑龙江飞鹤乳业有限公司党委荣获“全国先进基层党组织”称号。魏立华和飞鹤乳业党委书记朱天龙参会接受表彰并参加系列庆祝活动。

同日 福建长富举办“红歌颂党恩，永远跟党走”庆祝中国共产党成立100周年歌咏比赛。长富董事长兼总经理蔡永康出席活动并致辞。

29日 央广网消息，在共产党的百年华诞来临之际，伊利集团举行了一系列庆祝活动，总结党建引领企业发展经验，蓄力前行。伊利集团党委书记、董事长兼总裁潘刚表示，伊利作为伴随着改革开放成长起来的企业，时至今日，能以千亿的总营收位列全球乳业五强，连续七年蝉联亚洲乳业第一，这样的成绩离不开党和国家创造的好环境，离不开党中央及各级党委政府的大力支持和关心爱护，伊利的快速发展也让我们更加坚定永远‘听党话、跟党走、报党恩’的信念和决心。

同日 中国奶业协会发布《奶水牛后裔测定技术规范》等5项团体标准立项的公告。

同日 宁夏农垦举办奶产业高质量发展成果发布会。宁夏农垦集团党委书记、董事长张戈发布了奶产业取得的四个方面的突破。2021年6月底，实现了鲜奶日产突破1 000t、养殖规模突破8万头、成母牛年均单产突破11t、奶牛联合育种实现新突破。

同日 新疆天瑞祥牧业和静县万头奶牛循环发展产业园建设项目在和静县开工。巴音郭楞州党委书记任广鹏出席开工仪式并宣布项目开工，副州长冯雪海和州直有关部门负责同志等参加开工仪式。项目由新疆瑞源乳业有限公司和甘肃前进牧业科技有限公司共同投资建设，总投资3亿元。

同日 山西省畜牧遗传育种中心与内蒙古圣牧高科牧业有限公司荷斯坦牛联合育种战略合作签约仪式在呼和浩特举行。

30日 甘肃农垦集团并购庄园牧场举行新闻发布会，甘肃农垦历经10个月完成了并购庄园牧场项目的各项既定任务，甘肃农垦集团表示将继续以畜牧养殖为主导产业方向，力争“十四五”末可控奶源的奶牛养殖规模达到10万头以上。

7月

2日 亚洲足球联合会与伊利共同宣布，双方达成2021—2024年亚足联国家队赛事官方全球合作伙伴关系。

4—5日 四川省奶业协会主办，重庆市奶业协会、云南省奶业协会、贵州省奶业协会、西藏奶业协会、广西奶业协会协办，维尔塔宁（天津）生物科技有限公司承办的南方牧场高质量青贮日粮技术研讨会，在四川省绵阳市召开。

5日 海关总署发布《实行进口乳品检测报告证明事项告知承诺制公告》。

同日 标普给予中国现代牧业控股有限公司BBB的投资级信用评级。

同日 陕西小羊妙可乳业有限公司发生股权登记变更，新增投资人黑龙江飞鹤乳业有限公司，持股100%。

6日 中国圣牧发布公告，公司主要股东及单一最大股东Start Great收购中国圣牧约10.46亿股普通股，在当前全部已发行股本中占比约12.48%。Start Great为蒙牛乳业旗下全资子公司，本次收购完成后，蒙牛乳业将通过Start Great间接持有中国圣牧29.99%的股权。

同日 内蒙古农村信用社支持乡村振兴奶业专场推进会在呼和浩特市召开，蒙牛集团与和林格尔县农村信用合作联社签署奶业振兴合作协议。蒙牛集团副总裁赵杰军，内蒙古自治区农村信用社联合社党委书记、理事长郭大勇出席签约仪式。

6-8日 由农业农村部食物与营养发展研究所党委书记王晓举带队，中国农业科学院、中国奶业协会、中国农业大学、北京工商大学等共同组成的学生饮用奶调研组赴江苏调研“学生饮用奶计划”实施推广情况。调研组同江苏省农业农村、教育、卫生等部门，以及江苏省奶业协会、学生饮用奶供应企业和实施学校等涉及“学生饮用奶计划”的相关单位代表座谈，实地考察了扬州、镇江的“学生饮用奶计划”实施情况，并赴南京卫岗乳业调研企业在学生饮用奶方面的工作情况。卫岗集团董事长白元龙向调研组汇报了企业在开展“学生饮用奶计划”推广工作中的要点难点，并对进一步扩大实施“学生饮用奶计划”工作献言建策，在加快营养立法、加强政策支持、加大学生奶推广力度等方面提出了宝贵意见。

7日 新华网消息，每日鲜语再创高端鲜奶新标杆——获SGS认证，产品品质达到欧盟鲜奶标准。

7—8日 由勃林格殷格翰公司主办的八握胜势，无险蓝图——第八届勃林格国际奶牛健康论坛在北京怀柔成功举办，来自全国各地的近300位牧场代表参加了会议，共同见证了“中国奶牛场乳腺炎防控八点计划”的发布。

勃林格大中华区动物保健业务负责人David Gocken和勃林格反刍事业部负责人徐芝华做开场致辞。高健博士首先讲述了中国奶牛场乳腺炎防控8点计划制定的背景；张俊杰博士接着带领与会者简要回顾了国际上奶牛乳腺炎防控的历史。康奈尔大学兽医学院动物健康诊断中心高级推广专家Paul Virkler就挤奶操作和设备参数对乳腺炎风险的影响、中国农业大学动物医学院副教授高健博士就数据记录和分析应用、勃林格反刍事业部高级诊断与技术服务专员才灵杰就了解牧场乳腺炎致病菌、美国高级职业兽医Mark J van der List博士就提升奶牛机体免疫力、中国农业大学高级兽医师、执业兽医师马翀就环境中乳腺炎风险评估及管理、勃林格殷格翰奶牛业务专业技术服务高级副总监Linda tikofsky就乳腺炎患病奶牛科学处置、美国威斯康星大学麦迪逊分校乳品科学系教授Victor E.Cabrera就设定合理淘汰原则等，来自中国、美国、英国、比利时等国家的多位演讲嘉宾分享了精彩报告，深度解读这一为中国奶牛场量身打造的乳腺炎防控计划。

论坛同时举行了由勃林格冠名的“第三届优秀青年奶牛兽医工作者评选活动”颁奖仪式，十名优秀青年奶牛兽医工作者被授予奖励。论坛上，中国市场上第一款可视化乳头内封闭剂——蓝色“优密欣”升级上市。

8日 蒙牛集团与又一丰集团在内蒙古自治区呼和浩特市签约。蒙牛集团奶源华北大区总经理吴志学与又一丰集团总经理栗景岗代表双方签署战略合作协议；蒙牛集团副总裁赵杰军、又一丰集团董事长陈永杰出席签约仪式。

同日 中国现代牧业控股有限公司宣布成功为5亿美元5年期公司美元债定价，债券票息为2.125%。此次发行市场反应热烈，深受投资者欢迎，多家国际知名基金公司及银行均对其表现出了强烈兴趣，债券账簿峰值共获得4.2倍超额认购。

9日 为展示中国奶业全产业链发展风貌，促进“十四五”时期中国奶业高质量发展，中国奶业协会联合重点奶业企业伊利集团、蒙牛集团、光明乳业、现代牧业、君乐宝乳业、飞鹤乳业、澳优乳业推出《奋进“十四五”，缔造中国奶业发展新动能》专题报道，文章在新华网的阅读量仅一天就突破了11万人次，很快就达20万人次的阅读量。得到了社会各界的广泛关注。

10日 首届中国高寒生态奶业发展高峰论坛在哈尔滨举行。黑龙江省政府副秘书长韩库致欢迎辞；原农业部副部长刘成果，中国工程院院士、中国农业大学动物科技学院教授李德发，中国奶业协会副会长兼秘书长刘亚清，北大荒农垦集团有限公司党委副书记、副董事长、总经理杨宝龙，北大荒完达山乳业股份有限公司党委书记、董事长王贵分别讲话。黑龙江省奶业协会常务副会长张维银主持圆桌论坛，农业农村部食物与营养发展研究所所长、国家奶业科技创新联盟理事长王加启，中国农科院成果转化局副局长、中国农垦乳业联盟主席冯艳秋等专家在会上进行了交流。会上成立了首个“中国高寒生态奶业科学研究院”。中国奶业协会、中国农垦乳业联盟、黑龙江北大荒牧业还与完达山共同发出了“中国奶业全面振兴”的倡议。

13日　吉林省农业科学院加工所李盛钰研究员、赵子健博士“中国传统奶酪中微生物多样性”研究成果在《Food Research International》在线发表。论文通过对云南省三个城市采集的乳扇和乳饼样品中的微生物组成、短链脂肪酸、游离氨基酸的检测，探讨了不同的制作工艺和不同区域的奶酪中微生物与奶酪口味和营养的关系，同时，该文章对深入研究环境微生物与地域性乳制品中微生物多样性的关系提供了创新性的思路。

14日　呼和浩特市人民政府印发以乳业为核心的《绿色食品加工产业集群三年行动方案（2021—2023年）》。

17-19日　以“展成果 谋方略 绘蓝图 点亮两个百年交汇点”为主题的第十二届中国奶业大会暨2021中国奶业展览会在安徽省合肥市召开。大会共组织了16个专题高端论坛。展览会参展企业555家，展位面积约8万m^2。展会设置有中国奶业20强展区、国家展团区、专业展区等。

农业农村部副部长马有祥、安徽省人民政府副省长张曙光出席会议并讲话；原农业部常务副部长、中国奶业协会原会长刘成果，原农业部副部长、中国奶业协会名誉会长高鸿宾为“十三五”奶业成就展揭幕。中国奶业协会会长李德发院士致辞。国家市场监督管理总局食品生产安全监督管理司司长马纯良、工业和信息化部消费品工业司副司长李堂兵、伊利集团执行总裁张剑秋、蒙牛集团总裁卢敏放分别结合部门和企业实际作大会发言。中国奶业协会副会长兼秘书长刘亚清主持会议并公布“十三五”企业风采录。大会同时展播大型纪录片《五年蝶变——中国奶业“十三五”成就巡礼》。

全国畜牧总站站长王宗礼、国家奶牛产业技术体系首席科学家李胜利、中国动物疫病预防控制中心主任陈伟生、农业农村部食物与营养发展研究所所长王加启、中国农垦经济发展中心主任李尚兰、中国农业科学院北京畜牧兽医研究所所长秦玉昌分别为入选《风采录》的奶畜养殖企业代表、乳品加工企业、供应商企业代表颁发入选证书和纪念徽章。《风采录》有301家优秀企业，其中养殖企业110家、乳品加工企业121家、供应商企业70家。

原农业部党组成员、中国奶业协会战略发展工作委员会名誉常务副主任毕美家宣读《中国奶业奋进2025》发布词。中国农业科学院原党组书记，中国奶业协会战略发展工作委员会名誉副主任陈萌山解读了《中国奶业奋进2025》。国家乡村振兴局开发指导司一级巡视员吴华启动《星火燎原 点亮奶业版图》签约助力仪式。签约覆盖了全国24个省份，总金额过千亿，涉及企业及地方政府107家。

农业农村部畜牧兽医局局长杨振海、农业农村部农垦局局长邓庆海、安徽省农业农村厅厅长卢仕仁、安徽省人民政府副秘书长戴启远、农业农村部种业管理司副司长杨海生、农业农村部国际合作司副司长韦正林、农业农村部科技教育司副司长孙法军、中央和国家机关行业协会商会第四联合党委书记赵泽琨、中国畜牧业协会秘书长何新天、合肥市人民政府副市长王民生、唐山市人民政府副市长张月仙、临沂市沂南县副县长孙爱军等出席会议。中国奶业协会副会长、中国奶业协会专业委员会主任、各省奶业协会会长及秘书长、D20企业负责人、奶业相关院校专家学者、各奶业企业负责人和技术人员、各检测和测定机构人员，以及兄弟协会代表参会，中央电视台、人民日报、新华社、光明日报、经济日报、人民网、新华网等近百家媒体记者采访并进行了报道。新华网进行了全程直播。

17日　2021中国奶酪发展高峰论坛在合肥举办。原农业部副部长、中国奶业协会名誉会长高鸿宾作主旨演讲。中国奶业协会会长李德发院士、农业农村部畜牧兽医局副局长魏宏阳、上海妙可蓝多食品科技股份有限公司董事长柴琇分别致辞。原农业部常务副部长、中国奶业协会原会长刘成果，中国农业科学院原党组书记、国家食物与营养咨询委员会主任陈萌山，原农业部党组成员、中国奶业协会战略发展委员会副主任毕美家，中央和国家机关行业协会商会第四联合党委书记赵泽琨，农业农村部食物与营养发展研究所所长王加启一并参加中国奶酪助力国民营养健康升级启动仪式。中国奶业协会副会长兼秘书长刘亚清主持论坛嘉宾致辞及升级启动仪式。

本次论坛特别邀请10家各具特色的中国奶酪生产企业进行了中国奶酪创新产品推介。国家食品安全风险评估中心标准二室主任王君作题为《食品安全国家标准再制干酪》专题报告、北京银河路经贸有限公司总经理骆志刚作题为《中国奶酪进口情况分析》专题报告，全国畜牧总站研究员、国家高级乳品评鉴师张书义作题为《国产奶酪现状与发展战略》专题报告、妙可蓝多餐饮工业事业部总经理助理兼应用研发总监陆雁飞作题为《国人早餐奶酪应用新场景》专题报告。

知名奶酪界专家学者、特邀奶酪生产企业负责人、各D20企业负责人、供应商代表以及新闻媒体代表等，共计200多人参会。

同日　中国奶牛种业高质量发展推进会在合肥召开。原农业部常务副部长、中国奶业协会原会长刘成果，中国奶业协会副会长兼秘书长刘亚清出席开幕式并发表讲话。中国农业大学教授张沅，中国奶业协会育种专业委员会主任张胜利，中国农业大学教授王雅春，北京奶牛中心主任麻柱，山东奥克斯畜牧种业有限公司总经理王玲玲，加拿大圭尔夫大学家畜遗传改良中心菲利普·米格乐博士分别作专题报告。新疆畜牧科学院研究员郭志勤出席会议。中国奶业协会副秘书长陈绍祜、中国奶业协会育种专业委员会秘书长刘林主持推进会。

同日　由中国奶业协会养殖工程与机械专业委员会举办的“奶业装备数字化智能化解决方案”论坛在合肥

举办。原农业部常务副部长、中国奶业协会原会长刘成果，农业农村部农机化总站党委委员、总工程师、中国奶业协会养殖工程与机械专业委员会主任委员仪坤秀亲临论坛，四位资深行业专家分别围绕“智慧牧场的TMR中央厨房”“牛舍环境智能控制方案”“挤奶机器人的发展和应用”“奶牛场病媒防控装备智慧物联”等主题做了具有前瞻意义的报告。

同日 由中国奶业协会主办，广西壮族自治区农业农村厅等单位共同协办的“第十二届中国奶业大会科技——经贸‘双驱’联动，打好水牛种业翻身仗论坛”在合肥成功举办。论坛由中国奶业协会奶水牛专业委员会主任、中国农科院水牛研究所所长黄加祥主持，中国奶业协会副会长魏立华、广西壮族自治区农业农村厅副厅长梁纪豪分别作开幕致辞，巴基斯坦伊斯兰共和国驻广州总领事迪亚尔·汗及夫人塔斯莲·迪亚尔，以及奶水牛专业委员会全体委员、行业专家、企业代表等100多人受邀参加了论坛。

同日 由中国奶业协会营养与消费专业委员会、农业农村部食物与营养发展研究所联合举办的“乳品营养健康与消费新趋势论坛”在合肥市举行。论坛得到了爱尔兰食品局和美国乳品出口协会的支持。论坛特别邀请国家食物与营养咨询委员会主任陈萌山出席并做主旨报告。农业农村部畜牧兽医局奶业处处长卫琳、中国奶业协会副会长王培亮出席会议并致辞。农业农村部食物与营养发展研究所所长王加启和农业农村部食物与营养发展研究所副所长（中国奶业协会营养与消费专业委员会主任委员）吴胜军分别主持论坛。

同日 以“奶业发展与科技”为主题的国家奶牛产业技术体系论坛在合肥举办。中国社会科学院农业农村发展研究所研究员、国家奶牛产业技术体系经济研究室主任刘长全主持，中国奶业协会副会长刘让、国家奶牛产业技术体系首席科学家李胜利出席论坛并讲话。中国农业科学院北京畜牧兽医研究所研究员、国家奶牛产业技术体系岗位科学家朱化彬，中国农业大学教授、国家奶牛产业技术体系岗位科学家施正香，中国动物卫生与流行病学中心研究员、国家奶牛产业技术体系岗位科学家范伟兴，农业农村部环境保护科研监测所研究员、国家奶牛产业技术体系试验站站长张克强，北京农学院窦金焕博士，美国Milk Products集团戴维·库克博士在专题论坛上做了报告。

同日 中国奶业协会发布《荷斯坦牛体型鉴定操作技术规范》团体标准。

同日 《挤奶机器人创新技术分析报告》发布仪式及奶业新技术分享论坛，《中国牧场奶牛卫生福利研究项目》启动仪式及新技术分享论坛，两场论坛同一天在安徽合肥举办。两场荐新论坛均由中国奶业协会主办，中国奶业协会编辑部承办。中国奶业协会两位副会长高继伟和刘春喜，中国奶业协会副秘书长张智山分别为两场论坛致辞；农业农村部农业机械化总站养殖机械处副处长周小燕，蒙牛集团奶源质量技术中心总经理贺永强，勃林格殷格翰反刍事业部负责人徐芝华，中国农科院农业信息技术研究所信息分析专家赵慧敏，利拉伐中国及韩国区总裁沙云飞出席论坛并讲话。

两场论坛分别举行了《挤奶机器人创新技术分析报告》和新书《牧场管理实战手册》发布，以及《中国牧场奶牛卫生福利》研究项目启动仪式。中国奶业协会秘书长助理兼编辑部主任丁芳博士主持了两场论坛发布仪式和启动仪式。伊利集团液态奶事业部副总经理于怀林、蒙牛集团奶牛研究院总监田茂分别主持了两场荐新论坛新技术分享。10位专家分10个专题就当前的奶业发展热点问题做了专题报告。相关领域的研究人员、一线专业技术人员、第十二届中国奶业大会的部分代表参加了两大荐新论坛。

同日 中国－荷兰“可持续奶业产业链：从牧场到餐桌－荷兰的方案”论坛在安徽省合肥市举办。论坛由荷兰驻华大使馆、中荷奶业发展中心以及中国奶业协会共同主办。荷兰驻华大使馆动植检参赞卡雷尔、中国奶业协会副会长白元龙分别致辞，国家奶牛产业技术体系首席科学家李胜利教授作题为《关于后疫情时期中国奶业的绿色和可持续发展的思考》主题报告，来自荷兰的6家企业与奶业同仁分享了对于可持续奶业产业链的经验、理解和策略。

同日 雀巢奶牛养殖培训中心（DFI）与合作伙伴在合肥举办以“打造未来绿色牧场”为主题的第五届“牧场持续卓越管理”高峰论坛。中国奶业协会副会长蔡永康致辞，相关专家作主题报告，论坛由DFI市场部经理刘云鹏主持。DFI还与一牧科技等达成项目合作协议。

18日 以“立足大循环 促进双循环 构建奶业高质量发展新格局”为主题的2021中国奶业20强（D20）峰会在安徽省合肥市召开。农业农村部副部长马有祥、安徽省人民政府副省长杨光荣出席会议并讲话。中国奶业协会会长李德发院士介绍会议创新策划的3个方面内容。农业农村部畜牧兽医局局长杨振海主持会议。

中国奶业协会副会长兼秘书长刘亚清，农业农村部食物与营养发展研究所所长、农业农村部奶及奶制品质量监督检验测试中心主任王加启，中国农业大学教授、中国奶业协会副会长李胜利，共同发布《2021中国奶业质量报告》。与会人员观看了《全球乳业四强企业发展之“道”》专题片。

国家市场监督管理总局食品生产安全监督管理司司长马纯良，信息化部消费品工业司副司长李堂兵，蒙牛集团总裁、现代牧业董事会主席卢敏放，伊利集团执行总裁张剑秋，蒙牛集团执行总裁李鹏程，光明乳业党委书记董事长濮韶华，北大荒完达山乳业党委书记、董事长王贵，新希望乳业董事长席刚，飞鹤乳业副总裁卢光，现代牧业执行总裁孙玉刚，三元食品总经理唐宏分别发言。

中国奶业协会副秘书长张智山宣读《中国奶业D20标准 生牛乳》团体标准发布词。中国奶业协会副会长兼秘书长刘亚清，中国农业大学教授、国家奶牛产业技术体系首席科学家李胜利，发布《中国奶业 D20 标准 生牛乳》团体标准。

银桥乳业副总经理张毅，卫岗乳业董事长白元龙，圣牧高科总裁张家旺，佳宝乳业总裁李军，贝因美执行总裁袁芳，中垦乳业党委书记、董事长邱太明，花花牛乳业副总裁杨永，中地乳业副总裁刘云祥，天润乳业党委书记、董事长刘让，长富乳业董事长兼总经理蔡永康，燕塘乳业党委副书记兼总裁冯立科，越秀辉山总经理韩春辉，皇氏集团总裁陈易一，得益乳业董事长兼总裁王培亮，嘉立荷牧业党委书记、董事长徐宝梁，西域春乳业党委书记、总经理卫新璞，分别讲述了中国奶业转型升级中的责任与担当，并与 D20 企业和观察员企业代表登台，共同见证团体标准发布。

中国农业科学院原党组书记、中国奶业协会战略发展工作委员会名誉副主任陈萌山，原农业部党组成员、中国奶业协会战略发展工作委员会名誉常务副主任毕美家，农业农村部各司局、事业单位等负责人，各省、自治区、直辖市农业农村（农牧）、畜牧兽医厅（局、委）、新疆生产建设兵团农业农村局负责同志，各省奶业协会会长及秘书长、D20 企业和观察员企业负责人及其他奶业企业代表、行业专家和新闻媒体朋友出席。

同日 中国奶业协会发布《中国奶业奋进 2025》《中国奶业 D20 标准 生牛乳》团体标准及《中国奶业的传奇与辉煌——圆梦“十三五”企业风采录》入选企业名单。

19 日 由中国奶业协会卫生保健专业委员会和奶牛产业技术体系北京市创新团队联合主办的奶牛保健新技术论坛在合肥举办。中国奶业协会副会长兼秘书长刘亚清莅临本次论坛，并做重要讲话。会议由中国奶业协会卫生保健专业委员会主任李秀波研究员和安徽省畜牧总站张莉研究员共同主持。中国农业大学高级兽医师马翀，中国农业科学院北京畜牧兽医研究所研究员顾宪红、东北农业大学副教授李洋、北京农业职业学院教授侯引绪等出席会议并做专题报告。

同日 由中国奶业协会奶山羊专业委员会主办的“中国羊奶产业发展论坛”在安徽省合肥市举办。中央和国家机关行业协会商会第四联合党委书记赵泽琨出席论坛并致辞，中国奶业协会奶山羊专业委员会主任、西北农林科技大学副校长罗军教授主持论坛。国际山羊协会董事会成员胡安·卡伯特，中国农业科学院饲料研究所研究员张乃锋，陕西省富平县畜牧发展中心高级兽医师焦剑平，山东滨州畜牧兽医研究院二级研究员沈志强，西北农林科技大学教授史怀平，陕西红星美羚股份有限公司董事长王宝印等专家学者与企业代表分别做专题报告。

同日 由中国奶业协会乳品工业专业委员会、奶牛产业技术体系北京市创新团队和中国农业大学教育部功能乳品重点实验室联合主办的“乳制品和功能性乳配料加工科技创新与发展论坛”在合肥举办。中国奶业协会副会长、中国奶业协会战略发展委员会副秘书长高丽娜出席会议并致辞，北京市畜牧总站饲料与营养室主任、奶牛产业技术体系北京市创新团队首席专家办公室主任郭江鹏博士和中国农业大学教授、中国奶业协会乳品工业专业委员会主任毛学英分别主持论坛。

内蒙古伊利实业集团股份有限公司研发经理王彩云、内蒙古蒙牛乳业（集团）股份有限公司中性乳品部总监钱文涛、北京三元食品股份有限公司首席科学家兼副总经理陈历俊、嘉必优生物技术（武汉）股份有限公司应用技术总监肖敏、中国农业大学教授毛学英、石家庄君乐宝乳业有限公司营养研究院母乳研究员荀一萍、中国农业大学副教授赵亮、澳优乳业高级研究员谢奎等多位专家出席并做报告。

20 日 福建省工业和信息化厅、福建省文化和旅游厅发布了关于 2021 年省级工业旅游试点企业名单的通知。福建长富乳业集团榜上有名。

24 日 2021 中国学生营养与健康发展大会暨学生营养普惠食育基地共建项目启动仪式在内蒙古自治区通辽市举行。国家卫生健康委食品司副司长田建新，中国学生营养与健康促进会会长陈永祥，通辽市政府副市长缪增位，中国奶业协会副秘书长李栋，内蒙古蒙牛乳业（集团）股份有限公司高级副总裁、常温事业部负责人高飞等出席会议并致辞。

25 日 现代牧业发布公告，披露了公司收购中元牧业 100% 股权的最新进展。公告显示，买卖协议（经补充协议修订）所载的所有条件均已达成，收购事项于 2021 年 7 月 21 日完成。

27 日 联合国全球契约组织在联合国驻华代表处发布《企业碳中和路径图——落实巴黎协定和联合国可持续发展目标之路》报告。伊利集团作为全球农业食品业代表企业被收入报告。

28 日 市场监管总局印发《进一步规范婴幼儿配方奶粉产品标签标识的公告（征求意见稿）》。

30 日 国家认证认可监督管理委员会发布关于发布新版《危害分析与关键控制点（HACCP）体系认证实施规则》的公告，认监委将整合乳制品生产企业 HACCP 体系认证与食品企业 HACCP 体系认证两项认证制度作为 HACCP 体系认证的一项认证制度。2023 年 1 月 1 日起，对新申请 HACCP 体系认证的企业，认证机构将按照新版《HACCP 体系认证实施规则》要求实施 HACCP 体系认证。

同日 蒙牛启动以“讲诚信、树正气”为主题的蒙牛“诚信日”活动。

同日 由甘肃前进牧业与贵州南方乳业共同出资筹建的甘肃陇黔牧业有限公司 6 000 头奶牛养殖基地产业化建设项目的开工奠基仪式在张掖市举行。

同日 牧场“两病”净化工作推进会在新疆召开。国家奶牛产业技术体系首席科学家、中国农业大学李胜利教授，新疆维吾尔自治区动物疾病预防控制中心副主任惠志华，新疆天润乳业股份有限公司董事长刘让，天康生物制药有限公司副总经理李天增出席本次会议并致辞。

李胜利教授，中国动物卫生与流行病学中心首席科学家范伟兴研究员，中国农业科学院兰州畜牧与兽药研究所李建喜研究员，中国农业大学动物医学院吴文学教授，国家奶牛产业技术体系病毒性传染病防控岗位科学家高明春高级实验师等还做了专题报告。

同日 由呼和浩特市市场监管局主导推动，呼和浩特市农牧局主持，中国农业科学院草原研究所、内蒙古自治区林业和草原种苗总站、呼和浩特市农牧业技术推广中心、内蒙古蒙草集团生态环境集团股份有限公司、内蒙古悠然牧业有限责任公司等参与制定的《苜蓿人工草地品种选择技术规范》《牧草种植农机深松整地停业技术规范》《内蒙古中西部地区盐碱地苜蓿种植技术规范》《苜蓿蚜虫监测与防治技术规范》《农牧交错带饲草储备技术规范》《优质苜蓿储藏加工技术规范》6项内蒙古地方标准顺利通过专家审定。

31日 由甘肃华羚集团公司宋礼、敏文祥、敏永祥编著的《甘南牦牛乳产业可持续发展与精深加工研究》一书，由文化发展出版社出版。

8月

2日 国家市场监管总局发文征求《乳制品生产许可审查细则（征求意见稿）》意见。

同日 中国奶业协会消息，海关总署国际检验检疫标准与技术法规研究中心暨中华人民共和国WTO/-SPS国家通报咨询中心、宁波海关发表美国新修订酸奶产品标准与中国国标比较分析。

同日 江苏省市场监督管理局印发《推动乳制品、肉制品生产企业建立和实施HACCP等食品质量安全管理体系工作通知》。

同日 天津市农业农村委员会印发《天津市2021年奶牛家庭牧场和奶农合作社升级改造项目实施方案》。

5日 河北省农业农村厅二级巡视员顾传学在河北省政府新闻办举行的河北省深化农业供给侧结构性改革促进农业高质量发展新闻发布会上表示，河北省奶业生产呈现“奶牛养殖加快升级；乳品加工能力持续增强；优质饲草基地持续扩大；良繁体系不断完善；乳品品质品牌持续跃升；利益联结机制逐步完善”的特点。

同日 庄园牧场在投资者互动平台表示，甘肃省金昌市金川区万头奶牛养殖循环产业园项目预计将于2021年年底整体完工。该项目由兰州庄园牧场甘肃瑞嘉牧业有限公司投资建设，规划占地面积约4 600亩，项目总投资5亿元，计划建成集现代化养殖设施建造、规范化养殖技术展示、生态化牧场观光和智能化粪污处理为一体的现代畜牧养殖示范基地。

同日 2020东京奥运会乒乓球女子团体喜获金牌，君乐宝乳业集团通过河北省体育发展基金会捐资1 000万元，用于奖励在东京赛场上勇创佳绩的全体河北体育健儿。其中，获得金牌的运动员每人将实获100万元奖励。

6日 国际风味评鉴所全球食品及饮料评鉴结果正式揭晓。光明乳业旗下光明冷饮两款“一城一物”的全新战略产品，实力斩获2021年度国际美味奖章。其中一枝杨梅斩获美味奖2星奖章，优倍鲜奶冰激凌龙井茶风味斩获美味奖1星奖章。

10日 国际权威品牌价值评估机构Brand Finance发布“2021年度全球最有价值乳制品品牌10强”榜单，我国有两家企业入榜，伊利位居全球第一位，蒙牛位列第三位。

同日 北方新报正北方网记者从内蒙古自治区市场监管局了解到，2021年，自治区投入产业项目补助资金3 000万元，该专项资金主要用于购置传统乳制品智能售卖机、打造传统奶制品销售旗舰店、定制新模具、试点示范创建、支持牧区现代化试点旗县传统乳制品产业发展和检验检测等事项。

同日 中国奶业协会消息，中国海洋大学易华西教授团队在牛乳细胞外囊泡健康功能研究方面取得新进展。

11日 上海市市场监督管理局发文对《现制现售奶酪经营管理规范》（征求意见稿）地方标准公开征求意见。

同日 由上海新华发行集团有限公司、上海天协文化发展有限公司携手意大利卡拉拉学院、亚特米西亚公司联合主办，光明乳业冠名光明致优首席赞助的“文艺复兴至19世纪——意大利卡拉拉学院藏品展”，在上海东一美术馆举办。

12日 蒙牛乳业（宁夏）有限公司乳制品生产建设项目在灵武产业区奠基开工。宁夏农垦集团总经理徐军、灵武市人大常委会主任郑学文、银川高新区党工委副书记赵灵平、蒙牛集团奶源事业部战略运营中心总经理程晓飞、常温事业部工程技术管理部高级总监张永宏、常温西部大区总经理武慧明、奶源事业部西部大区总经理王永华等出席活动。

同日 蒙牛携手海尔海创汇正式举办“健康科技”创新加速营发布会。

15日 《农民日报》发表《新格局下，奶业怎样发展？》一文。中国奶业协会副会长兼秘书长刘亚清，中国工程院院士、中国奶业协会会长李德发，蒙牛集团总裁、现代牧业董事会主席卢敏放，伊利集团执行总裁张剑秋，北大荒完达山乳业党委书记、董事长王贵，工业和信息化部消费品工业司副司长李堂兵，国家市场监督管理总局食品生产安全监督管理司司长马纯良等接受记者采访，并为奶业发展建言献策。

同日 重庆日报记者从农业银行重庆市分行获悉，垫江县企业——重庆爱牧生态农业有限公司获得农业银行垫江支行150万元奶牛活体抵押贷款。这是在“政银保”三方合力下，通过“信贷+保险”控制贷款风险，在重庆落地的首笔奶牛活体抵押贷款。

17日 中地牧场的加佑系列低温酸奶产品正式上市销售。

18日 农业农村部召开视频会议，部署推进都市现代农业发展和农产品仓储保鲜冷链物流建设工作。农业农村部副部长马有祥出席会议并讲话。

同日　全国人大常委会执法检查组关于检查畜牧法实施情况的报告，提请十三届全国人大常委会第三十次会议审议。报告指出，我国动物疫病防控能力亟须强化，建议健全基层动物防疫体系。

报告指出，总体来看，畜牧法在各地各部门得到了有效实施，畜牧业转型升级正在加速推进，但我国畜牧生产方式总体上还比较粗放，疫病防治和养殖污染问题尚未彻底解决。畜牧兽医力量不足，体制衔接不畅已成为制约畜牧业发展的重要因素，地方基层动物防疫体系“职能淡化、力量弱化、支持虚化”等问题依然突出。

报告建议，在国家层面明确将“基层动物防疫体系”作为基层公共卫生体系的重要组成部分，对地方稳定基层机构队伍、优化动物防疫工作机制提出具体要求和落实时间表。

报告提出，依法保障县乡两级动物防疫机构有关经费，改善设施设备条件，落实人员工资待遇和有关津贴，确保动物防疫、检疫和监督工作正常开展，筑牢畜禽疫病防控第一条防线。

19日　《文汇报》以《一滴光明奶折射经济数字化“核心驱动力”》为题，详细介绍了光明乳业全产业链数字化之旅，“学习强国”平台亦对本次专题报道进行了刊登发布。

20日　全国畜牧业标准化技术委员会牛业及奶业标准化工作组成立。

同日　中国农业科学院北京畜牧兽医研究所消息，《生牛乳中体细胞数控制技术规范》等4项农业行业标准预审会在北京召开。全国畜牧业标准化技术委员会赵小丽研究员、牛业及奶业标准化工作组梁春年主任、全国畜牧总站、中国农业大学等单位的专家以及伊利、蒙牛等企业代表出席会议。专家组对《生牛乳中体细胞数控制技术规范》《生牛乳中β－内酰胺类兽药残留控制技术规范》《奶牛养殖场生乳中病原微生物风险评估技术规范》《生乳中铅控制技术规范》四项标准一致同意通过预审。

22日　中国奶业协会消息，农业行业标准《奶业通用术语》通过全国畜牧业标准化技术委员会审定。

25日　荷兰合作银行公布“2021年全球乳业20强”。在2021年度榜单中，全球第一易主，Lactalis以年营收230亿美元，取代行业巨头雀巢（208亿美元），成为最大乳企，雀巢位居第二位。中国乳品企业稳居全球前十阵营。伊利（138亿美元）位居第5位，蒙牛（110亿美元）位居第9位。

26日　青岛新希望琴牌乳业二期巴氏鲜奶智能工厂竣工典礼暨黄金24小时鲜牛乳新品发布会在山东青岛举行。青岛市副市长耿涛，胶州市副市长刘明县，国家奶业科技创新联盟秘书长张养东，山东省奶业协会会长王成武，新希望乳业股份有限公司总裁朱川等出席会议并致辞。

28日　飞鹤开通北京＆齐齐哈尔双城直播间，通过双时空同步连线，以“云旅行”的方式，开启“北纬47°奇幻鲜境”的珍稀奶源探秘，为消费者打造“0距离”沉浸式直播体验。

31日　在中粮集团党组书记、董事长吕军，上海市委常委、副市长吴清的见证下，蒙牛集团同上海市经信委、浦东新区政府在上海达成战略合作。蒙牛集团总裁卢敏放与上海市经信委主任吴金城、浦东新区副区长吴强分别代表各方签署战略合作框架协议。

同日　北大荒完达山乳业与中国食品安全报社在北大荒完达山乳业公司总部举办战略合作签约仪式，共同打造校园食品安全放心工程。北大荒完达山乳业党委副书记、工会主席翟文波代表公司与中国食品安全报社黑龙江记者站站长王志辉签署合作协议。

9月

1日　中国奶业协会发布2021年第二批现代奶业评价定级奶牛场名单。

4日　中国奶业协会消息，澳优入选世界知识产权组织（WIPO）全球案例，并获得世界知识产权组织（WIPO）官网刊文介绍相关经验及成就。

5日　民政部授予182个爱心个人、爱心团队、捐赠企业、慈善项目和慈善信托第十一届“中华慈善奖”。在脱贫攻坚等慈善领域做出突出贡献的130个表彰名单里，伊利方舟项目（中国西部人才开发基金会）慈善项目和慈善信托位列其中。在抗击新冠肺炎疫情慈善领域做出突出贡献的24个捐赠企业里，奶业企业占据四席，分别是黑龙江飞鹤乳业有限公司、内蒙古蒙牛乳业（集团）股份有限公司、内蒙古伊利实业集团股份有限公司和石家庄君乐宝乳业有限公司。

同日　黑龙江省卫生健康委员会、黑龙江省教育厅、黑龙江省市场监督管理局联合印发《关于进一步加强中小学学校营养健康工作的通知》，发布《黑龙江省中小学生餐营养指南》。明确指出严禁乳饮料代替优质奶进校园。规定不具备食堂供餐条件的学校，提供课间加餐的应以提供优质蛋白的肉、蛋、奶等食物为主，不得以保健品、含乳饮料等替代。

6日　蒙牛控股公司内蒙古爱养牛科技有限公司、内蒙古圣牧高科有限公司，九三集团全资公司黑龙江九三康诺有机农产品科技有限公司三方在哈尔滨签署战略合作协议。九三集团党委书记、董事长史永革，九三食品股份有限公司总经理安科峰，九三集团副总经理李凯，九三食品公司副总经理王立庆，黑龙江康诺有机食品科技有限公司营销副总经理王亮；蒙牛集团奶源事业部副总经理兼战略运营负责人程晓飞，奶源东北大区总经理蔡义；圣牧高科副总裁高凌凤，采购中心总监兼有机部总监祁茹；爱养牛副总裁张维以及管理团队成员出席了签约仪式。

8日　新疆天润乳制品加工暨奶牛养殖项目签约仪式举行。德州市人大常委会党组副书记、副主任周玉刚，新疆天润乳业股份有限公司党委书记、董事长刘让，齐河县委书记孙修炜分别致辞，齐河县领导王玮、赵常祥、董庆新、李彬彬参加仪式。仪式上，天润乳业、齐河县人民政府、澳亚集团三方分别签订了合作协议。

9日 上海市委副书记、市长龚正对光明乳业华东中心工厂进行了调研。光明食品集团旗下的光明乳业华东中心工厂，年产乳制品60万t，是最大的乳品单体工厂。

10日 内蒙古呼和浩特市和林格尔县人民政府、内蒙古蒙牛乳业（集团）股份有限公司、现代牧业（和林格尔）有限公司、内蒙古正缘农牧业有限责任公司四方签署战略合作协议，正式启动中国乳业产业园和林格尔万头牧场战略合作项目。和林格尔县委书记李六小，县委副书记、代县长高峰，县人大常委会党组书记张全胜，县人大常委会主任原枝，县政协主席王来柱；蒙牛集团副总裁赵杰军，奶源副总经理兼战略运营负责人程晓飞，奶源内蒙古大区总经理赵瑞明；现代牧业执行总裁孙玉刚，副总裁朱晓辉；正缘农牧总裁范仁义，总经理范明月；爱养牛副总裁张维以及和林格尔县相关委办局及企业相关负责人和媒体代表参加启动仪式。和林格尔县委常委、常委副县长樊浩波主持签约及一系列活动。

同日 美赞臣中国宣布正式成为本土持有、本地化管理、独立运营的业务集团，并任命朱定平为美赞臣中国业务集团总裁。据了解，这是全球婴幼儿营养品行业内首次由中国投资机构完成的对百年国际品牌的收购。

10–12日 以“科技强乳 绿色发展”为主题的中国乳制品工业协会第二十七次年会暨2021年中国（国际）乳业技术博览会在浙江杭州举办。中国乳制品工业协会理事长、国际乳品联合会中国国家委员会主席吴秋林致开幕词。国家市场监管总局食品生产司副司长黄敏，国家发改委资源节约和环境保护司原副司长马荣，中国乳制品工业协会副理事长、浙江省食品工业协会会长、贝因美创始人谢宏分别致辞。浙江省市场监管局副局长卢永福等领导出席大会开幕式并讲话。工信部消费品司副司长李堂兵、农业农村部畜牧兽医局奶业处处长卫琳通过视频对大会如期举办表示祝贺。大会得到国际乳品行业的高度关注，国际乳品联合会主席皮埃尔·克里斯蒂亚诺、美国乳品出口协会总裁兼首席执行官克莉斯塔·哈顿也发来了演讲视频。中国工程院院士、中国农业大学教授任发政，国家奶牛产业技术体系首席专家、中国农业大学教授李胜利等国内外乳业专家，伊利、蒙牛、光明、新希望、飞鹤等乳企、全产业链、乳业投资等代表约4 000人参会。会议由中国乳制品工业协会副理事长兼常务副秘书长刘超主持。

博览会展出面积近3万m^2，展位922个。参展企业共234家。中国乳制品工业协会在年会上向全行业发出《中国乳业促进绿色低碳可持续发展倡议》。

11日 中国乳制品工业协会第二十七次年会上，光明乳业参评项目《新型含颗粒巴氏杀菌热处理风味发酵乳制备技术》获得了技术发明特等奖。

12日 伊利现代智慧健康谷产城融合重点项目开工现场会在呼和浩特市举行，自治区党委副书记、自治区主席王莉霞，自治区副主席艾丽华出席会议，呼和浩特市委副书记、市长、和林格尔新区党工委书记贺海东主持并宣布开工，呼和浩特市人大常委会主任常培忠，呼和浩特市政协党组书记、主席提名人选李炯到场出席。伊利集团董事长潘刚出席活动。多项社会事业及关联产业项目宣布同时开工。会前，与会人员观摩了当日开工的部分项目。

14日 农业农村部对拟认定为2021年度农业农村信息化示范基地的黑龙江七星农场等106家单位进行公示。其中多家乳业、牧业企业榜上有名，这些企业分别是内蒙古蒙牛乳业（集团）股份有限公司、天津嘉立荷牧业集团有限公司、现代牧业（集团）有限公司、内蒙古优然牧业有限责任公司、山东华澳大地农业发展有限公司、中垦天宁牧业有限公司等。

同日 国家市场监管总局发文征求《婴幼儿配方乳粉生产许可审查细则（2021版、征求意见稿）》意见。

同日 上海市市场监督管理局印发《上海市婴幼儿配方乳粉和特殊医学用途配方食品销售安全监督检查指南（试行）》和《上海市婴幼儿配方乳粉和特殊医学用途配方食品销售检查要点表（试行）》。

同日 北京环球度假区蒙牛品牌日成功开启。蒙牛集团总裁卢敏放与北京国际度假区有限公司主题公园和度假区管理分公司总裁兼总经理苗乐文(Tom Mehrmann)、北京环球度假区商品与城市大道副总裁丹·卡夫(Daniel Cuffe)共同出席了此次活动，并为蒙牛冰激凌&牛奶工坊CutieCones剪彩。

15日 新疆维吾尔自治区昌吉市人民政府、内蒙古蒙牛乳业（集团）股份有限公司、现代牧业（集团）有限公司与昌吉市农业投资开发经营有限责任公司举办战略合作签约仪式，正式启动新疆昌吉5 000头奶牛标准化示范养殖场战略合作项目。新疆维吾尔自治区昌吉州人民政府副州长王燕，副秘书长吾尔肯，昌吉市委副书记、市长马红军，昌吉州农业农村局局长王相，昌吉市委常委、统战部部长赵磊，蒙牛集团新疆公司总经理党永红，奶源西部大区总经理王永华，现代牧业执行总裁孙玉刚，昌吉市农业投资开发经营有限责任公司董事长铁军及昌吉市相关部门负责人出席仪式。

同日 投资10亿元的甘肃甘味乳业有限公司日处理1 200t乳品加工厂建设项目开工仪式在兰州新区举行。

同日 中国信息通信研究院组织召开工业互联网标识解析二级节点建设可行性专家评估会，对南京卫岗乳业综合型二级节点建设方案和能力进行评估。专家组一致认为，卫岗具备建设工业互联网标识解析综合型行业二级节点的能力。

同日 澳优董事长颜卫彬在公司成立80周年的前夕，致信澳优员工：“永远胸怀理想，不断奋力超越”。

同日 北大荒完达山乳业旗下哈尔滨完达山奶牛养殖有限公司通过“中国良好农业规范（GAP）”认证审核。

16日 在中国质量（杭州）大会上，第四届中国质量奖评选结果正式揭晓。内蒙古伊利实业集团股份有限公司“三线促零”质量管理模式荣获第四届中国质量奖提名奖。

16—18日 2021第十三届全球冷链峰会在苏州召开。光明乳业领鲜物流、山东得益物流供应链有限公司获得“冷链自有运力50强企业”“冷链仓储量50强企业”称号。

17日 中国奶业协会消息，夏建民、李胜利、王蔚、王雅晶、曹志军、杨敦启、都文发表《2020年中国规模奶牛场产业素质研究报告》。报告刊发于《中国畜牧》杂志2021年9期。

同日 新疆西域春乳业有限责任公司与新疆农业大学食药学院举行研究生联合培养点签约仪式。本着“优势互补、平等互利、共同发展、实现双赢”的基本原则，新疆农牧投集团副总经理、西域春乳业党委书记、总经理卫新璞与新疆农业大学食药学院院长王子荣共同签署了校企联合培养研究生合作协议。

18日 全国动物卫生风险评估专家委员会印发《牛羊布病无疫小区和无疫区及牛结核病无疫小区评估工作实施方案（2021年版）》。

22日 宁夏回族自治区吴忠市人民政府与中国建设银行宁夏分行在吴忠市举行金融服务奶业振兴战略合作协议签约仪式。吴忠市以及建行宁夏区分行领导出席仪式。

同日 全球“乳业净零之路”气候倡议正式启动。蒙牛集团成为第一家加入PDNZ倡议的中国乳品企业。

同日 内蒙古磴口县有机产业协会申请的“内蒙古磴口县乌兰布和沙漠原奶”获准使用“生态原产地保护产品”标志；中国出入境检验检疫协会授予其生态原产地产品保护证书。

23日 中国圣牧与内蒙古农业大学签订合作框架协议，并举行校企合作实践教学基地、中国圣牧人才培养与培训基地揭牌仪式。内蒙古农业大学党委副书记、校长高聚林，党委委员、副校长季祥，中国圣牧总裁张家旺、运营副总裁刘高飞等参加活动。

同日 伊利股份发布公告称，公司非公开发行股票的申请，获得中国证券监督管理委员会发行审核委员会审核通过。

23–25日 2021中国500强企业高峰论坛在吉林省长春市举行。伊利荣登该论坛发布的2021中国企业500强、制造业企业500强榜单。

24日 由利拉伐公司组织的自愿挤奶系统中国牧场实践应用研讨会在宁夏石嘴山市玖倍尔5G智能观光牧场召开。瑞典驻华大使馆农业参赞Magnus Carnwall、宁夏农业农村厅畜牧兽医局局长洪龙、中国奶业协会副秘书长邵明君以及石嘴山市当地政府领导出席研讨会。全国十余个省份的50多位牧场管理者现场参观了中国牧场最新一代的自愿挤奶系统V300。

同日 可口可乐公司与蒙牛的合资企业——可牛了乳制品有限公司在上海举办新品发布会，并宣布推出“鲜菲乐”（fairlife）品牌，进军低温奶市场。蒙牛总裁卢敏放与可口可乐大中华及蒙古区总裁闻笛共同发布“鲜菲乐”品牌。中国工程院院士、中国疾病预防控制中心营养与食品安全所研究员、科技总顾问陈君石出席发布会并致辞。

24—25日 全国主要畜种养殖全程机械化技术现场演示活动暨培训班在兰州市举办。农业农村部农业机械化总站站长刘恒新、甘肃省农业农村厅总经济师马再兴分别讲话和致辞，全国畜牧总站副书记聂善明等农业农村部畜牧水产养殖全程机械化专家组有关成员参加了培训授课和现场演示指导。甘肃省农机推广总站站长张恩贵对现场演示（展示）机具技术进行了讲解。农业农村部农业机械化总站总工程师仪坤秀主持了此次活动。来自20余个省（自治区、直辖市）农机化主管部门、农机化技术推广、试验鉴定部门，畜牧养殖机械装备龙头企业和合作社，中国农业机械化协会、中国奶业协会代表，近200人参加培训演示活动。

25日 2021中国500强企业高峰论坛全体大会在长春举行。全国政协原副主席、中国企业联合会会长王忠禹做主旨发言。吉林省委书记景俊海致辞，省委副书记、省长韩俊出席大会。吉林省35个重点项目集中签约，签约额1 184.08亿元。在2021中国500强企业高峰论坛上，2021中国企业500强、制造业企业500强榜单正式出炉，伊利入选先进制造业和现代服务业融合发展试点企业。

同日《第一财经》杂志“2021年度金字招牌”榜单揭晓，光明乳业获评“2021年度金字招牌”，连续三年位列所在品类第一。

26日 2021年可持续发展论坛在北京举行，国务院发展研究中心党组书记马建堂主持论坛开幕式并发表致辞。论坛发布了《中国落实2030年可持续发展议程进展报告（2021）》，伊利“产业基地精准扶贫”模式作为中国消除贫困的代表性案例被收录其中。伊利集团董事长兼总裁潘刚受邀出席活动，并面向全球分享了伊利助力消除贫困、促进共同富裕的经验。

同日 宁夏奶产业协会换届大会在银川召开。宁夏奶业协会与宁夏乳制品工业协会合并，并将协会名称变更为宁夏奶产业协会。宁夏农垦集团有限公司副总经理宁晓波当选宁夏奶产业协会会长。农业农村部畜牧兽医局奶业处四级调研员孙永健、中国奶业协会副秘书长张智山等领导到会并致辞。大会期间，来自宁夏的乳品企业、饲草、农机农技等24家产业链相关企业进行产品展示和宣传，200余人参加会议。

同日 光明滁州定远生态智慧奶牛场项目奠基仪式在安徽省滁州市定远县界牌集镇举行。滁州市委书记许继伟，滁州市委副书记、市长吴劲，定远县委书记邹军，定远县委副书记、县长潘金钟，光明乳业党委书记、董事长濮韶华，光明乳业财务总监刘瑞兵，光明乳业副总裁、光明牧业党委书记、董事长、总经理王赞等出席本次奠基仪式。项目一期建设奶牛存栏 5 万头、日产 500t 乳制品加工厂和 12 万亩高端饲草料种植基地。

26–28 日 2021 年全国行业职业技能大赛暨第四届中粮集团职业技能竞赛乳品评鉴师及电气工程师职业决赛在呼和浩特市和林格尔举行。中粮集团党群工作部副部长兼群工部主任周环，蒙牛集团副总裁吴喜春等出席了开幕式。此次竞赛，蒙牛首次将“乳品评鉴师”这一职业申请为全国行业职业技能大赛项目之一。本届竞赛中，乳品评鉴师竞赛已经顺利申请为国家级二类职业技能竞赛，并且获得前三名的选手更可以申请“全国技术能手”称号。经过严格选拔，乳品评鉴师和电气工程师职业决赛中分别评比出 15 强。蒙牛集团党委书记孟凡杰等出席了闭幕式。

27 日 中卫光明生态智慧牧场首批 1 800 头荷斯坦牛远渡重洋，经过严格的 45d 隔离检疫期，顺利落户中卫市。奶牛入栏仪式在中卫市沙坡头区常乐镇成功举行。宁夏回族自治区中卫市人民政府副市长马自忠，光明乳业董事长濮韶华，中卫市农业农村局局长景兆珍，中卫市沙坡头区委副书记、代区长宗立冬，光明乳业副总裁王赞等出席本次活动。

同日 历时 12 天的第十四届全运会在西安市闭幕。银桥乳业作为第十四届全运会乳制品独家供应商，坚持服务、产品、品质、供应“四个一流”。赛事期间，银桥常温液态奶、低温酸奶等各品类产品保质保量按时进入全运食品总仓，触达 66 个赛事活动，所有抽检批次各项指标全部检验合格，为来自全国各地的运动健儿和赛事工作者提供营养健康保障，出色地完成了全运会乳制品服务保障工作。

同日 呼和浩特市市场监管局协同内蒙古自治区市场监督管理局、呼和浩特市农牧局、内蒙古自治区质量与标准研究院、内蒙古农科院、内蒙古农业大学等单位在呼和浩特市和林格尔县召开《内蒙古山羊奶标准体系规划》论证会。会议指出，建立统一管理、科学分工的山羊奶标准化管理运行机制，引导相关部门、产学研各方力量开展标准化工作，对于保障奶业产品质量安全和公众健康，拉动当地奶山羊养殖、有机种植，促进当地乳品加工业产业链升级，增强畜产品市场竞争力及促进羊奶业和农村经济高质量发展都具有十分重要的意义。

28 日 燕塘乳业与前进牧业 6 000 头奶牛养殖合作项目签约仪式在广州举行。广东省农垦集团公司党委副书记、董事、总经理冯彤，党委委员、副总经理莫仕文出席仪式。广东燕塘乳业股份有限公司党委书记、董事长李志平与甘肃前进牧业科技有限责任公司党委书记、董事长马志祥分别代表双方签约。燕塘乳业与前进牧业将在甘肃省张掖市高台县共同投资设计建设存栏规模 6 000 头的奶牛养殖基地，总投资金额超过 2 亿元。

10 月

1–4 日 新疆畜牧科学院饲料研究所专家哈尔阿力·沙布尔结合党史学习教育“我为群众办实事”实践活动，利用“十一”长假休息时间，克服帕米尔高原海拔高、自然环境条件恶劣等困难，在新疆喀什地区塔什库尔干塔吉克自治县库科西鲁格乡的 4 个村首次成功制成全株玉米青贮、青稞青贮、燕麦青贮、豌豆青贮饲料等 30 余 t，有效解决了该县饲草料严重短缺的问题。

5 日 东方卫视的《东方新闻》栏目对光明乳业旗下“网红牛奶”大白兔奶糖风味调制乳首次出口海外进行了专题报道。大白兔奶糖风味调制乳在风靡上海及苏浙皖市场后，正积极促使产品走出国门，产品首站将登陆东南亚地区 7-11 便利店，这也是上海乳制品首次亮相海外。

8 日 2021 年奶牛基因组参考群扩增项目 DHI 第三方复核在山东拉开序幕。

同日 凯度消费者指数最新报告显示，23 家快速消费品企业吸引到上亿中国城市家庭的购买。与 2020 年相比，这 23 家公司总体消费家庭增加了 7 400 万户。其中伊利、宝洁和蒙牛的购买家庭数量超过 1.7 亿户。

9 日 内蒙古自治区市场监管局召开全区婴幼儿配方奶粉提升行动推进及风险防控会议。自治区市场监管局党组成员、副局长杨林出席会议并讲话。

10 日 劳动报记者走进全球最大的液态奶单体工厂——光明乳业华东中心工厂，深入了解了光明乳业数字化“无人工厂”背后的故事，并以《蹲点无人工厂，牛奶生产全过程看不到一滴奶？原来技术工人操控着一个巨大“阀门阵”》为题，进行了头版头条专题报道。

11 日 由联合国粮食计划署与国际食物政策研究所联合主办的学龄前儿童营养改善与发展研讨会在北京举行。联合国世界粮食计划署驻华代表屈四喜、农村农业部国际合作司一级巡视员谢建民、中国奶业协会副秘书长张智山、联合国驻华协调员常启德、国务院妇儿工委办公室副主任贺连辉、联合国粮农组织驻中国和朝鲜代表文康农、联合国儿基会驻华代表 Cynthia McCaffrey 和农业农村部食物与营养发展研究所副所长王济民出席开幕式并致辞。

同日 奶牛育种企业优然牧业旗下的赛科星集团联合内蒙古科学技术协会、内蒙古大学、内蒙古生物工程学会主办的种质资源保护利用暨生物育种繁育技术国际学术研讨会在呼和浩特市召开。农业农村部种业司品种创新处段忠意，中国奶业协会副秘书长李栋，中国工程院院士、西北农林科技大学张涌教授，中国工程院院士、中国人民解放军军事医学科学院军事兽医研究所研究员金宁一，中国农业大学张沅教授，香港大学刘澎涛教授，英国 Exter 大学郭歌博士，赛科星研究院院长、内蒙古大学李喜和教授等国内外知名专家，就种质资源保护与开发利用、生物育种与繁殖技术、生物进化与遗传前沿等专题进行深度交流，并对当前中国在奶牛育种领域取得的成果，以及面临的困难做了详细的分析与探讨。

12 日 国家市场监督管理总局批准内蒙古自治区筹建国家乳制品产业计量测试中心。

同日 国际乳品联合会 (IDF)2021 年全体代表大会

在丹麦哥本哈根举办。会上，来自50多个国家的代表投票决定，蒙牛集团总裁卢敏放连任联合会董事。

同日　中地乳业沂南智慧生态牧场竣工投产仪式在山东省临沂市沂南县举行。在沂南食品工业园区，占地330亩的中地乳业日处理鲜奶1 000t乳制品加工项目开工。中地乳业董事长张建设、沂南县委书记姜宁出席仪式并讲话。

同日　陕西省市场监督管理局在西安组织召开全省婴幼儿配方奶粉质量提升暨风险防控工作座谈会。陕西省局食品安全总监，西安、宝鸡、渭南等6个市（区）市场监管局、省质检院相关负责人，20家婴幼儿配方奶粉生产企业质量受权人及相关机构专家共计70余人参加了会议。

12–13日　2021辽宁奶业高质量发展高峰论坛暨辽宁奶业博览会在沈阳市举行，首届辽宁鲜奶文化节同期盛大开幕。全国畜牧总站原总畜牧师石有龙，中国奶业协会副秘书长邵明君，《中国乳业》杂志社社长董晓霞，部分省市奶业协会领导，辽宁省农业农村厅副厅长刘怀野，辽宁省商务、教育、农业等管理部门领导，辽宁省奶业协会会长徐环宇，辽宁省农业农村厅畜牧产业发展处处长祁茂彬、一级调研员郑丽杰，辽宁越秀辉山控股股份有限公司常务副总经理徐广义等有关行业、企业、媒体领导出席开幕式。大会发布了《2020辽宁省全株青贮品质分析蓝皮书》，并对优秀的获奖者给予了表彰，举办了学术研讨会。此次畜牧业展占地26 000m^2，参展企业近500家。辽宁省奶业协会秘书长佟艳，辽宁省畜牧业发展中心主任刘全、副主任张鹏，辽宁越秀辉山控股有限公司牧业事业部总经理张海涛分别主持了不同阶段的会议。

13日　《生物多样性公约》缔约方大会第十五次会议（COP15）高级别会议·部长级全体会议闭幕式在昆明举办。会议由生态环境部部长黄润秋主持，埃及、法国、土耳其、哥伦比亚等国家相关政府部门高层，多家知名NGO和企业负责人出席。蒙牛集团总裁卢敏放在会上分享了乳业生态建设与促进全球粮食安全方面的报告。

同日　农业农村部公布2020—2021年度神农中华农业科技奖名录。中国农业大学和内蒙古蒙牛乳业（集团）股份有限公司，赵亮、李洪亮、高飞等人研究的“酪蛋白－多糖凝胶稳态化关键技术及在发酵乳中的应用”，获神农中华农业科技奖科学研究类成果一等奖。北京市畜牧总站、北京科为博生物科技有限公司和北京艾克赛德生物工程有限公司，郑瑞峰、李富伟、王玉田等人研究的“优质益生菌微生态制剂创制与产业化应用”获神农中华农业科技奖科学研究类成果三等奖。全国畜牧总站、东北农业大学、中国农业出版社有限公司、北京三元食品股份有限公司、北京奶牛中心，张书义、马莹、马金星等人编纂的《奶业科普百问》，获神农中华农业科技奖优秀创新团队奖。

同日　江苏省淮安市淮阴区人民政府与卫岗乳业在卫岗乳业总部签署战略合作协议。淮阴区委书记、淮安国家高新区党工委书记王建军，淮安市农业农村局局长倪建华，淮安市商务局局长、口岸办主任龚晓琴与卫岗乳业董事长白元龙共同出席签约仪式。

同日　“温暖向阳大爱无疆”2021中国小康牛奶行动——中国飞鹤“助力乡村振兴计划”公益活动在安徽省潜山市官庄镇举行。安徽省市场监督管理局一级巡视员章松应、潜山市副市长程赟、中国奶业协会副秘书长李栋、中国飞鹤副总裁卢光等出席活动。

同日　中国奶业协会消息，中国农业科学院饲料研究所反刍动物饲料团队开展的我国主要奶牛品种温室气体排放规律研究，揭示了荷斯坦泌乳奶牛在不同泌乳生理阶段和饲粮营养组成条件下瘤胃甲烷的排放规律。

15日　内蒙古自治区财政厅、农牧厅印发《内蒙古自治区奶业振兴专项资金管理办法（试行）》的通知。

同日　《生物多样性公约》缔约方大会第十五次会议（COP15）举办的“自然资本核算和生态产品价值实现”主题论坛上，蒙牛集团党委副书记、执行总裁李鹏程就乳业生态产品价值实现与保护生物多样性的议题进行了发言。

16日　3 000头新西兰奶牛正式进驻寿光市田柳镇的优然牧业万头奶牛高产示范牧场。这些原产于新西兰的“荷斯坦”牛龄在13~16个月，已在天津港完成了45d的集中隔离。牧场后续将会继续引进更多的优质奶牛，最终达到万头以上的养殖规模。

17日　中国奶业协会消息，河南省发展改革委印发通知，确定河南花花牛乳业集团股份有限公司等31家企业为河南省第二批“两业”融合试点单位。

18日　在品牌资产研究专家凯度集团组织的“建设可持续品牌”发布会上，2021中国最具价值品牌100强榜单出炉，伊利品牌依旧表现卓越，品牌价值相比2020年提升85%，连续九年问鼎“乳品”类榜首。

19日　上海农产品质量安全中心主任丰东升、中心理化分析科主任韩奕奕、办公室主任邓波等一行到上海奶业行业协会进行工作交流。上海奶协秘书长钱建国对农产品质检中心领导一行表示欢迎，并对几年来奶协派驻的检测监管人员深表感谢。双方决定建立健全协会与质检中心常态化的工作交流机制。

21日　光明乳业发布公告，公司拟以约6.12亿元人民币的价格，收购青海小西牛生物乳业股份有限公司60%的股权，完善公司在西部的奶源、产能、市场布局。

同日　高端鲜奶新标杆每日鲜语携手精品冷萃熊困困咖啡降临上海晶耀前滩咖啡生活节。

22日　全国畜牧渔业工作会议在重庆召开。中共中央政治局常委、国务院总理李克强作出重要批示。中共中央政治局委员、国务院副总理胡春华出席会议并讲话。胡春华指出，要加快提升创新驱动发展能力，健全符合畜牧渔业特点的科研体系，加大优良品种、设施装备、防疫等科技攻关力度，强化技术服务支撑。要提高产业现代化水平，优化畜牧渔业生产结构，稳定生猪生产，扩大牛羊肉、奶业、禽肉和渔业生产，形成均衡协同的生产供应格局。要大力发展现代化设施养殖，支持小规模养殖场户发展现代化生产，加强养殖污染治理。要坚持按照市场化方式发展畜牧渔业，培育壮大多元市场主体，建立健全市场调控体系，提高统筹利用两个市场、两种资源水平，推动优势产业参与国际竞争。

同日 证券日报社主办的第四届中国乳业资本论坛在北京召开。经济日报社副总编辑徐立京，中国乳制品工业协会副理事长兼常务副秘书长刘超，中国奶业协会副秘书长周振峰，伊利股份副总裁张轶鹏，蒙牛集团党委副书记、执行总裁李鹏程致辞。君乐宝、新乳业、源峰基金、科拓生物等相关领导和专家出席论坛。论坛现场，证券日报社与海通国际联合发布了《2021 中国乳业产业深度研究报告》。

同日 伊利集团和京东集团正式签署框架合作协议，双方将建立多层次、多领域合作伙伴关系，除了打造一个国家级供应链人工智能示范应用平台之外，还将共同推进乳品零售、物流业务以及数字科技等领域的战略合作，进一步引领中国乳业数字化转型升级，为消费者带来更高品质的体验。伊利集团执行总裁张剑秋与京东集团总裁徐雷出席签约仪式，伊利集团副总裁刘春喜与京东集团执行副总裁王培暖代表双方签约。

25 日 蒙牛集团与国际足联在北京联合宣布，蒙牛正式成为 2022 年国际足联卡塔尔世界杯全球官方赞助商。

26 日 光明乳业消息，今年光明乳业与央视再次携手，独家冠名《典籍里的中国》，实现流量和口碑双丰收。《典籍里的中国》栏目聚焦 11 部中华优秀文化典籍中的经典名篇，《尚书》《天工开物》《史记》《本草纲目》《论语》《孙子兵法》《楚辞》《徐霞客游记》《道德经》《周易》《传习录》，通过跨时空对话的创新形式，以“戏剧 + 影视化”的表现方法，讲述典籍在五千年历史长河中的源起、流转，并讲述书中的闪亮故事，让“典籍鲜活起来”，让经典不再蒙尘。上到主流媒体 CCTV 新闻频道、新华社、人民日报都对节目传播进行了极高的评价，下到社交平台，广大热爱中国传统典籍文化的网友纷纷转发好评。在这波文化浪潮之下，《典籍里的中国》在第二十七届上海电视节“白玉兰奖”一举夺得“最佳电视综艺节目”奖。主流品牌与主流媒体共同助力文化传承，彰显“文化强国”的自信。光明乳业也在亿万观众当中留下了美好的印记。

同日 建行河北省分行推出的活体奶牛抵押贷款模式“牧场奶牛贷”在唐山某牧业企业实现首笔投放，有力支持了该牧场扩大生产的急迫需求，系河北省内金融同业首创贷款模式。

同日 中国奶业协会发文征求《奶水牛后裔测定技术规范》等 3 项团体标准意见。

27 日 澳优乳业股份有限公司发布公告，公司股东及公司与内蒙古伊利实业集团股份有限公司全资子公司香港金港商贸控股有限公司签订转让及增发协议，伊利将间接持有 620 824 763 股澳优股份，占澳优扩大后股份总额的 34.33%，成为澳优单一最大股东。

同日 “北京冬奥倒计时 100 天纪念暨伊利集团誓师大会”在北京首钢园区隆重举行。北京冬奥组委专职副主席、秘书长韩子荣，北京冬奥组委市场开发部部长朴学东，北京冬奥组委运动员委员会主席杨扬，伊利集团董事长、总裁潘刚，伊利集团执行总裁张剑秋，伊利集团员工代表、媒体及各界人士等共同出席。

同日 南京卫岗乳业有限公司获江苏质量领域的最高奖项——江苏省省长质量奖。

28 日 中共中央组织部、中共中央宣传部、人力资源和社会保障部、科技部授予黑龙江飞鹤乳业有限公司董事长、高级工程师冷友斌同志“全国杰出专业技术人才”荣誉称号。

同日 国家食品安全风险评估中心公开征求《可用于食品的菌种名单》和《可用于婴幼儿食品的菌种名单》意见。

29 日 中国奶业协会消息，中国农业科学院饲料研究所首席科学家屠焰研究员的反刍动物饲料创新团队，针对新生犊牛反刍行为的建立和发展进行了系统性研究，确定了犊牛首次出现反刍行为的时间是 15~20 日龄，同时发现反刍时长与其站立时长、舔栏杆和舔毛等非营养性口腔行为的频率有相关性。研究成果在线发表于《奶业科学杂志（Journal of Dairy Science）》上。

30 日 中国农业科学院饲料研究所公布，我国在国际上首次实现从一氧化碳到蛋白质的合成，已经形成万吨级的工业生产能力，并获得首个饲料和饲料添加剂新产品证书。

31 日 中国奶业协会消息，在吉林省畜牧管理局的指导下，由全省数十家奶业企业共同发起，正式成立吉林省奶业发展协会。吉林省奶业发展协会第一次会议暨第一届一次理事会在长春召开。吉林省畜牧管理局畜产品加工管理处处长陈本能出席会议并讲话。会议通过了《吉林省奶业发展协会章程》《吉林省奶业发展协会会费收取标准及管理办法》，经全体会员表决产生了第一届理事会理事单位和相关人选。吉林省乳业集团有限公司总经理崔民河出任吉林省奶业发展协会会长；长春博瑞科技股份有限公司营销中心总经理张维刚出任吉林省奶业发展协会秘书长。

11 月

2 日 光明乳业消息，在行业内举办的多场高规格论坛上，光明乳业作为行业内的标杆企业之一，凭借着敢于突破和创新的企业精神以及自身强大的技术创新能力，分别荣获“金禧奖 · 2021 非凡创新榜样企业”和“金鲤奖 · 卓越创新奖”。

3 日 中共中央、国务院在北京隆重举行国家科学技术奖励大会。中国农业科学院北京畜牧兽医研究所王加启团队牵头完成的，伊利集团、蒙牛乳业、光明乳业参与的“奶及奶制品安全控制与质量提升关键技术”获国家科技进步二等奖；中国农业科学院饲料研究所李秀波研究员牵头完成的“奶牛高发病防治系列新兽药创制与应用”亦获国家科技进步二等奖。

同日 中国农业科学院北京畜牧兽医研究所奶业创新团队公布，研究鉴定出223种乳清蛋白成分参与抗原处理和呈递等生物学过程。研究提示应适当降低热处理温度，减少牛奶中营养功能物质的热损伤或损失，从而能够更加充分发挥牛奶的免疫功能和营养功能。

同日 呼和浩特市人民政府发布《呼和浩特市奶业发展扶持政策》。

5日 第四届进博会期间，伊利集团的金典新西兰纯牛奶、金领冠睿护奶粉、伊利Pro环球甄选原味黄油等6款产品受到关注。伊利股份副总裁赵昕在接受媒体采访时表示，伊利股份在亚洲、欧洲、美洲、大洋洲等乳业发达地区构建了一张覆盖全球资源体系、全球创新体系、全球市场体系的骨干大网。伊利股份旗下的液态奶、酸奶、奶酪、冷饮等产品已在全球21个国家和地区上市。

同日 中国轻工业联合会发布升级和创新消费品指南轻工第八批。在本批次的41项升级消费品、57项创新消费品名单中，伊利、飞鹤、双娃等乳企旗下的多项乳制品入选。其中内蒙古伊利实业集团股份有限公司“QQ星揉揉小肚子膳食纤维酸奶饮品”、北京双娃乳业有限公司“双娃中老年多维高钙配方奶粉”、黑龙江飞鹤乳业有限公司“星飞帆婴幼儿配方奶粉”入选升级消费品;黑龙江飞鹤乳业有限公司“茁然儿童配方奶粉”、内蒙古伊利实业集团股份有限公司“无菌杯凝酪型安慕希希腊风味酸奶”入选创新消费品。

同日 内蒙古自治区巴彦淖尔市乌拉特后旗人民政府与内蒙古兴然农牧业有限公司在乌拉特后旗投资5.6亿元的建设万头肉牛、奶牛养殖项目，正式签约。旗委书记王银保，旗委副书记 、政府代旗长毅恒，旗委副书记、政法委书记蒙军，旗领导阿拉腾宝力格、朱峰、图门吉日嘎拉、宝力德、吉日木图，内蒙古兴然农牧业有限公司董事长张星出席签约仪式。毅恒代表旗人民政府与兴然农牧业公司签约。

6日 第十五届“一带一路”生态农业与食品安全论坛在第四届中国国际进口博览会期间同期举行。国家市场监督管理总局副局长田世宏、上海市副市长陈通、中国人民对外友好协会副会长姜江、中国国际贸易促进委员会副会长卢鹏起、安徽省副省长周喜安，来自新西兰、泰国等国家代表，以及相关国际组织、驻华机构代表和工商界领袖出席论坛。在论坛上，蒙牛集团总裁卢敏放表示，实现“从牧草到奶杯”全产业链品质管控，中国乳品质量达到了历史最高水平。光明乳业党委副书记贲敏以《开放创新，绿色融合，引领高质量发展》为题，与参会嘉宾共同探讨可持续发展理念，积极参与推进“一带一路”农业和食品安全合作，共同推进乳业食品的高质量发展之路。

同日 新西兰Maui(牧怡)集团与膳明食品贸易(上海)有限公司战略合作签约仪式在上海市国家会展中心第四届进博会期间举行。新西兰大使Clare Fearnley女士、新西兰Maui(牧怡)集团代表陈良先生、膳明集团代表张晔先生等领导以及众多知名媒体出席本次活动。

7日 在第四届中国国际进口博览会期间，上海交易团国资分团集中签约仪式启动。签约仪式上，光明乳业副总裁王赞，蓝星安迪苏股份有限公司董事、副总经理王浩分别代表光明牧业有限公司与蓝星安迪苏生命科学制品(上海)有限公司，双方正式签订战略合作框架协议。同时，光明食品集团举办了一系列乳品日主题活动，其中科普环节邀请到了新莱特的Elisabeth Weichselbaum博士、光明研究院院长刘振民先生以及各路乳业研究领域的专家们，通过视频连线、接受采访、现场直播等形式，向现场的观众们介绍了一杯鲜奶所蕴含的科技含量。

8日 第四届中国国际进口博览会上海交易团大型零售采购商联盟集中采购签约仪式启动。上海市副市长、上海交易团团长宗明，百联集团党委副书记、总裁濮韶华，光明食品集团财务总监肖荷花等领导出席会议并见证签约。大型零售采购商联盟的32家会员单位及展商、品牌商出席了此次活动。光明乳业副总裁，光明牧业党委书记、董事长、总经理王赞，嘉吉集团亚太区总裁Robert Aspell分别代表光明牧业有限公司与嘉吉投资(中国)有限公司签署了战略合作框架协议，双方就豆粕、添加剂等产品达成采购合作意向。

同日 美团买菜与蒙牛签署战略合作协议，宣布将在鲜奶供应链及互联网零售领域进行深度合作。除了双方共建“美团买菜”专属牧场以外，后续还将在新品开发，互联网品牌营销以及鲜奶产品流通升级上进行全面合作。

9日 现代牧业(集团)有限公司投资现代草业有限公司，投资资本5 000万元，持股比例为100%。

10日 上海市人民政府新闻办公室向光明乳业领鲜物流公司发出感谢信，对光明乳业领鲜物流在第四届进博会期间为新闻中心媒体餐饮配送服务所提供的保障工作给予感谢和肯定。

11日 贝因美股份有限公司与阿拉丁控股集团通过视频连线的方式举行战略合作协议签约仪式。贝因美董事长谢宏、阿拉丁控股集团董事长阳仁强出席签约仪式。

同日 黑龙江省奶业大数据平台试运行培训会在线上举办。东北农业大学计算机科学与技术学科带头人、国家现代农业产业技术体系奶牛智能化养殖岗位科学家沈维政教授，东北农业大学农业电气化与自动化博士张翼，东北农业大学、黑龙江省奶业协会软件开发技术人员以及来自全省规模乳企及牧场信息员60多人参加了线上培训，本次培训由黑龙江省奶业协会秘书长杜海涛主持。

12日 国家市场监管总局发布《关于进一步规范婴幼儿配方乳粉产品标签标识》的公告。

同日 三元股份发布公告，公司拟以现金11.29亿元收购北京三元种业科技股份有限公司、北京星实投资管理中心（有限合伙）分别持有的北京首农畜牧发展有限公司41.7350%、4.6325%的股权，合计收购首农畜牧46.3675%的股权。本次交易完成后，公司持有首农畜牧51%的股权，首农畜牧将成为三元股份的控股子公司。

同日 “双十一”购物节落幕，伊利再度斩获行业第一。根据各大电商平台的综合数据，伊利“双十一”不仅在天猫、京东、抖音等渠道，荣获用户端、营销端、产品端多项第一名，更在“双十一”当日斩获常温奶市场份额第一的傲人成绩。同时截至11月11日，伊利全网B2C常温奶市场份额持续领跑行业，提前锁定2021年线上常温奶市场份额第一。

同日 呼伦贝尔市市场监督管理局召开全市婴幼儿配方奶粉生产企业食品安全责任集体约谈会。全市婴幼儿配方奶粉生产企业，相关旗市区市场监督管理局及市市场安全技术服务中心婴幼儿配方奶粉国家注册审查员等共计23人参加了会议。

13日 中国奶业协会消息，中国农业科学院北京畜牧兽医研究所奶业创新团队发现超高温灭菌（UHT,135℃）显著降低了活性miRNA的含量，而巴氏杀菌（85℃）对miRNA含量影响不显著，并且鉴定了丰度较高的miRNA（Top 20）及功能，发现其具有抗癌抗炎等功能活性。

13-14日 2021年世界Omega-3科技大会在线上全球直播。会议聚集了全球28位深耕于Omega-3领域的顶级专家和相关行业机构负责人。世界Omega-3科技大会主席、美国哈佛医学院麻省总医院脂类医学和技术研究室主任、国际Omega-3研究学会主席康教授指出，新技术的发展让我们未来有可能不仅仅是通过鱼类，还可以通过其他动物得到新的Omega-3来源，如开发Omega-3脂肪酸肉、蛋、奶，可以让人们在不改变日常膳食习惯的情况下获得Omega-3脂肪酸的健康益处。

厦门汇盛生物有限公司教授级高级工程师钟惠昌博士受邀出席了本次会议。钟博士长期从事微生物发酵及活性物质应用研发，特别是裂壶藻定向发酵生产及其在原生DHA牛奶中的创新与应用技术已获得中美发明专利授权，为全球产业化领先专利技术。会议上，钟博士就原生DHA乳制品的产业化初心、研发过程及产业化成果进行分享，重点阐述了什么是原生DHA纯牛奶及其特点。

14-17日 蒙牛启动“世界品质 要强有我”质量系列活动，来自各个业态的26 000余位蒙牛人写下对品质追求的匠心承诺。

同日 北京市经济和信息化局发布北京市2021年度第七批“专精特新”中小企业征集及评审结果。北京东方天合生物技术有限责任公司入选本市“专精特新”第七批企业名单。

15日 商务部驻缅甸联邦共和国大使馆经济商务处消息，缅甸6家输华青贮玉米企业完成中国海关总署注册，标志着缅甸青贮玉米输华完成最后一步准备工作，接下来将可顺利对华出口。

16日 光明乳业召开2021年第一次临时股东大会，选举黄黎明为公司第六届董事会普通董事，任期与本届董事会任期一致。随后举办的光明乳业第六届董事会第六十次会议，选举黄黎明为公司第六届董事会董事长，任期与本届董事会任期一致。早在11月11日举办的光明乳业干部大会上，光明食品集团党委决定：黄黎明同志任中共光明乳业股份有限公司委员会委员、党委书记。

同日 山西省忻州市五台县“太忻经济区五台县第一批项目签约仪式”上，“优然牧业万头规模高产生态示范牧场项目”正式签约。五台县委书记赵永强、县长杨晓宏、优然牧业副总经理姜广军及相关单位主要负责人员出席签约仪式。优然牧业万头规模高产生态示范牧场项目预计总投资约11.6亿元，总占地面积约3 000亩。

同日 中垦乳业股份有限公司兴建的陕西定边县6万头奶牛养殖基地一期工程正式落成并通过验收。

16-19日 昆明市动物卫生监督所（昆明DHI中心）举办2021年昆明市奶牛生产性能测定技术培训班。云南省畜牧总站赵志军副站长，昆明市动物卫生监督所孟兴祥书记、尹占国副所长出席培训会。 中国奶牛数据中心主任闫青霞、南京丰顿科技有限公司副总经理曹福存分别在线做了题为《云南省奶牛生产性能测定数据质量分析》和《利用DHI报告实现精细化管理》的专业报告。昆明市动物卫生监督所周亚平副所长，云南农业大学肖啸教授，山东奥克斯种业有限公司技术服务部鲍鹏主任、徐健老师以及昆明DHI中心技术人员张利坤、施开平分别在现场做了题为《昆明市奶牛测定中心工作汇报》《现阶段牛场疾病防治关键技术》《奶牛信号学－饲喂信号》《奶牛繁殖应用基础》《DHI精准采样》《DHI数据处理》的主题报告。昆明市动物卫生监督所周亚平副所长主持会议。全省23家DHI参测牧场负责人、技术负责人、信息数据员、昆明地区主要乳品加工企业奶源负责人，共计80余名代表参加了培训。

17日 全国旅游标准化技术委员会发布第一批国家级文明旅游示范单位公告，公示伊利乳都科技示范园等47家单位为第一批国家级文明旅游示范单位。

18日 青海省西宁市湟中区西堡镇生态奶牛养殖项目正式奠基。湟中区委常委、区政府副区长徐宁，西堡镇党委书记金山等参加奠基仪式。项目得到了青海青藏牧业公司等农牧业公司企业的大力支持，与南京卫岗乳业集团公司签订了合作框架协议。

同日 云南省大理州云龙县与云南欧亚乳业有限公司举行万头奶牛养殖示范牧场项目投资协议签约仪式。大理州政府党组成员、一级巡视员吉向阳，云龙县县委书记李郁华、副县长杨祥宣，云南欧亚乳业有限公司董事长彭金国出席签约仪式。

19日 内蒙古自治区农牧厅、内蒙古自治区财政厅印发《内蒙古自治区奶牛、马育种企业育种能力评价及奖励办法》。

同日 原生态牧业宣布，间接全资附属公司陕西瑞祥诚达牧业有限公司拟以1.31亿元的价格，购买陕西绿能生态牧业有限公司奶山羊养殖设施、羊奶生产线以及若干养殖场的土地使用权。

20日 伊利集团董事长兼总裁潘刚在伊利集团领导力峰会上，郑重发布伊利四大价值发展新目标。他说，面向2030年，除了实现既定的中长期目标外，伊利将以高质量发展为主线，实现“消费者价值领先”“社会价值领先”“员工价值领先”“企业价值领先”四大价值领先战略目标，推动企业健康、可持续发展。

同日 光明乳业公告称，公司正式签署了《关于青海小西牛生物乳业股份有限公司的股份转让协议》。一个月前，光明乳业以6.1亿元的价格收购小西牛60%股权。

22日 海关总署发布《进境牛羊指定隔离检疫场建设规范》（SN/T 4233—2021），该规范是对《进境牛羊指定隔离场建设要求》（SN/T 4233—2015）的修订，自2021年12月1日起实施。

同日 卫岗集团与南京农业大学校企联动在江苏省无锡市签署合作协议，卫岗乳业构建绿色低碳循环全产业链体系研究项目正式启动。

24日 农业农村部办公厅公布全国农业全产业链重点链和典型县建设名单，其中包含4条乳制品产业链、1个乳制品全产业链典型县，分别是河北省石家庄奶业全产业链重点链、上海市奶业全产业链重点链、陕西省乳制品全产业链重点链、宁夏回族自治区奶业全产业链重点链；黑龙江省克东县乳制品全产业链典型县。

同日 工信部公布第五批和通过复核的第三批国家级工业设计中心名单。伊利食品包装工业设计中心入选国家级工业设计中心名单。

同日 云浮新兴高效生态奶牛养殖项目在广东省新兴县签约。项目总投资2.5亿元。新兴县委书记王巍、温氏乳业执行董事叶建兴出席签约仪式。

25日 衡水市人民政府新闻办公室举行新闻发布会，衡水市农业农村局党组成员、副局长关瑞卿介绍，总投资18亿元的蒙牛集团武强乳品加工厂全面投产达效，8条鲜奶加工流水线日处理生鲜乳1 050t，成为引领全市奶业振兴的旗舰。全市奶牛规模养殖场已发展到54家，奶牛单产8.5t以上。

29日 天津嘉立荷牧业集团投资建设的甘肃武威市优质奶源项目，首批5 000头奶牛，经过24h长途跋涉，跨越5个省份，1 600km陆续来到武威凉州区嘉立荷（甘肃）牧业奶源项目养殖基地。项目总投资10亿元，是东西部协作的重大项目，未来还将有1.1万头优质奶牛从津赴甘。

同日 全国旅游标准化技术委员会发布第一批国家级文明旅游示范单位的公告，其中伊利乳都科技示范园入选第一批47家国家级文明旅游示范单位。

30日 2021年度国家奶牛核心育种场现场评审在首农畜牧金银岛牧场启动。全国畜禽遗传改良计划领导小组办公室组织了这次核心场遴选现场审核专家启动会。全国畜牧总站党委书记时建忠、畜禽种业指导处刘丑生处长、李姣博士，以及北京市农业农村局种业管理处王艺中处长、北京市畜牧总站肖炜研究员出席该启动会，并全程对现场评审工作进行督导。现场评审专家组由王雅春教授、孙东晓教授、中国奶业协会副秘书长陈绍祜、天津市农科院马毅研究员组成。北京首农畜牧发展有限公司党委书记、董事长、总裁乔绿，副总裁麻柱领导组织相关工作人员现场配合完成核查。

同日 蒙牛乳业董事会公告，自2021年12月1日起，委任王燕为执行董事及可持续发展委员会成员；委任张平为执行董事及可持续发展委员会成员；委任王希为非执行董事、战略和发展委员会成员；委任叶礼德为独立非执行董事、审核委员会成员、提名委员会成员及薪酬委员会成员；委任李恒健为独立非执行董事、审核委员会主席、提名委员会成员、薪酬委员会成员及可持续发展委员会成员；委任葛俊为独立非执行董事、薪酬委员会主席、审核委员会成员、提名委员会成员和战略及发展委员会成员。

孟凡杰因工作调任已辞任执行董事；牛根生因退休并拟将更多时间投入慈善工作，已辞任非执行董事及战略和发展委员会成员；焦树阁（又名焦震）已辞任独立非执行董事及薪酬委员会成员。Julian Juul Wolhardt 已辞任独立非执行董事、薪酬委员会主席、审核委员会成员及提名委员会成员；张晓亚已辞任独立非执行董事、审核委员会成员及薪酬委员会成员；邱家赐已辞任独立非执行董事、审核委员会主席及可持续发展委员会成员。

同日 越秀辉山液奶营销事业部经销商大会分别在营口、沈阳、长春三地举办，经销商大会12月2日结束。辽宁越秀辉山控股股份有限公司临时党委书记、总经理韩春辉出席大会。

12月

1日 伊利金典年内销售额突破200亿元，成为继伊利、安慕希后第三个年销售超过200亿元的品牌。

2日 “第十九届全国质量奖”在京颁发，乳业龙头伊利摘得桂冠。

3日 农业农村部畜牧兽医局发文组织开展奶农发展乳制品加工创新模式和典型案例征集推介工作。

同日 由内蒙古自治区计量测试研究院与伊利集团联合共建的“国家乳制品产业计量测试中心”，以及由伊利集团联合中国奶业协会、中国乳制品工业协会共同成立的中国首家“乳业职业培训与认证中心”，同时落户伊利现代智慧健康谷，两大中心揭牌仪式在伊利全球人才发展中心举行。内蒙古自治区党委常委、呼和浩特市委书记包钢，呼和浩特市委副书记、市长、和林格尔新区党工委书记贺海东，内蒙古自治区市场监督管理局局长白清元，内蒙古自治区市场监督管理局副局长、内蒙古计量测试研究院院长吕金华，中国奶业协会副秘书长李栋，中国乳制品工业协会副秘书长王丽荣，伊利集团董事长潘刚，伊利集团执行总裁张剑秋等出席揭牌仪式。

同日 第30届中国食品博览会暨2021全国食品工业“三品”成果展在武汉国际博览中心开幕，卫岗乳业入选工信部2021食品工业“三品”专项行动典型成果“创品牌”企业，并应邀参加本次成果展。

同日 国际残疾人日，上海静安寺晶品中心、上海残联领导及残奥会运动员、每日鲜语、熊爪咖啡号召人们共同拆除本不应存在的弱势群体与普通人的“隔阂”墙壁。

同日 “澜湄书香”走进泰国公益活动在泰国达叻蒲国立中山学校举办，由数千册中泰双语图书组成的“澜湄书屋”正式在该校落成。伊利为该校1 200余名师生带去了Cremo冰激凌，与孩子们共同分享美好滋味、助力“甜蜜”抗疫。2020年、2021年伊利泰国公司连续两年被泰国公共卫生部授予“FDA质量奖”，2021年被泰国劳工部授予“劳动关系与福利杰出单位”。“澜湄书屋”所在的泰国哒叻蒲公立中山学校是爱国华侨建于1917年的。

6日 辽宁越秀辉山控股股份有限公司正式成立。越秀集团党委书记、董事长张招兴讲话；越秀食品集团临时党委书记、董事长，越秀辉山董事长林辉新宣布成立越秀食品研究院乳业分院；越秀食品集团临时党委副书记、副董事长、总经理韦黎明致辞；越秀辉山临时党委书记、总经理韩春辉发布《越秀辉山“十四五”战略规划》。2020年11月11日越秀集团启动辉山乳业重组工作，历经一年辉山乳业资产重组成功。

同日 中国奶业协会发布2021年现代奶业评价定级奶牛场名单（第3批）。

7日 中国奶业协会消息，中国农业科学院北京畜牧兽医研究所奶产品质量与风险评估科技创新团队成功建立了奶中24种十八碳脂肪酸同分异构体检测新方法，实现了奶中十八碳脂肪酸同分异构体高分辨率、高灵敏度同步检测，为奶中脂肪酸合成机理以及脂肪酸功能研究提供了技术支撑。相关研究成果在线发表于《分离（Separations）》杂志上。

8日 天润乳业发布公告，当日董事会审议通过了《新疆天润乳业股份有限公司关于对外投资设立控股子公司的议案》，公司与山东齐源共同出资3亿元设立天润齐源乳品有限公司，该乳品公司主要经营乳和乳制品的加工与销售；食品、饮料的生产和销售等业务。

9日 中国奶业协会消息，中国农业科学院北京畜牧兽医研究所奶产品质量与风险评估科技创新团队成功建立了一种分析瘤胃微生物脲酶的靶向宏蛋白质组方法，为进一步揭示瘤胃脲酶蛋白多样性和发展完善靶向宏蛋白质组学方法提供了指导。相关研究成果发表在《微生物前沿（Frontiers in Microbiology）》上。该研究得到国家重点研发计划、中国农业科学院重大任务和现代农业产业技术体系等项目资助。张晓音为文章第一作者，赵圣国和王加启为文章通讯作者。

同日 伊利股份发布公告，公司120亿定增顺利落地。此次发行最终获配对象共计22名，发行股票数量为317 953 285股，发行价格为37.89元/股，募集资金总额约为120.47亿元。

10日 伊利集团印尼乳业生产基地举行一期项目投产仪式。一期项目投资8.67亿元人民币，一、二期建成后，可日产冰激凌400万支。印尼工业部部长阿古斯出席项目投产仪式并为生产基地揭牌，伊利集团董事长兼总裁潘刚发表视频致辞。

12日 中国奶业协会消息，BRCGS（全球供应链保障标准）卓越文化－食品安全文化平台正式发布，中国首家采用BRCGS卓越食品安全文化全球评估工具（高阶版）的蒙牛集团食品安全文化评价结果，蒙牛集团整体总分在最高级别85%~100%的区间之内，获得A级。

13日 中国农业科学院北京畜牧兽医研究所奶业创新团队在动物乳中脂肪酸（FA）检测方法与指纹图谱的构建方面取得新的研究进展。该研究建立了乳69种FA的高通量检测方法，比现有国标方法多检测32种FA，为系统解析人乳、牛乳等动物乳提供了方法基础；建立了8种动物乳的FA指纹图谱，系统比较并分析了其FA特征。研究成果《基于气质联用法构建荷斯坦奶牛、娟珊奶牛、水牛、牦牛、人、山羊、骆驼和驴的乳脂肪酸图谱》已在国际学术期刊《Journal of DairyScience》2021年第105期在线发表。该研究得到国家重点研发计划、中国农业科学院重大任务和现代农业产业技术体系等项目资助。王峰恩博士为第一作者，王加启研究员与张养东副研究员为文章通讯作者。

同日 《2021在华企业与可持续发展基线调研》报告在联合国开发计划署Re:Think 2021“城市创新与零碳未来”会议上正式发布。中国国际商会会员企业伊利集团关于“自上而下的可持续发展管理统筹机制”，以及厦门航空、力宇集团的实践入选报告案例。报告发布会上，联合国开发计划署助理驻华代表张薇首先介绍了报告的主要内容。联合国开发计划署驻华代表白雅婷、中国国际商会多边合作部部长孙晓、普华永道中国企业可持续发展总监戴德乐共同出席了发布仪式。

14日 农业农村部发布《“十四五”全国畜牧兽医行业发展规划》。

同日 由网易财经主办的“网易·新能量乳制品行业峰会”在北京举行。网易传媒副总裁田华，中国奶业协会副秘书长周振峰，中国乳制品工业协会副理事长兼常务副秘书长刘超，伊利集团副总裁赵昕，蒙牛集团党委副书记、执行总裁李鹏程，澳优乳业董事局主席颜卫彬，凯度消费者指数北方区总经理赵晖等出席峰会并致辞。在嘉宾论坛上，就如何主动识别和把握乳制品行业的新机遇，北京三元食品股份有限公司总经理唐宏、广州风行乳业股份有限公司总经理韩春辉、现代牧业（集团）有限公司执行总裁孙玉刚和南京卫岗乳业有限公司副总裁李然展开热议；对于奶粉行业如何破局，蓝河乳业董事长陈立韬、君乐宝乳业集团总裁助理冯进茂、宜品乳业集团董事长兼总裁牟善波、中国飞鹤副总裁陈晓东、健合集团中国区公共事务总监朱辉分别给出了各自的答案。

15日 世界品牌实验室在北京揭晓2021年“中国品牌年度大奖”。35个活跃在中国经济舞台的领军品牌，入选2021年《中国品牌年度大奖NO.1》，其中包括了婴幼儿配方奶粉品牌飞鹤。在2021年《中国国潮十大影响力品牌》榜单中，奶酪领军品牌妙可蓝多入选。在2021年《中国婴幼儿配方奶粉十大影响力品牌》中，除飞鹤、伊利和蒙牛之外，其余7个均是外资品牌，包括达能旗下的爱他美、多美滋，源自新西兰的a2，惠氏，荷兰皇家菲仕兰旗下的美素佳儿，雅培，雀巢。

同日 北京市奶业协会组织召开北京市畜禽养殖低碳环保调研会。民盟中央农业委员会委员、农业农村部民盟委员会副主委于洁，生态环境部土壤司农村处处长金晟，土壤中心农用地部高级工程师韩自玉，国家农业农村部畜牧兽医局废弃物利用处二级调研员郝志鹏，中国农业大学教授施正香，首农集团相关企业代表，北京三石牛场代表，北京昭阳牧场代表出席了会议。本次会议由北京市奶业协会秘书长廖晨星主持。

16日 农业农村部食物与营养发展研究所消息，农业农村部科教司和国家卫生健康委疾病控制局委托农业农村部食物与营养发展研究所，组织专家对《中国食物与营养发展纲要（2021—2035年）（送审稿）》进行论证。中国工程院副院长邓秀新院士担任组长，庞国芳、孙宝国、万建民、任发政4位院士和中国疾病预防控制中心、国务院发展研究中心等单位知名专家参加了会议。农业农村部科教司二级巡视员闫成主持会议，国家食物与营养咨询委员会主任陈萌山、中国农业科学院副院长梅旭荣出席会议。专家组一致认为《中国食物与营养发展纲要（2021—2035年）（送审稿）》系统科学、依据充分、思路清晰、内容全面、措施有力、表述准确，同意通过论证。

同日 北京冬奥会火种赞助企业展示活动在伊利举行，多年来参与活力冬奥学院的冰雪爱好者代表、伊利集团员工等各界人士齐聚一堂，共同表达对北京2022年冬奥会的美好祝愿。北京冬奥组委副秘书长徐志军、市场开发部副部长顾灏宁，呼和浩特市委副书记、市长、和林格尔新区党工委书记贺海东，伊利集团董事长、总裁潘刚，执行总裁张剑秋等出席活动。

同日 2021“科创江苏”创新创业大赛决赛落下帷幕。卫岗乳业桢源应用气象研究院与江苏省气象局事企合作的生态科技牧场项目，经过初赛、双创培训、项目推荐等环节，从江苏省1 000多个参赛作品中脱颖而出，最终斩获一等奖。

17日 各民主党派、工商联、无党派人士为全面建成小康社会作贡献评选表彰大会在京召开。中共中央政治局常委、全国政协主席汪洋出席并讲话。大会隆重表彰了党的十八大以来在全面建成小康社会中涌现出的一批先进集体、先进个人和优秀成果。卫岗乳业董事长白元龙、君乐宝乳业集团董事长兼总裁魏立华均荣膺“为全面建成小康社会作贡献先进个人”称号并受到表彰。

17–18日 2021全国食品工业科技进步大会在郑州召开，会上颁发了“中国食品工业协会科学技术奖”，伊利揽获2021年度的5项大奖，包括特等奖1项、一等奖1项、二等奖3项。

18日 乳业生物技术国家重点实验室建设运行十周年大会在上海召开。乳业生物技术国家重点实验室学术委员会荣誉主任、中国科学院赵国屏院士，乳业生物技术国家重点实验室第三届学术委员会主任、中国工程院陈卫院士，上海市国有资产监督管理委员会总经济师陈东，上海市科学技术委员会副主任朱启高，光明食品集团党委书记、董事长是明芳，光明食品集团副总裁李林，光明乳业党委书记、董事长黄黎明等领导及众多行业专家、媒体嘉宾出席大会。

同日 优然牧业在乌兰察布市举行预混料生产基地投产庆典仪式。内蒙古农牧厅二级巡视员王雨锋、乌兰察布市副市长李建文、国家奶牛体系首席科学家李胜利、中国奶业协会副秘书长陈绍祜、内蒙古农牧厅饲料饲草处处长巴特尔、乌兰察布市农牧科技局副局长郭有贵、察哈尔右翼前旗副旗长张鸿、优然牧业副总经理姜广军及相关人员共同出席庆典。在预混料工厂投产的当天，优然牧业与荷兰皇家帝斯曼集团举行了签约仪式，双方正式达成战略合作。

同日 蒙牛对已经使用了22年的LOGO进行焕新升级。新的LOGO由曾设计出苹果公司LOGO的罗布·詹诺夫（RobJanoff）亲自操刀，这也是他第一次与中国知名消费品牌合作。

19日 中国奶业协会消息，西北农林科技大学食品科学与工程学院岳田利教授团队在西藏雪莲菌的菌群组成结构及其发酵乳通过调节肠道菌群改善结肠癌的研究领域取得了新进展，在此领域获得创新性研究成果。

20日 中国奶业协会征求《学生饮用奶 巴氏杀菌乳》等4项团体标准意见。

21日 全国奶牛基因组参考群第三方核查总结会在北京召开。全国畜牧总站畜禽种业指导处处长刘丑生主持会议并表示，基因组选择育种是加快育种程序的重要手段，是尽快达到种业振兴的一种方式。中国奶业协会副秘书长陈绍祜代表专家组对今年参考群牛只DHI数据抽验、复核项目评价进行报告。河南省农业农村厅奶业管理处处长赵玲致辞。河南省种牛遗传性能测定中心副主任、DHI中心主任张震，北京首农畜牧发展有限公司奶牛中心刘林博士，以及北京、上海等5个地区的项目参与单位负责人对今年工作进行了总结汇报，中国农业大学教授孙东晓、中国奶业协会养殖业发展部主任闫青霞和中国农业科学院农业信息研究所副研究员彭华，针对今年工作过程中出现的问题，提出了多项建议和改进措施。

同日 中国奶业协会消息，中国农业科学院北京畜牧兽医研究所奶产品质量与风险评估科技创新团队在口服碱性磷酸酶（ALP）对婴幼儿肝脏炎症预防方面取得新进展，研究揭示了口服 ALP 通过上调 miR-146a 的表达和减轻炎症反应以减轻肝组织损伤的作用机制，为科学加工牛奶、提高牛奶品质安全提供了指导。相关研究成果发表在《国际免疫药理学》上。

同日 上海光明领鲜物流有限公司的“光明乳业数字化配送体系创新项目”数字化应用，以及南京卫岗乳业有限公司的“智能补货 +DSD 前置仓配送综合应用项目”数字化应用，分别在运营管理和服务模式方面入选 2020—2021 冷链物流创新案例。

同日 SAP-ERP 项目作为开启中国圣牧数字化养殖之旅的首个核心项目，验收总结会在呼市圣牧总部召开。项目验收组听取了项目方对中国圣牧 SAP-ERP 项目实施情况及成果的汇报，并审阅了项目实施档案，同意该项目通过验收，项目组成员同项目实施方奇秦科技共同签署了《项目验收报告》。

22 日 农业农村部、国家发展改革委、商务部、中国人民银行、国家税务总局、中国证券监督管理委员会、中华全国供销合作总社公布第七批农业产业化国家重点龙头企业名单。其中有 10 家企业涉及乳制品生产加工，具体名单为：天津食品集团有限公司、河北新希望天香乳业有限公司、福建长富乳品有限公司、山东亚奥特乳业有限公司、四川雪宝乳业集团有限公司、贵阳市农业农垦投资发展集团有限公司、西藏年河乳业有限公司、陕西秦龙乳业集团有限公司、宁夏农垦贺兰山奶业有限公司、阿拉尔新农乳业有限责任公司。

23 日 海关总署发布明确进口乳品检验检疫有关要求的公告。

同日 伊利股份发布公告，公司境外全资子公司 China Youran 作为有限合伙人以自有资金认购 Community Fund LP 基金份额，认缴资额为 4 200 万美元。该基金规模预计不超过 6 亿美元，主要投资新技术及消费升级等相关领域的优秀子基金。

24 日 由每日经济新闻主办的“2021 第十一届中国上市公司口碑榜”评选公布结果，诞生了 14 大聚集专业口碑和市场好评的榜单。光明乳业夺得“大消费产业最具成长上市公司”称号。

28 日 武威市百亿级奶产业集群发展暨伊利二期项目启动。市委书记柳鹏与伊利集团副总裁苏玉峰为武威伊利绿色生产及智能制造示范应用二期项目揭牌。市委副书记、市长王国斌与省农业农村厅党组成员、省畜牧兽医局局长王兴荣为武威金宇浩睿 5 万头“牧光互补”生态奶牛养殖园区项目揭牌。

同日 “以高质量发展的内生动力”为主题的第十二届央视财经论坛在广州举行。卢敏放呼吁乳业建立收储机制和交易平台。他表示，“全球 GDT 交易平台（全球乳品价格指数）一直由新西兰主导。而中国作为超大的乳品消费市场，在全球贸易量中地位不可替代，因此需要逐渐掌握定价权。其次，中国应当参照欧美和大洋洲经验，建立乳品及原材料收储机制，进一步提升乳业供应链的安全性和稳定性。”

同日 《中国疾控预防控制中心周报》刊发了最新调研成果《中国初中生和高中生牛奶和牛奶制品消费量（2016—2017 年）》。显示 2016—2017 年，仅 16.9% 的中学生牛奶和奶制品消费量达到《中国居民膳食指南（2016）》的推荐摄入量。其中，17.2% 的男生和 16.5% 的女生达到推荐值。从城乡分布情况来看，22.7% 的城镇中学生和 11.5% 的农村中学生达到了推荐值。

29 日 全国畜牧总站畜禽种业指导处在北京举办国家畜禽遗传改良管理与技术培训班。农业农村部种业管理司二级巡视员谢焱、全国畜牧总站党委书记时建忠出席培训班并讲话，农业农村部种业管理司创新发展处处长王杕到班指导。来自全国各省级畜禽种业主管部门的畜禽种业负责人，畜牧技术支撑机构的相关管理与技术人员，各国家畜禽核心育种场（基地、站）的管理与技术负责人等，共计 500 余人参加了此次培训，全国在线观看人数累计 4 661 人次。

同日 在以“新消费 新渠道 新动能”为主题的 2021 中国乳业新势力发展论坛上，光明乳业在“2021 中国乳业新势力产品”系列评选活动中突出重围。经过前期考评以及专家评审小组的综合评定，光明优倍鲜牛奶荣获“2021 中国乳业新势力产品——品类标杆产品”称号。

同日 中国奶业协会消息，东方天合的核心过瘤胃系列产品（安尼优），荣获 2021 年度“饲料行业科学技术创新”评选活动一等奖。

30 日 宁夏生鲜乳价格协商会议召开，确定宁夏 2022 年第一季度生鲜乳交易参考价格为 4.19 元 /kg，在此基础上，可上下浮动 5%。此次发布的生鲜乳参考价执行时限为 2022 年 1 月 1 日—2022 年 3 月 31 日。

同日 江西省宁都县与广东温氏乳业股份有限公司 10 000 头奶牛养殖生态牧场和乳制品加工项目签约仪式在江西省赣州市举行。

31 日 呼和浩特市 2021 年重点产业项目集中签约仪式在北京举行。呼和浩特市政府、伊利集团、中国神华能源股份有限公司、龙源电力集团股份有限公司、北京明恒产业投资有限公司五方共建的呼和浩特·伊利现代智慧健康谷零碳五星示范项目，共同将伊利现代智慧健康谷打造成为全国首个零碳五星示范区。内蒙古自治区党委常委、呼和浩特市委书记包钢，呼和浩特市委副书记、市长、和林格尔新区党工委书记贺海东，伊利集团董事长潘刚，伊利集团执行总裁张剑秋等出席签约仪式。

同日 共青团中央、农业农村部发布表彰首届“全国乡村振兴青年先锋”的决定。伊利集团来自一线研发、服务团队的张吉明，被共青团中央、农业农村部授予“全国乡村振兴青年先锋”称号。

同日 上海市总工会与上海市人力资源和社会保障局联合发文表彰 2021 年上海市五一劳动奖获得者。光明乳业随心订荣获“2021 年上海市五一劳动奖”。

十、行业统计

HANGYE TONGJI

【奶业发展趋势走势图】

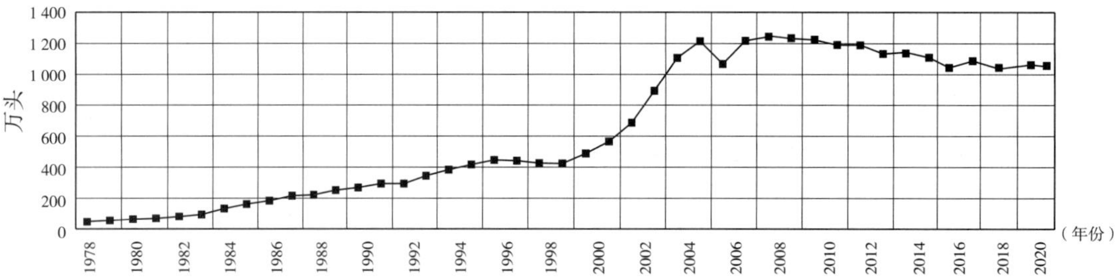

图1 1978—2020年我国奶牛存栏走势

数据来源：国家统计局。

注：本图2016-2018年数据为根据第三次全国农业普查情况做相应修正。

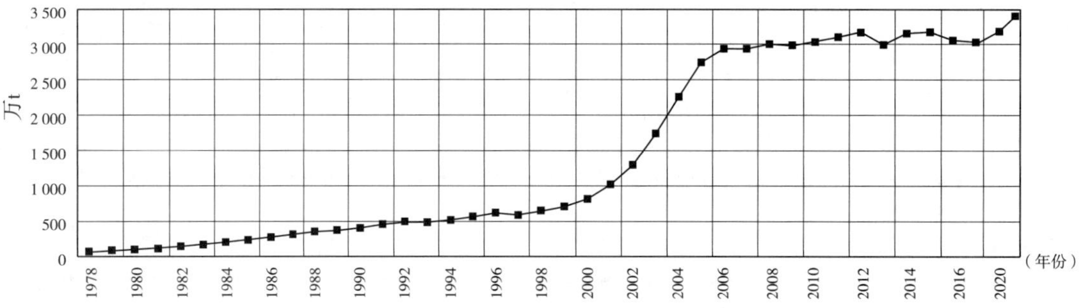

图2 1978—2020年我国牛奶产量走势

数据来源：国家统计局。

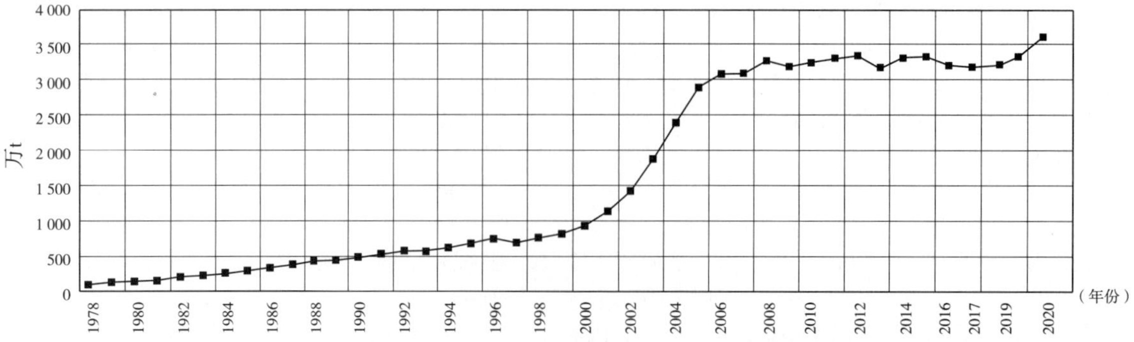

图3 1978—2020年我国奶类产量走势

数据来源：国家统计局。

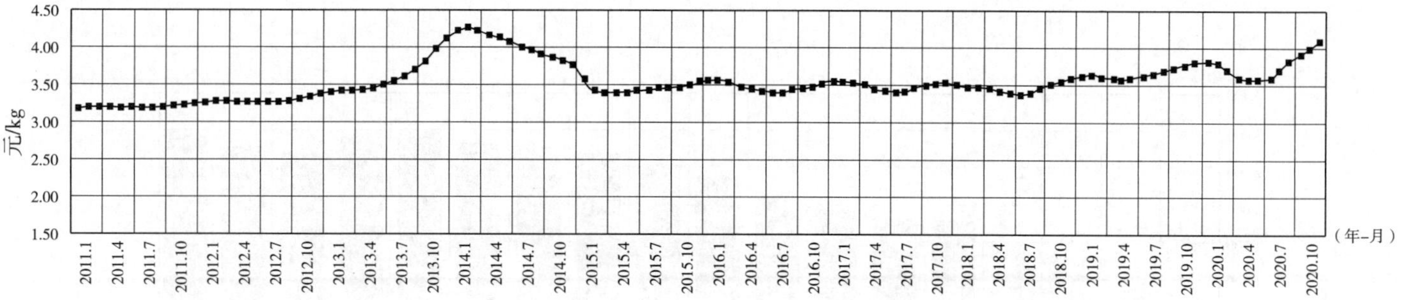

图4　2011—2020年全国主产省份生鲜乳价格情况

数据来源：农业农村部。

注：生鲜乳主产省份统计范围为河北、山西、内蒙古、辽宁、黑龙江、山东、河南、陕西、宁夏、新疆。

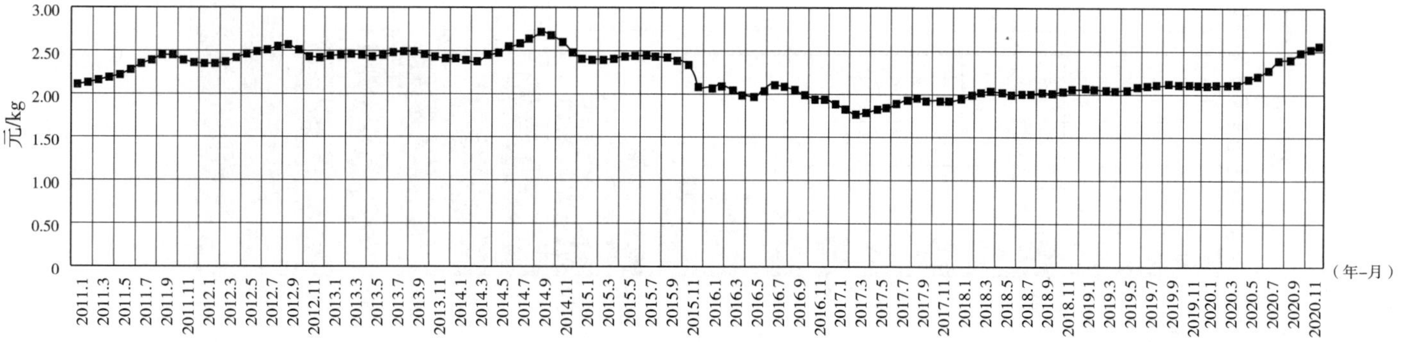

图5　2011—2020年全国玉米价格变动情况

数据来源：农业农村部。

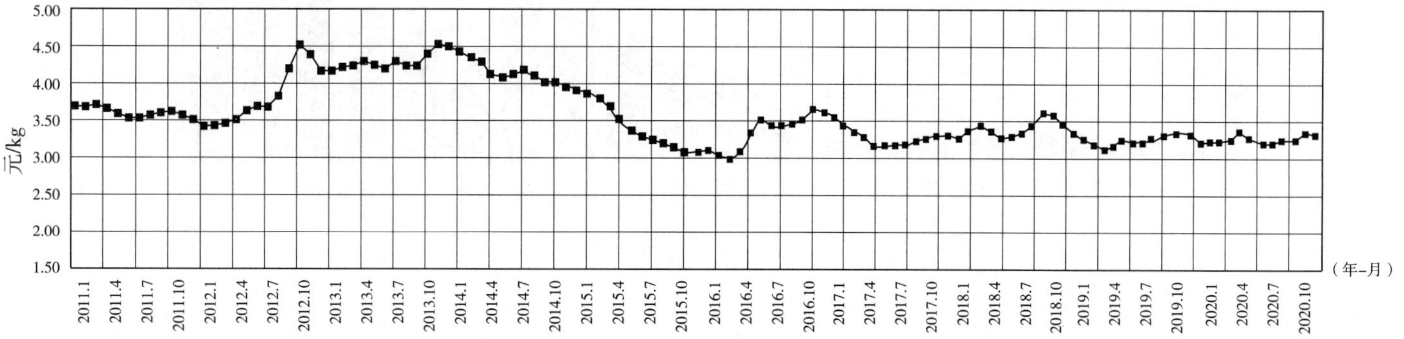

图6　2011—2020年全国豆粕价格变动情况

数据来源：农业农村部。

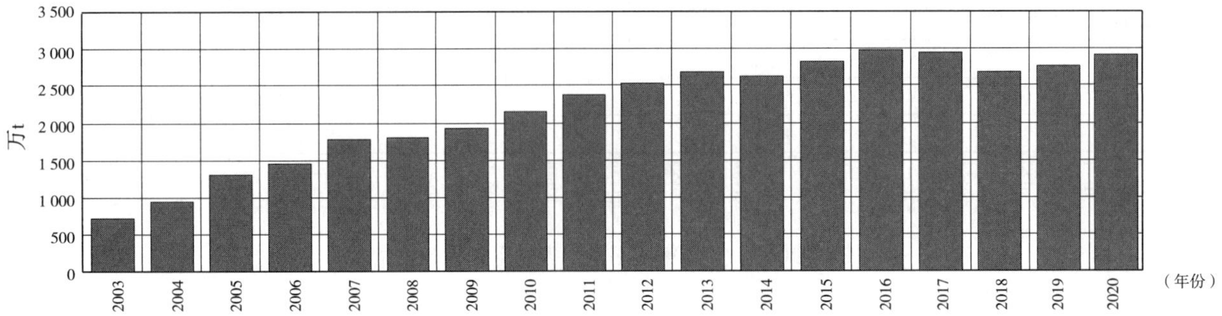

图7　2003—2020年我国乳制品产量

数据来源：国家统计局。

注：统计口径为规模以上乳企。

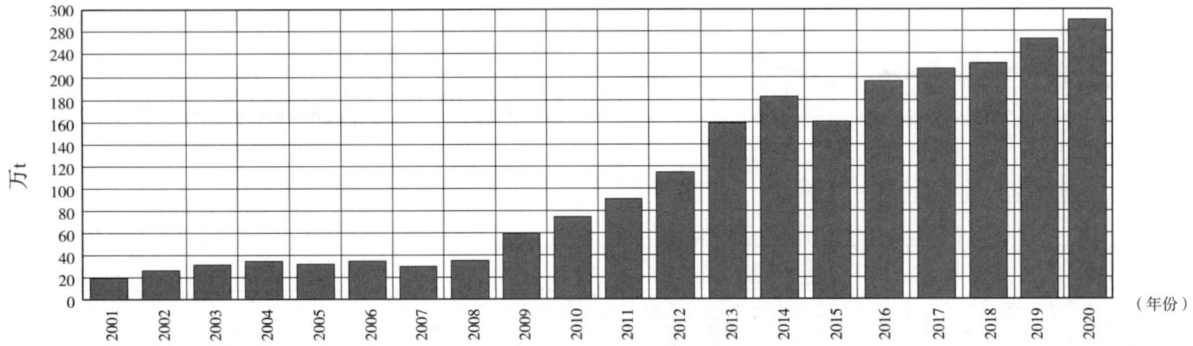

图8　2001—2020年我国乳制品进口数量

数据来源：海关总署。

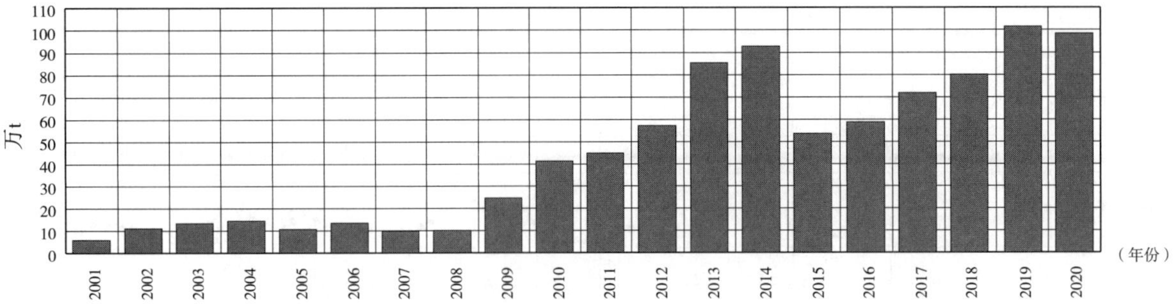

图9　2001—2020年我国原料奶粉进口数量

数据来源：海关总署。

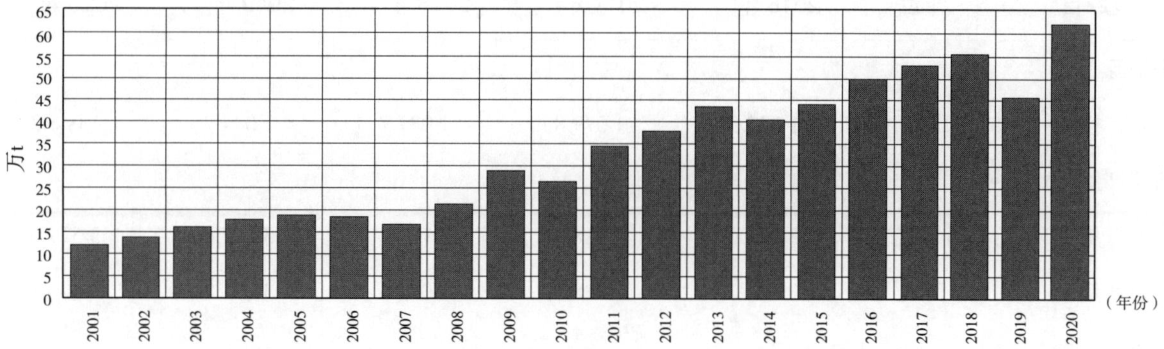

图10　2001—2020 年我国乳清进口数量

数据来源：海关总署。

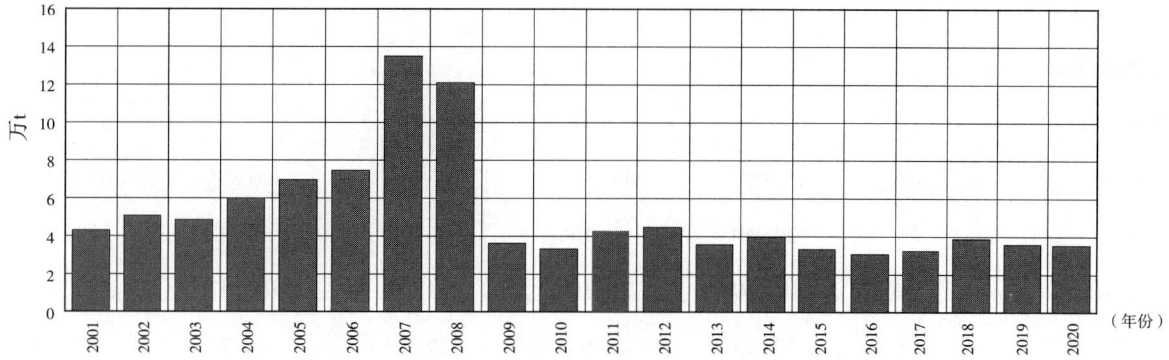

图11　2001—2020 年我国乳制品出口数量

数据来源：海关总署。

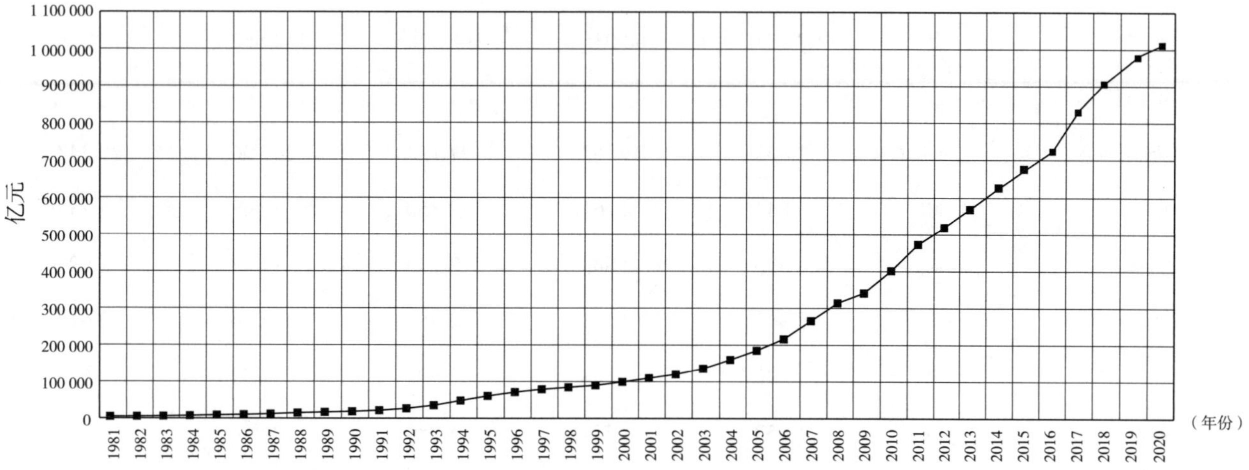

图12　1981—2020年国内生产总值

数据来源：国家统计局。

【综合情况】

中国奶业基本情况

项 目	单位	2016 年	2017 年	2018 年	2019 年	2020 年
奶畜资源						
奶牛存栏数	万头	1 037.0	1 079.8	1 037.7	1 044.7	1 043.3
原料奶产量						
奶类产量	万吨	3 173.9	3 148.6	3 176.8	3 297.6	3 529.6
牛奶产量	万吨	3 064.0	3 038.6	3 074.6	3 201.2	3 440.1
乳制品加工 [1]						
乳制品产量	万吨	2 993	2 935	2 687	2 719	2 780
其中：液态奶产量	万吨	2 737	2 692	2 506	2 538	2 599
其中：乳粉产量	万吨	139	121	97	105	101
乳制品进出口						
其中进口						
液奶	吨	634 096	667 557	673 294	890 684	1 039 799
酸奶	吨	20 940	34 156	30 859	33 743	32 124
奶粉	吨	604 209	717 399	801 489	1 014 843	979 343
炼乳	吨	20 013	25 648	27 523	34 724	23 759
乳清	吨	497 340	529 629	557 245	453 572	626 403
黄油	吨	81 865	91 566	87 190	85 591	115 616
干酪	吨	97 177	108 035	108 278	114 862	129 228
其中出口						
液奶	吨	22 825	23 162	27 123	24 796	25 247
酸奶	吨	844	2 161	2 850	3 867	4 735
奶粉	吨	3 530	2 843	3 135	1 784	1 624
炼乳	吨	2 342	2 341	2 757	2 996	2 618
乳清	吨	90	184	592	293	525
黄油	吨	1 052	1 721	1 380	2 424	1 100
干酪	吨	133	156	190	119	365
奶牛进口 [2]	头	133 177	115 364	156 928	199 285	266 083

注：1. 乳制品产量、液态奶及乳粉产量的统计范围是规模以上乳制品企业。

2. 2016 年为进口种用牛数量，2017–2020 年为进口牛数量。

2016—2020 年全国各地区奶业概况——北京

项 目	单位	2016 年	2017 年	2018 年	2019 年	2020 年
地区概况						
人口数	万人	2 195	2 194	2 192	2 190	2 189
城镇人口比重	%	86.76	86.93	87.09	87.35	87.55
地区生产总值	亿元	25 669	28 015	30 320	35 371	36 103
社会消费品零售总额	亿元	11 005	11 575	14 422	15 064	13 716
奶畜资源						
奶牛存栏数	万头	9.9	8.4	7.5	5.7	5.8
原料奶生产						
奶类产量	万 t	45.7	37.4	31.1	26.4	24.2
牛奶产量	万 t	45.7	37.4	31.1	26.4	24.2
乳制品加工						
乳制品产量	万 t	62.2	59.7	56.0	55.4	53.7
其中：液态奶产量	万 t	59.0	56.8	53.6	52.7	51.7
奶粉产量	t	11 164	8 199	5 144	8 102	6 322
乳制品进口						
液态奶	t	86 467	93 363	75 327	40 275	105 771
液奶	t	82 964	87 406	70 876	39 192	103 046
酸奶	t	3 503	5 958	4 452	1 083	2 725
干乳制品	t	147 682	167 015	144 412	89 799	210 577
奶粉	t	30 548	50 505	46 609	33 587	45 368
炼乳	t	1 008	445	325	2 659	2 007
乳清	t	92 829	94 098	75 948	36 904	141 841
黄油	t	6 491	4 436	4 317	4 190	5 768
奶酪	t	16 804	17 530	17 214	12 460	15 593

2016—2020年全国各地区奶业概况——天津

项 目	单位	2016年	2017年	2018年	2019年	2020年
地区概况						
人口数	万人	1 443	1 410	1 383	1 385	1 387
城镇人口比重	%	83.27	83.57	83.95	84.31	84.70
地区生产总值	亿元	17 885	18 549	18 810	14 104	14 084
社会消费品零售总额	亿元	5 636	5 730	4 231	4 218	3 583
奶畜资源						
奶牛存栏数	万头	10.7	11.9	11.3	11.0	10.7
原料奶生产						
奶类产量	万t	50.0	52.1	48.0	47.4	50.1
牛奶产量	万t	50.0	52.1	48.0	47.4	50.1
乳制品加工						
乳制品产量	万t	62.8	60.1	57.6	60.2	66.3
其中：液态奶产量	万t	30.9	30.6	50.4	50.8	57.0
奶粉产量	t	3 622	3 056	2 522	2 753	2 386
乳制品进口						
液态奶	t	32 058	34 418	41 567	99 074	68 870
液奶	t	31 638	32 833	40 547	94 603	67 727
酸奶	t	420	1 585	1 020	4 472	1 143
干乳制品	t	177 831	209 865	317 821	362 053	258 730
奶粉	t	87 075	116 543	182 195	218 200	182 895
炼乳	t	19	90	251	155	0
乳清	t	68 368	72 195	108 992	107 055	55 360
黄油	t	8 951	8 078	10 084	10 199	8 507
奶酪	t	13 417	12 959	16 299	26 444	11 968

2016—2020年全国各地区奶业概况——河北

项 目	单位	2016年	2017年	2018年	2019年	2020年
地区概况						
人口数	万人	7 375	7 409	7 426	7 447	7 464
城镇人口比重	%	53.87	55.74	57.33	58.77	60.07
地区生产总值	亿元	32 070	34 016	36 010	35 105	36 207
社会消费品零售总额	亿元	14 365	15 908	11 974	12 986	12 705
奶畜资源						
奶牛存栏数	万头	119.8	124.6	105.9	114.8	122.3
原料奶生产						
奶类产量	万t	373.9	388.3	391.1	433.8	488.3
牛奶产量	万t	366.4	381.0	384.8	428.7	483.4
乳制品加工						
乳制品产量	万t	371.3	372.9	365.3	356.8	358.4
其中：液态奶产量	万t	361.2	362.0	357.4	347.1	347.6
奶粉产量	t	50 586	50 508	49 920	67 725	104 680
乳制品进口						
液态奶	t	51	148	0	4 031	453
液奶	t	51	148	0	3 967	453
酸奶	t	0	0	0	64	0
干乳制品	t	6 939	7 595	6 517	4 300	7 769
奶粉	t	6 612	5 036	4 527	3 865	6 513
炼乳	t	0	0	0	0	0
乳清	t	152	2 377	1 845	277	1 203
黄油	t	176	182	146	115	52
奶酪	t	0	0	0	43	1

2016—2020年全国各地区奶业概况——山西

项 目	单位	2016年	2017年	2018年	2019年	2020年
地区概况						
人口数	万人	3 514	3 510	3 502	3 497	3 490
城镇人口比重	%	57.27	58.59	59.85	61.29	62.53
地区生产总值	亿元	13 050	15 528	16 818	17 027	17 652
社会消费品零售总额	亿元	6 481	6 918	6 523	7 031	6 746
奶畜资源						
奶牛存栏数	万头	26.6	32.9	31.7	31.9	38.2
原料奶生产						
奶类产量	万t	79.4	78.1	81.7	92.3	117.4
牛奶产量	万t	78.6	77.4	81.1	91.8	117.0
乳制品加工						
乳制品产量	万t	57.4	47.2	45.5	51.6	54.9
其中：液态奶产量	万t	56.0	46.9	45.2	50.9	53.0
奶粉产量	t	13 894	3 582	3 260	6 634	19 844
乳制品进口						
液态奶	t	0	0	0	60	321
液奶	t	0	0	0	60	321
酸奶	t	0	0	0	–	0
干乳制品	t	0	0	0	221	47
奶粉	t	0	0	0	221	47
炼乳	t	0	0	0	–	0
乳清	t	0	0	0	–	0
黄油	t	0	0	0	–	0
奶酪	t	0	0	0	–	0

2016—2020 年全国各地区奶业概况——内蒙古

项 目	单位	2016 年	2017 年	2018 年	2019 年	2020 年
地区概况						
人口数	万人	2 436	2 433	2 422	2 415	2 403
城镇人口比重	%	63.40	64.60	65.51	66.46	67.48
地区生产总值	亿元	18 128	16 096	17 289	17 213	17 360
社会消费品零售总额	亿元	6 701	7 160	4 852	5 051	4 760
奶畜资源						
奶牛存栏数	万头	120.5	123.4	120.8	122.5	129.3
原料奶生产						
奶类产量	万 t	592.9	559.6	571.8	582.9	617.9
牛奶产量	万 t	585.7	552.9	565.6	577.2	611.5
乳制品加工						
乳制品产量	万 t	336.5	263.4	254.8	289.3	337.3
其中：液态奶产量	万 t	313.8	246.8	237.1	272.5	318.9
奶粉产量	t	139 845	80 629	95 887	83 104	95 800
乳制品进口						
液态奶	t	0	187	0	0	6 471
液奶	t	0	187	0	0	6 471
酸奶	t	0	0	0	–	0
干乳制品	t	56 708	46 187	36 476	47 995	116 693
奶粉	t	50 603	41 897	33 091	36 021	99 087
炼乳	t	0	0	0	–	2
乳清	t	6 003	4 056	3 301	11 318	14 811
黄油	t	101	226	84	587	807
奶酪	t	1	8	0	70	1 986

2016—2020年全国各地区奶业概况——辽宁

项 目	单位	2016年	2017年	2018年	2019年	2020年
地区概况						
人口数	万人	4 327	4 312	4 291	4 277	4 255
城镇人口比重	%	68.87	69.49	70.26	71.21	72.14
地区生产总值	亿元	22 247	23 409	25 315	24 909	25 115
社会消费品零售总额	亿元	13 414	13 807	9 113	9 671	8 961
奶畜资源						
奶牛存栏数	万头	24.7	27.5	29.2	27.4	27.7
原料奶生产						
奶类产量	万t	123.4	120.7	132.6	134.7	137.1
牛奶产量	万t	122.2	119.7	131.8	133.9	136.7
乳制品加工						
乳制品产量	万t	85.0	75.2	74.9	76.3	58.3
其中：液态奶产量	万t	84.0	72.3	73.0	75.7	57.4
奶粉产量	t	1 636	8 912	18 421	4 601	7 820
乳制品进口						
液态奶	t	6 088	3 743	2 869	6 289	5 439
液奶	t	6 039	3 448	2 667	6 270	5 421
酸奶	t	49	295	201	18	18
干乳制品	t	69 285	62 158	60 868	52 965	26 377
奶粉	t	8 688	10 295	12 701	18 631	3 006
炼乳	t	209	863	1 083	1 140	549
乳清	t	56 788	49 565	46 425	32 493	22 365
黄油	t	861	126	301	347	391
奶酪	t	2 739	1 310	358	355	66

2016—2020 年全国各地区奶业概况——吉林

项 目	单位	2016 年	2017 年	2018 年	2019 年	2020 年
地区概况						
人口数	万人	2 567	2 526	2 484	2 448	2 399
城镇人口比重	%	58.75	59.71	60.85	61.63	62.64
地区生产总值	亿元	14 777	14 945	15 075	11 727	12 311
社会消费品零售总额	亿元	7 310	7 856	4 074	4 213	3 824
奶畜资源						
奶牛存栏数	万头	9.1	14.0	15.1	15.3	15.0
原料奶生产						
奶类产量	万 t	36.6	34.4	39.0	40.0	39.3
牛奶产量	万 t	36.0	34.0	38.8	39.9	39.3
乳制品加工						
乳制品产量	万 t	16.7	16.2	17.1	20.6	18.3
其中：液态奶产量	万 t	12.4	11.5	16.1	16.7	14.6
奶粉产量	t	43 279	46 803	9 192	17 785	5 463
乳制品进口						
液态奶	t	12	3	46	22	1
液奶	t	12	3	46	22	1
酸奶	t	1	0	0	–	0
干乳制品	t	70	0	254	225	6 058
奶粉	t	12	0	2	225	1 032
炼乳	t	0	0	0	–	0
乳清	t	57	0	0	–	5 025
黄油	t	0	0	0	–	0
奶酪	t	0	0	252	0	1

2016—2020年全国各地区奶业概况——黑龙江

项 目	单位	2016年	2017年	2018年	2019年	2020年
地区概况						
人口数	万人	3 463	3 399	3 327	3 255	3 171
城镇人口比重	%	61.09	61.90	63.46	64.62	65.61
地区生产总值	亿元	15 386	15 903	16 362	13 613	13 699
社会消费品零售总额	亿元	8 403	9 099	5 275	5 604	5 092
奶畜资源						
奶牛存栏数	万头	128.1	124.1	105.0	107.6	111.9
原料奶生产						
奶类产量	万t	473.4	468.4	458.5	467.0	501.0
牛奶产量	万t	470.7	465.2	455.9	465.2	500.2
乳制品加工						
乳制品产量	万t	196.1	158.6	155.3	164.2	164.9
其中：液态奶产量	万t	140.3	114.1	118.0	129.0	123.9
奶粉产量	t	553 970	434 769	365 254	351 037	400 092
乳制品进口						
液态奶	t	48	0	23	170	1 381
液奶	t	39	0	23	61	1 372
酸奶	t	10	0	0	109	9
干乳制品	t	13 589	30 524	30 963	38 700	37 930
奶粉	t	9 214	12 796	14 199	16 112	18 011
炼乳	t	0	0	0	10	4
乳清	t	4 370	17 726	16 753	22 563	19 756
黄油	t	0	0	10	15	159
奶酪	t	5	1	1	–	0

2016—2020 年全国各地区奶业概况——上海

项 目	单位	2016 年	2017 年	2018 年	2019 年	2020 年
地区概况						
人口数	万人	2 467	2 466	2 475	2 481	2 488
城镇人口比重	%	89.00	89.10	89.13	89.22	89.30
地区生产总值	亿元	28 179	30 633	32 680	38 155	38 701
社会消费品零售总额	亿元	10 947	11 830	14 875	15 848	15 933
奶畜资源						
奶牛存栏数	万头	7.9	6.5	5.6	5.2	5.3
原料奶生产						
奶类产量	万 t	36.0	36.4	33.4	29.7	29.1
牛奶产量	万 t	36.0	36.4	33.4	29.7	29.1
乳制品加工						
乳制品产量	万 t	46.5	44.6	44.6	46.9	52.6
其中：液态奶产量	万 t	45.5	43.7	43.6	45.8	51.7
奶粉产量	t	7 340	6 758	6 619	7 296	5 889
乳制品进口						
液态奶	t	289 296	295 775	337 036	448 878	414 784
液奶	t	277 862	276 296	320 021	433 248	397 565
酸奶	t	11 434	19 479	17 015	15 630	17 219
干乳制品	t	241 686	285 128	351 621	478 892	334 021
奶粉	t	107 550	143 004	181 981	304 159	181 599
炼乳	t	6 953	6 215	7 223	8 815	5 076
乳清	t	73 054	89 766	100 046	87 029	83 327
黄油	t	23 645	18 947	28 417	33 579	27 182
奶酪	t	30 484	27 197	33 955	45 310	36 837

2016—2020 年全国各地区奶业概况——江苏

项 目	单位	2016 年	2017 年	2018 年	2019 年	2020 年
地区概况						
人口数	万人	8 381	8 423	8 446	8 469	8 477
城镇人口比重	%	68.93	70.18	71.19	72.47	73.44
地区生产总值	亿元	77 388.3	85 869.8	92 595.4	99 631.5	102 719.0
社会消费品零售总额	亿元	28 707.1	31 737.4	35 472.6	37 672.5	37 086.1
奶畜资源						
奶牛存栏数	万头	12.7	13.9	13.4	12.5	12.9
原料奶生产						
奶类产量	万 t	48.3	49.0	50.0	62.4	63.0
牛奶产量	万 t	48.3	49.0	50.0	62.4	63.0
乳制品加工						
乳制品产量	万 t	160.2	161.2	158.0	116.0	125.2
其中：液态奶产量	万 t	148.5	145.4	155.2	108.4	118.2
奶粉产量	t	17 745.7	13 423.0	10 537.4	61 640.2	55 679.9
乳制品进口						
液态奶	t	29 880	13 367	12 832	34 679	38 834
液奶	t	29 800	12 630	11 985	33 129	36 986
酸奶	t	80	737	847	1 551	1 848
干乳制品	t	37 277	45 242	44 656	44 486	73 952
奶粉	t	27 846	34 976	35 629	38 823	59 283
炼乳	t	0	23	11	0	0
乳清	t	8 054	8 882	7 874	4 633	13 442
黄油	t	1 314	1 257	1 134	1 006	1 089
奶酪	t	64	103	7	23	138

2016—2020 年全国各地区奶业概况——浙江

项 目	单位	2016 年	2017 年	2018 年	2019 年	2020 年
地区概况						
人口数	万人	6 072	6 170	6 273	6 375	6 468
城镇人口比重	%	67.72	68.91	70.02	71.58	72.17
地区生产总值	亿元	47 251.4	51 768.3	56 197.2	62 351.7	64 613.3
社会消费品零售总额	亿元	21 970.8	24 308.5	25 161.9	27 343.8	26 629.8
奶畜资源						
奶牛存栏数	万头	3.7	3.3	3.2	3.1	4.0
原料奶生产						
奶类产量	万 t	14.8	14.3	15.8	15.5	18.4
牛奶产量	万 t	14.8	14.3	15.7	15.5	18.3
乳制品加工						
乳制品产量	万 t	62.5	69.6	66.7	73.2	66.7
其中：液态奶产量	万 t	56.7	63.9	61.7	68.2	62.1
奶粉产量	t	25 470.1	20 288.0	17 247.0	21 941.0	16 070.5
乳制品进口						
液态奶	t	33 528	29 223	31 735	40 624	43 389
液奶	t	33 142	27 797	30 471	38 634	40 987
酸奶	t	387	1 426	1 265	1 990	2 402
干乳制品	t	119 221	117 463	82 217	65 954	90 325
奶粉	t	100 648	101 149	65 991	57 745	62 971
炼乳	t	281	93	5	371	471
乳清	t	11 655	12 367	12 083	4 457	20 635
黄油	t	5 702	3 650	3 856	3 141	5 522
奶酪	t	935	204	282	240	726

2016—2020年全国各地区奶业概况——安徽

项 目	单位	2016年	2017年	2018年	2019年	2020年
地区概况						
人口数	万人	6 033	6 057	6 076	6 092	6 105
城镇人口比重	%	52.62	54.29	55.65	57.02	58.33
地区生产总值	亿元	24 407.6	27 018.0	30 006.8	37 114.0	38 680.6
社会消费品零售总额	亿元	10 000.2	11 192.6	16 156.2	17 862.1	18 334.0
奶畜资源						
奶牛存栏数	万头	11.4	12.9	12.8	14.5	16.4
原料奶生产						
奶类产量	万t	30.5	29.8	30.8	33.8	37.6
牛奶产量	万t	30.5	29.8	30.8	33.8	37.6
乳制品加工						
乳制品产量	万t	106.2	105.1	113.8	125.6	124.5
其中：液态奶产量	万t	101.2	98.3	107.4	123.4	122.5
奶粉产量	t	15 948.0	22 586.0	20 721.0	21 208.0	20 027.0
乳制品进口						
液态奶	t	3 243	65	9 925	0	46 083
液奶	t	3 243	65	9 925	–	45 756
酸奶	t	0	0	0	–	327
干乳制品	t	20 544	32 019	35 242	26 465	150 801
奶粉	t	9 177	12 265	13 509	11 173	69 056
炼乳	t	0	90	0	–	1 886
乳清	t	11 229	19 382	21 633	15 191	77 751
黄油	t	11	0	0	100	1 864
奶酪	t	127	282	99	–	244

2016—2020年全国各地区奶业概况——福建

项 目	单位	2016年	2017年	2018年	2019年	2020年
地区概况						
人口数	万人	4 016	4 065	4 104	4 137	4 161
城镇人口比重	%	64.39	65.78	66.98	67.87	68.75
地区生产总值	亿元	28 810.6	32 182.1	35 804.0	42 395.0	43 903.9
社会消费品零售总额	亿元	11 674.5	13 013.0	17 178.4	18 896.8	18 626.5
奶畜资源						
奶牛存栏数	万头	3.4	3.9	4.1	4.3	4.4
原料奶生产						
奶类产量	万t	13.4	13.5	14.3	15.0	17.5
牛奶产量	万t	12.9	13.1	13.8	14.5	16.9
乳制品加工						
乳制品产量	万t	19.1	17.6	18.4	20.3	22.7
其中：液态奶产量	万t	12.4	12.7	17.5	19.4	21.5
奶粉产量	t	61 118.5	42 536.6	6 691.0	5 486.8	4 417.7
乳制品进口						
液态奶	t	8 426	47 338	17 147	3 102	157 218
液奶	t	8 418	47 288	17 114	3 094	156 193
酸奶	t	8	49	32	7	1 025
干乳制品	t	65 116	93 379	69 888	47 066	241 055
奶粉	t	14 772	14 135	15 031	25 341	53 591
炼乳	t	75	153	30	18	8
乳清	t	38 672	39 528	32 974	19 418	99 972
黄油	t	3 903	19 958	21 853	119	35 878
奶酪	t	7 694	19 605	0	2 170	51 606

2016—2020年全国各地区奶业概况——江西

项 目	单位	2016年	2017年	2018年	2019年	2020年
地区概况						
人口数	万人	4 496	4 511	4 513	4 516	4 519
城镇人口比重	%	53.99	55.70	57.34	59.07	60.44
地区生产总值	亿元	18 499.0	20 006.3	21 984.8	24 757.5	25 691.5
社会消费品零售总额	亿元	6 634.6	7 448.1	9 045.7	10 068.1	10 371.8
奶畜资源						
奶牛存栏数	万头	3.4	3.2	3.7	3.5	2.5
原料奶生产						
奶类产量	万t	10.0	9.5	9.6	7.3	9.1
牛奶产量	万t	10.0	9.5	9.6	7.3	9.1
乳制品加工						
乳制品产量	万t	20.7	23.6	17.5	17.8	17.4
其中：液态奶产量	万t	16.6	18.8	17.2	17.5	16.8
奶粉产量	t	41 592.0	47 482.0	3 249.8	3 440.0	3 384.0
乳制品进口						
液态奶	t	284	0	0	0	0
液奶	t	24	0	0	–	0
酸奶	t	0	0	0	–	0
干乳制品	t	1 715	1 821	14 044	2 590	1 552
奶粉	t	1 455	1 353	1 784	2 340	1 327
炼乳	t	0	0	0	–	0
乳清	t	260	468	0	250	225
黄油	t	0	0	0	–	0
奶酪	t	0	0	12 260	–	0

2016—2020 年全国各地区奶业概况——山东

项 目	单位	2016 年	2017 年	2018 年	2019 年	2020 年
地区概况						
人口数	万人	9 973	10 033	10 077	10 106	10 165
城镇人口比重	%	59.13	60.79	61.46	61.86	63.05
地区生产总值	亿元	68 024.5	72 634.1	76 469.7	71 067.5	73 129.0
社会消费品零售总额	亿元	30 645.8	33 649.0	27 480.3	29 251.2	29 248.0
奶畜资源						
奶牛存栏数	万头	87.8	93.1	91.4	89.9	86.4
原料奶生产						
奶类产量	万 t	233.8	231.3	232.5	234.5	241.6
牛奶产量	万 t	225.3	223.5	225.1	228.0	241.4
乳制品加工						
乳制品产量	万 t	259.9	251.1	204.4	217.8	216.7
其中：液态奶产量	万 t	243.6	243.3	197.2	208.0	204.3
奶粉产量	t	37 739.1	56 417.4	39 164.3	50 514.5	39 450.9
乳制品进口						
液态奶	t	50 709	37 771	18 897	22 381	25 027
液奶	t	50 341	37 340	18 632	22 141	24 849
酸奶	t	368	432	264	241	178
干乳制品	t	50 593	70 257	60 611	56 567	64 210
奶粉	t	20 557	32 006	27 066	31 270	31 254
炼乳	t	220	39	0	11	0
乳清	t	20 184	24 134	20 914	13 600	17 311
黄油	t	7 651	13 163	11 050	10 589	14 674
奶酪	t	1 980	915	1 581	1 096	971

2016—2020 年全国各地区奶业概况——河南

项 目	单位	2016 年	2017 年	2018 年	2019 年	2020 年
地区概况						
人口数	万人	9 778	9 829	9 864	9 901	9 941
城镇人口比重	%	48.78	50.56	52.24	54.01	55.43
地区生产总值	亿元	40 471.8	44 552.8	48 055.9	54 259.2	54 997.1
社会消费品零售总额	亿元	17 618.4	19 666.8	21 268.0	23 476.1	22 502.8
奶畜资源						
奶牛存栏数	万头	30.4	33.7	34.3	35.6	36.6
原料奶生产						
奶类产量	万 t	223.3	212.9	208.9	208.5	214.7
牛奶产量	万 t	213.5	202.9	202.7	204.1	210.0
乳制品加工						
乳制品产量	万 t	306.5	351.4	251.6	198.9	177.2
其中：液态奶产量	万 t	305.9	350.7	251.6	198.9	177.1
奶粉产量	t	6 179.8	6 297.6	546.3	442.0	831.4
乳制品进口						
液态奶	t	985	1 671	3 158	4 671	3 738
液奶	t	934	1 575	2 864	4 241	3 467
酸奶	t	51	96	294	430	271
干乳制品	t	2 720	1 245	2 039	1 473	1 472
奶粉	t	554	1 177	1 008	1 365	1 104
炼乳	t	0	1	0	1	0
乳清	t	2 093	3	999	0	49
黄油	t	0	0	0	–	0
奶酪	t	73	64	32	107	319

2016—2020年全国各地区奶业概况——湖北

项 目	单位	2016年	2017年	2018年	2019年	2020年
地区概况						
人口数	万人	5 885	5 904	5 917	5 927	5 745
城镇人口比重	%	58.57	59.88	61.00	61.83	62.89
地区生产总值	亿元	32 665.4	35 478.1	39 366.6	45 828.3	43 443.5
社会消费品零售总额	亿元	15 649.2	17 394.1	20 598.2	22 722.3	17 984.9
奶畜资源						
奶牛存栏数	万头	4.0	4.5	4.5	4.6	4.3
原料奶生产						
奶类产量	万t	13.4	12.8	12.8	13.4	13.4
牛奶产量	万t	13.4	12.8	12.8	13.4	13.4
乳制品加工						
乳制品产量	万t	114.0	109.4	103.7	98.3	120.1
其中：液态奶产量	万t	112.5	108.2	101.8	86.2	109.9
奶粉产量	t	5 201.7	2 902.0	9 419.0	6 729.0	7 660.4
乳制品进口						
液态奶	t	1 383	3 108	3 821	9 573	4 420
液奶	t	1 173	3 108	3 821	9 547	4 419
酸奶	t	0	0	0	26	1
干乳制品	t	295	619	1 870	4 659	2 584
奶粉	t	0	0	1 216	4 036	1 581
炼乳	t	0	0	96	1	260
乳清	t	0	0		220	0
黄油	t	210	505	501	395	738
奶酪	t	85	114	56	7	5

2016—2020年全国各地区奶业概况——湖南

项 目	单位	2016年	2017年	2018年	2019年	2020年
地区概况						
人口数	万人	6 625	6 633	6 635	6 640	6 645
城镇人口比重	%	52.70	54.62	56.09	57.45	58.76
地区生产总值	亿元	31 551.4	33 903.0	36 425.8	39 752.1	41 781.5
社会消费品零售总额	亿元	13 436.5	14 854.9	15 134.3	16 683.9	16 258.1
奶畜资源						
奶牛存栏数	万头	3.7	5.7	5.8	6.0	4.8
原料奶生产						
奶类产量	万t	6.4	6.1	6.2	6.3	5.6
牛奶产量	万t	6.4	6.1	6.2	6.3	5.6
乳制品加工						
乳制品产量	万t	28.1	28.2	28.8	40.5	28.4
其中：液态奶产量	万t	22.1	22.7	23.0	34.8	22.9
奶粉产量	t	50 565.5	43 487.9	39 793.4	39 364.2	34 214.1
乳制品进口						
液态奶	t	12 318	325	192	363	337
液奶	t	673	325	192	363	337
酸奶	t	0	0	0	–	0
干乳制品	t	17 844	15 717	18 020	15 993	13 127
奶粉	t	5 616	7 170	14 353	13 385	13 127
炼乳	t	0	0	0	–	0
乳清	t	11 646	8 531	3 666	2 608	0
黄油	t	177	0	0	–	0
奶酪	t	406	15	0	–	0

2016—2020 年全国各地区奶业概况——广东

项 目	单位	2016 年	2017 年	2018 年	2019 年	2020 年
地区概况						
人口数	万人	11 908	12 141	12 348	12 489	12 624
城镇人口比重	%	70.15	70.74	71.81	72.65	74.15
地区生产总值	亿元	80 854.9	89 705.2	97 277.8	107 671.1	110 760.9
社会消费品零售总额	亿元	34 739.1	38 200.1	39 767.1	42 951.8	40 207.9
奶畜资源						
奶牛存栏数	万头	5.9	6.0	6.0	6.0	6.8
原料奶生产						
奶类产量	万 t	13.6	13.9	13.9	13.9	15.2
牛奶产量	万 t	13.6	13.9	13.9	13.9	15.1
乳制品加工						
乳制品产量	万 t	69.1	77.3	91.7	97.8	96.4
其中：液态奶产量	万 t	49.2	59.4	62.6	82.6	83.5
奶粉产量	t	14 617.5	4 614.1	4 005.0	11 438.7	9 225.5
乳制品进口						
液态奶	t	109 725	138 620	144 837	205 217	124 933
液奶	t	105 204	134 617	139 374	197 128	120 038
酸奶	t	4 521	4 004	5 462	8 088	4 895
干乳制品	t	249 535	265 390	301 542	330 959	188 042
奶粉	t	108 433	117 013	126 893	171 829	119 380
炼乳	t	11 209	17 405	17 823	21 012	13 442
乳清	t	87 996	83 213	100 288	91 209	34 525
黄油	t	19 687	20 225	30 810	20 592	11 982
奶酪	t	22 209	27 534	25 729	26 317	8 713

2016—2020年全国各地区奶业概况——广西

项 目	单位	2016年	2017年	2018年	2019年	2020年
地区概况						
人口数	万人	4 857	4 907	4 947	4 982	5 019
城镇人口比重	%	49.24	50.59	51.82	52.98	54.20
地区生产总值	亿元	18 317.6	18 523.3	20 352.5	21 237.1	22 156.7
社会消费品零售总额	亿元	7 027.3	7 813.0	7 663.5	8 200.9	7 831.0
奶畜资源						
奶牛存栏数	万头	3.1	5.0	5.1	5.2	5.9
原料奶生产						
奶类产量	万t	7.8	8.1	8.9	8.7	11.2
牛奶产量	万t	7.8	8.1	8.9	8.7	11.2
乳制品加工						
乳制品产量	万t	43.4	45.9	34.8	28.5	30.8
其中：液态奶产量	万t	43.3	45.5	32.5	27.4	30.2
奶粉产量	t	175.9	2 563.3	3 441.6	3 210.0	2 078.0
乳制品进口						
液态奶	t	0	43	183	67	20
液奶	t	0	43	183	67	20
酸奶	t	0	0	0	–	0
干乳制品	t	104	0	258	254	270
奶粉	t	9	0	38	1	0
炼乳	t	0	0	0	0	0
乳清	t	95	0	220	253	270
黄油	t	0	0	0	–	0
奶酪	t	0	0	0	–	0

2016—2020年全国各地区奶业概况——海南

项 目	单位	2016年	2017年	2018年	2019年	2020年
地区概况						
人口数	万人	957	972	982	995	1 012
城镇人口比重	%	56.70	58.04	59.13	59.37	60.27
地区生产总值	亿元	4 053.2	4 462.5	4 832.1	5 308.9	5 532.4
社会消费品零售总额	亿元	1 453.7	1 618.8	1 852.7	1 951.1	1 974.6
奶畜资源						
奶牛存栏数	万头	0.3	0.1	0.1	0.1	0.2
原料奶生产						
奶类产量	万t	0.4	0.5	0.2	0.2	0.3
牛奶产量	万t	0.4	0.5	0.2	0.2	0.3
乳制品加工						
乳制品产量	万t	0.4	0.3	0.2	0.3	0.2
其中：液态奶产量	万t	0.3	0.3	0.2	0.2	0.1
奶粉产量	t					
乳制品进口						
液态奶	t	0	0	85	0	52
液奶	t	0	0	85	–	52
酸奶	t	0	0	0	–	0
干乳制品	t	241	278	846	783	1 363
奶粉	t	204	133	172	252	307
炼乳	t	37	146	674	531	56
乳清	t	0	0		–	1 000
黄油	t	0	0	0	–	0
奶酪	t	0	0	0	–	0

2016—2020年全国各地区奶业概况——重庆

项 目	单位	2016年	2017年	2018年	2019年	2020年
地区概况						
人口数	万人	3 110	3 144	3 163	3 188	3 209
城镇人口比重	%	63.33	65.00	66.61	68.24	69.46
地区生产总值	亿元	17 740.6	19 424.7	20 363.2	23 605.8	25 002.8
社会消费品零售总额	亿元	7 271.4	8 067.7	10 705.2	11 631.7	11 787.2
奶畜资源						
奶牛存栏数	万头	1.5	1.5	1.2	1.1	0.9
原料奶生产						
奶类产量	万t	5.2	5.1	4.9	4.2	3.2
牛奶产量	万t	5.2	5.1	4.9	4.2	3.2
乳制品加工						
乳制品产量	万t	24.7	22.9	21.2	24.1	25.1
其中：液态奶产量	万t	24.7	22.9	21.2	24.1	25.1
奶粉产量	t					
乳制品进口						
液态奶	t	934	1 323	1 926	2 232	14 080
液奶	t	934	1 312	1 926	2 230	14 077
酸奶	t	0	11	1	2	3
干乳制品	t	999	335	4 237	4 414	5 765
奶粉	t	37	333	4 050	3 109	4 462
炼乳	t	0	2	1	0	0
乳清	t	962	0	176	1 300	1 275
黄油	t	0	0	5	4	8
奶酪	t	0	0	5	–	20

2016—2020 年全国各地区奶业概况——四川

项 目	单位	2016 年	2017 年	2018 年	2019 年	2020 年
地区概况						
人口数	万人	8 251	8 289	8 321	8 351	8 371
城镇人口比重	%	50.00	51.78	53.50	55.36	56.73
地区生产总值	亿元	32 934.5	36 980.2	40 678.1	46 615.8	48 598.8
社会消费品零售总额	亿元	15 601.9	17 480.5	19 340.7	21 343.0	20 824.9
奶畜资源						
奶牛存栏数	万头	80.3	79.0	76.9	79.8	78.9
原料奶生产						
奶类产量	万 t	62.8	63.8	64.3	66.8	68.0
牛奶产量	万 t	62.8	63.7	64.2	66.7	68.0
乳制品加工						
乳制品产量	万 t	123.4	146.2	110.4	112.5	116.0
其中：液态奶产量	万 t	109.7	128.0	101.4	104.2	105.2
奶粉产量	t	2 192.2	3 947.2	3 728.0	1 390.6	1 442.4
乳制品进口						
液态奶	t	3 509	282	554	369	1 790
液奶	t	749	282	550	362	1 764
酸奶	t	0	0	4	8	26
干乳制品	t	18 919	17 808	21 010	25 055	27 122
奶粉	t	13 691	14 535	18 699	22 508	22 708
炼乳	t	0	0	0	–	0
乳清	t	2 760	2 953	1 502	1 875	3 444
黄油	t	2 443	310	762	613	945
奶酪	t	25	11	48	60	25

2016—2020 年全国各地区奶业概况——贵州

项 目	单位	2016 年	2017 年	2018 年	2019 年	2020 年
地区概况						
人口数	万人	3 758	3 803	3 822	3 848	3 858
城镇人口比重	%	45.56	47.76	49.54	51.48	53.15
地区生产总值	亿元	11 776.7	13 540.8	14 806.5	16 769.3	17 826.6
社会消费品零售总额	亿元	3 709.0	4 154.0	7 105.0	7 468.2	7 833.4
奶畜资源						
奶牛存栏数	万头	2.0	5.9	6.0	1.3	1.3
原料奶生产						
奶类产量	万 t	4.3	4.4	4.6	5.3	5.3
牛奶产量	万 t	4.3	4.4	4.6	5.3	5.3
乳制品加工						
乳制品产量	万 t	10.6	11.1	11.3	13.0	17.0
其中：液态奶产量	万 t	10.6	11.1	11.3	13.0	17.0
奶粉产量	t	0.0	0.0	0.0	0.0	0.0
乳制品进口						
液态奶	t	102	77	34	45	1 232
液奶	t	0	0	34	45	1 232
酸奶	t	102	77	0	–	0
干乳制品	t	1 275	2 056	0	9	0
奶粉	t	700	1 346	0	9	0
炼乳	t	0	0	0	–	0
乳清	t	88	113	0	–	0
黄油	t	487	538	0	–	0
奶酪	t	0	59	0	–	0

2016—2020年全国各地区奶业概况——云南

项 目	单位	2016年	2017年	2018年	2019年	2020年
地区概况						
人口数	万人	4 677	4 693	4 703	4 714	4 722
城镇人口比重	%	44.64	46.29	47.44	48.67	50.05
地区生产总值	亿元	14 788.4	16 376.3	17 881.1	23 223.8	24 521.9
社会消费品零售总额	亿元	5 722.9	6 423.1	9 197.3	10 158.2	9 792.9
奶畜资源						
奶牛存栏数	万头	15.9	16.1	16.5	16.9	17.6
原料奶生产						
奶类产量	万t	61.2	64.5	65.7	66.7	73.1
牛奶产量	万t	54.0	56.8	58.2	59.9	67.3
乳制品加工						
乳制品产量	万t	66.4	63.2	67.3	63.2	62.2
其中：液态奶产量	万t	65.8	62.8	67.0	62.6	61.5
奶粉产量	t	3 442.4	2 312.5	992.1	3 924.8	3 738.5
乳制品进口						
液态奶	t	0	0	0	0	0
液奶	t	0	0	0	–	0
酸奶	t	0	0	0	–	0
干乳制品	t	0	0	0	2	6
奶粉	t	0	0	0	2	6
炼乳	t	0	0	0	–	0
乳清	t	0	0	0	–	0
黄油	t	0	0	0	–	0
奶酪	t	0	0	0	–	0

2016—2020年全国各地区奶业概况——西藏

项目	单位	2016年	2017年	2018年	2019年	2020年
地区概况						
人口数	万人	340	349	354	361	366
城镇人口比重	%	31.57	33.38	33.80	34.51	35.73
地区生产总值	亿元	1 151.4	1 310.9	1 477.6	1 697.8	1 902.7
社会消费品零售总额	亿元	459.4	523.3	711.8	773.4	745.8
奶畜资源						
奶牛存栏数	万头	37.2	38.0	42.3	44.0	45.3
原料奶生产						
奶类产量	万t	38.4	42.0	40.8	48.2	49.2
牛奶产量	万t	33.4	37.1	36.4	42.4	44.9
乳制品加工						
乳制品产量	万t	1.0	1.0	1.3	1.0	1.2
其中：液态奶产量	万t	0.9	0.9	1.1	0.8	0.9
奶粉产量	t	0.0	0.0	1 121.0	0.0	0.0
乳制品进口						
液态奶	t	0	0	0	0	0
液奶	t	0	0	0	0	0
酸奶	t	0	0	0	0	0
干乳制品	t	0	0	0	0	0
奶粉	t	0	0	0	0	0
炼乳	t	0	0	0	0	0
乳清	t	0	0	0	0	0
黄油	t	0	0	0	0	0
奶酪	t	0	0	0	0	0

2016—2020 年全国各地区奶业概况——陕西

项 目	单位	2016 年	2017 年	2018 年	2019 年	2020 年
地区概况						
人口数	万人	3 874	3 904	3 931	3 944	3 955
城镇人口比重	%	56.39	58.07	59.65	61.28	62.66
地区生产总值	亿元	19 399.6	21 898.8	24 438.3	25 793.2	26 181.9
社会消费品零售总额	亿元	7 367.6	8 236.4	9 510.3	10 213.0	9 605.9
奶畜资源						
奶牛存栏数	万头	25.9	28.4	27.9	27.4	27.6
原料奶生产						
奶类产量	万 t	160.5	156.9	159.7	159.7	161.5
牛奶产量	万 t	156.9	107.3	109.7	107.8	108.7
乳制品加工						
乳制品产量	万 t	143.7	143.4	106.8	120.1	112.2
其中：液态奶产量	万 t	120.7	113.5	84.2	94.7	98.1
奶粉产量	t	220 787.1	249 307.8	221 193.6	249 289.5	136 971.3
乳制品进口						
液态奶	t	881	854	425	423	35
液奶	t	856	854	423	397	0
酸奶	t	0	0	3	25	35
干乳制品	t	417	527	798	494	372
奶粉	t	207	437	596	335	210
炼乳	t	0	0	0	0	0
乳清	t	25	0	100	0	153
黄油	t	56	0	0	0	1
奶酪	t	129	90	102	159	8

2016—2020年全国各地区奶业概况——甘肃

项目	单位	2016年	2017年	2018年	2019年	2020年
地区概况						
人口数	万人	2 520	2 522	2 515	2 509	2 501
城镇人口比重	%	46.07	48.12	49.69	50.70	52.23
地区生产总值	亿元	7 200.4	7 459.9	8 246.1	8 718.3	9 016.7
社会消费品零售总额	亿元	3 184.4	3 426.6	3 435.6	3 700.3	3 632.4
奶畜资源						
奶牛存栏数	万头	27.1	29.8	29.9	30.7	31.3
原料奶生产						
奶类产量	万t	41.0	41.0	41.1	44.7	58.4
牛奶产量	万t	40.3	40.4	40.5	44.1	57.5
乳制品加工						
乳制品产量	万t	34.2	36.0	32.5	36.5	35.2
其中：液态奶产量	万t	32.1	33.3	30.6	34.5	33.8
奶粉产量	t	13 289.1	13 988.3	6 271.1	6 362.2	5 863.2
乳制品进口						
液态奶	t	0	0	0	0	0
液奶	t	0	0	0	0	0
酸奶	t	0	0	0	0	0
干乳制品	t	0	0	0	0	4
奶粉	t	0	0	0	0	4
炼乳	t	0	0	0	0	0
乳清	t	0	0	0	0	0
黄油	t	0	0	0	0	0
奶酪	t	0	0	0	0	0

2016—2020 年全国各地区奶业概况——青海

项 目	单位	2016 年	2017 年	2018 年	2019 年	2020 年
地区概况						
人口数	万人	582	586	587	590	593
城镇人口比重	%	53.55	55.45	57.27	58.78	60.08
地区生产总值	亿元	2 572.5	2 624.8	2 865.2	2 966.0	3 005.9
社会消费品零售总额	亿元	767.3	839.0	899.9	948.5	877.3
奶畜资源						
奶牛存栏数	万头	23.7	24.7	22.4	19.1	16.2
原料奶生产						
奶类产量	万 t	32.9	33.2	33.5	35.5	36.9
牛奶产量	万 t	31.7	32.4	32.6	34.9	36.6
乳制品加工						
乳制品产量	万 t	19.4	16.0	8.6	9.1	9.0
其中：液态奶产量	万 t	19.4	16.0	8.5	9.0	7.4
奶粉产量	t	0.0	0.0	0.0	0.0	0.0
乳制品进口						
液态奶	t	0	0	0	0	0
液奶	t	0	0	0	0	0
酸奶	t	0	0	0	0	0
干乳制品	t	0	0	0	0	50
奶粉	t	0	0	0	0	0
炼乳	t	0	0	0	0	0
乳清	t	0	0	0	0	0
黄油	t	0	0	0	0	50
奶酪	t	0	0	0	0	0

2016—2020年全国各地区奶业概况——宁夏

项 目	单位	2016年	2017年	2018年	2019年	2020年
地区概况						
人口数	万人	695	705	710	717	721
城镇人口比重	%	58.74	60.95	62.15	63.63	64.96
地区生产总值	亿元	3 168.6	3 443.6	3 705.2	3 748.5	3 920.6
社会消费品零售总额	亿元	850.1	930.4	1 330.1	1 399.4	1 301.4
奶畜资源						
奶牛存栏数	万头	39.8	40.8	40.1	43.7	57.4
原料奶生产						
奶类产量	万t	145.6	160.1	169.4	183.4	215.3
牛奶产量	万t	145.6	160.1	168.3	183.4	215.3
乳制品加工						
乳制品产量	万t	92.5	95.9	117.4	130.2	147.0
其中：液态奶产量	万t	87.8	90.4	109.9	126.5	142.2
奶粉产量	t	25 678.6	15 190.3	12 911.7	7 770.0	11 353.9
乳制品进口						
液态奶	t	0	0	0	0	0
液奶	t	0	0	0	0	0
酸奶	t	0	0	0	0	0
干乳制品	t	0	0	0	0	0
奶粉	t	0	0	0	0	0
炼乳	t	0	0	0	0	0
乳清	t	0	0	0	0	0
黄油	t	0	0	0	0	0
奶酪	t	0	0	0	0	0

2016—2020 年全国各地区奶业概况——新疆

项 目	单位	2016 年	2017 年	2018 年	2019 年	2020 年
地区概况						
人口数	万人	2 428	2 480	2 520	2 559	2 590
城镇人口比重	%	50.42	51.90	54.01	55.51	56.53
地区生产总值	亿元	9 649.7	10 882.0	12 199.1	13 597.1	13 797.6
社会消费品零售总额	亿元	2 825.9	3 044.6	3 429.1	3 617.0	3 062.5
奶畜资源						
奶牛存栏数	万头	156.6	157.1	158.0	154.0	115.6
原料奶生产						
奶类产量	万 t	195.0	200.3	201.7	209.4	206.9
牛奶产量	万 t	186.7	191.9	194.9	204.4	200.0
乳制品加工						
乳制品产量	万 t	52.7	60.8	49.4	53.3	64.6
其中：液态奶产量	万 t	50.1	58.8	48.1	52.2	63.3
奶粉产量	t	23 081.0	16 678.4	10 742.5	9 165.4	11 610.4
乳制品进口						
液态奶	t	7	0	1 535	1 883	7 244
液奶	t	0	0	1 535	1 883	7 244
酸奶	t	7	0	0	–	0
干乳制品	t	0	264	1 658	1 221	14 079
奶粉	t	0	0	150	300	1 416
炼乳	t	0	0	0	–	0
乳清	t	0	264	1 508	921	12 663
黄油	t	0	0	0	–	0
奶酪	t	0	0	0	–	0

【奶牛养殖】

奶牛存栏

1978—2020年我国奶牛存栏、奶类产量、牛奶产量

年　份	奶牛存栏（万头）	奶类产量（万t）	牛奶产量（万t）
1978	47.5	97.1	88.3
1979	55.7	130.2	106.5
1980	64.1	136.7	114.1
1981	69.8	154.9	129.1
1982	81.7	195.9	161.8
1983	95.1	221.9	184.5
1984	133.6	259.6	218.6
1985	162.7	289.4	249.9
1986	184.6	332.9	289.9
1987	216.4	378.8	330.1
1988	222.2	418.9	366.0
1989	252.6	435.8	381.3
1990	269.1	475.1	415.7
1991	294.6	524.3	464.6
1992	294.2	563.9	503.1
1993	345.1	563.7	498.6
1994	384.3	608.9	528.8
1995	417.3	672.8	576.4
1996	447.0	735.9	629.4
1997	442.0	681.1	601.1
1998	426.5	745.4	662.9
1999	424.1	806.7	717.6
2000	489.0	918.9	827.4
2001	566.2	1 122.6	1 025.5
2002	687.5	1 400.4	1 299.8
2003	893.2	1 848.6	1 746.3
2004	1 108.0	2 368.4	2 260.6
2005	1 216.1	2 864.8	2 753.4
2006	1 068.9	3 051.6	2 944.6
2007	1 213.1	3 055.2	2 947.1
2008	1 230.5	3 236.2	3 010.6
2009	1 220.8	3 153.9	2 995.1
2010	1 210.8	3 211.3	3 038.9
2011	1 178.1	3 262.8	3 109.9
2012	1 178.8	3 306.7	3 174.9
2013	1 122.9	3 118.9	3 000.8
2014	1 127.8	3 276.5	3 159.9
2015	1 099.4	3 295.5	3 179.8
2016	1 037.0	3 173.9	3 064.0
2017	1 079.8	3 148.6	3 038.6
2018	1 037.7	3 176.8	3 074.6
2019	1 044.7	3 297.6	3 201.2
2020	1 043.3	3 529.6	3 440.1

数据来源：国家统计局。

2016—2020年全国各地区奶牛存栏数

单位：万头

地 区	2016年	2017年	2018年	2019年	2020年
全 国	1 037.0	1 079.8	1 037.7	1 044.7	1 043.3
北 京	9.9	8.4	7.5	5.7	5.8
天 津	10.7	11.9	11.3	11.0	10.7
河 北	119.8	124.6	105.9	114.8	122.3
山 西	26.6	32.9	31.7	31.9	38.2
内蒙古	120.5	123.4	120.8	122.5	129.3
辽 宁	24.7	27.5	29.2	27.4	27.7
吉 林	9.1	14.0	15.1	15.3	15.0
黑龙江	128.1	124.1	105.0	107.6	111.9
上 海	7.9	6.5	5.6	5.2	5.3
江 苏	12.7	13.9	13.4	12.5	12.9
浙 江	3.7	3.3	3.2	3.1	4.0
安 徽	11.4	12.9	12.8	14.5	16.4
福 建	3.4	3.9	4.1	4.3	4.4
江 西	3.4	3.2	3.7	3.5	2.5
山 东	87.8	93.1	91.4	89.9	86.4
河 南	30.4	33.7	34.3	35.6	36.6
湖 北	4.0	4.5	4.5	4.6	4.3
湖 南	3.7	5.7	5.8	6.0	4.8
广 东	5.9	6.0	6.0	6.0	6.8
广 西	3.1	5.0	5.1	5.2	5.9
海 南	0.3	0.1	0.1	0.1	0.2
重 庆	1.5	1.5	1.2	1.1	0.9
四 川	80.3	79.0	76.9	79.8	78.9
贵 州	2.0	5.9	6.0	1.3	1.3
云 南	15.9	16.1	16.5	16.9	17.6
西 藏	37.2	38.0	42.3	44.0	45.3
陕 西	25.9	28.4	27.9	27.4	27.6
甘 肃	27.1	29.8	29.9	30.7	31.3
青 海	23.7	24.7	22.4	19.1	16.2
宁 夏	39.8	40.8	40.1	43.7	57.4
新 疆	156.6	157.1	158.0	154.0	115.6

2016—2020年全国各地区奶类产量

单位：万t

地 区	2016年	2017年	2018年	2019年	2020年
全 国	3 173.9	3 148.6	3 176.8	3 297.6	3 529.6
北 京	45.7	37.4	31.1	26.4	24.2
天 津	68.0	52.1	48.0	47.4	50.1
河 北	448.0	388.3	391.1	433.8	488.3
山 西	95.9	78.1	81.7	92.3	117.4
内蒙古	741.3	559.6	571.8	582.9	617.9
辽 宁	144.2	120.7	132.6	134.7	137.1
吉 林	53.4	34.4	39.0	40.0	39.3
黑龙江	548.6	468.4	458.5	467.0	501.0
上 海	26.0	36.4	33.4	29.7	29.1
江 苏	59.0	49.0	50.0	62.4	63.0
浙 江	15.3	14.3	15.8	15.5	18.4
安 徽	32.7	29.8	30.8	33.8	37.6
福 建	15.9	13.5	14.3	15.0	17.5
江 西	13.5	9.5	9.6	7.3	9.1
山 东	276.8	231.3	232.5	234.5	241.6
河 南	336.6	212.9	208.9	208.5	214.7
湖 北	16.9	12.8	12.8	13.4	13.4
湖 南	10.1	6.1	6.2	6.3	5.6
广 东	13.0	13.9	13.9	13.9	15.2
广 西	9.7	8.1	8.9	8.7	11.2
海 南	0.2	0.5	0.2	0.2	0.3
重 庆	5.5	5.1	4.9	4.2	3.2
四 川	62.8	63.8	64.3	66.8	68.0
贵 州	6.4	4.4	4.6	5.3	5.3
云 南	64.1	64.5	65.7	66.7	73.1
西 藏	34.7	42.0	40.8	48.2	49.2
陕 西	189.1	156.9	159.7	159.7	161.5
甘 肃	40.7	41.0	41.1	44.7	58.4
青 海	34.2	33.2	33.5	35.5	36.9
宁 夏	139.5	160.1	169.4	183.4	215.3
新 疆	164.4	200.3	201.7	209.4	206.9

2016—2020 年全国各地区牛奶产量

单位：万 t

地 区	2016 年	2017 年	2018 年	2019 年	2020 年
全 国	3 602.2	3 038.6	3 074.6	3 201.2	3 440.1
北 京	45.7	37.4	31.1	26.4	24.2
天 津	68.0	52.1	48.0	47.4	50.1
河 北	440.5	381.0	384.8	428.7	483.4
山 西	95.1	77.4	81.1	91.8	117.0
内蒙古	734.1	552.9	565.6	577.2	611.5
辽 宁	143.1	119.7	131.8	133.9	136.7
吉 林	52.8	34.0	38.8	39.9	39.3
黑龙江	545.9	465.2	455.9	465.2	500.2
上 海	26.0	36.4	33.4	29.7	29.1
江 苏	59.0	49.0	50.0	62.4	63.0
浙 江	15.3	14.3	15.7	15.5	18.3
安 徽	32.7	29.8	30.8	33.8	37.6
福 建	15.4	13.1	13.8	14.5	16.9
江 西	13.5	9.5	9.6	7.3	9.1
山 东	268.4	223.5	225.1	228.0	241.4
河 南	326.8	202.9	202.7	204.1	210.0
湖 北	16.9	12.8	12.8	13.4	13.4
湖 南	10.1	6.1	6.2	6.3	5.6
广 东	12.9	13.9	13.9	13.9	15.1
广 西	9.7	8.1	8.9	8.7	11.2
海 南	0.2	0.5	0.2	0.2	0.3
重 庆	5.5	5.1	4.9	4.2	3.2
四 川	62.8	63.7	64.2	66.7	68.0
贵 州	6.4	4.4	4.6	5.3	5.3
云 南	56.9	56.8	58.2	59.9	67.3
西 藏	29.7	37.1	36.4	42.4	44.9
陕 西	140.2	107.3	109.7	107.8	108.7
甘 肃	40.0	40.4	40.5	44.1	57.5
青 海	33.0	32.4	32.6	34.9	36.6
宁 夏	139.5	160.1	168.3	183.4	215.3
新 疆	156.1	191.9	194.9	204.4	200.0

1985—2020年我国人均牛奶产量

单位：kg

年　份	人均牛奶产量	年　份	人均牛奶产量
1985	2.4	2011	23.1
1990	3.7	2012	23.4
1995	4.8	2013	21.9
2000	6.6	2014	23.0
2005	21.1	2015	23.0
2006	22.5	2016	22.0
2007	22.4	2017	21.7
2008	22.7	2018	21.9
2009	22.5	2019	22.7
2010	22.7	2020	24.4

数据来源：国家统计局。

2020年全国各地区人均牛奶产量

单位：kg

地　区	人均牛奶产量	地　区	人均牛奶产量
北　京	11.1	湖　北	2.3
天　津	36.1	湖　南	0.8
河　北	64.8	广　东	1.2
山　西	33.5	广　西	2.2
内蒙古	254.5	海　南	0.3
辽　宁	32.1	重　庆	1.0
吉　林	16.4	四　川	8.1
黑龙江	157.7	贵　州	1.4
上　海	11.7	云　南	14.2
江　苏	7.4	西　藏	122.6
浙　江	2.8	陕　西	27.5
安　徽	6.2	甘　肃	23.0
福　建	4.1	青　海	61.7
江　西	2.0	宁　夏	298.7
山　东	23.8	新　疆	77.2
河　南	21.1		

2006—2020 年奶牛规模养殖情况表

养殖规模	2006 年	2007 年	2008 年	2009 年	2010 年	2011 年	2012 年	2013 年	2014 年	2015 年	2016 年	2017 年	2018 年	2019 年	2020 年
年存栏 1~4 头	42.8%	39.7%	32.4%	28.1%	26.4%	24.0%	22.5%	21.8%	20.8%	20.3%	19.0%				
年存栏 5 头以上	57.2%	60.3%	67.6%	71.9%	73.6%	76.0%	77.5%	78.2%	79.2%	79.7%	80.8%				
年存栏 20 头以上	28.8%	26.1%	36.1%	42.6%	46.5%	51.1%	55.7%	57.0%	59.9%	62.5%	65.6%				
年存栏 50 头以上												64.8%	66.0%	68.7%	72.0%
年存栏 100 头以上	13.1%	16.4%	19.5%	26.8%	30.6%	32.9%	37.3%	41.1%	45.2%	48.3%	52.3%	58.3%	61.4%	64.0%	67.2%
年存栏 200 头以上	9.3%	12.1%	15.5%	22.9%	26.5%	28.4%	32.3%	35.3%	38.8%	42.3%	46.6%	54.4%	59.1%	60.8%	63.7%
年存栏 300 头以上															
年存栏 500 头以上	5.6%	7.5%	10.1%	16.0%	19.4%	20.8%	25.0%	27.7%	30.7%	34.0%	38.5%	45.7%	50.7%	53.2%	56.6%
年存栏 1 000 头以上	3.0%	3.9%	5.5%	8.3%	10.4%	12.1%	15.4%	17.8%	20.2%	23.6%	28.1%	34.3%	38.9%	42.0%	46.1%
年存栏 2 000 头以上												23.3%	27.8%	30.1%	33.5%
年存栏 5 000 头以上												11.4%	14.6%	16.1%	18.3%

注：本章节以上表格由中国奶业协会国际部陈兵汇总整理。

奶牛育种

2020年全国各地区生产性能测定奶牛场性能概况

地　区	牛场数（个）	奶牛头数（头）	测定日平均产奶量（kg）	测定日平均乳脂肪率（%）	测定日平均蛋白率（%）	测定日平均体细胞数（万个/mL）
总计/平均	1 291	1 299 391	32.4	3.92	3.36	23.9
北　京	41	38 854	35.7	4.05	3.34	20.7
天　津	43	40 826	34.0	3.78	3.35	23.4
河　北	345	266 540	31.9	3.90	3.38	23.6
山　西	59	51 681	31.2	3.91	3.42	23.5
内蒙古	56	154 257	33.9	3.97	3.41	19.3
辽　宁	25	30 705	30.2	3.87	3.37	22.4
吉　林	4	6 916	34.1	3.64	3.45	27.8
黑龙江	97	119 752	33.2	4.03	3.41	25.9
上　海	32	25 519	32.3	3.55	3.25	29.7
江　苏	36	51 167	32.0	3.90	3.31	26.7
浙　江	12	8 871	30.7	3.91	3.30	30.3
安　徽	6	6 277	33.3	3.76	3.38	37.4
福　建	5	4 582	30.0	4.18	3.33	44.1
江　西	1	387	24.3	3.75	3.36	56.5
山　东	124	145 862	33.8	3.87	3.35	22.6
河　南	205	116 724	29.7	4.01	3.35	27.8
湖　北	10	10 312	24.9	3.93	3.40	32.2
湖　南	9	6 546	28.5	3.97	3.45	28.4
广　东	16	20 606	28.5	3.81	3.26	30.9
广　西	11	7 707	29.8	3.77	3.21	36.4
四　川	9	7 478	29.2	3.95	3.30	28.6
贵　州	1	2 322	22.1	4.47	3.50	46.5
云　南	11	12 425	30.9	4.19	3.32	20.3
西　藏	4	418	10.4	3.57	3.44	39.4
重　庆	3	1 549	31.2	4.29	3.29	22.8
陕　西	29	30 083	33.1	4.08	3.43	22.3
甘　肃	4	12 640	34.6	4.38	3.46	15.0
宁　夏	32	64 322	36.1	3.91	3.33	18.7
新　疆	61	54 063	29.2	3.69	3.29	30.2

数据来源：中国奶业协会。

2018 年全国各地区不同规模生产性能测定奶牛场性能概况

规 模（奶牛存栏）	牛场数（个）	测定日平均产奶量（kg）	测定日平均乳脂肪率（%）	测定日平均蛋白率（%）	测定日平均体细胞数（万个 /mL）
＜ 50	6	22.3	3.71	3.37	50.6
50~99	35	24.6	3.72	3.45	40.8
100~199	171	25	3.79	3.4	37.3
200~499	546	27.8	3.88	3.35	31.6
500~999	387	29.1	4.01	3.34	29.5
≥ 1 000	309	30.9	3.93	3.37	23.7

数据来源：中国奶业协会。

2019 年全国各地区不同规模生产性能测定奶牛场性能概况

规 模（奶牛存栏）	牛场数（个）	测定日平均产奶量（kg）	测定日平均乳脂肪率（%）	测定日平均蛋白率（%）	测定日平均体细胞数（万个 /mL）
＜ 50	14	21.8	3.62	3.41	36.1
50~99	43	23.3	3.78	3.40	40.1
100~199	133	25.4	3.83	3.38	34.2
200~499	471	28.4	3.88	3.33	29.1
500~999	356	30.4	4.01	3.32	27.2
≥ 1 000	347	32.2	3.96	3.35	22.3

数据来源：中国奶业协会。

（“奶牛育种”表格由中国奶业协会养殖业发展部闫青霞汇总整理）。

2020 年全国各地区不同规模生产性能测定奶牛场性能概况

规 模（奶牛存栏）	牛场数（个）	测定日平均产奶量（kg）	测定日平均乳脂肪率（%）	测定日平均蛋白率（%）	测定日平均体细胞数（万个 /mL）
＜ 50	11	18.9	3.65	3.52	63.1
50~99	31	22.9	3.74	3.37	48.8
100~199	133	25.3	3.73	3.35	36.4
200~499	422	28.8	3.86	3.34	28.4
500~999	354	31.3	3.95	3.33	26.9
1 000~2 999	255	32.4	3.97	3.36	23.6
≥ 3 000	85	34.3	3.90	3.39	21.1

数据来源：中国奶业协会。

（“奶牛育种”表格由中国奶业协会养殖业发展部闫青霞汇总整理）。

2020年各地区散养

项　　目	单　位	平　均	山　西	吉　林
每头				
主产品产量	kg	5 480.22	5 603.94	5 186.33
产值合计	元	24 609.57	34 440.48	17 887.33
主产品产值	元	22 049.84	31 623.11	16 337.33
副产品产值	元	2 559.73	2 817.37	1 550.00
总成本	元	17 300.20	19 135.16	15 128.33
生产成本	元	17 288.27	19 135.16	15 128.33
物质与服务费用	元	13 088.07	14 672.41	9 772.02
人工成本	元	4 200.20	4 462.75	5 356.31
家庭用工折价	元	4 108.05	4 096.21	5 356.31
雇工费用	元	92.15	366.54	
土地成本	元	11.93		
净利润	元	7 309.37	15 305.32	2 759.00
成本利润率	%	42.25	79.99	18.24
每50kg主产品				
平均出售价格	元	201.18	282.15	157.50
总成本	元	141.43	156.76	133.21
生产成本	元	141.33	156.76	133.21
净利润	元	59.75	125.39	24.29
附				
每头用工数量	日	46.52	48.64	59.67
平均饲养天数	日	365.00	365.00	365.00

数据来源：国家发展和改革委员会价格司。

注：年成本收益表中散养、小规模、中规模、大规模分别指10头以下（含10头）、10头以上50头以下（含50头）、50头以上

奶牛成本收益情况

湖 南	贵 州	陕 西	新 疆
4 675.28	5 148.83	6 040.89	6 226. 05
19 874.72	22 075.87	26 958. 60	26 420.41
17 599.72	19 565.57	24 659.04	22 514.25
2 275.00	2 510.30	2 299. 56	3 906.16
15 547.44	19 785.82	19 927.15	14 276.86
15 508.87	19 785.82	19 927.15	14 243.83
12 805.00	15 386.82	14 482.06	11 409.91
2 703.87	4 399.00	5 445.09	2 833.92
2 703.87	4 399.00	5 445.09	2 647.59
			186.33
38.57			33.03
4 327.28	2 290. 05	7 031.45	12 143.55
27.83	11.57	35.29	85.06
188.22	190.00	204.10	180.81
147.24	170.29	150.87	97.70
146.87	170.29	150.87	97.48
40.98	19.71	53.23	83.11
30.12	49.00	60.66	31.06
365.00	365.00	365.00	365.00

500 头以下（含 500 头）、500 头以上。

2020年各地区散养奶牛

项　　目	单位	平均	山西	吉林
一、每头物质与服务费用	元	13 088.07	14 672.41	9 772.02
（一）直接费用	元	10 889.37	12 109.08	8 499.02
1. 仔畜费	元			
2. 精饲料费	元	8 046.57	9 191.21	7 151.67
3. 青粗饲料费	元	2 212.05	2 183.58	1 089.67
4. 饲料加工费	元	43.20	51.39	22.17
5. 水费	元	33.04	52.34	16.60
6. 燃料动力费	元	176.62	126.10	23.27
电费	元	64.00	109.99	10.76
煤费	元	32.16	16.11	12.51
其他燃料动力费	元	80.46		
7. 医疗防疫费	元	111.51	161.27	21.86
8. 死亡损失费	元	79.76	89.67	10.75
9. 技术服务费	元	10.81		10.90
10. 工具材料费	元	33.28	58.49	9.86
11. 修理维护费	元	31.72	35.92	8.27
12. 其他直接费用	元	110.81	159.11	134.00
（二）间接费用	元	2 198.70	2 563.33	1 273.00
1. 固定资产折旧	元	2 093.09	2 436.35	1 273.00
2. 保险费	元	66.67		
3. 管理费	元			
4. 财务费	元			
5. 销售费	元	38.94	126.98	
二、每头人工成本	元	4 200.20	4 462.75	5 356.31
1. 家庭用工折价	元	4 108.05	4 096.21	5 356.31
家庭用工天数	日	45.76	45.63	59.67
劳动日工价	元	89.77	89.77	89.77
2. 雇工费用	元	92.15	366.54	
雇工天数	日	0.76	3.01	
雇工工价	元	121.25	121.77	100.00
三、附				
1. 仔畜重量	kg			
2. 精饲料数量	kg	2 715.08	3 171.31	2 580.00
3. 耗粮数量	kg	1 998.87	2 279.75	1 831.70

数据来源：国家发展和改革委员会价格司。

费用和用工情况

湖 南	贵 州	陕 西	新 疆
12 805.00	15 386.82	14 482.06	11 409.91
10 545.45	12 583.00	11 079.28	10 520.24
7 898.70	8 868.50	8 098.84	7 070.47
2 313.13	2 416.00	2 254.67	3 015.22
		70.33	115.28
34.45	26.16	38.00	30.66
49.25	635.50	200.33	25.27
49.25	152.76	51.44	9.81
		148.89	15.46
	482.74		
39.23	242.56	179.00	25.16
100.00	160.00	45.50	72.63
27.50		20.82	5.65
24.00	57.61	24.62	25.07
19.19	59.17	38.74	29.00
40.00	117.50	108.43	105.83
2 259.55	2 803.82	3 402.78	889.67
1 752.92	2 803.82	3 402.78	889.67
400.00			
106.63			
2 703.87	4 399.00	5 445.09	2 833.92
2 703.87	4 399.00	5 445.09	2 647.59
30.12	49.00	60.66	29.49
89.77	89.77	89.77	89.77
			186.33
			1.57
130.00	120.00	115.00	118.68
2 368.09	2 401.25	2 998.06	2 771.77
2 072.08	1 680.88	2 188.58	1 940.23

2020年各地区小规模

项　　目	单　位	平　均	河　北	山　西	内蒙古	辽　宁
每头						
主产品产量	kg	5 613.74	5 960.11	5 599.50	6 430.50	5 797.81
产值合计	元	28 074.23	27 167.83	27 846.53	21 230.08	27 937.12
主产品产值	元	23 445.14	22 892.57	25 658.86	17 298.83	23 759.45
副产品产值	元	4 629.09	4 275.26	2 187.67	3 931.25	4 177.67
总成本	元	18 447.01	19 278.27	16 550.41	19 705.31	18 544.90
生产成本	元	18 382.87	19 245.46	16 533.66	19 636.06	18 541.89
物质与服务费用	元	15 043.18	17 017.79	13 572.15	16 185.23	14 420.94
人工成本	元	3 339.69	2 227.67	2 961.51	3 450.83	4 120.95
家庭用工折价	元	3 013.94	2 091.37	2 961.51	1 918.83	3 684.16
雇工费用	元	325.75	136.30		1 532.00	436.79
土地成本	元	64.14	32.81	16.75	69.25	3.01
净利润	元	9 627.22	7 889.56	11 296.12	1 524.77	9 392.22
成本利润率	%	52.19	40.92	68.25	7.74	50.65
每50kg主产品						
平均出售价格	元	208.82	192.05	229.12	134.51	204.90
总成本	元	137.21	136.28	136.18	124.85	136.01
生产成本	元	136.73	136.05	136.04	124.41	135.99
净利润	元	71.61	55.77	92.94	9.66	68.89
附						
每头用工数量	日	36.52	24.61	32.99	33.71	45.23
平均饲养天数	日	365.00	365.00	365.00	365.00	365.00

数据来源：国家发展和改革委员会价格司。

奶牛成本收益情况

吉 林	黑龙江	福 建	山 东	河 南	湖 南	广 西	云 南	宁 夏
4 852.41	5 646.89	4 562.50	6 410.00	5 318.85	4 559.21	6 974.32	5 230.43	5 636.13
25 508.89	20 335.39	61 880.93	23 686.75	18 399.42	19 117.50	37 871.93	18 778.49	35 204.20
23 714.07	17 552.20	40 150.00	19 588.75	15 323.68	16 942.36	33 842.05	15 525.66	32 538.39
1 794.82	2 783.19	21 730.93	4 098.00	3 075.74	2 175.14	4 029.88	3 252.83	2 665.81
16 528.11	15 660.25	21 170.71	19 026.98	16 961.34	15 756.50	29 375.26	14 273.17	16 979.77
16 514.05	15 654.10	21 122.08	18 972.33	16 925.59	15 672.84	29 081.72	14 114.42	16 962.92
12 423.80	12 793.53	16 317.59	16 178.42	13 433.99	13 261.17	24 589.27	11 298.11	14 069.55
4 090.25	2 860.57	4 804.49	2 793.91	3 491.60	2 411.67	4 492.45	2 816.31	2 893.37
3 670.25	2 286.26	4 804.49	2 378.91	3 491.60	2 411.67	4 492.45	2 677.21	2 312.12
420.00	574.31		415.00				139.10	581.25
14.06	6.15	48.63	54.65	35.75	83.66	293.54	158.75	16.85
8 980.78	4 675.14	40 710.22	4 659.78	1 438.08	3 361.00	8 496.67	4 505.32	18 224.43
54.34	29.85	192.30	24.49	8.48	21.33	28.92	31.56	107.33
244.35	155.41	440.00	152.80	144.05	185.80	242.62	148.42	288.66
158.32	119.68	150.53	122.74	132.79	153.13	188.19	112.81	139.23
158.19	119.63	150.19	122.39	132.51	152.32	186.31	111.56	139.09
86.03	35.73	289.47	30.06	11.26	32.67	54.43	35.61	149.43
44.64	30.87	53.52	30.75	38.90	26.87	50.04	31.07	31.61
365.00	365.00	365.00	365.00	365.00	365.00	365.00	365.00	365.00

2020年各地区小规模

项目	单位	平均	河北	山西	内蒙古	辽宁	吉林
一、每头物质与服务费用	元	15 043.18	17 017.79	13 572.15	16 185.23	14 420.94	12 423.80
（一）直接费用	元	12 290.78	14 451.12	10 918.36	12 671.85	11 576.68	9 016.30
1. 仔畜费	元						
2. 精饲料费	元	8 730.47	11 514.82	8 388.65	8 934.05	8 467.83	6 983.34
3. 青粗饲料费	元	2 911.01	2 439.16	1 922.84	3 016.98	2 400.71	1 534.37
4. 饲料加工费	元	36.58	137.00	67.26	13.63	92.62	16.42
5. 水费	元	41.51	26.95	56.73	53.25	26.15	31.25
6. 燃料动力费	元	132.05	62.43	111.35	263.58	164.22	105.26
电费	元	93.56	62.43	58.82	134.00	105.96	76.67
煤费	元	31.48		52.53	88.73	55.99	28.59
其他燃料动力费	元	7.01			40.85	2.27	
7. 医疗防疫费	元	158.63	130.10	66.50	78.40	91.93	82.25
8. 死亡损失费	元	70.65		70.53	70.75	137.86	25.82
9. 技术服务费	元	6.35		25.31	9.38		
10. 工具材料费	元	42.21	27.53	59.93	39.63	37.17	21.02
11. 修理维护费	元	34.57	17.80	39.43	31.50	25.29	41.47
12. 其他直接费用	元	126.75	95.33	109.83	160.70	132.90	175.10
（二）间接费用	元	2 752.40	2 566.67	2 653.79	3 513.38	2 844.26	3 407.50
1. 固定资产折旧	元	2 569.54	2 520.58	2 571.81	3 097.75	2 715.21	2 800.35
2. 保险费	元	56.32	20.00		250.00		
3. 管理费	元	9.58	26.09	43.83			
4. 财务费	元	2.76					0.45
5. 销售费	元	114.20		38.15	165.63	129.05	606.70
二、每头人工成本	元	3 339.69	2 227.67	2 961.51	3 450.83	4 120.95	4 090.25
1. 家庭用工折价	元	3 013.94	2 091.37	2 961.51	1 918.83	3 684.16	3 670.25
家庭用工天数	日	33.57	23.30	32.99	21.38	41.04	40.89
劳动日工价	元	89.77	89.77	89.77	89.77	89.77	89.77
2. 雇工费用	元	325.75	136.30		1 532.00	436.79	420.00
雇工天数	日	2.95	1.31		12.33	4.19	3.75
雇工工价	元	110.42	104.05	125.00	124.25	104.25	112.00
三、附							
1. 仔畜重量	kg						
2. 精饲料数量	kg	3 005.61	3 634.24	2 919.34	3 193.00	3 016.85	2 485.09
3. 耗粮数量	kg	2 163.92	2 513.29	2 121.05	2 389.58	2 056.68	1 728.38

数据来源：国家发展和改革委员会价格司。

奶牛费用和用工情况

黑龙江	福　建	山　东	河　南	湖　南	广　西	云　南	宁　夏
12 793.53	16 317.59	16 178.42	13 433.99	13261.17	24 589.27	11 298.11	14 069.55
10 613.06	12 584.55	13 426.62	11 595.02	11 059.62	20 965.08	9 212.48	11 689.54
6 842.99	9 184.67	8 693.67	8 331.51	8 690.56	13 769.55	4 933.12	8 761.38
3 242.61	2 737.67	3 742.10	2 582.41	2 135.13	6 175.51	3 458.19	2 455.41
47.49			36.67			31.13	33.35
16.11	118.50	31.10	36.00	31.94	56.30	28.79	26.55
87.26	142.10	260.05	143.48	49.12	131.11	153.63	43.01
59.80	142.10	252.75	96.69	49.12	98.05	50.70	29.20
27.46		7.30	46.79		33.06	54.93	13.81
						48.00	
135.67	105.00	306.00	218.59	39.19	370.25	226.17	212.18
22.13	53.59	68.70	52.11		218.75	198.26	
2.33			6.27	39.26			
21.21	40.25	74.90	30.38	24.66	108.45	34.08	29.56
24.57	23.40	50.10	29.35	22.26	45.11	71.32	27.81
170.69	179.37	200.00	128.25	27.50	90.05	77.79	100.29
2 180.47	3 733.04	2 751.80	1 838.97	2 201.55	3 624.19	2 085.63	2 380.01
2 142.99	3 280.17	2 737.75	1 780.92	1 777.42	3 624.19	2 063.49	2 291.41
11.50				400.00		14.60	36.00
20.54			31.24			2.87	
						2.27	33.17
5.44	452.87	14.05	26.81	24.13		2.40	19.43
2 860.57	4 804.49	2 793.91	3 491.60	2 411.67	4 492.45	2 816.31	2 893.37
2 286.26	4 804.49	2 378.91	3 491.60	2 411.67	4 492.45	2 677.21	2 312.12
25.47	53.52	26.50	38.90	26.87	50.04	29.82	25.76
89.77	89.77	89.77	89.77	89.77	89.77	89.77	89.77
574.31		415.00				139.10	581.25
5.40		4.25				1.25	5.85
106.35	176.50	97.65	90.65	130.00	110.00	111.28	99.36
2 395.03	3 558.83	2 955.45	2 765.36	2 591.58	4 122.69	2 485.56	2 949.86
1 842.65	2 322.45	2 127.92	2 034.26	2 267.63	2 725.99	1 936.13	2 064.91

2020年各地区中规模

项　目	单位	平均	河北	山西	内蒙古	辽宁	吉林	黑龙江	上海	江苏
每头										
主产品产量	kg	6 656.38	6 645.17	6 018.75	6 821.72	6 348.38	5 128.27	5 930.43	10 216.96	5 730.21
产值合计	元	32 994.41	30 139.67	26 930.57	30 354.13	27 499.41	30 470.00	23 563.58	47 531.35	24 770.85
主产品产值	元	29 638.25	26 464.17	24 516.32	25 273.02	23 147.41	27 590.00	20 728.95	45 574.75	23 015.52
副产品产值	元	3 356.16	3 675.50	2 414.25	5 081.11	4 352.00	2 880.00	2 834.63	1 956.60	1 755.33
总成本	元	23 740.24	20 419.51	16 776.45	26 088.88	21 533.09	17 045.78	17 297.29	41478.50	19 157.81
生产成本	元	23 652.97	20 376.16	16 760.14	26 059.39	21 480.97	17 010.78	17 277.26	41268.19	19 074.11
物质与服务费用	元	20 283.97	18 274.02	14 410.10	22 442.44	16 932.66	14 810.78	14 181.92	36 596.06	15 759.11
人工成本	元	3 369.00	2 102.14	2 350.04	3 616.95	4 548.31	2 200.00	3 095.34	4 672.13	3 315.00
家庭用工折价	元	269.13	2 102.14	234.75	109.70			420.21		
雇工费用	元	3 099.87		2 115.29	3 507.25	4 548.31	2 200.00	2 675.13	4 672.13	3 315.00
土地成本	元	87.27	43.35	16.31	29.49	52.12	35.00	20.03	210.31	83.70
净利润	元	9 254.17	9 720.16	10 154.12	4 265.25	5 966.32	13 424.22	6 266.29	6 052.85	5 613.04
成本利润率	%	38.98	47.60	60.53	16.35	27.71	78.75	36.23	14.59	29.30
每50kg主产品										
平均出售价格	元	222.63	199.12	203.67	185.24	182.31	269.00	174.77	223.03	200.83
总成本	元	160.19	134.90	126.88	159.21	142.76	150.49	128.29	194.63	155.32
生产成本	元	159.60	134.62	126.75	159.03	142.41	150.18	128.14	193.64	154.64
净利润	元	62.44	64.22	76.79	26.03	39.55	118.51	46.48	28.40	45.51
附										
每头用工数量	日	28.93	23.42	20.23	26.72	42.14	20.00	28.50	33.32	39.00
平均饲养天数	日	365.00	365.00	365.00	365.00	365.00	365.00	365.00	365.00	365.00

数据来源：国家发展和改革委员会价格司。

奶牛成本收益情况

浙江	安徽	山东	河南	广西	重庆	四川	云南	陕西	甘肃	宁夏	新疆
6 552.00	6 558.00	6 327.85	6 105.20	3 306.00	7 288.81	10 084.29	6 100.00	6 223.50	7 555.38	5 936.67	8 250.00
31 860.00	30 324.00	25 410.45	22 791.29	55 309.00	39 405.54	47 851.52	37 180.00	26 249.05	29 811.09	36 286.58	36 150.00
28 550.00	25 255.00	21 680.03	19 475.21	49 590.00	36518.28	45 177.62	34 800.00	24 147.55	26 532.92	31 728.16	33 000.00
3 310.00	5 069.00	3 730.42	3 316.08	5 719.00	2 887.26	2 673.90	2 380.00	2 101.50	3 278.17	4 558.42	3 150.00
28 569.00	20 236.30	19 125.28	18 446.54	17 927.00	26 621.92	46 549.49	25 045.00	22 947.75	23 943.92	18 821.37	26 774.66
28 504.00	20 134.70	19 109.68	18 399.41	17 927.00	26 456.34	46 105.92	24 845.00	22 914.75	23 810.39	18 771.32	26 774.66
23 288.00	18 598.70	17 374.76	14 997.40	15 378.00	21 433.60	39 776.66	20 945.00	17 379.75	21 871.93	15 488.80	25 740.00
5 216.00	1 536.00	1 734.92	3 402.01	2 549.00	5 022.74	6 329.26	3 900.00	5 535.00	1 938.46	3 282.52	1 034.66
		622.55	152.61							1 606.52	134.66
5 216.00	1 536.00	1 112.37	3 249.40	2 549.00	5 022.74	6 329.26	3 900.00	5 535.00	1 938.46	1 676.00	900.00
65.00	101.60	15.60	47.13		165.58	443.57	200.00	33.00	133.53	50.05	
3 291.00	10 087.70	6 285.17	4 344.75	37 382.00	12 783.62	1 302.03	12 135.00	3 301.30	5 867.17	17 465.21	9 375.35
11.52	49.85	32.86	23.55	208.52	48.02	2.80	48.45	14.39	24.50	92.79	35.02
217.87	192.55	171.31	159.50	750.00	250.51	224.00	285.25	194.00	175.59	267.22	200.00
195.36	128.50	128.94	129.09	243.09	169.24	217.91	192.15	169.60	141.03	138.60	148.13
194.92	127.85	128.83	128.76	243.09	168.19	215.83	190.61	169.36	140.25	138.23	148.13
22.51	64.05	42.37	30.41	506.91	81.27	6.09	93.10	24.40	34.56	128.62	51.87
37.00	17.50	15.96	37.28	25.36	34.89	35.00	39.00	46.10	13.85	35.89	7.50
365.00	365.00	365.00	365.00	365.00	365.00	365.00	365.00	365.00	365.00	365.00	365.00

2020年各地区中规模

项　目	单位	平 均	河 北	山 西	内蒙古	辽 宁	吉 林	黑龙江	上 海	江 苏
一、每头物质与服务费用	元	20 283.97	18 274.02	14 410.10	22 442.44	16 932.66	14 810.78	14 181.92	36 596.06	15 759.11
（一）直接费用	元	16 485.59	15 294.66	11 510.60	18 336.10	13 803.41	10 157.22	11 856.29	33 182.50	13 365.66
1. 仔畜费	元									
2. 精饲料费	元	9 809.08	12 847.83	8 911.94	10 571.80	9 146.27	7 487.25	7 416.47	16 305.05	7 620.88
3. 青粗饲料费	元	5 475.17	2 085.50	1 954.75	6 973.44	3 661.88	1 971.00	3 797.14	14 368.61	4 902.31
4. 饲料加工费	元	21.77		28.08		121.63		45.89		10.02
5. 水费	元	84.15	11.34	47.70	43.56	62.33	49.00	20.69	411.98	38.86
6. 燃料动力费	元	294.39	58.84	137.83	207.75	218.65	125.30	78.28	608.19	184.00
电费	元	201.78	58.84	77.00	113.81	141.75	125.30	55.59	608.19	155.89
煤费	元	33.96		60.83	54.74	76.90		22.69		28.11
其他燃料动力费	元	58.65			39.20					
7. 医疗防疫费	元	240.98	172.25	88.68	148.58	119.75	120.54	138.90	453.78	289.50
8. 死亡损失费	元	99.07		87.23	44.12	206.00	58.00	97.89	101.26	45.26
9. 技术服务费	元	42.09		24.11	5.78			12.79	45.06	126.50
10. 工具材料费	元	79.19	23.28	53.88	75.28	67.75	113.00	37.06	281.91	48.46
11. 修理维护费	元	94.99	9.87	57.90	139.16	39.40	33.13	30.99	314.65	47.24
12. 其他直接费用	元	244.71	85.75	118.50	126.63	159.75	200.00	180.19	292.01	52.63
（二）间接费用	元	3 798.38	2 979.36	2 899.50	4 106.34	3 129.25	4 653.56	2 325.63	3 413.56	2 393.45
1. 固定资产折旧	元	3 162.04	2 713.34	2 811.75	3 499.72	2 959.50	4 154.91	2 226.50	2 359.33	2 161.76
2. 保险费	元	152.55	246.50		216.67			11.50	147.60	55.25
3. 管理费	元	303.92	19.52	46.00	20.67	128.50	70.13	35.44	869.33	75.81
4. 财务费	元	108.30			46.89		163.00		37.30	27.63
5. 销售费	元	71.57		41.75	322.39	41.25	265.52	52.19		73.00
二、每头人工成本	元	3 369.00	2 102.14	2 350.04	3 616.95	4 548.31	2 200.00	3 095.34	4 672.13	3 315.00
1. 家庭用工折价	元	269.13	2 102.14	234.75	109.70			420.21		
家庭用工天数	日	3.00	23.42	2.62	1.22			4.68		
劳动日工价	元	89.77	89.77	89.77	89.77	89.77	89.77	89.77	89.77	89.77
2. 雇工费用	元	3 099.87		2 115.29	3 507.25	4 548.31	2 200.00	2 675.13	4 672.13	3 315.00
雇工天数	日	25.93		17.61	25.50	42.14	20.00	23.82	33.32	39.00
雇工工价	元	119.55	97.50	120.12	137.54	107.93	110.00	112.31	140.22	85.00
三、附										
1. 仔畜重量	kg									
2. 精饲料数量	kg	3 235.55	3 961.34	2 979.63	3 426.22	3 311.11	2 564.13	2 577.10	4 781.54	2 696.32
3. 耗粮数量	kg	2 282.39	2 833.46	2 219.70	2 518.93	2 251.56	1 846.17	1 986.05	3 347.08	1 995.28

数据来源：国家发展和改革委员会价格司。

奶牛费用和用工情况

浙 江	安 徽	山 东	河 南	广 西	重 庆	四 川	云 南	陕 西	甘 肃	宁 夏	新 疆
23 288.00	18 598.70	17 374.76	14 997.40	15 378.00	21 433.60	39 776.66	20 945.00	17 379.75	21 871.93	15 488.80	25 740.00
17 108.00	13 837.70	14 660.16	12 868.32	12 279.00	14 910.20	32 887.84	18 145.00	13 794.50	18 478.88	12 217.80	21 018.00
8 756.00	9 709.00	8 831.50	9 167.48	2 418.00	8 774.13	12 862.25	13 300.00	10 101.65	11 738.48	8 714.58	11 501.00
5 580.00	3 167.00	5 110.00	2 952.70	9 178.00	5 005.00	15 560.44	3 900.00	2 797.50	5 789.48	2 866.64	7 882.00
62.00			49.62					63.90		54.24	
315.00	72.00	47.80	58.47		54.46	18.56	210.00	61.45	83.08	51.72	25.00
650.00	142.00	185.00	136.48	138.40	172.64	1 119.60	120.00	272.00	181.07	116.86	1 035.00
650.00	142.00	185.00	80.58	138.40	116.08	708.36	120.00	201.00	146.54	61.33	150.00
			55.90						34.53	55.53	290.00
					56.56	411.24		71.00			595.00
750.00	289.00	319.96	204.69	53.40	112.54	303.07	280.00	210.00	303.82	216.11	245.00
35.00	129.20		65.33	148.70	58.14	465.88	150.00	64.45	150.00		75.00
			21.52	18.00	456.56	51.39					80.00
240.00	43.50	10.95	24.36	86.50	95.96	146.02	50.00	61.55	16.46	42.95	65.00
180.00	86.00	4.95	29.14	192.40	66.77	417.82	60.00	71.00	11.36	38.02	70.00
540.00	200.00	150.00	158.53	45.60	114.00	1 942.81	75.00	91.00	205.13	116.68	40.00
6 180.00	4 761.00	2 714.60	2 129.08	3 099.00	6 523.40	6 888.82	2 800.00	3 585.25	3 393.05	3 271.00	4 722.00
5 250.00	4 046.00	2 714.60	2 056.61	2 725.00	5 085.51	3 889.98	2 300.00	3 096.00	2 302.73	3 067.64	3 820.00
225.00	360.00				500.00	60.00	500.00	92.50		36.00	600.00
490.00	73.00		42.18	368.00	512.95	2 462.14		352.00	512.77		
215.00	282.00				424.94	476.70		44.75	45.92	121.91	280.00
			30.29	6.00					531.63	45.45	22.00
5 216.00	1 536.00	1 734.92	3 402.01	2 549.00	5 022.74	6 329.26	3 900.00	5 535.00	1 938.46	3 282.52	1 034.66
		622.55	152.61							1 606.52	134.66
		6.94	1.70							17.90	1.50
89.77	89.77	89.77	89.77	89.77	89.77	89.77	89.77	89.77	89.77	89.77	89.77
5 216.00	1 536.00	1 112.37	3 249.40	2 549.00	5 022.74	6 329.26	3 900.00	5 535.00	1 938.46	1 676.00	900.00
37.00	17.50	9.02	35.58	25.36	34.89	35.00	39.00	46.10	13.85	17.99	6.00
140.97	87.77	123.32	91.33	100.51	143.96	180.84	100.00	120.07	139.96	93.16	150.00
3 120.00	3 467.50	2 943.80	3 036.92	778.00	4 180.47	2 763.99	3 800.00	3 812.00	3 868.62	2 932.33	3 710.00
2 184.00	2 427.25	2 237.29	2 262.59	544.60	2 258.66	1 934.79	2 660.00	2 782.76	2 708.03	2 052.63	2 597.00

2020年各地区大规模

项　目	单 位	平 均	北 京	河 北	山 西	内蒙古	辽 宁	黑龙江	上 海
每头									
主产品产量	kg	7 734.11	8 171.39	9 246.37	9 248.20	6 501.94	7 547.93	6 267.32	9 804.50
产值合计	元	34 527.81	37 650.77	38 141.77	38 336.22	27 750.73	35 133.23	24 274.68	49 079.50
主产品产值	元	31 469.70	34 527.44	33 848.03	36 166.05	24 816.06	30 650.09	21 327.93	44 219.40
副产品产值	元	3 058.11	3 123.33	4 293.74	2 170.17	2 934.67	4 483.14	2 946.75	4 860.10
总成本	元	27 065.28	28 882.11	28 990.62	28 351.38	16 448.13	25 698.33	18 320.19	40 276.68
生产成本	元	26 989.48	28 723.96	28 955.62	28 229.14	16 432.06	25 665.28	18 296.04	40 082.58
物质与服务费用	元	23 602.93	24 797.04	25 413.77	24 741.33	13 949.64	22 135.21	15 210.43	35 556.09
人工成本	元	3 386.55	3 926.92	3 541.85	3 487.81	2 482.42	3 530.07	3 085.61	4 526.49
家庭用工折价	元	82.49	40.04		583.51		23.97	73.61	
雇工费用	元	3 304.06	3 886.88	3 541.85	2 904.30	2 482.42	3 506.10	3 012.00	4 526.49
土地成本	元	75.80	158.15	35.00	122.24	16.07	33.05	24.15	194.10
净利润	元	7 462.53	8 768.66	9 151.15	9 984.85	11 302.60	9 434.90	5 954.49	8 802.82
成本利润率	%	27.57	30.36	31.57	35.22	68.72	36.71	32.50	21.86
每50kg主产品									
平均出售价格	元	203.45	211.27	183.03	195.53	190.84	203.04	170.15	225.51
总成本	元	159.48	162.07	139.12	144.60	113.11	148.51	128.41	185.06
生产成本	元	159.03	161.18	138.95	143.98	113.00	148.32	128.24	184.17
净利润	元	43.97	49.20	43.91	50.93	77.73	54.53	41.74	40.45
附									
每头用工数量	日	27.50	26.33	16.20	26.58	18.84	24.84	27.25	31.60
平均饲养天数	日	365.00	365.00	365.00	365.00	365.00	365.00	365.00	365.00

数据来源：国家发展和改革委员会价格司。

奶牛成本收益情况

江 苏	浙 江	安 徽	福 建	山 东	河 南	湖 北	广 东	甘 肃	新 疆
7 100.78	8 283.01	8 863.66	9 486.00	8 977.00	6 186.55	9 862.00	6 839.60	9 366.25	9 659.49
32 151.53	40 715.26	48 418.46	47 988.96	34 465.72	25 916.66	47 237.26	38 829.13	38 307.70	44 263.83
30 380.45	35 991.00	45 094.84	45 689.46	30 162.72	22 370.53	46 647.26	37 617.79	34 655.13	42 404.76
1 771.08	4 724.26	3 323.62	2 299.50	4 303.00	3 546.13	590.00	1 211.34	3 652.57	1 859.07
27 160.03	38 045.53	35 241.32	30 934.42	28 343.46	19 621.43	41 057.90	33 041.53	30 713.42	26 148.48
26 615.98	37 820.96	35 037.62	30 915.42	28 299.96	19 571.41	39 972.24	33 008.03	30 713.42	26 148.48
24 185.83	32 008.96	31 211.38	28 336.54	27 289.76	15 967.38	24 972.24	28 544.55	28 968.04	23 352.48
2 430.15	5 812.00	3 826.24	2 578.88	1 010.20	3 604.03	15 000.00	4 463.48	1 745.38	2 796.00
2 430.15	5 812.00	3 826.24	2 578.88	1 010.20	3 604.03	15 000.00	4 463.48	1 745.38	2 796.00
544.05	224.57	203.70	19.00	43.50	50.02	1 085.66	33.50		
4 991.50	2 669.73	13 177.14	17 054.54	6 122.26	6 295.23	6 179.36	5 787.60	7 594.28	18 115.35
18.38	7.02	37.39	55.13	21.60	32.08	15.05	17.52	24.73	69.28
213.92	217.26	254.38	240.83	168.00	180.80	236.50	275.00	185.00	219.50
180.71	203.01	185.15	155.24	138.16	136.88	205.56	234.01	148.32	129.67
177.09	201.82	184.08	155.15	137.95	136.53	200.13	233.77	148.32	129.67
33.21	14.25	69.23	85.59	29.84	43.92	30.94	40.99	36.68	89.83
28.85	37.00	27.13	25.00	20.00	39.47	60.00	12.81	9.47	18.75
365.00	365.00	365.00	365.00	365.00	365.00	365.00	365.00	365.00	365.00

2020 年各地区大规模

项　目	单位	平均	北京	河北	山西	内蒙古	辽宁	黑龙江	上海
一、每头物质与服务费用	元	24 797.04	25 413.77	24 741.33	13 949.64	22 135.21	19 705.95	15 210.43	35 556.09
（一）直接费用	元	20 244.24	20 738.47	21 534.40	11 212.87	17 710.94	15 477.95	12 742.40	31 757.83
1. 仔畜费	元								
2. 精饲料费	元	10 994.81	10 134.87	14 395.58	8 637.91	11 210.45	8 769.50	7 881.73	15 389.86
3. 青粗饲料费	元	7 148.06	8 032.87	6 623.38	1 957.83	5 615.83	5 852.50	4 126.66	13 739.65
4. 饲料加工费	元	26.41				9.71	86.00		
5. 水费	元	101.13	31.42	17.40	58.66	48.86	107.00	27.51	260.89
6. 燃料动力费	元	524.35	778.50	83.80	146.74	214.96	167.75	135.01	705.79
电费	元	413.11	546.31	83.80	92.81	131.73	130.00	96.54	705.79
煤费	元	56.53			53.93	50.36	37.75	38.47	
其他燃料动力费	元	54.71	232.19			32.87			
7. 医疗防疫费	元	430.24	657.57	132.84	83.44	161.76	144.00	174.80	680.00
8. 死亡损失费	元	265.43	285.23	11.84	79.07	58.61	127.50	109.41	286.11
9. 技术服务费	元	23.21	40.00	15.00	35.56	20.69		28.24	32.02
10. 工具材料费	元	328.15	127.22	27.22	52.30	76.73	57.45	43.98	280.20
11. 修理维护费	元	146.42	441.59	17.34	47.53	134.72	34.75	52.66	168.82
12. 其他直接费用	元	256.03	209.20	210.00	113.83	158.62	131.50	162.40	214.49
（二）间接费用	元	4 552.80	4 675.30	3 206.93	2 736.77	4 424.27	4 228.00	2 468.03	3 798.26
1. 固定资产折旧	元	3 777.26	3 782.30	2 925.09	2 639.28	3 565.85	3 884.00	2 338.14	2 436.79
2. 保险费	元	100.06	50.00	255.09		480.00			166.16
3. 管理费	元	463.07	120.00	26.75	55.71	61.62	208.00	36.45	1 109.58
4. 财务费	元	64.87	60.00		15.22	54.27	54.00		85.73
5. 销售费	元	147.54	663.00		26.56	262.53	82.00	93.44	
二、每头人工成本	元	3 926.92	3 541.85	3 487.81	2 482.42	3 530.07	2 837.50	3 085.61	4 526.49
1. 家庭用工折价	元	40.04		583.51		23.97		73.61	
家庭用工天数	日	0.45		6.50		0.27		0.82	
劳动日工价	元	89.77	89.77	89.77	89.77	89.77	89.77	89.77	89.77
2. 雇工费用	元	3 886.88	3 541.85	2 904.30	2 482.42	3 506.10	2 837.50	3 012.00	4 526.49
雇工天数	日	25.88	16.20	20.08	18.84	24.57	23.75	26.43	31.60
雇工工价	元	150.19	218.63	144.64	131.76	142.70	119.47	113.96	143.24
三、附									
1. 仔畜重量	kg								
2. 精饲料数量	kg	3 704.94	3 383.32	4 349.50	3 204.53	3 842.53	3 010.00	2 725.28	4 567.38
3. 耗粮数量	kg	2 652.76	2 368.33	3 040.62	2 335.13	2 827.19	2 060.95	2 071.94	3 197.17

数据来源：国家发展和改革委员会价格司。

奶牛费用和用工情况

江苏	浙江	安徽	福建	山东	河南	湖北	广东	甘肃	新疆
24 185.83	32 008.96	31 211.38	28 336.54	27 289.76	15 967.38	24 972.24	28 544.55	28 968.04	23 352.48
20 493.80	24 971.64	25 336.84	24 849.72	22 588.73	13 528.87	18 349.13	19 344.13	23 874.64	19 639.69
9 633.32	10 754.00	15 357.78	10 990.44	10 293.02	9 426.05	8 532.67	8 068.01	13 708.80	13 727.82
7 416.66	11 078.00	8 225.73	9 664.86	8 814.75	3 235.30	6 148.08	7 683.78	8 899.78	4 401.30
	80.00	60.00	41.50		51.05	120.69			
143.60	471.64	47.74	11.00	55.22	50.02	135.34	40.08	101.12	111.68
928.74	613.00	551.25	776.83	770.12	196.91	1 110.13	1 041.11	298.57	394.79
380.08	613.00	531.25	776.83	551.48	137.81	888.86	1 041.11	204.87	110.68
397.54		20.00			59.10			19.67	284.11
151.12				218.64		221.27		74.03	
198.71	1 010.00	344.47	1 759.68	806.50	239.81	115.97	186.10	224.46	393.89
166.77	200.00	229.64	212.99	333.09	73.65	1 292.00	823.53	151.42	71.37
			141.00		18.33	43.62			20.16
1 039.72	230.00	213.30	836.42	734.91	33.91	556.20	1 042.67	113.01	113.37
346.13	215.00	79.22	150.00	332.60	35.03	194.43	82.78	49.99	106.58
620.15	320.00	227.71	265.00	448.52	168.81	100.00	376.07	327.49	298.73
3 692.03	7 037.32	5 874.54	3 486.82	4 701.03	2 438.51	6 623.11	9 200.42	5 093.40	3 712.79
2 396.18	6 530.00	5 007.84	1 711.50	4 335.00	2 286.35	6 299.03	7 528.31	3 808.63	2 739.09
30.00	254.00	360.00				14.48	91.35		
1 160.70	218.42	443.73	1 332.61	276.92	59.61	21.67	1 298.44	892.59	549.39
77.50	34.90	32.97	430.90		52.79	48.84			155.66
27.65		30.00	11.81	89.11	39.76	239.09	282.32	392.18	268.65
2 430.15	5 812.00	3 826.24	2 578.88	1 010.20	3 604.03	15 000.00	4 463.48	1 745.38	2 796.00
89.77	89.77	89.77	89.77	89.77	89.77	89.77	89.77	89.77	89.77
2 430.15	5 812.00	3 826.24	2 578.88	1 010.20	3 604.03	15 000.00	4 463.48	1 745.38	2 796.00
28.85	37.00	27.13	25.00	20.00	39.47	60.00	12.81	9.47	18.75
84.23	157.08	141.03	103.16	50.51	91.31	250.00	348.44	184.31	149.12
4 505.14	3 603.65	4 540.17	4 091.25	3 501.03	3 081.11	2 745.57	2 735.66	4 584.88	4 513.06
3 196.43	2 486.52	3 178.12	3 273.00	2 520.74	2 280.62	1 921.90	1 969.68	3 209.42	3 159.15

生 产 价 格

2014—2020年我国奶类生产价格指数

上年=100

季 度	2014年	2015年	2016年	2017年	2018年	2019年	2020年
第一季度	118.40	90.30	95.40	102.30	101.00	103.70	101.50
第二季度	122.10	91.80	95.30	99.20	100.00	104.90	99.70
第三季度	103.70	92.60	95.60	101.60	100.80	105.80	102.10
第四季度	96.80	94.40	98.90	100.00	102.40	106.70	103.70

2008—2020年全国生鲜乳收购价格

单位：元/kg

年 份	1月	2月	3月	4月	5月	6月	7月	8月	9月	10月	11月	12月
2008	2.77	2.90	2.93	2.86	2.85	2.85	2.77	2.76	2.76	2.69	2.69	2.68
2009	2.62	2.57	2.49	2.43	2.37	2.32	2.32	2.31	2.36	2.43	2.52	2.60
2010	2.68	2.73	2.74	2.79	2.82	2.86	2.89	2.93	2.98	3.02	3.07	3.13
2011	3.18	3.20	3.20	3.20	3.19	3.20	3.19	3.19	3.20	3.22	3.23	3.25
2012	3.26	3.28	3.28	3.27	3.27	3.27	3.27	3.27	3.28	3.31	3.34	3.38
2013	3.40	3.42	3.42	3.43	3.45	3.50	3.55	3.61	3.70	3.81	3.98	4.12
2014	4.23	4.26	4.23	4.21	4.16	4.08	4.00	3.95	3.92	3.90	3.84	3.79
2015	3.56	3.44	3.42	3.40	3.40	3.41	3.41	3.41	3.44	3.47	3.50	3.54
2016	3.56	3.56	3.54	3.47	3.46	3.42	3.40	3.39	3.44	3.45	3.47	3.52
2017	3.54	3.54	3.53	3.50	3.45	3.42	3.41	3.41	3.46	3.48	3.50	3.52
2018	3.49	3.47	3.46	3.45	3.41	3.39	3.37	3.39	3.45	3.51	3.55	3.59
2019	3.61	3.62	3.59	3.54	3.53	3.55	3.59	3.65	3.71	3.78	3.83	3.84
2020	3.85	3.82	3.76	3.62	3.57	3.58	3.62	3.73	3.87	3.95	4.03	4.15

【饲料工业】

行 业 情 况

2016—2020年全国饲料加工业基本经营情况

分 项	单位	2016年	2017年	2018年	2019年	2020年
企业数量	个	4 232	4 296	4 354	4 109	4 084
亏损企业数	个	524	561	802	873	804
营业收入	亿元	11 533.6	11 244.2	9 405.2	9 009.1	10 266.2
利润总额	亿元	560.3	555.3	441.9	377.1	535.4
资产总计	亿元	4 679.0	5 317.5	5 138.0	4 978.2	6 067.9
负债合计	亿元	2 159.3	2 618.8	2 700.4	2 681.4	3 253.9

数据来源：国家统计局。

2020年全国及各地区饲料、配合饲料、混合饲料产量

单位：万 t

地　区	饲料	配合饲料	混合饲料
全　国	26 184.00	14 880.09	3 383.22
北　京	125.47	60.87	45.48
天　津	603.83	85.25	17.69
河　北	675.73	371.47	88.99
山　西	298.49	169.38	86.50
内蒙古	187.19	71.77	99.14
辽　宁	1 487.48	510.02	386.10
吉　林	563.14	209.56	115.81
黑龙江	504.12	199.11	80.26
上　海	121.76	64.28	5.15
江　苏	1 232.41	511.08	105.73
浙　江	331.39	222.03	20.52
安　徽	793.66	425.18	73.73
福　建	1 423.74	869.15	75.68
江　西	1 827.98	1 392.82	47.79
山　东	2 822.89	1 778.28	247.65
河　南	1 517.99	595.63	159.44
湖　北	1 538.25	798.80	257.18
湖　南	1 732.90	975.56	289.61
广　东	2 896.43	2 256.62	270.02
广　西	1 578.43	1 068.95	188.70
海　南	265.66	237.38	28.28
重　庆	447.38	291.57	47.17
四　川	1 426.33	827.08	181.48
贵　州	169.89	106.47	18.17
云　南	424.35	290.02	70.70
西　藏	3.13	3.13	0.00
陕　西	449.21	207.00	140.82
甘　肃	137.65	51.70	50.96
青　海	19.80	13.78	0.77
宁　夏	60.60	25.80	23.20
新　疆	516.71	190.33	160.52

数据来源：国家统计局。

2016—2020 年全国饲料生产量（月度）

单位：万 t

月 份	2016 年		2017 年		2018 年		2019 年		2020 年	
	配合饲料	混合饲料	配合饲料	混合饲料	配合饲料	混合饲料	配合饲料	混合饲料	配合饲料	混合饲料
1—2	2 169.17	867.20	2 341.94	905.38	2 024.11	760.99	1 956.11	544.01	2 120.15	434.48
3	1 262.66	506.89	1 372.88	521.72	1 181.37	430.80	1 083.58	309.13	1 207.47	247.36
4	1 235.29	499.80	1 291.31	512.12	1 128.57	375.24	1 078.39	287.30	1 309.66	282.37
5	1 340.75	533.21	1 399.63	536.82	1 155.27	353.92	1 138.64	312.95	1 336.25	270.95
6	1 436.15	571.15	1 492.23	564.82	1 205.41	384.33	1 177.13	324.16	1 391.22	284.84
7	1 378.33	521.83	1 406.16	534.57	1 181.90	360.58	1 189.98	272.13	1 421.31	298.16
8	1 454.95	538.34	1 469.80	546.79	1 293.34	380.19	1 255.83	285.83	1 459.41	311.02
9	1 547.48	582.07	1 567.05	585.68	1 262.30	393.07	1 320.99	308.98	1 593.88	332.56
10	1 475.65	587.99	1 526.43	603.11	1 261.28	412.47	1 293.28	311.54	1 627.52	359.64
11	1 499.79	597.19	1 424.92	572.25	1 183.53	386.44	1 300.13	313.02	1 534.60	373.27
12	1 490.51	604.88	1 364.00	578.95	1 213.80	385.48	1 355.99	332.20	1 599.62	361.43

数据来源：国家统计局。

饲料价格

2016—2020年全国玉米、豆粕收购价格（月度）

单位：元/kg

月份	2016年		2017年		2018年		2019年		2020年	
	玉米	豆粕	玉米	豆粕	玉米	豆粕	玉米	豆粕	玉米	豆粕
1	2.10	3.08	1.90	3.64	1.98	3.33	2.06	3.35	2.09	3.24
2	2.09	3.10	1.86	3.56	2.01	3.31	2.05	3.26	2.13	3.28
3	2.04	3.03	1.83	3.47	2.05	3.39	2.02	3.12	2.12	3.29
4	1.98	2.98	1.85	3.39	2.07	3.46	2.01	3.05	2.14	3.40
5	1.97	3.08	1.88	3.33	2.04	3.39	2.03	3.08	2.21	3.30
6	2.03	3.35	1.90	3.21	2.02	3.31	2.09	3.23	2.24	3.23
7	2.11	3.54	1.94	3.22	2.03	3.33	2.11	3.20	2.31	3.23
8	2.08	3.45	1.96	3.23	2.03	3.37	2.12	3.21	2.43	3.28
9	2.04	3.44	1.97	3.23	2.04	3.46	2.13	3.28	2.45	3.29
10	1.95	3.47	1.95	3.27	2.04	3.63	2.12	3.32	2.50	3.40
11	1.94	3.53	1.94	3.30	2.06	3.60	2.12	3.36	2.57	3.47
12	1.95	3.68	1.95	3.34	2.08	3.48	2.10	3.30	2.62	3.46

数据来源：农业农村部。

【乳品加工】

行业情况

2016—2020年全国液体乳及乳制品制造业基本经营情况

分项	单位	2016年	2017年	2018年	2019年	2020年
企业数量[1]	个	627	611	587	565	572
亏损企业数	个	104	110	121	127	125
资产总额	亿元	2 792.0	2 972.5	3 145.8	3 616.9	4 044.2
负债总额	亿元	1 388.7	1 540.0	1 576.4	1 938.5	2 170.8
主营业务收入	亿元	3 503.9	3 590.4	3 398.9	3 947.0	4 195.6
利润总额	亿元	259.9	244.9	230.4	379.3	394.8

注1：指规模以上企业数量。

数据来源：国家统计局。

乳制品产量

2010—2020年度全国乳制品产量

年份	乳制品		其中		
			液态奶		干乳制品
	产量（万t）	同比（%）	产量（万t）	同比（%）	产量（万t）
2010	2 159.4	11.2	1 845.6	11.1	313.8
2011	2 387.5	14.0	2 060.8	13.5	326.7
2012	2 545.2	8.1	2 146.6	8.1	398.6
2013	2 698.0	5.2	2 336.0	7.0	362.1
2014	2 651.8	–1.2	2 400.1	–0.9	251.7
2015	2 782.5	4.6	2 521.0	4.7	261.5
2016	2 993.2	7.7	2 737.2	8.5	256.1
2017	2 935.0	4.2	2 691.7	4.5	243.4
2018	2 687.1	4.4	2 505.6	4.3	181.5
2019	2 719.4	5.6	2 537.7	5.8	182.5
2020	2 780.4	2.8	2 599.4	3.3	181.0

数据来源：国家统计局。

2016—2020年全国各地区乳制品产量

单位：万t

地 区	2016年	2017年	2018年	2019年	2020年
全 国	2 993.23	2 935.04	2 687.10	2 719.40	2 780.38
北 京	62.19	59.67	56.00	55.38	53.73
天 津	62.76	60.13	57.62	60.23	66.25
河 北	371.27	372.85	365.29	356.83	358.36
山 西	57.40	47.24	45.48	51.55	54.95
内蒙古	336.52	263.41	254.82	289.34	337.29
辽 宁	85.01	75.22	74.92	76.30	58.31
吉 林	16.72	16.15	17.05	20.64	18.29
黑龙江	196.08	158.57	155.34	164.17	164.91
上 海	46.50	44.65	44.64	46.90	52.64
江 苏	160.21	161.16	158.01	116.01	125.17
浙 江	62.54	69.61	66.74	73.19	66.72
安 徽	106.17	105.14	113.79	125.56	124.55
福 建	19.06	17.58	18.45	20.29	22.68
江 西	20.71	23.59	17.49	17.81	17.39
山 东	259.87	251.11	204.37	217.85	216.69
河 南	306.54	351.37	251.62	198.94	177.16
湖 北	113.99	109.43	103.68	98.33	120.07
湖 南	28.13	28.21	28.84	40.53	28.35
广 东	69.13	77.29	91.72	97.83	96.37
广 西	43.35	45.95	34.79	28.47	30.81
海 南	0.42	0.28	0.24	0.31	0.23
重 庆	24.74	22.91	21.18	24.15	25.11
四 川	123.42	146.24	110.44	112.46	115.98
贵 州	10.57	11.07	11.26	12.98	17.04
云 南	66.41	63.22	67.30	63.20	62.17
西 藏	1.02	0.99	1.25	1.02	1.16
陕 西	143.73	143.42	106.78	120.12	112.21
甘 肃	34.22	35.96	32.52	36.47	35.18
青 海	19.38	15.95	8.58	9.05	9.01
宁 夏	92.51	95.88	117.42	130.16	146.99
新 疆	52.67	60.78	49.44	53.33	64.60

数据来源：国家统计局。

2016—2020 年全国各地区液体乳产量

单位：万 t

地区	2016 年	2017 年	2018 年	2019 年	2020 年
全 国	2 737.17	2 691.66	2 505.59	2 537.67	2 599.43
北 京	58.98	56.76	53.59	52.72	51.66
天 津	30.87	30.62	50.38	50.83	57.03
河 北	361.18	362.03	357.42	347.14	347.56
山 西	56.01	46.88	45.15	50.89	52.96
内蒙古	313.84	246.79	237.10	272.46	318.92
辽 宁	84.00	72.25	73.00	75.68	57.36
吉 林	12.39	11.47	16.13	16.71	14.64
黑龙江	140.30	114.05	118.01	129.03	123.85
上 海	45.48	43.70	43.65	45.83	51.74
江 苏	148.52	145.40	155.19	108.40	118.22
浙 江	56.69	63.95	61.72	68.16	62.07
安 徽	101.15	98.35	107.44	123.44	122.55
福 建	12.41	12.72	17.47	19.36	21.47
江 西	16.55	18.84	17.17	17.46	16.83
山 东	243.60	243.30	197.23	208.02	204.29
河 南	305.89	350.71	251.57	198.89	177.08
湖 北	112.54	108.25	101.75	86.17	109.90
湖 南	22.13	22.74	22.99	34.78	22.93
广 东	49.25	59.39	62.56	82.61	83.50
广 西	43.34	45.53	32.54	27.36	30.15
海 南	0.34	0.28	0.24	0.22	0.13
重 庆	24.74	22.91	21.18	24.15	25.11
四 川	109.69	128.03	101.40	104.22	105.20
贵 州	10.57	11.07	11.26	12.98	17.04
云 南	65.77	62.77	67.00	62.56	61.54
西 藏	0.90	0.88	1.14	0.79	0.87
陕 西	120.71	113.50	84.20	94.68	98.14
甘 肃	32.08	33.30	30.59	34.49	33.76
青 海	19.38	15.95	8.54	9.01	7.41
宁 夏	87.78	90.44	109.86	126.48	142.24
新 疆	50.11	58.78	48.10	52.15	63.29

数据来源：国家统计局。

2014—2020年全国乳制品生产量（月度）

单位：万t

月 份	2014年	2015年	2016年	2017年	2018年	2019年	2020年
1-2	402.82	409.41	423.50	591.66	430.22	436.18	361.41
3	204.55	213.33	236.38	246.95	208.86	213.50	195.06
4	208.80	213.74	233.45	233.77	216.16	204.93	221.38
5	222.04	228.53	242.89	253.03	225.03	219.78	250.07
6	242.00	248.81	299.79	290.09	236.28	234.32	253.94
7	222.95	228.03	255.60	258.68	235.98	231.47	251.22
8	217.58	236.91	255.07	265.40	235.80	234.70	252.48
9	226.02	254.28	270.66	287.42	236.02	231.18	257.70
10	233.13	246.46	265.42	266.44	221.51	227.39	261.38
11	234.10	241.55	269.81	251.98	212.36	228.06	238.99
12	232.44	251.07	279.77	254.47	232.82	258.93	251.12

数据来源：国家统计局。

2014—2020年全国液态奶生产量（月度）

单位：万t

月 份	2014年	2015年	2016年	2017年	2018年	2019年	2020年
1-2	354.37	366.59	383.96	553.48	399.14	436.18	339.14
3	179.69	188.20	213.89	223.22	192.68	213.50	177.71
4	185.38	190.74	212.25	211.92	197.12	204.93	204.83
5	198.70	205.04	219.30	230.68	208.80	219.78	233.21
6	216.76	224.27	275.30	263.67	219.83	234.32	237.90
7	199.74	206.48	234.17	237.96	220.84	231.47	237.59
8	197.24	215.27	235.95	243.80	221.10	234.70	237.35
9	203.19	231.00	249.68	265.41	220.99	231.18	241.81
10	211.33	224.29	241.98	245.11	206.64	227.39	245.31
11	211.31	218.01	245.77	230.74	197.94	228.06	222.66
12	208.98	224.77	254.03	232.08	216.40	258.93	234.28

数据来源：国家统计局。

2014—2020年全国奶粉生产量（月度）

单位：万t

月 份	2014年	2015年	2016年	2017年	2018年	2019年	2020年
1-2	20.28	19.68	20.38	17.72	16.73	14.48	13.48
3	11.33	10.28	10.93	10.85	8.35	9.06	10.74
4	10.41	10.12	10.51	9.95	8.32	8.88	9.37
5	12.00	11.12	11.30	10.50	8.24	8.61	8.91
6	13.78	12.18	12.99	12.27	8.39	9.26	8.12
7	12.77	11.47	12.29	10.35	7.51	8.69	6.70
8	12.76	11.44	10.58	11.37	7.79	7.33	7.88
9	13.21	13.07	12.12	11.96	8.18	7.63	8.66
10	13.66	12.89	12.61	12.15	8.11	8.08	8.16
11	14.81	14.07	13.94	11.92	8.25	9.31	9.39
12	15.70	15.84	16.13	12.69	9.80	10.15	10.15

数据来源：国家统计局。

活畜贸易

2017—2020年全国活牛进口量值

来源地	2017年		2018年		2019年		2020年	
	进口量（头）	进口额（万美元）	进口量（头）	进口额（万美元）	进口量（头）	进口额（万美元）	进口量（头）	进口额（万美元）
总　计	105 775	19 271.2	156 928	26 732.7	199 285	33 507.7	266 083	48 705.0
澳大利亚	59 261	10 988.8	122 611	21 570.7	160 232	26 833.2	140 948	26 353.7
新西兰	26 564	6 191.2	16 907	2 709.6	32 569	5 805.4	100 619	18 070.0
智　利	13 246	2 091.2		–		–	13 303	2 205.4
乌拉圭	6 704	566.3	17 410	2 452.4	6 484	869.1	11 213	2 075.7

数据来源：海关总署。

牧 草 国 际 贸 易

2008—2020年我国苜蓿干草进口量值

年 份	进口量（t）	进口额（万美元）	进口单价（美元/t）
2008	17 613	513	291
2009	74 185	2 003	270
2010	218 058	5 906	271
2011	275 564	9 960	361
2012	442 696	17 416	393
2013	755 598	28 060	371
2014	884 513	34 249	387
2015	1 210 030	46 859	387
2016	1 387 775	44 613	321
2017	1 399 125	42 363	303
2018	1 383 388	44 626	323
2019	1 356 104	45 983	339
2020	1 358 995	49 097	361

数据来源：海关总署。

2013—2020年我国苜蓿干草进口量值（分月）

月份	2013年		2014年		2015年		2016年		2017年		2018年		2019年		2020年	
	进口量（t）	进口额（万美元）	进口量（t）	进口额（万美元）	进口量（t）	进口额（万美元）	进口量（t）	进口额（万美元）	进口量（t）	进口额（万美元）	进口量（t）	进口额（万美元）	进口量（t）	进口额（万美元）	进口量（t）	进口额（万美元）
1	58 026	2 223.3	66 126	2 409.0	78 796	3 179.1	102 548	3 489.9	108 608	3 250.4	131 825	4 133.2	112 258	3 559.9	76 017	2 729.6
2	26 779	1 027.9	33 235	1 213.2	60 758	2 442.1	52 775	1 852.5	94 524	2 798.8	77 562	2 464.6	45 255	1 497.8	83 843	3 070.1
3	61 514	2 362.5	72 150	2 626.2	71 213	2 929.3	125 908	4 378.7	138 138	4 077.0	144 852	4 626.6	77 917	2 581.3	100 228	3 654.1
4	58 634	2 233.4	89 345	3 276.4	112 501	4 572.4	103 980	3 525.7	127 783	3 800.6	121 062	3 874.8	81 302	2 763.8	111 790	4 083.2
5	65 380	2 482.4	82 499	3 075.8	112 892	4 635.8	121 581	3 923.3	154 414	4 547.1	156 267	5 020.5	97 742	3 336.5	120 175	4 357.8
6	49 176	1 830.6	62 218	2 362.7	131 343	5 287.7	115 040	3 625.2	144 831	4 384.3	121 384	3 963.7	81 497	2 868.3	117 627	4 190.2
7	52 898	1 937.6	73 543	2 903.1	124 568	4 863.0	136 280	4 299.3	119 819	3 665.5	115 722	3 893.4	88 785	3 103.3	125 992	4 615.2
8	63 422	2 297.9	70 676	2 831.4	115 793	4 369.3	156 947	4 972.8	110 739	3 381.4	108 738	3 734.6	124 983	4 289.7	134 081	4 857.4
9	83 531	3 029.5	89 653	3 606.1	126 558	4 744.0	134 744	4 265.8	103 741	3 230.8	116 846	3 832.7	168 002	5 656.3	134 746	4 873.0
10	87 043	3 170.6	79 122	3 253.7	83 366	3 031.1	105 619	3 295.6	86 126	2 656.2	119 676	3 775.0	171 409	5 789.1	115 174	4 109.7
11	71 847	2 626.3	72 176	2 929.5	100 098	3 541.0	107 472	3 270.4	110 994	3 468.1	82 238	2 572.2	175 603	5 973.2	119 277	4 283.3
12	77 349	2 838.0	93 771	3 762.1	92 145	3 264.6	124 882	3 713.4	99 410	3 103.1	87 215	2 734.9	131 350	4 563.4	120 044	4 273.1

数据来源：海关总署。

2008—2020 年我国燕麦干草进口量值

年 份	进口量（t）	进口额（万美元）	进口单价（美元/t）
2008	1 546	48	314
2009	1 448	37	257
2010	8 991	240	267
2011	12 726	395	310
2012	17 525	620	354
2013	42 812	1 581	369
2014	120 953	4 064	336
2015	151 490	5 280	349
2016	222 688	7 307	328
2017	307 922	8 623	280
2018	293 641	7 973	272
2019	240 901	8 637	359
2020	334 468	11 578	346

数据来源：海关总署。

2013—2020年我国燕麦干草进口量值（分月）

月份	2013年		2014年		2015年		2016年		2017年		2018年		2019年		2020年	
	进口量（t）	进口额（万美元）	进口量（t）	进口额（万美元）	进口量（t）	进口额（万美元）	进口量（t）	进口额（万美元）	进口量（t）	进口额（万美元）	进口量（t）	进口额（万美元）	进口量（t）	进口额（万美元）	进口量（t）	进口额（万美元）
1	951	33.9	4 337	148.2	10 187	341.2	20 064	663.6	18 103	528.9	28 841	776.1	22 928	755.6	23 651	840.8
2	74	2.4	3 639	123.5	8 749	309.7	12 421	409.2	21 219	607.5	7 823	212.7	14 305	488.9	28 647	1 002.1
3	1 156	43.7	8 588	292.1	15 042	529.6	20 924	692.8	26 048	733.0	24 892	661.2	13 127	464.3	38 061	1 341.8
4	2 411	95.0	8 321	281.4	11 470	404.1	19 291	640.7	22 040	642.9	21 780	577.5	17 280	614.9	35 389	1 244.4
5	3 737	146.6	10 186	349.1	14 432	503.1	17 916	599.1	24 361	678.7	24 977	660.1	17 564	626.1	30 246	1 066.3
6	3 249	125.5	10 394	355.9	14 521	505.9	18 051	598.7	30 983	865.9	23 033	616.3	19 792	714.2	19 631	695.5
7	3 962	157.3	11 299	384.4	16 271	576.9	17 362	576.7	27 918	784.2	21 533	583.1	27 108	984.9	27 273	952.1
8	3 475	132.4	13 648	462.6	11 666	414.1	22 435	742.5	27 817	784.5	26 750	700.3	24 819	919.8	18 577	638.5
9	8 026	289.2	13 955	460.1	12 836	452.6	19 757	650.5	28 890	810.6	32 725	877.3	23 039	847.6	22 710	781.1
10	4 609	162.5	12 597	408.0	9 818	344.2	15 196	499.3	26 230	707.5	33 121	912.4	22 651	842.3	22 060	743.5
11	4 676	167.4	14 265	474.5	9 048	314.3	15 234	493.4	31 464	852.2	30 136	855.0	14 759	532.3	30 661	1 021.0
12	6 486	224.9	9 723	323.8	17 451	584.4	24 038	741.0	22 849	627.0	18 030	540.7	23 529	846.0	37 563	1 250.6

数据来源：海关总署。

乳制品贸易

2016—2020年全国乳制品进口情况

品种	2016年			2017年			2018年			2019年			2020年		
	进口量（t）	进口额（万美元）	平均单价（美元/t）	进口量（t）	进口额（万美元）	平均单价（美元/t）	进口量（t）	进口额（万美元）	平均单价（美元/t）	进口量（t）	进口额（万美元）	平均单价（美元/t）	进口量（t）	进口额（万美元）	平均单价（美元/t）
乳制品	1 955 640	337 125	1 724	2 173 991	481 857	2 216	2 312 017	529 424	2 290	2 628 019	593 648	2 259	2 945 995	665 148	2 258
液态奶	655 036	68 180	1 041	701 713	94 623	1 348	704 153	97 347	1 382	924 427	116 028	1 255	1 071 902	136 673	1 275
液奶	634 096	63 971	1 009	667 557	87 935	1 317	673 294	91 269	1 356	890 684	110 145	1 237	1 039 779	130 876	1 259
酸奶	20 940	4 208	2 010	34 156	6 688	1 958	30 859	6 078	1 970	33 743	5 883	1 743	32 123	5 797	1 805
干乳制品	1 300 605	268 945	2 068	1 472 278	387 234	2 630	1 607 864	432 078	2 687	1 703 592	477 620	2 804	1 874 093	528 475	2 820
奶粉	604 209	147 843	2 447	717 399	216 175	3 013	801 489	242 866	3 030	1 014 843	312 433	3 079	979 339	328 980	3 359
炼乳	20 013	3 645	1 821	25 648	4 635	1 807	27 523	4 867	1 768	34 724	5 559	1 601	23 760	4 029	1 696
乳清	497 340	45 206	909	529 629	66 635	1 258	557 245	63 334	1 137	453 572	60 765	1 340	626 150	81 814	1 307
黄油	81 865	30 315	3 703	91 566	50 016	5 462	113 330	69 691	6 149	85 591	46 663	5 452	115 616	54 618	4 724
奶酪	97 177	41 936	4 315	108 035	49 772	4 607	108 278	51 319	4 740	114 862	52 201	4 545	129 228	59 034	4 568
婴幼儿配方奶粉	221 326	301 014	13 600	296 014	398 008	13 446	323 096	474 976	14 701	345 434	519 166	15 029	335 528	506 462	15 094
其他相关制品															
乳糖	87 080	7 026	807	87 870	9 348	1 064	117 236	9 858	841	92 856	10 220	1 101	113 930	13 729	1 205
酪蛋白	21 071	13 534	6 423	18 651	14 542	7 797	24 499	17 834	7 279	24 440	18 263	7 473	29 643	25 050	8 451
白蛋白	19 585	12 872	6 572	23 084	20 255	8 774	29 351	23 486	8 002	30 014	31 025	10 337	40 108	34 201	8 527
冰激凌	16 536	6 068	3 670	18 199	6 775	3 723	21 601	8 906	4 123	24 703	10 276	4 160	21 078	9 195	4 362

数据来源：海关总署。

2016—2020年全国乳制品出口情况

品种	2016年			2017年			2018年			2019年			2020年		
	出口量（t）	出口额（万美元）	平均单价（美元/t）	出口量（t）	出口额（万美元）	平均单价（美元/t）	出口量（t）	出口额（万美元）	平均单价（美元/t）	出口量（t）	出口额（万美元）	平均单价（美元/t）	出口量（t）	出口额（万美元）	平均单价（美元/t）
乳制品	30 935	4 754	1 537	32 569	4 784	1 469	38 792	5 676	1 463	36 281	5 238	1 444	36 215	5 126	1 415
液态奶	23 669	2 155	910	25 323	2 436	962	29 974	3 107	1 037	28 664	3 011	1 050	29 982	3 215	1 072
液奶	22 825	2 020	885	23 162	2 065	892	27 123	2 504	923	24 797	2 127	858	25 247	2 162	856
酸奶	844	135	1 596	2 161	371	1 716	2 851	604	2 118	3 867	883	2 284	4 735	1 053	2 223
干乳制品	7 266	2 600	3 578	7 246	2 348	3 241	8 818	2 568	2 912	7 617	2 228	2 925	6 232	1 911	3 066
奶粉	3 615	1 618	4 476	2 842	948	3 334	3 137	984	3 137	1 783	694	3 893	1 624	698	4 297
炼乳	2 342	512	2 187	2 341	478	2 043	2 757	468	1 698	2 996	479	1 600	2 618	523	1 996
乳清	90	19	2 145	185	38	2 057	592	144	2 431	293	65	2 202	525	77	1 472
黄油	1 086	364	3 351	1 721	761	4 423	2 139	848	3 964	2 425	899	3 708	1 100	419	3 810
奶酪	133	86	6 480	157	123	7 861	193	124	6 436	120	91	7 547	365	194	5 320
婴幼儿配方奶粉	1 913	2 914	15 231	4 574	7 362	16 095	15 404	30 361	19 710	18 115	37 884	20 913	6 726	16 828	25 018
其他相关制品															
乳糖	650	264	4 069	451	294	6 514	1 103	331	3 002	1 418	372	2 622	366	83	2 275
酪蛋白	431	329	7 631	769	442	5 753	546	320	5 866	935	517	5 525	1 178	709	6 015
白蛋白	4	156	390 694	33	127	38 375	15	264	175 936	16	514	321 528	1 008	515	5 106
冰激凌	17 876	3 234	1 809	31 981	4 702	1 470	31 448	5 004	1 591	19 658	2 983	1 518	32 711	4 830	1 477

数据来源：海关总署。

2016—2020年全国液奶进口量值

来源地	2016年		2017年		2018年		2019年		2020年	
	进口量（t）	进口额（万美元）	进口量（t）	进口额（万美元）	进口量（t）	进口额（万美元）	进口量（t）	进口额（万美元）	进口量（t）	进口额（万美元）
总计	634 104	63 973	667 556	87 935	673 363	91 259	890 685	110 144	1 039 779	130 876
新西兰	131 792	18 846	209 962	37 762	232 995	37 452	283 917	45 918	309 141	53 571
德国	221 310	15 819	195 458	15 406	175 007	14 747	258 383	20 000	338 500	26 409
澳大利亚	73 169	6 620	76 187	6 909	81 121	8 069	103 189	9 620	103 122	9 735
波兰	19 417	1 079	18 273	1 215	32 297	2 287	77 271	4 852	107 126	7 019
法国	107 154	12 998	91 873	16 437	68 106	15 897	60 684	14 353	56 335	14 891
比利时	9 215	832	9 164	846	12 276	1 363	18 540	1 917	17 224	2 277
英国	16 440	2 234	16 091	3 315	16 156	4 097	16 594	4 137	12 926	3 561
奥地利	6 086	431	5 869	368	9 854	627	15 075	1 112	32 835	2 626
爱尔兰	6 413	561	6 661	685	9 542	1 459	11 055	1 768	12 592	2 228
韩国	8 693	1 624	7 793	1 415	8 876	1 618	10 539	1 912	9 557	1 696
其他	34 415	2 931	30 225	3 575	27 133	3 643	35 438	4 554	40 421	6 862

数据来源：海关总署。

2016—2020年全国酸奶进口量值

来源地	2016年		2017年		2018年		2019年		2020年	
	进口量（t）	进口额（万美元）	进口量（t）	进口额（万美元）	进口量（t）	进口额（万美元）	进口量（t）	进口额（万美元）	进口量（t）	进口额（万美元）
总计	**20 990**	**4 217**	**34 157**	**6 688**	**30 819**	**6 061**	**33 743**	**5 883**	**32 123**	**5 797**
德国	10 632	1 769	23 114	4 131	21 313	3 871	25 352	3 704	20 868	2 999
奥地利	210	26	778	97	2 108	289	3 397	514	3 799	450
新西兰	4 571	1 016	4 331	1 084	2 665	587	1 613	460	3 403	947
法国	164	69	699	178	891	280	1 220	433	1 459	623
西班牙	1 603	346	1 397	297	1 461	350	558	122	1 361	329
澳大利亚	415	174	428	182	428	204	536	241	516	185
瑞士	667	302	580	249	358	157	487	196	245	113
美国	623	136	599	123	248	68	164	78	113	59
波兰	258	45	1 052	121	830	114	125	23	22	5
英国	2	3	1	1	2	2	49	12	4	16
其他	1 845	329	1 178	224	515	138	242	100	333	73

数据来源：海关总署。

2016—2020 年全国奶粉进口量值

来源地	2016 年		2017 年		2018 年		2019 年		2020 年	
	进口量（t）	进口额（万美元）	进口量（t）	进口额（万美元）	进口量（t）	进口额（万美元）	进口量（t）	进口额（万美元）	进口量（t）	进口额（万美元）
总计	604 219	147 817	717 398	216 175	801 459	242 846	1 014 803	312 358	979 339	328 980
新西兰	503 561	116 385	549 822	165 129	587 797	178 247	754 962	226 334	695 194	225 428
澳大利亚	26 696	12 103	45 968	17 928	52 765	22 752	68 231	33 360	77 224	40 529
德国	11 735	2 700	24 239	5 678	20 685	4 132	29 654	7 094	20 259	5 983
法国	13 441	3 510	21 481	6 399	18 639	6 308	26 253	7 065	26 156	7 762
爱尔兰	4 167	959	4 854	1 275	9 259	2 003	18 342	4 276	17 838	4 716
芬兰	7 695	1 512	9 763	2 241	12 034	2 196	18 155	3 778	23 459	6 416
白俄罗斯	–	–	695	194	16 110	3 465	15 413	3 100	20 888	4 385
乌拉圭	3 300	777	200	62	9 126	2 750	11 800	3 493	18 701	5 804
丹麦	1 810	403	3 774	1 005	8 185	1 685	11 321	2 711	8 086	2 576
瑞典	4 601	922	7 516	1 774	9 569	1 795	9 355	2 033	7 523	2 033
其他	27 213	8 545	49 086	14 491	57 290	17 512	51 317	19 114	64 012	23 350

数据来源：海关总署。

2016—2020年全国炼乳进口量值

来源地	2016年		2017年		2018年		2019年		2020年	
	进口量（t）	进口额（万美元）	进口量（t）	进口额（万美元）	进口量（t）	进口额（万美元）	进口量（t）	进口额（万美元）	进口量（t）	进口额（万美元）
总计	20 013	3 645	25 648	4 635	27 648	4 867	34 724	5 559	23 760	4 029
澳大利亚	4 711	731	7 837	1 205	9 780	1 467	16 377	2 201	11 831	1 824
荷兰	12 019	2 323	12 921	2 475	13 709	2 676	13 536	2 527	5 831	1 089
德国	1 226	190	2 503	451	1 779	318	1 988	357	3 408	591
马来西亚	71	9	343	40	1 402	168	1 805	220	1 588	245
立陶宛	–	–	416	66	235	39	326	55	254	43
台湾省	134	21	110	21	107	24	129	30	94	22
卢森堡	185	41	644	170	172	54	108	33		
比利时	239	27	121	26	42	17	88	27	92	27
波兰	1	0	53	13	66	14	78	25		
美国	44	18	32	9	14	4	59	12	17	7
其他	1 383	285	668	159	342	84	230	73	646	181

数据来源：海关总署。

2016—2020 年全国乳清进口量值

来源地	2016 年		2017 年		2018 年		2019 年		2020 年	
	进口量（t）	进口额（万美元）	进口量（t）	进口额（万美元）	进口量（t）	进口额（万美元）	进口量（t）	进口额（万美元）	进口量（t）	进口额（万美元）
总计	497 220	45 239	529 631	66 635	557 235	63 333	453 573	60 765	626 150	81 814
美国	283 885	18 621	290 499	28 082	261 938	20 558	161 664	11 669	246 350	21 210
法国	53 607	7 773	61 579	11 338	63 020	10 733	54 622	10 993	52 766	10 112
白俄罗斯	800	58	5 250	425	25 218	1 889	36 673	2 868	59 362	5 099
荷兰	32 080	3 697	40 805	6 434	49 907	6 749	34 265	5 557	57 202	8 037
德国	20 094	2 593	16 124	3 389	21 119	3 786	30 935	6 177	31 759	7 133
波兰	27 648	1 950	30 742	3 071	33 008	2 836	29 709	2 732	54 619	4 849
阿根廷	24 838	2 061	15 092	1 630	22 977	2 130	22 658	2 397	16 417	2 140
爱尔兰	16 149	2 413	18 066	2 816	19 164	3 329	21 308	4 092	22 911	4 027
芬兰	10 048	1 415	10 934	1 598	12 314	1 780	11 902	1 936	13 836	2 357
乌克兰	3 700	230	13 600	1 253	16 376	1 324	10 904	918	14 676	1 335
其他	24 371	4 428	26 940	6 601	32 194	8 219	38 933	11 426	56 253	15 517

数据来源：海关总署。

2016—2020年全国黄油进口量值

来源地	2016年		2017年		2018年		2019年		2020年	
	进口量（t）	进口额（万美元）	进口量（t）	进口额（万美元）	进口量（t）	进口额（万美元）	进口量（t）	进口额（万美元）	进口量（t）	进口额（万美元）
总计	81 864	30 315	91 568	50 016	113 330	69 691	85 544	46 660	115 616	54 618
新西兰	70 807	24 864	78 837	41 738	100 444	60 326	70 985	37 244	95 239	43 658
法国	4 336	2 431	5 589	3 877	5 019	4 028	5 133	3 914	5 676	4 190
比利时	2 153	1 072	2 305	1 595	1 852	1 576	2 106	1 422	2 471	1 372
荷兰	896	374	1 323	791	1 135	771	2 023	1 155	2 928	1 277
澳大利亚	1 996	831	1 956	1 070	1 965	1 257	1 709	1 070	3 004	1 335
德国	338	159	374	268	542	381	887	521	1 279	539
爱尔兰	163	66	222	109	271	165	544	278	682	312
英国	3	4	141	70	7	8	430	211	867	422
阿根廷	475	196	197	117	391	239	354	182	358	171
丹麦	332	152	199	125	315	249	349	227	849	406
其他	365	165	425	257	1 389	692	1 024	436	2 264	938

数据来源：海关总署。

2016—2020 年全国奶酪进口量值

来源地	2016 年		2017 年		2018 年		2019 年		2020 年	
	进口量（t）	进口额（万美元）	进口量（t）	进口额（万美元）	进口量（t）	进口额（万美元）	进口量（t）	进口额（万美元）	进口量（t）	进口额（万美元）
总计	97 177	41 941	108 032	49 772	108 391	51 317	114 864	52 201	129 228	59 034
新西兰	51 116	21 639	54 887	24 424	54 975	24 782	66 831	28 429	72 768	31 346
澳大利亚	19 968	7 695	21 107	8 723	19 810	8 667	17 130	7 185	17 988	7 190
美国	8 956	4 098	12 905	6 023	12 018	5 584	7 533	3 667	7 153	3 723
丹麦	3 103	1 471	4 095	2 098	4 487	2 360	4 669	2 479	7 326	3 572
意大利	2 585	1 564	3 281	2 032	3 775	2 402	3 809	2 339	4 238	2 554
法国	3 493	2 103	3 150	2 233	3 108	2 357	3 396	2 408	4 343	3 041
爱尔兰	245	114	346	162	538	267	2 523	1 033	3 045	1 246
德国	2 460	881	2 032	906	1 922	912	2 239	979	2 070	883
英国	575	234	786	359	1 056	483	1 325	612	1 093	465
荷兰	611	342	865	546	874	577	1 015	638	1 363	987
其他	4 065	1 799	4 578	2 266	5 828	2 926	4 394	2 433	7 839	4 028

数据来源：海关总署。

2009—2020年全国原料奶粉进口量值表

年份	奶粉			其中：脱脂奶粉			其中：全脂淡奶粉			其中：全脂甜奶粉		
	数量（t）	金额（万美元）	单价（美元/t）	数量（t）	金额（万美元）	单价（美元/t）	数量（t）	金额（万美元）	单价（美元/t）	数量（t）	金额（万美元）	单价（美元/t）
2009	246 787	58 041	2 352	70 443	15 601	2 215	174 969	41 953	2 398	1 375	486	3 537
2010	414 040	138 810	3 353	88 544	27 403	3 095	324 708	110 431	3 401	788	976	12 389
2011	449 542	164 544	3 660	129 805	45 564	3 510	318 049	117 848	3 705	1 687	1 132	6 710
2012	572 875	192 739	3 364	167 593	55 397	3 305	402 387	135 490	3 367	2 896	1 852	6 396
2013	854 416	358 473	4 196	235 019	95 850	4 078	617 798	261 485	4 233	1 599	1 137	7 111
2014	923 697	443 686	4 803	252 840	112 520	4 450	670 043	330 630	4 934	814	535	6 574
2015	547 243	150 690	2 754	200 220	51 717	2 583	342 620	95 238	2 780	4 403	3 735	8 483
2016	604 217	147 817	2 446	184 469	39 619	2 148	415 724	105 354	2 534	4 024	2 844	7 067
2017	717 399	216 175	3 013	247 304	60 043	2 428	463 408	149 407	3 224	6 688	4 871	7 284
2018	801 489	242 866	3 030	280 488	60 931	2 172	512 641	174 667	3 407	8 360	7 268	8 694
2019	1 014 803	312 358	3 078	343 616	87 077	2 534	664 012	217 603	3 277	7 175	7 678	10 701
2020	979 339	328 981	3 359	335 597	98 589	2 938	633 677	222 403	3 510	10 065	7 989	7 937

数据来源：海关总署。

2009—2020年全国原料奶粉出口量值表

年 份	奶粉			其中：脱脂奶粉			其中：全脂淡奶粉			其中：全脂甜奶粉		
	数量（t）	金额（万美元）	单价（美元/t）	数量（t）	金额（万美元）	单价（美元/t）	数量（t）	金额（万美元）	单价（美元/t）	数量（t）	金额（万美元）	单价（美元/t）
2009	9 738	3 086	3 169	0	0	3 372	8 051	2 561	3 181	1 687	525	3 112
2010	2 970	943	3 175	189	69	3 649	606	198	3 274	2 175	675	3 106
2011	9 327	3 711	398	199	91	4 569	6 562	2 360	360	2 566	1 260	4 909
2012	9 703	3 984	4 106	345	166	4 816	5 999	2 076	4 106	3 359	1 742	5 185
2013	3 318	1 622	4 889	359	149	4 148	1 000	347	3 473	1 958	1 126	5 749
2014	8 125	3 228	3 973	2 356	826	3 507	4 931	1 868	3 788	838	534	6 372
2015	4 869	1 098	2 255	1 178	246	2 086	3 030	455	1 502	661	397	6 008
2016	3 530	1 605	4 547	655	196	2 986	1 383	563	4 073	1 491	846	5 672
2017	2 843	948	3 333	1 047	233	2 222	1 271	392	3 086	524	323	6 151
2018	3 135	982	3 133	1 375	334	2 429	1 350	399	2 955	411	250	6 082
2019	1 783	694	3 893	713	187	2 620	727	338	4 656	343	169	4 924
2020	1 624	698	4 297	467	152	3 251	467	152	3 251	165	143	8 716

数据来源：海关总署。

【乳品消费】

2016—2020年居民家庭人均奶类消费量

单位：kg

指标	2016年	2017年	2018年	2019年	2020年
全国居民	12.0	12.1	12.2	12.5	13.0
城镇居民	16.5	16.5	16.5	16.7	17.3
农村居民	6.6	6.9	6.9	7.3	7.4

注：数据来源于国家统计局开展的城乡一体化住户收支与生活状况调查。

2020年分地区居民家庭人均奶类消费量

单位：kg

地　区	居民	城镇居民	农村居民
全　国	13.0	17.3	7.4
北　京	30.1	32.4	15.1
天　津	16.8	18.2	10.4
河　北	16.5	23.7	8.9
山　西	17.9	22.8	12.0
内蒙古	24.8	31.4	14.7
辽　宁	17.7	23.4	6.1
吉　林	11.6	15.9	6.1
黑龙江	10.6	14.4	5.3
上　海	23.1	23.8	16.8
江　苏	15.4	17.6	11.0
浙　江	14.7	16.5	11.3
安　徽	11.3	13.4	9.1
福　建	11.7	13.9	8.3
江　西	11.2	15.4	6.8
山　东	17.6	22.5	11.1
河　南	13.5	19.3	8.4
湖　北	7.7	10.0	4.8
湖　南	7.4	10.6	4.1
广　东	9.6	11.7	4.7
广　西	5.6	9.0	2.6
海　南	4.9	7.0	2.3
重　庆	14.0	17.8	8.0
四　川	10.0	13.8	6.6
贵　州	5.1	9.5	2.0
云　南	6.2	10.9	2.8
西　藏	8.5	19.4	4.5
陕　西	14.7	20.3	8.6
甘　肃	15.7	27.6	6.9
青　海	16.7	22.9	10.5
宁　夏	13.5	18.1	7.9
新　疆	18.7	31.2	7.6

数据来源：国家统计局。

2017—2020年分地区居民人均可支配收入

单位：元

地　区	2017年	2018年	2019年	2020年
全　国	25 973.8	28 228.0	30 732.8	32 188.8
北　京	57 229.8	62 361.2	67 755.9	69 433.5
天　津	37 022.3	39 506.1	42 404.1	43 854.1
河　北	21 484.1	23 445.7	25 664.7	27 135.9
山　西	20 420.0	21 990.1	23 828.5	25 213.7
内蒙古	26 212.2	28 375.7	30 555.0	31 497.3
辽　宁	27 835.4	29 701.4	31 819.7	32 738.3
吉　林	21 368.3	22 798.4	24 562.9	25 751.0
黑龙江	21 205.8	22 725.8	24 253.6	24 902.0
上　海	58 988.0	64 182.6	69 441.6	72 232.4
江　苏	35 024.1	38 095.8	41 399.7	43 390.4
浙　江	42 045.7	45 839.8	49 898.8	52 397.4
安　徽	21 863.3	23 983.6	26 415.1	28 103.2
福　建	30 047.7	32 643.9	35 616.1	37 202.4
江　西	22 031.4	24 079.7	26 262.4	28 016.5
山　东	26 929.9	29 204.6	31 597.0	32 885.7
河　南	20 170.0	21 963.5	23 902.7	24 810.1
湖　北	23 757.2	25 814.5	28 319.5	27 880.6
湖　南	23 102.7	25 240.7	27 679.7	29 379.9
广　东	33 003.3	35 809.9	39 014.3	41 028.6
广　西	19 904.8	21 485.0	23 328.2	24 562.3
海　南	22 553.2	24 579.0	26 679.5	27 904.1
重　庆	24 153.0	26 385.8	28 920.4	30 823.9
四　川	20 579.8	22 460.6	24 703.1	26 522.1
贵　州	16 703.6	18 430.2	20 397.4	21 795.4
云　南	18 348.3	20 084.2	22 082.4	23 294.9
西　藏	15 457.3	17 286.1	19 501.3	21 744.1
陕　西	20 635.2	22 528.3	24 666.3	26 226.0
甘　肃	16 011.0	17 488.4	19 139.0	20 335.1
青　海	19 001.0	20 757.3	22 617.7	24 037.4
宁　夏	20 561.7	22 400.4	24 411.9	25 734.9
新　疆	19 975.1	21 500.2	23 103.4	23 844.7

数据来源：国家统计局。

2017—2020年分地区居民人均消费支出

单位：元

地　区	2017年	2018年	2019年	2020年
全　国	**18 322.1**	**19 853.1**	**21 558.9**	**21 209.9**
北　京	37 425.3	39 842.7	43 038.3	38 903.3
天　津	27 841.4	29 902.9	31 853.6	28 461.4
河　北	15 437.0	16 722.0	17 987.2	18 037.0
山　西	13 664.4	14 810.1	15 862.6	15 732.7
内蒙古	18 945.5	19 665.2	20 743.4	19 794.5
辽　宁	20 463.4	21 398.3	22 202.8	20 672.1
吉　林	15 631.9	17 200.4	18 075.4	17 317.7
黑龙江	15 577.5	16 994.0	18 111.5	17 056.4
上　海	39 791.9	43 351.3	45 605.1	42 536.3
江　苏	23 468.6	25 007.4	26 697.3	26 225.1
浙　江	27 079.1	29 470.7	32 025.8	31 294.7
安　徽	15 751.7	17 044.6	19 137.4	18 877.3
福　建	21 249.3	22 996.0	25 314.3	25 125.8
江　西	14 459.0	15 792.0	17 650.5	17 955.3
山　东	17 280.7	18 779.8	20 427.5	20 940.1
河　南	13 729.6	15 168.5	16 331.8	16 142.6
湖　北	16 937.6	19 537.8	21 567.0	19 245.9
湖　南	17 160.4	18 807.9	20 478.9	20 997.6
广　东	24 819.6	26 054.0	28 994.7	28 491.9
广　西	13 423.7	14 934.8	16 418.3	16 356.8
海　南	15 402.7	17 528.4	19 554.9	18 971.6
重　庆	17 898.1	19 248.5	20 773.9	21 678.1
四　川	16 179.9	17 663.6	19 338.3	19 783.4
贵　州	12 969.6	13 798.1	14 780.0	14 873.8
云　南	12 658.1	14 249.9	15 779.8	16 792.4
西　藏	10 320.1	11 520.2	13 029.2	13 224.8
陕　西	14 899.7	16 159.7	17 464.9	17 417.6
甘　肃	13 120.1	14 624.0	15 879.1	16 174.9
青　海	15 503.1	16 557.2	17 544.8	18 284.2
宁　夏	15 350.3	16 715.1	18 296.8	17 505.8
新　疆	15 087.3	16 189.1	17 396.6	16 512.1

数据来源：国家统计局。

2017—2020年分地区城镇居民人均可支配收入

单位：元

地 区	2017年	2018年	2019年	2020年
全 国	36 396.2	39 250.8	42 358.8	43 833.8
北 京	62 406.3	67 989.9	73 848.5	75 601.5
天 津	40 277.5	42 976.3	46 118.9	47 658.5
河 北	30 547.8	32 977.2	35 737.7	37 285.7
山 西	29 131.8	31 034.8	33 262.4	34 792.7
内蒙古	35 670.0	38 304.7	40 782.5	41 353.1
辽 宁	34 993.4	37 341.9	39 777.2	40 375.9
吉 林	28 318.7	30 171.9	32 299.2	33 395.7
黑龙江	27 446.0	29 191.3	30 944.6	31 114.7
上 海	62 595.7	68 033.6	73 615.3	76 437.3
江 苏	43 621.8	47 200.0	51 056.1	53 101.7
浙 江	51 260.7	55 574.3	60 182.3	62 699.3
安 徽	31 640.3	34 393.1	37 540.0	39 442.1
福 建	39 001.4	42 121.3	45 620.5	47 160.3
江 西	31 198.1	33 819.4	36 545.9	38 555.8
山 东	36 789.4	39 549.4	42 329.2	43 726.3
河 南	29 557.9	31 874.2	34 201.0	34 750.3
湖 北	31 889.4	34 454.6	37 601.4	36 705.7
湖 南	33 947.9	36 698.3	39 841.9	41 697.5
广 东	40 975.1	44 341.0	48 117.6	50 257.0
广 西	30 502.1	32 436.1	34 744.9	35 859.3
海 南	30 817.4	33 348.7	36 016.7	37 097.0
重 庆	32 193.2	34 889.3	37 938.6	40 006.2
四 川	30 726.9	33 215.9	36 153.7	38 253.1
贵 州	29 079.8	31 591.9	34 404.2	36 096.2
云 南	30 995.9	33 487.9	36 237.7	37 499.5
西 藏	30 671.1	33 797.4	37 410.0	41 156.4
陕 西	30 810.3	33 319.3	36 098.2	37 868.2
甘 肃	27 763.4	29 957.0	32 323.4	33 821.8
青 海	29 168.9	31 514.5	33 830.3	35 505.8
宁 夏	29 472.3	31 895.2	34 328.5	35 719.6
新 疆	30 774.8	32 763.5	34 663.7	34 838.4

数据来源：国家统计局。

2017—2020 年分地区城镇居民人均消费支出

单位：元

地 区	2017 年	2018 年	2019 年	2020 年
全 国	24 445.0	26 112.3	28 063.4	27 007.4
北 京	40 346.3	42 925.6	46 358.2	41 726.3
天 津	30 283.6	32 655.1	34 810.7	30 894.7
河 北	20 600.3	22 127.4	23 483.1	23 167.4
山 西	18 404.0	19 789.8	21 159.0	20 331.9
内蒙古	23 637.8	24 437.1	25 382.5	23 887.7
辽 宁	25 379.4	26 447.9	27 355.0	24 849.1
吉 林	20 051.2	22 393.7	23 394.3	21 623.2
黑龙江	19 269.8	21 035.5	22 164.9	20 397.3
上 海	42 304.3	46 015.2	48 271.6	44 839.3
江 苏	27 726.3	29 461.9	31 329.1	30 882.2
浙 江	31 924.2	34 597.9	37 507.9	36 196.9
安 徽	20 740.2	21 522.7	23 781.5	22 682.7
福 建	25 980.5	28 145.1	30 945.5	30 486.5
江 西	19 244.5	20 760.0	22 714.3	22 134.3
山 东	23 072.1	24 798.4	26 731.5	27 291.1
河 南	19 422.3	20 989.2	21 971.6	20 644.9
湖 北	21 275.6	23 995.9	26 421.8	22 885.5
湖 南	23 162.6	25 064.2	26 924.0	26 796.4
广 东	30 197.9	30 924.3	34 424.1	33 511.3
广 西	18 348.6	20 159.4	21 590.9	20 906.5
海 南	20 371.9	22 971.2	25 316.7	23 559.9
重 庆	22 759.2	24 154.2	25 785.5	26 464.4
四 川	21 990.6	23 483.9	25 367.4	25 133.2
贵 州	20 347.8	20 787.9	21 402.4	20 587.0
云 南	19 559.7	21 626.4	23 454.9	24 569.4
西 藏	21 087.5	23 029.4	25 636.7	24 927.4
陕 西	20 388.2	21 966.4	23 514.3	22 866.4
甘 肃	20 659.4	22 606.0	24 453.9	24 614.6
青 海	21 473.0	22 997.5	23 799.2	24 315.2
宁 夏	20 219.5	21 976.7	24 161.0	22 379.1
新 疆	22 796.9	24 191.4	25 594.2	22 951.8

数据来源：国家统计局。

2017—2020年分地区农村居民人均可支配收入

单位：元

地 区	2017年	2018年	2019年	2020年
全 国	13 432.4	14 617.0	16 020.7	17 131.5
北 京	24 240.5	26 490.3	28 928.4	30 125.7
天 津	21 753.7	23 065.2	24 804.1	25 690.6
河 北	12 880.9	14 030.9	15 373.1	16 467.0
山 西	10 787.5	11 750.0	12 902.4	13 878.0
内蒙古	12 584.3	13 802.6	15 282.8	16 566.9
辽 宁	13 746.8	14 656.3	16 108.3	17 450.3
吉 林	12 950.4	13 748.2	14 936.0	16 067.0
黑龙江	12 664.8	13 803.7	14 982.1	16 168.4
上 海	27 825.0	30 374.7	33 195.2	34 911.3
江 苏	19 158.0	20 845.1	22 675.4	24 198.5
浙 江	24 955.8	27 302.4	29 875.8	31 930.5
安 徽	12 758.2	13 996.0	15 416.0	16 620.2
福 建	16 334.8	17 821.2	19 568.4	20 880.3
江 西	13 241.8	14 459.9	15 796.3	16 980.8
山 东	15 117.5	16 297.0	17 775.5	18 753.2
河 南	12 719.2	13 830.7	15 163.7	16 107.9
湖 北	13 812.1	14 977.8	16 390.9	16 305.9
湖 南	12 935.8	14 092.5	15 394.8	16 584.6
广 东	15 779.7	17 167.7	18 818.4	20 143.4
广 西	11 325.5	12 434.8	13 675.7	14 814.9
海 南	12 901.8	13 988.9	15 113.1	16 278.8
重 庆	12 637.9	13 781.2	15 133.3	16 361.4
四 川	12 226.9	13 331.4	14 670.1	15 929.1
贵 州	8 869.1	9 716.1	10 756.3	11 642.3
云 南	9 862.2	10 767.9	11 902.4	12 841.9
西 藏	10 330.2	11 449.8	12 951.0	14 598.4
陕 西	10 264.5	11 212.8	12 325.7	13 316.5
甘 肃	8 076.1	8 804.1	9 628.9	10 344.3
青 海	9 462.3	10 393.3	11 499.4	12 342.5
宁 夏	10 737.9	11 707.6	12 858.4	13 889.4
新 疆	11 045.3	11 974.5	13 121.7	14 056.1

数据来源：国家统计局。

2017—2020年分地区农村居民人均消费支出

单位：元

地　区	2017年	2018年	2019年	2020年
全　国	10 954.5	12 124.3	13 327.7	13 713.4
北　京	18 810.5	20 195.3	21 881.0	20 912.7
天　津	16 385.9	16 863.3	17 843.3	16 844.1
河　北	10 535.9	11 382.8	12 372.0	12 644.2
山　西	8 424.0	9 172.2	9 728.4	10 290.1
内蒙古	12 184.4	12 661.5	13 816.0	13 593.7
辽　宁	10 787.3	11 455.0	12 030.2	12 311.2
吉　林	10 279.4	10 826.2	11 456.6	11 863.6
黑龙江	10 523.9	11 416.8	12 494.9	12 360.0
上　海	18 089.8	19 964.7	22 448.9	22 095.5
江　苏	15 611.5	16 567.0	17 715.9	17 021.7
浙　江	18 093.4	19 706.8	21 351.7	21 555.4
安　徽	11 106.1	12 748.1	14 545.8	15 023.5
福　建	14 003.4	14 942.8	16 281.4	16 338.9
江　西	9 870.4	10 885.2	12 496.7	13 579.4
山　东	10 342.1	11 270.1	12 308.9	12 660.4
河　南	9 211.5	10 392.0	11 546.0	12 201.1
湖　北	11 632.5	13 946.3	15 328.0	14 472.5
湖　南	11 533.6	12 720.5	13 968.8	14 974.0
广　东	13 199.6	15 411.3	16 949.4	17 132.3
广　西	9 436.6	10 617.0	12 045.0	12 431.1
海　南	9 599.4	10 955.8	12 417.5	13 169.3
重　庆	10 936.1	11 976.8	13 112.1	14 139.5
四　川	11 396.7	12 723.2	14 055.6	14 952.6
贵　州	8 299.0	9 170.2	10 221.7	10 817.6
云　南	8 027.3	9 122.9	10 260.2	11 069.5
西　藏	6 691.5	7 452.1	8 417.9	8 917.1
陕　西	9 305.6	10 070.8	10 934.7	11 375.7
甘　肃	8 029.7	9 064.6	9 694.0	9 922.9
青　海	9 902.7	10 352.4	11 343.1	12 134.2
宁　夏	9 982.1	10 789.6	11 464.6	11 724.3
新　疆	8 712.6	9 421.3	10 318.4	10 778.2

数据来源：国家统计局。

1978—2020年居民消费水平

年份	绝对数（元）			城乡消费水平对比（农村居民=1）	指数（上年=100）			指数（1978=100）		
	全体居民	城镇居民	农村居民		全体居民	城镇居民	农村居民	全体居民	城镇居民	农村居民
1978	184	393	139	2.8	104.1	102.9	104.4	100.0	100.0	100.0
1980	238	490	178	2.7	109.1	107.3	108.6	116.8	113.8	115.0
1985	440	750	346	2.2	112.7	107.4	114.4	181.3	141.6	191.3
1990	831	1 404	627	2.2	102.8	101.4	103.4	227.5	168.6	238.8
1995	2 329	4 767	1 345	3.5	108.3	109.5	105.0	339.7	294.2	286.9
2000	3 712	6 972	1 917	3.6	110.5	109.6	106.6	491.9	393.0	375.2
2001	3 968	7 272	2 032	3.6	105.9	103.4	104.6	520.7	406.5	392.7
2002	4 270	7 662	2 157	3.6	108.1	105.9	106.6	563.1	430.6	418.5
2003	4 555	7 977	2 292	3.5	105.4	103.0	104.6	593.4	443.4	437.7
2004	5 071	8 718	2 521	3.5	106.6	105.2	103.9	632.7	466.6	454.9
2005	5 688	9 637	2 784	3.5	109.5	108.3	106.8	693.0	505.4	485.8
2006	6 319	10 516	3 066	3.4	108.0	105.9	107.3	748.3	535.4	521.4
2007	7 454	12 217	3 538	3.5	112.4	111.2	108.7	841.4	595.5	566.8
2008	8 505	13 722	3 981	3.4	107.5	106.2	104.8	904.2	632.2	593.8
2009	9 249	14 687	4 295	3.4	110.5	108.6	110.1	999.4	686.6	654.0
2010	10 575	16 570	4 782	3.5	107.5	105.9	105.4	1 074.7	726.9	689.2
2011	12 668	19 219	5 880	3.3	109.8	106.8	110.8	1 179.7	776.3	764.0
2012	14 074	20 869	6 573	3.2	109.1	107.1	108.1	1 286.9	831.0	826.1
2013	15 586	22 620	7 397	3.1	107.9	105.7	109.4	1 388.9	878.2	903.9
2014	17 220	24 430	8 365	2.9	108.4	105.9	110.9	1 505.1	930.3	1 002.3
2015	18 857	26 119	9 409	2.8	109.5	106.9	112.7	1 648.4	994.3	1 129.1
2016	20 801	28 154	10 609	2.7	108.2	105.6	110.8	1 783.2	1 050.4	1 251.4
2017	22 969	30 323	12 145	2.5	106.6	104.0	110.8	1 901.7	1 092.0	1 386.6
2018	25 245	32 483	13 985	2.3	107.4	104.7	112.4	2 041.9	1 143.0	1 558.8
2019	27 504	34 900	15 382	2.3	106.1	104.6	107.0	2 166.0	1 195.9	1 668.2
2020	27 438	34 033	16 063	2.1	97.8	95.5	102.7	2 118.0	1 142.1	1 712.9

注：1. 城乡消费水平对比没有剔除城乡价格不可比的因素。
2. 居民消费水平指按年中常住人口计算的人均居民消费支出。

2020年分地区居民消费价格分类指数

上年=100

地　区	总指数	食品烟酒	食品	奶类
全　国	102.5	108.3	110.6	101.0
北　京	101.7	105.7	106.1	104.0
天　津	102.0	106.5	107.6	100.0
河　北	102.1	107.1	108.4	100.6
山　西	102.9	106.9	108.2	101.2
内蒙古	101.9	105.7	107.0	100.1
辽　宁	102.4	107.4	108.9	101.6
吉　林	102.3	107.5	109.0	102.1
黑龙江	102.3	108.0	109.6	101.4
上　海	101.7	105.3	106.3	100.7
江　苏	102.5	109.1	111.9	102.4
浙　江	102.3	107.4	109.5	100.8
安　徽	102.7	108.4	110.9	100.2
福　建	102.2	107.0	109.3	101.8
江　西	102.6	108.8	111.5	100.5
山　东	102.8	109.5	112.1	100.6
河　南	102.8	108.5	111.2	100.4
湖　北	102.7	109.3	112.3	100.2
湖　南	102.3	108.3	111.4	99.6
广　东	102.6	109.1	111.8	102.4
广　西	102.8	109.2	111.6	100.9
海　南	102.3	108.4	110.5	101.9
重　庆	102.3	107.9	110.3	95.9
四　川	103.2	111.0	114.2	100.6
贵　州	102.6	110.3	113.3	100.8
云　南	103.6	111.6	115.8	100.1
西　藏	102.2	104.8	106.2	101.8
陕　西	102.5	107.6	109.3	103.2
甘　肃	102.0	106.4	108.5	99.9
青　海	102.6	106.5	108.5	101.1
宁　夏	101.5	105.4	106.6	99.1
新　疆	101.5	104.5	105.4	98.9

数据来源：国家统计局。

1978—2020年居民人均消费支出和指数

单位：kg

年 份	全国居民人均消费支出		城镇居民人均消费支出		农村居民人均消费支出	
	绝对数（元）	指数(1978=100)	绝对数（元）	指数(1978=100)	绝对数（元）	指数(1978=100)
1978	151.0	100.0	311.2	100.0	116.1	100.0
1980	210.7	127.4	412.4	121.0	162.2	131.2
1985	401.8	203.0	673.2	161.2	317.4	220.6
1990	768.0	234.9	1 278.9	185.1	584.6	246.3
1995	1 957.1	326.4	3 537.6	264.6	1 310.4	312.8
2000	2 914.0	444.6	5 026.7	338.9	1 714.3	380.0
2001	3 138.8	475.5	5 349.7	358.3	1 803.2	396.4
2002	3 547.7	541.8	6 088.5	411.8	1 917.1	423.2
2003	3 888.6	586.8	6 587.1	441.5	2 049.6	445.5
2004	4 395.3	638.4	7 280.5	472.4	2 326.5	482.6
2005	5 035.4	718.4	8 067.7	515.5	2 748.8	543.6
2006	5 634.4	792.0	8 850.7	557.3	3 072.3	598.7
2007	6 591.9	884.1	10 195.7	614.3	3 535.5	653.6
2008	7 547.7	955.9	11 489.0	655.6	4 054.0	703.6
2009	8 376.6	1 068.4	12 557.7	723.2	4 464.2	777.1
2010	9 378.3	1 158.0	13 820.7	771.0	4 944.8	830.7
2011	10 819.6	1 267.5	15 554.0	823.4	5 892.0	935.4
2012	12 053.7	1 376.3	17 106.6	881.9	6 667.1	1 032.7
2013	13 220.4	1 471.2	18 487.5	928.9	7 485.1	1 127.8
2014	14 491.4	1 581.0	19 968.1	982.7	8 382.6	1 240.7
2015	15 712.4	1 690.6	21 392.4	1 037.2	9 222.6	1 347.5
2016	17 110.7	1 804.9	23 078.9	1 096.0	10 129.8	1 452.5
2017	18 322.1	1 902.3	24 445.0	1 141.4	10 954.5	1 550.6
2018	19 853.1	2 019.7	26 112.3	1 194.0	12 124.3	1 681.2
2019	21 558.9	2 131.6	28 063.4	1 248.6	13 327.7	1 790.4
2020	21 209.9	2 046.3	27 007.4	1 174.1	13 713.4	1 788.6

数据来源：国家统计局。

注：本表2013—2020年人均消费支出来源于住户收支与生活状况调查，1978—2012年数据是根据历史数据按住户收支与生活状况调查可比口径推算获得。消费支出绝对数按当年价计算，指数按可比价计算。

2020年全国各地区零售鲜奶平均价格（纯牛奶 利乐枕240mL月度）

单位：元

地 区	1月	2月	3月	4月	5月	6月	7月	8月	9月	10月	11月	12月
北 京	2.36	2.36	2.37	2.35	2.35	2.37	2.38	2.45	2.46	2.40	2.42	2.44
天 津	2.30	2.28	2.30	2.35	2.35	2.35	2.27	2.27	2.27	2.28	2.38	2.39
河 北	2.19	2.19	2.14	2.14	2.18	2.28	2.30	2.29	2.31	2.36	2.38	2.39
山 西	2.53	2.54	2.52	2.53	2.53	2.53	2.52	2.52	2.52	2.52	2.52	2.52
内蒙古	2.64	2.64	2.66	2.66	2.66	2.65	2.64	2.65	2.70	2.74	2.77	2.77
辽 宁	2.41	2.42	2.44	2.44	2.44	2.44	2.44	2.44	2.44	2.45	2.45	2.45
吉 林	2.57	2.57	2.57	2.55	2.51	2.47	2.43	2.43	2.50	2.51	2.49	2.45
黑龙江	2.14	2.15	2.15	2.13	2.13	2.14	2.14	2.15	2.15	2.15	2.16	2.24
上 海	2.93	2.98	2.85	2.85	2.82	2.83	2.85	2.85	2.84	2.84	2.86	2.86
江 苏	2.42	2.44	2.43	2.44	2.44	2.44	2.44	2.45	2.44	2.44	2.43	2.43
浙 江	2.08	2.08	2.08	2.08	2.08	2.08	2.08	2.08	2.08	2.08	2.05	2.03
安 徽	2.61	2.61	2.61	2.61	2.62	2.60	2.57	2.54	2.52	2.52	2.52	2.52
福 建												
江 西	2.84	2.84	2.84	2.84	2.84	2.84	2.82	2.82	2.82	2.82	2.82	2.82
山 东	2.57	2.57	2.57	2.57	2.57	2.57	2.58	2.60	2.61	2.61	2.60	2.60
河 南	2.30	2.30	2.25	2.32	2.27	2.30	2.30	2.30	2.30	2.30	2.31	2.33
湖 北	2.63	2.63	2.65	2.66	2.67	2.66	2.63	2.63	2.66	2.68	2.68	2.70
湖 南	2.50	2.50	2.51	2.51	2.51	2.51	2.51	2.51	2.51	2.51	2.51	2.52
广 东	2.88	2.95	2.80	2.38	2.35	2.35	2.35	2.35	2.45	2.78	2.99	3.18
广 西	2.71	2.75	2.75	2.77	2.77	2.78	2.79	2.79	2.83	2.82	2.83	2.76
海 南	3.05	3.06	3.08	3.08	3.08	3.08	3.08	3.08	3.08	3.08	3.08	3.08
重 庆	2.55	2.55	2.55	2.80	2.93	2.93	2.93	2.93	2.91	2.96	2.93	2.93
四 川	2.61	2.60	2.60	2.58	2.58	2.57	2.56	2.57	2.58	2.57	2.60	2.63
贵 州	2.63	2.65	2.66	2.65	2.66	2.67	2.67	2.67	2.66	2.66	2.66	2.66
云 南	2.83	2.83	2.83	2.82	2.82	2.78	2.73	2.73	2.73	2.73	2.73	2.73
西 藏												
陕 西	2.11	2.12	2.12	2.12	2.14	2.19	2.17	2.16	2.16	2.18	2.19	2.20
甘 肃	2.53	2.53	2.37	2.38	2.39	2.38	2.38	2.35	2.35	2.38	2.38	2.40
青 海	2.25	2.25	2.25	2.25	2.25	2.25	2.25	2.25	2.25	2.25	2.25	2.28
宁 夏	2.19	2.19	2.20	2.20	2.20	2.20	2.21	2.21	2.21	2.21	2.21	2.21
新 疆	2.14	2.14	2.14	2.14	2.14	2.14	2.14	2.14	2.14	2.14	2.14	2.12

数据来源：国家发改委。

2020年全国各地区零售鲜奶平均价格（纯牛奶　盒装250mL 月度）

单位：元

地　区	1月	2月	3月	4月	5月	6月	7月	8月	9月	10月	11月	12月
北　京	3.03	3.02	2.95	2.92	2.89	2.89	2.89	2.92	2.83	2.73	2.77	2.78
天　津	2.53	2.72	2.40	2.40	2.42	2.39	2.37	2.38	2.48	2.69	2.79	2.89
河　北	2.97	2.98	3.00	3.01	2.99	3.00	3.05	3.01	3.02	3.06	3.05	3.05
山　西	2.79	2.78	2.77	2.78	2.78	2.78	2.78	2.78	2.78	2.78	2.78	2.78
内蒙古	3.61	3.60	3.61	3.61	3.61	3.61	3.62	3.66	3.68	3.73	3.74	3.77
辽　宁	2.83	2.83	2.83	2.83	2.83	2.83	2.83	2.83	2.84	2.87	2.91	2.91
吉　林	3.18	3.18	3.18	3.18	3.18	3.18	3.18	3.18	3.18	3.18	3.18	3.18
黑龙江	2.71	2.72	2.72	2.72	2.70	2.71	2.71	2.74	2.74	2.74	2.74	2.72
上　海	3.68	3.71	3.71	3.61	3.40	3.40	3.41	3.41	3.40	3.40	3.38	3.41
江　苏	3.51	3.50	3.51	3.49	3.54	3.53	3.54	2.72	2.73	2.78	2.79	2.86
浙　江	2.84	2.89	2.89	2.90	2.94	2.93	2.96	2.94	2.94	2.98	3.05	3.10
安　徽	2.90	2.90	2.89	2.89	2.87	2.80	2.75	2.73	2.73	2.75	2.75	2.75
福　建	2.91	2.94	2.87	2.89	2.86	2.90	2.95	2.95	2.97	2.97	2.96	2.97
江　西	3.13	3.13	3.13	3.13	3.13	3.13	3.10	3.10	3.09	3.08	3.08	3.08
山　东	2.97	2.97	2.97	2.97	2.97	2.97	2.99	3.00	3.01	3.01	3.01	3.01
河　南	2.79	2.78	2.72	2.75	2.73	2.76	2.76	2.76	2.78	2.77	2.77	2.80
湖　北	2.87	2.87	2.86	2.86	2.86	2.84	2.82	2.83	2.85	2.86	2.90	2.91
湖　南	2.66	2.66	2.66	2.66	2.66	2.66	2.66	2.66	2.66	2.66	2.66	2.67
广　东	2.72	2.69	2.71	2.63	2.68	2.69	2.68	2.70	2.73	2.78	2.84	2.86
广　西	2.83	2.83	2.83	2.83	2.83	2.84	2.85	2.84	2.85	2.87	2.87	2.85
海　南	3.11	3.12	3.13	3.13	3.13	3.10	3.11	3.12	3.12	3.12	3.12	3.12
重　庆	2.93	3.08	3.23	3.62	3.8	3.80	3.80	3.83	3.58	3.88	3.88	3.88
四　川	2.78	2.77	2.78	2.74	2.68	2.64	2.64	2.64	2.62	2.60	2.71	2.76
贵　州	2.81	2.82	2.72	2.78	2.80	2.78	2.79	2.79	2.79	2.79	2.79	2.80
云　南	3.18	3.18	3.18	3.18	3.16	3.15	3.14	3.14	3.06	3.06	3.06	3.06
西　藏	3.50	3.50	3.50	3.50	3.50	3.50	3.50	3.50	3.50	3.50	3.50	3.50
陕　西	2.58	2.65	2.67	2.66	2.67	2.69	2.74	2.76	2.77	2.81	2.81	2.81
甘　肃	3.15	3.16	3.17	3.15	3.15	3.14	3.11	3.12	3.13	3.11	3.15	3.15
青　海	3.23	3.28	3.30	3.30	3.30	3.30	3.30	3.30	3.30	3.30	3.30	3.30
宁　夏	2.72	2.72	2.72	2.72	2.68	2.66	2.66	2.68	2.66	2.66	2.66	2.66
新　疆	2.55	2.55	2.55	2.55	2.55	2.55	2.55	2.55	2.60	2.60	2.60	2.60

数据来源：国家发改委。

2020年全国各地区零售盒装婴幼儿配方乳粉平均价格(国产三段 400g 月度)

单位：元

地 区	1月	2月	3月	4月	5月	6月	7月	8月	9月	10月	11月	12月
北 京	54.84	55.17	55.17	55.17	55.17	55.17	55.17	55.17	55.17	55.17	55.17	55.17
天 津	59.17	60.00	60.00	59.42	59.13	59.13	59.13	59.13	59.13	59.13	64.17	64.17
河 北	64.60	64.60	64.60	64.60	64.60	64.00	63.70	62.63	62.10	62.10	62.10	62.10
山 西	68.75	68.75	68.75	68.75	68.75	68.75	68.75	68.75	68.75	68.75	68.75	68.75
内蒙古	57.46	57.46	57.46	57.46	57.46	57.90	58.35	58.85	64.46	64.46	64.46	64.46
辽 宁	63.95	64.01	64.05	64.05	64.05	64.05	64.05	64.22	64.95	65.14	65.14	65.14
吉 林	64.50	64.50	64.50	63.06	62.33	62.33	62.33	62.33	62.33	62.33	62.33	63.74
黑龙江	72.30	72.30	72.30	72.30	72.44	72.11	72.42	72.74	72.74	72.74	71.97	71.97
上 海	52.50	52.50	52.50	52.50	52.50	52.50	52.50	52.50	52.50	52.50	52.50	52.50
江 苏	76.00	76.01	76.01	76.01	76.01	76.01	76.01	75.31	75.31	75.31	75.64	76.37
浙 江	90.92	90.92	90.91	90.92	90.92	91.32	91.32	91.40	91.57	93.32	96.12	97.82
安 徽	59.17	59.17	59.17	59.88	60.23	60.23	60.23	60.23	61.82	61.82	62.65	63.07
福 建	56.31	57.10	56.34	57.77	57.82	57.13	57.88	57.88	57.88	57.88	57.88	57.88
江 西	63.75	63.75	63.56	63.17	63.17	63.67	63.67	63.67	63.75	63.92	63.92	63.92
山 东	65.25	65.25	65.25	65.25	65.25	65.25	65.25	65.68	66.54	66.54	66.54	66.54
河 南	84.40	85.73	89.23	88.64	86.00	86.33	86.33	86.33	87.32	103.71	115.86	116.14
湖 北	66.13	66.12	66.12	66.46	66.46	66.30	66.15	66.38	66.27	66.32	65.57	66.55
湖 南	55.03	55.03	55.03	55.03	55.03	55.03	55.03	55.03	55.03	55.03	55.03	55.03
广 东	63.87	63.87	63.87	63.87	63.87	63.99	63.99	63.99	63.92	63.78	64.62	65.04
广 西	67.01	66.85	66.23	66.99	67.04	67.04	67.04	67.04	76.02	80.46	80.37	82.92
海 南	75.19	75.19	75.19	75.36	75.63	76.22	76.59	76.84	76.84	77.10	77.61	77.61
重 庆	73.84	72.01	73.84	74.55	74.52	75.96	75.96	75.96	74.55	75.96	75.96	75.25
四 川	62.71	63.25	64.35	64.35	64.52	64.66	65.10	65.10	65.10	65.10	65.10	65.10
贵 州	70.49	70.49	64.88	65.66	66.37	65.89	67.38	67.61	67.61	67.61	67.61	67.59
云 南	83.52	83.52	83.52	84.12	84.62	86.42	87.25	87.25	87.30	87.30	87.25	87.25
西 藏	83.65	83.65	83.65	83.65	83.65	83.65	83.65	83.65	83.65	83.65	83.65	83.65
陕 西	74.12	74.12	74.12	74.12	73.92	73.92	74.83	75.29	75.29	75.29	75.83	75.83
甘 肃	108.07	108.11	108.13	108.13	108.11	108.54	108.96	109.02	108.98	108.96	120.58	126.07
青 海	56.75	56.75	56.75	56.75	56.75	56.75	56.75	56.75	58.92	59.25	59.25	60.08
宁 夏	83.62	84.01	85.28	85.33	85.42	85.42	85.42	85.42	85.42	85.42	85.42	85.42
新 疆	142.74	142.74	142.03	142.74	142.74	142.74	142.74	142.74	142.73	142.94	143.37	143.37

数据来源：国家发改委。

2020年全国各地区零售盒装婴幼儿配方乳粉平均价格（进口三段 400g 月度）

单位：元

地 区	1月	2月	3月	4月	5月	6月	7月	8月	9月	10月	11月	12月
北 京	101.42	102.14	102.14	102.14	102.14	102.14	102.14	102.14	102.14	102.14	102.14	102.14
天 津	73.10	73.10	73.10	73.10	73.10	73.14	73.14	73.14	73.14	73.14	73.14	73.14
河 北	81.55	81.55	81.55	81.55	81.55	81.55	81.55	82.18	82.50	82.50	82.50	82.50
山 西	80.96	80.96	80.96	80.96	80.96	80.96	80.96	80.96	80.96	80.96	80.96	80.96
内蒙古	100.70	100.87	100.87	100.87	100.87	101.14	101.28	101.39	115.87	115.87	115.87	115.87
辽 宁	79.84	79.86	79.87	79.87	79.87	80.09	80.20	80.33	81.28	81.63	81.63	81.63
吉 林	72.25	72.25	72.25	72.25	72.25	72.25	72.25	72.25	72.25	72.25	72.25	72.25
黑龙江	90.57	90.57	90.57	90.57	90.57	90.57	90.57	90.57	90.57	90.57	90.23	90.23
上 海	71.90	71.90	71.90	74.00	74.00	73.83	74.00	74.00	74.00	74.00	74.00	74.00
江 苏	75.77	75.77	75.77	75.77	75.77	75.77	76.82	79.37	79.37	79.37	79.37	79.54
浙 江	128.97	128.97	128.97	128.97	128.97	130.00	130.08	130.25	130.25	130.25	131.91	132.75
安 徽	101.09	101.09	101.09	102.48	103.17	105.07	105.07	105.07	120.01	120.01	120.27	120.41
福 建	74.18	72.43	72.61	72.64	72.64	73.02	74.49	74.49	74.49	74.49	74.49	74.49
江 西	87.89	87.89	88.17	91.06	92.23	93.34	93.34	93.34	95.23	96.78	97.34	97.34
山 东	107.29	107.29	107.29	107.29	107.29	107.29	107.29	117.65	138.37	138.37	138.37	138.37
河 南	139.86	139.86	150.86	151.86	151.86	151.86	151.86	151.86	152.75	183.33	205.20	205.44
湖 北	83.87	83.87	83.87	83.87	83.87	84.12	84.78	84.86	84.93	84.92	84.95	85.15
湖 南	71.36	71.36	71.36	71.36	71.36	71.36	71.36	71.36	71.36	71.36	71.36	71.36
广 东	77.97	77.97	77.97	77.97	77.96	78.34	78.41	78.48	78.20	77.92	77.92	77.92
广 西	99.37	99.32	99.33	99.35	99.39	99.39	99.39	99.22	99.22	101.09	101.93	102.02
海 南	89.08	89.67	89.97	91.77	93.77	93.77	93.77	93.77	93.77	93.77	93.77	93.77
重 庆	112.59	112.59	112.59	112.59	112.59	112.59	112.59	112.59	112.59	112.59	112.59	112.59
四 川	72.86	72.99	73.25	73.25	73.36	73.36	73.53	73.53	73.53	73.53	73.97	73.86
贵 州	143.90	143.90	148.28	149.53	149.56	148.08	152.06	152.81	151.75	151.61	150.67	154.08
云 南	169.39	169.39	169.39	169.39	169.71	174.06	176.31	176.31	176.31	176.31	176.31	176.31
西 藏	141.20	141.20	141.20	141.20	141.20	141.20	141.20	141.20	141.20	141.20	141.20	141.20
陕 西	95.99	95.91	95.87	95.87	95.80	95.57	95.57	95.57	95.57	95.57	95.57	95.57
甘 肃	163.07	162.90	161.87	163.07	163.07	162.38	163.07	163.02	160.44	163.07	174.57	184.02
青 海	67.73	67.73	67.73	67.73	67.73	67.73	67.73	67.73	69.89	70.23	70.73	71.56
宁 夏	133.14	133.14	133.92	134.06	134.33	134.33	134.33	134.33	134.33	134.33	134.33	134.33
新 疆	162.36	162.36	159.77	159.77	162.36	162.36	162.36	162.36	162.53	162.51	162.48	162.48

数据来源：国家发改委。

【含乳饮料和植物蛋白饮料制造业】

2013—2020 年全国含乳饮料和植物蛋白饮料制造业基本经营情况

分 项	单位	2013 年	2014 年	2015 年	2016 年	2017 年	2018 年	2019 年	2020 年
企业单位数	个	211	246	265	286	297	293	270	265
亏损企业数	个	11	13	15	14	20	40	37	41
资产总计	亿元	570.8	658.2	741.6	817.4	798.2	859.5	804.1	815.3
负债合计	亿元	242.5	261.6	306.8	370.5	335.4	327.4	328.1	316.5
营业收入	亿元	895.2	1039.2	1132.9	1147.9	1164.7	978.3	972.8	860.2
利润总额	亿元	125.4	126.3	149.6	159.3	133.6	116.7	95.0	116.4

资料来源：国家统计局。

【社会经济综合指标】

1978—2020年国内生产总值

单位：亿元

年 份	国民总收入	国内生产总值	产业				人均国民总收入（元）	人均国内生产总值（元）
			第一产业	第二产业	第三产业	农林牧渔业		
1978	3 678.7	3 678.7	1 018.5	1 755.1	905.1	1 027.5	385	385
1979	4 100.5	4 100.5	1 259.0	1 925.3	916.1	1 270.2	423	423
1980	4 587.6	4 587.6	1 359.5	2 204.7	1 023.4	1 371.6	468	468
1981	4 933.7	4 935.8	1 545.7	2 269.0	1 121.1	1 559.4	496	497
1982	5 380.5	5 373.4	1 761.7	2 397.6	1 214.0	1 777.3	533	533
1983	6 043.8	6 020.9	1 960.9	2 663.0	1 397.1	1 978.3	591	588
1984	7 314.2	7 278.5	2 295.6	3 124.7	1 858.2	2 316.0	705	702
1985	9 123.6	9 098.9	2 541.7	3 886.4	2 670.8	2 564.3	868	866
1986	10 375.4	10 376.2	2 764.1	4 515.1	3 097.0	2 788.6	973	973
1987	12 166.6	12 174.6	3 204.5	5 273.8	3 696.3	3 232.9	1 122	1 123
1988	15 174.4	15 180.4	3 831.2	6 607.2	4 742.0	3 865.2	1 377	1 378
1989	17 188.4	17 179.7	4 228.2	7 300.7	5 650.8	4 265.8	1 537	1 536
1990	18 923.3	18 872.9	5 017.2	7 744.1	6 111.6	5 061.8	1 667	1 663
1991	22 050.3	22 005.6	5 288.8	9 129.6	7 587.2	5 341.9	1 916	1 912
1992	27 208.2	27 194.5	5 800.3	11 725.0	9 669.2	5 866.2	2 336	2 334
1993	35 599.2	35 673.2	6 887.6	16 472.7	12 313.0	6 963.3	3 021	3 027
1994	48 548.2	48 637.5	9 471.8	22 452.5	16 713.1	9 572.1	4 073	4 081
1995	60 356.6	61 339.9	12 020.5	28 676.7	20 642.7	12 135.1	5 009	5 091
1996	70 779.6	71 813.6	13 878.3	33 827.3	24 108.0	14 014.7	5 813	5 898
1997	78 802.9	79 715.0	14 265.2	37 545.0	27 904.8	14 440.8	6 406	6 481
1998	83 817.6	85 195.5	14 618.7	39 017.5	31 559.3	14 816.4	6 749	6 860
1999	89 366.5	90 564.4	14 549.0	41 079.9	34 935.5	14 768.7	7 134	7 229
2000	99 066.1	100 280.1	14 717.4	45 663.7	39 899.1	14 943.6	7 846	7 942
2001	109 276.2	110 863.1	15 502.5	49 659.4	45 701.2	15 780.0	8 592	8 717
2002	120 480.4	121 717.4	16 190.2	54 104.1	51 423.1	16 535.7	9 410	9 506
2003	136 576.3	137 422.0	16 970.2	62 695.8	57 756.0	17 380.6	10 600	10 666
2004	161 415.4	161 840.2	20 904.3	74 285.0	66 650.9	21 410.7	12 454	12 487
2005	185 998.9	187 318.9	21 806.7	88 082.2	77 430.0	22 416.2	14 267	14 368
2006	219 028.5	219 438.5	23 317.0	104 359.2	91 762.2	24 036.4	16 707	16 738
2007	270 704.0	270 092.3	27 674.1	126 630.5	115 787.7	28 483.7	20 541	20 494
2008	321 229.5	319 244.6	32 464.1	149 952.9	136 827.5	33 428.1	24 250	24 100
2009	347 934.9	348 517.7	33 583.8	160 168.8	154 765.1	34 659.7	26 136	26 180
2010	410 354.1	412 119.3	38 430.8	191 626.5	182 061.9	39 619.0	30 676	30 808
2011	483 392.8	487 940.2	44 781.5	227 035.1	216 123.6	46 122.6	35 939	36 277
2012	537 329.0	538 580.0	49 084.6	244 639.1	244 856.2	50 581.2	39 679	39 771
2013	588 141.2	592 963.2	53 028.1	261 951.6	277 983.5	54 692.4	43 143	43 497
2014	644 380.2	643 563.1	55 626.3	277 282.8	310 654.0	57 472.2	46 971	46 912
2015	685 571.2	688 858.2	57 774.6	281 338.9	349 744.7	59 852.6	49 684	49 922
2016	742 694.1	746 395.1	60 139.2	295 427.8	390 828.1	62 451.0	53 516	53 783
2017	830 945.7	832 035.9	62 099.5	331 580.5	438 355.9	64 660.0	59 514	59 592
2018	915 243.5	919 281.1	64 745.2	364 835.2	489 700.8	67 558.7	65 246	65 534
2019	983 751.2	986 515.2	70 473.6	380 670.6	535 371.0	73 576.9	70 131	70 328
2020	1 008 782.5	1 015 986.2	77 754.1	384 255.3	553 976.8	81 103.9	71 489	72 000

注：1980年以后国民总收入（原称国民生产总值）与国内生产总值的差额为来自国外的初次分配收入净额。

1978—2020年农、林、牧、渔业总产值及指数

年份	绝对数（亿元）					指数（上年=100）				
	农林牧渔业总产值	农业	林业	牧业	渔业	农林牧渔业总产值	农业	林业	牧业	渔业
1978	1 397.0	1 117.5	48.1	209.3	22.1					
1980	1 922.6	1 454.1	81.4	354.2	32.9	101.4	99.7	112.2	107.0	107.7
1985	3 619.5	2 506.4	188.7	798.3	126.1	103.4	99.8	104.5	117.2	118.9
1990	7 662.1	4 954.3	330.3	1 967.0	410.6	107.6	108.0	103.1	107.0	110.0
1995	20 340.9	11 884.6	709.9	6 045.0	1 701.3	110.9	107.9	105.0	114.8	119.4
2000	24 915.8	13 873.6	936.5	7 393.1	2 712.6	103.6	101.4	105.4	106.3	106.5
2005	39 450.9	19 613.4	1 425.5	13 310.8	4 016.1	105.7	104.1	103.2	107.8	106.5
2006	40 810.8	21 522.3	1 610.8	12 083.9	3 970.5	105.4	105.4	105.6	105.0	106.0
2007	48 651.8	24 444.7	1 889.9	16 068.6	4 427.9	103.9	103.7	109.8	103.2	104.0
2008	57 420.8	27 679.9	2 180.3	20 354.2	5 137.5	105.6	104.6	108.0	106.7	105.8
2009	59 311.3	29 983.8	2 324.4	19 184.6	5 514.7	104.6	103.4	106.7	105.5	105.6
2010	67 763.1	35 909.1	2 575.0	20 461.1	6 263.4	104.4	104.3	103.5	104.2	105.4
2011	78 837.0	40 339.6	3 092.4	25 194.2	7 337.4	104.4	105.6	107.6	101.7	104.1
2012	86 342.2	44 845.7	3 407.0	26 491.2	8 403.9	104.9	104.3	106.7	105.2	105.0
2013	93 173.7	48 943.9	3 847.4	27 572.4	9 254.5	104.0	104.4	107.4	102.0	105.1
2014	97 822.5	51 851.1	4 190.0	27 963.4	9 877.5	104.3	104.9	106.4	102.6	104.0
2015	101 893.5	54 205.3	4 358.4	28 649.3	10 339.1	104.0	105.4	106.1	100.5	104.3
2016	106 478.7	55 659.9	4 635.9	30 461.2	10 892.9	103.5	104.2	108.2	101.1	102.9
2017	109 331.7	58 059.8	4 980.6	29 361.2	11 577.1	104.0	104.7	106.9	102.1	102.8
2018	113 579.5	61 452.6	5 432.6	28 697.4	12 131.5	103.5	103.9	106.5	101.7	102.7
2019	123 967.9	66 066.5	5 775.7	33 064.3	12 572.4	102.8	104.6	105.2	97.9	102.5
2020	137 782.2	71 748.2	5 961.6	40 266.7	12 775.9	103.4	104.1	104.3	102.0	102.2

数据来源：国家统计局。
注：本表绝对数按当年价格计算，指数按可比价格计算。2003年起总产值包括农林牧渔专业及辅助性活动产值。

2020年农、林、牧、渔业总产值及指数

地区	绝对数（亿元）					指数 （上年=100）				
	农林牧渔业总产值	农业	林业	牧业	渔业	农林牧渔业总产值	农业	林业	牧业	渔业
北京	263.4	107.6	97.7	45.2	4.1	93.3	105.9	84.5	88.9	79.0
天津	476.4	228.8	15.7	145.5	68.1	101.4	104.8	65.9	100.6	102.4
河北	6 742.5	3 413.3	255.4	2 309.7	243.2	103.5	104.2	105.6	101.0	103.9
山西	1 935.8	1 075.9	137.1	606.3	6.6	105.8	105.7	91.4	109.2	101.2
内蒙古	3 472.4	1 699.0	89.8	1 603.4	27.8	101.8	100.3	93.8	104.2	99.5
辽宁	4 582.6	2 056.8	121.0	1 604.7	617.5	103.0	102.0	105.4	105.3	103.5
吉林	2 976.0	1 231.8	71.9	1 547.4	41.4	101.8	103.0	112.4	100.2	102.9
黑龙江	6 438.1	4 044.1	192.4	1 913.0	115.6	102.6	101.4	104.7	105.2	103.9
上海	279.8	138.0	15.2	55.1	51.0	93.0	93.7	81.4	90.8	90.0
江苏	7 952.6	4 102.2	172.8	1 315.8	1 774.0	102.0	102.8	104.3	100.7	100.6
浙江	3 496.9	1 594.0	189.6	472.6	1 130.6	101.7	102.4	100.1	94.4	102.9
安徽	5 680.9	2 525.4	387.5	1 900.2	542.6	102.7	102.3	107.7	101.7	102.2
福建	4 901.1	1 818.2	390.6	1 141.1	1 373.1	103.3	104.0	103.2	103.9	101.9
江西	3 820.7	1 689.9	367.8	1 125.4	473.5	102.7	103.9	105.5	100.1	100.3
山东	10 190.6	5 168.4	214.2	2 571.9	1 432.1	103.0	103.4	106.3	102.3	101.3
河南	9 956.3	6 244.8	126.7	2 855.8	117.6	102.7	103.1	109.8	99.9	101.9
湖北	7 303.6	3 492.5	245.4	1 864.8	1 156.8	100.7	103.9	97.1	92.5	101.2
湖南	7 512.0	3 364.8	428.0	2 721.6	477.5	104.1	104.1	108.3	102.5	104.3
广东	7 901.9	3 769.3	414.3	1 778.2	1 581.5	104.0	105.6	101.2	96.8	105.7
广西	5 913.3	3 268.8	437.4	1 423.8	508.3	105.0	106.5	107.7	102.1	101.1
海南	1 821.0	874.8	121.2	357.1	390.8	102.4	106.1	112.6	91.9	99.3
重庆	2 749.1	1 596.1	126.0	871.9	107.3	105.0	105.9	109.9	102.7	99.2
四川	9 216.4	4 701.9	379.8	3 613.8	287.5	105.6	104.5	102.9	107.8	104.6
贵州	4 358.6	2 781.8	293.7	1 019.0	61.1	106.5	107.7	108.2	102.8	106.4
云南	5 920.5	2 902.2	429.5	2 315.4	104.0	105.8	107.0	106.4	103.6	103.4
西藏	233.5	104.0	3.7	119.7	0.1	108.2	108.0	102.5	108.8	39.5
陕西	4 056.6	2 807.1	116.9	893.4	30.0	103.5	104.0	113.9	100.6	100.6
甘肃	2 103.6	1 423.8	31.7	495.3	2.0	105.2	105.5	83.3	107.8	105.6
青海	507.1	188.6	11.9	295.1	3.9	104.7	105.1	105.4	104.5	99.0
宁夏	703.1	397.9	10.9	246.6	19.0	103.6	102.2	87.4	107.3	101.4
新疆	4 315.6	2 936.3	66.0	1 038.1	27.2	104.7	105.8	108.3	100.9	95.2

数据来源：国家统计局。

注：本表绝对数按当年价格计算，指数按可比价格计算。2003年起总产值包括农林牧渔专业及辅助性活动产值。

1978—2020年全国社会消费品零售总额

单位：亿元

年 份	社会消费品零售总额	市	县	县以下
1978	1 558.6	505.2	380.4	673.0
1979	1 800.0	584.7	347.5	867.8
1980	2 140.0	733.6	399.4	1 007.0
1981	2 350.0	843.3	431.9	1 074.8
1982	2 570.0	920.5	471.3	1 178.2
1983	2 849.4	1 057.3	520.8	1 271.2
1984	3 376.4	1 348.7	586.4	1 441.3
1985	4 305.0	1 874.5	737.2	1 693.3
1986	4 950.0	2 018.0	902.0	2 030.0
1987	5 820.0	2 427.0	1 030.0	2 363.0
1988	7 440.0	3 260.8	1 264.3	2 914.9
1989	8 101.4	3 666.8	1 329.5	3 105.1
1990	8 300.1	3 888.6	1 337.4	3 074.1
1991	9 415.6	4 529.8	1 491.2	3 394.6
1992	10 993.7	5 470.3	1 689.8	3 833.6
1993	14 270.4	7 138.1	2 090.1	5 042.2
1994	18 622.9	9 387.8	2 558.7	6 676.4
1995	23 613.8	12 979.4	3 366.3	7 268.1
1996	28 360.2	16 199.2	3 759.7	8 401.3
1997	31 252.9	18 499.5	4 011.6	8 741.8
1998	33 378.1	20 294.1	4 220.2	8 863.8
1999	35 647.9	22 201.8	4 460.8	8 985.3
2000	39 105.7	24 555.2	4 831.1	9 719.4
2001	43 055.4	27 379.1	5 251.4	10 424.9
2002	48 135.9	31 376.5	5 566.5	11 192.9
2003	52 516.3	34 608.3	6 011.8	11 896.2
2004	59 501.0	39 695.7	6 636.0	13 169.3
2005	67 176.6	45 094.3	7 485.4	14 596.9
2006	76 410.0	51 542.6	8 477.9	16 389.5
2007	89 210.0	60 410.7	9 943.8	18 855.5
2008	114 830.1	73 734.9	12 212.8	22 540.0
2009	132 678.4	85 133.0	/	/
2010	156 998.4	/	/	/
2011	183 918.6	/	/	/
2012	210 307.0	/	/	/
2013	242 842.8	/	/	/
2014	271 896.1	/	/	/
2015	300 930.8	/	/	/
2016	332 316.3	/	/	/
2017	366 261.6	/	/	/
2018	377 783.1	/	/	/
2019	408 017.2	/	/	/
2020	391 980.6	/	/	/

数据来源：国家统计局。

注：根据第四次全国经济普查结果对2018年社会消费品零售总额进行了修订，2019年相应进行调整。

2016—2020年全国各地区社会消费品零售总额

单位：亿元、%

地 区	2016年	2017年	2018年	2019年	2020年	同比增长
全 国	332 316.3	366 261.6	377 783.1	408 017.2	391 980.6	−3.9
北 京	11 005.1	11 575.4	14 422.3	15 063.7	13 716.4	−8.9
天 津	5 635.8	5 729.7	4 231.2	4 218.2	3 582.9	−15.1
河 北	14 364.7	15 907.6	11 973.9	12 985.5	12 705.0	−2.2
山 西	6 480.5	6 918.1	6 523.3	7 030.5	6 746.3	−4.0
内蒙古	6 700.8	7 160.2	4 852.3	5 051.1	4 760.5	−5.8
辽 宁	13 414.1	13 807.2	9 112.8	9 670.6	8 960.9	−7.3
吉 林	7 310.4	7 855.8	4 073.8	4 212.9	3 824.0	−9.2
黑龙江	8 402.5	9 099.2	5 275.0	5 603.9	5 092.3	−9.1
上 海	10 946.6	11 830.3	14 874.8	15 847.6	15 932.5	0.5
江 苏	28 707.1	31 737.4	35 472.6	37 672.5	37 086.1	−1.6
浙 江	21 970.8	24 308.5	25 161.9	27 343.8	26 629.8	−2.6
安 徽	10 000.2	11 192.6	16 156.2	17 862.1	18 334.0	2.6
福 建	11 674.5	13 013.0	17 178.4	18 896.8	18 626.5	−1.4
江 西	6 634.6	7 448.1	9 045.7	10 068.1	10 371.8	3.0
山 东	30 645.8	33 649.0	27 480.3	29 251.2	29 248.0	
河 南	17 618.4	19 666.8	21 268.0	23 476.1	22 502.8	−4.1
湖 北	15 649.2	17 394.1	20 598.2	22 722.3	17 984.9	−20.8
湖 南	13 436.5	14 854.9	15 134.3	16 683.9	16 258.1	−2.6
广 东	34 739.1	38 200.1	39 767.1	42 951.8	40 207.9	−6.4
广 西	7 027.3	7 813.0	7 663.5	8 200.9	7 831.0	−4.5
海 南	1 453.7	1 618.8	1 852.7	1 951.1	1 974.6	1.2
重 庆	7 271.4	8 067.7	10 705.2	11 631.7	11 787.2	1.3
四 川	15 601.9	17 480.5	19 340.7	21 343.0	20 824.9	−2.4
贵 州	3 709.0	4 154.0	7 105.0	7 468.2	7 833.4	4.9
云 南	5 722.9	6 423.1	9 197.3	10 158.2	9 792.9	−3.6
西 藏	459.4	523.3	711.8	773.4	745.8	−3.6
陕 西	7 367.6	8 236.4	9 510.3	10 213.0	9 605.9	−5.9
甘 肃	3 184.4	3 426.6	3 435.6	3 700.3	3 632.4	−1.8
青 海	767.3	839.0	899.9	948.5	877.3	−7.5
宁 夏	850.1	930.4	1 330.1	1 399.4	1 301.4	−7.0
新 疆	2 825.9	3 044.6	3 429.1	3 617.0	3 062.5	−15.3

数据来源：国家统计局。

1978—2020 年全国城乡人口数及比重

单位：万人、%

年份	年底人口数	城镇人口数	比重	乡村人口数	比重
1978	96 259	17 245	17.92	79 014	82.08
1979	97 542	18 495	18.96	79 047	81.04
1980	98 705	19 140	19.39	79 565	80.61
1981	100 072	20 171	20.16	79 901	79.84
1982	101 654	21 480	21.13	80 174	78.87
1983	103 008	22 274	21.62	80 734	78.38
1984	104 357	24 017	23.01	80 340	76.99
1985	105 851	25 094	23.71	80 757	76.29
1986	107 507	26 366	24.52	81 141	75.48
1987	109 300	27 674	25.32	81 626	74.68
1988	111 026	28 661	25.81	82 365	74.19
1989	112 704	29 540	26.21	83 164	73.79
1990	114 333	30 195	26.41	84 138	73.59
1991	115 823	31 203	26.94	84 620	73.06
1992	117 171	32 175	27.46	84 996	72.54
1993	118 517	33 173	27.99	85 344	72.01
1994	119 850	34 169	28.51	85 681	71.49
1995	121 121	35 174	29.04	85 947	70.96
1996	122 389	37 304	30.48	85 085	69.52
1997	123 626	39 449	31.91	84 177	68.09
1998	124 761	41 608	33.35	83 153	66.65
1999	125 786	43 748	34.78	82 038	65.22
2000	126 743	45 906	36.22	80 837	63.78
2001	127 627	48 064	37.66	79 563	62.34
2002	128 453	50 212	39.09	78 241	60.91
2003	129 227	52 376	40.53	76 851	59.47
2004	129 988	54 283	41.76	75 705	58.24
2005	130 756	56 212	42.99	74 544	57.01
2006	131 448	58 288	44.34	73 160	55.66
2007	132 129	60 633	45.89	71 496	54.11
2008	132 802	62 403	46.99	70 399	53.01
2009	133 450	64 512	48.34	68 938	51.66
2010	134 091	66 978	49.95	67 113	50.05
2011	134 916	69 927	51.83	64 989	48.17
2012	135 922	72 175	53.10	63 747	46.90
2013	136 726	74 502	54.49	62 224	45.51
2014	137 646	76 738	55.75	60 908	44.25
2015	138 326	79 302	57.33	59 024	42.67
2016	139 232	81 924	58.84	57 308	41.16
2017	140 011	84 343	60.24	55 668	39.76
2018	140 541	86 433	61.50	54 108	38.50
2019	141 008	88 426	62.71	52 582	37.29
2020	141 212	90 220	63.89	50 992	36.11

注：1.1981 年及以前数据为户籍统计数；1982、1990、2000、2010、2020 年数据为当年人口普查数据推算数；其余年份数据为年度人口抽样调查推算数据（下相关表同）。

2. 总人口和按性别分人口中包括现役军人，按城乡分人口中现役军人计入城镇人口。

2012—2020年分地区年底城镇人口比重

单位：%

地 区	2012	2013	2014	2015	2016	2017	2018	2019	2020
全 国	53.10	54.49	55.75	57.33	58.84	60.24	61.50	62.71	63.89
北 京	86.29	86.39	86.50	86.71	86.76	86.93	87.09	87.35	87.55
天 津	81.55	82.29	82.55	82.88	83.27	83.57	83.95	84.31	84.70
河 北	46.60	48.02	49.36	51.67	53.87	55.74	57.33	58.77	60.07
山 西	51.32	52.88	54.30	55.87	57.27	58.59	59.85	61.29	62.53
内蒙古	58.42	59.82	60.97	62.09	63.40	64.60	65.51	66.46	67.48
辽 宁	65.65	66.45	67.05	68.05	68.87	69.49	70.26	71.21	72.14
吉 林	54.54	55.74	56.81	57.64	58.75	59.71	60.85	61.63	62.64
黑龙江	56.88	58.04	59.22	60.47	61.09	61.90	63.46	64.62	65.61
上 海	89.30	89.60	89.30	88.53	89.00	89.10	89.13	89.22	89.30
江 苏	63.01	64.39	65.70	67.49	68.93	70.18	71.19	72.47	73.44
浙 江	62.91	63.94	64.96	66.32	67.72	68.91	70.02	71.58	72.17
安 徽	46.30	47.87	49.31	50.97	52.62	54.29	55.65	57.02	58.33
福 建	59.32	60.80	61.99	63.22	64.39	65.78	66.98	67.87	68.75
江 西	47.39	49.04	50.55	52.30	53.99	55.70	57.34	59.07	60.44
山 东	52.03	53.46	54.77	56.97	59.13	60.79	61.46	61.86	63.05
河 南	41.99	43.60	45.05	47.02	48.78	50.56	52.24	54.01	55.43
湖 北	53.23	54.51	55.73	57.18	58.57	59.88	61.00	61.83	62.89
湖 南	46.22	47.63	48.98	50.79	52.70	54.62	56.09	57.45	58.76
广 东	67.15	68.09	68.62	69.51	70.15	70.74	71.81	72.65	74.15
广 西	43.48	45.11	46.54	47.99	49.24	50.59	51.82	52.98	54.20
海 南	51.02	52.28	53.30	54.91	56.70	58.04	59.13	59.37	60.27
重 庆	56.64	58.29	59.74	61.47	63.33	65.00	66.61	68.24	69.46
四 川	43.35	44.96	46.51	48.27	50.00	51.78	53.50	55.36	56.73
贵 州	36.30	37.89	40.24	42.96	45.56	47.76	49.54	51.48	53.15
云 南	38.47	39.99	41.21	42.93	44.64	46.29	47.44	48.67	50.05
西 藏	22.87	23.93	26.23	28.87	31.57	33.38	33.80	34.51	35.73
陕 西	49.71	51.57	53.01	54.74	56.39	58.07	59.65	61.28	62.66
甘 肃	38.78	40.50	42.28	44.24	46.07	48.12	49.69	50.70	52.23
青 海	47.85	49.29	50.84	51.67	53.55	55.45	57.27	58.78	60.08
宁 夏	51.15	52.84	54.82	56.98	58.74	60.95	62.15	63.63	64.96
新 疆	44.22	44.94	46.79	48.78	50.42	51.90	54.01	55.51	56.53

注：2010年数据为当年人口普查数据推算数；其余年份数据为年度人口抽样调查推算数据。

【国际奶业】

2010—2020 年全球原料奶产量

单位：万 t

原料奶种类	2010 年	2015 年	2018 年	2019 年	2020 年	2020 年增长率	2010—2020 年复合增长率
牛　奶	59 989.9	66 727.3	70 102.1	71 478.1	73 527.0	2.90%	2.10%
水牛奶	9 318.9	10 905.3	12 709.9	13 293.1	13 897.2	4.50%	4.10%
山羊奶	1 798.8	1 958.7	2 068.8	2 109.3	2 143.2	1.60%	1.80%
绵羊奶	986.9	1 006.9	1 023.1	1 063.2	1 061.7	–0.10%	0.70%
其　他	380.1	373.5	377.1	411.6	412.8	0.30%	0.80%
全球总产量	72 474.5	80 971.8	86 280.9	88 355.4	91 041.9	3.00%	2.30%

数据来源：IDF。

2010—2020 年全球各地区牛奶产量

单位：万 t

地区	2010 年	2015 年	2018 年	2019 年	2020 年	2020 年增长率	2010—2020 年复合增长率
亚洲	15 809.3	19 090.4	21 443.5	22 546.0	23 782.4	5.50%	4.20%
欧盟 28 国	14 957.6	16 295.8	16 682.5	16 780.1	17 006.2	1.30%	1.30%
北美和中美①	11 206.9	12 066.2	12 677.6	12 714.8	12 974.9	2.00%	1.50%
南美洲	6 052.0	6 706.6	6 527.7	6 612.0	6 801.2	2.90%	1.20%
其他欧洲国家	5 905.9	5 731.0	5 779.3	5 792.5	5 871.6	1.40%	–0.10%
非洲	3 393.3	3 678.5	3 868.0	3 938.5	3 978.7	1.00%	1.60%
大洋洲	2 664.8	3 158.7	3 123.4	3 094.2	3 112.0	0.60%	1.60%
全　球	59 989.9	66 727.3	70 102.1	71 478.1	73 527.0	2.90%	2.10%

注：①包括加勒比海地区。

2010—2020年世界主要国家奶牛存栏

单位：万头

国家	2010年	2015年	2018年	2019年	2020年	2020年增长率	2010~2020年复合增长率
印度	4 275.5	4 716.5	5 284.2	5 472.2	5 666.8	3.6%	2.9%
巴基斯坦	1 011.2	1 216.7	1 359.5	1 410.8	1 460.0	3.5%	3.7%
土耳其	438.4	553.5	633.7	658.0	658.0	0.0%	4.1%
蒙古	50.9	79.7	99.0	107.4	108.2	0.8%	7.8%
日本	96.4	87.0	84.7	83.9	83.9	0.0%	–1.4%
韩国	24.5	25.0	24.2	24.0	23.9	0.4%	–0.2%
巴西	2 292.5	2 111.1	1 635.3	1 627.1	1 560.3	4.1%	–3.8%
阿根廷	174.9	177.0	172.6	162.3	158.7	2.2%	–1.0%
智利	53.6	43.6	44.6	45.2	45.4	0.4%	–1.6%
乌拉圭	42.8	45.2	44.4	43.0	41.0	–4.4%	–0.4%
欧盟（28国）	2 326.1	2 326.3	2 278.3	2 241.9	2 223.9	–0.8%	–0.4%
德国	418.2	428.5	410.1	401.2	392.1	–2.3%	–0.6%
法国	371.2	365.8	355.4	349.1	345.5	–1.0%	–0.7%
波兰	252.9	213.4	221.4	216.4	212.6	–1.8%	–1.7%
英国	184.7	190.1	188.1	186.9	185.3	–0.9%	0.0%
意大利	174.6	182.6	169.3	164.3	163.9	–0.2%	–0.6%
荷兰	147.9	162.2	162.2	157.8	159.3	1.0%	0.7%
爱尔兰	100.7	124.0	136.9	142.6	145.6	2.1%	3.8%
丹麦	57.3	57.0	57.0	56.3	56.5	0.4%	–0.1%
瑞典	34.8	34.0	31.9	30.6	30.4	–0.7%	–1.3%
立陶宛	34.5	30.1	25.7	24.1	23.3	–3.4%	–3.9%
美国	911.9	931.4	939.8	933.7	938.8	0.5%	0.3%
墨西哥	237.5	245.8	253.0	256.4	260.6	1.7%	0.9%
加拿大	96.6	94.8	97.2	97.8	98.1	0.3%	0.2%
俄罗斯	884.4	837.9	794.2	796.4	789.8	–0.8%	–1.1%
乌克兰	255.7	216.7	191.9	178.9	167.3	–6.5%	–4.2%
白俄罗斯	147.8	151.2	149.8	149.5	148.5	–0.6%	0.0%
新西兰	440.0	501.8	499.3	494.6	492.8	–0.4%	1.1%
澳大利亚	158.9	156.2	142.2	139.4	140.0	0.5%	–1.3%
全球	**25 813.2**	**27 383.2**	**27 313.1**	**27 399.9**	**27 615.5**	**0.8%**	**0.7%**

数据来源：IDF。

2010—2020 年世界主要国家牛奶产量

单位：万 t

国 家	2010 年	2015 年	2018 年	2019 年	2020 年	2020 年增长率	2010~2020 年复合增长率
印度 1	5 490.3	7 364.5	8 983.4	9 689.0	10 450.1	7.9%	6.6%
土耳其	1 241.9	1 693.4	2 003.7	2 078.2	2 150.0	3.5%	5.6%
巴基斯坦	1 290.6	1 552.9	1 735.3	1 800.7	1 868.6	3.8%	3.8%
日本	772.1	737.9	728.9	731.4	743.8	1.7%	–0.4%
蒙古	25.0	52.8	57.0	77.5	77.8	0.5%	12.0%
欧盟（28 国）	14 957.6	16 295.8	16 682.5	16 780.1	17 006.2	1.3%	1.3%
德国	2 962.9	3 268.5	3 308.7	3 308.0	3 316.5	0.3%	1.1%
法国	2 401.0	2 580.0	2 503.4	2 504.1	2 512.7	0.3%	0.5%
英国	1 385.2	1 545.7	1 545.9	1 568.5	1 569.7	0.1%	1.3%
波兰	1 227.9	1 323.6	1 417.1	1 450.3	1 482.2	2.2%	1.9%
荷兰	1 182.9	1 352.2	1 409.0	1 401.2	1 419.9	1.3%	1.8%
意大利	1 139.9	1 142.6	1 234.0	1 249.4	1 296.2	3.7%	1.3%
爱尔兰	535.0	660.4	783.1	824.5	854.9	3.7%	4.8%
丹麦	490.9	535.6	569.4	569.3	574.1	0.8%	1.6%
瑞典	286.2	293.3	276.0	270.4	277.3	2.5%	–0.3%
立陶宛	173.7	173.9	157.2	155.1	152.8	–1.5%	–1.3%
美国	8 747.4	9 461.8	9 868.7	9 908.3	10 125.1	2.2%	1.5%
墨西哥	1 099.7	1 173.7	1 236.6	1 264.4	1 294.1	2.3%	1.6%
加拿大	843.4	901.2	1 017.6	1 016.3	1 030.0	1.3%	2.0%
巴西	3 163.7	3 564.8	3 493.4	3 589.0	3 671.5	2.3%	1.5%
阿根廷	1 061.7	1 242.3	1 084.2	1 065.0	1 144.7	7.5%	0.8%
智利	260.6	266.0	262.6	260.1	274.2	5.4%	0.5%
乌拉圭 2	191.0	231.4	230.4	225.7	234.3	3.8%	2.1%
俄罗斯	3 150.8	2 988.8	3 061.1	3 136.0	3 222.6	2.8%	0.2%
乌克兰	1 097.7	1 035.9	1 006.4	966.3	926.4	–4.1%	–1.7%
白俄罗斯	659.5	703.0	732.9	737.9	775.0	5.0%	1.6%
新西兰	1 716.9	2 159.3	2 215.5	2 186.0	2 198.0	0.5%	2.5%
澳大利亚 3	945.5	997.1	905.7	906.1	911.9	0.6%	–0.4%
全球	**59 989.9**	**66 727.3**	**70 102.1**	**71 478.1**	**73 527.0**	**2.9%**	**2.1%**

备注：（1）奶业年度为 4 月 1 日至次年 3 月 31 日。

（2）2015 年、2018 年、2019 年、2020 年不包括属地数据。

（3）奶业年度为 7 月 1 日至次年 6 月 30 日。

（以上各章节表格由中国奶业协会国际部陈兵汇总整理）。

十一、索 引

SUOYIN

说 明

一、本索引采用分析索引方法，按英文字母顺序的汉语拼音排列，汉语拼音同音字按声调排列。

二、索引采用数字和字母表示，数字表示该内容所在的页码，字母（a、b）表示该页自左至右的栏别。单独数字（没有字母组合的），表示为该内容在本页的通栏中或左右栏中都有。

F

G

H

J

K

L

O

P

Q

R

S

Z

2021 2021 2021

ISBN 978-7-109-29337-3
定价：65.00元

产业金融论

蔡派 编著

中国农业出版社

产业金融论

INDUSTRIAL FINANCE THEORY

蔡派 编著

中国农业出版社

蔡 派 祖籍福建莆田，出生于广东电白，现任北京城市学院党委常委、教授。先后在农业部、中组部、建设部、国家知识产权局、国家有色金属工业局任职和借调工作。历任国家部委处长、直属机关团委书记、北京市顺义区人民政府区长助理等。长期从事政策研究、行业管理、金融合作、人才培养等工作，多次参与起草国务院相关文件，推动行业主管部门与金融机构的合作，牵头实施“银企合作”试点项目，协力推进工信部、财政部、中国人民银行、中国银保监会国家产融合作试点城市、首都产业金融中心建设，并取得一定成效。曾获中央国家机关优秀青年、十佳青年等荣誉。担任团中央中国青年创业奖、全国“创青春”大赛评委。兼任科技部中长期科技发展规划战略咨询专家。